ANTOLOGÍA DE LA LITERATURA ESPAÑOLA

RENACIMIENTO Y SIGLO DE ORO

ANTOLOGÍA DE LA LITERATURA ESPAÑOLA

RENACIMIENTO Y SIGLO DE ORO

Bárbara Mujica
Georgetown University

JOHN WILEY & SONS, INC.

New York   Chichester   Brisbane   Toronto   Singapore

ACQUISITIONS EDITOR *Ronald Nelson/Mary Jane Peluso*
PRODUCTION MANAGER *Katharine Rubin*
DESIGNER *Ann Marie Renzi*
PRODUCTION SUPERVISOR *Micheline Frederick*
PHOTO RESEARCHER *Hilary Newman*
PHOTO RESEARCH MANAGER *Stella Kupferberg*
MANUFACTURING MANAGER *Lorraine Fumoso*
MAP DESIGNER *Roy Gallop*

Recognizing the importance of preserving what has been written, it is a policy of John Wiley & Sons, Inc. to have books of enduring value published in the United States printed on acid-free paper, and we exert our best efforts to that end.

Library of Congress Cataloging in Publication Data:

Antología de la literatura española. Renacimiento y siglo de oro /
    Bárbara Mujica [editora].
        p.   cm.
    Includes bibliographical references.
    ISBN 0-471-53694-6
    1. Spanish literature—Classical period, 1500–1700. I. Mujica,
Barbara Louise.
PQ6174.A5A57   1991
860.8′003—dc20   90-28274
                                                  CIP

Printed in the United States of America

10 9 8 7 6 5 4 3 2 1

A Anthony N. Zahareas y a Antonio Regalado G.
Con afecto y gratitud

PREFACIO

El proyecto de crear esta antología se originó en una conversación con un colega que tuvo lugar hace ocho años en un pasillo viejo y ruinoso del edificio que era entonces la Facultad de Lenguas y Lingüística de la Universidad de Georgetown. El tema era la falta de textos adecuados para la enseñaza de nuestros cursos generales de literatura. Casi medio siglo había pasado desde la publicación de la antología de Angel del Río, aún la preferida por la mayoría de nuestros compañeros que enseñaban cursos en los cuales se ofrecía un bosquejo de la literatura española. Aunque existían otras antologías más modernas, por lo general éstas no ofrecían la gran variedad de textos que se ofrecían en la de del Río. Sin embargo, la antología de Angel del Río terminaba con la generación del '27. Mucho se había escrito desde su publicación. Aun en los campos de la literatura medieval y renacentista, la crítica había avanzado muchas nuevas teorías y la disponibilidad de nuevos textos y ediciones suministraba al antologista moderno material más auténtico y exacto. Además, esta colección tan preferida por muchos profesores de literatura ya era difícil de conseguir.

Se emprendió la creación de esta nueva *Antología de la literatura española* para satisfacer las necesidades pedagógicas de la generación actual de profesores de literatura. Este libro es el primero de cuatro tomos. El primer volumen se titula *Edad Media*; el tercero se llama *Siglos XVIII y XIX* y el cuarto, *Siglo XX*. Para compilar los cuatro volúmenes de esta colección, se han empleado las mejores ediciones disponibles de los textos. Se ha hecho un esfuerzo por ofrecerle al instructor una gran variedad de material y, de hecho, se representan aquí varios autores y obras que no se han incluido anteriormente en antologías de este tipo.

Cada sección comienza con una introducción general. Estas introducciones reflejan las corrientes críticas más recientes y, en el caso de teorías divergentes, se explican ambas perspectivas. Aunque las limitaciones de espacio han impedido que se incluya una bibliografía completa para cada sección, se han sugerido algunas ediciones críticas que le serán útiles al estudiante que quiera examinar el texto más a fondo.

Para facilitar la lectura, se han incluido glosas al costado del texto o al pie de la página. Estas contienen información lingüística o histórica que ayudará al estudiante a descifrar el material sin recurrir constantemente a libros de referencia.

Aunque el español del Renacimiento estaba aún en un estado de transición, se habían hecho esfuerzos por imponer una gramática y una ortografía uniformes. La lengua había evolucionado considerablemente desde la época del *Cantar de mio Cid*. En esta antología los textos se presentan en su estado original, con la sola excepción de que la ortografía se ha modernizado.

Esta antología se podrá emplear a varios niveles. El profesor del *survey* clásico que se ofrece en la gran mayoría de universidades norteamericanas encontrará ejemplos de todos los géneros literarios y selecciones de todos los autores principales. El amplio surtido de textos le proveerá de la oportunidad de eligir esas selecciones que le sirvan para su curso. El profesor de cursos más avanzados y especializados encontrará en cada uno de los tomos suficiente material para el estudio de un período específico. Esta colección también será ideal para el *graduate survey* que se ofrece en algunas universidades, o podrá servir de repaso al estudiante graduado que prepare sus exámenes. Al profesor y especialista, estos cuatro volúmenes le servirán de libros de referencia.

En los dos primeros volúmenes, se han organizado las selecciones por género literario, lo cual permitirá al estudiante seguir el desarrollo de un género particular desde sus orígenes. También permite que esta antología se emplee para cursos especializados sobre materias como, por ejemplo, la poesía o el teatro del Renacimiento. Sin embargo, si el professor prefiere una presentación estrictamente cronológica, no le será difícil reordenar las selecciones.

La preparación de esta antología ha sido una tarea larga y ardua. De hecho, duró más, bastante más tiempo que la construcción de hermoso edificio nuevo donde ahora se encuentra la Facultad de Lenguas y Lingüística. Durante los últimos ocho años he tenido la excelente fortuna de poder contar con los talentos, ayuda y buena voluntad de muchas personas. Quisiera agradecer a Ronald

Nelson, editor encargado de libros en lenguas extranjeras de John Wiley & Sons, que ha apoyado este proyecto desde el principio, y con quien he trabajado en estos y otros libros durante unos quince años. Estoy igualmente agradecida a Micheline Frederick, supervisora de producción, y a Ann Marie Renzi, diseñadora, ambas de Wiley. También quisiera agradecer a Julio Baena por su lectura meticulosa y sus sugerencias excelentes, a mis colegas Thomas Walsh y Héctor Campos, quienes me han ayudado a resolver numerosos problemas lingüísticos y a Carolyn Colwell, Assistant Reference Librarian de la biblioteca de Georgetown, quien me ayudó a localizar muchos textos raros y difíciles de encontrar.

Estoy especialmente agradecida a los profesores James A. Castanada (Rice University), Louis C. Pérez (Pennsylvania State University), Kenneth Scholberg (Michigan State University), y Joseph Snow (University of Georgia), por sus recomendaciones valiosas.

Finalmente, quisiera agradecer a mi esposo, Mauro E. Mujica, quien ha leído con paciencia mucho de este material y ha ofrecido numerosas sugerencias.

Bárbara Mujica
Georgetown University
Washington, D.C., 1990

INDICE

El sol no se pone en el Imperio Español
Imperio Hispano-Germánico, 1517-1640

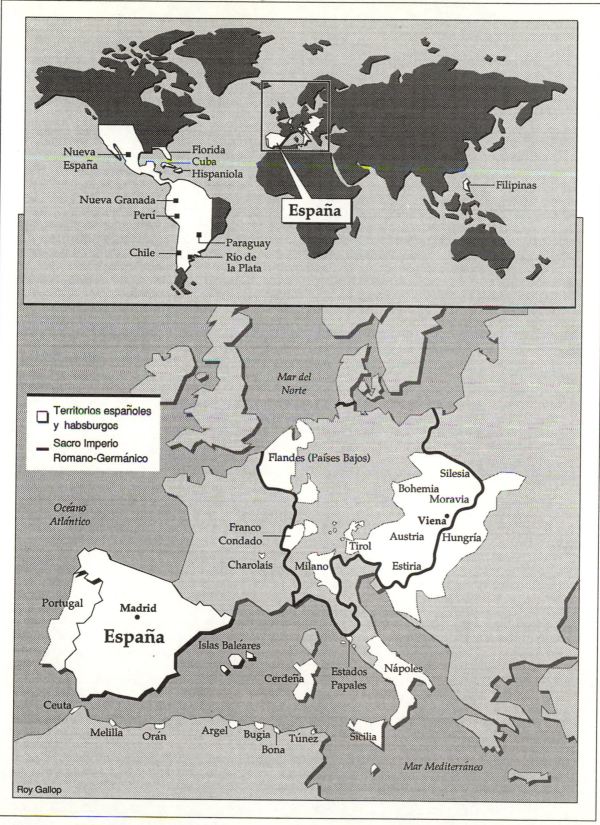

Roy Gallop

ANTOLOGÍA DE LA LITERATURA ESPAÑOLA

———————

RENACIMIENTO Y SIGLO DE ORO

———————

Poesía

PRINCIPIOS DEL SIGLO DE ORO

Renacimiento artístico, expansión política

Los críticos e historiadores no están de acuerdo en cuanto a la definición del «Siglo de Oro», nombre que se da al período de gran florecimiento artístico en España. Para unos, se extiende desde principios del siglo XVI hasta 1681, año de la muerte del dramaturgo Pedro Calderón de la Barca; para otros, empieza a mediados del siglo XVI. De todos modos, no se trata estrictamente de un siglo.

Durante la primera parte del siglo XVI, España se convirtió en uno de los poderes políticos y militares más fuertes del mundo. Después de la muerte de Isabel la Católica en 1504, Fernando continuó aumentando la influencia española en el Mediterráneo. Italia sirvió de campo de batalla a franceses, suizos y españoles, quedando éstos últimos en control de una gran parte de la península. Fernando siguió a cargo del gobierno hasta el advenimiento de su nieto, Carlos I de España y V de Alemania (1500–1558), ya que la hija de los Reyes Católicos, conocida como Juana la Loca, quedó incapacitada después de la muerte de su esposo Felipe el Hermoso, archiduque de Austria.

Carlos nació en Flandes Oriental (Bélgica) y subió al trono en 1517. Reunió bajo su dominio a Castilla, Aragón y los inmensos territorios del Sacro Imperio Romano Germánico de la Casa de Austria. Compartía los sueños expansionistas de Fernando, pero la Reforma Protestante, iniciada por Martín Lutero, amenazaba la unidad religiosa de Europa. En 1520 Lutero fue excomulgado por negar la sumisión al Papa. Los nobles alemanes apoyaron al rebelde y aceptaron la nueva doctrina, logrando así la secularización de los bienes eclesiásticos. El luteranismo se extendió a los países escandinavos y fue propagado en Suiza por Zwinglio y en Francia por Calvino. Carlos luchó por contener el protestantismo y por aumentar su propio dominio. Involucró a España en continuas guerras para realizar su meta: una Europa unida y católica. Derrotó a los reformadores en Mühlberg y sostuvo cuatro guerras contra Francisco I de Francia, a quien venció en Pavía en 1525.

Su fervor religioso y político lo llevó a combatir contra el poderoso emperador turco, Solimán el Magnífico. Logró varias victorias decisivas contra los musulmanes, conquistando Túnez en 1535.

Al mismo tiempo, Carlos subvencionó la conquista y exploración de América. A partir del descubrimiento, soldados, sacerdotes y exploradores españoles recorrieron el Nuevo Mundo sometiendo pueblos indígenas, convirtiendo a los nativos al catolicismo y fundando ciudades.

Fernando e Isabel. (Altar de la Capilla Real, Granada)

1

En 1556, Carlos, cansado de luchar, abdicó en favor de su hijo Felipe II y se retiró al monasterio de Yuste.

El contacto constante con otros países contribuyó al florecimiento de las artes y de la filosofía en España. A pesar del temor de las nuevas ideas de la Reforma, hubo un influjo de libros extranjeros. El humanista holandés Desiderio Erasmo (¿1469?–1536), reformador de espíritu enciclopédico, ejerció una influencia notable en España. Pero en las letras, las innovaciones más importantes llegaban de Italia.

El Renacimiento en Italia y en España

El Renacimiento europeo comenzó en Italia, debido en parte al intenso interés de varios Papas por las artes. Julio II, Pontífice desde 1503 hasta 1513, patrocinó a muchos artistas importantes, entre ellos a Miguel Angel y Rafael. Su sucesor, León X (Juan de Médicis), fue un gran admirador del arte antiguo y brindó su protección a muchos pintores y científicos de su tiempo. Pensadores como Maquiavello y Castiglione, poetas como Sannazaro, Boyardo, Bembo, Ariosto y Tasso, pintores y escultores como Donatello, Lucca della Robbia, Fra Angélico, Leonardo da Vinci, Rafael y Miguel Angel produjeron obras magníficas que influirían en el desarrollo de la filosofía y las artes durante siglos. Francisco I también era gran amante de las artes y protegía a varios artistas italianos que vivían en Francia. Durante la época de Carlos V, hubo un constante intercambio de ideas entre los grandes países de Europa, fomentando innovaciones artísticas y culturales.

La imprenta de caracteres móviles fue uno de los factores más importantes en la difusión de nuevos conceptos durante el Renacimiento. La invención del alemán Juan Gutemberg (¿1400?–1468) hizo posible la reproducción y divulgación de las obras maestras de los grandes pensadores de la Antigüedad, muchas de las cuales llegaron a Europa después de la caída del Imperio Bizantino en 1453. A causa de la invención del grabado a mediados del siglo XV, se pudieron dar a conocer muchas grandes obras de arte.

Las formas literarias italianas y el clasicismo humanístico tuvieron una influencia dramática en España, donde se emprendió una renovación de todos los géneros artísticos. Guiado por el anhelo de la perfección, el hombre del Renacimiento cultivaba las formas antiguas, imbuyéndolas de un espíritu contemporáneo. No buscaba la originalidad, ya que para él, la excelencia consistía en la imitación y perfeccionamiento del modelo. Sin embargo, las nuevas sensibilidades y la temática cristiana que era patrimonio del hombre europeo enriquecían las estructuras heredadas de la Antigüedad.

El tema del amor había ocupado el lugar central en la poesía trovadoresca de la Edad Media y siguió dominando la literatura del Renacimiento. La lucha del amante por una dama inalcanzable se convirtió en metáfora, dándole expresión de la lucha del individuo por la excelencia y la virtud. Aunque los lugares comunes del amor cortés siguieron empleándose, en el Renacimiento la poesía amorosa adquirió nuevas dimensiones psicológicas y filosóficas.

La renovación poética

La trasformación de la poesía española a principios del siglo XVI se debió en gran parte a la inspiración de un pensador italiano: Francisco Petrarca (1304–1374). Poeta, historiador e investigador de manuscritos antiguos, Petrarca fue el primero de los grandes humanistas del Renacimiento. Tuvo una influencia inmensa no sólo en España sino en toda Europa. Petrarca escribió sonetos y canciones en italiano, y es a él a quien se debe el triunfo del soneto en la poesía europea. Aunque Petrarca no inventó esta forma poética, la cual había florecido entre los poetas de la escuela del «dolce stil nuovo» que culminó con Dante, la perfeccionó e imbuyó de una nueva musicalidad. Músico dotado para la lira, Petrarca dio una importancia especial al aspecto melódico de sus composiciones, muchas de las cuales puso en música.

Como otros intelectuales de la época, Petrarca consideraba las lenguas modernas inferiores a las antiguas. En latín compuso varias composiciones, entre ellas el poema épico *Africa*. El interés en la Antigüedad que inspiró su trabajo con textos latinos se refleja en la poesía del Renacimiento, en la que abundan las referencias mitológicas. La inspiración clásica se ve también en el bucolismo de los poetas renacentistas, para quienes la naturaleza idealizada de las églogas latinas se convirtió en una expresión de la armonía perfecta.

En cuanto a las formas poéticas, el endecasílabo (verso de once sílabas) fue la importación italiana más destacada del Renacimiento. La poesía española tradicional utilizaba principalmente el octosílabo (verso de ocho sílabas), aunque se empleaban otros metros también, entre ellos el alejandrino, de catorce sílabas. Aunque no se abandonaron por completo los metros antiguos, las nuevas formas importadas llegaron pronto a revolucionar la poesía española. Debido al triunfo del petrarquismo, el soneto se extendió por toda Europa.

El soneto consta de catorce versos endecasílabos: dos cuartetos (estrofas de cuatro versos) y dos tercetos (estrofas de tres versos). El orden de las rimas de los cuartetos es usualmente *ABBA ABBA*, pero el de los tercetos varía. Entre los poetas españoles del Renacimiento las combinaciones más frecuentes son *CDC DCD, CDE CDE* o *CDE DCE,* aunque hay muchas variantes. El soneto servía para cualquier tema, ya fuera amoroso, filosófico o aun burlesco.

Muchas otras formas endecasílabas gozaron de gran popularidad entre los poetas españoles del Renacimiento. La estancia, forma que se empleaba para églogas y canciones, era más flexible que el soneto, ya que constaba de combinaciones de endecasílabos y heptasílabos cuya disposición determinaba el poeta para cada composición.

La octava real (también conocida por el nombre de octava rima u octava heroica), de origen siciliano, fue cultivada por Boccaccio en el siglo XIV y más tarde por Bembo y Ariosto, entre otros. En italiano como en español se usó para poemas épicos y líricos de diversos tipos. Es una estrofa formada por ocho endecasílabos que usualmente tienen la siguiente rima: *ABABABCC.*

El madrigal es una composición lírica breve, usualmente de diez o doce versos, que se empleaba para dar expresión a pensamientos sentimentales. Lo forman endecasílabos y heptasílabos cuya disposición y rima eran determinadas por el poeta.

La lira se empleó poco en Italia pero fue cultivada por muchos poetas españoles, entre ellos Garcilaso, Montemayor (en las composiciones de *La Diana*), Herrera y Fray Luis de León, quien utilizó casi exclusivamente esta estrofa. La lira está compuesta de dos endecasílabos y tres heptasílabos rimados según el siguiente modelo: *aBabB.*

No fue sólo en la estructura, sino también en la temática y el lenguaje donde la influencia italiana se hizo sentir. Se puede decir que el espíritu mismo de la poesía española experimentó un cambio dramático a principios del siglo XVI. Aquí también, Francisco Petrarca fue la figura clave.

Para los trovadores provenzales, el amor se concebía como servicio a la amada; el vasallaje espiritual del amante le confería dignidad y virtud. Esta tradición le sirvió a Petrarca de punto de partida, pero él la transformó y personalizó, convirtiendo su devoción a una lucha por la salvación religiosa. La inspiración del *Cancionero* y de los *Triunfos* de Petrarca fue una mujer que el poeta identifica sólo como Laura y algunos historiadores creen identificar con la hija de un noble provenzal cuyo nombre era Audibert de Noves.

Petrarca canta su amor a Laura durante la vida de ella y después de su muerte. La describe como un ser superior a los demás mortales. Ella es un ángel, una bendita, un ser divino cuya pureza le sirve de ejemplo; él, en cambio, es un hombre de carne y hueso, que a menudo cae víctima de sus pasiones. Ella es constante; él es mudable. Ella encarna todo lo que es bueno y bello. Representa el ideal sublime del platonismo. En la mente del poeta va transformándose en un ser cada vez más etéreo. En el soneto CCCXLV narra cómo en su ojo interior ve a Laura subir al cielo hasta llegar a los pies de Dios y entonces, imaginándola así, se siente calmado y premiado. En el próximo soneto, ella es una luz tan brillante que asombra a los ángeles mismos; pero no olvida a su amante fiel, sino que lo espera en el paraíso y con sus rezos lo mueve hacia la salvación.

El enfoque de la poesía amorosa de Petrarca es siempre el amante que siente y sufre. La dama es pasiva y muda. No actúa sino que inspira. Si ella ocupa su lugar en la esfera celestial, él permanece en la tierra, vacilando entre la esperanza y la desesperación. En su retrato de su estado emocional y psicológico, Petrarca se apartó de los trovadores, cuya representación del amante se basaba más bien en lugares comunes. Petrarca creó una poesía personal e íntima, emprendiendo un análisis de las contradicciones del alma humana que sería el sello del humanismo renacentista.

Para expresar estos sentimientos complejos Petrarca adoptó una retórica poética basada en la metáfora que sus seguidores españoles imitaron. Durante todo el Renacimiento y Siglo de Oro se empleó un corpus de metáforas—muchas de ellas creaciones de Petrarca—para referirse a la amada: su cabello era como el oro; sus ojos, como zafiros; sus mejillas, como rosas; sus labios y dientes, rubíes y perlas; su piel, mármol o alabastro; su cuerpo era un templo. Aunque el aspecto físico de Laura no es el foco de la poesía de Petrarca, por medio de estas alusiones a su persona el poeta da al lector la impresión de que Laura es una mujer real.

Los temas y técnicas de Petrarca caracterizaron la poesía amorosa española hasta fines del Siglo de Oro. Aun cuando un poeta posterior trasformaba los lugares comunes del petrarquismo por completo, asignándoles un valor religioso o hasta burlesco, se servía de un lenguaje poético que todo intelectual conocía.

Sobre la versificación española

El verso español consta de un número fijo de sílabas; éstas se cuentan desde la primera hasta la última acentuada, a la cual se agrega una más. Los siguientes versos son endecasílabos; la última sílaba acentuada está subrayada.

Se-rás con los va-lien-tes Tre-me-cén (verso agudo)
1 2 3 4 5 6 7 8 9 10(11)+1

sa-lid a re-ci-bir la se-pol-tu-ra (verso llano)
1 2 34 5 6 7 8 9 1011

Mis tris-tes pen-sa-mien-tos muy so-lí-ci-tos
1 2 3 4 5 6 7 8 9 1011

(verso esdrújulo)
−1

La *diéresis* es una figura que consiste en deshacer un diptongo, haciendo de una sílaba dos:

A-qués-ta me guï-a-ba
1 2   3 4 5 6 7

La *sinéresis* es una figura que consiste en crear un diptongo, haciendo de dos sílabas una; es decir, es una contracción o reducción a una sola sílaba de vocales que normalmente se pronuncian separadamente:

mo-rir co-mo Fae-tón, sien-do Nar-ci-so
1 2 3 4 5 6 7 8 9 1011

La *sinalefa* es un enlace de sílabas por el cual se forma una sola, de la última de una palabra y la primera de la siguiente:

Vi-ví gran tiem-pó en con-fu-sión per-di-do
1 2 3 4 5 6 7 8 9 1011

Para una explicación más amplia de la versificación renacentista, sugerimos que se consulte Tomás Navarro Tomás, *Métrica española* (Barcelona: Guadarrama, 1974). La mayoría de los poetas que se incluyen en estas páginas están representados en *Renaissance and Baroque Poetry of Spain*, ed. Elias L. Rivers (Prospect, Illinois: Waveland, 1988).

Una nota sobre el lenguaje del Siglo de Oro

Cuando el vocativo de «vos» está seguido de un pronombre (**recibidle**), es frecuente que se trastruequen las letras **d** y **l: recibilde.**

La **r** del infinitivo cambia a **l** cuando precede un pronombre de tercera persona: **verlo → vello; recibirlo → recibillo.**

Para facilitar la lectura de textos antiguos, señalamos las siguientes caracteristicas del español del Renacimiento.

La **f** se escribe en algunas palabras en que actualmente se usa una **h: fermosa (hermosa).**

La **x** a veces se escribe donde actualmente se usa una **j: dixo (dijo).**

En ciertos casos se alternan la **e** y la **i: recebir** por **recibir; dicir** por **decir.**

En ciertos casos la **o** se usa en vez de **u: sos** por **sus; sospiró** por **suspiró.**

Agora se usa a menudo en vez de **ahora.**

Ansí se usa en vez de **así.**

De se combina con pronombres y adjetivos demonstrativos para formar una sola palabra: **de él = dél; de esto = desto.**

La terminación **-escer** es común en los verbos que hoy en día terminan en **-ecer: parescer (parecer).**

JUAN BOSCÁN (ca. 1490—1542)

Juan Boscán—en catalán, Joan Boschá Almugáver—tuvo una influencia decisiva en las letras españolas, no por su propia contribución poética sino por su papel de iniciador en España del estilo italianizante. Boscán era miembro de la aristocracia barcelonesa y recibió una educación humanística tanto en castellano como en catalán. Entre 1507 y 1510—no se sabe la fecha exacta—Boscán estableció su residencia permanente en la corte de los Reyes Católicos, Fernando e Isabel. Allí fue estudiante de Lucio Marineo Sículo, un conocido humanista italiano que le dio una amplia formación en las literaturas italiana, griega y romana.

En 1516 murió Fernando V. Boscán participó activamente en la corte del nuevo monarca, Carlos V. Combatió en varias de las numerosas guerras iniciadas por el rey, que, ya dueño de una gran parte de Europa y de los territorios americanos, soñaba con el dominio universal.

En Granada, en 1526, Boscán conoció a Andrea Navagero, Embajador de la República Veneciana en la corte española. Historiador, poeta, gran conocedor e imitador de los escritores clásicos, Navagero aconsejó a Boscán que tratara de adaptar al castellano las formas de la poesía italiana. Animado por su amigo Garcilaso de la Vega, Boscán comenzó a experimentar con la nueva estética, incorporando a sus obras no sólo el endecasílabo sino también un nuevo vocabulario poético y una nueva sensibilidad creativa. Desgraciadamente, Boscán carecía de la genialidad artística necesaria para crear gran poesía. No es a él a quien le debemos el triunfo del estilo italianizante en España, sino a Garcilaso, que también cultivó las nuevas formas, pronto superando a su amigo.

Conviene recordar que Boscán fue un poeta de la escuela cancioneril antes de emprender la experimentación con la estética italiana. Su primer libro de poesía incluye dos villancicos, diecinueve coplas y seis canciones, todo ello escrito en versos de ocho sílabas, característicos del arte menor. El segundo y tercer libros incluyen exclusivamente poemas de versos endecasilábicos, con la excepción de las canciones, que consisten en versos de siete y once sílabas. Aunque los dos últimos libros tienen por modelo el *Canzoniere* de Petrarca, revelan una profunda influencia del poeta catalán Ausias March (ca. 1395–ca. 1460). Hay un tono de desesperación en gran parte de la poesía de Boscán. Predomina la idea de que el amor es sufrimiento, una sofocante angustia que el poeta persigue con una intensidad masoquista. Siguiendo el modelo de Petrarca, le aconseja al lector que aprenda de su ejemplo, que evite el amor. Sugiere que la felicidad se encuentra únicamente en los sueños; la realidad, con su constante y penosa lucha por el amor, sólo trae aflicción. Sin embargo, el poeta celebra el amor. Un nuevo amor es una dicha que borra el tormento pasado. Pero puede ser un bien efímero que, al desaparecer, hunda al amante una vez más en el profundo desconsuelo.

Entre las composiciones más conocidas de Boscán se incluye su «Epístola a don Diego de Mendoza», el primer ejemplo en español de un género humanístico que se llama «epístola de cosas familiares». Demasiado extensa para reproducir aquí, la epístola es un hermoso cuadro de felicidad doméstica de inspiración horaciana. Boscán también hizo una elegante traducción de *Il Cortegiano* de Baldassare Castiglione.

Después de la muerte de Garcilaso en 1536, Boscán preparó para la imprenta *Las obras de Boscán y algunas de Garcilaso de la Vega*. La colección fue publicada por la viuda del poeta barcelonés en 1543, un año después de la muerte de éste. Tuvo un éxito inmediato, estableciendo una nueva estética en el verso español.

El estudiante podrá consultar *Obras poéticas* de Juan de Boscán, editadas por Martín de Riquer (Barcelona: Facultad de Filosofía y Letras, Universidad de Barcelona, 1957–), de las cuales sólo el primer volumen ha aparecido.

VILLANCICO

Si no os hubiera mirado,
no penara[1];
pero tampoco os mirara[2],
Veros harto mal ha sido,
mas no veros peor fuera;
no quedara tan perdido,
pero mucho más perdiera.
¿Qué viera aquél que no os viera?

¿Cuál quedara[3],
Señora, si no os mirara?

SONETO I

Nunca de amor estuve tan contento
que en su loor[4] mis versos ocupase,
ni a nadie consejé que se engañase
buscando en el amor contentamiento.

Esto siempre juzgó mi entendimiento:
que de este mal todo hombre se guardase;
y así, porque esta ley se conservase,
holgué de ser a todos escarmiento.[5]

¡Oh! vosotros que andáis tras mis escritos
gustando de leer tormentos tristes,
según que por amar son infinitos,

mis versos son deciros: «¡Oh benditos
los que de Dios tan gran merced hubistes
que del poder de amor fuésedes quitos!⁶»

SONETO LXI

Dulce soñar y dulce congojarme,
cuando estaba soñando que soñaba;
dulce gozar con lo que me engañaba,
si un poco más durara el engañarme;

dulce no estar en mí,[7] que figurarme
podía cuanto bien yo deseaba;
dulce placer, aunque me importunaba
que alguna vez llegaba a despertarme:

¡oh sueño, cuánto más leve y sabroso
me fueras si vinieras tan pesado
que asentaras en mí con más reposo!

Durmiendo, en fin, fui bienaventurado,
y es justo en la mentira ser dichoso
quien siempre en la verdad fue desdichado.

SONETO XCII[8]

Garcilaso, que al bien siempre aspiraste,
y siempre con tal fuerza le seguiste
que a pocos pasos que tras él corriste
en todo enteramente le alcanzaste;
dime: ¿por qué tras ti no me llevaste
cuando desta mortal tierra partiste?
¿Por qué al subir a lo alto, que subiste,
acá en esta bajeza me dejaste?

---

[1] sufriría.
[2] **os**... habría tenido la gloriosa experiencia de miraros.

[3] **¿Cuál**... ¿Cómo quedaría . . . ?
[4] alabanza.
[5] **holgué**... me alegré de ser un ejemplo para todos.
[6] **fuésedes**... fuerais libres.
[7] **en**... consciente.
[8] Escrito en la ocasión de la muerte de Garcilaso.

Bien pienso yo que si poder tuvieras
de mudar algo lo que está ordenado
en tal caso de mí no te olvidaras.

Que, o quisieras honrarme con tu lado,
o, a lo menos, de mí te despidieras,
o si esto no, después por mí tornaras.

GARCILASO DE LA VEGA (1501–1536)

Es a Garcilaso a quien la historia literaria ha reconocido como creador del modelo supremo de la nueva lírica italianizante. Arquetipo del hombre renacentista, Garcilaso era de la noble estirpe del marqués de Santillana, de Pérez de Guzmán y de otras importantes figuras literarias. Conocía varios idiomas y, como era la costumbre entre los caballeros de inclinación poética, escribía versos en latín. De joven fue soldado del Rey, peleando contra los Comuneros en 1520 y, con Boscán, contra los Turcos en 1522. En 1523 fue nombrado caballero de la Orden de Santiago, y pasó los siete años siguientes al servicio del Rey. En 1525 se casó con doña Elena de Zúñiga y tuvo tres hijos, pero el gran amor de su vida y su inspiración poética fue Isabel Freire, dama portuguesa que murió en un parto en 1533 o 1534. En 1531 hubo una ruptura entre el rey Carlos V y Garcilaso, quien fue exilado primero a una isla del Danubio (Canción III) y luego a Nápoles. Durante aquella época Pedro de Toledo, un virrey español de la familia del Duque de Alba, gobernaba a Nápoles. Bajo su patrocinio Garcilaso completó su educación artística. Rodeado de pensadores, poetas, pintores y músicos italianos, Garcilaso se empapó de sensibilidad renacentista y escribió algunas de sus mejores obras. Murió en 1536 en una campaña militar en el sur de Francia.

Hay una evolución en la poesía de Garcilaso desde los primeros sonetos, profundamente influidos por el estilo angustiado e introspectivo de Ausias March, hasta el erotismo dulce y refinado de las églogas. El tema predominante de los sonetos es la lucha psicológica del hombre ante una meta inalcanzable, en este caso, del amante ante la amada indiferente. Garcilaso utiliza una variedad de metáforas para describir el sufrimiento causado por el amor no correspondido: el poeta es un desterrado, un forastero, un viajero que observa la felicidad de otros pero que permanece ajeno a ella. Su existencia es una serie de contradicciones: su angustia no tiene alivio, pero, al mismo tiempo, no es inaguantable («a mayor mal pudiera haber llegado», Soneto I) y aun le proporciona satisfacción; lo destruye («sé que me acabo», Soneto I), y sin embargo, él lamenta morir precisamente porque con la muerte acabará el dolor que da sentido a su vida («y más he yo sentido / ver acabar comigo mi cuidado», Soneto I). Las antítesis que se acumulan en la poesía de Garcilaso la imbuyen de una tensión, de una tremenda energía dramática.

La lucha entre el bien y el mal, la esperanza y la desesperación tiene lugar completamente fuera del marco cristiano. Garcilaso no escribe poemas religiosos. La esperanza depende del ánimo del poeta y de la voluntad de la amada. Se trata de una lucha personal dentro del espíritu del hombre. Esta tendencia secular es característica del Renacimiento.

En realidad, los sentimientos expresados por Garcilaso son válidos dentro de infinitos contextos humanos. El amor es el medio, la metáfora por la cual el poeta examina varios aspectos de la psicología humana: el deseo, la frustración, el dolor producido por la ausencia. Siempre ambiguo, el amor es simultáneamente un bien y un mal— un bien porque produce felicidad, le da al amante esperanza y define su vida; un mal porque produce dolor y desespera a quien se le entrega. La mudanza, tema heredado del prerrenacimiento y fundamental en la obra de poetas tales como Juan de Mena y Ausias March, es fuente tanto del consuelo como de la tristeza. El cambio caracteriza el amor, que primero lanza al amante a la euforia y después lo sumerge en un hastío abismal («¿Quién sufrirá tan áspera mudanza / del bien al mal?», Soneto V), sólo para entonces ofrecerle una vez más un rayo de esperanza («tras fortuna suele haber bonanza»).

Hay en esta poesía un elemento de fatalismo. El amor es un destino contra el cual el amante no puede luchar. Por lo tanto, no le queda más remedio que conformarse. Pero, a diferencia de los poetas provenzales, que luchan contra su hado, o los italianos, que se resignan, el yo poético de los sonetos de Garcilaso convierte su devoción en un acto de voluntad: «Yo mesmo emprenderé a fuerza de brazos / romper un monte que otro no rompiera, / de mil inconvenientes muy espeso» (Soneto V). El amante ya no es víctima sino dueño de su destino. Hay resolución, aun violencia, en su proclamación de independencia. Su firmeza de propósito es tal que vencerá el aniquilamiento mismo del cuerpo: «Muerte, prisión no pueden, ni embarazos, / quitarme de ir a veros como quiera, / desnudo 'spirtu o hombre en carne y hueso» (Soneto IV). No lucha contra el amor («mi inclinación, con quien ya no porfío», Soneto VI), sino que se entrega libremente, sabiendo que él mismo es la causa de su propia destrucción.

El enfoque de los sonetos es la experiencia psicológica del amante. La dama nunca se nombra y apenas se menciona. La descripción de la mujer es siempre vaga, hecha a través de términos convencionales—rosa, azucena, oro—que se refieren a colores: el rojo de los labios, la blancura del cuello, el rubio del cabello esparcido. Se trata de una figura idealizada, sensual. A veces la amada se revela por medio de una mirada ardiente, apasionada, que enloquece al amante, pero ella se mantiene siempre controlada, distante. Es precisamente su inasequibilidad lo que da valor al sufrimiento de su admirador.

La pasión del poeta se convierte en un intenso nerviosismo, expresado por la misma estructura del poema. En el Soneto XII, por ejemplo, el ritmo es rápido y enérgico; no hay un solo acento hasta llegar a la palabra «loco», primero de una serie de adjetivos que lenta y enfáticamente definen el estado de ánimo del poeta.

Abundan las referencias clásicas, que en manos del poeta se convierten en expresiones del deseo frustrado. En el Soneto XII el yo poético se identifica con Icaro, el que aspiró a llegar al sol sólo para caer al mar, y con Faetón, que al atreverse a conducir el carro del sol, cayó al río Po. Las historias de Icaro ahogado y Faetón abrasado aparecían con frecuencia en la pintura y en la poesía del Renacimiento. En el Soneto XIII, el amante es Apolo, aborrecido por la casta Dafne, que suplicó a su padre Peneo que la trasformara para protegerla de los requerimientos amorosos del dios. El poeta, también rechazado por una fría mujer, convierte la metamorfosis de Dafne en laurel en una escena viva, presenciada por él, por medio del uso del verbo «vi» en primera persona y por su minuciosa y gráfica descripción del cuerpo de la joven que cubre la corteza mientras sus cálidos miembros aún tiemblan.

Las canciones, las primeras de las cuales fueron profundamente influidas por modelos petrarquistas, pertenecen al modo *deprecatorio* que consiste en una queja o súplica. El tema es el sufrimiento del poeta, excluido del paraíso por la frialdad de la amada o por alguna otra circunstancia. El poeta a menudo realza el contraste entre la perfección deseada y su triste estado presente por medio del uso sistemático del subjuntivo oratorio, seguido por una explicación: «Vuestra sobervia y condición esquiva / acabe ya, pues es tan acabada / la fuerza de en quien ha d'esecutarse» (Can. I). La más conocida de las Canciones es la *Ode ad florem gnidi* que pertenece al período napolitano (1533–1566). Aquí ya no hay influencia de Petrarca, sino de los clásicos (Horacio, Ovidio, Tibulo, Marcial) y de los italianos del siglo XVI (Ariosto y Tasso).

El tono de las Eglogas I y III, en las cuales se nota principalmente la influencia de Virgilio, es suave, dulce, sensual. El poeta canta el placer de sufrir, «el dulce lamentar» (Egloga I) del amante. Crea un ambiente bucólico de plenitud y de voluptuosidad en que la única preocupación es el amor. Se trata de una naturaleza totalmente artificial, en que las ovejas se olvidan de pacer por escuchar el «cantar sabroso» (Egloga I) del pastor. El amante, alejado del objeto de su deseo por algún obstáculo—la distancia, la muerte, la frialdad de ella—se entrega al dolor, pero este dolor es parte de la sublimación del deseo erótico.

Recomendamos la siguiente edición de la poesía de Garcilaso: *Poesías castellanas completas,* ed. Elias L. Rivers (Madrid: Castalia, 1972).

SONETO I

Cuando me paro a contemplar mi 'stado
y a ver los pasos por dó me han traído,°
hallo, según por do anduve perdido,
que a mayor mal pudiera haber llegado;
    mas cuando del camino 'stó° olvidado,
a tanto mal no sé por dó he venido;
sé que me acabo,° y más he yo sentido
ver acabar comigo mi cuidado.°
    Yo acabaré, que me entregué sin arte°
a quien sabrá perderme y acabarme
si quisiere, y aún sabrá querello;
    que pues mi voluntad puede matarme,
la suya,° que no es tanto de mi parte,°
pudiendo,° ¿qué hará sino hacello?

los... por donde me han traído los pasos (**dó** – donde)

estoy

muero
sufrimiento
engaño, artificio

la de ella (la amada) / **que**... que no me favorece tanto como mi propia voluntad / ya que puede (matarme)

SONETO IV

Un rato se levanta mi esperanza,
mas cansada de haberse levantado,
torna a caer, que° dexa, a° mal mi grado,
libre el lugar a la desconfianza.
    ¿Quién sufrirá tan áspera mudanza
del bien al mal? ¡O corazón cansado,
esfuerza en la miseria de tu 'stado,
que tras fortuna° suele haber bonanza!

lo cual / sobra la preposición **a**

tormenta marítima, lo contrario de **bonanza**

Yo mesmo emprenderé a fuerza de brazos
romper un monte que otro no rompiera,
de mil inconvenientes muy espeso°;
   muerte, prisión no pueden, ni embarazos,
quitarme de ir a veros como quiera,
desnudo 'spirtu° o hombre en carne y hueso.

El adjetivo califica **monte,** que aquí significa «bosque».

espíritu

Soneto VI

Por ásperos caminos he llegado
a parte° que de miedo° no me muevo,
y si a mudarme a dar un paso pruebo,
allí por los cabellos soy tornado°;
   mas tal estoy que con la muerte al lado
busco de mi vivir consejo nuevo,
y conozco el mejor y el peor apruebo°,
o por costumbre mala o por mi hado.
   Por otra parte, el breve tiempo mío
y el errado proceso de mis años,
en su primer principio y en su medio,
   mi inclinación, con quien ya no porfío,
la cierta muerte, fin de tantos daños,
me hacen° descuidar de mi remedio.

un sitio / **que**... donde tengo tanto miedo que

devuelto

conozco... reconozco la mejor solución y opto por el camino de la
   destrucción

Los sujetos de **hacen** son **tiempo, proceso, inclinación** y **muerte.**

Soneto XII

Si para refrenar este deseo
loco, imposible, vano, temeroso,
y guarecer° de un mal tan peligroso,
que es darme a entender yo lo que no creo,°
   no me aprovecha verme cual° me veo,
o muy aventurado° o muy medroso,
en tanta confusión que nunca oso
fiar el mal de mí que lo poseo,
   ¿qué me ha de aprovechar ver la pintura
d'aquel° que con las alas derretidas,
cayendo, fama y nombre al mar ha dado,
   y la del° que su fuego y su locura
llora entre aquellas plantas conocidas,
apenas en el agua resfrïado?

guardarme
es... me convence de lo que no creo
como
osado, atrevido

Icaro, hijo de Dédalo, que huyó con él del laberinto de Creta con
   unas alas pegadas con cera. Desoyendo las advertencias de su
   padre, se acercó demasiado al sol. Se derritió la cera e Icaro cayó
   al mar. Véase la Introducción.
Faetón, hijo del Sol, guiando demasiado rápido el carro de su padre,
   estuvo a punto de abrasar el universo. Faetón pereció en el mar.
   Icaro y Faetón son ejemplos de individuos que, como el amante,
   fueron demasiado atrevidos y terminaron abrasados. Véase la
   Introducción.

Soneto XIII

A Dafne° ya los brazos le crecían
y en luengos° ramos vueltos se mostraban;
en verdes hojas vi que se tornaban
los cabellos qu'el oro escurecían°;
   de áspera corteza se cubrían
los tiernos miembros que aun bullendo 'staban;
los blancos pies en tierra se hincaban
y en torcidas raíces se volvían.
   Aquel° que fue la causa de tal daño,
a fuerza de llorar, crecer hacía
este árbol, que con lágrimas regaba.°
   ¡Oh miserable estado, oh mal tamaño,°
que con llorarla crezca cada día
la causa y la razón por que lloraba!

Se refiere a la fábula de Dafne y Apolo. Véase la Introducción.
largos

oscurecían, superaban en brillo

Apolo

a... cuanto más regaba el árbol con sus lágrimas, tanto más crecía
tan grande

Soneto XXIII

En tanto que de rosa y d'azucena
se muestra la° color en vuestro gesto,°
y que vuestro mirar ardiente, honesto,
con clara luz la tempestad serena;

   y en tanto que'l cabello, que'n la vena
del oro s'escogió,° con vuelo presto
por el hermoso cuello blanco, enhiesto,
el viento mueve, esparce y desordena:

   coged de vuestra alegre primavera°
el dulce fruto antes que'l tiempo airado
cubra de nieve° la hermosa cumbre.

   Marchitará la rosa el viento helado,
todo lo mudará la edad ligera°
por no hacer mudanza en su costumbre.°

Antiguamente el sustantivo «color» era femenino. / cara

***que**... que fue seleccionado de un filón de oro*

juventud

canas

***edad**... tiempo fugaz*
***por**... por no cambiar la costumbre que tiene de cambiarlo todo*

Soneto XXVI

Echado está por tierra el fundamento
que mi vivir cansado sostenía.
¡Oh cuánto s'acabó en solo un día!
¡Oh cuántas esperanzas lleva el viento!

   ¡Oh cuán ocioso está mi pensamiento
cuando se ocupa en bien de cosa mía!
A mi esperanza, así como a baldía°,
mil veces la castiga mi tormento.

   Las más veces me entrego, otras resisto
con tal furor, con una fuerza nueva,
que un monte puesto encima rompería.

   Aquéste es el deseo que me lleva
a que desee tornar a ver un día
a quien fuera mejor nunca haber visto.

vana, inútil

Soneto XXVIII

Boscán°, vengado estáis, con mengua° mía,
de mi rigor pasado y mi aspereza,
con que reprehenderos la terneza
de vuestro blando corazón solía;

   agora me castigo cada día
de tal selvatiquez° y tal torpeza,
mas es a tiempo que de mi bajeza
correrme y castigarme bien podría.

   Sabed qu'en mi perfeta edad y armado,
con mis ojos abiertos, m'he rendido
al niño° que sabéis, ciego y desnudo.

   De tan hermoso fuego consumido
nunca fue corazón°; si preguntado
soy lo demás, en lo demás soy mudo.

Se refiere a Juan Boscán, amigo de Garcilaso (págs. 4–6). / miseria

falta de refinamiento

Cupido, dios del amor

***De**... Un corazón nunca fue consumido por tan hermoso amor como éste que consume el mío.*

Soneto XXXVI

Siento el dolor menguarme° poco a poco,
no porque ser le sienta más sencillo,
mas fallece el sentir para sentillo°,
después que de sentillo estoy tan loco;

   ni en sello° pienso que en locura toco,

reducirme, destruirme

***no**... no es que me arrepienta por sentirme tan débil, pero apenas tengo fuerzas para sentirlo.*

serlo, es decir, ser loco

antes voy tan ufano con oíllo
que no dejaré el sello y el sufrillo,
que si dejo de sello, el seso apoco.

    Todo me empece°, el seso y la locura: causa daño
prívame éste de sí por ser tan mío;
mátame estotra por ser yo tan suyo.

    Parecerá a la gente desvarío   donde, en que
preciarme deste mal do° me destruyo:
yo lo tengo por única ventura.°

Parecerá… La gente creerá que estoy delirando porque canto la gloria de este mal que me destruye, pero yo lo considero una gran suerte o felicidad.

CANCIÓN I

1.

    Si a la región desierta, inhabitable
por el hervor del sol demasïado
y sequedad d'aquella arena ardiente,
o a la que por el hielo congelado
y rigurosa nieve es intratable,
del todo inhabitada de la gente,
    por algún accidente
o caso de fortuna desastrada
    me fuésedes° llevada,   fueseis
y supiese que allá vuestra dureza
    estaba en su crüeza,°   crueldad
allá os iría a buscar como perdido,
hasta morir a vuestros pies tendido.

2.

    Vuestra soberbia y condición esquiva
acabe ya, pues es tan acabada
la fuerza de en quien ha d'esecutarse;
mirá° bien qu'el amor se desagrada   mirad
deso, pues quiere qu'el amante viva
y se convierta adó° piense salvarse.   a un estado en que
    El tiempo ha de pasarse,
y de mis males arrepentimiento,
    confusión y tormento
sé que os ha de quedar, y esto recelo,
    que aunque de mí me duelo,
como en mí vuestros males son d'otra arte°   manera
duélenme en más sensible y tierna parte.

3.

    Así paso la vida acrecentando
materia de dolor a mis sentidos,
como si la que tengo no bastase,
los cuales para todo están perdidos
sino para mostrarme a mí cuál ando.
Pluguiese a Dios° que aquesto aprovechase   **Pluguiese**… (del verbo *placer*) Dios quisiera
    para que yo pensase
un rato en mi remedio, pues os veo
    siempre con un deseo
de perseguir al triste y al caído:
    yo estoy aquí tendido,
mostrándoos de mi muerte las señales,
y vos viviendo sólo de mis males.

4.

Si aquella amarillez° y los sospiros
salidos sin licencia de su dueño,
si aquel hondo silencio no han podido
un sentimiento grande ni pequeño
mover en vos que baste a convertiros
a siquiera saber que soy nacido,
    baste ya haber sufrido
tanto tiempo, a pesar de lo que basto,°
    que a mí mismo contrasto,
dándome a entender que mi flaqueza
    me tiene en la estrecheza
en que estoy puesto, y no lo que yo entiendo:
así que con flaqueza me defiendo.

cobardía, timidez

lo... lo poco que valgo

5.

Canción°, no has de tener
comigo ya que ver en malo o en bueno;
    trátame como ajeno,
que no te faltará de quien lo aprendas.
    Si has miedo que m'ofendas,
no quieras hacer más por mi derecho
de lo que hice yo, qu'el mal me he hecho.

El poeta se dirige a su propia canción. Esta última estrofa, llamada un *conviato* o *envío*, sirve de despedida. Es un epílogo o apóstrofe al poema, que reitera el tema. Aquí el poeta le pide a su canción que se separe de él y lo abandone tal como la amada lo ha abandonado.

Egloga I

AL VIRREY DE NÁPOLES°

Personas
SALICIO.
NEMOROSO°.

Don Pedro de Toledo, tío del duque de Alba

Los dos personajes representan a Garcilaso.

1.

El dulce lamentar de dos pastores,
Salicio juntamente y Nemoroso,
he de cantar, sus quejas imitando;
cuyas ovejas al cantar sabroso
estaban muy atentas, los amores,
de pacer olvidadas, escuchando.
    Tú°, que ganaste obrando
    un nombre en todo el mundo
    y un grado sin segundo,
agora estés atento sólo y dado
al ínclito gobierno del estado
albano°, agora vuelto a la otra parte,
    resplandeciente, armado,
representando en tierra el fiero Marte°;

El poeta le dirige la palabra a Don Pedro. Le ruega al virrey que deje sus otras posibles ocupaciones—la administración del gobierno, la guerra, la caza—y que esté atento a su canción.

estado... Nápoles; el virrey era de la casa de Alba.

dios de la guerra

2.

agora, de cuidados enojosos
y de negocios libre, por ventura
andes a caza, el monte fatigando
en ardiente ginete° que apresura
el curso tras los ciervos temerosos,

caballo ligero

que en vano su morir van dilatando:
  espera, que en tornando
  a ser restituído
  al ocio ya perdido,
luego verás ejercitar mi pluma
por la infinita, innumerable suma
de tus virtudes y famosas obras,
  antes que me consuma,
faltando a ti, que a todo el mundo sobras°.   superas

3.

  En tanto que este tiempo que adevino
viene a sacarme de la deuda un día
que se debe a tu fama y a tu gloria
(qu'es deuda general, no sólo mía,
mas de cualquier ingenio peregrino
que celebra lo digno de memoria),
  el árbol° de victoria   el laurel, con cuyas ramas se coronaba a los militares victoriosos
  que ciñe estrechamente
  tu gloriosa frente
dé lugar a la hiedra° que se planta   símbolo del humilde poeta pastoril. Nótese la contraposición de
debajo de tu sombra y se levanta   hiedra y laurel.
poco a poco, arrimada a tus loores;
  y en cuanto esto se canta,
escucha tú el cantar de mis pastores.

4.

  Saliendo de las ondas encendido,
rayaba de los montes el altura
el sol, cuando Salicio, recostado
al pie d'una alta haya, en la verdura
por donde una agua clara con sonido
atravesaba el fresco y verde prado,
  él°, con canto acordado°   Salicio / en armonía
  al rumor que sonaba
  del agua que pasaba,
se quejaba tan dulce y blandamente
como si no estuviera de allí ausente
la que de su dolor culpa tenía,
  y así como presente,
razonando con ella, le decía:

5.

SALICIO.
  ¡Oh más dura que mármol a mis quejas
y al encendido fuego en que me quemo
más helada que nieve, Galatea°!   El pastor compara a su amada con la ninfa Galatea, acusada por el
Estoy muriendo, y aun la vida temo;   Cíclope, que la adoraba, de ser fría y cruel. Galatea se asocia con
témola con razón, pues tú me dejas,   el color blanco y con la castidad.
que no hay sin ti el vivir para qué sea.
  Vergüenza he que me vea
  ninguno en tal estado,
  de ti desamparado,
y de mí mismo yo me corro agora.

¿D'un alma te desdeñas ser señora
donde siempre moraste, no pudiendo
   della salir un hora?
Salid sin duelo°, lágrimas, corriendo.

                              lástima

6.

El sol° tiende los rayos de su lumbre
por montes y por valles, despertando
las aves y animales y la gente:
cuál por el aire claro va volando,
cuál por el verde valle o alta cumbre
paciendo va segura y libremente,
   cuál con el sol presente
   va de nuevo al oficio
   y al usado° ejercicio
do su natura o menester l'inclina;
siempre está en llanto esta ánima mezquina,
cuando la sombra el mundo va cubriendo,
   o la luz se avecina.
Salid sin duelo, lágrimas, corriendo.

Es de mañana; el movimiento del sol indica el transcurso del tiempo.

acostumbrado

7.

Y tú, desta mi vida ya olvidada,
sin mostrar un pequeño sentimiento
de que por ti Salicio triste muera,
dejas llevar, desconocida°, al viento
el amor y la fe que ser guardada
eternamente solo a mí debiera.
   ¡Oh Dios!, ¿por qué siquiera,
   pues ves desde tu altura
   esta falsa perjura
causar la muerte d'un estrecho amigo,
no recibe del cielo algún castigo?
Si en pago del amor yo estoy muriendo,
   ¿qué hará el enemigo°?
Salid sin duelo, lágrimas, corriendo.

desagradecida

Si... si matas al amigo, ¿qué le harás al enemigo?

8.

Por ti el silencio de la selva umbrosa,
por ti la esquividad y apartamiento
del solitario monte m'agradaba;
por ti la verde hierba, el fresco viento,
el blanco lirio y colorada rosa
y dulce primavera deseaba.
   ¡Ay, cuánto m'engañaba!
   ¡Ay, cuán diferente era
   y cuán d'otra manera
lo que en tu falso pecho° se escondía!
Bien claro con su voz me lo decía
la siniestra corneja°, repitiendo
   la desventura mía.
Salid sin duelo, lágrimas, corriendo.

tu... tu corazón engañador

pájaro de la misma especie que el cuervo, cuya presencia anuncia la mala fortuna

9.

¡Cuántas veces, durmiendo en la floresta,
reputándolo yo por desvarío,

vi mi mal entre sueños, desdichado!
Soñaba que en el tiempo del estío°   verano
llevaba, por pasar allí la siesta,
a abrevar en el Tajo° mi ganado;   río de España y de Portugal, que pasa por Aranjuez, Toledo y
   y después de llegado,   Talavera de la Reina
   sin saber de cuál arte,
   por desusada parte
y por nuevo camino el agua s'iba;
ardiendo yo con la calor estiva,
el curso enajenado° iba siguiendo   desplazado
   del agua fugitiva.
Salid sin duelo, lágrimas, corriendo.

10.

   Tu dulce habla ¿en cúya oreja suena°?   Las palabras de Salicio reflejan el dolor que sintió Garcilaso cuando
Tus claros ojos ¿a quién los volviste?   Isabel Freire se casó con Antonio de Fonseca.
¿Por quién tan sin respeto me trocaste?
Tu quebrantada fe ¿dó la pusiste?
¿Cuál es el cuello que como en cadena
de tus hermosos brazos añudaste?
   No hay corazón que baste,
   aunque fuese de piedra,
   viendo mi amada hiedra°   La amada es la hiedra; el poeta, el muro; su rival, el "otro muro".
de mí arrancada, en otro muro asida,
y mi parra en otro olmo entretejida,
que no s'esté con llanto deshaciendo
   hasta acabar la vida.
Salid sin duelo, lágrimas, corriendo.

11.

   ¿Qué no s'esperará d'aquí adelante,
por difícil que sea y por incierto,
o qué discordia no será juntada°?   reconciliada
Y juntamente ¿qué terná° por cierto,   tendrá
o qué de hoy más no temerá el amante,
siendo a todo materia° por ti dada?   motivo
   Cuando tú enajenada
   de mi cuidado fuiste,
   notable causa diste,
y ejemplo a todos cuantos cubre'l cielo,
que'l más seguro tema con recelo
perder lo que estuviere poseyendo.
   Salid fuera sin duelo,
salid sin duelo, lágrimas, corriendo.

12.

   Materia diste al mundo d'esperanza
d'alcanzar lo imposible y no pensado
y de hacer juntar lo diferente,
dando a quien diste el corazón malvado,
quitándolo de mí con tal mudanza
que siempre sonará de gente en gente.
   La cordera paciente
   con el lobo hambriento
   hará su ajuntamiento,
y con las simples aves sin rüido

harán las bravas sierpes ya su nido,
que mayor diferencia comprehendo
   de ti al que has escogido°.
Salid sin duelo, lágrimas, corriendo.

que... que según entiendo, hay una diferencia aun más grande entre tú y el que has escogido

13.

   Siempre de nueva leche en el verano
y en el invierno abundo°; en mi majada
la manteca y el queso está sobrado.
De mi cantar, pues, yo te vía° agradada
tanto que no pudiera el mantüano
Títero° ser de ti más alabado.
   No soy, pues, bien mirado,
   tan disforme ni feo,
   que aun agora me veo
en esta agua que corre clara y pura,
y cierto no trocara mi figura
con ese que de mí s'está reyendo;
   ¡trocara mi ventura!
Salid sin duelo, lágrimas, corriendo.

tengo abundancia

veía

el... el poeta latino Virgilio, nacido en Mantua, autor de *Las Bucólicas*, diez églogas de inspiración pastoril

14.

   ¿Cómo te vine en tanto menosprecio?
¿Cómo te fui tan presto aborrecible?
¿Cómo te faltó en mí el conocimiento°?
Si no tuvieras condición° terrible,
siempre fuera tenido de ti en precio°
y no viera este triste apartamiento.
   ¿No sabes que sin cuento°
   buscan en el estío
   mis ovejas el frío
de la sierra de Cuenca°, y el gobierno
del abrigado Estremo° en el invierno?
Mas ¡qué vale el tener°, si derritiendo
   m'estoy en llanto eterno!
Salid sin duelo, lágrimas, corriendo.

Cómo... cómo dejaste de conocerme
carácter
fuera... sería de ti apreciado

sin... innumerables

provincia española, esencialmente ganadera, al sudeste de Madrid
Extremadura, región de España, principalmente ganadera. En España, tradicionalmente, se practica la trashumancia: las ovejas pasan el verano en las tierras altas—en este caso Cuenca—y el invierno en pastos más bajos—Extremadura. / ser rico

15.

   Con mi llorar las piedras enternecen
su natural dureza y la quebrantan;
los árboles parece que s'inclinan;
las aves que m'escuchan, cuando cantan,
con diferente voz se condolecen
y mi morir cantando m'adevinan;
   las fieras que reclinan
   su cuerpo fatigado
   dejan el sosegado
sueño por escuchar mi llanto triste:
tú sola contra mí t'endureciste,
los ojos aun siquiera no volviendo
   a los° que tú hiciste
salir, sin duelo, lágrimas corriendo.

los ojos míos, de los que hiciste salir lágrimas

16.

   Mas ya que a socorrerme aquí no vienes,
no dejes el lugar que tanto amaste,

que bien podrás venir de mí segura.
Yo dejaré el lugar do me dejaste;
ven si por solo aquesto te detienes.
Ves aquí un prado lleno de verdura,
    ves aquí un' espesura,
    ves aquí un agua clara,
    en otro tiempo cara,
a quien de ti con lágrimas me quejo;
quizá aquí hallarás, pues yo m'alejo,
al que todo mi bien quitar me puede,
    que pues el bien le dejo,
no es mucho que'l lugar también le quede.

17.

    Aquí dio fin a su cantar Salicio,
y sospirando en el postrero° acento,   último
soltó de llanto una profunda vena;
queriendo el monte al grave sentimiento
d'aquel dolor en algo ser propicio,
con la pesada voz retumba y suena;
    la blanda Filomena°,   hija de Pandión, rey de Atenas, y hermana de Progne. Según la
    casi como dolida   fábula, fue metamorfoseada en ruiseñor, cuyo canto es conocido
    y a compasión movida,   por su blandura y suavidad.
dulcemente responde al son lloroso.
Lo que cantó tras esto Nemoroso,
decildo vos, Piérides,° que tanto   Musas
    no puedo yo ni oso,
que siento enflaquecer mi débil canto.

18.

NEMOROSO.
    Corrientes aguas puras, cristalinas,
    árboles que os estáis mirando en ellas,
    verde prado de fresca sombra lleno,
    aves que aquí sembráis vuestras querellas°,   quejas
    hiedra que por los árboles caminas,
    torciendo el paso por su verde seno:
        yo me vi tan ajeno
        del grave mal que siento
        que de puro contento
    con vuestra soledad me recreaba,
    donde con dulce sueño reposaba,
    o con el pensamiento discurría
        por donde no hallaba
    sino memorias llenas d'alegría;

19.

    y en este mismo valle, donde agora
me entristezco y me canso en el reposo,
estuve ya° contento y descansado.   antes
¡Oh bien caduco, vano y presuroso!
Acuérdome, durmiendo aquí algún hora,
que, despertando, a Elisa vi a mi lado.

¡Oh miserable hado!
¡Oh tela° delicada,
antes de tiempo dada
a los agudos filos de la muerte!
Más convenible fuera aquesta suerte
a los cansados años de mi vida,
que's más que'l hierro fuerte,
pues no la ha quebrantado tu partida.

Se refiere a la vida, que es una tela tejida por una Parca y luego cortada por otra. Según la mitología, las Parcas eran tres deidades de los Infiernos. Eran dueñas de la vida de los hombres, cuya trama hilaban.

20.

¿Dó están° agora aquellos claros ojos
que llevaban tras sí, como colgada,
mi alma, doquier que ellos se volvían?
¿Dó está la blanca mano delicada,
llena de vencimientos y despojos
que de mí mis sentidos l'ofrecían?
Los cabellos que vían
con gran desprecio al oro°
como a menor tesoro
¿adónde están, adónde el blanco pecho?
¿Dó la columna° que'l dorado techo°
con proporción graciosa sostenía?
Aquesto todo agora ya s'encierra,
por desventura mía,
en la escura, desierta y dura tierra.

La elegía o *planctus* tradicional culmina con una serie de estrofas cada una de las cuales comienza con las palabras *¿dónde están . . . ?* (en latín, *ubi sunt*) El propósito es contrastar lo que es con lo que fue, o sea, la gloria o felicidad pasada con el vacío presente.

Los cabellos de la amada veían con desprecio el oro porque brillaban aún más que el metal precioso.

cuello / cabellera

21.

¿Quién me dijera, Elisa, vida mía,
cuando en aqueste valle al fresco viento
andábamos cogiendo tiernas flores,
que había de ver, con largo apartamiento,
venir el triste y solitario día
que diese amargo fin a mis amores?
El cielo en mis dolores
cargó la mano tanto°
que a sempiterno llanto
y a triste soledad me ha condenado;
y lo que siento más es verme atado
a la pesada vida y enojosa,
solo, desamparado,
ciego, sin lumbre en cárcel tenebrosa.

en... me llenó tan excesivamente de dolores

22.

Después que nos dejaste, nunca pace
en hartura el ganado ya, ni acude
el campo al labrador con mano llena;
no hay bien que'n mal no se convierta y mude.
La mala hierba al trigo ahoga, y nace
en lugar suyo la infelice° avena;
la tierra, que de buena
gana nos producía
flores con que solía
quitar en solo vellas mil enojos,

infeliz, miserable

produce agora en cambio estos abrojos,
ya de rigor d'espinas intratable.
    Yo hago con mis ojos
crecer, lloviendo, el fruto miserable°.

Es decir, el poeta llora, y sus lágrimas son la lluvia que hace crecer el fruto.

23.

    Como al partir del sol la sombra crece,
y en cayendo su rayo, se levanta
la negra escuridad que'l mundo cubre,
de do viene el temor que nos espanta
y la medrosa forma en que s'ofrece
aquella° que la noche nos encubre
    hasta que'l sol descubre
    su luz pura y hermosa:
    tal es la tenebrosa
noche de tu partir en que he quedado
de sombra y de temor atormentado,
hasta que muerte el tiempo determine
    que a ver el deseado
sol de tu clara vista m'encamine.

aquella forma. La noche encubre las formas y nos las ofrece medrosas (miedosas).

24.

    Cual° suele el ruiseñor con triste canto
quejarse, entre las hojas escondido,
del duro labrador que cautamente
le despojó su caro y dulce nido
de los tiernos hijuelos entretanto
que del amado ramo estaba ausente,
    y aquel dolor que siente,
    con diferencia tanta
    por la dulce garganta
despide que a su canto el aire suena,
y la callada noche no refrena
su lamentable oficio y sus querellas,
    trayendo de su pena
el cielo por testigo y las estrellas:

Así como. El poeta se compara con la triste ave, que llora la ausencia de sus hijitos, que el cruel labrador ha robado del nido.

25.

    desta manera suelto yo la rienda
a mi dolor y ansí me quejo en vano
de la dureza de la muerte airada:
ella° en mi corazón metió la mano
y d'allí me llevó mi dulce prenda,
que aquél era su nido y su morada°.
    ¡Ay, muerte arrebatada,
    por ti m'estoy quejando
    al cielo y enojando
con importuno llanto al mundo todo!
El desigual° dolor no sufre modo°;
no me podrán quitar el dolorido
    sentir si ya del todo
primero no me quitan el sentido.

la muerte

en... Mi corazón era el nido de mi amada. Como el duro labrador que le quitó al ruiseñor lo que más adoraba (sus hijos), la muerte se me llevó a Elisa.

inmenso / **no**... no tiene límite

26.

    Tengo una parte aquí de tus cabellos,
Elisa, envueltos en un blanco paño,

que nunca de mi seno se m'apartan;
descójolos°, y de un dolor tamaño°   los despliego / tan grande
enternecer me siento que sobre ellos
nunca mis ojos de llorar se hartan.
   Sin que d'allí se partan,
   con sospiros calientes,
   más que la llama ardientes,
los enjugo del llanto, y de consuno°   juntamente
casi los paso y cuento uno a uno;
juntándolos, con un cordón los ato.
   Tras esto el importuno
dolor me deja descansar un rato.

27.

   Mas luego a la memoria se m'ofrece
aquella noche tenebrosa, escura,
que siempre aflige esta ánima mezquina
con la memoria de mi desventura:
verte presente agora me parece
en aquel duro trance de Lucina°;   diosa del parto. Isabel Freyre murió de parto.
   y aquella voz divina,
   con cuyo son y acentos
   a los airados vientos
pudieran amansar, que agora es muda,
me parece que oigo, que a la cruda,
inexorable diosa demandabas
   en aquel paso ayuda;
y tú, rústica° diosa, ¿dónde estabas?   Lucina se identificaba con Diana, diosa de los bosques y de la caza.

28.

   ¿Ibate tanto en° perseguir las fieras?   **Ibate**... Te importaba tanto
¿Ibate tanto en un pastor dormido°?   **pastor**... Endimión, pastor amado por Diana
¿Cosa° pudo bastar a tal crüeza   Qué (italianismo)
que, comovida a compasión, oído
a los votos y lágrimas no dieras,
por no ver hecha tierra° tal belleza,   **hecha**... destruida
   o no ver la tristeza
   en que tu Nemoroso
   queda, que su reposo
era seguir tu oficio, persiguiendo
las fieras por los montes y ofreciendo
a tus sagradas aras° los despojos?   altar
   ¡Y tú, ingrata, riendo
dejas morir mi bien ante mis ojos!

29.

   Divina Elisa, pues agora el cielo
con inmortales pies pisas y mides,
y su mudanza ves, estando queda°,   quieta, tranquila
¿por qué de mí te olvidas y no pides
que se apresure el tiempo en que este velo
rompa del cuerpo y verme libre pueda,
   y en la tercera rueda°,   la tercera esfera del cielo, gobernada por Venus, diosa del amor
   contigo mano a mano,
   busquemos otro llano,
busquemos otros montes y otros ríos,

otros valles floridos y sombríos
donde descanse y siempre pueda verte
   ante los ojos míos,
sin miedo y sobresalto de perderte?

30.

   Nunca pusieran fin al triste lloro
los pastores, ni fueran acabadas
las canciones que solo el monte oía,
si mirando las nubes coloradas,
al tramontar del sol bordadas d'oro,
no vieran que era ya pasado el día°;
   la sombra se veía
   venir corriendo apriesa°
   ya por la falda espesa
del altísimo monte, y recordando°
ambos como de sueño, y acabando
el fugitivo sol, de luz escaso,
   su ganado llevando,
se fueron recogiendo paso a paso.

La égloga termina con la puesta del sol.

aprisa

despertando

CRISTÓBAL DE CASTILLEJO (¿1490–1550?)

Hoy en día Cristóbal de Castillejo es conocido principalmente por sus versos contra la nueva escuela italianizante, aunque, en realidad, éstos constituyen una parte pequeña de su producción poética. Natural de Ciudad Rodrigo, Castillejo vivió en la corte y después en varias capitales europeas, donde sirvió a Fernando II, rey de Bohemia y de Hungría. Algunos críticos han sugerido que el pasar tantos años lejos de su país natal despertó en el poeta nostalgia por los géneros de su juventud; así se explican su tradicionalismo y su fuerte reacción contra la métrica italiana.

De joven, Castillejo ingresó en la orden cisterciense. A pesar de su vocación religiosa, escribió poemas de amor llenos de sensualismo, además de un gran número de versos satíricos. Su poesía erótica fue dedicada principalmente a doña Anna von Schaumburg y a doña Ana de Aragón, aunque menciona otros nombres—Inés, Mencía, Angela. La inconstancia amorosa, la desenvoltura, el epicureísmo y el gusto por lo satírico caracterizan la obra de este monje enamoradizo.

Las poesías de Castillejo se han agrupado en tres categorías: las de conversación y pasatiempo, las morales y las religiosas. El primer grupo contiene los poemas de amor y los ataques contra la escuela de Boscán y Garcilaso. (Irónicamente, Castillejo empleó el soneto para algunos de estos ataques, tal vez para probar que su censura no provenía de su incapacidad técnica.) Del segundo grupo, la obra más conocida es *Aula de cortesanos,* un extenso diálogo. A pesar de su gusto por el verso liviano y satírico, Castillejo fue capaz de escribir versos devocionales profundamente conmovedores. Uno de sus poemas religiosos más conocidos es *A las pinturas de una iglesia,* probablemente inspirado por un retablo cuyas siete tablas representaban la Anunciación, el Nacimiento, la Circuncisión, la Adoración de los Reyes Magos, la Huida a Egipto, los Inocentes y la Purificación. El poema es notable no sólo por la delicadeza de sus imágenes sino también como ejemplo de la estrecha relación que existía para Castillejo y otros escritores renacentistas entre la pintura y la literatura.

En muchos sentidos, Castillejo fue un vínculo entre dos épocas. Caracterizan su obra una corriente burlesca, la pasión amorosa acérrima de los cancioneros del siglo XV y la métrica tradicional. Al mismo tiempo, revela un gusto por lo clásico y nuevas actitudes renacentistas. Su *Diálogo de mujeres,* por ejemplo, es un extenso debate de gran riqueza expresiva y de tono ligero, pero que también incluye elementos erasmistas. Es decir, al lado de cuentos atrevidos y ataques tan graciosos como maliciosos contra el sexo femenino, se encuentran indicios de una nueva apreciación del poder e inteligencia de la mujer. En el «Sueño,» reproducido en la página 21, Castillejo describe un *locus amoenus*—un paisaje bucólico caracterizado por verdes prados floridos, fuentes y luz—típico de la literatura onírica de la Edad Media y muy cultivado por los poetas italianizantes renacentistas.

La edición más reciente del *Diálogo de las mujeres* de Cristóbal de Castillejo es la de Rogelio Reyes Cano (Madrid: Castalia, 1986). La obra completa de Castillejo ha sido editada por J. Domínguez Bordona (4 vols.) (Madrid: Espasa Calpe, 1944–58).

Soneto

Garcilaso y Boscán siendo llegados
al lugar donde están los trovadores
que en esta nuestra lengua y sus primores
fueron en este siglo señalados,
    los unos a los otros alterados
se miran, demudadas las colores,
temiéndose que fuesen corredores
o espías o enemigos desmandados;
    y juzgando primero por el traje,
pareciéronles ser, como debía,
gentiles españoles caballeros;
    y oyéndoles hablar nuevo lenguaje,
mezclado de extranjera poesía,
con ojos los miraban de extranjeros.

Soneto

    —Musas italianas y latinas,
gentes en estas partes tan extraña
¿cómo habéis venido a nuestra España,
tan nuevas y hermosas clavellinas[1]?
    O ¿quién os ha traído a ser vecinas
del Tajo[2] y de sus montes y campaña?
O ¿quién es el que os guía o acompaña
de tierras tan ajenas peregrinas?
    —Don Diego de Mendoza[3] y Garcilaso
nos trujeron[4], y Boscán y Luis de Haro[5],
por orden y favor del dios Apolo[6],
    los dos[7] llevó la muerte paso a paso,
el otro Solimán[8], y por amparo
sólo queda don Diego, y basta solo.

Sueño

    Yo, Señora, me soñaba
un sueño que no debiera:
que por mayo me hallaba
en un lugar do[9] miraba
una muy linda ribera,
tan verde, florida y bella,
que de miralla y de vella
mil cuidados deseché,
y con solo uno quedé
muy grande, por gozar della[10].

Sin temer que allí podría
haber pesares ni enojos,
cuanto más me parecía
que se gozaban mis ojos.
Entre las rosas y flores[11]
cantaban los ruiseñores,
las calandrias y otras aves,
con sones dulces, suaves,
pregonando sus amores.
    Agua muy clara corría
muy serena al parecer,
tan dulce si se bebía,
que mayor sed me ponía
acabada de beber.
Si a los árboles llegaba,
entre las ramas andaba
un airecico sereno,
todo manso, todo bueno,
que las hojas meneaba.
    Buscando dónde me echar,
apartéme del camino,
y hallé para holgar
un muy sabroso lugar
a la sombra de un espino;
do tanto placer sentí
y tan contento me vi,
que diré que sus espinas
en rosas y clavellinas
se volvieron para mí.
    En fin, que ninguna cosa
de placer y de alegría,
agradable ni sabrosa
en esta fresca y hermosa
ribera me fallecía[12].
Yo, con sueño no liviano,
tan alegre y tan ufano
y seguro me sentía,
que nunca pensé que había
de acabarse allí el verano.
    Lejos de mi pensamiento
desde a poco[13] me hallé,
que así durmiendo contento,
a la voz de mi tormento
el dulce sueño quebré[14];
y hallé que la ribera
es una montaña fiera,
muy áspera de subir,
donde no espero salir
de cautivo hasta que muera.

[1] tipo de flor.
[2] En la poesía el río Tajo suele simbolizar el alma de España.
[3] Don Diego Hurtado de Mendoza, poeta de la escuela italianizante, a quien Boscán le dedicó una epístola.
[4] trajeron
[5] poeta y guerrero que debió morir en la guerra contra los turcos.
[6] dios de la poesía.
[7] Boscán y Garcilaso.
[8] Sultán de Turquía.
[9] donde.
[10] de ella; i.e., lo único que me interesaba era gozar de la hermosa ribera.
[11] El poeta crea un *locus amoenus* tradicional (Véase la pág. 20) para destruirlo después con una imagen poética del desengaño. Nótese las semejanzas entre estos versos y la égloga de Garcilaso (pág. 11).
[12] faltaba.
[13] a... poco después.
[14] el... me desperté.

LUIS DE CAMÕES (¿1524?—1580)

Entre los admiradores de Garcilaso, hay que incluir a dos grandes poetas portugueses: Francisco Sá de Miranda, que introduce la métrica italiana en Portugal, y Luis de Camões, el hombre de letras más conocido de su tierra.

Sá de Miranda (¿1485?—1558) nació en Coimbra, visitó Italia y fue gran entusiasta de Garcilaso, cuya muerte canta en su égloga *Nemoroso*. Por influencia de éste, aclimató el endecasílabo al portugués, introduciendo así grandes reformas en la lírica portuguesa. Además de las obras que produjo en su lengua materna, Sá de Miranda escribió setenta y cinco poesías en castellano.

Luis de Camões es el más influyente de los admiradores portugueses de Garcilaso. Su familia, de la pequeña nobleza, era más bien pobre. Camões estudió en la Universidad de Coimbra, donde adquirió un buen conocimiento de la literatura clásica. Joven impetuoso y rebelde, abandonó la carrera antes de terminar los estudios. En Lisboa se enamoró de una dama que puede haber sido o Caterina de Ataíde o la Infanta María—no se sabe con seguridad. El hecho es que a su amada le dedicó algunos de los poemas de amor más hermosos que se han escrito en portugués.

Desterrado de la corte en 1546 por una ofensa desconocida, Camões combatió en Africa, donde perdió un ojo. Al volver a Lisboa, se entregó una vez más a una vida agitada y alborotada que de nuevo le causó problemas con la ley. Encarcelado en 1552, Camões partió en 1553 para la India, siguiendo la misma ruta de Vasco da Gama. Posiblemente ya hubiese comenzado su obra más conocida, *Os Lusiadas*—los hijos de Lusus, o sea, los portugueses. Esta épica muestra influencias de Virgilio y Ariosto y, sin embargo, es una obra sumamente original. Abarca grandes segmentos de la historia portuguesa, fijándose especialmente en el viaje de Vasco da Gama.

Después de combatir en la India, Camões recibió un puesto en la China, donde una vez más tropezó con la justicia. Las autoridades lo mandaron a Goa, pero naufragó en ruta y no llegó hasta 1567. Al salir de la India, pasó un tiempo en Mozambique, la antigua colonia portuguesa del Africa oriental. Volvió a Portugal en 1570 con el manuscrito de *Os Lusiadas,* el cual le ganó una pensión real que apenas le daba de qué vivir. En 1572 se publicó la obra maestra del poeta, que murió ocho años después, pobre y prácticamente desconocido.

Además de *Os Lusiadas* Camões escribió sonetos, canciones, églogas y otros muchos tipos de poesía. En castellano compuso motes, villancicos, cantares y fragmentos de comedias, además de doce sonetos. En el Soneto II, reproducido aquí, utiliza el *ubi sunt,* una forma elegíaca tradicional, en que el poeta pregunta dónde está lo que la muerte o el tiempo se ha llevado: «¿Dónde están los claros ojos . . . ? ¿Dónde están las dos mejillas . . . ?»

Véase *Lírica,* ed. Massaud Moisés (São Paulo: Cultrix, 1976).

CHISTE[1]

Irme quiero, madre,
aquella galera,
con el marinero
a ser marinera

VOLTAS[2] PROPIAS

Madre, si me fuere,
do quiera que vo[3],
no lo quiero yo
que el amor lo quiere;
aquel niño[4] fiero
hace que me muera
por un marinero,
a ser marinera.
El que todo puede,
madre, no podrá,
pues el alma va
que el cuerpo se quede;
con él, por quien muero,
voy, porque no muera,
que si es marinero,
seré marinera.
Es tirana ley
del niño señor,
que por un amor
se deseche un Rey:
pues de esta manera
quiere, yo me quiero
por un marinero
hacer marinera.
Decid, ondas, ¿cuándo
vistes vos doncella,
siendo tierna y bella,
andar navegando?
Mas ¿qué no se espera
de aquel niño fiero?
Vea yo quien quiero,
sea marinera.

MOTE[5]

Vos tenéis mi corazón.

GLOSA PROPIA

Mi corazón me han robado
y amor[6], viendo mis enojos,

---

[1] un tipo de cantar.
[2] vueltas.
[3] voy.
[4] Cupido.
[5] verso que se repite al fin de cada estrofa de ciertos poemas.
[6] el niño Amor, Cupido.

me dijo fuéte[7] llevado
por los más hermosos ojos
que desque vivo he mirado.
Gracias sobrenaturales
te lo tienen en prisión,
y si amor tiene razón,
señora, por las señales
vos tenéis mi corazón.

SONETO II

¿Dó están los claros ojos que colgada
mi alma tras de sí llevar solían?
¿Dó están las dos mejillas que vencían
la rosa cuando está más colorada?

¿Dó está la roja boca e adornada
con dientes que de nieve parecían,
los cabellos que el oro escurecían[8],
dó está y aquella mano delicada?

¡Oh, toda linda! ¿Dó estarás agora
que no te puedo ver y el gran deseo
de verte me da muerte cada hora?

Mas no miráis mi grande devaneo[9],
¡que tenga yo en mi alma a mi Señora,
e diga dónde estás que no te veo!

GUTIERRE DE CETINA (ca. 1517–ca. 1554)

Cetina forma parte del grupo de poetas contemporáneos de Garcilaso que fueron profundamente influidos por las nuevas corrientes italianizantes. Nacido en Sevilla, recibió una educación clásica. Caballero típico del Renacimiento, cultivó las armas y las letras. Siguió a la corte de Carlos V, participando en las guerras que el monarca sostenía en Italia, en el norte de Europa y en Francia. Pasó los últimos años de su vida en México, donde murió víctima de unas cuchilladas, al parecer destinadas a otro hombre.

Aventurero y poeta, Cetina participó plenamente en la vida política y cultural de su época. Era amigo de grandes señores, galanteaba a damas nobles y hermosas, conocía bien las cortes italianas. A pesar de su incesante actividad, encontró ocasión para expresar poéticamente sus sentimientos amorosos o, en algunos casos, sus hazañas militares.

Como otros de su generación, cultivó formas y temas petrarquistas, pero también imitó otros modelos. Entre las fuentes de la poesía de Cetina se encuentran obras de varios poetas italianos, siendo los más importantes Luigi

Tansillo, Ludovico Dolce, Trifone Gabriele, Pietro Bembo, Andrea Gesualdo y Baldassare Castiglione. Por ejemplo, el Soneto I, reproducido aquí, procede de un soneto de Bembo. Pero el que más influyó en la creación artística de Cetina es indudablemente Ausias March.

Es en el contenido y no en la forma de expresión donde se nota la imitación del poeta catalán. En cuanto a la estructura y al vocabulario poético, la influencia de los italianos es considerable, lo cual no nos debe sorprender, ya que Cetina se identificaba con una escuela de poetas cuyo propósito era, precisamente, la introducción de formas italianas al español. En muchos de los poemas, sin embargo, Cetina expresa la misma descoyuntura del alma entre sublimaciones idealizadas y caídas abrumadoras que March. Esta tendencia, también señalada en relación a la poesía temprana de Garcilaso, se nota, por ejemplo, en el Soneto CXI, en que el amor se describe como la causa de constante e interminable sufrimiento. Inspirado directamente del *Cant CXV* de March, el soneto expresa el arrepentimiento del amante al darse cuenta de que su pasión lo destruye. Pero, aunque está consciente de su error y quisiera apartarse del camino del dolor, todo esfuerzo por hacerlo es inútil porque su ardor es tan fuerte que vence su voluntad. El amor se convierte en hado; reduce al amante a una víctima de su propio ardor. La razón, que revela lo inútil de su lucha, no puede nada contra un adversario tan poderoso.

El poema más conocido de Cetina es su primer madrigal, que gira en torno a un motivo convencional en la poesía petrarquista y también en la cancioneril y la popular—la imagen de los ojos de la mujer amada. La mirada es el enfoque del poema. La mirada de la dama es lo que enciende la pasión del amante y es por la mirada por donde ella revela el desdén que lo agobia. Pero el poeta estima que es preferible sufrir la mirada airada de su amada que no verle los ojos, lo cual le causaría una angustia aún más profunda.

Además de sus poesías italianizantes, Cetina escribió diez breves composiciones utilizando la tradicional métrica cancioneril. Hay en su obra, como en la de otros poetas de su época, una confluencia de corrientes—la italianizante, la de March y la del cancionero español. Si la primera llega a dominar por completo la estructura formal con la excepción de estas diez breves obras, las últimas siguen haciéndose sentir en el contenido de una gran parte de su producción literaria.

Recomendamos la siguiente edición de las obras de Cetina: *Sonetos y madrigales completos*, ed. Begoña López Bueno (Madrid, Cátedra, 1981).

MADRIGAL I

Ojos claros, serenos,
si de un dulce mirar sois alabados,
¿por qué, si me miráis, miráis airados?

---

[7] que te fue.
[8] **los**... el cabello de la amada es tan brillante que en comparación el oro parece oscuro.
[9] delirio.

Si cuanto más piadosos,
más bellos parecéis a aquel que os mira,
no me miréis con ira,
porque no parezcáis menos hermosos.
¡Ay tormentos rabiosos!
Ojos claros, serenos,
ya que así me miráis, miradme al menos.

SONETO I

¡Ay, sabrosa ilusión, sueño süave!
¿Quién te ha enviado a mí? ¿Cómo viniste?
¿Por dónde entraste al alma? O ¿qué le diste,
a mi secreto por guardar la llave?

¿Quién pudo a mi dolor fiero, tan grave,
el remedio poner que tú pusiste?
Si el ramo tinto en Lete[1] en mí esparciste,
ten la mano al velar, que no se acabe.

Bien conozco que duermo y que me engaño
mientra envuelto en un bien falso, dudoso,
manifiesto mi mal se muestra cierto;

pero, pues excusar no puedo un daño,
hazme sentir, ¡oh sueño piadoso!,
antes durmiendo el bien que el mal despierto.

SONETO V

Horas alegres que pasáis volando,
porque, a vueltas del bien, mayor mal sienta;
sabrosa noche que, en tan dulce afrenta,
el triste despedir me vas mostrando;

importuno reloj que, apresurando
tu curso, mi dolor me representa:
estrellas (con quien[2] nunca tuve cuenta)
que mi partida vais acelerando;

gallo que mi pesar has denunciado,
lucero[3] que mi luz va oscureciendo,
y tú, mal sosegada y moza[4] aurora:

si en vos cabe dolor de mi cuidado,
id poco a poco el paso deteniendo,
si no puede ser más, siquiera un hora.

SONETO CXI

Gran señal es el ver que me arrepiento,
para pensar que ya conozco el daño;
pues me quiero apartar de un mal tamaño[5],
señal es que lo entiendo y que lo siento.

Mas ¿quién me dará, Amor, atrevimiento?
¿Quién me dará un esfuerzo tan extraño,
que aquel gesto sabroso del engaño
pueda desarraigar del sentimiento?

[1] río del olvido.
[2] que.
[3] el planeta Venus. En la mitología, Venus es la diosa del Amor.
[4] joven (porque es el principio del día).
[5] tan grande.

Tanta luz de razón razón me ha dado,
que conozco el error y el desvarío
del que pretende amando ser amado.

Mas tiene tanta fuerza el ardor mío,
que aunque conozco bien que voy errado,
del camino que voy no me desvío.

HERNANDO DE ACUÑA (¿1520?–¿1580?)

Si hay un poema que sintetice la grandeza del reinado del Emperador Carlos V y el de su sucesor Felipe II, es el soneto *Al Rey nuestro Señor* de Hernando de Acuña. Su autor nació en Valladolid, en una familia que se destacaba por su heroísmo y su actividad literaria. Su hermano Pedro combatió al servicio del Emperador y fue conocido por su atrevimiento y su fuerza. Su hermano Diego fue autor de las *Coplas del Provincial segundo*, unos versos satíricos. Guerrero como Garcilaso, Cetina y otros de sus coetáneos, Hernando de Acuña sirvió en las campañas del Emperador en Italia, Africa y Alemania. Ocupó importantes cargos militares, participó en muchas batallas, fue preso en Ceresola (donde compuso algunas poesías) y ejerció varios empleos diplomáticos. Como su vida, su poesía revela el gusto por lo heroico, aunque también escribió versos pastoriles y mitológicos.

El soneto más famoso de Acuña expresa el fervor religioso e imperialista de su época. Condensa el ideal de la unidad imperial y católica—«la edad gloriosa»—por la cual Carlos V y después Felipe II luchaban, en que hubiera «un monarca, un imperio y una espada». Caracteriza su poesía una dedicación total a las metas de su soberano, las cuales el poeta cree favorecidas por Dios. Así es que el celo del monarca que lleva el estandarte de Cristo es «santo» y su guerra es «justa». Por lo tanto, la victoria está asegurada.

La estima entre poeta y Emperador fue mutua. Carlos V había hecho una traducción en prosa castellana del poema *Le Chevalier délibéré d' Olivier de la Marche,* que le encargó a Acuña que pusiera en verso. Astuto cortesano, Acuña desempeñó el deber no sólo con arte e ingenio poético sino con diplomacia, omitiendo ciertos pasajes y añadiendo otros para crear una obra que interesara y gustara al monarca.

Acuña murió en Granada. Sus obras fueron publicadas póstumamente en 1591 por su esposa, doña Juana de Zúñiga, bajo el título *Varias poesías*.

Existe una edición moderna de la poesía de Acuña editada por Luis F. Díaz Larios (Madrid: Cátedra, 1982).

AL REY NUESTRO SEÑOR

Ya se acerca, señor, o es ya llegada
la edad gloriosa en que promete el cielo

una grey[1] y un pastor[2] solo en el suelo,
por suerte a vuestros tiempos reservada.

Ya tan alto principio, en tal jornada,
os muestra el fin de vuestro santo celo
y anuncia al mundo, para más consuelo,
un monarca, un imperio y una espada.

Ya el orbe de la tierra siente en parte,
y espera en todo, vuestra monarquía,
conquistada por vos en justa guerra:

que a quien ha dado Cristo su estandarte
dará el segundo más dichoso día
en que, vencido el mar, venza la tierra.

FRAY LUIS DE LEÓN (¿1527?–1591)

Luis de León nació en 1527 o 1528 en Belmonte, al sudeste de Madrid. Su padre fue abogado y después, juez. La familia era culta, con pretensiones de nobleza. Aunque el padre presumía de cristiano viejo (es decir, de no tener antepasados judíos o moros), la bisabuela de Luis, Leonor de Villanueva, y la hermana de ella, Juana Rodríguez, fueron acusadas por la Inquisición de judaizantes. Después de ser condenadas, confesaron, y con el tiempo se arrepintieron y se conciliaron con la Iglesia.

Luis probablemente estudió con tutores particulares en Belmonte hasta la edad de cinco o seis años. En 1533 acompañó a su padre a Madrid y después a Valladolid. El padre de Luis se convertía en aquella época en una figura muy conocida y contaba con amigos influyentes. Cuando lo nombraron oidor (juez) en Granada, envió a Luis a Salamanca, donde su hermano Francisco era profesor de derecho en la universidad. En 1541 o 1542, Luis comenzó sus estudios, pero por razones desconocidas, meses después dejó la facultad y entró en el Convento de San Pedro, una comunidad de monjes agustinos.

Luis de León fue formalmente aceptado en la orden de San Agustín el 24 de enero de 1544. Estudió con el famoso teólogo Melchor Cano hasta el año 1551, cuando interrumpió su carrera para asistir al Concilio de Trento. Al volver, siguió sus estudios en Salamanca y más tarde en Alcalá. En 1560 recibió su grado y un año después compitió con éxito por la cátedra de Santo Tomás. Ya eran evidentes los extraordinarios talentos intelectuales, la tremenda curiosidad y creatividad de Luis de León, que se destacaba como investigador y como orador en español y en latín.

Después de la muerte de su padre en 1562, Luis se entregó totalmente a su trabajo, llevando a cabo su cuidadosa traducción de *El cantar de los cantares.* El no haber conseguido primero la autorización de la Iglesia le produjo más tarde problemas con la Inquisición.

Fray Luis fue un brillante conferencista que tuvo mucha influencia sobre generaciones de estudiantes. Impaciente y poco diplomático, no toleraba la mediocridad. Atacaba en sus conversaciones privadas y en las aulas a los académicos que consideraba incompetentes.

En 1566 se lanzó a un camino peligroso al hacer notar ciertos errores que existían en la Vulgata (traducción latina de la Biblia hecha por San Jerónimo), versión que se aceptaba en el mundo católico entero. Hebraísta e investigador meticuloso, Luis de León propuso aclaraciones basadas en el texto hebreo original. Su atrevimiento condujo a choques serios con el Concilio de Trento. Al afirmar que la Vulgata contenía imperfecciones, Luis de León ponía en duda la autenticidad de la versión oficial de la Biblia. Pocas autoridades eclesiásticas sabían suficiente hebreo para disputar las alegaciones de Fray Luis, pero en esta época de plena Reforma Protestante, cualquier persona que dudara de la autoridad de la Iglesia era sospechosa. Fray Luis corría grandes riesgos.

Entre sus colegas tenía varios enemigos. Bartolomé de Medina informó a la Inquisición que ciertas ideas heréticas se enseñaban en Salamanca. Se inició una investigación y en 1572 Luis de León fue encarcelado en Valladolid. Permaneció en un cuarto, con poco aire y escasa comida, por cuatro años y ocho meses. Por mucho tiempo ignoró de qué se le acusaba. Pero a pesar de estar débil y enfermo, se defendía contra sus acusadores con todas sus energías. Durante estos años escribió numerosos poemas y algunas de las mejores páginas del largo tratado *De los nombres de Cristo.* (Véase la pág. 167.) En 1576 la Inquisición lo declaró inocente y se le devolvió su cátedra en Salamanca. Según una conocida leyenda, comenzó su primera conferencia con las palabras, «Decíamos ayer . . .»

Sigue una sucesión de victorias: dos nuevas cátedras, una visita al rey como representante oficial de la universidad, su elección como Provincial de su orden en Castilla. En 1586, cansado y enfermo, muere Fray Luis.

Humanista y luchador, Luis de León fue un hombre de contradicciones. Buscaba la paz y la tranquilidad, pero provocaba disputas. Compartía muchas ideas con Erasmo—sobre la necesidad de simplificar la religión, sobre el valor de la educación para la mujer y de la vida matrimonial, sobre el peligro del fanatismo, sobre la utilidad de estudiar textos primarios—pero mientras que Erasmo era un satírico que atacaba las locuras humanas por medio de la ironía, Fray Luis era poeta, investigador y amante de las artes, especialmente la música.

Las interminables contiendas en que Fray Luis se vio involucrado dejaron una marca en su poesía. A menudo expresa un deseo de retirarse, de huir del «mundanal ruido», refugiándose en el campo. En «Vida retirada», elogia la simplicidad y rechaza el artificio («el dorado techo . . . fabricado / del sabio moro») la fama, la lisonja, el poder. El tema—muy tratado en el Renacimiento—procede del octavo épodo de Horacio, que comienza *Beatus ille qui procul negotiis,* y cobró una nueva importancia a principios del siglo XVI con la publicación de *Menospre-*

---

[1] rebaño; congregación religiosa.
[2] Cristo.

cio de corte y alabanza de aldea, de Antonio de Guevara. Para Fray Luis adquiere un significado muy personal. Por medio de la comunión con la naturaleza, el poeta logra la paz espiritual. Profundamente influido por el neoplatonismo, Fray Luis vislumbra el orden divino en la armonía campestre. Busca la soledad («Vivir quiero conmigo»), apartándose de la mirada del que por su posición o riqueza ejerce poder («no quiero ver el ceño / vanamente severo / de a quien la sangre ensalza o el dinero».) Metafóricamente, el poeta es un navío que huye del «mar tempestuoso», es decir, del mundo que golpea y maltrata irracionalmente al individuo. Los valores mundanos no son más que un «flaco leño» que no ofrecen ninguna protección contra la tormenta, que es la vida. Sólo la simplicidad («una pobrecilla mesa») puede proveer al hombre de la tranquilidad interior. El poema termina con una imagen del poeta tendido a la sombra, gozando de la música, mientras que los demás se consumen de ambición («abrasando / con sed insaciable»)—y así anticipando el infierno que los espera.

Para el platonista, la música, como la naturaleza, refleja la armonía divina. En su oda a Francisco de Salinas, catedrático de música en la Universidad de Salamanca e íntimo amigo de Fray Luis, el poeta describe cómo, al escuchar las interpretaciones de Salinas, su alma se tranquiliza y su ánimo se eleva hasta la contemplación y el éxtasis.

Pero al mismo tiempo que aspira al bien divino, Fray Luis se encuentra incapaz de apartar la vista de la tierra.

En «Noche serena», mientras contempla el «cielo/de innumerables luces adornado», mira el suelo rodeado de noche—de oscuridad espiritual—y sumergido en olvido, es decir, inconsciente de sus orígenes en la Idea primordial. Angustiado por estar preso en el mundo, «esta cárcel baja, escura» el poeta anhela la «morada de grandeza» que es el paraíso. Advierte al mortal que «está entregado/al sueño»—a los valores falsos y a los bienes temporales que llenan el mundo—y le ruega que se despierte y levante los ojos a Dios. Sin embargo, su descripción del cielo no es la de un místico sino la de un humanista científico que examina los astros y planetas—Mercurio, «la luz do el saber llueve»; Venus, «el Amor . . . reluciente y bella»; «el sanguinoso Marte airado»; «el Júpiter benino». Por medio de esta contemplación, Fray Luis alcanza un estado de éxtasis. La cualidad experiencial se expresa por medio de la exclamación y la ausencia de verbos: «¡Oh campos verdaderos!/¡oh prados con verdad frescos y amenos»! Pero la última estrofa es ambigua. ¿Ha logrado Fray Luis la unión que tanto desea (él mismo afirma en De los nombres de Cristo que nunca ha tenido una experiencia mística) o es sencillamente un pobre mortal frustrado y abatido que clama en la noche?

La forma métrica preferida por Fray Luis era la lira, que consta de una combinación de dos endecasílabos y tres heptasílabos: aBabB.

Recomendamos la siguiente edición: Poesía, eds. Darío Fernández-Morera y Germán Bleiberg (Madrid: Alianza, 1986).

VIDA RETIRADA

¡Qué descansada vida
la del que huye el mundanal ruido,
y sigue la escondida
senda, por donde han ido
los pocos sabios que en el mundo han sido!

Que no le enturbia el pecho
de los soberbios grandes el estado,
ni del dorado techo°
se admira, fabricado
del sabio moro, en jaspes sustentado.

No cura° si la fama
canta con voz su nombre pregonera°,
ni cura si encarama°
la lengua lisonjera
lo que condena la verdad sincera.

¿Qué presta a mi contento,
si soy del vano dedo señalado°?
¿si en busca deste viento
ando desalentado
con ansias vivas, y mortal cuidado?

¡Oh campo, oh monte, oh río°!
¡oh secreto seguro deleitoso!
roto casi el navío°,
a vuestro almo reposo
huyo de aqueste mar tempestuoso°.

mezquita o templo moro, símbolo del arte y del artificio

le importa

canta... canta su nombre con voz pregonera

alza, eleva

¿Qué... ¿Qué me importa si la gente que acepta los falsos valores del mundo me señala? ¿Qué me importa la fama?

¡Oh... elementos de La Flecha, finca que era propiedad de su convento, a la cual se retiraba Fray Luis

símbolo del hombre abatido y cansado

aqueste... la vida mundana

Un no rompido sueño,
un día puro, alegre, libre quiero:
no quiero ver el ceño°
vanamente severo
de quien la sangre ensalza o el dinero,

mirada desagradable o amenazadora

  Despiértenme las aves
con su cantar suave no aprendido°,
no los cuidados graves
de que es siempre seguido
quien al ajeno arbitrio está atenido.

no... natural

  Vivir quiero conmigo°,
gozar quiero del bien que debo al cielo
a solas, sin testigo,
libre de amor, de celo,
de odio, de esperanzas, de recelo.

solo, según mis propios valores

  Del monte en la ladera
por mi mano plantado tengo un huerto°
que con la primavera
de bella flor cubierto,
ya muestra en esperanza el fruto cierto.

Fray Luis se refiere a La Flecha.

  Y como codiciosa,
de ver y acrecentar su hermosura,
desde la cumbre airosa
una fontana pura
hasta llegar corriendo se apresura.

  Y luego, sosegada,
el paso entre los árboles torciendo,
el suelo de pasada
de verdura vistiendo,
y con diversas flores va esparciendo.

  El aire el huerto orea,
y ofrece mil olores al sentido;
los árboles menea
con un manso ruido,
que del oro y del cetro pone olvido.

  Ténganse su tesoro
los que de un flaco leño° se confían:
no es mío ver el lloro
de los que desconfían
cuando el cierzo° y el ábrego° porfían.

símbolo de los honores y tesoros mundanos. Fray Luis vuelve a la imagen del hombre como navío en una tempestad.

viento del norte / viento del sur

  La combatida antena°
cruje, y en ciega noche el claro día
se torna, al cielo suena
confusa vocería,
y la mar enriquecen a porfía°.

entena (palo largo que sirve para sujetar la vela de un barco)

La imagen es la de un barco que se naufraga en una tempestad.

  A mí una pobrecilla
mesa de amable paz bien abastada°
me baste, y la vajilla
de fino oro labrada
sea de quien la mar no teme airada°.

abastecida

de quien no teme la mar airada

  Y mientras miserable-
mente se están los otros abrasando
en sed insaciable
del no durable mando,
tendido yo a la sombra esté cantando.

A la sombra tendido,
de yedra y lauro° eterno coronado,
puesto el atento oído
al son dulce acordado
del plectro° sabiamente meneado.

símbolo de la música y de la poesía

púa o aguja que se usa para tocar los instrumentos de cuerda

A FRANCISCO DE SALINAS

El aire se serena,
y viste de hermosura y luz no usada°,
Salinas, cuando suena
la música extremada
por vuestra sabia mano gobernada.

Salinas era ciego.

A cuyo son divino
mi alma, que en olvido está sumida,
torna a cobrar el tino,
y memoria perdida
de su origen primera esclarecida°.

Y como se conoce,
en suerte y pensamientos se mejora;
el oro desconoce°
que el vulgo ciego adora,
la belleza caduca engañadora.

El alma, que vive en un mundo de falsos valores, se olvida de sus
orígenes divinos hasta que el poeta oye la música de su amigo.

Conociéndose a sí mismo, el alma se aparta de los valores falsos,
como el oro.

Traspasa el aire todo
hasta llegar a la más alta esfera°,
y oye allí otro modo
de no perecedera
música, que es de todas la primera°.

Según el sistema de Ptolomeo, el universo se dividía en esferas que
giraban alrededor del mundo. La más alta esfera es el paraíso de
los justos.

La armonía universal y divina, de la cual la música humana es un
reflejo / Dios

Ve cómo el Gran Maestro°
a aquesta inmensa cítara aplicado,
con movimiento diestro
produce el son sagrado
con que este eterno templo es sustentado.

Y como está compuesta
de números concordes, luego envía
consonante respuesta,
y entrambas a porfía,
mezclan una dulcísima armonía.

Aquí la alma navega
por un mar de dulzura, y finalmente
en él ansí se anega,
que ningún accidente
extraño peregrino oye o siente.

¡Oh desmayo dichoso!
¡oh muerte° que das vida! ¡oh dulce olvido!
¡Durase en tu reposo,
sin ser restituído
jamás a aqueste bajo y vil sentido°!

la sensación de desmayo o anegación

El poeta dice que quisiera mantenerse en este estado de éxtasis sin
tener que despertarse.

A este bien os llamo
gloria del apolíneo° sacro coro,
amigos a quien amo
sobre todo tesoro,
que todo lo demás es triste lloro.

adjetivo derivado de Apolo, dios de la poesía y de la música

¡Oh suene de contino,
Salinas, vuestro son en mis oídos,
por quien al bien divino
despiertan los sentidos,
quedando a lo demás amortecidos!

NOCHE SERENA

Cuando contemplo el cielo
de innumerables luces° adornado,   estrellas
y miro hacia el suelo
de noche° rodeado,   figurativamente, la oscuridad espiritual
en sueño y en olvido sepultado,
el amor y la pena
despiertan en mi pecho una ansia ardiente°;   **una**... una ansia de amor divino
despiden larga vena
los ojos hechos fuente°,   **los**... imagen del poeta que llora
la lengua dice al fin con voz doliente:
Morada de grandeza,
templo de claridad y hermosura,
mi alma que a tu alteza
nació, ¿qué desventura
la tiene en esta cárcel° baja escura?   la vida terrenal
¿Qué mortal desatino
de la verdad aleja así el sentido,
que de tu bien divino
olvidado, perdido,
sigue la vana sombra el bien fingido?
El hombre está entregado
al sueño°, de su suerte no cuidando,   engaño
y con paso callado
el cielo vueltas dando°,   Se creía que el cielo giraba alrededor del mundo.
las horas del vivir le va hurtando°.   Cada día que pasa le quita horas de vida al hombre.
¡Ay! despertad, mortales,
mirad con atención en vuestro daño.
¿Las almas inmortales,
hechas a bien tamaño,
podrán vivir de sombra y solo engaño?
¡Ay! levantad los ojos
a aquesta celestial eterna esfera,
burlaréis los antojos
de aquesa lisonjera
vida, con cuanto teme y cuanto espera.
¿Es más que un breve punto
el bajo y torpe suelo comparado
a aqueste gran trasunto,
do vive mejorado
lo que es, lo que será, lo que ha pasado°?   el cielo, en donde no hay tiempo
Quien mira el gran concierto
de aquestos resplandores eternales
su movimiento cierto,
sus pasos desiguales,
y en proporción concorde tan iguales.

La luna cómo mueve°
la plateada rueda, y va en pos° della,
la luz do el saber llueve°,
y la graciosa estrella
de amor la sigue reluciente y bella°;
    y cómo otro camino
prosigue el sanguinoso Marte airado°,
y el Júpiter benino°
de bienes mil cercado
serena el cielo con su rayo amado.
    Rodéase en la cumbre°
Saturno, padre de los siglos de oro°,
tras él la muchedumbre
del reluciente coro°
su luz va repartiendo y su tesoro.
    ¿Quién es el que esto mira,
y precia la bajeza de la tierra,
y no gime y suspira,
por romper lo que encierra
el alma, y destos bienes la destierra?
    Aquí vive el contento,
aquí reina la paz, aquí asentado
en rico y alto asiento
está el amor sagrado,
de honra y deleites rodeado
    Inmensa hermosura
aquí se muestra toda, y resplandece
clarísima luz pura,
que jamás anochece;
eterna primavera aquí florece.
    ¡Oh campos verdaderos!
¡oh prados con verdad frescos y amenos!
¡riquísimos mineros!
¡Oh deleitosos senos°,
repuestos valles de mil bienes llenos!

Fray Luis describe el universo físico.
seguimiento
Mercurio, dios de la sabiduría

Venus, diosa de la belleza y del amor

Marte es el dios guerrero.
Júpiter, padre de los dioses, es conocido por su beneficiencia.

Saturno rodea (orbita) en lo más alto. (Saturno era la última esfera antes de las estrellas fijas.)
El más viejo de los dioses, reinaba en la edad de oro, una época utópica imaginada por los poetas griegos.
las estrellas

cerros

En la cárcel donde estuvo preso°

    Aquí la envidia y mentira
me tuvieron encerrado;
dichoso el humilde estado
del sabio que se retira
de aqueste mundo malvado,
y con pobre mesa y casa
en el campo deleitoso
con sólo Dios se compasa,
y a solas su vida pasa,
ni envidiado ni envidioso.

Se cree que Fray Luis escribió este poema al salir de la cárcel y que lo dejó escrito en la pared de la celda.

FERNANDO DE HERRERA (1534—1597)

Son escasos los datos biográficos que existen sobre Fernando de Herrera. Nació en Sevilla, hijo de un humilde cerero. Se sabe poco acerca de sus estudios. Disfrutó de un beneficio en la parroquia de San Andrés, del cual se sustentó durante toda la vida. Ciertamente el dato más importante en cuanto a su producción literaria es el de su amistad con don Alvaro de Portugal, segundo conde de Gelves, y su bellísima esposa Leonor.

En 1559 don Alvaro se trasladó a Sevilla. El palacio de Gelves llegó a ser un centro de reunión de intelectuales y artistas, entre ellos, Herrera, ya conocido como poeta. En compañía de doña Leonor (la Luz de sus versos), Herrera se olvida de las largas obras épicas que lo ocupaban en esos momentos, y empieza a dedicarse a temas de amor. Los primeros poemas de esta época son los de un discreto admirador, pero con el tiempo, la pasión del poeta va creciendo y transformándose en un verdadero culto. La condesa se mantiene fría y desdeñosa ante sus ruegos amorosos por varios años, hasta que una tarde de otoño del 1575, solos ella y Herrera en un jardín del palacio, confiesa el afecto que siente por el poeta. Para Herrera es un momento de triunfo que conmemora en algunos de sus más hermosos versos. Doña Leonor, en cambio, se arrepiente inmediatamente de su franqueza y vuelve a su rigidez inicial. El amor de Herrera no disminuye; al contrario, parece intensificarse. En 1582, un año después de la muerte de doña Leonor, Herrera publica un tomo con varias de sus poesías. Ya en 1572, había publicado su *Relación de la guerra de Cipre,* y en 1580, las obras de Garcilaso con anotaciones suyas. Pero es a partir de la muerte de su Luz inspiradora que el poeta redobla su actividad literaria y entra en su período más productivo.

Aunque Herrera escribió varios poemas religiosos y patrióticos, el tema que domina en su obra es el amor. Profundamente influido por el petrarquismo y por el neoplatonismo de *El Cortesano* del italiano Baltasar Castiglione, Herrera canta las perfecciones de su dama en brillantes matices de luces y sombras. La amada es luz, sol, aura, luna, estrella. La contemplación de su belleza purifica al amante, elevando su espíritu y encaminándolo hacia la salvación. El amor que canta el poeta es casto y puro. La fuerza primitiva del deseo sexual representado por el Sátiro (Soneto IV) se transforma ante la luz pura y divina de la mujer que se comunica por medio de la mirada («El rayo que salió de vuestros ojos / puso su fuerza en abrasar mi alma,» Soneto VII). El éxtasis platónico crea un elemento casi místico en algunas de las poesías de Herrera, que se aparta del ruido mundanal para adorar a Dios por medio de su amada.

El amante es víctima de su pasión («la fuerza de mi hado», Soneto II), pero se entrega libremente al sufrimiento que le causa la indiferencia de su dama porque reconoce que es precisamente la lucha por la meta inalcanzable lo que purifica su alma. Su vida es un «campo estéril» (Soneto II) que ni produce ni da satisfacción. Agoniza en su estado actual («no cesa mi gemido / y lloro la desdicha de mi estado»), y, sin embargo, se agarra al recuerdo de la amada («que nunca mi dolor pone en olvido») porque le da valor a su vida. Es el recuerdo una espina dolorosa que lo mantiene consciente de su meta. Por lo tanto, toda la obra poética de Herrera es una lucha contra el tiempo y el olvido. En el Soneto XVII pinta una naturaleza que se renueva continuamente, mientras que el hombre queda impotente ante la mudanza y las circunstancias.

El camino de la salvación es difícil y peligroso. A veces Herrera se sirve de las metáforas tradicionales del mar y de la nave para pintar una imagen del hombre que se lanza a la vida (Soneto VI). El amor es una aventura, un riesgo, un «temerario deseo». El amante no sabe adónde lo llevará. Sufre los caprichos de la amada como la nave sufre los del mar. A veces lo conducen a la desesperación («Huir no puedo ya mi perdimiento»).

Pero, especialmente en los sonetos más tardíos en que el neoplatonismo se define claramente, el amor trae un sentido de liberación espiritual. En el Soneto XXXVIII, Herrera crea una atmósfera de paz y de tranquilidad. La dama es una luz serena y angelical que «espira / divino amor.» Paradójicamente, «enciende y junto enfrena / el noble pecho»; es decir, despierta la pasión al mismo tiempo que enfrena la locura, permitiéndole al amante superar los límites de su mortal estado y aspirar «al alto Olimpo». El cabello de la amada son «ricos cercos dorados» que recuerdan el «tesoro celestial». Sus dientes y sus labios son «las perlas y el coral» que en su armonía perfecta reflejan la armonía del cielo. Al contemplar esta belleza incomparable, el poeta se acerca a Dios («la inmensa busco, y voy siguiendo al cielo»).

El Soneto XLV describe la liberación espiritual del poeta, lograda por el amor a su dama («divino resplandor, pura centella, / por quien libre mi alma, en alto vuelo»). El amante se abrasa; su ardor, representado metafóricamente por «las alas rojas», lo transporta, permitiéndole huir de la tierra. Su fuego interior busca juntarse en unión mística con el «fuego eterno» del Creador. El soneto termina con una imagen de la mujer inalcanzable, rigurosa y alejada. Pero aunque el poeta no logra la unión deseada, es por medio de la lucha como va acercándose a la perfección.

Además de sonetos, Herrera escribió canciones, elegías, una égloga venatoria y una estanza. Escribió varios poemas sobre temas patrióticos, entre ellos algunos elogios a grandes líderes militares de su época. El Soneto LX va dirigido al marqués de Santa Cruz, don Alvaro de Bazán, que asistió a la victoria de Lepanto (1571) contra los turcos y a la expedición de Túnez (1573).

La edición más reciente de la poesía de Fernando de Herrera es *Lírica y poética,* ed. Ubaldo DiBenedetto (Barcelona: Rondas, 1986).

SONETO II

Voy siguiendo la fuerza de mi hado
por este campo estéril y ascondido[1]:
todo calla, y no cesa mi gemido,
y lloro la desdicha de mi estado.

Crece el camino y crece mi cuidado,
que nunca mi dolor pone en olvido:
el curso al fin acaba, aunqu' extendido,
pero no acaba el daño dilatado.

¿Qué vale contra un mal siempre presente
apartars' y huir, si en la memoria
s'estampa, y muestra frescas las señales?

Vuelva Amor en mi alcance; y no consiente
en mi afrenta qu' olvide aquella historia
que descubrió la senda de mis males.

SONETO IV

El Sátiro[2] qu'el fuego[3] vio primero
de su vivo esplendor todo vencido,
llegó a tocallo; mas probó encendido
qu'era, cuanto hermoso, ardiente y fiero.

Yo, que la pura luz do[4] ardiendo muero
mísero vi, engañado y ofrecido
a mi dolor, en llanto convertido,
acabar no pensé como ya espero.

Belleza y claridad antes no vista
dieron principio al mal de mi deseo,
dura pena y afán a un rudo pecho.

Padezco el dulce engaño de la vista;
mas, si me pierdo con el bien que veo,
¿cómo no estoy ceniza todo hecho?

SONETO VI

Al mar desierto, en el profundo estrecho
entre las duras rocas, con mi nave
desnuda tras el canto voy süave,
que forzado me lleva a mi despecho.

Temerario deseo, incauto pecho,
a quien rendí de mi poder la llave,
al peligro m'entregan fiero y grave
sin que pueda apartarme del mal hecho.

Veo los huesos blanquear, y siento
el triste son de la engañada gente,
y crecer de las ondas el bramido.

Huir no puedo ya mi perdimiento;
que no me da lugar el mal presente,
ni osar me vale en el temor perdido.

SONETO VII

No puedo sufrir más el dolor fiero,
ni ya tolerar más el duro asalto
de vuestras bellas luces[5], antes, falto
de paciencia y valor, en el postrero

trance, arrojando el yugo, desespero;
y por do voy huyendo el suelo esmalto
de rotos lazos; y levanto en alto
el cuello osado, y libertad espero.

Mas ¿qué vale mostrar estos despojos
y la ufanía d'alcanzar la palma
d' un vano atrevimiento sin provecho?

El rayo que salió de vuestros ojos
puso su fuerza en abrasar mi alma,
dejando casi sin tocar el pecho.

SONETO X

Rojo Sol, que con hacha luminosa
cobras el purpúreo y alto cielo
¿hallaste tal belleza en todo el suelo,
qu' iguale a mi serena Luz dichosa?

Aura[6] süave, blanda y amorosa
que nos halagas con tu fresco vuelo;
cuando se cubre del dorado velo
mi Luz ¿tocaste trenza más hermosa?

Luna, honor de la noche, ilustre coro
de las errantes lumbres y fijadas
¿consideraste tales dos estrellas[7]?

Sol puro, Aura, Luna, llamas d' oro[8]
¿oistes vos mis penas nunca usadas[9]?
¿vistes Luz más ingrata a mis querellas[10]?

SONETO XVII

Despoja la hermosa y verde frente
de los árboles altos el turbado
otoño, y dando paso al viento helado,
queda lugar a l'aura d' Ocidente.

Las plantas qu' ofendió con el presente
espíritu de Zéfiro[11] templado
cobra honra y color, y esparce el prado
olor de bellas flores dulcemente.

Mas ¡ô triste! ¡que nunca mi esperanza,
después que l'abatió desnuda el hielo,
torna avivar para su bien perdido.

¡Cruda[12] suerte d'amor, dura mudanza,
firme a mi mal, qu'el varïar del cielo
tiene contra su fuerza suspendido!

---

[1] escondido.

[2] En la mitología, un semidiós, representado con dos orejas puntiagudas, dos cuernecitos y patas de macho cabrío, asociado con la lascivia.

[3] el fuego de la pasión.

[4] donde.

[5] ojos.

[6] viento suave del oeste.

[7] los ojos de Luz.

[8] Nótese la correlación entre el primer substantivo de las tres primeras estrofas y la enumeración de la última.

[9] **nunca**... que nadie más ha experimentado.

[10] quejas.

[11] brisa suave y dulce del oeste.

[12] cruel.

Soneto XXXVIII

Serena Luz, en quien presente espira[13]
divino amor, qu' enciende y junto enfrena
el noble pecho, qu' en mortal cadena
al alto Olimpo[14] levantar(s') aspira;

ricos cercos dorados, do se mira
tesoro celestial d'eterna vena;
armonía d'angélica Sirena[15]
qu'entre las perlas y el coral respira,

¿cuál nueva maravilla, cuál ejemplo
de la inmortal grandeza nos descubre
aquesa sombra del hermoso velo?

Que yo en esa belleza que contemplo
(aunqu' a mi flaca vista ofende y cubre),
la inmensa busco, y voy siguiendo al cielo.

Soneto XLV

Clara, süave luz, alegre y bella,
que los zafiros[16] y color del cielo
teñís de la esmeralda[17] con el velo
que resplandece en una y otra estrella[18];

divino resplandor, pura centella,
por quien libre mi alma, en alto vuelo
las alas rojas bate, y huye el suelo,
ardiendo vuestro dulce fuego en ella;

si yo no sólo abraso el pecho mío,
mas la tierra y el cielo, y en mi llama
doy principio inmortal de fuego eterno,

¿por qué el rigor de vuestro antiguo frío
no podrá ya encender? ¿por qué no inflama
mi estío[19] ardiente a vuestro helado invierno?

Soneto LX

Asconde[20] tardo[21] Bágrada[22] en tu seno
la fiera armada de tu osada gente,
y, arrancando los cuernos[23] de la frente,

pierde el orgullo, y d'esfuerzo ajeno;

qu' a todo el ancho ponto[24] pone freno
vengando con la aguda espada ardiente
los insultos que sufre el Ocidente
el domador del Cita[25] y Agareno[26].

Verás la tierra presa, el mar sangriento,
y al nombre de Bazán[27] temblar medroso
el corazón más bravo y arrogante;

y atado en hierro el cuello[28] descontento
rendirs' al brazo suyo poderoso
cuanto abrazan el Nilo[29] y grande Atlante[30].

FRANCISCO DE LA TORRE

El crítico Alonso Zamora Vicente escribió de Francisco de la Torre: «No sabemos nada de su vida ni de si existió siquiera: su figura se ha alejado en un fondo de misterio, de niebla lírica en la que resaltan mejor sus versos. No importa que el dato erudito, axiomático, que pueda dar fe de existencia del poeta, no aparezca. Quizá no pueda conocerse nunca. Pero siempre estará aquí su obra, testimonio firme de su genio.» Casi cuarenta años más tarde, Gethin Hughes, después de largas y minuciosas investigaciones, aún no logra identificar al poeta.

En 1631 Francisco de Quevedo mandó a imprimir un manuscrito que había encontrado en el sobrante inútil de un librero, que se lo había vendido, según el famoso autor, «con desprecio.» Se había borrado el nombre del poeta, pero Quevedo logró reconstruir el de Francisco de la Torre. Quevedo, en aquellos momentos, se dedicaba a atacar a Góngora y a sus seguidores, a quienes veía como corruptores de la lengua y del arte. (Véase la pág. 66.) Frente a los culteranos, La Torre cultiva la imagen sencilla y nítida. Quevedo admira su reposada melancolía y la limpieza de su verso. Con la publicación de su poesía, intenta convertir a La Torre en un modelo del buen gusto y un arma en la batalla literaria contra el culteranismo.

Varios investigadores han tratado de indentificar a Francisco de la Torre. El Conde de Añover, amigo de Quevedo, creía que era el Bachiller de la Torre mencionado por Joan Boscán en su «Octava rima», pero esta teoría se descartó casi inmediatamente. Se ha sugerido que fue realmente Juan de Almeida, rector de la Universidad de Salamanca, que por ser teólogo no pudo publicar sus versos bajo su

---

[13] exhala. En un contexto teológico, espirar significa producir el Padre y el Hijo al Espíritu Santo por medio de su amor recíproco.
[14] en la mitología, la residencia de los dioses.
[15] en la mitología, un ser fabuloso, mitad mujer, mitad pez, que atrae a los navegantes por medio de su voz melodiosa y los lleva a la perdición. Luz es una «angélica Sirena» porque atrae al hombre hacia Dios.
[16] piedra azul. Se refiere al color del cielo, que Luz tiñe de verde con sus ojos.
[17] piedra verde. El verde significa esperanza.
[18] **una**... los ojos de Luz.
[19] verano. El poeta pregunta por qué su pasión ardiente no prende fuego al corazón frío de Luz.
[20] esconde.
[21] lento.
[22] río de Numidia, la actual Argelia.
[23] Se refiere a la media luna, símbolo del imperio turco. Es un insulto, ya que se dice que el marido cuya mujer ha faltado a la fidelidad conyugal «tiene cuernos en la frente».
[24] mar (el Mar Negro para los antiguos)

[25] turco.
[26] árabe.
[27] Véase la pág. 31.
[28] Se refiere a la costumbre de encadenar a los presos.
[29] gran río de Africa que atraviesa Egipto.
[30] Atlas, una divinidad griega, hijo de Zeus, condenado a sostener el mundo sobre los hombros. Los griegos lo identificaban con las montañas Atlas, una cadena al norte de Africa, en Marruecos y Argelia. Por consiguiente, **cuanto**... significa toda Africa del Norte.

propio nombre, u otro erudito, también llamado Juan de Almeida, que fue el preparador de las poesías de La Torre para la impresión. Se ha propuesto también que fue Quevedo mismo el autor de los versos. Otra teoría es que Miguel Termón, discípulo de Almeida, los escribió.

Ninguna de estas hipótesis se ha podido probar definitivamente. Creemos saber que el poeta que conocemos por el nombre de Francisco de la Torre vivió a mediados del siglo XVI y que estuvo asociado con la Universidad de Salamanca. En *The Poetry of Francisco de la Torre* (Toronto, 1982), Hughes demuestra que durante el período en que el poeta posiblemente estuvo en Salamanca—entre 1551 y 1561—aparecen varias personas del nombre de Francisco de la Torre en los registros de la universidad. Hughes concluye que es poco probable que el nombre sea un pseudónimo y sugiere que pesquisas futuras podrán tal vez descubrir referencias más concretas sobre la identidad del poeta. Como ha dicho Zamora Vicente, aunque no tengamos datos biográficos, tenemos las poesías, que son el mejor testimonio del genio del autor.

El tema principal de Francisco de la Torre es el amor. Los amantes de sus sonetos son casi siempre Filis y Damón, personajes mitológicos. Manifestación humana de la belleza divina, la dama es rubia, blanca, fría, inalcanzable. Pero mientras que en Herrera la devoción a la amada conduce al amante a un estado casi místico (pag. 31), en La Torre predomina un contenido dolor que resulta del fracaso. El Tirsis del Soneto XXVI (*Libro II*) es «un hombre triste . . . como cualquiera.» Ambas cosas, la exaltación y la melancolía, caracterizan la poesía neoplatónica, pero en la poesía de La Torre una desesperación quieta llena el ambiente. La naturaleza y la noche—otros grandes temas de La Torre que, como el retrato de la dama, son *topoi* petrarquistas—existen en función de la dama. Ella es dura como una roca, fría como la sierra helada. La congoja que le produce al amante es inmensa, como las estrellas del cielo.

Existe en la poesía de La Torre un elemento de destino. Su desgracia ha sido dictada por el hado, contra el que no cabe defensa alguna. No le queda otra salida que la muerte. La naturaleza permanece ajena a su dolor. No tiene con quien compartir su desdicha, lo cual llena su obra de un profundo sentido de soledad.

Algunos críticos contemporáneos—entre ellos Dámaso Alonso—han demostrado que la sencillez que tanto admiraba Quevedo en la obra de La Torre es engañosa. Las técnicas retóricas empleadas por el poeta son extremadamente refinadas. Sus versos encierran un delicado erotismo y un lirismo que—aunque semejantes en muchos sentidos a los de Garcilaso—tienen aspectos de gran originalidad.

Recomendamos la siguiente edición: Francisco de la Torre, *Poesías*, ed. Alonso Zamora Vicente (Madrid: Espasa-Calpe, 1944).

Soneto VIII

Claro y sagrado río, y tu ribera
de esmeraldas y pórfidos vestida,
corto descanso de una amarga vida,
que entre amor y esperanza desespera.

Cierto mal, bien incierto, ausencia fiera,
gloria pasada y gloria arrepentida,
tienen tan acabada y tan combatida
la triste vida, que la muerte espera.

Tú, que lavas el monte y las arenas
rojas de mi Citerón[1] soberano,
lleva mi voz y lástimas contigo.

Alivia tú, llevándolas, mis penas;
así veas su rostro tan humano,
cuanto yo despiadado y enemigo.

(Libro I)

Soneto VIII

Filis[2] más bella y más resplandeciente
que el claro cielo y que el ameno prado:
este gamo de flores coronado
que a su madre quité, te ofrezco ausente.

Riéndoseme agora dulcemente,
me lo pidió Testilis; mas cansado
me tienen ya sus risas; que tu helado
ceño me ha de perder eternamente.

A ti te doy y a ti también te guardo
dos tórtolas[3] hermosas y una bella
garza que ayer cogí del monte al río.

Y si el amor de Tirsis[4] por el mío
quieres dejar, escoge tú de aquella
manada mía un toro blanco y pardo.

(Libro II)

Soneto XXVI

Al asomar del Sol por el Oriente
de oro su frente y de cristal ornada,
al pie de un verde mirto[5], que colgada
tiene una lira inútil aún ausente,

Tirsis rompió el silencio, la doliente
voz desligando al alma encadenada
de los revueltos Aspides[6], que atada
tienen la fuerza de su pecho ardiente.

---

[1] Monte en Grecia. Según la leyenda, era un joven bello y gallardo. Una de las Furias lo amaba, pero él no le correspondía. Para castigarlo, ella lo transformó en monte al arrojarle una de las serpientes de su cabellera.

[2] Nombre poético de la amada; en la mitología, la esposa de Damón. Ella se suicidó al no volver él tal como había prometido.

[3] símbolo convencional del enamorado.

[4] pretendiente de Filis.

[5] árbol consagrado a Venus, diosa del amor.

[6] Cleopatra se dio muerte haciéndose morder por un áspid.

Cielo, dice, si es fuerza que yo muera,
como a muchos han muerto sus intentos
atrevidos, sin nombre y engañados,
    un hombre triste soy como cualquiera;
pero los de tan altos pensamientos
siempre han sido del cielo derribados.[7]

(*Libro II*)

ENDECHA[8] II

El pastor más triste
que ha seguido el cielo,
dos fuentes sus ojos
y un fuego su pecho,
llorando caídas
de altos pensamientos,
solo se querella[9]
riberas de Duero.[10]
El silencio amigo,
compañero eterno
de la noche sola,
oye sus tormentos.
Sus endechas llevan
rigurosos vientos,
como su firmeza
mal tenidos zelos.
Solo y pensativo
le halla el claro Febo[11];
sale su Diana,[12]
y hállale gimiendo.

Cielo que le aparta
de su bien inmenso
le ha puesto en estado
de ningún consuelo.
Tórtola cuitada,
que el montero fiero
le quitó la gloria
de su compañero,
elevada y mustia
del piadoso acento
que oye suspirando
entregar al viento,
porque no se pierdan

suspiros tan tiernos,
ella los recoge,
que se duele dellos.
Y por ser más dulces
que su arrullo tierno,
de su soledad
se queja con ellos,
que ha de hacer el triste
pierda el sufrimiento,
que tras lo perdido[13]
no cayrá contento.[14]

FRANCISCO DE ALDANA (1537—1578)

Nacido y criado en Italia, Francisco de Aldana fue soldado y poeta del reinado de Felipe II. Tuvo una carrera militar brillante y murió en la batalla de Alcazarquivir (1578), en Africa, con el rey Sebastián de Portugal.

Su obra poética abarca los grandes temas de la época: el amor, el mito, la guerra, Dios. La suya es una poesía viva, descriptiva. Apela a todos los sentidos: la vista, el oído, el olfato, el tacto, el gusto. En el Soneto XXX, por ejemplo, Aldana pinta en colores brillantes un campo de batalla teñido de roja sangre. Describe los gritos de los guerreros, el olor a azufre, el gusto amargo, la sensación del duro acero de la espada, para recrear la emoción de la experiencia militar.

La poesía de amor de Aldana es a menudo exquisitamente sensual. La Galatea de sus sonetos no es esquiva y alejada, sino coqueta y apasionada. El Soneto XVII no termina con una imagen de angustia y desesperación, sino con una deliciosa entrega.

Junto a estas tendencias sensitivas, Aldana demuestra hondas preocupaciones religiosas. Como Fray Luis, evita el sentimentalismo, produciendo una poesía meditativa e intelectual que expresa sus inquietudes filosóficas. El engaño, la falsedad de los bienes temporales, la muerte como alivio de los cuidados del mundo y el deseo de unirse con Dios son temas recurrentes.

La poesía de Aldana fue publicada póstumamente por su hermano Cosme en dos tomos, que aparecieron en 1589 y en 1591.

Véase la edición de José Lara Garrido (Madrid: Cátedra, 1985).

---

[7] Referencia a Icaro, que trató de subir al sol con unas alas pegadas de cera. Al acercarse demasiado, se derritió la cera e Icaro cayó al mar. Otro ejemplo es Faetón, que al intentar conducir el carro de Apolo (el Sol) fue destruido.

[8] canción triste.

[9] queja.

[10] río de España y Portugal que pasa por Soria.

[11] sol.

[12] nombre de su amada. La diosa Diana es conocida por su castidad y su virtud.

[13] **tras**... después de todo lo que ha perdido.

[14] **no**... no puede encontrar la felicidad.

Soneto XVII

Mil veces digo, entre los brazos puesto
de Galatea[1], que es más que el sol hermosa;
luego ella, en dulce vista desdeñosa,
me dice, «Tirsis[2] mío, no digas esto.»

Yo lo quiero jurar, y ella de presto
toda encendida de un color de rosa
con un beso me impide y presurosa
busca atapar mi boca con su gesto.

Hágole blanda fuerza por soltarme,
y ella me aprieta más y dice luego:
«No lo jures, mi bien, que yo te creo.»

Con esto de tal fuerza a encadenarme
viene que Amor[3], presente al dulce juego,
hace suplir con obras mi deseo.

Soneto XXX

Otro aquí no se ve[4] que, frente a frente,
animoso escuadrón moverse guerra,
sangriento humor[5] teñir la verde tierra,
y tras honroso fin correr la gente;

éste es el dulce son que acá se siente:
«¡España, Santïago, cierra, cierra![6]»
y por süave olor, que el aire atierra,
humo de azufre dar con llama ardiente;

el gusto envuelto va tras corrompida
agua, y el tacto sólo apalpa y halla
duro trofeo de acero ensangrentado,

hueso de astilla, en él carne molida,
despedazado arnés, rasgada malla:
¡oh solo de hombres digno y noble estado![7]

Soneto XXXIV

Reconocimiento de la vanidad del mundo

En fin, en fin, tras tanto andar muriendo,
tras tanto varïar vida y destino,
tras tanto de uno en otro desatino
pensar todo apretar, nada cogiendo,

tras tanto acá y allá yendo y viniendo
cual sin aliento inútil peregrino,
¡oh Dios!, tras tanto error del buen camino,
yo mismo de mi mal ministro siendo,

hallo, en fin, que ser muerto en la memoria
del mundo es lo mejor que en él se asconde[8],
pues es la paga dél muerte y olvido,

y en un rincón vivir con la vitoria
de sí, puesto el querer tan sólo adonde
es premio el mismo Dios de lo servido.

BALTASAR DEL ALCÁZAR (1530—1606)

Coetáneo de Herrera y, como él, humanista y sevillano, Baltasar del Alcázar representa tendencias muy distintas a las de los otros poetas que se reunían en casa del conde de Gelves. Castizo, modesto, jocoso, Alcázar escribía sátiras y epigramas que se destacan por su gracia andaluza y su comicidad.

En varias de sus poesías, entre ellas su Canción I, Alcázar se burla del culto del amor al igualar a la amada con los placeres que trae—en este caso, jamón y berenjenas. El ambiente que recrea Alcázar en sus obras a menudo no es ni cortés ni refinado, sino sencillo y burgués. La mujer se asocia con la comida, la comodidad, la felicidad doméstica. Falta en la obra de Alcázar el tono amargado y mordaz que caracteriza mucha de la literatura satírica de la época.

Aunque el madrigal «Decidme, fuente clara» se basa en las convenciones de la poesía bucólica—el verde prado, la fuente que sirve de medio de comunión espiritual, el ruiseñor quejumbroso que refleja la tristeza del poeta, la amada ausente—, los versos desarman al lector por su misma sencillez y claridad.

Hoy en día Baltasar del Alcázar no se considera uno de los poetas importantes de su época. Sin embargo, sus poemas livianos y expresivos tienen un encanto especial.

La edición más reciente de las obras de Baltasar del Alcázar es *Poesías,* ed. F. Rodríguez Marín (Madrid: Librería de los Suc. de Hernando, 1910).

Canción I

Tres cosas me tienen preso
de amores el corazón:
*la bella Inés, y jamón,
y berenjenas con queso.*

Una Inés, amantes, es
quien tuvo en mí tal poder
que me hizo aborrecer
todo lo que no era Inés.
Trájome un año sin seso[1],
hasta que en una ocasión
*me dio a merendar jamón
y berenjenas con queso.*

Fue de Inés la primer palma[2];
pero ya juzgarse ha mal[3]
entre todos ellos cuál
tiene más parte en mi alma.

---

[1] nombre poético de la amada.
[2] nombre poético del amante.
[3] Cupido.
[4] **Otro**... Ninguna otra cosa se ve.
[5] líquido.
[6] **¡España**... grito de batalla de los españoles.
[7] **oh**... oh solo estado digno y noble de hombres.
[8] esconde.

---

[1] **sin**... loco de amor.
[2] **la**... el premio gordo.
[3] **ya**... ya sería difícil juzgar.

En gusto, medida y peso
no les hallo distinción:
ya quiero Inés, ya jamón,
ya berenjenas con queso.

Alega Inés su beldad;
el jamón, que es de Aracena[4];
el queso y la berenjena,
su andaluza antigüedad.
Y está tan en fil el peso
que, juzgado sin pasión,
todo es uno: Inés, jamón
y berenjenas con queso.

Servirá este nuevo trato
destos mis nuevos amores
para que Inés sus favores
nos los venda más barato,
pues tendrá por contrapeso,
si no hiciere razón,
una lonja de jamón
y berenjenas con queso.

MADRIGAL

Decidme, fuente clara,
hermoso y verde prado
de varias flores lleno y adornado;
decidme, alegres árboles, heridos
del fresco y manso viento,
calandrias, ruiseñores,
en las quejas de amor entretenidos,
sombra do[5] yo gocé de algún contento,
¿dónde está agora aquella que solía
pisar las flores tiernas y suaves,
gustar el agua fría?
Murió. ¡Dolor cruel! ¡Amarga hora!
Arboles, fuente, prado, sombra y aves,
no es tiempo de vivir; quedá[6] en buen hora;
que el alma ha de ir buscando a su pastora.

LUPERCIO LEONARDO DE ARGENSOLA (1559–1613)

Nacido en Barbastro, pueblo que se encuentra al nordeste de España en la provincia de Huesca, Lupercio Leonardo de Argensola era uno de cuatro hijos, dos de los cuales llegaron a ser poetas conocidos—él y su hermano, Bartolomé Leonardo. Lupercio estudió en Zaragoza con el famoso humanista escocés, Andrés Scoto. Aprendió el latín y leyó a los clásicos, especialmente a Horacio, cuya huella se encuentra en sus poemas desde el principio. También leyó a los satíricos—por ejemplo, Marcial, Juvenal y Persio—aunque estos autores influyeron menos

en su obra que en la de su hermano. De la época estudiantil y los años siguientes deben datar sus tres tragedias al modo clásico—la *Filis,* la *Isabela* y la *Alejandra*—, muy encomiadas por Cervantes en el *Quijote.*

En 1586 Lupercio Leonardo fue llamado a desempeñar la secretaría del duque de Villahermosa, don Fernando de Aragón, trabajo que hizo con tanta eficiencia que se ganó los elogios del hermano del duque por su sensatez y seriedad. En 1592, a la muerte de Villahermosa, Lupercio obtuvo la secretaría de la emperatriz María, a la que sirvió hasta su muerte. En 1595 los diputados de Zaragoza lo nombraron cronista, y dos años más tarde empezó a escribir su *Historia general de la España Tarraconense* con tanto entusiasmo que hasta intentó aprender árabe. Como su hermano, Lupercio sentía una verdadera pasión por la historia.

Ya en esta época Lupercio era un poeta conocido. Figura con varios poemas en la célebre antología de Pedro Espinosa, *Flores de poetas ilustres,* que se publicó en 1605. Pero Lupercio, al igual que su hermano, se mantenía bastante alejado de las corrientes literarias de la época. En cuanto a la comedia de Lope, que estaba en auge, Lupercio Leonardo sintió tan poco entusiasmo que en un famoso memorial a Felipe II insistió en que no se abrieran los teatros porque las obras eran inmorales.

Después de la muerte de la emperatriz, Lupercio volvió a Zaragoza, donde intentó vivir y escribir en su finca de Monzalbarba. Logró producir pocas obras durante esta época, sin embargo, porque sufrió una parálisis casi total, que le duró dos años.

En 1608, el conde de Lemos, que había sido nombrado virrey de Nápoles, ofreció la secretaría a Lupercio. Se especulaba bastante sobre el posible séquito literario del conde de Lemos y la selección fue algo curiosa. Cervantes, Góngora, Lope y otras grandes figuras de la época se quedaron en Madrid, y acompañaron al conde Mira de Amescua, Barrionuevo, Laredo y a los hermanos Argensola—lo cual causó bastantes resentimientos. En Nápoles, Lupercio tuvo poco tiempo para escribir y para sus investigaciones históricas. Sin embargo, fundó la Academia de los Ociosos, en que intervinieron varios poetas y dramaturgos con obras entretenidas y graciosas. Muchos de los proyectos históricos y literarios de Lupercio quedaron sin realizarse, ya que murió relativamente joven, a la edad de 54 años.

Pocos de los poemas de Lupercio Leonardo se publicaron durante su vida, aunque circularon en copias abundantes. Según su hermano, Lupercio quemó muchas de sus obras poéticas en Nápoles. En 1634, Gabriel Leonardo, su hijo, publicó *Rimas de Lupercio i del Dotor Bartolomé Leonardo de Argensola.*

Lupercio dejó menos testimonios que su hermano en cuanto a sus ideas estéticas, aunque sabemos que él, lo mismo que Bartolomé, creía en los fines éticos y morales de la poesía. En cuanto al estilo, era un perfeccionista. Recomendaba que el que quisiera escribir poesía exa-

---

[4] ciudad de Andalucía conocido por sus jamones.
[5] donde.
[6] quedad.

minara con cuidado sus fuerzas, y si las encontraba débiles, que se abstuviera, y si no, que leyera mucho y escribiera poco, borrando «mil veces cada palabra.»

Existe una edición moderna de las poesías de los hermanos Argensola preparada por J. M. Blecua (Madrid: Espasa Calpe, 1972–74).

SONETO XXXIX

Hermosura perfecta no consiste
en dar diversas formas al cabello,
perlas a las orejas y oro al cuello,
ni en la ropa costosa que se viste.

Con traje rico o pobre, alegre o triste,
es uno mismo siempre un rostro bello:
que en oro o plomo siempre deja el sello
la forma que grabada en él asiste.

Mas esto pocas veces lo concede
naturaleza, avara con el mundo,
en el cual siempre es raro lo perfecto.

Yo, por mi mal, lo he visto, y sé que puede
con el traje primero y el segundo
vuestra hermosura hacer igual efecto.

SONETO XLVII

¿Por fuera quieres, Lica, ser hermosa?
O no tienes espejo o estás loca.
¿No consideras esa negra boca
a todo el mundo por su olor odiosa;

esa frente pintada, y espaciosa
por falta de cabellos, que no es poca
ni tu cuidado en componer la toca
sobre la calva estéril y engañosa?

Fortuna es ciega en cuanto distribuye
ni mira a quién desnuda o a quién viste,
aunque contigo en dar tuvo descuento.

Edad larga te dio, que a muchos huye;
mas negó lo demás y así saliste
con mala cara y corto entendimiento.

SONETO LXI

*Que se halla conveniencia para los hombres
en que haya mudanza en las cosas humanas*

Vuelve del campo el labrador cansado,
y mientras se restaura en fácil[1] cena,
para nuevo trabajo se condena,
que al venidero sol[2] quedó obligado.

Cuando descansa en el rincón su arado,
con hoz la vid sin pámpanos cercena;[3]
siega la mies y la vendimia ordena,
y luego al yugo vuelve ya olvidado.

Es el trabajo propio[4] a los mortales,
en el cual los alivia la esperanza
con premio que a trabajo nuevo llama.

Así pasan los bienes por los males,
así sustenta al mundo la mudanza,
y así es tirano en él quien la desama.

SONETO LCV

No es lo mismo el amor que el apetito,
que en diferente parte se aposenta:
la virtud al primero lo alimenta,
al segundo, aliméntalo el delito.

El Cielo elige amor por su distrito,
donde toma del alma larga cuenta;
el otro con el cuerpo se contenta,
viviendo en Flegetonte[5] y en Coccito[6].

El uno siempre aumenta, el otro apoca
su casa principal y patrimonio;
de aquél es la sed cuerda, de éste loca.

Y al fin, cuando de sí da testimonio
sale amor por los ojos y la boca;
el otro sale a guisa de demonio.

BARTOLOMÉ LEONARDO DE ARGENSOLA (¿1561?–1631)

Como su hermano Lupercio Leonardo, Bartolomé de Argensola nació en Barbastro. Poco se sabe de su educación, pero a los diecisiete años publicó el primer poema suyo que se conoce, algunas octavas en elogio de la *Divina y varia poesía* de fray Jaime Torres. Desde 1581 a 1584 estudió derecho canónico en la Universidad de Salamanca, donde pudo conocer a Fray Luis de León y a otros intelectuales de su época. Después estudió en Zaragoza, donde posiblemente asistiera a las clases de Andrés Scoto o las de Simón Abril, traductor de Aristóteles y Plauto. De que Bartolomé haya aprendido a fondo a los clásicos, no puede haber ninguna duda. Las huellas de Horacio, Juvenal, Persio y Marcial se encuentran en muchas de sus obras. Sus talentos literarios se reconocieron desde una temprana edad. Cervantes elogió a ambos hermanos Argensola en su *Canto de Calíope* aunque Bartolomé Leonardo era aún muy joven.

Los hermanos Argensola fueron protegidos de don Fernando de Aragón, Duque de Villahermosa. Al morir éste, Bartolomé sirvió a la Emperatriz María. Parece que se encontró muy a gusto en la corte, a pesar de las diatribas y sátiras que escribió durante esta época. Hizo amistad con varios escritores—Cervantes, entre ellos—pero no le interesó especialmente ni la poesía de Góngora ni el drama de Lope.

---

[1] sencilla.
[2] día.
[3] corta el borde.

[4] propio.
[5] la pereza y estupidez humanas.
[6] el deseo sexual.

En 1609 el Conde de Lemos se trasladó a Nápoles, llevando consigo a varios poetas españoles, entre ellos a los hermanos Argensola. En Nápoles Bartolomé Leonardo escribió algunos sonetos, además de la elegía a la muerte de la reina doña Margarita y los tercetos al reloj de la cámara del Conde de Lemos. Después de la muerte de Lupercio en 1613, volvió a Zaragoza, aunque no sin pasar primero por Roma, donde habló con Galileo. Pasó el resto de su vida en Zaragoza, gozando de tiempo suficiente para escribir poesía y dedicarse a las investigaciones históricas. Como Lupercio, no tuvo gran interés en publicar sus poemas, y son muy pocos los que se editaron con su consentimiento. Sus obras poéticas fueron publicadas póstumamente en 1634 con las de su hermano.

Existen abundantes testimonios en verso y en prosa que aclaran las ideas estéticas de Bartolomé Leonardo. Un perfeccionista que pulía y retocaba sus versos incansablemente, quedó fiel durante toda su vida a las normas clásicas que aprendió de joven. Recomendaba siempre el estudio y la imitación de los clásicos, aunque nunca escribió versos en latín. Es significativo el hecho de que no aparezcan en ninguno de sus escritos alusiones al mayor escándalo literario de su tiempo, el que provocaron las *Soledades* y el *Polifemo* de Góngora. (Véase la pág. 56.) Aunque Bartolomé Leonardo escribía versos burlescos, no usaba la sátira para atacar a otros poetas o escuelas literarias, sino como un arma contra los vicios sociales y la corrupción de costumbres. Profundamente influido por el concepto renacentista de la moderación, Bartolomé Leonardo no sintió las tentaciones del culteranismo, a diferencia de algunos de sus contemporáneos que, aunque censuraban a Góngora, fueron profundamente influidos por su estilo. Sin embargo, ya se vislumbra la desilusión y el pesimismo barrocos en varios de sus poemas—por ejemplo, en los últimos versos del Soneto III: «¡Lástima grande / que no sea verdad tanta belleza!»

A pesar de su profunda admiración por los clásicos, en una epístola poética que es demasiado larga para reproducir aquí, Bartolomé Leonardo le recomienda a su amigo Fernando de Soria Galvarro que no siga servilmente las reglas clásicas. En una carta al Conde de Lemos repite la misma idea, apuntando que aunque siempre ha respetado las leyes poéticas «por ser justas y por la autoridad de sus autores», ha procurado que este respeto «no llegue a superstición». La epístola que va dirigida «a un caballero estudiante» es un «arte poética» en que el autor enumera los pasos que hay que dar para lograr escribir bien.

La mayoría de sus composiciones son poesías morales. A diferencia de su hermano y de otros andaluces de su época, no escribió poemas de tipo tradicional—romances, canciones, letrillas. Compuso algunos versos amorosos, pero no expresan una devoción auténtica; son más bien ejercicios poéticos en que se emplean convenciones heredadas. En una epístola que le dirige al Príncipe de Esquilache, da a entender que nunca estuvo enamorado. Sin embargo, algunos de sus sonetos revelan un sensualismo apenas reprimido. En el Soneto XXXVII sostiene que el amor es natural y, por lo tanto, quien luche contra las inclinaciones amorosas, «o las leyes de amor no comprehende / o a la Naturaleza misma infama.»

Entre sus contemporáneos, Bartolomé Leonardo de Argensola tuvo fama de ser un satírico mordaz. Para él, el propósito de la sátira no era injuriar, sino corregir las malas costumbres. En una carta que le dirigió al Conde de Lemos escribió que por su eficacia correctora, la sátira es «la poesía que más provecho puede hacer en la república.» Siempre moralista, cultivó el género satírico durante toda su vida.

Soneto III

A una mujer que se afeitaba[1] y estaba hermosa

Yo os quiero confesar, don Juan, primero:
que aquel blanco y color de doña Elvira
no tiene de ella más, si bien se mira,
que el haberle costado su dinero.

Pero tras eso confesaros quiero
que es tanta la beldad de su mentira,
que en vano a competir con ella aspira
belleza igual de rostro verdadero.

Mas, ¿qué mucho que yo perdido ande
por un engaño tal, pues que sabemos
que nos engaña así Naturaleza?

Porque ese cielo azul que todos vemos
ni es cielo ni es azul. ¡Lástima grande
que no sea verdad tanta belleza!

Soneto XXIV

A la vida quieta y libre

Quiera el primer autor[2] que se eternice
este dichoso estado en que me veo,
adonde en paz mi libertad poseo,
que es el bien de la tierra más felice.

Apaciente cualquiera o martirice
entre quimeras varias su deseo;
llueva rojo metal, seque el Ejeo[3]
y los hados en suma tiranice;

que yo, mientras el cielo permitiere
que mis ojos de luz ricos se vean,
pobre entre pobres lares verme quiero;

que nunca el rayo a los humildes hiere,
ni Jove[4] deja que afligidos sean
de tirano envidioso o lisonjero.

---

[1] se maquillaba.

[2] **el**... Dios.

[3] parte del mar Mediterráneo entre la península de los Balcanes y Anatolia.

[4] Júpiter, el padre de los dioses.

Soneto XXXVII

Si amada quieres ser, Lícoris, ama;
que quien desobligando lo pretende,
o las leyes de amor no comprehende[5],
o a la naturaleza misma infama.

Afectuoso el olmo a la vid[6] llama,
con ansias de que el néctar le encomiende
y ella lo abraza y sus racimos tiende
en la favorecida ajena rama.

¿Querrás tú que a los senos[7] naturales
se retiren avaros los favores,
que (imitando a su Autor[8]) son liberales?

No en sí detengan su virtud las flores
no su benignidad los manantiales,
ni su influjo las luces superiores.

Soneto LVI

A una vieja sin dientes

Aunque Ovidio[9] te dé más documentos
para reírte, Cloe, no te rías,
que de pez y de boj en tus encías
tiemblan tus huesos flojos y sangrientos;

---

[5] comprende.
[6] **olmo**... símbolos convencionales del hombre y de la mujer.
[7] claustro, refugio.
[8] Dios.
[9] poeta latino, autor de *Arte de amar*, que se considera la gran autoridad en el amor.

y a pocos de esos soplos tan violentos,
que con la demasiada risa envías,
las dejarás desiertas y vacías,
escupiendo sus últimos fragmentos.

Huye, pues, de teatros, y a congojas
de los lamentos trágicos te inclina,
entre huérfanas madres lastimadas.

Mas paréceme, Cloe, que te enojas;
mi celo es pío; si esto te amohína,
ríete hasta que escupas las quijadas.

Soneto CX

*Este soneto escribió su autor habiendo
padecido un gran desmayo*

Si un afecto, Señor, puedo ofrecerte
al culto de sus ídolos atento,
con lágrimas de amor te lo presento;
tú en víctima perfeta lo convierte.

Que en este sueño[10] tan intenso y fuerte,
de tus misericordias instrumento,
no imagen imitada es lo que siento,
sino un breve misterio de la muerte,

en quien con ojos superiores miro
mi fábrica interior escurecida.
Báñela aquella luz, Señor, aquella

que inspira perfeciones a la vida;
pues permites que goce, sin perdella,
experiencias del último suspiro.

---

[10] El sueño de la muerte es un tema muy usado en el Renacimiento.

A UN CABALLERO ESTUDIANTE

Noble has nacido, y manantial tu hacienda
te fertiliza, sin que la fortuna,
o tu olvido, la agote o la suspenda.

Huye esa profesión° que te importuna,
y sigue el nobilísimo misterio°
que en sí mismo formó de todas una°.

Mas quiérote advertir (no con imperio,
sino a tus pies, para que no imagines
que me arrogo el honor del magisterio)

que pues entras agora en los confines
del Parnaso°, a implorar que te corone,
al ingenio las fuerzas examines;

y tenle en opinión, si se dispone,
tras el examen, a escoger sujeto°,
que con su habilidad se proporcione;

que habiéndola medido, ¿cuál conceto
te saldrá por aborto de las sienes,
si no en todos sus términos perfeto?

Si tus primicias dedicadas tienes
al rigor de amorosa tiranía,
picado entre favores y desdenes,

El estudiante estudia jurisprudencia.
el... la inspiración poética
La poesía reúne todas las artes y todas las materias de estudio.

monte de Grecia que está consagrado a Apolo, dios de la poesía, y a
  las musas

tema

al discernir palabras, bien sería
no entretejer las lóbregas y ajenas
con las que España favorece y cría;

porque si con astucia las ordenas
en frasi viva, sonarán trabadas,
mejor que las de Roma y las de Atenas°.

Con tal juntura, no te persüadas
que por humildes te saldrán vulgares,
ni por muy escogidas afectadas;

antes, si en rima larga las juntares,
surgirá tan lacónica y tan sabia,
que la envidien el Tormes y el Henares°;

o en el verso menor, que entre la rabia
de sus flechas nos trujo° por delicias
de las escuelas púnicas Arabia°.

Mas si tu ninfa celebrar codicias,
sabe que, aunque poético el ornato
le acumule riquezas translaticias,

las translaciones° duras, como ingrato
lustre, las huye, en desatando el hilo
a sus lisonjas, la benigna Erato°.

¿Será bien que sin forma y sin estilo
luzcan en la hermosura los despojos
espléndidos del Ganges y del Nilo?

¿Zafiros o esmeraldas son los ojos,
y diamante la tez, perlas los dientes,
y encendidos rubíes los labios rojos?

Las manos (que a marfiles excelentes
imita su candor), ¿serán cristales,
si no se han de preciar de transparentes?

Cuando destas metáforas te vales,
no las retires de su oficio tanto,
que aun al afecto salgan desleales;

mas si eres lapidario,° no me espanto
de que las gracias huyan esa parte,
que es pedrería, y no amoroso canto.

Ni sutilices mucho con el arte
las congojas que amor finezas llama,
si esperas en su gusto acreditarte.

No las describe el que de veras ama
con pluma metafísica, ni duda
que cualquier libre adorno las infama.

Gima el enfermo, y con noticia ruda
del pulso acuse la inquietud del seno,
donde clama sin voz la fiebre aguda.

Explicarálas con primor Galeno°,
que examina en su origen la dolencia,
y nunca le enmudece el daño ajeno.

¡Oh cuánto el puro amor se diferencia
del astuto y vulgar cuando sencillo
se opone a la ambición de la elocuencia!

Este es el alto fin porque le humillo
a que no afile en rimas elocuentes
contra sus esperanzas el cuchillo.

Cuando decir tu pena a Silvia intentes,
¿cómo creerá que sientes lo que dices,
oyendo cuán bien dices lo que sientes?

Roma... las latinas y las griegas (tu poesía será mejor que la clásica)

Tormes... dos ríos de España. El Tormes es el de Salamanca, y el Henares el de Alcalá (las dos universidades).

trajo

Desde 718 (Batalla de Covadonga) hasta 1492 (toma de Granada) los españoles lucharon contra los musulmanes por reconquistar su territorio. A pesar de estar en guerra contra los españoles, los árabes hicieron grandes contribuciones a las artes en España, en particular, a la arquitectura, a la prosa y a la poesía.

traducciones

musa de la poesía lírica

el que labra piedras preciosas (Argensola se burla de la costumbre de emplear metáforas basadas en comparaciones entre la amada y ciertas piedras preciosas.)

famoso médico griego que escribió varios tratados sobre la medicina. (Argensola se burla de la costumbre de describir al enamorado como si fuera un enfermo.)

Más sirven al ingenio esos matices
que al dolor, pues con culpa de inmodesto
tolera esos follajes infelices.

Y aunque asevero mi opinión, protesto
que ni a la docta escuela petrarquista°,
ni a su autor venerable arguyo en esto.

La verdad se lamenta de otra lista
de antiguos y modernos, que la exorna,
en este gran precepto mal prevista.

Que en sus purezas de un jardín trastorna
lleno el canasto, y con las mismas flores
la encubre cuando piensa que la adorna.

Y envuelto en los poéticos honores
(si la superflua erudición no cesa),
perece lo esencial de los amores.

.   .   .

Yo aquellas seis ficciones° reverencio
(¿cómo que reverencio?, que idolatro)
que en sus cinco actos desplegó Terencio°.

Cierra la tuya al uso en tres o en cuatro;
que si ella, ya con risas, ya con lloros,
los afectos nos purga en el teatro;

si en lenguajes más claros que sonoros
discurre bien con prosa en metro inserta,
si guarda a las figuras sus decoros,

¿hallará alguna impropiedad la puerta,
para descomponer lo que compones,
o por abuso o por descuido abierta?

Animo, pues; y para que en los dones
de tan raro inventor su gloria heredes,
fúndate en verisímiles acciones.

No en la selva al defín busquen las redes,
ni al jabalí en el piélago los canes;
pues que en sus patrias oprimirlos puedes.

Según lo cual, no quieran los galanes,
aunque traten, o incautos o sutiles,
con rameras, con siervos o truhanes,

envilecerse entre plebeyos viles,
sin discuento; ni príncipes ni reyes
aplebeyar los ánimos gentiles.

Tú, sin gran causa, no los aplebeyes
tanto, que a sus acciones y a sus famas
prefiera un siervo infiel que les dé reyes.

Y no aleguen a Séneca° las damas,
ni a Marcial°, si tal vez por travesura
no fisgan de sentencias y epigramas.°

Y esto de introducir una figura
que a solas hable con tardanza inmensa,
¿no es falta de invención y aun de cordura?

Dirán que así nos dice lo que piensa
y lo que determina allá en su mente,
(a mi entender), ridícula defensa.

¿No es fácil de inventar un confidente,
a quien descubra el otro del abismo
del alma lo que duda o lo que siente?

de Petrarca, poeta italiano que creó un vocabulario poético que fue imitado por muchos escritores españoles. (Argensola ataca el petrarquismo exagerado de sus contemporáneos.)

aquellas... las seis comedias de Terencio

poeta cómico latino (Argensola sugiere que el dramaturgo se limite a tres o cuatro actos, en vez de escribir comedias de cinco actos, como Terencio.)

filósofo hispanolatino asociado con la doctrina estoica

poeta hispanolatino, autor de *Epigramas*, que son a veces muy licenciosos

sentencias... máximas; pensamientos sucintos y morales composiciones poéticas y satíricas (La idea es que las damas no deben hablar como filósofos y poetas, sino de una manera propia a ellas.)

Soliloquio es hablar consigo mismo;
pero, aunque no conversen dos, burlona
quiso Grecia llamarle dialogismo.

   ¿Quién no se burlará de una persona,
que sin oyente, sobre algún suceso
en forma de diálogo razona?

           .   .   .

   Es la lima el más noble requisito;
y así, no peligrando la sustancia
del verso deliciosamente escrito,

   refórmele su pródiga elegancia,
como el gran Venusino° lo dispuso
(por más que a sus secuaces la ignorancia,

   cuando ciñes lo ocioso y lo difuso,
para dejarlo adelgazado y breve,
diga que formas de una lanza un huso).

   Que, aun limado con arte, es bien que pruebe
a pasar por las dudas y opiniones
que el cuidado segundo al honor mueve.

   Bórralo con crueldad; no te perdones;
pues con gozo has de ver cuánto más vale
lo que durmió en los próvidos borrones.

   Saldrá dellos tan puro que se iguale
con el rayo solar que el aire dora,
cuando más limpio de las nubes sale.

el... Horacio, poeta latino nacido en Venusia.

Los principios del misticismo

El principio del siglo XVI fue un período de gran fermento intelectual. La rebelión luterana, las corrientes humanísticas e italianizantes, los contactos con pensadores y universidades de ultrafronteras y, especialmente, el estímulo erasmista fomentaron en España un ambiente de intercambio intelectual y artístico. Pero ya para mediados del siglo, las puertas van cerrándose. En un esfuerzo por combatir la reforma protestante, la Iglesia se compromete a limpiar su casa, es decir, a eliminar abusos, supersticiones y prácticas imcompatibles con el dogma y a definir la doctrina con mayor precisión. Estamos en plena Contrarreforma.

En España, centro nervioso del imperio católico, se va generando una intransigencia doctrinal. Crecen la sospecha y la agresividad, permitiendo un aumento en los poderes de la Inquisición. Aumentan las listas de libros prohibidos y se extreman los recelos en cuestiones de limpieza de sangre. La jerarquía eclesiástica se pone cada vez más poderosa y se alcanza a tener una influencia extensa. Bajo Felipe II, el Estado se convierte en instrumento del catolicismo militante. Los consejeros del rey son confesores y teólogos.

Paradójicamente, la vida intelectual, en vez de disminuir, aumenta, aunque con modificaciones. La España de mediados del siglo XVI produce una verdadera explosión de energía espiritual que se traduce—entre otras cosas—en una rica literatura. Aparecen dos corrientes distintas, una caracterizada por su erudición clásica y la otra por la modalidad ascético-sentimental. En ambas se nota una tendencia a querer transcender lo puramente regional y alcanzar lo universal, lo absoluto. Al mismo tiempo, ambas son manifestaciones de la realidad nacional y se inspiran en sensibilidades y temas españoles.

No es sorprendente que muchos de los escritores de la época busquen expresión dentro de la ortodoxia. La exaltación del amor profano se concilia con la doctrina cristiana por medio del neoplatonismo. El estudio de los clásicos llega a ser la base de la educación cristiana, ya que exige la disciplina, la finura, la sensibilidad estética y espiritual, además del conocimiento de la historia y de la mitología. La contemplación de la belleza mundana—sea la de la mujer, de la naturaleza o de la obra de arte—conduce a la paz interior, al acercamiento a la suprema belleza, a la suprema bondad, es decir, a Dios. En esta época aparecen varias mitologías cristianizadas—catálogos de figuras mitológicas con su correspondiente figura cristiana. (Apolo equivale a Dios, por ejemplo.) Mientras que la traducción (y consecuente interpretación) de textos bíblicos puede producir repercusiones serias—como en el caso de Fray Luis de León—la exégesis del texto clásico se considera esencial al desarrollo intelectual del caballero.

Por el lado ascético-espiritual, se produce una vasta literatura dedicada a asuntos de la religión. Según Menéndez y Pelayo, se escribieron más de tres mil libros de tema religioso en España durante el Siglo de Oro. La gran mayoría de éstos son comentarios bíblicos, vidas de santos, tratados teológicos, manuales de confesión, consejos morales, ataques contra los heterodoxos. Muy pocos son propiamente místicos.

El misticismo en su sentido más puro es el conocimiento de la presencia divina por medio del contacto experiencial del alma con Dios. El místico logra apagar los sentidos y sobrepasar lo material para alcanzar una incomprensible unión con Dios. El punto culminante es el éxtasis, estado en que, estando adormecidos los sentidos e interrumpida toda comunicación con el mundo exterior, el alma se funde con Dios. Curiosamente, durante el siglo XVI el misticismo a menudo se consideraba sospechoso, ya que varias sectas heréticas lo practicaban.

SANTA TERESA DE ÁVILA (1515—1582)

Santa Teresa de Avila fue una de las figuras más importantes de la Contrarreforma y del misticismo español. Hija de una familia conversa, entró en la orden de las Carmelitas hacia 1536. Después de una enfermedad seria, experimentó un período de aridez seguido de una «segunda conversión» y una serie de visiones místicas. Combinando una intensa espiritualidad con un gran sentido práctico, Santa Teresa llevó una vida activísima. Fundó la orden de las Carmelitas Descalzas, además de varios conventos. Astuta, inteligente y a veces peligrosamente franca, Teresa de Avila fue perseguida durante años por aquellos eclesiásticos que se oponían a las reformas que la monja deseaba establecer, pero al final, ella, ayudada por su sentido del humor y su encanto personal, triunfó.

En su vida privada practicaba la humildad y la disciplina. Incansable e impávida, inspiraba una ardiente devoción a los que la conocían. Santa Teresa logró despertar un nuevo fervor religioso en España. Llevó los frutos del misticismo al hombre común. Durante el siglo XVI y en los siglos posteriores, sus obras alcanzaron a un gran público. (Véase la pág. 206.)

Aunque Santa Teresa es más conocida por su prosa que por su poesía, sus versos, llenos de energía y ritmo, encierran un vivo entusiasmo que era contagioso para sus amigos y subordinados. Sabemos que la santa veía la poesía como fuente de regocijo porque cuando su confesor le pidió que alegrara a sus monjas, ella respondió componiendo algunos graciosos villancicos. Para Santa Teresa la poesía servía para inspirar y para gozar. No encontramos en sus versos el pesado intelectualismo que caracteriza a muchos otros poetas religiosos de su época. No encontramos ni frases en latín ni alegorías difíciles. La santa no trata de explicar los misterios de la fe sino que proclama su admiración ante lo incomprensible.

El desdén que expresa por el entendimiento en sus obras de prosa, se revela en su poesía de una manera directa y firme. En «Con los reyes» escribe: «No cures, Llorente,» / De buscar razón, / Para ver que es Dios / Aqueste garzón: Dale el corazón.» Para Santa Teresa, el amor se le da a Cristo sin preguntar ni por qué ni cómo. En «Vertiendo esta sangre» un pastor le pregunta a otro, que se llama Dominguillo, por qué están crucificando a Cristo: «¿Por qué, te pregunto, / hacen dél justicia, / pues es inocente / y no tiene malicia?» La respuesta es sencilla, desprovista de explicaciones filosóficas: «. . . que está muriendo / por quitar el mal.» Termina con una exclamación de admiración: «¡Oh, qué gran Zagal / será por mi fe!»

Santa Teresa heredó un caudal de símbolos religiosos, entre ellos, la imagen de Cristo como pastor o zagal. También heredó el *coloquio pastoril* en que dialogan dos campesinos, pero mientras que ciertos otros poetas convierten estos intercambios en complicadas disquisiciones metafísicas, la santa de Avila mantiene siempre un estilo directo y conversacional. De la tradición pastoril proviene también el matrimonio del Zagal (en la poesía religiosa, Cristo) y la zagala (el alma, o la monja que entrega su alma) que es el tema de «¡Oh, dichosa tal zagala!»

Otro *motif* que Santa Teresa heredó es el de la muerte en vida, concepto que sirve de base a su poema más conocido, «Vivo sin vivir en mí.» Ya que, para el cristiano, la verdadera vida es la eterna, que no empieza hasta después de la muerte, la persona devota desea morir para unirse con Dios y, al tardar la muerte en llegar, sufre intensamente, es decir, «muere». Para el devoto, la vida no da satisfacciones verdaderas; es un tormento, una «muerte». El morir de amor es un tema común en la poesía amorosa profana; Santa Teresa le da un sentido profundamente religioso y personal, expresando por medio de la metáfora su ardiente deseo de estar con Dios.

Pero Santa Teresa no predica la contemplación sin acción. En su poesía, como en su vida, insta al creyente a obrar. Para ella, la vida es una lucha, una campaña militar en la cual Cristo es el capitán y el hombre es un humilde soldado. Abundan las imágenes militares en su poesía. En «Hoy ha vencido un guerrero,» Cristo es un gran guerrero que vence a Lucifer «con armas de penitencia,» dándoles ejemplo a todos los pecadores. El hombre—y la mujer—aceptan su obligación de pelear contra las fuerzas del mal sabiendo que el camino es arriesgado: «Vamos muy mortificadas, humildes y despreciadas.» Pero a pesar del peligro, se entrega a su deber libremente, dispuesto a obedecer sin resistencia, sabiendo que «No deja de nos amar / Nuestro Dios.»

La poesía de Santa Teresa aparece en *Obras completas*, eds. Efrén de la Madre de Dios y Otger Steggink (Madrid: Católica [Biblioteca de Autores Cristianos], 1982).

VIVO SIN VIVIR EN MÍ

Vivo sin vivir en mí,
y de tal manera espero,
que muero por que no muero.

Vivo ya fuera de mí.
después que muero de amor;
porque vivo en el Señor,
que me quiso para sí.
Cuando el corazón le di
puse en él nuestro letrero:
que muero porque no muero.

Esta divina prisión
del amor con que yo vivo
ha hecho a Dios mi cautivo,
y libre mi corazón;
y causa en mí tal pasión
ver a Dios mi prisionero,
que muero porque no muero.

¡Ay, qué larga es esta vida!
¡Qué duros estos destierros!
Esta cárcel, estos hierros
en que el alma está metida.
Sólo esperar la salida
me causa dolor tan fiero,
que muero porque no muero.

¡Ay, qué vida tan amarga
do no se goza el Señor!
Porque si es dulce el amor,
no lo es la esperanza larga;
quíteme Dios esta carga,
más pesada que el acero,
que muero porque no muero.

Sólo con la confianza
vivo de que he de morir,
porque muriendo el vivir
me asegura mi esperanza;
muerte do el vivir se alcanza,
no te tardes, que te espero,
que muero porque no muero.

Mira que el amor es fuerte;
vida, no me seas molesta,
mira que sólo te resta,
para ganarte, perderte;

venga ya la dulce muerte,
el morir venga ligero,
que muero por que no muero.

Aquella vida de arriba,
que es la vida verdadera,
hasta que esta vida muera,
no se goza estando viva;
muerte, no me seas esquiva;
viva muriendo primero,
que muero porque no muero.

Vida, ¿qué puedo yo darte
a mi Dios, que vive en mí,
si no es el perderte a ti
para merecer ganarte?
Quiero muriendo alcanzarte,
pues tanto a mi Amado[1] quiero,
que muero porque no muero.

CON LOS REYES

Pues que la estrella[2]
Es ya llegada,
Va con los Reyes[3]
La mi manada.[4]
Vamos todos juntos
A ver al Mesías,
Que vemos cumplidas
Ya las profecías;
Pues en nuestros días,
Nos es ya llegada,
Va con los Reyes
La mi manada.
Llevémosle dones
De grande valor,
Pues vienen los Reyes
Con tan gran hervor[5].
Alégrese hoy
Nuestra gran zagala,
Va con los Reyes
La mi manada.
No cures[6], Llorente[7],
De buscar razón,
Para ver que es Dios
Aqueste garzón[8];
Dale el corazón,
Y yo esté empeñada
Va con los Reyes
La mi manada.

---

[1] Dios.
[2] la estrella de Belén que indica dónde está el niño Jesús.
[3] los reyes Magos.
[4] **La**... Mi rebaño.
[5] fervor.
[6] pongas cuidado, te preocupes (por).
[7] nombre de pastor.
[8] niño.

Caminemos para el cielo

Caminemos para el cielo,
monjas del Carmelo.

Vamos muy mortificadas,
humildes y despreciadas,
dejando el consuelo,
monjas del Carmelo.

Al voto de la obediencia
vamos, no haya resistencia,
que es nuestro blanco y consuelo,
monjas del Carmelo.

La pobreza es el camino,
el mismo por donde vino
nuestro Emperador del cielo,
monjas del Carmelo.

No deja de nos amar
Nuestro Dios, y nos llamar;
sigámosle sin recelo,
monjas del Carmelo.

En amor se está abrasando
Aquel[9] que nació temblando,
envuelto en humano velo,
monjas del Carmelo.

Vámonos a enriquecer,
adonde nunca ha de haber
pobreza ni desconsuelo,
monjas del Carmelo.

Al padre Elías[10] siguiendo
nos vamos contradiciendo
con su fortaleza y celo,
monjas del Carmelo.

Nuestro querer renunciado,
procuremos el doblado
espíritu de Eliseo,[11]
monjas del Carmelo.

Vertiendo está sangre

Vertiendo está sangre.
¡Dominguillo[12], eh!
Yo no sé por qué.

¿Por qué, te pregunto,
hacen dél justicia,
pues es inocente
y no tiene malicia?
Tuvo gran codicia,

yo no sé por qué,
de mucho amarme.
¡Dominguillo, eh!

¿Pues luego en naciendo,
le han de atormentar?
—Sí, que está muriendo
por quitar el mal.
¡Oh, qué gran Zagal[13]
será, por mi fe!
¡Dominguillo, eh!

¿Tú no lo has mirado,
que es niño inocente?
—Ya me lo han contado
Brasillo y Llorente[14];
gran inconveniente
será no amarle,
¡Dominguillo, eh!

Hoy ha vencido un guerrero

Hoy ha vencido un guerrero
al mundo y sus valedores.
—Vuelta, vuelta, pecadores,
sigamos este sendero.

Sigamos la soledad,
y no queramos morir,
hasta ganar el vivir
en tan subida pobreza.
¡Oh, qué grande es la destreza
de aqueste nuestro guerrero!
Vuelta, vuelta, pecadores,
sigamos este sendero.

Con armas de penitencia
ha vencido a Lucifer,
combate con la paciencia,
ya no tiene que temer.

Todos podemos valer
siguiendo este caballero.
Vuelta, vuelta, pecadores,
sigamos este sendero.

No ha tenido valedores,
abrazóse con la cruz:
siempre en ella hallamos luz,
pues la dio a los pecadores.
¡Oh, qué dichosos amores
tuvo este nuestro guerrero!
Vuelta, vuelta, pecadores,
sigamos este sendero.

Ya ha ganado la corona.
Y se acabó el padecer,

---

[9] Cristo.
[10] profeta judío (siglo IX a.C.) que luchó contra la idolatría.
[11] profeta judío, sucesor de Elías.
[12] nombre de un pastor.

---

[13] Cristo (Jesús se retrata a menudo como un zagal, o pastor joven.)
[14] nombres de pastores.

gozando ya el merecer,
con muy encumbrada gloria.
¡Oh venturosa victoria
de nuestro fuerte guerrero!
Vuelta, vuelta, pecadores,
sigamos este sendero.

¡OH, DICHOSA TAL ZAGALA[15]!

¡Oh, dichosa tal zagala
que hoy se ha dado a un tal Zagal,
que reina y ha de reinar!

Venturosa fue tu suerte,
pues mereció tal Esposo[16];
ya yo, Gil[17], estoy medroso;
no la osaré más mirar,
pues ha tomado marido
que reina y ha de reinar.

Pregúntale qué le ha dado
para que lleve a su aldea;
el corazón le ha entregado
muy de buena voluntad;
mi fe poco le ha pagado,
que es muy hermoso el Zagal,
y reina y ha de reinar.

Si más tuviera, más diera.
—¿Por qué le avisas, Carillo?
Tomemos el cobanillo,
sirva nos deja sacar,
pues ha tomado marido,
que reina y ha de reinar.

Pues vemos lo que dio ella,
¿qué la ha de dar el Zagal?
Con su sangre la ha comprado;
¡oh, qué precioso caudal,
y dichosa tal zagala
que contenta a este Zagal!

Mucho la debía de amar,
pues le dio tan gran tesoro;
¿no ves que se lo da todo,
hasta el vestir y el calzar?
Mira que es ya su marido
y reina y ha de reinar.

Bien será que la tomemos
para este nuestro rebaño,
y que la regocijemos,
para ganar su amistad,
pues ha tomado marido,
que sin fin ha de reinar.

---

[15] pastora joven (Se refiere a la monja que se entrega a Cristo.)
[16] Cristo.
[17] nombre de un pastor.

SAN JUAN DE LA CRUZ (1542–1591)

Amigo y discípulo espiritual de Santa Teresa, San Juan de la Cruz lleva el misticismo español a su más alta expresión poética. Curiosamente, durante los 300 años después de la muerte de San Juan, apenas se estudió su poesía, aunque su prosa sí atrajo la atención de algunos estudiosos. Las tempranas antologías no incluyen ejemplos de su lírica y no fue hasta fines del siglo XIX cuando Marcelino Menéndez y Pelayo inicia una reevaluación.

Juan de Yepes y Alvarez nació, como Santa Teresa, en la provincia de Avila, probablemente en Fontiveros. Aunque su familia era noble, la muerte de su padre dejó a Juan y sus hermanos en una situación económica muy difícil. Su madre tuvo que abandonar la villa familiar y trasladarse a Arévalo y luego a Medina del Campo. Juan entró en un colegio de doctrina para niños, donde se destacó por su inteligencia y habilidad. Más tarde, ocupó el cargo de capellán en un hospital de pobres en Medina del Campo. Las experiencias de esta época influyeron de una manera significativa en su formación moral e intelectual. Sus servicios eran tan apreciados que se le concedió permiso para asistir a clases en el colegio de la Compañía de Jesús. El valor cultural y espiritual de su asociación con los jesuitas le duró toda la vida.

A los veintiún años, en 1564, Juan de Yepes abandonó el hospital y se dedicó al estudio. Ese mismo año tomó el hábito de los Carmelitas de la Observancia en el convento de Santa Ana de Medina del Campo. En 1567 conoció a Teresa de Jesús, de su misma orden. Ella tenía entonces cincuenta y dos años. Había llevado una vida de intenso activismo y estaba consciente de su profunda sensibilidad espiritual. Ya había escrito su autobiografía y varias otras obras. El era un joven de veinticinco años, con poca experiencia, pero con los conocimientos del sufrimiento humano que le había proporcionado su apostolado en el hospital. Alentado por el entusiasmo de Teresa de Avila, se unió a la lucha por la reforma y el 28 de noviembre de 1568, tomó el nombre Juan de la Cruz.

Las innovaciones de Santa Teresa fueron mal recibidas por los elementos conservadores de la Iglesia. El Visitador apostólico ordenó a la madre abandonar Medina y encerrarse durante tres años en el monasterio de la Encarnación de Avila, donde permaneció desde 1572 hasta 1577. En esta época Juan de la Cruz no había escrito todavía sus obras fundamentales. Aún estaba en su período formativo, y la influencia de la santa habría de ser decisiva en él. En la noche del 3 al 4 de diciembre de 1577, San Juan fue llevado preso por sus actividades reformadoras.

En vez de destrozarle el ánimo al joven religioso, la experiencia ayudó al proceso de reflexión y de desarrollo espiritual que hizo posible el desarrollo de su obra poética. La sombría reclusión en la inmunda celda despertó sus sentimientos lírico-místicos. Es probable que compusiera por lo menos una parte de su *Cántico espiritual* en la prisión.

Según cuenta el santo, habría muerto allí si no hubiera recibido de una visión celestial la inspiración de salvarse. Ayudado por la madre Teresa, se escapó de la prisión y se refugió en Almodóvar. Allí asistió a un cabildo de Descalzos que se celebró en octubre de 1578. Sus esfuerzos por afianzar la reforma fracasaron completamente y pocos días después, luego de un ataque brutal por parte de las autoridades, San Juan fue enviado a un monasterio que estaba en el desierto del Calvario, en la vecindad de Beas de Segura.

En vez de desanimar al devoto, su aislamiento lo llevó a una confirmación de su vocación de contemplativo y escritor. Fue en este monasterio alejado donde San Juan elaboró y concluyó una gran parte de su obra de místico. Más tarde, en Granada, escribiría la *Subida al Monte Carmelo*, «Noche oscura», *Cántico espiritual* y *Llama de amor.*

Entre 1578 y 1585, San Juan gozó de una vida interior intensa y satisfaciente que logró exteriorizar por medio de la creación literaria. Después de esta época, entró en un período de actividad y de viajes hechos al servicio de la reforma que lo arrebataron de sus ensueños. Las innovaciones iniciadas por la madre Teresa no habían logrado establecerse. En 1580, el papa Gregorio XIII otorgó a los carmelitas reformados la existencia jurídica, pero dos años después murió la santa de Avila, y con su muerte empezó a languidecer el movimiento al cual ella había dado impulso.

Los enemigos de la reforma, sin embargo, no habían cesado en sus ataques. Para disminuir la influencia de Juan de la Cruz, consiguieron despojarlo de todo cargo y hacer que se retirara al desierto de la Peñuela. De esta época quedan varias cartas del santo en las cuales expresa su fe en la providencia divina; en una de sus misivas escribe: «. . . estas cosas no las hacen los hombres, sino Dios que sabe lo que nos conviene y las ordena para nuestro bien.» A pesar de las indignidades a las que fue sometido, San Juan se declaró feliz en la santa soledad de la Peñuela. El 21 de septiembre de 1591, sucumbió a las torturadoras fiebres que lo habían martirizado durante las últimas semanas de su vida.

Sería una equivocación afirmar que la obra poética de Juan de la Cruz «describe» o «narra» sus experiencias místicas, precisamente porque la unión mística, siendo un fenómeno puramente experiencial, imposibilita la descripción. La experiencia mística es la unión entre el hombre y Dios sin el auxilio de la inteligencia; para lograr esta unión perfecta, es esencial que el hombre sobrepase las imágenes sensibles, además de los conceptos y razonamientos del intelecto. El punto culminante de la experiencia es el éxtasis, estado en que está interrumpida toda comunicación con el mundo exterior y, estando el alma liberada de la prisión material del cuerpo, se funde con Dios.

Los teólogos consideran este fenómeno un efecto de la gracia divina; por lo tanto, no depende exclusivamente de la voluntad del devoto. Sin embargo, hay ciertas cosas que éste puede hacer para facilitar su realización. Por medio de ejercicios espirituales—mortificaciones u oraciones—el alma se purga y se desprende del mundo material. La unión mística requiere que el alma atraviese lo sensible; por eso, en el *Cántico espiritual* le pide a Dios que aparte las cosas. Al transcender lo material, el alma se abre a la posibilidad de que Dios la busque y la reciba.

Un problema fundamental de la poesía mística es cómo comunicar un fenómeno puramente experiencial y no intelectual por medio de las palabras. Para transmitir el amor perfecto entre hombre y Dios, San Juan utiliza imágenes tomadas de diversas fuentes poéticas—el cancionero, la Biblia (especialmente el *Cantar de los cantares*), el folklore. Mucho de su vocabulario poético proviene de la poesía amorosa profana; es decir, describe la sed de Dios y la unión mística por medio de imágenes ya conocidas y que tradicionalmente se emplean para describir el amor entre hombre y mujer. Para hacer que el lector experimente lo desconocido, emplea comparaciones y semejanzas con el mundo sensible y conocido. Así que el deseo de unión mística se describe en términos del deseo sexual; el alma es la amada y Dios es el amado o el esposo; la unión es una boda; el placer y la gratificación se expresan por medio de la imagen de los amantes en el *locus amoenus*.

En «Noche oscura» San Juan describe metafóricamente la salida del alma del cuerpo como el escape de una amante de su casa. La «noche oscura» se refiere a la contemplación purgativa que resulta en la negación de las cosas. El alma, estando en la oscuridad, es decir, insensible ante el mundo material, se inflama de amor—del deseo de unirse a Dios. Estando su «casa sosegada»—es decir, estando los sentidos apagados—el alma puede liberarse del cuerpo, fenómeno que sólo puede ocurrir cuando está mortificada la parte sensible. Entonces, sube por el camino secreto que le abre Dios—«la secreta escala disfrazada»—guiada únicamente por la luz «que en el corazón ardía,» es decir, su fe. Una experiencia personal e incompartible (tiene lugar «en parte donde nadie parecía») conduce a la unión total en que el alma se pierde a sí misma y se entrega a Dios («Amada en el Amado transformada»). Por medio de una metáfora sumamente erótica, el poeta describe la penetración de Dios en el alma. El retrato de los dos amantes abrazados comunica el placer del alma, ahora a gusto, descansada, cómoda con Dios, quien, con su mano, la toca y la deja con los sentidos suspendidos. La hiere de amor; ante el fuerte placer que le causa, todo lo demás desaparece («Quedéme, y olvidéme») y el alma reposa en paz.

El *Cántico espiritual* crea una impresión de misterio en el lector por su falta de unidad y de organización. A diferencia de poetas profanos que describen una escena en la cual la acción tiene lugar—por ejemplo, Garcilaso, en sus églogas—San Juan presenta una queja amorosa sin establecer una escena completamente coherente y sin que haya una progresión lógica de un cuadro al otro.

En la primera estrofa, el alma (la esposa) se dirige a Dios (el amado ausente), expresando su deseo de unión; se siente herida de amor, pero no sabe dónde buscar satisfacción. Entonces, interroga a algunos pastores y a la naturaleza. Se intensifica la angustia de la esposa, que no puede sanarse del dolor. Busca ansiosamente entre montes y riberas, sin darle importancia al mundo material («Ni cogeré las flores») y sin fijarse en los riesgos («Ni temeré las fieras»). Es una escena llena de movimiento. El alma busca activamente. Su itinerario la lleva a muchas partes y la mención de diversos elementos naturales crea una imagen viva, gráfica, aunque algo confusa, ya que se salta sin transición de «montes y riberas» a «fuertes y fronteras», de «bosques y espesuras» al «prado de verduras». Por donde vaya, ve la mano de Dios, que ha esparcido tesoros por toda la tierra («Mil gracias derramando, / Pasó por estos sotos»).

El paisaje bucólico, la amante que sufre por un amor no satisfecho, son elementos tomados de la literatura pastoril y de los cantares bíblicos. Las primeras estrofas se basan en imágenes familiares y, a pesar de los saltos, no son difíciles de seguir. Pero, de repente, hay un cambio abrupto. La esposa se mira en una fuente y de repente va «de vuelo». El deseo parece haberse convertido en realidad. Y, sin embargo, no es así. La unión mística no depende únicamente de la voluntad del devoto, sino también de la de Dios. Es aquí donde el amante esquivo aparece por primera vez, pero sólo para decirle a la amada que el momento todavía no ha llegado: «Vuélvete, paloma». El amante y la amada son el ciervo y la paloma; él la busca—porque Dios desea al alma tanto como ella a él—asomándose al otero.

De repente, se realiza la unión. Los versos siguientes aportan un tumulto de imágenes poéticas que comunican el vuelo del alma y el placer de las nupcias. El uso de la paradoja—«La música callada, / La soledad sonora»—subraya que es un fenómeno que desafía la comprensión humana. El lecho florido, los leones que protegen a los amantes, los colores, el oro—todo contribuye a una sensación de majestad, de paz y de riqueza espiritual.

Sin embargo, no es una escena coherente. Aparecen unas niñas («A zaga de tu huella / Las jóvenes discurren al camino») e inmediatamente después, desaparecen. De repente hay un cambio de tiempos verbales («De mi amado bebí»), seguido de varios saltos del presente al pasado al futuro, y una serie caótica de imágenes (la bodega, las jóvenes, las ninfas de Judea, el pastor Carillo). Otra descripción de la unión—la paloma que vuelve al arca—parece ser una repetición de lo que ya ha ocurrido. El crítico Colin Thompson ha sugerido que el poeta utiliza un estilo casi cinematográfico, introduciendo *flashbacks* y utilizando enfoques múltiples.

Aumentan la confusión el cambio constante de narrador, el uso de términos imprecisos, tales como «decirme lo que quiero,» «de lo que del Amado», «aquello que mi alma pretendía» y el empleo de conceptos y paradojas, por ejemplo, «no viviendo donde vives». Existe también ambigüedad en cuanto al lugar. El adverbio «allí» se repite a través del poema—«Allí me dio su pecho», «Allí tú, vida mía»—pero el sitio preciso al cual se refiere no se especifica.

La combinación de imágenes bíblicas, cultas y folklóricas, las numerosas metáforas, el juego de claroscuro crean una impresión de gran riqueza. Esta misma fragmentación es la esencia de ambos el contenido y la unidad del poema; por medio de la diversidad, el poeta comunica lo eludible, lo misterioso que es el amor entre el hombre y Dios. A través de un tumulto caótico de imágenes que giran todas alrededor del tema central del amor, revela una experiencia que no se puede encerrar en una sencilla narración. Su técnica contribuye al alejamiento de la lógica que es esencial a la experiencia mística.

La mejor interpretación de la obra poética de San Juan es la que él mismo nos da en su explicación en prosa de sus versos. (Véase la pág. 215.)

Recomendamos la siguiente edición: San Juan de la Cruz, *Poesías completas,* ed. Cristóbal Cuevas (Barcelona: Bruguera, 1981).

Canciones de el alma que se goza de haber llegado al alto estado de la perfección, que es la unión con Dios, por el camino de la negación espiritual.

En una noche obscura,
con ansias, en amores inflamada,
　¡oh dichosa ventura!,
　salí sin ser notada,
estando ya mi casa sosegada.

Ascuras[1] y segura
por la secreta escala, disfrazada,
　¡oh dichosa ventura!,
　a escuras[2] y en celada,
estando ya mi casa sosegada.

En la noche dichosa,
en secreto, que nadie me veía,
　ni yo miraba cosa,
　sin otra luz y guía
sino la que en el corazón ardía.

Aquesta[3] me guiaba
más cierto que la luz del mediodía

---

[1] A oscuras.
[2] oscuras.
[3] la luz del corazón: la fe.

.adonde me esperaba
quien[4] yo bien me sabía,
en parte donde nadie parecía.

¡Oh noche, que guiaste!
¡Oh noche, amable más que el alborada!
¡Oh noche que juntaste
Amado con amada,
amada en el Amado transformada!

En mi pecho florido,
que entero para él solo se guardaba,
allí quedó dormido,
y yo le regalaba,
y el ventalle de cedros[5] aire daba.

El aire del almena,
cuando yo sus cabellos esparcía,
con su mano serena
en mi cuello hería,
y todos mis sentidos suspendía.

Quedéme y olvidéme,
el rostro recliné sobre el Amado;
cesó todo, y dejéme[6],
dejando mi cuidado
entre las azucenas olvidado.

Canciones entre el alma y el esposo

1

¿A dónde te escondiste,
Amado, y me dejaste con gemido?
Como el ciervo[7] huiste
Habiéndome herido[8];
Salí tras ti clamando, y eras ido.

2

Pastores, los que fuerdes
Allá por las majadas al otero,
Si por ventura vierdes
Aquel que yo más quiero,
Decilde que adolesco, peno y muero.

3

Buscando mis amores
Iré por esos montes y riberas;
Ni cogeré las flores,
Ni temeré las fieras,
Y pasaré los fuertes y fronteras.

4

¡Oh bosques y espesuras
Plantadas por la mano del Amado!,
¡Oh prado de verduras,
De flores esmaltado!,
Decid si por vosotros ha pasado.

RESPUESTA DE LAS CRIATURAS

5

Mil gracias[9] derramando
Pasó por estos sotos con presura;
E yéndolos mirando,
Con sola su figura
Vestidos los dejó de hermosura.[10]

ESPOSA

6

¡Ay!, ¿quién podrá sanarme?
Acaba de entregarte ya devero[11];
No quieras enviarme
De hoy más ya mensajero
Que no saben decirme lo que quiero.

7

Y todos cuantos vagan
De ti me van mil gracias refiriendo,[12]
Y todos más me llagan,[13]
Y déjame muriendo
Un no sé qué que quedan balbuciendo.[14]

8

Mas, ¿cómo perseveras,
¡Oh vida!, no viviendo donde vives,[15]
Y haciendo porque mueras
Las flechas[16] que recibes
De lo que del Amado en ti concibes?

9

¿Porqué, pues has llagado
Aqueste corazón, no le sanaste?
Y pues me le has robado,
¿Porqué así le dejaste,
Y no tomas el robo que robaste?

---

[4] Dios.
[5] **ventalle**... abanico.
[6] me entregué.
[7] símbolo tradicional de Cristo.
[8] despertado el deseo, el amor.

[9] bellezas, tesoros.
[10] Dios viste la tierra de hermosura llenándola de flores, montes, valles, etc.
[11] de veras.
[12] Todas las criaturas hablan de la grandeza de Dios.
[13] Al oír sus palabras, el alma se inflama más y por lo tanto, sufre más.
[14] Su mensaje es ininteligible porque la perfección de Dios sobrepasa la comprensión. San Juan reproduce el balbuceo por medio de la repetición del sonido [k]: *qué que q*uedan.
[15] La vida real es la del más allá, y no la del mundo físico en que se encuentra.
[16] Se refiere a las flechas de amor; nótese el empleo de simbolismo clásico, característico de la poesía de amor profana.

10

   Apaga mis enojos,
Pues que ninguno basta a deshacellos,
   Y véante mis ojos,
   Pues eres lumbre dellos,
Y sólo para ti quiero tenellos.

11

   ¡Oh cristalina fuente[17],
Si en esos tus semblantes plateados
   Formases de repente
   los ojos deseados[18]
Que tengo en mis entrañas dibujados!

12

   ¡Apártalos, Amado,[19]
Que voy de vuelo!

ESPOSO

       Vuélvete, paloma,
   Que'l ciervo vulnerado[20]
   Por el otero asoma
Al aire de tu vuelo, y fresco toma.

ESPOSA

13

   Mi Amado las montañas,
Los valles solitarios nemorosos,
   Las ínsulas estrañas,
   Los ríos sonorosos,
El silbo de los aires amorosos,

14

   La noche sosegada
En par de los levantes del Aurora,
   La música callada,
   La soledad sonora,
La cena que recrea y enamora.

15

   Nuestro lecho florido,
De cuevas de leones enlazado,
   En púrpura tendido,
   De paz edificado,
De mil escudos de oro coronado.

16

   A zaga de tu huella
Las jóvenes discurren al camino,
   Al toque de centella,
   Al adobado vino
Emisiones de bálsamo divino.

17

   En la interior bodega
De mi Amado bebí, y, cuando salía
   Por toda aquesta vega,
   Ya cosa no sabía,
Y el ganado perdí que antes seguía.

18

   Allí me dio su pecho,
Allí me enseñó ciencia muy sabrosa,
   Y yo le di de hecho
   A mí, sin dejar cosa:
Allí le prometí de ser su esposa.

19

   Mi alma se ha empleado,
Y todo mi caudal, en su servicio;
   Ya no guardo ganado,
   Ni ya tengo otro oficio,
Que ya sólo en amar es mi ejercicio.

20

   Pues ya, si en el ejido
De hoy más no fuere vista ni hallada,
   Diréis que me he perdido,
   Que, andando enamorada,
Me hice perdidiza y fui ganada.

21

   De flores y esmeraldas,
En las frescas mañanas escogidas,
   Haremos las guirnaldas,
   En tu amor florecidas,
Y en un cabello mío entretejidas.

22

   En solo aquel cabello
Que en mi cuello volar consideraste,
   Mirástele en mi cuello
   Y en él preso quedaste,
Y en uno de mis ojos te llagaste.

23

   Cuando tú me mirabas,
Tu gracia en mí tus ojos imprimían;
   Por eso me adamabas[21],
   Y en eso merecían
Los míos adorar lo que en ti vían.

---

[17] símbolo del bautizo y de la nueva vida.
[18] El alma ve la presencia de Dios reflejada en el agua.
[19] El alma quiere desprenderse del mundo físico.
[20] herido (de amor; Dios desea el alma del hombre tanto como ella desea a Dios.)

[21] amabas mucho.

24

No quieras despreciarme,
Que si color moreno en mí hallaste,
  Ya bien puedes mirarme,
  Después que me miraste,
Que gracia y hermosura en mí dejaste.

25

  Cogednos las raposas,
Que está ya florescida nuestra viña,
  En tanto que de rosas
  Hacemos una piña,
Y no paresca nadie en la montiña[22].

26

  Detente, cierzo muerto;
Ven, austro,[23] que recuerdas[24] los amores,
  Aspira por mi huerto,
  Y corran sus olores,
Y pacerá el Amado entre las flores.

27

  Entrado se ha la Esposa
en el ameno huerto deseado,
  Y a su sabor reposa,
  El cuello reclinado
Sobre los dulces brazos del Amado.

28

  Debajo del manzano[25],
Allí conmigo fuiste desposada;
  Allí te di la mano,
  Y fuiste reparada
Donde tu madre[26] fuera violada.

29

  A las aves ligeras,
Leones, ciervos, gamos saltadores,
  Montes, valles, riberas,
  Aguas, aires, ardores[27],
Y miedos de las noches veladores:

30

  Por las amenas liras
Y canto de serenas[28] os conjuro
  Que cesen vuestras iras
  Y no toquéis al muro,
Porque la Esposa duerma más seguro.

31

  ¡Oh ninfas de Judea!,
En tanto que en las flores y rosales
  El ámbar perfumea,
  Morá[29] en los arrabales,
Y no queráis tocar nuestros umbrales.

32

  Escóndete, Carillo,
Y mira con tu haz a las montañas,
  Y no quieras decillo;
  Mas mira las compañas
De la que va por ínsulas estrañas.

33

  La blanca palomica
Al arca con el ramo se ha tornado,
  Y ya la tortolica[30]
  Al socio deseado
En las riberas verdes ha hallado.

34

  En soledad vivía,
Y en soledad ha puesto ya su nido,
  Y en soledad la guía
  A solas su querido,
También en soledad de amor herido.

35

  Gocémonos, Amado,
Y vámonos a ver en tu hermosura
  Al monte y al collado,
  Do mana el agua pura;
Entremos más adentro en la espesura.

36

  Y luego a las subidas
Cavernas de la piedra nos iremos
  Que están bien escondidas,
  Y allí nos entraremos,
Y el mosto de granadas gustaremos.

37

  Allí me mostrarías
Aquello que mi alma pretendía,
  Y luego me darías
  Allí tú, vida mía,
Aquello que me diste el otro día.

---

[22] montaña.
[23] viento del sur.
[24] despiertas.
[25] referencia al Edén.
[26] Eva.
[27] **montes**... la totalidad de la naturaleza.
[28] sirenas (seres mitológicos, medio pez y medio mujer, que atraían a los marineros con su dulce canto).

---

[29] morad.
[30] símbolo tradicional de la amada.

38

El aspirar del aire,
El canto de la dulce filomena,
El soto y su donaire
En la noche serena,
Con llama que consume y no da pena.

39

Que nadie lo miraba,
Aminadab[31] tampoco parecía,
Y el cerco sosegaba,
Y la caballería
A vista de las aguas descendía.

ANÓNIMO

Soneto a Cristo crucificado

La poesía que se incluye aquí representa sólo una parte minúscula de la poesía religiosa que se produjo en el siglo XVI. El *Soneto a Cristo crucificado*, una de las obras más conocidas y apreciadas de la época, sigue siendo anónimo, aunque algunos investigadores se lo atribuyen a Miguel de Guevara.

El soneto representa una perspectiva poco ortodoxa, ya que el autor afirma que ni la promesa del paraíso ni el temor al infierno influyen en su amor a Cristo. Lo que mueve su alma es el sufrimiento del Señor y el saber que El ha aceptado sacrificarse por el amor al hombre. Algunas autoridades eclesiásticas consideraban pecaminosa esta actitud porque pasa por alto algunos elementos esenciales de la doctrina. Según el catolicismo, la Iglesia es intermediaria entre el hombre y Dios e intérprete de la Palabra. En una época en que amenazaba el protestantismo, una afirmación como la del soneto de una relación íntima y directa entre el devoto y Cristo se juzgaba sospechosa. Sin embargo, este soneto ha perdurado y sigue considerándose una de las composiciones más bellas y conmovedoras de la época.

No me mueve, mi Dios, para quererte
el cielo que me tienes prometido;
ni me mueve el infierno tan temido
para dejar por eso de ofenderte.

Tú me mueves, señor; muéveme el verte
clavado en una cruz y escarnecido;
muéveme ver tu cuerpo tan herido;
muévenme tus afrentas y tu muerte.

Muéveme, en fin, tu amor, y en tal manera,
que aunque no hubiera cielo, yo te amara,
y aunque no hubiera infierno, te temiera.

No tienes que me dar porque te quiera,
pues aunque cuanto espero no esperara,
lo mismo que te quiero te quisiera.[1]

---

[31] el Diablo.

---

[1] **aunque**... aunque no esperara todo lo que espero (cielo, salvación), te querría tanto como te quiero ahora.

EL OCASO DEL IMPERIO Y EL TRIUNFO DEL BARROCO

El momento histórico

Durante el reinado de Felipe II (1556–1598), se inició el lento ocaso del Imperio Español que no terminaría hasta la pérdida de las últimas colonias a fines del siglo XIX. Como su padre Carlos V, Felipe II creía imprescindibles la preservación de la autoridad española dentro del Imperio y la supresión del protestantismo. Su política fomentó resentimientos en los Países Bajos, uno de los centros de la actividad reformista. El abuso de impuestos y la desatención a los derechos tradicionales de autonomía provocaron la rebelión en 1567 de Holanda y Bélgica, pueblos desinclinados a ser tratados como colonias de España. Felipe también combatió contra Francia, que amenazaba al poder español en Italia, y aun contra el Papa, que se había aliado con los franceses. Después de unirse a la Santa Liga, una confederación fundada con el objeto de defender la religión católica, España venció a los Turcos en la Batalla de Lepanto en 1571. Nueve años más tarde, en 1580, Felipe sucedió al trono de Portugal después de la muerte del rey portugués.

Pero a pesar de estos triunfos, España estabá debilitándose. Las guerras constantes consumían sus fuerzas y recursos. A pesar de los impuestos represivos, el país seguía hundiéndose en un déficit peligroso. Inglaterra, que bajo la reina Isabel I había llegado a ser uno de los países protestantes más poderosos, representaba una amenaza a la hegemonía española en Europa. Inglaterra había apoyado extraoficialmente a los Países Bajos en sus rebeliones contra España y piratas ingleses atacaban barcos españoles en las costas de las Américas. Convencido de la superioridad de la fuerza naval española, Felipe mandó una gran flota contra Inglaterra en 1588, pero la Armada Invencible fue destruida. Estudios recientes de los profesores Colin Martin de la Universidad de Saint Andrews y Geoffrey Parker de la Universidad de Illinois han demostrado que las fuerzas navales españolas realmente fueron vencidas por el mal tiempo y no por los ingleses, con quienes tuvieron unas pocas escaramuzas. Sin embargo, ésta fue la primera de una serie de catástrofes que marcaron el fin de la supremacía política y militar de España.

El celo religioso de Felipe II no sólo involucró a España en interminables guerras, sino que creó un ambiente de aislamiento intelectual. La Reforma Protestante provocó una reacción fuerte en el mundo católico. El propósito de la Contrarreforma fue combatir la expansión del protestantismo por medio de la eliminación de abusos e inconsistencias que existían en la Iglesia. Era la esperanza de los reformadores parar la conversión de católicos a la nueva religión al limpiar la Iglesia de los excesos que habían provocado la rebelión de Lutero y sus seguidores. Entre 1545 y 1563 se reunieron los Concilios de Trento, una serie de asambleas ecuménicas en las que se definió el dogma, se aclararon problemas relacionados al texto e interpretación de las Escrituras y se precisaron las obligaciones de los sacerdotes.

Aunque mucho se ha escrito sobre los excesos de las fuerzas reaccionarias en España durante el siglo XVI, no hay que olvidar que aquélla fue una época de extremismo religioso en todas partes de Europa. El sectarismo se confundía con el nacionalismo y los abusos se cometían en nombre de Dios en las zonas protestantes tanto como en las católicas. En España, país que se concebía como defensor de la fe tradicional, las medidas que tomaron las autoridades políticas y eclesiásticas para proteger al pueblo de influencias heterodoxas produjeron efectos especialmente perjudiciales, ya que contribuyeron al aislamiento del país de los importantes desarrollos filosóficos y científicos que estaban realizándose en el resto de Europa.

La Inquisición, institución que se había establecido en Italia y extendido a toda la Cristiandad durante la Edad Media, llegó a ser un instrumento de represión de fuerza espeluznante en España. La censura se practicó rigurosamente y se limitó la importación de libros extranjeros.

Felipe III, por Velázquez. (Museo del Prado)

En 1547 la Inquisición vedó varios libros del humanista Erasmo y las Biblias en lenguas modernas. En 1559 se prohibió que los españoles estudiaran en el extranjero, aunque no se logró parar por completo el intercambio entre intelectuales nacionales y extranjeros. A pesar de que no se pudo impedir completamente la llegada de nuevos conceptos del resto de Europa, el influjo de ideas que había caracterizado el principio del siglo se había detenido. Reinaban el fanatismo, la intolerancia, la superstición y la sospecha.

Cuando Felipe III (1578–1621) sucedió a su padre en 1598, España estaba en un estado de crisis. Rey débil, Felipe dejó la política exterior en manos de Francisco Gómez de Sandoval y Rojas, duque de Lerma, quien, con el apoyo de la Inquisición, expulsó a los moriscos—moros que habían adoptado la fe católica—en 1609–10. Puesto que los moriscos comprendían un elemento muy productivo e instruido de la sociedad, su éxodo contribuyó a la creciente decadencia del país. Felipe IV (1621–1665), como su predecesor, confió el poder a consejeros, cuyas disputas incesantes llevaron el país a la ruina. El conde-duque de Olivares, ministro de Felipe IV, fomentó la guerra contra Francia y los Países Bajos, terminando por desangrar a España y provocando el descontento general. Los regimentos españoles fueron derrotados en Rocroi en 1653. Por la Paz de Westfalia (1648), España perdió a Holanda. En 1640 Portugal se rebeló y se independizó.

Con la muerte de Carlos II (1661–1700), hijo de Felipe IV y Mariana de Austria, el reino de los Habsburgos llegó a su fin en España. Enfermizo y débil, Carlos perdió el Franco Condado en 1678 y Luxemburgo en 1684. Aunque se casó dos veces, no tuvo sucesión. Dejó la corona a su resobrino Felipe de Anjou, nieto de Luis XIV de Francia. La oposición de varios estados europeos hundió a España en la Guerra de la Sucesión Española, después de la cual la monarquía pasó a manos de los Borbones.

Repercusiones artísticas y literarias

Paradójicamente, el ocaso político y militar de España coincide con un auge de creatividad artística. A partir de 1580, el estilo barroco domina la literatura tanto como las artes plásticas. Caracterizan el barroco la ornamentación y la imagen fuerte; en la pintura y la escultura, la línea curva; en la literatura, el juego lingüístico, la alusión oscura, la exageración. El estilo barroco es complejo y cerebral, y al mismo tiempo, sensual.

El siglo XVII es una época de grandes innovaciones literarias, de intensa introspección, de profunda crítica social. A pesar de que se ha caracterizado como un período reaccionario—y en muchos sentidos lo es—algunos de los pensadores de la época son sorprendentemente progresivos. Cervantes satiriza la obsesión del español con la limpieza de sangre. Quevedo ataca la corrupción política y social. Calderón se burla de la superstición. Numerosos autores examinan las implicaciones del libre albedrío, doctrina reafirmada por el Concilio de Trento, considerando cuestiones tales como la libertad de conciencia y la responsabilidad individual.

Los intelectuales no se apartan del todo de las corrientes humanísticas que caracterizan el Renacimiento; la psicología humana, el amor, las culturas antiguas siguen siendo temas importantes. Pero el creciente aislamiento intelectual de España y su decadencia política y militar no dejan de influir profundamente en las artes. Si en Europa, científicos como Copérnico, Kepler, Tycho Brahe y Galileo luchan con nuevos conceptos del universo, en España, la energía creadora no se dirige hacia la investigación, sino hacia la elaboración artística. En la obras de algunos autores—por ejemplo, Góngora—la forma parece más importante que el contenido. El hecho de que no se permita la desviación del dogma ortodoxo no significa que la literatura barroca esté desprovista de ideas. Al contrario, la crítica es a menudo mordaz, penetrante, aun cruel. Sin embargo, la frustración del artista no se expresa por lo general de una manera directa, sino por medio de alusiones, sutilezas, imágenes o juegos lingüísticos que representan un desafío para el entendimiento del lector.

Los escritores del siglo XVII rechazan el sentido armónico del Renacimiento, pintando un mundo caótico, confuso. La belleza se busca a menudo en lo feo o grotesco. El estilo recargado contribuye a una sensación de exceso y desorden. Caracterizan esta literatura la tensión, la amargura, la desesperación. El cinismo y la ironía permiten que el autor se aparte de su mundo y lo mire con ojos fríos; también son formas de evasión. La insatisfacción del escritor a veces encuentra su expresión en la caricatura satírica.

La inquietud metafísica y religiosa se deja sentir en las obras más ascéticas y en las más mundanas. Predomina la idea de que este mundo es un engaño, un conjunto de apariencias que ocultan la realidad. En la obra de los escritores religiosos, el enfoque es el otro mundo, que consideran más real que éste. Para algunos autores—por ejemplo, Gracián—la ilusión se convierte en el arma del hombre listo, ya que puede manipular las apariencias para sacarles ventaja. Para otros, el comprender lo falso de este mundo conduce al pesimismo y al desengaño.

Los poetas barrocos emplean las mismas formas, imágenes y temática que sus predecesores, pero las transforman en una expresión de su angustia. El soneto ya no se usa principalmente para la poesía amorosa, sino que se adapta a la metafísica, la religiosa, la política y la burlesca. La mujer bella se convierte en un cliché que sirve al poeta para demostrar su destreza lírica o para expresar su frustración. El tema de muchos de estos poemas no es realmente el amor, sino la enajenación del poeta. Como sus predecesores renacentistas, los barrocos cultivan lo clásico, pero en sus manos deja de ser modelo de armonía y se convierte en fuente de oscuridad.

Aunque los críticos no están completamente de acuerdo en cuanto a los orígenes del barroco, se puede señalar que el movimiento encontró su primera expresión plástica en Italia, con el triunfo de la línea curva en las obras de Miguel Angel y, más tarde, Bernini y Borromini. En España, Diego Rodríguez de Silva y Velázquez (1599–1660) es tal vez el pintor que encarna mejor el espíritu barroco. Velázquez retrató a la familia real y a los privados del rey con la misma perspicacia e ironía que un Quevedo, por ejemplo. Hacía resaltar el detalle y, como Góngora, exageraba lo grotesco, lo feo. En sus manos, la perspectiva llegó a ser un arma que empleaba para deformar la imagen o producir juegos visuales. Sus cuadros constituyen un comentario acerado acerca de la vida cortesana.

LUIS DE GÓNGORA (1561—1627)

Además de haber sido miembro de una familia cordobesa acomodada, Luis de Góngora recibió una herencia sustanciosa de su tío. De joven, se dedicó a la buena vida. Típico «señorito cordobés» alegre y caprichoso, le gustaban los naipes y los toros, y probablemente tuvo un par de amoríos. Durante su juventud escribió algunas coplas profanas.

Góngora estudió en Salamanca y fue más tarde clérigo de órdenes menores. Aun de cura, siguió escribiendo versos y viviendo como mozo. A pesar de su sotana, su formación fue más humanística que religiosa. Góngora difiere de la mayoría de sus coetáneos en que ni la religión, ni el amor, ni la patria ocupan un lugar predominante en su producción literaria. Góngora probablemente entró a la vida religiosa por obligación familiar. Anteriormente, los poetas habían sido soldados que escribían en sus momentos de ocio, o curas activistas—como San Juan y Fray Luis—pero gracias a su herencia y a su posición en la Iglesia, Góngora pudo consagrarse por entero a la poesía.

En su capacidad de religioso, Góngora ocupó varios cargos diplomáticos, lo cual le permitió viajar, observar

Las Meninas, por Velázquez. (Museo del Prado)

Luis de Góngora.

y criticar. Desde muy joven había cultivado su fama de poeta en Córdoba, pero en 1617, cuando se trasladó a Madrid definitivamente, era prácticamente desconocido.

Parece que durante esta época se sentía solo, aislado. Luchaba por atraer la atención, por ganar el favor, a veces escribiendo dedicatorias comisionadas por algún miembro de la corte. Cultivaba un estilo cada vez más artificioso y oscuro. Góngora hacía partícipe de sus versos sólo a un grupo pequeño de humanistas y poetas. Aun durante su vida, las reacciones a sus innovaciones eran mixtas. Tenía numerosos admiradores, pero algunos de sus contemporáneos—entre ellos Francisco de Quevedo—veían en su estilo rebuscado una corrupción del buen gusto y censuraban a Góngora despiadadamente. A pesar del refinamiento de su poesía, Góngora a veces descendía a un nivel muy bajo para defenderse de los ataques que le dirigían sus enemigos literarios.

A diferencia de Quevedo, Góngora jamás entró directamente en la política. Sin embargo, sus observaciones de las intrigas y la hipocresía de la corte lo dejaron muy desilusionado. Muy pronto se dio cuenta que para tener éxito había que lisonjear al poderoso. El mismo entró en el juego, buscando un protector que le diera la gloria que tanto deseaba. Se sentía frustrado y amargado, pero al mismo tiempo entendía la necesidad de mantener las apariencias. Gastaba dinero en ropa, casa, muebles. Muchas de sus burlas de la sociedad madrileña son de este período, así como los versos morales en que se queja de la corrupción de la corte y de la vanidad del mundo.

Hacia el final de su vida Góngora entró en un período de problemas personales y financieros. Fue expulsado de la casa en que vivía por el mismo Quevedo, que era el dueño. En 1626 sufrió un ataque de apoplejía que lo dejó incapacitado. Al año siguiente, murió en Córdoba.

Tradicionalmente, la historia literaria divide la obra poética de Góngora en dos partes rigurosamente diferenciadas. A un lado, se encuentran las letrillas y otros poemas de inspiración popular; al otro, su obra cultista, iniciada en 1610 con la «Oda a la toma de Larache» y continuada con el acrecimiento constante de la oscuridad estilística que culmina en *La fábula de Polifemo y Galatea* y en *Las soledades,* publicadas en 1613. Hoy en día, la mayoría de los críticos aceptan la unidad estilística de Góngora. Se reconoce que las técnicas que caracterizan su obra más tardía están presentes desde el principio, y que las diferencias entre una categoría y otra son básicamente de grado e intensidad.

El estilo que hoy en día llamamos *gongorismo* combina y lleva hasta su extremo muchos de los elementos ya existentes en la poesía de la época. El más significante es el *culteranismo,* que para muchos críticos ha llegado a ser sinónimo del gongorismo. El *culteranismo* o *cultismo* consiste en la exageración artificiosa de todas las formas literarias. Busca la afectación por medio del empleo de metáforas rebuscadas, alusiones recargadas y difíciles, alegorías fabulosas. Cultiva el neologismo (vocablo que se emplea con un significado nuevo o anticuado), el hipérbaton (inversión gramatical) y la hipérbole (la exageración retórica). Utiliza una abundancia de elementos decorativos y sensoriales para crear una impresión de belleza—o de extrema fealdad. El culterano busca la hermosura en lo distorsionado, lo deforme, lo grotesco. Amasa sinónimos, adjetivos u otros elementos para producir una sensación de exceso, casi de vértigo. Choca al lector con juegos retóricos atrevidos. El propósito del culteranismo no es necesariamente comunicar un mensaje. Sus objetivos son principalmente estéticos. Sin embargo, logra hacernos sentir la lujuriante riqueza del lenguaje y las posibilidades infinitas del universo. Al mismo tiempo, encierra un pesimismo subyacente, ya que tanta belleza creada por el poeta es puramente ornamental y, por lo tanto, ilusoria.

Aunque el *conceptismo* se asocia más bien con Quevedo, también ocupa un lugar importante en la obra de Góngora. Mientras que el culteranismo opera fundamentalmente sobre la sensación, el conceptismo opera sobre el intelecto. Consiste en el cultivo del ingenio que se demuestra por medio del juego de palabras y de conceptos. Manipula la paradoja, la antítesis recargada. Por un lado, busca la concisión, encerrando en pocas palabras una abundancia de significados. Por otro, acumula emblemas y símbolos.

El Romancillo XLIX (fechado 1580) es el poema más antiguo de Góngora. Estructuralmente, es idéntico al romancillo tradicional. Temáticamente, es muy parecido a las jarchas, las cantigas de amigo de la tradición gallego-portuguesa y a muchos villancicos en los que una joven llora la ausencia de su amado y confía en su madre. Pero ya se manifiesta en este poema temprano el negativismo que colorea toda la época barroca. No hay ninguna expresión del valor del amor ni de esperanza en el futuro. El enfoque no es la constancia y la fidelidad, virtudes que se alaban en la poesía amorosa renacentista, sino la amargura y la tristeza que van creciendo con la repetición del refrán.

Humorística y liviana, la Letrilla XLVIII ya anuncia el cinismo de mucha de la poesía tardía de Góngora. La letrilla opone la falsedad de la corte a los gustos sencillos del poeta. Estructuralmente, consiste en una serie de estrofas que están divididas en dos partes: la primera describe los engaños de la sociedad o de una naturaleza cambiante y hostil, la segunda, los placeres simples. El tono no es meditativo y filosófico, sino sarcástico y burlón. A pesar de la aparente sencillez de la letrilla, contiene varias referencias cultas: una, a Filomena; otra, a Leandro; la tercera, a la historia de Píramo y Tisbe.

El soneto es una de las formas favoritas de Góngora. Su estructura rígida obliga al poeta a condensar mucho significado en un poema muy compacto. A veces Góngora omite los verbos, a veces, las transiciones, obligando al lector a recrear el proceso generador del artista. Aunque utiliza la imaginería y el vocabulario que hereda de generaciones de poetas anteriores, el amor no es su tema central. La mujer se describe en términos convencionalmente neoplatónicos—su boca es «pequeña puerta de coral preciado», sus ojos son «claras lumbreras» más verdes que «la esmeralda fina», su cuerpo es un «templo sagrado» y su piel es de «blanco nácar y alabastro duro»; ella es un ángel «por divina mano fabricado», un «ídolo» que el poeta adora, cantando sus himnos y rezando sus virtudes (Soneto LIII). Sin embargo, el neoplatonismo de Góngora parece ser más una serie de convenciones cuyo fin es crear una bella imagen que una expresión sincera de sentimientos auténticos. Las descripciones neoplató-

nicas ocupan un lugar relativamente pequeño en la obra de Góngora.

En otros sonetos el enfoque es más bien la brevedad de la juventud. El tema de *carpe diem*—que significa «goza o aprovecha el día»—fue muy popular entre los poetas del Renacimiento. En la poesía de Góngora, convierte la descripción de la belleza femenina en una expresión de profundo pesimismo. En el Soneto CXLIX, el poeta construye una imagen de una mujer hermosa—cabello de «oro bruñido» tan luminoso que el sol compite «en vano», frente más blanca que «el lilio (lirio) bello»—para incitarla a aprovechar su hermosura antes de que se convierta «en tierra, en humo, en polvo, en sombra, en nada».

El *Polifemo* es una adaptación de un mito clásico. Cuenta los amores de Galatea, una ninfa marina, y Acis, hijo de una ninfa y un fauno. Polifemo, un grotesco cíclope cuya característica más sobresaliente es el inmenso ojo que llena su frente, se enamora de Galatea. Convencido de su propio mérito y hermosura, Polifemo sueña con conquistar a su amada y canta sus penas de amor, produciendo música tan terrible que causa tempestades. Cuando averigua que Galatea ama a Acis, se vuelve loco e intenta matar a su rival, arrojándole un peñasco. Pero Galatea ruega a las deidades del mar que conviertan a Acis en agua, y él, transformado en río, llega a Doris, diosa del mar y madre de Galatea, que lo recibe como yerno. Por medio de sutiles cambios de perspectiva, Góngora logra transformar a Polifemo de un monstruo horrible a un ser enternecedor y patético. Utilizando personajes no humanos, demuestra el multifacetismo de toda realidad humana.

La mejor edición moderna de la poesía de Góngora sigue siendo la de Dámaso Alonso, que se encuentra en *Góngora y el «Polifemo»*, Vols. I–III (Madrid: Gredos, 1967).

Romancillo XLIX

La más bella niña
de nuestro lugar
hoy viuda y sola
y ayer por casar,
viendo que sus ojos°
a la guerra van,
a su madre dice
que escucha su mal:

Dejadme llorar
orillas del mar.

Pues me distes, madre,
en tan tierna edad
tan corto el placer,

amado

tan largo el pesar
y me cautivastes
de quien hoy se va
y lleva las llaves
de mi libertad,

    Dejadme llorar
    orillas del mar.

En llorar conviertan
mis ojos, de hoy más,
el sabroso oficio
del dulce mirar,
pues que no se pueden
mejor ocupar,
yéndose a la guerra
quien era mi paz.°

                                               yéndos... ya que mi amado, quien era mi felicidad, va a la guerra.

    Dejadme llorar
    orillas del mar.

No me pongáis freno
ni queráis culpar;
que lo uno es justo,
lo otro por demás.
Si me queréis bien,
no me hagáis mal;
harto peor fuera
morir y callar.

    Dejadme llorar
orillas del mar.

Dulce madre mía,
¿quién no llorará
aunque tenga el pecho
como un pedernal,
y no dará voces
viendo marchitar
los más verdes° años
de mi mocedad?

                                             los... los mejores

    Dejadme llorar
    orillas del mar.

Váyanse las noches,
pues ido se han°
los ojos que hacían
los míos velar;
váyanse, y no vean
tanta soledad,
después que en mi lecho
sobra la mitad.

                                             ido... se han ido

    Dejadme llorar
    orillas del mar.

LETRILLA XLVIII

Andeme yo caliente
y ríase la gente.

Traten otros del gobierno
del mundo y sus monarquías,
mientras gobiernan mis días
mantequillas y pan tierno°,
y las mañanas de invierno
naranjada° y aguardiente,

    y ríase la gente.

Coma en dorada vajilla
el Príncipe mil cuidados,
como píldoras dorados;
que yo en mi pobre mesilla
quiero más una morcilla
que en el asador reviente,

    y ríase la gente,

Cuando cubra las montañas
de blanca nieve en enero,
tenga yo lleno el brasero
de bellotas y castañas,
y quien las dulces patrañas
del Rey que rabió° me cuente,

    y ríase la gente.

Busque muy en hora buena°
el mercader nuevos soles°;
yo conchas y caracoles
entre la menuda arena,
escuchando a Filomena°
sobre el chopo de la fuente,

    y ríase la gente.

Pase a media noche el mar,
y arda en amorosa llama,
Leandro° por ver su dama;
que yo más quiero pasar
del golfo de mi lagar
la blanca o roja° corriente,

    y ríase la gente.

Pues Amor es tan cruel
que de Píramo° y su amada
hace tálamo una espada,
do se junten ella y él,
sea mi Tisbe un pastel
y la espada sea mi diente,

    y ríase la gente

---

fresco, que acaba de hacerse

conserva de naranja

Rey... antiguo cuento folkórico

muy... con mis mejores deseos
lugares (juego de palabras, ya que «sol» se refiere a la unidad
   monetaria del Perú)

el ruiseñor

Según el mito griego, Leandro pasaba a nado todas las noches el
   Helesponto (nombre antiguo del estrecho de los Dardanelos) para
   ver a su amada Hero. Una noche se ahogó, y Hero se mató
   tirándose desde la torre donde solía esperarle.
Se refiere al color del vino.

Píramo y Tisbe eran amantes mitológicos cuyos padres se oponían a
   su matrimonio. Píramo, creyendo que su amada había sido
   muerta por un león, se mató. Ella, al encontrar su cuerpo, se
   quitó la vida.

Soneto II

(DEDICATORIO)

A Córdoba

¡Oh excelso muro, oh torres coronadas
de honor, de majestad, de gallardía!
¡Oh gran río°, gran rey de Andalucía,
de arenas nobles, ya que no doradas°!
¡Oh fértil llano, oh sierra levantadas,
que privilegia el cielo y dora el día!
¡Oh siempre glorīosa patria mía,
tanto por plumas° cuanto por espadas°!
Si entre aquellas rüinas y despojos°
que enriquece Genil y Dauro baña°
tu memoria no fue alimento mío°
nunca merezcan mis ausentes ojos
ver tu muro, tus torres y tu río,
tu llano y sierra, ¡oh patria, oh flor de España!

Gran río es traducción del árabe *oued el Kebir*, que se transformó en Guadalquivir, nombre del importante río andaluz que pasa por Córdoba.

El otro gran río español es el Tajo, que según la leyenda tiene arenas de oro.

escritores / héroes militares

Se refiere a la antigüedad de Córdoba.

afluentes del Guadalquivir. Son los ríos de Granada, desde donde escribe.

El sentido es que el río enriquece la tierra como la memoria del poeta.

Soneto XXIV

(DEDICATORIO)

De la Toma de Larache°

La fuerza° que, infestando° las ajenas,
argentó° luna° de menguante plata°,
puerto hasta aquí del bélgico° pirata,
puerta ya de las líbicas° arenas,
a las señas de España sus almenas°
rindió, al fiero león° que en escarlata°
altera el mar, y al viento que le trata
imperioso aun obedece apenas°.
Alta haya° de hoy más, volante lino°
al Euro° dé, y al seno gaditano°
flacas redes, seguro, humilde pino,
de que, ya deste o de aquel mar, tirano
leño holandés disturbe° su camino,
prenda su libertad bajel pagano°.

Puerto de Marruecos en el Atlántico; la batalla ocurrió en 1610.

Note el doble sentido: fortaleza y poder / causando daño

brilló / La media luna es insignia de los moros. / El brillo de la luna, color de plata, disminuye porque los moros perdieron la batalla.

Los piratas belgas y holandeses buscaban refugio en el puerto moro.

de Libia

«dientes» en los muros de las fortalezas antiguas

El león es símbolo de Castilla. / Se refiere al color de la sangre que llena el mar después de la batalla naval.

Porque ya no le queda marina.

Se refiere a las barquillas de pescadores en el mar de Cádiz, que ahora están más seguros de que los piratas holandeses no los van a molestar. / velo

viento del oriente / de Cádiz

perturbe (latinismo)

del moro

Soneto LIII

(AMOROSO)

De pura honestidad templo sagrado,
cuyo bello cimiento y gentil muro°
de blanco nácar y alabastro duro
fue por divina mano fabricado;
pequeña puerta de coral preciado,
claras lumbreras de mirar seguro,
que a la esmeralda fina el verde puro
habéis para viriles° usurpado;
soberbio techo, cuyas cimbrias de oro
al claro Sol, en cuanto en torno gira,
ornan de luz, coronan de belleza;

cimiento... las piernas y el cuerpo de la amada

hoja de vidrio claro y transparente que se usa para relicarios

ídolo bello, a quien humilde adoro,
oye piadoso al que por ti suspira,
tus himnos canta, y tus virtudes reza.

Soneto XCIX

(BURLESCO)

Grandes°, más que elefantes y que abadas°,
títulos liberales como rocas°,
gentiles hombres° sólo de sus bocas°,
illustri cavaglier°, llaves doradas°;

hábitos, capas digo remendadas°,
damas de haz y envés° viudas sin tocas°,
carrozas de ocho bestias, y aun son pocas
con las que tiran y que son tiradas°;

catarriberas°, ánimas en pena,
con Bártulos y Abades° la milicia,
y los derechos con espada y daga°;

casas y pechos, todo a la malicia°;
lodos con perejil° y yerbabuena:
esto es la Corte. ¡Buena pro° les haga!

Soneto CXLIX

(MORAL)

Mientras por competir con tu cabello
oro bruñido al sol relumbra en vano;
mientras con menosprecio en medio el llano
mira tu blanca frente el lilio bello;

mientras a cada labio, por cogello,
siguen más ojos que al clavel temprano,
y mientras triunfa con desdén lozano
del luciente cristal tu gentil cuello,

goza cuello, cabello, labio y frente,
antes que lo que fue en tu edad dorada
oro, lilio, clavel, cristal luciente,

no sólo en plata o víola troncada
se vuelva, mas tú y ello juntamente
en tierra, en humo, en polvo, en sombra, en nada.

Note el doble sentido: se refiere al tamaño y también al calificativo de dignidad concedido a una persona. / Doble sentido: rinoceronte y madre superiora

liberales... avaros o poco generosos

doble sentido: gentilhombre del rey y amable / doble sentido: sólo proveen a su propia boca y sólo amables por la palabra, pero no por las acciones

ilustres caballeros: se burla del uso de títulos italianos / Los gentiles hombres del rey llevaban como insignia llaves doradas.

Se alude a la hipocresía; aunque se hacen pasar por ricos, son tan pobres que usan capas remendadas.

hipócritas, de dos caras / **sin**... desvergonzadas

las... los caballos y los pasajeros, que también son bestias

abogados

Bártulos... jurisconsultos

Sugiere que no hay justicia; los hombres se toman la justicia por su mano.

Se llamaban «casas a la malicia» las que se fabricaban en las Cortes para librarse de la obligación de alojar a los criados del rey; pechos a la malicia: con malas intenciones.

excremento

buen provecho

Fábula de Polifemo y Galatea

En las tres primeras estrofas, el poeta le pide al Conde de Niebla, a quien le dedica *El Polifemo*, que deje los deberes del estado y los placeres de la caza y escuche su poema.

Las estrofas 4 a 6 consisten en una descripción del lugar de la acción, Sicilia, y de la caverna oscura y tenebrosa de Polifemo. El mar calza el pie (el promontorio), que los antiguos llamaron Lilibeo, con la plata de sus ondas. Allí están la bóveda de las fraguas de Vulcano y la tumba de los huesos de Tifeo. El llano (de ceniza volcánica) todavía da señas del sacrílego deseo de Tifeo y del duro oficio de Vulcano. Una alta roca tapa la boca (es mordaza) de la gruta. Unos troncos robustos protegen (son la tosca guarnición) de este duro peñasco. La peña no tapa la cueva tanto como el espeso ramaje. El seno oscuro de la cueva es lecho tenebroso de la noche más sombría—nos lo indican las aves nocturnas que vuelan y gimen allí. La triste apertura (melancólico vacío) de este formidable bostezo de la tierra (el hueco de la gruta) sirve a Polifemo, horror de aquella sierra, de rústica choza, de sombrío albergue y de redil espacioso en el que encierra sus hermosas cabras, que se juntan a un silbido de su dueño. Nótese que en esta estrofa el poeta presenta dos imágenes contradictorias de Polifemo—la del monstruo terrible y la del gentil pastor.

La descripción del cíclope ocupa las estrofas 7 y 8. El monstruo, feroz hijo de Neptuno, es un eminente monte de brazos y piernas. En su frente brilla un solo ojo, que podría competir con el Sol. Es tan inmenso que maneja como un ligero bastón el pino más fuerte, y si se apoya sobre él, el árbol cede al peso de tal manera que si un día era bastón, al otro estaba encorvado como un cayado. El cabello negro del monstruo es undoso como las oscuras aguas del Leteo, el río de la Muerte y del Olvido. Pende sin aseo o vuela desordenadamente, peinado por el viento huracanado. La barba de Polifemo es un torrente impetuoso que cubre su pecho y que el gigante peina con los dedos de su mano.

La estrofa 9 cuenta cómo el gigante mata los animales más fieros. Ningún animal de Sicilia, aunque sea feroz y rápido, logra redimir o salvar su piel de diferentes colores (manchada de cien colores) de Polifemo. El poeta comunica el poder del gigante y la velocidad con la que mata las fieras al decir que el animal que era mortal horror del labrador ya le sirve al gigante de pellico. En esta estrofa la imagen del cíclope empieza a trasformarse. El monstruo feroz que vive en una caverna siniestra también es protector del campesino.

IV

Donde espumoso el mar sicilïano
el pie argenta de plata al Lilibeo°
(bóveda o de las fraguas de Vulcano°,
o tumba de los huesos de Tifeo)°
pálidas señas cenizoso un llano
—cuando no del sacrílego deseo°—
del duro oficio° da. Allí una alta roca
mordaza es a una gruta, de su boca.

> antiguo nombre del cabo que se encuentra en el extremo oeste de Sicilia
> dios del fuego y del metal que estableció sus forjas bajo el Etna
> El gigante Tifeo pretendió escalar el Cielo y fue vencido por los dioses, que lo arrojaron a la tierra; está enterrado bajo el Etna.
> el deseo de subir al Cielo
> el de herrero

V

Guarnición° tosca de este escollo° duro
troncos robustos son, a cuya greña°
menos luz debe, menos aire puro
la caverna profunda, que a la peña;
caliginoso° lecho, el seno obscuro
ser de la negra noche nos lo enseña
infame turba de nocturnas aves,
gimiendo tristes y volando graves.

> fortaleza / peñasco
> ramaje
>
> tenebroso

VI

De este, pues, formidable de la tierra
bostezo, el melancólico vacío
a Polifemo, horror de aquella sierra,
bárbara choza es°, albergue umbrío
y redil espacioso donde encierra
cuanto las cumbres ásperas cabrío,
de los montes, esconde: copia bella
que un silbo junta y un peñasco sella.

> el hueco de la gruta

VII

Un monte era de miembros eminente
este (que, de Neptuno° hijo fiero,
de un ojo ilustra el orbe de su frente,
émulo casi del mayor lucero°)
cíclope, a quien el pino más valiente,
bastón, le obedecía, tan ligero,
y al grave peso junco tan delgado,
que un día era bastón y otro cayado.

> dios romano del mar
>
> **mayor**... Sol

VIII

Negro el cabello, imitador undoso
de las obscuras aguas del Leteo°,
al viento que lo peina proceloso°,

> el río del Olvido, que separa el infierno del mundo de los vivos
> huracanado

vuela sin orden, pende sin aseo;
un torrente es su barba impetüoso,
que (adusto hijo de este Pirineo°)
su pecho inunda, o tarde, o mal, o en vano
surcada aun de los dedos de su mano°.

montaña
Es decir, la barba torrencial de Polifemo inunda su pecho, surcada, no por un peine sino por los dedos de su mano, que la peinan raramente (tarde) y mal, y sin resultado (en vano).

IX

No la Trinacria° en sus montañas, fiera
armó de crüeldad, calzó de viento,
que redima feroz, salve ligera,
su piel manchada de colores ciento:
pellico es ya la que en los bosques era
mortal horror al que con paso lento°
los bueyes a su albergue reducía,
pisando la dudosa° luz del día.

nombre griego de Sicilia

al... al labrador

que disminuye (anochece)

Las siguientes estrofas cuentan los amores de Acis y Galatea. Acis, que ha estado fingiendo dormir, abre los ojos y sacude el sueño de sus miembros. Al levantarse, muestra su gallardía y hermosura. Intenta besar los pies blancos (el marfil) de Galatea, que está calzada de zapatillas doradas. Menos asusta el rayo al marinero, que puede estar prevenido de una tempestad, que la súbita acción de Acis a Galatea. Bien lo puede decir ella. Más agradable y menos esquiva o tímida, Galatea, dulce y risueña, levanta al afortunado muchacho, ofreciéndole—no paces para que vuelva a dormirse—sino treguas al reposo. Allí forma el hueco de una peña un dosel que da sombra; las hiedras que trepan los troncos y se cuelgan de las piedras forman unas celosías verdes. Los amantes se tienden sobre la alfombra de hierba, que imitaría en vano el tirio (es decir, cuyas flores son de colores más magníficos que los de Tiro, antiguo puerto fenicio, célebre por su industria de la púrpura) aunque esta alfombra sólo está hecha de las sedas que la Primavera tejió, como un

gusano. Acis y Galatea, reclinados al lado del mirto más lozano, oyen las palomas, que gimen de amor.

El ronco arrullo de las palomas excita a Acis, pero Galatea se esquiva (le limita los términos de la audacia a su amante), cortando el aplauso a la canción de las aves. Acis sufre. Como Tántalo, el rey mitológico, es preso de una sed inextinguible. El joven tiene dos manzanas blancas (los senos de Galatea) a su alcance, y sufre porque no las puede tocar. El poeta aumenta la tensión por medio de los contrastes. Acis está en la gloria y en el infierno. Paradójicamente se abrasa a causa de la nieve.

Apenas Cupido les permitió a las palomas juntar los rubíes (sus dos picos), cuando el joven atrevido le chupa al clavel (la boca de Galatea) las dos hojas carmesíes (sus labios). Todas las oscuras violetas y los blancos alhelíes que producen Pafo y Gnido llueven sobre el lugar que Cupido quiere que sea cama de Acis y de Galatea. Nótese la explícita imaginería erótica que utiliza Góngora en estas estrofas.

XXXVIII

El sueño de sus miembros sacudido,
gallardo el joven la persona ostenta,
y al marfil° luego de sus pies rendido,
el coturno° besar dorado intenta.
Menos ofende el rayo prevenido,
al marinero, menos la tormenta
prevista le turbó o pronosticada:
Galatea lo diga, salteada.

los pies de Galatea
entre los griegos y romanos, zapato de suela elevada

XXXIX

Más agradable y menos zahareña°,
al mancebo levanta venturoso,
dulce ya concediéndole y risueña,
paces no al sueño, treguas sí al reposo.
Lo cóncavo hacía de una peña
a un fresco sitïal dosel° umbroso,
y verdes celosías unas hiedras,
trepando troncos y abrazando piedras.

esquiva

especie de colgadura o tapiz que se coloca detrás del sitial o del altar

XL

Sobre una alfombra, que imitara en vano
el tirio° sus matices (si bien era   de Tiro, puerto fenicio
de cuantas sedas ya hiló, gusano,
y, artífice, tejió la Primavera)
reclinados, al mirto° más lozano,   El mirto es símbolo de Venus, diosa del amor
una y otra lasciva, si ligera,
paloma° se caló, cuyos gemidos   Las palomas simbolizan a los amantes.
—trompas de amor—alteran sus oídos.

XLI

El ronco arrullo al joven solicita;
mas, con desvíos Galatea suaves,
a su audacia los términos limita,
y el aplauso al concento de las aves.
Entre las ondas y la fruta, imita   Tántalo, símbolo del deseo insaciable e insatisfecho. Los dioses lo
Acis al siempre ayuno° en penas graves: condenaron a estar en un río. Las ramas de un manzano, con sus
que, en tanta gloria, infierno son no breve,   manzanas, colgaban sobre él, pero cuando trataba de alcanzarlas,
fugitivo cristal, pomos° de nieve°.   se retiraban. / manzanas / blancas

XLII

No a las palomas concedió Cupido
juntar de sus dos picos los rubíes,
cuando al clavel el joven atrevido
las dos hojas le chupa carmesíes.
Cuantas produce Pafo°, engendra Gnido°,   Pafo y Gnido son ciudades dedicadas a Venus, diosa del amor
negras vïolas°, blancos alhelíes,   oscuras violetas
llueven sobre el que Amor quiere que sea
tálamo° de Acis ya y de Galatea.   cama matrimonial

Polifemo, que ha visto a los amantes, enloquece de furia. Arranca la punta de la roca en que había estado sentado cantando sus amores, y la arroja sobre Acis, aplastándolo. La peña le sirve de urna al joven, aunque es demasiado grande para urna (no es pequeña pirámide funeraria). Llorando, Galatea solicita la ayuda de los dioses marítimos. La sangre de Acis se convierte en agua.

Apenas son presos los miembros del joven por la roca fatal, sale de sus venas agua como líquido aljófar, calzando (bañando) los árboles. Sus huesos, también convertidos en agua, pasan rozando flores y arenas, hasta llegar a Doris, que lo recibe como yerno y lo convierte en río, transformándolo así en dios.

LXII

Con vïolencia desgajó infinita,
la mayor punta de la excelsa roca,
que al joven, sobre quien la precipita,
urna es mucha, pirámide no poca.
Con lágrimas la ninfa solicita
las deidades del mar, que Acis invoca:
concurren todas, y el peñasco duro
la sangre que exprimió, cristal fue puro.

LXIII

Sus miembros lastimosamente opresos
del escollo fatal fueron apenas,
que los pies de los árboles más gruesos
calzó el líquido aljófar° de sus venas.   perla

Corriente plata° al fin sus blancos huesos,
lamiendo flores y argentando arenas,
a Doris° llega, que, con llanto pío,
yerno lo saludó, lo aclamó río.

Se refiere al color del agua.

diosa del mar, madre de Galatea

FRANCISCO DE QUEVEDO (1580—1645)

Quevedo nació en Madrid el 17 de septiembre de 1580. Sabemos poco de su niñez. Su padre murió cuando Francisco tenía seis años, y dirigieron entonces su educación su madre y su tutor, Agustín de Villanueva. Estudió humanidades, retórica y un poco de griego en el Colegio Imperial de la Compañía de Jesús. Tradujo a Cicerón, Séneca, Virgilio y Horacio. Quevedo nunca desarrolló el estudio del griego y del hebreo, aunque presumía de humanista y fue muy influido por el estoicismo. En el año 1596 estaba inscrito en la Universidad de Alcalá, donde conoció a muchos estudiantes, pícaros y otros tipos que después aparecieron en su prosa. En 1600 recibió su título de Bachiller. Después de haber completado un curso de filosofía natural y de metafísica, recibió su licenciatura. Más tarde fue a Valladolid, donde estuvo la Corte desde 1601 hasta 1605. Su famosa enemistad con Góngora empezó en este período. En 1605 apareció una antología, *Flores de poetas ilustres,* de Pedro Espinosa, en que figuran dos letrillas muy agudas de Quevedo, «Poderoso caballero es don dinero» y «Con su pan se lo coma», que ya revelan el sarcasmo y la fina observación que caracterizarán más tarde su prosa.

Francisco de Quevedo.

Durante esta época, Quevedo era estudiante de teología, hecho que sabemos porque en 1602 un médico lo demandó por no haberle pagado sus servicios. Este fue el primero de muchos pleitos que tuvo durante su vida y el comienzo de su odio a los médicos, a los abogados y a todos los que tenían que ver con la administración de la justicia.

Sobre la apariencia física de Quevedo circulan muchas historias. Era cojo, con los pies torcidos hacia adentro. Nunca trató de ocultar su cojera y se mofó de su deformidad en muchas ocasiones. Sin embargo, parece haber sido causa de sufrimiento psicológico. Sus enemigos se burlaban de una manera a veces muy cruel de su aspecto grotesco.

En 1605, cuando el poeta tenía 24 años, fue a Madrid, donde empezó a escribir los *Sueños*—una de sus obras más satíricas. Fueron un éxito inmediato. También escribió mucha poesía durante esta época, aunque nunca tomó muy en serio sus versos, considerándolos más bien juego o diversión.

Aunque profundamente influido por el arte de su época, Quevedo reaccionó contra la experimentación estilística de los culteranos, que, según él, producían una literatura vacía. En defensa del casticismo publicó la poesía de Fray Luis de León y de Francisco de la Torre.

En 1613, a la edad de 33 años, Quevedo experimentó una crisis moral y produjo, como resultado, el *Heráclito cristiano*—una serie de salmos que son algunos de los más hermosos ejemplos de poesía metafísica que existen.

Poco después partió para Sicilia, llamado por el Duque de Osuna, su protector, quien lo mandó en capacidad de diplomático a las cortes de España y de Roma. Cuando volvió a Madrid, todos hablaban de las *Soledades* de Góngora. Posiblemente algunos de los sonetos contra Góngora datan de esta época.

En 1615 Quevedo fue elegido embajador por el Parlamento siciliano y encargado de ciertos donativos para el Duque de Uceda. Llevaba también otra misión, más importante y secreta: el convencer a la camarilla de Lerma, Uceda y Aliaga de la necesidad de dar el virreinato de Nápoles al Duque de Osuna. La corte estaba reunida en Burgos en las bodas de Felipe IV cuando llegó Quevedo. La correspondencia de esta época entre Quevedo y el Duque de Osuna es sumamente burlona y satírica, y constituye algunas de las mejores páginas de Quevedo. De estas experiencias personales provienen sus observaciones sobre la necesidad de untar palmas, la corrupción de los políticos, el poder de la lisonja, los rumores y la manipulación.

Siguió una serie de otros negocios políticos en que Quevedo jugó un papel decisivo. Su relación con Osuna le causó grandes problemas que resultaron en su destierro y después en su encarcelamiento. Al ser puesto en libertad en septiembre de 1621, no tardó en relacionarse con el nuevo gobierno de Felipe IV. De esta fecha datan muchos versos satíricos e irónicos, así como sus sonetos a Lisis (o Lisi)—una mujer desconocida y tal vez inexistente.

Empieza un período de tranquilidad, durante el cual Quevedo escribe y ataca a los herejes e impuros. En 1626 publica el *Cuento de cuentos* y se prepara al mismo tiempo la edición de la *Política de Dios* en que expone sus ideas sobre el gobierno ideal. Al año siguiente se publican los *Sueños*, que tienen mucho éxito pero le causan muchas envidias. Para 1628 Quevedo ya está involucrado en otras controversias. El Conde-Duque de Olivares, consejero de Felipe IV, ve en los poemas de Quevedo y en su *Política de Dios* una crítica del gobierno actual y cree que no hay otra manera de parar a Quevedo que desterrarlo. Existe un ambiente de recelos, rumores e intriga del cual se aprovechan los enemigos de Quevedo. Sin embargo, en diciembre del mismo año Felipe le da permiso para volver a la Corte.

Ansioso de congraciarse con el Conde-Duque, Quevedo le dedica su edición de las obras de Fray Luis. Pero poco después lo vemos desterrado de nuevo de la Corte. El Conde-Duque era poco popular. Su política económica—que consistía en extorsionar dinero del pueblo para financiar las guerras en el extranjero que resultan ser fatales para España—le hizo muchos enemigos. Tratando de mantener buenas relaciones con el Conde-Duque, Quevedo escribe *El chitón de las tarabillas,* obra satírica en que defiende su política. Mientras tanto, el país se desangra. En 1640 los portugueses se rebelan y obtienen su independencia de España.

Por su participación en las intrigas políticas y por sus sátiras mordaces, Quevedo acumulaba enemigos. Circulaban letrillas crueles contra él en que sus adversarios se burlaban de todo, desde su cojera hasta su asociación con el Duque de Osuna y su amancebamiento con cierta señorita de Ledesma. En 1631 escribe *Marco Bruto,* una de sus obras políticas más importantes. Al mismo tiempo, varias de sus obras satíricas y políticas se denuncian a la Inquisición. En 1634 Quevedo, ya cincuentón, se casa con Esperanza de Mendoza, pero en 1636 ya se han separado.

Para 1635 Quevedo está preso de nuevo. Fatigado y preocupado por la futura guerra con Francia, que estalla el 6 de junio del mismo año, ni siquiera sabe cuál es el motivo de su encarcelamiento. Sus enemigos siguen atacándolo. En 1643 cae el Conde-Duque y Quevedo implora al rey que lo ponga en libertad. Después de muchas investigaciones y demoras, consigue lo pedido. Sigue escribiendo cartas, pero está ya muy enfermo. Empieza la Segunda parte del *Marco Bruto* y a fines de enero de 1645

está terminándolo. En junio recibe la noticia de la muerte del Conde-Duque con pocos comentarios y mucha amargura. En septiembre de 1645, muy débil pero muy lúcido, fallece.

Quevedo escribió muchos tipos de poesía—moral, metafísica, patriótica, amorosa, burlesca. Empleó el soneto, el romance, la silva, la letrilla y otras formas, aunque su preferida fue el soneto. Caracteriza su poesía la imagen gráfica. La mujer con enaguas es una «pirámide andante»; el cabello de Lisi son «minas ardientes»—es decir, oro que brilla; el arroyo es un «líquido plectro» que cae contra la roca, dispensando su tesoro (porque en el campo el agua es un tesoro) «en cristales»—es decir, en gotas que reflejan la luz.

La poesía seria de Quevedo revela una profunda angustia existencial. El tiempo y la muerte son temas principales. Abundan imágenes de la desintegración del cuerpo vivo. La sangre del viejo «tiembla, no pulsa, entre la arteria y las venas.» Su boca está sin dientes («de los años saqueada»); está ciego, ya que tiene la vista «en noche sepultada» y ha perdido control de sus funciones corporales. No le queda más remedio que salir «a recibir la sepultura». El poeta está consciente que desde el momento de nacer va irremediablemente a la muerte («antes que sepa andar el pie, se mueve / camino de la muerte»); se da cuenta que cada momento que vive es un momento menos que le queda por vivir y que es imposible volver atrás—«desandar lo caminado.» La vida no es más que «una jornada breve y estrecha» entre «este y el otro polo», es decir, el nacimiento y la muerte.

El poeta odia la vida («he llegado a aborrecer el día»), pero teme «la muerte fría». En los poemas morales y metafísicos, y aun en los religiosos, Quevedo rara vez expresa sentimientos convencionalmente cristianos. La salvación, la eternidad, la paz se mencionan poco. La muerte es un «monumento» frío y duro, un fin que separa la vida de la nada.

Los poemas de amor de Quevedo frecuentemente expresan la misma angustia que los metafísicos. La dama es fría, distante, estática. En varios sonetos el poeta la coloca en un cuadro, por ejemplo, en «Retrato de Lisi que traía en una sortija». La Lisi de los sonetos no es una mujer de carne y hueso, sino un ideal, una obra de arte, una creación del hombre. Llega a encarnar la lucha del hombre contra la mortalidad, porque sólo por medio del amor transciende el poeta la finalidad de la muerte. Aunque «la postrera sombra» cerrará sus ojos, la llama de su amor nadará «la agua fría» del río Leteo, que separa este mundo del otro, y desafiará la ley natural que impone la muerte.

En los poemas burlescos, Quevedo cultiva la imagen grotesca, exagerando las facciones, la ropa y los movimientos de sus sujetos. Se burla de la hipocresía y de la pretensión, de las costumbres y de las modas. Se burla también de ciertas profesiones y de ciertos grupos étnicos. Frecuentemente sus ataques son muy personales. A veces sus alusiones son obscenas. Pero a través de la burla se trasluce un profundo sentido de enajenación.

Recomendamos *Poesía original completa,* ed. José Ma-nuel Blecua (Barcelona: Planeta, 1981) y *Poems to Lisi* (edición bilingüe), ed. D. Gareth Walters (Exeter: University of Exeter, 1988).

I
SONETO

(METAFÍSICO)

ENSEÑA A MORIR ANTES Y QUE LA MAYOR PARTE DE LA MUERTE ES LA VIDA, Y ÉSTA NO SE SIENTE, Y LA MENOR, QUE ES EL ÚLTIMO SUSPIRO, ES LA QUE DA PENA°

Los títulos no son de Quevedo, sino de su editor, González de Salas.

Señor don Juan, pues con la fiebre apenas
se calienta la sangre desmayada,
y por la mucha edad, desabrigada,
tiembla, no pulsa, entre la arteria y venas;
pues que de nieve están las cumbres° llenas
la boca, de los años saqueada°,
la vista, enferma, en noche° sepultada
y las potencias, de ejercicio ajenas,
salid a recibir la sepoltura,
acariciad la tumba y monumento°:
que morir vivo es última cordura.
La mayor parte de la muerte° siento
que se pasa en contentos y locura,
y a la menor° se guarda el sentimiento.

Se refiere al cabello blanco.
Alude a la escasez de dientes.
oscuridad (Don Juan está ciego.)

construcción que recubre una sepultura, mausoleo

la vida, que es una muerte larga; es decir, cada momento de vida es una pequeña muerte porque nos acerca a nuestro fin definitivo.
el momento final

SALMO I

(HERÁCLITO CRISTIANO)

Un nuevo corazón, un hombre nuevo
ha menester, Señor, la ánima mía,
desnúdame de mí, que ser podría
que a tu piedad pagase lo que debo.
Dudosos pies por ciega noche llevo°,
que ya he llegado a aborrecer el día°
y temo que hallaré la muerte fría
envuelta en (bien que dulce) mortal cebo.
Tu hacienda soy, tu imagen, Padre, he sido°,
y si no es tu interés, en mí no creo,
que otra cosa defiende mi partido.
Haz lo que pide verme cual° me veo:
no lo que pido yo, pues de perdido,
recato mi salud de mi deseo.

imagen del hombre, inseguro y confundido, que busca su camino en la oscuridad. / la vida

El hombre es la imagen de Dios.

como

SALMO XVIII

(HERÁCLITO CRISTIANO)

Todo tras sí lo lleva el año breve
de la vida mortal, burlando el brío
al acero valiente, al mármol frío,
que contra el Tiempo su dureza atreve.
Antes que sepa andar el pie, se mueve
camino de la muerte, donde envío
mi vida oscura: pobre y turbio río°
que negro mar con altas ondas bebe.

El río simboliza la vida y el mar, la muerte.

Todo corto momento es paso largo
que doy, a mi pesar, en tal jornada,
pues, parado y durmiendo, siempre aguijo.
　　Breve suspiro, y último, y amargo,
es la muerte, forzosa y heredada:
mas si es ley° y no pena, ¿qué me aflijo?　　　　　　　　　inevitable

CXXXIX
SILVA

EL RELOJ DE ARENA

　　¿Qué tienes que contar, reloj molesto,
en un soplo de vida desdichada
que se pasa tan presto;
en un camino que es una jornada,
breve y estrecha, de este al otro polo,
siendo jornada que es un paso solo?
Que, si son mis trabajos y mis penas,
no alcanzarás allá, si capaz vaso
fueses de las arenas
en donde el alto mar detiene el paso.
Deja pasar las horas sin sentirlas,
que no quiero medirlas,
ni que me notifiques de esa suerte
los términos forzosos de la muerte.
No me hagas más guerra;
déjame, y nombre de piadoso cobra,
que harto tiempo me sobra
para dormir debajo de la tierra.

　　Pero si acaso por oficio tienes
el contarme la vida,
presto descansarás, que los cuidados
mal acondicionados,
que alimenta lloroso
el corazón cuitado° y lastimoso,　　　　　　　　　afligido
y la llama atrevida
que Amor, ¡triste de mí!, arde en mis venas
(menos de sangre que de fuego llenas)
no sólo me apresura
la muerte, pero abréviame el camino;
pues, con pie doloroso,
mísero peregrino,
doy cercos a la negra sepultura.
Bien sé que soy aliento fugitivo;
ya sé, ya temo, ya también espero
que he de ser polvo, como tú, si muero,
y que soy vidro°, como tú, si vivo.　　　　vidrio (Se refiere a la fragilidad de la vida.)

CDVIII
SONETO

(CANTA SOLA A LISI)

EXHORTA A LOS QUE AMAREN, QUE NO SIGAN LOS PASOS POR
DONDE HA HECHO SU VIAJE

　　Cargado voy de mí: veo delante
muerte que me amenaza la jornada;

ir porfiando por la senda errada
más de necio será que de constante°.

   Si por su mal me sigue ciego amante
(que nunca es sola suerte desdichada);
¡ay!, vuelva en sí y atrás: no dé pisada
donde la dio tan ciego caminante.

   Ved cuán errado mi camino ha sido;
cuán solo y triste, y cuán desordenado,
que nunca ansí le anduvo pie perdido;

   pues, por no desandar lo caminado,
viendo delante y cerca fin temido,
con pasos que otros huyen le he buscado.

más... lo hago porque soy necio más que porque soy fiel

CCXCVI

(AMOROSO)

COMPARA EL CURSO DE SU AMOR CON EL DE UN ARROYO

   Torcido, desigual, blando y sonoro°
te resbalas secreto entre las flores°
hurtando la corriente a los calores°
cano en la espuma° y rubio como el oro.

   En cristales dispensas tu tesoro°
líquido plectro° a rústicos amores,
y templando por cuerdas ruiseñores,
te ríes de crecer, con lo que lloro°.

   De vidro en las lisonjas divertido,
gozoso vas al monte, y despeñado
espumoso encaneces° con gemido.

   No de otro modo el corazón cuitado,
a la prisión, al llanto se ha venido,
alegre, inadvertido y confiado°.

Los adjetivos califican al corazón del poeta, que compara con un arroyo. / las mujeres

el verano y también la pasión del amor

La espuma del arroyo es blanca, como lo será el cabello del amante.

imagen del agua que fertiliza el campo, como el amante a las mujeres / palillo que usaban los antiguos para tocar ciertos instrumentos musicales

Llora porque el amor destruye al hombre.

imagen del río que se pone blanco y del joven que envejece

El hombre descuidado no se da cuenta que pasa el tiempo.

CDLXIX
SONETO

(CANTA SOLA A LISI)

RETRATO DE LISI QUE TRAÍA EN UNA SORTIJA

   En breve cárcel° traigo aprisionado°
con toda su familia de oro ardiente°,
el cerco de la luz resplandeciente°,
y grande imperio del amor cerrado°.

   Traigo el campo que pacen estrellado
las fieras altas de la piel luciente°,
y a escondidas del cielo y del Oriente
día de luz° y parto mejorado.

   Traigo todas las Indias en mi mano°
perlas que en un diamante° por rubíes
pronuncian con desdén sonoro hielo°;

   y razonan tal vez fuego tirano,
relámpagos de risa carmesíes
auroras, gala y presunción del cielo°.

breve... la sortija / Tiene el retrato «aprisionado» en la sortija.

el cabello de Lisi (que se ve en el retrato)

la cara de Lisi

Todo el amor del amante está encerrado en esta sortija.

el... el firmamento (Lisi tiene la piel más luminosa que las estrellas; la «fiera» es Taurus.)

y... Y a escondidas del Oriente (de donde sale la luz del día) traigo día de luz. («A escondidas» porque lo trae en «breve cárcel», es decir, en la sortija.) / Las piedras preciosas son de las Indias. Las lleva en su mano, en la sortija, que encierra perlas (los dientes de Lisi) y rubíes (la boca de Lisi) en el retrato. / duras palabras / palabras frías

Con su risa tiraniza porque revela la pasión de su desdén, pero también su hermosura.

DI

SONETO

(CANTA SOLA A LISI)

A LISI, QUE EN CABELLO RUBIO TENÍA SEMBRADOS CLAVELES
CARMESÍES, Y POR EL CUELLO

Rizas en ondas ricas del rey Midas°
Lisi, el tacto precioso, cuanto avaro;
arden° claveles en tu cerco claro,
flagrante° sangre°, espléndidas heridas°.

Minas ardientes° al jardín° hundidas
son milagro de amor, portento raro;
cuando Hibla° matiza el mármol paro°,
en su dureza flores ve encendidas.

Esos°, que en tu cabeza generosa°,
son cruenta° hermosura, y son agravio
a la melena rica y victoriosa,

dan al claustro de perlas° en tu labio
elocuente rubí°, púrpura hermosa,
ya sonoro clavel°, ya coral sabio°.

> rey legendario que tenía la facultad de trocar en oro cuanto tocaba (Las «ondas ricas» son el oro que es el cabello de Lisi.)
>
> Se refiere al color de las flores, que parecen arder como el fuego.
> incendiada / rojo / Los claveles rojos parecen heridas sangrientas en el cuello de Lisi. / oro que brilla (cabello) / flores (claveles)
>
> monte de Sicilia famoso por sus flores / La cara de Lisi es como el mármol de Paros, que es famoso por su blancura.
>
> los claveles / porque tiene mucho cabello
> cruel (porque parecen heridas)
>
> dientes
> labio
> El clavel son los labios, que son sonoros porque Lisi habla. / El coral es sabio porque Lisi dice cosas sabias.

CDLXXII

(CANTA SOLA A LISI)

AMOR CONSTANTE MÁS ALLÁ DE LA MUERTE

Cerrar podrá mis ojos la postrera
sombra° que me llevare el blanco día°,
y podrá desatar esta alma mía°
hora a su afán° ansioso lisonjera;

mas no de esotra parte en la ribera°
dejará la memoria en donde ardía;
nadar sabe mi llama la agua fría°,
y perder el respeto a ley severa°;

Alma a quien todo un Dios prisión ha sido,
venas que humor a tanto fuego han dado°,
médulas que han gloriosamente ardido,

su cuerpo dejarán, no su cuidado°;
serán ceniza, mas tendrán sentido°
Polvo serán, mas polvo enamorado.

> la muerte / la vida
> Con la muerte se desata el alma del cuerpo.
> El afán de la muerte es llevarse al hombre.
> La muerte no dejará la llama del amor al otro lado del río del Olvido.
>
> La llama del amor sabe cruzar el río del Olvido. (Note el concepto: el fuego nadará en el agua sin apagarse.)
> la muerte, que no permite que nadie vuelva del otro lado
>
> Alude a la pasión del poeta.
>
> el amor
> **tendrán**... podrán sentir

DCLX

LETRILLA SATÍRICA

PODEROSO CABALLERO ES DON DINERO

Madre, yo al oro me humillo;
él es mi amante y mi amado,
pues, de puro enamorado,
de contino° anda amarillo°;
que pues, doblón° o sencillo°,
hace todo cuanto quiero°,
poderoso caballero
es don Dinero.
Nace en las Indias° honrado,
donde el mundo le acompaña;

> **de**... siempre / pálido, enfermo (Alude al color del oro.)
> moneda antigua de oro que valía cuatro duros / suelto (dinero)
> todo se puede hacer si uno tiene dinero
>
> El Nuevo Mundo era una fuente de oro.

viene a morir en España°,
y es en Génova° enterrado.
Y pues quien le trae al lado
es hermoso, aunque sea fiero°,
poderoso caballero
es don Dinero.

   Es galán y es como un oro,
tiene quebrado el color°,
persona de gran valor,
tan cristiano como moro°.
Pues que da y quita el decoro°
y quebranta cualquier fuero,
poderoso caballero
es don Dinero.

   Son sus padres principales°,
y es de nobles descendiente,
porque en las venas de Oriente°
todas las sangres son reales°;
y, pues es quien hace iguales
al duque y al ganadero,
poderoso caballero
es don Dinero.

   Mas ¿a quién no maravilla
ver en su gloria sin tasa,
que es lo menos de su casa
doña Blanca° de Castilla?
Pero, pues da al bajo silla°,
y al cobarde hace guerrero,
poderoso caballero
es don Dinero.

   Sus escudos° de armas nobles
son siempre tan principales,
que sin sus escudos reales
no hay escudos de armas dobles;
y, pues a los mismos robles°
da codicia su minero,
poderoso caballero
es don Dinero.

   Por importar en los tratos
y dar tan buenos consejos
en las casas de los viejos
gatos° le guardan de gatos°;
y, pues él rompe recatos
y ablanda al juez más severo°,
poderoso caballero
es don Dinero.

   Y es tanta su majestad,
aunque son sus duelos hartos,
que con haberle hecho cuartos°,
no pierde su autoridad;
pero, pues da calidad
al noble y al pordiosero,
poderoso caballero
es don Dinero.

---

alusión a la lamentable situación económica de España
El oro español terminaba en manos de los banqueros genoveses.

El oro hace atractivo al hombre más feo.

No importa el color de una persona, con tal de que tenga dinero.

Un moro con dinero es tan respetable como un cristiano.
No sólo el linaje concede un sentido de decoro, sino también el dinero. (Si uno tiene dinero, puede hacer lo que quiera.)

nobles

Los europeos tenían mucho comercio con el Oriente.
juego de palabras: descendiente de reyes y moneda de oro

La moneda llamada «blanca» era de escaso valor. Por lo tanto, esta gran dama es la menos noble de su casa.
da... a la persona baja le da prestigio

doble sentido: arma defensiva con que se cubría el cuerpo y moneda de oro

El sentido es que el dinero tiene más fuerza que un roble.

bolsas para guardar dinero / ladrones

alusión a la costumbre de untar palmas

doble sentido: pedazos y moneda de vellón antigua (tres céntimos de peseta)

Nunca vi damas ingratas
a su gusto y afición,
que a las caras° de un doblón
hacen sus caras baratas°:
y pues las hace bravatas
desde una bolsa de cuero,
poderoso caballero
es don Dinero.

> Se refiere a los dos lados de una moneda.
> **hacen**… se entregan (al que tiene dinero)

Más valen en cualquier tierra
—¡mirad si es harto sagaz!—
sus escudos en la paz
que rodelas en la guerra;
y, pues al pobre le entierra
y hace proprio al forastero,
poderoso caballero
es don Dinero.

DXVI
Soneto satírico

MUJER PUNTIAGUDA CON ENAGUAS

Si eres campana, ¿dónde está el badajo°?
Si pirámide andante, vete a Egito;
si peonza° al revés, trae sobre escrito°;
si pan de azúcar, en Motril° te encajo.
Si chapitel°, ¿qué haces acá abajo?
Si de disciplinante° mal contrito
eres el cucurucho°, y el delito,
llámente los cipreses° arrendajo°.
Si eres punzón, ¿por qué el estuche° dejas?
Si cubilete, saca el testimonio°;
si eres coroza°, encájate en las viejas.
Si buída visión de San Antonio°,
llámate doña Embudo con guedejas°;
si mujer, da esas faldas al demonio.

> alusión sugestiva
>
> trompo / debes decirlo
> puerto de Andalucía conocido por su caña de azúcar
> remate piramidal que corona una torre
> estudiante que se disciplina o se castiga
> papel arrollado en forma de cono (Se refiere al sombrero del disciplinante.)
> árbol de forma puntiaguda que simboliza la muerte / ave semejante al cuervo, que también simboliza la muerte
> Alude al estuche del cirujano. / **saca**… pruébalo
> cucurucho de las brujas
> alusión a la imagen iconográfica de San Antonio, flaquísimo por la penitencia bajo su descompuesto hábito / cabellera larga

DCCCXXXVII
Sátira personal

OTRO SONETO AL MESMO GÓNGORA°

Ten vergüenza, purpúrate°, don Luis,
pues eres poco verme° y mucho pus°;
cede por el costado, que eres tus°,
cito°, no incienso; no lo hagamos lis°.
Construye jerigonza° paraís,
que circuncirca es del Polo mus°;
vete a dudar camino de Emaús°,
pues te desprecia el palo y el mentís.
Tu nariz se ha juntado con el os°
y ya tu lengua panizuelo° es;
sonaba a lira, suena a moco y tos.
Peor es tu cabeza que mis pies°,
Yo, polo°, no lo niego, por los dos;
tú, puto, no lo niegues, por los tres°.

> Este ataque contra Góngora va precedido de varios otros.
>
> ponte colorado
> gusano / referencia a las enfermedades venéreas
> voz para llamar a un perro
> voz para llamar a un perro (Tusito significa perro y también picado de viruelas, una referencia a la supuesta degeneración sexual de Góngora. Perro también significa «judío».) / Tipo de flor (**no**… no tratemos de ocultar lo que eres.)
> lenguaje enfático y de mal gusto. (Referencia al culteranismo)
> lo mismo de tus (La idea es que las palabras refinadas de Góngora no significan nada.)
> aldea de Judea (Quevedo acusa a Góngora de ser judío.)
> boca (Los judíos tenían fama de tener la nariz larga.)
> pañuelo
> Quevedo era cojo.
> cojeo; también, dedicarse a algún vicio
> El «tercer pie» es el órgano sexual masculino.

SOR JUANA INÉS DE LA CRUZ (1651–1695)

Sor Juana Inés de la Cruz cuenta su vida en un ensayo que dirige al Obispo de Puebla, y también nos han llegado datos por una biografía preparada poco después de la muerte de ella por el padre Diego Calleja y por unos poemas escritos en su elogio y recogidos por el padre Ignacio de Castorena. Nació Juana de Asbaje en México, en San Miguel de Nepantla. Hija natural de un español, Pedro Manuel de Asbaje, y de una criolla analfabeta, Isabel Ramírez de Santillana, Juana habría tenido pocas posibilidades de desarrollar su intelecto si no hubiera sido una niña totalmente excepcional, además de obsesivamente empeñada en estudiar. Según lo que ella misma cuenta, aprendió a leer a los tres años. A los ocho años se trasladó a México y cinco años más tarde ya era dama de honor de la virreina. A causa de su belleza, su ingenio y su talento poético tuvo un éxito enorme. Pero la vida en palacio parece no haberla satisfecho. Cuenta que, disfrazada de hombre, trató de entrar en la Universidad de México, a la que las mujeres no tenían acceso. Aunque

Sor Juana Inés de la Cruz.

los profesores quedaron asombrados ante sus conocimientos, tuvo que seguir estudiando con tutores particulares.

A los dieciséis años, Juana tomó una decisión que sigue siendo algo misteriosa—la de abandonar la corte y entrar en una orden religiosa. Durante la época colonial, un número sorprendente de mujeres de familias aristocráticas entraban en los grandes conventos, donde escapaban los constreñimientos del matrimonio y gozaban de una relativa libertad para cultivar su intelecto. Allí se presentaban obras de teatro, conciertos, recitales y lecturas poéticas. Se ha sugerido que Juana se hizo monja para poder dedicarse a sus estudios en paz. Parece no haber tenido una clara vocación cuando ingresó en las Carmelitas Descalzas en 1667, pero, según su propia confesión, tampoco sentía la más mínima inclinación hacia el matrimonio.

Poco después de entrar en el convento, Sor Juana enfermó y tuvo que salir. Al año siguiente, el virrey organizó un certamen en que Sor Juana dejó admirados a los sabios locales por sus conocimientos de las artes y las ciencias. En 1669 entró en un convento de la Orden de las Jerónimas, donde se le concedió permiso para leer libros profanos y escribir poesía. Dentro de poco tiempo, ya era consultora de varios hombres importantes, incluso el mismo virrey.

El Obispo de Puebla, utilizando el pseudónimo «Sor Filotea», publicó una carta que Juana había escrito acerca de un sermón que había sido tema de controversia desde 1650, y la criticó por haber abandonado sus deberes religiosos. En 1691, Sor Juana le respondió en su ensayo autobiográfico, «Respuesta a Sor Filotea de la Cruz» en el que defendió astutamente sus esfuerzos intelectuales. Sin embargo, en 1694, después de renunciar a las vanidades mundanas, reafirmó sus votos y su decisión de dedicarse exclusivamente a la vida religiosa. Vendió su biblioteca y sus instrumentos de investigación científica, y regaló el dinero a los pobres. Entonces entró en un período de penitencia y de mortificación corporal. Mientras atendía a sus hermanas monjas durante una epidemia, Sor Juana cayó enferma y murió el 17 de abril de 1695.

Continuadora del barroco en América, Sor Juana Inés de la Cruz supo recargar de significado las intrincaciones estilísticas que en manos de sus contemporáneos se habían convertido en adornos retóricos vacíos. Fue una autora prolífica. Escribió poesía, tratados, cartas, obras de teatro. Aunque se han perdido dos tratados—uno sobre temas filosóficos y otro sobre la música—los escritos de Sor Juana llenan volúmenes.

Las obras en prosa más conocidas de Sor Juana son la «Carta atenagórica» y la «Respuesta a Sor Filotea de la Cruz». En la primera, critica un sermón del jesuita portugués, Antonio Vierira. La «Carta atenagórica» fue publicada sin el permiso de su autora por el Obispo de Puebla, que admiraba la agudeza de Sor Juana pero al mismo tiempo le reprocha su interés en las letras profanas. Firmando «Sor Filotea de la Cruz,» el obispo le escribe una carta en que expresa sus inquietudes con respecto a las actividades intelectuales de la monja y su aparente tibieza en cuanto al estudio de la teología. En su respuesta, Sor Juana defiende su interés en la ciencia y la literatura y sostiene el derecho de las mujeres a estudiar.

En cuanto al teatro, Sor Juana cultiva la comedia, el auto sacramental (obra religiosa compuesta para la celebración de Corpus Christi), la loa (un prólogo dramático de una obra más larga) y el sainete (pieza corta de carácter popular).

Pero es en la poesía lírica donde Sor Juana Inés de la Cruz realmente se destacó. Admiradora de Góngora y posiblemente conocedora de las teorías racionalistas de Descartes, combina el gusto por la imagen difícil con una tendencia hacia el orden racional. Cultiva la métrica en toda su gran variedad; compone sonetos, redondillas, quintillas, endechas, liras, décimas, silvas.

En varios poemas defiende su cultivo de las artes y las ciencias y censura a los hombres. Muchos de sus poemas son de tema moral. Como sus principales modelos españoles, subraya la brevedad de la vida, lo efímero de la belleza física, la vanidad de lo material, el engaño y el desengaño. De particular interés son sus poemas de amor—entre ellos, «Detente, sombra de mi bien esquivo» y «Esta tarde, mi bien, cuando te hablaba»—en que expresa con gran acierto y sensibilidad la angustia del enamorado. La frustración y el dolor causados por el amor no correspondido son un tema frecuente.

Caracteriza la poesía amorosa de Sor Juana la antítesis triangular: A ama a B; B rechaza a A; C ama a A. Algunos críticos creen que Sor Juana simplemente imitaba a los poetas europeos de su época. Otros han buscado una interpretación autobiográfica. Se ha conjeturado que tuvo un enamorado antes de entrar al convento y aun hay los que postulan una posible relación entre Sor Juana y alguna monja. También hay investigadores que mantienen que Sor Juana es A; B es el estilo racionalista que la poeta quisiera seguir; y C, el estilo barroco que exige verbosidad e intrincaciones. Según otra interpretación, B es el entendimiento y C, la ignorancia que los adversarios de Sor Juana se empeñan en imponerle.

El muy complejo «Primer sueño» es la obra poética más ambiciosa de Sor Juana. Consiste en 975 versos y ha engendrado numerosas interpretaciones. Se desenvuelve en un ambiente nocturno, enigmático, silencioso, miedoso, poblado por murciélagos, buhos y otras aves de simbolismo mitológico. Sor Juana califica el «Primer sueño» como una imitación de Góngora, y las semejanzas lingüísticas e imaginativas son evidentes. Sin embargo, en varios sentidos se aproxima a la poesía racionalista de la Ilustración.

Sor Juana es la última de los grandes escritores barrocos. Como Calderón, incorpora el culteranismo y el conceptismo en su creación literaria y los combina con un fuerte concepto del orden natural. Aunque utiliza un *corpus* de imágenes heredadas, las imbuye de riqueza y originalidad. Caracteriza su obra el atrevimiento y el ingenio. Lejos de ser una ciega imitadora de modelos europeos, Sor Juana fue un espíritu creativo que empujó el barroco a sus límites—y más allá.

La edición más reciente de las obras de Sor Juana es *A Sor Juana Anthology,* trans. Alan S. Trueblood, foreword by Octavio Paz (Cambridge: Harvard University Press, 1988). Véase también *Inundación castalida,* ed. Georgina Sabat de Rivers (Madrid: Castalia, 1982).

SONETO CXLV

PROCURA DESMENTIR LOS ELOGIOS QUE A UN RETRATO DE LA POETISA INSCRIBIÓ LA VERDAD, QUE LLAMA PASIÓN.

Este, que ves, engaño colorido,[1]
que del arte ostentando los primores,
con falsos silogismos de colores
es cauteloso engaño del sentido;

    éste, en quien la lisonja ha pretendido
excusar de los años los horrores,
y venciendo del tiempo los rigores
triunfar de la vejez y del olvido,

    es un vano artificio del cuidado,
es una flor al viento delicada,
es un resguardo inútil para el hado:

    es una necia diligencia errada,
es un afán caduco y, bien mirado,
es cadáver, es polvo, es sombra, es nada.

SONETO CXLVII

EN QUE DA MORAL CENSURA A UNA ROSA, Y EN ELLA A SUS SEMEJANTES.

Rosa divina que en gentil cultura
eres, con tu fragante sutileza,
magisterio[2] purpúreo en la belleza,
enseñanza nevada a la hermosura.

    Amago[3] de la humana arquitectura,
ejemplo de la vana gentileza,
en cuyo ser unió naturaleza
la cuna alegre y triste sepultura.

    ¡Cuán altiva en tu pompa, presumida,
soberbia, el riesgo de morir desdeñas,
y luego desmayada y encogida

    de tu caduco ser das mustias señas,
con que con docta muerte y necia vida,
viviendo engañas y muriendo enseñas!

---

[1] **Este** ... Esta ilusión de colores que ves.
[2] enseñanza (La rosa es una lección en la belleza por su hermoso color.)
[3] señal, indicio.

Soneto CXLVIII

ESCOGE ANTES EL MORIR QUE EXPONERSE A LOS ULTRAJES DE LA VEJEZ.

Miró Celia una rosa que en el prado
ostentaba feliz la pompa vana
y con afeites[4] de carmín[5] y grana[6]
bañaba alegre el rostro delicado;
    y dijo:—Goza, sin temor del Hado[7],
el curso breve de tu edad lozana,

pues no podrá la muerte de mañana
quitarte lo que hubieres hoy gozado;
    y aunque llega la muerte presurosa
y tu fragante vida se te aleja,
no sientas el morir tan bella y moza:
    mira que la experiencia te aconseja
que es fortuna morirte siendo hermosa
y no ver el ultraje de ser vieja.

Soneto CLXIV

EN QUE SATISFACE UN RECELO CON LA RETÓRICA DEL LLANTO.

Esta tarde, mi bien, cuando te hablaba,
como en tu rostro y tus acciones vía[8]
que con palabras no te persuadía,
que el corazón me vieses deseaba;
    y amor, que mis intentos ayudaba,
venció lo que imposible parecía:
pues entre el llanto, que el dolor vertía,
el corazón deshecho destilaba.
    Baste ya de rigores, mi bien, baste;
no te atormenten más celos tiranos,
ni el vil recelo tu quietud contraste
    con sombras necias, con indicios vanos,
pues ya en líquido humor[9] viste y tocaste
mi corazón deshecho entre tus manos.

Soneto CLXV

QUE CONTIENE UNA FANTASÍA CONTENTA CON AMOR DECENTE.

Detente, sombra de mi bien esquivo,
imagen del hechizo que más quiero,
bella ilusión por quien alegre muero,
dulce ficción por quien penosa vivo.
    Si al imán de tus gracias, atractivo,
sirve mi pecho de obediente acero[10],
¿para qué me enamoras lisonjero
si has de burlarme luego fugitivo?

---

[4] cosméticos.
[5] color rojo.
[6] color rojo.
[7] Destino.
[8] veía.
[9] **líquido**... lágrimas.
[10] El imán atrae el acero.

Mas blasonar no puedes, satisfecho,
de que triunfa de mí tu tiranía:
que aunque dejas burlado el lazo estrecho
    que tu forma fantástica ceñía,
poco importa burlar brazos y pecho
si te labra prisión mi fantasía.

Soneto CLXVII

CONTINÚA EL MISMO ASUNTO (CUÁL SEA PESAR MÁS MOLESTO EN ENCONTRADAS CORRESPONDENCIAS, AMAR O ABORRECER) Y AUN LE EXPRESA CON MÁS VIVA ELEGANCIA.

Feliciano me adora y le aborrezco;
Lisardo me aborrece y yo le adoro;
por quien no me apetece ingrato, lloro,
y al que me llora tierno, no apetezco.
    A quien más me desdora[11], el alma ofrezco;
a quien me ofrece víctimas, desdoro;
desprecio al que enriquece mi decoro,
y al que le hace desprecios, enriquezco.
    Si con mi ofensa al uno reconvengo,
me reconviene el otro a mí, ofendido;
y a padecer de todos modos vengo,
    pues ambos atormentan mi sentido:
aquéste, con pedir lo que no tengo;
y aquél, con no tener lo que le pido.

Soneto CLXVIII

PROSIGUE EL MISMO ASUNTO, Y DETERMINA QUE PREVALEZCA LA RAZÓN CONTRA EL GUSTO.

Al que ingrato me deja, busco amante;
al que amante me sigue, dejo ingrata;
constante adoro a quien mi amor maltrata;
maltrato a quien mi amor busca constante.
    Al que trato de amor, hallo diamante[12],
y soy diamante al que de amor me trata;
triunfante quiero ver al que me mata,
y mato al que me quiere ver triunfante.
    Si a éste pago, padece mi deseo;
si ruego a aquél, mi pundonor enojo:
de entrambos modos infeliz me veo.
    Pero yo, por mejor partido, escojo
de quien no quiero, ser violento empleo,
que, de quien no me quiere, vil despojo.

Redondilla

EN QUE DESCRIBE RACIONALMENTE LOS EFECTOS IRRACIONALES DEL AMOR.

Este amoroso tormento
que en mi corazón se ve,
sé que lo siento, y no sé
la causa porque lo siento.

---

[11] deslustra, afea.
[12] duro, frío.

Siento una grave agonía
por lograr un devaneo,
que empieza como deseo
y para en melancolía.

Y cuando con más terneza
mi infeliz estado lloro,
sé que estoy triste e ignoro
la causa de mi tristeza.

Siento un anhelo tirano
por la ocasión a que aspiro,
y cuando cerca la miro
yo misma aparto la mano.

Porque, si acaso se ofrece,
después de tanto desvelo,
la desazona el recelo
o el susto la desvanece.

Y si alguna vez sin susto
consigo tal posesión,
cualquiera leve ocasión
me malogra todo el gusto.

Siento mal del mismo bien
con receloso temor,
y me obliga el mismo amor
tal vez a mostrar desdén.

Cualquier leve ocasión labra
en mi pecho, de manera,
que el que imposibles venciera
se irrita de una palabra.

Con poca causa ofendida,
suelo, en mitad de mi amor,
negar un leve favor
a quien le diera la vida.

Ya sufrida[13], ya irritada,
con contrarias penas lucho:
que por él sufriré mucho,
y con él sufriré nada.

No sé en qué lógica cabe
el que tal cuestión se pruebe:
que por él lo grave es leve,
y con él lo leve es grave.

Sin bastantes fundamentos
forman mis tristes cuidados,
de conceptos engañados,
un monte de sentimientos;

y en aquel fiero conjunto
hallo, cuando se derriba,
que aquella máquina altiva
sólo estribaba en un punto.

Tal vez el dolor me engaña
y presumo, sin razón,
que no habrá satisfacción
que pueda templar mi saña;

y cuando a averiguar llego
el agravio porque riño,
es como espanto de niño
que para en burlas y juego.

Y aunque el desengaño toco,
con la misma pena lucho,
de ver que padezco mucho
padeciendo por tan poco.

A vengarse se abalanza
tal vez el alma ofendida;
y después, arrepentida,
toma de mí otra venganza.

Y si al desdén satisfago,
es con tan ambiguo error,
que yo pienso que es rigor
y se remata en halago.

Hasta el labio desatento
suele, equívoco, tal vez,
por usar de la altivez
encontrar el rendimiento.

Cuando por soñada culpa
con más enojo me incito,
yo le acrimino el delito
y le busco la disculpa.

No huyo el mal ni busco el bien:
porque, en mi confuso error,
ni me asegura el amor
ni me despecha el desdén.

En mi ciego devaneo,
bien hallada[14] con mi engaño,
solicito el desengaño
y no encontrarlo deseo.

Si alguno mis quejas oye,
más a decirlas me obliga
porque me las contradiga,
que no porque las apoye[15].

Porque si con la pasión
algo contra mi amor digo,
es mi mayor enemigo
quien me concede razón.

Y si acaso en mi provecho
hallo la razón propicia,
me embaraza la justicia
y ando cediendo el derecho.

Nunca hallo gusto cumplido,
porque, entre alivio y dolor,
hallo culpa en el amor
y disculpa en el olvido.

Esto de mi pena dura
es algo del dolor fiero;
y mucho más no refiero
porque pasa de locura.

---

[13] penitente.

[14] contenta.

[15] La poeta quiere que su oyente la contradiga, no que la apoye.

Si acaso me contradigo
en este confuso error,
aquél que tuviere amor
entenderá lo que digo.

REDONDILLA

ARGUYE DE INCONSECUENTES EL GUSTO Y LA CENSURA DE LOS
HOMBRES QUE EN LAS MUJERES ACUSAN LO QUE CAUSAN.

Hombres necios que acusáis
a la mujer sin razón,
sin ver que sois la ocasión
de lo mismo que culpáis:

si con ansia sin igual
solicitáis su desdén,
¿por qué queréis que obren bien
si las incitáis al mal?

Combatís su resistencia
y luego, con gravedad,
decís que fue liviandad
lo que hizo la diligencia.

Parecer[16] quiere el denuedo[17]
de vuestro parecer loco,
al niño que pone el coco[18]
y luego le tiene miedo.

Queréis, con presunción necia,
hallar a la que buscáis,
para pretendida, Thais[19],
y en la posesión, Lucrecia[20].

¿Qué humor puede ser más raro
que el que, falto de consejo,
él mismo empaña el espejo,
y siente que no esté claro?

Con el favor y el desdén
tenéis condición igual,
quejándoos, si os tratan mal,
burlándoos, si os quieren bien.

Opinión, ninguna gana;
pues la que más se recata,
si no os admite, es ingrata,
y si os admite, es liviana.

Siempre tan necios andáis
que, con desigual nivel,
a una culpáis por crüel
y a otra por fácil culpáis.

¿Pues cómo ha de estar templada
la que vuestro amor pretende,
si la que es ingrata, ofende,
y la que es fácil, enfada?

Mas, entre el enfado y pena
que vuestro gusto refiere,

bien haya la que no os quiere
y quejaos en hora buena.

Dan vuestras amantes penas
a sus libertades alas,
y después de hacerlas malas
las queréis hallar muy buenas.

¿Cuál mayor culpa ha tenido
en una pasión errada:
la que cae de rogada,
o el que ruega de caído?

¿O cuál es más de culpar,
aunque cualquiera mal haga:
la que peca por la paga,
o el que paga por pecar?

Pues ¿para qué os espantáis
de la culpa que tenéis?
Queredlas cual las hacéis
o hacedlas cual las buscáis.

Dejad de solicitar,
y después, con más razón,
acusaréis la afición
de la que os fuere a rogar.

Bien con muchas armas fundo
que lidia vuestra arrogancia,
pues en promesa e instancia
juntáis diablo, carne y mundo[21].

ROMANCE LVI

EN QUE EXPRESA LOS EFECTOS DEL AMOR DIVINO, Y PROPONE
MORIR AMANTE, A PESAR DE TODO RIESGO

TRAIGO conmigo un cuidado,
y tan esquivo, que creo
que, aunque sé sentirlo tanto,
aun yo misma no lo siento.

Es amor; pero es amor
que, faltándole lo ciego,
los ojos que tiene, son
para darle más tormento.

El término no es a quo[22],
que causa el pesar que veo:
que siendo el término el Bien,
todo el dolor es el medio.

Si es lícito, y aun debido
este cariño que tengo,
¿por qué me han de dar castigo
porque pago lo que debo?

¡Oh cuánta fineza, oh cuántos
cariños he visto tiernos!

---

[16] parecerse.

[17] valor.

[18] fantasma con que se mete miedo a los niños.

[19] una famosa cortesana griega.

[20] matrona romana celebrada por su castidad.

[21] **diablo**... según el dogma, los tres enemigos del alma.

[22] **término**... *terminus a quo*, límite desde el cual (Sor Juana juega con dos expresiones, *terminus a quo*, que indica la fecha más temprana que sea posible, y *terminus ad quem*, que indica la fecha límite. Entre el *terminus a quo* y el *terminus ad quem* se encuentra la fecha aproximada de un hecho cuyo fecha exacta no se sabe.)

Que amor que se tiene en Dios,
es calidad sin opuestos.

De lo lícito no puede
hacer contrarios conceptos,
con que es amor que al olvido
no puede vivir expuesto.

Yo me acuerdo, ¡oh nunca fuera!,
que he querido en otro tiempo
lo que pasó de locura
y lo que excedió de extremo;

mas como era amor bastardo,
y de contrarios compuesto,
fue fácil desvanecerse
de achaque de su ser mesmo.

Mas ahora, ¡ay de mí!, está
tan en su natural centro,
que la virtud y razón
son quien aviva su incendio.

Quien tal oyere, dirá
que, si es así, ¿por qué peno?
Mas mi corazón ansioso
dirá que por eso mesmo.

¡Oh humana flaqueza nuestra,
adonde el más puro afecto
aun no sabe desnudarse
del natural sentimiento!

Tan precisa es la apetencia
que a ser amados tenemos,
que, aun sabiendo que no sirve,
nunca dejarla sabemos.

Que corresponda a mi amor,
nada añade; mas no puedo,
por más que lo solicito,
dejar yo de apetecerlo.

Si es delito, ya lo digo;
si es culpa, ya la confieso;
mas no puedo arrepentirme,
por más que hacerlo pretendo.

Bien ha visto, quien penetra
lo interior de mis secretos,
que yo misma estoy formando
los dolores que padezco.

Bien sabe que soy yo misma
verdugo de mis deseos,
pues muertos entre mis ansias,
tienen sepulcro en mi pecho.

Muero, ¿quién lo creerá?, a manos
de la cosa que más quiero,
y el motivo de matarme
es el amor que le tengo.

Así alimentando, triste,
la vida con el veneno,
la misma muerte que vivo,
es la vida con que muero.

Pero valor, corazón:
porque en tan dulce tormento,

en medio de cualquier suerte
no dejar de amar protesto.

CRISTOBALINA FERNÁNDEZ DE ALARCÓN (¿1574?–1646)

Cristobalina Fernández de Alarcón nació en Antequera entre 1571 y 1576 y murió en la misma población en 1646. Alcanzó gran fama en su tiempo. Lope de Vega la elogió con entusiasmo en su *Laurel de Apolo* y otros personajes de la época también le dedicaron grandes alabanzas.

De su vida se sabe poco. Aprendió latín y ganó varios certámenes poéticos. Se casó dos veces. De su segundo matrimonio tuvo hijos. Era conocida por su gran belleza física y espiritual. Antes de contraer matrimonio por primera vez, inspiró en Pedro Espinosa, su compañero de aula, un gran amor. Parece que Cristobalina no le correspondió, y Espinosa, decepcionado, determinó entrar en una orden religiosa y adoptar las austeras costumbres que distinguieron su vida.

Los poemas más conocidos de Cristobalina Fernández de Alarcón son «Cansados ojos míos» y «A Santa Teresa de Jesús en su beatificación». Este último está escrito en quintillas, estrofas de cinco versos octasilábicos en que el primer, tercer y quinto versos riman entre sí, así como el segundo y el cuarto. Fernández de Alarcón utiliza muchas de las convenciones heredadas de Petrarca y del neoplatonismo, aunque este dedicatorio está bastante alejado temáticamente de la poesía amorosa de sus predecesores y coetáneos. La «bella nevada frente» de la santa es una joya «engastada en rizos de oro». En su rostro el rojo (carmín) de sus labios y sus mejillas contrasta con la blancura (alabastro y cristal) de su piel y el azul (zafiro) de sus ojos. Su rostro es «celestial» no sólo porque refleja la belleza divina como el de las damas alabadas por los poetas neoplatónicos, sino porque ella es una santa auténtica. Por eso, el serafín que baja del cielo se encuentra ante otro serafín, el del Carmelo, es decir, Santa Teresa. El dardo que atraviesa el corazón de Teresa no es el del amor humano, como en la poesía de los neoplatonistas, sino el del amor divino.

A SANTA TERESA DE JESÚS[1], EN SU BEATIFICACIÓN

Engastada en rizos de oro
la bella nevada frente,
descubriendo más tesoro
que cuando sale de Oriente
Febo[2] con mayor decoro;
en su rostro celestial
mezclando el carmín de Tiro[3]
con alabastro y cristal,

---

[1] escritora mística española (1515–1582) (Véase la pág. 44.)
[2] el sol.
[3] puerto fenicio conocido por la industria de la púrpura.

en sus ojos el zafiro
y en sus labios el coral;

  el cuerpo de nieve pura,
que excede toda blancura,
vestido del sol los rayos,
vertiendo abriles y mayos[4]
de la blanca vestidura;

  en la diestra[5] refulgente,
que mil aromas derrama,
un dardo resplandeciente,
que lo remata la llama
de un globo de fuego ardiente;

  batiendo un ligero vuelo
la pluma que al oro afrenta,
bajó un serafín[6] del cielo
y a los ojos se presenta
del serafín del Carmelo[7].

  Y puesto ante la doncella,
mirando el extremo della
dudara cualquier sentido
si él la excede en lo encendido
o ella le excede en ser bella.

  Mas viendo tanta excelencia
como en ella puso Dios,
pudiera dar por sentencia
que en el amor de los dos
es poca la diferencia.

  Y por dar más perfección
a tan angélico intento,
el que bajó de Sión[8],
con el ardiente instrumento[9]
la atravesó el corazón[10].

  Dejóla el dolor profundo
de aquel fuego sin segundo
con que el corazón le inflama,
y la fuerza de su llama,
viva a Dios y muerta al mundo[11].

  Que para mostrar mejor
cuánto esta prenda le agrada,
el universal Señor
la quiere tener sellada
con el sello de su amor.

  Y es que a Francisco[12] igual
de tan gran favor se arguya,

pues el pastor celestial[13],
para que entiendan que es suya,
la marca con su señal.

  Y así, desde allí adelante
al serafín semejante
quedó de Teresa el pecho,
y unido con lazo estrecho
al de Dios, si amada ante[14].

FRANCISCO DE RIOJA (¿1583?–1659)

A pesar de ser pobres, los padres de Francisco de Rioja, a costa de grandes sacrificios, lograron darle a su hijo una excelente educación. Estudió humanidades y teología, y desde muy temprana edad se despuntó en él la lucidez que distinguiría su ingenio. Al terminar los estudios, se dedicó a las leyes, pero ejerció esa profesión sólo durante una parte de su vida. Era respetado por su erudición y sabiduría, especialmente por sus conocimientos del griego y del latín. Se ordenó de sacerdote hacia 1614.

Por el año 1617, según se infiere de cierta epístola que Lope de Vega insertó en su poema «La Filomena», se trasladó a Madrid, tal vez debido a su amistad con el Conde-Duque de Olivares. El Conde-Duque y Rioja, a pesar de la distancia de clases sociales, se habían hecho amigos en Sevilla, ciudad natal del poeta.

Otro íntimo de Rioja era el pintor-escritor Francisco Pacheco. En 1619 el poeta escribió y le dedicó un «Discurso» en que defiende la verdad de las pinturas que representan a Cristo crucificado con cuatro clavos. El interés de Rioja en la pintura y el color se nota en mucha de su poesía. Durante este mismo año, Olivares se trasladó a Sevilla, donde financió la impresión de las poesías de Fernando de Herrera, que el pintor Pacheco había juntado. Las poesías se publicaron precedidas de un estudio crítico y biográfico preparado por Francisco de Rioja.

La mayor parte de la obra poética de Rioja fue escrita durante su juventud, probablemente entre 1607 y 1628, bajo el nombre de Leucido. Después de 1628, se dedica casi exclusivamente a la erudición. Las rimas dejan su lugar a los tratados teológicos, a las investigaciones históricas o lingüísticas y a las leyes. En una de las pocas poesías que parecen haber sido escritas en plena madurez, atribuye a cierta «Filis» la prisión que hubo de padecer. Algunos investigadores han visto aquí una referencia al encarcelamiento de Rioja en Madrid por orden de su mecenas y amigo, el Conde-Duque de Olivares. Los detalles de esta historia apenas se conocen. Cuando Felipe IV subió al trono, Rioja vino a formar parte de la corte íntima del rey y a ser director de la rica biblioteca par-

---

[4] **abriles**... rojo y rosado, colores de las flores primaverales.
[5] mano derecha.
[6] ángel.
[7] **serafín**... Santa Teresa.
[8] Se refiere al ángel que bajó del cielo.
[9] **el**... el dardo.
[10] En su *Vida* Santa Teresa cuenta que sintió que un ángel le atravesó el corazón con un dardo.
[11] Los sentidos apagados e inconscientes del mundo, Santa Teresa logra la unión mística con Dios.
[12] Dios marcó a San Francisco con su señal igual que a Santa Teresa.

---

[13] **el**... Dios.
[14] **unido**... si antes ya era amada, ahora está totalmente unida con Dios.

ticular del Conde-Duque, a quien también le sirvió de abogado y consultor. Olivares consiguió que Felipe IV nombrara a su amigo bibliotecario de Su Majestad. Pero poco después, Rioja fue llevado preso, al parecer, arbitrariamente. Se ha sugerido que fue por la intervención de algunas cortesanas de gran influencia con el Conde-Duque, pero la identidad de la «Filis» (y en otro soneto, la «Cloe») de la poesía en que habla de su prisión queda vaga. Algunos investigadores afirman que no se trató de un caso de celos de amor, sino de un caso de insubordinación por parte de Rioja.

Al salir de la cárcel, Rioja volvió a Sevilla, donde alcanzó una canonjía de la Catedral y obtuvo el cargo de inquisidor. Siguió un período de grandes problemas para el Conde-Duque, que había caído del favor del rey. En 1643 salió desterrado para Loeches. Lo acompañaba Rioja, además de varios otros sacerdotes. El monarca le hacía a su antiguo consejero algunas acusaciones terribles. Rioja escribió una defensa de su mecenas. Amigo fiel aun en la desgracia, el poeta permaneció con el Conde-Duque hasta que éste falleció en 1645. Entonces volvió a Sevilla, donde se entregó al estudio y al trato con los hombres más destacados de aquel centro intelectual.

Pero en 1654 tuvo que trasladarse nuevamente a la corte, donde Felipe IV le pidió una vez más que dirigiese la biblioteca real y además lo nombró consejero de la Inquisición. Rioja pasó los cinco últimos años de su vida en Madrid, donde disfrutaba de los bienes materiales que su posición le proporcionaba.

Rioja apenas se preocupó por la propagación de sus obras. Parece no haber publicado más que cuatro poesías durante su vida, y éstas gracias a que su amigo Pacheco las incluyó en su *Arte de la pintura* (Sevilla, 1649). La principal de estas composiciones es la «Silva a un pintor que no acertaba a pintar a Apolo en una tabla de laurel».

A Rioja se le ha llamado el pintor de las flores, porque son un elemento importante de su temática y las describe con sensualidad y delicadeza. Aunque estas descripciones a menudo encubren un mensaje moral, éste es casi siempre suave, templado. Sus poemas de amor expresan una melancolía apagada. En el Soneto VIII el poeta se compara con una rosa, que se marchita al no sentir «el vivo rayo ardiente» del sol, de la misma manera que él se hiela y muere al no sentir la «luz resplandeciente» de la amada. A diferencia de muchos de sus contemporáneos, Rioja se mantiene casi invulnerable al culteranismo. Distingue su estilo la moderación, la serenidad, la finura.

Recomendamos la edición de Begoña López Bueno (Madrid: Cátedra, 1984).

SONETO VIII

Lánguida flor de Venus[1], que escondida
yaces, y en triste sombra y tenebrosa

ver te impiden la faz al sol hermosa
hojas y espinas de que estás ceñida;

Y ellas, el puro lustre y la vistosa
púrpura en que apuntar te vi teñida
te arrebatan, y a par la dulce vida,
del verdor que descubre ardiente rosa.

Igual es, mustia flor, tu mal al mío;
que si nieve tu frente descolora
por no sentir el vivo rayo ardiente,

A mí en profunda oscuridad y frío
hielo también de muerte me colora
la ausencia de mi luz resplandeciente.

AL JAZMÍN

¡Oh en pura nieve púrpura[2] bañado,
Jazmín, gloria y honor del cano[3] estío[4]!
¿Cuál habrá tan ilustre entre las flores,
hermosa flor, que competir presuma
con tu fragante espíritu y colores?
Tuyo es el principado
entre el copioso número que pinta
con su pincel y con su varia tinta
el florido Verano.
Naciste entre la espuma
de las ondas sonantes
que blandas rompe y tiende el Ponto[5] en Chío[6],
y quizá te formó suprema mano,
como a Venus[7], también de su rocío:
o si no es rumor vano,
la misma blanca diosa de Cithera[8],
cuando del mar salió la vez primera,
por do la espuma el blando pie estampaba
de la plaza arenosa,
albos[9] jazmines daba;
y de la tersa nieve y de la rosa
que el tierno pie ocupaba,
fiel copia apareció en tan breves hojas[10].
La dulce flor de su divino aliento
liberal escondió en tu cerco alado:
hizo inmortal en el verdor tu planta,
el soplo la respeta más violento
que impele envuelto en nieve el cierzo[11] cano,
y la luz más flamante
que Apolo[12] esparce altivo y arrogante.

---

[1] **flor**... rosa.

[2] Se refiere a los colores de la flor.

[3] viejo (se refiere a las últimas semanas del verano).

[4] verano.

[5] el Mar Negro.

[6] isla griega que se encuentra al oeste del Asia Menor.

[7] Según el mito, Venus salió de la espuma del mar.

[8] isla griega del Mediterráneo, centro del culto de Afrodita (otro nombre de Venus).

[9] blancos.

[10] Según la leyenda, al salir Venus del mar, pisó la tierra, y donde ponía el pie, salían flores.

[11] viento frío del norte.

[12] el Sol.

El entierro del conde de Orgaz, El Greco.

Si de suave olor despoja ardiente
la blanca flor divina,
y amenaza a su cuello y a su frente
cierta y veloz ruina,
nunca tan licencioso se adelanta
que al incansable suceder se opone
de la nevada copia,
que siempre al mayor sol igual florece,
e igual al mayor hielo resplandece.
    ¡Oh jazmín glorioso!
tu solo eres cuidado deleitoso
de la sin par hermosa Citherea[13],
y tú también su imagen peregrina.
Tu cándida pureza
es más de mí estimada
por nueva emulación de la belleza
de la altiva luz mía,
que por obra sagrada
de la rosada planta de Dione[14]:
a tu excelsa blancura
admiración se debe
por imitar de su color la nieve,
y a tus perfiles rojos
por emular los cercos de sus ojos.

---

[13] **la**... Venus.
[14] madre de Venus.

Cuando renace el día
fogoso en Oriente,
y con color medroso en Occidente
de la espantable sombra se desvía,
y el dulce olor te vuelve
que apaga el frío y que el calor resuelve
al espíritu tuyo,
ninguno habrá que iguale
porque entonces imitas
al puro olor que de sus labios sale.
¡Oh, corona mis sienes,
flor, que al olvido de mi luz previenes!

ESTEBAN MANUEL DE VILLEGAS (¿1589?—1669)

Villegas nació en La Rioja, una región del norte de España, de una familia acomodada. Estudió en Madrid, donde hizo rápidos progresos en las lenguas clásicas. A los catorce años tradujo de una manera ejemplar las *Anacreónticas,* poesías del poeta lírico griego Anacreonte, que celebran los placeres de la vida y se distinguen por su gracia y su delicadeza. Pocos años después, el joven Villegas fue enviado a Salamanca, donde estudió leyes, aunque habría preferido no ejercer una profesión, ya que sólo quería dedicarse a la literatura.

En 1618 publicó la poesía de su juventud bajo el nombre de *Las eróticas o amatorias.* Esta colección se considera su obra maestra por su elegante estilo. Revela que Villegas era un imitador meticuloso de los clásicos, especialmente de Horacio, de Anacreonte y de los poetas elegíacos. *Las eróticas* son obras amatorias, escritas principalmente en heptasílabos, que demuestran la capacidad del autor de transponer el espíritu y finura del verso clásico al castellano. Su apego a los modelos griegos y latinos parece constituir un vínculo entre Villegas y los poetas del temprano Renacimiento, pero, al mismo tiempo, lo une a la corriente neoclásica del siglo XVIII, período durante el cual la poesía de Villegas tuvo más influencia que la de cualquier otro poeta del siglo XVII. Algunos estudiosos le han criticado su uso del culteranismo y del conceptismo, aunque Villegas fue uno de los que menos se dejó arrastrar por las exageraciones del gongorismo.

En «De un pajarillo» el poeta retrata por medio de una metáfora la angustia del amante (el ave) que un cruel destino (el labrador) separa de su amada. Con sencillez y delicadeza describe las congojas del pajarillo que ora protesta al cielo, ora, cansado, se calla; ora corre y vuela en círculos, ora vuelve a sus quejas, hasta finalmente enfrentarse a la palabra fría e inflexible del campesino.

A los treinta y seis años, Villegas se casó con una mujer mucho más joven que él. Tuvieron siete hijos, y el poeta se vio obligado a ejercer la abogacía para mantener a su familia. Ya que no ganaba suficiente dinero, solicitó varios otros puestos y obtuvo el de tesorero de rentas reales de Nájera.

En 1659, fue procesado por la Inquisición por un libro de sátiras que había escrito, y como resultado, tuvo que permanecer algún tiempo en la cárcel de Logroño. Durante los últimos años de su vida, se dedicó a hacer una traducción de los *Libros de la consolación* del poeta latino Boecio.

Además de su poesía, Villegas escribió unas *Disertaciones críticas* en dos tomos, sobre los principales autores griegos y latinos, además de un *Antiteatro* o *Discurso contra las comedias*. Ambas colecciones se han perdido, pero sí dejó un tomo de cartas y trabajos en prosa y en verso, que quedó inédito, además de dos epístolas publicadas por Sedano en el *Parnaso español* y unos comentarios al *Código teodosiano*.

Su poesía ha sido editada por N. Alonso Cortés (Madrid: Espasa Calpe, 1956).

CANTILENAS[1]

VII

DE UN PAJARILLO

Yo vi sobre un tomillo
quejarse un pajarillo,

---

[1] melodías sentimentales.

viendo su nido amado,
de quien era caudillo,
de un labrador robado.
Vile tan congojado
por tal atrevimiento
dar mil quejas al viento,
para que al cielo santo
lleve su tierno llanto,
lleve su triste acento.
Ya con triste armonía,
esforzando el intento,
mil quejas repetía;
ya cansado callaba,
y al nuevo sentimiento
ya sonoro volvía;
ya circular volaba,
ya rastrero corría;
ya, pues, de rama en rama,
al rústico seguía,
y saltando en la grama,
parece que decía:
«Dame, rústico fiero,
mi dulce compañía»;
y a mí que respondía
el rústico: «No quiero».

EL ESPAÑOL EN AMERICA: POESIA EPICA Y DESCRIPTIVA

Alonso de Ercilla, Diego de Hojeda, Bernardo de Balbuena

La poesía épica fue un género muy cultivado durante el Siglo de Oro, aunque muchos de los autores que participaron en esta corriente hoy día casi se han perdido de vista. La más destacada epopeya de la época fue escrita por un español que se trasladó a América y que, impresionado por la gloria de la conquista, expresó su entusiasmo por el heroísmo, no sólo de sus compatriotas, sino también de sus adversarios, en treinta y siete cantos.

Alonso de Ercilla y Zúñiga (1533–1594) compuso *La Araucana* entre 1569 y 1590. El poema narra la conquista de Chile y la heroica resistencia de los indios araucanos. Ercilla nació en Madrid de una familia influyente. Al quedarse huérfano a una temprana edad, entró en la corte como paje del rey Felipe II. Su posición le permitió viajar por Europa con el rey y conocer varios países. Ercilla no recibió una educación sistemática, pero era un lector ávido y llegó a conocer la literatura bíblica, clásica y renacentista. Tenía fama de poder recitar de memoria largos fragmentos del *Orlando furioso* de Ariosto.

En un viaje a Inglaterra, Ercilla conoció a Jerónimo de Alderete. Este partía para Chile, donde iba a ocupar el puesto de adelantado—nombre que se le daba al gobernador de una provincia fronteriza. A Ercilla le gustó la idea de hacer carrera en el Nuevo Mundo, y partió para Lima. Poco tiempo después, siguió a Chile, donde se juntó con García Hurtado de Mendoza, que combatía contra los araucanos.

Ercilla afirma que parte de su poema «se hizo en la misma guerra y en los mismos pasos y sitios, escribiendo muchas veces en cuero por falta de papel, y en pedazos de cartas, algunos tan pequeños, que apenas cabían seis versos.» Algunos investigadores, entre ellos el escritor español Azorín, han puesto en duda este aserto. Se sabe que *La Araucana* se terminó de escribir después del regreso de Ercilla a España. Fue publicada en partes; la versión completa apareció en 1590. Fue un éxito inmediato en ambos lados del Atlántico. Se hicieron varias traducciones al inglés y fue imitada por poetas españoles por generaciones.

La Araucana no parece haber sido estructurada en su integridad, sino compuesta poco a poco, según ocurrieron los acontecimientos. Consta de tres partes. La primera contiene quince cantos en los cuales el poeta describe Chile—el paisaje, los habitantes y las costumbres—además de la llegada de los españoles y las primeras batallas. La segunda parte contiene catorce cantos; el tema principal son las intervenciones de Caupolicán, el caudillo araucano, pero incluye otros episodios totalmente desligados de la conquista de Chile, como la victoria de San Quintín y la batalla de Lepanto. La tercera parte, de ocho cantos, narra la derrota de los araucanos y la muerte de su líder, pero contiene otras divagaciones, como el episodio de Elisa Dido, tomado de la historia antigua, y una discusión de los derechos de Felipe II al trono de Portugal. Algunos críticos han sugerido que Ercilla, temiendo que se hiciera monótona su obra, interpoló estos segmentos para darle variedad.

Como otros escritores de su época, Ercilla buscó modelos en la literatura clásica y renacentista. Virgilio y especialmente Ludovico Ariosto, autor italiano del poema épico *Orlando furioso*, fueron sus maestros. Pero, a diferencia de Ariosto, que narra asuntos muy alejados de su vida inmediata, Ercilla busca su inspiración en acontecimientos sacados de su propia experiencia—aunque con ciertas divagaciones históricas o mitológicas. El tono inmediato y el aspecto realista de la obra de Ercilla la asemejan a la épica medieval española.

Como el *Cantar del Cid*, *La Araucana* contiene personajes conmovedores y memorables, cuidadosamente delineados. El autor logra imbuir a Caupolicán de fuerza y de profundidad psicológica. Algunos críticos ven al caudillo indio como el verdadero héroe del poema. Es cierto que Ercilla, a pesar de ser español, no oculta su admiración por el líder que lleva a su pueblo a resistir heroicamente los ataques de las fuerzas conquistadoras. Pero Ercilla no disminuye el valor de los españoles. Pinta con gran viveza las batallas en que sus compatriotas luchan por el agrandamiento y la gloria del imperio.

Otro poeta que contribuyó al género—esta vez con una épica religiosa—es Diego de Hojeda (¿1570?–1615), cuya larga obra de octavas reales titulada *La Cristiada* se publicó en Sevilla, ciudad natal del autor, en 1611. Muy joven, Hojeda fue al Perú, y habiendo ingresado en la Orden de Predicadores, llegó a ser prior del convento de Lima. Destituido más tarde, fue al Cuzco como simple fraile. La única obra que conocemos de él es *La Cristiada*, que trata de la Pasión de Jesucristo, desde la Ultima Cena hasta el sepelio. Aun cuando sufre de frecuentes descuidos en la forma, se considera una obra de mérito que revela verdadera inspiración religiosa.

Aunque nació en Valdepeñas, La Mancha, muchos consideran a Bernardo de Balbuena (1562–1627) el primer poeta genuinamente americano. Balbuena no fue el primero en cantar las bellezas del nuevo mundo. Tampoco rompe con las tradiciones poéticas establecidas. Sin embargo, se distingue en su *Grandeza mexicana* una nueva actitud, una veneración por lo americano desprovista de espíritu conquistador.

Bernardo de Balbuena se trasladó a la capital de la Nueva España en 1584. Residió allí sólo un par de años. En 1586 fue a Guadalajara, donde inició estudios eclesiásticos. A pesar del corto tiempo que pasó en la ciudad de México, la urbe nunca dejó de atraerlo y de ocupar un lugar especial en su corazón. En 1603 doña Isabel de Tovar y Guzmán, una antigua amiga suya con quien posiblemente tuviera un enlace romántico antes de tomar los hábitos, le escribió pidiendo informes acerca de México. Doña Isabel se había casado y tenía un hijo. El joven había ingresado en la Compañía de Jesús y estaba a punto de partir para México. La *Grandeza mexicana* es la respuesta del sacerdote a la madre, preocupada por lo que pudiera esperar a su hijo en el Nuevo Mundo.

La epístola consiste en tercetos endecasílabos, forma métrica fácil de manejar para un hombre como Balbuena, que solía escribir complicados versos mitológicos y épicos. Fue dedicada oficialmente al conde de Lemos e incluye, en su versión final, una dedicatoria al arzobispo de México, fray García de Mendoza y Zúñiga. Seguramente el fin de estos cambios fue evitar problemas administrativos e inquisitoriales que pudieran impedir su publicación.

El poema es una magnífica descripción del México virreinal: los edificios, las calles, los jardines, las fiestas, las cabalgatas, las mujeres. Habla con admiración de los indígenas americanos, alabando su cortesía y la suavidad de su trato. Le impresionan la actividad comercial de la capital y el exotismo de los productos. Se regocija en el ambiente de lujo y descanso de la colonia, describiendo las diversiones, las «holguras saludables», las vacaciones y recreos. También describe paisajes, flora, fauna—

faisán, ruiseñor, laurel, almendro, jazmín, etc. Lo interesante es que en estas descripciones reproduce un ambiente muy poco mexicano, ya que no menciona ninguna planta o animal que no exista en Europa.

No falta la erudición en estos versos, que están llenos de alusiones, a veces rebuscadísimas, a personajes históricos y mitológicos. Balbuena canta las excelencias de México, pero a través de las intervenciones de Venus, Apolo y los demás dioses. En realidad, el autor nunca logra despegarse de sus orígenes y crear una poesía auténticamente nueva. El valor de su obra está en el color, la ornamentación, la riqueza, la musicalidad. Pero la América que pinta Bernardo de Balbuena sigue siendo un reflejo de España.

Además de *La grandeza mexicana*, quedan dos otras obras de Balbuena. En 1608 publicó *El siglo de oro en las selvas de Erifile*, una colección de doce églogas que revelan la influencia del poeta griego Teócrito y del italiano Jacopo Sannazaro, autor de la primera novela pastoril del Renacimiento. De tema mitológico, *El siglo del oro* mezcla la prosa y el verso. Se considera una manifestación del pastoralismo en América.

El *Bernardo o victoria de Roncesvalles* es un poema épico rimbombante y difícil en octavas reales. Publicado en Madrid en 1624, contiene cuarenta cantos y unos cuarenta mil versos. Narra las hazañas del héroe medieval leonés, Bernardo del Carpio, entre ellas, la derrota de Carlomagno en Roncesvalles y la conquista de Roldán. En un sueño, el protagonista se traslada a México, ocurrencia que le permite al autor fundir lo americano y lo medieval español. Hoy en día, casi se han olvidado estos versos «serios». Balbuena es conocido por su hermoso elogio a la capital de la Nueva España.

Recomendamos las siguientes ediciones: *La Araucana*, (2 vols.) ed. Marco Morinigo (Madrid: Castalia, 1979); *Grandezas mexicanas*, ed. Luis Adolfo Domínguez (México, D.F.: Porrúa, 1971); *La Cristiada*, ed. Mary Helen Corcoran (New York: AMS Press, 1969).

ALONSO DE ERCILLA (1533–1594)

La Araucana

Canto XXXIV

¡Oh vida miserable y trabajosa
A tantas desventuras sometida![1]
¡Prosperidad humana sospechosa,
Pues nunca hubo ninguna sin caída!

¿Qué cosa habrá tan dulce y tan sabrosa
Que no sea amarga al cabo y desabrida?
No hay gusto, no hay placer sin su descuento,
Que el dejo del deleite es el tormento.

---

[1] Caupolicán se dirige a Reinoso, capitán español que intervino en su captura.

Hombres famosos en el siglo[2] ha habido,
A quien la vida larga ha deslustrado,
Que el mundo los hubiera preferido
Si la muerte se hubiera anticipado:
Aníbal[3] de esto buen ejemplo ha sido,
Y el cónsul que en Farsalia[4] derrocado
Perdió, por vivir mucho, no el segundo,
Mas el lugar primero de este mundo.

Esto confirma bien Caupolicano,
Famoso capitán y gran guerrero,
Que en el término américo-indiano
Tuvo en las armas el lugar primero;
Mas cargóle fortuna así la mano,
(Dilatándole el término postrero)
Que fue mucho mayor que la subida
La miserable y súbita caída. . . .

Descalzo, destocado,[5] a pie, desnudo,
Dos pesadas cadenas arrastrando,
Con una soga al cuello y grueso ñudo,[6]
De la cual el verdugo iba tirando,
Cercado en torno de armas, y el menudo
Pueblo detrás, mirando y remirando
Si era posible aquello que pasaba,
Que, visto por los ojos, aún dudaba.

De esta manera, pues, llegó al tablado[7]
Que estaba un tiro de arco del asiento,
Media pica del suelo levantado,
De todas partes a la vista exento;
Donde con el esfuerzo acostumbrado,
Sin mudanza y señal de sentimiento,
Por la escala subió tan desenvuelto
Como si de prisiones fuera suelto.

Puesto ya en lo más alto, revolviendo
A un lado y otro la serena frente,
Estuvo allí parado un rato, viendo
El gran concurso y multitud de gente,
Que el increíble caso y estupendo
Atónita miraba atentamente,
Teniendo a maravilla y gran espanto
Haber podido la fortuna tanto.

Llegóse él mismo al palo, donde había
De ser la atroz sentencia ejecutada,
Con un semblante tal, que parecía

Tener aquel terrible trance en nada,
Diciendo: «Pues el hado y suerte mía
Me tienen esta muerte aparejada,
Venga, que yo la pido, yo la quiero,
Que ningún mal hay grande, si es postrero.»

Luego llegó el verdugo diligente,
Que era un negro gelofo,[8] mal vestido,
El cual viéndole el bárbaro presente
Para darle la muerte prevenido,
Bien que con rostro y ánimo paciente
Las afrentas demás había sufrido,
Sufrir no pudo aquélla, aunque postrera,
Diciendo en alta voz de esta manera:

«¿Cómo, que en cristiandad y pecho honrado
Cabe cosa tan fuera de medida
Que a un hombre como yo tan señalado
Le dé muerte una mano así abatida?
Basta, basta morir al más culpado;
Que al fin todo se paga con la vida;
Y es usar de este término conmigo
Inhumana venganza y no castigo.

«¿No hubiera alguna espada aquí de cuantas
Contra mí se arrancaron a porfía,
Que, usada a nuestras míseras gargantas,
Cercenara de un golpe aquesta mía?
Que aunque ensaye su fuerza en mí de tantas
Maneras la fortuna en este día,
Acabar no podrá que bruta mano
Toque al gran general Caupolicano.»

Esto dicho, y alzando el pie derecho
(Aunque de las cadenas impedido)
Dio tal coz[9] al verdugo, que gran trecho
Le echó rodando abajo mal herido;
Reprehendido el impaciente hecho,
Y él del súbito enojo reducido,
Le sentaron después con poca ayuda
Sobre la punta de la estaca aguda.

No el aguzado palo penetrante,
Por más que las entrañas le rompiese
Barrenándole el cuerpo, fue bastante
A que al dolor intenso se rindiese;
Que con sereno término y semblante,
Sin que labio ni ceja retorciese,
Sosegado quedó de la manera
Que si asentado en tálamo estuviera.[10]

En esto, seis flecheros señalados,
Que prevenidos para aquello estaban
Treinta pasos de trecho desviados,

---

2 mundo.
3 General cartaginés (247–183 a.C.) Venció a los romanos en Tesino. Volvió a su patria a defenderla contra los romanos. Fue vencido por Escipión Africano en 202 a.C. Se refugió en la corte de Antíoco, pero sabiendo que su huesped iba a entregarlo a los romanos, se suicidó.
4 Batalla en que César derrotó a Pompeyo (48 a.C.)
5 con la cabeza descubierta.
6 nudo.
7 patíbulo, cadalso.

8 de Senegal.
9 patada violenta.
10 **Sosegado**... Quedó tan tranquilo sobre la estaca como si estuviera sentado en su cama.

Por orden y despacio le tiraban;
Y, aunque en toda maldad ejercitados,
Al despedir la flecha vacilaban
Temiendo poner mano en un tal hombre,
De tanta autoridad y tan gran nombre.

Mas, fortuna cruel, que ya tenía
Tan poco por hacer y tanto hecho,
Si tiro alguno avieso allí salía,
Forzando el curso le traía derecho;[11]
Y en breve, sin dejar parte vacía,
De cien flechas quedó pasado el pecho,
Por do aquel grande espíritu echó fuera,
Que por menos heridas no cupiera.[12]

Paréceme que siento enternecido
Al más cruel y endurecido oyente
De este bárbaro caso referido,
Al cual, señor, no estuve yo presente,
Que a la nueva conquista había partido
De la remota y nunca vista gente;
Que, si yo a la sazón allí estuviera,
La cruda ejecución se suspendiera.[13]

Quedó abiertos los ojos, y de suerte
Que por vivo llegaban a mirarle,
Que la amarilla y afeada muerte
No pudo aun puesto allí desfigurarle:
Era el miedo en los bárbaros tan fuerte

DIEGO DE HOJEDA (¿1570?—1615)

La Cristiada

Libro primero

Canto al Hijo de Dios, humano, y muerto
Con dolores y afrentas por el hombre.
Musa divina, en su costado abierto
Baña mi lengua y muévela en su nombre,
Porque suene mi voz con tal concierto,
Que, los oídos halagando, asombre
Al rudo y sabio, y el cristiano gusto
Halle provecho en un deleite justo

. . . .

Dime también los pasos que obediente
Dende° el huerto el Calvario Cristo anduvo,
Preso y juzgado de la fiera gente
Que viendo a Dios morir, sin miedo estuvo;
Y el edificio de almas eminente
Que, cansado y herido, en peso tuvo;
De ilustres hijos el linaje santo,
Del cielo el gozo y del infierno el llanto.
Tú, gran marqués°, en cuyo monte claro
La ciencia tiene su lugar secreto,
La nobleza un espejo en virtud raro,
El Antártico mundo° un sol perfeto,°
El saber premio, y el estudio amparo,

Que no osaban dejar de respetarle;
Ni allí se vio en alguno tal denuedo
Que puesto cerca de él no hubiese miedo.

La voladora fama presurosa
Derramó por la tierra en un momento
La no pensada muerte ignominiosa,
Causando alteración y movimiento:
Luego la turba, incrédula y dudosa,
Con nueva turbación y desatiento,
Corre con priesa y corazón incierto
A ver si era verdad que fuese muerto.

Era el número tanto que bajaba
Del contorno y distrito comarcano,
Que en ancha y apiñada rueda estaba
Siempre cubierto el espacioso llano:
Crédito allí a la vista no se daba,
Si ya no le tocaban con la mano,
Y, aun tocado, después les parecía
Que era cosa de sueño o fantasía.

No la afrentosa muerte impertinente
Para temor del pueblo ejecutada,
Ni la falta de un hombre así eminente
(En que nuestra esperanza iba fundada)
Amedrentó ni acobardó la gente;
Antes de aquella injuria provocada
A la cruël satisfacción aspira,
Llena de nueva rabia y mayor ira. . . .

---

[11] **Si**... Tan mala fortuna tenía que hasta las flechas mal lanzadas le llegaban.
[12] **Por do**... Su espíritu era tan grande que si hubiera habido menos heridas, no habría podido salir.
[13] Ercilla interviene en su narración para criticar la crueldad de los españoles.

Desde

Hojeda dedica el poema a Don Juan de Luna y Mendoza, Marqués de Montesclaros y Virrey del Perú.

El... El hemisferio austral / es decir, el Marqués mismo

Y la pluma y pincel dino° sujeto°:
Oye del Hombre Dios la breve historia,
   Verás° clavado en cruz al Rey eterno:
Míralo en cruz, y hallarás qué aprendas°;
Que es una oculta cruz el buen gobierno,
Y en tu cruz quiere que a su cruz atiendas.
Aquí el celo abrasado, el amor tierno,
De rigor y piedad las varias sendas
Por donde al cielo un príncipe camina,
Te enseñará con arte y luz divina.
   Ya el santo Hijo del supremo Padre,
Que, viendo su infinita hermosura,
sacar un conceto° que le cuadre°,
Con su esencia le infunde su figura,
Nacido había de una Virgen Madre;
Que madre casta pide y virgen pura
El Hombre Dios, y° caminado° había
Su corta edad° quien hizo el primer día°;
   Ya el sacro tiempo que en la Mente suma
Con dedo eterno estaba señalado,
Batido había su ligera pluma,
seis lustros°, sin parar, volado,
De la vida de Dios haciendo suma;
Porque quiso con tiempo limitado
Vivir, y con sagaz y oculta traza°,
El que la inmensa eternidad abraza;
   Ya, predicando su real grandeza,
Su adorada persona y ser divino,
Con voz clara a la pérfida rudeza
Y con ejemplo de su fama dino,
Había de su altísima nobleza
Dado un modelo en gracia peregrino,
Que apareció, cual° Hijo de quien era,
De virtud lleno y de verdad entera;
   Ya la esperada ley de paz dichosa,
En almas de profetas escondida,
Y con buril° de santidad preciosa
Por Dios en sabios pechos esculpida,
Había dado a la ciudad° famosa
En que dio a ciegos luz y a muertos vida;
Y el colegio de apóstoles sagrado
Había sobre santo amor fundado:
   Cuando la Pascua, de misterios llena,
En sombras antes, pero ya verdades,
Llena de inmensa gloria y suma pena,
Varias, mas bien unidas propiedades,
Se llegaba, y la noche de la cena°
Y aurora de las dulces amistades
Entre Dios y los hombres, en que quiso
Ser Dios manjar del nuevo paraíso.
   Entonces el Señor que manda el cielo,
Y franco° a sus ministros da la tierra,
Rico de amor y pobre de consuelo
El que en su mano el gozo eterno encierra,
Y ardiendo en aquel santo y limpio celo
Que dende que nació le hizo guerra,

---

digno / tema

Hojeda convierte el sufrimiento de Cristo en una experiencia real y vivida por medio del uso de verbos de percepción tales como «verás».

Míralo... El individuo puede aprender de esta experiencia.

concepto / guste

ya / seguido su curso

Cristo tenía 33 años cuando murió. / **quien**... Dios (Dios ya había concebido la vida y crucifixión de Cristo antes de que sucedieran.)

períodos de cinco años

plan

como

marca grabada

Jerusalén

la Ultima Cena, en que Cristo anunció que uno de los apóstoles le traicionaría

generoso

Ordenó con su noble apostolado
Celebrar el Fasé°, convite usado.

    Era el Fasé la cena del cordero,
Que el mayor Sacramento figuraba,
allá en Egipto se comió primero
Cuando el pueblo de Dios cautivo estaba;
Y celebrarlo quiso el verdadero,
Que en él como en imagen se mostraba,
Para dar fin dichoso a la figura
Con su sagrado cuerpo y sangre pura.

    Puesta la mesa, pues, y el manjar puesto,
Y juntos los discípulos amados,
Y por orden del Señor dispuesto,
Todos en sus lugares asentados,
Su amor pretende hacerles manifiesto,
Y los labios de gracia rociados
Muestra, y envuleve en caridad suave
Estas palabras de su pecho grave:

    «De comer con vosotros un deseo
Eficaz y ardentísimo he tenido
En esta Pascua°, y por mi bien lo veo
Primero que padezca, ya cumplido:
Este regalo, amigos, este aseo,
De vuestras dulces manos recebido,
No lo terné° otra vez, hasta que llegue
Al reino do glorioso en paz sosiegue.»

    Dijo; y mirando a todos igualmente
Con amorosa vista y blandos ojos,
Y un suspiro del alma vehemente
(Señal de pena, sí, mas no de enojos),
Su plática prosigue conveniente,
Y desplega otra vez sus labios rojos,
Mientras come en su plato el falso amigo°
Que ya su apóstol fue y es su enemigo.

    «Y uno me ha de entregar, dice, a la muerte,
Uno de este pequeño apostolado;
Mas, ¡ay de su infeliz y mala suerte!»
Añadió luego en lágrimas bañado.
Una grande tristeza, un dolor fuerte,
De asombro lleno y de pavor cercado,
A todos los discípulos rodea,
Medrosos de traición tan grave y fea.

    Y cada cual pregunta espavorido:
«¿Soy yo, por desventura, o buen Maestro?»
Y responde el Señor entristecido,
Y en desdoblar fingidas almas diestro:
«Entregaráme aleve y atrevido,
Del número dichoso y lugar vuestro,
El que conmigo mete aquí la mano,
Y de mi plato agora come ufano.

    «Pero el Hijo del Hombre al fin camina,
Como está de su vida y muerte escrito;
Mas ¡ay del que su venta determina,
Y fácil osa tan atroz delito!
¡Ay del triste que a Dios el pecho indina°,
Siguiendo mal su bárbaro apetito!

---

cena que celebra el amor que Dios mostró al pueblo hebreo cuando los judíos eran esclavos en Egipto, y el éxodo a la Tierra Prometida

fiesta solemne de los hebreos que se celebraba en marzo en memoria de la liberación del cautiverio de Egipto

tendré

el... Judas, el que traicionó a Cristo

indigna

No haber salido a luz° mejor le fuera,
Porque en ella su culpa no se viera.»
  Pedro, que, cual pontífice° supremo,
Gozaba atento del lugar segundo,
Notando en Cristo el admirable° extremo°
Del decir grave y del callar profundo,
«Aunque bajeza tal de mí no temo
Por más que corra el tiempo y ruede el mundo
Al apóstol amado y amoroso,
Dijo, sabed quién es el alevoso.»
  Juan a Cristo pregunta por el triste
Que pretende hacer caso° tan feo.
Tú en secreto, Señor, lo descubriste
Para satisfacer a su deseo;
Que avergonzar a Judas no quisiste,
Que era oculto, si bien odioso reo,
Su honor guardando al pérfido enemigo,
Como si fuera santo y dulce amigo.
  Más él, herida la feroz conciencia,
Y palpitando el temoroso pecho,
Ya de aquella real, sabia presencia,
Ya de su enorme y temerario hecho,
Con velo de fingida reverencia
Cela su furia, cubre su despecho,
Y: «¿soy yo?» dice. Ved cómo se asconde°;
Y: «tú lo dices», Cristo le responde.

No… No haber nacido la luz del día

magistrado sacerdotal en la antigua Roma

sorprendente / expresión de extremo dolor

un acto

esconde

.   .   .

Libro sexto

  Mas ¡oh tú, Virgen, que del sol bañada,
Llena de gracia y gracias milagrosas,
Y de la luna estás los pies calzada,
Y ceñida de estrellas luminosas!
¡Oh Musa de los nueve° respetada
Coro de inteligencias amorosas!
Espira en mí tu soberano aliento,
Y un alto y dulce y misterioso acento.
  Y primero me di°, Reina suave,
Madre del Verbo y madre de la vida,
Pues todo lo pasó y todo lo sabe
Tu alma, en solo Dios entretenida°:
Cuando la temestad furiosa y grave,
De su paciencia y tu valor vencida,
Al Hijo se atrevió que tú pariste
¿Qué pensaste, Señora, o qué hiciste?
  Saca de los certísimos archivos
De tu pecho real la antigua historia,
Y escrita me la da en concetos vivos,
Para hacerla con mi voz notoria:
Que aunque los tiempos vuelven fugitivos,
No se acabe con ellos la memoria
De hecho tal, no sólo en prosa honrado,
Mas en heroico verso celebrado.

Según la mitología, había nueve musas o diosas que presidían las diversas artes liberales y las ciencias.

me… dime

ocupada

¿Andabas, por ventura, diligente
Del palacio, cansándote, al pretorio°,
Rogando humilde a la envidiosa gente,
y siguiendo su indino consistorio°?
¿Hacías de tu pena y daño urgente
Al vulgo vil magnífico auditorio,
Perlas vertiendo de tus ojos bellos,
Y el oro dando al sol de tus cabellos?
    Estaba en su aposento recogida,
llorando de su Hijo y Dios piadoso
la pasión dada pero no advertida
por aquel pueblo en ceguedad famoso°;
sola estaba en su celda y afligida,
revolviendo en su pecho temeroso
grandes misterios a su pena iguales,
y en muda interna voz, palabras tales:
    «¡Oh tú, Padre de aquel Hijo perfecto
que en sí tu esencia y tu bondad encierra,
y como a tu vital digno concepto
le adora el cielo, y treme° de él la tierra,
¿por qué sufres que ahora esté sujeto,
si bien mi Hijo, a tan injusta guerra,
do° le ofendan tan mal sus enemigos,
y tan mal le defiendan sus amigos?
    Hoy su hermoso y apacible cuello
ciñen cordeles, sogas atormentan,
la barba ilustre y el sutil cabello
le mesan manos, y uñas ensangrientan,
hoy su serena frente y rostro bello
verdugos viles con rigor afrentan;
¿Y tú, Padre, lo ves? ¡Oh Padre amado!
¿Y estás del Hijo, igual a ti, olvidado?

.   .   .

    Tú haces, cuando quieres, maravillas:
al sol detienes y su curso enfrenas°;
abres dentro del mar nuevas orillas,
sus aguas rompes, muestras sus arenas°;
de la zarza y del fuego las rencillas
vuelves en paces de dulzura llenas°;
conviertes los desiertos en jardines,
y guardas tu jardín con querubines°.
    Guarda, pues, el jardín inestimable
de tu Hijo, y la zarza milagrosa°
de su naturaleza venerable,
no la abrase esta llama rigurosa;
y en este mar de penas admirable,
admirable le muestra y deleitosa
playa, y del fuerte sol, que así le ofende
con nube contrapuesta, le defiende.»
    Dijo, y en los suspiros vehementes
las lágrimas volaron hasta el cielo,
y en suspiros y lágrimas ardientes
subieron las palabras sin recelo,
a todos los afectos convenientes;

---

pretorio° palacio donde juzgaban las causas los magistrados de Roma

consistorio° consejo en que los emperadores romanos trataban los casos más importantes

aquel... aquel pueblo famoso en ceguedad: Israel

treme° tiembla

do° donde, en que

enfrenas° En la batalla con los Amorritas, Josué le pidió a Dios que detuviera el sol para asegurar el triunfo de los isrealitas. (Jos. 10:7−15)

arenas° alusión al Mar Rojo

llenas° El arbusto desde el que Dios se dirigió a Moisés era una zarza que ardía, pero que el fuego no consumía. (Ex. 3:1−6)

querubines° El jardín de Edén estaba protegido por ángeles.

milagrosa° La zarza era milagrosa porque ardía sin consumirse.

y del todo el ansioso y presto vuelo,
y cuanto hizo y pronunció María
fue para Dios süave melodía.
    Oyendo, pues, el Padre de la gloria
su llanto y oración, dulce y atento
llama a Gabriel°, y hácele notoria
su muerte inescrutable en un momento°,
infórmale con ella la memoria,
y luz divina de su grave intento
le da, y le dice: «Ve a la Virgen pura,
y dile, y de mi parte la asegura
    que si bien morirá su Hijo amado
cual hombre en una cruz horrible muerte,
presto será por mí resucitado,
y subido a feliz y eterna suerte;
y desde allí gobernará sentado
su imperio ilustre, poderoso y fuerte:
ve y díselo:» calló, y mostróle al punto
todo su intento en sí explicado y junto.
    Postra Gabriel de su inmortal corona
el oro fino y piedras rutilantes;
humilla al sumo Padre su persona,
deja su asiento de orlas radiantes;
del cielo baja, el aire perfecciona,
y labra de él sus alas importantes;
joven se muestra y forma lindo aspecto,
mas a tristeza y a dolor sujeto.
    El hermoso cabello al hombro suelto
Echa, y despide inmensos rayos de oro,
Y con grave y gentil desdén revuelto,
Cortés guarda al oficio su decoro:
Color rosado y amarillo, envuelto
Con el de su beldad rico tesoro,
Tiñen el rostro, a quien la blanca nieve
Aun imitar, vencida, no se atreve.
    La ropa de los varios arreboles
Que a la mañana visten el Oriente,
Y parecen oscuros tornasoles,
Hizo a su pena y gloria conveniente;
Y las alas pintó de muchos soles
Puestos en el dibujo al Occidente,
Que tristeza notaban; mas decían,
No sé cómo, que presto nacerían.
    Cual cisne alegre en dulce primavera,
Que descubriendo el vado deleitoso,
Las frescas aguas y gentil ribera
Del templado Caistro° caudaloso,
Levanta el cuello, bate la ligera
Blanca pluma con vuelo presuroso,
Y él mismo su tardanza reprehende
Hasta llegar al puesto que pretende;

.   .   .

    Cual finas perlas sobre ardiente grana
esparcidas a trechos con destreza,

uno de los arcángeles
su... en un momento le explica el misterio de la muerte de Jesús

en la mitología, río de los cisnes

y como de la cándida mañana
el rocío en la flor de más belleza,
así vido° en la Reina soberana   vio
de la maternidad y la pureza
el ángel las mejillas milagrosas,
bañadas de sus lágrimas hermosas.

   Humilde puso en tierra los hinojos,
tierno pidió para hablar licencia,
como afligido se limpió los ojos,
y los labios abrió con reverencia:
«Cesen, ¡oh Virgen madre! tus enojos,
de dolor llena y llena de paciencia,
que el Padre eterno y dulce a ti me envía
dijo ¡oh bella y santísima María!

   Al bien del mundo y a tu gozo atiende;
Salvar a aquél, y a ti consuelo darte,
Cual Dios y Padre universal pretende;
Que es Padre en todo y Dios en cualquier parte:
En la corona de la gloria entiende,
Como en mayor riqueza, mejorarte;
Mas has de batallar por la vitoria
Que alcanza la corona de la gloria.

      .   .   .

   Esfuérzate a sufrir del Hijo amado
la pasión dura, la afrentosa muerte,
que así lo tiene Dios predestinado,
y no puede trazarse de otra suerte;
pero si bien está determinado
que muera cual varón piadoso y fuerte,
también que resucite en paz gloriosa
está en la mente santa y poderosa.

      .   .   .

   Y cuando esté con más razón, Señora,
tu alma triste, oscuro tu aposento,
antecediendo al paso de la aurora
el sol te nacerá de tu contento;
y con su luz a quien el cielo adora
herirá tu bel rostro macilento,
y llenará esta cuadra° de mil rayos,   cuarto
de rosas, flores, primaveras, mayos.

   Como la flor de extraña maravilla,
Clicie°, se entorna y busca al sol ardiente,
Y cuando se le asconden se amancilla,
Haciendo en sí por él otro Occidente,
Y abre su faz hermosa y amarilla,
En viendo el sol nacer en el Oriente;
Así, en mirando al sol de tu belleza,
Convertirás en gozo la tristeza.

   Vendrá tu Hijo de ángeles cercado,
y santas almas en su luz ardiendo
su cuerpo ceñirán resucitado
con regocijo alegre y dulce estruendo;

Según el mito, la ninfa Clicie amaba a Apolo, el Sol, quien no le correspondía. Clicie lloró durante nueve días, levantando su bella cabeza sólo para ver al Sol. Por fin se transformó en una flor que se viraba siempre hacia el sol.

al Hijo que miraste ensangrentado
le verás fuentes de placer vertiendo:
diráte: «¡Oh Madre!» y tú dirásle: «¡Oh Hijo!»,
tú en él, y él en tu rostro el rostro fijo.
   Abrazarásle, y él daráte abrazos;
Besaráte, y darásle dulces besos;
Escharásle a su cuello estrechos lazos,
Y él te hará recíprocos excesos.
¡Oh, quién dividirá tan lindos brazos,
A tan glorioso brazo también presos!
Y ¡quién apartará tan limpios labios,
Que sin hablar palabra son tan sabios!
   Sus manos cogerás, ¡oh Virgen pura!,
Y apretaráslas con tus manos bellas;
Y así, admirada de su hermosura,
Tu hermosura mirarás en ellas:
De su costado beberás dulzura,
Y beberás de amor vivas centellas,
Y verás en su alegre y linda cara
Sol, luna, estrellas, cielo, lumbre clara.

BERNARDO DE BALBUENA (1562—1627)

La grandeza mexicana

CAPÍTULO II

ARGUMENTO
ORIGEN Y GRANDEZA DE EDIFICIOS

Pudiera aquí con levantado estilo
siguiendo el aire a mi veloz deseo
a este cuento añudar un largo hilo,

un espantoso alarde, un rico empleo
de heroicos hechos, con que el tiempo añide°   añade
vida a la fama, al interés trofeo.

El bravo brío español que rompe y mide,
a pesar de Neptuno° y sus espantos,   dios del mar
los golfos en que un mundo en dos divide,

y aquellos nobles estandartes santos,
que con su sombra dieron luz divina
a las tinieblas en que estaban tantos°   Se refiere a los indios, que vivían «en tinieblas» porque no eran
   cristianos.

y al mismo curso por do el sol camina°,   **al**... hacia el oeste
surcando el mar y escrudiñando el cielo,
del interés la dulce golosina

los trajo en hombros de cristal y hielo°   Se refiere a las olas del mar.
a ver nuevas estrellas y regiones
a estotro rostro y paredón del suelo°,   **a**... a esta otra parte de la tierra

desde donde asombraron las naciones
con increíbles proezas y hazañas
de sus nunca vencidos escuadrones,

dando a su imperio y ley gentes extrañas
que le obedezcan, y añidiendo al mundo
una española isla° y dos Españas°.

Hispaniola / México y Perú

De cuyo noble parto sin segundo
nació esta gran ciudad como de nuevo
en ascendiente próspero y fecundo;

y otras grandezas mil en que yo llevo
puesta la mira en una heroica historia,
donde pienso pagar cuanto le debo.

Allí conserve el tiempo mi memoria,
y a mí me deje, a vueltas de la suya,
gozar en verlo una invidiada gloria,

que sin que otra ocasión la diminuya,
espero que mi musa en son más grave
lo que le usurpa aquí le restituya,

y en pompa sonorosa y en voz suave
lo diga todo, y los milagros cuente
a que la brevedad echó hoy la llave;

pues ya en las selvas de mi clara fuente
en humildes llanezas pastoriles
ocupan el lugar más eminente,

y entre las armas de aquel nuevo Aquiles°,
el gran Bernardo°, honor, gloria y modelo
de obras gallardas y ánimos gentiles,

héroe de *La Ilíada* que fue mortalmente herido en el talón por una flecha envenenada. Ha llegado a ser personificación del valor.

Bernardo del Carpio, personaje mítico del romancero español. Símbolo del valor, cuyas hazañas fueron cantadas por Bernardo de Balbuena.

tienen su rico engaste pelo a pelo
con las demás grandezas españolas,
que ponen lustre al mundo, envidia al suelo.

Para allí dejo estas crecientes olas,
que aquí me impiden el sabroso curso
con que navego a sus bellezas solas.

Dejo también el áspero concurso,
y oscuro origen de naciones fieras°,
que la hallaron con bárbaro discurso;

naciones... las naciones indígenas

el prolijo viaje, las quimeras
del principio del águila y la tuna°
que trae por armas hoy en sus banderas;

Se refiere a la leyenda de fundación de México-Tenochtitlán. Los dioses indicarían el lugar idóneo para la ciudad en donde se viera un águila con una serpiente en la boca sobre un cacto.

los varios altibajos de fortuna,
por donde su potencia creció tanto,
que pudo hacer de mil coronas una.

Esto es muy lejos, yo no basto a tanto;
sólo diré de lo que soy testigo,
digno de Homero° y de la fama espanto.

autor de *La Ilíada*, que narra la guerra de Troya y el rapto de Helena, con las hazañas de Héctor y Aquiles; Balbuena, como Homero, sólo hablará de cosas que ha visto. Por lo tanto, no hablará de leyendas indígenas ni de civilizaciones precolombinas.

Y así vuelvo a decir y otra vez digo
que el interés, señor de las naciones,
del trato humano el principal postigo,

como a la antigüedad dio por sus dones
pirámides, columnas, termas, baños,
teatros, obeliscos, panteones,

una Troya parienta de los años,
una Roma también parienta suya,
y una Venecia libre, y no de engaños°,

Se han producido en México tantas maravillas como en Troya, Roma y Venecia. (México, como Venecia, está construido en el agua.)

porque el tiempo su honor le restituya,
si piensa que hoy es menos poderoso,
a México le dio que le concluya.

En otro crecimiento populoso
y otros ocultos partos de ciudades
podrá ser algo desto sospechoso,

Bien que a sus cimbrias° el delgado suelo
humilla poco a poco, que en el mundo
no hay más firmeza ni menor recelo.

arcos del techo (Referencia al hecho de que la ciudad se hunde en el agua. Por lo tanto, los techos van acercándose al suelo.)

Cuelga el primer cimiento hasta el segundo,
que de columnas de cristal fabrican
las tiernas ninfas° en su mar profundo;

en la mitología griega, divinidades subalternas que viven en los ríos o en el mar

y no por eso su altivez achican,
que cuanto más la tierra se los traga
más arcos y cimborrios° multiplican.

bases de las cúpulas

Suben las torres, cuya cumbre amaga
a vencer de las nubes el altura,
y que la vista en ellas se deshaga.

Las portadas cubiertas de escultura,
obra sutil, riquísimo tesoro
del corintio° primor y su ternura;

el más rico de los órdenes de la arquitectura griega

los anchos frisos° de relieves de oro
istriados°, triglifos y metopas°,
que en orden suben la obra y dan decoro;

faja que suele pintarse o adornarse en la parte superior o inferior de una pared

de Istria, región que está en la costa del Adriático / **triglifos**… elementos del estilo dórico, el más temprano y sencillo de los órdenes de la arquitectura griega

y las colunas pérsicas, con ropas
barbáricas cargadas de festones,
y de acroterias° pulvinadas copas;

muros pequeños decorados con pedestales

al fin cuanto en esta arte hay de invenciones,
primores, sutilezas, artificios,
grandezas, altiveces, presunciones,

sin levantar las cosas de sus quicios
lo tienen todo en proporción dispuesto
los bellos mexicanos edificios.

Jonio, corintio, dórico° compuesto,
mosaico antiguo, áspero toscano°,
y lo que falta aquí si más hay que esto.

Los tres órdenes de la arquitectura griega eran el dórico, el jónico y el corintio.

El toscano era un orden intermedio que se desarrolló a partir del dórico.

Oh ciudad bella, pueblo cortesano,
primor del mundo, traza peregrina,
grandeza ilustre, lustre soberano;

fénix de galas, de riquezas mina,
museo de ciencias y de ingenios fuente,
jardín de Venus°, dulce golosina°;

diosa del amor; Balbuena está diciendo que es un jardín de placeres. / México es como un dulce manjar; es una delicia.
océano

del placer madre, piélago° de gente,
de joyas cofre, erario de tesoro,
flor de ciudades, gloria del Poniente°;

occidente (el oeste)

de amor el centro, de las musas coro;
de honor el reino, de virtud la esfera,
de honrados patria, de avarientos oro;

y Tebas°, con su música y deidades,
levantar muros y edificios rudos,
que más que eso acreditan las edades;

el sabio Cadmo° hacer surcos desnudos,
y allí cosecha de aceradas gentes,
sembrando dientes y cogiendo escudos,

que México por pasos diferentes
está en la mayor cumbre de grandeza
que vieron los pasados y presentes.

De sus soberbias calles la realeza,
a las del ajedrez bien comparadas°,
cuadra a cuadra, y aun cuadra pieza a pieza;

porque si al juego fuesen entabladas,
tantos negros habría como blancos,
sin las otras colores deslavadas.

¿Quién, puesta ya la mira en tantos blancos
y los débiles pies en esta altura,
irá sin dar descompasados trancos°?

La antigua Grecia llena de esculturas
celebre sus soberbios edificios,
y de los tirios° muros la hermosura;

y a la bárbara Menfis° sus egipcios
ennoblezcan de blanco mármol pario°,
precioso en pasta y rico en artificios;

y los incultos partos con voltario
arco defiendan los que en sus regiones
Semíramis° labró de jaspe vario;

las almenas° y altivos iliones°
que fabricó la industria de Neptuno°,
hagan de Frigia° ricos los terrones°,

y al fin refiera el mundo de uno en uno
sus bellos edificios, mausoleos
de mayor fama que éstos, si hay alguno;

que con los desta gran laguna° solos
hará otro más vistoso y rico alarde,
desde la ardiente Zona° a los dos polos.

Toda ella en llamas de belleza se arde,
y se va como fénix° renovando;
crezcas al cielo, en siglos mil te guarde.

¡Que es ver sobre las nubes ir volando
con bellos lazos las techumbres de oro
de ricos templos que se van labrando!

Donde si el mundo en su mortal tesoro
puede contrahacer sombras de cielo,
al vivo vive allí el celestial coro.

---

ciudad de Grecia; antigua capital de Beocia

fundador legendario de Tebas

Balbuena compara las cuadras bien ordenadas de México a un tablero de ajedrez.

pasos excesivos

de Tiro, ciudad de Fenicia, conocida por la producción de tinte rojo

capital del antiguo Egipto
de Paros, una de las islas Cícladas (Grecia), conocida por su mármol

reina legendaria de Asiria y de Babilonia, quien, según la tradición, fundó Babilonia y sus jardines colgantes

fortalezas (La alamena era el diente o cortadura que se hacía en los muros en las antiguas fortalezas.) / ciudades (Ilión era el antiguo nombre de Troya.)

dios del agua; Balbuena compara los logros de México con los de los fabulosos pueblos de la Antigüedad. (México es una ciudad llena de color y construida en el agua.)

antigua región del centro de Asia Menor / campos pequeños (hechos fértiles por el agua)

Se refiere a la laguna en la cual está construido México.

Zona tórrida (parte de la tierra situada entre los dos trópicos)

ave fabulosa que se consume en fuego y renace de sus propias cenizas (Aunque los edificios se hunden debido al hecho de que México está en una laguna, se construyen de nuevo.)

cielo de ricos, rica primavera,
pueblo de nobles, consistorio justo,
grave senado, discreción entera;

templo de la beldad, alma del gusto,
Indias° del mundo, cielo de la tierra;   Las Indias (asiáticas) se consideraban la fuente de grandes tesoros.
todo esto es sombra tuya, oh pueblo augusto,
y si hay más que esto, aun más en ti se encierra.

Capítulo VI

ARGUMENTO

PRIMAVERA INMORTAL Y SUS INDICIOS

Los claros rayos de Faetonte° altivo   el sol
sobre el oro de Colcos° resplandecen,   país antiguo de Asia
que al mundo helado y muerto vuelven vivo.

Brota el jazmín, las plantas reverdecen,
y con la bella Flora° y su guirnalda   diosa de las flores y de los jardines
los montes se coronan y enriquecen.

Siembra Amaltea° las rosas de su falda,   cabra de cuya leche se alimentaba Júpiter; es símbolo de la
el aire fresco amores y alegría,   abundancia, ya que Júpiter, al romper uno de sus cuernos, le dio
los collados jacintos y esmeralda.   el poder de llenarse de cualquier cosa que el poseedor quisiera.
                                            Según otra leyenda, las níadas llenaron el cuerno—que llamaban
Todo huele a verano, todo envía   Cornucopia—de flores fragantes.
suave respiración, y está compuesto
del ámbar nuevo que en sus flores cría.

Y aunque lo general del mundo es esto,
en este paraíso mexicano
su asiento y corte la frescura ha puesto.

Aquí, señora, el cielo de su mano
parece que escogió huertos pensiles°,   colgantes
y quiso él mismo ser el hortelano.

Todo el año es aquí mayos y abriles,
temple agradable, frío comedido,
cielo sereno y claro, aires sutiles.

Entre el monte Osa° y un collado erguido   monte de Tesalia (Grecia)
del altísimo Olimpo°, se dilata   monte que era, según la mitología, residencia de los dioses
cierto valle fresquísimo y florido,

donde Peneo°, con su hija ingrata,   río de Tesalia, que riega el valle de Tempe
más su hermosura aumentan y enriquecen
con hojas de laurel y ondas de plata.

Aquí las olorosas juncias crecen
al son de blancos cisnes, que en remansos
de frío cristal las alas humedecen.

Aquí entre yerba, flor, sombra y descansos,
las tembladoras olas entapizan
sombrías cuevas a los vientos mansos.

Las espumas de aljófares se erizan
sobre los granos de oro y el arena
en que sus olas hacen y deslizan.

En blancas conchas la corriente suena,
y allí entre el sauce, el álamo y carrizo
de uvas verdes se engarza una melena.

Aquí retoza el gamo, allí el erizo
de madroños y púrpura cargado
bastante prueba de su industria hizo.

Aquí suena un faisán, allí enredado
el ruiseñor en un copado aliso
el aire deja en suavidad bañado.

Al fin, aqueste humano paraíso,
tan celebrado en la elocuencia griega,
con menos causa que primor y aviso,

es el valle de Tempe°, en cuya vega
se cree que sin morir nació el verano,
y que otro ni le iguala ni le llega.

° valle de Grecia (Tesalia), entre el Olimpo y el Osa, cuya belleza celebró Virgilio

Bellísimo sin duda es este llano,
y aunque lo es mucho, es cifra, es suma, es tilde
del florido contorno mexicano.

Ya esa fama de hoy más se borre y tilde,
que comparada a esta inmortal frescura,
su grandeza será grandeza humilde.

Aquí entre sierpes de cristal segura
la primavera sus tesoros goza,
sin que el tiempo le borre la hermosura.

Entre sus faldas el placer retoza,
y en las corrientes de los hielos claros,
que de espejos le sirven se remoza.

Florece aquí el laurel, sombra y reparos
del celestial rigor, grave corona
de doctas sienes y poetas raros;

y el presuroso almendro, que pregona
las nuevas del verano, y por traerlas
sus flores pone a riesgo y su persona;

el pino altivo reventando perlas
de transparente goma, y de las parras
frescas uvas y el gusto de cogerlas.

Al olor del jazmín ninfas bizarras,
y a la haya y el olmo entretejida
la amable yedra con vistosas garras. . .

Al fin, ninfas, jardines y vergeles,
cristales, palmas, yedra, olmos, nogales,
almendros, pinos, álamos, laureles,

hayas, parras, ciprés, cedros, morales,
abeto, boj, taray, robles, encinas,
vides, madroños, nísperos, servales,

azahar, amapolas, clavellinas,
rosas, claveles, lirios, azucenas,
romeros, alhelís, mosqueta, endrinas,

sándalos, trébol, toronjil, verbenas,
jazmines, girasol, murta, retama,
arrayán, manzanillas de oro llenas,

tomillo, heno, mastuerzo que se enrama,
albahacas, junquillos y helechos,
y cuantas flores más abril derrama,

aquí con mil bellezas y provechos
las dio todas la mano soberana.
Este es su sitio, y éstos sus barbechos,
y ésta la primavera mexicana.

HISTORIOGRAFIA Y BIOGRAFIA

La historiografía se cultiva en España desde la época de Alfonso el Sabio. Durante el período en que florece el humanismo, el deseo de comprender al hombre y a su pasado conduce a los investigadores a emprender el estudio de la historia con mayor intensidad. Al mismo tiempo, se cultiva la poesía de asuntos históricos y más tarde, la comedia basada en acontecimientos de la historia nacional. También hay una renovación de la crónica inspirada por modelos clásicos y por sucesos contemporáneos tales como la exploración del Nuevo Mundo.

El sentimiento nacionalista fomentado por la unificación de España bajo los Reyes Católicos estimula la producción de varias historias y crónicas. Sobresale en este período Hernando del Pulgar, autor de una crónica de los *Reyes Católicos* y de *Claros varones de Castilla,* una serie de descripciones de personajes importantes de la época. También habría que mencionar a Andrés Bernáldez, cuya *Historia de los Reyes Católicos, don Fernando y doña Isabel* es de particular interés por la información que contiene sobre los descubrimientos de Colón. Un poco más tarde, aparecen otros estudios históricos de valor. Entre otros, se puede mencionar la refundición de la *Crónica general de Alfonso X* de Florián de Ocampo (¿1495?–1558) y los *Anales de la corona de Aragón* de Jerónimo de Zurita (1512–1580). Este último se considera, por su carácter científico, una obra maestra del género historiográfico. Aunque estos autores ya demuestran el gusto por la erudición que se asocia con el humanismo, todavía conservan ciertos rasgos que caracterizan la crónica medieval.

Los reinados de Carlos V y Felipe II producen otro grupo de crónicas o historias. Pero Mexía (1497–1551), uno de los eruditos más importantes de la época, escribió la *Historia Imperial y Cesárea* y la *Historia del Emperador Carlos V,* además de varios otros tratados de tema moral. También vale la pena mencionar a Francesillo de Zúñiga (¿?–1528), el bufón de Carlos V cuya *Crónica* traza la vida de su rey de 1516 a 1528. Es un libro satírico que demuestra picardía y malicia, además de un agudo don de observación. Igualmente digno de recordarse es la *Historia de la Orden de San Jerónimo* publicada entre 1600 y 1605 por fray José Sigüenza (¿1544?–1606). Esta obra narra la construcción del monasterio del Escorial y contiene uno de los mejores retratos verbales del rey Felipe II. Se considera un excelente ejemplo de la prosa renacentista. Durante este período se producen también varias historias de hechos particulares, entre ellas, el *Comentario de la guerra de Alemania* escrito en 1548 por el protegido del rey Carlos V, Luis de Avila y Zúñiga (¿1500?–¿1564?), y *La guerra de Granada* del humanista y diplomático Diego Hurtado de Mendoza (1503–1575). Además de la historiografía, Hurtado cultivó la epístola y la poesía. El género culmina a fines del siglo con la publicación de la *Historia general de España* del padre jesuita Juan de Mariana. Esta obra, que carece de objetividad pero que capta el espíritu y color del pasado, tuvo una influencia muy duradera en el concepto histórico nacional. En el campo de la biografía, habrá que mencionar a otro jesuita, Pedro de Ribadeneyra (1526–1611), contemporáneo del padre Mariana y discípulo de San Ignacio de Loyola. Ribadeneyra fue autor de dos obras de importancia—el *Tratado de la tribulación* y la *Vida de San Ignacio.*

Aunque la historiografía renacentista es una manifestación interesante de la creciente conciencia nacional y de la curiosidad del hombre de la época en cuanto a su propio lugar en el mundo, pocas de estas obras guardan su vigencia para el lector actual. La excepción son las crónicas de las Indias. Estos testimonios de la conquista se cuentan entre los libros en español más leídos por el público moderno, no sólo por su brillo e ingenio, sino por la información que contienen que ayuda a comprender el futuro desarrollo del mundo hispánico.

Literatura de retratos

El espíritu crítico y analítico del Renacimiento ya se observa en la llamada *literatura de retratos* del siglo XV.

Se trata de breves retratos verbales que enfocan lo psicológico tanto como lo físico. El biografismo refleja la preocupación por lo histórico y lo didáctico, además de un nuevo interés por los procesos psicoemocionales. También se puede ver en estas colecciones de retratos de figuras prominentes españolas de la época evidencias de un nuevo concepto de identidad nacional. Los dos escritores más destacados de este nuevo tipo de literatura son Fernán Pérez de Guzmán y Hernando del Pulgar; un ejemplo de los escritos de éste último se reproduce aquí.

HERNANDO DEL PULGAR (¿1436?– ¿1493?)

Poeta y prosista, Pérez de Guzmán fue el primer gran escritor de retratos. Su obra poética más conocida es *Loores de los claros varones de España,* que sirve para la glorificación de grandes figuras, lo mismo que sus dos obras en prosa, *Mar de historias* y *Generaciones y semblanzas.* La primera de éstas es una traducción de *Mare historium* de Giovanni di Colonna, pero la segunda es original. La colección *Generaciones y semblanzas* está compuesta de un prólogo y treinta y cuatro breves descripciones de personajes notables de los reinados de Enrique III y Juan II. Caracterizan la obra la objetividad, la penetración psicológica y el interés en el carácter moral. En su obra, Pérez de Guzmán denuncia la anarquía y el abuso del poder por parte de los nobles. Su prosa es mesurada, concisa y elegante. No sólo su temática, sino también su estilo y su independencia de juicio colocan al autor dentro de la corriente humanística.

El género iniciado por Pérez de Guzmán se continúa con otro libro de retratos, *Claros varones de Castilla,* llevado a la imprenta por Hernando del Pulgar en 1486. Hernando del Pulgar fue criado en la corte de Juan II y En-

rique IV. Participó activamente en el gobierno de este último, además de en el de los Reyes Católicos, de quienes fue secretario y cronista.

Claros varones de Castilla consta de retratos de veinticuatro caballeros distinguidos de la época. Como Pérez de Guzmán, Hernando del Pulgar explora las características psicológicas y morales de sus contemporáneos, además de las físicas. No idealiza a sus sujetos. Por ejemplo, nota que don Rodrigo Manrique tenía la nariz «un poco larga». En cuanto a las calidades morales del conde de Paredes, destaca su prudencia, su fuerza y su valentía, dando ejemplos tomados de su conducta en las campañas. Nota que Manrique siempre «hería primero en los contrarios» para que sus hombres le siguieran el ejemplo y que «volver las espaldas al enemigo era tan ajeno de su ánimo, que elegía antes recibir la muerte peleando, que salvar la vida huyendo.» Se respalda citando ejemplos concretos de la conducta de Manrique en las campañas, por ejemplo, la de Huéscar, en que el conde se negó a ceder la victoria a pesar de la tardanza del socorro que esperaba. Al mismo tiempo que alaba a Manrique por ser un modelo de valor, constancia y fe, se permite criticar a ciertos otros nobles que se distinguen por su falsedad y cobardía. Manrique eligió poner a la prueba su fuerza en la batalla; «no por aquellas vías en que se muestran fuertes los que fingida y no verdaderamente lo son.»

Además de *Claros varones de Castilla,* Hernando del Pulgar escribió una *Crónica de los Reyes Católicos* y unas *Glosas a las Coplas de Mingo Revulgo.* También dejó muchas *Letras* o cartas, algunas de las cuales son verdaderos tratados sobre temas morales y filosóficos—por ejemplo, su misiva al Dr. Francisco Núñez sobre los males de la vejez. Hoy en día se considera uno de los precursores del género epistolar en España.

El maestre don Rodrigo Manrique, conde de Paredes

Don Rodrigo Manrique°, conde de Paredes y maestre° de Santiago°, hijo segundo de Pedro Manrique, adelantado° mayor del reino de León°, fue hombre de mediana estatura, bien proporcionado en la compostura de sus miembros; los cabellos tenía rojos y la nariz un poco larga. Era de linaje noble castellano.

En los actos que hacía en su menor edad pareció ser inclinado al oficio de la caballería. Tomó hábito y orden de Santiago, y fue comendador° de Segura°, que es cercana a la tierra de los moros: y estando por frontero° en aquella su encomienda, hizo muchas entradas en la tierra de los moros, donde hubo fama de tan buen caballero, que el adelantado su padre, por la estimación grande en que este su hijo era tenido, apartó de su mayorazgo° la villa de Paredes, y le hizo donación de ella, y el rey don Juan le dio título de conde de aquella villa.

Este varón gozó de dos singulares virtudes: de la prudencia, conociendo los tiempos, los lugares, las personas, y las otras cosas que en la guerra conviene que sepa el buen capitán. Fue asimismo dotado de la virtud de la fortaleza; no por aquellas vías en que se muestran

padre de Jorge Manrique, quien le dedicó sus famosas *Coplas. Edad Media,* págs. 139–150·/superior de ciertas órdenes militares / orden religiosa y militar española fundada a fines del siglo XII por el rey Fernando II de León

capitán general

antiguo reino de España que perteneció a los reyes de Asturias y fue unido a Castilla en 1230

caballero de una orden militar que tiene una encomienda, una tierra o aldea que el comendador gobierna y de la cual recibe las rentas / sierra en la región de Jaén

comendador de una zona fronteriza

bienes destinados al hijo mayor de una familia. Aunque don Rodrigo no era el hijo mayor, su padre le dio la villa de Paredes.

fuertes los que fingida y no verdaderamente lo son; mas así por su buena composición° natural, como por los muchos actos que hizo en el ejercicio de las armas, asentó tan perfectamente en su ánimo el hábito de la fortaleza, que se deleitaba cuando le ocurría lugar en que la debiese ejercitar. Esperaba con buen esfuerzo° los peligros, acometía las hazañas con grande osadía, y ningún trabajo de guerra a él ni a los suyos era nuevo. Preciábase mucho que sus criados fuesen dispuestos para las armas. Su plática con ellos era la manera del defender y del ofender el enemigo, y ni se decía ni hacía en su casa acto ninguno de molleza°, enemiga del oficio de las armas. Quería que todos los de su compañía fuesen escogidos para aquel ejercicio, y no convenía a ninguno durar en su casa si en él fuese conocido punto de cobardía; y si alguno venía a ella que no fuese dispuesto para el uso de las armas, el gran ejercicio que había y veía en los otros, le hacía hábil y diestro en ellas. En las batallas, y muchos recuentros° que hubo con moros y con cristianos, este caballero fue el que mostrando gran esfuerzo a los suyos, hería primero en los contrarios: y las gentes de su compañía, visto el esfuerzo de su capitán, todos le seguían y cobraban osadía de pelear. Tenía tan gran conocimiento de las cosas del campo°, y proveíalas° en tal manera, que donde fue el principal capitán nunca puso su gente en lugar do se hubiese de retraer, porque volver las espaldas al enemigo era tan ajeno de su ánimo, que elegía antes recibir la muerte peleando, que salvar la vida huyendo.

Este caballero osó acometer grandes hazañas: especialmente, escaló una noche la ciudad de Huesca°, que es del reino de Granada; y como quier que° subiendo la escala los suyos fueron sentidos de los moros, y fueron algunos derribados del adarve, y heridos en la subida; pero el esfuerzo de este capitán se imprimió a la hora tanto en los suyos, que pospuesta la vida y propuesta la gloria, subieron el muro peleando, y no fallecieron de sus fuerzas defendiéndolo, aunque veían los unos derramar su sangre, los otros caer de la cerca. Y en esta manera matando de° los moros, y muriendo de los suyos, este capitán, herido en el brazo de una saeta°, peleando entró en la ciudad y retroxo° los moros hasta que los cercó en la fortaleza: y esperando el socorro que le harían los cristianos, no temió el socorro que venía a los moros. En aquella hora los suyos, vencidos de miedo, vista la multitud que sobre ellos venía por todas partes a socorrer los moros, y tardar el socorro que esperaban de los cristianos, le amonestaron que desamparase la ciudad, y no encomendase a la fortuna de una hora la vida suya, y de aquellas gentes, juntamente con la honra ganada en su edad pasada; y requeríanle que, pues tenía tiempo para se proveer, no esperase hora en que tomase el consejo necesario, y no el que ahora tenía voluntario°. Visto por este caballero el temor que los suyos mostraban, «No—dijo él—suele vencer la muchedumbre de los moros al esfuerzo de los cristianos cuando son buenos, aunque no sean tantos: la buena fortuna del caballero crece creciendo su esfuerzo: y si a estos moros que vienen cumple socorrer a su infortunio, a nosotros conviene permanecer en nuestra victoria hasta la acabar o morir, porque si el miedo de los moros nos hiciese desamparar esta ciudad, ganada ya con tanta sangre, justa culpa nos pondrían los cristianos por no haber esperado su socorro; y es mejor que sean ellos culpados por no venir, que nosotros por no esperar.» «De una cosa—dijo él—sed ciertos: que entre tanto que Dios me diere vida, nunca el moro me pondrá miedo, porque tengo tal confianza en Dios y en vuestras fuerzas, que no fallecerán peleando, viendo vuestro capitán pelear.» Este caballero duró°, e hizo durar a los suyos combatiendo a los moros que tenía

dotes, prendas

fortaleza, valor

molicie, debilidad

encuentros

terreno
las *se refiere a «las gentes»*

Huéscar, ciudad de la provincia de Granada
como... *aunque*

algunos de
flecha / echó atrás

y... *y le rogaban que no esperara que le obligaran a hacer lo que ahora podía hacer voluntariamente (es decir, retirarse)*

se quedó

cercados, y resistiendo a los moros que le tenían cercado por espacio de dos días, hasta que vino el socorro que esperaba, y hubo el fruto que suelen haber aquéllos que permanecen en la virtud de la fortaleza.

Ganada aquella ciudad, y dejado en ella por capitán a un su hermano llamado Gómez Manrique°, ganó otras fortalezas en la comarca; socorrió muchas veces algunas ciudades y villas y capitanes cristianos en tiempo de extrema necesidad; e hizo tanta guerra en aquellas tierras, que en el reino de Granada el nombre de Rodrigo Manrique fue mucho tiempo a los moros gran terror.

> cortesano, soldado y poeta conocido que criticaba el mal gobierno de la época

Cercó asimismo este caballero la fortaleza de Alcaraz, por la reducir a la corona real. Cercó la fortaleza de Uclés, por la reducir a la su orden de Santiago. Esperó en estos dos sitios las gentes que contra él vinieron a socorrer estas fortalezas: y como quier que la gente contraria vio ser en mucho mayor número que la suya, mostró tal esfuerzo, que los contrarios no le osaron acometer, y él consiguió con gran honra el fin de aquellas empresas que tomó: do° se puede bien creer que venció, más con el esfuerzo de su ánimo, que con el número de su gente.

> donde

Hubo° asimismo este caballero otras batallas y hechos de armas con cristianos y con moros, que requerrían gran historia si de cada una por extenso se hubiese de hacer mención: porque toda la mayor parte de su vida trabajó en guerras y en hechos de armas.

> Tuvo

Hablaba muy bien, y deleitábase en recontar los casos que le acaecían en las guerras.

Usaba de tanta liberalidad°, que no bastaba su renta a sus gastos; ni le bastara si muy grandes rentas y tesoros tuviera, según la continuación° que tuvo en las guerras.

> generosidad (Ser generoso se consideraba un atributo del buen caballero.)
> persistencia

Era varón de altos pensamientos, e inclinado a cometer grandes y peligrosas hazañas, y no podía sufrir cosa que le pareciese no sufridera, y de esta condición se le siguieron grandes peligros y molestias. Y ciertamente por experiencia vemos pasar por grandes infortunios a muchos que presumen forzar la fuerza del tiempo, los cuales, por no sufrir una sola cosa, les acaece sufrir muchas, y a muchos a quien de fuerza han de tener contentos para conseguir su poco sufrimiento.

Era amado por los caballeros de la orden de Santiago, los cuales, visto que concurrían en él todas las cosas dignas de aquella dignidad, le eligieron por maestre en la provincia de Castilla por fin del° maestre don Juan Pacheco.

> **por**... después de

Murió con gran honra en edad de setenta años.

Historiadores de Indias

A fines del siglo XV, cuando empiezan la exploración y la conquista del Nuevo Mundo, España está en un período de transición. La herencia de la Edad Media todavía está vigente. El feudalismo rige la sociedad. En la literatura, aún se cultivan géneros como la crónica. Sin embargo, ya el Renacimiento ha comenzado a asomarse. Con la unificación del país realizada por medio del matrimonio de Fernando e Isabel y la conquista de Granada, España se convierte en una importante fuerza política. Crece la conciencia de la identidad nacional. Al mismo tiempo que aumenta la curiosidad por el mundo clásico, nace un nuevo interés en el idioma castellano, el cual llega a ser el dominante en la península. En 1492, el humanista y gramático Antonio de Nebrija publica su *Gramática castellana*, que dedica a la reina, indicio de la importancia que se le da al idioma de Castilla en la época. Pero el interés en la lengua vernácula no es sino una manifestación más del creciente espíritu humanístico. Ya vemos en España el afán de conocimiento y la curiosidad intelectual que caracterizan el Renacimiento. La preo-

Los Reyes Católicos, sus hijos y santo Tomás ante el trono de la Virgen y su Hijo. (Museo del Prado)

cupación por el hombre—su lenguaje, sus costumbres, sus procesos psicológicos, el mundo que lo rodea—es el enfoque de la literatura de la época. La justicia y el gobierno ideal llegan a ser temas importantes. Los documentos que producen las primeras experiencias españolas en América reflejan el interés existente por estas materias.

Después de los cuatro viajes de Cristóbal Colón, muchos aventureros se lanzaron a la exploración de nuevas tierras y rutas marítimas, contribuyendo así al conocimiento del mundo. Entre otros, se podría mencionar al portugués Vasco de Gama, que descubrió la ruta a las Indias por el Cabo de Buena Esperanza en 1489; a Vasco Núñez de Balboa, que llegó al Océano Pacífico en 1513; a Fernando de Magallanes, navegante portugués que emprendió la vuelta del mundo en 1519, proyecto que fue terminado después de su muerte por el español Juan Sebastián Elcano; a Francisco de Orellana, que exploró el Amazonas en 1542. El espíritu de la Reconquista española continúa en la conquista de América. Hernán Cortés triunfa en México en 1519; en 1531, Francisco Pizarro subyuga a los incas; en 1556, Hurtado de Mendoza vence a los araucanos en Chile.

Sigue un período de intensa colonización, durante la cual varias tendencias medievales y renacentistas que están vigentes en España se arraigan en el Nuevo Mundo. Se fundan nuevas ciudades o se transforman las que ya

existían bajo regímenes indígenas. El arte y la arquitectura que caracterizan ciudades coloniales tales como Santo Domingo (la más antigua, fundada en 1496), México, Lima o Quito son magníficos ejemplos de la estética renacentista y barroca española. Inmediatamente, se establecen escuelas, y después, universidades. La primera universidad de América se funda en Santo Domingo, en 1538. Tres años antes, ya se había introducido la imprenta.

La presencia del indio provoca diversas reacciones. Desde el principio, el conquistador reduce a grandes segmentos de la población indígena a la esclavitud. El feudalismo, con su concepto rígidamente jerárquico de la sociedad, se arraiga en el Nuevo Mundo. Por otra parte, el misionero inicia un enérgico esfuerzo por convertir al indio, intentando ganarlo para el catolicismo y la cultura occidental. Mientras que en Europa varios grandes teólogos debaten si el indio tiene alma o no—y por lo tanto si es capaz de salvarse o no—los franciscanos levantan poblados en la costa de Venezuela y los jesuitas fundan las *reducciones* del Paraguay (comunidades de indios convertidos al cristianismo) que ellos ven como modelos de la colonización pacífica y recta. La preocupación por la justicia se hace sentir también en España. Al principio del siglo XVI el dominico Francisco de Vitoria, considerado el fundador del derecho internacional, escribe *De indis,* en el que condena el aspecto belicoso de la conquista de América. En 1681, se redactan en Madrid las *Leyes de Indias,* código que recopila las disposiciones legales para gobernar el Nuevo Mundo.

El europeo sentía una inmensa curiosidad por el habitante nativo de América. Colón llevó a varios indios con él a España para mostrárselos a los monarcas. La descripción del indio constituye una parte significativa de la literatura de la conquista. Conviene recordar que el Renacimiento estaba empapado de la mitología clásica y que uno de los mitos más propagados era el de la Edad Dorada, una época legendaria en que los hombres vivían en paz y armonía. Se trata de una imagen utópica de una sociedad feliz que existe en comunión con la naturaleza. Colón creyó que los habitantes de las islas del Caribe eran vestigios de la Edad Dorada. Tomás Moro situó la república ideal de su *Utopía* (1516) en América. Los cronistas españoles a menudo describían al indio como un ser inocente, puro, crédulo, simple y casi infantil. Esta imagen del americano nativo dio lugar al mito del buen salvaje. Inspirados por intelectuales europeos tales como Rousseau, los escritores románticos del siglo XIX idealizaban al indio, a veces sin intentar comprender las verdaderas causas de su miseria.

Las primeras crónicas de la conquista del Nuevo Mundo no son obras de escritores profesionales, sino de exploradores, misioneros y soldados. En estos tempranos historiadores se realizaba el ideal renacentista de combinar las armas y las letras. Sus propósitos eran sencillamente apuntar sus primeras impresiones y satisfacer la curiosidad del lector europeo. Más tarde las crónicas servían también para despertar el interés de futuros colonos.

La crónica es un relato testimonial. Narra lo que el escritor ha visto—una batalla, una comunidad india, un paisaje. Como género literario, la crónica surgió durante la Edad Media en los monasterios de Europa. La crónica medieval relataba una serie de acontecimientos, algunos fantásticos, otros históricos. En el Nuevo Mundo el género floreció. El español recién llegado observaba muchísimas cosas que le parecían fabulosas y de las cuales quería dar testimonio. Además, algunos aventureros usaban las crónicas para realzar su papel personal en la conquista para conseguir el favor de los reyes. Como sus antecedentes medievales, las crónicas que proceden de las experiencias del español en el Nuevo Mundo a veces incorporan elementos ficticios, legendarios o mitológicos. Algunos críticos han visto la semilla de la novela en estos documentos. Aunque el historiador moderno puede encontrar datos valiosos en las crónicas, necesita proceder con cautela, separando lo verídico de lo inventado. Se escribieron innumerables crónicas durante la época colonial; desgraciadamente, muchas se han perdido. Sin embargo, han sobrevivido varias cartas y relaciones que contribuyen a nuestra comprensión del período de exploración y colonialización.

Con el afán de divulgar el descubrimiento del Nuevo Mundo en Europa, los Reyes Católicos nombraron a varios cronistas oficiales de Indias. Por lo general, estos historiadores no iban a América, sino que se basaban en experiencias ajenas. Entre los más conocidos de los cronistas oficiales de la corona se puede mencionar a Gonzalo Fernández de Oviedo (1478–1557), que vivió en Santo Domingo y escribió *Historia general y natural de las Indias,* y a Antonio de Solís (1610–81), autor de *Historia de la conquista de México.*

Con la excepción de los cronistas oficiales, la gran mayoría de estos autores relataban acontecimientos que ellos mismos habían observado. Algunos se refieren a la situación general en América. Se destaca Bartolomé de las Casas, sacerdote y colono que critica los abusos de los indios por los españoles. Otros—el grupo más numeroso—narran sucesos propios a una región particular. Existen varias crónicas de la conquista de México, siendo la más conocida la *Verdadera historia de la conquista de la Nueva España* de Bernal Díaz del Castillo. También se produjeron varias historias del Perú, que comprendían también Chile y Nueva Granada (Colombia).

CRISTÓBAL COLÓN (1451–1506)

Existen varias teorías acerca de los orígenes de Colón. Nació en Génova, hijo de un tejedor. Recibió poca educación formal. Como no hablaba italiano, algunos investigadores han conjeturado que era de una familia judía que había emigrado de España durante la Edad Media,

Cristóbal Colón.

conservando como lengua el español. Otra teoría es que era de origen catalán. Lo más probable es que hablara el dialecto genovés, casi incomprensible para el italiano de la época, y que no aprendió a leer y escribir hasta establecerse en Portugal, en 1485. Existen varias descripciones de Colón; todas concuerdan en que era rubicundo y pelirrojo, con la cara larga y una nariz aquilina.

Colón probablemente inició su carrera marítima cuando tenía unos quince años. Hizo varios viajes largos en el Mediterráneo. Cuando tenía unos veinticinco años, participó en un convoy armado organizado por el gobierno genovés para llevar una carga valiosa al norte de Europa. La nave en que viajaba Colón fue atacada y hundida por los franceses. Colón logró alcanzar las costas de Portugal, donde se radicaba su hermano Bartolomé. Fue un golpe de suerte providencial.

En aquel entonces, Portugal era uno de los países más progresivos de Europa. Era una gran potencia marítima y Lisboa era un centro para la exploración. A mediados del siglo XVI el Infante Don Enrique—conocido como Enrique el Navegante—había financiado viajes en el Atlántico y por la costa occidental de Africa. Sus capitanes descubrieron las siete islas de las Azores, que se encuentran a un tercio de la distancia a América, y los portugueses colonizaron no sólo éstas sino otras islas del Atlántico. A causa del apoyo que la Corona daba a actividades de esta naturaleza, Portugal atraía a los mejores marinos del continente. En este ambiente, Colón concibió la idea de llegar a las Indias por el Atlántico, concepto nada nuevo, que había intrigado a los pensadores europeos desde el Imperio Romano, pero que nadie había probado.

Colón propuso su proyecto a varios reyes, incluso a Juan II de Portugal, sin que ninguno estuviera dispuesto a financiarlo. Finalmente, después de la muerte de su esposa portuguesa, salió para España. Allí se dirigió al Conde de Medinaceli, un noble con importantes negocios marítimos en Cádiz. Medinaceli había decidido financiar el proyecto cuando se le ocurrió pedirle permiso a la reina. Isabel inicialmente se lo negó, insistiendo que una empresa tan ambiciosa debería llevarse a cabo bajo los auspicios de la Corona. A causa de esta decisión, el viaje de Colón se postergó por seis años, durante los cuales los sabios del Rey debatieron si era aconsejable aprobarlo.

El resto de la historia es demasiado conocida para contarla en detalle. Colón partió del puerto de Palos en 1492. Después de tres meses, cuando sus hombres ya estaban para amotinarse, llegó a una isla que llamó San Salvador. Posteriormente descubrió Cuba y La Española. Los Reyes Católicos lo colmaron de honores, nombrándolo Almirante del Mar Océano. Hizo tres viajes más, explorando algunas islas nuevas y las costas de Venezuela. Aunque nunca supo que había descubierto un nuevo continente, sus diarios contienen indicios de que sospechaba que estas tierras no eran las Indias sino una región nueva, desconocida para los Europeos.

Colón había iniciado su proyecto con el propósito de descubrir grandes riquezas. Al ver que el oro que había prometido el Almirante no se materializaba, los Reyes se desilusionaron. Cuando Colón murió en Valladolid, había perdido el favor de la Corona, y aunque no era realmente pobre, estaba convencido de que sus patrocinadores no habían cumplido con él tal como se lo merecía.

Las investigaciones modernas han comprobado que Colón fue un navegante brillante que basó su hipótesis en observaciones y en cálculos precisos. Registró detalladamente sus viajes. A veces guardaba un cuaderno de bitácora con datos falsos para sus hombres y otro para sí mismo con datos verídicos, lo cual le permitía tranquilizar a su tripulación en momentos de peligro. Su *Carta del descubrimiento*, escrita en 1493, es el primer documento sobre América y fue traducida a todos los idiomas de Europa, incluso el latín. También escribió un *Diario de la navegación,* que fue publicado por su segundo hijo y el padre Las Casas. Aunque se ha criticado a Colón por pintar una imagen idílica de América y por incorporar algunas invenciones suyas de tipo mitológico a sus escritos, hay que recordar que fue un hombre de su época, saturado de la cultura clásica del Renacimiento.

Véanse *Textos y documentos completos,* ed. Consuelo Varela (Madrid: Alianza, 1982).

Carta del descubrimiento (1493)

Señor, porque sé que habréis placer de la gran victoria que Nuestro Señor me ha dado en mi viaje,

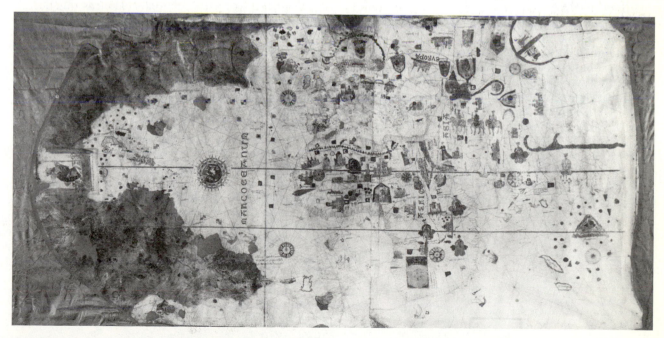

Mapa de Juan de la Cosa, piloto y cartógrafo de Colón. Muestra las islas del Caribe y la costa del Nuevo Mundo (1500).

vos[1] escribo ésta, por la cual sabréis cómo en 33 días pasé a las Indias[2], con la armada que los Ilustrísimos Rey y Reina nuestros señores me dieron, donde yo hallé muy muchas islas pobladas con gente sin número, y de ellas todas he tomado posesión por sus altezas con pregón y bandera real extendida, y no me fue contradicho. A la primera que yo hallé puse nombre San Salvador, a conmemoración de Su Alta Majestad, el cual maravillosamente todo esto ha dado; los indios la llaman Guanahani. A la segunda puse nombre la isla de Santa María de Concepción, a la tercera Fernandina, a la cuarta la Isabela, a la quinta la isla Juana[3] y así a cada una nombre nuevo.

Cuando yo llegué a la Juana, seguí yo la costa de ella al poniente, y la hallé tan grande que pensé que sería tierra firme, la provincia de Catayo[4]. Y como no hallé así villas y lugares en la costa de la mar, salvo pequeñas poblaciones, con la gente de las cuales no podía haber habla, porque luego huían todos, andaba yo adelante por el dicho camino, pensando de no errar grandes ciudades o villas. Y al cabo de muchas leguas, visto que no había innovación y que la costa me llevaba al septentrión[5], de adonde mi voluntad era contraria, porque el invierno era ya encarnado, y yo tenía propósito de hacer de él al austro[6], y también el viento me dio adelante, determiné de no aguardar otro tiempo, y volví atrás hasta un señalado puerto, de adonde envié dos hombres por la tierra, para saber si había rey o grandes ciudades. Anduvieron tres jornadas y hallaron infinitas poblaciones pequeñas y gente sin número, mas no cosa de regimiento[7]; por lo cual se volvieron.

Yo entendía harto de otros indios, que ya tenía tomados, cómo continuamente esta tierra era isla; y así seguí la costa de ella al oriente ciento y siete leguas hasta donde hacía fin; del cual cabo vi otra isla al oriente distante de ésta diez y ocho leguas, a la cual luego puse nombre La Española[8], y fui allí; y seguí la parte del septentrión, así como de la Juana, al oriente ciento y ochenta y ocho grandes leguas, por línea recta. La cual y todas las otras son fertilísimas en demasiado grado, y ésta en extremo; en ella hay muchos puertos en la costa de la mar sin comparación de otros que yo sepa en cristianos, y

hartos ríos y buenos y grandes que es maravilla; las tierras de ella son altas y en ella muy muchas sierras y montañas altísimas, sin comparación de la isla de Tenerife[9], todas hermosísimas, de mil hechuras, y todas andables y llenas de árboles de mil maneras y altas, y parecen que llegan al cielo; y tengo por dicho que jamás pierden la hoja, según lo pude comprender, que los vi tan verdes y tan hermosos como son por mayo en España. Y de ellos estaban floridos, de ellos con fruto, y de ellos en otro término, según es su calidad; y cantaba el ruiseñor y otros pajaricos de mil maneras en el mes de noviembre por allí donde yo andaba. Hay palmas de seis o de ocho maneras, que es admiración verlas, por la deformidad hermosa de ellas, mas así como los otros árboles y frutos y yerbas; en ella hay pinares a maravilla, y hay campiñas grandísimas, y hay miel, y de muchas maneras de aves y frutas muy diversas. En las tierras hay muchas minas de metales y hay gente en estimable número.

La Española es maravilla; las sierras y las montañas y las vegas y las campiñas, y las tierras tan hermosas y gruesas para plantar y sembrar, para criar ganados de todas suertes, para edificios de villas y lugares. Los puertos de la mar, aquí no habría creencia sin vista, y de los ríos muchos y grandes y buenas aguas; los más de los cuales traen oro. En los árboles y frutos y yerbas hay grandes diferencias de aquéllas de la Juana: en ésta hay muchas especierías, y grandes minas de oro y de otros metales.

La gente de esta isla y de todas las otras que he hallado y habido noticia, andan todos desnudos, hombres y mujeres, así como sus madres los paren; aunque algunas mujeres se cubrían un solo lugar con una hoja de yerba o una cosa de algodón que para ello hacen. Ellos no tienen hierro ni acero ni armas ni son para ello; no porque no sea gente bien dispuesta y de hermosa estatura, salvo que son muy temerosos a maravilla. No tienen otras armas salvo las armas de las cañas cuando están con la simiente, a la cual ponen al cabo un palillo agudo, y no osan usar de aquéllas; que muchas veces me acaeció enviar a tierra dos o tres hombres, a alguna villa, para haber habla, y salir a ello sin número, y después que los veían llegar, huían a no aguardar padre a hijo; y esto no porque a ninguno se haya hecho mal; antes, a todo cabo adonde yo haya estado y podido haber habla, les he dado de todo lo que tenía, así paño como otras cosas muchas, sin recibir por ello cosa alguna; mas son así temerosos sin remedio. Verdad es que, después que se aseguran y pierden este miedo, ellos son tanto sin engaño y tan

[1] os.
[2] El número de días es casi exacto si se cuenta desde el 6 de septiembre, en que Colón salió de las Palmas en las Islas Canarias.
[3] Por la hija de Fernando e Isabel. Es la actual Isla de Cuba.
[4] Nombre dado a la China por los autores de la Edad Media.
[5] norte.
[6] sur.
[7] gobierno organizado.
[8] Hispaniola (Haití y la República Dominicana).
[9] la mayor de las Islas Canarias.

liberales de lo que tienen, que no lo creería sino el que lo viese. Ellos de cosa que tengan, pidiéndosela, jamás dicen de[10] no; antes, convidan la persona con ello y muestran tanto amor que darían los corazones, y quier[11] sea cosa de valor, quier sea de poco precio, luego por cualquiera cosica de cualquiera manera que sea que se les dé, por ello son contentos.

Yo defendí que no[12] se les diesen cosas tan viles como pedazos de escudillas rotas y pedazos de vidrio roto y cabos de agujetas[13]; aunque cuando ellos esto podían llevar los parecía haber la mejor joya del mundo; que se acertó hàber un marinero, por una agujeta, de oro peso de dos castellanos y medio,[14] y otros, de otras cosas, que muy menos valían, mucho más. Ya por blancas nuevas daban por ellas todo cuanto tenían, aunque fuesen dos ni tres castellanos de oro, o una arroba[15] o dos de algodón hilado. Hasta los pedazos de los arcos rotos de las pipas tomaban, y daban lo que tenían como bestias; así que me pareció mal, y yo lo defendí. Y daba yo graciosas mil cosas buenas que yo llevaba porque tomen amor; y allende de esto se harán cristianos, que se inclinan al amor y servicio de sus altezas y de toda la nación castellana; y procuran de ayuntar y nos dar de las cosas que tienen en abundancia que nos son necesarias. Y no conocían ninguna secta ni idolatría, salvo que todos creen que las fuerzas y el bien es[16] en el cielo; y creían muy firme que yo con estos navíos y gente venía del cielo; y en tal acatamiento me recibían en todo cabo, después de haber perdido el miedo. Y esto no procede porque sean ignorantes, salvo de muy sutil ingenio, y hombres que navegan todas aquellas mares, que es maravilla la buena cuenta que ellos dan de todo, salvo porque nunca vieron gente vestida, ni semejantes navíos.

Y luego que llegué a las Indias, en la primera isla que hallé, tomé por fuerza algunos de ellos para que deprendiesen y me diesen noticia de lo que había en aquellas partes; y así fue que luego entendieron y nos a ellos, cuando por lengua o señas; y éstos han aprovechado mucho. Hoy en día los traigo que siempre están de propósito que vengo del cielo, por mucha conversación que hayan habido conmigo. Y éstos eran los primeros a pronunciarlo adonde yo llegaba, y los otros andaban corriendo de casa en casa, y a las villas cercanas con voces altas: «Venid;

venid a ver la gente del cielo.) Así todos, hombres como mujeres, después de haber el corazón seguro de nos[17], venían que no quedaba grande ni pequeño, y todos traían algo de comer y de beber, que daban con un amor maravilloso.

Ellos tienen en todas las islas muy muchas canoas, a manera de fustas[18] de remo: de ellas mayores, de ellas menores; y algunas y muchas son mayores que una fusta de diez y ocho bancos; no son tan anchas, porque son de un solo madero; mas una fusta no tendrá con ellas al remo, porque van que no es cosa de creer;[19] y con éstas navegan todas aquellas islas, que son innumerables, y traen sus mercaderías. Algunas de estas canoas he visto con setenta y ochenta hombres en ella, y cada uno con su remo . . .

En todas estas islas me parece que todos los hombres sean contentos con una mujer, y a su mayoral o rey dan hasta veinte. Las mujeres me parece que trabajan más que los hombres; ni he podido entender si tienen bienes propios, que me pareció ver que aquello que uno tenía todos hacían parte, en especial de las cosas comederas.

En estas islas hasta aquí no he hallado hombres monstrudos[20] como muchos pensaban; mas antes es toda gente de muy lindo acatamiento: ni son negros como en Guinea, salvo con sus cabellos correndíos[21], no se crían a donde hay ímpetu demasiado de los rayos solares. Es verdad que el sol tiene allí gran fuerza, puesto que es distante de la línea equinoccial veinte y seis grados. En estas islas adonde hay montañas grandes ahí tenía fuerza el frío este invierno; mas ellos lo sufren por la costumbre y con la ayuda de las viandas; comen con especias muchas y muy calientes en demasía. Así que monstruos no he hallado, ni noticia, salvo de una isla, la segunda a la entrada de las Indias, que es poblada de una gente que tienen en todas las islas por muy feroces, los cuales comen carne humana. Estos tienen muchas canoas, con las cuales corren todas las islas de India y roban y toman cuanto pueden. Ellos no son más deformes que los otros; salvo que tienen en costumbre de traer los cabellos largos como mujeres, y usan arcos y flechas de las mismas armas de cañas, con un palillo al cabo por defecto de hierro que no tienen. Son feroces entre estos otros pueblos que son en demasiado grado cobardes; mas yo no los tengo en nada más que a los otros. Estos son aquéllos que tratan con las mujeres de Matinino, que es la primera isla, partiendo de España para las

---

[10] que.
[11] ya.
[12] defendí. . . . prohibí.
[13] correa, cinta con herretes.
[14] es decir, por una agujeta, un marinero recibió oro que valía dos castellanos (unidad monetaria) y medio.
[15] peso de 25 libras.
[16] está.

---

[17] nosotros.
[18] barquillas livianas.
[19] Es decir, las canoas van mucho más rápido que las fustas españolas.
[20] monstruosos.
[21] sueltos.

Indias, que se halla, en la cual no hay hombre ninguno. Ellas no usan ejercicio femenil, salvo arcos y flechas, como los sobredichos de cañas, y se arman y cobijan con planchas de cobre, de que tienen mucho.[22]

Otra isla me seguran mayor que la Española, en que las personas no tienen ningún cabello. En ésta hay oro sin cuento, y de éstas y de las otras traigo conmigo indios para testimonio.

En conclusión, a hablar de esto solamente que se ha hecho este viaje que fue así de corrida, que pueden ver sus altezas que yo les daré oro cuanto hubieren menester, con muy poquita ayuda que sus altezas me darán; ahora especiería y algodón cuanto sus altezas mandaren cargar, y almástiga[23] cuanto mandaran cargar; y de la cual hasta hoy no se ha hallado salvo en Grecia y en la isla de Xío[24], y el Señorío la vende como quiere, y lináloe[25] cuanto mandaran cargar, y esclavos cuantos mandaran cargar, y serán de los idólatras; y creo haber hallado ruibarbo y canela, y otras mil cosas de sustancia hallaré, que habrá hallado la gente que allá dejo; porque yo no me he detenido ningún cabo, en cuanto el viento me haya dado lugar de navegar; solamente en la Villa de Navidad, en cuanto dejé asegurado y bien asentado. Y a la verdad mucho más hiciera si los navíos me sirvieran como razón demandaba.

Esto es harto, y eterno Dios nuestro Señor, el cual da a todos aquéllos que andan su camino victoria de cosas que parecen imposibles. Y ésta señaladamente fue la una; porque, aunque de estas tierras hayan hablado o escrito, todo va por conjetura sin allegar de vista; salvo comprendiendo a tanto que los oyentes, los más, escuchaban, y juzgaban más por habla que por poca cosa de ello. Así que pues nuestro Redentor dio esta victoria a nuestros Ilustrísimos Rey y Reina y a sus reinos famosos de tan alta cosa, adonde toda la cristiandad debe tomar alegría y hacer grandes fiestas, y dar gracias solemnes a la Santa Trinidad, con muchas oraciones solemnes por el tanto ensalzamiento que habrán, en tornándose tantos pueblos a nuestra Santa Fe, y después por los bienes temporales que no solamente a la España, mas a todos los cristianos tendrán aquí refrigerio y ganancia. Esto según el hecho así en breve. Hecha en la carabela, sobre la isla de Canaria a XV de Febrero, Año Mil CCCCLXXXXIII.

Hará lo que mandaréis,
EL ALMIRANTE

---

[22] alusión a las amazonas, pueblo fabuloso de mujeres guerreras.
[23] almáciga, resina aromática que se extrae de una variedad de lentisco (tipo de arbusto).
[24] nombre de una isla griega: Quio.
[25] áloe.

HERNÁN CORTÉS (1485—1547)

El que se conocería después como el Conquistador de México era hijo de una familia de hidalgos de Medellín, en el suroeste de España. Estudió en Salamanca, pero parece que ya rebullía su espíritu inquieto y aventurero, porque dos años después de matricularse fue expulsado por su mala conducta. A pesar de eso, Cortés poseía una amplia base humanística. Sabía latín y manejaba muy bien su lengua materna; sus *Cartas de relación* están entre los documentos más informativos y mejor escritos de la Conquista.

En 1504 Cortés viajó a Hispaniola, y siete años después acompañó a Diego de Velázquez a Cuba. La mayoría de las expediciones de exploración eran financiadas por particulares y no por el gobierno. Velázquez costeó varias excursiones desde Cuba a otras partes. En 1581 organizó una expedición a México, en la cual Cortés invirtió una suma de dinero. Velázquez nombró jefe al joven aventurero y aunque intentó rescindir su nombramiento poco después, Cortés partió para el Yucatán en 1519. Allí le salvó la vida a un español que había aprendido el idioma maya. Después de vencer a los indios de Tabasco, Cortés adquirió los servicios de una esclava que los indígenas llamaban Malinche—conocida después por su nombre cristiano, Marina—que hablaba el maya y el azteca. Amante de Cortés, Malinche ha pasado a la historia como madre del pueblo mexicano.

Cortés procedió por la costa y fundó Villa Rica de la Vera Cruz. Fue nombrado capitán general por el cabildo, lo cual le permitió independizarse de Velázquez y responder exclusivamente al rey Carlos V. Al enterarse de la discordia que existía en el Imperio Azteca, Cortés formó alianzas con algunos de los pueblos rebeldes, entre ellos, los tlaxcaltecas, al mismo tiempo que inició negociaciones con el emperador Moctezuma. Entró a Tenochtitlán, la capital azteca, en noviembre de 1519. Después de ordenar quemar sus naves para que ninguno de sus soldados pudiera volver a Cuba, Cortés se apoderó de Moctezuma y lo hizo su prisionero.

Ayudó a los españoles el hecho de que ciertas profecías anunciaban la llegada de un dios blanco contra el cual sería inútil la resistencia. Moctezuma y sus hombres recibieron a los españoles como descendientes del dios Quetzalcóatl. Cuando Cortés intentó convertir a Moctezuma en su títere y gobernar a través de él, éste no se opuso. En cambio, Cuatémoc, pretendiente al trono, estaba menos influido por los pronósticos y comenzó a organizar una fuerza de oposición. En la primavera de 1520, cuando Cortés fue a la costa, dejó a cargo a Pedro de Alvarado, que gobernó tiránicamente y mató a muchos indios. Al volver Cortés, su ejército fue atacado por los aztecas. Moctezuma murió en la sublevación, víctima de una piedra lanzada por uno de sus propios hombres. Muchos españoles perecieron y Cortés, en gran peligro, tuvo que huir con los sobrevivientes. Estos acontecimientos ocurrieron el 30 de junio de 1520, recordado como la «Noche Triste». Retirándose de Tenochtitlán, los españoles vencieron al ejército azteca en Otumba. Al año siguiente, volvieron a la capital y después de un sitio que duró tres meses, la lograron tomar. Con Tenochtitlán cayó el Imperio Azteca entero.

Cortés extendió la conquista al enviar varias expediciones a diversas partes de México y a Centroamérica. En una que él mismo llevó a Honduras en 1524–25, mató a Cuatémoc. Durante la ausencia del capitán general, sus rivales empezaron a tomar el poder. En un viaje que Cortés hizo a España en 1528–30, Carlos V lo nombró Marqués del Valle de Oaxaca pero se negó a otorgarle el título de gobernador. Al regresar a México, Cortés disputó con el virrey Antonio de Mendoza. Se quejó ante la Corte, pero sin poder obtener satisfacción. Murió en España pocos años después.

Entre 1519 y 1526, Cortés despachó desde varios pueblos de Nueva España—nombre que se le dio a México durante la época de la dominación española—cinco *Cartas de relación* para el Emperador Carlos V. Sus propósitos eran el justificar su aparente traición a Velázquez, el refutar ataques que habían hecho otros contra él y el dar testimonio de lo que sucedía en sus expediciones. Las cartas tratan de su llegada a la costa de México, su encuentro con varias comunidades indígenas, la entrada de los españoles a Tenochtitlán, conversaciones con Moctezuma, el incendio de las naves, los incidentes de la «Noche Triste», costumbres mexicanas, su viaje a Yucatán y muchos otros temas de interés. La segunda carta es la que se considera de más valor literario.

Cortés intenta escribir con objetividad y sencillez. Sus descripciones de campañas militares son realistas y precisas. No exagera sus propias hazañas, sino que las narra con modestia. Sin embargo, hay un elemento de fantasía en algunas de sus cartas. Por ejemplo, en su relato del encuentro con Moctezuma, Cortés reproduce sus conversaciones con el emperador como si los dos se hubieran hablado directamente, sin intérprete. También hay un elemento de dramatismo en sus descripciones del poder de los aztecas. A través de las cartas se trasluce la personalidad del conquistador, un soldado y un testigo que desea establecer los hechos, un hombre sereno y templado que admira el imperio que se cree obligado a destruir.

Véase *Cartas de relación,* ed. Mario Hernández (Madrid: Historia 16, 1985).

Cartas de relación

Segunda carta (1520)

Y luego siendo de día, me partí a un pueblo que está dos leguas de allí, que se dice Amaqueruca[1],

que es de la provincia de Chalco[2], que tendrá en la principal población, con las aldeas que hay a dos leguas de él, más de veinte mil vecinos, y en el dicho pueblo nos aposentaron en unas muy buenas casas del señor del lugar. Muchas personas que parecían principales me vinieron allí a hablar, diciéndome que Muteczuma[3], su señor, los había enviado para que me esperasen allí, y me hiciesen proveer de todas las cosas necesarias. El señor de esta provincia y pueblo me dio hasta cuarenta esclavas y tres mil castellanos[4], y dos días que allí estuve, nos proveyó muy cumplidamente de todo lo necesario para nuestra comida.

Otro día, yendo conmigo aquellos principales que de parte de Muteczuma dijeron que me esperaban allí, me partí y fui a dormir cuatro leguas de allí a un pueblo pequeño que está junto a una gran laguna, y casi la mitad de él sobre el agua de ella, y por la parte de la tierra tiene una sierra muy áspera de piedras y peñas, donde nos aposentaron muy bien. Asimismo quisieran allí probar sus fuerzas con nosotros, excepto que según pareció, quisieran hacerlo muy a su salvo, y tomarnos de noche descuidados. Como yo iba tan sobre aviso, hallábanme delante de sus pensamientos. Aquella noche tuve tal guarda, que así de espías que venían por el agua en canoas, como de otras que por la sierra bajaban a ver si había aparejo para ejecutar su voluntad, amanecieron casi quince o veinte que las nuestras les habían tomado y muerto. Por manera que pocas volvieron a dar su respuesta del aviso que venían a tomar; y con hallarnos siempre tan apercibidos, acordaron de mudar el propósito y llevarnos por bien.

Otro día por la mañana, ya que me quería partir de aquel pueblo, llegaron hasta diez o doce señores muy principales, según después supe, y entre ellos un gran señor, mancebo de hasta veinte y cinco años, a quien todos mostraban tener mucho acatamiento, y tanto, que después de bajado de unas andas en que venía, todos los otros le venían limpiando las piedras y pajas del suelo delante él. Llegados donde yo estaba, me dijeron que venían de parte de Muteczuma, su señor, y que los enviaba para que fuesen conmigo, y que me rogaba que le perdonase porque no salía su persona a me ver y recibir, que la causa era el estar mal dispuesto; pero que ya su ciudad estaba cerca, y que pues yo todavía determinaba ir a ella, nos veríamos, y conocería de él la voluntad que al servicio de V. A.[5] tenía; pero que

---

[1] Amecameca.

[2] ciudad al este de la actual capital.

[3] Moctezuma.

[4] monedas.

[5] Vuestra Alteza (Cortés se dirige a Carlos V.)

todavía me rogaba, si fuese posible, no fuese allá, porque padecería mucho trabajo y necesidad, y que él tenía mucha vergüenza de no me poder allá proveer como él deseaba, y en esto ahincaron y porfiaron mucho aquellos señores; y tanto, que no les quedaba sino decir que me defenderían el camino si todavía porfiase ir. Yo les satisfice y aplaqué con las mejores palabras que pude, haciéndoles entender que de mi ida no les podía venir daño, sino mucho provecho. Así se despidieron, después de les haber dado algunas cosas de las que yo traía.

Yo me partí luego tras ellos muy acompañado de muchas personas que parecían de mucha cuenta, como después pareció serlo. Todavía seguía el camino por la costa de aquella gran laguna[6], y una legua del aposento donde partí, vi dentro en ella, casi dos tiros de ballesta, una ciudad pequeña[7] que podría ser hasta de mil o dos mil vecinos, toda armada sobre el agua, sin haber para ella ninguna entrada, y muy torreada, según lo que de fuera parecía. Otra legua adelante entramos por una calzada tan ancha como una lanza jineta, por la laguna adentro, de dos tercios de legua, y por ella fuimos a dar a una ciudad, la más hermosa, aunque pequeña, que hasta entonces habíamos visto, así de muy bien obradas casas y torres, como de la buena orden que en el fundamento de ella había, por ser armada toda sobre agua.

En esta ciudad, que será hasta de dos mil vecinos[8], nos recibieron muy bien y nos dieron muy bien de comer. Allí me vinieron a hablar el señor y las personas principales de ella, y me rogaron que me quedase allí a dormir. Aquellas personas que conmigo iban de Muteczuma me dijeron que no parase, sino que me fuese a otra ciudad que está tres leguas de allí, que se dice Iztapalapa, que es de un hermano del dicho Muteczuma[9] y así lo hice. La salida de esta ciudad, donde comimos, cuyo nombre al presente no me ocurre a la memoria, es por otra calzada que tira una legua grande, hasta llegar a la tierra firme. Llegado a esta ciudad de Iztapalapa, me salió a recibir algo fuera de ella el señor, y otro de una gran ciudad que está cerca de ella, que será obra de tres leguas, que se llama Calaualcán,[10] y otros muchos señores que allí me estaban esperando, y me dieron hasta tres o cuatro mil castellanos, y algunas esclavas y ropa, y me hicieron muy buen acogimiento.

Tendrá esta ciudad de Iztapalapa doce o quince mil vecinos; la cual está en la costa de una laguna salada grande[11], la mitad dentro en el agua y la otra mitad en la tierra firme. Tiene el señor de ella unas casas nuevas que aún no están acabadas, que son tan buenas como las mejores de España, digo de grandes y bien labradas, así de obra de cantería como de carpintería y suelos, y complimientos[12] para todo género de servicio de casa, excepto masonerías y otras cosas ricas que en España usan en las casas, y acá no las tienen. Tiene en muchos cuartos altos y bajos jardines muy frescos, de muchos árboles y flores olorosas; asimismo albercas de agua dulce muy bien labradas, con sus escaleras hasta el fondo. Tiene una muy grande huerta junto la casa, y sobre ella un mirador de muy hermosos corredores y salas, y dentro de la huerta una muy grande alberca de agua dulce, muy cuadrada, y las paredes de ella de gentil cantería, y alrededor de ella un andén de muy buen suelo ladrillado, tan ancho, que pueden ir por él cuatro paseándose, y tiene de cuadra cuatrocientos pasos, que son en torno[13] mil y seiscientos. De la otra parte del andén, hacia la pared de la huerta, va todo labrado de cañas con unas verjas, y detrás de ellas todo género de arboledas y yerbas olorosas, y dentro de la alberca hay mucho pescado y muchas aves, así como lavancos[14] y cercetas[15] y otros géneros de aves de agua; y tantas, que muchas veces casi cubren el agua.

Otro día después que a esta ciudad llegué, me partí, y a media legua andada, entré por una calzada que va por medio de esta dicha laguna dos leguas, hasta llegar a la gran ciudad de Tenuxtitán[16], que está fundada en medio de la dicha laguna; la cual calzada es tan ancha como dos lanzas, y muy bien obrada, que pueden ir por toda ella ocho de caballo a la par, y en estas dos leguas de la una parte y de la otra de la dicha calzada están tres ciudades; la una de ellas, que se dice Mesicalsingo[17], está fundada la mayor parte de ella dentro de la dicha laguna, y las otras dos, que se llaman la una Niciaca y la otra Huchilohuchico[18], están en la costa de ella, y muchas casas de ellas dentro en el agua.

La primera ciudad de éstas tendrá tres mil vecinos, y la segunda más de seis mil, y la tercera otros cuatro o cinco mil vecinos, y en todas muy

---

[6] En esta época, el Valle de México estaba lleno de lagos. Tres calzadas unían México con tierra firme.
[7] Se refiere a la ciudad de Cuitláhuac.
[8] habitantes.
[9] **un**... Cuitláhuac, el que sucedió a Moctezuma, después de la caída de éste.
[10] Coyoacán.
[11] el lago Texcoco.
[12] refinamientos.
[13] **en**... alrededor.
[14] tipo de pato bravo.
[15] ave, común en Europa, que se come.
[16] Tenochtitlán.
[17] Mexicaltzingo.
[18] Hoy se conoce por el nombre de Churubusco.

buenos edificios de casas y torres, en especial las casas de los señores y personas principales y de las de sus mezquitas[19] u oratorios donde ellos tienen sus ídolos. En estas ciudades hay mucha trata de sal, que hacen del agua de la dicha laguna y de la superficie que está en la tierra que baña la laguna; la cual cuecen en cierta manera y hacen panes de la dicha sal, que venden para los naturales y para fuera de la comarca.

Así seguí la dicha calzada, y a media legua antes de llegar al cuerpo[20] de la ciudad de Tenuxtitán, a la entrada de otra calzada que viene a dar de la Tierra Firme a esta otra, está un muy fuerte baluarte con dos torres, cercado de muro de dos estados[21], con su pretil[22] almenado por toda la cerca que toma con ambas calzadas; no tiene más de dos puertas, una por do entran y otra por do salen. Aquí me salieron a ver y a hablar hasta mil hombres principales, ciudadanos de la dicha ciudad, todos vestidos de una manera y hábito, y según su costumbre bien rico; llegados a me hablar, cada uno por sí hacía, en llegando a mí, una ceremonia que entre ellos se usa mucho, que ponía cada uno la mano en la tierra y la besaba; y así estuve esperando casi una hora hasta que cada uno hiciese su ceremonia.

Ya junto a la ciudad está una puente de madera de diez pasos de anchura, y por allí está abierta la calzada, para que tenga lugar el agua de entrar y salir, porque crece y mengua, y también por fortaleza de la ciudad, porque quitan y ponen unas vigas muy luengas[23] y anchas, de que la dicha puente está hecha, todas las veces que quieren, y de éstas hay muchas por toda la ciudad, como adelante, en la relación que de las cosas de ella haré, V. A. verá.

Pasada esta puente, nos salió a recibir aquel señor Muteczuma con hasta doscientos señores, todos descalzos y vestidos de otra librea o manera de ropa, asimismo bien rica a su uso, y más que la de los otros; venían en dos procesiones, muy arrimados a las paredes de la calle, que es muy ancha y muy hermosa y derecha, que de un cabo se parece el otro, y tiene dos tercios de legua, y de la una parte y de la otra muy buenas y grandes casas, así de aposentamientos como de mezquitas. El dicho Muteczuma venía por medio de la calle con dos señores[24], el uno a la mano derecha y el otro a la izquierda; de los cuales el uno era aquel señor grande que dije que me había salido a hablar en las

andas, y el otro era su hermano del dicho Muteczuma, señor de aquella ciudad de Iztapalapa, de donde yo aquel día había partido; todos tres vestidos de una manera, excepto el Muteczuma, que iba calzado, y los otros dos señores descalzos. Cada uno le llevaba de su brazo; y como nos juntamos, yo me apeé, y le fui a abrazar solo; y aquellos dos señores que con él iban me detuvieron con las manos para que no le tocase; ellos y él hicieron asimismo ceremonia de besar la tierra; y hecha, mandó a aquel su hermano que venía con él que se quedase conmigo y me llevase por el brazo, y él con el otro se iba adelante de mí poquito trecho; después de me haber él hablado, vinieron asimismo a me hablar todos los otros señores que iban en las dos procesiones, en orden uno en pos de otro, y luego se tornaban a su procesión.

Al tiempo que yo llegué a hablar al dicho Muteczuma, quitéme un collar que llevaba de margaritas y diamantes de vidrio, y se lo eché al cuello; después de haber andado la calle adelante, vino un servidor suyo con dos collares de camarones, envueltos en un paño, que eran hechos de huesos de caracoles colorados, que ellos tienen en mucho, y de cada collar colgaban ocho camarones de oro, de mucha perfección, tan largos casi como un jeme[25]; y como se los trajeron, se volvió a mí y me los echó al cuello, y tornó a seguir por la calle en la forma ya dicha, hasta llegar a una muy grande y hermosa casa, que él tenía para nos aposentar, bien aderezada. Allí me tomó por la mano y me llevó a una gran sala, que estaba frontero de un patio por do entramos. Allí me hizo sentar en un estrado muy rico, que para él lo tenía mandado hacer, y me dijo que le esperase allí, y él se fue, y dende[26] a poco rato, ya que toda la gente de mi compañía estaba aposentada, volvió con muchas y diversas joyas de oro y plata, y plumajes, y con hasta cinco o seis mil piezas de ropa de algodón, muy ricas y de diversas maneras tejidas y labradas. Después de me las haber dado, se sentó en otro estrado, que luego le hicieron allí junto con el otro donde yo estaba; y sentado, propuso en esta manera:

«Muchos días ha que por nuestras escrituras tenemos de nuestros antepasados noticia que yo ni todos los que en esta tierra habitamos no somos naturales de ella, sino extranjeros y venidos a ella de partes muy extrañas[27], y tenemos asimismo que a estas partes trajo nuestra generación un señor, cuyos vasallos todos eran, el cual se volvió a su

---

[19] Cortés usa una palabra que se refiere a un templo árabe porque los indios, como los moros, son paganos.
[20] centro.
[21] un poco menos de dos yardas.
[22] baranda.
[23] largas.
[24] Cacamatzín y Cuitláhuac, el hermano que le sucedió.

[25] distancia entre la extremidad del dedo pulgar y la del índice, estando muy abierta la mano.
[26] de allí.
[27] Los aztecas provenían del norte.

naturaleza[28], y despúes tornó a venir dende en mucho tiempo, y tanto, que ya estaban casados los que habían quedado con las mujeres naturales de la tierra, y tenían mucha generación[29] y hechos pueblos donde vivían; queriéndolos llevar consigo, no quisieron ir, ni menos recibirle por señor; y así, se volvió. Siempre hemos tenido que de los que de él descendiesen habían de venir a sojuzgar[30] esta tierra y a nosotros, como a sus vasallos,[31] según de la parte que vos decís que venís, que es a do sale el sol y las cosas que decís de ese gran señor o rey que acá os envió, creemos y tenemos por cierto él ser nuestro señor natural; en especial que nos decís que él ha muchos días que tiene noticia de nosotros. Por tanto vos sed cierto[32] que os obedeceremos y tendremos por señor en lugar de ese gran señor que decís, y que en ello no habrá falta ni engaño alguno; bien podéis en toda la tierra, digo en la que yo en mi señorío poseo, mandar a vuestra voluntad, porque será obedecido y hecho, y todo lo que nosotros tenemos es para lo que vos de ello quisiereis disponer.

«Pues estáis en vuestra naturaleza y en vuestra casa; holgad y descansad del trabajo del camino y guerras que habéis tenido; que muy bien sé todos los que se os han ofrecido de Puntunchán acá, y bien sé que los de Cempoal y de Tlascaltecal[33] os han dicho muchos males de mí: no creáis más de lo que por vuestros ojos veréis, en especial de aquéllos que son mis enemigos, y algunos de ellos eran mis vasallos, y hánseme rebelado con vuestra venida, y por se favorecer con vos lo dicen; los cuales sé que también os han dicho que yo tenía las casas con las paredes de oro y que las esteras de mis estrados y otras cosas de mi servicio eran asimismo de oro, y que yo que era y me hacía dios[34] y otras muchas cosas. Las casas ya las veis que son de piedra y cal y tierra.»

Entonces alzó las vestiduras y me mostró el cuerpo, diciendo a mí: «Veisme aquí que soy de carne y hueso como vos y como cada uno, y que soy mortal y palpable.» Asiéndose él con sus manos de los brazos y del cuerpo: "Ved cómo os han mentido; verdad es que yo tengo algunas cosas de oro que me han quedado de mis abuelos: todo lo que yo tuviere, tenéis cada vez que vos lo quisierais. Yo me voy a otras casas, donde vivo; aquí seréis proveído de

todas las cosas necesarias para vos y vuestra gente, y no recibáis pena alguna, pues estáis en vuestra casa y naturaleza.»

Yo le respondí a todo lo que me dijo, satisfaciendo a aquello que me pareció que convenía, en especial en hacerle creer que V. M.[35] era a quien ellos esperaban, y con eso se despidió; e ido, fuimos muy bien proveídos de muchas gallinas y pan y frutas y otras cosas necesarias, especialmente para el servicio del aposento. De esta manera estuve seis días, muy bien proveído de todo lo necesario, y visitado de muchos de aquellos señores. . . .

Otro día siguiente, que fue víspera de San Juan Bautista, me partí, y dormí en el camino, a tres leguas de la dicha gran ciudad; y día de San Juan[36], después de haber oído misa, me partí y entré en ella casi a mediodía, y vi poca gente por la ciudad, y algunas puertas de las encrucijadas y traviesas de las calles quitadas, que no me pareció bien, aunque pensé que lo hacían de temor de lo que habían hecho, y que entrando yo, los aseguraría[37]. Con esto me fui a la fortaleza, en la cual y en aquella mezquita mayor que junto a ella está, se aposentó toda la gente que conmigo venía; y los que estaban en la fortaleza nos recibieron con tanta alegría como si nuevamente les diéramos las vidas, que ya ellos estimaban perdidas y con mucho placer estuvimos aquel día y noche, creyendo que ya todo estaba pacífico.

Otro día[38] después de misa, envié un mensajero a la villa de Veracruz, por les dar buenas nuevas de cómo los cristianos eran vivos, y yo había entrado en la ciudad, y estaba segura. El cual mensajero volvió dende a media hora todo descalabrado y herido, dando voces que todos los indios de la ciudad venían de guerra, y que tenían todas las puentes alzadas; y junto tras él da sobre nosotros tanta multitud de gente por todas partes, que ni las calles ni azoteas se parecían con la gente[39]; la cual venía con los mayores alaridos y grita más espantable que en el mundo se puede pensar; eran tantas las piedras que nos echaban con hondas dentro en la fortaleza, que no parecía sino que el cielo las llovía, y las flechas y tiraderas eran tantas, que todas las paredes y patios estaban llenos, que casi no podíamos andar con ellas.

Yo salí fuera a ellos por dos o tres partes, y pelearon con nosotros muy reciamente, aunque por la una parte un capitán salió con doscientos

---

28 país, región.

29 descendientes.

30 subyugar.

31 Se refiere a la creencia de los indios en un dios blanco que vendría de lejos y los conquistaría.

32 Seguro.

33 Tlaxcala, hoy la ciudad de Victoria.

34 **me**... fingía ser un dios.

35 Vuestra Majestad.

36 el 24 de junio.

37 Los aztecas se habían preparado para atacar a Cortés. (Véase la introduccíon, pág. 110.)

38 el 25 de junio.

39 **con**... porque había tanta gente.

hombres, y antes que se pudiese recoger les mataron cuatro, e hirieron a él y a muchos de los otros; por la parte que yo andaba me hirieron a mí y a muchos de los españoles. Nosotros matamos pocos de ellos, porque se nos acogían de la otra parte de las puentes, y desde las azoteas y terrados nos hacían daño con piedras, de las cuales[40] ganamos algunas y las quemamos. Pero eran tantas y tan fuertes, y de tanta gente pobladas, y tan abastecidas de piedras y otros géneros de armas, que no bastábamos para se las tomar todas, ni defender que ellos no nos ofendiesen a su placer. En la fortaleza daban tan recio combate, que por muchas partes nos pusieron fuego, y por la una se quemó mucha parte de ella, sin lo poder remediar, hasta que la atajamos cortando las paredes y derrocando un pedazo, que mató el fuego. Si no fuera por la mucha guarda que allí puse de escopeteros y ballesteros y otros tiros de pólvora, nos entraran a escala vista sin los poder resistir.

Así estuvimos peleando todo aquel día, hasta que fue la noche bien cerrada, y aun en ella no nos dejaron sin grita y rebato hasta el día. Aquella noche hice reparar los portillos de aquello quemado, y todo lo demás que me pareció que en la fortaleza había flaco[41]; y concerté las estancias[42] y gente que en ellas había de estar, y la con que otro día habíamos de salir a pelear fuera, e hice curar los heridos, que eran más de ochenta.

Luego que fue de día, ya la gente de los enemigos nos comenzaba a combatir muy más reciamente que el día pasado, porque estaba tanta cantidad de ellos, que los artilleros no tenían necesidad de puntería, sino asestar en los escuadrones de los indios. Y puesto que la artillería hacía mucho daño, porque jugaban trece arcabuces, sin las escopetas y ballestas, hacían tan poca mella, que ni se parecía que lo sentían, porque por donde llevaba el tiro diez o doce hombres se cerraba luego de gente, que no parecía que hacía daño ninguno.

Dejado en la fortaleza el recaudo que convenía y se podía dejar, yo torné a salir y les gané algunas casas, y matamos muchos en ellas que las defendían; y eran tantos, que aunque más daño se hiciera, hacíamos muy poquita mella. A nosotros convenía pelear todo el día, y ellos peleaban por horas, que se remudaban, y aun les sobraba gente. También hirieron aquel día otros cincuenta o sesenta españoles, aunque no murió ninguno, y peleamos hasta que fue noche, que de cansados nos retraímos a la fortaleza.

Viendo el gran daño que los enemigos nos hacían, y cómo nos herían y mataban a su salvo[43], y que puesto que[44] nosotros hacíamos daño en ellos, por ser tantos no se parecía, toda aquella noche y otro día gastamos en hacer tres ingenios[45] de madera, y cada uno llevaba veinte hombres, los cuales iban dentro, porque con las piedras que nos tiraban desde las azoteas no los pudiesen ofender, porque iban los ingenios cubiertos de tablas, y los que iban dentro eran ballesteros y escopeteros, y los demás llevaban picos y azadones y varas de hierro para horadarles las casas y derrocar las albarradas que tenían hechas en las calles.

En tanto que estos artificios se hacían, no cesaba el combate de los contrarios; en tanta manera, que como nos salíamos fuera de la fortaleza, se querían ellos entrar dentro; a los cuales resistimos con harto trabajo. El dicho Muteczuma, que todavía estaba preso, y un hijo suyo, con otros muchos señores que al principio se habían tomado, dijo que le sacasen a las azoteas de la fortaleza, y que él hablaría a los capitanes de aquella gente, y les haría que cesase la guerra. Yo lo hice sacar, y en llegando a un pretil que salía fuera de la fortaleza, queriendo hablar a la gente que por allí combatía, le dieron una pedrada los suyos en la cabeza, tan grande, que de allí a tres días murió; yo le hice sacar así muerto a dos indios de los que estaban presos, y a cuestas lo llevaron a la gente, y no sé lo que de él hicieron, salvo que no por eso cesó la guerra y muy más recia y muy cruda de cada día.

Este día llamaron por aquella parte por donde habían herido al dicho Muteczuma, diciendo que me allegase yo allí, que me querían hablar ciertos capitanes, y así lo hice, y pasaron entre ellos y mí muchas razones, rogándoles que no peleasen conmigo, pues ninguna razón para ello tenían, y que mirasen las buenas obras que de mí habían recibido, y cómo habían sido muy bien tratados de mí. La respuesta suya era que me fuese y que les dejase la tierra, y que luego dejarían la guerra; que de otra manera, que creyese que habían de morir todos o dar fin de nosotros. Lo cual, según pareció, hacían porque yo me saliese de la fortaleza, para me tomar a su placer al salir de la ciudad, entre las puentes.

Yo les respondí que no pensasen que les rogaba con la paz por temor que les tenía, sino porque me pesaba del daño que les hacía y les había de hacer, y por no destruir tan buena ciudad como aquélla era; todavía respondían que no cesarían de me dar guerra hasta que saliese de la ciudad.

---

[40] las azoteas.
[41] débil.
[42] **concerté**... arreglé los aposentos.

[43] **a**... sin sufrir ninguna consecuencia seria, sin peligro.
[44] aunque.
[45] andamios desde los cuales podían lanzar flechas.

Después de acabados aquellos ingenios, luego otro día salí para les ganar ciertas azoteas y puentes, yendo los ingenios delante, y tras ellos cuatro tiros de fuego y otra mucha gente de ballesteros y rodeleros[46], y más de tres mil indios de los naturales de Tlascaltecal, que habían venido conmigo y servían a los españoles; llegados a una puente, pusimos los ingenios arrimados a las paredes de unas azoteas, y ciertas escalas que llevábamos para las subir; y era tanta la gente que estaba en defensa de la dicha puente y azoteas y tantas las piedras que de arriba tiraban y tan grandes, que nos desconcertaron los ingenios y nos mataron un español e hirieron muchos, sin les poder ganar un paso, aunque pugnábamos mucho por ello, porque peleamos desde la mañana hasta mediodía, que nos volvimos con harta tristeza a la fortaleza. De donde cobraron tanto ánimo, que casi a las puertas nos llegaban, y tomaron aquella mezquita grande, y en la torre más alta y más principal de ella se subieron hasta quinientos indios, que, según me pareció, eran personas principales.

En ella subieron mucho mantenimiento de pan y agua y otras cosas de comer, y muchas piedras; y todos los más tenían lanzas muy largas con unos hierros de pedernal más anchos que los de las nuestras, y no menos agudos; y de allí hacían mucho daño a la gente de la fortaleza, porque estaba muy cerca de ella. La cual dicha torre combatieron los españoles dos o tres veces y la acometieron a subir; y como era muy alta y tenía la subida agria, porque tiene ciento y tantos escalones; y los de arriba estaban bien pertrechados de piedras y otras armas, y favorecidos a causa de no haberles podido ganar las otras azoteas; ninguna vez los españoles comenzaban a subir, que no volviesen rodando[47], y así herían mucha gente, y los que de las otras partes los vían[48], cobraban tanto ánimo, que se nos venían hasta la fortaleza sin ningún temor.

Yo, viendo que si aquéllos salían con tener[49] aquella torre, demás de nos hacer de ella mucho daño, cobrarían esfuerzo para nos ofender, salí fuera de la fortaleza, aunque manco de la mano izquierda, de una herida que el primer día me habían dado; liada la rodela en el brazo, fui a la torre con algunos españoles que me siguieron, e hícela cercar toda por bajo porque se podía muy bien hacer; aunque los cercadores no estaban de balde[50], que por todas partes peleaban con los contrarios, de los cuales, por favorecer a los suyos, se recrecieron muchos; y yo

comencé a subir por la escalera de la dicha torre, y tras mí ciertos españoles.

Puesto que nos defendían la subida muy reciamente, y tanto, que derrocaron tres o cuatro españoles, con ayuda de Dios y de su gloriosa Madre, por cuya casa aquella torre se había señalado y puesto en ella su imagen, les subimos la dicha torre, y arriba peleamos con ellos tanto, que les fue forzado saltar de ella abajo a unas azoteas que tenía alderredor tan anchas como un paso. De éstas tenía dicha torre tres o cuatro, tan altas la una de la otra como tres estados. Y algunos cayeron abajo del todo, que demás del daño que recibían de la caída, los españoles que estaban abajo alderredor de la torre los mataban. Los que en aquellas azoteas quedaron, pelearon desde allí tan reciamente, que estuvimos más de tres horas en los acabar de matar; por manera que murieron todos, que ninguno escapó.

Crea V. S. M.[51] que fue tanto ganarles esta torre, que si Dios no les quebrara las alas,[52] bastaban veinte de ellos para resistir la subida a mil hombres, como quiera que pelearon muy valientemente hasta que murieron; e hice poner fuego a la torre y a las otras que en la mezquita había; las cuales nos habían ya quitado y llevado las imágenes que en ellas teníamos . . .

BARTOLOMÉ DE LAS CASAS (1474–1566)

El misionero dominico Bartolomé de las Casas es conocido por su incansable actividad a favor de los indios. Llamado Apóstol de las Indias y Protector de los indios, el Padre Las Casas hizo varios viajes a España a fin de obtener medidas favorables para los nativos de América e influyó especialmente en la reforma del sistema de encomiendas. Combatió enérgicamente los abusos de los conquistadores. Su *Brevísima relación de la destruición de las Indias* es una obra polémica que expone la devastación de la Conquista. También es autor de una *Historia general de las Indias* que contiene una relación del descubrimiento hasta 1520 y de una *Apologética historia* que defiende la superioridad de los indios sobre otras culturas. Sus esfuerzos tuvieron como resultado la promulgación de las *Nuevas leyes de Indias* (1542), que definieron la situación del indio en las colonias.

La figura de Las Casas es enigmática, contradictoria y controversial. Nació en Sevilla y pasó a Santo Domingo en 1514 con una encomienda. Más tarde, se trasladó a Cuba. El mismo poseía gran número de esclavos negros y defendió la esclavitud del africano, aunque al fin de su vida se arrepintió de haber sostenido esta posición. En

---

[46] soldados con rodela, un tipo de pequeño escudo redondo.
[47] **ninguna**... cada vez que los españoles empezaban a subir, se caían.
[48] veían.
[49] **Salían**... seguían manteniendo.
[50] **de**... inactivos.

---

[51] Vuestra Serena Majestad.
[52] **les**... los hubiera parado.

1514 ingresó en la Orden de los Dominicos, renunciando al mundo repentinamente. Fue el primer sacerdote en cantar su primera misa en América. Fue nombrado obispo de Chiapas en 1544. Como resultado de su activismo, se le confió un territorio en Cumaná para crear una colonia experimental, empresa que fracasó totalmente porque, según sus detractores, Las Casas prefería teorizar que trabajar directamente con el indio.

Para algunos, el Padre Las Casas se ha convertido en un mito hispanoamericano. En su rol de defensor vehemente de los derechos del pueblo conquistado, ha inspirado una veneración casi religiosa. Sus admiradores ven en su fervor una expresión de la conciencia del hombre blanco, que reconoce sus errores e intenta rectificarlos. Los adversarios de Las Casas lo acusan de haber estado obsesionado por un prejuicio antiespañol y de haber contribuido a la «leyenda negra» acerca de los abusos de los españoles en América, la cual fue aprovechada por Francia, Holanda, Inglaterra y otros rivales de España durante el período de la colonización. Lo tachan de hipócrita por defender al indio al mismo tiempo que apoyaba la esclavitud del negro. Contrastan la dedicación anónima de miles de misioneros que trabajaban al lado de los indios con la diatriba furibunda del obispo de Chiapas.

La crítica moderna ha señalado errores y exageraciones en las obras de Las Casas. En su afán de pintar al indio como bueno por naturaleza y al español como cruel y fanático, acumula atrocidades que el análisis demuestra que son hiperbólicas. Por ejemplo, alega que unos veinte millones de indios fueron muertos por los españoles, cuando en realidad los que vivían en la región no alcanzaban a tal número.

Aunque los escritos de Las Casas siguen prestándose al debate y a la discusión, no cabe duda de que contienen varios datos informativos además de la semilla de la corriente indianista que dominará mucha de la literatura hispanoamericana de una época más tardía.

Brevísima relación de la destruición de las Indias

Descubriéronse las Indias en el año de mil y cuatrocientos y noventa y dos. Fuéronse a poblar el año siguiente de cristianos españoles, por manera que ha cuarenta y nueve años que fueron a ellas cantidad de españoles; la primera tierra donde entraron para hecho de poblar fue la grande y felicísima isla Española[1], que tiene seiscientas leguas en torno. Hay otras muy grandes e infinitas islas alrededor, por todas las partes de ella, que todas estaban y las vimos las más pobladas y llenas de naturales gentes, indios de ellas, que puede ser tierra poblada en el mundo. La tierra firme, que está de esta isla por lo más cercano doscientas y cincuenta leguas, pocas más, tiene de costa de mar más de diez mil leguas descubiertas; cada día se descubren más, todas llenas como una colmena de gentes[2] en lo que hasta el año de cuarenta y uno se ha descubierto, que parece que puso Dios en aquellas tierras todo el golpe o la mayor cantidad de todo el linaje humano.

Todas estas universas e infinitas gentes *a toto genero*[3] crió Dios los más simples, sin maldades ni dobleces, obedientísimas y fidelísimas a sus señores naturales y a los cristianos a quien sirven; más humildes, más pacientes, más pacíficas y quietas, sin rencillas ni bullicios, no rijosas, no querellosas, sin rencores, sin odios, sin desear venganzas, que hay en el mundo. Son asimismo las gentes más delicadas, flacas y tiernas en complexión que menos pueden sufrir trabajos y que más fácilmente mueren de cualquiera enfermedad, que ni hijos de príncipes y señores entre nosotros, criados en regalos y delicada vida, no son más delicados que ellos, aunque sean de los que entre ellos son de linaje de labradores.

Son también gentes paupérrimas y que menos poseen ni quieren poseer de bienes temporales; y por esto no soberbias, no ambiciosas, no codiciosas. Su comida es tal que la de los santos padres en el desierto no parece haber sido más estrecha ni menos deleitosa ni pobre. Sus vestidos, comúnmente, son en cueros, cubiertas sus vergüenzas, y cuando mucho cúbrense con una manta de algodón, que será como vara y media o dos varas de lienzo en cuadra. Sus camas son encima de una estera, y cuando mucho, duermen en unas como redes colgadas, que en lengua de la isla Española llamaban hamacas.

Son eso mismo de limpios y desocupados y vivos entendimientos, muy capaces y dóciles para toda buena doctrina; aptísimos para recibir nuestra santa fe católica y ser dotados de virtuosas costumbres, y las que menos impedimentos tienen para esto, que Dios crió en el mundo. Y son tan importunas desque[4] una vez comienzan a tener noticia de las cosas de la fe, para saberlas, y en ejercitar los sacramentos de la Iglesia y el culto divino, que digo verdad que han menester los religiosos, para sufrirlos, ser dotados por Dios de don muy señalado de paciencia; y, finalmente, yo he oído decir a muchos seglares españoles de muchos años acá y

---

[1] Hispaniola.

[2] En su *Carta*, Colón dice que no había ciudades muy pobladas.
[3] **a**... de toda clase.
[4] desde que.

muchas veces, no pudiendo negar la bondad que en ellos ven: «Cierto, estas gentes eran las más bienaventuradas del mundo si solamente conocieran a Dios.»

En estas ovejas mansas, y de las calidades susodichas por su Hacedor y Criador así dotadas, entraron los españoles, desde luego que las conocieron, como lobos y tigres y leones cruelísimos de muchos días hambrientos. Y otra cosa no han hecho de cuarenta años a esta parte, hasta hoy, y hoy en este día lo hacen, sino despedazarlas, matarlas, angustiarlas, afligirlas, atormentarlas y destruirlas por las extrañas y nuevas y varias y nunca otras tales vistas ni leídas ni oídas maneras de crueldad, de las cuales algunas pocas abajo se dirán, en tanto grado, que habiendo en la isla Española sobre tres cuentos[5] de ánimas que vimos, no hay hoy de los naturales de ella doscientas personas. La isla de Cuba es casi tan luenga[6] como desde Valladolid a Roma: está hoy casi toda despoblada. La isla de San Juan y la de Jamaica, islas muy grandes y muy felices y graciosas, ambas están asoladas. Las islas de los Lucayos, que están comarcanas a la Española y a Cuba por la parte del Norte, que son más de sesenta con las que llamaban de Gigantes y otras islas grandes y chicas, y que la peor de ellas es más fértil y graciosa que la huerta del rey de Sevilla, y la más sana tierra del mundo, en las cuales había más de quinientas mil ánimas, no hay hoy una sola criatura. Todas las mataron trayéndolas y por traerlas a la isla Española, después que veían que se les acababan los naturales de ella. Andando un navío tres años a rebuscar por ellas la gente que había, después de haber sido vendimiadas, porque un buen cristiano se movió por piedad para los que se hallasen convertirlos y ganarlos a Cristo, no se hallaron sino once personas, las cuales yo vi. Otras más de treinta islas, que están en comarca de la isla de San Juan, por la misma causa están despobladas y perdidas. Serán todas estas islas, de tierra, más de dos mil leguas, que todas están despobladas y desiertas de gente.

De la gran tierra firme somos ciertos que nuestros españoles por sus crueldades y nefandas obras han despoblado y asolado y que están hoy desiertas, estando llenas de hombres racionales, más de diez reinos mayores que toda España, aunque entre Aragón y Portugal en ellos, y más tierra que hay de Sevilla a Jerusalén dos veces, que son más de dos mil leguas . . .

[5] millones.
[6] larga.

BERNAL DÍAZ DEL CASTILLO (¿1492?– 1584)

En las primeras líneas de la *Historia verdadera de la conquista de la Nueva España,* Bernal Díaz del Castillo afirma ser «natural de la muy noble e insigne villa de Medina del Campo, hijo de Francisco Díaz del Castillo, regidor que fue de ella.» Aproximadamente a los dieciocho años partió en una expedición al Nuevo Mundo, llegando primero a Panamá, después a Cuba. En 1517–1518, participó en dos viajes de descubrimiento al Yucatán. En 1519 embarcó con Cortés en una expedición que resultaría ser la experiencia más importante de su vida—la conquista de México. Después del triunfo de los españoles, Díaz del Castillo rehusó la invitación que se le hizo para quedarse en México con riquezas, tierras y encomiendas de indios, optando por unirse a otra expedición, siempre en busca de oro. En 1541 se estableció en Guatemala, donde pasó el resto de su vida y escribió sus famosas memorias.

Muchos investigadores consideran la *Historia verdadera* de Bernal Díaz del Castillo como la relación más importante y verídica de la conquista de México. Participante en los acontecimientos y observador perspicaz, Díaz del Castillo cuenta los sucesos de Nueva España desde el descubrimiento de la Provincia del Yucatán hasta el virreinato y los primeros esfuerzos por cristianizar a los indios. Termina con una enumeración de gobernadores de México desde Cortés a 1568. Se abstiene cuidadosamente de comentar sobre acontecimientos de los cuales él mismo no ha sido testigo. Describe las muchas batallas en que los españoles participaron, el encuentro de Cortés con Malinche, el bautismo de ésta, la recepción que les hizo Moctezuma, la huida de la Noche Triste, la toma de México y las expediciones que le siguieron. Es una descripción detallada y completa, mucho más extensa que la de Cortés en sus *Cartas de relación.*

Díaz del Castillo escribió su versión de la conquista de México en 1568, parcialmente para contrarrestar la de Francisco López de Gómara, que, según Díaz, realzaba las proezas de Cortés sin darles crédito a sus soldados. El estilo de Díaz es directo y llano, el de un observador que desea aclarar los hechos. Sus amigos creían que sus memorias estaban escritas de una manera demasiado sencilla; por consiguiente, Díaz no las llevó a la imprenta y el manuscrito no fue publicado hasta 1632, casi medio siglo después de la muerte del autor. Se cree que a esta primera edición le faltaban muchas partes. En 1904 el historiador mexicano Genaro García publicó una nueva versión basada en el manuscrito que se encontraba en los Archivos de Guatemala. Aunque este manuscrito es una copia, contiene muchas correcciones hechas por la mano de Díaz. El manuscrito original que sirvió para la publicación de la primera edición jamás se encontró.

Desde entonces, varias nuevas ediciones de la *Historia*

verdadera de la conquista de la Nueva España han sido publicadas. Algunos investigadores han afirmado que, después de Cervantes, Díaz de Castillo es el escritor español que más se lee.

Véase *Historia verdadera de la conquista de la Nueva España,* ed. Joaquín Ramírez Cabañas (México D. F.: Porrúa, 1983).

Historia verdadera de la conquista de la Nueva España

Capítulo LXXXVII

CÓMO EL GRAN MONTEZUMA NOS ENVIÓ OTROS EMBAJADORES CON UN PRESENTE DE ORO Y MANTAS, Y LO QUE DIJERON A CORTÉS Y LO QUE LES RESPONDIÓ

Ya que estábamos de partida para ir nuestro camino a México, vinieron ante Cortés cuatro principales mexicanos que envió Montezuma y trajeron un presente de oro y mantas, y después de hecho su acato, como lo tenían de costumbre, dijeron: «Malinche*: este presente te envía nuestro señor el gran Montezuma, y dice que le pesa mucho por el trabajo que habéis pasado en venir de tan lejas tierras a verle, y que ya te ha enviado decir otra vez que te dará mucho oro y plata y *chalchiuis*[1] en tributo para vuestro emperador y para vos y los demás *teules*[2] que traéis, y que no vengas a México, y ahora nuevamente te pide por merced que no pases de aquí adelante, sino que te vuelvas por donde viniste, que él te promete de te enviar al puerto mucha cantidad de oro y plata y ricas piedras para ese vuestro rey, y para ti te dará cuatro cargas[3] de oro, y para cada uno de tus hermanos una carga, porque ir a México es excusada tu entrada dentro, que todos sus vasallos están puestos en armas para no os dejar entrar, y demás de esto, que no tenía camino, sino muy angosto, ni bastimentos que comiésemos.» Y dijo otras muchas razones de inconvenientes para que no pasásemos de allí. Y Cortés con mucho amor, abrazó a los mensajeros, puesto que[4] le pesó de la embajada, y recibió el presente, que ya no se me acuerda qué tanto valía, y a lo que yo vi y entendí, jamás dejó de enviar Montezuma oro, poco o mucho, cuando enviaba mensajeros, como otra vez he dicho.

Y volviendo a nuestra relación, Cortés les respondió que se maravillaba del señor Montezuma, habiéndose dado por nuestro amigo y siendo tan gran señor, tener tantas mudanzas, que unas veces dice uno y otras envía a mandar al contrario, y que en cuanto a lo que dice que dará el oro para nuestro señor el emperador y para nosotros, que se lo tiene en merced, y por aquello que ahora le envía que en buenas obras se lo pagará el tiempo andando, y que si le parecerá bien que estando tan cerca de su ciudad, será bueno volvernos del camino sin hacer aquello que nuestro señor nos manda; que si el señor Montezuma hubiese enviado sus mensajeros y embajadores a algún gran señor como él es, ya que llegasen cerca de su casa aquellos mensajeros que enviaba se volviesen sin hablarle y decirle a lo que iban, después que volviesen ante su presencia con aquel recaudo, ¿qué mercedes les haría sino tenerles por cobardes y de poca calidad? Que así haría nuestro señor el emperador con nosotros, y que de una manera o de otra que habíamos de entrar en su ciudad, y desde allí adelante que no le envíe más excusas sobre aquel caso, porque le ha de ver y hablar y dar razón de todo el recaudo a que hemos venido, y ha de ser a su sola persona; y después que lo haya entendido, si no le estuviere bien nuestra estada en su ciudad, que nos volveremos por donde vinimos. Y cuanto a lo que dice que no tiene comida sino muy poco y que no nos podremos sustentar, que somos hombres que con poca cosa que comemos nos pasamos, y que ya vamos camino de su ciudad, que haya por bien nuestra ida.

Y luego en despachando los mensajeros comenzamos a caminar para México, y como nos habían dicho y avisado los de Guaxocingo[5] y los de Chalco que Montezuma había tenido pláticas con sus ídolos y *papas*[6] que si nos dejaría entrar en México o si nos daría guerra, y todos sus *papas* le respondieron que decía Uichilobos[7] que nos dejase entrar, que allí nos podrá matar, según dicho tengo otras veces en el capítulo que de ello habla; y como somos hombres y temíamos la muerte, no dejábamos de pensar en ello, y como aquella tierra es muy poblada, íbamos siempre caminando muy chicas jornadas y encomendándonos a Dios y su bendita madre Nuestra Señora, y platicando cómo y de qué manera podíamos entrar, y pusimos en nuestros corazones, con buena esperanza, que pues Nuestro Señor Jesucristo fue servido guardarnos de los peligros pasados, que también nos guardaría del poder de México.

Y fuimos a dormir a un pueblo que se dice Iztapalatengo,[8] que está la mitad de las casas en el

---

* El indio se dirige a Cortés. "Malinche" es un título de respeto que se usa para Cortés tanto como para doña Marina.
[1] piedras preciosas.
[2] dioses (Los indios creían que los españoles eran deidades.)
[3] unidad de medida.
[4] **puesto**... aunque.

---

[5] Hoy, Huejotzingo.
[6] sacerdotes.
[7] Huitzilopochtli, dios de la guerra entre los aztecas.
[8] Los investigadores modernos no están de acuerdo en cuanto a la identidad de este pueblo.

agua y la mitad en tierra firme, donde está una serrezuela y ahora está una venta, y allí tuvimos bien de cenar. Dejemos esto y volvamos al gran Montezuma, que como llegaron sus mensajeros y oyó la respuesta que Cortés le envió, luego acordó de enviar a un su sobrino, que se decía Cacamatzín, señor de Tezcuco[9], con muy gran fausto,[10] a dar el bienvenido a Cortés y a todos nosotros. Y como siempre teníamos de costumbre de tener velas y corredores del campo, vino uno de nuestros corredores a avisar que venían por el camino muy gran copia de mexicanos de paz, y que al parecer venían de ricas mantas vestidos; y entonces cuando esto pasó era muy de mañana, y queríamos caminar, y Cortés nos dijo que reparásemos en nuestras posadas hasta ver qué cosa era. Y en aquel instante vinieron cuatro principales y hacen a Cortés gran reverencia y le dicen que allí cerca viene Cacamatzín, gran señor de Tezcuco, sobrino del gran Montezuma, y que nos pide por merced que aguardemos hasta que venga, y no tardó mucho, porque luego llegó con el mayor fausto y grandeza que ningún señor de los mexicanos habíamos visto traer, porque venía en andas muy ricas, labradas de plumas verdes y mucha argentería y otras ricas pedrerías engastadas en arboledas de oro que en ellas traía hechas de oro muy fino, y traían las andas a cuestas ocho principales, y todos, según decían, eran señores de pueblos. Ya que llegaron cerca del aposento donde estaba Cortés le ayudaron a salir de las andas y le barrieron el suelo, y le quitaban las pajas por donde había de pasar y desde que llegaron ante nuestro capitán le hicieron grande acato, y el Cacamatzín le dijo: «Malinche: aquí venimos yo y estos señores a servirte y hacerte dar todo lo que hubieres menester para ti y tus compañeros, y meteros en vuestras casas, que es nuestra ciudad, porque así nos es mandado por nuestro señor el gran Montezuma, y dice que le perdones porque él mismo no viene a lo que nosotros venimos, y porque está mal dispuesto lo deja, y no por falta de muy buena voluntad que os tiene.»

Y cuando nuestro capitán y todos nosotros vimos tanto aparato y majestad como traían aquellos caciques, especialmente el sobrino de Montezuma, lo tuvimos por gran cosa y platicamos entre nosotros que cuando aquel cacique traía tanto triunfo, qué haría el gran Montezuma. Y como el Cacamatzín hubo dicho su razonamiento, Cortés le abrazó y le hizo muchas quiricias[11] a él y a todos los más principales, y le dio tres piedras que se llaman margaritas, que tienen dentro de sí muchas pinturas de diversos colores; y a los demás principales se les dio diamantes azules: y les dijo que se lo tenía en merced y que cuándo pagaría al señor Montezuma las mercedes que cada día nos hace. Y acabada la plática, luego nos partimos, y como habían venido aquellos caciques que dicho tengo, traían mucha gente consigo y de otros muchos pueblos que están en aquella comarca, que salían a vernos, todos los caminos estaban llenos de ellos.

Y otro día por la mañana llegamos a la calzada ancha y vamos camino de Estapalapa[12]. Y desde que vimos tantas ciudades y villas pobladas en el agua, y en tierra firme otras grandes poblazones, y aquella calzada tan derecha y por nivel cómo iba a México, nos quedamos admirados[13], y decíamos que parecía a las cosas de encantamiento que cuentan en el libro de Amadís[14] y por las grandes torres y *cúes*[15] y edificios que tenían dentro en el agua, y todos de calicanto, y aun algunos de nuestros soldados decían que si aquello que veían si era entre sueños, y no es de maravillar que yo escriba aquí de esta manera, porque hay mucho que ponderar en ello que no sé como lo cuente: ver cosas nunca oídas, ni aun soñadas, como veíamos. Pues desde que llegamos cerca de Estapalapa, ver la grandeza de otros caciques que nos salieron a recibir, que fue el señor de aquel pueblo, que se decía Coadlabaca[16], y el señor de Culuacán, que entrambos eran deudos muy cercanos de Montezuma. Y después que entramos en aquella ciudad de Estapalapa, de la manera de los palacios donde nos aposentaron, de cuán grandes y bien labrados eran, de cantería muy prima, y la madera de cedros y de otros buenos árboles olorosos, con grandes patios y cuartos, cosas muy de ver, y entoldados con paramentos de algodón. Después de bien visto todo aquello, fuimos a la huerta y jardín, que fue cosa muy admirable verlo y pasearlo, que no me hartaba de mirar la diversidad de árboles y los olores que cada uno tenía, y andenes llenos de rosas y flores, y muchos frutales y rosales de la tierra, y un estanque de agua dulce, y otra cosa de ver: que podían entrar en el vergel grandes canoas desde la laguna por una abertura que tenían hecha, sin saltar en tierra, y todo muy encalado y lucido, de muchas maneras de piedras y pinturas en ellas que había harto que ponderar, y de las aves de muchas diversidades y raleas que entraban en el estanque. Digo otra vez lo que estuve mirando, que creí que en el mundo hubiese otras tierras descubiertas como éstas, porque en aquel tiempo no había Perú ni

---

[9] Texcoco.
[10] lujo.
[11] caricias, demostraciones de cariño.

[12] Iztapalapa.
[13] muy sorprendidos, atónitos.
[14] célebre novela de caballerías, muy popular entre los conquistadores.
[15] adoratorios, templos para adorar sus ídolos.
[16] Cuitláhuac.

memoria de él. Ahora todo está por el suelo, perdido, que no hay cosa.[17]

Pasemos adelante, y diré cómo trajeron un presente de oro los caciques de aquella ciudad y los de Cuyuacán[18] que valía sobre dos mil pesos, y Cortés les dio muchas gracias por ello y les mostró grande amor, y se les dijo con nuestras lenguas las cosas tocantes a nuestra santa fe, y se les declaró el gran poder de nuestro señor el emperador; y porque hubo otras muchas pláticas, lo dejaré de decir, y diré que en aquella sazón era muy gran pueblo, y que estaba poblada la mitad de las casas en tierra y la otra mitad en el agua, y ahora en esta sazón está todo seco y siembran donde solía ser laguna. Está de otra manera mudado, que si no lo hubiere de antes visto, dijera que no era posible que aquello que estaba lleno de agua que está ahora sembrado de maizales. Dejémoslo aquí, y diré del solemnísimo recibimiento que nos hizo Montezuma a Cortés y a todos nosotros en la entrada de la gran ciudad de México.

Capítulo LXXXVIII

DEL GRANDE Y SOLEMNE RECIBIMIENTO QUE NOS HIZO EL GRAN MONTEZUMA A CORTÉS Y A TODOS NOSOTROS EN LA ENTRADA DE LA GRAN CIUDAD DE MÉXICO

Luego otro día de mañana partimos de Estapalapa, muy acompañados de aquellos grandes caciques que atrás he dicho; íbamos por nuestra calzada adelante, la cual es ancha de ocho pasos, y va tan derecha a la ciudad de México, que me parece que no se torcía poco ni mucho, y puesto que es bien ancha, toda iba llena de aquellas gentes que no cabían, unos que entraban en México y otros que salían y los indios que nos venían a ver, que no nos podíamos rodear de tantos como vinieron, porque estaban llenas las torres y *cúes* y en las canoas y de todas partes de la laguna, y no era cosa de maravillar, porque jamás habían visto caballos ni hombres como nosotros. Y de que vimos cosas tan admirables no sabíamos qué decir, o si era verdad lo que por delante parecía, que por una parte en tierra había grandes ciudades, y en la laguna otras muchas, y veíamoslo todo lleno de canoas, y en la calzada muchas puentes de trecho a trecho, y por delante estaba la gran ciudad de México; y nosotros aún no llegábamos a cuatrocientos soldados, y teníamos muy bien en la memoria las pláticas y avisos que nos dijeron los de Guaxocingo y Tlaxcala y de Tamanalco[19], y con otros muchos avisos que nos habían dado para que nos guardásemos de entrar en México, que nos habían de matar desde que dentro nos tuviesen. Miren los curiosos lectores si esto que escribo si había bien que ponderar en ello, ¿qué hombres ha habido en el universo que tal atrevimiento tuviesen?[20]

Pasemos adelante. Ibamos por nuestra calzada; ya que llegamos donde se aparta otra calzadilla que iba a Cuyuacán, que es otra ciudad adonde estaban unas como torres que eran sus adoratorios, vinieron muchos principales y caciques con muy ricas mantas sobre sí, con galanía de libreas diferenciadas las de los unos caciques de los otros, y las calzadas llenas de ellos, y aquellos grandes caciques enviaba el gran Montezuma adelante a recibirnos, y así como llegaban ante Cortés decían en su lengua que fuésemos bien venidos, y en señal de paz tocaban con la mano en el suelo y besaban la tierra con la misma mano. Así que estuvimos parados un buen rato, y desde allí se adelantaron Cacamatzín, señor de Tezcuco, y el señor de Iztapalapa, y el señor de Tacuba, y el señor de Cuyuacán a encontrarse con el gran Montezuma, que venía cerca, en ricas andas, acompañado de otros grandes señores y caciques que tenían vasallos.

Ya que llegábamos cerca de México, adonde estaban otras torrecillas, se apeó el gran Montezuma de las andas, y traíanle de brazo aquellos grandes caciques, debajo de un palio[21] muy riquísimo a maravilla, y el color de plumas verdes con grandes labores de oro, con mucha argentería y perlas y piedras *chalchiuis*, que colgaban de unas como bordaduras, que hubo mucho que mirar en ello. Y el gran Montezuma venía muy ricamente ataviado, según su usanza, y traía calzados unos como *cotaras*[22], que así se dice lo que se calzan; las suelas de oro y muy preciada pedrería por encima en ellas; y los cuatro señores que le traían de brazo venían con rica manera de vestidos a su usanza, que parece ser se los tenían aparejados en el camino para entrar con su señor, que no traían los vestidos con los que nos fueron a recibir, y venían, sin aquellos cuatro señores, otros cuatro grandes caciques que traían el palio sobre sus cabezas, y otros muchos señores que venían delante del gran Montezuma, barriendo el suelo por donde había de pisar, y le ponían mantas porque no pisase la tierra. Todos estos señores ni por pensamiento[23] le miraban en la cara, sino los ojos bajos y con mucho acato, excepto aquellos cuatro deudos y sobrinos suyos que lo llevaban de brazo. Y como Cortés vio y entendió y le dijeron que venía el gran Montezuma, se apeó del

---

[17] Díaz, que escribió sus memorias al fin de su vida, lamenta la destrucción de las magníficas ciudades aztecas.
[18] Coyoacán.
[19] Tlalmanaco.

[20] Díaz frecuentemente alaba la valentía de los españoles.
[21] dosel o pabellón portátil que se usa para una procesión.
[22] chancletas (Curiosamente, la palabra es caribe.)
[23] **ni**... no; jamás.

caballo, y desde que llegó cerca de Montezuma, a una se hicieron grandes acatos. El Montezuma le dio el bienvenido, y nuestro Cortés le respondió con doña Marina que él fuese el muy bien estado; y paréceme que Cortés, con la lengua doña Marina, que iba junto a Cortés, le daba la mano derecha, y Montezuma no la quiso y se la dio a Cortés. Y entonces sacó Cortés un collar que traía muy a mano de unas piedras de vidrio, que ya he dicho que se dicen margaritas, que tienen dentro de sí muchas labores y diversidad de colores y venía ensartado en unos cordones de oro con almizque[24] porque diesen buen olor, y se le echó al cuello el gran Montezuma, y cuando se le puso le iba a abrazar, y aquellos grandes señores que iban con Montezuma le tuvieron el brazo a Cortés que no le abrazase, porque lo tenían por menosprecio.

Y luego Cortés con la lengua doña Marina le dijo que holgaba ahora su corazón en haber visto un tan gran príncipe, y que le tenía en gran merced[25] la venida de su persona a recibirle y las mercedes que le hace a la contina[26]. Entonces Montezuma le dijo otras palabras de buen comedimiento, y mandó a dos de sus sobrinos de los que le traían de brazo, que era el señor de Tezcuco y el señor de Cuyuacán, que se fuesen con nosotros hasta aposentarnos, y Montezuma con los otros dos sus parientes, Cuedlavaca[27] y el señor de Tacuba, que le acompañaban, se volvió a la ciudad, y también se volvieron con él todas aquellas grandes compañías de caciques y principales que le habían venido a acompañar; y cuando se volvían con su señor estábamoslos mirando cómo iban todos los ojos puestos en tierra, sin mirarle, y muy arrimados a la pared, y con gran acato le acompañaban; y así tuvimos lugar nosotros de entrar por las calles de México sin tener tanto embarazo[28].

Quiero ahora decir la multitud de hombres y mujeres y muchachos que estaban en las calles y azoteas y en canoas en aquellas acequias[29] que nos salían a mirar. Era cosa de notar, que ahora que lo estoy escribiendo se me representa todo delante de mis ojos como si ayer fuera cuando esto pasó, y considerada la cosa, es gran merced que Nuestro Señor Jesucristo fue servido darnos gracia y esfuerzo para osar entrar en tal ciudad y me haber guardado de muchos peligros de muerte, como adelante verán. Doile[30] muchas gracias por ello, que a tal tiempo me

ha traído para poderlo escribir, y aunque no tan cumplidamente como convenía y se requiere. Y dejemos palabras, pues las obras son buen testigo de lo que digo en alguna de estas partes, y volvamos a nuestra entrada en México, que nos llevaron a aposentar a unas grandes casas donde había aposentos para todos nosotros, que habían sido de su padre del gran Montezuma, que se decía Axayaca[31], adonde, en aquella sazón, tenía Montezuma sus grandes adoratorios de ídolos y tenía una recámara muy secreta de piezas y joyas de oro, que era como tesoro de lo que había heredado de su padre Axayaca, que no tocaba en ello. Y asimismo nos llevaron a aposentar a aquella casa por causa que, como nos llamaban *teules* y por tales nos tenían, que estuviésemos entre sus ídolos como *teules* que allí tenían. Sea de una manera o sea de otra, allí nos llevaron, donde tenían hechos grandes estrados y salas muy entoldadas de paramentos de la tierra para nuestro capitán, y para cada uno de nosotros otras camas de esteras[32] y unos toldillos encima, que no se da más cama por muy gran señor que sea, porque no las usan; y todos aquellos palacios, muy lucidos y encalados y barridos y enramados.

Y como llegamos y entramos en un gran patio, luego tomó por la mano el gran Montezuma a nuestro capitán, que allí le estuvo esperando, y le metió en el aposento y sala adonde había de posar, que le tenía muy ricamente aderezada para según su usanza, y tenía aparejado un muy rico collar de oro de hechura de camarones, obra muy maravillosa, y el mismo Montezuma se le echó al cuello a nuestro capitán Cortés, que tuvieron bien que mirar sus capitanes del gran favor que le dio. Y después que se lo hubo puesto Cortés le dio las gracias con nuestras lenguas, y dijo Montezuma: «Malinche: en vuestra casa estáis vos y vuestros hermanos; descansa.» Y luego se fue a sus palacios, que no estaban lejos, y nosotros repartimos nuestros aposentos por capitanías, y nuestra artillería asestada en parte conveniente, y muy bien platicado el orden que en todo habíamos de tener y estar muy apercibidos, así los de a caballo como todos nuestros soldados. Y nos tenían aparejada una comida muy suntuosa, a su uso y costumbre, que luego comimos. Y fue ésta nuestra venturosa y atrevida entrada en la gran ciudad de Tenustitlán[33] México, a ocho días del mes de noviembre, año de Nuestro Salvador Jesucristo de mil quinientos diecinueve años. Gracias a Nuestro Señor Jesucristo por todo, y puesto que no vaya

---

[24] almizcle, substancia odorífera.
[25] favor, beneficio.
[26] **a...** sucesivamente, una después de la otra.
[27] Cuitláhuac, un gran señor de México.
[28] dificultad.
[29] excavación larga en la tierra por donde va el agua.
[30] Le doy.

[31] Axayácatl.
[32] tejido de esparto o juncos.
[33] Tenochtitlán.

expresado otras cosas que había que decir, perdónenme sus mercedes que no lo sé mejor decir por ahora hasta su tiempo. Y dejemos de más pláticas, y volvamos a nuestra relación de lo que más nos avino, lo cual diré adelante.

FRANCISCO LÓPEZ DE GÓMARA (¿1511?—1566)

Entre 1541 y 1547, Francisco López de Gómara fue capellán y secretario de Hernán Cortés, a quien posiblemente conociera en la expedición de Argel. Aunque nunca estuvo en América, López de Gómara escribió una *Historia de las Indias* y una *Historia de la conquista de México,* dos partes de una de las crónicas más respetadas del descubrimiento. Más tarde, en 1553 publicó una *Crónica de la Nueva España.*

La *Historia general de las Indias y conquista de México* es un largo elogio a Hernán Cortés. Se ha criticado por su falta de objetividad, especialmente por la poca importancia que el clérigo da a las hazañas de los hombres que acompañaban al Conquistador. En efecto, uno de los objetivos de Bernal Díaz del Castillo al escribir su propia crónica de la Conquista fue corregir a López de Gómara, describiendo las preocupaciones y logros del soldado común. También se ha criticado el estilo del servidor de Cortés, que algunos consideran demasiado académico, especialmente en contraste con las descripciones vivas, coloridas y muy personales de un Díaz del Castillo. Hoy en día, sin embargo, López de Gómara se considera uno de los cronistas más importantes del período y su obra se alaba como un modelo de prosa renacentista por su llaneza y claridad.

Historia de la conquista de México

LA PLÁTICA QUE HIZO CORTÉS A LOS DE MÉXICO SOBRE LOS ÍDOLOS

«Todos los hombres del mundo, muy soberano rey[1], y nobles caballeros y religiosos, ora[2] vosotros aquí, ora nosotros allá en España, ora en cualquier parte, que vivan de él[3], tienen un mismo principio y fin de vida, y traen su comienzo y linaje de Dios, casi con el mismo Dios. Todos somos hechos de una manera de cuerpo, de una igualdad de ánima y de sentidos; y así, todos somos, no sólo semejantes en el cuerpo y alma, mas aun también parientes en sangre; empero acontece, por la providencia de aquel mismo Dios, que unos nazcan hermosos y otros feos; unos sean sabios y discretos, otros necios, sin entendimiento, sin juicio ni virtud; por donde es justo, santo y muy conforme a razón y a la voluntad de Dios, que los prudentes y virtuosos enseñen y doctrinen a los ignorantes, y guíen a los ciegos y que andan errados, y los metan en el camino de salvación por la vereda de la verdadera religión. Yo pues, y mis compañeros, vos[4] deseamos y procuramos también tanto bien y mejoría, cuanto más el parentesco, amistad y el ser vuestros huéspedes; cosas que a quien quiera y donde quiera, obligan, nos fuerzan y constriñen. En tres cosas, como ya sabréis, consiste el hombre y su vida: en cuerpo, alma y bienes. De vuestra hacienda, que es lo menos, ni queremos nada, ni hemos tomado sino lo que nos habéis dado. A vuestras personas ni a las de vuestros hijos ni mujeres, no habemos[5] tocado, ni aun queremos; el alma solamente buscamos para su salvación; a la cual ahora pretendemos aquí mostrar y dar noticia entera del verdadero Dios. Ninguno que natural juicio tenga, negará que hay Dios; mas empero por ignorancia dirá que hay muchos dioses, o no atinará al que verdaderamente es Dios. Mas yo digo y certifico que no hay otro Dios sino el nuestro de cristianos; el cual es uno, eterno, sin principio, sin fin, criador[6] y gobernador de lo criado[7]. El solo hizo el cielo, el sol, la luna y estrellas, que vosotros adoráis; él mismo crió la mar con los peces, y la tierra con los animales, aves, plantas, piedras, metales, y cosas semejantes, que ciegamente vosotros tenéis por dioses. El asimismo, con sus propias manos, ya después de todas las cosas criadas, formó un hombre y una mujer; y formado, le puso el alma con el soplo, y le entregó el mundo, y le mostró el paraíso, la gloria y a sí mismo. De aquel hombre, pues, y de aquella mujer venimos todos, como al principio dije; y así, somos parientes, y hechura de Dios, y aun hijos; y si queremos tornar al Padre, es menester que seamos buenos, humanos, piadosos, inocentes y corregibles; lo que no podéis vosotros ser si adoráis estatuas y matáis hombres. ¿Hay hombre de vosotros que querría le matasen? No por cierto. Pues ¿por qué matáis a otros tan cruelmente? Donde no podéis meter alma, ¿para qué la sacáis? Nadie hay de vosotros que pueda hacer ánimas ni sepa forjar cuerpos de carne y hueso; que si pudiese, no estaría ninguno sin hijos, y todos tendrían cuantos quisiesen y como los quisiesen, grandes, hermosos, buenos y virtuosos; empero, como los da este nuestro Dios del cielo que digo,

---

[1] Cortés se dirige a Moctezuma.

[2] ahora.

[3] **en**... ya sea cualquier parte del mundo donde vivan hombres.

[4] os.

[5] hemos.

[6] creador.

[7] creado.

dalos como quiere y a quien quiere, que por eso es Dios, y por eso le habéis de tomar, tener y adorar por tal, y porque llueve, serena y hace sol, con que la tierra produzca pan, fruta, yerbas, aves y animales para vuestro mantenimiento. No os dan estas cosas, no las duras piedras, no los maderos secos, ni los fríos metales ni las menudas semillas de que vuestros mozos y esclavos hacen con sus manos sucias estas imágenes y estatuas feas y espantosas, que vanamente adoráis. ¡Oh qué gentiles dioses, y qué donosos religiosos! Adoráis lo que hacen manos que no comeréis lo que guisan o tocan. ¿Creéis que son dioses lo que se pudre, carcome, envejece y sentido ninguno tiene? ¿Lo que ni sana ni mata? Así que no hay para qué tener más aquí estos ídolos, ni se hagan más muertes ni oraciones delante de ellos, que son sordos, mudos y ciegos. ¿Queréis conocer quién es Dios, y saber dónde está? Alzad los ojos al cielo, y luego entenderéis que está allá arriba alguna deidad que mueve el cielo, que rige el curso del sol, que gobierna la tierra, que bastece la mar, que provee al hombre y aun a los animales de agua y pan. A este Dios, pues, que ahora imagináis allá dentro en vuestros corazones, a ése servid y adorad, no con muerte de hombres ni con sangre ni sacrificios abominables, sino con sola devoción y palabras, como los cristianos hacemos; y sabed que para enseñaros esto venimos acá.»

Con este razonamiento aplacó Cortés la ira de los sacerdotes y ciudadanos; y con haber ya derribado los ídolos, antuviándose[8], acabó con ellos; otorgando[9] a Montezuma que no tornasen a los poner, y que barriesen y limpiasen la sangre hedionda de las capillas, y que no sacrificasen más hombres, y que le consintiesen poner un crucifijo y una imagen de santa María en los altares de la capilla mayor, adonde suben por las ciento y catorce gradas que dije. Montezuma y los suyos prometieron de no matar a nadie en sacrificio, y de tener la cruz e imagen de nuestra Señora, si les dejaban los ídolos de sus dioses que aún estaban en pie; y así lo hizo él, y lo cumplieron ellos, porque nunca después sacrificaron hombre, a lo menos en público ni de manera que españoles lo supiesen; y pusieron cruces e imágenes de nuestra Señora y de otros sus santos entre sus ídolos. Pero quedóles un odio y rencor mortal con ellos por esto, que no pudieron disimular mucho tiempo. Más honra y prez[10] ganó Cortés con esta hazaña cristiana que si los venciera en batalla.

---

[8] anticipándose (al discurso); Cortés destruyó los ídolos antes de explicarles a los indios por qué.
[9] advirtiendo, encargando.
[10] honor, gloria.

ALVAR NÚÑEZ CABEZA DE VACA (¿1490?—1559)

Alvar Núñez probablemente nació en Sevilla. Cabeza de Vaca no era propiamente su apellido, sino un título hereditario de la familia de su madre. Núñez llegó a las costas de Florida, posiblemente por la bahía de Tampa, en 1528 como tesorero de la expedición de Pánfilo de Narváez. A causa de varias desgracias, entre las cuales hay que contar la hostilidad de los indios, la empresa terminó en el desastre. Muchos españoles perecieron, pero Núñez y tres compañeros sobrevivieron, naufragados en una isla—tal vez la de Galveston o la de Mustang—cerca de las costas de Texas. Fueron capturados por unos indios, a quienes tuvieron que servir de esclavos hasta finalmente escaparse y emprender un largo viaje por tierra. Caminaron al azar por el sur de lo que son hoy los Estados Unidos. Cabeza de Vaca sabía algo de medicina, y su fama de curandero creció entre los indios, que atribuyeron poderes mágicos a los rezos cristianos. Gracias a estos dones, Núñez y sus compañeros fueron acogidos por varias tribus. Fueron tal vez los primeros hombres blancos en ver un búfalo. Sus relatos sobre los indios pueblos contribuyeron a la creencia en El Dorado, país legendario de incalculables riquezas que los conquistadores españoles buscaron afanosamente por décadas.

Los historiadores no están de acuerdo en cuanto a la ruta de Núñez y sus compañeros, pero es probable que llegaron al oeste de Texas, a Nuevo México, a Arizona y posiblemente a California antes de volver hacia el sur. En 1536 llegaron a Culiacán en México, donde contaron sus aventuras a los españoles que se encontraban allí. Núñez regresó a España y en 1542 publicó *Naufragios*, su versión de sus experiencias en el Nuevo Mundo. Los *Naufragios* describen con detalle las costumbres y maneras de los indios. La actitud del narrador es de gran admiración y curiosidad. Su estilo es sencillo y a veces revela cierta ingenuidad. Como Núñez fue el primer europeo en ver a muchas de estas comunidades indígenas, el documento tiene valor para el historiador y para el antropólogo. Ha sido traducido al inglés y se incluye en algunos estudios del suroeste de los Estados Unidos.

Pero el propósito del autor no fue sólo informar, sino también impresionar al rey con una enumeración de sus servicios. Como recompensa, la Corona nombró a Alvar Núñez adelantado de Asunción, en Paraguay. En Sudamérica tuvo menos éxito que en América del Norte, sin embargo. Se peleó con el popular gobernador de la provincia, Domingo Martínez de Irala, creador del Cabildo de Asunción y fundador de la ciudad. Al ponerse al lado de los indios en sus quejas contra los españoles, Núñez fue arrestado y encarcelado. Al volver a España, fue perdonado por el rey. Alvar Núñez cuenta sus experiencias en Sudamérica en *Comentarios*.

Véase *Naufragios y Comentarios,* (Madrid: Espasa-Calpe, 1957).

Naufragios

Capítulo XXIII

CÓMO NOS PARTIMOS DESPUÉS DE HABER COMIDO LOS PERROS

Después que comimos los perros, pareciéndonos que teníamos algún esfuerzo para poder ir adelante, encomendámonos a Dios nuestro Señor para que nos guiase, nos despedimos de aquellos indios, y ellos nos encaminaron a otros de su lengua que estaban cerca de allí. E yendo por nuestro camino llovió, y todo aquel día anduvimos con agua, y allende[1] de esto, perdimos el camino y fuimos a parar a un monte muy grande, y cogimos muchas hojas de tunas[2] y asámoslas aquella noche en un horno que hecimos[3], y dímosles tanto fuego, que a la mañana estaban para comer; y después de haberlas comido encomendámonos a Dios y partímonos, y hallamos el camino que perdido habíamos; y pasado el monte, hallamos otras casas de indios; y llegados allá, vimos dos mujeres y muchachos, que se espantaron, que andaban por el monte, y en vernos huyeron de nosotros y fueron a llamar a los indios que andaban por el monte; y venidos, paráronse a mirarnos detrás de unos árboles, y llamámosles y allegáronse con mucho temor; y después de haberlos hablado, nos dijeron que tenían mucha hambre, y que cerca de allí estaban muchas casas de ellos propios, y dijeron que nos llevarían a ellas; y aquella noche llegamos adonde había cincuenta casas, y se espantaban de vernos y mostraban mucho temor; y después que estuvieron algo sosegados de nosotros, allegábannos con las manos al rostro y al cuerpo, y después traían ellos sus mismas manos por sus caras y sus cuerpos, y así estuvimos aquella noche; y venida la mañana, trajéronnos los enfermos que tenían, rogándonos que los santiguásemos, y nos dieron de lo que tenían para comer, que eran hojas de tunas y tunas verdes asadas; y por el buen tratamiento que nos hacían, y porque aquello que tenían nos lo daban de buena gana y voluntad, y holgaban de quedar sin comer por dárnoslo, estuvimos con ellos algunos días; y estando allí, vinieron otros de más adelante. Cuando se quisieron partir dijimos a los primeros que nos queríamos ir con aquéllos. A ellos les pesó mucho, y rogáronnos muy ahincadamente que no nos fuésemos, y al fin nos despedimos de ellos, y los dejamos llorando por nuestra partida, porque les pesaba mucho en gran manera.

Capítulo XXIV

DE LAS COSTUMBRES DE LOS INDIOS DE AQUELLA TIERRA

Desde la isla de Mal Hado, todos los indios que hasta estas tierras vimos, tienen por costumbre desde el día que sus mujeres se sienten preñadas no dormir juntos hasta que pasen dos años que han criado los hijos, los cuales maman hasta que son de edad de doce años; que ya entonces están en edad que por sí saben buscar de comer. Preguntámosles que por qué los criaban así, y decían que por la mucha hambre que en la tierra había, que acontecía muchas veces, como nosotros víamos[4], estar dos o tres días sin comer, y a las veces[5] cuatro; y por esta causa los dejaban mamar, porque en los tiempos de hambre no muriesen; y ya que[6] algunos escapasen, saldrían muy delicados y de pocas fuerzas; y si acaso acontece caer enfermos algunos, déjanlos morir en aquellos campos si no es hijo, y todos los demás, si no pueden ir con ellos, se quedan; mas para llevar un hijo o hermano, se cargan y lo llevan a cuestas.

Todos éstos acostumbran dejar sus mujeres cuando entre ellos no hay conformidad, y se tornan[7] a casar con quien quieren; esto es entre los mancebos, mas los que tienen hijos permanecen con sus mujeres y no las dejan, y cuando en algunos pueblos riñen y traban cuestiones unos con otros, apuñéanse y apaléanse hasta que están muy cansados, y entonces se desparten[8]; algunas veces los desparten mujeres, entrando entre ellos, que hombres no entran a despartirlos; y por ninguna pasión que tengan no meten en ellas arcos ni flechas; y desque[9] se han apuñeado y pasado su cuestión, toman sus casas y mujeres, y vanse a vivir por los campos y apartados de los otros, hasta que se les pasa el enojo; y cuando ya están desenojados y sin ira, tórnanse a su pueblo, y de ahí adelante son amigos como si ninguna cosa hobiera[10] pasado entre ellos, ni es menester que nadie haga las amistades, porque de esta manera se hacen; y si los que riñen no son casados, vanse a otros sus vecinos, y aunque sean sus enemigos, los reciben bien y se huelgan mucho con ellos, y les dan de lo que tienen; de

---

[1] además.
[2] nopal (tipo de planta).
[3] hicimos.

[4] veíamos.
[5] **a**... a veces.
[6] **ya**... si.
[7] vuelven.
[8] **se**... separan.
[9] desde que, cuando.
[10] hubiera.

suerte, que cuando es pasado el enojo, vuelven a su pueblo y vienen ricos.

Toda es gente de guerra y tienen tanta astucia para guardarse de sus enemigos como ternían[11] si fuesen criados en Italia y en continua guerra. Cuando están en parte que sus enemigos los pueden ofender, asientan sus casas a la orilla del monte más áspero y de mayor espesura que por allí hallan, y junto a él hacen un foso, y en éste duermen. Toda la gente de guerra está cubierta con leña menuda, y hacen sus saeteras, y están tan cubiertos y disimulados, que aunque estén cabe[12] ellos no los ven, y hacen un camino muy angosto y entra hasta en medio del monte, y allí hacen lugar para que duerman las mujeres y niños, y cuando viene la noche encienden lumbres en sus casas para que si hobiere espías crean que están en ellas, y antes del alba tornan a encender los mismos fuegos; y si acaso los enemigos vienen a dar en las mismas casas, los que están en el foso salen a ellos y hacen desde las trincheras mucho daño, sin que los de fuera los vean ni los puedan hallar; y cuando no hay montes en que ellos puedan de esta manera esconderse y hacer sus celadas, asientan en llano en la parte que mejor les parece y cércanse de trincheras cubiertas de leña menuda y hacen sus saeteras, con que flechan a los indios, y estos reparos hacen para de noche. Estando yo con los de aguenes[13], no estando avisados, vinieron sus enemigos a media noche y dieron en ellos y mataron tres y hirieron otros muchos; de suerte que huyeron de sus casas por el monte adelante, y desque sintieron que los otros se habían ido, volvieron a ellas y recogieron todas las flechas que los otros les habían echado, y lo más encubiertamente que pudieron los siguieron, y estuvieron aquella noche sobre sus casas sin que fuesen sentidos, y al cuarto del alba les acometieron y les mataron cinco, sin otros muchos que fueron heridos, y les hicieron huir y dejar sus casas y arcos, con toda su hacienda; y de ahí a poco tiempo vinieron las mujeres de los que se llamaban quevenes, y entendieron entre ellos y los hicieron amigos, aunque algunas veces ellas son principio[14] de la guerra. Todas estas gentes, cuando tienen enemistades particulares, cuando no son de una familia[15], se matan de noche por asechanzas y usan unos con otros grandes crueldades.

Comentarios

CAPÍTULO X

DEL MIEDO QUE LOS INDIOS TIENEN A LOS CABALLOS

A los 14 días del mes de enero, yendo caminando por entre lugares de indios de la generación[16] de los guaraníes[17], todos los cuales los recibieron con mucho placer, y los venían a ver y traer maíz, gallinas y miel y de los otros mantenimientos; y como el gobernador se lo pagaba tanto a su voluntad, traíanle tanto, que lo dejaban sobrado por los caminos.

Toda esta gente anda desnuda en cueros, así los hombres como las mujeres; tenían muy gran temor de los caballos, y rogaban al gobernador que les dijese a los caballos que no se enojasen, y por los tener contentos los traían de comer; y así llegaron a un río ancho y caudaloso que se llama Iguatu[18], el cual es muy bueno y de buen pescado y arboledas, en la ribera del cual está un pueblo de indios de la generación de los guaraníes, los cuales siembran su maíz y cazabi[19] como en todas las otras partes por donde habían pasado, y los salieron a recebir como hombres que tenían noticia de su venida y del buen tratamiento que les hacían; y les trujeron[20] muchos bastimentos, porque los tienen. En toda aquella tierra hay muy grandes piñales de muchas maneras, y tienen las piñas como ya está dicho atrás. En toda esta tierra los indios les servían, porque siempre el gobernador les hacía buen tratamiento.

Este Iguatu está de la banda del oeste en veinte y cinco grados; será tan ancho como el Guadalquivir. En la ribera del cual, según la relación hobieron[21] de los naturales, y por lo que vio por vista de ojos, está muy poblado, y es la más rica gente de toda aquella tierra y provincia, de labrar y criar, porque crían muchas gallinas, patos y otras aves, y tienen mucha caza de puercos y venados, y dantas y perdices, codornices y faisanes, y tienen en el río gran pesquería, y siembran y cogen mucho maíz, batatas, cazabi, mandubies[22], y tienen otras muchas frutas, y de los árboles cogen gran cantidad de miel. Estando en este pueblo, el gobernador acordó de escrebir los

---

[11] tendrían.
[12] junto a.
[13] nombre de una tribu de indios.
[14] causa.
[15] linaje o clan.

[16] descendencia.
[17] pueblo del sur de Latinoamérica. El idioma guaraní todavía se habla corrientemente en Paraguay y en partes de la Argentina.
[18] Iguasú.
[19] El casabe o mandioca es indígena en el Brasil y se cultiva hoy en día en muchos países tropicales y subtropicales. De sus raíces se extrae una fécula con la que se prepara la tapioca.
[20] trajeron.
[21] que tuvieron.
[22] cacahuetes.

oficiales de Su Majestad, y capitanes y gentes que residían en la ciudad de la Ascensión, haciéndoles saber cómo por mandado de Su Majestad los iba a socorrer, y envió dos indios naturales de la tierra con la carta. Estando en este río del Piqueri una noche mordió un perro en una pierna a un Francisco Orejón, vecino de Avila, y también allí le adolecieron[23] otros catorce españoles, fatigados del largo camino; los cuales se quedaron con el Orejón que estaba mordido del perro, para venirse poco a poco; y el gobernador les encargó a los indios de la tierra para que los favoreciesen y mirasen por ellos, y los encaminasen para que pudiesen venirse en su seguimiento estando buenos; y porque tuviesen voluntad de lo hacer dio al principal del pueblo y a otros indios naturales de la tierra y provincia, muchos rescates, con que quedaron muy contentos los indios y su principal. En todo este camino y tierra por donde iba el gobernador y su gente haciendo el descubrimiento, hay grandes campiñas de tierras, y muy buenas aguas, ríos, arroyos y fuentes, y arboledas y sombras, y la más fértil tierra del mundo, muy aparejada para labrar y criar, y mucha parte de ella para ingenios de azúcar, y tierra de mucha caza, y la gente que vive en ella, de la generación de los guaraníes; comen carne humana, y todos son labradores y criadores de patos y gallinas, y toda gente muy doméstica y amiga de cristianos, y que con poco trabajo vernán[24] en conocimiento de nuestra santa fe católica, como se ha visto por experiencia; y según la manera de la tierra, se tiene por cierto que si minas de plata ha de haber, ha de ser allí.

GONZALO FERNÁNDEZ DE OVIEDO (1478–1557)

La obra del historiador Gonzalo Fernández de Oviedo refleja el interés del hombre del Renacimiento por el medio ambiente—la flora, la fauna, el paisaje. Como otros varios de su generación—Luis de Granada, por ejemplo—Fernández de Oviedo muestra una fascinación por la naturaleza. Su *Sumario de la natural historia de las Indias,* publicado en 1526, contiene una abundancia de noticias sobre el continente recién descubierto y es un precursor de los estudios científicos que le seguirán. El espíritu de erudición de Fernández de Oviedo se ve en su gusto por la clasificación y el detalle.

El autor tuvo una vida muy activa. Hizo dos viajes al Nuevo Mundo y en 1532 fue nombrado cronista general. Tres años después publicó la primera parte de su *General*

y natural historia de las Indias, obra que está repleta de datos sobre el período posterior al descubrimiento y de descripciones de la naturaleza. Consta de 50 tomos, de los cuales sólo 20 aparecieron en vida del escritor.

Sumario de la natural historia de las Indias

DE LOS PESCADOS Y PESQUERÍAS

En Tierra Firme los pescados que hay, y yo he visto, son muchos y muy diferentes; y pues de todos no será posible decirse aquí, diré de algunos . . . y diré algo más largo lo que toca a tres pescados que de suso[1] se nombraron, que son: tortuga, tiburón y el manatí.

Y comenzando del primero, digo que en la isla de Cuba se hallan tan grandes tortugas, que diez y quince hombres son necesarios para sacar del agua una de ellas; esto he oído yo decir en la misma isla a tantas personas de crédito, que lo tengo por mucha verdad; pero lo que yo puedo testificar de vista de las que en Tierra Firme se matan, yo la he visto en la villa de Acla, que seis hombres tenían bien qué llevar en una, y comúnmente las menores es harta carga una de ellas para dos hombres; y aquella que he dicho que vi llevar a seis, tenía la concha de ella por la mitad del lomo siete palmos de vara[2] de luengo[3], y más de cinco en ancho o por el través de ella.

Tómanlas de esta manera: a veces acaece que caen en las grandes redes barrederas[4] algunas tortugas, pero de la manera que se toman en cantidad es cuando las tortugas se salen de la mar a desovar o a pacer[5] fuera por las playas; y así como los cristianos o los indios topan el rastro de ellas en el arena, van por él; y en topándola, ella echa a huir para el agua, pero como es pesada, alcánzala luego con poca fatiga, y pónenles un palo entre los brazos, debajo, y trastórnanlas de espalda así como van corriendo, y la tortuga se queda así que no se puede tornar a enderezar; y dejada así, si hay otro rastro de otra o otras, van a hacer lo mismo, y de esta forma toman muchas donde salen como es dicho. Es muy excelente pescado, y de muy buen sabor y sano.

El segundo pescado de los tres que de suso se dijo, se llama tiburón; éste es grande pescado, y muy suelto en el agua y muy carnicero, y tómanse muchos de ellos, así caminando las naves a la vela por el mar Océano, como surgidas y de otras maneras, en especial los pequeños; pero los mayores

---

[23] enfermaron.
[24] vendrán.

[1] arriba.
[2] medida de longitud, cuarta parte de una vara (21 cm.); el palmo equivale al ancho de la mano extendida.
[3] largo.
[4] red que se arrastra por el fondo del agua.
[5] comer.

se toman navegando los navíos, en esta forma: que como el tiburón ve las naos[6], las sigue y se va tras ellas, comiendo la basura y inmundicias que de la nao se echan fuera; y por cargada de velas que vaya la nao y por próspero tiempo que lleve, cual ella lo debe desear, la va siempre el tiburón a la par, y le da en torno muchas vueltas, y acaece seguir a la nao ciento y cincuenta leguas y más; y así podría todo lo que quisiese; y cuando lo quieren matar, echan por popa de la nao un anzuelo de cadena, tan grueso como el dedo pulgar, y tan luengo como tres palmos, encorvado, como suelen estar los anzuelos, y las orejas de él a proporción de la groseza, y al cabo del asta[7] del dicho anzuelo, cuatro o cinco eslabones de hierro gruesos, y del último atado un cabo de una cuerda, grueso como dos veces o tres el dicho anzuelo; y ponen en él una pieza de pescado o tocino, o carne cualquiera, o parte de la asadura de otro tiburón, si le han muerto, porque en un día yo he visto tomar nueve, y si se quisieran tomar más, también se pudiera hacer; y el dicho tiburón, por mucho que la nao corra, la sigue, como es dicho, y trágase todo el dicho anzuelo, y de la sacudida de la fuerza de él mismo, y con la furia que va la nao, así como traga el cebo y se quiere desviar, luego el anzuelo se atraviesa, y le pasa y sale por una quijada la punta de él; y prendido, son algunos de ellos tan grandes, que doce y quince hombres o más son necesarios para lo guindar[8] y subir en el navío; y metido en él, un marinero le da con el cotillo[9] de un hacha en la cabeza grandes golpes, y lo acaba de matar; son tan grandes que algunos pasan de diez y doce pies y más; y en la groseza, por lo más ancho, tiene cinco y seis y siete palmos; y tienen muy gran boca a proporción del cuerpo, y en ella dos órdenes de dientes en torno, la una distante de la otra algo[10], y muy espesos y fieros los dientes; y muerto, hácenlo lonjas delgadas, y pónenlas a enjugar[11] dos o tres o más días, colgadas por las jarcias del navío, al aire, y después se las comen . . .

Estos tiburones salen de la mar, y súbense por los ríos, y en ellos no son menos peligrosos que los lagartos grandes de que atrás se dijo largamente; porque también los tiburones se comen los hombres, y las vacas y yeguas, y son muy peligrosos en los vados o parte de los ríos donde una vez se ceban.

Otros pescados muchos, y muy grandes y pequeños, y de muchas suertes se toman desde los navíos corriendo a la vela; de lo cual diré tras el manatí, que es el tercero de los tres que dije de suso que expresaría.

El manatí es un pescado de mar, de los grandes, y mucho mayor que el tiburón en groseza y de luengo, y feo mucho, que parece una de aquellas odrinas[12] grandes en que se lleva mosto[13] en Medina del Campo y Arévalo; y la cabeza de este pescado es como de una vaca, y los ojos por semejante, y tiene unos tocones[14] gruesos en lugar de brazos, con que nada, y es animal muy mansueto[15], y sale hasta la orilla del agua, y si desde ella puede alcanzar algunas yerbas que estén en la costa en tierra, pácelas; mátanlos los ballesteros, y asimismo a otros muchos y muy buenos pescados, con la ballesta, desde una barca o canoa, porque andan someros[16] de la superficie del agua; y como lo ven, danle una saetada con un arpón . . . ; y vase huyendo, y en tanto el ballestero da cordel, y echa muchas brazas de él fuera, y en el fin del hilo un corcho o palo; y desque ha andado bañando la mar de sangre, y está cansado, y vecino a la fin de la vida, llégase él mismo hacia la playa o costa, y el ballestero va cogiendo su cuerda, y desque le quedan siete o diez brazas, o poco más o menos, tira del cordel hacia tierra, y el manatí se allega hasta tanto que toca en tierra, y las ondas del agua le ayudan a encallarse[17] más, y entonces el dicho ballestero y los que le ayudan, acábanle de echar en tierra; y para lo llevar a la ciudad o adonde le han de pesar, es menester una carreta y un par de bueyes, y a las veces dos pares, según son grandes estos pescados. Asimismo, sin que se llegue a la tierra, lo meten en la canoa, porque como se acaba de morir, se sube sobre el agua: creo que es uno de los mejores pescados del mundo en sabor, y el que más parece carne; y en tanta manera en la vista es próximo a la vaca, que quien no le hubiere visto entero, mirando una pieza de él cortada, no se sabrá determinar si es vaca o ternera, y de hecho lo tendrían por carne, y se engañarán en esto todos los hombres del mundo; y asimismo el sabor es de muy excelente ternera propiamente, y la cecina[18] de él muy especial, y se tiene en mucho . . .

Estos manatíes tienen una cierta piedra o hueso en la cabeza, entre los sesos o meollo, la cual es muy útil para el mal de la ijada, y muélenla después de haberla muy bien quemado, y aquel polvo molido tómase, cuando el dolor se siente, por la mañana en

---

[6] naves, barcos.
[7] cuerno, cabo.
[8] subir.
[9] parte del martillo con que se golpea
[10] un poco.
[11] secar.

[12] receptáculo para vino que se hace de un cuero de buey.
[13] jugo de la uva, antes de fermentar.
[14] parte de una extremidad cortada.
[15] manso.
[16] casi afuera.
[17] dar en arena.
[18] carne salada y secada.

ayunas, tanta parte como se podrá coger con una blanca de a maravedí[19], en un trago de muy buen vino blanco; y bebiéndolo así tres o cuatro mañanas, quítase el dolor, según algunos que lo han probado me han dicho; y como testigo de vista, digo que he visto buscar esta piedra con gran diligencia a muchos para el efecto que he dicho.

EL INCA GARCILASO DE LA VEGA (1539–1616)

El Inca Garcilaso de la Vega ha pasado a la historia como el primer cronista auténticamente americano. A diferencia de sus predecesores, nació en América, hijo de un capitán que pertenecía a una distinguida familia española y de una princesa inca. Por su lado paterno, el Inca Garcilaso tenía vínculos con el mundo literario español de su época; su padre era primo del famoso poeta del mismo nombre.

Durante la época de la conquista y la colonización, era costumbre repartir a las indias nobles entre los aristócratas españoles. Sebastián Garcilaso de la Vega, el padre del Inca Garcilaso, llegó al Nuevo Mundo con los conquistadores y participó en las campañas de México, Guatemala, Ecuador y Colombia. Combatió con Francisco Pizarro y entre el botín que le tocó después de la conquista del Perú se incluía a la princesa Isabel Chumpu Ocllo, prima de Atahualpa. Los conquistadores no se casaban con las mujeres indias sino que las mantenían para su placer y satisfacción. Sin embargo, el padre de Garcilaso parece haberse enamorado de doña Isabel, ya que construyó una casa en Cuzco y vivió con ella durante catorce años. Desde temprano en el período colonial se enviaban mujeres españolas a América para asegurar que el Nuevo Mundo fuera poblado por la raza vencedora. Cuando empezaron a llegar mujeres españolas al Perú, Sebastián abandonó a su amante india y se casó con una mujer de su país, lo cual afectó profundamente a su hijo.

A pesar de esta situación problemática, el joven Inca Garcilaso heredó lo mejor de las dos culturas de sus padres. De niño vivió con su madre, donde oyó muchas de las historias y leyendas que integra a sus *Comentarios reales*. Como hijo de un noble español, recibió una excelente educación humanística. Aprendió español, latín y quechua. A los veinte años salió de Cuzco, pasando por Lima, Panamá y Lisboa antes de llegar a España, donde completó sus estudios. En Córdoba los parientes de su padre lo recibieron con cariño y le concedieron una modesta renta.

Como su padre, El Inca fue militar y alcanzó el grado de capitán. Combatió con Juan de Austria en las Alpujarras, después de lo cual volvió a Córdoba, donde se

Estatua de oro típica de las de los indios Quimbayas de Colombia (ca. 1500). (Museo de América, Madrid)

relacionó con muchos escritores distinguidos. Se ordenó de clérigo en 1600 y nunca más regresó a su tierra natal.

El Inca Garcilaso empezó su carrera literaria traduciendo los *Diálogos de amor* del italiano León Hebreo, una de las obras más influyentes del Renacimiento. Algunos críticos opinan que la versión del peruano, que se distingue por su estilo terso y preciso, es desde un punto de vista literario aún mejor que el original. El hecho de que el Inca Garcilaso haya traducido la obra de León Hebreo demuestra hasta qué punto estaba empapado de la cultura europea de su época. En 1605, publicó *La Florida del Inca,* que trata de la expedición de Hernando de Soto. El libro se basa en el relato de un amigo que había acompañado al explorador español y contiene muchos elementos ficticios.

La obra maestra del Inca Garcilaso son sus *Comentarios reales,* que aparecieron en 1609, en Lisboa. Trazan la historia del Imperio de los Incas hasta la llegada de los españoles, incorporando muchas de las historias y leyendas que había escuchado en la casa de su madre. Uno de los objetivos del autor fue corregir los errores de otros cronistas que se habían basado en información de segunda mano, ya que no conocían la cultura indígena y no entendían el idioma quechua. Los *Comentarios reales* revelan la gran nostalgia que tenía el Inca Garcilaso por su país materno y por la cultura avanzada de sus antepasados indios. Es evidente también el cariño y la veneración que sentía por su madre y su irritación contra el despótico virrey Toledo, que era responsable de la destrucción de ruinas sagradas y aldeas indias. Pero a pesar de su enfado, el autor mantiene siempre un tono discreto y controlado. Algunos investigadores han sugerido que a causa de su condición de mestizo, no se atrevió a criticar directa y abiertamente a los españoles.

[19] moneda antigua.

El hecho de estar agudamente consciente de los abusos de los vencedores del Perú no disminuye la admiración que siente el Inca Garcilaso por la cultura española. Amaba ambos lados de su herencia. Su obra, escrita en un español sencillo y elegante, con numerosas referencias clásicas y varios episodios imaginarios inspirados por la literatura caballeresca, es un producto del Renacimiento europeo tanto como un tributo a la grandeza incaica. Aunque no encontramos en su estilo la ornamentación excesiva que caracteriza el barroco, utiliza un vocabulario variado en el cual introduce arcaísmos y palabras en quechua.

En 1617 el Inca Garcilaso publicó una segunda parte de su obra, titulada *Historia general del Perú,* el tema de la cual es la conquista y gobierno del Perú por los españoles. Esta obra, de menos valor literario que los *Comentarios reales*, ha atraído escasa atención crítica. Los *Comentarios*, en cambio, fueron muy populares hasta el siglo XIX, cuando el Consejo de Indias determinó que el libro era peligroso porque podía incitar a los indios a la rebelión. Hoy en día, ha vuelto a ocupar la posición que merece en la historia de la literatura hispánica.

Recomendamos: *Comentarios reales de los Incas,* ed. Aurelio Miró Quesada (Caracas: Fundación Biblioteca Ayacucho, 1985).

Comentarios reales

Capítulo XV

EL ORIGEN DE LOS INCAS, REYES DEL PERÚ

Viviendo o muriendo aquellas gentes de la manera que hemos visto, permitió Dios Nuestro Señor que de ellos mismos saliese un lucero del alba, que en aquellas oscurísimas tinieblas les diese alguna noticia de la ley natural, y de la urbanidad y respetos que los hombres debían tenerse unos a otros, y que los descendientes de aquél, procediendo de bien en mejor, cultivasen a aquellas fieras y las convirtiesen en hombres haciéndoles capaces de razón y de cualquiera buena doctrina; para que cuando ese mismo Dios, sol de justicia, tuviese por bien de enviar la luz de sus divinos rayos a aquellos idólatras, los hallase no tan salvajes, sino más dóciles para recibir la fe católica, y la enseñanza y doctrina de nuestra Santa Madre Iglesia Romana, como después acá la han recibido, según se verá lo uno y lo otro, en el discurso de esta historia. Que por experiencia muy clara se ha notado, cuánto más pronto y ágiles estaban para recibir el evangelio los indios que los reyes Incas sujetaron, gobernaron y enseñaron, que no las demás naciones comarcanas, donde aún no había llegado la enseñanza de los Incas; muchas de las cuales están hoy tan bárbaras y brutas como antes se estaban, con haber setenta y un años que los españoles entraron en el Perú. Y

pues estamos a la puerta de este gran laberinto, será bien pasemos adelante a dar noticia de lo que en él había.

Después de haber dado muchas trazas, y tomando muchos caminos para entrar a dar cuenta del origen y principio de los Incas, reyes naturales que fueron del Perú, me pareció que la mejor traza y el camino más fácil y llano, era contar lo que en mis niñeces oí muchas veces a mi madre y a sus hermanos y tíos, y a otros sus mayores, acerca de este origen y principio; porque todo lo que por otra parte se dice de él, viene a reducirse en lo mismo que nosotros diremos, y será mejor que se sepa por las propias palabras que los Incas lo cuentan, que no por la de otros autores extraños. Es así que residiendo mi madre en el Cuzco, su patria, venían a visitarla casi cada semana los pocos parientes y parientas, que de las crueldades y tiranías de Atahualpa[1], como en su vida contaremos, escaparon, en las cuales visitas, siempre sus más ordinarias pláticas eran tratar del origen de sus reyes, de la majestad de ellos, de la grandeza de su imperio, de sus conquistas y hazañas, del gobierno que en paz y en guerra tenían, de las leyes que tan en provecho y favor de sus vasallos ordenaban. En suma, no dejaban cosa de las prósperas que entre ellos hubiese acaecido que no trajesen a cuenta.

De las grandezas y prosperidades pasadas venían a las cosas presentes: lloraban sus reyes muertos, enajenado su imperio, y acabada su república, etc. Estas y otras semejantes pláticas tenían los Incas y Pallas[2] en sus visitas, y con la memoria del bien perdido, siempre acababan su conversación en lágrimas y llanto, diciendo: «Trocósenos el reinar en vasallaje, etc.» En estas pláticas yo como muchacho, entraba y salía muchas veces donde ellos estaban, y me holgaba de las oír, como huelgan los tales de oír fábulas. Pasando, pues, días, meses y años, siendo ya yo de dieciséis o diecisiete años, acaeció que estando mis parientes un día en esta su conversación hablando de sus reyes y antiguallas, al más anciano de ellos, que era el que daba cuenta de ellas, le dije: «Inca, tío, pues no hay escritura entre vosotros, que es la que guarda la memoria de las cosas pasadas, ¿qué noticias tenéis del origen y principio de nuestros reyes? Porque allá los españoles, y las otras naciones sus comarcanas, como tienen historias divinas y humanas, saben por ellas cuándo empezaron a reinar sus reyes y los ajenos, y el trocarse unos imperios en otros, hasta saber cuántos mil años ha que Dios crió el cielo y la tierra, que todo esto y mucho más saben por sus

---

[1] último Inca o emperador del Perú (1500—1533); fue apresado y ejecutado por Francisco Pizarro.

[2] mujeres de sangre real.

libros. Empero vosotros que carecéis de ellos, ¿qué memoria tenéis de vuestras antiguallas? ¿Quién fue el primero de nuestros Incas? ¿Cómo se llamó? ¿Qué origen tuvo su linaje? ¿De qué manera empezó a reinar? ¿Con qué gente y armas conquistó este grande Imperio? ¿Qué origen tuvieron nuestras hazañas?»

El Inca, como que holgándose de haber oído las preguntas, por el gusto que recibía de dar cuenta de ellas, se volvió a mí, que ya otras muchas veces le había oído, mas ninguna con la atención que entonces, y me dijo: «Sobrino, yo te las diré de muy buena gana, a ti te conviene oírlas y guardarlas en el corazón; es frase de ellos por decir en la memoria. Sabrás que en los siglos antiguos toda esta región de tierra que ves, eran unos grandes montes y breñales, y las gentes en aquellos tiempos vivían como fieras y animales brutos, sin religión ni policía, sin pueblo ni casa, sin cultivar ni sembrar la tierra, sin vestir ni cubrir sus carnes, porque no sabían labrar algodón ni lana para hacer de vestir. Vivían de dos en dos, y de tres en tres, como acertaban a juntarse en las cuevas y resquicios de peñas y cavernas de la tierra; comían como bestias yerbas del campo y raíces de árboles, y la fruta inculta que ellos daban de suyo, y carne humana. Cubrían sus carnes con hojas y cortezas de árboles, y pieles de animales; otros andaban en cueros. En suma vivían como venados y salvajinas, y aun en las mujeres se habían como los brutos, porque no supieron tenerlas propias y conocidas.»[3]

Adviértase, porque no enfade, el repetir tantas veces estas palabras, *nuestro padre el sol*, que era lenguaje de los Incas, y manera de veneración y acatamiento decirlas siempre que nombraban al sol, porque se preciaban descender de él; y al que no era Inca, no le era lícito tomarlas en la boca, que fuera blasfemia, y lo apedrearan. Dijo el Inca: «Nuestro padre el sol, viendo los hombres tales, como te he dicho, se apiadó y hubo lástima de ellos, y envió del cielo a la tierra un hijo y una hija de los suyos para que los doctrinasen en el conocimiento de nuestro padre el sol, para que lo adorasen y tuviesen por su dios, y para que les diesen preceptos y leyes en que viviesen como hombres en razón y urbanidad; para que habitasen en casas y pueblos poblados, supiesen labrar las tierras, cultivar las plantas y mieses, criar los ganados y gozar de ellos y de los frutos de la tierra, como hombres racionales, y no como bestias.

«Con esta orden y mandato puso nuestro padre el sol estos dos hijos suyos en la laguna Titicaca[4], que está ochenta leguas de aquí, y les dijo que fuesen por do[5] quisiesen, y do quiera que parasen a comer o a dormir, procurasen hincar en el suelo una barrilla de oro, de media vara en largo y dos dedos en grueso, que les dio para señal y muestra que donde aquella barra se les hundiese, con sólo un golpe que con ella diesen en tierra, allí quería el sol nuestro padre, que parasen e hiciesen su asiento y corte. A lo último les dijo: 'Cuando hayáis reducido esas gentes a nuestro servicio, los mantendréis en razón y justicia, con piedad, clemencia y mansedumbre, haciendo en todo oficio de padre piadoso para con sus hijos tiernos y amados, a imitación y semejanza mía, que a todo el mundo hago bien, que les doy mi luz y claridad para que vean y hagan sus haciendas, y les caliento cuando han frío, y crío sus pastos y sementeras; hago fructificar sus árboles y multiplico sus ganados; lluevo y sereno a sus tiempos, y tengo cuidado de dar una vuelta cada día al mundo por ver las necesidades que en la tierra se ofrecen, para las proveer y socorrer, como sustentador y bienhechor de las gentes; quiero que vosotros imitéis este ejemplo como hijos míos, enviados a la tierra sólo para la doctrina y beneficio de esos hombres, que viven como bestias. Y desde luego os constituyo y nombro por reyes y señores de todas las gentes que así doctrinaréis con vuestras buenas razones, obras y gobierno.' Habiendo declarado su voluntad nuestro padre el sol a sus dos hijos, los despidió de sí.

«Ellos salieron de Titicaca, y caminaron al septentrión,[6] y por todo el camino, do quiera que paraban, tentaban hincar la barra de oro y nunca se les hundió. Así entraron en una venta o dormitorio pequeño, que está siete u ocho leguas al mediodía de esta ciudad, que hoy llaman Pacarec Tampu, que quiere decir venta, o dormida, que amanece. Púsole este nombre el Inca, porque salió de aquella dormida al tiempo que amanecía. Es uno de los pueblos que este príncipe mandó poblar después, y sus moradores se jactan hoy grandemente del nombre, porque lo impuso nuestro Inca; de allí llegaron él y su mujer, nuestra reina, a este valle del Cuzco, que entonces todo él estaba hecho montaña brava[7].»

ANTONIO DE SOLÍS Y RIBADENEYRA (1610—1686)

Historiador, poeta y dramaturgo, Antonio de Solís nació en Alcalá de Henares y fue contemporáneo y discípulo de Pedro Calderón de la Barca. Compuso varias comedias, entre ellas, *Amor y obligación, El Alcázar del secreto*

---

[3] **se**... se portaban como los brutos, porque no se casaban.
[4] lago situado en la altiplanicie andina de Perú y Bolivia a 3.815 metros de altura. Pertenece a ambos países, cuya frontera cruza toda su extensión.

[5] donde.
[6] norte.
[7] arbolada.

y *La gitanilla de Madrid*, pero es conocido especialmente por su crónica, *Historia de la conquista de México, población y progresos de la América septentrional, conocida con el nombre de Nueva España* (1686).

Nombrado cronista oficial por la Corona, Solís es el último de los grandes cultivadores del género y su obra es uno de los últimos libros en prosa del Siglo de Oro. A diferencia de la mayoría de sus predecesores, él nunca estuvo en el Nuevo Mundo. Basó sus escritos en los relatos de otros, por ejemplo, Cortés, Gómara (quien tampoco había estado en América) y Díaz del Castillo. No fue conquistador, sino artista, y su obra es más bien una recreación o resumen erudito de obras anteriores. El público del siglo XVIII, influido por los gustos neoclásicos, prefirió su estilo refinado y elegante a la prosa viva pero menos cuidada de los conquistadores. Hoy en día se lee a Solís mucho menos que a Cortés o a Bernal Díaz.

Véase: *Historia y conquista de México* (México, D. F.: Innovación, 1979).

Historia de la conquista de México

Libro II

CAPÍTULO IV

REFIÉRENSE DIFERENTES PRODIGIOS Y SEÑALES QUE SE VIERON EN MÉXICO ANTES QUE LLEGASE CORTÉS, DE QUE APRENDIERON LOS INDIOS QUE SE ACERCABA LA RUINA DE AQUEL IMPERIO

Sabido quién era Moctezuma y el estado y grandeza de su imperio, resta inquirir los motivos en que se fundaron este príncipe y sus ministros para resistir porfiadamente a la instancia de Hernán Cortés; primera diligencia del demonio y primera dificultad de la empresa. Luego que se tuvo en México noticia de los españoles, cuando el año antes arribó a sus costas Juan de Grijalva[1], empezaron a verse en aquella tierra diferentes prodigios y señales de grande asombro, que pusieron a Moctezuma en una como certidumbre de que se acercaba la ruina de su imperio, y a todos sus vasallos en igual confusión y desaliento.

Duró muchos días un cometa espantoso, de forma piramidal, que, descubriéndose a la media noche, caminaba lentamente hasta lo más alto del cielo, donde se deshacía con la presencia del sol.

Viose después en medio del día salir por el poniente otro cometa o exhalación a manera de una serpiente de fuego con tres cabezas, que corría velocísimamente hasta desaparecer por el horizonte contrapuesto, arrojando infinidad de centellas que se desvanecían en el aire.

La gran laguna de México rompió sus márgenes y salió impetuosamente a inundar la tierra, llevándose tras sí algunos edificios con un género de ondas que parecían hervores, sin que hubiese avenida o temporal a qué atribuir este movimiento de las aguas. Encendióse de sí mismo uno de sus templos, y sin que se hallase el origen o la causa del incendio ni medio con que apagarle, se vieron arder hasta las piedras, y quedó todo reducido a poco más que ceniza. Oyéronse en el aire por diferentes partes voces lastimosas que pronosticaban el fin de aquella monarquía, y sonaba repetidamente el mismo vaticinio en las respuestas de los ídolos, pronunciando en ellos el demonio lo que pudo conjeturar de las causas naturales que andaban movidas, o lo que entendería quizá el Autor de la naturaleza, que algunas veces le atormenta con hacerle instrumento de la verdad. Trajéronse a la presencia del rey diferentes monstruos de horrible y nunca vista deformidad, que, a su parecer, contenían significación y denotaban grandes infortunios; y si se llamaron monstruos de lo que demuestran, como lo creyó la antigüedad, que les puso este nombre, no era mucho que se tuviesen por presagios entre aquella gente bárbara, donde andaban juntas la ignorancia y la superstición.

Dos casos muy notables refieren las historias, que acabaron de turbar el ánimo de Moctezuma, y no son para omitidos, puesto que no los desestiman el padre José de Acosta, Juan Botero y otros escritores de juicio y autoridad. Cogieron unos pescadores cerca de la laguna de Méjico un pájaro monstruoso de extraordinaria hechura y tamaño, y dando estimación a la novedad, se le presentaron al rey. Era horrible su deformidad, y tenía sobre la cabeza una lámina resplandeciente, a manera de espejo, donde reverberaba el sol con un género de luz maligna y melancólica. Reparó en ella Moctezuma, y acercándose a reconocerla, vio dentro una representación de la noche, entre cuya obscuridad se descubrían algunos espacios de cielo estrellado, tan distintamente figurados, que volvió los ojos al sol, como quien no acaba de creer el día; y al ponerlos segunda vez en el espejo, halló en lugar de la noche, otro mayor asombro, porque se le ofreció a la vista un ejército de gente armada que venía de la parte del oriente haciendo grande estrago en los de su nación. Llamó a sus agoreros[2] y sacerdotes para consultarles este prodigio, y el ave estuvo inmóvil hasta que muchos de ellos hicieron la misma experiencia; pero luego se les fue, o se les deshizo entre las manos, dejándoles otro agüero en el asombro de la fuga.

---

[1] conquistador español (¿1489?–1527) que se distinguió en la conquista de Cuba. Velázquez lo envió a explorar el Yucatán. Murió en Nicaragua.

[2] alguien que adivina por agüeros; alguien que predice, especialmente males o desdichas.

Pocos días después vino al palacio un labrador, tenido en opinión de hombre sencillo, que solicitó con porfiadas y misteriosas instancias la audiencia del rey. Fue introducido a su presencia después de varias consultas; y hechas sus humillaciones sin género de turbación ni encogimiento, le dijo en su idioma rústico, pero con un género de libertad y elocuencia que daba a entender algún furor más que natural, o que no eran suyas sus palabras: «Ayer tarde, señor, estando en mi heredad ocupado en el beneficio de la tierra, vi un águila de extraordinaria grandeza que se abatió impetuosamente sobre mí, y arrebatándome entre sus garras, me llevó largo trecho por el aire, hasta ponerme cerca de una gruta espaciosa, donde estaba un hombre con vestiduras reales durmiendo entre diversas flores y perfumes, con un pebete encendido en la mano. Acerquéme algo más, y vi una imagen tuya, o fuese tu misma persona, que no sabré afirmarlo, aunque a mi parecer tenía libres los sentidos. Quise retirarme, atemorizado y respectivo[3], pero una voz impetuosa me detuvo y me sobresaltó de nuevo, mandándome que te quitase el pebete de la mano y le aplicase a una parte del muslo que tenías descubierta; rehusé cuanto pude el cometer semejante maldad, pero la misma voz con horrible superioridad me violentó a que obedeciese. Yo mismo, señor, sin poder resistir, hecho entonces del temor el atrevimiento, te apliqué el pebete encendido sobre el muslo, y tú sufriste el cauterio sin despertar ni hacer movimiento. Creyera que estabas muerto, si no se diera a conocer la vida en la misma quietud de tu respiración, declarándose el sosiego en falta de sentido; y luego me dijo aquella voz, que al parecer se formaba en el viento: 'Así duerme tu rey, entregado a sus delicias y vanidades, cuando tiene sobre sí el enojo de los dioses, y tantos enemigos que vienen de la otra parte del mundo a destruir su monarquía y su religión. Dirásle que despierte a remediar, si puede, las miserias y calamidades que le amenazan.' Y apenas pronunció esta razón[4], que traigo impresa en la memoria, cuando me prendió el águila entre sus garras y me puso en mi heredad sin ofenderme. Yo cumplo así lo que me ordenan los dioses: despierta, señor, que los tiene irritados tu soberbia y tu crueldad. Despierta, digo otra vez, o mira cómo duermes, pues no te recuerdan[5] los cauterios de tu conciencia, ni ya puedes ignorar que los clamores de tus pueblos llegaron al cielo primero que a tus oídos.»

Estas o semejantes palabras dijo el villano, o el espíritu que hablaba en él, y volvió las espaldas con tanto denuedo, que nadie se atrevió a detenerle. Iba Moctezuma, con el primer movimiento de su ferocidad, a mandar que le matasen, y le detuvo un nuevo dolor que sintió en el muslo, donde halló y reconocieron todos estampada la señal del fuego, cuya pavorosa demostración le dejó atemorizado y discursivo; pero con resolución de castigar al villano, sacrificándole a la aplacación de sus dioses: avisos o amonestaciones motivadas por el demonio, que traían consigo el vicio de su origen, sirviendo más a la ira y a la obstinación que al conocimiento de la culpa . . .

Estas y otras señales portentosas que se vieron en México y en diferentes partes de aquel imperio, tenían abatido el ánimo de Moctezuma, y tan asustados a los prudentes de su consejo, que cuando llegó la segunda embajada de Cortés creyeron que tenían sobre sí toda la calamidad y ruina de que estaban amenazados.

---

[3] respetuoso.

[4] estas palabras.
[5] despiertan.

Historiografía peninsular

JUAN DE MARIANA (1536—1624)

El interés en las exploraciones de Indias demuestra no sólo la curiosidad que siente el español por las tierras recién descubiertas sino también una preocupación por la historia en general. El hombre del Renacimiento busca una comprensión de sus orígenes y de su mundo en la investigación histórica. Entre los estudios que aparecen durante el siglo XVI se destaca el del Padre Juan de Mariana por su amplitud y por la habilidad artística que el autor trae al género.

Juan de Mariana nació en Talavera. Ingresó a la orden jesuita y escribió varios tratados políticos y morales en latín. El más conocido es *De rege et regis institutione* sobre el origen del poder real. En este estudio el autor expone sus ideas sobre las responsabilidades del monarca y defiende la licitud del tiranicidio.

La gran contribución de Juan de Mariana a la historiografía es su *Historia general de España*, escrita primero en latín y después traducida al castellano por el propio autor. Más que la veracidad de los hechos, le interesaba al autor comunicar el drama y color del pasado. Incorpora elementos fabulosos, legendarios y tradicionales para recrear la historia de una manera viva e interesante. Se ha observado que el Padre Mariana a veces no le prestaba gran atención a la autenticidad de sus fuentes; más que el valor documental, a él le interesaba el aspecto humano.

Una de las características más sobresalientes de la *Historia general de España* es su calidad de testimonio vivo, aun en los incontables casos en que el autor no presenció los acontecimientos. En su comentario sobre Don Rodrigo, último rey visigodo y símbolo de la vergüenza nacional por haber sido derrotado por los musulmanes en la batalla de Guadalete en 711, el Padre Mariana describe a los antiguos habitantes de España como si él hubiera sido testigo de su degeneración: «tenían los cuerpos flacos y los ánimos afeminados . . . Todo era convites, manjares delicados y vino, con que tenían estragadas las fuerzas.» A veces describe el estado mental de figuras históricas como si fueran personajes novelísticos: «Resolvió en su pensamiento diversas trazas, resolvióse de apresurar la traición que poco antes tenía tramada, dio orden en las cosas de Africa, y con tanto sin dilación pasó a España; que el dolor de la afrenta le aguijaba y espoleaba.» Frecuentemente el autor introduce comentarios personales: «Paréceme a mí que por estos tiempos el reino y nación de los godos eran grandemente miserables . . .» Los elementos moralizadores y didácticos nunca desaparecen de su obra. En su capítulo sobre las costumbres de los españoles se queja del daño causado por «El trato y comunicación de las otras naciones que acuden a la fama de nuestras riquezas y traen mercaderías que son a propósito para enflaquecer los naturales con su regalo y su blandura . . .» La obra ofrece varios ejemplos de pueblos que han sido derrotados por su propia falta de moderación. A través de la *Historia general* predomina un espíritu nacional. Los españoles modernos se retratan como una raza fuerte, valiente, viril y virtuosa que en ciertas ocasiones se pone en peligro al ceder al exceso. El mensaje está claro. El éxito político y militar ha traído riquezas que están infundiendo un debilitante gusto por el placer.

El estilo de Juan de Mariana es fluido, claro y enérgico. Es fácil ver en sus vivas descripciones de acontecimientos y personajes históricos las semillas de la novela.

Véase *Historia de España*, ed. Manuel Ballesteros (Zaragoza: Ebro, 1972).

Historia general de España

CAPÍTULO VI

DE LAS COSTUMBRES DE LOS ESPAÑOLES

Groseras y sin policía ni crianza fueron antiguamente las costumbres de los españoles: sus ingenios más de fieras que de hombres. En guardar secreto se señalaron extraordinariamente: no eran parte los tormentos, por rigurosos que fuesen, para hacérsele quebrantar. Sus ánimos, inquietos y bulliciosos; ligereza y soltura de los cuerpos, extraordinaria; dados a las religiones falsas y culto de los dioses; aborrecedores del estudio de las ciencias, bien que de grandes ingenios. Lo cual, transferidos en otras provincias, mostraron bastantemente: que ni en la claridad de entendimiento, ni en la excelencia de memoria, ni aun en la elocuencia y hermosura de las palabras daban ventaja a ninguna otra nación. En la guerra fueron más valientes contra los enemigos que astutos y sagaces. El arreo[1] de que usaban, simple y grosero; el mantenimiento, más en cantidad que exquisito ni regalado; bebían de ordinario agua, vino poco; contra los malhechores eran rigurosos, con los extranjeros benignos y amorosos.

Esto fue antiguamente, porque en este tiempo mucho se han acrecentado así los vicios como las virtudes. Los estudios de sabiduría florecen cuanto en cualquier parte del mundo. En ninguna provincia hay mayores ni más ciertos premios para la virtud; en ninguna nación tiene la carrera más abierta y patente el valor y doctrina para adelantarse . . . En lo que más se señalan es en la constancia de la religión y creencia antigua, con tanta mayor gloria, que en las naciones comarcanas en el mismo tiempo todos los ritos y ceremonias se alteraron con opiniones nuevas y extravagantes. Dentro de España florece el consejo; fuera, las armas. Sosegadas las guerras domésticas y echados los moros de España, han peregrinado por gran parte del mundo con fortaleza increíble. Los cuerpos son por naturaleza sufridores de trabajos y de hambre, virtudes con que han vencido todas las dificultades, que han sido en ocasiones muy grandes por mar y por tierra. Verdad es que en nuestra edad se ablandan los naturales y enflaquecen con la abundancia de deleites y con el aparejo que hay de todo gusto y regalo de todas maneras en comida y en vestido y en todo lo ál[2]. El trato y comunicación de las otras naciones que acuden a la fama de nuestras riquezas y traen mercaderías que son a propósito para enflaquecer los naturales con su regalo y blandura son ocasión deste daño. Con esto, debilitadas las fuerzas y estragadas con las costumbres extranjeras, demás desto por la disimulación de los príncipes y por la licencia y libertad del vulgo, muchos viven desenfrenados sin poner fin ni tasa ni a la lujuria, ni a los gastos, ni a los arreos y galas. Por donde, como dando vuelta la fortuna, desde el lugar más alto do estaba, parece a los prudentes y avisados que (mal pecado) nos amenazan graves daños y desventuras;

---

[1] adorno.

[2] demás.

principalmente por el grande odio que nos tienen las demás naciones, cierto compañero sin duda de la grandeza y de los grandes imperios, pero ocasionado en parte de la aspereza de las condiciones de los nuestros, y de la severidad y arrogancia de algunos de los que mandan y gobiernan.

Libro VI

Capítulo XXI

DE LOS PRINCIPIOS DEL REY DON RODRIGO

Tal era el estado de las cosas de España a la sazón que don Rodrigo, excluidos los hijos de Witiza[3], se encargó del reino de los godos por voto, como muchos sienten, de los grandes; que ni las voluntades de la gente se podían soldar por estar entre sí diferentes con las parcialidades y bandos, ni tenían fuerzas bastantes para contrastar a los enemigos de fuera. Hallábanse faltos de amigos que los socorriesen, y ellos por sí mismos tenían los cuerpos flacos y los ánimos afeminados a causa de la soltura de su vida y costumbres. Todo era convites, manjares delicados y vino, con que tenían estragadas las fuerzas, y con las deshonestidades de todo punto perdidas, y a ejemplo de los principales los más del pueblo hacían una vida torpe e infame. Eran muy a propósito para levantar bullicios, para hacer fieros y desgarros; pero muy inhábiles para acudir a las armas y venir a las puñadas con los enemigos. Finalmente el imperio y señorío ganado por valor y esfuerzo se perdió por la abundancia y deleites que de ordinario le acompañan. Todo aquel vigor y esfuerzo con que tan grandes cosas en guerra y en paz acabaron, los vicios le apagaron, y juntamente desbarataron toda la disciplina militar, de suerte que no se pudiera hallar cosa en aquel tiempo más estragada que las costumbres de España, ni gente más curiosa en buscar todo género de regalo.

Paréceme a mí que por estos tiempos el reino y nación de los godos eran grandemente miserables, pues como quier que por su esfuerzo hubiesen paseado gran parte de la redondez del mundo, y ganado grandes victorias y con ellas gran renombre y riquezas; con todo esto no faltaron quienes por satisfacer a sus antojos y pasiones con corazones endurecidos pretendiesen destruirlo todo: tan grande era la dolencia y peste que estaba apoderada de los godos. Tenía el nuevo rey partes aventajadas[4], y prendas de cuerpo y alma que daban claras muestras de señaladas virtudes. El cuerpo endurecido con los trabajos, acostumbrado a la hambre, frío y calor y falta de sueño. Era de corazón osado para cometer

cualquiera hazaña, grande su liberalidad, y extraordinaria la destreza para granjear las voluntades, tratar y llevar al cabo negocios dificultosos. Tal era antes que le entregasen el gobernalle[5]; mas luego que le hicieron rey, se trocó y afeó todas las sobredichas virtudes con no menores vicios. En lo que más se señaló fue en la memoria de las injurias, la soltura en las deshonestidades y la imprudencia en todo lo que emprendía. Finalmente fue más semejante a Witiza, que a su padre ni a sus abuelos . . . Las cosas particulares que hizo fueron éstas: lo primero, con nuevos pertrechos y fábricas ensanchó y hermoseó el palacio que su padre edificara cerca de Córdoba, según que ya se dijo, por donde los moros adelante le llamaron comúnmente el palacio de don Rodrigo . . . Demás desto llamó del destierro y tuvo cerca de sí a su primo don Pelayo con cargo de capitán de su guarda, que era el más principal en la corte y casa real. Amábale mucho así por el deudo[6], como por haber los años pasados corrido la misma fortuna que él. Por el contrario el odio que tenía contra Witiza comenzó a mostrar en el mal tratamiento que hacía a sus hijos en tanto grado que así por esto, como por el miedo que tenían de mayor daño, se resolvieron de ausentarse de la corte y aun de toda España, y pasar en aquella parte de Berbería que estaba sujeta a los godos, y se llamaba Mauritania Tingitana[7].

Tenía el gobierno a la sazón de aquella tierra un conde por nombre Requila, lugarteniente, como yo entiendo, del conde Don Julián, persona tan poderosa que demás desto tenía a su cargo el gobierno de la parte de España cercana al estrecho de Gibraltar, paso muy corto para Africa. Asimismo en la comarca de Consuegra poseía un gran estado suyo y muchos pueblos, riquezas y poder tan grande como de cualquiera otro del reino, y de que el mismo rey se pudiera recelar. Estos fueron los primeros principios, y como semilla de lo que avino adelante, ca[8] los hijos de Witiza, antes de pasar en Africa, trataron con otras personas principales de tomar las armas. Pretendían estar malamente agraviados. Asistíales y estaba de su parte el arzobispo don Oppas, persona de sangre real y de muchos aliados. Otros asimismo les acudían[9], quien con deseo de vengarse, quien con esperanza de mejorar su partido, si la feria se revolvía; que tal es la costumbre de la guerra, unos bajan y otros suben. Fuera justo acudir éstos a principios y desbaratar la

---

[3] rey visigodo español (701–710), sucedido por don Rodrigo.
[4] **partes**... buenas cualidades.
[5] timón.
[6] parentesco.
[7] provincia romana que corresponde al norte de Marruecos. La capital, Tingis, es el Tánger actual.
[8] porque.
[9] **asimismo**... se unían a ellos.

semilla de tanto mal, pero antes en lugar desto de nuevo se enconaron las voluntades con un nuevo desorden y caso que sucedió y dio ocasión a los bulliciosos de cubrir y colorear la maldad (que hasta entonces temerían de comenzar) con muestra de justa venganza.

Era costumbre en España que los hijos de los nobles se criasen en la casa real. Los varones acompañaban y guardaban la persona del rey, servían en casa y a la mesa; los que tenían edad, iban en su compañía cuando salía a caza, y seguíanle a la guerra con sus armas: escuela de que salían gobernadores prudentes, esforzados y valerosos capitanes. Las hijas servían a la reina en su aposento: allí las amaestraban en toda crianza, hacer labor, cantar y danzar cuanto a mujeres pertenecía. Llegadas a edad, las casaban conforme a la calidad de cada cual.

Entre éstas una hija del conde Julián llamada Cava, moza de extremada hermosura, se criaba en servicio de la reina Egilona. Avino[10] que jugando con sus iguales descubrió gran parte de su cuerpo. Acechábalas el rey de cierta ventana, que con aquella vista fue de tal manera herido y prendado, que ninguna otra cosa podía de ordinario pensar. Avivábase en sus entrañas aquella deshonesta llama, y cebábase con la vista ordinaria de aquella doncella, que era la parte por do le entró el mal. Buscó tiempo y lugar a propósito, mas como ella no se dejase vencer con halagos, ni con amenazas y miedos, llegó su desatino a tanto que le hizo fuerza, con que se despeñó a sí y a su reino en su perdición como persona estragada con los vicios, y desamparada de Dios. Hallábase a la sazón el conde don Julián ausente en Africa, ca el rey le enviara[11] en embajada sobre negocios muy importantes. Apretaba a su hija el dolor; y la afrenta recibida la tenía como fuera de sí; no sabía qué partido se tomase, si disimular, si dar cuenta de su daño. Determinóse de escribir una carta a su padre de este tenor[12]:

«Ojalá, padre y señor, ojalá la tierra se me abriese antes que me viera puesta en condición de escribiros estos renglones, y con tan triste nueva poneros en ocasión de un dolor y quebranto perpetuo. Con cuántas lágrimas escriba esto, estas manchas y borrones lo declaran; pero si no lo hago luego, daré sospecha que, no sólo el cuerpo ha sido ensuciado, sino también amancillada el alma con mancha e infamia perpetua. ¿Qué salida tendrán nuestros males? ¿Quién sino vos pondrá reparo a nuestra cuita[13]? ¿Esperaremos hasta tanto que el tiempo saque a luz lo que ahora está secreto, y de nuestra afrenta haga infamia más pesada que la misma muerte? Avergüénzome de escribir lo que no me es lícito callar, ¡oh triste y miserable suerte! En una palabra: vuestra hija, vuestra sangre, y de la alcuña[14] real de los godos, por el rey don Rodrigo, al que estaba (mal pecado) encomendada, como la oveja al lobo, con una maldad increíble ha sido afrentada. Vos, si sois varón, haréis que el gusto que tomó de nuestro daño, se le vuelva en ponzoña, y no pase sin castigo la burla y befa que hizo a nuestro linaje y a nuestra casa.»

Grande fue la cuita que con esta carta cayó en el conde y con estas nuevas: no hay para qué encarecerlo, pues cada cual lo podrá juzgar por sí mismo. Resolvió en su pensamiento diversas trazas, resolvióse de apresurar la traición que poco antes tenía tramada, dio orden en las cosas de Africa, y con tanto sin dilación pasó a España; que el dolor de la afrenta le aguijaba y espoleaba. Era hombre mañoso, atrevido, sabía muy bien fingir y disimular. Así llegado a la corte, con relatar lo que había hecho y con acomodarse con el tiempo, crecía en gracia y privanza, de suerte que le comunicaban todos los secretos, y se hallaba a los consejos de los negocios más graves del reino; lo cual todo no se hacía sólo por sus servicios y partes, sino más aína[15] por amor de su hija. Para encaminar sus negocios al fin que deseaba, persuadió al rey que pues España estaba en paz, y los moros y franceses por diversas partes corrían las tierras de Africa y de Francia, que enviase contra ellos a aquellas fronteras todo lo que restaba de armas y caballos; que era desnudar el reino de fuerzas para que no pudiese resistir. Concluido esto como deseaba, dio a entender que su mujer estaba en Africa doliente de una grave y larga enfermedad: que ninguna cosa la podría tanto alentar, como la vista de su hija muy amada; que esto le avisaban y certificaban por sus cartas así ella como los de su casa. Fue la diligencia que en esto puso tan grande, que el rey dio licencia sea forzado de la necesidad, mayormente que prometía sería la vuelta en breve, sea por estar ya cansado y enfadado como suele acontecer de aquella conversación.

En la ciudad de Málaga, que está a las riberas del mar Mediterráneo, hay una puerta llamada de la Cava, por donde se dice como cosa recibida de padres a hijos, que salió esta señora para embarcarse. A la misma sazón el rey, que por tantos desórdenes era aborrecido de Dios y de las gentes, cometió un nuevo desconcierto con que dio muestra de faltarle la razón y prudencia.

---

[10] ocurrió.
[11] había enviado.
[12] **de**... de esta manera.
[13] cuidado, sufrimiento.

[14] linaje.
[15] **más**... más bien.

Había en Toledo un palacio encantado, como lo cuenta el arzobispo don Rodrigo, cerrado con gruesos cerrojos y fuertes candados para que nadie pudiese en él entrar, ca estaban persuadidos así el pueblo como los principales que a la hora que fuese abierto, sería destruida España. Sospechó el rey que esta voz era falsa para efecto de encubrir los grandes tesoros que pusieron allí los reyes pasados. Demás desto, movido por curiosidad, sin embargo que le ponían grandes temores, como sean las voluntades de los reyes tan determinadas en lo que una vez proponen, hizo quebrantar las cerraduras. Entró dentro: no halló algunos tesoros, sólo un arca, y en ella un lienzo y en él pintados hombres de rostros y hábitos extraordinarios con un letrero en latín que decía: «Por esta gente será en breve destruida España». Los trajes y gestos parecían de moros: así los que presentes se hallaron, quedaron persuadidos que aquel mal y daño vendría de Africa; y no menos arrepentido el rey, aunque tarde, de haber sin propósito y a grande riesgo escudriñado y sacado a luz misterios encubiertos hasta entonces con tanto cuidado.

Algunos tienen todo esto por fábula, por invención y patraña: nos ni la aprobamos por verdadera, ni la desechamos como falsa; el lector podrá juzgar libremente, y seguir lo que le pareciere probable: no pareció pasarla en silencio por los muchos y muy graves autores que la relatan, bien que no todos de una manera.

LOS DIDACTICOS

El clima político, religioso y cultural del siglo XVI se presta al desarrollo de la prosa moral. Período de experimentación y de reevaluación, el principio del siglo presencia grandes cambios producidos por conflictos internos, el ascenso al trono de un monarca extranjero y el influjo de ideas que llegan de todas partes de Europa.

En 1478 Juana de Aragón, hija de Fernando e Isabel, se casa con Felipe I el Hermoso, archiduque de Austria. Felipe se disgusta casi inmediatamente con su suegro Fernando. Al mismo tiempo, Juana empieza a mostrar síntomas de locura. A la muerte de Isabel la Católica, Felipe toma posesión del reino de Castilla en 1506, iniciando así la dinastía de Austria. Felipe muere ese mismo año y Fernando asume la regencia durante la minoría de su nieto Carlos I.

La muerte de Fernando el Católico en 1516 deja a España en un estado de confusión. Juana es incapaz de gobernar por su debilidad mental. Carlos, rey de España y emperador de Alemania, asciende al trono. Dueño de España y sus colonias, de Flandes y Austria, se dice que el sol no se pone en su Imperio. Sin embargo, el reinado de Carlos está cargado de problemas. Sus súbditos españoles se resisten a ser gobernados por un rey flamenco que pasa mucho tiempo fuera del país y que vive rodeado de consejeros extranjeros. Aunque su elección como Emperador del Sacro Imperio Romano Germánico aumenta su prestigio, muchos españoles se quejan de los excesivos impuestos que sirven para mantener cortes en el extranjero y para satisfacer el sueño de dominación de Carlos. En 1520 estalla la sublevación de los comuneros, que la Corona logra ahogar. El levantamiento de las Comunidades es descrito por Pero Mexía, que ve el asunto como una lucha entre las fuerzas del bien y del mal. (págs. 163–167.)

Más problemática aún es la insurgencia religiosa que amenaza el Imperio. Martín Lutero, un monje agustino y profesor de filosofía de la Universidad de Erfurt, se enfrenta a los predicadores de la Bula de las Indulgencias en 1517. Lutero ataca la autoridad de la Iglesia en dos tratados escritos en 1519 y 1520, lo que provoca su excomunión. Lutero rehusa someterse al Papa. La Reforma protestante ha comenzado.

La Reforma sustrae a la obediencia de los papas a una gran parte de Europa, destruyendo la unidad del Imperio y hundiendo al continente en la guerra. Aunque nace de causas religiosas, también juegan un papel importante varios factores políticos y económicos. Los numerosos abusos de la Iglesia, que se ha convertido en un poder temporal e interviene en la política de todos los estados europeos, contribuyen al sentimiento muy difundido al principio del siglo XVI de que es esencial que la Iglesia se reforme. La corrupción de muchos curas, que se muestran más interesados en acumular bienes temporales y en gozar de placeres sensuales que en el bienestar espiritual de sus feligreses, indigna a los intelectuales de tendencias reformadoras. Desde fines de la Edad Media se habla de la necesidad de volver a un cristianismo más puro y primitivo que haga hincapié en la bondad, el amor al prójimo, la relación íntima que existe entre el hombre y Dios y la lectura de la Biblia, suprimiendo los excesivos ritos y fiestas impuestos por las autoridades eclesiásticas.

El Renacimiento también contribuye al ambiente de reforma. Abundan nuevos conceptos en la filosofía, las ciencias y las artes. Se rechaza la adhesión ciega a las autoridades y se inicia un nuevo espíritu de independencia intelectual y de investigación. Con su interés en remontarse a textos originales, el humanismo provoca una vuelta a la Sagrada Escritura. En 1525, Lutero traduce la Biblia al alemán con la esperanza de hacerla accesible al hombre común, que no lee latín. La invención de la imprenta favorece la difusión de ideas y hace posible que las ideas de los reformadores se conozcan en todas partes de Europa.

Los príncipes alemanes, resentidos contra la Iglesia por el poder temporal que ejerce, reaccionan favorablemente a la Reforma. Su afiliación con la Iglesia Luterana les permite secularizar los bienes eclesiásticos y combatir contra el Emperador. Lutero define su doctrina en la Asamblea de Augsburgo en 1530. Los puntos capitales son los siguientes: autoridad soberana de la Sagrada Escritura (y no del Papa); santificación del hombre por la fe sola; libre examen de la Biblia bajo la inspiración del Espíritu Santo; eliminación de todos los sacramentos con la excepción del bautismo y la comunión; culto rendido únicamente a

Yelmo de Carlos V.

Dios con la exclusión del de la Virgen, los santos y las reliquias; eliminación de la confesión oral, de la jerarquía eclesiástica, del celibato sacerdotal y de los votos monásticos. La aceptación de las nuevas ideas por la nobleza alemana conduce al reconocimiento legal del luteranismo en Alemania. Después, la doctrina de Lutero se extiende a los países escandinavos y a otras partes de Europa.

No todos los reformadores rompen con la Iglesia. El humanista holandés Erasmo de Rotterdam apoya muchos de los ideales de la Reforma sin convertirse al protestantismo. Celebrado por sus conocimientos enciclopédicos y su agudo humor satírico, Erasmo se burla de la ignorancia de clérigos y legos y ataca los abusos de la Iglesia. Propagador del espíritu humanístico, Erasmo enseña la moderación y la tolerancia. Ejerce una gran influencia en España, donde dos de sus seguidores más enérgicos son Juan y Alfonso Valdés (págs. 146–163).

A pesar de los numerosos problemas que plagan el reinado de Carlos V, el principio del siglo XVI en España es un período caracterizado más bien por el optimismo. España es sin duda el país más poderoso e influyente de Europa. La afluencia de oro, plata y otros productos del Nuevo Mundo llena los cofres. La presencia española en Italia asegura un intercambio cultural y las nuevas formas artísticas del Renacimiento italiano entran con fuerza en España. Artistas de Flandes, de Alemania y de otros países acuden a España y desarrollan las artes plásticas. En las cámaras reales se cultiva la música y en los palacios se organizan representaciones teatrales.

La influencia italiana contribuye al desarrollo de los estudios humanísticos, que adquieren una gran importancia en esta época. El apogeo de la Universidad de Salamanca se inicia a fines del siglo XV y se prolonga hasta fines del siglo XVI. Allí enseña Nebrija después de pasar diez años en Italia. Allí estudian Juan del Encina y Fernando de Rojas, autor de *La Celestina*. El Cardenal Francisco Jiménez de Cisneros, confesor de la reina Isabel, funda la Universidad de Alcalá, e invita a helenistas, hebraístas y otros sabios a participar en la preparación de una *Biblia Políglota Complutense,* que se publica entre 1514 y 1517. Se despierta un intenso interés en lo clásico, y se prodigan las traducciones del griego y del latín. Se cree, si no en el perfeccionamiento del ser humano, por lo menos en el valor de la lucha por la perfección. Una gran parte de la prosa didáctica de los siglos XVI y XVII refleja el deseo de mejorar la sociedad (Guevara, Quevedo, Santos), de crear al hombre o a la mujer perfecta (Fray Luis de León), de producir al cortesano y al príncipe perfecto (Saavedra Fajardo, Quevedo, Gracián) o de fundar el gobierno perfecto (Quevedo). Es un período de intensa crítica social y del utopismo literario que se ve en la novela de caballerías y la pastoril.

A mediados del siglo XVI empiezan a vislumbrarse señas de un cambio dramático en la mentalidad nacional. En vez del optimismo, un amargo pesimismo caracteriza el barroco. No se trata de una ruptura total con el Renacimiento; siguen cultivándose lo clásico, las formas italianas, el idioma nacional; siguen siendo importantes la psicología humana, el amor, la crítica social. Se cultivan muchos de los mismos tipos y géneros literarios que antes; reaparecen los mismos temas, preocupaciones, imágenes. Pero se advierten una nueva amargura, una desesperación y un cinismo menos perceptibles—excepto en el *Lazarillo* y algunas cuantas obras más—en la época anterior.

Las semillas de esta mudanza se encuentran ya al principio del siglo XVI. El descubrimiento de América y descubrimientos científicos hechos posibles por el mejoramiento de la óptica (y, con él, la invención del telescopio) revelan la existencia de una realidad más allá de lo visible. El hombre empieza a dudar de la veracidad del mundo que siempre ha conocido. Al mismo tiempo, el protestantismo subraya la necesidad de dudar de la autoridad. En Francia y en el norte de Europa, el escepticismo—la filosofía de la duda—alcanza cierta popularidad; por medio de Erasmo, el médico y filósofo Francisco Sánchez y ciertos teólogos jesuitas, que utilizan argumentos escépticos para probar la autoridad de la Iglesia, esta filosofía llega a España. Estos desarrollos científicos y filosóficos contribuyen a la creencia de que la evidencia empírica no conduce necesariamente a la verdad. Por lo tanto, mucho de lo que consideramos «realidad» no es más que engaño.

Los comienzos del protestantismo provocan una reacción violenta. Carlos V, dirigido espiritualmente por un grupo de consejeros formados en el humanismo e influidos por las ideas de Erasmo, adopta una actitud conciliadora con los protestantes en la Dieta de Worms (1521)

Retrato de Carlos V pintado por Tiziano. (Museo del Prado)

El fanatismo religioso trae la persecución de humanistas y otros intelectuales. La España abierta del principio del siglo se transforma en una España cerrada. En 1547 la Inquisición prohibe numerosos libros de importancia, entre ellos, varios escritos de Erasmo y todas las Biblias en lenguas modernas. Se veda la importación de libros extranjeros y se imponen restricciones en cuanto a la producción de textos devocionales. Al mismo tiempo, se les niega a los españoles permiso para estudiar en el extranjero (aunque hay notables excepciones). España se aísla—no sólo de la circulación de ideas de Europa sino del mismo Papa. Para fines del siglo XVI, el país está en un estado de crisis.

La energía creadora e intelectual no se dirige hacia la investigación. Es una época de grandes descubrimientos científicos en Europa; es la época de Galileo, Copérnico, Kepler, Tycho Brahe. Pero desde mediados del siglo XVI, España queda afuera, iniciando el atraso científico que caracterizará el país por cuatro siglos. Ya que le es prohibida la indagación intelectual, el espíritu explorador y creativo se dedica al perfeccionamiento de la forma artística. El barroco no produce una literatura desprovista de contenido—al contrario, es un período muy rico en ideas—pero los conceptos se desarrollan dentro del marco aceptado por la Contrarreforma.

La frustración del artista se expresa no siempre por la crítica directa, sino por la creación de una realidad caótica y grotesca. Se busca la belleza en lo feo y lo deformado, como se ha visto en la poesía de Góngora. En la prosa tanto como en la poesía, predomina la inquietud metafísica y religiosa. Toda la literatura de este período

y en la Asamblea de Augsburgo (1530). Al fracasar sus intentos de llegar a un acuerdo, se dedica totalmente a la defensa del catolicismo. El resultado es una serie de guerras en defensa del Imperio contra Francisco I de Francia, contra los protestantes, contra el Papa mismo, cuando el papado rehusa secundar la política del Emperador.

En 1540, Ignacio de Loyola funda la Compañía de Jesús, que será brazo de la lucha religiosa contra el protestantismo. En 1545, el Papa reúne, al fin, el Concilio de Trento (1545–1563), que lleva a cabo una rígida reforma interna de la Iglesia. Impone una severa disciplina moral, reacciona contra el paganismo renacentista y suprime toda disidencia dogmática. Al mismo tiempo, condena la superstición y afirma el libre albedrío del individuo (que será uno de los grandes temas del barroco).

Felipe II (1527–1598) sigue la política de su padre. Defensor fanático del catolicismo, combate contra Francia por el dominio de Italia y contra el Papa Paulo IV, aliado de los franceses. Logra dar un golpe decisivo al poder turco en Lepanto en 1571. Pero las continuas guerras y los gastos extravagantes del rey empobrecen la nación. Cuando muere Felipe, España está en la bancarrota. Además, el fracaso de la Armada Invencible en 1588 inicia el ocaso militar de España y un período de intenso pesimismo de parte de los intelectuales.

Felipe II y su cuarta esposa, Ana de Austria. (El Escorial)

está saturada de un fuerte sentido de desengaño que contrasta con el iluminismo y el optimismo del temprano Renacimiento. Se busca un alejamiento de lo mundanal. La ironía de un Quevedo, por ejemplo, es una escapatoria que le permite al autor distanciarse de la podredumbre de una sociedad en decadencia. El cinismo de un Gracián satisface la misma función. Otra actitud que se observa ante la degeneración social y política es el ascetismo más extremado, que se verá en los místicos del próximo capítulo.

ANTONIO DE GUEVARA (¿1480?—1545)

Aunque fue uno de los escritores más influyentes de su época, poco se sabe de la niñez de Fray Antonio de Guevara. Nació probablemente en Treceño (Santander). Era de estirpe antigua y noble por parte de ambos padres. Muy joven, fue llevado a la corte de los Reyes Católicos donde dice que vivió «más acompañado de vicios, que no de cuidados». En el año 1492, Pedro Mártir de Anglería fue nombrado maestro de humanidades del príncipe don Juan, y muchos hijos de nobles—entre ellos, Antonio de Guevara—se reunían con el joven príncipe a tomar lecciones. Don Juan murió en 1497 y su madre en 1504. La muerte de la reina Isabel fue un golpe duro y decisivo para Guevara que, hasta entonces dedicado a los placeres del palacio, sufrió una crisis de conciencia que le hizo cambiar su vida. El antiguo condiscípulo del príncipe salió entonces de la corte y entró a la orden franciscana. Con los años, llegó a ser un famoso orador y fue nombrado predicador y cronista de Carlos V.

Pero Antonio de Guevara no dejó de participar en asuntos del estado. Intervino activamente en el sofocamiento de la rebelión de los Comuneros en 1520. En cartas vituperosas que escribe durante esta época, acusa a los líderes de las Comunidades de guiarse por motivos mezquinos de lucro y de interés. Estas acusaciones se las repitió a los propios jefes rebeldes, amenazándolos con publicar el estigma de su traición en su crónica. Hoy en día muchos historiadores concuerdan en que la fuerza y la crueldad de los ataques de Guevara no hicieron nada para apaciguar el alboroto, sino que lo empeoraron.

Sin embargo, en 1523, como premio por haber ayudado a poner fin a la sublevación, se le dio primero una plaza en el Consejo de la Inquisición de Toledo y más tarde se le nombró Inquisidor de Valencia. En este último cargo acompañó al Duque de Segorde en su asalto contra la sierra de Espadán, centro de la rebeldía morisca. Guevara afirma haber bautizado a los habitantes de veintisiete mil casas moras en el reino de Valencia, de donde pasó a Granada a continuar su labor. En 1529 fue elegido Obispo de Guadix. Ese mismo año salió su libro *Relox de príncipes o Marco Aurelio.*

En su función de cronista real, acompañó a Carlos V en un viaje a Túnez en 1535. De allí pasaron a Italia, donde vieron las señorías de Venecia, de Génova y de Florencia, además de los palacios de muchos potentados italianos. El viaje impresionó profundamente a Guevara, que probablemente ya pensara en su tratado moral, *Menosprecio de corte y alabanza de aldea,* impreso en 1539, con sus *Epístolas familiares.* Al regresar a España, Guevara se trasladó a Mondoñedo, donde murió agobiado por la gota y por problemas renales.

La pureza del campo, que Guevara canta en su libro más conocido, fue uno de los grandes temas del Renacimiento. En el ambiente bucólico, alejado del caos y de la corrupción de la *polis,* el poeta-cortesano busca la paz interior. Medita, recuerda y sueña, logrando así ponerse en contacto con sus propios orígenes. En comunión con la naturaleza, el hombre se hace consciente de la Primera Causa—Dios—autor de toda cosa viva y fuente de la armonía y la unidad que existen en el mundo, pero que el hombre difícilmente puede experimentar en la corte. El poeta-cortesano del Renacimiento idealiza el campo; lo convierte en un refugio psicológico al cual se puede retirar cuando las presiones del mundo se hacen demasiado agobiantes. El campo—con sus montañas altas y eternas y sus valles fértiles que proveen con abundancia todo lo que el campesino necesita—es como los buenos padres que protegen y alimentan a sus hijos. Para el poeta, es la fuente del bien.

En *Menosprecio de corte y alabanza de aldea,* sin embargo, el enfoque no es la búsqueda de la paz interior sino la moral mundana. La celebración de la aldea tiene por propósito el poner de relieve las depravaciones de la ciudad. Guevara señala que en el campo y los pueblos pequeños, no hay competencia entre los hombres ricos porque cada uno vive cómodamente con lo que tiene, sabiendo que es «el mejor de los buenos o uno de los mejores», mientras que en la corte, siempre hay otros muchos que «le exceden en tener más riquezas, en andar más acompañados, en sacar mejores libreas, en preciarse de mejor sangre, en tener más parentela, en poder más en la república, en darse más a negocios y aun en ser muy más valerosos . . .» En la aldea, cada uno goza «de sus tierras, de sus casas y de sus haciendas; porque allí no tienen gastos extravagantes, no les piden celos sus mujeres, no tienen ellos tantas sospechas de ellas, no los alteran las alcahuetas . . .» Allí la gente, «vive con lo que gana y no con lo que roba . . .» El mensaje es claramente que en la ciudad, la gente sí tiene gastos extravagantes, las mujeres son ligeras y, por lo tanto, los maridos tienen celos, las alcahuetas ofrecen tentaciones sin número y los hombres, para satisfacer sus gustos extravagantes e inmorales, viven de lo que roban y no de lo que ganan. Estas comparaciones abundan en el libro. En la aldea la gente tiene tiempo para todo: misa, trabajo, lectura, meditación, recreo. En la ciudad la gente no tiene tiempo para nada porque está demasiado ocupada en vicios para organizar su tiempo de una manera provechosa. La antítesis que Guevara establece entre ciudad y campo tiene un propósito moral. La virtud se encuentra en la aldea, donde la gente es sana, sensata, discreta, comedida y modesta. El vicio se encuentra en la corte, donde la gente es corrupta, exagerada, indiscreta, celosa, desmedida y jactanciosa. Por lo tanto, un cortesano cuerdo es el que se retira de la corte.

En el Capítulo IV de *Menosprecio de corte,* Guevara aclara que no le aprovecha a un hombre abandonar la corte si no abandona también los valores que prevalecen allí. Se trata no solamente de un lugar geográfico sino de una orientación moral. En la soledad de su casa, sin las distracciones de la vida urbana, un hombre puede experimentar tentaciones aún más perniciosas que las que lo acometen en la corte. Pero si se acuerda de que la corte no es más que una «generosa prisión» donde el individuo no tiene libertad—porque allí le rigen la conducta, la moda, las exigencias sociales, las presiones políticas, el deseo de imitar y de competir—poco a poco se irá acostumbrando a una vida más sana. Lo más importante es que se mantenga ocupado—porque el ocio conduce al vicio—y se rodee de hombres virtuosos. Y si sus vecinos desean elegirle alcalde, que no acepte, porque el poder corrompe tanto en la aldea como en la ciudad.

Para Guevara, el campesino es honesto y sinceramente religioso. El hombre de la ciudad, en cambio, es hipócrita. Habla de Dios, pero vive «del mundo». «. . . Todos los cortesanos se precian de santos propósitos y de heroicos pensamientos . . .» y, sin embargo, son maliciosos y crueles. Gozan de destruir a sus vecinos por medio del chisme, son adúlteros o por lo menos toleran el adulterio en otros, son malos padres que no disciplinan a sus hijos, no aman al prójimo, no se confiesan, ni tampoco comulgan. En la corte, según Guevara, no hay ni justicia ni orden. Y sin embargo, Antonio de Guevara es un hombre de la corte.

Hay un elemento de humor en la obra de Guevara que proviene del hecho de que al mismo tiempo que el autor critica la corte, está consciente de su dulce atractivo. *Menosprecio de corte* es una sátira no sólo de la vida urbana, sino del cortesano que insiste—demasiado para que le creamos—en que no le gusta. «. . . Me precio de ser también satírico y áspero en los libros que compongo», escribe Guevara en su prólogo. Reconoce que él mismo no sería capaz de seguir sus propios consejos: «Ojalá supiese yo tan bien enmendar lo que hago como sé decir lo que los otros han de hacer. ¡Ay de mí, ay de mí! que soy como las ovejas que se despojan para que otros lo vistan, como las abejas que crían los panales que otros coman, como las campanas que llaman a misa y ellas nunca allá entran; quiero por lo dicho decir que con mi predicar y con mi escrebir enseño a muchos el camino y quédome yo descaminado.»

Las páginas de Guevara están llenas de citas, de ejemplos y de alusiones históricas, pero no por eso debemos pensar que nos encontramos ante un escritor erudito. Lo que el padre Antonio no sabe, lo inventa. Así, un gran número de las citas son falsas; los ejemplos, apócrifos; los datos históricos, imaginarios. Ya en su época, varios sabios censuraron a Guevara por su falta de disciplina intelectual y, en su prólogo a *Don Quijote,* Cervantes se burla de él. Pero el objetivo de Guevara no es darnos una lección de historia sino comunicarnos ciertas ideas morales, y para sus propósitos, la autenticidad de los hechos no es esencial.

La prosa de Guevara es aguda y artificiosa. Recargada de verbosidad, de largas enumeraciones, de antítesis, de retruécanos y de aparentes *non sequitur,* anuncia el conceptismo y el culteranismo de fines del siglo. Por su tono intensamente personal, algunos críticos consideran a Guevara un precursor de los ensayistas. Sus obras fueron muy populares durante su época, no sólo en España, sino en Francia y en otros países de Europa.

El estudiante podrá consultar *Menosprecio de corte y alabanza de aldea; Arte de marear,* ed. Asunción Rallo Gruss (Madrid: Cátedra, 1984).

Menosprecio de corte y alabanza de aldea

Capítulo IV

DE LA VIDA QUE HA DE HABER EL CORTESANO EN SU CASA DESPUÉS QUE HUBIERE DEJADO LA CORTE

Mirónides°, docto filósofo e ilustre capitán que fue de los beocios°, solía muchas veces decir que no se conocía la prudencia del hombre en saberse apartar de lo malo, sino en saber elegir lo bueno; porque debajo del mal ningún bien se puede absconder°, mas debajo del bien puédese mucho mal disimular. Así como la hechicera comienza con *per signum crucis*°, y acaba en Satanás y Barrabás°, por semejante manera los muy grandes males siempre tienen principio en algunos fingidos bienes; de manera que vienen enmascarados como el momo°, cebados como anzuelo, azucarados como ruibarbo y dorados como píldoras. No hay hombre en el mundo tan insensato, que no se sepa

Mirónides fue capitán de los atenienses y no de los beocios, contra los cuales hizo la guerra. / habitantes de Beocia, una región de la antigua Grecia

esconder

per... por la señal de la cruz / el diablo

mimo (género de comedia en que se imitan las costumbres de la gente)

guardar de lo que notoriamente es malo; y por eso el varón cuerdo de
ninguna cosa debe vivir tan recatado, como de aquello que él piensa
no ser del todo bueno. Como al magno Alejandro° le curasen de unas
heridas que había recebido en una batalla y Parmenio su gran
privado le riñese porque se metía tanto en los peligros, respondióle él:
Asegúrame tú, Parmenio, de los amigos fingidos, que yo me guardaré
bien de los enemigos manifiestos. Alejandro, Alcibiades°, Agesilao°,
Demetrio°, Pirro°, Pompeyo°, Antígono°, Léntulo° y Julio César° nunca
les pudieron acabar sus enemigos y al fin murieron a manos de sus
amigos. Viniendo, pues, al propósito, decimos que el hombre que
quiere dejar la vida de la corte, debe mucho mirar, no sólo lo que deja,
mas aun° lo que toma; porque yo no tengo por tan dificultoso el
dejarla, como es hallarse el cortesano fuera de ella. ¿Qué aprovecha
salirse uno de la corte aborrido y cansado si no lleva el corazón
asosegado°? Aunque nuestro cuerpo es pesado y regalado, si le dejan
descansar, a do quiera se halla°; mas el traidor del corazón es el que
nunca se contenta; porque, si fuese posible, querría el corazón
quedarse en la corte privando° y estarse en el° aldea holgando. Si las
afecciones y pasiones° que cobró el cortesano en la corte lleva consigo
a su casa, más le valiera nunca retraerse° a ella; porque en la soledad
son los vicios más poderosos y los hombres muy más flacos. En las
cortes de los príncipes muchas veces acontece que los varios negocios
y aun los pocos dineros son causa para abstenerse un hombre de los
vicios; el cual, después que se va a su casa, hace cosas tan feas que
son dignas de murmurar y mucho más de castigar. Muchos hay que
se van de la corte por estar más ociosos y ser más viciosos°; y de los
tales no diremos que como buenos se van a retraer, sino a buscar más
tiempo para pecar. Ora° por no ser acusados, ora por no ser
infamados, muchos se abstienen en la corte de ser viciosos, los cuales,
después que de allí salen y se van a su casa, ni para con Dios tienen
conciencia ni aun de la gente han vergüenza. Ante todas cosas
conviene al que sale de la corte dejar en ella las parcialidades que
siguió y las pasiones que cobró; porque de otra manera sospirará por
la corte que dejó y llorará por la vida que tomó. No se niega que en la
corte no haya ocasión para uno se perder°, y que en su casa hay más
aparejo° para se salvar°; mas al fin poco aprovecha al cortesano que
mude la región, si no muda la condición. Cuando dice el cortesano:
quiérome ir a mi tierra a retraer, y quiérome ir a mi casa a morir,
bien le perdonaremos aquella promesa; porque abasta al presente que
se retraiga a bien vivir sin que se determine morir. Esta nuestra vida
mortal ninguno tiene licencia de aborrecerla, mas tiene obligación de
enmendarla. Cuando el santo Job° decía: «*Taedet animam meam
vitae meae*»°, no le pesaba porque vivía, sino porque no se
enmendaba. El que deja la corte y se va a su casa, con más razón
puede decir que se va a vivir que no que se va a morir; porque en°
escapar de la corte ha de pensar que escapa de una prisión generosa,
de una vida desordenada, de una enfermedad peligrosa, de una
conversación sospechosa, de una muerte prolija, de una sepultura
labrada y de una república confusa. El hombre cuerdo y que sabe° el
reposo, lo que° está en la corte dirá que muere y lo que reposa en su
casa dirá que vive; porque no hay en el mundo otra igual vida, sino
levantarse hombre° con libertad, e ir do quiere y hacer lo que debe.
Muchos son los cortesanos que hacen en la corte lo que deben y muy
poquitos ha en lo que quieren; porque para sus negocios y aun
pasatiempos tienen voluntad, mas no libertad. Al que se va de la corte
conviénele que mucho tiempo antes comience a recoger los

rey de Macedonia (356–323 antes de Cristo)

general y político de Atenas / rey de Esparta
  que venció a los persas
rey de Macedonia / rey de Epiro que luchó
  contra los romanos / general de Sila que se
  distinguió en Africa / lugarteniente de
  Alejandro Magno; intentó fundar un imperio
  en Asia, pero fue derrotado / partidario de
  Pompeyo y amigo de Cicerón / general,
  historiador y dictador romano que derrotó a
  Pompeyo en 48 A.D. / **mas**... sino también

sosegado, tranquilo

a... puede estar contento en cualquier parte

gozando del favor del rey / la
afecciones... amores y odios
retirarse

dedicados al placer

ahora, ya

uno... perderse uno
disposición / **se**... salvarse

personaje bíblico, célebre por su resignación
Taedet... la vida misma me fastidia

al

gusta de
lo... el tiempo que

uno

pensamientos y aun a alzar la mano de los negocios; porque para llegar a su tierra ha menester muchos días, mas para desarraigar de sí los malos deseos ha menester muchos años. Como los vicios se apegan al hombre poco a poco, así los debe de ir desechando de sí poco a poco; porque si espera a echarlos todos juntos, jamás echará de sí ninguno. Debe, pues, el cortesano mirar cuáles son los vicios que tienen su corazón más ocupado y su cuerpo más enseñoreado, y de aquellos debe primero comenzar a se sacudir° y expedir°, es a saber, hoy uno y mañana otro y otro día otro; de manera que de do saliere un vicio, le suceda una virtud.

se... desprenderse de una manera agitada o violenta / expulsar

No se entiende tampoco esto a que como suceden los días, así por orden se hayan de ir expediendo los vicios; porque no hará poco el que cada mes echare de sí un vicio. El mayor engaño que padecen los cortesanos es° en que habiendo sido en la corte treinta años malos, piensan que, idos a sus casas, serán en dos años buenos. Muchos días ha menester un hombre para aprender a ser virtuoso y muchos más días para dejar de ser vicioso; porque los vicios son de tal calidad, que se entran por nuestras puertas riendo y al despedirse nos dejan llorando. O cuánto mayor es el dolor que los vicios dejan cuando se van, que no el placer que nos dan cuando se gozan; porque si el vicio da pena al vicioso cuando cada día no le frecuenta, ¿qué hará cuando de su casa se despida? Al cortesano que es ambicioso, pena se le hará el no mandar; al que es codicioso, pena se le hará el no ganar, y al que es bullicioso, pena le será el no trampear; y por eso decimos y afirmamos que si para dejar la corte es menester buen ánimo, para saber gozar del reposo es menester buen seso°. A los que fingidamente dejan la corte, más pena les dará el verse de ella absentes°, que tenían placer estando en ella presentes; los cuales, si mi consejo quisiesen tomar, no sólo trabajarían de dejarla, mas aun de olvidarla; porque la corte es muy apacible para contar de ella° nuevas y muy peligrosa para probar sus mañas°. De tal manera conviene al cortesano salirse de la corte, que no deje pasto° para tornarse a ella; porque de otra manera la soledad de su casa le hará tornar a buscar la libertad de la corte. Al corazón del hombre ya retraído y virtuoso, todas las veces que vacan° obispados, encomiendas, tenencias y otros oficios le tocan al arma° los pensamientos vanos y livianos, diciendo que si no se hubiera retraído, le hubieran ya mejorado; y por eso dizimos° que se guarde el tal de tomar la corte en la lengua, ni aun de traerla a la memoria. Debe también pensar el buen cortesano que otras veces hubo vacantes° y no fue él proveído°; y que ya pudiera ser que tampoco le cupiera agora ninguna cosa, y que le es menos afrenta esperar de lejos la grita°; porque en la corte a las veces se siente más lo que os dicen de no haberos proveído que lo que os quitan en tal provisión°.

es... está

es... es necesario ser cuerdo, inteligente
ausentes

la... la corte es tan agradable que es peligroso contar sus deliciosos vicios
Es peligroso probar los vicios que ofrece la corte porque pueden gustarle a uno (y entonces será más difícil irse).
nada agradable, ninguna tentación que lo atraiga / están vacantes
tocan... provocan, alborotan (Es decir, cada vez que hay un puesto vacante, piensa que si todavía estuviera en la corte, tendría la oportunidad de conseguirlo.) / decimos

puestos vacantes

y... ya no se los ofrecieron
confusión
las... a veces hieren más las razones que dan por no haberos dado el puesto que el hecho de no habéroslo dado

Son las cosas de la corte tan enconadas° y aun tan ocasionadas°, que no ha de pensar el cortesano que las menosprecia de voluntad sino de necesidad°; porque todo hombre maligno que tiene tesón de perseverar en la corte, o en breve acabará o al cabo se perderá. Después que el cortesano se viniere a reposar a su casa, débese mucho guardar de no tomar enojo en ella; porque de otra manera, si en palacio estaba aborrido, en el aldea vivirá desesperado. La soledad de la conversación, la importunidad de la mujer, las travesuras de los hijos, los descuidos de los criados y aun las murmuraciones de los vecinos, no es menos sino que° algunas veces le han de alterar y amohinar°; mas en pensar que escapó de la Corte y de su tan peligroso golfo, lo ha de dar todo por bien empleado. No ha de pensar nadie que por venirse a morar a la aldea y a retraer a su casa, que por eso las

envenenadas, irritantes / que molesta o causa disgustos
Es decir, no debe pensar que ha sido menospreciado deliberadamente o porque no vale, sino por las circunstancias. (Es decir, hay tanta rivalidad entre los cortesanos, que uno tiene que rebajar al otro para asegurar su propio puesto.)

no... no hay duda sino que
entristecerse

necesidades no le han de buscar y los enojos no le han de hallar; que a las veces el que nunca tropezó caminando por los puertos° ásperos, cayó y se derrostró en los prados floridos. Al que va a buscar reposo, conviénele estar en buenos ejercicios ocupado; porque si deja al cuerpo holgar y al corazón en lo que quiere pensar, ellos dos le cansarán y aun le acabarán. No hay en esta vida cosa que sea tan enemiga de la virtud, como es la ociosidad; porque de los ociosos momentos y superfluos pensamientos tienen principio los hombres perdidos. Al cortesano que no se ocupa en su casa sino en comer, beber, jugar y holgar muy gran compasión le hemos de tener; porque si en la corte andaba rodeado de enemigos, andarse ha en el aldea cargado de vicios. El hombre ocioso siempre anda malo, flojo, tibio, triste, enfermo, pensativo, sospechoso y desganado; y de aquí viene que de darse el corazón mucho a pensar, viene después a desesperar. El hombre ocupado y laborioso siempre anda sano, gordo, regocijado, colorado, alegre y contento; de manera que el honesto ejercicio es causa de buena complexión y de sana condición. Debe también el que se va a retraer a su casa procurar de conocer hombres sabios con quien conversar; porque muy gran parte es para ser uno bueno, acompañarse con hombres buenos. Débese también mucho apartar de los hombres viciosos, holgazanes, mentirosos y maliciosos, de los cuales suelen estar los pueblos pequeños muy llenos; porque si las cortes de los príncipes están llenas de envidias, también en las aldeas hay muchas malicias. No sería mal consejo que el hombre retraído procurase leer en algunos libros buenos, así historiales como doctrinales; porque el bien de los libros es que se hace en ellos el hombre sabio y se ocupa con ellos muy bien el tiempo. Conviénele también hacer su condición a la condición de aquéllos con quien ha de vivir, es a saber, que sea en la conversación manso, en la crianza muy comedido, en las palabras muy corregido y en el tratamiento no presuntuoso; porque se ha de tener por dicho que no sale de la corte por mandar sino por descansar. Si le quisieren hacer alcalde o mayordomo de alguna república°, guárdese de ello como de pestilencia; porque no hay en el mundo hombres tan desasosegados como los que se meten en negocios de pueblos. Al hombre bullicioso y orgulloso mejor le es andarse en la corte que no retraerse a la aldea; porque los negocios de la aldea son enojosos y costosos, y los de la corte son honrosos y provechosos. Sin encargarse de pleitos, ni tomar oficios puede el buen cortesano ayudar a los de concejo y favorecer a los de su barrio, es a saber, dándoles buenos consejos y socorriéndolos con algunos dineros. Si viere a sus vecinos reñir, póngalos en paz; si los viere llorar, consuélelos; si los viere maltratar, defiéndalos; si los viere en necesidad, socórralos; y si los viere en pleitos, atájeselos; porque desta manera vivirá él asosegado y será de todo el concejo° bien quisto°. Conviénele también que no sea en su casa orgulloso, pesado, enojoso, e importuno; porque de otra manera la mujer le aborrecerá, los vecinos le dejarán, los hijos le desobedecerán y aun los criados le deservirán°. Es, pues, saludable consejo que honre a su mujer, regale a sus hijas, sobrelleve a sus hijos, espere a sus renteros, se comunique con sus vecinos y perdone a sus criados; porque en la casa del hombre cuerdo más cosas se han de disimular que castigar. No le conviene tampoco fuera de la corte hacer convites° costosos, aparejar manjares delicados, enviar por vinos preciosos ni traer a su casa locos ni chocarreros; porque el fin de retirarse de la corte ha de ser no para más se regalar°, sino para más honestamente vivir. El cortesano que se retrae a su casa debe ser en el comer sobrio, en el beber moderado,

pasos (lugar por donde se pasa) entre las montañas

asociación, sociedad

corporación municipal
amado

servirán mal

comidas, banquetes

no... no para seguir regalándose

en el vestir honesto, en los pasatiempos cauto° y en la conversación
virtuoso; porque de otra manera haría de la aldea corte habiendo de
hacer de la corte aldea. Aquél hace de la aldea corte que vive en el
aldea como vivía en la corte, y aquél hace de la corte aldea que vive en
la corte como viven en la aldea. Esle° también necesario que, puesto en
su casa, visite los hospitales°, socorra a los pobres, favorezca a los
huérfanos y reparta con los mezquinos°; porque de esta manera
redimirá los males que cometió y aun los bienes que robó. También es
oficio del buen cortesano concordar a los descasados°, reconciliar a los
enemigos, visitar a los enfermos y rogar por los desterrados; por
manera que no se le pase día sin hacer alguna notable obra. Debe
también mirar si tiene algo robado, cohechado°, emprestado, hurtado
o mal ganado; y si hallare algo no ser suyo, tórnelo° luego a su dueño;
porque es imposible que tenga la vida quieta el que tenga la
conciencia cargada. Conviene también al cortesano retraído frecuentar
los monasterios, ver muchas misas, oír los sermones y aun no dejar
las vísperas; porque los ejercicios virtuosos, aunque a los principios
cansan, andando el tiempo deleitan. Seríale también saludable consejo
que en su vida repartiese su hacienda y descargase su conciencia, es a
saber, socorriendo a sus deudos, pagando a sus yernos, descargando
con sus criados y remediando a sus hijos; porque después de él
muerto, todos serán a hurtar la hacienda y ninguno a descargar el
ánima. El que repartiere su hacienda en la vida, desearle han° todos
que viva; y donde no°, con esperanza de le heredar, todos le desearán
ver morir. Finalmente decimos y aconsejamos que el cortesano que se
va a su casa a retraer, no se ha de ocupar sino en aparejarse para
morir. Todas las sobredichas cosas no diga nadie que si son fáciles de
leer, son difíciles de cumplir; porque si nos queremos esforzar, muy
para más somos que nosotros de nosotros mismos pensamos.

prudente

Le es
establecimientos donde se recogen pobres por un tiempo limitado
pobres
concordar... *tratar de establecer armonía en los matrimonios en que los esposos pelean*

recibido por soborno
que lo devuelva

desearle... *le desearán*
donde... *si no*

JUAN DE VALDÉS (¿1498?—1541)

Los hermanos—tal vez mellizos—Juan y Alfonso de Valdés eran naturales de Cuenca. Juan sigue siendo una figura algo enigmática; una gran parte de lo que se ha escrito sobre su juventud y formación es conjetura. Los datos más seguros que tenemos sobre su vida nos los han proporcionado los procesos inquisitoriales de algunos de sus amigos y conocidos, por ejemplo Pedro Ruiz de Alcaraz.

Los principios del siglo XVI vieron una serie de trastornos religiosos de los cuales la rebelión de Martín Lutero sólo fue uno, aunque el de más alcance. Aparecieron en España y en otros países de Europa sectas que proponían doctrinas que estaban en conflicto radical con el dogma católico. Entre las más influyentes hay que contar a los iluminados o alumbrados, que enseñaban que la verdad divina se le revela al hombre por medio de una gnosis (iluminación) que viene directamente de Dios, con independencia de la Iglesia. La Inquisición española perseguía insaciablemente a los iluminados, de quienes sospechaba que tenían contactos con Calvino y con Erasmo. Alcaraz fue acusado de ser uno de los líderes del movimiento. Hombre de pocas letras, Alcaraz fue sin embargo un predicador de gran influencia en la región de Gua-

dalajara y Alcalá. En Escalona, donde el marqués de Villena—un erasmista conocido—pasaba su retiro, se formó una pequeña comunidad de seguidores de Alcaraz, entre los cuales se encontraban el propio marqués y Juan de Valdés.

Al dejar Escalona, Juan de Valdés se trasladó a Alcalá para seguir sus estudios. En 1528 comienza su correspondencia con Erasmo. En contraste con la exaltación mística de los iluminados, la filosofía de Erasmo es medida y moderada. Basándose en el sentido común y en la razón, Erasmo ataca los abusos de las autoridades eclesiásticas, las supersticiones, la exageración y la inflexibilidad. Predica un catolicismo tradicional y simplificado, un retorno a la esencia de la religión cristiana, con su énfasis en el amor al prójimo. La influencia del reformador holandés en Juan de Valdés está patente en el primer libro de éste, *Diálogo de doctrina cristiana*, impreso en enero de 1529.

Esta obra provocó una fuerte reacción negativa de parte de las autoridades eclesiásticas. Antes de que se llevara a cabo el largo y lento proceso inquisitorial, Valdés se ausentó de España y jamás volvió. Existen varias lagunas en esta parte de la biografía de Juan de Valdés. Se sabe que fue a Italia, aunque no se sabe exactamente cuándo ni cuáles eran sus ocupaciones allí. Existen documentos que prueban que vivía en la corte de Clemente VII—Julio de Medici—papa de tendencias reformadoras. En 1532, murió su hermano Alfonso, acontecimiento que tiene que haberle afectado profundamente, ya que éste coincidía con él en cuestiones de doctrina y lo había apoyado en momentos de persecución.

En 1533 Carlos V nombró a Juan de Valdés archivero de Nápoles. Valdés viajó a esta ciudad, pero no llegó a ocupar su puesto porque el emperador lo anuló. Sin embargo, en Nápoles Valdés conoció a varias personas influyentes con quienes mantuvo una relación epistolar después de irse. En esta época también empezó a cartearse con el cardenal Ercole Gonzaga. La correspondencia revela hasta qué punto Valdés estaba involucrado en el servicio imperial. Pero a pesar de sus actividades políticas, encontró el tiempo de meditar en temas filosóficos y religiosos. Entre 1535 y el fin de su vida, escribió constantemente. Los escritos de Valdés fueron condenados por la Iglesia y, después de su muerte, algunos de sus seguidores—casi todos italianos—pagaron con la vida su adhesión a sus doctrinas heréticas.

Muchas de las ideas de Valdés coinciden con las de los reformadores protestantes. Defiende el derecho del hombre común de leer el Evangelio sin acudir a la interpretación oficial de la Iglesia. Critica la ignorancia de curas que enseñan doctrina sin entenderla y la hipocresía de feligreses que oyen misa sin prestar atención a lo que el sacerdote dice. En *Diálogo de doctrina cristiana* resume lo que es para él la esencia del cristianismo: «Que el cristiano, después de haber recebido el agua del baptismo, se funda principalmente en fe y caridad, y luego en aprovechar a todos y no dañar a alguno, y en fin, en vivir a ejemplo de Jesucristo, Nuestro Señor, pura y sinceramente.» Es decir, lo principal es amar al prójimo; los estatutos y ceremonias de la Iglesia son, según Valdés, «accesorios». El hombre, dice Valdés, le debe fe y obediencia exclusivamente a Dios y no a la Iglesia, porque «la Iglesia consiste de hombres que son criaturas en las cuales no es lícito que pongamos nuestra esperanza ni confianza . . .»

La religión de Valdés exige la interiorización de la fe. Es decir, para Valdés no es por medio del rito sino por medio de la contemplación y la meditación como el hombre alcanza a Dios. La trasformación que Dios puede efectuar en el alma del creyente se realiza por la gracia divina. La relación entre hombre y Dios es directa y personal. Como los místicos católicos, Valdés aminora el papel de la razón, ya que, siendo imperfecta, la razón humana es incapaz de llevar al hombre al conocimiento de Dios, el cual se alcanza únicamente mediante la fe. Al oír del sacrificio que Cristo hizo por nosotros, al cristiano «nácele una nueva confianza y un cierto amor, a maravilla sabroso.» Al lado de este amor perfecto, todo lo demás, todo lo exterior, es superfluo; ni las oraciones ni las ceremonias tienen valor.

El diálogo era una de las formas predilectas de los escritores del Renacimiento. El *Diálogo de doctrina cristiana* es una conversación entre el ilustrado Arzobispo de Granada, un Cura que apenas habla (Valdés lo califica de «idiota»), Eusebio y Antronio. El Arzobispo aclara lo esencial de la doctrina para los otros, que le hacen preguntas. Estilísticamente, *Diálogo de la doctrina cristiana* no demuestra la maestría que se verá en obras más tardías. Sin embargo, el germen de la prosa valdesiana—la llaneza y precisión—ya son evidentes en muchos pasajes.

El exilio de Valdés tuvo un efecto decisivo en su prosa. Una vez establecido en Italia, Valdés no escribía para españoles, sino para italianos. Sus fines eran prácticos: quería comunicar a un grupo selecto sus ideas y creencias acerca de la religión. Su preocupación principal no era la estética, sino el contenido. El *Diálogo de la lengua* escrito en Nápoles entre 1535 y 1536, explica cómo se entendía con los italianos. Son páginas improvisadas, de estilo nada rebuscado, nada artificial. La prosa del Valdés maduro es llana, sencilla, directa, convincente.

El *Diálogo de la lengua* probablemente se basa en un verdadero diálogo que Valdés sostuvo con unos amigos, los cuales se identifican por sus propios nombres. La situación es sencilla: sus compañeros desean mejorar sus conocimientos del español. Nápoles es en aquella época una ciudad española y los napolitanos cultos necesitan aprender el idioma de los gobernantes. Valdés trata de aclarar la historia, pronunciación y gramática de su lengua y, aunque abundan los errores que son de esperar en un tratado lingüístico escrito en el siglo XVI por un hombre que no es experto en retórica, la obra revela un impresionante don de observación de parte del autor.

En esta época, el italiano ya se había establecido como lengua literaria. Ya existían dos grandes escritores—Bocaccio y Petrarca—que servían de modelos y puntos de referencia. El español todavía no había producido artistas que se consideraran de una calidad comparable. Valdés demuestra su orientación humanística al buscar ejemplos no sólo en la literatura sino también en el uso. A menudo justifica el empleo de una palabra citando refranes y proverbios. Defiende el habla popular, aun el uso de vocablos equívocos porque «aunque en otras lenguas sea defecto la equivocación de los vocablos, en la castellana es ornamento, porque con ellos se dicen muchas cosas ingeniosas muy sutiles y galanas». Para Valdés, el valor de una palabra o de un modismo depende de su poder expresivo y no de su empleo por autoridades literarias.

Valdés rechaza la postura purista—la que insiste en la superioridad de las lenguas clásicas. De hecho, adopta una actitud sumamente nacionalista, defendiendo la eficacia del español y enumerando vocablos castellanos que no tienen traducción a otros idiomas. Al mismo tiempo, no se opone a la incorporación de vocablos latinos al castellano, siempre que sean necesarios para la comunicación de una idea que no se puede expresar de otra forma. Refiriéndose a la palabra latina *objeto* por ejemplo, nota que el autor de *La Celestina* la «usó bien porque quiriendo decir aquella sentencia, no hallara vocablo castellano con que decirla». También acepta la incorporación de palabras italianas o «por ornamento» o «por necesidad». Apunta que en algunos casos la palabra extranjera tiene un significado un poco diferente del de la castellana que le corresponde y, por lo tanto, la precisión retórica exige el uso del vocablo extranjero.

Por un lado, Valdés afirma la autonomía de las lenguas; reconoce que cada idioma es único porque es el producto de una sociedad que tiene costumbres, valores y creencias particulares. Por lo tanto, en cada lengua hay vocablos que no se pueden traducir a otros idiomas porque las realidades que viven los pueblos son diferentes. Por otro lado, Valdés defiende la noción de que la lengua crece y cambia. El castellano no se puede regir por las reglas del latín porque «no todas las lenguas tienen unas mesmas propiedades». Cualquier idioma evoluciona, incorporando nuevas estructuras y vocablos; es imposible—por no decir absurdo—tratar de impedir esta evolución, imponiendo rígidas reglas clásicas a una lengua que está en plena formación.

En cuanto al estilo, Valdés opta por lo claro y lo breve. Recomienda que se eviten construcciones ambiguas y palabras oscuras. Critica a los autores que confunden al lector al emplear vocablos que «por muy latinos no se dejan entender de todos». Alega contra la verbosidad: «todo el bien hablar castellano consiste en que digáis lo que queréis con las menos palabras que pudiérdes,» siempre que la brevedad no impida el empleo de un estilo elegante.

En cuestiones de literatura,. Valdés se abstiene de comentar sobre libros que no ha leído. Alaba a los autores que utilizan un estilo casto y claro y que expresan sentimientos dignos. Las coplas de Jorge Manrique merecen sus alabanzas, así como *Amadís de Gaula,* a pesar de que este último libro en «muchas partes va demasiadamente afetado y en otras muy descuidado.»

En sus actitudes tanto hacia la lengua como hacia la religión, Valdés revela el espíritu reformador que lo define como hombre del Renacimiento.

Existen dos ediciones relativamente nuevas del *Diálogo de la lengua,* la de Cristina Barbolani (Madrid: Cátedra, 1982) y la de Juan M. Lope Blanch (Madrid: Castalia, 1982). Del *Diálogo de doctrina cristiana,* existe una edición publicada en Madrid, en 1979, por la Editora Nacional. También es muy útil la edición de Domingo Ricart (México, D.F.: Universidad Nacional Autónoma de México, 1964).

Diálogo de doctrina cristiana

Los cinco mandamientos de la Iglesia

ANTRONIO.   ¿Sabéis en qué he mirado? Que nunca le habéis preguntado de los mandamientos de la Iglesia, y os digo de verdad que es esto lo que yo más deseo saber.

EUSEBIO.   No penséis que se me han olvidado; pero porque es más principal lo que hasta agora he preguntado, por eso los he dejado.

ANTONIO.   ¿Cómo más principal?

EUSEBIO.   Yo os lo diré; porque es más necesario que el cristiano sepa, qué es lo que ha de hacer para con Dios, qué para con la Iglesia. Sé que no somos obligados a servir a Dios por la Iglesia, sino a la Iglesia por Dios.

ANTONIO.   Digo que tenéis razón; pero si mandáis, todavía querría que nos dijese algo de estos mandamientos.

ARZOBISPO.   Sí, diré, por haceros placer. Cuanto a lo primero, ya sabéis que los mandamientos que dicen comúnmente de la Iglesia, son cinco. Diremos de cada uno, por su orden, lo que sentiremos que convernía[1] que todos los cristianos supiesen, y especialmente lo que será bien que enseñéis vosotros a vuestros súbditos; pues éste es nuestro principal intento.

El primero es *oír misa entera los domingos y fiestas de guardar.*

La intención con que la Iglesia se movió a mandar esto es porque, pues mandaba que los tales días cesásemos de los trabajos corporales, y esto para que en honra de las fiestas nos diésemos a los espirituales, parecióle que era menester hacernos ir a la Iglesia, donde todos y del todo nos ofreciésemos a Dios; y así mismo oyésemos, los tales días, predicaciones, de donde fuesen nuestros ánimos edificados en sana y santa dotrina[2].

Y mándanos que oyamos[3] la misa para que entendamos los misterios que allí se representan, y así mismo tomemos de la doctrina que en la Epístola y en el sagrado Evangelio nos leen. De manera que, considerando esto, no creáis que cumplen con el mandamiento de la Iglesia los que ni por pensamiento están atentos a lo que en la misa se dice; antes, todo aquel tiempo, se están parlando[4] en cosas que aun para detrás de sus fuegos[5] no son honestas. Son quasi[6] como éstos los que llevan a la Iglesia sus librillos de rezar y sus rosarios en que no hacen sino rezar todo el tiempo que la misa se dice, y cuanto es mayor el número de los psalmos y de los paternostres que han ensartado, tanto se tienen por más santos, y piensan que han hecho mayor servicio a Dios; yo,

---

[1] convendría.
[2] doctrina.
[3] oigamos.
[4] hablando (italianismo).
[5] **aun**...no son de ninguna manera.
[6] casi (italianismo).

en la verdad, no osaría tasar[7] el valor de aquella su oración, pues veo que si cuando salen de la Iglesia les preguntáis qué Evangelio se cantó en la misa, o qué decía la Epístola, no os sabrán decir palabra de ello, más que si estuvieran[8] en las Indias.

ANTRONIO. ¿Y ésos decís que no cumplen con la intención de la Iglesia?

ARZOBISPO. Sí, sin duda. Digo más: que a los primeros, les estuviera mucho mejor estarse en sus casas, y a los segundos, tener por entonces cerrados sus librillos, a lo menos en tanto que dicen la Epístola y el Evangelio, y las oraciones públicas de la misa.

ANTRONIO. Está bien en eso, ya os entiendo. Decidme la manera que os parece debo enseñar que tengan en el oír de la misa.

ARZOBISPO. Cuanto a lo primero, les debéis decir que procuren, si fuere posible, de llevar los tales días, cuando van a la iglesia, sabido el Evangelio y la Epístola que aquel día se ha de cantar; y que, en entrando en la iglesia, procuren de ponerse en tal parte que no se les apegue[9] algún parlador[10] que les haga perder el reposo y quietud que deben tener; y que oyan[11] su misa con mucha devoción y atención, notando muy bien lo que allí se hace, se representa y se dice. De tal manera que ninguna cosa se les pase el Evangelio y la Epístola les encomendaréis que noten bien, para que con lo que allí tomaren tengan en qué platicar todo aquel día.

ANTRONIO. Cómo, ¿que en tan poco tenéis la Epístola y el Evangelio, que queréis que aun los mochachos[12] y mujeres hablen en ello?

ARZOBISPO. ¡Donoso[13] sois! Antes porque lo tengo en mucho, y es necesario; por eso querría que todos ésos lo platicasen.

ANTRONIO. Espantáisme con decir una cosa tan nueva y tan fuera de razón.

EUSEBIO. Por mi salud, que yo no os sufra eso. Decidme, por vuestra vida, ¿terníades[14] por malo que un mochacho supiese lo que su señoría[15] nos ha dicho aquí?

ANTRONIO. No, por cierto, Sé que no soy tan desvariado que me ha de parecer mal lo bueno.

EUSEBIO. ¿Cómo creéis vos que lo puede aprender?

ANTRONIO. Enseñándoselo y platicándolo.

EUSEBIO. Luego veis ahí cómo no debéis tener sino por muy bueno que todos hagan lo mismo; ¿pues os parecería bien uno que lo hubiese hecho?

ANTRONIO. Digo que tenéis razón; pero bien creeréis que yo no saco esto de mi cabeza.

EUSEBIO. Bien lo creo eso; pero también creo que si no dejárades vos entrar en vuestra cabeza una opinión tan ruin y tan contraria a buena cristiandad, no la sacárades agora. Pero para adelante, tened esta verdad por muy averiguada; que tales somos nosotros como son nuestras continuas pláticas y conversaciones, y tales cuales son los libros en que de continuo leemos; de manera que, si queréis que sean vuestros súbditos santos y buenos, debéis holgar que lean y hablen en cosas santas y buenas; y cuanto más santas fueren es mucho mejor. Y porque lo que es más santo es lo que Jesucristo, Nuestro Señor, nos enseñó, y sus apóstoles, por eso os dicen que debéis aconsejar a vuestros súbditos que siempre se ejerciten en ello.

ANTRONIO. ¡Aora sus![16], que yo lo haré como mandáis. Decidnos adelante.

ARZOBISPO. Decidles así mismo que cuando hubiere sermón, lo oyan, y con mucha atención; y que si el predicador dijere cosas buenas, cristianas y evangélicas, las escuchen con mucha atención y de buena gana, rogando a Dios las imprima en sus ánimas; y que si fuere algún necio o chocarrero[17] le oigan también, para que, movidos con celo cristiano, se duelan del[18] afrenta que se hace a Dios y a su sacratísima doctrina, y le rueguen muy afectuosamente envíe buenos y santos trabajadores en esta su viña que es la Iglesia. Veis aquí lo que en este mandamiento me parece les debéis decir; y si os pareciere, les debéis dar a entender, que no cumple con la intención de la Iglesia el que no lo hace así.

ANTRONIO. Yo os prometo de hacerlo todo de la manera que lo decís . . .

ANTRONIO. No puedo decir sino que tenéis grandísima razón en todo lo que habéis dicho; y pues todo lo decís tan bien, decidnos agora del tercer mandamiento, que es, *recibir el Santísimo Sacramento por Pascua de Resurrección.*

ARZOBISPO. La institución deste Santísimo Sacramento ya sabéis cómo fue el Jueves Santo, cenando Jesucristo con sus amados apóstoles; y dióselo después de haberles lavado los pies,[19] en lo

---

[7] medir.
[8] hubieran estado.
[9] acerque.
[10] hablador.
[11] oigan.
[12] muchachos.
[13] gracioso, cómico.
[14] tendríais.
[15] Se refiere al Arzobispo.

[16] Exclamación.
[17] grosero.
[18] de la.
[19] Jesús les lavó los pies a los apóstoles en señal de su devoción y humildad.

cual nos quiso enseñar que, para recebir en la posada de nuestras ánimas tan gran huésped, es menester que las lavemos de toda mácula[20] de pecado. Lo mismo nos enseña San Pablo en una de sus Epístolas, y no sin gran misterio. Y así creo yo, y aun querría que todos lo creyesen, que uno de los efectos que este Santísimo Sacramento tiene, es que ayuda maravillosamente al ánima, que puramente lo recibe, a vencer del todo los deseos de pecar; y más creo, que una de las causas por que antiguamente acostumbraban a recebirlo cada día, era por este efecto. Después, como se empezó a esfriar[21] el fervor de la fe, y a matar el ardor de la caridad, recibíanlo todos los domingos; agora somos tan ruines que lo habemos[22] alargado de año a año. En este caso tengo de hacer que los clérigos y los frailes tengan mucho cuidado, y que den a entender al pueblo, qué es lo que deben sentir de este tan alto Sacramento, para que sepan que en recebirle dignamente, reciben aumento de gracia.

ANTRONIO.   Luego, según lo que antiguamente decís que hacían, ¿bien es recebir a menudo este Santo Sacramento?

ARZOBISPO.   ¿Quién os dice otra cosa?

ANTRONIO.   Veamos, para recebirlo ¿no es menester que el hombre se confiese?

ARZOBISPO.   Sí, el que tiene qué[23], y el que no, no, sino cuando la Iglesia lo manda. Veamos, cuando vos queréis decir misa ¿confesáisos, si no tenéis qué?

ANTRONIO.   No, ¿a qué propósito?

ARZOBISPO.   Pues tampoco tiene necesidad de confesarse para recebir el Sacramento el que no tiene qué.

ANTRONIO.   Digo que tenéis razón; pero si vos viésedes a uno irse a comulgar, sin haberse confesado ¿no lo terníedes[24] por grave cosa?

ARZOBISPO.   No, por cierto, porque creería lo que de mí, que se confesara si tuviera qué.

ANTRONIO.   Yo os prometo que halléis bien pocos que en este caso digan lo que vos decís.

ARZOBISPO.   Engañáisos en eso, que no hallaré sino muchos, aunque bien sé que serán más los que dirán lo contrario. La causa es que dondequiera son más los ruines y necios, que los buenos y discretos.

ANTRONIO.   En eso vos tenéis mucha razón; pero, dad acá, ¿paréceos que debo decir a los mochachos que comulguen?

ARZOBISPO.   Sí, a los que tienen discreción y son de edad. Y mirad que os encargo que muy de veras los aficionéis y enamoréis a este Santísimo Sacramento, de tal manera que los que no tienen edad para recebirlo, la deseen tener por gozar de tanto bien; y los que la tienen, conozcan el grandísimo bien que alcanza cuando lo reciben.

ANTRONIO.   Eso haré yo de muy buena voluntad, lo mejor que pudiere . . .

ANTRONIO.   Digo que me place; pero, dad acá[25], veamos; del *pagar diezmos*[26] *y primicias*[27], que es el quinto mandamiento, ¿qué nos decís?

ARZOBISPO.   ¿Qué queréis que os diga? Nonada.[28]

ANTRONIO.   ¿Cómo no?

ARZOBISPO.   Yo os lo diré; porque para deciros verdad, pues aquí todo puede pasar, yo tengo por tan de buen recabdo[29] a los eclesiásticos, que no dejaremos ir al otro mundo muy cargadas de diezmos las ánimas de nuestros feligreses. Aosadas[30], pluguiese a Dios que tanto recaudo y diligencia pusiésemos en instruir el pueblo en la doctrina cristiana cuanto ponemos en hacerles pagar los diezmos y las primicias. Si esto se hiciese así, yo os prometo que todos fuésemos santos.

ANTRONIO.   ¿Pues no os parece que es bien que los clérigos cobremos nuestras rentas?

ARZOBISPO.   Yo no digo que no se cobren, pero digo que sería bien que nosotros hiciésemos de ellas lo que somos obligados, y no lo que hacemos, y que, pues nos dan los legos[31] sus rentas, porque les demos doctrina, la diésemos. Sé que San Pablo muy mejor era que ninguno de nosotros, y con mucho mejor título podía pedir diezmos y rediezmos[32], pero ya sabéis que era tanta su modestia, que por no ser a ninguno molesto, y porque no pareciese que por interese predicaba a Jesucristo, jamás dejaba de día o de noche de trabajar en su oficio, con que por sus propias manos ganaba de comer para sí y para los que traía consigo, de lo cual él mismo, en muchas partes y con mucha razón, se alaba; y dice que notemos, para guardarnos de ellos, a los que, andando ociosos, quieren mantenerse de los trabajos ajenos. Pues, considerando esto, digo yo que no es malo que nosotros cobremos nuestras rentas, pero que es bueno y justo que los que nos las dan cobren de

---

[20] mancha.
[21] enfriar.
[22] hemos.
[23] algo que confesar.
[24] tendríais.

[25] **dad**... veamos.
[26] décima parte de los frutos que pagaban los fieles a la Iglesia.
[27] prestación de frutos o ganado que se le da a la Iglesia, además del diezmo.
[28] muy poco.
[29] recaudo (acción de cobrar tributos).
[30] Atrevidos, sinvergüenzas
[31] los que no son clérigos.
[32] múltiples diezmos.

nosotros aquello por que nos las dan, que es la doctrina; y mientras ellos no cobran esta doctrina de nosotros, creedme que no merecemos las rentas que nos dan. Y no tan solamente somos obligados a darles doctrina por sus rentas, pero a gastarlas en aquellas cosas que quiere la Iglesia que las gastemos. Verdaderamente, yo no sé cómo no tenemos empacho los eclesiásticos de gastar las rentas que nos dan para remedio de los pobres en cosas profanas y más que mundanas.

ANTONIO.   Cuanto a mí, no me demandará Dios nada de eso.

ARZOBISPO.   ¿Cómo no?

ANTONIO.   Porque, aldemenos[33] no gasto mi renta, como ésos que vos decís, en juegos, ni en bellaquerías, ni en cosas semejantes.

ARZOBISPO.   ¿Pues en qué las gastáis?

ANTONIO.   En sostener lo mejor que puedo mi honra y la de mis parientes, según conviene a una persona que tiene la renta y dignidad que yo.

ARZOBISPO.   ¿Y deso estáis muy contento?

ANTONIO.   Sí, sin falta; ¿por qué no le tengo de estar?

ARZOBISPO.   Porque, pues no os las dan para que las gastéis en eso, sino en sostener la honra de Dios y de su Iglesia, no tenéis por qué estar muy contento de ello.

ANTONIO.   ¿Cómo se sostiene la honra de Dios?

ARZOBISPO.   Haciendo en todo lo que Dios quiere; porque no se honra él de otra cosa más que de que sus criaturas cumplan su voluntad; y esto es lo principal a que vos, y yo, y todos, debemos tener respeto; y conforme a esto debemos gastar todo lo que tuviéremos . . .

Diálogo de la lengua

CORIOLANO.   No me place que seáis tan liberal en acrecentar vocablos[34] en vuestra lengua, mayormente si os podéis pasar sin ellos, como se han pasado vuestros antepasados hasta agora. Y si queréis ver que tengo razón, acordáos cuán atentamente y con cuánta modestia acrecienta Cicerón en la legua latina algunos vocablos, como son QUALITAS, VISUM que sinifica[35] *fantasía* y COMPREHENSIBILE, aunque sin ellos no podía exprimir[36] bien el conceto[37] de su ánimo en aquella materia de que hablaba, que es, si bien me acuerdo, en sus *Questiones* que llama *académicas*.[38]

VALDÉS.   Toda esa atención y toda esa modestia que decís tiene Cicerón con mucha razón cuando introduce en la lengua latina esos vocablos que él componía; pero, si bien os acordáis, cuando usa y se aprovecha de vocablos griegos en el mesmo libro que vos habéis alegado, no cura de demandar[39] perdón, antes él mesmo se da licencia para usar de ellos, como veis que usa, no solamente escritos con letras griegas, pero con latinas, como son ASOTUS, IDEA, ATOMUS, etc.; de manera que, pues yo no compongo vocablos nuevos, sino me quiero aprovechar de los que hallo en las otras lenguas con las cuales la mía tiene alguna semejanza, no sé por qué no os ha de contentar.

MARCIO.   Díceos muy gran verdad, y vos, señor Torres, nos decid qué sentís de estos vocablos añadidos.

TORRES.   Que para todos ellos yo de muy buena gana daré mi voto, siempre que se me será demandado, aunque algunos se me hacen durillos; pero, conociendo que con ellos se ilustra y enriquece mi lengua, todavía los admitiré y, usándolos mucho, poco a poco los ablandaré.

MARCIO.   Esto es verdad, que ninguna lengua hay en el mundo a la cual no estuviese bien que le fuesen añadidos algunos vocablos; pero el negocio sta[40] en saber si querríades introducir éstos por ornamento de la lengua o por necesidad que tenga de ellos.

VALDÉS.   Por lo uno y por lo otro.

CORIOLANO.   Pues os faltan vocablos con que sprimir[41] los concetos de vuestros ánimos, ¿por qué hacéis tantos fieros[42] con esta vuestra lengua castellana?

VALDÉS.   Ni nos faltan vocablos con que sprimir los concetos de nuestros ánimos, porque, si algunas cosas no las podemos esplicar[43] con una palabra, esplicámoslas con dos o tres como mejor podemos; ni tampoco hacemos fieros con nuestra lengua, aunque, si quisiésemos, podríamos sallir[44] con ellos, porque me bastaría el ánimo a[45] daros dos vocablos castellanos, para los cuales vosotros no tenéis correspondientes, por uno que me diésedes toscano[46], para el cual yo no os diese otro castellano que le respondiese.

CORIOLANO.   Esa bravería[47] española no la aprendistes vos en san Pablo[48].

---

[33] por lo menos.
[34] **tan**… tan dispuesto a admitir palabras nuevas.
[35] significa.
[36] expresar.
[37] concepto.
[38] En efecto, las tres palabras aparecen en las *Questiones académicas*.
[39] **no**… no se preocupa por pedir.
[40] está.
[41] esprimir°-expresar.
[42] **hacéis**… os ponéis tan bravos, duros, agresivos.
[43] explicar.
[44] salir.
[45] **me**… sería capaz de.
[46] italiano.
[47] bravura, fiereza. Los españoles tenían en Italia esa fama.
[48] Se alude probablemente a las Epístolas traducidas por Valdés.

VALDÉS.   Abasta que la aprendí de san Pedro y en Roma[49]. Pues más quiero decir, porque veáis quién son los chacones[50]; que haré lo mesmo con la lengua latina.

CORIOLANO.   Nunca os vi tan bravoso. Ea, quebradme el ojo[51] con media docena de vocablos españoles que no tengan latinos que les correspondan.

VALDÉS.   No os quebraré el ojo, pero daros he[52] sin más pensarlo dos docenas de ellos por media que me demandáis.

CORIOLANO.   Esos serán plebeyos[53].

VALDÉS.   No serán sino hidalgos, «de las migajas del rey de Portugal»[54]. Y por que veáis si «decir y hacer comen a mi mesa»[55], empezad a contar: *aventurar, escaramuzar, escarpiar, madrugar, acuchillar, amagar, grangear, acaudalar, aislar, trasnochar, esquilmo, fulano ajuar, peonada, requiebro, desaguadero, retozar, maherir, zaherir, trafagar, amanecer, jornada, ospitalero, carcelero, temprano, mesonero, postremería, desenhadamiento, desmayar, albricias, engolfar, escuderear, amortecer, sazonar, alcahuetar.* ¿He dicho hartos?

MARCIO.   Habéis dicho tantos que ya me pesa a haberos metido en la danza[56], viéndoos tan embebecido en ella, que me parecía que aun sin son bailaríades[57]; pero quiéroos desengañar, porque no os engriáis mucho pensando haber hecho una gran prueba de vuestra lengua; que desa suerte de vocablos también os diré yo cuatro docenas de la lengua toscana.

CORIOLANO.   Y aun yo diré diez.

VALDÉS.   También diré yo ciento, si quiero entrar en los vocablos arábigos[58] que son nombres de cosas, como *guadamecil, almairaz, almirez,* etc.; pero esto no importa. Decid vosotros cuantos quisiéredes, que a mí harto me basta haber cumplido con lo que prometí.

MARCIO.   No lo habéis cumplido tan enteramente como pensáis.

VALDÉS.   ¿Cómo no?

MARCIO.   Porque no a todos los vocablos que habéis dicho falta correspondiente latino.

VALDÉS.   Decidme cuáles lo tienen, que holgaré aprender esto de vos.

MARCIO.   ¿No os parece que LASCIUIRE[59] sprime bien lo que el castellano dice *retozar?*

VALDÉS.   No que no me parece, porque puede uno LASCIUIRE sin segunda persona, y no *retozar.*

MARCIO.   Tenéis razón en esto, pero ¿SENECTUS y *postrimería* no es todo uno?

VALDÉS.   No, porque SENECTUS, que nosotros decimos *vejez,* es más general que *postrimería.*

MARCIO.   Sea así, pero *mesonero* ¿no es lo que dice el latino PANDOCHIUS?

VALDÉS.   Lo mesmo, pero ¿vos no veis que ese vocablo no es latino, sino griego, y que así podéis tomar DESMOPHILAX por *carcelero?* Yo no os hablo sino de los vocablos que la lengua latina tiene propios suyos.

MARCIO.   Confieso que tenéis razón; pero, si habéis romanzado alguna cosa latina o italiana, bien creo habréis también hallado otros muchos vocablos, aliende[60] de los que habéis dicho, que os han puesto en aprieto, quiriendo esprimir enteramente en castellano lo que sinifican en latín o italiano.

VALDÉS.   Y aun porque cada lengua tiene sus vocablos propios, y sus propias maneras de decir, hay tanta dificultad en el traducir bien de una lengua en otra; lo cual yo no atribuigo[61] a falta de la lengua en que se traduce, sino a la abundancia de aquélla de que se traduce; y así unas cosas se dicen en una lengua bien, que en otra no se pueden decir así[62] bien; y en la mesma otra hay otras que se digan mejor que en otra ninguna.

CORIOLANO.   Eso sta muy bien dicho, y es así en la verdad . . .

ALFONSO DE VALDÉS (1490—1532)

Correligionario además de hermano de Juan, Alfonso de Valdés fue el autor de dos de las obras más representativas del erasmismo español: *Diálogo de las cosas ocurridas en Roma* y *Diálogo de Mercurio y Carón.* Por mucho tiempo atribuidos a Juan, estos dos libros revelan una perspectiva algo diferente a la que caracteriza el *Diálogo de doctrina cristiana.* Frente a la exaltación de su hermano, Alfonso mantiene un enfoque racional. Aunque no menos reformador y moralizador que Juan, apela al juicio y a la razón más que a la pasión. Sus tendencias racionalistas quedan claras al principio del *Diálogo de las cosas ocurridas en Roma* en el cual Latancio, portavoz de Valdés, critica a su interlocutor por sus reacciones emocionales: «Y en todo ello venís muy mal informado, y

---

49 Se refiere a la residencia de Valdés en Roma.
50 fieros.
51 **quebradme**... regaladme.
52 **daros**... os daré.
53 de la gente común.
54 **de**... muy elegantes.
55 **decir**... cumplo mi palabra.
56 **me**... lamento haberos puesto a hablar.
57 **sin**... seguirías indefinidamente.
58 árabes.
59 juguetear, travesear.
60 además.
61 atribuyo.
62 tan.

me parece que no la razón, mas la pasión de lo que habéis perdido os hace decir lo que habéis dicho. Yo no os quiero responder con pasión como vos habéis hecho, porque sería dar voces sin fruto.»

Ambas obras de Alfonso de Valdés fueron escritas por motivos políticos. Durante la segunda mitad del siglo XV y la primera del siglo XVI, los Papas demostraron más interés en aumentar el poder temporal de la Iglesia que en cuestiones espirituales. La corte pontificia llegó a ser un centro de intrigas y de corrupción. Los oficiales eclesiásticos utilizaban su influencia para aumentar y asegurar las fortunas de sus parientes. Reinaba el lujo, el esplendor, la sensualidad; la Iglesia se distinguió por su patrocinio de las artes y las letras tanto como por sus maquinaciones políticas. En la lucha entre Francia y España por el dominio de Europa, el papa Clemente VII tomó el lado de los franceses, aliándose con Francisco I y provocando así el saqueo de Roma por los soldados de Carlos V en 1527.

Las atrocidades cometidas en Roma se comentaban en todas partes de Europa. A causa de la corrupción asociada con la Santa Sede, el papado había estado perdiendo prestigio desde el principio del siglo, pero ahora, ante el ataque terrible, las opiniones empezaban a cambiar. En estos momentos cruciales, Carlos V vacilaba; no se decidía a suprimir el poder temporal del Papa ni a buscar otra solución radical. A su secretario se le pedían explicaciones de los acontecimientos que habían pasmado al continente. Valdés prometió preparar un informe escrito, ya que la situación era demasiado compleja para comentar sobre ella improvisadamente. El *Diálogo de las cosas ocurridas en Roma* es su respuesta.

Como secretario y consejero de Carlos V a Alfonso de Valdés le tocó defender al Emperador. Sus argumentos se presentan de una manera clara e inequívoca: Carlos V no es responsable de la catástrofe. Valdés ni siquiera intenta culpar a la soldadesca. La causa de la violencia dirigida contra Roma es la iniciativa del Papa por romper la paz. Basándose en la *Querela pacis* de Erasmo, Valdés ataca al Papa, quien, como vicario de Cristo, debería ser un instrumento de conciliación. Al aliarse con los franceses, el Pontífice se ha comportado como un jefe de estado cualquiera. Es más, ha quebrado la unidad del mundo católico; ha puesto a un cristiano contra otro.

Larga y minuciosamente, Valdés enumera las atrocidades cometidas anteriormente al saqueo de Roma por los soldados del Papa, realzando el escándalo de un papa guerrero.

Si la primera parte del diálogo tiene por objetivo el establecer la responsabilidad de Clemente VII con respecto al ataque contra Roma, la segunda muestra «cómo todo lo ha permitido Dios por el bien de la cristiandad». Contiene una detallada enumeración de los abusos de la Iglesia y de los sacerdotes, siendo siempre el enfoque la necesidad de reforma. Entre los vicios de los clérigos, Valdés critica la concuspiscencia, la pereza, el amor al lujo y la avaricia de los que venden absoluciones y bulas.

Un tema que aparece con frecuencia en la obra de Valdés es el valor del trabajo. Critica a la Iglesia por la proliferación de días festivos durante los cuales se prohibe el ejercicio de ocupaciones productivas. Incluso sugiere que los curas permitan a sus hijos naturales aprender un oficio con el que podrán ganarse la vida, ya que les será imposible recibir herencia.

El motivo político del *Diálogo de Mercurio y Carón* son las rivalidades entre Francia, España, Inglaterra y el mismo Papa. Como en el *Diálogo de las cosas ocurridas en Roma,* se censuran los vicios que abundan en la sociedad, especialmente entre los eclesiásticos, y se critica un catolicismo que se ha deteriorado al punto de ser una serie de ritos externos, vacíos, superficiales.

El género literario preferido de los erasmistas españoles es el diálogo satírico, utilizado por Erasmo en sus *Coloquios.* En el *Diálogo de las cosas ocurridas en Roma,* Latancio, un joven de la corte de Carlos V, se encuentra en la plaza de Valladolid con un arcediano (dignidad eclesiástica de las catedrales), que viene de Roma vestido de soldado. Latancio le pregunta por qué no está vestido de clérigo, y el cura le contesta que «no hay hombre en Roma que ose parecer en hábito eclesiástico por las calles.» Después de que el arcediano vitupera largamente contra Carlos V y el comportamiento de sus soldados en Roma, Latancio le muestra «como el Emperador ninguna culpa en ello tiene.»

Véanse *Diálogo de Mercurio y Carón,* ed. Rosa Navarro Durán (Barcelona: Planeta, 1987) y *Diálogo de las cosas ocurridas en Roma,* ed. José F. Montesinos (Madrid: Espasa-Calpe, 1956).

Diálogo de las cosas ocurridas en Roma

Primera parte

LATANCIO.   ¡Válame° Dios! ¿Es aquél el Arcidiano del Viso, el mayor amigo que yo tenía en Roma? Parécele cosa straña, aunque no en el ábito°. Debe ser algún hermano suyo. No quiero pasar sin hablarle, sea quien fuere.—Decí°, gentil hombre, ¿sois hermano del Arcidiano del Viso?

ARCIDIANO.   Cómo, señor Latancio, ¿tan presto° me habéis desconocido°? Bien parece que la fortuna muda presto el conocimiento.

Válgame

Parécele... Es extraño cuánto se le parece, aun sin el hábito de cura.

Decid

pronto

dejado de reconocer

LATANCIO.   ¿Qué me decís? Luego ¿vos sois el mesmo Arcidiano?

ARCIDIANO.   Sí, señor, a vuestro servicio.

LATANCIO.   ¿Quién os pudiera conocer de la manera que venís? Solíades traer vuestras ropas, unas más luengas° que otras, arrastrando por el suelo, vuestro bonete y hábito eclesiástico, vuestros mozos y mula reverenda; véoos agora a pie, solo, y un sayo° corto, una capa frisada°, sin pelo; esa espada tan larga, ese bonete de soldado . . . Pues allende° de esto, con esa barba tan larga y esa cabeza sin ninguna señal de corona, ¿quién os podiera conocer?

largas (Los clérigos usaban un hábito largo.)

traje o casaca

lisa, con los hoyos tapados con tiras de paño

además

ARCIDIANO.   ¿Quién, señor? Quien conociese el hábito por el hombre, y no el hombre por el hábito.

LATANCIO.   Si la memoria ha errado, no es razón que por ella pague la voluntad°, que pocas veces suele en mí disminuirse. Mas, decíme, así os vala Dios°: ¿qué mudanza ha sido ésta?

Es decir, mi memoria ha fallado; mi voluntad, no.

así... válgaos Dios

ARCIDIANO.   No debéis haber oído lo que agora nuevamente en Roma ha pasado.

LATANCIO.   Oído he algo de ello. Pero ¿qué tiene que hacer° lo de Roma con el mudar del vestido?

ver

ARCIDIANO.   Pues que eso preguntáis, no lo debéis saber todo. Hágoos saber que ya no hay hombre en Roma que ose parecer en hábito eclesiástico por las calles.

LATANCIO.   ¿Qué decís?

ARCIDIANO.   Digo que cuando yo partí de Roma, la persecución contra los clérigos era tan grande, que no había hombre que en hábito de clérigo ni de fraile osase andar por las calles.

LATANCIO.   ¡O, maravilloso Dios, y cuán incomprensibles son tus juicios! Veamos, señor: ¿y hallástesos dentro en Roma cuando entró el ejército del Emperador°?

Carlos V

ARCIDIANO.   Sí por mis pecados°; allí me hallé, o por mejor decir, allí me perdí; pues, de cuanto tenía, no me quedó más de lo que vedes°.

por... desgraciadamente

veis

LATANCIO.   ¿Por qué no los metíades entre los soldados españoles, y salvárades vuestra hacienda?

ARCIDIANO.   Mis pecados me lo estorbaron, y cupiéronme en suerte no sé qué alemanes, que no pienso haber ganado poco en escapar la vida de sus manos°.

cupiéronme... tuve la mala suerte de caer en manos de unos alemanes, de quienes afortunadamente me escapé

LATANCIO.   ¿Es verdad todo lo que de allá nos escriben y por acá se dice?

ARCIDIANO.   Yo no sé lo que de allá escriben ni lo que acá dicen, pero séos decir° que es la más recia° cosa que nunca hombres vieron. Yo no sé cómo acá lo tomáis; paréceme que no hacéis caso de ello. Pues yo os doy mi fe° que no sé si Dios lo querrá ansí disimular. Y aun si en otra parte estoviésemos donde fuese lícito hablar, yo diría perrerías° de esta boca.

séos... sé deciros / dura, rigurosa

palabra

cosas feas

LATANCIO.   ¿Contra quién?

ARCIDIANO.   Contra quien ha hecho más mal en la Iglesia de Dios que ni turcos ni paganos osaran hacer.

LATANCIO.   Mirad, señor Arcidiano: bien puede ser que estéis engañado echando la culpa a quien no la tiene. Entre nosotros, todo puede pasar°. Dadme vos lo que acerca de esto sentís, y quizá os desengañaré yo de manera que no culpéis a quien no debéis de culpar.

todo... podemos hablar francamente, se puede decir cualquier cosa

ARCIDIANO.   Yo soy contento de declararos lo que siento acerca de esto, pero no en la plaza°. Entrémonos aquí en Sant° Francisco° y hablaremos de nuestro espacio.°

Latancio y el arcidiano están en la plaza de Valladolid.

San Francisco: monasterio de Valladolid

hablaremos... conversaremos a gusto, cuanto queramos / nadie

LATANCIO.   Sea como mandáredes.

ARCIDIANO.   Pues estamos aquí donde nadi° no nos oye, yo os suplico, señor, que lo que aquí dijere no sea más de para entre nosotros. Los príncipes son príncipes, y no querría hombre ponerse en peligro, pudiéndolo excusar.

LATANCIO.   De eso podéis estar muy seguro.

ARCIDIANO.   Pues veamos, señor Latancio: ¿paréceos cosa de fruir que el Emperador haya hecho en Roma lo que nunca infieles hicieron°, y que por su pasión particular y por vengarse de un no sé qué, haya así querido destruir la Sede apostólica°, con la mayor inominia°, con el mayor desacato y con la mayor crueldad que jamás fue oída ni vista? Sé° que los godos° tomaron a Roma, pero no tocaron en la iglesia de San Pedro, no tocaron en las reliquias de los sanctos, no tocaron en cosas sagradas. Y aquellos medios cristianos tovieron este respecto, y agora nuestros cristianos (aunque no sé si son dignos de tal nombre), ni han dejado iglesias, ni han dejado monesterios, ni han dejado sagrarios°; todo lo han violado, todo lo han robado, todo lo han profanado, que me maravillo cómo la tierra no se hunde con ellos y con quien se lo manda y consiente hacello. ¿Qué os parece que dirán los turcos, los moros, los judíos e° los luteranos viendo así maltratar la cabeza de la cristiandad? ¡O Dios que tal sufres! ¡O Dios que tan gran maldad consientes! ¿Esta era la defensa que esperaba la Sede apostólica de su defensor? ¿Esta era la honra que esperaba España de su Rey tan poderoso? ¿Esta era la gloria, éste era el bien, éste era el acrecentamiento° que esperaba toda la cristiandad? ¿Para esto adquirieron sus abuelos el título de Católicos? ¿Para esto juntaron tantos reinos y señoríos debajo de un señor? ¿Para esto fue elegido por Emperador°? ¿Para esto los Romanos Pontífices le ayudaron a echar los franceses de Italia: para que en un día deshiciese él todo lo que sus predecesores con tanto trabajo y en tanta multitud de años fundaron? ¡Tantas iglesias, tantos monesterios, tantos hospitales, donde Dios solía ser servido y honrado, destruidos y profanados! ¡Tantos altares, y aun la misma iglesia° del Príncipe de los Apóstoles, ensangrentados! ¡Tantas reliquias robadas y con sacrílegas manos maltratadas! ¿Para esto juntaron sus predecesores tanta sanctidad en aquella ciudad? ¿Para esto honraron las iglesias con tantas reliquias? ¿Para esto les dieron tantos ricos atavíos de oro y plata, para que viniese él con sus manos lavadas a robarlo, a deshacerlo, a destruirlo todo? ¡Soberano Dios! ¿Será posible que tan gran crueldad, tan gran insulto, tan abominable osadía, tan espantoso caso, tan execrable impiedad queden sin muy recio, sin muy grave, sin muy evidente castigo? Yo no sé cómo acá lo sentís; y si lo sentís, no sé cómo así lo podéis disimular.

LATANCIO.   Yo he oído con atención todo lo que habéis dicho, y, a la verdad, aunque en ello he oído hablar a muchos, a mi parecer, vos lo acrimináis y afeáis más que ningún otro. Y en todo ello venís muy mal informado, y me parece que no la razón, mas la pasión de lo que habéis perdido os hace decir lo que habéis dicho. Yo no os quiero responder con pasión° como vos habéis hecho, porque sería dar voces sin fructo°. Mas sin ellas° yo espero, confiando en vuestra discreción y buen juicio, que antes que de mí os partáis os daré a entender cuán engañado estáis en todo lo que habéis aquí hablado. Solamente os pido que estéis atento y no dejéis de replicar cuanto toviéredes qué, porque no quedéis con alguna duda.

ARCIDIANO.   Decid lo que quisiéredes, que yo os terné° por mejor orador que Tulio° si vos supiéredes defender esta causa.

LATANCIO.   No quiero sino que me tengáis por el mayor necio que hay

---

Es decir, el Emperador causó más daño que los infieles.

Sumo Pontificado, el poder del Papa

ignominia (afrenta, infamia)

Cierto es / pueblo de Germania que invadió el Imperio Romano en el año 410.

parte de una iglesia donde se guardan el pan y el vino consagrados

y

adelantamiento en cuanto a la autoridad. (Es decir, se esperaba que Carlos V adelantara la causa católica frente al luteranismo.)

Se esperaba que Carlos V fuera la fuerza unificadora de la Europa católica.

el Vaticano

La subyugación de la pasión por la razón es un tema favorito de Valdés.

dar... gritar vanamente, sin producir ningún resultado / voces (gritos)

tendré

Marco Tulio Cicerón, político, pensador y orador romano que llevó la elocuencia latina a su apogeo

en el mundo si no os la defendiere con evidentísimas causas y muy
claras razones. Y lo primero que haré será mostraros cómo el
Emperador ninguna culpa tiene en lo que en Roma se ha hecho. Y lo
segundo, cómo todo lo que ha acaecido ha seído° por manifiesto   sido
juicio de Dios, para castigar aquella ciudad, donde con grande
inominia de la religión cristiana, reinaban todos los vicios que la
malicia de los hombres podía inventar, y con aquel castigo despertar
el pueblo cristiano, para que, remediados los males que padece,
abramos los ojos e vivamos como cristianos, pues tanto nos
preciamos de este nombre.

ARCIDIANO.   Recia empresa habéis tomado; no sé si podréis salir con
ella.

LATANCIO.   Cuanto a lo primero, quiero protestaros que ninguna cosa
de lo que aquí se dijere se dice en perjuicio de la dignidad ni de la
persona del Papa, pues la dignidad es razón que de todos sea tenida
en veneración, e de la persona, por cierto, yo no sabría decir mal
ninguno, aunque quisiese, pues conozco lo que se ha hecho no
haber seído por su voluntad, mas por la maldad de algunas personas
que cabe° sí tenía. Y porque mejor nos entendamos, pues la   cerca de
diferencia es entre el Papa y el Emperador, quiero que me digáis,
primero, qué oficio es el del Papa y qué oficio es el del Emperador, y
a qué fin estas dignidades fueron instituidas.

ARCIDIANO.   A mi parecer, el oficio del Emperador es defender sus
súbditos y mantenerlos en mucha paz y justicia, favoreciendo los
buenos y castigando los malos.

LATANCIO.   Bien decís; ¿y el del Papa?

ARCIDIANO.   Eso es más dificultoso de declarar; porque si miramos al
tiempo de San Pedro, es una cosa, y si al de agora, otra.

LATANCIO.   Cuando yo os pregunto para qué fue instituida esta
dignidad, entiéndese que me habéis de decir la voluntad e intención
del que la instituyó.

ARCIDIANO.   A mi parecer, fue instituida para que el Sumo Pontífice
toviese autoridad de declarar la Sagrada Scriptura, y para que
enseñase al pueblo la doctrina cristiana, no solamente con palabras,
mas con ejemplo de vida, para que con lágrimas y oraciones
continuamente rogase a Dios por su pueblo cristiano, y para que éste
toviese el supremo poder de absolver a los que oviesen° pecado y se   hubiesen
quisiesen convertir, y para declarar por condenados a los que en su
mal vivir estuviesen obstinados, y para que con continuo cuidado
procurase de mantener los cristianos en mucha paz y concordia, y,
finalmente, para que nos quedase acá en la tierra quien muy de
veras representase la vida y santas costumbres de Jesucristo nuestro
Redemptor; porque los humanos corazones más aína° se atraen con   pronto
obras que con palabras. Esto es lo que yo puedo colegir° de la   deducir
Sagrada Scriptura. Si vos otra cosa sabéis, decidla.

LATANCIO.   Basta eso, por agora, y mirá no se os olvide, porque lo
habremos menester a su tiempo.

ARCIDIANO.   No hará.

LATANCIO.   Pues si yo os muestro claramente que por haber el
Emperador hecho aquello a que vos mesmo habéis dicho ser
obligado, y por haber el Papa dejado de hacer lo que debía por su
parte, ha sucedido la destruición° de Roma, ¿a quién echaréis la   destrucción
culpa?

ARCIDIANO.   Si vos eso hacéis (lo que yo no creo), claro está que la
terná° el Papa.   tendrá

LATANCIO.   Decidme, pues, agora vos: pues decís que el Papa fue instituido para que imitase a Jesucristo, ¿cuál pensáis que Jesucristo quisiera más: mantener paz entre los suyos, o levantarlos y revolverlos en guerra?

ARCIDIANO.   Claro está que el Auctor° de la paz ninguna cosa tiene por más abominable que la guerra.

LATANCIO.   Pues, veamos: ¿cómo será imitador de Jesucristo el que toma la guerra y deshace la paz?

ARCIDIANO.   Ese tal muy lejos estaría de imitarle. Pero ¿a qué propósito me decís vos agora eso?

LATANCIO.   Dígooslo porque pues el Emperador, defendiendo sus súbditos, como es obligado, el Papa tomó las armas contra él, haciendo lo que no debía, y deshizo la paz, y levantó nueva guerra en la cristiandad, ni el Emperador tiene culpa de los males sucedidos, pues hacía lo que era obligado en defender sus súbditos, ni el Papa puede estar sin ella, pues hacía lo que no debía, en romper la paz y mover guerra en la cristiandad.

ARCIDIANO.   ¿Qué paz deshizo el Papa o qué guerra levantó en la cristiandad?

LATANCIO.   Deshizo la paz que el Emperador había hecho con el Rey de Francia y revolvió la guerra que agora tenemos, donde por justo juicio de Dios le ha venido el mal que tiene.

ARCIDIANO.   Bien estáis en la cuenta. ¿Dónde halláis vos que el Papa levantó ni revolvió la guerra contra el Emperador, después de hecha la paz con el Rey de Francia?

LATANCIO.   Porque luego como fue suelto de la presión, le envió un Breve° en que le absolvía del juramento que había hecho al Emperador, para que no fuese obligado a cumplir lo que le había prometido, por que más libremente pudiese mover guerra contra él.

ARCIDIANO.   ¿Por dónde sabéis vos eso? Así habláis como si fuésedes del consejo secreto del Papa.

LATANCIO.   Por muchas vías se sabe, y por no perder tiempo, mirad el principio de la liga° que hizo el Papa con el Rey de Francia, y veréis claramente cómo el Papa fue el promotor de ella, y seyendo° ésta tan gran verdad, que aun el mismo Papa lo confiesa, ¿paréceos ahora a vos que era esto hacer lo que debía un Vicario de Jesucristo? Vos decís que su oficio era poner paz entre los discordes, y él sembraba guerra entre los concordes. Decís que su oficio era enseñar al pueblo con palabras y con obras la doctrina de Jesucristo, y él les enseñaba todas las cosas a ella contrarias. Decís que su oficio era rogar a Dios por su pueblo, y él andaba procurando de destruirlo. Decís que su oficio era imitar a Jesucristo, y él en todo trabajaba de selle contrario. Jesucristo fue pobre y humilde, y él, por acrecentar no sé qué señorío temporal, ponía toda la cristiandad en guerra. Jesucristo daba bien por mal, y él, mal por bien, haciendo liga contra el Emperador, de quien tantos beneficios había recebido. No digo esto por injuriar al Papa; bien sé que no procedía de él, y que, por malos consejos era a ello instigado.

ARCIDIANO.   De esa manera, ¿quién terná en eso la culpa?

LATANCIO.   Los que lo ponían en ello, y también él, que tenía cabe sí ruin gente. ¿Pensáis vos que delante de Dios se excusará un príncipe echando la culpa a los de su consejo? No, no. Pues le dio Dios juicio, escoja buenas personas que estén en su consejo e consejarle han bien. E si las toma o las quiere tener malas, suya sea la culpa; e si no tiene juicio para escoger personas, deje el señorío . . .

Autor

documento pontíficio

Francisco I de Francia creó la Liga de Coñac (1526) con el Papa Clemente VII, Enrique VIII de Inglaterra, Venecia y Florencia. En 1527 atacó a las fuerzas de Carlos V.

siendo

LATANCIO.   Del Papa me maravillo, que debría de ser espejo de todas las virtudes cristianas y dechado en quien todos nos habíamos de mirar, que haciendo de meter e mantener a todos en paz y concordia, aunque fuese con peligro de su vida, quiera haber guerra por adquirir y mantener cosas que Jesucristo mandó menospreciar, e que halle entre cristianos quien le ayude a una obra tan nefanda, execrable y perjudicial a la honra de Cristo. ¿Qué ceguedad es ésta? Llamámonos cristianos y vivimos peor que turcos y que brutos animales. Si nos parece que esta doctrina cristiana es alguna burlería, ¿por qué no la dejamos del todo? Que, a lo menos, no haríamos tantas injurias a Aquél° de quien tantas mercedes habemos° recebido. Mas pues conocemos ser verdadera y nos preciamos de llamarnos cristianos e nos burlamos de los que no lo son, ¿por qué no lo querremos ser nosotros? ¿Por qué vivimos como si entre nosotros no hubiese fe ni ley? Los filósofos y sabios antiguos, siendo gentiles, menospreciaron las riquezas, ¿y agora queréis vos que el Vicario de Jesucristo haga guerra por lo que aquellos ciegos paganos no tenían en nada? ¿Qué dirá la gente que de Jesucristo no sabe más de lo que ve en su Vicario, sino que mucho mejores fueron aquellos filósofos que por alcanzar el verdadero bien, que ellos ponían en la virtud, menospreciaron las cosas mundanas, que no Jesucristo, pues ven que su Vicario anda hambreando y haciendo guerra por adquirir lo que aquéllos menospreciaron? Veis aquí la honra que hacen a Jesucristo sus Vicarios; veis aquí la honra que le hacen sus ministros; veis aquí la honra que le hacen aquéllos que se mantienen de su sangre. ¡O sangre de Jesucristo, tan mal de tus Vicarios empleada! ¡Que de ti saque dineros éste para matar hombres, para matar cristianos, para destruir ciudades, para quemar villas, para deshonrar doncellas, para hacer tantas viudas, tantas huérfanas, tanta muchedumbre de males como la guerra trae consigo! ¡Quién vido° aquella Lombardía°, y aun toda la cristiandad, los años pasados, en tanta prosperidad; tantas e tan hermosas ciudades, tantos edificios fuera de ellas, tantos jardines, tantas alegrías, tantos placeres, tantos pasatiempos! Los labradores cogían sus panes, apacentaban sus ganados, labraban sus casas; los ciudadanos y caballeros, cada uno en su estado, gozaban libremente de sus bienes, gozaban de sus heredades, acrecentaban sus rentas, y muchos de ellos las repartían entre los pobres; y después que esta maldita guerra se comenzó, ¡cuántas ciudades vemos destruidas, cuántos lugares y edificios quemados y despoblados, cuántas viñas y huertas taladas, cuántos caballeros, ciudadanos y labradores venidos en suma pobreza! ¡cuántas mujeres habrán perdido sus maridos, cuántos padres y madres sus amados hijos, cuántas doncellas sus esposos, cuántas vírgenes su virginidad; cuántas mujeres forzadas en presencia de sus maridos, cuántos maridos muertos en presencia de sus mujeres, cuántas monjas deshonradas e cuánta multitud de hombres faltan en la cristiandad! Y, lo que peor es, ¡cuánta multitud de ánimas se habrán ido al infierno, e disimulámoslo, como si fuese una cosa de burla! Y aun no contento con todo esto, el Vicario de Jesucristo, ya que teníamos paz, nos viene a mover nueva guerra, al tiempo que teníamos los enemigos de la fe a la puerta, para que perdiésemos, como perdimos, el reino de Hungría°, para que se acabase de destruir lo que en la cristiandad quedaba. Y aun no contentándose su gente con hacer la guerra, como los otros, buscan nuevos géneros de crueldad. ¿Qué tiene que hacer el emperador Nero°, ni Dionisio

es decir, Dios

hemos

vio / región del norte de Italia. La capital es Milán.

Una gran parte de Hungría cayó bajo el dominio de los turcos en 1526.

Nerón fue un emperador romano conocido por su crueldad. Durante su reinado se verificó la primera persecución contra los cristianos.

Siracusano°, ni cuantos crueles tiranos han hasta hoy reinado en el mundo, para inventar tales crueldades como el ejército del Papa, después de haber rompido la tregua hecha con don Hugo de Moncada°, hizo en tierras de coloneses°, que dos cristianos tomasen por las piernas una noble doncella virgen, y teniéndola desnuda, la cabeza baja, viniese otro, y así viva, la partiese por medio con una alabarda°? . . . ¡O crueldad! ¡O impiedad! ¡O execrable maldad! Y ¿qué había hecho aquella pobre doncella? Y ¿qué habían hecho las mujeres preñadas, que en presencia de sus maridos les abrían los vientres con las crueles espadas, y, sacada la criatura, así caliente, la ponían a asar ante los ojos de la desventurada madre? ¡O maravilloso Dios, que tal consientes! ¡O orejas de hombres, que tal cosa podéis oír! ¡O sumo Pontífice, que tal cosa sufres hacer en tu nombre! ¿Qué merecían aquellas inocentes criaturas? Maldecimos a Herodes°, que hizo matar los niños recién nacidos, ¿y tú consientes matarlos antes que nazcan? ¡Dejáraslos, siquiera, nacer! ¡Dejáraslos, siquiera, recibir el agua del baptismo; no les hicieras perder las ánimas juntamente con las vidas! ¿Qué merecían aquellas mujeres, porque debiesen morir con tanto dolor, y verse abiertos sus vientres, e sus hijos gemir en los asadores? ¿Qué merecían los desdichados padres, que morían con el dolor de los malogrados hijos y de las desventuradas madres? ¿Cuál judío, turco, moro o infiel querrá ya venir a la fe de Jesucristo, pues tales obras recebimos de sus Vicarios. ¿Cuál de ellos lo querrá servir ni honrar? Y los cristianos que no entienden la doctrina cristiana, ¿qué han de hacer sino seguir a su pastor? Y si cada uno lo quiere seguir, ¿quién querrá vivir entre cristianos? ¿Paréces, Señor, que se imita así Jesucristo? ¿Parécios° que se enseña así el pueblo cristiano? Paréceos que se interpreta así la Sagrada Scriptura? ¿Paréceos que ruega así el pastor por sus ovejas? ¿Paréceos que son estas obras de Vicario de Jesucristo? ¿Paréceos que fue para esto instituida esta dignidad, para que con ella se destruyese el pueblo cristiano?

Segunda parte

LATANCIO.   Por acabar de cumplir lo que os prometí, allende de lo que en esto a la mesa habemos platicado, cuanto a lo primero vos no me negaréis que todos los vicios y todos los engaños que la malicia de los hombres puede pensar no estoviesen juntos en aquella ciudad de Roma, que vos con mucha razón llamáis santa, porque lo debría de ser.

ARCIDIANO.   Ciertamente, en eso vos tenéis mucha razón, y sabe Dios lo que me ha parecido siempre de ello y lo que mi corazón sentía de ver aquella ciudad (que, de razón, debría de ser ejemplo de virtudes a todo el mundo), tan llena de vicios, de tráfagos°, de engaños y de manifiestas bellaquerías. Aquel vender de oficios, de beneficios, de bulas°, de indulgencias°, de dispensaciones, tan sin vergüenza, que verdaderamente parecía una irrisión° de la fe cristiana, y que los ministros de la Iglesia no tenían cuidado sino de inventar maneras para sacar dineros. Empeñó el Papa ciertos apóstoles que había de oro, y después hizo una imposición° que se pagase en la expedición de las Bulas *pro redemptione Apostolorum*°. No sé cómo no tenían vergüenza de hacer cosas tan feas y perjudiciales a su dignidad.

LATANCIO.   Eso mismo dicen todos los que de allá vienen, y eso mismo conocía yo cuando allá estuve. Pues venid acá: si vuestros hijos . . .

ARCIDIANO.   Hablá cortés°.

Dionisio el Viejo, tirano de Siracusa (provincia de Sicilia) venció a los cartagineses. Su hijo, Dionisio el Joven, fue derrocado en 343 antes de J. C. por su política despótica.

Capitán español que se distinguió en el sur de Francia, en Flandes y en Italia. Fue Virrey de Sicilia en 1509 y en 1527. / **de**... que pertenecían a los Colonna, una ilustre familia romana que produjo varios papas, cardenales y generales

pica con cuchilla de figura de media luna que llevaban los sargentos de infantería

Se refiere a la matanza de los Inocentes. Herodes el Grande era rey de Judea cuando nació Jesús. Al enterarse de que un niño recién nacido llegaría a ser un gran rey, Herodes, temeroso de perder su poder, mandó matar a todos los niños varones recién nacidos.

os parece

trastornos

letra apostólica que concede indulgencia / remisión que concede la Iglesia de las penas merecidas por los pecados / burla

tributo, impuesto

pro... por la redención de los apóstoles (Es decir, gastó el dinero que consiguió cobrando por la expedición de las bulas para «redimir» los apóstoles de oro.)

El arcidiano se ofende porque no se supone que los clérigos tengan hijos.

LATANCIO.   Perdonadme, que yo no me acordaba que érades clérigo, aunque ya muchos clérigos hay que no se injurian de tener hijos. Pero esto no se dice sino por un ejemplo.

ARCIDIANO.   Pues decid.

LATANCIO.   Si vuestros hijos toviesen un maestro muy vicioso, y viésedes que con sus vicios y malas costumbres os los inficionaba°, ¿qué haríades?

corrompía

ARCIDIANO.   Amonestarleía° muchas veces que se emendase, y si no lo quisiese hacer y yo toviese mando o señorío sobre él, castigarloía° muy gentilmente°, para que por mal se emendase si no lo quisiese hacer por bien°.

Le amonestaría

lo castigaría

fuertemente

que... de una manera o de otra se corrigiese los defectos

LATANCIO.   Pues vedes aquí: Dios es padre de todos nosotros, y dionos por maestro al Romano Pontífice, para que de él y de los que cabo él estoviesen aprendiésemos a vivir como cristianos. Y como los vicios de aquella Corte romana fuesen tantos, que inficionaban los hijos de Dios, y no solamente no aprendían de ellos la doctrina cristiana, mas una manera de vivir a ella muy contraria, viendo Dios que ni aprovechaban los profetas, ni los evangelistas, ni tanta multitud de sanctos doctores como en los tiempos pasados escribieron vituperando los vicios y loando las virtudes, para que los que mal vivían se convertiesen a vivir como cristianos, buscó nuevas maneras para atraerlos a que hiciesen lo que eran obligados, y allende otros muchos buenos maestros y predicadores que ha enviado en otros tiempos pasados, envió en nuestros días aquel excelente varón Erasmo Rotherodamo, que con mucha elocuencia, prudencia y modestia en diversas obras que ha escrito, descubriendo los vicios y engaños de la Corte romana, y en general de todos los eclesiásticos, parecía que bastaba para que los que mal en ella vivían se emendasen, siquiera de pura vergüenza de lo que se decía de ellos. Y como esto ninguna cosa os aprovechase, antes los vicios y malas maneras fuesen de cada día creciendo, quiso Dios probar a convertirlos por otra manera, y permitió que se levantase aquel fray Martin Luter°, el cual no solamente les perdiese la vergüenza, declarando sin ningún respecto todos sus vicios, mas que apartase muchos pueblos de la obediencia de sus prelados, para que, pues no os habíades querido convertir de vergüenza, os convertiésedes siquiera por cobdicia° de no perder el provecho que de Alemaña llevábades, o por ambición de no estrechar tanto vuestro señorío si Alemaña quedase casi, como agora está, fuera de vuestra obediencia°.

Martín Lutero se enfrentó a los predicadores de la Bula de la Indulgencias en 1517. En 1520 fue excomulgado por León X y, en un acto de rebelión, quemó la bula de excomunión.

codicia

Carlos I de España y V de Alemania reunió bajo su cetro Alemania, Flandes, Austria, España y sus colonias en el Nuevo Mundo. La Reforma Protestante dividió al Imperio en dos facciones, protestante y católica. Los protestantes negaron la autoridad del Papa.

ARCIDIANO.   Bien, pero ese fraile° no solamente decía mal de nosotros, mas también de Dios, en mil herejías que ha escrito.

Lutero fue monje agustino.

LATANCIO.   Decís verdad, pero si vosotros remediárades lo que él primero con mucha razón decía°, y no le provocárades con vuestras descomuniones°, por aventura nunca él se desmandara a escrebir las herejías que después escribió y escribe, ni hobiera habido en Alemaña tanta perdición de cuerpos y de ánimas como después a esta causa ha habido°.

Lutero hizo una lista de 95 quejas contra la Iglesia. Valdés defiende las críticas de Lutero.

Se refiere al hecho de que Lutero fue excomulgado.

La rebelión de Lutero inició un largo período de guerras.

ARCIDIANO.   Mirad, señor; este remedio no se podía hacer sin Concilio° general, y dicen que no convenía que estonces se convocase, porque era manifiesta perdición de todos los eclesiásticos, tanto, que si entonces el Concilio se hiciera, nos pudiéramos ir todos derechos al hospital°, y aun el mesmo Papa con nosotros.

A pesar del deseo de muchos intelectuales católicos de instituir cambios inmediatamente, el Concilio de Trento, en el que se decidió la reforma de la Iglesia católica, no se convocó hasta 1545.

LATANCIO.   ¿Cómo?

ARCIDIANO.   Presentaron todos los Estados del Imperio cien agravios,

casa donde se recogen a los pobres (La insinuación es que con la reforma de la Iglesia, los curas perderían sus privilegios y empobrecerían.)

que diz° que recebían de la Sede apostólica y de muchos
eclesiásticos, y en todo caso querían que aquello se remediase°.

LATANCIO.   ¿Pues por qué no lo remediábades?

ARCIDIANO.   ¡A eso nos andábamos! Ya decían que las rentas de la
Iglesia, pues fueron dadas e instituidas para el socorro de los pobres,
que se gastasen en ello, y no en guerras, ni en vicios, ni en faustos°,
como por la mayor parte agora se gastan, e aun querían que los
pueblos, y no los clérigos, toviesen la administración de ellas. Allende
de esto querían que no se diesen dispensaciones por dineros,
diciendo que los pobres también son hijos de Dios como los ricos, y
que, dando las dispensaciones por dineros, los pobres, que de razón
debrían° de ser más privilegiados, quedan muy agraviados, y los
ricos, por el contrario, privilegiados.

LATANCIO.   No estéis en eso, que, a la verdad, yo he estado y estoy
muchas veces tan atónito que no sé qué decirme. Veo, por una parte,
que Cristo loa la pobreza y nos convida, con perfectísimo ejemplo, a
que la sigamos, y por otra, veo que de la mayor parte de sus
ministros ninguna cosa sancta ni profana podemos alcanzar sino por
dineros. Al baptismo, dineros; a la confirmación, dineros; al
matrimonio, dineros; a las sacras órdenes, dineros; para confesar,
dineros; para comulgar, dineros. No os darán la Extrema Unción°
sino por dineros, no tañerán las campanas sino por dineros, no os
enterrarán en la iglesia sino por dineros, no oiréis misa en tiempo de
entredicho sino por dineros; de manera que parece estar el paraíso
cerrado a los que no tienen dineros. ¿Qué es esto, que el rico se
entierra en la iglesia y el pobre en el cimenterio? ¿Que el rico entre
en la iglesia en tiempo de entredicho y al pobre den con la puerta en
los ojos°? ¿Que por los ricos hagan oraciones públicas y por los
pobres ni por pensamiento? ¿Jesucristo quiso que su Iglesia fuese
más parcial a los ricos que no a los pobres? ¿Por qué nos consejó
que siguiésemos la pobreza? Pues allende de esto, el rico se casa con
su prima o parienta, y el pobre no, aunque le vaya la vida en ello; el
rico come carne en cuaresma, y el pobre no, aunque le cueste el
pescado los ojos de la cara°; el rico alcanza ocho carretadas° de
indulgencias, y el pobre no, porque no tiene con qué pagallas, y de
esta manera hallaréis otras infinitas cosas. Y no falta quien os diga
que es menester allegar hacienda° para servir a Dios, para fundar
iglesias y monesterios, para hacer decir muchas misas y muchos
trentenarios°, para comprar muchas hachas que ardan sobre vuestra
sepultura. Conséjame a mí Jesucristo que menosprecie y deje todas
las cosas mundanas para seguirle, ¿y tú conséjasme que las busque?
Muy gran merced me haréis en decirme la causa que hallan para ello,
porque así Dios me salve que yo no la conozco ni alcanzo.

ARCIDIANO.   ¡A buen árbol os arrimáis°! Aosadas que yo nunca rompa
mi cabeza pensando en esas cosas de que no se me puede seguir
ningún provecho.

LATANCIO.   Buena vida os dé Dios°.

ARCIDIANO.   Allende de esto decían que cuando a los clérigos fueron
dadas las libertades y exenciones° que agora tienen eran pobres y
gastaban lo que tenían con quien más que ellos había menester, y
que agora, pues son más ricos que no los legos, y muchos gastan lo
que tienen con sus hijos y mancebas, que no parecía honesto ni
razonable que los tristes de los pobres fuesen agraviados con
huéspedes y con imposiciones, y los clérigos, en quien todos los
bienes se consumían, quedasen exentos. Decían asimismo que había

---

se dice

Sigue una discusión sobre la lista de agravios
que los Estados del Imperio le presentan a la
Iglesia. Latancio toma la parte de los
reformadores.

grandes lujos

deberían

Sacramento que se les administra a los
enfermos que están en peligro de muerte.

den... le cierren la puerta en la cara

los... muy caro / **alcanza**... consigue una gran
cantidad

allegar... juntar dinero

series de oraciones a las cuales uno se dedica
durante treinta días

A... ¡Mirad los argumentos en los cuales os
apoyáis!

Buena... Que os aproveche [esa actitud]
(sarcástico)

dispensas, privilegios

tantas fiestas de guardar, que los oficiales y labradores recebían mucho perjuicio de ello, y que pues se veía claramente que la mayor parte de los hombres no se ocupaban los días de fiesta en aquellas obras en que se debrían de ocupar, sino en muy peores ejercicios que los otros días, que sería bien se moderase tanto número de fiestas.

LATANCIO.   ¿Paréceos que decían mal?

ARCIDIANO.   Y vos ¿queréislo defender? ¿No vedes que los sanctos cuyas fiestas quitásedes se indignarían, podría ser que nos viniese algún gran mal?

LATANCIO.   Mas ¿vos no vedes que se ofenden esos sanctos más con los vicios y bellaquerías que se acostumbran hacer los días de fiesta, que no en que cada uno trabaje en ganar de comer? Si todas las fiestas se empleasen en servir a Dios querría yo que cada día fuese fiesta, mas, pues así no se hace, no ternía por malo que se moderasen. Si un hombre se emborracha, o juega todo el día a los naipes o a los dados, o anda envuelto en murmuraciones, o en mujeres o en otras semejantes bellaquerías, parécenos que no quebranta la fiesta; y si con extrema necesidad cose un zapato para ganar de comer, luego dicen que es hereje. Yo no sé qué servicios son éstos. Pésame que los ricos tomen en aquellos días sus pasatiempos y placeres, y todo carga sobre los desventurados de los oficiales y labradores y pobres hombres.

ARCIDIANO.   Por todo eso que habéis dicho no se nos daría nada, sino por lo que nosotros perderíamos en el quitar de las fiestas.

LATANCIO.   ¿Qué perderíades?

ARCIDIANO.   Las ofrendas, que se hacen muchas más los días de fiesta que los otros días. Decían ansí mismo que había muchos clérigos que vivían muy mal, y no casándose, tenían mujeres e hijos, tan bien y tan públicamente como los casados, de que se seguía mucho escándalo en el pueblo, por donde sería mejor que se casasen.

LATANCIO.   ¿Y de eso pesarosía° a vosotros?   os pesaría

ARCIDIANO.   ¿Y no nos había de pesar que de libres nos hiciesen esclavos?

LATANCIO.   Antes me parece a mí que de esclavos os querían hacer libres. Si no venid acá: ¿hay mayor ni más vergonzoso cautiverio en el mundo que el del pecado?

ARCIDIANO.   Pienso yo que no.

LATANCIO.   Pues estando vosotros en pecado con vuestras mancebas, ¿no os parece que muy inominiosamente° sois esclavos del pecado, y   de una manera infame que os quita de él el que procura que os caséis e viváis honestamente con vuestras mujeres?

ARCIDIANO.   Bien, pero ¿no vedes que parecería mal que los clérigos se casasen, y perderían mucha de su auctoridad?

LATANCIO.   ¿Y no parece peor que estén amancebados y pierdan en ello mucha más auctoridad? Si yo viese que los clérigos vivían castamente y que no admitían ninguno a aquella degnidad hasta que oviese, por lo menos, cincuenta años, así Dios me salve que me parecería muy bien que no se casasen; pero en tanta multitud de clérigos mancebos, que toman las órdenes más por avaricia que por amor de Dios, en quien no veis una señal de modestia cristiana, no sé si sería mejor casarse.

ARCIDIANO.   ¿No veis que casándose los clérigos, como los hijos no heredasen los bienes de sus padres, morirían de hambre y todos se harían ladrones y sería menester que sus padres quitasen de sus iglesias para dar a sus hijos, de que se seguirían dos inconvenientes:

el uno que terníamos una infinidad de ladrones, y el otro que las
iglesias quedarían despojadas?

LATANCIO.   Esos inconvenientes muy fácilmente se podrían quitar si los
clérigos trabajasen de imitar la pobreza de aquellos cuyos sucesores
se llaman, y estonces° no habrían vergüenza de hacer aprender a sus
hijos con diligencia oficios con que honestamente pudiesen ganar de
comer, y serían muy mejor criados y enseñados en las cosas de la fe,
de que se seguiría mucho bien a la república. Y, así Dios me vala,
que esto, a mi parecer, vosotros mismos lo debríades desear.

ARCIDIANO.   ¿Desear? ¡Nunca Dios tal mande! Mirad, señor (aquí todo
puede pasar°): si yo me casase, sería menester que viviese con mi
mujer, mala o buena, fea o hermosa, todos los días de mi vida o de la
suya; agora, si la que tengo no me contenta esta noche, déjola
mañana y tomo otra. Allende de esto, si no quiero tener mujer
propia, cuantas mujeres hay en el mundo hermosas° son mías, o, por
mejor decir, en el lugar donde estoy. Mantenéislas vosotros y
gozamos nosotros de ellas.

LATANCIO.   ¿Y el ánima°?

ARCIDIANO.   Dejáos de eso, que Dios es misericordioso. Yo rezo mis
Horas° y me confieso a Dios cuando me acuesto y cuando me levanto;
no tomo a nadi lo suyo, no doy a logro°, no salteo camino, no mato a
ninguno, ayuno todos los días que me manda la Iglesia, no se me
pasa día que no oigo misa. ¿No os parece que basta esto para ser
cristiano? Esotro° de las mujeres . . . , a la fin° nosotros somos
hombres y Dios es misericordioso.

entonces

todo... *se puede decir*

cuantas... *todas las mujeres hermosas del mundo*

alma

libro que contiene diversas devociones
doy... *practico la usura*

Eso otro / **a**... *al fin y al cabo*

PERO MEXÍA (¿1499?–¿1552?)

El humanista Pero Mexía (o Pedro Mejía) se distinguió
como historiador, poeta y didáctico. Nació en Sevilla,
donde cursó estudios antes de ir a Salamanca a hacer la
carrera de leyes. Además de por su intelecto, el joven
Pero Mexía era conocido por su manejo de las armas. En
Sevilla, desempeñó varios cargos oficiales, entre ellos, el
de contador de la Casa de Contratación y el de alcalde
de la Santa Hermandad.

La fama de Mexía como erudito se extendió por todas
partes de la Europa occidental. Se le atribuían conocimientos extraordinarios de las letras y de las ciencias,
especialmente la astrología, que se suponía que dominaba a tal punto que llegó a pronosticar, años antes de
que ocurriera, el día y hora de su muerte. Desde el punto
de vista personal, era conocido como un hombre serio
que dormía poco y jamás salía de noche. Padecía varios
problemas de salud, lo cual no impidió que dedicara largas horas a todo tipo de estudios, especialmente a la
literatura y a la historia. Era amigo de Hernando Colón,
hijo del gran almirante de las Indias, lo cual parece haber
fomentado su pasión por la investigación histórica. Mexía
mantuvo correspondencia con varios pensadores de la
época. Le dirigió un gran número de cartas en latín a Luis
Vives, el gran humanista español que era amigo de
Erasmo y preceptor de la hija de Enrique VIII de Inglaterra.
Tanto Carlos V como su confesor fray Domingo de Soto

admiraban los escritos de Mexía. En 1548 el emperador
le rogó que se encargase de escribir la historia de su
reino, pero Mexía se excusó por su falta de salud. A pesar
de esto, Carlos le concedió el título de Cronista Regio y
le dio licencia para recibir su sueldo permaneciendo en
casa.

Mexía se destacó en la lucha contra el protestantismo,
siendo uno de los primeros que descubrieron los ocultos
discípulos de Lutero que abundaban en Sevilla. Señaló
las interpretaciones protestantes que eran evidentes en
las predicaciones de Constantino Ponce de la Fuente, ma-
gistral de la catedral de la ciudad, iniciando así una ardua
lucha contra las fuerzas heterodoxas.

El libro más conocido de Mexía es la *Silva de varia
lección,* una colección de anécdotas, dichos y hechos
que demuestra una gran erudición. Se publicó en Sevilla
en 1542 y fue traducido inmediatamente al italiano, al alemán, al francés y al flamenco. En 1545 se publicó la *Historia imperial y cesárea,* una colección de biografías de
emperadores desde Julio César hasta Maximiliano. Esta
obra, estilísticamente algo desigual pero agradable por
la viveza de la narración, alcanzó una inmensa celebridad
y se reimprimió repetidamente en español, italiano y latín.
Los *Coloquios o diálogos* (1547) son una colección de
sentencias y consejos. En ocho diálogos (el de los Médicos, del Sol, de los Elementos, etc.) el autor aclara muchas cuestiones científicas, de acuerdo con los conocimientos de la época. Esta obra, que fue reimpresa nu-

merosas veces y traducida a varios idiomas, en la actualidad es muy difícil de encontrar. A la edición de 1548 agregó una traducción castellana de la *Parenesis* de Isócrates.

Tres años antes de morir, Mexía emprendió una *Relación de las comunidades de Castilla: Jornada de Carlos V a Túnez*, obra que no logró concluir. Con su énfasis en el honor y la fidelidad, la *Relación de las comunidades de Castilla* le da al lector moderno una idea bastante clara de la moral del autor. Trata del levantamiento de los Comuneros a principios del siglo XVI. Encolerizados por un ataque contra las Cortes locales de parte de la Corona, el cual fue interpretado como un esfuerzo por reducir la independencia tradicional de los gobiernos regionales, los rebeldes se alzaron la última semana de mayo de 1520. Más que la cuestión de las Cortes, influyó el furor contra Carlos, un emperador forastero que, según los rebeldes, empobrecía España manteniendo palacios y combatiendo en el extranjero. El levantamiento terminó con la derrota de las facciones rebeldes en la batalla de Villalar, el 23 de abril de 1521. Cronista del rey, Mexía ensalza a Carlos como protector del orden y describe a los insurgentes como traidores cobardes. Para él, los alborotos causados por los comuneros fueron «obra del demonio»; causados «por nuestros pecados, y por ventura para castigo del mesmo pueblo, y para prueba de la paciencia y clemencia del Emperador, y por otros fines que (Dios) sabe».

El capítulo que se incluye aquí describe el levantamiento de Valladolid y la manipulación de Juana la Loca, madre de Carlos V. Durante el verano de 1520, Adriano de Utrecht, preceptor del Emperador y regente de Castilla, ordenó un ataque contra Segovia. Viéndose sin suficientes recursos para lograr su propósito, el consejo militar mandó a Antonio de Fonseca, capitán general del Emperador, a Medina del Campo, donde había grandes arsenales, para conseguir la artillería que necesitaba. Las fuerzas de la Corona entraron en Medina del Campo el 21 de agosto de 1520. La resistencia por parte de los habitantes del pueblo fue feroz. Soldados del rey y rebeldes prendieron fuego a varias casas y al cabo de poco tiempo, una gran parte de uno de los centros comerciales más importantes del país estaba en llamas.

El acontecimiento sirvió para unir a los rebeldes. Antes del incendio de Medina del Campo, los líderes de la rebelión habían tratado de organizar varios congresos para coordinar sus actividades, sin lograr la participación de los pueblos de Andalucía. Pero la reacción de las otras comunidades a la destrucción de Medina del Campo fue inmediata. Varias—incluyendo a Jaén y a varias de Castilla que no habían participado anteriormente—mandaron representantes a un consejo en Avila. Sin embargo, la Junta de Avila tuvo dificultad en determinar un plan de acción. Los líderes de la Junta, buscando una autoridad más alta que Adriano de Utrecht para apoyar su causa, se volvieron a Juana la Loca con la esperanza de conseguir algún documento escrito en el que reconociera la legalidad de su causa. Pero, a pesar de las maquinaciones de los de la Junta, las cuales Mexía describe con gran indignación, la reina se negó a firmar ninguna carta.

Véase *Relación de las comunidades de Castilla* (Barcelona: Muñoz Moya y Montraveta, 1985).

Relación de las Comunidades de Castilla

Capítulo VII

DEL LEVANTAMIENTO DE VALLADOLID, Y DE LO QUE HICIERON LOS DE LA JUNTA Y CAPITANES DE LA COMUNIDAD DESPUÉS DE LA QUEMA DE MEDINA DEL CAMPO.

Con la quema de la villa de Medina verdaderamente se avivó y encendió mas el fuego que en las comunidades de las ciudades y villas de Castilla estaba prendido, y se extendió y alcanzó a otras donde no había aún llegado. Los secretos de Dios son muy escondidos y muy grandes: él sabe por qué fue servido que este consejo[1] y acuerdo[2] no saliese como se pensaba, y que donde iban a apagar y remediar, encendiesen y dañasen mucho más que estaba.

La mala nueva de la quema de Medina se supo el mesmo día en Valladolid, a las cinco de la tarde, y con tanta furia como allá el fuego, se levantaron acá los corazones, y sin ningún respeto del Cardenal Gobernador ni de la justicia y Consejo Real, y sin memoria ni agradecimiento de lo que el Rey hacía con ellos, tocaron luego la campana de concejo, y el pueblo todo se puso en armas, y corriendo de todas partes, se juntaron en la plaza; que ninguna cosa aprovechó el conde de Benavente[3] ni el obispo de Osma[4], que salieron al rebato y trabajaron por asosegallo; y así juntos cinco o seis mil hombres, se fueron a las casas de Pedro de Portillo, procurador de la villa y riquísimo mercader, y la combatieron[5] para le matar, y él escapóse huyendo; le quemaron todo cuanto en la casa hallaron, que era mucha riqueza, y así comenzaron a hacer lo mesmo en la casa; pero, por evitar el daño de las cercanas a ella, lo apagaron. Hecho este sacrificio, se fueron a la casa de Francisco de la Serna, que había sido procurador y otorgado el servicio en las cortes pasadas de la

---

[1] el consejo que recibió Antonio de Fonseca, capitán general, de conseguir artillería en Medina del Campo.
[2] el acuerdo de los líderes del pueblo de no entregar la artillería.
[3] Antonio Alfonso Pimentel, caballero de influencia en la Corte y en Valladolid.
[4] Alonso Enrique, pariente de varios caballeros que servían al Emperador.
[5] atacaron (Los ataques contra oficiales de la Corona eran violentos y frecuentes en estos levantamientos.)

Coruña[6], y no pudiéndole haber[7] a él para le matar, comenzaron a derriballe la casa, y no cesaron de la obra, sino que los frailes de San Francisco vinieron con el Santísimo Sacramento a pedirles que lo dejasen de hacer, siendo ya casi media noche; y de allí se fueron a casa de Gabriel de Santisteban, que también había sido procurador, y pasó lo mesmo que en la de Portillo y la de Antonio de Fonseca[8], y no tuvo tan buenos padrinos[9]; antes fue quemada toda y dos o tres de las vecinas[10] a ella, y en esto gastaron toda aquella noche. Otro día miércoles se juntaron los principales comuneros en el monasterio de la Santísima Trinidad, y eligieron nuevos procuradores y diputados, y de allí enviaron a llamar a todos los principales caballeros que se hallaban en Valladolid, y les hicieron que jurasen la Comunidad, y ellos, con temor de la muerte, lo hicieron; y de la mesma manera aceptó el infante de Granada el nombramiento que de él fue hecho de capitán general y gobernador de las armas, con otros cinco capitanes; porque él era un muy buen caballero y gran servidor del Rey; y hecho esto, enviaron sus mensajeros luego a Medina del Campo a ofrecerles su socorro, y para ello mandaron hacer a sueldo dos mil hombres, y nombraron también sus procuradores para enviar a la junta de la ciudad de Avila, que llamaban ya santa junta, como lo hicieron, yéndose a ella.

El Cardenal y el Presidente, con los del Consejo Real, en tanto que esto pasaba, no solamente no prohibieron ni mandaron cosa, pero ni aun osaron juntarse en ninguna parte para hablar en lo que se había de hacer, ni parecía cosa posible; antes, como en tormenta de mar, que es tan furiosa, que no hay modo ni manera como se pueda resistir al viento, tienen por último remedio los que gobiernan y rigen la nao abajar sus velas y dejarla ir donde los vientos la quieran llevar; ansí al Gobernador le pareció que convenía antes dar lugar a la furia del pueblo que encenderla más con resistirle. Y porque estaban tan furiosos que cualquiera fuerza y desacato se presumía que acometieran, les envió a dar salvas y disculpas, que nunca había mandado lo que en Medina del Campo se hizo, antes le pesaba de lo sucedido; y siéndole pedido por el común de la villa de Valladolid, y aun pareciéndole que ansí convenía, mandó pregonar por toda la villa que toda la gente

que con el general Antonio de Fonseca estaba, le dejasen y se fuesen a sus tierras, y le envió su provisión, mandándole que despidiese la que tenía a sueldo, y diese licencia a las gentes de las guardias de Castilla que se fuesen a sus aposentamientos, dejando la que para guarda y compañía de su persona hubiese menester; porque no quería que por entonces, no habiendo, como no había, orden ni manera, se hiciese cosa ninguna, pues no había modo para tener campo en aquella comarca, ni donde se sacase dinero para las pagas de los soldados y gastos que se ofrecían; porque aunque Sevilla, Córdoba, Granada y otras ciudades del Andalucía, y algunas de Castilla, estaban en servicio del Rey, no podían ansí cómodamente aprovecharse de su ayuda y favor, lo uno por estar tan lejos y apartadas, lo otro, porque como en tiempo enfermo y cuando anda aire contagioso, también se curan y previenen los sanos como los enfermos, ansí en esta sazón, no queriendo los que gobernaban apremiar ni enojar a pueblo ninguno de los que estaban en servicio del Rey, con recelo que no se alterasen ni desobedeciesen, los regalaban y les aliviaban los pechos[11] y servicios[12], aunque después las ciudades principales del Andalucía sirvieron, como se verá, y lo habían preferido; y en esta sazón lo ofrecieron Vizcaya y Asturias; Galicia, por el contrario, se alzó en comunidad lo más de la tierra de ella, y procuraron matar al conde de Fuensalida, que era gobernador de Galicia; el cual escapó con la diligencia y favor de don Alonso de Fonseca, arzobispo de Santiago, y con alguna gente de a caballo se salió del reino, porque toda aquella tierra le era contraria, y no quiso dejarse cercar de sus enemigos en Arévalo, ni en sus villas de Coca y Alaejos[13]; antes dejando a don Hernando, su hijo, en Coca, aportó[14] a Portugal, y después por mar se fue a Flandes, adonde estaba el Emperador, y llevó consigo al alcalde Ronquillo, que también le acompañó en sus peregrinaciones.

El mesmo día que pasó lo que tengo dicho en Valladolid, que fue miércoles, llegaron a Medina del Campo los capitanes Juan de Padilla[15], Juan Bravo[16] y Juan Zapata[17], con las gentes que de Toledo, Segovia y Madrid traían, y con ellas les hicieron los de aquella villa muy gran favor y consuelo del daño recebido, y los acogieron y aposentaron con muy

---

[6] Las Cortes se reunieron en Coruña en abril de 1520. Durante esta sesión aprobaron un «servicio» o contribución monetaria al Emperador, que necesitaba el dinero para ir a Alemania. La decisión provocó la indignación de los comuneros.
[7] detener.
[8] capitán general y señor de las villas de Coca y Alaejos.
[9] protectores.
[10] próximas, al lado.

[11] obligaciones militares.
[12] contribuciones económicas.
[13] Antonio de Fonseca era señor de Coca y Alaejos.
[14] fue al puerto de.
[15] líder de los comuneros de Castilla.
[16] uno de los jefes de los comuneros. Defendió a Segovia, su ciudad natal, contra el alcalde Ronquillo y entonces se unió a Padilla.
[17] otro jefe de los comuneros.

gran voluntad en lo que el fuego no había consumido, y ellos se detuvieron allí seis o siete días, en los cuales, entendido lo que en Valladolid había pasado, y cómo las gentes de Antonio de Fonseca eran derramadas y desparcidas, y viniéndoles cada día a Medina embajadas de ofrecimientos y favores, después de haber platicado con los de aquella villa en la venganza que se debía tomar de los que tanto estrago habían hecho en ella, determinaron de hacer uno de los más atrevidos hechos que se pudieran pensar.

El hecho fue apoderarse de la persona de la reina doña Juana, que estaba en la villa de Tordesillas[18] a cargo y guarda del marqués de Denia, don Bernardino de Rojas Sandoval, pareciéndoles que con esto su causa tomaría grande autoridad y reputación; para lo cual tuvieron plática y trato con algunos vecinos y aun regidores de aquella villa, donde ya había voz y nombre de comunidad, y poniendo en efeto este atrevimiento, haciéndolo primero saber a la junta de Avila, partieron de Medina con cuatro piezas más de artillería de las que ellos traían (las cuales les dieron allí, habiéndolas negado al capitan general del Emperador, su rey y señor natural); y llegaron a Tordesillas miércoles, a 29 de dicho mes de agosto, en la cual no hallando resistencia ninguna, porque el Marqués no era parte para poderla hacer, se entraron con sus banderas y atambores[19]; y llegando a la plaza delante del palacio do la Reina posaba los dichos capitanes, y otros con ellos, se apearon, fingiendo y diciendo que su alteza les había hecho señas desde un corredor que se apeasen y subiesen. Entraron por su palacio, y se apoderaron de él y subieron adonde la Reina estaba, y después de besarla las manos, le hablaron muy largo y muy libre y atrevidamente, y el intento y fin de su habla fue procurar de indinarla[20] contra el Emperador y su hijo y contra sus privados y los de su consejo, diciendo que se habían hecho por ellos en sus reinos grandes tiranías y agravios, y que sobre ello había grandes escándalos y movimientos; a cuya causa eran venidos allí a hacérselo saber y a darle aviso de ello, y para suplicarle mandase entender y proveer en el remedio, y que, porque sus mandamientos fuesen cumplidos y obedecidos, traían aquella gente y ejército, y que para tratar y platicar sobre ello, estaban juntos en la ciudad de Avila los más de los procuradores de las ciudades y villas de estos reinos que tenían voto en cortes; que le suplicaban los mandase venir allí, porque con su

autoridad y mandamiento se ordenasen las cosas que ellos pedían.

La Reina estaba oyendo, extrañándose mucho de la nueva visita, y acabada su plática, les respondió, conforme a su natural condición y costumbre antigua suya, palabras humanas y generales, pero no que atase ni concluyese cosa alguna en ellas, como aquella que, por su enfermedad y falta de juicio, no tenía cuenta en cosa que tocase a gobernación y regimiento; pero ellos, por seguir su opinión, interpretaron lo que había dicho, y añadiendo lo que no dijo, como les pareció, escribieron muchas cartas y publicaron por el reino que la Reina se había holgado con su venida, y que mandaba que los procuradores de las ciudades que estaban en Avila viniesen allí; y enviaron falsos testimonios de notarios y escribanos que para ello llevaban.

Aposentando aquella noche sus gentes en las aldeas cerca de la villa, se vinieron otro día a ella con los que les pareció que bastaban, y siendo recebidas sus cartas por los de la Junta, mostrando que daban entero crédito a lo que les era escrito, después de algunas diferencias que entre ellos hubo, se partieron para Tordesillas, y de camino quisieron visitar a los de Medina, donde se detuvieron tres días; y tratando ya las cosas como administradores y gobernadores del reino, platicaron con ellos, porque ellos se lo pidieron, de que tomarían las villas de Coca y Alaejos, que eran de Antonio de Fonseca, para lo cual los de Medina del Campo hacían grandes aparejos y municiones, por el estrago y daño que el señor de aquellas villas les había hecho. Y estando también allí, vinieron algunos vecinos de Tordesillas, los más de ellos solicitados por Juan de Padilla y los otros capitanes, según es de creer, o por su malicia y ruindad, a se quejar del marqués de Denia, y a informar que había hecho algunos agravios, y que la Reina no era servida como convenía, y los de la Junta, haciendo de los muy celosos de su servicio y de justicia, proveyeron de elegir entre sí tres que luego fuesen delante a se informar de esto y diesen su parecer en lo que convenía hacer, y fueron nombrados para ello el maestro fray Pablo, procurador de León, y el comendador Almaraz, procurador de Salamanca, y al bachiller de Guadalajara, procurador de Segovia; los cuales con gran presteza fueron allá, y haciendo sus informaciones como les pareció, y comunicando con los dichos capitanes, se resolvieron en decir que lo que convenía al servicio de la Reina y a la salud de su persona era que el Marqués ni la Marquesa no estuviesen en su servicio ni compañía, y que ellos habían alcanzado que esta era su voluntad; y ansí lo enviaron a decir a los otros procuradores al camino, y ello, que holgaron de oírlo, y querían cuando

---

[18] cerca de Valladolid. Fue designada en nuestros días como capital de la actual Comunidad Autónoma de Castilla y León por su recuerdo histórico de este episodio.
[19] tambores.
[20] indignarla.

llegasen hallar ya echado el Marqués de allí, les enviaron luego nueva provisión para que de su parte mandasen requerir al Marqués y a su mujer que luego se saliesen del palacio de la Reina y de la villa, y pusiesen en su compañía las más principales mujeres que en la villa se hallasen; lo cual ellos cumplieron a la letra como se lo cometieron, y el Marqués, sufriendo con seso[21] y paciencia la fuerza que le hacían, se hubo de salir luego; que no le dieron una hora de término ni para sacar su casa ni hacienda, haciendo primero sus autos[22] y protestaciones[23] cómo él no dejaba la guardia de la Reina ni de la Infanta de su voluntad, sino forzado y compelido y por no poder más, porque vía la villa ocupada con gente de guerra, a la cual no podía resistir; y salido ansí el Marqués y marquesa a una aldea donde ya eran llegados los procuradores, quedó en compañía de la Reina doña Catalina de Figueroa, mujer de Juan de Quintanilla con ellos, que fue un muy hermoso trueque.

Otro día, a 10 de setiembre, entraron en la villa los otros procuradores; y queriendo autorizar lo que hacían, fueron a besar las manos a la Reina, y procuraron por todas las vías que pudieron que firmase cartas y provisiones[24]; pero jamás lo pudieron acabar con ella[25], como gran tiempo había que no lo había querido hacer; y que mandase llamar y juntar los procuradores que faltaban del reino, pero plugo[26] a Dios que a ninguna cosa acudió la Reina, antes les dijo que no había necesidad de ello; pero ellos, no obstante esto, publicando y diciendo que ella lo mandaba, y teniendo formas y maneras como ciertos escribanos diesen testimonio que ella mandaba y quería que entendiesen en la gobernación del reino, comenzaron luego a gobernar como reyes, aunque en nombre de la Reina, en la forma que adelante se dirá. Y el Cardenal gobernador, que de todas las cosas de importancia daba por sus cartas aviso al Emperador, de la toma de Tordesillas y de la Reina, como más importante, se le envió luego particularmente.

FRAY LUIS DE LEÓN (¿1527?–1591)

La búsqueda del orden y la armonía que caracteriza la obra poética de Fray Luis (véase la pág. 25) también se revela en su prosa. En el caótico ambiente universitario que conocía Luis de León, el faccionismo y los celos a menudo reducían la existencia diaria a la lucha mezquina en que las grandes causas se olvidaban y el individuo perdía su sentido del equilibrio. Fray Luis, participante activísimo en las disputas de su época y valiente investigador que terminó encarcelado por la Inquisición por su atrevimiento intelectual, buscaba recobrar la tranquilidad interior por medio de la meditación. Algunas de las porciones más significantes de *De los nombres de Cristo* fueron escritas en la cárcel. Perturbado espiritualmente y achacado por problemas de salud, Fray Luis encontraba alivio y fuerza reflexionando sobre diversos aspectos de Cristo. La propensión a la lucha y el ansia de la paz espiritual son características de su vida y también de toda su obra.

De los nombres de Cristo y *La perfecta casada* son sus trabajos morales más conocidos. La primera edición de *De los nombres de Cristo* apareció en Salamanca en 1583. Revela un profundo gusto humanístico por la indagación intelectual además de la añoranza de la armonía y la estabilidad. Al mismo tiempo, se traslucen algunos de los conflictos que afligían a Luis de León.

En 1547 el Concilio de Trento prohibió las ediciones de la Biblia en lenguas modernas. Como participante en las sesiones que se llevaron a cabo en Trento en 1551, Fray Luis defiende el dictamen oficial a la vez que descubre su afición por el estudio de textos sagrados. La dedicatoria de Fray Luis contiene una elocuente defensa de la traducción de las Escrituras a la vernácula. Empieza por explicar que Dios nos dio las Escrituras para que nos sirvieran de consuelo y de guía: «Notoria cosa es que las Escripturas que llamamos sagradas las inspiró Dios a los profetas que las escribieron para que nos fuesen, en los trabajos desta vida, consuelo, y en las tinieblas y errores della, clara y fiel luz». Fueron escritas en la lengua común de la época (el hebreo) «con palabras llanísimas» y se tradujeron a otros idiomas para que estuvieran al alcance de toda la gente. Por lo tanto, alega Fray Luis, las traducciones a lenguas contemporáneas se justifican.

Pero Fray Luis no lleva su argumento más lejos, evitando el contradecir los preceptos articulados en el Concilio de Trento. Aunque él mismo se atrevió a reexaminar los textos originales al sugerir correcciones en la Vulgata y al traducir obras poéticas tales como los salmos, el *Cantar de los Cantares* y *Los proverbios de Salomón*, reconoce que en el período turbulento y corrupto en que vive, la lectura de las Escrituras puede ser peligrosa para los no iniciados. En tiempos antiguos, según nos dice, la gente aprovechaba la lectura de la Biblia porque la doctrina pública y oficial era ortodoxa y no había maestros engañadores que torcieran el verdadero mensaje de Dios. Pero con la amenaza del protestantismo, todo cambió. Ahora, dice Fray Luis, es fácil que la gente común se deje convencer por falsas interpretaciones. Por lo tanto, sólo los doctos son capaces de leer los escritos sagrados sin correr riesgo.

Aun limitándose a obras seglares, el hombre común no

---

[21] cordura.
[22] documentos que declaran una resolución judicial.
[23] documentos que le dan a uno dominio o autoridad.
[24] despachos o mandamientos que se hacen en nombre del monarca.
[25] **lo**... pudieron conseguir lo que querían.
[26] plació

se libra del peligro, según Fray Luis. Hay miles de libros de tema popular que están a su alcance y que muchas veces lo trastornan, sugiriéndole ideas perniciosas. Las mujeres, afirma Fray Luis, son especialmente susceptibles a los efectos dañinos de la literatura popular. Lo que necesita el pueblo, concluye Fray Luis, son libros sanos y útiles de tema religioso que ayuden a la gente a vivir como buenos cristianos. Con este propósito emprende la escritura de *De los nombres de Cristo*.

La obra consta de tres libros que contienen catorce capítulos, cada uno de los cuales trata de uno de los nombres que se usan para referirse a Cristo en la Sagrada Escritura: Pimpollo, Faces de Dios, Camino, Pastor, Monte, Padre del siglo futuro, Brazo de Dios, Rey de Dios, Príncipe de Paz, Esposo, Hijo de Dios, Amado, Jesús, Cordero. Estos van precedidos de una Introducción y otro capítulo que se llama *De los nombres en general*.

La estructura es la del coloquio. Un hermoso día a fines de junio, Marcelo, Juliano y Sabino, tres amigos, se retiran a la granja de su monasterio—sin duda la misma que nos describe Fray Luis en su poema *Vida retirada*—para descansar y conversar. Sabino, que ha encontrado un papel en que Marcelo ha apuntado algunos de los nombres con que Cristo es llamado en la Biblia, le pide a su amigo que hable sobre este tema. Marcelo, portavoz de Fray Luis, consiente y así comienza la plática.

Frente a la corrupción e inestabilidad del mundo, en los nombres de Cristo Fray Luis encuentra frescura, fuerza, permanencia. Cristo es, por ejemplo, monte—«y la palabra original significa un establecer y afirmar no mudable, ni como si dijésemos, movedizo o subjeto a las injurias y vueltas del tiempo ... Pues, ¿qué monte otro hay o qué grandeza no subjeta a mudanza, sino es Cristo solo, cuyo reino no tiene fin ... ?» En el símbolo del monte, ve «la preñez riquísima de bienes diferentes», la fertilidad del mundo de la experiencia humana. Porque la mente del hombre es campo fértil. Fray Luis defiende el estudio—incluso el estudio directo de la Biblia—mostrando cómo sus personajes, al volver una y otra vez al texto del Evangelio, logran resolver las cuestiones que les preocupan. También defiende la poesía que, cuando se emplea como se debe, en elogio al bien divino, calma y purifica al hombre.

El humanismo de Fray Luis trasluce toda su obra. Cristo es monte no sólo en cuanto a su naturaleza divina, sino también en cuanto a su naturaleza humana: «... según que es hombre, es un MONTE y un amontonamiento y preñez de todo lo bueno y provechoso y deleitoso y glorioso que en el deseo y en el seno de las criaturas cabe, y de mucho más que no cabe». De Cristo provienen toda la gracia y todas las virtudes «que se derraman por nuestras almas y pechos, y los hacen fértiles». Fray Luis aprecia y elogia la dignidad humana. En el ambiente bucólico de *De los nombres de Cristo*, libre de los ataques y acusaciones y politiquerías del mundo real, Fray Luis logra sentir la esencia bondadosa del ser humano.

La perfecta casada se publicó en conjunto con *De los nombres de Cristo* en 1583. Es una exposición del capítulo de los Proverbios que alaba a la mujer virtuosa. Va dirigida a cierta María Valera Osorio, de quien se sabe poco, aparte del hecho de que acababa de casarse y que era una persona muy estimada de Fray Luis. El libro consiste en consejos prácticos para la recién casada, que revelan una actitud de moderación y de sentido común además de gran respeto por la mujer.

Durante el siglo XVI hubo grandes debates sobre la naturaleza de la mujer. Los elementos más retrógrados veían a la mujer como un ser vil que había perdido a la humanidad al probar la manzana prohibida y que seguía contaminando la tierra con su presencia. Aun había curas que alegaban que la mujer no tenía alma y por lo tanto era incapaz de salvarse. Algunos admitían la virtud de la mujer únicamente cuando ella se dedicaba enteramente a la religión. En cambio, Fray Luis—como los humanistas Erasmo y Tomás Moro—defiende no sólo a la mujer, sino a la mujer casada, viendo el matrimonio como un estado tan digno como el monjío.

Para Fray Luis, la mujer es tan capaz como el hombre de la virtud, siempre que actúe dentro de su rol establecido por la sociedad y por la Iglesia. Le aconseja a la casada que huya de las vanidades tales como los afeites y los adornos y que se dedique exclusivamente a sus quehaceres domésticos. También le aconseja que evite la lectura de sonetos de amor y de literatura imaginativa tales como los romances caballerescos o pastoriles. Asimismo le dice que se guarde de ser extremosa en la religiosidad, ridiculizando a las mujeres que se dedican a «calentar el suelo de la iglesia tarde y mañana» en vez de ocuparse de gobernar su casa. Por otra parte, le advierte que no les dé demasiada importancia a los bienes materiales. Si sigue estos consejos, la mujer virtuosa será como un monarca en su casa: «Como la luna llena en las noches serenas se goza, rodeada y como acompañada de clarísimas lumbres ... así la buena en su casa reina, y resplandece, y convierte a sí, juntamente los ojos y los corazones de todos.» Hoy en día, las ideas de Fray Luis pueden parecernos anticuadas, pero en su época eran progresivas; ejemplificaban el más iluminado humanismo.

La prosa de Luis de León es llana, sencilla, directa, elegante. Aunque el autor se vale de referencias bíblicas y clásicas, su estilo rara vez es pedante. Abundan en sus escritos los términos populares y muchas de sus metáforas y símiles se toman del lenguaje conversacional.

Véanse *Obras completas de Fray Luis de León* (2 vol.), ed. Félix García (Madrid: Católica, 1957), y *De los nombres de Cristo,* ed. Federico de Onís (Madrid: Espasa-Calpe, 1966).

De los nombres de Cristo

Monte

[SE LE DA A CRISTO EL NOMBRE DE MONTE; QUÉ SIGNIFICA ÉSTE EN LA ESCRITURA, Y POR QUÉ SE LE ATRIBUYE A CRISTO.]

Llámase Cristo MONTE, *como en el capítulo segundo de Daniel, adonde se dice que la piedra que hirió en los pies de la estatua que vio el rey de Babilonia, y la desmenuzó y deshizo, se convirtió en un monte muy grande que ocupaba toda la tierra. Y en el capítulo segundo de Isaías:* «Y en los postreros días será establecido el monte de la casa del Señor sobre la cumbre de todos los montes». *Y en el Salmo sesenta y siete:* «El monte de Dios, monte enriscado y lleno de grosura.»

Y en leyendo esto cesó.

Y dijo Juliano luego:

—Pues que este vuestro papel, Marcelo, tiene la condición de Pitágoras[1], que dice y no da razón de lo que dice, justo será que nos la deis vos por él. Porque los lugares que ahora alega, mayormente los dos postreros, algunos podrían dudar si hablan de Cristo o no.

—Muchos dicen muchas cosas—respondió Marcelo—; pero el papel siguió lo más cierto y lo mejor, porque en el lugar de Isaías casi no hay palabras, así en él como en lo que le antecede o se le sigue, que no señale a Cristo como con el dedo. Lo primero dice: *En los días postreros;* y como sabéis, lo postrero de los días, o los días postreros en la Santa Escritura es nombre que se da al tiempo en que Cristo vino, como se parece en la profecía de Jacob, en el capítulo último del Libro de la Creación y en otros muchos lugares. Porque el tiempo de su venida, en el cual juntamente con Cristo comenzó a nacer la luz del Evangelio, y el espacio que dura el movimiento de esta luz, que es el espacio de su predicación, que va como un sol cercando el mundo, y pasando de unas naciones en otras; así que[2] todo el discurso y suceso y duración de aqueste alumbramiento, se llama un día, porque es como el nacimiento y vuelta que da el sol en un día. Y llámase postrero día, porque, en acabando el sol del Evangelio su curso, que será en habiendo amanecido a todas las tierras como este sol amanece, no ha de sucederle otro día. *Y será predicado,* dice Cristo, *este Evangelio por todo el mundo, y luego vendrá el fin.*

Demás de esto dice: *Será establecido.* Y la palabra original significa un establecer y afirmar no mudable, ni como si dijésemos movedizo o sujeto a las injurias y vueltas del tiempo. Y así en el Salmo con esta misma palabra se dice: *El Señor afirmó su trono sobre los cielos.* Pues, ¿qué monte otro[3] hay, o qué grandeza no sujeta a mudanza, si no es Cristo solo, cuyo reino no tiene fin, como dijo a la Virgen el Ángel? Pues, ¿qué se sigue tras esto? *El monte,* dice, *de la casa del Señor.* Adonde la una palabra es como declaración de la otra, como diciendo el *monte,* esto es, la casa del Señor. La cual casa entre todas por excelencia es Cristo nuestro Redentor, en quien reposa y mora Dios enteramente. Como es escrito: *En el cual reposa todo lo lleno de la divinidad.*

Y dice más: *Sobre la cumbre de los montes.* Que es cosa que solamente de Cristo se puede con verdad decir. Porque *monte* en la Escritura, y en la secreta manera de hablar de que en ella usa el Espíritu Santo, significa todo lo eminente, o en poder temporal, como son los príncipes, o en virtud y saber espiritual, como son los profetas y los prelados; y decir *montes* sin limitación, es decir todos los montes; o como se entiende de un artículo que está en el primer texto[4] en este lugar, es decir los montes más señalados de todos, así por alteza de sitio como por otras cualidades y condiciones suyas. Y decir que *será establecido sobre todos los montes,* no es decir solamente que este *monte* es más levantado que los demás, sino que está situado sobre la cabeza de todos ellos; por manera que lo más bajo de él está sobrepuesto a lo que es en ellos más alto.

Y así, juntando con palabras descubiertas todo aquesto que he dicho, resultará de todo ello aquesta sentencia[5]: que la raíz, o como llamamos, la falda de este monte que dice Isaías, esto es, lo menos y más humilde de él, tiene debajo de sí a todas las altezas más señaladas y altas que hay, así temporales como espirituales. Pues, ¿qué alteza o encumbramiento será aqueste tan grande, si Cristo no es? O ¿a qué otro monte, de los que Dios tiene, convendrá una semejante grandeza?

Veamos lo que la Santa Escritura dice, cuando habla con palabras llanas y sencillas de Cristo, y cotejémoslo con los rodeos de este lugar, y si halláremos que ambas partes dicen lo mismo, no dudemos de que es uno mismo aquél de quien hablan.

---

[1] filósofo y matemático griego (¿580?–¿500? A.C.): Sus discípulos mantenían el *Magister dixit* (Lo dijo el Maestro) como razón suprema de toda argumentación. Por eso Juliano alega que Pitágoras dice, pero no explica las razones de lo que dice. En realidad eran los seguidores del maestro, y no Pitágoras mismo, los que no justificaban sus argumentos con otra razón que las palabras del *Magister dixit.*
[2] **así**... como también.

[3] **qué**... qué otro monte.
[4] el texto hebreo.
[5] significado.

¿Qué dice David?: *Dijo el Señor a mi Señor: Asiéntate a mi mano derecha hasta que ponga por escaño de tus pies a tus enemigos.* Y el apóstol San Pablo: *Para que al nombre de Jesús doblen las rodillas todos, así los del cielo como los de la tierra y los del infierno.* Y el mismo, hablando propiamente del misterio de Cristo, dice: *Lo flaco*[6] *de Dios que parece, es más valiente que la fortaleza toda; y lo inconsiderado*[7]*, más sabio que cuanto los hombres saben.* Pues allí se pone el monte sobre los montes, y aquí la alteza toda del mundo y del infierno por escaño de los pies de Jesucristo. Aquí se le arrodilla lo criado; allí todo lo alto le está sujeto; aquí su humildad, su desprecio, su cruz, se dice ser más sabia y más poderosa que cuanto pueden y saben los hombres; allí la raíz de aquel monte se pone sobre las cumbres de todos los montes.

Así que no debemos dudar de que es Cristo este *Monte* de que habla Isaías. Ni menos de que es aquél de quien canta David en las palabras del Salmo alegado. El cual Salmo todo es manifiesta profecía; no de un misterio solo, sino casi de todos aquellos que obró Cristo para nuestra salud. Y es oscuro Salmo, al parecer, pero oscuro a los que no dan en la vena del verdadero sentido, y siguen sus imaginaciones propias; con las cuales, como no dice el Salmo bien, ni puede decir, para ajustarle con ellas revuelven[8] la letra y oscurecen y turban la sentencia, y al fin se fatigan en balde;[9] mas al revés, si se toma una vez el hilo de él y su intento, las mismas cosas se van diciendo y llamándose unas a otras, y trabándose entre sí con maravilloso artificio.

Y lo que toca ahora a nuestro propósito, porque sería apartarnos mucho de él declarar todo el Salmo así que lo que toca al verso que de este Salmo alega el papel, para entender que el *Monte* de quien el verso habla es Jesucristo, basta ver lo que luego se sigue, que es: *Monte en el cual le aplació a Dios morar en él;* y cierto morará en él eternamente. Lo cual, si no es de Jesucristo, de ningún otro se puede decir. Y son muy de considerar cada una de las palabras, así de este verso como del verso que le antecede; pero no turbemos ni confundamos el discurso de nuestra razón.

Digamos primero qué quiere decir que Cristo se llame *Monte.* Y dicho, y volviendo sobre estos mismos lugares, diremos algo de las cualidades que da en ellos el Espíritu Santo a este *Monte.* Pues digo así: que demás de la eminencia señalada que tienen los montes sobre lo demás de la tierra, como Cristo la tiene en cuanto hombre, sobre todas las criaturas, la más principal razón por qué se llama *Monte,* es por la abundancia, o, digámoslo así, por la preñez riquísima de bienes diferentes que atesora y comprende en sí mismo. Porque, como sabéis, en la lengua hebrea, en que los Sagrados Libros en su primer origen se escriben[10], la palabra con que el monte se nombra, según el sonido de ella, suena en nuestro castellano el *preñado;* por manera que los que nosotros llamamos *montes,* llama el hebreo por nombre propio *preñados.*

Y díceles este nombre muy bien, no sólo por la figura que tienen alta y redonda y como hinchada sobre la tierra, por lo cual parecen el vientre de ella, y no vacío ni flojo vientre, mas lleno y preñado, sino también porque tienen en sí como concebido, y lo paren[11] y sacan a luz a sus tiempos, casi todo aquello que en la tierra se estima. Producen árboles de diferentes maneras, unos que sirven de madera para los edificios, y otros que con sus frutas mantienen la vida. Paren yerbas, más que ninguna otra parte del suelo, de diversos géneros y de secretas y eficaces virtudes. En los montes por la mayor parte se conciben las fuentes y los principios de los ríos, que naciendo de allí y cayendo en los llanos después y torciendo el paso por ellos, fertilizan y hermosean las tierras. Allí se cría el azogue[12] y el estaño, y las venas ricas de la plata y del oro y de los demás metales todas las minas, las piedras preciosas y las canteras[13] de las piedras firmes, que son más provechosas, con que se fortalecen las ciudades con muros y se ennoblecen con suntuosos palacios. Y, finalmente, son como un arca los montes, y como un depósito de todos los mayores tesoros del suelo.

La perfecta casada

CAPÍTULO XI

[DE CÓMO EL TRAJE Y MANERA DE VESTIR DE LA PERFECTA CASADA HA DE SER CONFORME A LO QUE PIDE LA HONESTIDAD Y LA RAZÓN. AFÉASE EL USO DE LOS AFEITES, Y CONDÉNANSE LAS GALAS Y ATAVÍOS[14], NO SÓLO CON RAZONES TOMADAS DE LA MISMA NATURALEZA DE LAS COSAS, SINO TAMBIÉN CON DICHOS Y SENTENCIAS DE LOS PADRES DE LA IGLESIA Y AUTORIDADES DE LA SAGRADA ESCRITURA.]

Hizo para sí aderezos de cama; holanda y púrpura es su vestido[15].

---

[6] débil (Es decir, lo más débil de Dios es más fuerte que toda la fuerza del mundo.)
[7] imprudente, desatinado.
[8] tergiversan.
[9] inútilmente.

[10] No todos los libros del *Antiguo Testamento* fueron escritos en hebreo. *Tobías, Judit* y *Daniel* fueron escritos en caldeo; el II de los *Macabeos* fue escrito en griego.
[11] traen al mundo.
[12] mercurio.
[13] sitio de donde se sacan las piedras de construcción.
[14] adornos.
[15] *Proverbios,* V. 22.

Porque había hablado de la piedad que deben las buenas casadas al pobre, y del cuidado que deben a la buena provisión de su gente, trata ahora del tratamiento y buen aderezo de sus mismas personas. Y llega hasta aquí la clemencia de Dios y la dulce manera de su providencia y gobierno, que desciende a tratar de su vestido de la casada, y de cómo ha de aderezar y asear su persona; y, condescendiendo en algo con su natural, aunque no le place el exceso, tampoco se agrada del desaliño y mal aseo, y así dice: *Púrpura y holanda es su vestido.* Que es decir que de esta casada perfecta es parte también no ser, en el tratamiento de su persona, alguna desaliñada y remendada, sino que, como ha de ser en la administración de la hacienda granjera, y con los pobres piadosa, y con su gente no escasa, así, por la misma forma, a su persona la ha de traer limpia y bien tratada, aderezándola honestamente en la manera que su estado lo pide, y trayéndose[16] conforme a su cualidad[17], así en lo ordinario como en lo extraordinario también. Porque la que con su buen concierto y gobierno da luz y resplandor a los demás de su casa, que ella ande deslucida en sí, ninguna razón lo permite.

Pero es de saber por qué causa la vistió Salomón de *holanda* y de *púrpura*, que son las cosas de que en la Ley vieja[18] se hacía la vestidura del gran Sacerdote, porque sin duda tiene en sí algún grande misterio. Pues digo que quiere Dios declarar en esto a las buenas mujeres que no pongan en su persona sino lo que se puede poner en el altar, esto es, que todo su vestido y aderezo[19] sea santo, así en la intención con que se pone como en la templanza con que se hace. Y díceles que quien les ha de vestir el cuerpo no ha de ser el pensamiento liviano, sino el buen concierto de la razón; y que de la compostura secreta del ánimo ha de nacer el buen traje exterior; y que este traje no se ha de cortar a la medida del antojo o del uso vituperable y mundano, sino conforme a lo que pide la honestidad y la vergüenza. Así que señala aquí Dios vestido santo, para condenar lo profano.

Dice *púrpura y holanda,* mas no dice los bordados que se usan ahora, ni los recamados[20], ni el oro tirado[21] en hilos delgados. Dice *vestidos,* mas no dice diamantes ni rubíes. Pone lo que se puede tejer y labrar en su casa; pero no las perlas que se esconden en el abismo del mar. Concede ropas; pero no permite rizos, ni encrespos, ni afeites[22]. El cuerpo se vista, pero la cabeza no se desgreñe ni se encrespe en pronóstico[23] de su grande miseria. Y porque en esto, y señaladamente en los afeites del rostro, hay grande exceso, aun en las mujeres que en lo demás son honestas, y porque es aqueste su propio lugar, bien será que digamos algo de ellos aquí. Aunque, si va a decir la verdad, yo confieso a Vmd. que lo que me convida a tratar de esto, que es el exceso, eso mismo me pone miedo. Porque ¿quién no temerá de oponerse contra una cosa tan recibida? O, ¿quién tendrá ánimo para osar persuadirles a las mujeres a que quieran parecer lo que son? O, ¿qué razón sanará la ponzoña del solimán?[24]

Y no sólo es dificultoso este tratado, pero es peligroso también, porque luego aborrecen a quien esto les quita. Y así querer ahora quitárselo yo, será despertar contra mí un escuadrón de enemigos. Mas ¿qué les va en que yo las condene, pues tienen tantos otros que las absuelven? Y si aman aquellos que, condescendiendo con su gusto de ellas, las dejan asquerosas y feas, muy más justo es que siquiera no me aborrezcan a mí, sino que me oigan con igualdad[25] y atención; que cuanto ahora en esto les quiero decir será solamente enseñarles que sean hermosas, que es lo que principalmente desean. Porque yo no les quiero tratar del pecado que algunos hallan y ponen en el afeite, sino solamente quiero dárselo a conocer, demostrándoles que es un fullero[26] engañoso que les da al revés de aquello que les promete; y que, como en un juego que hacen los niños, así él diciendo que las pinta, las burla y entizna; para que, conocido por tal, hagan justicia de él y le saquen a la vergüenza con todas sus redomillas[27] al cuello.

Pues yo no puedo pensar que ninguna viva en este caso tan engañada que ya que tenga por hermoso el afeite, a lo menos no conozca que es sucio y que no se lave las manos con que lo ha tratado, antes que coma. Porque los materiales de él, los más son asquerosos; y la mezcla de cosas tan diferentes, como son las que casan[28] para este adulterio[29], es madre del mal olor, lo cual saben bien las arquillas que guardan este tesoro, y las redomas y las demás alhajas de él. Y si no es suciedad, ¿por qué, venida la noche, se le quitan y se lavan la cara con diligencia, y ya que han servido al engaño del día quieren pasar siquiera la noche limpias? Mas ¿para

---

[16] comportándose.
[17] posición.
[18] **Ley**... Antiguo Testamento.
[19] joyas, adornos.
[20] bordados.
[21] estirado, extendido.
[22] maquillajes.
[23] pregonando, pronosticando.
[24] Ingrediente de los tintes para el cabello; consiste en plata líquida; tiene propiedades corrosivas y efectos mortíferos. Nótese la sátira sutil en estas observaciones.
[25] mesura, serenidad.
[26] embustero.
[27] tarritos para perfumes y ungüentos.
[28] unen.
[29] mezcla (Nótese el sentido doble e irónico de las palabras.)

qué son razones?[30] Pues cuando nos lo negasen, a las que nos lo negasen les podríamos mostrar a los ojos sus dientes mismos, y sus encías negras y más sucias que un muladar, con las reliquias que en ellas ha dejado el afeite. Y si las pone sucias, como de hecho las pone, ¿cómo se puede persuadir que las hace hermosas? ¿No es la limpieza el fundamento de la hermosura, y la primera y mayor parte de ella? La hermosura allega[31] y convida a sí, y la suciedad aparta y ahuyenta. Luego ¿cómo podrán caber en uno lo hermoso y lo sucio? ¿Por ventura no es obra propia de la belleza parecer bien y hacer deleite en los ojos? ¿Pues qué ojos hay tan ciegos o tan botos[32], de vista que no pasen con ella la tela del sobrepuesto[33], y que no cotejen con lo encubierto lo que se descubre; y que, viendo lo mal que dicen entre sí mismos, no se ofendan con la desproporción? Y no es menester que los ojos traspasen este velo, porque él de sí mismo, en cobrando un poco de calor el cuerpo, se trasluce; y descúbrese por entre lo blanco un oscuro y verdinegro, y un entre azul y morado; y matízase el rostro todo, y señaladamente las cuencas de los bellísimos ojos, con una variedad de colores feísimos; y aun corren a las veces derretidas las gotas y aran con sus arroyos la cara . . .

¿Para qué se afeita la mujer casada? . . . Si va a decir la verdad, la respuesta de aquel *para qué* es amor propio desordenadísimo, apetito insaciable de vana excelencia, codicia fea, deshonestidad arraigada en el corazón, adulterio, ramería, delito que jamás cesa.

¿Qué pensáis las mujeres que es afeitaros? Traer pintado en el rostro vuestro deseo feo. Mas no todas las que os afeitáis deseáis mal. Cortesía es creerlo. Pero si con la tez del afeite no descubrís vuestro mal deseo, a lo menos despertáis el ajeno. De manera que con esas posturas sucias, o publicáis vuestra sucia ánima, o ensuciáis las de aquellos que os miran. Y todo es ofensa de Dios.

Aunque no sé yo qué ojos os miran, que, si bien os miran, no os aborrezcan. ¡Oh asco, oh hedor, oh torpeza!

Mas ¡qué bravo!—diréis algunas—. No estoy bravo, sino verdadero. Y si tales son los padres de quien aqueste desatino nace, ¿cuáles serán los frutos que de él proceden, sino enojos y guerra continua y sospechas mortales y lazos de perdidos y peligros y caídas y escándalos y muerte y asolamiento miserable? Y si todavía os parezco muy bravo, oíd,

ya no a mí, sino a San Cipriano, las que lo decís, el cual dice de esta manera: «En este lugar el temor que debo a Dios y el amor de la caridad que me junta con todos, me obliga a que avise no sólo a las vírgenes y a las viudas, sino a las casadas también, y universalmente a todas las mujeres, que en ninguna manera conviene ni es lícito alterar la obra de Dios y su hechura, añadiéndole o color rojo o alcohol negro, o arrebol colorado, o cualquier otra compostura que mude o corrompa las figuras naturales. Dice Dios: *Hagamos al hombre a la imagen y semejanza nuestra.* ¿Y osa alguna mudar en otra figura lo que Dios hizo? Las manos ponen en el mismo Dios, cuando lo que él formó lo procuran ellas reformar y desfigurar; como si no supiesen que es obra de Dios todo lo que nace, y del demonio todo lo que se muda de su natural. Si algún grande pintor retratase con colores que llegasen a lo verdadero las facciones y rostro de alguno, con toda la demás disposición de su cuerpo y, acabado ya y perfeccionado el retrato, otro quisiese poner las manos en él, presumiendo de más maestro, para reformar lo que ya estaba formado y pintado, ¿paréceos que tendría el primero justa y grave causa para indignarse? ¿Pues piensas tú no ser castigada por una osadía de tan malvada locura, por la ofensa que haces al divino Artífice[34]? Porque, dado caso que por la alcahuetería de los afeites no vengas a ser con los hombres deshonesta y adúltera, habiendo corrompido y violado lo que hizo en ti Dios, convencida quedas de peor adulterio. Eso que pretendes hermosearte, eso que procuras adornarte, contradicción es que haces contra la obra de Dios y traición contra la verdad.

FRANCISCO DE QUEVEDO (1580—1645)

La prosa de Francisco de Quevedo es variadísima. Moralista, filósofo, político teórico, crítico literario, novelista, Quevedo manifiesta en sus escritos todas las contradicciones de su personalidad. Oscila entre el severo ascetismo de *La cuna y la sepultura* o *Constancia y paciencia del Santo Job* y la sátira amarga y mordaz de los *Sueños,* entre el mesurado análisis político de *Marco Bruto* o *La Política de Dios* y el humor burlón del *Buscón,* entre el patriotismo de *España defendida* y el pesimismo en cuanto a la decadencia nacional de toda su obra burlesca.

La confusión y el pesimismo caracterizan la época. Las interminables guerras que debilitan la economía española y la derrota de la Armada Invencible conducen a un desaliento nacional. Quevedo, activísimo en la política de la Corte, no pudo dejar de experimentar profundamente el decaimiento de su patria, que lamenta en su soneto,

---

[30] **para**... no vale la pena buscar razones.
[31] atrae.
[32] obtusos.
[33] **no**... no penetren con la vista y vean la capa de pintura sobrepuesta.

[34] Hacedor; es decir, Dios.

«Miré los muros de la patria mía». En una carta al humanista belga Justo Lipsio, escribe las famosas palabras: «En cuanto a mi España, no puedo hablar sin dolor.» En *España defendida y los tiempos de ahora* defiende a su patria contra acusaciones de ignorancia en cuanto a investigaciones y conocimientos científicos, pero el fervor de su defensa sólo subraya el agudo sentido de inferioridad que empieza a apoderarse de la psique nacional. En su afán por asegurar la ortodoxia del catolicismo español, la Corona—empujada por consejeros religiosos—había cerrado las puertas a influencias extranjeras. El dinamismo científico que produce a un Copérnico, a un Kepler, a un Galileo no se hará sentir en España. Pero al mismo tiempo, la Contrarreforma fomenta mucha discusión de cuestiones morales, abriendo el campo a un minucioso examen de la sociedad, a ataques contra la superstición y a una reafirmación del libre albedrío y de la responsabilidad individual.

Si las energías de la élite intelectual no se dirigen a la investigación científica, sí se distinguen con brillantez en la experimentación artística. Se produce una literatura cada vez más imaginativa, compleja, torcida. Aunque Quevedo rechaza el culteranismo, caracteriza su prosa—en particular, sus obras satíricas—el mismo desequilibrio que encontramos en la poesía de un Góngora. Cultiva la exageración y el exceso. Sus imágenes son tergiversadas, extravagantes, violentas. Quevedo penetra la sociedad de su época con un ojo sanguinario e implacable. Maestro de lo grotesco, distorsiona a los diversos tipos sociales, aumentando sus defectos hasta crear figuras ridículas o chocantes. Quevedo y Gracián son los grandes conceptistas del barroco español. Pero mientras que Gracián cultiva la sentencia breve, la prosa de Quevedo—

no menos densa y expresiva—exuda abundancia. En los tratados que no son de tipo satírico o burlesco—*Marco Bruto* o *Constancia y paciencia de Job*—su estilo es mesurado, elevado. Faltan los retruécanos y las contravenciones lingüísticas. Pero se transluce la misma intensidad e insatisfacción que en sus obras más cáusticas.

Las cuatro primeras de las fantasías morales que Quevedo llama *Sueños* se escriben entre 1607 y 1612, pero no se publican hasta 1627. La sátira mordaz y las referencias gráficas a la degradación humana—Quevedo nunca retrocede ante lo asqueroso o lo obsceno—provocan la ira de los censores. Hasta que no los retoca, quitándoles el material ofensivo y poniéndoles títulos inocuos, no salen a la luz. Los *Sueños* son una larga invectiva en la cual Quevedo satiriza cada elemento social. Mujeres (casadas, viudas, doncellas, cortesanas, prostitutas), médicos, sastres, bodegoneros—Quevedo destroza las pretensiones de todos, exponiendo su hipocresía y su maldad. Durante casi toda su vida, Quevedo estuvo involucrado en pleitos y juicios, lo cual explica la descarga de ironías que dirige contra jueces, escribanos, alguaciles y otros oficiales de la ley.

En 1612, el año en que escribe *El mundo por de dentro*, Quevedo está retirado en la Torre de Juan Abad, pasando por un doloroso período de dudas e inseguridades. Este mismo año publica *Doctrina moral del conocimiento propio y desengaño de las cosas ajenas*—un tratado moral estoico que años después se convertirá en *La cuna y la sepultura*—obra que se asemeja mucho a *El mundo por de dentro* en cuanto a su contenido.

Dos corrientes filosóficas influyen profundamente en Quevedo: el escepticismo y el estoicismo. Durante el siglo XVI renace el interés en el pirronismo—la rama del

El sueño de la muerte, Academia de Bellas Artes de San Fernando, Madrid

escepticismo que enseña que es esencial suspender todo juicio afirmativo o negativo porque el conocimiento humano es imposible. Frente a cualquier situación, el escéptico adopta una actitud de duda. El estoicismo enseña la indiferencia al placer y al dolor. La actitud mental estoica requiere la represión de toda emoción, permitiéndole al hombre someterse a cualquier situación sin sentir ni la alegría ni la tristeza.

El mundo por de dentro parte de una referencia a Francisco Sánchez, autor de uno de los tratados más importantes del escepticismo, *Nihil scitur,* traducido más tarde al español con el título *Que nada se sabe.* Basándose en las premisas de Sánchez, Quevedo demuestra que en este mundo de intrigas y engaños las cosas jamás son lo que parecen. Sus años de cortesano y confidente del rey le habían enseñado que la hipocresía está en el meollo de la sociedad.

El «yo» narrativo de *El mundo por de dentro* es un joven inocente que tiene la mala costumbre de dar por verdadero todo lo que ve. Librándose a los placeres de la juventud, anda errando entre borrachos en la Calle de la Gula hasta topar con un viejo que resulta ser el Desengaño. El «desengaño»—tema favorito de Quevedo—es la actitud del que se ha dado cuenta de la falsedad de las apariencias y la vanidad de las convenciones sociales. Muy a pesar suyo, el joven se deja llevar a «la calle mayor del mundo», la de la Hipocresía, donde el viejo le quita la venda de los ojos, explicándole cómo todos viven una mentira. Las mujeres que tan bellas parecen no son más que viejas decrépitas que se transforman por medio de afeites. El que parece caballero rico no es sino un pobre don nadie que anda con la ropa remendada. Los que lloran en una procesión funeraria no piensan en la mujer que van a enterrar sino en la gran comida a la cual los va a convidar el viudo después. Una por una, Quevedo destruye todas las ilusiones. El estoicismo de Quevedo se nota en su actitud hacia sus personajes. Se aparta de ellos, manteniéndose siempre distante y despreciativo. Su portavoz, el Desengaño, no es un participante, sino un observador. Mira y comenta sin expresar ninguna emoción, sino un cinismo desinteresado.

Los temas de Quevedo no son nuevos. Desde Séneca hasta Sartre los moralistas han lamentado la falsedad, la hipocresía, el engaño, la mala fe. Lo que distingue a Quevedo es la riqueza de su expresión, la cual logra por medio de un torrente de imágenes y de un vocabulario recargado de sentido.

Los *Sueños* fueron un éxito inmediato, provocando la envidia de los enemigos del autor. El Conde-Duque de Olivares, consejero de Felipe IV, alega que varios poemas de Quevedo y su *Política de Dios* constituyen una crítica al gobierno actual, y pide su destierro. Existe un ambiente de recelos, rumores, intriga. Sin embargo, en diciembre de 1628 Felipe le da permiso a Quevedo para volver a la Corte. Sigue una serie de embrollos y se alarga la lista de enemigos del autor.

Quevedo dedica *Visita de los chistes* o *El sueño de la muerte* cuando tiene 42 años y está en la prisión de la Torre de Juan Abad. Es el quinto y el último de sus *Sueños,* y el más pesimista. Desde la primera línea se establece el tono melancólico: «He querido que la muerte acabe mis discursos como las demás cosas.» Aquí no domina la burla, sino la desesperación y la tristeza. La vida se describe como una continua guerra. El hombre es un jornalero que lucha y se engaña, pensando que su trabajo sirve algún propósito. De repente, se despierta ante la inexorable realidad de la muerte, pero ya es tarde para darle sentido a una existencia vacía.

Un tema principal es la falsedad de la información comunicada por medio de los sentidos. Los ojos engañan al hombre, mostrándole la belleza de las cosas sin enseñarle su naturaleza temporal. Pero todo termina. La vida, por lo tanto, no es más que una prisión que existe entre el vientre y el sepulcro—un momento entre dos nadas. La vida agitada que llevamos nos esconde la naturaleza de nuestra existencia, pero a solas con nuestra conciencia, nos damos cuenta de nuestra mortalidad: «desembarazada el alma se vio ociosa sin la tarea de los sentidos exteriores, me embistió desta manera la comedia siguiente . . .» que es el sueño de la muerte.

A pesar de que Quevedo compuso cierto número de poemas religiosos, por lo general su obra carece del elemento reconfortante que proveería un concepto auténticamente cristiano del universo. Los *Sueños* pintan un mundo que es un infierno. No se le ofrece al participante ninguna esperanza de salvación. El futilismo que caracteriza una gran parte de las obras morales de Quevedo lo aproxima a muchos escritores del siglo XX, especialmente a los de la corriente existencialista atea.

El estudiante podrá consultar las siguientes ediciones: *Sueños y discursos de verdades descubridoras de abusos,* ed. Felipe C. R. Maldonado (Buenos Aires: Castalia, 1986) y *Los sueños;* ed. J. A. Alvarez Vázquez (Madrid: Alianza, 1983).

El mundo por de dentro

Al lector

COMO DIOS ME LO DEPARARE°, CÁNDIDO O PURPÚREO°, PÍO O CRUEL, BENIGNO O SIN SARNA

Es cosa averiguada, así lo siente Metrodoro Chío° y otros muchos, que no se sabe nada y que todos son ignorantes. Y aun esto no se sabe de

ponga delante / oscuro, artificioso

discípulo de Epicuro, filósofo griego que enseñaba que el placer es el fin del hombre; el placer no consiste en bienes materiales sino en el cultivo de la virtud.

cierto: que, a saberse, ya se supiera algo; sospéchase. Dícelo así el doctísimo Francisco Sánchez°, médico y filósofo, en su libro cuyo título es *Nihil scitur:* No se sabe nada. En el mundo, fuera de los teólogos, filósofos y juristas, que atienden a la verdad y al verdadero estudio, hay algunos que no saben nada y estudian para saber, y éstos tienen buenos deseos y vano ejercicio: porque, al cabo, sólo les sirve el estudio de conocer cómo toda la verdad la quedan ignorando. Otros hay que no saben nada y no estudian, porque piensan que lo saben todo. Son de éstos muchos irremediables. A éstos se les ha de envidiar el ocio y la satisfacción y llorarles el seso°. Otros hay que no saben nada, y dicen que no saben nada porque piensan que saben algo de verdad, pues lo es que no saben nada, y a éstos se les había de castigar la hipocresía con creerles la confesión. Otros hay, y en éstos, que son los peores, entro yo, que no saben nada ni quieren saber nada ni creen que se sepa nada, y dicen de todos que no saben nada y todos dicen de ellos lo mismo y nadie miente. Y como gente que en cosas de letras y ciencia tiene que perder tan poco, se atreven a imprimir y sacar a luz° todo cuanto sueñan. Estos dan que hacer° a las imprentas, sustentan a los libreros, gastan a los curiosos° y, al cabo, sirven a las especierías°. Yo, pues, como uno de éstos, y no de los peores ignorantes, no contento con haber soñado el Juicio ni haber endemoniado un alguacil, y, últimamente, escrito el Infierno°, ahora salgo (sin ton ni son; pero no importa, que esto no es bailar)° con el *Mundo por de dentro.* Si te agradare y pareciere bien, agradécelo a lo poco que sabes, pues de tan mala cosa te contentas. Y si te pareciere malo, culpa mi ignorancia en escribirlo y la tuya en esperar otra cosa de mí. Dios te libre, lector, de prólogos largos y de malos epítetos.

autor de un tratado sobre el escepticismo escrito en 1581

llorarles... lamentar su falso razonamiento

sacar... publicar / dan trabajo
gastan... cansan a los que tienen curiosidad (y por lo tanto, compran libros)
tienda de artículos variados
referencia a los tres *Sueños* que preceden a éste en la colección
esto... esto es como bailar llevando mal el paso

Discurso

Es nuestro deseo siempre peregrino en las cosas de esta vida, y así, con vana solicitud, anda de unas en otras, sin saber hallar patria ni descanso. Aliméntase de la variedad y diviértese con ella, tiene por ejercicio el apetito y éste nace de la ignorancia de las cosas. Pues, si las conociera, cuando cudicioso y desalentado las busca, así las aborreciera, como cuando, arrepentido, las desprecia. Y es de considerar la fuerza grande que tiene, pues promete y persuade tanta hermosura en los deleites y gustos, lo cual dura sólo en la pretensión de ellos; porque, en llegando cualquiera a ser poseedor, es juntamente descontento°. El mundo, que a nuestro deseo sabe la condición° para lisonjearla, pónese delante mudable y vario, porque la novedad y diferencia es el afeite° con que más nos atrae. Con esto acaricia nuestros deseos, llévalos tras sí y ellos a nosotros.

    Sea por todas las experiencias mi suceso, pues cuando más apurado me había de tener el conocimiento de estas cosas, me hallé todo en poder de la confusión, poseído de la vanidad de tal manera, que en la gran población del mundo, perdido ya, corría donde tras la hermosura me llevaban los ojos, y adonde tras la conversación los amigos, de una calle en otra, hecho fábula° de todos. Y en lugar de desear salida al laberinto, procuraba que se me alargase el engaño. Ya por la calle de la ira, descompuesto, seguía las pendencias°, pisando sangre y heridas; ya por la de la gula veía responder a los brindis turbados°. Al fin, de una calle en otra andaba, siendo infinitas, de tal manera confuso, que la admiración aún no dejaba sentido para el cansancio, cuando llamado de voces descompuestas y tirado porfiadamente del manteo, volví la cabeza.

llegando... cuando uno finalmente consigue lo que desea, se siente desalentado / **a**... entiende la naturaleza de nuestros deseos
adorno (al hombre le gustan las cosas nuevas y diferentes)

tema de los chismes
peleas (En la Calle de la Ira, todos están riñendo.)
confusos (La Calle de la Gula está llena de borrachos.)

Era un viejo venerable en sus canas, maltratado, roto por mil partes vestido y pisado. No por eso ridículo: antes° severo y digno de respeto.

—¿Quién eres—dije—, que así te confiesas envidioso de mis gustos? Déjame, que siempre los ancianos aborrecéis en los mozos los placeres y deleites, no que dejáis de vuestra voluntad°, sino que, por fuerza, os quita el tiempo. Tú vas, yo vengo. Déjame gozar y ver el mundo.

Desmintiendo sus sentimientos°, riéndose, dijo:

—Ni te estorbo ni te envidio lo que deseas; antes te tengo lástima. ¿Tú, por ventura, sabes lo que vale un día? ¿Entiendes de cuánto precio es una hora? ¿Has examinado el valor del tiempo? Cierto es que no, pues así alegre le dejas pasar hurtado de la hora, que, fugitiva y secreta, te lleva preciosísimo robo°. ¿Quién te ha dicho que lo que ya fue volverá, cuando lo hayas menester, si lo llamares? Dime: ¿has visto algunas pisadas de los días? No, por cierto, que ellos sólo vuelven la cabeza a reírse y burlarse de los que así los dejaron pasar. Sábete que la muerte y ellos están eslabonados y en una cadena, y que, cuando más caminan los días que van delante de ti, tiran hacia ti y te acercan a la muerte, que quizá la aguardas y es ya llegada, y, según vives, antes será pasada que creída. Por necio tengo al que toda la vida se muere de miedo que se ha de morir, y por malo al que vive tan sin miedo de ella como si no la hubiese. Que éste la viene a temer cuando la padece, y, embarazado con el temor, ni halla remedio a la vida ni consuelo a su fin. Cuerdo es sólo el que vive cada día, como quien cada día y cada hora puede morir.

—Eficaces palabras tienes, buen viejo. Traído me has el alma a mí°, que me llevaban embelesada vanos deseos°. ¿Quién eres, de dónde y qué haces por aquí?

—Mi hábito y traje dicen que soy hombre de bien° y amigo de decir verdades, en lo roto y poco medrado°, y lo peor que tu vida tiene es no haberme visto la cara hasta ahora. Yo soy el Desengaño. Estos rasgones de la ropa son de los tirones que dan de mí los que dicen en el mundo que me quieren, y estos cardenales° del rostro, estos golpes y coces me dan en llegando, porque vine y porque me vaya. Que en el mundo todos decís que queréis desengaño, y, en teniéndole, unos os desesperáis, otros maldecís a quien os le dio, y los más corteses no le creéis. Si tú quieres, hijo, ver el mundo, ven conmigo, que yo te llevaré a la calle mayor, que es adonde salen todas las figuras, y allí verás juntos los que por aquí van divididos, sin cansarte. Yo te enseñaré el mundo como es: que tú no alcanzas a ver sino lo que parece.

—Y ¿cómo se llama—dije yo—la calle mayor del mundo donde hemos de ir?

—Llámase—respondió—Hipocresía. Calle que empieza con el mundo y se acabará con él, y no hay nadie casi que no tenga sino una casa, un cuarto o un aposento en ella. Unos son vecinos y otros paseantes: que hay muchas diferencias de hipócritas, y todos cuantos ves por ahí lo son.

Y, ¿ves aquél que gana de comer como sastre y se viste como hidalgo? Es hipócrita, y el día de fiesta, con el raso y el terciopelo y el cintillo° y la cadena de oro, se desfigura de suerte que no le conocerán las tijeras y agujas y jabón, y parecerá tan poco oficial, que aun parece que dice verdad°.

¿Ves aquel hidalgo con aquél que es como caballero°? Pues, debiendo medirse con su hacienda, ir solo°, por ser hipócrita y parecer lo que no es, se va metiendo a caballero, y, por sustentar un lacayo, ni sustenta lo que dice ni lo que hace, pues ni lo cumple ni lo paga. Y la

---

más bien

no... vosotros (los viejos) no abandonáis los placeres porque queréis sino porque el tiempo os obliga a abandonarlos

desmintiendo... sin revelar sus verdaderos sentimientos

Es decir, el tiempo le roba la vida al hombre.

Traído... me has hecho darme cuenta de la verdad
me... los vanos deseos me habían cautivado el alma

de... decente
en... porque está roto y poco cuidado

mancha producida por un golpe en la piel

cinta pequeña que se usa en el sombrero
La insinuación es que los oficiales del gobierno no dicen la verdad.
El caballero era de rango más alto que el hidalgo.
debiendo... Si viviera dentro de sus medios, andaría solo (y no acompañado de un sirviente).

hidalguía y la ejecutoria° le sirven sólo de pontífice en dispensarle los casamientos que hace con sus deudas: que está más casado con ellas° que con su mujer.

Aquel caballero, por ser señoría, no hay diligencia que no haga y ha procurado hacerse Venecia° por su señoría, sino que, como se fundó en el viento para serlo, se había de fundar en el agua. Sustenta, por parecer señor, caza de halcones, que lo primero que matan es a su amo de hambre con la costa y luego el rocín en que los llevan, y después, cuando mucho, una graja o un milano°.

Y ninguno es lo que parece. El señor, por tener acciones de grande, se empeña, y el grande remeda° ceremonia de Rey.

Pues, ¿qué diré de los discretos°? ¿Ves aquel aciago° de cara? Pues, siendo un mentecato°, por parecer discreto y ser tenido por tal, se alaba de que tiene poca memoria, quéjase de melancolías, vive descontento y préciase de malregido, y es hipócrita, que parece entendido y es mentecato.

¿No ves los viejos, hipócritas de barbas, con las canas envainadas en tinta, querer en todo parecer muchachos? ¿No ves a los niños preciarse de dar consejos y presumir de cuerdos? Pues todo es hipocresía.

Pues en los nombres de las cosas, ¿no la hay la mayor del mundo? El zapatero de viejo se llama entretenedor del calzado. El botero°, sastre del vino, porque le hace de vestir. El mozo de mulas, gentilhombre de camino. El bodegón°, estado°, el bodegonero, contador. El verdugo se llama miembro de la justicia, y el corchete, criado. El fullero, diestro; el ventero, huésped; la taberna, ermita; la putería, casa; las putas, damas; las alcahuetas, dueñas; los cornudos, honrados. Amistad llaman al amancebamiento, trato a la usura, burla a la estafa, gracia la mentira, donaire la malicia, descuido la bellaquería, valiente al desvergonzado, cortesano al vagamundo, al negro, moreno; señor maestro al albardero, y señor doctor al platicante°. Así que ni son lo que parecen ni lo que se llaman: hipócritas en el nombre y en el hecho.

¡Pues unos nombres que hay generales! A toda pícara, señora hermosa; a todo hábito largo°, señor licenciado; a todo gallofero°, señor soldado; a todo bien vestido, señor hidalgo; a todo capigorrón°, o lo que fuere, canónigo o arcediano°; a todo escribano, secretario.

De suerte que todo el hombre es mentira por cualquier parte que le examines, si no es que, ignorante como tú, crea las apariencias. ¿Ves los pecados? Pues todos son hipocresía, y en ella empiezan y acaban y de ella nacen y se alimentan la ira, la gula, la soberbia, la avaricia, la lujuria, la pereza, el homicidio y otros mil.

—¿Cómo me puedes tú decir ni probarlo, si vemos que son diferentes y distintos?

—No me espanto° que eso ignores, que lo saben pocos. Oye y entenderás con facilidad eso, que así te parece contrario, que bien se conviene. Todos los pecados son malos: eso bien lo confiesas. Y también confiesas con los filósofos y teólogos que la voluntad apetece lo malo debajo de razón de bien°, y que para pecar no basta la representación de la ira ni el conocimiento de la lujuria sin el consentimiento de la voluntad°, y que eso, para que sea pecado, no aguarda la ejecución, que sólo le agrava más°, aunque en esto hay muchas diferencias. Esto así visto y entendido, claro está que cada vez que un pecado destos se hace, que la voluntad lo consiente y lo quiere, y, según su natural, no pudo apetecelle sino debajo de razón de algún bien. Pues ¿hay más clara y más confirmada hipocresía que vestirse

---

Glosses (right column):

título de nobleza

las deudas

ciudad de Italia construida en el agua (Pero el título está fundado en el aire—es decir, en nada—en vez de en el agua).

Los halcones matan a su amo (es decir, cuesta tanto mantenerlos que el caballero se mata tratando de hacerlo).

imita (Es decir, el señor imita al grande y el grande, al rey.)

los que quieren parecer discretos / amargo

tonto (Es decir, siendo necio, dice que tiene poca memoria y es desorganizado [malregido] y así se hace pasar por inteligente.)

el que hace botas (La bota es un cuero pequeño empegado y con gollete, para guardar vino.)

taberna/hotel

practicante

hábito... traje largo que usa la gente importante / mendigo

holgazán

cura de catedral

sorprende

razón... pretexto de algo bueno

Para que sea un pecado, tiene que consentir la voluntad. Es decir, el hombre no es responsable de los pensamientos que se le meten en la cabeza sin el consentimiento de su voluntad.

No es necesario cometer el acto para que sea un pecado, pero si lo comete, es aún más grave que si sólo pensara en ello.

del bien en lo aparente para matar con el engaño? ¿Qué esperanza es la del hipócrita?, dice Job°. Ninguna, pues ni la tiene por lo que es, pues es malo, ni por lo que parece, pues lo parece y no lo es. Todos los pecadores tienen menos atrevimiento que el hipócrita, pues ellos pecan contra Dios; pero no con Dios ni en Dios. Mas el hipócrita peca contra Dios y con Dios, pues le toma por instrumento para pecar°.

En esto llegamos a la calle mayor. Vi todo el concurso que el viejo me había prometido. Tomamos puesto conveniente para registrar lo que pasaba. Fue un entierro en esta forma. Venían envainados en unos sayos grandes de diferentes colores unos pícaros, haciendo una taracea° de mullidores°. Pasó esta recua incensando con las campanillas. Seguían los muchachos de la doctrina°, meninos de la muerte y lacayuelos del ataúd, chirriando° la calavera. Seguíanse luego doce galloferos, hipócritas de la pobreza, con doce hachas acompañando el cuerpo y abrigando a los de la capacha°, que, hombreando°, testificaban el peso de la difunta. Detrás seguía larga procesión de amigos, que acompañaban en la tristeza y luto al viudo, que anegado en capuz de bayeta y devanado en una chía°, perdido el rostro en la falda de un sombrero, de suerte que no se le podían hallar los ojos, corvos e impedidos los pasos con el peso de diez arrobas° de cola que arrastraba, iba tardo y perezoso°. Lastimado deste espectáculo:

—¡Dichosa mujer—dije—, si lo puede ser alguna en la muerte, pues hallaste marido que pasó con la fe y el amor más allá de la vida y sepultura! ¡Y dichoso viudo, que ha hallado tales amigos, que no sólo acompañan su sentimiento, pero que parece que le vencen en él°! ¿No ves qué tristes van y suspensos?

El viejo, moviendo la cabeza y sonriéndose, dijo:

—¡Desventurado! Eso todo es por de fuera y parece así; pero ahora lo verás por de dentro y verás con cuánta verdad el ser desmiente a las apariencias. ¿Ves aquellas luces, campanillas y mullidores, y todo este acompañamiento piadoso, que es sufragio cristiano y limosnero? Esto es saludable; mas las bravatas que en los túmulos sobrescriben podrición° y gusanos, se podrían excusar. Empero también los muertos tienen su vanidad y los difuntos y difuntas su soberbia. Allí no va sino tierra de menos fruto y más espantosa de la que pisas, por sí no merecedera de alguna honra ni aun de ser cultivada con arado ni azadón. ¿Ves aquellos viejos que llevan las hachas? Pues algunos no las atizan para que atizadas alumbren más, sino por que atizadas a menudo se derritan más y ellos hurten más cera para vender°. Estos son los que a la sepultura hacen la salva° en el difunto y difunta, pues antes que ella lo coma ni lo pruebe, cada uno le ha dado un bocado, arrancándole un real o dos; mas con todo esto tiene el valor de la limosna. ¿Ves la tristeza de los amigos? Pues todo es de ir en el entierro y los convidados van dados al diablo con los que convidaron°, que quisieran más pasearse o asistir a sus negocios. Aquél que habla de mano° con el otro le va diciendo que convidar a entierro y a misacantanos, donde se ofrece, que no se puede hacer con un amigo y que el entierro sólo es convite para la tierra, pues a ella solamente llevan qué coma°. El viudo no va triste del caso y viudez, sino de ver que, pudiendo él haber enterrado a su mujer en un muladar° y sin costa y fiesta ninguna, le hayan metido en semejante baraúnda y gasto de cofradías y cera, y entre sí dice que le debe poco, que, ya que se había de morir, pudiera haberse muerto de repente, sin gastarle en médicos, barberos ni boticas y no dejarle empeñado en jarabes y pócimas°. Dos ha enterrado con ésta, y es tanto el gusto que recibe de

---

Glosas marginales:

En el libro de *Job*, 27:8, dice que Dios le quita el alma al **hipócrita**.

Finge ser virtuoso, evocando el nombre de Dios, para ocultar sus pecados.

obra de incrustaciones / Juego de palabras; «mullidor» significa el que ahueca una cosa y también criado de una cofradía religiosa.

huérfanos criados por una orden religiosa; uno de sus deberes era cantar o llorar en las procesiones funerarias

cantando, chillando como aves detrás del ataúd

los... los de la orden de San Juan de Dios, que pedían limosna para los pobres. Metían las contribuciones en una canasta que se llamaba una capacha.

llevando el ataúd en los hombros

manto negro

peso que equivale a 11,5 kg

lento

vencen... sufren aún más que él

podredumbre (Es decir, sería mejor eliminar los epitafios exagerados que encubren la desintegración del cuerpo.)

hurten... roban cera de las velas para venderla después

prueba de manjares

Es decir, están enfadados porque tienen que asistir al entierro y no pueden ocuparse de sus propios negocios.

habla... mueve las manos mientras habla

solamente... sólo la tierra debe comer (el cuerpo del muerto).

sitio donde se bota la basura

El viudo se queja por el costo del funeral y por los gastos médicos.

enviudar, que ya va trazando el casamiento con una amiga que ha
tenido, y, fiado con su mala condición y endemoniada vida, piensa
doblar el capuz por poco tiempo°.

Quedé espantado de ver todo esto ser así, diciendo:

—¡Qué diferentes son las cosas del mundo de como las vemos!
Desde hoy perderán conmigo todo el crédito mis ojos y nada creeré
menos de lo que viere.

Pasó por nosotros el entierro, como si no hubiera de pasar por
nosotros tan brevemente, y como si aquella difunta no nos fuera
enseñando el camino y, muda, no nos dijera a todos:

«Delante voy, donde aguardo a los que quedáis, acompañando a
otros que yo vi pasar con ese propio descuido.»

Apartónos de esta consideración el ruido que andaba en una casa a
nuestras espaldas. Entramos dentro a ver lo que fuese, y al tiempo que
sintieron gente comenzó un plañido, a seis voces, de mujeres que
acompañaban una viuda. Era el llanto muy autorizado, pero poco
provechoso al difunto. Sonaban palmadas de rato en rato, que parecía
palmeado de disciplinantes°. Oíanse unos sollozos estirados,
embutidos de suspiros, pujados por falta de gana°. La casa estaba
despojada, las paredes desnudas. La cuitada estaba en un aposento
escuro sin luz ninguna, lleno de bayetas, donde lloraban a tiento°.
Unas decían:

—Amiga, nada se remedia con llorar.

Otras:

—Sin duda goza de Dios.

Cuál° la animaba a que se conformase con la voluntad del Señor. Y
ella luego comenzaba a soltar el trapo°, y llorando a cántaros° decía:

—¿Para qué quiero yo vivir sin Fulano°? ¡Desdichada nací, pues no
me queda a quien volver los ojos! ¡Quién ha de amparar a una pobre
mujer sola!

Y aquí plañían todas con ella y andaba una sonadera de narices que
se hundía la cuadra°. Y entonces advertí que las mujeres se purgan en
un pésame de éstos, pues por los ojos y las narices echan cuanto mal
tienen. Enternecíme y dije:

—¡Qué lástima tan bien empleada es la que se tiene a una viuda!,
pues por sí una mujer es sola, y viuda mucho más. Y así su nombre es
de *mudas sin lengua*. Que eso significa la voz que dice *viuda* en
hebreo°, pues ni tiene quien hable por ella ni atrevimiento, y como se
ve sola para hablar, y aunque hable, como no la oyen, lo mismo es que
ser mudas y peor.

—Esto remedian con meterse a dueñas°. Pues en siéndolo, obran de
manera, que de lo que las sobra pueden hablar todos los mudos y
sobrar palabras para los tartajosos y pausados. Al marido muerto
llaman *el que pudre*. Mirad cuáles son éstas, y si muerto, que ni las
asiste, ni las guarda, ni las acecha, dicen que pudre, ¿qué dirían
cuando vivo hacía todo esto?

—Eso—respondí—es malicia que se verifica en algunas; mas todas
son un género femenino desamparado, y tal como aquí se representa
en esta desventurada mujer. Dejadme—dije al viejo—llorar semejante
desventura y juntar mis lágrimas a las de estas mujeres.

El viejo, algo enojado, dijo:

—¿Ahora lloras, después de haber hecho ostentación vana de tus
estudios y mostrádote docto y teólogo, cuando era menester mostrarte
prudente? ¿No aguardaras a que yo te hubiera declarado estas cosas
para ver como merecían que se hablase de ellas? Mas ¿quién habrá
que detenga la sentencia ya imaginada en la boca°? No es mucho, que

piensa… piensa quedar viudo de nuevo dentro de poco tiempo

una secta que practicaba la flagelación
pujados… exagerados porque en realidad no tienen ganas de llorar
a… sin seguridad o convicción

Otra
soltar… dar rienda libre a las emociones / **a**… mucho (juego sobre «llover a cántaros»)
voz que designa a una persona cuyo nombre no se sabe

Lloraban tanto que el cuarto se inundaba.

En el hebreo antiguo, «viuda» significaba «callada».

Muchas mujeres trabajaban como dueñas (amas de llaves) después de enviudar. Sus deberes incluían acompañar a una doncella y supervisar a otras sirvientas, lo cual les proveía de muchos temas de conversación.

¿quién… ¿quién puede abstenerse de hablar una vez que ha formado una idea?

no sabes otra cosa, y que a no ofrecerse la viuda, te quedabas con toda
tu ciencia en el estómago. No es filósofo el que sabe dónde está el
tesoro, sino el que trabaja y le saca. Ni aun ése lo es del todo, sino el
que después de poseído usa bien de él. ¿Qué importa que sepas dos
chistes y dos lugares°, si no tienes prudencia para acomodarlos? Oye,
verás esta viuda, que por de fuera tiene un cuerpo de responsos°,
cómo por de dentro tiene una ánima de aleluyas°, las tocas negras y
los pensamientos verdes. ¿Ves la escuridad del aposento y el estar
cubiertos los rostros con el manto? Pues es porque así, como no las
pueden ver, con hablar un poco gangoso, escupir y remedar sollozos,
hace un llanto casero y hechizo, teniendo los ojos hechos una yesca°.
¿Quiéreslas consolar? Pues déjalas solas y bailarán en no habiendo
con quien cumplir, y luego las amigas harán su oficio°:

—¡Quedáis moza y es malograros! Hombres habrá que os estimen.
Ya sabéis quién es Fulano, que cuando no supla la falta del que está
en la gloria°, etc.

Otra:

—Mucho debéis a don Pedro, que acudió en este trabajo. No sé qué
me sospeche. Y, en verdad, que si hubiera de ser algo . . . , que por
quedar tan niña os será forzoso . . .

Y entonces la viuda, muy recoleta de ojos° y muy estreñida de boca,
dice:

—No es ahora tiempo deso. A cargo de Dios está: El lo hará, si viere
que conviene.

Y advertid que el día de la viudez es el día que más comen estas
viudas, porque para animarla no entra ninguna que no le dé un trago.
Y le hace comer un bocado, y ella lo come, diciendo:

—Todo se vuelve ponzoña.

Y medio mascándolo dice:

—¿Qué provecho puede hacer esto a la amarga viuda que estaba
hecha a comer a medias todas las cosas y con compañía, y ahora se
las habrá de comer todas enteras sin dar parte a nadie de puro
desdichada?

Mira, pues, siendo esto así, qué a propósito vienen tus
exclamaciones.

Apenas esto dijo el viejo, cuando arrebatados de unos gritos,
ahogados en vino, de gran ruido de gente, salimos a ver qué fuese. Y
era un alguacil, el cual con sólo un pedazo de vara en la mano y las
narices ajadas°, deshecho el cuello, sin sombrero y en cuerpo, iba
pidiendo favor al Rey, favor a la justicia°, tras un ladrón, que en
seguimiento de una iglesia, y no de puro buen cristiano°, iba tan
ligero como pedía la necesidad y le mandaba el miedo.

Atrás, cercado de gente, quedaba el escribano, lleno de lodo, con las
cajas en el brazo izquierdo, escribiendo sobre la rodilla. Y noté que no
hay cosa que crezca tanto en tan poco tiempo como culpa en poder de
escribano, pues en un instante tenía una resma° al cabo.

Pregunté la causa del alboroto. Dijeron que aquel hombre que huía
era amigo del alguacil, y que le fio no sé qué secreto tocante en delito,
y, por no dejarlo a otro que lo hiciese, quiso él asirle. Huyósele,
después de haberse dado muchas puñadas, y viendo que venía gente,
encomendóse a sus pies, y fuese a dar cuenta de sus negocios a un
retablo°.

El escribano hacía la causa, mientras el alguacil con los corchetes,
que son podencos° del verdugo que siguen ladrando, iban tras él y no
le podían alcanzar. Y debía de ser el ladrón muy ligero, pues no le
podían alcanzar soplones°, que por fuerza corrían como el viento.

clichés
oraciones por los muertos
Es decir, aunque llora y reza, por dentro, está contenta

Es decir, se cubre con el manto para que nadie se dé cuenta de que tiene los ojos secos.
bailarán... estarán contentas porque no tienen que obedecer a nadie

que... que podría reemplazar al que está muerto

muy... con una mirada tímida

rotas
favor... en nombre del Rey, en nombre de la justicia
en... estaba prohibido arrestar a un hombre dentro de una iglesia

un largo papel en el cual estaban apuntados todos los crímenes del que huye

encomendóse... echó a correr y tomó refugio en una iglesia.
tipo de perro de caza
Juego de palabras: «Soplón» significa «ayudante del alguacil» y «delator».

—¿Con qué podrá premiar una república el celo de este alguacil, pues, porque yo y el otro tengamos nuestras vidas, honras y haciendas, ha aventurado° su persona? Este merece mucho con Dios y con el mundo. Mírale cual° va roto y herido, llena de sangre la cara, por alcanzar aquel delincuente y quitar un tropezón a la paz del pueblo°.

—Basta—dijo el viejo—. Que si no te van a la mano, dirás un día entero°. Sábete que ese alguacil no sigue a este ladrón ni procura alcanzarle por el particular y universal provecho de nadie; sino que, como ve que aquí le mira todo el mundo, córrese de que haya quien en materia de hurtar le eche el pie delante°, y por eso aguija por alcanzarle. Y no es culpable el alguacil porque le prendió, siendo amigo, si era delincuente. Que no hace mal el que come de su hacienda; antes hace bien y justamente. Y todo delincuente y malo, sea quien fuere, es hacienda del alguacil y le es lícito comer de ella. Estos tienen sus censos sobre azotes y galeras y sus juros sobre la horca°. Y créeme que el año de virtudes para éstos y para el infierno es estéril°. Y no sé cómo aborreciéndolos el mundo tanto, por venganza de ellos no da en ser bueno adrede por uno o por dos años, que de hambre y de pena se morirían°. Y renegad de oficio que tiene situados sus gajes° donde los tiene situados Bercebú°.

—Ya que en eso pongas también dolo°, ¿cómo lo podrás poner en el escribano, que le hace la causa°, calificada con testigos?

—Ríete deso—dijo—. ¿Has visto tú alguacil sin escribano algún día°? No, por cierto. Que, como ellos salen a buscar de comer porque (aunque topen un inocente) no vaya a la cárcel sin causa, llevan escribano que se la haga. Y así, aunque ellos no den causa para que les prendan, hácesela el escribano, y están presos con causa. Y en los testigos no repares, que para cualquier cosa tendrán tantos como tuviere gotas de tinta el tintero: que los más en los malos oficiales los presenta la pluma y los examina la cudicia. Y si dicen algunos lo que es verdad, escriben lo que han menester y repiten lo que dijeron. Y para andar como había de andar el mundo, mejor fuera y más importara que el juramento, que ellos toman al testigo que jure a Dios y a la cruz decir verdad en lo que le fuere preguntado, que el testigo se lo tomara a ellos de que la escribirán como ellos la dijeren°. Muchos hay buenos escribanos, y alguaciles muchos; pero de sí el oficio es con los buenos como la mar con los muertos, que no los consiente, y dentro de tres días los echa a la orilla. Bien me parece a mí un escribano a caballo y un alguacil con capa y gorra honrando unos azotes, como pudiera un bautismo detrás de una sarta de ladrones que azotan; pero siento que cuando el pregonero dice:

«A estos hombres por ladrones, que suene el eco en la vara del alguacil y en la pluma del escribano.»

Más dijera si no le tuviera la grandeza con que un hombre rico iba en una carroza, tan hinchado que parecía porfiaba a sacarla de husillo°, pretendiendo parecer tan grave, que a las cuatro bestias aun se lo parecía, según el espacio con que andaban. Iba muy derecho, preciándose de espetado°, escaso de ojos y avariento de miraduras°, ahorrando cortesías con todos, sumida la cara en un cuello abierto hacia arriba, que parecía vela en papel, y tan olvidado de sus conjunturas, que no sabía por dónde volverse a hacer una cortesía ni levantar el brazo a quitarse el sombrero, el cual parecía miembro, según estaba fijo y firme°. Cercaban el coche cantidad de criados traídos con artificio, entretenidos con promesas y sustentados con esperanzas. Otra parte iba de acompañamiento de acreedores, cuyo

---

arriesgado

como

quitar... restaurar la paz

si... si no te paran, hablarás todo el día

córrese... se avergüenza de que alguien robe mejor que él

Es decir, el alguacil se gana la vida castigando a los criminales.

Es decir, si todos fueran virtuosos, no les convendría porque no tendrían cómo ganar dinero.

La gente podría eliminar a los alguaciles si no cometiera crímenes por dos años porque sin trabajo, ellos se morirían de hambre.

salario/el diablo

pongas... también ves un fraude

pleito

La implicación es que los alguaciles y los escribanos eran cómplices.

Es decir, al acusado le conviene más aparecer ante un tribunal que caer en manos de un escribano.

eje

grave, serio / **escaso**... sin mirar a nadie y esperando que todos lo miraran a él

Es decir, el sombrero parecía ser parte de su cuerpo porque no se lo quitaba para saludar a nadie. Por lo tanto, parecía estar conectado a su cabeza.

crédito sustentaba toda aquella máquina. Iba un bufón en el coche entreteniéndole.

—Para ti se hizo el mundo—dije yo luego que le vi—, que tan descuidado vives y con tanto descanso y grandeza. ¡Qué bien empleada hacienda! ¡Qué lucida! ¡Y cómo representa bien quién es este caballero!

—Todo cuanto piensas—dijo el viejo—es disparate y mentira, y cuanto dices, y sólo aciertas en decir que el mundo sólo se hizo para éste. Y es verdad, porque el mundo es sólo trabajo y vanidad, y éste es todo vanidad y locura. ¿Ves los caballos? Pues comiendo se van, a vueltas de la cebada y paja, al que la fía a éste y por cortesía de las ejecuciones trae ropilla°. Más trabajo le cuesta la fábrica de sus embustes para comer, que si lo ganara cavando°. ¿Ves aquel bufón? Pues has de advertir que tiene por bufón al que le sustenta y le da lo que tiene. ¿Qué más miseria quieres de estos ricos, que todo el año andan comprando mentiras y adulaciones, y gastan sus haciendas en falsos testimonios? Va aquél tan contento porque el truhán le ha dicho que no hay tal príncipe como él, que todos los demás son unos escuderos, como si ello fuera así. Y diferencian muy poco, porque el uno es juglar del otro. Desta suerte el rico se ríe con el bufón, y el bufón se ríe del rico, porque hace caso de lo que lisonjea . . .

> Los caballos comen, además de su comida, al hombre que se la vende a crédito a su dueño, el que lleva el traje corto del noble.
>
> Le cuesta más trabajo inventar mentiras que le permitan comer que si se ganara el pan cavando.

DIEGO SAAVEDRA FAJARDO (1584–1648)

Diplomático, historiador y teórico político, Diego Saavedra Fajardo aporta a su obra maestra, *Empresas políticas o Idea de un príncipe político-cristiano, representado en cien empresas* (1640), una larga experiencia personal adquirida en las cortes de Europa. Aunque no puede haber ninguna duda acerca de la excelencia de la erudición de Saavedra Fajardo, lo que distingue su obra es la combinación de teoría y pragmatismo, resultado este último de largos años de servicio diplomático. Fue embajador en Roma y en Alemania y desempeñó misiones en Baviera y Austria.

Las *Empresas políticas* consisten en ciento un emblemas, cada uno de las cuales encabeza un consejo acerca del arte de gobernar. Los temas son muy variados. Abarcan el fortalecimiento del cuerpo (por medio de «ejercicios honestos»), del intelecto y de las facultades morales; el comportamiento del príncipe con sus ministros, sus súbditos y extranjeros; la honestidad y el artificio; la virtud; los empleos de la autoridad, el ejercicio de la justicia; la responsabilidad del rey de proteger sus estados y la necesidad de aprender de los ejemplos que da la historia; la providencia y la fortuna; la fortaleza ante la adversidad; las armas y la guerra; la victoria y la paz; y finalmente, la conducta del monarca en la vejez y ante la muerte.

Las *Empresas políticas* no son una obra particularmente original en cuanto a su materia ni a su estructura. Los libros doctrinales sobre la educación del príncipe son de origen medieval y abundan en el Renacimiento. Hay numerosos ejemplos en árabe y en español; uno de los más conocidos es el *Marco Aurelio* de Antonio de Guevara. También florece en el Renacimiento el tratado político. Entre otros, se puede citar *El príncipe* de Maquiavelo (obra que Saavedra Fajardo refuta más de una vez), la *Política cristiana* de Francisco Luque (1602), la *Instructio principium* de Juan Jesús María (1612), la *Política y razón de estado* de Pedro Andrés Canonhiero (1614) y la *Política de Dios y gobierno de Cristo, sacado de la Sagrada Escritura* de Francisco de Quevedo (1625). Las observaciones de Saavedra Fajardo sobre la decadencia de España también reflejan una corriente existente que se nota claramente en las obras de Quevedo y de Pedro Fernández de Navarrete. Ni siquiera el uso del emblema moral es original del autor, que parece haberse inspirado directamente en la *Emblemata política* de Jacobo Bruck. Desde la publicación de los *Trattati degli Emblemi* del jurisconsulto italiano Andrea Alciato (1492–1550), las colecciones de emblemas alcanzan una gran popularidad en Europa. Las obras de emblemistas tales como Otto Venio se traducen a varios idiomas y se leen en todas partes.

¿En qué, entonces, consiste el valor de la obra de Saavedra Fajardo? Las generalidades sobre la educación del príncipe que se encuentran en las *Empresas políticas* son las de todos los tratados sobre el tema, pero su intenso pragmatismo, su aguda penetración psicológica y su comprensión de las estructuras internas de la monarquía destacan al autor. Como todos los moralistas de su época, Saavedra Fajardo se apoya en ejemplos históricos y en la cultura clásica y bíblica. Pero la erudición no hace más que reforzar la observación. Moralista cristiano, Saavedra ataca la doctrina de Maquiavelo. Político astuto y práctico, recomienda sus métodos: proceder en secreto, no confiar, disimular, dividir a los enemigos, saber escoger el menor de dos males; considerar las decisiones con cuidado y ejecutarlas con celeridad, hacerse amar y temer, no dejarse engañar por la adulación, huir de los extremos, no delegar demasiada autoridad.

Aun cuando elabora una doctrina moral para la iluminación de un príncipe cristiano, el hábil observador político no puede menos que darse cuenta de la triste situación del estado español. Como a Quevedo, le tocó observar de cerca el ocaso del poder español durante el siglo XVII. La decadencia de la patria emerge como una preocupación constante del autor.

Por lo general, la prosa de Saavedra Fajardo es elegante y llana. A veces, sin embargo, el autor lleva la sutileza hasta el extremo, produciendo frases rebuscadas y oscuras. En algunas ocasiones la concisión es excesiva y el conceptismo impide la comprensión del significado.

Véase *Empresas políticas: Idea de un príncipe político-cristiano,* ed. Quintín Aldea Vaquero (Madrid: Nacional, 1976). El estudiante también podrá consultar *República literaria,* ed. José Carlos de Torres (Barcelona: Plaza y Janés, 1985).

Empresas políticas o Idea de un príncipe político-cristiano

Empresa V

Las letras tienen amargas las raíces, si bien[1] son dulces sus frutos. Nuestra naturaleza las aborrece, y ningún trabajo siente más que el de sus primeros rudimentos. ¡Qué congojas, qué sudores cuestan a la juventud! Y así por esto, como porque ha menester el estudio una continua asistencia, que ofende a la salud, y no se puede hallar en las ocupaciones, cerimonias y divertimientos del palacio, es menester la industria y arte del maestro, procurando que en ellos y en los juegos pueriles vaya tan disfrazada la enseñanza, que la beba el príncipe sin sentir, como se podría hacer para que aprendiese a leer,

formándole un juego de veinte y cuatro dados en que estuviesen esculpidas las letras, y ganase el que arrojados pintase una o muchas sílabas o formase entero el vocablo; cuyo cebo de la ganancia, y cuyo entretenimiento le daría fácilmente el conocimiento de las letras, pues más hay que aprender en los naipes, y los juegan luego los niños. Aprenda a escribir teniendo grabadas en una lámina sutil[2] las letras; la cual puesta sobre el papel, lleve por ella como por surcos segura la mano y la pluma, ejercitándose mucho en habituarse en aquellas letras de quien se forman las demás; con que se enamorará del trabajo, atribuyendo a su ingenio la industria de la lámina.

El conocimiento de diversas lenguas es muy necesario en el príncipe, porque el oír por intérprete o leer traducciones está sujeto a engaños o a que la verdad pierda su fuerza y energía, y es gran desconsuelo del vasallo que no le entienda quien ha de consolar su necesidad, deshacer sus agravios y premiar sus servicios. Por esto Josef, habiendo de gobernar a Egipto, donde había gran diversidad de lenguas, que no entendía[3], hizo estudio para aprendellas todas. Al presente emperador don Fernando[4] acredita y hace amable la perfección con que habla muchas, respondiendo en la suya a cada uno de los negociantes. Estas no se le han de enseñar con preceptos que confundan la memoria, sino teniendo a su lado meninos[5] de diversas naciones, que cada uno le hable en su lengua, con que naturalmente sin cuidado ni trabajo las sabrá en pocos meses.

Para que entienda lo práctico de la geografía y cosmografía (ciencias tan importantes, que sin ellas es ciega la razón de estado), estén en los tapices de sus cámaras labrados los mapas generales de las cuatro partes de la tierra y las provincias principales, no con la confusión de todos los lugares, sino con los ríos y montes y con algunas ciudades y puestos notables. Disponiendo también de tal suerte los estanques, que en ellos, como en una carta de marear[6], reconozca (cuando entrare a pasearse) la situación del mar, imitados en sus costas los puertos, y dentro las islas. En los globos y esferas vea la colocación del uno y otro hemisferio, los movimientos del cielo, los caminos del sol, y las diferencias de los días y de las noches, no con demostraciones científicas, sino por vía de narración y entretenimiento. Ejercítese en los usos de la

---

[1] **si**... aunque.

[2] tenue, delgada.

[3] *Génesis* xxx, xxxvii, xxxix-l.

[4] Fernando I, hermano menor de Carlos V, fue emperador de Alemania de 1558 a 1564. Fue fundador de la monarquía austriaca.

[5] caballeros jóvenes que servían en palacio a la reina y los infantes.

[6] navegar.

geometría, midiendo con instrumentos las distancias, las alturas y las profundidades. Aprenda la fortificación, fabricando con alguna masa fortalezas y plazas con todas sus entradas encubiertas, fosos, baluartes, medias lunas y tijeras[7], que después bata con pecezuelas[8] de artillería; y para que más se le fijen en la memoria aquellas figuras, se formarán de mirtos y otras yerbas en los jardines, como se ven en la presente empresa.

Ensáyese en la sargentería, teniendo vaciadas de metal todas las diferencias de soldados, así de caballería como de infantería que hay en un ejército, con los cuales sobre una mesa forme diversos escuadrones, a imitación de alguna estampa donde estén dibujados; porque no ha de tener el príncipe en la juventud entretenimiento ni juego que no sea una imitación de lo que después ha de obrar de veras. Así suavemente cobrará amor a estas artes, y después, ya bien amanecida la luz de la razón, podrá entendellas mejor con la conversación de hombres doctos, que le descubran las causas y efetos de ellas, y con ministros ejercitados en la paz y en la guerra; porque sus noticias son más del tiempo presente, satisfacen a las dudas, se aprenden más y cansan menos.

No parezcan a alguno vanos estos ensayos para la buena crianza de los hijos de los reyes, pues muestra la experiencia cuántas cosas aprenden por sí mismos fácilmente los niños, que no pudieran con el cuidado de sus maestros. Ni se juzguen por embarazosos estos medios, pues, si para domar y corregir un caballo se han inventado tantas diferencias de bocados, frenos, cabezones, y mucerolas, y se ha escrito tanto sobre ello, ¿cuánto mayor debe ser la atención en formar un príncipe perfecto, que ha de gobernar, no solamente a la plebe ignorante, sino también a los mismos maestros de las ciencias? El arte de reinar no es don de la naturaleza, sino de la especulación[9] y de la experiencia. Ciencia es de las ciencias. Con el hombre nació la razón de estado, y morirá con él sin haberse entendido perfetamente.

No ignoro, serenísimo Señor, que tiene vuestra alteza al lado tan docto y sabio maestro, y tan entendido en todo (felicidad de la monarquía), que llevará a vuestra alteza con mayor primor por estos atajos de las ciencias y de las artes; pero no he podido excusar estos advertimientos, porque, si bien habla con vuestra alteza este libro, también habla con los demás príncipes que son y serán.

---

[7] pasillos que se cruzan.
[8] piezas de juguete.
[9] teoría.

BALTASAR GRACIÁN (1601—1658)

Sacerdote, cortesano y moralista, Baltasar Gracián experimentó plenamente la decadencia política del siglo XVII. Las tropas de Felipe IV combatían contra los franceses en Flandes y en Cataluña. La unión Habsburgo sufría bajo la presión del protestantismo, que seguía creciendo en el norte. Ya era evidente que España no encabezaría jamás una Europa unida y católica. La corte española se hundía en la corrupción. Felipe IV era un monarca débil que entregó el poder al Conde-Duque de Olivares. Reinaba la intriga, el favoritismo, los cambios abruptos que resultaban de caídas de gracia, juegos de poder, influencias externas. Este ambiente es en el que Gracián escribió sus tratados morales: *El héroe* (1637); *El político* (1640); *El atento* y *El galante* (nunca publicados); *Oráculo manual* (1647), este último un resumen de todos los anteriores. También escribió un libro de crítica y estética, *Arte de ingenio: Tratado de agudeza* (1642) que después revisó, amplió y publicó con el título de *Agudeza y arte de ingenio. El Criticón* es una novela alegórico-filosófica en tres partes (1651, 1653 y 1657) y *El comulgatorio* (1655), un libro de tema religioso.

Gracián se considera uno de los grandes moralistas del Siglo de Oro, así como también uno de los más controversiales. Se distingue de muchos otros escritores de su época en que ni ocupó cargos políticos, ni comenta sobre situaciones políticas específicas, ni teoriza sobre la naturaleza de la monarquía perfecta. Su tema es más bien el hombre que vive y opera en la sociedad. Se limita a observar, y fue un observador astuto de las maquinaciones de los hombres que competían por el poder. Aunque su obra contiene observaciones de tipo político-económico, su moral se orienta hacia lo general y lo mundano. Con el fin de presentar arquetipos del arte de vivir en la sociedad, cita ejemplos de grandes personajes históricos que le servirán al lector de modelos. Los tratados morales de Gracián están dentro de la tradición de Castiglione, cuyo libro *Il Cortegiano* es una guía para el que desee lucirse en el mundo artificioso de la corte. El pesimismo barroco se vislumbra claramente en estas obras; si el individuo necesita saber protegerse, es porque los demás hombres son crueles, celosos, ignorantes, torpes, maliciosos.

Se sabe poco de la vida de Gracián. El y sus tres hermanos todos se dedicaron al sacerdocio, ingresando Gracián a la orden jesuita en 1619. Los jesuitas habían introducido una actitud muy distinta a la élite intelectual. Antes, el retiro del mundo había sido un ideal. Los poetas religiosos—Fray Luis, San Juan, Santa Teresa—aunque todos muy activos en la Contrarreforma, buscaban la unión con Dios despreciando el mundo. Los jesuitas, en cambio, celebraban el activismo. Funcionar en el mundo, adelantar la causa por medio de la astucia, llegó a ser un objetivo.

Las obras de Gracián son tan francas en su propósito que llegan a escandalizar aun a las autoridades jesuitas. Para mediados del siglo las relaciones entre Gracián y la Compañía de Jesús andan mal, debido probablemente a la independencia personal de Gracián y, en mayor medida, al carácter sospechoso de sus escritos, impresos casi todos con pseudónimos fácilmente descifrados. La crisis se agudizó con la publicación de *El Criticón* con el pseudónimo de García de Marlones. Gracián sufrió reprensiones y castigos repetidos al aparecer las partes siguientes de su novela. En julio del año 1658 pidió permiso para pasar a otra orden, pero se murió en diciembre del mismo año sin que se resolviera el problema.

El *Oráculo manual* es un compendio de los escritos morales de Gracián. Consta de 300 máximas, o reglas, sobre la conducta del caballero en la sociedad. Es casi el único libro de este género que existe en Europa, aunque el gusto europeo por el aforismo y el refrán preparan el campo para la empresa del moralista español. Durante el Renacimiento se producen muchos libros de aforismos—dichos que revelan alguna verdad sobre la condición del hombre o la naturaleza humana, por ejemplo: «La felicidad no es todo»; «La vida es interesante, si no feliz». También se compilan proverbios y refranes, que son máximas anónimas, como, por ejemplo: «Dime con quién andas y te diré quién eres.» El clima está propicio para la creación de esta clase de libro y es lógico que lo produzca un jesuita.

El *Oráculo manual y arte de prudencia* contiene selecciones de varios otros tratados de Gracián. *El héroe* y *El discreto* tratan de la prudencia—pero no la prudencia entendida en su sentido tradicional y cristiano de templanza o cordura. Para el cristiano, la prudencia es la virtud que hace prever y evitar tentaciones o peligros; por ejemplo, el hombre que se guarda de tomar más de un vaso de vino es prudente. En las obras de Gracián, el término adquiere un significado más sutil. La prudencia llega a reducirse a la habilidad política—lo que se llama en inglés *one-upmanship.* Es el saber proceder con cautela, manipulando a los demás sin dejarse manipular. Para Gracián—bien lo dice el título de su obra—la prudencia no es una virtud, sino un arte. *El galante* y *El varón atento* tratan de la cautela y de la nobleza de propósito. En estas obras se recalca un mensaje que se encuentra en todas las obras de Gracián: el fin justifica los medios únicamente si el fin es noble.

Estos libros, reproducidos en *El oráculo manual* en formas tan reducidas que apenas se reconocen, representan dos corrientes que están siempre en contraposición en la obra de Gracián: el pragmatismo y la moralidad. Gracián justifica la manipulación política alegando que es la única manera de gobernar eficazmente y el único modo de mantener a la gente moralmente superior en el poder. Los defensores de Gracián señalan que no es un escritor anticristiano, puesto que elogia constantemente la virtud. Sin embargo, los métodos que sugiere chocan con el concepto convencional de la virtud.

El nombre de la obra nos lo dice todo: *Oráculo manual.* Un oráculo es, entre los antiguos, una respuesta que da un dios a una pregunta concreta que le dirige un hombre. Los oráculos eran por lo general ambiguos, dejando al individuo la responsabilidad de interpretarlos y de actuar según sus propias inclinaciones. Por lo general, un oráculo es oral y no manual—no se lleva en la mano. Pero aquí se trata de un oráculo portátil, manejable y siempre accesible, que guíe al cortesano cada momento y que lo ayude a tomar decisiones prudentes en toda ocasión. Manual también tiene otro significado: libro de indicaciones o guía. Este libro es, pues, un compendio de consejos que transmiten la sabiduría que han acumulado discretos y héroes a través de los siglos. La sabiduría para Gracián consiste en el conocimiento que debe poseer el individuo de su naturaleza propia, adquirido por medio de la introspección psicológica, para aprovechar sus virtudes y disimular sus defectos, así como el conocimiento de las cualidades y flaquezas de otros, para sacar partido de ellas.

Con Quevedo, Gracián es la luminaria de la prosa conceptista. Su estilo rebuscado y oscuro revela gran erudición. Sumamente elitista, Gracián escribía para un selecto grupo culto que supiera descifrar sus dictámenes, no para el vulgo, que despreciaba. El fundamento de su técnica literaria es el concepto, que para Gracián llega a ser una sentencia por medio de la cual se expresa la relación entre dos ideas a través de asociaciones y juegos lingüísticos. Maestro de la gimnasia mental y verbal, rechaza la imitación, utilizando el ingenio para inventar nuevas correspondencias. La concisión caracteriza su estilo. A veces elimina el verbo u otra parte esencial de la frase, forzando al lector a recrear su proceso intelectual para comprender su significado. Su afán por la brevedad se resume en la muy conocida máxima: «Lo breve, si bueno, dos veces bueno.» Frente a la verbosidad y abundancia de imágenes de la prosa del otro gran conceptista español, Francisco de Quevedo, la de Gracián es esquelética y rigurosamente cerebral. Gracián lleva el conceptismo al extremo, creando así una nueva estética.

Recomendamos las siguientes ediciones de las obras de Gracián: *El héroe, El discreto, Oráculo manual y el arte de prudencia,* ed. Luys Santa María (Barcelona: Planeta, 1984); *El Criticón,* ed. Santos Alonso (Madrid: Cátedra, 1984).

Oráculo manual y arte de prudencia

26. *Hallarle su torcedor° a cada uno.* Es el arte de mover voluntades. Más consiste en destreza que en resolución: un saber por

sinrazón, obsesión o motivo

dónde se le ha de entrar a cada uno. No hay voluntad sin especial afición, y diferentes según la variedad de los gustos. Todos son idólatras, unos de la estimación, otros del interés y los más del deleite°. La maña está en conocer estos ídolos para el motivar°, conociéndole a cada uno su eficaz impulso: es como tener la llave del querer ajeno. Hase de ir al primer móvil°, que no siempre es el supremo; las más veces es el ínfimo, porque son más en el mundo los desordenados que los subordinados. Hásele de prevenir el genio°, primero, tocarle el verbo°, después cargar con la afición°, que infaliblemente dará mate al albedrío°.

31. *Conocer los afortunados para la elección, y los desdichados para la fuga°.* La infelicidad es de ordinario crimen de necedad, y de participantes° no hay contagio tan apegadizo: nunca se le ha de abrir la puerta al menor mal, que siempre vendrán otros muchos tras él, y mayores, en celada. La mejor treta del juego es saberse descartar: más importa la menor carta del triunfo que corre, que la mayor del que pasó. En duda, acierto es llegarse a los sabios y prudentes, que tarde o temprano topan con la ventura.

32. *Estar en opinión de dar gusto°.* Para los que gobiernan, gran crédito de agradar°: realce de soberanos para conquistar la gracia universal. Esta sola es la ventaja del mandar: poder hacer más bien que todos. Aquéllos son amigos que hacen amistades°. Al contrario, están otros puestos en no dar gusto, no tanto por lo cargoso, cuanto por lo maligno, opuestos en todo a la divina comunicabilidad.

33. *Saber abstraer°.* Que si es gran lección del vivir el saber negar, mayor será saberse negar a sí mismo, a los negocios, a los personajes. Hay ocupaciones extrañas, polillas del precioso tiempo, y peor es ocuparse en lo impertinente, que no hacer nada. No basta para atento no ser entremetido, mas es menester procurar que no le entremetan. No ha de ser tan de todos que no sea de sí mismo. Aun de los amigos no se ha de abusar, ni quiera más de ellos de lo que le concedieren. Todo lo demasiado es vicioso, y mucho más en el trato. Con esta cuerda templanza se conserva mejor el agrado con todos y la estimación, porque no se roza la preciosísima decencia. Tenga, pues, libertad de genio apasionado de lo selecto, y nunca peque contra la fe de su buen gusto.

36. *Tener tanteada su fortuna°.* Para el proceder, para el empeñarse, importa más que la observación del temperamento, que si es necio el que ha cuarenta años llama a Hipócrates° para la salud, más el que a Séneca para la cordura. Gran arte saberla° regir, ya esperándola, que también cabe la espera en ella, ya lográndola, que tiene vez y contingente, si bien no se la puede coger al tenor, ¡tan anómalo es su proceder! El que la observó favorable prosiga con despejo, que suele apasionarse por los osados, y aun como bizarra, por los jóvenes°. No obre el que es infeliz°, retírese, ni le dé lugar de dos infelicidades. Adelante el que le predomina°.

37. *Conocer y saber usar de las varillas°.* En el punto más sutil del humano trato. Arrójanse para tentativa de los ánimos, y hácese con ellas la más disimulada y penetrante tienta del corazón°.

Otras hay maliciosas, arrojadizas, tocadas de la hierba de la envidia, untadas del veneno de la pasión, rayos imperceptibles para derribar de la gracia y de la estimación.

Cayeron muchos de la privanza superior e inferior, heridos de un leve dicho de éstos, a quienes toda una conjuración de murmuración vulgar y malevolencia singular no fueron bastantes a causar la más leve trepidación.

Es decir, cada hombre ama alguna cosa, ya sea la estimación de los otros, ya sea su propio interés; la mayoría de los hombres aman el placer. / Es decir, sabiendo lo que motiva a un hombre, es fácil manipularlo.

motivación, motivo

prevenir... conocer de antemano el carácter

tocarle... examinar su entendimiento /

cargar... usar el conocimiento de sus obsesiones para moverlo

dará... pondrá término al juego al controlarle la voluntad

Conocer... arrimarse a los afortunados y huir de los desdichados

de... entre los participantes

Estar... Tener fama de querer complacer a la gente. / Se ha omitido el verbo «es».

favores

decir que no, eliminar cierta actividad para que no interrumpa lo que uno está haciendo

tanteada... calculadas las posibilidades de lograr lo que se desea

Es decir, al médico. (El sentido es: Si es tonto el que espera hasta los cuarenta años para pedirle a Hipócrates la salud, es aún más tonto el que a los cuarenta años le pide la sabiduría a Séneca [el famoso filósofo hispanolatino]).

«La» se refiere a la fortuna.

Es decir, la suerte favorece a los audaces, especialmente a los jóvenes. / Es decir, el que tiene mala suerte debe retirarse y no tentar a la fortuna.

le... es más fuerte que ella

pequeñas lanzas (figurativamente, el sarcasmo)

Los sarcasmos sirven para averiguar el ánimo de una persona y penetrar en su corazón.

Obran otras, al contrario, por favorables, apoyando y confirmando en la reputación. Pero con la misma destreza con que las arroja la intención, las ha de recibir la cautela y esperarlas la atención, porque está librada la defensa en el conocer, y queda siempre frustrado el tiro prevenido.

38. *Saberse dejar° ganando con la fortuna°*. Es de tahúres de reputación°. Tanto importa una bella retirada como una bizarra acometida°; un poner en cobro las hazañas, cuando fueren bastantes, cuando muchas. Continuada felicidad fue siempre sospechosa: más segura es la interpolada y que tenga algo de agridulce aun para la fruición. Cuanto más atropellándose las dichas, corren mayor riesgo de deslizar y dar al traste con todo. Recompénsase, tal vez, la brevedad de la duración con la intensión del favor.

Cánsase la fortuna de llevar a uno a cuestas tan a la larga.

39. *Conocer las cosas en su punto, en su sazón, y saberlas lograr°*. Las obras de la naturaleza todas llegan al complemento° de su perfección; hasta allí fueron ganando, desde allí, perdiendo. Las del arte, raras son las que llegan al no poderse mejorar. Es eminencia de un buen gusto gozar de cada cosa en su complemento; no todos pueden, ni los que pueden saben. Hasta en los frutos del entendimiento hay este punto de madurez; importa conocerla para la estimación y el ejercicio.

40. *Gracia de las gentes°*. Mucho es conseguir la admiración común, pero más la afición°; algo tiene de estrella°, lo más de industria; comienza por aquélla y prosigue por ésta. No basta la eminencia de prendas, aunque se supone, que es fácil de ganar el afecto, ganado el concepto.

Requiérese, pues, para la benevolencia, la beneficencia: hacer bien a todas manos, buenas palabras y mejores obras, amar para ser amado. La cortesía es el mayor hechizo político de grandes personajes. Hase de alargar la mano primero a las hazañas y después a las plumas: de la hoja a las hojas, que hay gracia de escritores, y es eterna.

44. *Simpatía con los grandes varones*. Prenda es de héroe el combinar con héroes°, prodigio de la naturaleza por lo oculto y por lo ventajoso. Hay parentesco de corazones y de genios, y son sus efectos los que la ignorancia vulgar achaca a bebedizos. No para en sola estimación, que adelanta benevolencia y aun llega a propensión: persuade sin palabras y consigue sin méritos. Hay la activa y la hay pasiva; una y otra felices cuanto más sublimes. Gran destreza el conocerlas, distinguirlas y saberlas lograr, que no hay porfía que baste sin este favor secreto.

50. *Nunca perderse el respeto a sí mismo*. Ni se roce consigo a solas°. Sea su misma entereza norma propia de su rectitud, y deba más a la severidad de su dictamen que a todos los extrínsecos preceptos. Deje de hacer lo indecente, más por el temor de su cordura que por el rigor de la ajena autoridad. Llegue a temerse, y no necesitará del ayo° imaginario de Séneca.

52. *Nunca descomponerse*. Gran asunto de la cordura, nunca desbaratarse: mucho hombre arguye, de corazón coronado°, porque toda magnanimidad es dificultosa de conmoverse. Son las pasiones los humores del ánimo, y cualquier exceso en ellas causa indisposición de cordura; y si el mal saliere a la boca peligrará la reputación. Sea, pues, tan señor de sí y tan grande, que ni en lo más próspero ni en lo más adverso pueda alguno censurarle perturbado, sí admirarle superior.

61. *Eminencia en lo mejor°*. Una gran singularidad entre la pluralidad de perfecciones. No puede haber héroe que no tenga algún

---

retirarse / **ganando**... cuando está ganando, cuando está con suerte

Es... Es sabiduría de grandes jugadores.

bizarra... magnífico ataque

Conocer... Gozar de las cosas cuando están buenas.

al... a su perfección

Gracia... Cultivar la buena voluntad de la gente.

afecto, amor / suerte, destino

Prenda... El gran hombre debe asociarse con otros grandes hombres.

Ni... Ni ser indulgente o excesivamente benévolo consigo mismo. (Es decir, uno debe ser exigente consigo mismo.)

ayo... es decir, la conciencia

de... dominado por el corazón

Eminencia... El gran hombre debe sobresalir en lo excelente o importante.

extremo sublime: las medianías no son asunto del aplauso. La eminencia en relevante empleo saca de un ordinario vulgar y levanta a categoría de raro. Ser eminente en profesión humilde°, es ser algo en lo poco; lo que tiene más de lo deleitable°, tiene menos de lo glorioso. El exceso en aventajadas materias es como un carácter de soberanía: solicita la admiración y concilia el afecto.

65. *Gusto relevante*°. Cabe cultura en él°, así como en el ingenio. Realza la excelencia del entender el apetito del desear y después la fruición del poseer°. Conócese la altura de un caudal por la elevación del afecto°. Mucho objeto° ha menester para satisfacerse una gran capacidad; así como los grandes bocados son para grandes paladares, las materias sublimes para los sublimes genios. Los más valientes objetos le temen, y las más seguras perfecciones desconfían; son pocas las de primera magnitud: sea raro el aprecio. Péganse los gustos con el trato y se heredan con la continuidad: gran suerte comunicar con quien le tiene en su punto. Pero no se ha de hacer profesión de desagradarse de todo, que es uno de los necios extremos, y más odioso cuando por afectación que por destemplanza. Quisieran algunos que creara Dios otro mundo y otras perfecciones para satisfacción de su extravagante fantasía.

66. *Atención a que le salgan bien las cosas*. Algunos ponen más la mira en el rigor de la dirección que en la felicidad del conseguir intento, pero más prepondera siempre el descrédito de la infelicidad que el abono de la diligencia.

El que vence no necesita dar satisfacciones°. No perciben los más la puntualidad de las circunstancias, sino los buenos o los ruines sucesos; y así, nunca se pierde reputación cuando se consigue el intento. Todo lo dora un buen fin, aunque lo desmientan los desaciertos de los medios. Que es arte ir contra el arte° cuando no se puede de otro modo conseguir la dicha del salir bien.

67. *Preferir los empleos plausibles*°. Las más de las cosas dependen de la satisfacción ajena. Es la estimación para las perfecciones lo que el favonio° para las flores: aliento y vida. Hay empleos expuestos a la aclamación universal, y hay otros, aunque mayores, en nada expectables°; aquéllos, por obrarse a vista de todos, captan la benevolencia común; éstos, aunque tienen más de lo raro y primoroso, se quedan en el secreto de su imperceptibilidad: venerados pero no aplaudidos. Entre los príncipes, victoriosos son los celebrados, y por eso los reyes de Aragón° los fueron tan plausibles, por guerreros, conquistadores y magnánimos. Prefiera el varón grande los célebres empleos, que todos perciban y participen todos, y a sufragios comunes quede inmortalizado.

68. *Dar° entendimiento*. Es de más primor que el dar memoria, cuanto es más. Unas veces se ha de acordar y otras advertir. Dejan algunos de hacer las cosas que estuvieran en su punto, porque no se les ofrecen; ayude entonces la advertencia amigable a concebir las conveniencias°. Una de las mayores ventajas de la mente es el ofrecérsele lo que importa. Por falta de esto dejan de hacerse muchos aciertos. Dé luz el que la alcanza, y solicítela el que la mendiga, aquél con detención, éste con atención°; no sea más que dar pie°. Es urgente esta sutileza, cuando toca en utilidad del que despierta; conviene mostrar gusto, y pasar a más cuando no bastare. Ya se tiene el no, váyase en busca del sí, con destreza, que las más veces no se consigue porque no se intenta.

69. *No rendirse a un vulgar humor*°. Hombre grande el que nunca se sujeta a peregrinas impresiones°. Es lección de advertencia la

Ser... Si uno sobresale en alguna actividad sin importancia, vale poco.

lo... aunque puede ser agradable, no trae la gloria

Gusto... Tener gustos refinados / **Cabe**... Se puede cultivar el gusto, así como se cultiva el intelecto.

Realza... El placer de entender mueve el deseo de saber más.

Conócese... Se conoce el valor de un hombre por la elevación de sus gustos. / **Mucho objeto**... muchas materias

dar... justificarse

Que... Es parte del arte de vivir romper las reglas (del arte)

que atraen la atención

viento suave (La estimación favorece el desarrollo de las perfecciones como el favonio favorece las flores.)

llamativos

Pedro III el Grande, Jaime I el Conquistador y Alfonso V el Magnánimo

mostrar

Dejan... Algunas personas dejan de hacer lo que conviene porque no se les ocurre en ese caso un consejo amigable que puede ayudarles a ver lo que deben hacer.

Dé... Que muestre su entendimiento el que lo tiene y que pida entendimiento el que no lo tiene, el primero cautelosamente, el segundo, con afán. / **dar**... mostar un poco (su entendimiento)

No... No ceder al impulso vulgar.

peregrinas... impulsos del momento

reflexión sobre sí; en conocer su disposición actual° y prevenirla, y aun decantarse al otro extremo para hallar entre el natural y el arte el fiel de la sindéresis°. Principio es de corregirse el conocerse; que hay mostruos de la impertinencia; siempre están de algún humor y varían afectos con ellos, y, arrastrados eternamente de esta destemplanza civil°, contradictoriamente se empeñan. Y no sólo gasta la voluntad este exceso, sino que se atreve al juicio, alterando el querer y el entender.

83. *Permitirse algún venial desliz°.* Que un descuido suele ser tal vez la mayor recomendación de las prendas. Tiene su ostracismo la envidia, tanto más civil cuanto más criminal°; acusa lo muy perfecto de que peca en no pecar°, y por perfecto en todo, lo condena todo; hácese Argos en buscarle faltas a lo muy bueno°, para consuelo siquiera. Hiere la censura, como el rayo, los más empinados realces. Dormite, pues, tal vez Homero°, y afecte algún descuido en el ingenio o en el valor, pero nunca en la cordura, para sosegar la malevolencia, no reviente ponzoñosa; será como un echar la capa al toro° de la envidia, para salvar la inmortalidad.

84. *Saber usar de los enemigos.* Todas las cosas se han de saber tomar no por el corte, que ofendan, sino por la empuñadura que defiendan°; mucho más la emulación.

Al varón sabio más le aprovechan sus enemigos que al necio sus amigos. Suele allanar una malevolencia montañas de dificultad que desconfiara de emprenderlas el favor. Fabricáronles a muchos su grandeza sus malévolos. Más fiera es la lisonja que el odio, pues remedia éste eficazmente las tachas que aquélla disimula.

Hace el cuerdo espejo de la ojeriza, más fiel que el de la afición, y previene a la detracción de los defectos, o los enmienda, que es grande el recato cuando se vive en frontera de una emulación, de una malevolencia°.

87. *Cultura y aliño°.* Nace bárbaro el hombre; redímese de bestia, cultivándose. Hace personas la cultura, y más cuanto mayor.

En fe de ella pudo Grecia llamar bárbaro a todo el restante universo. Es muy tosca la ignorancia. No hay cosa que más cultive que el saber. Pero aun la misma sabiduría fue grosera, si desaliñada. No sólo ha de ser aliñado el entender, también el querer, y más el conversar.

Hállanse hombres naturalmente aliñados de gala interior y exterior, y en conceptos y palabras, en los arreos del cuerpo, que son como la corteza, y en las prendas del alma, que son el fruto. Otros hay, al contrario, tan groseros, que todas sus cosas y tal vez eminencias, las deslucieron con su intolerable bárbaro desaseo.

88. *Sea el trato por mayor°,* procurando la sublimidad en él. El varón grande no debe ser menudo° en su proceder. Nunca se ha de individuar° mucho en las cosas, y menos en las de poco gusto°, porque aunque es ventaja notarlo todo al descuido, no lo es quererlo averiguar todo de propósito. Hase de proceder de ordinario con una hidalga generalidad°, ramo de galantería°. Es gran parte del regir el dismular; hase de dar pasada a las más de las cosas entre familiares, entre amigos y más entre enemigos. Toda nimiedad es enfadosa, y en la condición, pesada. El ir y venir a un disgusto es especie de manía. Y, comúnmente, tal será el modo de portarse cada uno cual fuere su corazón y su capacidad.

97. *Conseguir y conservar la reputación.* Es el usufructo° de la fama. Cuesta mucho, porque nace de las eminencias, que son tan raras cuanto comunes las medianías°. Conseguida, se conserva con facilidad. Obliga mucho y obra más. Es especie de majestad cuando

---

verdadera

Es decir, el gran hombre reflexiona sobre sí mismo y determina cuál es su disposición. Entonces la compensa yendo al otro extremo para encontrar el justo medio entre la naturaleza y el arte.

ruin, bajo

venial... descuido sin importancia

Tiene... La envidia conduce al ostracismo, más dañino cuanto más cortés.

acusa... La envidia ve un pecado en el hecho de que el hombre perfecto no peque

hácese... llega a ser un Argos (príncipe mitológico que tenía cien ojos) que siempre busca faltas en lo bueno

Dormite... Que Homero se duerma algunas veces (Es decir, el artista debe permitirse algún descuido insignificante que resulte en imperfecciones artísticas.)

será... será como arriesgar la reputación de vez en cuando

Gracián compara al enemigo a una espada, que hiere si se toma por la hoja, pero que sirve para la defensa si se toma por el puño.

Un gran hombre usará la mala voluntad del enemigo como un espejo, más fiel que el del amigo (que exagera sus virtudes porque lo quiere) y eliminara o enmendara las faltas que le critica.

refinamiento

por... elevado, noble

mezquino, bajo

fijarse en detalles / **de**... desagradables

generosidad / **ramo**... propia de un caballero

buenos frutos, buen resultado

Es decir, la eminencia es tan rara como común es la mediocridad llega a ser veneración, por la sublimidad de su causa y de su esfera; pero la reputación sustancial es la que valió siempre.

98. *Cifrar la voluntad°.* Son las pasiones los portillos del ánimo. El más práctico saber consiste en disimular; lleva riesgo de perder el que juega a juego descubierto. Compita la detención del recatado con la atención del advertido°: a linces° del discurso, jibias° de interioridad. No se les sepa el gusto, porque no se les prevenga unos para la contradicción, otros para la lisonja.

99. *Realidad y apariencia.* Las cosas no pasan por lo que son, sino por lo que parecen; son raros los que miran por dentro, y muchos los que se pagan de lo aparente. No basta tener razón con cara de malicia.

100. *Varón desengañado.* Cristiano sabio, cortesano filósofo. Mas no parecerlo; menos afectarlo. Está desacreditado el filosofar, aunque es ejercicio mayor de los sabios. Vive desautorizada la ciencia de los cuerdos. Introdújola Séneca° en Roma; conservóse algún tiempo cortesana; ya es tenida por impertinencia. Pero siempre el desengaño fue pasto de la prudencia, delicias de la entereza.

120. *Vivir a lo práctico.* Hasta el saber ha de ser al uso, y donde no se usa, es preciso saber hacer del ignorante. Múdase a tiempos° el discurrir y el gustar: no se ha de discurrir a lo viejo, y se ha de gustar a lo moderno. El gusto de las cabezas° hace voto en cada orden de cosas. Ese se ha de seguir por entonces y adelantar a eminencia; acomódese el cuerdo a lo presente aunque le parezca mejor lo pasado, así en los arreos del alma como del cuerpo. Sólo en la bondad no vale esta regla de vivir, que siempre se ha de practicar la virtud. Desconócese ya, y parece cosa de otros tiempos el decir verdad, el guardar palabra, y los varones buenos parecen hechos al buen tiempo, pero siempre amados; de suerte que, si algunos hay, no se usan ni se imitan. ¡Oh grande infelicidad del siglo nuestro, que se tenga la virtud por extraña y la malicia por corriente! Viva el discreto como pueda, si no como querría. Tenga por mejor lo que le concedió la suerte, que lo que le ha negado.

126. *No es necio el que hace la necedad, sino el que, hecha, no la sabe encubrir.* Hanse de sellar los afectos, cuanto más los defectos°. Todos los hombres yerran, pero con esta diferencia: que los sagaces desmienten° las hechas y los necios mienten las por hacer°. Consiste el crédito en el recato más que en el hecho, que si no es uno casto sea cauto. Los descuidos de los grandes hombres se observan más, como eclipses de las lumbreras mayores. Sea excepción de la amistad el no confiarla los defectos, ni aun, si ser pudiese, a su misma identidad. Pero puédese valer aquí de aquella otra regla del vivir, que es saber olvidar.

156. *Amigos de elección°:* que lo han de ser a examen de la discreción y a prueba de la fortuna, graduados, no sólo de la voluntad, sino del entendimiento. Y con ser el más importante acierto del vivir, es el menos asistido del cuidado: obra el entendimiento en algunos, y el acaso° en los más. Es definido uno por los amigos que tiene, que nunca el sabio concordó con ignorantes; pero el gustar de uno no arguye intimidad, que puede proceder más del buen rato de su graciosidad que de la confianza de su capacidad. Hay amistades legítimas y otras adulterinas: éstas para la delectación, aquéllas para la fecundidad de aciertos. Hállanse pocos de la persona, y muchos de la fortuna. Más aprovecha un buen entendimiento de un amigo que muchas buenas voluntades de otro; haya, pues, elección y no suerte. Un sabio sabe excusar pesares, y el necio los acarrea. Ni desearles mucha fortuna, si no los quiere perder.

Cifrar... Ocultar las intenciones

Compita... Que sea tan grande la astucia del gran hombre como el deseo de penetrar en su voluntad lo es de los demás / **a linces**... que sea como un lince (perspicaz, sagaz) / que no revele sus sentimientos interiores (La jibia es un molusco semejante al calamar que echa un líquido negro para enturbiar el agua cuando está en peligro.)

El filósofo hispanolatino Séneca fue sospechoso de haber participado en una conjuración contra el emperador y se suicidó.

a... de acuerdo con los tiempos

de... dominante

Hanse... El gran hombre debe saber ocultar sus deseos, y sus defectos aún más.
ocultan
mienten... se jactan de los errores que no han hecho todavía

Amigos... Saber escoger a los amigos

casualidad

157. *No engañarse en las personas°:* que es el peor y más fácil engaño. Más vale ser engañado en el precio que en la mercadería. Ni hay cosa que más necesite mirarse por dentro. Hay diferencia entre el entender las cosas y conocer las personas, y es gran filosofía alcanzar los genios y distinguir los humores de los hombres. Tanto es menester tener estudiado los sujetos como los libros.

en... en el conocimiento de las personas

181. *Sin mentir, no decir todas las verdades.* No hay cosa que requiera más tiento que la verdad, que es un sangrarse del corazón. Tanto es menester para saberla decir como para saberla callar. Piérdese con sola una mentira todo el crédito de la entereza. Es tenido el engañado por falto y el engañador por falso, que es peor. No todas las verdades se pueden decir: unas porque me importan a mí, otras porque al otro.

186. *Conocer los defectos, por más autorizados que estén°.* No desconozca la entereza el vicio, aunque se revista de brocado°: corónase tal vez de oro, pero no por eso puede disimular el yerro. No pierde la esclavitud de su vileza, aunque se desmienta con la nobleza del sujeto. Bien pueden estar los vicios realzados, pero no son realces. Ven algunos que aquel héroe tuvo aquel accidente, pero no ven que no fue héroe por aquello. Es tan retórico el ejemplo superior, que aun las fealdades persuade; hasta las del rostro afectó tal vez la lisonja, no advirtiendo que si en la grandeza se disimulan, en la bajeza se abominan.

por... aunque sean de personas de mucha autoridad

se... sea de una persona muy importante

234. *Nunca fiar reputación sin prendas de honra ajena°.* Hase de ir a la parte del provecho en el silencio, del daño en la facilidad°. En intereses de honra, siempre ha de ser el trato de compañía°, de suerte que la propia reputación haga cuidar de la ajena. Nunca se ha de fiar; pero, si alguna vez, sea con tal arte que pueda ceder la prudencia a la cautela. Sea el riesgo común, y recíproca la causa, para que no se le convierta en testigo el que se reconoce partícipe.

Nunca... Nunca fiar su propia reputación sin tener antes en prenda la honra del otro.

Que mantener el silencio convenga a los dos y que revelar la verdad sea un daño o peligro para los dos.

de... mutuo

235. *Saber pedir.* No hay cosa más dificultosa para algunos, ni más fácil para otros. Hay unos que no saben negar; con éstos no es menester ganzúa. Hay otros que el *no* es su primera palabra a todas horas; con éstos es menester la industria. Y con todos la sazón; un coger los espíritus alegres, o por el pasto° antecedente del cuerpo o por el del ánimo. Si ya la atención del reflejo° que atiende no previene la sutileza en el que intenta, los días del gozo son los del favor, que redunda del interior a lo exterior. No se ha de llegar cuando se ve negar a otro, que está perdido el miedo al *no*. Sobre tristeza no hay buen lance. El obligar de antemano es cambio donde no corresponde la villanía.

alimento

cauteloso

236. *Hacer obligación antes de lo que había de ser premio después.* Es destreza de grandes políticos. Favores antes de méritos son prueba de hombres de obligación°. El favor así anticipado tiene dos eminencias°: que con lo pronto del que da, obliga más al que recibe°. Un mismo don, si después es deuda, antes es empeño. Sutil modo de transformar obligaciones, que la que había de estar en el superior, para premiar, recae en el obligado para satisfacer. Esto se entiende con gente de obligaciones, que para hombres viles más sería poner freno que espuela anticipando la paga del honor.

Es decir, dar favores antes de que se merezcan es prueba de que uno es complaciente

ventajas

Es decir, un favor que se concede así obliga más al que lo recibe que al que lo da.

237. *Nunca partir° secretos con mayores°:* pensará partir peras y partirá piedras°. Perecieron muchos de confidentes. Son éstos como cuchara de pan, que corre el mismo riesgo después. No es favor del príncipe, sino pecho, el comunicarlo. Quiebran muchos el espejo porque les acuerda la fealdad: no puede ver al que lo pudo ver, ni es bien visto el que vio mal. A ninguno se ha de tener muy obligado, y al

compartir / personas de más autoridad

Se refiere a un dicho del marqués de Santillana: «En burlas o en veras, con tu mayor no partas peras.»

poderoso menos. Sea antes con beneficios hechos que con favores recibidos. Sobre todo son peligrosas confianzas de amistad.

El que comunicó sus secretos a otro hízose esclavo de él; y en soberanos es violencia que no puede durar. Desean volver a redimir la libertad perdida, y para esto atropellarán con todo, hasta la razón. Los secretos, pues, ni oírlos, ni decirlos.

244. *Saber obligar.* Transforman algunos el favor propio en ajeno, y parece, o dan a entender, que hacen merced cuando la reciben. Hay hombres tan advertidos, que honran pidiendo y truecan el provecho suyo en honra del otro; de tal suerte trazan las cosas que parezca que los otros les hacen servicio, cuando les dan, trastocando con extravagante política el orden de obligar; por lo menos ponen en duda quién hace el favor a quién: compran a precio de alabanzas lo mejor, y del mostrar gusto de una cosa hacen honra y lisonja; empeñan la cortesía, haciendo deuda de lo que había de ser su agradecimiento. De esta suerte truecan la obligación de pasiva en activa, mejores políticos que gramáticos. Gran sutileza ésta, pero mayor lo sería el entendérsela, destrocando° la necedad, volviéndoles su honra y cobrando cada uno su provecho.

°haciendo el trueque

297. *Obrar siempre como a vista°.* Aquél es varón remirado° que mira que le miran o que le mirarán. Sabe que las paredes oyen, y que lo mal hecho revienta por salir. Aun cuando solo, obra como a vista de todo el mundo, porque sabe que todo se sabrá; ya mira como a testigos ahora a los que por la noticia lo serán después. No se recataba de que le podían registrar en su casa desde las ajenas el que deseaba que todo el mundo le viese.

°**como**... como si los otros estuvieran mirándolo / que reflexiona sobre sus acciones

298. *Tres cosas hacen un prodigio:* y son el don máximo de la Suma Liberalidad: ingenio fecundo, juicio profundo y gusto relevantemente jocundo°. Gran ventaja concebir bien, pero mayor discurrir bien. Entendimiento, del bueno. El ingenio no ha de estar en el espinazo, que sería más laborioso que agudo°. Pensar bien es el fruto de la racionalidad. A los veinte años reina la voluntad, a los treinta el ingenio, a los cuarenta el juicio. Hay entendimientos que arrojan de sí luz°, como los ojos del lince°, y en la mayor oscuridad discurren más; háilos° de ocasión°, que siempre topan con lo más a propósito°: ofréceseles mucho y bien: felicísima fecundidad°. Pero un buen gusto sazona toda la vida.

°apacible, agradable

°**en**... en la espina dorsal, donde causaría más problemas de lo que ayudaría

°**arrojan**... brillan / El lince es un animal conocido por su vista aguda.

°los hay / °**de**... que se adaptan a la ocasión

°**topan**... actúan de la manera más adecuada / °**ofréceles**... esta cualidad produce muchos excelentes resultados

299. *Dejar con hambre.* Hase de dejar en los labios aun con el néctar. Es el deseo medida de la estimación. Hasta la material sed es treta de buen gusto picarla, pero no acabarla: lo bueno, si poco, dos veces bueno. Es grande la baja de la segunda vez°. Hartazgos de agrado son peligrosos, que ocasionan desprecio a la más eterna eminencia. Unica regla de agradar, coger el apetito picado con el hambre con que se quedó. Si se ha de irritar, sea antes por impaciencia del deseo que por enfado de la fruición; gústase al doble de la felicidad penada.

°**Es**... La segunda vez que algo se hace, se aprecia mucho menos.

300. *En una palabra, santo°, que es decirlo todo de una vez.* Es la virtud cadena de todas las perfecciones, centro de las felicidades; ella hace un sujeto prudente, atento, sagaz, cuerdo, sabio, valeroso, reportado, entero, feliz, plausible, verdadero y universal héroe. Tres *eses* hacen dichoso: santo, sano y sabio. La virtud es sol del mundo menor y tiene por hemisferio la buena conciencia; es tan hermosa, que se lleva la gracia de Dios y de las gentes. No hay cosa amable sino la virtud, ni aborrecible sino el vicio. La virtud es cosa de veras, todo lo demás de burlas. La capacidad y grandeza se ha de medir por la virtud, no por la fortuna: ella sola se basta a sí misma: vivo el hombre, le hace amable, y muerto, memorable.

°ser un santo

FRANCISCO SANTOS (1617–1700)

Según sus propias declaraciones, Francisco Santos nació en Madrid. En 1647 se casó con María Muñoz, a quien describe con mucho amor en *El arca de Noé* como su «mujer, compañera, consejera, ama, criada, mujer de llaves y llave de prudencia, madre entera de todos los hijos y amante de su esposo . . .» Con ella estuvo casado más de cincuenta años y tuvo nueve hijos. Según nos dice en *El no importa de España*, Francisco Santos fue «criado de Su Majestad, de la Guardia Vieja Española» y participó en las cortes de Felipe IV y Carlos II, pero a pesar de estar en el servicio del rey, era pobre. Señala al principio de la misma obra que su mujer se quejaba de su afición a las letras: «mira que estos libros nos tienen pobres, y que con tus escrituras no adquirimos alivio para la vejez . . . (el escribir) sólo es bueno para quien tiene la comida segura, no para ti, que eres pobre.» De hecho, la pobreza es un tema predominante en la obra de Santos.

Crítico ferviente de la moral de su época, atrajo la ira de mucha gente, especialmente de los oficiales de la justicia y de los disciplinantes de Semana Santa, cuya conducta condena en *Las tarascas de Madrid*. Las persecuciones que resultan de sus fuertes críticas de la sociedad, preocupaciones monetarias y problemas con la salud (sufría de la gota) contribuyen al tono amargo y bélico de mucha de la prosa de Santos. Pero aún más que sus problemas personales, sus inquietudes por la decadencia de la patria colorean sus obras.

Francisco Santos escribió prosa, verso y teatro. Gozó de gran popularidad durante su época. La publicación de una colección de sus escritos en 1723 viene a comprobar lo duradero de su renombre. Fue autor de quince obras en prosa, entre las cuales se pueden contar las siguientes: *El día y noche de Madrid* (1663); *Las tarascas de Madrid, postrimerías del hombre y tribunal espantoso* (1665); *El no importa de España, loco político y mudo pregonero* (1667); *Periquillo el de las Gallineras* (1668); *El rey gallo y los discursos de la hormiga* (1671); *La Verdad en el potro y el Cid resucitado* (1671); *El diablo anda suelto* (1677); *Madrid llorando e incendio de la Panadería de su gran Plaza* (1690); *El arca de Noé y campana de Belilla* (1697). Los versos de Santos tuvieron menos éxito. Como en su prosa, los temas predominantes son didáctico-morales, aunque también escribió poemas amorosos y picaresco-costumbristas. Sus obras teatrales parecen haber quedado inéditas.

Moralista ante todo, Francisco Santos cree que el propósito de la literatura es—según escribe en *El arca de Noé*—el «provecho del alma». Sus obras son didácticas y sermoneadoras; su fin es despertar al hombre de su vida malsana y degradante, previniéndole de los riesgos que corre su alma. Transluce en toda su obra el espectro de la muerte, el macabro fin que por último desengañará al pecador. Abundan descripciones de cadáveres y tumbas, recuerdos inexorables de que cada momento de nuestra vida nos lleva al sepulcro. Para el autor, el hombre es un

ser despreciable y la vida, un continuo engaño. La acumulación de imágenes horrorosas tiene por objetivo el desengañar al lector, despertándole un desprecio del mundo. Entre las ilusiones más peligrosas es la belleza humana—quimera que pronto se convierte en podredumbre y ceniza. La mujer es una tentación que, con su hermosura efímera, hipnotiza al hombre. Por eso, Santos insiste en la desintegración física del cuerpo femenino. Recurren imágenes en que el amor y la muerte se entrelazan. Para Santos, todos los bienes del mundo—la riqueza, el poder, la belleza—no son más que apariencias que ocultan una triste e implacable realidad: la vida no es sino ilusión, mentira, nada. El pesimismo barroco empapa su obra. Santos es un representante de la ideología de la contrarreforma llevada a su extremo.

Las ideas de Francisco Santos no son originales en la literatura. Se encuentran en las obras del costumbrista español Juan de Zabaleta (1610–1670) además de en Quevedo y Gracián. De este último plagió grandes trozos de *El criticón* sin siquiera citar al autor. Por lo general, sin embargo, Santos menciona a los escritores que influyen en su obra. Menciona a Garcilaso, a Cervantes y a varios místicos, en particular a Luis de Granada y a Luis de la Puente.

Las obras de Francisco Santos recrean un cuadro detallado de la sociedad española del siglo XVII. Tradicionalista y reformador, describe y condena todas las novedades—desde el empleo del tabaco hasta la costumbre de pasearse en coche. Su puritanismo le lleva a criticar muchas de las diversiones de su época—bailes, canciones, corridas de toros, excursiones (que a veces se disfrazan de romerías), festividades, incluso las religiosas, porque no son sino pretextos para el más desenfrenado libertinaje. Por todos lados amenaza el espectro de una agobiante pobreza. Abundan retratos de usureros y avaros, además de otros tipos que se aprovechan de la gente: hipócritas religiosos, milagreros y visionarios que utilizan sus talentos para despojar al pobre de lo poco que tiene. También pueblan sus obras brujas y endemoniados, criminales, oficiales corruptos, mendigos, pícaros, vagabundos. El mundo de Santos se divide entre los que tienen y los que no tienen. El dinero llega a ser una obsesión. Hasta enumera el precio de los artículos de consumo. Frente al cuadro de hambre y privaciones, surge otro de riquezas y lujos—de gente cómoda e insensible al sufrimiento de los demás. Emerge de las minuciosas descripciones de Santos un retrato de una España en pleno decaimiento moral, social, político y económico.

Pero Santos no acepta esta nueva España decadente. Se agarra de los antiguos mitos del casticismo hispano. Idealiza al campesino español, último depositario de los valores tradicionales y de la sangre pura. Ataca al extranjero, especialmente al francés, que, según él, invade a España con toda clase de artículos de lujo para despojar los cofres de la riqueza que ha llegado de las Indias. Reflejando la obsesión de la época con la limpieza de sangre, descarga invectivas particularmente violentas contra los judíos y conversos que han logrado infiltrar incluso las órdenes militares y religiosas, ya que, carentes de dinero, las grandes instituciones se ven obligadas a vender títulos y hábitos. Para Santos la Inquisición es el velador perfecto de la pureza de la sangre, de la fe y de las costumbres.

Al mismo tiempo que deplora la degeneración de su patria, Santos mantiene una exaltada imagen de la España que fue y una extática esperanza de que el país vuelva a recobrar la gloria perdida. Para el autor, uno de los más grandes problemas que enfrenta España es el alejamiento del rey Felipe IV de sus súbditos. El monarca—que debería ser padre, juez, líder de su pueblo— ha sido distanciado de los suyos por intermediarios y privados, contra los cuales Santos clama violentamente.

Pero si Felipe IV no corresponde a la imagen del salvador nacional tal como lo vislumbra Santos, no se ha perdido el ideal. En *La Verdad en el potro,* Santos concretiza su concepto del héroe en la persona del Cid. Resucita a Rodrigo Díaz de Vivar, el Cid Campeador, que aliado a la Verdad, pone fin a las injusticias, inmoralidades y miserias que plagan al país. Se trata, tal vez, de un delirio que nace de la desesperación. Santos sabe—porque los ha analizado uno por uno—que los problemas de España son demasiado complejos para ser resueltos por un hombre, pero se ase a la imagen de un salvador nacional que actúe como mano de Dios para devolverle a España su antigua gloria. Es quizás una manera de reconocer que no existe una solución, salvo un milagro.

Recomendamos *El no importa de España,* ed. Julio Rodríguez Puértolas (Londres: Támesis, 1973).

El no importa de España

A quien leyere

Hijos, desterrados de vuestra Patria por el goloso pecado de vuestro padre, allá va *El no importa de España, loco político y mudo pregonero,* añadido y enmendado en esta segunda impresión y en todo mejorado, y lee como siempre, que será con cordura, si ya con lo estragado del gusto no habéis perdido la dulzura de vuestro paladar; pero siempre me prometo buena acogida de vuestros discursos, lectores amigos, pues conocéis que mis deseos se enderezan sólo a dar vado° a vuestros ahogos, para que no peligren en la confusión de tanto cuidado como causa lo estrecho° de los tiempos. Dios os guarde, como puede, y me libre de vuestros enojos.

dar... disminuir
riguroso, difícil

INTRODUCCIÓN, Y PRIMERA HORA DEL SUEÑO.

Una porfiada mariposilla, que procurando su muerte galanteaba a su matador° y entre torneos, paseos y escaramuzas a un tiempo murieron, ella a la luz de un candil, y la luz debajo del pabellón de sus alas°. A esta pobre luz compuesta de una torcida y alentada de un poco de aceite leyendo me hallaba una noche los desaciertos del hombre, cuando falto de la compañía clara que me dejaba conocer los caracteres, moví la lengua° contra el agresor, creyéndole batallar, medio quemadas las alas, y dije: «*no importa* que castigado quede tu atrevimiento, si me has quitado la mitad de la vida, pues sin luz será fuerza dar el cuerpo a la tarea del morir, o ensayo del espirar.» Y doblando el libro me pareció que oí una delicada voz, que bien atendida dijo: «¿No has oído decir: *por vengarme de Bras, me huelgo de que me quemen?°* pues aunque chamuscada°, ya conseguí el quitarte la luz que te alentaba, que yo soy de la calidad de aquellos que pesarosos leen tus obras y te aconsejan que no escribas más, diciéndote que basta lo hecho para un hombre pobre.» Esto dijo la voz, y conociendo poco más o menos a su dueño, respondí así: «El haberme muerto la luz, el que seas de la parte de los envidiosos, el ser pobre yo, el no tener lugar, el que deseen los émulos° que no escriba más, si yo quiero hacer de la noche día, todo eso no importa°.» Con esta última razón me quedé casi dormido, y en aquellos medios que ofrecen los sentidos al retirarse el alma para que se entregue el cuerpo al sueño, en aquella amorosa lid de si me duermo o no me duermo,

Se trata de una polilla que se acerca a la luz de un candil.

La mariposa, cubriendo el candil con sus alas, no sólo muere sino que también mata la luz.

moví... hablé de una manera agresiva

refrán que significa que a veces uno está dispuesto a lastimarse a sí mismo a fin de tomar venganza de otro / quemada

rivales

repitiendo mi acento muchas veces *no importa*, quedé postrado en el vestuario de la muerte, corrió el sueño su velo, empañando los sentidos, atajóme los discursos el entendimiento y confundióme en sombras la imaginación. Parecióme que veía un hombre descompuesto de acciones° y adorno a modo de loco, cortés y sin juicio, perseguido de innumerables concursos de gente. Admirado de ver semejante visión me llegué a la turba° que le seguía y pregunté a un venerable hombre en años y barbas quién era aquel loco, y con mucha ansia, sin reportar el paso°, me respondió: «Este (ya que v. md°. no le conoce, que es harto) le llaman *El no importa*, y si quisiere pasar un buen rato véngase tras él y verá buenas cosas; pero con advertencia que si quisiere ir con la turba que ve, ha de levantar la voz más de lo ordinario, diciendo: *no importa*.» Así que acabó el anciano, como yo me había quedado al sabor de aquella palabra, con bien poca diligencia le dije a grandes voces, hallándome en medio del concurso, que le seguía, y así que llegué me conoció el loco, y después de algunas cortesías me dijo así: «¿Adónde se había quedado v. md., que no seguía el *no importa*? Pues me acuerdo que cuando se dio a escribir libros y otros trastos que no nombro le reprendía su esposa diciéndole: 'Hermano, mira que estos libros nos tienen pobres, y que con tus escrituras no adquirimos alivio para la vejez, y que el caudal va cuesta abajo, que no tenemos un real, que todo es causa la locura de escribir, que aunque conozco que es un ejercicio honrado, virtuoso y entendido, sólo es bueno para quien tiene la comida segura, no para ti, que eres pobre'. '*No importa*', respondía v. md. con mucha ansia, y así se ha recibido en la turba de la perdición°, y para seguirnos, quítese la espada y el sombrero, que son adornos de la cordura.» «Eso no haré yo, le dije, que el sombrero me le sé quitar a quien lo merece, y aun sin merecerlo, que es un trasto de quien algunos no saben usar, y la espada, pues me conocen y saben quien soy, no la dejaré de mi lado ofreciéndoles de gastar° cordura durante la comisión; pero le suplico que dé claridad a mis dudas.» «Dudas en ti, dijo el loco ya son alhajas de asiento°, pues dudas, que la promesa del poderoso arroja al valle de la pobreza°, es humo a quien combaten todos los cuatro elementos, que apenas se cree obelisco cuando se halla vanidad, tan parecida al aire, que ya no es humo°; y con tus dedicatorias muy ufano° has vivido entre vanas esperanzas, sin creer que no es trasto el ingenio, sobre que se hallen dos cuartos°.» «No me arrepentiré, le respondí, de lo hecho, y así *no importa*.» «Buena locura es esa, dijo el loco; después de haber gastado en cuatro o cinco libros el sosiego, el tiempo, la vista, y tal vez la paciencia, nos ande cansando con sus vanas esperanzas, sin creer que sólo los entremetidos, bufones, y chocarreros° tienen dicha y que ha sido lástima el haberle llevado a Palacio, según lo encogido° de su condición.» «A todo cuanto has dicho, le respondí, no hago caso, y así que mi trabajo haya salido tan sin provecho y mis esperanzas primeras flores de la cabeza, *no importa*.» Con esto seguimos a una voz que dijo: «Aunque nos vean tan mal parados, tan rotos y perdidos, y que nuestro fin, después de una vida mal gobernada, sea muerte desprevenida, tristes enfermedades, agudas pestilencias, ambiciones, guerras, juegos, descortesía, tiranías, enemistades, celos, amores, destierros, pobrezas, fuego, agua, cruces°, horcas, murmuraciones, envidias, testimonios falsos, afrentas, agravios, deshonras, azotes, cordeles y cuchillos, *no importa*. Y aunque en nuestra turba vean créditos perdidos, sangres afrentadas, caudales consumidos, haciendas destruidas, hombres sin juicio y mujeres perdidas, revueltas entre galas costosas, y pobres los

descompuesto... actuando de una manera extraña

muchedumbre

reportar... caminar más despacio

vuestra merced

El autor-narrador se incluye entre los que justifican sus locuras diciendo, «No importa.»

emplear

alhajas... excelentes ejemplos de la cordura

Es decir, la gente poderosa desprecia la duda, pensando saberlo todo.

Aunque todas las fuerzas del mundo luchan contra la duda (porque el hombre busca la certidumbre intelectual), la duda es la fuente de la sabiduría. / orgulloso

Es decir, el ingenio no sirve sólo para ganar dinero. (El cuarto es una moneda antigua española.)

groseros

apocado, reducido

sufrimiento

templos, *no importa.*» «En buen laberinto me he metido, dije entre mí; en lugar de buscar descanso vuelvo a lidiar en una materia que es menester hablar verdades, y hoy es plato muy amargo°; pero ya saben que las digo, y así *no importa.*»

Apenas acabó cuando se ofreció a la vista una casa grande, con un pórtico notable y sus levantadas torres y preguntando yo qué casa era aquella me respondió el loco que presto la vería, y que para que desterrase la duda, aquella casa era la cárcel del *no importa*, y que dentro había tribunales, audiencias, prisiones y penas, gobernado de jueces, abogados, relatores, procuradores, escribanos, agentes, porteros y grilleros, y que todos eran víboras y cuervos ansiosos a sacar los ojos y a anochecer la vida del° pobre y desconsolado preso. «¡Válgame Dios!, dije, ¿cómo habiéndome criado, después de haber nacido, en este laberinto del mundo, no había yo visto esta casa?» «Pues para que veas, respondió, la confusión que hay dentro, entra y pide a Dios fuerzas y memoria para poder contar lo que verás y oirás; para sacarte de algunas dudas te acompañaré yo solo.» Con esto pisamos su lonja y en el primer pórtico servían de corona estas letras:

Para el pobre es sepultura
esta casa que has notado,
pues de aquí sale enterrado.

Entramos dentro, y vi una hilera de presos, cargados de prisiones, con memoriales° en las manos, desconsolados, y llorosos, y luego vi un hombre que parecía un azogado°, según sus meneos y bullicio; pregunté al *no importa* quién era y díjome que el *Engaño*, que servía de portero, y que atendiese, vería en lo que se empleaba. Hícelo así y noté que al ir entrando algunos personajes graves los enviaba por diferentes partes de adonde estaban los presos; y luego vi a un venerable hombre que llegándose al Engaño le dijo que por qué no dejaba pasar a los señores por donde estaban aquellos pobres presos, para que diesen sus memoriales y refrescasen con ellos las mortales memorias de sus causas, para que vistas, los despenasen° de tanta esclavitud. «¿Quién os mete a vos, dijo el Engaño, en procurador° de pobres, que así procuráis por ellos, y que los señores hayan entrado a visita, sin recibir sus memoriales y que su prisión sea larga, y llena de penas, y que a sus causas jamás se les llegue la hora de verse, que lloren, y giman, y vos sintáis su afán? *No importa.*»

Con esto desaparecieron estos dos personajes, y luego volvió el Engaño con un grueso bastón y llegándose a los presos los empezó a dar de palos, diciendo: «Adentro a encerrar quien no es de visita.» Obedecieron al punto°, y volviendo a él el venerable anciano, le dijo: «Ven acá, culebrilla, que de nube serviste a Eva y así granjeaste° el nombre de Engaño, ¿para qué ultrajas con palabra y obra a esos pobres hombres? ¿Por qué no reparas que a todos os formó un propio° Artífice°, y que podrá ser que algunos tengan mejor sangre° que tú? Obra más humano, y mira que se ofende Dios del daño que se hace al hermano; templa ese arrojo, y repórtate, que también te has de morir°, y no sabes si acaso es ese bastón que empuñas la espantosa hoz de la muerte.» A estas razones respondió el tal hombre: «Trate el *Buen Celo* de mirar por sí y deje a cada uno hacer que le toca°, que ya sé que me he de morir, y también sé que el dar de palos a esta vil canalla y tratarla mal de palabra° *no importa*, y ahora no estoy agonizando entre el último suspiro de la muerte, que sano y bueno me siento, y todo lo que ve es menester para lidiar con tal gente.» Fuese con esto a echar

plato... actividad muy desagradable

anochecer... matar al

carta en que se solicita un favor
alguien que padece temblor mercurial—es decir, inquieto, bullicioso

consolasen
defensor, representante

al... inmediatamente
ganaste

solo
Autor, Hacedor (Dios) / **tengan**... sean de mejor familia o linaje
El anciano le recuerda que al morir será juzgado; por lo tanto, debe mostrar más compasión.

que... lo que le corresponde o conviene

tratarla... insultar

prisiones a un preso nuevo, y reparando mi atención noté que escogiendo unos grillos, los mayores, que halló, se los hizo echar, a cuya acción el caudal del sentimiento arrojó agua a los ojos° del lastimado preso. Llegóse al del bastón el Buen Celo, diciéndole: «Muévate de este preso el sentimiento que ha mostrado, y bástele el ser pobre; mira, que apenas puede andar con aquellos pesados grillos, minórale° tanto afán y duélete de su pena.» «Váyase el Celo, respondió, a ser procurador de ricos, que entre pobres muy poco ha de ganar, y el día que aquí le han traído, con causa ha sido, y así, el haberle cargado de prisiones *no importa.*»

Con esto se fue a quitar los grillos a otro preso, cuando vi a un hombre que quejándose a otro decía: «Cierto, señor, que debo poco a v.m., habiendo andado mi dinero tan franco, en no haber ratificado aquel testigo para el descargo de mi pleito, que el temor de una mala sentencia me tiene confuso, y temo la visita de hoy.» «Calle, señor, respondió el tal, que siempre está agonizando y llorando su dinero: ¿parécele que aquí se mueve alguno sin que bulla el cobre°? Acaso cree que nos hemos de sustentar del viento°? Trate de tener paciencia, y dar tiempo al tiempo°, que de otro modo cansará a un Santo.» «Pues señor (replicó el preso), sea como v. m. lo ordenare, y así, en sus manos lo dejo.» «Pues déjelo por mi cuenta y crea (prosiguió) que yo no soy rana, que ni la visita ni falta de la ratificación del testigo° *no importa.*»

Luego se ofreció a la vista otro hombre, llenas las manos de papeles, a quien se llegó otro más humilde y agasajador que perro perdido cuando halla a su amo°, y con el sombrero hasta el suelo° dijo: «Señor, mi abogado no parece, y al relator no he tenido quien le hable ni regale, porque la pobreza me ata las manos, pero mi mayor consuelo es la razón que tengo de mi parte.» «Calle, le respondió; sin dinero, ¿qué importa la razón?» Inquietóme la vista otro hombre con media sotanilla y su gorra en la cabeza, más vivo que hurón cuando huele la caza, que mirando a todas partes se le llegaron media docena de presos, clamando cada uno por su parte; uno decía: «¡Ay, señor, que ha empezado la visita!» Otro, «¡señor Don Fulano, suplico a v.m., ¿ha de ver hoy mi pleito?, que me siento tan postrado que cada instante llamo a la muerte para que abrevie tanto tormento como paso.» Otro, con demostraciones corteses y reverencias, algo apartado, le hablaba con los ojos, formando con ellos caracteres de agua°, con que en bien clara cifra decía: «un pobre se te encomienda.» En fin, cada uno manifestó el haberle menester; pero él, sin hacer caso alguno, guió a la conversación de otro de su profesión, dejando anochecidas° aquellas pobres esperanzas, que siempre halla el pobre al sol°, que busca entre las luces de su nacimiento, en las sombras del fúnebre ocaso. ¡O pobreza! ¡Qué abatida, y desechada que vives, y cómo si pasas con paciencia te verás ensalzada en la gloriosa presencia de Dios y envidiada de aquellos que te vituperaron°! Díjole el otro a quien se llegó: «Mirad que habéis dejado a aquellos pobres presos con la palabra en la boca y en los ojos asomado el sentimiento, y que parece que se les ha caído a cuestas todo el cielo°. Volved a ellos y dad consuelo a tanta tristeza como muestran, que parece que los importáis mucho. No seáis tan vivo, que el parecer a ratos un hombre muerto, suele importar.»° A todas estas razones, guiando los pasos a otra parte, respondió: «Todo cuanto pretenden y para lo que me buscan, amigo Don Fulano, *no importa.*»

Luego vi echar unos grillos a un preso, tan angostos de arropeas, que al meter el mástil el dolor le hizo quejar al pobre paciente, y

---

el... le dio tanta pena (al preso) que se puso a llorar

disminuye

bulla... suene el dinero (es decir, sin pagar)
del... de la nada (es decir, ¿podemos vivir sin que nos paguen?)
dar... tener paciencia, esperar

Santos critica la corrupción en cuanto a los procedimientos judiciales.

agasajador... muy rendido y cortés / **con**... hace una reverencia tan grande que su cabeza casi toca el suelo

le... le hacía entender su pena llorando

muertas
que... aunque siempre encuentra el pobre la esperanza

porque según el Evangelio los pobres heredarán la tierra y serán premiados en el cielo

se... están sufriendo terriblemente

juego sobre la palabra «Vivo». Significa «No seáis tan diligente. A veces es mejor mostrar compasión.»

reprehendiendo un buen hombre al grillero que por qué no miraba lo que hacía, respondió, «*no importa*», y llegándose al preso un picarón le dio un pescozón, a cuya acción, mirándole, se le enternecieron los ojos al preso, diciendo: «Caballero, válgame° el ser forastero y pobre», a quien respondió el tal: «Si me estoy burlando°, señor compadre, *no importa.*» Luego oí a dos personajes, que batallando con muy vivas razones, decía el uno: «Señor Fulano, quisiera que v. md. me atendiera a mi pretensión, porque no creo que está bien enterado, y si me oye le haré más capaz, que la causa de decírselo de este modo es algunas dudas que batallan conmigo, y la principal la origina el que la parte a que yo me llamo heredero creo que tiene varón tan próximo como yo, pero está ausente, y no muy conocido; que yo, aunque litigo por parte de hembra, me anima el estar bien recibido de todas las partes y tenerlos bien agasajados°, que ya habrá v. md. examinado lo franco° de mi condición en las ocasiones que se han ofrecido; en fin, éste es mi sentir, pero me consuela el tener a v. md. de mi parte, conque a pesar del mundo pienso verme en posesión quita° y pacífica.» Con mucha atención había estado el tal personaje a todas las razones que había oído, y desembarazando la boca del tabaco en hoja que la ocupaba°, le respondió arrojadamente: «Calle, señor, que me pesa que le haga estorbo una cosa tan tenue; persevere en su pretensión, que ¿cuánto le parece que le puede dar pesadumbre°, estando yo de por medio, que no nací en las Batuecas°? *No importa.*»

Ofrecióse luego a la vista una mujer de razonable parecer°, que con el ademán de *tápome y dejo caer el manto para que veas la carta de favor que traigo encima de los hombros*°, decía a otro letrado° así: «La fama que pregona la mucha defensa que a cualquier pleito se ve hacer v. md. me ha movido a buscarle, sin valerme de más favor que el mío, que aunque el pleitecillo que a ello me mueve es algo confuso, con tan buen abogado me parece que le veo facilitado y me suena sentencia en favor.» Al decir esto sacó de los pechos una caja de plata sobredorada, en que traía tabaco, y tomando un polvo, alargó la mano el letrado y tomó también, adelantándose al manto para ver mejor aquel rostro a quien tapaba, y después de algo licencioso preguntó por el alma° del pleito, sin acordarse de los pleitos de su alma, según lo que se veía. Y la mujer, con el favor a la vista, dijo así: «Mi padre, que Dios haya°, era tutor de dos menores, cuya hacienda, que era más que mediana, administraba, a cuyo calor nos criamos yo y otro hermano, que ya murió; estos menores, con varias inclinaciones, siguió el uno las armas y el otro las letras; el soldado ha que no se sabe de él diez años, y el estudiante hay nuevas que murió. Hoy que por hallarme algo falta de alhajas y otras cosas que pertenecen al punto en que estoy, queriendo vender unas casas de dichos menores, por haber quedado los papeles en mi poder, y que se han alquilado siempre por mías, me ha salido al paso de mis determinaciones una parienta de los menores, y ha hecho información de serlo, y me pide la tutela, como a heredera de mi padre; y así, hallándome algo confusa, me han aconsejado que buscase a v.md. y le enterase del negocio, alentándome con que de todo me sacaría; y así, por ser mujer, y que desde luego ofrezco el servirle, le suplico me ampare, porque será muy agrio para mí bajar a miserable caudal, hallándome dueña de casas, que me rentan nueve reales cada día, y que para restituir los bienes muebles que quedaron de los menores en poder de mi padre, no equivale todo cuanto tengo.» «Reina mía, respondió el tal abogado, la inmunidad de su rostro y el aire con que le pule granjearán padrinos° en cualquiera parte, y yo me nombro desde luego por suyo, teniéndome por dichoso en ser admitido

que me sirva para que me muestre compasión

me... estoy jugando

tenerlos... ofrecerles mucho dinero
generoso

sin deber nada

El masticar tabaco es indicio de tener dinero.

cuánto... ¿cuán mal le puede ir . . . ?
no... no soy ni tonto ni distraído
de... bastante bonita

Es decir, a pagarte con favores sexuales. /
abogado

naturaleza (preguntó de qué trataba)

tenga

protectores

por tal, y así sólo a saber su casa me ha de conceder que vaya siguiendo sus pasos y deje a mi cuenta todo cuanto le da pesadumbre, y crea que asistiendo yo a v.m., aunque vengan los menores y aunque esa su parienta pida, *no importa*.»

Con esto guió la tal dama, y al seguirla se llegó a él otro hombre, diciendo: «Mirad, Don Fulano, que no tenéis razón en iros ahora de visita pendiendo de vos tantos negocios, y que han hecho reparo muchos en vuestras acciones y desenfado y han notado la larga conversación que con esa mujer habéis tenido, y el tomar tabaco, y destaparla el rostro, y haberla manoseado, y que vuestro semblante ha dado muestras de más fondo; y con el seguirla ahora echáis la firma al que dirán°, que en hombres de vuestras partes y familia° sonará mal, y me parece que basta para perder crédito y reputación.» «Andad, Don Fulano, replicó el tal, que me parece que hoy venís predicador, que todo cuanto de mí se ha visto y se ha podido oír *no importa*.» Con esto siguió las pisadas de aquel infernal áspid.

Luego vi unos presos, que muy atentos estaban mirando una pintura que había en la pared de un patio, por donde se andaban paseando algunos afligidos, y al litigio de qué será o quién dará luz a la enigma nos llegamos, y noté que lo pintado era una planta de las que llamamos mirasol° y en lo más común gigantón, cuyo imitado natural era un tronco grueso, y una rosa grande por corona, en cuyo cogollo había unas letras que decían *No importa*. Confuso quedó mi discurso, sin poder dar luz a la obscuridad del jeroglífico, y preguntando a mi camarada el camino para salir de tanta confusión, me respondió así: «Esta es una planta la más agradecida que cría la tierra, y el que la pintó dio en la pintura harto que discurrir, pues dio avisos a muchos que se tienen por entendidos. Esta planta, así que se ve en su primera infancia, que se compone de una caña delgada y sola, pide favor a su Criador y la socorre con una hermosa rosa, que con el aliento de la tierra crece al paso que toma fuerza la vara, que todo junto cría notablemente, pues granjea el nombre de gigantón. Esta rosa desde su principio jamás quita los ojos del sol, de quien ha recibido el ser que la hermosea, pues cuando le faltan las luces al hermoso planeta°, puestas en el ocaso de su fin°, le está mirando esta rosa, y cuando amanece, mostrando sus luces el principio del día, ya esta flor está atenta mirando el levante de su dueño°, sin faltarle su asistencia hasta que se vuelve a poner; y cuando lo caduco de la edad y pesado caudal de los días dan gravedad a su ser y no puede caminar en su tarea, inclina la vista en la tierra, de quien tomó el primer ser, y así, el que diga a la letra *No importa* es la causa el ser una pintura del hombre atento, y hablando el pintor en ella, dice así: 'Si quieta ves mi flor, ¡o tú caminante!, y murmuras que no sigue los pasos del Sol, escucha que te digo que atento he vivido en la flor de mi edad y jamás faltaron mis ojos de la asistencia de Dios, claro Sol de Justicia, pues le he seguido en cuanto la edad me dio aliento; hoy que caduco está mi ser, y pesado mi anhelar, sólo trato de contemplar la tierra de que soy formado, reconociéndola por madre, y con estas atenciones no me desvanezco, por ver que me voy reduciendo a mi primera materia, y que toda la majestad que tuve fue prestada y aquella vanidad caduca, y así los ojos en la tierra me verás, y si lo murmurares, *no importa*'».

Es la moralidad de este *no importa* que el hombre debe todo el ser que tiene a Dios, y el agradecimiento vive lejos de la razón, y si alguno desinteresado del mundo y sus haberes se lo riñe, responde, *no importa*. «Dale bienes y riquezas con que granjea nombre de grande, y al verse majestuoso sobre la tierra no se acuerda del Sol, que entre arreboles de sangre, pendiente de un ramo, que cruzando le maltrata la humanidad, está dando avisos de que hay muerte, y faltando a todo esto, jamás llega a las puertas de la razón y jamás contempla en que la tierra que pisa es su primera materia, y por eso dio el pintor, dije yo, más discurso a la flor caduca y planta inútil que al hombre que encierra una alma inmortal; pero no negaré, que la pintura de gracia, no da alma; no abulta, pero realza; y si pudiera caber celos en la naturaleza, los tuviera del arte, pero cortés disimula, porque le debe el arte las perfecciones. Nace el hombre desnudo, y las tablas del entendimiento rasas; la memoria y la fantasía pobres: hasta este extremo obra naturaleza, pero entrando el arte, perficiona, pule y adorna. ¡O miserable hombre en quien se encierran artes y ciencias! ¡Qué desagradecido vives y qué llena de telarañas sientes el alma, y al entrar el látigo de la razón, enseñándote la maleza de tu ser, la miras en lo interior y dices *no importa*! Nace el león, tronco de carne, y para tomarle amor la madre que le cría, le lame y perficiona hasta que le deja parecido a sí, cobrándole amor, como a su retrato. ¡O qué retrato tan parecido a Dios! Nace el hombre y tan desagradecido vive, que en lugar de dar gracias a tan grande Artífice, que sacó una obra tan real y majestuosa, va con sus descuidos borrándola y volviéndose a la semejanza del pecado, que es un retrato en que se desveló el demonio, envidiando tanta hermosura como admiró en la criatura. Y si al hombre le dicen que mire que nació para morir y que no sabe la hora, responde: «yo sano y bueno me siento; ese recuerdo ahora *no importa*.» «Pero dime, dije a mi camarada, ¿cómo te llaman el *No importa?* Que a mi parecer el importa del mundo fuera mejor: tú tan roto y tan malparado y con tanto discurso, ¿qué es esto?» «El pago del mundo, me respondió, que a los que tienen algún entendimiento, como naturaleza o fortuna (hablemos para todos) los halla con caudal del entendimiento los deja sin bienes perecederos° por verlos con los que duran lo que la vida temporal y que pueden adquirir la eterna si se saben aprovechar de aquel bien que Dios les dio; pero en muchos el tener este bien *no importa*.»

Con esto pasamos a otro sitio donde estaba un preso llorando, y tan amargamente que aunque el dolor se debe atajar o ponerle medicamentos para su alivio, nos detuvimos a oírle quejar, que tal vez el llorar es mejor albergue° que el consuelo que se da; decía así: «vengan penas, vengan pesares, pues yo serví de fragua para que se forjasen y con todos mis sentidos trabajé en mi propia perdición. Vengan tormentos, que *no importan*. Vengan sentencias, y fiscaléeme el ministro, fálteme el abogado, acúseme el fiscal y lea el relator confusamente mi descargo y con claridad mis culpas, que *no importa*. Pene este miserable jumento; sienta, pues tan falto de sentidos vivía. Sólo quisiera caudal de lágrimas para lavar parte de tantas manchas como desfiguran el alma, que habiéndomela dado Dios cándida, blanca, pura, tan horrorosa la contemplo que apenas la conozco, y así, cuanto paso y siento, *no importa*.»

Confieso que me dio notable lástima el haberle oído, pero a breve rato reparé que llegándose a él otros presos armaron un juego de taba°, en cuya tropelía empezó a echar el tal que lamentaba tantos porvidas° y juramentos que asombraba, a tiempo que levantándose uno de la rueda dijo: «¡No quiero jugar más donde está un blasfemo, que adonde asiste, ¿qué bien puede suceder?, y temo no se desquicie° el cielo y juntándose con la tierra nos sepulte vivos.» Así que dijo esto le detuvo otro preso, diciendo: «Sentáos Fulano, jure y blasfeme éste,

Es decir, al hombre entendido no le importan los bienes materiales.

refugio

juego de niños que se hace arrojando al aire huesos de carnero (Apenas puede, vuelve a «meterse al juego», olvidando su arrepentimiento y comportándose peor que nunca.) / blasfemias

descomponga

que quien le hubiere oído en sus lamentaciones creerá que es un santo, mírenle qué tal es.»

Apartámonos a un lado y mi camarada me dijo así: «Aquí has de mirar un retrato de la fortuna humana. Vése un hombre entre trabajos, sustos, prisiones, enfermedades y destierros; hállase postrado, y redúcese a tomar el rosario en las manos; suspira, gime y llama a Dios; hace ofrecimientos de que si le saca de aquella congoja será un santo; que mudará vida y costumbres, que huirá del pecado, que obrará de tal suerte que le desconozcan los mismos que le trataron. En este medio obra Dios; minórale las penas, sácale de las congojas y alíviale el dolor. Vese el hombre sano y libre y al instante vuelve a la ofensa de Dios con más viveza que antes, si acaso hay viveza° en quien tiene el alma muerta con la culpa. Así este hombre en su soledad le oímos llamar a Dios con tales lástimas que nos enterneció. Llegósele la imagen del alegría, rebozada en el juego, y en el primer lance que se ofreció quebrantó todos los preceptos que le ofrecía lo afligido del corazón.»

juego de palabras: «viveza» significa «vida» y también «energía, diligencia»

ASCETAS Y MISTICOS

Hemos descrito a grandes rasgos los elementos más sobresalientes del misticismo español en la introducción a la poesía mística (págs. 43–53); no es necesario repetirlos aquí. Lo que sí conviene aclarar es la distinción que existe entre ascetas y místicos. El fervor religioso de mediados del siglo dieciséis produce una inmensa cantidad de prosa dedicada a temas relacionados a la fe. Sin embargo, poca de ésta es propiamente mística.

En su sentido más estricto, la literatura mística describe el éxtasis de la unión con Dios. De los escritores que se incluyen aquí, sólo dos—Santa Teresa de Avila y San Juan de la Cruz—son realmente místicos. De San Juan, se ha incluido una selección relativamente corta, ya que la expresión más pura y abstracta de su misticismo se encuentra en su poesía. Santa Teresa, en cambio, escribió poca poesía. Su vehículo de expresión era la prosa, a veces conversacional y desorganizada, que intenta comunicar por medio de la metáfora los pasos que da el alma para alcanzar la unión con Dios.

Los otros que se encuentran en esta sección son más bien ascetas. El escritor ascético provee al lector de un cuerpo de ejercicios piadosos que conducen a la perfección cristiana. Sus escritos incluyen guías de conducta—la *Guía de pecadores* de Fray Luis de Granada, por ejemplo—y tratados de moral. Mientras que el místico describe una unión espiritual alcanzada en esta vida, el asceta prepara al lector para la gloria de la otra vida, prescribiendo una rigurosa serie de prácticas y actitudes que tienen por objetivo la purificación del alma por medio del despojo de lazos terrenales.

La línea entre ascetas, místicos y escritores didácticos es a veces tenue y borrosa. Por lo menos dos de los autores que hemos incluido en el capítulo anterior—Juan de Valdés y Fray Luis de León—a menudo se clasifican como místicos. La decisión de colocar a Valdés entre los didácticos se basa en los objetivos reformadores de una gran parte de su prosa. A pesar de su exaltación religiosa, la preocupación fundamental de Valdés en su *Diálogo de la doctrina cristiana* es la superficialidad de las instituciones cristianas y los abusos de los clérigos.

En el caso de Fray Luis de León, cuyos escritos contienen muchas páginas de auténtica embriaguez espiritual, la orientación es más filosófica y humanística que ascética o mística. Una gran parte de la prosa moral de Fray Luis trata del hombre—o la mujer—en la sociedad. En *La perfecta casada,* el tema es el comportamiento ideal de la casada cristiana—su ropa, sus lecturas, sus hábitos; el resultado de esta conducta ejemplar—la gloria de la que gozará en la vida eterna—se trata de una manera secundaria. Aun en *De los nombres de Cristo* el enfoque es el significado de Cristo para el hombre de carne y hueso que vive en la tierra. A través del análisis intelectual de los varios sentidos de los nombres por los cuales se conoce a Jesús, se vislumbra el espíritu inquieto y cansado del autor que busca un refugio del mundo confuso. Pero las contemplaciones de Fray Luis son casi siempre rigurosamente cerebrales. Faltan los transportes al más allá y el elemento puramente experiencial que caracterizan a un San Juan o a una Santa Teresa. Se trata, en la prosa de Fray Luis, de filosofía moral más bien que de misticismo.

La Anunciación, por El Greco.

FRAY LUIS DE GRANADA (1504—1580)

El primero de los ascetas españoles, Luis de Sarriá nació en Granada y perteneció a la orden de Santo Domingo. Célebre como predicador elocuente, fue también autor de numerosos tratados, entre ellos, *Introducción al símbolo de la fe, Memorial de la vida cristiana, Libro de la oración* y, el más conocido, *Guía de pecadores.*

Guía de pecadores es un conjunto de normas para alcanzar la vida eterna. Consta de cuatro partes. La primera trata de la conversión del pecador y contiene una exhortación al bien vivir. El autor recuerda al lector que ha de morir y ser juzgado. Los que se salven serán admitidos al reino de Dios, que Fray Luis describe con gran ebullición, alentando al pecador a arrepentirse y a seguir la senda de la virtud: «¡O cuánta alegría recibirás con aquella hora por todo el bien que hobieres hecho, y cómo conocerás allí el valor y excelencia de la virtud! Allí el varón obediente hallará victorias; allí la virtud recibirá su premio, y el bueno será honrado según su merecimiento.» Pero los que rechacen la gloria que Dios les ofrece serán condenados al infierno, que Fray Luis describe en términos igualmente vívidos; todos los sentidos del pecador sufrirán por el mal que han hecho: «los ojos deshonestos y carnales serán atormentados con la visión horrible de los demonios; los oídos con la confusión de las voces y gemidos que allá sonarán; las narices con el hedor intolerable de aquel sucio lugar; el gusto con rabiosísima hambre y sed; el tacto y todos los miembros del cuerpo con frío y fuego incomportable . . .» Luego, Fray Luis responde a las excusas que inventan los malos por pecar y les incita a no postergar su conversión.

Después de meterle al lector el miedo a la perdición y al infierno, Fray Luis le da las reglas del bien vivir y los medios con que se alcanza la gracia para ello. De estos tratan la segunda y tercera partes de la *Guía.* Insiste en la necesidad de disciplinar el cuerpo, los sentidos, la lengua, la imaginación y el entendimiento. Recomienda que en todos sus negocios y actividades el hombre se encomiende a Dios y recuerde los premios del cielo. Aconseja al lector que aprenda de sus errores y los rectifique, y que se comporte siempre de una manera caritativa y misericordiosa para con el prójimo. El hombre virtuoso obedece a Dios en toda cosa. Teme a Dios, no con un temor servil que nace del miedo al castigo, sino con un temor filial, que nace del deseo de agradar al Padre. Por medio de la oración, la confesión y la comunión, alcanza la gracia que le permite vivir según la voluntad de Dios. La cuarta parte de la *Guía* trata de «la perfección que es el término y fin de la buena vida».

La primera edición de la *Guía de pecadores* fue publicada en Lisboa, el primer volumen en 1556 y el segundo en 1557. Una segunda edición ampliada y corregida salió en 1567. El autor anunció en la primera que pensaba sacar a luz otra versión: «bien veo que todo ello va tratado con demasiada brevedad, mas mi intención es, si el Señor fuere servido, tratar este mismo argumento más copiosamente en otro libro.» Sin embargo, hay otro factor que interviene en la enmienda de la versión original: La Inquisición la condenó en 1559, incluyéndola en el catálogo de libros prohibidos. Los jueces encontraron en los ejercicios de perfeccionamiento de Fray Luis ciertos toques de alumbrismo, y cuando no, le vieron ideas que pudieran ser aprovechadas por los herejes. El proceso del juicio duró ocho meses, durante los cuales Fray Luis no intentó justificar ni corregir su libro. No se sabe por qué esperó hasta que apareció en el Indice antes de emprender una revisión, pero el hecho es que aprovechó el tiempo después de su condenación para ampliar y mejorar su obra conforme a los requisitos del tribunal inquisitorial.

El *Libro de la oración y meditación* es anterior a la *Guía.* Se publicó en 1554, con aprobación del Papa. Por medio de su tema, que es el ejercicio de la oración, Fray Luis penetra en la naturaleza humana. La *Introducción al símbolo de la fe,* publicada en 1582, refleja el interés renacentista en la naturaleza y el medio ambiente tanto como el fervor religioso de Fray Luis. Contiene detalladas descripciones de animales, plantas, flores, frutas—todos señas de la grandeza, sabiduría y artificio de Dios.

Véase *Guía de pecadores,* ed. Matías Martínez de Burgos (Madrid: La Lectura, 1929).

Guía de pecadores

Capítulo I

COMIENZA EL LIBRO PRIMERO QUE TRATA DE LA CONVERSIÓN DEL PECADOR, EN EL CUAL SE CONTIENE UNA BREVE EXHORTACIÓN A BIEN VIVIR.

Cuenta la Escriptura divina que antes que Dios destruyese la ciudad y reino de Hierusalem[1] por Nabucodonosor, rey de Babilonia, dijo al profeta Hieremías[2] estas palabras: «Toma un libro en blanco y escribe en él todas las palabras que te he dicho contra Judá y contra Israel, dende[3] el día que comencé a hablar contigo hasta el día presente; y léelo en presencia del pueblo, para ver si por ventura oyendo esta gente todos los males que yo pienso hacerles, se apartarán de sus malos caminos, para que así les sea yo propicio, y les perdone sus pecados, y cese de enviarles este castigo que tengo determinado.» Y dice luego la Escriptura, que como Baruch, notario deste profeta, escribiese todas estas palabras, y las leyese en presencia del pueblo y de los

---

[1] Jerusalén.

[2] *Las Profecías y Lamentaciones* de Jeremías cuentan la destrucción de Jerusalén. Nabucodonosor II el Grande fue rey de Babilonia de 605 a 562 antes de Cristo. Guerreó contra Egipto y destruyó el reino de Judá y su capital Jerusalén en 587.

[3] desde.

príncipes dél, que cayó tan gran temor y espanto sobre ellos, que se miraban a las caras unos a otros como atónitos por la grandeza de las cosas que habían oído.

Este es, hermano mío, el medio que Dios tomó en aquel tiempo (y en otros muchos tiempos), para despertar los corazones de los hombres y apartarlos de su mal camino, como uno de los más eficaces y poderosos que para esto hay. Porque son tantas y tan grandes las cosas, que las palabras de Dios y las letras sagradas y la profesión de nuestra fe nos predican en favor de la virtud y disfavor del vicio, que si los hombres atentamente las leyesen y ponderasen, no sería posible que muchas veces no les diese grandes vuelcos el corazón, considerando por aquí la grandeza del peligro y descuido en que viven. Y por esto una de las cosas que más deseaba el profeta para remedio de estos males era ésta, cuando decía: «Gente es sin consejo y sin prudencia; pluguiese a Dios que supiesen y entendiesen y proveyesen atentamente lo que les está por venir. Porque verdaderamente si los hombres esto hiciesen como debrían, no sería posible durar mucho tiempo en un tan errado y tan perdido camino como llevan.

Mas ellos andan beudos,[4] y tan empapados en el amor de las cosas de esta vida, unos en busca de honras, otros de haciendas, otros de deleitos, otros de oficios, de dignidades, de privanzas[5] y de otros semejantes intereses, que ocupados y ahogados con los cuidados y con el amor encendidísimo de estas cosas, ni tienen espacio, ni ojos, ni corazón para entrar un poco dentro de sí mismos, y abrir los ojos a la consideración de todo esto. Por lo cual con mucha razón dice de ellos el profeta: «Hecho es Efraín[6] así como paloma engañada que no tiene corazón». Porque dado caso que los malos tengan corazón para amar y pensar y repensar las cosas de esta vida, no lo quieren tener para pensar las de la otra; las cuales son tales y tan admirables, que la menor de ellas que atentamente se considerase, bastaba para dejarlos atónitos y convencidos de su engaño.

Pues por esta causa me pareció sería cosa conveniente poner aquí alguna de estas cosas ante los ojos de quien las quisiese leer, y escrebir (a imitación del profeta Hieremías) no solamente los males que Dios tiene aparejados para los malos, sino también el descanso y los bienes que tiene proveídos para los buenos, para ver si por ventura, oídas y entendidas estas cosas, como dice el profeta, se volverán algunos de su mal camino, para que así

El sueño de Felipe II, por El Greco.

tenga Dios por bien de recebirlos y perdonarlos y librarlos de las penas, que El tiene en sus escripturas amenazadas para los tales como ellos.

CAPÍTULO II

DE LA CONSIDERACIÓN DE LA MUERTE

Y comenzado agora por lo que está más cerca de nuestros ojos y de nuestra consideración, acuérdate, hermano, que eres cristiano y que eres hombre. Por la parte que eres hombre, sabes cierto que has de morir; y por la que eres cristiano, sabes también que has de dar cuenta de tu vida acabando de morir. En esta parte no nos deja dubdar[7] la fe que profesamos, ni en la otra la experiencia de lo que cada día vemos. Así que no puede nadie excusar este trago,[8] que sea Emperador, que sea Papa. Día vendrá en que amanezcas y no anochezcas, o anochezcas y no amanezcas. Día vendrá (y no sabes cuándo si hoy, si mañana) en el cual tú mismo, que estás agora leyendo esta escriptura sano y bueno de todos tus

---

[4] beodos, borrachos.
[5] favores, privilegios.
[6] una de las doce tribus de Israel.

[7] dudar.
[8] **excusar**... evitar esta adversidad.

miembros y sentidos, midiendo los días de tu vida conforme a tus negocios y deseos, te has de ver en una cama, con una vela en la mano, esperando el golpe de la muerte y la sentencia dada contra todo el linaje humano, de la cual no hay apelación ni suplicación. Allí se te representará luego el apartamiento de todas las cosas, el agonía de la muerte, el término de la vida, el horror de la sepultura, la suerte del cuerpo que vendrá a ser manjar de gusanos, y mucho más la del ánima, que entonces está dentro del cuerpo, y de ahí a dos horas no sabes dónde estará.

Allí te parecerá que estás ya presente en el juicio de Dios, y que todos tus pecados te están acusando y poniendo demanda delante dél. Allí verás abiertamente qué tan grandes males eran los que tú tan fácilmente cometías, y maldirás mil veces el día en que pecaste, y el deleite que te hizo pecar. Allí no acabarás de maravillarte de ti mismo, cómo por cosas tan livianas, cuales eran las que tú amabas, te pusiste en peligro de padecer eternamente dolores tan grandes como allí comenzarás a sentir. Porque, como los deleites sean ya pasados y el juicio de ellos comience aparecer, lo que de suyo era poco y dejó de ser, parece nada; y lo que de suyo es mucho y está presente, parece más claro lo que es. Pues como tú veas que por cosas tan vanas estás en términos[9] de perder tanto bien, y mirando a todas partes, te veas por todas cercado y atribulado, porque ni queda más tiempo de vida, ni hay más plazo de penitencia, y el curso de tus días es ya fenecido, y ni los amigos, ni los ídolos que adoraste te pueden allí valer, antes las cosas que más amabas y preciabas te han de dar allí mayor tormento, dime, ruégote, cuando te veas en este trance ¿qué sentirás? ¿dónde irás? ¿qué harás? ¿a quién llamarás? Volver atrás es imposible; pasar adelante es intolerable; estarse así no se concede; pues ¿qué harás?

Entonces, dice Dios por el profeta, se pondrá el sol a los malos en medio del día, y haré que se les escurezca la tierra en el día claro, y convertiré sus fiestas en llanto y sus postrimerías en día amargo. ¡Qué palabras éstas tan para temer! Entonces, dice, se les pondrá el sol en medio del día; porque representándose a los malos en aquella hora la muchedumbre de sus pecados, y viendo que la justicia de Dios les comienza ya a cerrar los términos de la vida y de la penitencia, vienen muchos de ellos a tener tan grandes temores y desconfianzas, que les parece que están ya desahuciados[10] y despedidos de la misericordia divina. Y estando aún en medio del

día, esto es, dentro del término desta vida, que es tiempo de merecer y desmerecer, les parecerá que para ellos no hay lugar de mérito ni de demérito; sino que todo les está ya como cerrado. Poderosa es la pasión del temor, la cual de las cosas pequeñas hace grandes y de las ausentes presentes. Y si esto hace a las veces un temor liviano, ¿qué hará entonces el temor de tan justo y tan verdadero peligro? Vense en esta vida aún entre sus amigos, y paréceles que ya comienzan a sentir el dolor de los condenados. Juntamente están vivos y muertos; y doliéndose de los bienes presentes que dejan, comienzan a padecer los males venideros que barruntan.[11] Tienen por dichosos a los que acá se quedan, y créceles con esta invidia la causa de su dolor. Pues entonces se les pondrá el sol en medio del día, cuando, a doquiera que volvieren los ojos, les parecerá que por todas partes les está cerrado el camino del cielo, y que ninguno rayo se les descubre de luz. Porque si miran a la misericordia de Dios, paréceles que la tienen desmerecida y ofendida; si a la justicia, paréceles que viene ya a dar sobre su cabeza, y que hasta allí ha sido su día, y que dende allí comienza ya a ser el día de Dios. Si miran a la vida pasada, toda ella los está acusando; si al tiempo presente, ven que se están muriendo; si un poco más adelante, ven al juez que los está esperando para entrar con ellos en juicio. Pues entre tantos objetos y causas de temor, ¿qué harán?

Dice más; que se les convertirá en tinieblas la luz del día claro. Quiere decir, que las cosas que les solían dar antes mayor alegría, entonces les darán mayor dolor. Alegre cosa es para el que vive la vista de sus hijos, y de sus amigos, y de su casa y hacienda, y de todo lo que ama. Mas entonces se convertirá esta luz en tinieblas; porque todas estas cosas darán allí mayor tormento, y serán más crueles verdugos de sus amadores. Porque natural cosa es que, así como la posesión y presencia de lo que se ama da alegría, así el apartamiento y la pérdida dé dolor. Y por esto quitan a los dulces hijos de la presencia del padre que se está muriendo; y se esconde la buena mujer en este tiempo, por no dar y tomar tan crueles dolores con su presencia. Y con ser la partida para tan lejos y la despedida para tan largo camino, no deja guardar el dolor los términos de la buena crianza, ni da lugar al que se parte para decir a los amigos: quedaos a Dios. Si tú has llegado a este punto, en todo esto verás que digo verdad; más si aún no has llegado a él, cree a los que por aquí han pasado; pues como dice el sabio: «los que navegan la mar cuentan los peligros de ella».

---

[9] **en**... a punto.
[10] sin esperanza.

[11] prevén, presienten.

2

Y si tales son las cosas que pasan antes de la salida, ¿qué será las que pasarán después de ella? Si tal es la víspera y la vigilia, ¿qué tal será la misma fiesta y el día? Dime, pues, ¿qué sentirás en aquella hora, cuando salido ya de esta vida, entres en aquel divino juicio, solo, pobre y desnudo, sin más valedores que tus buenas obras, y sin más compañía que la de tu propia consciencia? ¡Y esto en un tribunal tan riguroso, donde no se trata de cortar la cabeza y perder la vida temporal, sino de vida y muerte perdurable! Y si en la tela de este juicio te hallares alcanzado de cuenta, ¿cuáles serán entonces los desmayos y tras sudores de tu corazón? ¿cuán confuso te hallarás? ¿cuán arrepentido y cuán pobre de consejo? Grande fue el cortamiento[12] y desmayo[13] de los príncipes de Judá, cuando vieron la espada vencedora de Sesach, rey de Egipto, volar por las plazas de Jerusalén, cuando por la pena del castigo presente conocieron la culpa del hierro pasado; mas ¿qué es todo esto en comparación de la confusión y perplejidad en que allí los malos se verán? ¿Qué harán? ¿dónde irán? ¿con qué se defenderán? Lágrimas allí no valen; arrepentimientos allí no aprovechan; oraciones allí no se oyen; promesas para adelante allí no se admiten; tiempo de penitencia allí no se da; porque, acabado el postrer punto de la vida, ya no hay más tiempo de penitencia. Pues riquezas y linaje y favor de mundo mucho menos aprovecharán; porque, como dice el Sabio:[14] «No aprovecharán las riquezas en el día de la venganza; mas la justicia sola librará de la muerte».

Pues el rigor de la tela deste juicio, ¿quién lo podrá explicar? De un defunto leemos que apareció a un amigo suyo muy fatigado y aquejado de dolores, repitiendo con grandes voces y gemidos estas palabras: «nadie cree, nadie cree, nadie cree». Y como el amigo le preguntase qué quería decir aquello, respondió: «Nadie cree cuán estrechamente juzga Dios y cuán severamente castiga».

Para confirmación de lo cual referiré aquí una cosa de grande admiración, que San Juan Clímaco[15] escribe haber acaecido a un religioso de su tiempo. Dice él, que en un cierto monesterio de aquéllos había un monje descuidado en su manera de vida, el cual, llegando a punto de muerte, fue arrebatado en espíritu, donde vio el rigor y severidad espantosa de este postrero juicio que todos esperamos. Y como después, por especial misericordia y dispensación de Dios, volviese en sí, alcanzado espacio de penitencia, dice este santo que rogó a todos los religiosos que presentes estábamos, que saliésemos de su celda; y cerrando la puerta a piedra lodo, quedóse dentro hasta el día que murió, que fue por espacio de doce años, sin salir jamás de allí, ni hablar palabra a nadie, ni comer otra cosa todo aquel tiempo sino sólo pan y agua; y asentado en su celda, estaba como atónito, revolviendo en su corazón lo que había visto en aquel arrebatamiento; y tenía tan fijo el pensamiento en ello, que así también tenía el rostro fijo en un lugar, sin volverlo a una parte ni a otra, derramando a la continua muy fervientes lágrimas, las cuales corrían siempre hilo a hilo por sus ojos. Y llegada la hora de su muerte, rompimos la puerta que estaba, como se dijo, cerrada, y entramos todos los monjes de aquel desierto en su celda, y rogámosle con toda humildad nos dijese alguna palabra de edificación, y no dijo más que sola ésta: «Dígoos de verdad, padres, que si los hombres entendiesen cuán espantoso es este último trance y juicio de la muerte, que no sería posible jamás ofender a Dios». Todas éstas son palabras de San Juan Clímaco, que se halló presente a este negocio y da testimonio de lo que vio. De manera que en el hecho, aunque parezca increíble, no hay que dudar, pues tan fiel es el testigo; y en lo demás hay por qué temer, considerando la penitencia que este santo hizo, y mucho más la grandeza de aquella visión que vio, de donde procedió la tal penitencia. Y que esto sea verdad, basta la conformidad que tiene con las Escrituras Sagradas, en las cuales leemos aquella tan celebrada sentencia: «Acuérdate de tus postrimerías y nunca jamás pecarás».

Y pues éste es tan sano y provechoso consejo, ruégote agora, hermano, lo quieras tomar para ti, acordándote y considerando con toda atención esto en que has de parar. Y como haya en esto muchas cosas en que pensar y que rumiar, a lo menos ruégote, que de estas tres jamás caiga olvido en tu memoria. La primera, qué tan grande ha de ser la pena que allí recibirás por haber ofendido a Dios. La segunda, qué tanto es lo que allí desearás haberle servido y agradado, para tenerle propicio en aquella hora. La tercera, qué linaje de penitencia desearas allí hacer, si para esto se te diese tiempo, porque de tal manera trabajes por vivir agora, como entonces desearas haber vivido.

SANTA TERESA DE ÁVILA (1515–1582)

A diferencia de su amigo y discípulo Juan de la Cruz, Teresa de Avila se destaca más por su prosa que por su poesía. (Véase págs. 44–47.) La prosa de la santa es asistemática y a veces desorganizada, pero se distingue por

---

[12] la dificultad.
[13] desaliento, decaecimiento del ánimo.
[14] Salomón.
[15] autor ascético griego (¿579?–¿649?).

su energía y frescura, además de por la riqueza de sus imágenes—casi todas ellas heredadas de la tradición bíblica y literaria, pero utilizadas por la autora con gran originalidad. Existe una estrecha relación entre los escritos de Santa Teresa y su desarrollo espiritual personal. Escribe, casi siempre, a petición de otros; a veces su propósito es el informarle a su confesor con respecto a su progreso espiritual, a veces, el guiar en sus ejercicios a las monjas que están bajo su protección. También escribe para aclararse a sí misma sus propias experiencias—religiosas y otras. El medio más eficaz que encuentra para comunicar los misterios del proceso espiritual y de la unión mística es la imagen—realizada a través de la metáfora, el símil, la comparación.

Como otras mujeres de su clase y época, Santa Teresa no hizo estudios sistemáticos. No aprendió latín, el idioma de la erudición. La santa lamenta en muchos de sus escritos la pobreza de su formación intelectual, al mismo tiempo que insiste en el valor de las letras. Escribe en el *Libro de su vida* que para la oración, «si se tienen letras es un gran tesoro . . . si van con humildad.» Pero, a pesar de las lagunas que existían en su educación, Santa Teresa construyó una fuerte base intelectual mediante sus contactos con confesores y teólogos, su atención a la predicación y su lectura de los tratados espirituales más importantes de la época. Leía incansablemente en romance. De niña y adolescente, leyó novelas de caballerías y vidas de santos. De más importancia para su desarrollo religioso serían las obras de San Jerónimo, las *Confesiones* de San Agustín y la *Vita Christi* del Cartujano, Ludulfo de Sajonia. Entre los escritores españoles contemporáneos habría que contar al padre Juan de Avila, a fray Luis de Granada y a Pedro de Alcántara, de quienes adoptó materia doctrinal y metodología, aunque manteniendo siempre su independencia intelectual y artística.

Tal vez la fuerza más influyente en el desarrollo espiritual de Santa Teresa fue el teólogo humanista franciscano Francisco de Osuna, representante por excelencia de la doctrina espiritual del Recogimiento. Al principio del siglo XVI surge un gran interés en definir las vías para llegar a la unión con Dios. Algunas doctrinas se acercan a la herejía o aun cruzan la línea—como, por ejemplo, la de los alumbrados. (Véase la pág. 146.) El Recogimiento enseña que para alcanzar la unión mística, todo el hombre—cuerpo y alma—necesita emprender el camino. Es decir, hay que realizar la integración de las dos dimensiones, la física y la espiritual. Entonces los sentidos se someten a las potencias superiores, y éstas, al alma, la cual se funde con Dios. Se trata de una trayectoria ascendente, en que cada grupo de facultades va reduciéndose a las más perfectas: las sensitivas a las intelectuales, las intelectuales a las espirituales. El recogido llega al más profundo conocimiento de sí mismo al momento de aniquilarse más completamente. Busca a Cristo en la parte más íntima de su ser. Algunas expresiones que se encuentran en la obra de Santa Teresa, tales como «entrar

dentro de sí», «ensimismarse», «subir sobre sí» corresponden a este concepto. Para Osuna, el entendimiento lleva al hombre a Dios para que lo conozca, pero la unión mística transciende el entendimiento; Dios entra en la parte más secreta del ser humano—en la intimidad del alma—y entonces saca al hombre de sí mismo para que se funda en El.

Para ver hasta qué punto las obras de Santa Teresa reflejan sus abundantes lecturas, basta examinar una de sus imágenes más logradas: el castillo interior. En *Moradas del castillo interior* (1571), considerada la obra maestra de Teresa de Avila, la santa describe el proceso espiritual desde la oración hasta «el matrimonio místico»—esa unión en que, como dos cuerpos de agua o dos rayos de luz, alma y Dios se funden inseparablemente. La obra está estructurada sobre la imagen de «un castillo todo de un diamante u muy claro cristal» que contiene siete mansiones, cada una con varios aposentos. Este castillo es el alma. En la parte exterior hay reptiles e insectos venenosos, los peligros del mundo externo. Las mansiones están situadas concéntricamente, alrededor de una mansión interior, que es la morada de Dios. Mientras más cerca del centro esté, más cómoda y lujosa es la mansión. En las primeras mansiones—las que están más alejadas del centro—viven los sirvientes y funcionarios secundarios. Estos son los sentidos, los que tienen contacto con el mundo exterior. Las tres mansiones que están más distantes de la morada principal representan imperfecciones que pueden existir en la vida espiritual. En estas mansiones todavía se encuentran reptiles e insectos—las tentaciones que trastornan la quietud del que busca a Dios por medio de la oración y la meditación. Las cuatro mansiones interiores representan la vida contemplativa que termina en el matrimonio místico entre el alma y Dios.

La imagen de las moradas procede de la Biblia y es semejante a las que encontramos en las obras de otros escritores religiosos. San Alberto Magno habla del *Castillo del alma;* el escritor portugués Enrique de Suso había dado a conocer un tratado francés en que se compara a la Virgen con un castillo en el que Dios vive; Bernardino de Laredo se refiere a las salas del Palacio. Es decir, la metáfora del castillo—como muchas de las que utiliza Santa Teresa—corresponde a una larga tradición literaria. Asimismo, el número siete como emblema de lo sagrado tiene raíces profundas en la historia judeo-cristiana. Al utilizar estos símbolos, Santa Teresa continúa la corriente medieval mística.

Pero el uso de la imagen no procede sólo de la lectura. La predicación se vale de símbolos para grabar el mensaje en la mente del oyente y para reforzar el contenido del sermón con comparaciones tomadas de la vida diaria de los oyentes. Teresa de Avila utiliza estas mismas técnicas en sus escritos. Vivifica sus conceptos con referencias a casos concretos tomados de su propia experiencia: «. . . Oí una vez a un hombre . . .».

En *Moradas del castillo interior,* acumula una cantidad vertiginosa de imágenes. Las moradas son «como un palmito, que para llegar a lo que es de comer tiene muchas coberturas»; la humildad es una abeja que labra en la colmena; el alma es un erizo o una tortuga, que entra dentro de sí mismo; es un niño que mama, que no puede apartarse del que le da sustento (Dios) sin morir. A veces Santa Teresa abandona su metáfora principal—el castillo—para retomarla más tarde. En la Quinta Morada casi desaparece el castillo. La santa compara el alma con un gusano de seda que se recoge en el capullo y emerge liberado en forma de mariposa. Entonces, la autora reemplaza la mariposa por una paloma y por un tiempo vacila entre las dos imágenes. Al final de la obra, vuelve a la metáfora original.

La cornucopia de imágenes que caracteriza los escritos de Santa Teresa sirve para crear un ambiente. Si el lector se marea con tantas vueltas y comparaciones, es porque la santa habla de una experiencia que confunde, que saca al ser humano de sí mismo y lo convierte en otra cosa. La palabra clave es «experiencia». Una y otra vez, Santa Teresa insiste en que es imposible describirle la experiencia mística a alguien que no la haya experimentado: «es bien dificultoso lo que querría daros a entender, si no hay espiriencia». Una y otra vez, insiste en que habla de su propia experiencia: «Desde moradas primeras podré yo dar muy buenas señas de espiriencia . . .»

Si estos conceptos son difíciles para el más letrado, cuánto más lo serán para una mujer sin una rigurosa formación intelectual. Santa Teresa lamenta repetidamente su propia ineficacia. Las disculpas por su torpeza abundan. Humilde, le pide a Dios que le ayude: «Estando hoy suplicando a nuestro Señor hablase por mí—porque yo no atinaba a cosa que decir . . .» Pero según Santa Teresa, no sólo ella, sino todas las mujeres son inhábiles. Abundan referencias a «nuestra torpeza de las mujeres»; insiste en que justamente porque son lentas, las mujeres necesitan estas lecciones espirituales. Al mismo tiempo, advierte contra las falsas experiencias místicas, a las cuales las mujeres, por su propia flaqueza, son particularmente susceptibles.

A pesar de su modestia, Santa Teresa mantiene su independencia de criterio: «Y de mí confieso mi poca humildad, que nunca me han dado razón para que yo me rinda a lo que dicen.» Además, mantiene que el camino de Dios está abierto a todos, no sólo a un grupo selecto; cualquiera puede alcanzar a Dios—con tal de tener la ayuda y el favor de Él.

Santa Teresa escribió sus *Moradas del castillo interior* a petición del Padre Jerónimo Gracián, que le pidió que compusiera alguna guía de oración para sus monjas, ya que «le parecía que mijor se entienden el lenguaje unas mujeres de otras». La frescura y ligereza de la prosa resultan en gran parte de su estilo conversacional—caracterizado por numerosas exclamaciones, interjecciones y comentarios parentéticos.

Santa Teresa fue una escritora prolífica, además de ser un miembro activísimo en la reforma católica. (Véase las págs. 44–45.) En 1562 terminó la primera versión del *Libro de su vida;* la versión final fue publicada en 1567. Sus otras obras incluyen *Constituciones* (1563), *Relaciones espirituales* (empezado en 1563, terminado en 1579), *Libro de las fundaciones* (1573), *Conceptos del amor de Dios* (1574) y *Modo de visitar los conventos* (1582).

Véase *La vida; Las moradas,* ed. Antonio Comas, intro. de Rosa Navarro Durán (Barcelona: Planeta, 1984).

Las moradas
Moradas primeras
CAPÍTULO I

EN QUE SE TRATA DE LA HERMOSURA Y DIGNIDAD DE NUESTRAS ALMAS, PONE UNA COMPARACIÓN PARA ENTENDERSE, Y DICE LA GANANCIA QUE ES ENTENDERLA Y SABER LAS MERCEDES QUE RECIBIMOS DE DIOS, Y CÓMO LA PUERTA DESTE CASTILLO ES ORACIÓN

I. Estando hoy suplicando a nuestro Señor hablase por mí—porque yo no atinaba a cosa que decir ni cómo comenzar a cumplir esta obediencia—se me ofreció lo que ahora diré para comenzar con algún fundamento, que es considerar nuestra alma como un castillo todo de un diamante u muy claro cristal adonde hay muchos aposentos, ansí como en el cielo hay muchas moradas. Que si bien lo consideramos, hermanas, no es otra cosa el alma del justo sino un paraíso adonde dice Él tiene sus deleites.

Pues ¿qué tal os parece que será el aposento adonde un rey tan poderoso, tan sabio, tan limpio, tan lleno de todos los bienes se deleita? No hallo yo cosa con que comparar la gran hermosura de un alma y la gran capacidad, y verdaderamente apenas deben llegar nuestros entendimientos—por agudos que fuesen—a comprehenderla, ansí como no pueden llegar a considerar a Dios, pues Él mesmo dice que nos crió a su imagen y semejanza. Pues si esto es, como lo es, no hay para qué nos cansar en querer comprehender la hermosura de este castillo; porque puesto que hay la diferencia de él a Dios que del Criador a la criatura, pues es criatura, basta decir Su Majestad que es hecha a su imagen para que apenas podamos entender la gran dignidad y hermosura del ánima.

2. No es pequeña lástima y confusión que por nuestra culpa no entendamos a nosotros mesmos ni sepamos quién somos. ¿No sería gran ignorancia, hijas mías, que preguntasen a uno quién es y no se conociese ni supiese quién fue su padre, ni su madre, ni de qué tierra?

Pues si esto sería gran bestialidad, sin comparación es mayor la que hay en nosotras cuando no procuramos saber qué cosa somos, sino que nos detenemos en estos cuerpos, y ansí, a bulto, porque lo hemos oído y porque nos lo dice la fe, sabemos que tenemos alma; mas qué bienes puede haber en esta alma u quién está dentro de esta alma u el gran valor de ella, pocas veces lo consideramos, y ansí se tiene en tan poco procurar con todo cuidado conservar su hermosura; todo se nos va en la grosería del engaste u cerca de este castillo, que son estos cuerpos.

3. Pues consideremos que este castillo tiene— como he dicho—muchas moradas, unas en lo alto, otras en bajo, otras a los lados, y en el centro y mitad de todas éstas tiene la más principal, que es adonde pasan las cosas de mucho secreto entre Dios y el alma.

Es menester que vais[1] advertidas a esta comparación; quizá será Dios servido pueda por ella daros algo a entender de las mercedes que es Dios servido hacer a las almas y las diferencias que hay en ellas, hasta donde yo hubiere entendido que es posible (que todas será imposible entenderlas nadie, sigún son muchas, cuánto más quien es tan ruin como yo), porque os será gran consuelo, cuando el Señor os las hiciere, saber que es posible, y a quien no, para alabar su gran bondad. Que ansí como no nos hace daño considerar las cosas que hay en el cielo y lo que gozan los bienaventurados, antes nos alegramos y procuramos alcanzar lo que ellos gozan, tampoco nos hará ver que es posible en este destierro comunicarse un tan gran Dios con unos gusanos tan llenos de mal olor, y amar una bondad tan buena y una misericordia tan sin tasa . . .

5. Pues tornando a nuestro hermoso y deleitoso castillo, hemos de ver cómo podremos entrar en él. Parece que digo algún disbarate;[2] porque si este castillo es el ánima, claro está que no hay para qué entrar, pues se es él mesmo; como parecería desatino decir a uno que entrase en una pieza estando ya dentro.

Mas habéis de entender que va mucho de estar a estar;[3] que hay muchas almas que se están en la ronda del castillo—que es adonde están los que le guardan—y que no se les da nada de entrar dentro ni saben qué hay en aquel tan precioso lugar ni quién está dentro ni aun qué piezas tiene. Ya habréis oído en algunos libros de oración aconsejar a el alma que entre dentro de sí; pues esto mesmo es.

6. Decíame poco ha un gran letrado que son las almas que no tienen oración como un cuerpo con

perlesía[4] u tollido,[5] que aunque tiene pies y manos, no los puede mandar. Que ansí son, que hay almas tan enfermas y mostradas a estarse en cosas esteriores, que no hay remedio ni parece que pueden entrar dentro de sí; porque ya la costumbre la tiene tal de haber siempre tratado con las sabandijas[6] y bestias que están en el cerco del castillo, que ya casi está hecha como ellas, y con ser de natural tan rica y poder tener su conversación no menos que con Dios, no hay remedio.

Y si estas almas no procuran entender y remediar su gran miseria, quedarse tan hechas estatuas de sal por no volver la cabeza hacia sí, ansí como lo quedó la mujer de Lod por volverla.[7]

7. Porque a cuanto yo puedo entender, la puerta para entrar en este castillo es la oración y consideración; no digo más mental que vocal, que como sea oración ha de ser con consideración. Porque la que no advierte con quién habla y lo que pide y quién es quién pide y a quién, no la llamo yo oración, aunque mucho menee los labrios.[8] Porque aunque algunas veces sí será aunque no lleve este cuidado—mas es habiéndole llevado otras—, mas quien tuviese de costumbre hablar con la majestad de Dios como hablaría con su esclavo, que ni mira si dice mal, sino lo que se le viene a la boca y tiene deprendido por hacerlo otras veces, no la tengo por oración, ni plega[9] a Dios que ningún cristiano la tenga de esta suerte. Que entre vosotras, hermanas, espero en Su Majestad no la habrá, por la costumbre que hay de tratar de cosas interiores, que es harto bueno para no caer en semejante bestialidad . . .

CAPÍTULO II

TRATA DE CUÁN FEA COSA ES UN ALMA QUE ESTÁ EN PECADO MORTAL, Y CÓMO QUISO DIOS DAR A ENTENDER ALGO DE ESTO A UNA PERSONA.

1. Antes que pase adelante os quiero decir que consideréis qué será ver este castillo tan resplandeciente y hermoso, esta perla oriental, este árbol de vida que está plantado en las mesmas aguas vivas de la vida, que es Dios, cuando cai[10] en un pecado mortal. No hay tinieblas más tenebrosas ni cosa tan oscura y negra, que no lo esté mucho más. No queráis más saber de que, con estarse el mesmo

---

[1] vayáis.
[2] disparate.
[3] **va**. . . hay una gran diferencia entre un tipo de estar y otro; hay varias maneras de «estar».

[4] debilidad muscular acompañada de temblor.
[5] tullido: que ha perdido el movimiento del cuerpo o de algunos de sus miembros, parálisis.
[6] cualquier insecto o reptil pequeño y asqueroso.
[7] Al abandonar Sodoma, la mujer de Lot (o Lod) se convirtió en estatua de sal por mirar hacia atrás, a pesar de la prohibición de los ángeles. (*Génesis*, 19, 26).
[8] labios.
[9] place.
[10] cae.

Sol que le daba tanto resplandor y hermosura todavía en el centro de su alma, es como si allí no estuviese para participar de El, con ser tan capaz para gozar de Su Majestad como el cristal para resplandecer en él el sol. Ninguna cosa le aprovecha, y de aquí viene que todas las buenas obras que hiciere estando ansí en pecado mortal son de ningún fruto para alcanzar gloria; porque no procediendo de aquel principio, que es Dios, de donde nuestra virtud es virtud, y apartándonos de El, no puede ser agradable a sus ojos, pues, en fin, el intento de quien hace un pecado mortal no es contentarle, sino hacer placer al demonio, que como es las mesmas tinieblas, ansí la pobre alma queda hecha una mesma tiniebla.

2. Yo sé de una persona[11] a quien quiso nuestro Señor mostrar cómo quedaba un alma cuando pecaba mortalmente. Dice aquella persona que le parece, si lo entendiesen, no sería posible ninguno pecar, aunque se pusiese a mayores trabajos que se pueden pensar por huir de las ocasiones; y ansí le dio mucha gana que todos los entendieran. Y ansí os la dé a vosotras, hijas, de rogar mucho a Dios por los que están en este estado, todos hechos una escuridad,[12] y ansí son sus obras.

Porque ansí como de una fuente muy clara lo son todos los arroícos[13] que salen de ella, como es un alma que está en gracia, que de aquí le viene ser sus obras tan agradables a los ojos de Dios y de los hombres, porque proceden de esta fuente de vida adonde el alma está como un árbol plantado en ella, que la frescura y fruto no tuviera si no le procediere de allí, que esto le sustenta y hace no secarse y que dé buen fruto; ansí el alma que por su culpa se aparta desta fuente y se planta en otra de muy negrísima agua y de muy mal olor, todo lo que corre de ella es la mesma desventura y suciedad.

3. Es de considerar aquí que la fuente y aquel sol resplandeciente que está en el centro del alma, no pierde su resplandor y hermosura, que siempre está dentro de ella y cosa no puede quitar su hermosura. Mas si sobre un cristal que está a el sol se pusiese un paño muy negro, claro está que, aunque el sol dé en él, no hará su claridad operación en el cristal.

4. ¡Oh almas redimidas por la sangre de Jesucristo!, ¡entendeos y habed[14] lástima de vosotras! ¿Cómo es posible que entendiendo esto no procuráis quitar esta pez de este cristal? Mirad que si se os acaba la vida, jamás tornaréis a gozar de esta luz. ¡Oh Jesús, qué es ver a un alma apartada de ella! ¡Cuáles quedan los pobres aposentos del castillo! ¡Qué turbados andan los sentidos, que es la gente que vive en ellos! Y las potencias, que son los alcaides[15] y mayordomos y mastresalas, ¡con qué ceguedad, con qué mal gobierno! En fin, como adonde está plantado el árbol que es el demonio, ¿qué fruto puede dar? . . .

Moradas cuartas

CAPÍTULO III

EN QUE TRATA QUÉ ES ORACIÓN DE RECOGIMIENTO, QUE POR LA MAYOR PARTE LA DA EL SEÑOR ANTES DE LA DICHA; DICE SUS EFECTOS Y LOS QUE QUEDAN DE LA PASADA, QUE TRATÓ DE LOS GUSTOS QUE DA EL SEÑOR

1. Los efectos de esta oración son muchos; algunos diré, y primero otra manera de oración, que comienza casi siempre primero que ésta . . . Un recogimiento que también me parece sobrenatural, porque no es estar en escuro, ni cerrar los ojos, ni consiste en cosa esterior, puesto que, sin quererlo, se hace esto de cerrar los ojos y desear soledad, y sin artificio, parece que se va labrando el edificio para la oración que queda dicha; porque estos sentidos y cosas esteriores parece que van perdiendo de su derecho, porque el alma vaya cobrando el suyo, que tenía perdido.

2. Dicen que el alma se entra dentro de sí, y otras veces que sube sobre sí. Por este lenguaje no sabré yo aclarar nada, que esto tengo malo, que por el que yo sé decir, pienso que me habéis de entender, y quizá será sola para mí.

Hagamos cuenta que estos sentidos y potencias que ya he dicho que son la gente de este castillo— que es lo que he tomado para saber decir algo—, que se han ido fuera y andan con gente extraña, enemiga del bien de este castillo, días y años; y que ya se han ido, viendo su perdición, acercando a él, aunque no acaban de estar dentro—porque esta costumbre es recia cosa—, sino no son ya traidores y andan alrededor. Visto ya el gran Rey, que está en la morada deste castillo, su buena voluntad, por su gran misericordia quiérelos tornar a El y como buen pastor, con un silbo tan suave que aun casi ellos mesmos no lo entienden, hace que conozcan su voz y que no anden tan perdidos, sino que se tornen a su morada, y tiene tanta fuerza este silbo del pastor, que desamparan las cosas esteriores en que estaban enajenados, y métense en el castillo.

3. Paréceme que nunca lo he dado a entender como ahora; porque para buscar a Dios en lo interior (que se halla mejor y más a nuestro provecho, que en las criaturas, como dice San

---

[11] Santa Teresa se refiere a sí misma.

[12] oscuridad.

[13] arroyicos.

[14] tened.

[15] los que están a cargo de la defensa de una fortaleza.

Agustín[16] que le halló después de haberle buscado en muchas partes), es gran ayuda cuando Dios hace esta merced.

Y no penséis que es por el entendimiento adquirido, procurando pensar dentro de sí a Dios, ni por la imaginación, imaginándole en sí. Bueno es esto y excelente manera de meditación, porque se funda sobre verdad, que lo es estar Dios dentro de nosotros mesmos; mas no es esto, que cada uno lo puede hacer—con el favor del Señor, se entiende todo—; mas lo que digo es en diferente manera, y que algunas veces, antes que se comienza a pensar en Dios, ya esta gente está en el castillo, que no sé por dónde ni cómo oyó el silbo de su pastor, que no fue por los oídos—que no se oye nada—, mas siéntese notablemente un encogimiento suave a lo interior, como verá quien pasa por ello, que yo no lo sé aclarar mejor. Paréceme que he leído que como un erizo o tortuga, cuando se retiran hacia sí; y debíalo de entender bien quien lo escribió. Mas éstos, ellos se entran cuando quieren; acá no está en nuestro querer, sino cuando Dios nos quiere hacer esta merced . . .

4. Alábale mucho quien esto entendiere en sí, porque es muy mucha razón que conozca la merced, y el hacimiento de gracias por ella hará que se disponga para otras mayores. Y es disposición[17] para poder escuchar, como se aconseja en algunos libros, que procuren no discurrir, sino estarse atentos a ver qué obra el Señor en el alma; que si Su Majestad no ha comenzado a embebernos, no puedo acabar de entender cómo se pueda detener el pensamiento de manera que no haga más daño que provecho, aunque ha sido contienda bien platicada entre algunas personas espirituales. Y de mí confieso mi poca humildad, que nunca me han dado razón para que yo me rinda a lo que dicen. Uno me alegó con cierto libro del santo fray Pedro de Alcántara,[18] que yo creo lo es, a quien yo me rindiera, porque sé que lo sabía; y leímoslo, y dice lo mesmo que yo, aunque no por estas palabras; mas entiéndese en lo que dice, que ha de estar ya despierto el amor.

9. Por tratar de la oración de recogimiento, dejé los efectos u señales que tienen las almas a quien Dios nuestro Señor da esta oración. Ansí como se entiende claro un dilatamiento u ensanchamiento en el alma, a manera de como si el agua que mana de una fuente no tuviese corriente, sino que la mesma fuente estuviese labrada de una cosa que mientras más agua manase más grande se hiciese el edificio: ansí parece en esta oración y otras muchas maravillas que hace Dios en el alma, que la habilita y va dispuniendo para que quepa todo en ella. Ansí esta suavidad y ensanchamiento interior se ve en el que le queda para no estar tan atada como antes en las cosas del servicio de Dios, sino con mucha más anchura; ansí en no se apretar con el temor del infierno, porque aunque le queda mayor de no ofender a Dios (el servil piérdese aquí), queda con gran confianza que le ha de gozar. El que solía tener para hacer penitencia, de perder la salud, ya le parece que todo lo podrá en Dios; tiene más deseos de hacerla que hasta allí. El temor que solía tener a los trabajos ya va más templado, porque está más viva la fe, y entiende que, si los pasa por Dios, Su Majestad le dará gracia para que los sufra con paciencia, y aun algunas veces los desea, porque queda también una gran voluntad de hacer algo por Dios. Como va más conociendo su grandeza, tiénese ya por más miserable; como ha provocado ya los gustos de Dios, ve que es una basura los del mundo; vase poco a poco apartando de ellos, y es más señora de sí para hacerlo. En fin, en todas las virtudes queda mejorada, y no dejará de ir creciendo si no torna atrás ya a hacer ofensas de Dios, porque entonces todo se pierde, por subida que esté un alma en la cumbre.

Tampoco se entiende que de una vez u dos que Dios haga esta merced a un alma, quedan todas éstas hechas, si no va perseverando en recibirlas, que en esta perseverancia está todo nuestro bien.

10. De una cosa aviso mucho a quien se viere en este estado, que se guarde muy mucho de ponerse en ocasiones de ofender a Dios; porque aquí no está aún el alma criada, sino como un niño que comienza a mamar, que si se aparta de los pechos de su madre, ¿qué se puede esperar de él sino la muerte? Yo he mucho temor que a quien Dios hubiere hecho esta merced y se apartare de la oración, que será ansí, si no es con grandísima ocasión u si no retorna presto a ella, porque irá de mal en peor. Yo sé que hay mucho que temer en este caso, y conozco a algunas personas que me tienen harto lastimada, y he visto lo que digo, por haberse apartado de quien con tanto amor se le quería dar por amigo y mostrárselo por obras . . .

12. Hase de entender que, cuando es cosa verdaderamente de Dios, que aunque hay caimiento interior y esterior, que no le hay en el alma, que tiene grandes sentimientos de verse tan cerca de Dios, ni tampoco dura tanto, sino muy poco espacio, bien que se torna a embebecer, y en esta oración, si no es flaqueza, como he dicho, no llega a tanto que derrueque[19] el cuerpo no haga nengún sentimiento esterior en él.

---

[16] En sus *Confesiones*, Capítulo 27, línea 10.
[17] disposición.
[18] en *Tratado de la oración y meditación.*
[19] debilite, arruine.

13. Por eso tengan aviso que, cuando sintieren esto en sí, lo digan a la perlada y diviértanse lo que pudieren, y hágalas no tener horas tantas de oración, sino muy poco, y procure que duerman bien y coman, hasta que se les vaya tornando la fuerza natural, si se perdió por aquí.

Si es de tan flaco natural que no le baste esto, créame que no la quiere Dios sino para la vida activa, que de todo ha de haber en los monesterios; ocúpenla en oficios y siempre se tenga cuenta que no tenga mucha soledad, porque verná[20] a perder del todo la salud. Harta mortificación será para ella; aquí quiere probar el Señor el amor que le tiene en cómo lleva esta ausencia, y será servido de tornarle la fuerza después de algún tiempo; y si no, con oración vocal ganará y con obedecer, y merecerá lo que había de merecer por aquí, y por ventura más.

14. También podría haber algunas de tan flaca cabeza y imaginación, como yo las he conocido, que todo lo que piensan les parece que lo ven: es harto peligroso.

15. Porque quizá se tratará de ello adelante, no más aquí, que me he alargado mucho en esta morada, porque es en la que más almas creo entran, y como es también natural junto con lo sobrenatural, puede el demonio hacer más daño; que en las que están por decir, no le da el Señor tanto lugar. Sea por siempre alabado, amén.

Moradas quintas

Capítulo II

PROSIGUE EN LO MESMO; DECLARA LA ORACIÓN DE UNIÓN POR UNA COMPARACIÓN DELICADA; DICE LOS EFECTOS CON QUE QUEDA EL ALMA. ES MUY DE NOTAR.

1. Pareceros ha que ya está todo dicho lo que hay que ver en esta morada, y falta mucho, porque—como dije—hay más y menos. Cuanto a lo que es unión, no creo sabré decir más; mas cuando el alma a quien Dios hace estas mercedes se dispone, hay muchas cosas que decir de lo que el Señor obra en ellas; algunas diré, y de la manera que queda. Para darlo mejor a entender, me quiero aprovechar de una comparación que es buena para este fin; y también para que veamos cómo, aunque en esta obra que hace el Señor no podemos hacer nada más para que Su Majestad nos haga esta merced, podemos hacer mucho dispuniéndonos.

2. Ya habréis oído sus maravillas en cómo se cría la seda, que sólo Él pudo hacer semejante invención, y como de una simiente que es a manera de granos de pimienta pequeños (que yo nunca la he visto, sino oído, y ansí, si algo fuere torcido, no es mía la culpa), con el calor, en comenzando a haber hoja en los morales, comienza esta simiente a vivir; que hasta que hay este mantenimiento de que se sustentan se está muerta; y con hojas de moral se crían, hasta que después de grandes les ponen unas ramillas, y allí con las boquillas van de sí mesmos hilando la seda y hacen unos capuchillos muy apretados, adonde se encierran; y acaba este gusano, que es grande y feo, y sale del mesmo capucho una mariposica blanca muy graciosa.

Mas si esto no se viese, sino que nos lo contaron de otros tiempos, ¿quién lo pudiera creer, ni con qué razones pudiéramos sacar que una cosa tan sin razón como es un gusano y una abeja sean tan diligentes en trabajar para nuestro provecho y con tanta industria, y el pobre gusanillo pierda la vida en la demanda? Para un rato de meditación basta esto, hermanas, aunque no os diga más que en ello podéis considerar las maravillas y sabiduría de nuestro Dios. Pues ¿qué será si supiésemos la propiedad de todas las cosas? De gran provecho es ocuparnos en pensar estas grandezas y regalarnos en ser esposas de Rey tan sabio y poderoso.

3. Tornemos a lo que decía. Entonces comienza a tener vida este gusano, cuando con la calor del Espíritu Santo se comienza a aprovechar del aujilio[21] general que a todos nos da Dios, y cuando comienza a aprovecharse de los remedios que dejó en su Iglesia (ansí de acontinuar las confesiones como con buenas liciones y sermones, que es el remedio que un alma que está muerta en su descuido y pecados y metida en ocasiones puede tener), entonces comienza a vivir y vase sustentando en esto y en buenas meditaciones hasta que está crecida, que es lo que a mí me hace al caso, que estotro poco importa.

4. Pues crecido este gusano—que es lo que en los principios queda dicho de esto que he escrito—, comienza a labrar la seda y edificar la casa adonde ha de morir. Esta casa querría dar a entender aquí, que es Cristo. En una parte me parece he leído u oído que nuestra vida está ascondida[22] en Cristo u en Dios—que todo es uno—u que nuestra vida es Cristo.[23] En que esto sea u no, poco va para mi propósito.

5. Pues veis aquí, hijas, lo que podemos con el favor de Dios hacer: que Su Majestad mesmo sea nuestra morada, como lo es en esta oración de unión, labrándola nosotras. Parece que quiero decir que podemos quitar y poner en Dios, pues digo que

---

[20] vendrá.

[21] auxilio, ayuda.
[22] escondida.
[23] San Pablo lo dice en su epístola a los colosenses, según una nota del padre Jerónimo Gracián.

El es la morada, y la podemos nosotras fabricar para meternos en ella. Y ¡cómo si podemos!, no quitar de Dios ni poner, sino quitar de nosotros y poner, como hacen estos gusanitos; que no habremos acabado de hacer en esto todo lo que podemos, cuando este trabajillo—que no es nada—junte Dios con su grandeza, y le dé tan gran valor, que el mesmo Señor sea el premio de esta obra. Y ansí como ha sido el que ha puesto la mayor costa, ansí quiere juntar nuestros trabajillos con los grandes que padeció Su Majestad, y que todo sea una cosa.

6. Pues, ¡ea, hijas mías!, priesa[24] a hacer esta labor y tejer este capuchillo, quitando nuestro amor propio y nuestra voluntad, el estar asidas a ninguna cosa de la tierra, puniendo obras de penitencia, oración, mortificación, obediencia, todo lo demás que sabéis; ¡que ansí obrásemos como sabemos y somos enseñadas de lo que hemos de hacer! Muera, muera este gusano, como lo hace en acabando de hacer para lo que fue criado, y veréis cómo vemos a Dios y nos vemos tan metidas en su grandeza, como lo está este gusanillo en este capucho. Mirad que digo ver a Dios, como dejo dicho que se da a sentir en esta manera de unión.

7. Pues veamos qué se hace este gusano (que es para lo que he dicho todo lo demás), que cuando está en esta oración—bien muerto está a el mundo—, sale una mariposita blanca. ¡Oh grandeza de Dios, y cuál sale una alma de aquí de haber estado un poquito metida en la grandeza de Dios, y tan junta con El, que a mi parecer nunca llega a media hora! Yo os digo de verdad que la mesma alma no se conoce a sí; porque mirad la diferencia que hay de un gusano feo a una mariposica blanca, que la mesma hay acá. No sabe de dónde pudo merecer tanto bien (de dónde le pudo venir, quise decir, que bien sabe que no le merece); vese con un deseo de alabar a el Señor, que se querría deshacer y de morir por El mil muertes. Luego le comienza a tener de padecer grandes trabajos, sin poder hacer otra cosa. Los deseos de penitencia grandísimos, el de soledad, el de que todos conociesen a Dios; y de aquí le viene una pena grande de ver que es ofendido. Y aunque en la morada que viene se tratará más de estas cosas en particular, porque aunque casi lo que hay en esta morada y en la que viene después es todo uno, es muy diferente la fuerza de los efectos; porque—como he dicho—si después que Dios llega a un alma aquí se esfuerza a ir adelante, verá grandes cosas.

8. ¡Oh!, pues ver el desasosiego de esta mariposita, con no haber estado más quieta y sosegada en su vida, es cosa para alabar a Dios. Y es que no sabe adónde posar y hacer su asiento, que como le ha tenido tal, todo lo que ve en la tierra le descontenta, en especial cuando son muchas las veces que la da Dios de este vino; casi de cada una queda con nuevas ganancias. Ya no tiene en nada las obras que hacía siendo gusano, que era poco a poco tejer el capucho; hanle nacido alas, ¿cómo se ha de contentar, pudiendo volar, de andar paso a paso? Todo se le hace poco cuanto puede hacer por Dios, según son sus deseos. No tiene en mucho lo que pasaron los santos, entendiendo ya por espiriencia cómo ayuda el Señor y trasforma un alma, que no parece ella ni su figura. Porque la flaqueza que antes le parecía tener para hacer penitencia, ya la halla fuerte; el atamiento con deudos u amigos u hacienda (que ni le bastaban actos, ni determinaciones, ni quererse apartar, que entonces le parecía se hallaba más junta), ya se ve de manera que le pesa estar obligada a lo que, para no ir contra Dios, es menester hacer. Todo le cansa, porque ha probado que el verdadero descanso no le pueden dar las criaturas. . .

Séptimas moradas

CAPÍTULO I

TRATA DE MERCEDES GRANDES QUE HACE DIOS A LAS ALMAS QUE HAN LLEGADO A ENTRAR EN LAS SÉTIMAS MORADAS. DICE COMO A SU PARECER HAY DIFERENCIA ALGUNA DEL ALMA AL ESPÍRITU, AUNQUE ES TODO UNO. HAY COSAS DE NOTAR.

2. . . . ¡Oh, gran Dios!, parece que tiembla una criatura tan miserable como yo de tratar en cosa tan ajena de lo que merezco entender. Y es verdad que he estado en gran confusión, pensando si será mejor acabar con pocas palabras esta morada, porque me parece que han de pensar que yo lo sé por espiriencia, y háceme grandísima vergüenza, porque, conociéndome la que soy, es terrible cosa. Por otra parte, me ha parecido que es tentación y flaqueza. Aunque más juicios de éstos echéis, sea Dios alabado y entendido un poquito más, y gríteme todo el mundo; cuánto más que estaré yo quizá muerta cuando se viniere a ver. Sea bendito el que vive para siempre y vivirá, amén.

3. Cuando nuestro Señor es servido haber piadad[25] de lo que padece y ha padecido por su deseo esta alma, que ya espiritualmente ha tomado por esposa, primero que se consuma el matrimonio espiritual métela en su morada, que es esta séptima. Porque ansí como la tiene en el cielo, debe tener en el alma una estancia adonde sólo Su Majestad mora, y digamos, otro cielo; porque nos importa mucho, hermanas, que no entendamos es el alma alguna cosa escura (que como no la vemos, lo más ordinario

---

[24] prisa.

[25] **haber**... tener piedad.

debe parecer que no hay otra luz interior, sino ésta que vemos) y que está dentro de nuestra alma alguna escuridad. De la que no está en gracia, yo os lo confieso, y no por falta del Sol de Justicia, que está en ella dándole ser, sino por no ser ella capaz para recibir la luz, como creo dije en la primera morada, que había entendido una persona que estas desventuradas almas es ansí que están como en una cárcel escura, atadas de pies y manos para hacer ningún bien que les aproveche para merecer, y ciegas y mudas. Con razón podemos compadecernos de ellas y mirar que algún tiempo nos vimos ansí, y que también puede el Señor haber misericordia de ellas . . .

6. Pues cuando Su Majestad es servido de hacerle la merced dicha de este divino matrimonio, primero la²⁶ mete en su morada, y quiere Su Majestad que no sea como otras veces que la ha metido en estos arrobamientos (que yo bien creo que la une consigo entonces y en la oración que queda dicha de unión), aunque no le parece a el alma que es tanta llamada para entrar en su centro, como aquí en esta morada, sino a la parte superior. En esto va poco. Sea de una manera u de otra, el Señor la junta consigo; mas es haciéndola ciega y muda—como lo quedó San Pablo en su conversión—y quitándola el sentir cómo u de que manera es aquella merced que goza, porque el gran deleite que entonces siente en el alma es de verse cerca de Dios; mas cuando la junta consigo, ninguna cosa entiende, que las potencias todas se pierden.

7. Aquí es de otra manera. Quiere ya nuestro buen Dios quitarla las escamas de los ojos²⁷ y que vea y entienda algo de la merced que le hace—aunque es por una manera estraña—; y metida en aquella morada por visión intelectual, por cierta manera de representación de la verdad, se le muestra la Santísima Trinidad, todas tres Personas, con una inflamación que primero viene a su espíritu a manera de una nube de grandísima claridad, y estas Personas distintas, y por una noticia admirable que se da a el alma, entiende con grandísima verdad ser todas tres Personas una sustancia y un poder y un saber y un solo Dios; de manera que lo que tenemos por fe, allí lo entiende el alma—podemos decir—por vista, aunque no es vista con los ojos del cuerpo ni del alma, porque no es visión imaginaria. Aquí se le comunican todas tres Personas y la hablan, y la dan a entender aquellas palabras que dice el Evangelio que dijo el Señor: que vernía El y el Padre y el Espíritu Santo a morar con el alma que le ama y guarda sus mandamientos.

8. ¡Oh, válame²⁸ Dios, cuán diferente cosa es oír estas palabras y creerlas, a entender por esta manera cuán verdaderas son! Y cada día se espanta más esta alma, porque nunca más le parece se fueron de con ella, sino que notoriamente ve—de la manera que queda dicho—que están en lo interior de su alma, en lo muy muy interior; en una cosa muy honda—que no sabe decir cómo es, porque no tiene letras—siente en sí esta divina compañía.

9. Pareceros ha que, según esto, no andará en sí, sino tan embebida que no pueda entender en nada. Mucho más que antes, en todo lo que es servicio de Dios, y en faltando las ocupaciones, se queda con aquella agradable compañía; y si no falta a Dios el alma, jamás El la faltará—a mi parecer—de darse a conocer tan conocidamente su presencia. Y tiene gran confianza que no la dejará Dios, pues la ha hecho esta merced, para que la pierda; y ansí se puede pensar, aunque no deja de andar con más cuidado que nunca, para no le desagradar en nada.

10. El traer esta presencia entiéndese que no es tan enteramente, digo tan claramente, como se le manifesta la primera vez y otras algunas que quiere Dios hacerle este regalo; porque si esto fuese, era imposible entender en otra cosa, ni aun vivir entre la gente; mas aunque no es con esta tan clara luz, siempre que advierte se halla con esta compañía, digamos ahora como una persona que estuviese en una muy clara pieza con otras y cerrasen las ventanas y se quedase ascuras,²⁹ no porque se quitó la luz para verlas y que hasta tornar la luz no las ve, deja de entender que están allí.

11. Es de preguntar si, cuando torna la luz y las quiere tornar a ver, si puede. Esto no está en su mano, sino cuando quiere nuestro Señor que se abra la ventana del entendimiento; harta misericordia la hace en nunca se ir de con ella, y querer que ella lo entienda tan entendido.

Parece que quiere aquí la divina Majestad disponer el alma para más con esta admirable compañía, porque está claro que será bien ayudada para en todo ir adelante en la perfeción y perder el temor que traía algunas veces de las demás mercedes que la hacía, como queda dicho. Y ansí fue que en todo se hallaba mejorada, y le parecía que—por trabajos y negocios que tuviese—lo esencial de su alma jamás se movía de aquel aposento, de manera que en alguna manera le parecía había división en su alma, y andando con grandes trabajos que poco después que Dios le hizo esta merced tuvo, se quejaba de ella—a manera de Marta cuando se quejó de

---

²⁶ el alma
²⁷ **quitarla**... que vea claramente.

²⁸ válgame.
²⁹ a oscuras.

María[30]—, y algunas veces la decía que se estaba allí siempre gozando de aquella quietud a su placer, y la deja a ella en tantos trabajos y ocupaciones que no la puede tener compañía.

12. Esto os parecerá, hijas, desatino; mas verdaderamente pasa ansí, que aunque se entiende que el alma está toda junta, no es antojo lo que he dicho, que es muy ordinario; por donde decía yo que se ven cosas interiores, de manera que cierto se entiende hay diferencia en alguna manera, y muy conocida, del alma a el espíritu, aunque más sea todo uno. Conócese una división tan delicada, que algunas veces parece obra de diferente manera lo uno de lo otro, como el sabor que les quiere dar el Señor.

También me parece que el alma es diferente cosa de las potencias, y que no es todo una cosa; hay tantas y tan delicadas en lo interior, que sería atrevimiento ponerme yo a declararlas. Allá lo veremos, si el Señor nos hace merced de llevarnos por su misericordia adonde entendamos estos secretos.

Capítulo IV

CON QUE ACABA DANDO A ENTENDER LO QUE PRETENDE NUESTRO SEÑOR EN HACER TAN GRANDES MERCEDES AL ALMA . . .

1. No habéis de entender, hermanas, que siempre en un ser están estos efectos que he dicho en estas almas—que por eso, adonde se me acuerda, digo lo ordinario—, que algunas veces las deja nuestro Señor en su natural, y no parece sino que entonces se juntan todas las cosas ponzoñosas del arrabal y moradas de este castillo, para vengarse de ellas por el tiempo que no las pueden haber a las manos.

Verdad es que dura poco—un día lo más, u poco más—, y en este gran alboroto, que procede lo ordinario de alguna ocasión, se ve lo que gana el alma en la buena compañía que está, porque la da el Señor una gran entereza para no torcer en nada de su servicio y buenas determinaciones, sino que parece le crecen, y por un primer movimiento muy pequeño no tuercen de esta determinación.

2. Como digo, es pocas veces, sino que quiere nuestro Señor que no pierda la memoria de su ser, para que siempre esté humilde, lo uno; lo otro, porque entienda más lo que debe a Su Majestad, y la grandeza de la merced que recibe, y le alabe.

3. Tampoco os pase por pensamiento que por tener estas almas tan grandes deseos y determinación de no hacer una imperfeción por cosa

de la tierra, dejan de hacer muchas, y aun pecados. De advertencia no, que las debe el Señor a estas tales dar muy particular ayuda para esto (digo pecados veniales, que de los mortales—que ellas entiendan—están libres, aunque no siguras), que ternán algunos que no entienden, que no les será pequeño tormento. También se les da las almas que ven que se pierden; y/aunque en alguna manera tienen gran esperanza que no serán de ellas, cuando se acuerdan de algunos que dice la Escritura que parecía eran favorecidos del Señor—como un Salomón, que tanto comunicó con Su Majestad—, no pueden dejar de temer, como tengo dicho. Y la que se viere de vosotras con mayor sigura en sí, ésa tema más; porque «bienaventurado el varón que teme a Dios», dice David. Su Majestad nos ampare siempre; suplicárselo para que no le ofendamos es la mayor siguridad que podemos tener. Sea por siempre alabado, amén.

14. Esto quiero yo, mis hermanas, que procuremos alcanzar—y no para gozar, sino para tener estas fuerzas para servir—, deseemos y nos ocupemos en la oración. No queramos ir por camino no andado, que nos perderemos al mejor tiempo; y sería bien nuevo pensar tener estas mercedes de Dios por otro que el que El fue y han ido todos sus santos . . .

SAN JUAN DE LA CRUZ (1542–1591)

Las explicaciones más iluminadoras de la poesía de San Juan nos las ofrece el autor mismo en su prosa. Caracteriza la obra de San Juan una fe exaltada en el poder comunicativo de la palabra. Por medio del lenguaje, el poeta intenta transmitirle al lector experiencias que eluden la simple descripción. El símbolo, la metáfora, la expresión vaga o indefinida son los vehículos que utiliza San Juan para transcender el sentido concreto del vocablo. Pero la ambigüedad resultante exige la aclaración, ya que las imágenes que el autor escoge se prestan a la interpretación equívoca. Una vez más, el santo recurre a la palabra. Después de intentar elevar al lector al conocimiento experiencial de la unión mística, San Juan le provee de un análisis de sus versos.

El autor está consciente de la contradicción que tal ejercicio lleva en sí. Por un lado, la explicación está de más porque, según dice San Juan en su Prólogo al *Cántico espiritual*, «la sabiduría mística . . . no ha menester distintamente entenderse para hacer efecto de amor y afición en el alma.» Es decir, la experiencia mística lleva al hombre a un conocimiento espiritual que transciende todo conocimiento meramente intelectual y, por lo tanto, hace innecesaria cualquier explicación que apele a la razón. Por eso el poeta sólo intenta proveer al lector de una «luz general». Glosa los poemas—o partes de poemas—«en

---

[30] Marta era hermana de María de Betania y de Lázaro. Al entrar Jesús en su casa, María se sentó a sus pies mientras que Marta se puso a preparar y servir la comida. Marta se quejó que ella tenía que trabajar mientras su hermana no hacía nada. (*Lucas*, 38, 40).

su anchura, para que cada uno de ellos se aproveche según su caudal y espíritu». No intenta «abreviarlos a un sentido a que no se acomode todo paladar». El propósito del autor no es restringir la experiencia del lector, dictándole una interpretación limitada y específica, sino dejarlo libre para examinar y sentir los versos a su manera—siempre que éste tome en cuenta que tratan única y exclusivamente del amor místico. Pero hay más. La explicación en prosa le da al autor la oportunidad de examinar la unión entre hombre y Dios y de exponer en toda su riqueza y complejidad sus ideas doctrinales.

Se sabe que el poeta escribió primero los versos. Sus discípulos—casi todos mujeres—pidieron explicaciones de los pasajes más ambiguos y el autor respondió primero con aclaraciones orales y después con algunos apuntes escritos. Finalmente, preparó explicaciones más completas de ciertas estrofas, aunque no fue hasta más tarde cuando comenzó a comentar sus poemas de forma sistemática.

Si la poesía de San Juan es sensual, emotiva e impresionista, su prosa es rigurosamente lógica, aun cuando habla de la ineficacia de la lógica. Explica los conceptos de la mística, describiendo las etapas por las cuales tiene que pasar el alma para llegar a la unión perfecta. En camino hacia Dios, la doctrina distingue tres períodos—vía purgativa, vía iluminativa, vía unitiva. San Juan se dilata en la descripción de la «noche oscura»—en la cual se realizan las purgaciones y purificaciones necesarias para llegar al siguiente nivel espiritual. Si la poesía de San Juan se distingue por la imagen audaz, la prosa busca su justificación en la convención aceptada; el autor recurre repetidamente a las autoridades eclesiásticas, tales como San Pablo y San Juan, para legitimar sus interpretaciones.

Los tres poemas que forman el núcleo de la obra en prosa de San Juan son «En una noche oscura» (*Subida al Monte Carmelo*), *Canciones entre el alma y el Esposo* (*Cántico espiritual*) y *Llama de amor viva.* El género literario que el autor emplea es la «glosa», una mezcla de prosa y poesía en que los comentarios doctrinales toman la forma de una explicación del verso. Pero en algunos casos, la glosa queda inconclusa. El autor, llevado por las intrincaciones del proceso místico, se aleja de la estrofa original. El tratado doctrinal cobra una independencia propia; llega a ser más sustancioso que la mera explicación de la poesía. Y sin embargo, la poesía y la prosa son inseparables; una carece de fundamento sin la otra. La explicación en prosa es esencial a la comprensión de la poesía; la poesía es lo que da forma y dirección a la prosa.

Por décadas se estudió la prosa de San Juan por su contenido doctrinal, sin prestar demasiada atención a su valor artístico. Hoy en día la crítica reconoce la calidad poética de la prosa de San Juan de la Cruz. «El comentario mismo en prosa se convierte en una obra de arte», dice Helmut Hatzfeld. Las «declaraciones» de San Juan son muy variadas estilísticamente. Hay pasajes serenos, otros melancólicos, otros enérgicos o animados. La prosa de San Juan representa un desafío para la clasificación literaria. Los vuelos del pensamiento, la riqueza de las imágenes, la complejidad de los conceptos apuntan hacia el barroco. Pero la pureza y claridad de la exposición recuerdan el temprano Renacimiento.

Las explicaciones en prosa se encuentran en *Poesías completas,* ed. Cristóbal Cuevas (Barcelona: Bruguera, 1981).

Subida al Monte Carmelo
Libro primero

EN QUE SE TRATA QUÉ SEA «NOCHE ESCURA[1]» Y CUÁN NECESARIA SEA PARA PASAR POR ELLA A LA DIVINA UNIÓN; Y EN PARTICULAR TRATA DE LA «NOCHE ESCURA DEL SENTIDO» Y APETITO, Y DE LOS DAÑOS QUE HACEN EN EL ALMA

CAPÍTULO I

PONE LA PRIMERA CANCIÓN. DICE DOS DIFERENCIAS DE NOCHES POR QUE PASAN LOS ESPIRITUALES SEGÚN LAS DOS PARTES DEL HOMBRE INFERIOR Y SUPERIOR, Y DECLARA LA CANCIÓN SIGUIENTE

En una noche escura,
con ansias, en amores inflamada,
¡oh dichosa ventura!,
salí sin ser notada,
estando ya mi casa sosegada.

En esta primera canción canta el alma la dichosa suerte y ventura que tuvo en salir de todas las cosas afuera, y de los apetitos e imperfecciones que hay en la parte sensitiva[2] del hombre por el desorden que tiene de la razón. Para cuya inteligencia es de saber que, para que una alma llegue al estado de perfección, ordinariamente ha de pasar primero por dos maneras principales de noches, que los espirituales llaman purgaciones o purificaciones del alma. Y aquí las llamamos noches, porque el alma, así en la una como en la otra, camina como de noche, a escuras.

La primera noche o purgación es de la parte sensitiva del alma, de la cual se trata en la presente canción, y se tratará en la primera parte de este libro; y la segunda es de la parte espiritual, de la cual habla la segunda canción que se sigue, y de ésta también trataremos en la segunda y tercera parte cuanto a lo activo, porque cuanto a lo pasivo será en la Cuarta.

Y esta primera noche pertenece a los principiantes al tiempo que Dios los comienza a poner en el estado de contemplación, de la cual también participa el

---

[1] oscura.
[2] de los sentidos.

espíritu, según diremos a su tiempo. Y la segunda noche o purificación pertenece a los ya aprovechados al tiempo que Dios los quiere ya poner en el estado de la unión con Dios; y ésta es más escura y tenebrosa y terrible purgación, según se dirá después.

DECLARACIÓN DE LA CANCIÓN

Quiere, pues, en suma, decir el alma en esta canción, que salió sacándola Dios sólo por amor de El, inflamada en su amor *en una noche escura* que es la privación y purgación de todos sus apetitos sensuales acerca de todas las cosas exteriores del mundo y de las que eran deleitables a su carne, y también de los gustos de su voluntad, lo cual todo se hace en esta purgación del sentido, y por eso dice que salía *estando ya su casa sosegada,* que es la parte sensitiva, sosegados ya y dormidos los apetitos en ella, y ella en ellos, porque no se sale de las penas y angustias de los retretes[3] de los apetitos hasta que estén amortiguados y dormidos. Y esto dice que le fue *dichosa ventura salir sin ser notada,* esto es, sin que ningún apetito de su carne ni de otra cosa se lo pudiese estorbar, y también porque salió de noche, que es privándola Dios de todos ellos, lo cual era noche para ella.

Y esto fue *dichosa ventura,* meterla Dios en esta noche, de donde se le siguió tanto bien, en la cual ella no atinara a entrar, porque no atina bien uno por sí solo a vaciarse de todos los apetitos para venir a Dios.

Esta es, en suma, la declaración de la canción. Y ahora nos habremos de ir por cada verso escribiendo sobre cada uno y declarando lo que pertenece a nuestro propósito. Y el mesmo estilo se lleva en las demás canciones . . .

Capítulo II

DECLARA QUÉ NOCHE ESCURA SEA ÉSTA POR QUE EL ALMA DICE HABER PASADO A LA UNIÓN
EN UNA NOCHE ESCURA

Por tres cosas podemos decir que se llama *noche* este tránsito que hace el alma a la unión de Dios: La primera, por parte del término de donde el alma sale, porque ha de ir careciendo el apetito de todas las cosas del mundo que poseía, en negación de ellas; la cual negación y carencia es como noche para todos los sentidos del hombre. La segunda, por parte del medio o camino por donde ha de ir el alma a esta unión, lo cual es la fe, que es también escura para el entendimiento como noche. La tercera, por parte del término adonde va, que es Dios, el cual ni más ni

La Ascensión de la Virgen, por El Greco.

menos es noche escura para el alma en esta vida. Las cuales tres noches han de pasar por el alma, o por mejor decir, el alma por ellas, para venir a la divina unión con Dios . . .

Capítulo IV

DONDE SE TRATA CUÁN NECESARIO SEA AL ALMA PASAR DE VERAS POR ESTA NOCHE ESCURA DEL SENTIDO, CUAL ES LA MORTIFICACIÓN DEL APETITO, PARA CAMINAR A LA UNIÓN DE DIOS

La causa por que le es necesario al alma para llegar a la divina unión de Dios pasar esta noche escura de mortificación de apetitos y negación de los gustos en todas las cosas, es porque todas las afecciones que tiene en las criaturas[4] son delante de Dios puras tinieblas, de las cuales estando el alma vestida no tiene capacidad para ser ilustrada y poseída de la pura y sencilla luz de Dios, si primero no las desecha de sí, porque no pueden convenir[5] la luz con las tinieblas, porque, como dice San Juan, *tenebrae eam non comprehenderunt;* esto es: Las tinieblas no pudieron recebir la luz.

La razón es porque dos contrarios, según nos enseña la filosofía, no pueden caber en un sujeto; y porque las tinieblas, que son las afecciones en las criaturas, y la luz, que es Dios, son contrarios y ninguna semejanza ni conveniencia tienen entre sí, según a los corintios[6] enseñó San Pablo diciendo:

---

[3] habitaciones privadas.

[4] **todas**... todos los afectos que tiene puestos en las cosas del mundo.
[5] estar juntas.
[6] habitantes de Corinto, una de las ciudades más florecientes de la Grecia antigua.

Quae conventio lucis ad tenebras?, es a saber: ¿Qué conveniencia se podrá dar entre la luz y las tinieblas?, de aquí es que en el alma no se puede asentar la luz de la divina unión si primero no se ahuyentan las afecciones de ella.

Para que probemos mejor lo dicho, es de saber que la afición y asimiento que el alma tiene a la criatura iguala a la mesma alma con la criatura, y cuanto mayor es la afición tanto más la iguala y hace semejante, porque el amor hace semejanza entre lo que ama y es amado . . .

Todo el ser de las criaturas, comparado con el infinito de Dios, nada es; y, por tanto, el alma que en él pone su afición, delante de Dios también es nada y menos que nada, porque, como habemos dicho, el amor hace igualdad y semejanza, y aún pone más bajo al que ama; y, por tanto, en ninguna manera podrá esta alma unirse con el infinito ser de Dios, porque lo que no es no puede convenir con lo que es. Y decendiendo en particular a algunos ejemplos:

Toda la hermosura de las criaturas, comparada con la infinita hermosura de Dios, es suma fealdad, según Salomón en los Proverbios dice: *Fallax gratia, et vana est pulchritudo;* engañosa es la belleza y vana la hermosura; y así, el alma que está aficionada a la hermosura de cualquier criatura, delante de Dios sumamente fea es, y, por tanto, no podrá esta alma fea transformarse en la hermosura que es de Dios, porque la fealdad no alcanza a la hermosura.

Y toda la gracia y donaire de las criaturas, comparada con la gracia de Dios, es suma desgracia y sumo desabrimiento; y por eso el alma que se prenda de las gracias y donaires de las criaturas sumamente es desgraciada y desabrida delante los ojos de Dios, y así, no puede ser capaz de la infinita gracia de Dios y belleza, porque lo desgraciado grandemente dista de lo que infinitamente es gracioso.

Y toda la bondad de las criaturas del mundo, comparada con la infinita bondad de Dios, se puede llamar malicia, porque nada hay bueno sino sólo Dios; y, por tanto, el alma que pone su corazón en los bienes del mundo sumamente es mala delante de Dios, y así como la malicia no comprehende a la bondad, así esta tal alma no podrá unirse con Dios, el cual es suma bondad.

Y toda la sabiduría del mundo y habilidad humana, comparada con la sabiduría infinita de Dios, es pura y suma ignorancia, según escribe San Pablo *ad Corinthios* diciendo: *Sapientia huius mundi stultitia est apud Deum;* la sabiduría de este mundo, delante de Dios es locura; por tanto, toda alma que hiciese caso de todo su saber y habilidad para venir a unirse con la sabiduría de Dios sumamente es ignorante delante de Dios, y quedará muy lejos de ella, porque la ignorancia no sabe qué cosa es sabiduría, como dice San Pablo, que esta sabiduría le parece a Dios necedad . . . De manera que, para venir el alma a unirse con la sabiduría de Dios, antes ha de ir no sabiendo que por saber.

Y todo el señorío y libertad del mundo, comparado con la libertad y señorío del espíritu de Dios, es suma servidumbre y angustia y cautiverio. Por tanto, el alma que se enamora de mayorías[7] o de otros tales oficios y de las libertades de su apetito, delante de Dios es tenido y tratado, no como hijo, sino como bajo esclavo y cautivo, por no haber querido él tomar su santa doctrina, en que nos enseña que el que quisiere ser mayor sea menor, y el que quisiere ser menor sea el mayor; y, por tanto, no podrá el alma llegar a la real libertad del espíritu que se alcanza en su divina unión, porque la servidumbre ninguna parte puede tener con la libertad, la cual no puede morar en el corazón sujeto a quereres, porque éste es corazón de esclavo, sino en el libre, porque es corazón de hijo . . .

Y todos los deleites y sabores de la voluntad en todas las cosas del mundo, comparados con todos los deleites que es Dios, son suma pena, tormento y amargura; y así, el que pone su corazón en ellos es tenido delante de Dios por digno de suma pena, tormento y amargura; y así no podrá venir a los deleites del abrazo de la unión de Dios, siendo él digno de pena y amargura.

Todas las riquezas y gloria de todo lo criado, comparado con la riqueza que es Dios, es suma pobreza y miseria; y así, el alma que lo ama y posee es sumamente pobre y miserable delante de Dios, y por eso no podrá llegar a la riqueza y gloria, que es el estado de la transformación en Dios, por cuanto lo miserable y pobre sumamente dista de lo que es sumamente rico y glorioso. Y, por tanto, la Sabiduría divina, doliéndose de estos tales que se hacen feos, bajos, miserables y pobres, por amar ellos esto hermoso y rico, a su parecer, del mundo, les hace una exclamación en los Proverbios diciendo . . . : ¡Oh, varones, a vosotros doy voces, y mi voz es a los hijos de los hombres! Atended, pequeñuelos, la astucia y sagacidad; los que sois insipientes, advertid. Oíd, porque tengo de hablar de grandes cosas. Comigo están las riquezas y la gloria, las riquezas altas y la justicia. Mejor es el fruto que hallaréis en mí que el oro y que la piedra preciosa; y mis generaciones, esto es, lo que de mí engendraréis en vuestras almas, es mejor que la plata escogida. En los caminos de la justicia ando, en medio de las sendas del juicio, para enriquecer a los que aman y cumplir perfectamente sus tesoros. En lo cual la

---

[7] puestos altos, que la hacen vanidosa.

Sabiduría divina habla con todos aquéllos que ponen su corazón y afición en cualquiera cosa del mundo (según habemos ya dicho). Y llámalos pequeñuelos, porque se hacen semejantes a lo que aman, lo cual es pequeño; y por eso les dice que tengan astucia y adviertan que ella trata de cosas grandes y no de pequeñas como ellos, que las riquezas grandes y la gloria que ellos aman con ella y en ella están, y no donde ellos piensan; y que las riquezas altas y la justicia en ella moran; porque, aunque a ellos les parece que las cosas de este mundo lo son,[8] díceles que adviertan que son mejores las suyas, diciendo que el fruto que en ellas hallará le será mejor que el oro y que las piedras preciosas, y lo que ella en las almas engendra, mejor que la plata escogida que ellos aman; en lo cual se entiende todo género de afición que en esta vida se puede tener.

MALÓN DE CHAIDE (¿1530?–1589)

El teólogo, poeta, orador y erudito Malón de Chaide nació en Cascante de Navarra. Entró en la Orden Agustiniana el 27 de octubre de 1567. En Salamanca, donde hizo su profesión, tuvo por maestros al Padre Guevara y a Fray Luis de León. Este último, que en aquella época estaba en el apogeo de su carrera universitaria, tuvo una profunda influencia en el joven Malón de Chaide, que se nota claramente en su orientación humanística y en su temática.

Entre 1569 y 1572, Malón de Chaide estuvo en Burgos, ocupado en tareas docentes. De allí se trasladó a Aragón, donde fue catedrático, y seguidamente a Zaragoza y a Huesca. En 1580 era consejero asistente de la Universidad de Salamanca, cargo que ejercían todos los maestros graduados en Huesca, de donde el Padre Malón se licenció en teología en 1581 y se doctoró, probablemente en 1582. Ese mismo año fue nombrado Maestro de la Orden. En 1583 fue elegido catedrático de Estudios de la Universidad de Zaragoza. Dos años más tarde, participó en la fundación del convento de Nuestra Señora de Loreto, en Huesca. En 1586 fue nombrado prior del convento de Barcelona, donde pasó el resto de sus días. El año antes de morir, publicó *Conversión de la Magdalena,* el único libro suyo que se ha conservado.

Poco se sabe acerca de las circunstancias bajo las cuales fue compuesta esta obra. El Padre Malón probablemente la escribió en Huesca entre 1578 y 1583. Es, por un lado, una paráfrasis de la historia evangélica de la Magdalena y por otra, un complejo tratado sobre cuestiones tales como la predestinación, la gracia y la libertad individual. Las ideas del autor no son originales; todas están basadas en el dogma y arraigadas en la tradición escolástica. Lo que tiene de nuevo su obra es el elemento literario. Con la excepción de Fray Luis de León, los escritores religiosos anteriores a Malón de Chaide habían tratado estos temas doctrinales dentro de fórmulas escolásticas sin elaboración artística. Lo que distingue la *Conversión de la Magdalena* es su prosa exaltada, la cual ha sido celebrada por los admiradores del autor al mismo tiempo que ha sido censurada por algunos críticos que se quejan de que el recargamiento estilístico de la obra llega a sofocar su contenido ascético y religioso.

Como su maestro Luis de León, Malón de Chaide defiende el uso del español para la exposición de asuntos religiosos en una época en que los puristas insisten en la superioridad del latín. Utiliza un lenguaje rico, expresivo, aun opulento, incorporando giros del idioma popular tanto como locuciones elegantes y cultas. Pero el valor de la obra no es puramente artístico. Malón de Chaide es un excelente exegeta que comenta diversos pasajes bíblicos con destreza y seguridad. Expone sus ideas con una lógica rigurosa, respaldándose en sus conocimientos de la doctrina y de la cultura clásica.

Si Malón de Chaide es un campeón de la lengua vernácula, a la que dignifica al escribir sobre temas sagrados en español, es también un censor severo de la literatura profana popular. Como Fray Luis, considera peligrosos los romances de caballerías y los de pastores. Su actitud es intolerante e inflexible en cuanto a la poesía amorosa; condena rotundamente los versos de Garcilaso. Sin embargo, comparte la base neoplatónica de muchos de los autores que le desagradan.

La influencia neoplatónica es evidentísima en la *Conversión de la Magdalena.* Dios es, para el autor, la suprema Hermosura y la suma Bondad, a la cual el hombre puede llegar por medio del amor. Es el inmutable Hacedor; lo mudable y mundanal es un reflejo pálido de su perfección. Pero más que en Platón, la raíz filosófica de los escritos de Malón de Chaide se encuentra en San Agustín. El concepto del amor como una fuerza que arrastra al amante a su propio bien tiene su inspiración en el texto de San Agustín: *amor meus, podus meum.* El amor, tal como lo describe Malón de Chaide, es una ley universal que opera por el bien del todo tanto como por el bien del individuo. El verdadero amor es un poder dinámico que se expresa por medio de la entrega total; el amante hace regalo de sí mismo y se ofrece al amado—Dios—lo cual permite su salvación.

Es posible que el Padre Malón de Chaide haya sido autor de otros libros además de la *Conversión de la Magdalena.* El mismo hace alusión a un tratado sobre San Pedro y San Juan que ya había escrito al componer la *Conversión.* Sin embargo, ninguna otra obra suya ha llegado a las manos del crítico moderno.

Véase *Conversión de la Magdalena* (3 vols.) ed. Félix García (Madrid: La Lectura, 1930).

---

[8] es decir, que son grandes e importantes.

Conversión de la Magdalena
Parte tercera del Libro de la Magdalena

Y EL ESTADO SEGUNDO QUE TUVO DE PENITENTE CONFORME A LA
LETRA DEL SAGRADO EVANGELIO

Dicho habemos el estado primero de la Magdalena, que es el que tuvo de pecadora, y a qué término la trajo[1] la hermosura, libertad, riqueza y pocos años. Resta ahora que veamos cómo salió del pecado e hizo penitencia, para que entendamos que el Evangelista no nos contó su ruin vida para no más que decirla, sino para alabanza suya y para gloria del Hijo de Dios, que la perdonó, la lavó y amó tanto. Dice San Lucas:

XV

Ut cognovit quod Jesus,[2] etc. Antes que pasemos adelante, será bien que veamos algo de los secretos maravillosos de la predestinación de Dios, y esto en una palabra. Espanta ver cómo Dios llama y atrae a uno a sí, y a otro lo deja y aparta de sí; a uno lo saca de su pecado, y a otro lo deja revolcar en él; a uno, de grandísimo pecador le hace santo; al otro, de muchas virtudes y buena vida, al fin le deja y se condena; a un San Pablo, de corchete[3] y porquerón[4] de la justicia le hace apóstol: y a Judas, de apóstol, permite que pare en porquerón para prender a Cristo, y al cabo se ahorque.

Pues diréisme que hay más méritos en el uno para ser amado, y más deméritos en el otro para ser aborrecido. Podría llevar eso algún camino si la predestinación o reprobación la aguardase Dios para después de nacidos estos hombres, y mirando a sus obras los predestinase. Mas sale San Pablo, escribiendo a los Romanos, y dice: «Aún estaban Esaú y Jacob en las entrañas de Rebeca, aún no eran nacidos, aún no habían obrado mal ni bien, y con todo eso, porque se cumpliese el intento de Dios y la elección que había hecho, no por sus obras, sino por sola la voluntad del que llama, que es Dios, se dijo: El mayor servirá al menor, como está escrito: A Jacob amé, y a Esaú aborrecí.» Añade luego San Pablo: «¿Qué diremos a esto? ¿Por ventura que se muestra Dios apasionado? ¿Que hay maldad en Dios? No, no; a Moisén le dijo: «Tendré misericordia del que me apiadare, y seré clemente para quien me pareciere. Luego no es del que corre, ni del que quiere esta presa de la gloria, sino de aquél de quien Dios tiene misericordia.»

El Apóstol teje una larga disputa con los romanos, sobre averiguar este punto de honra y abonar a[5] Dios porque, desechando a su pueblo, había admitido la gentilidad a su Iglesia. Y disputa galanamente cómo en hacerlo así ni Dios queda por injusto, ni su pueblo puede quejarse de que se le hace agravio. A este propósito trae lo del ollero,[6] a quien le es lícito hacer de su masa el vaso que le parece, y de una pellada hace un plato, que sirva a la mesa y esté limpio en el aparador, y de la misma masa hace una olla que se entizne y queme al fuego en la cocina. Cierto está que esta masa toda es una; no vio el ollero más méritos en el pedazo de que hizo el plato que en el que gastó en la olla, sino sólo que quiso hacerlo así. Pues ¿podráse quejar la olla y acusar al alfarero[7] porque la hizo para la cocina? Por cierto no. Luego mucho menos podrá quejarse el hombre de Dios, porque no lo predestinó para el cielo. Y viéndose metido en este golfo y abismo, ya que le parece que ha perdido el pie y llega el agua al cielo, exclama: «¡Oh, alteza de las riquezas de la sabiduría y ciencia de Dios, cuán incomprensibles son sus juicios y qué dificultosos de hallar sus caminos!»

Vánsenos de vuelo los juicios de Dios. De manera que se remite San Pablo a los consejos oscuros de Dios, cuya ciencia cerró para sí y se nos alzó[8] con la llave.

Muchas pecadoras había en Judea sin la Magdalena, y a ninguna hizo la merced que a ella. Es lo que el Señor dijo a los judíos de Naamán siro:[9] «Muchos leprosos había en Israel, mas ninguno sanó sino un gentil; y muchas viudas había en tiempo de Elías,[10] y a ninguna de ellas fue enviado sino a la pobre saretana.»[11] Así que espanta ver cuántos señores, cuántos ilustres había en Jerusalén, cuántos doctores en la sinagoga, cuántos pontífices en el templo, cuántos poderosos y ricos se paseaban por las plazas; qué de reyes, emperadores y príncipes tenía el mundo, cuando nuestro Redentor se hizo hombre, y, dejándolos a todos, por lo que su Majestad se sabe, escoge doce pobres pescadores desharrapados, las heces y la basura y escoria del mundo. Y de estos doce, *escogidos a tajador,*[12] que suelen decir, todos por su mano, criados a sus

---

[1] trajeron.
[2] Un fariseo invitó a Jesús a comer, y Jesús fue a su casa. Estaba sentado a la mesa, cuando una mujer de mala vida que vivía en el mismo pueblo *y supo que Jesús* había ido a comer a casa del fariseo llegó con un frasco de alabastro lleno de perfume (*Lucas* 7, 36–37).
[3] ministro de la justicia que lleva a los delincuentes a la cárcel.
[4] agente de la justicia que prende a los delincuentes.

[5] **abonar**... responder por.
[6] el que hace ollas y otros cacharros de barro y los vende.
[7] ollero, fabricante de objetos de barro.
[8] llevó, apropió.
[9] capitán sirio que Eliseo sanó de la lepra.
[10] profeta judío que luchó contra la idolatría.
[11] Se refiere a una historia bíblica en que Elías resucita al hijo muerto de una viuda.
[12] **a**... con cuidado.

pechos, hechos a su doctrina, mantenidos a su mesa, el uno de ellos se lo vendimia[13] el demonio en agraz,[14] dice el Señor: *Nonne duodecim vos elegi, et unus vestrum diabolus est?* Yo, dice, ¿no soy el que os escogí, y con todo eso, el uno de vosotros es un diablo? ¡Oh, secretos grandes de tu profunda sabiduría, Dios mío y Señor mío! ¡Cómo hacen temblar al más confiado y acobardan al más animoso!

Veo, Señor, que llamas a Salomón *tu regalado*, háceslo tesorero de tu sabiduría, mandas que te edifique un templo y no lo llevas cuando te hace tales servicios; y llévasle cuando adora ídolos, cuando les edifica templos, cuando se casa con mujeres idólatras.

Veo, Señor, a Judas, que vuelve alegre con los demás discípulos y dice: «Señor, en vuestro nombre aun los demonios nos obedecen»; y no le llevas cuando hace milagros, cuando dice con San Pedro: «¿Adónde iremos, Señor, que tienes palabras de vida?», y aguardas y le arrebatas cuando te ha vendido, y se ha echado en el infierno. Judas cae del apostolado y se condena; y el ladrón, boqueando en la horca, con la candela en la mano para dar el alma, diciendo ya el «Credo en éste que tengo al lado», se salva. Saúl, que no había mejor alma en todo el pueblo de Dios, elegido en rey de Israel, de pobre hijo de labrador, es desechado; y un Mateo, cambiador o trampeador, es el escogido. ¿Qué son éstos, Señor, sino piélagos inmensos de tu sabiduría, a do no es menester entrar si no nos queremos anegar? Es tu secreta predestinación de las ovejas, que tú dices por San Juan «que nadie te las quitará de la mano».

Acuérdome que me contó un religioso siervo de Dios, que había estado en la Nueva España,[15] un caso en que mucho se descubre la certeza de la predestinación divina, y fue que, estando en un monasterio de nuestra sagrada religión,[16] a dos o tres leguas de allí estaba la hija de un cacique, que es como un caballero que acá llamamos. Esta había estado amancebada ocho o nueve años; y como allá los religiosos son los curas y andan a visitar los lugares y predican en ellos, fue nuestro Señor servido de mover el corazón de esta perdida moza. Y al cabo de pocos días, que debió de tardar en hacer memoria de sus pecados, concierta con otras doncellas amigas suyas que se vayan holgando y tañendo sus adufes[17] y panderos[18] por una ribera

abajo; y de esta manera las llevó dos leguas que había de donde partieron, hasta el monasterio donde este religioso vivía. Llegando allí, pide que se quiere confesar, y para esto sale este religioso. La mujer confesó muy por entero y con muchas lágrimas todos sus pecados y, habiéndola amonestado y corregido el confesor, y dándole penitencia y aceptándola, acabando de absolverla, reclinó la cabeza sobre las rodillas del confesor y da el alma a Dios y quédase muerta.

¡Oh, buen Dios! ¿y qué secretos son estos tuyos? Dime, espantoso Dios, ¿qué te iba en esta alma que la esperaste ocho años, disimulabas sus pecados, dejábasle revolcar en un cieno de torpezas abominables y hacíaste ciego? Y tú, Dios mío, con tu sabiduría aguardabas a poner tu mano en la cura, a sazón que fuese de más provecho. Y al cabo, cuando a ti, Médico soberano, te pareció que era tiempo, la llevaste presa con un lazo de tu amor, y en oyendo el *Ego te absolvo*,[19] como si tuvieras miedo de perderla otra vez, la arrebatas y das con ella en tu santa gloria.

Y veo por otra parte, Señor, que otros, después de muchos años de yermo, después de muchos ayunos y penitencias y soledad, los dejas, por lo que tú, mi Dios, te sabes, y al cabo se condenan. ¿Qué diremos a esto si no dar voces con San Pablo y decir: «¡Oh, alteza de las riquezas de la sabiduría y ciencia de Dios, cuán incomprensibles son sus juicios, y qué dificultosos de hallar son sus caminos!»

He dicho esto a propósito de la conversión de la gloriosa Magdalena, que tuvo Dios por bien de hacerle esta merced tan particular y dejó a otras muchas pecadoras en sus pecados; y de esto lo mejor es no buscar razón, sino reverenciar y adorar sus juicios. Una sola cosa diré, y es que hallo una diferencia en los pecadores, que me parece que no puede nacer sino de la predestinación, esto es, de ser el uno predestinado y el otro reprobado. Hallaréis unos pecadores que, aunque lo son, pero en medio de su mala vida tienen un no sé qué, un resabio y semblante de predestinados y de hijos de Dios, un respeto a la virtud, un asco al vicio, un pecar con miedo y andar amilanado[20], un *aquesta vida no es para mí, no me crié yo en esto . . .* Al fin no parece que se les pega esto del pecar.

Veréis otros pecadores tan de asiento, que pecan tan sin cuidado como si les fuese natural; gente que pecan[21] a sueño suelto, tan desmedrosos[22] para los

---

[13] recoge.

[14] uva sin madurar (Se refiere a Judas, un «diablo» o traidor que todavía no se ha definido como tal.)

[15] México.

[16] Se refiere a la orden de los agustinos.

[17] un tipo de tamboril bajo y cuadrado que usan las mujeres para bailar.

[18] lo mismo que adufe.

[19] **Ego**... Yo te absuelvo.

[20] con miedo y desanimado.

[21] peca; el uso del verbo en plural con «gente» es común en el Renacimiento.

[22] atrevidos.

vicios, que no aguardan a que los vicios los acometan a ellos, antes ellos les salen al camino y los acometen. Estos son de quien dijo Elifaz Temanites, el amigo del santo Job: *Qui bibunt quasi aquam iniquitatem:* Que beben las maldades, como si fuesen agua. Díjolo muy bien; no dice que comen, porque parece que lo que se come cuesta algo de mascarse, y a lo menos repárase en el bocado; mas lo que se bebe pásase fácilmente y sin sentirlo. Pues esto quiere decir Elifaz, que hay unos pecadores que pecan, comiendo los pecados; esto es, reparan en ellos, y rumian en el mal que hacen y reparan en él. Estos son los que decimos que se les trasluce en el rostro, que deben de ser de los predestinados. Mas hay otros, que pecan tan sin asco y que se tragan los pecados sin mascar, como quien no hace nada, que parece que ya dan muestra de su perdición.

Acaece que un hijo de un noble se va de su tierra, y por algún desastre viene en tanta necesidad que ha menester asentar con[23] un villano, para no morir de hambre; estará arando, y allí entre el arado y la azada y las herramientas del oficio bajo, le echaréis de ver en el semblante que nació para más de lo que tiene; y el otro, hijo de villano, entre ellas mismas se halla tan bien, que le conoceréis que se nació allí. Y por el contrario, vestid de seda y bordados a un zafio,[24] y parece que no le asientan los vestidos ni nació para ello.

Pues lo mismo que hallamos en la naturaleza, esto es la misma diferencia, se halla en las cosas de la gracia. Esto se echó de ver muy bien en San Pedro, que, aun entre los ministros de maldad, tiene unos resabios del apostolado donde se había criado que, negando que no conoce al Señor y jurando y perjurando, no halla en que le crean. Oía la Magdalena sermones de Cristo, que tenía palabras vivas; gustaba de seguirle, y por allí la saca Dios. No hay ninguno, por perdido que sea, que no le quede un resquicio por donde Dios le saque de la boca del demonio, si él quiere ayudarse. Quedóle a la Magdalena en medio de la perdición esto sólo de aficionarse al predicar de Cristo, que tenía palabras encendidas: *Nonne verba mea sunt quasi ignis comburens, et quasi maleus conterens petras?*, dice el Señor por Jeremías: Mis palabras son como fuego, porque encienden los corazones, consumen todo lo terreno que tienen, y renuevan y apuran[25] un alma, y la acrisolan[26] y le gastan las heces[27] y escoria de los vicios, y son como maza de hierro con que se desmenuzan y quebrantan los peñascos, porque rompen los corazones de guijarro[28] y berroqueños[29] y los deshacen en penitencia.

MIGUEL DE MOLINOS (1628–1696)

Miguel de Molinos fue el hijo menor de una familia noble aragonesa. Estudió en Coimbra, donde se recibió en teología y fue ordenado de sacerdote. Después de servir a la Iglesia en España por un tiempo, se trasladó a Roma, donde su doctrina—conocida por el nombre de quietismo—atrajo a muchos devotos.

El quietismo lleva el misticismo a un extremo. Enseña que el hombre puede alcanzar a Dios por medio del aniquilamiento completo del deseo. Según los quietistas, por medio de la oración y la meditación, cualquier hombre o mujer de espíritu puro—no sólo los de profesión religiosa—puede lograr el apagamiento de los sentidos y, finalmente, la quietud total del alma, la cual hace posible la unión con Dios. El que estuviera deseoso de alcanzar esta unión cultivaría el silencio y se abstendría de la acción política y económica. Se dedicaría a la piedad y a los actos caritativos. Molinos daba poca importancia a los ritos y a otras muestras exteriores de la fe. Al contrario, enseñaba la simplicidad y la interiorización de la religión. Para Molinos, el alma era un templo. El hombre que lo mantuviera puro y limpio podría retirarse allí y, en este lugar secreto y sagrado, encontraría al Señor.

En 1675, mientras vivía en Italia, Miguel de Molinos publicó *Il Guida Spirituale*, un breve libro que consiste en párrafos sucintos en los cuales el autor expone sus ideas de una manera clara y directa. El libro fue traducido al español casi inmediatamente y alcanzó una inmensa popularidad en España. También tuvo una gran influencia entre los quietistas o iluministas de Francia.

En una época de grandes revueltas políticas y religiosas, muchos encontraron atractiva una doctrina que enseñaba el cultivo de la paz interior. Las ideas de Molinos no eran particularmente originales. Muchas de ellas se encontraban en los escritos de los místicos medievales y, más tarde, en los de Santa Teresa. Pero en un período de grandes inquietudes filosóficas y de intenso activismo de parte de la Iglesia, el quietismo de Miguel de Molinos parecía nuevo y revelador. Su doctrina inició un despertar religioso que alcanzó a todas partes de la Europa católica. Tuvo grandes admiradores entre los poderosos y, según algunos historiadores, el Papa Inocencio XI, que tenía tendencias reformadoras, hizo a Molinos su director espiritual.

Sin embargo, el molinismo provocó una reacción violenta de parte de algunos elementos conservadores de la Iglesia, en particular de los jesuitas. Al disminuir o rechazar las manifestaciones externas de la religión—las

---

[23] **asentar**... ponerse a servicio de (otro).
[24] grosero, inculto.
[25] purifican, afinan
[26] purifican, aclaran.
[27] lo sucio, impuro.
[28] piedra.
[29] granito.

reliquias, las estatuas, las romerías, la confesión, aun la misa—los quietistas amenazaban los cimientos del catolicismo convencional. Aunque no negaban las doctrinas de la Iglesia, su insistencia en la relación íntima y personal entre hombre y Dios se interpretaba como un ataque contra Roma. Los quietistas ni se veían como reformadores ni pedían la reforma de la Iglesia. Sin embargo, los jesuitas percibían semillas de revolución en su resistencia a las instituciones formales.

Una de las tendencias más problemáticas de los quietistas era la de reducir el rol del sacerdote en la vida religiosa del creyente. Al declarar que Dios se encontraba en el alma de cada uno, los quietistas eliminaban la necesidad del intermediario. Además, si el pecador podía pedirle perdón a un Dios que moraba en el templo interior, no precisaba ni de la confesión ni de la absolución.

Los primeros esfuerzos de los jesuitas por suprimir la influencia quietista fracasaron. Sin embargo, Luis XIV de Francia, convencido de que Molinos y sus seguidores representaban una amenaza para el catolicismo europeo, denunció al sacerdote español ante el Santo Oficio. Molinos fue encarcelado. Veintidós meses después, en el mismo edificio en que Galileo había hecho su famosa recantación, el padre Molinos, que había sido venerado como uno de los teólogos más piadosos de la época, abjuró sus doctrinas. Los críticos de los jesuitas alegaron que las acusaciones hechas contra Molinos no habían estado basadas en sus escritos y que su retractación había sido sacada a fuerza de torturas. Otros quietistas fueron llevados a las llamas por los oficiales de la Inquisición. Después de su juicio, Miguel de Molinos fue devuelto a la prisión para no salir más.

Véase *Guía espiritual*, ed. José Ignacio Tellechea Idígoras (Madrid: Universidad Pontífica de Salamanca, 1976).

Guía espiritual

Libro tercero

Capítulo I

LA DIFERENCIA QUE HAY DEL HOMBRE EXTERIOR AL INTERIOR.

1. Hay dos maneras de espirituales personas: unas interiores y exteriores otras. Estas buscan a Dios por afuera, por discurso, imaginación y consideración; procuran con gran conato[1] para alcanzar las virtudes muchas abstinencias, maceración de cuerpo y mortificación de los sentidos, se entregan a la rigurosa penitencia, se visten de cilicios,[2] castigan la carne con disciplinas,[3] procuran el silencio y llevan la presencia de Dios, formándole presente en su idea o imaginación, ya como pastor, ya como médico, ya como amoroso padre y señor: se deleitan de hablar continuamente de Dios, haciendo muy de ordinario fervorosos actos de amor, todo lo cual es arte y meditación.

2. Por este camino desean ser grandes y a fuer de[4] voluntarias y exteriores mortificaciones; van en busca de los sensibles afectos y fervorosos sentimientos, pareciéndoles que sólo cuando los tienen reside Dios en ellos.

3. Este es camino exterior y de principiantes, y aunque es bueno, no se llegará por él a la perfección, ni aun se dará un paso, como lo manifiesta la experiencia en muchos que, después de cincuenta años de este exterior ejercicio, se hallan vacíos de Dios y llenos de sí mismos y sólo tienen de espirituales el nombre.

4. Hay otros espirituales verdaderos que han pasado por los principios del interior camino, que es el que conduce a la perfección y unión con Dios, al cual los llamó el Señor, por su infinita misericordia, de aquel exterior camino en que se ejercitaron primero. Estos, recogidos en el interior de sus almas, con verdadera entrega en las divinas manos, con olvido y total desnudez aun de sí mismos, van siempre con levantado espíritu en la presencia del Señor, por fe pura, sin imagen, forma ni figura, pero con gran seguridad fundada en la interior tranquilidad y sosiego, en cuyo infuso recogimiento tira el espíritu con tanta fuerza, que hace recoger allá dentro del alma el corazón, el cuerpo y todas las corporales fuerzas.

5. Estas almas, como han pasado ya por la interior mortificación y Dios las ha purgado con el fuego de la tribulación con infinitos y horribles tormentos, recetados todos de su mano y a su modo, son señoras de sí mismas, porque en todo se han vencido y negado, y así viven con gran sosiego y paz interior. Y aunque en muchas ocasiones sienten repugnancia y tentaciones, salen presto vencedoras; porque como ya son almas probadas y dotadas de la divina fortaleza, no pueden durar los movimientos de las pasiones, y si bien pueden perseverar por largo tiempo las vehementes tentaciones y penosas sugestiones del enemigo,[5] quedan todas vencidas con infinita ganancia, porque ya es Dios quien dentro de ellas pelea.

6. Han alcanzado ya estas almas una gran luz y conocimiento verdadero de Cristo Señor Nuestro, así de la divinidad como de la humanidad. Ejercitan este infuso conocimiento con silencio quieto, en el interior retiro y parte superior de sus almas, con un

---

[1] empeño, esfuerzo.
[2] saco o cintura de pelo de animal que se lleva por penitencia.
[3] azotes, flagelaciones.

[4] **a**... por medio de.
[5] el demonio.

espíritu libre de imágenes y exteriores representaciones, y con un amor puro y desnudo de todas las criaturas. Se levantan, aun de las acciones exteriores, al amor de la humanidad y divinidad. Tanto cuanto conocen, aman, y tanto cuanto gozan, se olvidan, y en todo experimentan que aman a su Dios con todo su corazón y espíritu.

7. Estas felices y elevadas almas no se alegran de nada del mundo, sino del desprecio, y de verse solas, y que todos las dejen y olviden. Viven tan despegadas, que aunque reciben continuamente muchas gracias sobrenaturales, no se mudan, ni se inclinan a ellas, más que si no las recibieran, conservando siempre en lo íntimo del corazón una grande bajeza y desprecio de sí mismas, humilladas siempre en el abismo de su indignidad y vileza.

8. Del mismo modo que se están quietas, serenas, y con igualdad de ánimo en las glorias y favores extraordinarios, como en los más rigurosos y acerbos tormentos. No hay nueva que las alegre, ni suceso que las entristezca. Las tribulaciones no las perturban, ni la interior, continua y divina comunicación las desvanece; quedando siempre llenas del santo y filial temor en una maravillosa paz, constancia y serenidad.

Capítulo II

PROSIGUE LO MISMO

9. En el exterior camino procuran hacer continuos actos de todas las virtudes, una después de la otra, para llegar a conseguirlas. Pretenden purgar las imperfecciones con industrias proporcionadas a su destrucción. Los apegos procuran desarraigarlos de uno en uno con diferencia y opuesto ejercicio, pero nada llegan a conseguir por mucho que se cansen, porque nosotros nada podemos hacer que no sea imperfección y miseria.

10. Pero en el interior camino, y recogimiento amoroso en la divina presencia, como es el Señor el que obra, se establece la virtud, se desarraigan los apegos, se destruyen las imperfecciones, y se arrancan las pasiones, y el alma se halla libre y despegada, cuando se ofrecen las ocasiones sin haber jamás pensado el bien que Dios por su infinita misericordia le tenía preparado.

11. Has de saber, que estas almas, aunque tan perfectas, como tienen luz verdadera de Dios, con esa luz misma conocen profundamente sus miserias, flaquezas e imperfecciones, y lo mucho que les falta, para llegar a la perfección a que caminan: se descontentan y aborrecen a sí mismas, y se ejercitan en amoroso temor de Dios, y propio desprecio; pero con una verdadera esperanza en Dios y desconfianza de sí mismas.

12. Tanto cuanto se humillan con el verdadero desprecio, y propio conocimiento, tanto más agradan a Dios, y llegan a estar con singular respeto y veneración en su presencia.

13. Todas las buenas obras que hacen y lo que continuamente padecen, así en lo interior, como en lo exterior, no lo estiman en nada delante de aquella divina presencia.

14. Su continuo ejercicio es entrarse dentro de sí en Dios con quietud y silencio; porque allí está su centro y su morada y sus delicias. Más estiman este interior retiro que hablar de Dios: retirarse en aquel interno secreto, y centro del alma para conocer a Dios y recibir su divina influencia, con temor y amorosa reverencia; si salen fuera, es sólo al conocimiento y desprecio de sí mismas.

15. Pero sabrás que son pocas las almas que llegan a este dichoso estado, porque son pocas las que quieren abrazar el desprecio de dejarse labrar y purificar; por cuya causa, aunque son muchas las que entran en este interior camino, es rara la que pasa adelante, y no se queda en los principios. Dijo el Señor a un alma: *Este interior camino es de pocos, y aun de raros; es tan alta gracia, que no la merece ninguno: es de pocos, porque no es otra cosa este camino, que una muerte de los sentidos y son pocos los que así quieren morir, y ser aniquilados, en cuya disposición se funda este tan soberano don.*

16. Con esto te desengañarás y acabarás de conocer la diferencia grande que hay del camino exterior al interior; y cuán diferente es la presencia de Dios, que nace de la meditación de la presencia de Dios, infusa y sobrenatural, nacida del interior e infuso recogimiento y de la pasiva contemplación. Y finalmente sabrás la diferencia grande que hay del hombre exterior al interior.

Capítulo III

EL MEDIO PARA ALCANZAR LA INTERIOR PAZ NO ES EL GUSTO SENSIBLE NI EL ESPIRITUAL CONSUELO, SINO LA NEGACIÓN DEL AMOR PROPIO.

17. Dice San Bernardo, que servir a Dios no es otra cosa que hacer bien y padecer mal. El que quiere caminar a la perfección por dulzura y consuelo vive engañado. No has de querer de Dios otro consuelo, que acabar la vida por su amor, en estado de verdadera obediencia y sujeción.

18. No fue el camino de Cristo, Señor nuestro, el de la dulzura y suavidad, ni fue éste al que nos convidó con sus palabras y ejemplo cuando dijo: *El que quisiere venir después de mí, niéguese a sí mismo, tome su cruz y sígame (Math., XXIV, 26)*. Al alma que quiere unirse con Cristo, le conviene conformarse con él, siguiéndole por el padecer.

19. Apenas comenzarás a gustar la dulzura del divino amor en la oración, cuando el enemigo con cautelosa astucia te pondrá deseos de desierto y soledad, para que puedas sin embarazo de nadie tender las velas a la continua y gustosa oración.

20. Abre los ojos, y advierte que este consejo y deseo no se conforma con el verdadero consejo de Cristo Señor nuestro, el cual no nos convidó a seguir la dulzura, y consuelo de su propia voluntad, sino a la propia negación, diciendo: *Abneget semet ipsum.*[6] Como si dijera: el que quisiere seguirme, y venir a la perfección, venda totalmente su propio arbitrio, y dejando todas las cosas, se exponga en todo al yugo de la obediencia, y sujeción por la propia negación, la cual es la más verdadera cruz.

21. Muchas almas se hallarán dedicadas a Dios, que reciben de la divina mano grandes sentimientos, visiones y mentales elevaciones, y con todo esto no las habrá el Señor comunicado la gracia de hacer milagros, penetrar los escondites secretos y de anunciar los frutos, como a otras almas, que pasaron constantes por la tribulación, tentación y verdadera cruz, en este estado de perfecta humildad, obediencia y sujeción.

22. ¡Oh qué gran dicha ser súbdita y sujeta! ¡Qué gran riqueza es ser pobre! ¡Qué gran honra el ser despreciada! ¡Qué alteza el estar abatida! ¡Qué consuelo el estar afligida! ¡Qué sublime ciencia el estar reputada por necia! Y finalmente: ¡Qué felicidad de felicidades el ser con Cristo crucificada! Esta es aquella dicha de que el Apóstol se gloriaba: *Nos autem gloriari oportet in cruce Domini nostri Jesu-Christi*[7] (*Ad Gal.*, 14); glóriense los otros con sus riquezas, dignidades, delicias y honras, que para nosotros no hay más honra que ser con Cristo, negados, despreciados y crucificados.

23. Pero ¡ay dolor! que apenas se hallará un alma que desprecie los espirituales gustos, y quiera ser negada por Cristo, abrazando su cruz con amor: *Multi sunt vocati, pauci vero electi*[8] (*Math.*, XXII), dice el Espíritu Santo. Son muchos los llamados a la perfección, pero son pocos los que llegan, porque son pocos los que abrazan la cruz con paciencia, constancia, paz y resignación.

24. Negarse a sí mismo en todas las cosas, estar sujeto al parecer ajeno, mortificar continuamente todas las pasiones interiores, aniquilarse en todo y para todo a sí mismo, seguir siempre lo que es contrario a la propia voluntad, al apetito y juicio propio, es de pocos: muchos son los que lo enseñan; pero pocos los que lo practican.

25. Muchas almas emprendieron y emprenden cada día este camino y perseveran mientras gustan la sabrosa dulzura de la miel del primitivo fervor; pero apenas cesa esa suavidad y sensible gusto, por la tempestad que sobreviene de la tribulación, tentación y sequedad, necesarias para llegar al monte de la perfección, cuando declinan y vuelven las espaldas al camino: señal manifiesta que se buscaban a sí mismas y no a Dios ni a la perfección.

26. Plegue a[9] Dios que las almas que tuvieron luz y fueron llamadas a la interior paz, y por no estar constantes en la sequedad y tribulación, volvieron atrás, no sean echadas a las tinieblas exteriores, como el que fue hallado sin vestidura de boda, aunque era siervo, por no haberse dispuesto, dejándose llevar del amor propio.

27. Este monstruo se ha de vencer. Esta hidra[10] de siete cabezas del amor propio se ha de degollar para llegar a la cumbre del alto monte de la paz. Cébase en[11] todo este monstruo; ya se introduce entre los deudos, que impiden extrañadamente con su comunicación, a que el natural se deja llevar con facilidad. Ya se mezcla, con buena cara de gratitud, en la afición apasionada y sin límite al confesor. Ya en la afición a las vanaglorias espirituales utilísimas, ya a las temporales y honrillas muy delicadas, apegadas a todos los huesos. Ya se apega a los gustos espirituales y aun se asienta en los mismos dones de Dios, y gracias gratis dadas. Ya desea con demasía la conservación de la salud y con disimulo el tratamiento de su propia comodidad. Ya quiere parecer bien con sutilezas muy delicadas, y, finalmente, se apega con notable propensión a su propio juicio y parecer en todas las cosas, cuyas raíces están enrañadas en la propia voluntad. Todos son efectos del amor propio, y si no se niegan, es imposible subir a la alteza de la perfecta contemplación, a la suma felicidad de la amorosa unión y sublime trono de interior paz.

---

[6] **Abneget**... Niéguese a sí mismo.

[7] **Nos**... Conviene que nos gloriemos en la cruz de Nuestro Señor Jesucristo.

[8] **Multi**... Muchos son los llamados, pocos los elegidos.

[9] **Plegue**... quiera.

[10] en la mitología, un monstruo de siete cabezas muerto por Hércules.

[11] **Cébase**... Come.

LA PROSA IMAGINATIVA

Las mismas corrientes humanísticas, erasmistas y neoplatónicas que condujeron a un renacimiento poético a principios del siglo XVI se hicieron sentir en la prosa imaginativa. Hasta mediados del siglo XIV la literatura novelesca casi siempre tomaba la forma de una narración breve, con fines didácticos. Durante la época de Juan II, alrededor de 1440, aparecieron *Siervo libre de amor,* un primer intento de novela de tipo sentimental, y *Estoria de los amadores Ardanlier y Liesa,* de tema caballeresco.

Cárcel de amor, de Diego de San Pedro, representa un avance definitivo. Publicada en 1492 pero compuesta entre 1483 y 1485, conserva el marco alegórico, el imperativo del honor y la exaltación sentimental de la literatura anterior, aunque apunta hacia el Renacimiento en su intento de analizar las pasiones de los personajes.

La aparición en 1508 de *Los cuatro libros del virtuoso caballero Amadís de Gaula,* de Garci Rodríguez de Montalvo, es significativa porque, aunque las aventuras fantásticas y la exageración pasional de los personajes son más propias de la mentalidad medieval que de la renacentista, el *Amadís* es la primera narración larga en prosa que gira alrededor de un héroe y un tema central. Amadís es la encarnación de valores caballerescos antiguos—la valentía, la devoción a la dama—las cuales transmite al lector europeo del siglo XVI. Al mismo tiempo, expresa una nueva sensibilidad renacentista en su preocupación por la justicia y el buen gobierno, en su búsqueda de la perfección y en su idealización poética del amor.

La Celestina representa otro paso significativo. Su fino retrato de la psicología de la pasión abre camino a la creación de personajes multifacéticos. Bajo la influencia de Petrarca y otros escritores italianos, el autor moderniza diversos temas medievales. Aunque varias obras anteriores a la de Rojas retratan a personajes humildes—los *Milagros de Nuestra Señora* de Berceo y *El libro de buen amor* de Juan Ruiz, por ejemplo—la *Celestina* es tal vez la primera obra larga en prosa que enfoca a miembros de la clase baja, exponiendo su materialismo, su cinismo, su resentimiento y su frustración. En este sentido, se puede considerar precursora de la novela picaresca. Como los libros de pícaros, la *Celestina* retrata una gama de tipos sociales y saca a luz el egoísmo y ceguera moral no sólo de los sirvientes, sino también de los amos. Por medio del perspectivismo, el autor ilustra los excesos del auto-engaño—técnica que utilizarán varios autores re-nacentistas, en particular, Cervantes. El lenguaje que emplean los personajes de Rojas es conversacional, vivaz y auténtico. Cada uno se expresa de acuerdo con su estado social—lo cual también ayuda a preparar el campo para la novela picaresca.

El dualismo que caracteriza la prosa imaginativa del Renacimiento—idealismo sentimental y espíritu crítico—ya se nota en la Edad Media. En el siglo XVI estas dos tendencias se polarizan. La corriente idealista que produce la novela sentimental y los libros de caballerías conducirá a la novela morisca, la bizantina y la pastoril, en las cuales dominan lo poético y lo artificioso. Caracterizan estas obras los sentimientos más elevados: el amor, el honor, la cortesía. Aunque estos géneros han sido calificados como «literatura de escape», tal cual veremos en nuestro análisis de las obras individuales, a menudo reflejan realidades psicológicas, políticas e históricas que son muy vigentes para los lectores. Sin embargo, a pesar de los elementos de realismo que puedan imponerse en la novela, nunca se pierden de vista por completo los ideales a los cuales aspiran los personajes más puros.

El hilo crítico y moralizador conduce a la creación de la novela picaresca. Aunque esta corriente se ha calificado de «realista», tiende a enfocar sólo el aspecto negativo de la sociedad. La novela picaresca pinta un mundo materialista, sórdido e insensible en que el deseo de satisfacer sus necesidades básicas guía a los personajes. La vida se reduce a una lucha por sobrevivir. El hambre y no el amor motiva al pícaro. Aún cuando éste tiene de qué vivir, le dominan el cinismo y la suspicacia.

Como en el caso de la poesía, muchas de las innovaciones en la prosa imaginativa son de inspiración italiana. El petrarquismo y el neoplatonismo influyen en todos los géneros novelísticos de tipo idealista. La novela pastoril se inspira en *L'Arcadia* de Sannazaro, además de en modelos clásicos. La novela corta de Boccaccio y de otros *novellieri* da origen a la nueva cuestística española, que también tiene fuertes raíces en la narración erasmista. Muchas de estas formas—la novela pastoril y la novela corta, en particular—adquieren una expresión mucho más amplia y variada en España que en Italia.

Todas estas corrientes—las idealistas y las críticas—se unen a principios del siglo XVII en la obra maestra de la literatura imaginativa española, *Don Quijote.*

226

La novela bizantina

La novela bizantina procede de las narraciones griegas tales como *Teágenes y Cariclea*—conocida también como *Historia Etiópica*—de Heliodoro, escritor del siglo III. Típicamente gira alrededor de dos protagonistas que son separados por el azar. Después de numerosas aventuras—naufragios, secuestros, cautiverios—son por fin reunidos. Según Constance Hubbard Rose, autora de un importante estudio de Alonso Núñez de Reinoso, «Además del estímulo logrado por medio del suspenso literario que proveían los argumentos complejos y sinuosos, y de la recreación de un ambiente de aventuras que correspondía a la excitación generada por los viajes de descubrimiento, la novela bizantina ayudó a proveer de nuevas materias a un creciente público de lectores creado por la imprenta y a satisfacer la demanda de información sobre lugares lejanos o tiempos antiguos en un mundo de relaciones temporales y geográficas nuevamente descubiertas.» A diferencia de la novela de caballerías y la pastoril, la bizantina posee un elemento de verosimilitud geográfica, señalado por el crítico francés Marcel Bataillon, con sus descripciones de lugares exóticos pero existentes.

Como tantos otros géneros novelísticos, la novela bizantina llegó a España desde Italia, donde florecían las imitaciones y traducciones de modelos helenísticos. Hay elementos bizantinos en varias novelas pastoriles españolas, notablemente en la *Diana enamorada* de Gaspar Gil Polo. Cervantes incorpora aspectos de la novela bizantina en *La Galatea*, en *Don Quijote* y en sus novelas ejemplares.

Dos ejemplos de la novela bizantina son *La historia de los amores de Clareo y Florisea y de los trabajos de la sin ventura Isea*, de Alonso Núñez de Reinoso, publicado en 1552, y *Selva de aventuras*, de Jerónimo de Contreras, publicado, al parecer, antes de 1565, ya que según don Marcelino Menéndez y Pelayo la edición de dicho año posiblemente no sea la primera. Aunque la crítica moderna ha tratado de probar la influencia de *Clareo y Florisea* en el desarrollo de la novela bizantina española y, en particular, en el *Persiles*, Avalle-Arce protesta contra esta noción y Constance Hubbard Rose señala que la novela de Nuñez de Reinoso no se publicó en España hasta el siglo XIX.

Clareo y Florisea se desenvuelve en un contexto pastoril y tiene un argumento doble. La primera parte trata de los amores de Clareo y Florisea. Es una adaptación de los cuatro últimos libros de *Leucipe y Clotofonte* de Aquiles Tatio, contemporáneo de Heliodoro, que habían llegado a Núñez de Reinoso por medio de la traducción italiana de Lodovico Dolce. La segunda, una invención de Reinoso, trata de los trabajos de Isea.

Isea, habitante de la Insula Pastoril, narra las aventuras de Clareo y Florisea, dos amantes que han huido de sus casas, prometiendo vivir como hermanos durante un año antes de casarse. En ruta a Alejandría, el bandolero Menelao roba a Florisea. Clareo los persigue por mar. Convencido de que Menelao ha matado a su amada, Clareo llega a Alejandría. Isea, una viuda cuyo marido se ha ahogado en el mar, se enamora de Clareo, quien acepta casarse con ella con tal de que el matrimonio no se consume. Parten para Efeso, la patria de Isea. Después de varias aventuras, la pareja se entera de que Tesiandro, el marido de Isea, todavía vive. Florisea reaparece, pero Tesiandro, seducido por su hermosura, la secuestra y hace creer que está muerta. Clareo, convencido de su propia culpabilidad en este asunto, hace una confesión falsa e implica a Isea. Justo antes de que las autoridades ejecuten a Clareo, Florisea aparece y prueba la inocencia de él. Los dos amantes parten y sus padres les dan permiso para casarse.

Isea abandona Efeso y comienza una vida de interminables viajes. Después de un náufrago y varias otras aventuras, un gran señor la emplea como tutora de su hija, pero más tarde Isea vuelve a su vida errante. Acompaña al caballero Felicindos, quien busca la Casa de Descanso, en varias aventuras. En una de ellas el sabio Rusimundo los lleva al infierno, donde ven a los condenados ardiendo en llamas. Isea y Felicindos se separan, y ella llega a España, donde se retira a la Insula Pastoril a escribir sus recuerdos.

Más que una simple imitación de una narración griega, Constance Hubbard Rose ha visto en *Clareo y Florisea* una expresión de la angustia del autor, un converso que nació en España, vivió en Portugal, país del cual huyó por las presiones de la Inquisición, y terminó su vida en Italia. Isea, como Núñez de Reinoso y otros conversos, enfrenta continuas adversidades y termina su historia escribiendo sus memorias, que son, en realidad, una larga lamentación. Felicindos, que Hubbard Rose identifica como el escritor Feliciano da Silva, busca la Casa de Descanso, donde por fin podrá descansar de los trabajos de la vida. El mar es un símbolo, común en la literatura de la época, de los infortunios y desastres. Según esta interpretación, *Clareo y Florisea* es una metáfora por la situación de los conversos durante la primera parte del siglo XVI.

A diferencia de *Clareo y Florisea*, *Selva de aventuras* parece haber gozado de una popularidad considerable en España. Salieron por lo menos seis ediciones posteriores a la de 1565, además de una traducción francesa que apareció en 1580 y volvió a imprimirse varias veces.

La historia gira alrededor de un caballero sevillano que se llama Luzmán. Ama a Arbolea, una amiga de la infancia, pero ella desea entrar en un convento en vez de casarse. Desconsolado, Luzmán parte para Italia. Sus aventuras durante este viaje son la materia de la novela. Cada uno de los personajes que conoce le cuenta su historia.

Algunas de éstas son muy delicadas, complejas y románticas. Al iniciar su regreso a España, cae en manos de unos corsarios que lo llevan a Argel. Por fin es rescatado y vuelve a Sevilla, donde Arbolea ya ha ingresado en una orden religiosa. Luzmán se despide de sus padres y construye una ermita cerca del monasterio de Arbolea. Allí pasa el resto de sus días haciendo vida de penitente.

Poco se sabe de Jerónimo de Contreras. Pasó por lo menos diez años en el reino de Nápoles, donde vivía cuando terminó su *Dechado de varios subjectos,* publicado en 1572. Este libro, una alegoría moral entremezclada con elogios de españoles ilustres, es el único otro libro que nos queda de él.

La novela póstuma de Cervantes, *Los trabajos de Persiles y Sigismunda* (1617), toma por modelo la narración bizantina, pero, como señala Juan Bautista Avalle-Arce, «. . . al hacer peregrinos a sus protagonistas supera, de un plumazo, el sentido anecdótico de las aventuras de sus modelos. Porque la aventura y la peripecia adquieren ahora nuevo y superior sentido al engarzarse en una peregrinación de amor, que es, al mismo tiempo, una alegoría de la vida humana». Cervantes califica su libro de «historia septentrional», aunque sólo los dos primeros libros se sitúan en el norte de Europa. Los protagonistas, el príncipe Persiles y la princesa Sigismunda, ejemplos ambos de todas las virtudes cristianas, emprenden un viaje, haciéndose pasar por hermanos y adoptando los nombres falsos de Periandro y Auristela. Comienzan en la mítica Isla Bárbara, tierra nórdica y, dirigiéndose hacia el sur, pasan por los mares y los países de Europa, cruzando Portugal, Francia e Italia hasta llegar a Roma, donde quieren que el Papa bendiga su amor casto y puro. Un destino caprichoso se burla repetidamente de los amantes, quienes ven sus esfuerzos frustrados cada vez que creen haber alcanzado la felicidad.

Un ambiente de sueños y de aventuras caracteriza los dos primeros libros, los cuales constan de una sucesión de naufragios, secuestros, visiones y presagios. Para la creación de esta parte de la novela Cervantes tuvo que usar su imaginación, inventando cada detalle, ya que no conocía de primera mano las zonas nórdicas en las cuales se desenvuelve la acción. Los Libros III y IV tienen lugar en los países mediterráneos, los cuales Cervantes recrea de una manera mucho más realista.

El hilo narrativo se interrumpe constantemente con la aparición de personajes secundarios que introducen subargumentos. Sin embargo, el peregrinaje de los dos amantes nunca se pierde de vista y esto es lo que da cohesión a la novela. Manual Durán ha mostrado que mucho más que de la intervención sobrenatural, la tensión que Cervantes crea en *Persiles y Sigismunda* proviene del elemento psicológico—los peligros y separaciones que amenazan constantemente la felicidad de los jóvenes. Se ha llamado a *Persiles y Sigismunda* una épica en prosa porque, a pesar de las complicaciones que el autor introduce en el argumento, no se aleja jamás de los principios clásicos de unidad y verosimilitud. De hecho, es la novela de Cervantes que incorpora mejor lo ideal y lo real.

La peregrinación de la Isla Bárbara, es decir, de la barbarie, a Roma, sede de la Iglesia Católica, es simbólica. Escribe Avalle-Arce: «. . . el tema del amor recorre una trayectoria que empieza con el brutal amor de los bárbaros, se eleva a la categoría humana encarnada en diversos casos, aunque casi todos pecaminosos por diversos motivos, se purifica en las relaciones de Persiles y Sigismunda, pero éstas sólo llegan a su punto de perfección (requisito indispensable para la unión) cuando en Roma son adobadas por la catequesis». Sólo después de vencer todos los obstáculos quedan purificados y dignos que asumir de nuevo sus nombres verdaderos con los cuales vivirán en el seno de la Iglesia.

Persiles y Sigismunda no son personas de carne y hueso, sino alegorías del perfecto amante cristiano. Por el unidimensionalismo de los personajes, por su falta de humor y por su bizantinismo, *Persiles y Sigismunda* le agrada menos al lector moderno que el *Quijote.* Sin embargo, se considera la novela mejor escrita de Cervantes y contiene algunos de los pasajes más poéticos de la prosa del Siglo de Oro.

Las novelas de Nuñez de Reinoso y de Contreras se encuentran en *Novelistas anteriores a Cervantes,* ed. Carlos Aribau Buenaventura (Madrid: Rivadeneyra, 1846). De *Los trabajos de Persiles y Sigismunda* recomendamos la edición de Juan Bautista Avalle-Arce (Madrid: Castalia, 1984).

ALONSO NÚÑEZ DE REINOSO (¿1492?–¿1552?)

Los amores de Clareo y Florisea

CAPÍTULO II

EN EL CUAL ISEA VA CONTANDO CÓMO NAVEGANDO CLAREO Y SU COMPAÑÍA, VIERON LA INSULA[1] DELEITOSA Y LAS GRANDES MARAVILLAS QUE LOS MARINEROS LES CONTARON DE LOS AMORES DEL PASTOR ARQUESILEO CON LA PRINCESA NARCISIANA

Habiendo pues navegado algunos días aquellos amantes por la mar adelante, unas veces con próspero tiempo, y otras con contrario (porque los que van navegando no pueden dejar de sentir y probar los reveses y mudanzas de la loca y brava mar), una mañana, ya que el sol esparcía sus claros rayos por toda la tierra, vieron de lejos una hermosa ínsula, llena de muy hermosas y ricas casas, tan copiosa de arboledas y grandes campiñas, que gran contento daba a los ojos que la miraban, y ponía

---

[1] isla.

gran deseo a los navegantes de ver tierra que tan hermosa parecía, y así determinaban, cansados de la fastidiosa mar, de reposar allí; pero los marineros, que sabían más de la ínsula que no ellos,[2] les dijeron que no lo hiciesen, porque si en la ínsula entrasen, que supiesen cierto que se ponían[3] a gran peligro, porque en la ínsula vivía la princesa Narcisiana, hija del rey de Macedonia,[4] la cual era tan hermosa, que ninguna persona la veía que a la hora[5] no muriese, y que por esta causa sus padres la habían hecho traer en aquella ínsula, que la ínsula Deleitosa se nombraba, por causa y respeto de los grandes deleites que había en ella; adonde la princesa estaba, acompañada de muchas dueñas y doncellas de alta guisa[6] y de otras princesas, que por le tener compañía allí eran venidas, y algunos pastores, los cuales, a lo que se pensaba, eran grandes príncipes y andaban disfrazados por causa de la princesa, principalmente uno que Altayes de Francia dicen ser, hijo del emperador de Trapisonda, por otro nombre, el caballero Constantino llamado, y en aquella ínsula el pastor Arquesileo.

«Grandes cosas nos habéis dicho; pero ¿cómo sabéis vos todo eso que nos habéis contado?» respondió Clareo. «Yo os le diré, dijo el marinero: pocos días ha que en esta mi nao[7] pasó una doncella, que aquestas cosas y otras mayores de aquesta infanta me contó, las cuales serían muy largas de contar.—Decídnoslas todas, respondió uno de los compañeros de Clareo, que Rosiano se llamaba, porque muy gran placer recebiremos todos en sabellas, y así podremos mejor pasar el gran fastidio de la desabrida mar.»

Capítulo III

EN EL CUAL EL MARINERO CUENTA LAS COSAS DE AQUELLA ÍNSULA A CLAREO Y A LOS DE SU COMPAÑÍA.

«Habéis pues de saber (dijo el marinero), que, según esta doncella me contó, esta infanta Narcisiana es tan hermosa y tiene tanta fuerza en el mirar, que mata en la misma hora que mira; por lo cual, sus padres, como personas que quisieron evitar aqueste daño, la enviaron a esta ínsula, adonde ningún hombre verla pudiese; y no bastó esto, sino que trae delante de su rostro una forma de velo o antifaces,[8] con que lo cubre, porque así pueda ver, y siendo por ventura vista, no matar. Y porque tan

gran hermosura por todo el mundo fuese sabida, enviaron retratos por las cortes de todos los príncipes; y muchos, espantados de tan gran beldad, y presos della, se determinaron de en vida pastoril venir a esta ínsula; pero antes, por consejo de grandes mágicos, se lavaron con cierta agua conficionada,[9] porque viendo a la princesa no pudiesen peligrar. Quien entre todos ellos es más tenido y estimado, es el pastor Arquesileo, que hijo del emperador de Trapisonda se cree ser, porque éste es demasiadamente hermoso y muy gran músico, y la infanta lo ama, porque se parece con Altayes, que es el mismo a quien ella por oídas[10] en extremo ama y quiere; y como este pastor amase tanto a la infanta, por hablar algunas veces delante de su presencia y darse a conocer, tomó gran amistad con una reina, que Sagitaria se nombra, señora de esta doncella que digo; la cual vale mucho con[11] la infanta, porque la quiere y ama en extremo, y por esta causa Arquesileo habla algunas veces con la infanta, y tañe y canta en su presencia, y cuasi[12] le da a entender su pena. Mas la princesa al principio no entendía la[13] fin del pastor; pero andando algún tiempo la entendió, y no tan libre que alguna pena no sintiese, por lo ver tan hermoso y tan acabado en todas sus cosas, y le parecía según su gran atrevimiento, que no dejaría de ser gran príncipe.[14] Pero ninguna cosa de estas jamás dio a entender, porque su grandeza y honestidad defendían el mostrar sus deseos.

Aportó en aquel tiempo en aquesta ínsula una doncella extranjera, la cual pidió un don a la princesa, el cual ella otorgó, y el don era, que mandase a Arquesileo, pastor, que con ella se fuese, lo cual dio gran pena a la infanta; pero viendo que otra cosa hacer no podía, por haber dado su palabra, otorgó la partida del pastor, que para él fue partir de la vida y caminar a la muerte. Y así se fue con la doncella a un lugar, que cerca de la ínsula estaba, adonde tenía sus armas; y armado de todas ellas, llamándose el caballero Constantino, se partió con la doncella.»

Capítulo IV

EN EL CUAL, PROSIGUIENDO LA HISTORIA EL MARINERO, CUENTA LO QUE ACONTECIÓ EN LA ÍNSULA, DESPUÉS DE LA PARTIDA DE ARQUESILEO.

Caminando Arquesileo, llamándose el caballero Constantino, con la doncella que de la ínsula lo

---

[2] **que**... que ellos.
[3] exponían.
[4] región al norte de Grecia.
[5] **a...** inmediatamente, pronto.
[6] **de...** de alto linaje.
[7] **esta...** esta nave mía.
[8] velo o máscara.

[9] **agua**... confección, poción, medicina blanda.
[10] **por...** porque ha oído hablar de él.
[11] **vale...** es muy apreciada de.
[12] casi.
[13] el (**Fin** era un substantivo femenino.)
[14] **que**... que seguramente era un gran príncipe.

había sacado, después de algunos días pasados, le dio derecho de un gran tuerto que le era hecho;[15] y habiendo cumplido el don que la princesa le había prometido, se partió, y antes que a la ínsula volviese, acabó grandes y extrañas aventuras, en el cual tiempo parece ser que aquellos pastores, que con la infanta quedaron, habiendo grande invidia al pastor por pensar dañarle, le levantaron que él era traidor, y había[16] cometido traición en el palacio real y casa de la infanta; y esto con tener no honesta ni lícita conversación con la reina Sagitaria; la cual acusación, aunque falsa, supieron poner tan cautelosamente, que a la princesa fue forzado, por cumplir con su honra, de dar por sentencia que la reina fuese obligada de dentro en dos meses dar caballero que se combatiese con aquellos pastores, y la librase de la acusación que contra ella ponían; donde[17] no, que muriese, y Arquesileo, si a la ínsula tornase; y así la mandó meter en prisión: la cual, viendo la poca culpa que tenía y viéndose presa, hacía muy gran llanto. No sabiendo qué remedio tener, mandó diez doncellas suyas que fuesen por todo el mundo a buscar algún caballero, que por ella esta batalla hacer quisiese, informándolo de su justicia y de la gran sinrazón que se le hacía; las cuales con este recaudo[18] partieron por diversas partes del mundo; pero aquélla, que fue la misma que esta historia me contó, aportó en aquella parte adonde el caballero Constantino andaba, tan conocido por sus grandes hazañas, que en toda la tierra en otra cosa no se hablaba; por lo cual, esta doncella, movida por su gran fama, lo buscó; y hallándolo un día, le pidió un don, y otorgado por él, le contó todo lo que habemos[19] contado, pidiéndole de la reina se quisiese doler, y de aquella falsa acusación librar. De las cuales cosas Constantino quedó maravillado; y como él supiese la verdad, luego aceptó la demanda, y pesóle mucho del trabajo en que la reina se hallaba, sin tener ninguna culpa. Y luego se partió a la ínsula, y llegado, entró en campo y libró la reina de la acusación y de todos aquéllos que la acusaban, de lo que la princesa fue demasiadamente leda[20] y contenta, y no menos espantada de la valentía de aquel caballero. Y preciólo mucho, y rogóle tanto que quitase el yelmo, que él lo quitó; y quitado, la princesa quedó espantada, y en altas voces dijo: '¡Válasme, Dios![21] ¿Este no es Arquesileo, mi pastor?' A lo cual

Constantino respondió que él no sabía quién fuese Arquesileo, y que él era un caballero extranjero, natural del reino de Escocia, y que su nombre era Constantino; y así, sin más decir, se partió luego, dejando la princesa tan fuera de sí, que quedó más muerta que viva; porque, como ella amase a Arquesileo por su gran hermosura, y aquél con ser tan extremado caballero se pareciese tanto con[22] él, comenzólo de querer de suerte que jamás lo olvidó, y recibió gran pena por ver partir tan brevemente aquél por quien tan presa quedaba.

«El cual, dentro en tercero día, vestido en su hábito pastoril tañendo su flauta, vino a la ínsula, y de la princesa fue ledamente recibido por se parecer con[23] quien ella tanto quería, y por quien ya tanto penaba, y luego le contó todo lo que después de su partida había sucedido, y como un caballero, que se parecía en extremo con él, había librado a la reina. A lo cual Arquesileo respondió que él no sabía quién fuese el caballero, ni quién se pudiese parecer con él, que bien era verdad que él había oído que Altayes de Francia, hijo del emperador de Trapisonda, se parecía con él; pero él lo tenía por cosa imposible.

«La infanta, oyendo aquello, tuvo por cierto que aquel caballero que tanto se encubría debía ser Altayes, y comenzólo a amar con demasiada pena, viendo que era tan alto príncipe, y vino a penar tanto por él, que todos conocían su mudanza, y holgábase mucho de hablar con Arquesileo por se parecer con Altayes, que era él mismo. Y aconsejábase con él, habiéndole ya descubierto su deseo, diciéndole si podría ella por alguna forma ver a Altayes, a lo cual él respondía sabia y cuerdamente. Y así están encubiertos los pensamientos de aquel pastor (que es el mismo Altayes), sin saberse en qué pararán. Y esta doncella sabe solamente la verdad, porque lo trujo[24] a la batalla de la reina pero no dice nada, y como yo la llevase en esta mi nao a Macedonia, contóme todas estas cosas que os tengo,[25] señores, contado, así de las cosas de esta ínsula, como de los amores y gran hermosura de Narcisiana.»

JERÓNIMO DE CONTRERAS

Selva de aventuras

Libro sétimo

Con próspero viento yendo la nave en que Luzmán iba, ya cerca de las costas de España, les dio un

---

[15] **le**... enmendó un gran mal que le habían hecho.
[16] **le**... lo acusaron de ser traidor, y de haber
[17] cuando.
[18] recado, misión.
[19] hemos.
[20] alegre.
[21] **Válasme**... Válgame Dios.

[22] a.
[23] **se**... parecerse a.
[24] trajo.
[25] he.

viento contrario y anduvieron tres días sin poder tomar puerto, y al cuarto día dio con ellos un galeón, que de Constantinopla venía, muy poderoso, el cual iba a la ciudad de Argel; y como la nave vido[1] el capitán de él, acometióla; y aunque se defendió todo un día, como el galeón viniese más armado y con mucha gente de guerra, húbola de tomar, y así fue cautivo Luzmán y todos los que en la nave venían, siendo algunos muertos y mal heridos, El capitán del galeón luego volvió su camino la vuelta de Argel, y allí, desembarcado que fue, hizo partes[2] de lo que habían ganado, y repartió los cautivos. A Luzmán compró un rico moro, pariente muy cercano del rey, llamado Laudel, y como le viese mozo, preguntóle: «di, cristiano, ¿de qué me podrás mejor servir? ¿Sabes por ventura algún oficio?» Luzmán, que desde que le prendieron había dado a Dios muchas gracias diciendo: «Señor, yo conozco que por mis pecados y poca fe me han venido estos trabajos, con los cuales te ruego seas servido darme paciencia y entendimiento para salir de ellos;» y así agora cuando ese moro le preguntaba qué oficio tenía, en su corazón daba asimismo a Dios muchas gracias, y respondió a Laudel: «yo no tengo ningún oficio, que no lo aprendí; mas servirte he[3] en lo que me mandares; que cualquiera cosa haré poniéndome en ella.» Laudel[4] le pareció bien Luzmán, y mandó que le metiesen en una grande y hermosa huerta que tenía, y que allí sirviese con otros esclavos al hortelano mayor, el cual siempre andaba por la huerta adrezándola y haciendo en ella cosas primas,[5] porque era la mejor que en aquella tierra había:

Luzmán se dio tan buena maña con su grande habilidad y gentil entendimiento, que en menos de un año hacía tales cosas, que el hortelano era tenido en poco; y Laudel se venía a su huerta, y hablaba muchas veces con él y queríale mucho, viendo con cuánto artificio trazaba los lugares que eran más agradables para dar contentamiento, y plantaba y enjería los árboles maravillosamente. Asimismo por su orden y consejo se hizo un laberinto, en el cual pocos entraban que acertasen a salir; y en medio de él se hizo una fuente, de su juicio trazada, que el rey y todos los más nobles de la ciudad venían a verla por gran maravilla. Pues con estas cosas, y mas su bondad, Laudel lo estimaba mucho. Este Laudel tenía un solo hijo, llamado Calimán, el cual desde niño se había criado en la corte del gran turco y en su palacio; era muy gentil hombre y de nobles costumbres. Pues de esta manera y en esta vida

estuvo Luzmán cinco años cautivo, estando siempre llorando y sospirando cuando solo se veía; bien sabía él que si escribiese a sus padres, que luego le rescatarían, pues eran tan ricos y él heredero de todos sus bienes; mas no podía acabarlo con su corazón, antes estaba determinado de morir allí en servicio de Laudel, que entre aquellos árboles mirando al cielo rogaba a Dios se acordase de su ánima, y aquella vida la tomase por penitencia y desculpa de sus yerros; y con este pensamiento, y conformándose con la voluntad de Dios, estuvo todo este tiempo. Mas nuestro Señor, que en los mayores trabajos y adversidades no se olvida de aquéllos que a él se encomiendan y que tienen la esperanza en su socorro, como este caballero, en quien estaban tantas virtudes y nobles costumbres, con celo de caridad, y así se acordó de él, como se contará; y fue así que a Laudel su amo le dio una enfermedad, de la cual murió, y de su muerte recebió Luzmán gran descontentamiento, y lloró por él como si su padre fuera. Luego los parientes de Laudel escribieron a su hijo, enviándole a decir su muerte, y pidiéndole que luego se viniese, y llegada la carta, Calimán se fue ante el gran turco, y le dijo la muerte de su padre y le pidió licencia. El gran turco se la dio, y muy acompañado se metió en la mar, y así llegó a la ciudad de Argel, siendo muy bien recebido del rey, como aquél que era mucho su pariente.

Pues como hubiese ya tomado la posesión de su hacienda, y anduviese más descansado que antes, obró luego en él el amor otro nuevo pensamiento del que antes tenía, y fue que se enamoró de la hija del rey, llamada Arlaja; y tanto en estremo fue su amor, que no comía ni bebía, ni podía dormir, sino siempre andaba pensando cómo pudiese descubrirle su nueva herida. Pues como un día Arlaja saliese a caza a un hermoso soto,[6] Calimán se llegó a ella, y le descubrió su corazón y la causa de su tristeza, y que si no le remediaba tomándole por marido, que él no podía dejar de morir presto. Arlaja le desdeñó mucho, diciéndole que había tenido grande atrevimiento, y que supiese que el rey su padre ya la tenía en su voluntad casada, y por eso que no hablase más en aquel hecho. Pues con esta respuesta Calimán quedó muy triste; mas no por eso dejaba de hacerle mil servicios y andar ricamente vestido, haciendo cada día por ella muchas fiestas, donde ya claro se entendía cómo la amaba y el deseo que tenía. Pues en este tiempo Luzmán andaba en su huerta, regándola con muchas lágrimas, y una tarde, hallándose muy triste, se acostó debajo de un árbol, y como comenzase a dormir, luego comenzó a soñar que se hallaba en un deleitoso verjel, riberas

---

[1] vio.
[2] **hizo**... repartió.
[3] **servirte**... te serviré.
[4] A Laudel.
[5] excelentes, notables.

[6] monte.

del mar, y que estando así veía venir a su señora Arbolca, vestida toda de blanco, y que la traía de la mano un mancebo, el más hermoso que podía ser visto, el cual parecía que le decía: «ves aquí, Luzmán, a Arbolea, la cual comigo está desposada, porque soy más hermoso que tú y tengo más riquezas; y por eso despídete de casar con ella, y el tal pensamiento salga de tu memoria».

A Luzmán le parecía arrancársele el alma con estas nuevas, y que decía llorando a su señora: «¿es verdad, hermosa Arbolea, lo que este mancebo dice, y que tú me despreciaste a mí por otro ninguno?» A las cuales palabras ella le respondió: «mi verdadero hermano, yo nunca te desprecié ni agora te desprecio; mas siempre te tuve aquel amor que se pudo tener, limpio y casto como es éste que yo tengo a este mi esposo, así que, has de creer que yo soy suya y de otro jamás seré»; y diciendo esto desapareció ella y el mancebo delante de sus ojos. Luzmán con gran sobresalto recordó,[7] y . . . creyó que verdad fuese, como aquél que verdadero amor le hacía estar siempre pensando en ella. Pues con esta imaginación y gran tristeza comenzó a verter muchas lágrimas y a decir: «grande y poderoso debe de ser el humano sufrimiento que puede resistir a los golpes de la mudable fortuna, y de liviano peso los dolores que pueden estar mucho tiempo encubiertos; mudanzas tiene la vida, prestados son sus placeres, y de grande merecimiento el ánimo que resistiendo a sus persecuciones se conforma con la voluntad de aquél por quien se reciben: por cierto yo no puedo creer que tú, mi señora Arbolea, me hubieses olvidado, ni que por otro me dejases, siendo tan verdadero mi amor.» Fue tanta la congoja que a Luzmán vino desde este día, que no bastando su discreción ni sufrimiento, enfermó y estuvo muchos días a punto de muerte; mas como nuestro Señor no permitiese que allí acabase sus días, comenzó a convalecer, y así andaba por la huerta muy flaco; y una tarde, estando debajo de unos rosales aderezándolos, por tomar algún consuelo comenzó a cantar por quitar parte de su cuidado, y lo que cantaba era lo siguiente:

No puedo mi dolor más encubrillo,
　Que a ti, señora, ya que lo causaste,
　Que yo quedo contento con decillo
Pues ya que el corazón su tiempo gaste
　En darte de mi mal estrecha cuenta
　En solo ser por ti, señora, baste.
Baste por galardón de mi tormenta,
　Tormenta desigual de mi tormento;
　Salida de la mar que causa afrenta.

Pues cuando pensé ser libre y exento
　Del mal que causa amor buscando ausencia
　Me hallo con mayor afligimiento.
Aquello fue vivir, cuando en presencia
　Estaba yo, señora, ante tus ojos,
　Que no pude hallar en ti clemencia.
Aquéllos que yo tuve por enojos,
　Si bien los conociera, me eran gloria,
　Y mío el vencimiento y sus despojos.
Ausencia me quitó de la victoria,
　Ausencia me robó mi buena suerte,
　Dejándome herida la memoria.
Ausencia es dolor mayor que muerte;
　Ausencia es un fin que poco dura,
　Derribando de presto lo más fuerte,
Y la ausencia en sí es una figura
　De pesar, quitador del bien ajeno,
　Y cárcel del dolor, horrible, escura.[8]
Ausencia me quitó mi tiempo bueno,
　Dejándome mortal, pobre y sin vida,
　Cubierto el corazón de su veneno.
Señora, bien verás por despedida
　Morir quien te sirvió desconsolado
　En tierra de dolor no conocida.
Yo soy una marmota, descuidado,
　Perdido tengo el ser que poseía,
　Y soy como animal bruto tornado.
Yo llorando andaré de noche y día
　Por ver si acabarán mis tristes daños,
　Salteados por ti los dulces años
　En los cuales busqué la muerte mía.

Estando Luzmán cantando estos versos en la propia lengua morisca, como aquél que maravillosamente la hablaba; y cantábalos tan lastimosamente y con tanta gracia, que maravilla era; allegó Calimán cerca de aquel lugar, que, como su corazón enamorado estuviese, en ninguna parte podía reposar, y así por hallar reposo y a solas contemplar la hermosura de Arlaja, se andaba paseando por la huerta. Pues muy contento de oír lo que Luzmán había cantado, se vino para él, y como le viese tan flaco díjole: «di, cristiano, ¿de qué tierra eres?» Luzmán que vio a su nuevo señor, humillándosele respondióle: «señor, mi naturaleza es España.—¿Cuánto ha que estás en esta tierra? le dijo Calimán.—Va en seis años que soy cautivo y estoy en esta huerta.—¿Has estado enfermo, preguntó Calimán, que muy flaco te veo, o por ventura trátante mal, no te dando lo que has menester?—No soy mal tratado, dijo Luzmán, ni nunca lo fui, que Laudel, tu padre y mi señor, mucho me quiso.—¿Qué era aquello que cantabas?

---

[7] se despertó.

[8] oscura.

dijo Calimán, que cierto me pareció muy bien, y lo que de ello entendí es que mostrabas estar enamorado. Dime por tu vida si es verdad.—Señor, respondió Luzmán, por amor soy venido en ajena tierra y en poder ajeno.—¿Cómo puede ser esto? dijo Calimán. ¿Quién ha sido la causa en esta tierra?—Yo te lo diré, respondió Luzmán, porque a tal hombre como tú no se debe negar lo que pide. En mi patria me hirió ese amor de quien me quejo, porque amé a una doncella muchos años, y al fin dellos fui de ella despreciado, no queriendo casarse conmigo; por esta causa me partí de su presencia, dejando a mis padres y parientes, y me vine desesperado por el mundo, y así fui cautivo en la mar y traído a esta tierra; y así acordándome de lo pasado canto algunas veces, aunque se podría llamar llorar antes que canto, porque mal puede cantar quien siempre llora.»

Cuando Calimán oyó las palabras de Luzmán, hubo[9] lástima de él, y túvole por hombre de buena razón; y como él estuviese lastimado de la misma herida, respondióle diciendo: «yo te digo, cristiano, que me pesa de verte tan mal tratado por amores, como aquél que no menos que tú lo está; y así entiendo muy bien cuánto duele esa llaga, y adónde llega un disfavor, porque te hago saber que yo amo y no soy amado, y sirvo sin ser agradecido; de manera, que sin esperanza me sustento, pasando dolorosa y amarga vida; y pues a ti te ha sucedido lo que a mí me sucede, de aquí adelante te querré más y hablaré contigo, que podría ser me dieses algún consejo, que por hombre muy discreto te tengo.—Señor, servirte he[10] cuanto yo pudiere, aunque consejo mal te lo puede dar quien para sí no lo ha tenido.—Bien está, dijo Calimán; mas has de saber que un enfermo huélgase de hablar con otro que ha tenido o tiene su enfermedad.» Pues estas palabras y otras muchas pasó Calimán este día y otros muchos con su cautivo Luzmán, y vínole a tomar tanta afición que no se hallaba sin él y honrábalo mucho, y contábale toda su vida, y descubríale sus secretos.

Pues estando un día Calimán muy triste, viendo que no aprovechaban servicios para ablandar la crueza[11] de Arlaja, Luzmán estaba con él consolándole con muchas buenas razones; Calimán le dijo: «sabes que he pensado, que tú, pues tienes tanta gracia en cantar, que esta noche te vayas comigo a un lugar donde yo te llevaré, y que digas algo a la crueza de mi señora Arlaja; podrá ser que la moverás tú a piedad, como me moviste a mí a compasión cuando te oí cantar en la huerta.—Muy

bien me parece, dijo Luzmán, lo que, señor, decís; yo llevaré un laúd y diré alguna cosa que os contente.» Esto concertado, a la noche Calimán se fue llevando consigo a Luzmán, y entró en lugar donde muy bien Arlaja podía oír lo que se cantase; y allí Luzmán tañió maravillosamente, tanto que Arlaja se levantó, y cubriéndose una rica ropa se puso a escuchar lo que se tañía y cantaba, que decía así:

La crueza y hermosura
  Dos contrarias cosas son,
  Por lo cual niega razón
  Permitas mi desventura
  En pago de mi afición.
  Y así digo:
  Que deseches la crueza,
  Pues crueza y gentileza
  No es bien que moren[12] contigo.
Si me llamas, ¿por qué llamas
  Me queman de esta manera?
  Responde, flor de las damas:
  ¿Por qué permites que muera,
  Y en mi venganza te inflamas?
  Ay de mí.
  Que en triste fuego me queme,
  Y con saber que es así
  Ni lo precio ni lo temo.
No permitas la venganza
  Deste que tienes rendido,
  Ni quieras mostrar olvido
  A quien con tanta esperanza
  A tus manos es venido.
  Mas yo quiero
  Lo que tu voluntad quiere;
  Que quien muere como muero
  Entiéndase que no muere.
No me quieras despreciar,
  Porque moriré más presto:
  Echa la culpa a tu gesto
  El cual me pudo forzar
  Con su ser puro y honesto;
  Y así siento
  Dolor en ser desdeñado,
  Que el corazón desamado
  Luego pierde el sufrimiento.
Vuelve los ojos, señora,
  Un poco más regalados
  A mis ansias y cuidados;
  Que no es bien que en toda hora
  Los quieras tener airados;
  Que esa ira
  Es mi muerte muy temprana
  Siendo tú tan inhumana
  A quien llorando sospira.

---

[9] tuvo.
[10] **servirte**… te serviré.
[11] crueldad.

[12] vivan.

Si tienes por mejor suerte
  Mi morir, yo moriré;
  Mas, ¿qué ganas en mi muerte?
  Cata[13] que es firme la fe
  Que tuve y tengo con verte,
  De manera
  Que muchas veces me arguyo
  Cómo muero siendo tuyo,
  O tú permites que muera.

Tan dulcemente cantó estas coplas Luzmán con la suavidad de su tañer, que la hermosa Arlaja quedó maravillada y algún tanto le ablandaron el corazón; y otro día preguntó a Calimán quién era el que había cantado la noche antes, que no poco favor fue para él preguntarle Arlaja esto; y respondióle: «señora, un cautivo mío cristiano, que también ha sido herido del amor como yo.—Tan buen hombre como ése no merece estar cautivo, respondió Arlaja, antes merece libertad.—¿Cómo podrá darla, dijo Calimán, quien no la tiene para sí?—Mucho me holgué de oírle, respondió Arlaja.—Pues haré yo, señora, respondió Calimán, que le oyas[14] muchas veces.» Pues de esta manera oyó Calimán palabras de algún favor de la boca de su señora, y con esto se volvió muy alegre a su posada, y abrazando a Luzmán le dijo: «amigo, en gran obligación te soy,[15] pues por tu causa he recebido hoy el mayor favor que hasta aquí había recebido; porque mi señora me ha dicho que se ha holgado en oírte cantar, y así te ruego que esta noche le tornes a decir alguna cosa.—Señor, dijo Luzmán, yo haré todo lo que vos mandéis y no faltará qué decir.» Pues así muchas noches Luzmán fue con Calimán, y tañía y cantaba muchas cosas en alabanza de Arlaja; y de aquí nació entre ella y Calimán mucha conversación, de manera que lo que no pudiera acabar Calimán por sí lo acabó por ajena mano, porque las palabras suaves de Luzmán la comenzaron a mover, y de este movimiento vino a hablar como está dicho a Calimán, y de esta habla nació conversación, y de esta conversación comenzar ella a quererlo bien, y de este quererle bien comenzarle de amar; y vino esto en tanto grado que se casó con él, y aunque hubo algunas diferencias cuando vino este hecho a noticia del rey, húbose al fin de apaciguar por ser Calimán su pariente y tan principal hombre; el cual, después de los días del rey, lo fue él por falta de un hijo que el rey tenía.[16]

Pues viendo Calimán cumplido su deseo, que había sido la causa Luzmán, como buen caballero y hombre agradecido quísole pagar sus servicios; y así un día haciéndole llamar, le dijo: «desde aquel día que me dijiste la causa de tu tristeza, y cómo, por la crueldad de aquélla a quien amabas, habías dejado tu tierra, hube de ti gran compasión; pues habiendo después de ti recebido tan aceptos[17] servicios, los cuales han sido parte para que yo mereciese alcanzar el bien que tengo, sin el cual ya fuera muerto, he acordado de te galardonar lo que te debo; y no puedo hacer más por ti que darte aquello que es más dulce y más amado y deseado que la vida, y ésta es la libertad, la cual no sólo buscan los hombres, mas[18] los animales; y así desde agora te puedes tener por libre y hacer de ti a tu voluntad, y irte cuando te pluguiere,[19] que yo haré que seguramente te lleven hasta te poner[20] en España, y toma de mi haber lo que menester hubieres; y ruégote que no me olvides, a lo menos en avisarme de cómo te va, que recebiré en ello gran contento.» Luzmán que entendió las palabras de Calimán, y cómo le hacía libre, en su corazón dio gracias a Dios, y respondióle diciendo: «por cierto, señor, nunca miré tu rostro, ni consideré tu virtud con menos ojos de aquéllos que agora veo la gran nobleza que conmigo usas; y así siempre me ternás[21] en la cuenta de tu cautivo, pues yo no podré olvidar la honra que me has hecho, no como señor, mas como si fuera tu hermano; y así te suplico tengas por bien que luego me pueda partir a ver aquéllos que me engendraron, y a ver si son[22] vivos.» Calimán le abrazó, y luego dio orden para que le llevasen en una fusta[23] y le pusiesen a la costa de Málaga.

Pues de esta manera salió Luzmán de su cautiverio, donde se entiende que puede mucho la virtud junto con la paciencia, pues por usar de ella este caballero alcanzó la libertad; y también se muestra, que con ella se vencen los hombres, como Calimán que, siendo moro fuera de la ley de Luzmán, usó con él de tanta nobleza y le dio la libertad, que por gran precio él no pudiera haber, según era hijo de hombres ricos; mas sobre todo en estas cosas es Dios el que da el camino y senda, por donde se halle el remedio de lo que se desea, confiando en él. La fusta en que Luzmán iba, en breve tiempo llegó a la costa de Málaga, y allí le pusieron en tierra y se volvieron los que le traían. El cuando se vio en tierra de cristianos, puesto su rostro en el suelo, besando la tierra, dio infinitas

---

[13] Mira.
[14] oigas.
[15] estoy.
[16] **después**... después de la muerte del rey, Calimán lo sucedió porque el rey no tenía hijos.
[17] apreciados, gratos.
[18] sino también.
[19] **te**... quisieras.
[20] **te**... ponerte.
[21] tendrás.
[22] están.
[23] buque ligero de remos.

gracias a Dios, y luego determinó de irse la vuelta de Sevilla. Iba vestido de la manera que salió de ella, sus barbas y cabellos tan largos que le hacían parecer de mucha más edad que tenía, porque había ya poco menos de once años que se había partido, y nunca jamás se los cortó. Pues anduvo tanto con el deseo que llevaba, que llegó a una legua de Sevilla, y viendo cerca un pequeño lugar, determinó de quedarse ahí esa noche, y otro día por la mañana entrar en la ciudad, y así lo hizo.

Pues luego que fue de día levantóse, y dando muchas gracias a Dios, se comenzó a ir con el gran deseo que llevaba de saber nuevas de su señora. Salióse un poco del camino, y entróse por un espeso olivar, y yendo así vio un hombre que acababa de echar una cuerda en una rama de un olivo teniéndola puesta al cuello, y que se dejaba caer, queriéndose ahorcar. Luzmán corrió para él, y sacando un pequeño terciado[24] que debajo de la esclavina[25] traía, cortó la cuerda, y el hombre cayó en el suelo, y al caer se le cayó un papel que en la mano tenía. Luzmán lo tomó y se lo metió en el seno; luego se fue para el hombre, el cual se había ya levantado, y abrazóse con él diciendo; «¿qué es esto, hermano mío? ¿En qué razón cabe que[26] tú mismo te quites la vida; siendo la cosa más amada y deseada, por la cual se alcanzan las honras y los bienes de la tierra, y con ella se sirve a Dios. Pues ¿cómo quieres quitarte aquello que el ánima te condena a perpetuo fuego, y te quieres apartar de la visión divina?» El hombre, que temblando estaba como si de la muerte resucitara a la vida, y lleno de vergüenza, no respondía cosa ninguna. Luzmán le quitó un pedazo de cordel que al cuello tenía, y sacando un paño le comenzó a limpiar el rostro, y a esforzarle con dulces y cristianas palabras, hasta tanto que vuelto el hombre bien en sí le comenzó a decir: «yo no sé por qué causa, pelegrino, me estorbaste que no acabase mi pobre vida, que no sé para qué la quiero y bien aborrecida la tengo.—¿Por qué? dijo Luzmán. Yo te ruego que la causa de tu desesperación me digas.—Sí diré, dijo el hombre, porque conozcas con cuánta razón tomaba la muerte. Has de saber que yo ha veinte años que de día en día he ido siempre en menoscabo de mi honra, porque he perdido mucha hacienda, y después la que más me quedaba hela gastado con mujeres y en juegos, y anoche perdí casi todo cuanto me quedaba; porque lo vendí para jugarlo, pensando de desquitarme. Yo tengo una hija muy hermosa; pues viendo que no la podía casar, y como en todo

me era el mundo contrario, acordé de acabar de una vez, y no morir tantas veces; y así esta mañana me vine a este lugar, donde hacía lo que tú me estorbaste, y traía escrito en un papel la causa de mi muerte, porque hallándomelo en la mano se supiese; no sé qué se ha hecho; debióseme de caer, y con la turbación que traía no lo sentí.—Amigo, dijo Luzmán, en tu persona das muestras de hombre honrado, y tu edad ya parece que es crecida, y en tal tiempo no te debiera faltar la prudencia, armádote de la consideración del cielo, pues los haberes y honras tienen fin, mas la vida eterna no lo tiene; pues, queriendo tú quitarte lo que Dios te dio para servirle falta es de conocimiento[27], pues escogías para perpetuamente el infernal fuego. Vuelve por Dios en ti, y arrepiéntete de lo que querías hacer, y pide a Dios perdón de ello, pues eres cristiano redemido con su preciosa sangre, que yo aunque soy pobre te ayudaré con lo que traigo para que puedas remediar a ti y a esa hija que tienes, y el papel que buscabas yo lo tengo.»

El hombre, volviendo en sí y conociendo su yerro, se echó a los pies de Luzmán, diciendo: «yo conozco, señor, que de la mano de Dios aquí veniste porque yo no me perdiese; y así te ruego, si vas a la ciudad, me lleves contigo.—Soy contento, dijo Luzmán, que allá voy; mas primero quiero ver lo que dejabas escrito acerca de tu muerte;» y luego, sacando el papel, le leyó, el cual decía de esta manera:

Cualquiera que aquí viniera
  En abriendo este papel,
  Hallará la causa en él
  Al tiempo que lo leyera
  De mi muerte tan cruel.
Y porque sea entendida
  La claridad de este hecho,
  Sepan todos que mi vida
  Fue gastada sin prevecho
  Como loca y no entendida.
Yo fui un hombre muy honrado,
  Y por tal era tenido;
  Mas el maldito pecado
  Enflaqueció mi sentido
  Por meterme en más cuidado.
Luego comencé a comprar,
  Y con el comprar vender,
  Con esto vino el perder;
  Porque no puede ganar
  De contino[28] el mercader.
Tras de esto procedió luego
  El amor con otros vicios,

---

24 espada corta de hoja ancha.
25 capa muy corta.
26 **En**... Por qué.

27 **falta**... es un acto insensato, absurdo.
28 continuo.

Tornéme carnal y ciego;
   Y así fueron mis oficios
   Lujuria, mentira y juego.
Tan buena priesa[29] me di,
   Sin mirar lo que hacía,
   Que gasté lo que tenía
   Antes que volviese en mí
   A ver cómo me perdía.
Cuando me hallé perdido,
   A mis amigos me fue;
   Mas amigos no hallé;
   Antes muy escarnecido
   De sus palabras quedé.
Llamáronme jugador,
   Hombre vano y lujurioso,
   Muy profano gastador,
   En los pecados vicioso,
   De los malos el mayor.
Pues yo con gran desconsuelo
   Viéndome desesperado
   Alcé los ojos al cielo;
   Mas vile todo nublado,
   Cubierto de un negro velo.
Luego sin guardar razón
   Comencé a desesperarme,
   Acordando de ahorcarme
   Por dar fin a mi pasión
   Y de vergüenza apartarme.
Y así vine a este lugar;
   Y ahorquéme de un olivo;
   Veis en qué viene a parar
   Lo de este mundo captivo,
   Cárcel llena de pesar.
Tuve nombre de Amador,
   Natural de Cartagena,
   De Sevilla morador,
   Merecedor de gran pena
   Como Judas el traidor.
En esto veréis, cristianos,
   Cómo aprovechan muy poco
   Los bienes que son mundanos
   Dados por el mundo loco,
   Siendo dañosas sus manos.
En mí se puede tomar
   Ejemplo muy señalado
   Pues por no querer mirar
   La razón, vine a parar
   A morir desesperado.

Leído que hubo Luzmán[30] estas coplas, vuelto al autor de ellas, le dijo: «maravillosas cosas son las obras de Dios; yo te digo, mi buen hermano, que si miraras lo poco que duran los bienes de la tierra, y cómo los más ricos son más pobres, que no te tuvieras tú por el más despreciado de todos, ni te vinieras a desesperar; mas pues Dios por aquí me ha traído, y tú ya me parece que conoces tu pecado, vámonos a la ciudad, que yo quiero ir contigo a tu casa, y allí cumpliré lo que te he prometido.» Amador, que a Luzmán más por ángel que por hombre tenía, le dijo fuesen luego, que él muy contento no saldría de lo que le mandase, y así se fueron a Sevilla . . . Llegaron a su casa, y luego Luzmán, metiéndose en un aposento, sacó todo el haber que traía, porque Calimán, contra la voluntad suya, le había dado alguna cantidad de moneda de oro; y llamando a Amador se la dio toda, diciendo: «ves aquí lo que tengo, tómatelo todo, y ruégote mucho lo sepas despender mejor que has despendido tu hacienda.» Amador se echó a sus pies por se los besar,[31] y se escusaba de tomar aquello que le daba; mas al fin hizo el mandado de Luzmán, y se le dio a conocer, de que muy grande alegría recebió, porque muy bien conocía a él y a sus padres, mas no había caído en él[32] en verle tan desemejado y de aquella suerte vestido.

Luzmán le preguntó por nueva de sus padres: «señor, dijo Amador, ellos son vivos, y tienen un hijo de edad de ocho años, al cual pusieron vuestro nombre, teniéndoos a vos por muerto.—¿Es vivo Calides, dijo Luzmán, y su hija Arbolea?—Calides es muerto, dijo Amador, y su hija Arbolea habrá un año que se metió monja.» Cuando Luzmán esto entendió, vivas lágrimas le salieron de los ojos, y dijo: «yo te ruego, amigo, que a nadie digas de mi venida, hasta que yo me descubra a mis padres.—Así lo haré, como vos me lo mandáis,» dijo Amador; y luego esa tarde se fue Luzmán al monasterio donde estaba su señora, y preguntó por ella; a Arbolea le fue dicho cómo un pelegrino la buscaba; ella, no sabiendo quién fuese, se paró a una reja, y aunque vio a Luzmán, no le conoció,[33] mas él, cuando vido a ella,[34] conocióla muy bien; y sin poder detener las lágrimas, comenzó a llorar con gran angustia. Arbolea, muy maravillada, no pudiendo pensar qué fuese la causa por que aquel pobre así llorase ante ella, le preguntó, diciendo: «¿qué sientes, hermano mío, o qué has menester de esta casa? ¿Adónde[35] me conoces, que has llamado a mí más que a otras de estas religiosas?» Luzmán, esforzando su corazón, y volviendo más sobre sí, respondió a

---

[29] prisa.
[30] **Leído**... Después de haber leído.

[31] **se**... besárselos.
[32] **no**... no lo había reconocido.
[33] reconoció.
[34] **vido**... la vio.
[35] De dónde.

Arbolea, diciendo: «no me maravillo yo, señora Arbolea, que al presente tú no me conozcas, viéndome tan mudado del que solía ser con los grandes trabajos que por tu causa he pasado: ves aquí, señora, el tu Luzmán, a quien despreciaste y tuviste en poco sus servicios, no conociendo ni queriendo conocer el verdadero amor que te tuvo, a cuya causa ha llegado al punto de la muerte, la cual de más cortés que piadosa ha usado con él de piedad, y esto ha sido porque volviese a tu presencia; pues agora venga la muerte, que contenta partirá esta afligida ánima, quedando el cuerpo en su propia naturaleza;» y diciendo esto, calló vertiendo muchas lágrimas.

Arbolea, que entendió las palabras de Luzmán y le conoció, que hasta entonces no había podido conocerle, porque vio sus barbas muy largas, sus cabellos muy cumplidos y ropas muy pobres, aquél que era la gentileza y hermosura que en su tiempo había en aquella ciudad, lleno de gracias, vistiéndose tan costosamente; que ningún caballero le igualaba; pues vuelta en sí, aunque con gran turbación, alegróse en ver aquél a quien tanto había amado, que por muerto tenía, y respondióle diciendo así: «no puedo negar ni encubrir, mi verdadero hermano y señor, la gran tristeza que siento en verte de la manera que te veo; mas por otra parte, muy alegre doy gracias a Dios que con mis ojos te tornase a ver, porque cierto muchas veces he llorado tu muerte, creyendo que ya muerto eras; y pues eres discreto y de tan principal sangre, yo te ruego me perdones, si de mí alguna saña tienes, y te conformes con la voluntad de aquel por quien todas las cosas son ordenadas; que yo te juro, por la fe que a Dios debo, que no fue más en mi mano, ni pude dejar el camino que tomé, que ya sabes que no se menea la hoja en el árbol sin Dios, cuanto más el hombre con quien él tanta cuenta tiene. Yo te ruego, desechada tu tristeza, alegres a tus padres, y tomes mujer, pues por tu valor la hallarás como la quisieres, y de mí haz cuenta que fui tu hermana, como lo soy y seré mientras viviere.»

Decía estas palabras la hermosa Arbolea con piadosas lágrimas, a las cuales respondió Luzmán: «al tiempo que tú, señora, me despediste cuando mas confiado estaba, entonces desterré todo el contentamiento, y propuse en mí de no parecer más ante tus ojos, y nunca ante ellos volviera, sino que entendí que estabas casada, lo cual jamás pude creer; mas por certificarme, quise venir ante tu presencia; y pues ya no tienen remedio mis lágrimas ni mis sospiros, ni mis vanos deseos, quiérome conformar con tu voluntad, pues nunca de ella me aparté; y en lo que me mandas que yo me case, no me tengas por tal, que aquel verdadero amor que te tuve y tengo pueda yo ponerlo en otra parte: tuyo he sido y tuyo soy, y así quiero seguir lo que tú escogiste, casándome con la contemplación de mi cuidado, que no plega a Dios[36] que otra ninguna sea señora de mi corazón sino tú, que lo fuiste desde mi joventud.»

Estas razones y otras pasó Luzmán con su señora Arbolea, y le contó los trabajos que había pasado y su cautiverio, de que ella sentía gran dolor, y prometióle de ir luego a ver a sus padres; y así, despedido de ella, se fue a la casa de su padre; y como dentro entrase, violo que estaba en un corredor, mas no que conociese a Luzmán, aunque le vido, ni ninguno de sus criados. El le dijo: «señor, darme heis alguna parte, por pobre que sea, de esta vuestra casa, donde me pueda esta noche recoger, que soy extranjero, y no sé adónde vaya.» Laumenio, que muy piadoso era y de nobles condiciones, le respondió: «no te faltará, amigo, donde estés; sube acá, dirásme algunas nuevas de las que por el mundo has visto.» Luzmán subió y estuvo hablando con su padre, diciéndole cómo venía de Roma y de otras partes, sin que él le conociese; y a esta hora llamaron a Laumenio para que fuese a cenar; y tomando consigo a Luzmán, se entró donde su mujer estaba, y sentándose a la mesa, le sentó consigo; y estando cenando, su madre le miraba, dándole el corazón grandes saltos, pareciéndole que aquél que allí estaba le había visto, y no pudo estar que no sospirase acordándose de su hijo Luzmán; el cual, a este tiempo, como la cena se acabase y viese a su madre tan triste, no se pudo más sufrir, y levantándose se puso de rodillas delante de su padre, diciendo: «veis aquí, señor, a vuestro hijo Luzmán, el cual tal viene que no le conocéis.»

Como él dijese estas palabras, fue de su padre conocido y de su madre, los cuales sintieron aquello que se puede pensar, viendo delante de sí un hijo que tanto amaban, vivo, teniéndolo por muerto. Allí supieron de él el discurso de su vida, y la causa por que se había ido, y todos los trabajos que había pasado, y dijo a sus padres cómo él quería hacer una ermita y allí acabar sus días, y pues que Dios les había dado otro hijo, lo tuviesen por bien. No bastaron los ruegos de sus padres, ni los consejos de parientes ni amigos para moverle esta voluntad. Y así hizo una ermita fuera de Sevilla, muy cerca de ella, donde vivió veinte años, haciendo muy santa vida: visitaba muchas veces a su señora Arbolea, y en su compañía estuvo el hombre que halló colgado del olivo, haciéndose asimismo ermitaño; y en aquel lugar, después de los días[37] de Luzmán, se hizo un muy hermoso monasterio por un sorbrino suyo. Y de

---

[36] **no**... no quiera Dios.

[37] **los**... la muerte.

esta manera dio fin este noble caballero a sus grandes trabajos, guiándolos con prudencia, y así acabó como cristiano, donde se puede creer que gozó del cielo, el cual nuestro Señor nos dé por su clemencia y bondad: Amén.

MIGUEL DE CERVANTES (1547—1616)

Los trabajos de Persiles y Sigismunda: Historia septentrional[1]

Primer libro

Capítulo VII

Cuatro millas poco más o menos habrían navegado las cuatro barcas, cuando descubrieron una poderosa nave, que con todas las velas tendidas y viento en popa, parecía que venía a embestirles. Periandro dijo, habiéndola visto:

—Sin duda, este navío debe ser el de Arnaldo, que vuelve a saber de mi suceso, y tuviéralo yo por muy bueno agora no verle.

Había ya contado Periandro a Auristela todo lo que con Arnaldo le había pasado, y lo que entre los dos dejaron concertado.

Turbóse Auristela, que no quisiera volver al poder de Arnaldo, de quien había dicho, aunque breve y sucintamente, lo que en un año que estuvo en su poder le había acontecido. No quisiera ver juntos a los dos amantes, que, puesto que Arnaldo estaría seguro con el fingido hermanazgo suyo y de Periandro, todavía el temor de que podía ser descubierto el parentesco, la fatigaba[2] y más que ¿quién le quitaría a Periandro no estar celoso viendo a los ojos tan poderoso contrario? Que no hay discreción que valga, ni amorosa fe que asegure al enamorado pecho, cuando por su desventura entran en él celosas sospechas. Pero de todas éstas le aseguró el viento, que volvió en un instante el soplo, que daba de lleno y en popa a las velas en contrario, de modo que a vista suya y en un momento breve dejó la nave derribar las velas de alto abajo, y en otro instante, casi invisible, las izaron y levantaron hasta las gavias,[3] y la nave comenzó a correr en popa por el contrario rumbo que venía, alongándose de las barcas con toda priesa.[4]

Respiró Auristela, cobró nuevo aliento Periandro; pero los demás que en las barcas iban quisieran mudarlas, entrándose en la nave, que por su grandeza, más seguridad de las vidas y más felice viaje pudiera prometerles.

En menos de dos horas se les encubrió la nave, a quien quisieran seguir si pudieran; mas no les fue posible, ni pudieron hacer otra cosa que encaminarse a una isla, cuyas altas montañas, cubiertas de nieve, hacían parecer que estaban cerca, distando de allí más de seis leguas. Cerraba la noche, algo escura,[5] picaba el viento largo y en popa, que fue alivio a los brazos, que volviendo a tomar los remos, se dieron priesa a tomar la isla.

La media noche sería, según el tanteo que el bárbaro Antonio hizo del norte y de las guardas,[6] cuando llegaron a ella, y por herir blandamente las aguas en la orilla, y ser la resaca de poca consideración, dieron con las barcas en tierra, y a fuerza de brazos las vararon.[7]

Era la noche fría, de tal modo, que les obligó a buscar reparos[8] para el hielo, pero no hallaron ninguno.

Ordenó Periandro que todas las mujeres se entrasen en la barca capitana, y apiñándose en ella, con la compañía y estrecheza, templasen el frío. Hízose así. Y los hombres hicieron cuerpo de guarda a la barca, paseándose como centinelas de una parte a otra, esperando el día para descubrir en qué parte estaban, porque no pudieron saber por entonces si era o no despoblada la isla; y como es cosa natural que los cuidados destierren el sueño, ninguno de aquella cuidadosa compañía pudo cerrar los ojos, lo cual visto por el bárbaro Antonio, dijo al bárbaro italiano que, para entretener el tiempo, y no sentir tanto la pesadumbre de la mala noche, fuese servido de entretenerles contándoles los sucesos de su vida, porque no podían dejar de ser peregrinos y raros, pues en tal traje y en tal lugar le habían puesto.

—Haré yo eso de muy buena gana—respondió el bárbaro italiano—, aunque temo que por ser mis desgracias tantas, tan nuevas y tan extraordinarias, no me habéis de dar crédito alguno.[9]

A lo que dijo Periandro:

—En las que a nosotros nos han sucedido, nos hemos ensayado y dispuesto a creer cuantas nos contaren, puesto que tengan más de lo imposible que de lo verdadero.

—Lleguémonos aquí—respondió el bárbaro—, al borde desta barca, donde están estas señoras; quizá alguna, al son de la voz de mi cuento, se quedará dormida, y quizá alguna, desterrando el sueño, se mostrará compasiva: que es alivio al que cuenta sus

---

[1] relativo al Norte.
[2] molestaba.
[3] velas que se colocan en los masteleros.
[4] prisa.
[5] oscura.
[6] La noche se dividía en tres guardas, de prima, de modorra y del alba.
[7] encallaron en la costa.
[8] remedios.
[9] **dar**... creer.

desventuras ver o oír que hay quien se duela de ellas.

—A lo menos por mí—respondió Ricla de dentro de la barca—, y a pesar del sueño, tengo lágrimas que ofrecer a la compasión de vuestra corta suerte, del largo tiempo de vuestras fatigas.

Casi lo mismo dijo Auristela. Y así, todos rodearon la barca, y con atento oído estuvieron escuchando lo que el que parecía bárbaro decía, el cual comenzó su historia de esta manera:

Capítulo VIII

DONDE RUTILIO DA CUENTA DE SU VIDA

—Mi nombre es Rutilio, mi patria, Sena,[10] una de las más famosas ciudades de Italia; mi oficio, maestro de danzar, único en él, y venturoso, si yo quisiera. Había en Sena un caballero rico, a quien el cielo dio una hija más hermosa que discreta, a la cual trató de casar su padre con un caballero florentín, y por entregársela adornada de gracias adquiridas, ya que las del entendimiento le faltaban, quiso que yo la enseñase a danzar; que la gentileza, gallardía y disposición del cuerpo en los bailes honestos más que en otros pasos se señalan, y a las damas principales les está muy bien saberlos, para las ocasiones forzosas que les pueden suceder. Entré a enseñarla los movimientos del cuerpo, pero movíla los del alma, pues, como no discreta, como he dicho, rindió la suya a la mía, y la suerte, que de corriente larga traía encaminadas mis desgracias, hizo que, para que los dos nos gozásemos, yo la sacase de en casa de su padre, y la llevase a Roma. Pero como el amor no da baratos sus gustos, y los delitos llevan a las espaldas el castigo, pues siempre se teme, en el camino nos prendieron a los dos, por la diligencia que su padre puso en buscarnos. Su confesión y la mía, que fue decir que yo llevaba a mi esposa y ella se iba con su marido, no fue bastante para no agravar mi culpa, tanto, que obligó al juez, movió y convenció a sentenciarme a muerte.

Apartáronme en la prisión con los ya condenados a ella por otros delitos no tan honrados como el mío.

Visitóme en el calabozo una mujer, que decían estaba presa por *fatucherie*, que en castellano se llaman *hechiceras*, que la alcaidesa de la cárcel había hecho soltar de las prisiones y llevádola a su aposento, a título de que con hierbas y palabras había de curar a una hija suya de una enfermedad que los médicos no acertaban a curarla.

Finalmente, por abreviar mi historia, pues no hay razonamiento que, aunque sea bueno, siendo largo lo parezca, viéndome yo atado, y con el cordel a la

garganta, sentenciado al suplicio,[11] sin orden ni esperanza de remedio, di el sí a lo que la hechicera me pidió, de ser su marido, si me sacaba de aquel trabajo.

Díjome que no tuviese pena, que aquella misma noche del día que sucedió esta plática, ella rompería las cadenas y los cepos,[12] y a pesar de otro cualquier impedimento me pondría en libertad, y en parte donde no me pudiesen ofender mis enemigos, aunque fuesen muchos y poderosos.

Túvela, no por hechicera, sino por ángel que enviaba el cielo para mi remedio. Esperé la noche, y en la mitad de su silencio llegó a mí, y me dijo que asiese de la punta de una caña que me puso en la mano, diciéndome la siguiese. Turbéme algún tanto. Pero como el interés era tan grande, moví los pies para seguirla, y hallélos sin grillos y sin cadenas, y las puertas de toda la prisión de par en par abiertas, y los prisioneros y guardas en profundísimo sueño sepultados.

En saliendo a la calle, tendió en el suelo mi guiadora un manto,[13] y mandóme que pusiese los pies en él; me dijo que tuviese buen ánimo, que por entonces dejase mis devociones. Luego vi mala señal, luego conocí que quería llevarme por los aires, y aunque como cristiano bien enseñado, tenía por burla todas estas hechicerías—como es razón que se tengan—,[14] todavía el peligro de la muerte, como ya he dicho, me dejó atropellar por todo, y en fin, puse los pies en la mitad del manto, y ella ni más ni menos, murmurando unas razones que yo no pude entender, y el manto comenzó a levantarse en el aire, y yo comencé a temer poderosamente, y en mi corazón no tuvo santo la letanía a quien no llamase en mi ayuda.

Ella debió de conocer mi miedo, y presentir mis rogativas, y volvióme a mandar que las dejase.

—¡Desdichado de mí!—dije—. ¿Qué bien puedo esperar, si se me niega el pedirle a Dios, de quien todos los bienes vienen?

En resolución, cerré los ojos y dejéme llevar de los diablos, que no son otras las postas de las hechiceras, y al parecer, cuatro horas o poco más había volado, cuando me hallé al crepúsculo del día en una tierra no conocida.

Tocó el manto en el suelo, y mi guiadora me dijo:

—En parte estás, amigo Rutilio, que todo el género humano no podrá ofenderte.

Y diciendo esto, comenzó a abrazarme no muy honestamente. Apartéla de mí con los brazos, y como

---

[10] Siena.

[11] pena de muerte.

[12] madero que, sujeto a la pierna del reo, le servía de prisión.

[13] El manto mágico era parte del equipo de las brujas, según la creencia popular.

[14] La Iglesia Católica había condenado la creencia en la brujería.

mejor pude, divisé que la que me abrazaba era una figura de lobo, cuya visión me heló el alma, me turbó los sentidos y dio con mi mucho ánimo al través. Pero como suele acontecer que en los grandes peligros la poca esperanza de vencerlos saca del ánimo desesperadas fuerzas, las pocas mías me pusieron en la mano un cuchillo, que acaso en el seno traía, y con furia y rabia se le hinqué por el pecho a la que pensé ser loba, la cual, cayendo en el suelo, perdió aquella figura, y hallé muerta y perdiendo sangre a la desventurada encantadora.

Considerad, señores, cuál[15] quedaría yo, en tierra no conocida y sin persona que me guiase. Estuve esperando el día muchas horas, pero nunca acababa de llegar, ni por los horizontes se descubría señal de que el sol viniese. Apartéme de aquel cadáver, porque me causaba horror y espanto el tenerlo cerca de mí. Volvía muy a menudo los ojos al cielo, contemplaba el movimiento de las estrellas y parecíame, según el curso que habían hecho, que ya había de ser de día.

Estando en esta confusión, oí que venía hablando por junto de donde estaba alguna gente, y así fue verdad. Y saliéndoles al encuentro, les pregunté en mi lengua toscana[16] que me dijesen qué tierra era aquélla. Y uno de ellos, asimismo en italiano, me respondió:

—Esta tierra es Noruega.[17] Pero ¿quién eres tú, que lo preguntas, y en lengua que en estas partes hay muy pocos que la entiendan?

—Yo soy—respondí—un miserable, que por huir de la muerte he venido a caer en sus manos—. Y en breves razones le di cuenta de mi viaje, y aun de la muerte de la hechicera.

Mostró condolerse el que me hablaba, y díjome:

—Puedes, buen hombre, dar infinitas gracias al cielo por haberte librado del poder de estas maléficas hechiceras, de las cuales hay mucha abundancia en estas septentrionales partes. Cuéntase de ellas que se convierten en lobos, así machos como hembras, porque de entrambos géneros hay maléficos y encantadores. Cómo esto pueda ser yo lo ignoro, y como cristiano que soy católico no lo creo.[18] Pero la experiencia me muestra lo contrario. Lo que puedo alcanzar es, que todas estas tranformaciones son ilusiones del demonio,[19] y permisión de Dios y

castigo de los abominables pecados de este maldito género de gente.

Preguntéle qué hora podría ser, porque me parecía que la noche se alargaba, y el día nunca venía.

Respondióme que en aquellas partes remotas se repartía el año en cuatro tiempos: tres meses había de noche obscura, sin que el sol pareciese en la tierra en manera alguna; y tres meses había de crepúsculo de día, sin que bien fuese noche, ni bien fuese día, otros tres meses había de día claro continuado, sin que el sol se escondiese y otros tres de crepúsculo de la noche; y que la sazón en que estaban era la del crepúsculo del día: así que, esperar la claridad del sol, por entonces era esperanza vana, y que también lo sería esperar yo volver a mi tierra tan presto, si no fuese cuando llegase la sazón del día grande, en la cual parten navíos de estas partes a Inglaterra, Francia y España con algunas mercancías.

Preguntóme si tenía algún oficio en que ganar de comer, mientras llegaba tiempo de volverme a mi tierra.

Díjele que era bailarín y grande hombre de hacer cabriolas,[20] y que sabía jugar de manos[21] sutilísimamente.

Riose de gana el hombre, y me dijo que aquellos ejercicios, o oficios—o como llamarlos quisiese—no corrían en Noruega ni en todas aquellas partes.

Preguntóme si sabría oficio de orífice.[22]

Díjele que tenía habilidad para aprender lo que me enseñase.

—Pues veníos, hermano, conmigo, aunque primero será bien que demos sepultura a esta miserable.

Hicímoslo así, y llevóme a una ciudad, donde toda la gente andaba por las calles con palos de tea[23] encendidos en las manos, negociando lo que les importaba.

Preguntéle en el camino que cómo o cuándo había venido a aquella tierra, y que si era verdaderamente italiano.

Respondió que uno de sus pasados abuelos se había casado en ella, viniendo de Italia a negocios que le importaban, y a los hijos que tuvo les enseñó su lengua, y de uno en otro se extendió por todo su linaje, hasta llegar a él, que era uno de sus cuartos nietos.

«Y así, como vecino y morador tan antiguo, llevado de la afición de mis hijos y mujer, me he quedado hecho carne y sangre entre esta gente, sin

---

[15] cómo.

[16] de Toscana, parte de Italia. La capital era Florencia, uno de los centros artísticos del Renacimiento.

[17] Avalle-Arce explica que la preocupación de Rutilio con la oscuridad no es sorprendente, ya que para el español del Siglo de Oro, Noruega se asociaba con la oscuridad.

[18] Cervantes reitera este punto a causa de la prohibición de la Iglesia de la creencia en la brujería.

[19] La creencia en el demonio es parte del dogma católico y, por lo tanto, perfectamente aceptable.

[20] saltos, piruetas.

[21] **jugar**... practicar el arte de la prestidigitación para distracción del público.

[22] orfebre, platero.

[23] pedazo de madera resinosa que sirve para alumbrar.

acordarme de Italia, ni de los parientes que allá dijeron mis padres que tenían.»

Contar yo ahora la casa donde entré, la mujer e hijos que hallé, y criados—que tenía muchos—, el gran caudal, el recibimiento y agasajo que me hicieron, sería proceder en infinito. Basta decir, en suma, que yo aprendí su oficio, y en pocos meses ganaba de comer por mi trabajo.

En este tiempo se llegó el de llegar el día grande, y mi amo y maestro—que así le puedo llamar—ordenó de llevar gran cantidad de su mercancía a otras islas por allí cercanas y a otras bien apartadas. Fuime con él, así por curiosidad como por vender algo que ya tenía de caudal, en el cual viaje vi cosas dignas de admiración y espanto, y otras de risa y contento. Noté costumbres, advertí en ceremonias no vistas y de ninguna otra gente usadas. En fin, a cabo de dos meses, corrimos una borrasca que nos duró cerca de cuarenta días, al cabo de los cuales dimos en esta isla, de donde hoy salimos, entre unas peñas, donde nuestro bajel se hizo pedazos, y ninguno de los que en él venían quedó vivo, sino yo.

CAPÍTULO IX

DONDE RUTILIO PROSIGUE LA HISTORIA DE SU VIDA

—Lo primero que se me ofreció a la vista, antes que viese otra cosa alguna, fue un bárbaro pendiente y ahorcado de un árbol, por donde conocí que estaba en tierra de bárbaros salvajes, y luego el miedo me puso delante mil géneros de muertes, y no sabiendo qué hacerme, alguna o todas juntas las temía y las esperaba. En fin, como la necesidad, según se dice, es maestra de sutilizar el ingenio, di en un pensamiento harto extraordinario, y fue, que descolgué al bárbaro del árbol, y habiéndome desnudado de todos mis vestidos, que enterré en la arena, me vestí de los suyos, que me vinieron bien, pues no tenían otra hechura que ser de pieles de animales, no cosidos, ni cortados a medida, sino ceñidos por el cuerpo, como lo habéis visto. Para disimular la lengua, y que por ella no fuese conocido por extranjero, me fingí mudo y sordo, y con esta industria me entré por la isla adentro, saltando y haciendo cabriolas en el aire.

A poco trecho descubrí una gran cantidad de bárbaros, los cuales me rodearon, y en su lengua unos y otros, con gran priesa[24] me preguntaron—a lo que después acá he entendido—quién era, cómo me llamaba, adónde venía y adónde iba.

Respondíles con callar, y hacer todas las señales de modo más aparentes que pude, y luego reiteraba los saltos y menudeaba las cabriolas. Salíme de entre ellos, siguiéronme los muchachos, que no me dejaban adonde quiera que iba. Con esta industria pasé por bárbaro y por mudo, y los muchachos, por verme saltar y hacer gestos, me daban de comer de lo que tenían. De esta manera he pasado tres años entre ellos, y aun pasara todos los de mi vida, sin ser conocido. Con la atención y curiosidad noté su lengua, y aprendí mucha parte de ella, supe la profecía que de la duración de su reino tenía profetizada un antiguo y sabio bárbaro, a quien ellos daban gran crédito. He visto sacrificar algunos varones para hacer la experiencia de su cumplimiento,[25] y he visto comprar algunas doncellas para el mismo efeto,[26] hasta que sucedió el incendio de la isla, que vosotros, señores, habéis visto. Guardéme de las llamas. Fui a dar aviso a los prisioneros de la mazmorra,[27] donde vosotros sin duda habréis estado. Vi estas barcas, acudí a la marina. Hallaron en vuestros generosos pechos lugar mis ruegos. Recogístesme en ellas, por lo que os doy infinitas gracias, y agora espero en la del cielo, que, pues nos sacó de tanta miseria a todos, nos ha de dar en éste que pretendemos, felicísimo viaje.

Aquí dio fin Rutilio a su plática, con que dejó admirados y contentos a los oyentes . . .

---

[24] prisa.
[25] **para**... para probar si se cumple la profecía.
[26] efecto.
[27] prisión subterránea.

La novela morisca

La presencia musulmana en España durante casi ochocientos años dejó rasgos indelebles en la psique nacional. El tema morisco se asomaba en la poesía, el teatro y la narrativa de la Edad Media y del Renacimiento. A mediados del siglo XVI aparece un nuevo tipo de novela—la morisca—que tiene algún parentesco con los retratos de moros que se encuentran en la épica, pero que procede más directamente de las crónicas y los romances que relatan las guerras de la Reconquista.

El fondo histórico

Desde el año 711, cuando un ejército musulmán de unas doce mil tropas acudió a la llamada de los enemigos del rey visigodo Rodrigo y cruzó el Estrecho de Gibraltar, iniciando así la invasión del sur de España, el moro vivió al lado del cristiano en la Península Ibérica. La derrota de Rodrigo marca el principio del dominio cultural del musulmán en Al-Andalús, la España mora. En 718, menos de diez años después del colapso de la monarquía visigoda, Pelayo, un caballero cristiano, venció a los musulmanes en Covadonga y fue proclamado rey de Asturias. La Reconquista sería un proceso largo; duraría hasta 1492, cuando los ejércitos de los Reyes Católicos tomaron Granada, último baluarte de los moros en España.

Durante sus primeros años de existencia, la España árabe dependía de Damasco, pero cuando allí cayó la dinastía Omeya, el príncipe Abderramán huyó a Al-Andalús y en 755 fundó el Emirato Independiente. Aunque *emir* significa «gobernador», Abderramán era un monarca soberano que convirtió la ciudad de Córdoba en un centro de cultura islámica. Abderrámán III trasformó el emirato en el Califato (o principalidad) de Córdoba en 929. Bajo su mando y el de sus sucesores, Córdoba alcanzó gran fama como centro artístico y cultural. Tras los triunfos del caudillo moro Almanzor, el territorio musulmán se fraccionó en pequeños estados llamados *taifas,* con lo cual se inició la desintegración del poder de los moros en Europa. La rivalidad entre pequeños estados condujo a un largo período de turbulencia que no terminó hasta la conquista de los moros por los Reyes Católicos.

Después de la caída del califato, Granada emergió como la ciudad más fabulosa de la España musulmana. Mohamed I Alhamar, fundador de la dinastía nazarita de Granada, reinó de 1231 a 1272. Fue protector de las artes y las letras e inició la construcción del palacio de la Alhambra. A pesar de ser un guerrero brillante, era conocido como un hombre de paz. Era un gobernante pragmático y eficaz bajo cuya autoridad se desarrollaron la industria, el comercio y la agricultura.

Los caballeros de la zona fronteriza entre los reinos de Castilla y Granada rara vez tuvieron que participar en grandes campañas. Sin embargo, había escaramuzas y emboscadas, y un soldado tenía que ser valiente y vigilante. Le ayudaba saber el idioma y conocer las costumbres de su adversario. Moros tanto como cristianos demostraron su destreza y coraje, cualidades que se admiraban en un soldado, cualquiera que fuera su raza. La cortesía y la caballerosidad se estimaban entre los moros tanto como entre los cristianos. A veces se llevaba preso a un enemigo, que más tarde se rescataba o se cambiaba por otro preso. No era poco común que un prisionero llegara a conocer y a admirar a su adversario y había algunos casos de verdadera amistad entre cristianos y moros. No hay duda de que el contacto constante entre los dos pueblos produjo una influencia mutua. El arte, la música, la literatura, la ropa, los deportes y las costumbres de la zona fronteriza dan fe de los efectos de la intimidad cultural.

A fines del siglo XV, cuando las tropas de Fernando e Isabel atacaron Granada, ya había comenzado hacía tiempo el ocaso del reino moro, debido en parte a las rivalidades que existían entre miembros de la familia real y de la aristocracia. El rey Muley-Hacén abandonó a su esposa Aixa por una cautiva cristiana. Aixa logró tornar a su hijo Abdalá, conocido por el nombre de Boabdil, contra su padre y le ganó al joven el apoyo de una facción importante encabezada por la familia Abencerraje. Boabdil no logró unir a su pueblo y terminó por ser apresado por los cristianos. Los autores españoles que relataron los acontecimientos de la caída de Granada tienden a idealizar a los Abencerraje, pintándolos como víctimas que se refugiaron de la crueldad de Boabdil en el campamento de los castellanos. Aunque los historiadores afirman que éste no fue el caso, sí es verdad que durante los últimos meses de la guerra muchos granadinos se pasaron al lado de los cristianos.

Al desintegrarse el reino moro, los musulmanes de Granada tuvieron la opción de salir de España, de convertirse al catolicismo o de aceptar el estado de *mudéjares,* es decir, moros que vivían bajo el mando de cristianos. La gran mayoría de los moros permanecieron en su ciudad natal, viviendo según sus antiguas costumbres y practicando su antigua religión. Los de familias menos ilustres tendieron a optar por la conversión. Los moros conversos se identificaban por el nombre de *moriscos.* Algunos de ellos lograron conseguir puestos importantes en el gobierno local o, por medio del matrimonio, integrarse a la nobleza española. Las costumbres moras siguieron practicándose en el sur de España, y las artes siguieron cultivándose. Muchos granadinos ricos, entre ellos la mayoría de los Abencerraje, se establecieron en ciudades musulmanas del norte de Africa. Motivados por el sueño de retomar Al-Andalús, estos guerreros organizaban ataques contra la costa de la Península, a menudo con la cooperación de moros que vivían en España.

Durante los reinos de Carlos V y Felipe II desapareció la tolerancia relativa que había caracterizado los primeros años después de la conquista de Granada. En 1502 se promulgó un decreto dándoles a los mudéjares la opción de convertirse al catolicismo o de salir del país. Las autoridades políticas y eclesiásticas veían como una amenaza la presencia de grandes poblaciones de musulmanes y de conversos, la sinceridad de cuyo cristianismo era dudosa. A mediados del siglo XVI se promulgaron varios estatutos de limpieza de sangre, los cuales excluían a los descendientes de moros o judíos de entrar en órdenes religiosas y de participar en ciertas otras actividades. Crecía el prejuicio contra los moriscos, especialmente entre la gente común, lo cual aumentó la enajenación de este elemento social. Pandillas de moriscos llamados Monfíes atacaban las ciudades, robando, matando y aterrando a los habitantes. Mientras tanto, la crisis económica del reino de Felipe II aumentaba la tensión.

En 1567 se promulgó un decreto reforzando prohibiciones contra costumbres y vestimentas moras y vedando el uso del velo por las mujeres. También incluía provisiones para la eliminación de la lengua árabe y la instrucción de todos los niños en la fe católica. El decreto y la imposición de un nuevo impuesto en las tintorerías, muchas de las cuales estaban en manos de moriscos, condujo a una serie de sublevaciones moriscas que tuvieron lugar entre 1568 y 1571. Por fin, los rebeldes fueron arrinconados en una región montañosa de las Alpujarras, desde la cual siguieron organizando escaramuzas. Después del fracaso de la rebelión, todos los descendientes de moros fueron expulsados del antiguo reino de Granada. Debemos el relato de muchos de los detalles de este período a Ginés Pérez de Hita, autor de dos importantes novelas moriscas.

El moro en la literatura

Durante el siglo XV florecieron los romances moriscos, crónicas poéticas de las guerras y escaramuzas de la zona fronteriza. En estos romances se tiende a idealizar al caballero moro, subrayando su valentía, dignidad y refinamiento. Más que los detalles históricos, se hace hincapié en los elementos dramáticos, en las emociones de los personajes o en las reacciones de la comunidad. El sufrimiento de los moros se describe con delicadeza y sensibilidad. Granada se presenta como una ciudad fascinante donde florece una cultura exótica. Se refieren al lujo de la vida granadina, la belleza de la ciudad, la música, los bailes, los colores.

Varias versiones de la «Historia de Abindarráez y Jarifa» o *El Abencerraje* aparecieron en aproximadamente la misma época que *Lazarillo de Tormes*. Una se publicó en 1562, intercalada en la edición de Valladolid de *La Diana* de Montemayor. La que se considera más auténtica salió en el *Inventario*, un libro de escritos misceláneos, publicado por el poeta Antonio Villegas en 1565, pero que puede ser anterior a 1551, cuando el autor pidió autorización para imprimirlo.

Se ha sugerido que *El Abencerraje* puede ser la creación de un escritor converso. Los que apoyan esta teoría hacen hincapié en los paralelos que existen entre la descripción de la desgracia de los Abencerraje y la de los judíos, arrojados de su tierra o forzados a convertirse al cristianismo. Sin embargo, no poseemos datos concretos y concluyentes sobre la autoría de la novela.

En *El Abencerraje* confluyen las tendencias moriscas y sentimentales del siglo XV y la nueva corriente novelística que llega de Italia. Relata los amores del moro Abindarráez, miembro de la familia Abencerraje, y la bella Jarifa. Abindarráez es vencido y preso en una escaramuza por el capitán español Rodrigo de Narváez, quien se había distinguido en tiempos del infante Fernando de Antequera (primera mitad del siglo XV). El cautivo, un guerrero valiente, da muestras de gran angustia. Interrogado por Narváez, Abindarráez le revela que se encaminaba a casarse con Jarifa, su amada desde la infancia. El capitán pone a su preso en libertad por tres días para que pueda reunirse con Jarifa, bajo la condición de que, una vez casado, vuelva a la prisión. Abindarráez se casa con Jarifa sin el consentimiento de su padre. Mientras descansa en los brazos de su amada, el moro lamenta el tener que dejarla tan pronto, pero ha dado su palabra, y la tendrá que cumplir. Jarifa hace el sacrificio de abandonar la casa de su padre y seguir a su esposo en su cautiverio. El capitán español recibe a Abindarráez y Jarifa con gran cortesía, les concede la libertad e intercede ante el padre de la joven, consiguiendo que dé su consentimiento al matrimonio.

Lo que distingue a todos los personajes principales es su magnanimidad. Cada uno está dispuesto a hacer sacrificios por el bien ajeno, y cada uno aprecia y premia la generosidad que le muestran otros. La novela es una exaltación de la virtud de moros tanto como de cristianos. Escribe Francisco López Estrada: «. . . frente a la violencia azarosa de los sucesos humanos, la virtud consigue rehacer el curso de la vida de los hombres.» López Estrada señala una fuerte corriente senequista que se evidencia en el control que los personajes ejercen sobre su propia voluntad, en su magnanimidad y en su conciencia de que su futura fama depende de sus acciones presentes.

El Abencerraje incorpora muchos de los elementos de los romances que le preceden: el contexto histórico, la idealización del caballero moro, el exotismo, el ambiente de cortesía y refinamiento. Sin embargo, el mero hecho de combinar estos elementos en una novela representa un paso importante en el desarrollo de la literatura española. A mediados del siglo XVI los narradores españoles empezaban a descubrir las infinitas posibilidades de la *novella*, cultivada por Bocaccio, Bandello y tantos otros escritores italianos. María Soledad Carrasco-Urgoiti señala que «*El Abencerraje* es uno de los mejores ejemplos de ese encuentro frecuente que ocurre en la literatura del Siglo de Oro de temas que están arraigados en las tradiciones del pasado con conceptos artísticos y éticos del presente.» Francisco López Estrada escribe en la introducción a su edición moderna:

Teniendo en cuenta que en las Crónicas históricas del siglo XV, en el Romancero y en otras manifestaciones literarias van decantándose estos elementos que han de constituir el grupo morisco, fue, sin embargo, la invención de la novela en la Literatura española el factor más activo para la integración de estos elementos en el nuevo cauce estructural de la prosa de ficción. Y esto se hizo de una manera por la que se vino a coincidir con la abundante experiencia de la *novella* italiana de un modo confluyente, como consecuencia de la difusión de esta acertada fórmula narrativa.

El Abencerraje gozó de gran popularidad, y sus tres personajes principales, Rodrigo de Narváez, Abindarráez y Jarifa, inspiraron varios cuentos y novelas, no sólo en España sino también en otros países.

La novela morisca alcanzó su cénit a fines del siglo XVI, con la aparición en 1595 de la primera parte de las *Gue-*

rras civiles de Granada de Ginés Pérez de Hita. Esta novela, que lleva por subtítulo Historia de los bandos de Zegríes y Abencerrajes, cuenta las batallas y los amores de los moros granadinos en los últimos años de su dominio hasta la capitulación de Boabdil. La historia sigue en una segunda parte, publicada en 1597.

Las novelas de Pérez de Hita inspiraron un nuevo tipo de romance que floreció a fines del siglo XVI. Por lo general, estas composiciones no se basaban en asuntos históricos, sino en el elemento sentimental de la historia del moro de Granada. En algunos casos, se compusieron romances à clef, en los que se contaba un incidente en la vida de un caballero español, que el autor disfrazaba de moro en su poema. Los monumentos y jardines de Granada se convirtieron en elementos poéticos y la pérdida de la patria llegó a ser un tema de gran poder emocional.

Recomendamos la edición del Abencerraje de Francisco López Estrada (Madrid: Cátedra, 1980).

El Abencerraje

Este es un vivo retrato de virtud, liberalidad, esfuerzo, gentileza y lealtad, compuesto de Rodrigo de Narváez[1] y el Abencerraje y Jarifa,[2] su padre y el rey de Granada, del cual, aunque los dos formaron y dibujaron todo el cuerpo, los demás no dejaron de ilustrar la tabla y dar algunos rasguños en ella. Y como el precioso diamante engastado en oro o en plata o en plomo siempre tiene su justo y cierto valor por los quilates de su oriente, así la virtud en cualquier dañado subjeto que asiente, resplandece y muestra sus accidentes, bien que la esencia y efecto de ella es como el grano que, cayendo en buena tierra, se acrecienta, y en la mala se perdió.

Dice el cuento que en tiempo del infante don Fernando, que ganó a Antequera, fue un caballero que se llamó Rodrigo de Narváez, notable en virtud y hechos de armas. Este, peleando contra moros, hizo cosas de mucho esfuerzo, y particularmente en aquella empresa y guerra de Antequera hizo hechos dignos de perpetua memoria, sino que esta nuestra España tiene en tan poco el esfuerzo, por serle tan natural y ordinario, que le parece que cuanto se puede hacer es poco; no como aquellos romanos y griegos, que al hombre que se aventuraba a morir una vez en toda la vida le hacían en sus escritos inmortal y le trasladaban en las estrellas. Hizo, pues, este caballero tanto en servicio de su ley y de su rey, que después de ganada la villa le hizo alcaide de ella para que, pues había sido tanta parte en ganarla, lo fuese en defenderla. Hízole también alcaide de

Alora,[3] de suerte que tenía a cargo ambas fuerzas, repartiendo el tiempo en ambas partes y acudiendo siempre a la mayor necesidad. Lo más ordinario residía en Alora, y allí tenía cincuenta escuderos hijosdalgo a los gajes del rey para la defensa y seguridad de la fuerza; y este número nunca faltaba, como los inmortales del rey Darío,[4] que en muriendo uno ponían otro en su lugar. Tenían todos ellos tanta fe y fuerza en la virtud de su capitán, que ninguna empresa se les hacía difícil, y así no dejaban de ofender a sus enemigos y defenderse de ellos; y en todas las escaramuzas que entraban, salían vencedores, en lo cual ganaban honra y provecho, de que andaban siempre ricos.

Pues una noche, acabando de cenar, que hacía el tiempo muy sosegado, el alcaide dijo a todos ellos estas palabras:

—Paréceme, hijosdalgo, señores y hermanos míos, que ninguna cosa despierta tanto los corazones de los hombres como el continuo ejercicio de las armas, porque con él se cobra experiencia en las proprias[5] y se pierde miedo a las ajenas. Y de esto no hay para que yo traya[6] testigos de fuera, porque vosotros sois verdaderos testimonios. Digo esto porque han pasado muchos días que no hemos hecho cosa que nuestros nombres acreciente, y sería dar yo mala cuenta de mí y de mi oficio si, teniendo a cargo tan virtuosa gente y valiente compañía, dejase pasar el tiempo en balde. Paréceme, si os parece, pues la claridad y seguridad de la noche nos convida que será bien dar a entender a nuestros enemigos que los valedores de Alora no duermen. Yo os he dicho mi voluntad; hágase lo que os pareciere.

Ellos respondieron que ordenase, que todos le seguirían. Y nombrando nueve de ellos, los hizo armar; y siendo armados, salieron por una puerta falsa que la fortaleza tenía, por no ser sentidos, porque la fortaleza quedase a buen recado. Y yendo por su camino adelante, hallaron otro que se dividía en dos. El alcaide les dijo:

—Ya podría ser que, yendo todos por este camino, se nos fuese la caza por este otro. Vosotros cinco os id por el uno, yo con estos cuatro me iré por el otro; y si acaso los unos toparen enemigos que no basten a vencer, toque uno su cuerno, y a la señal acudirán los otros en su ayuda.

[1] Hay varios personajes históricos que llevan este nombre. Se refiere aquí al capitán que se distinguió bajo Fernando de Antequera.
[2] El nombre significa "la noble hermosa".

[3] López Estrada señala que esto es imposible desde un punto de vista histórico, ya que las fechas no corresponden. La conquista de Alora por los cristianos ocurrió en 1410 y el primer Narváez alcaide de la villa murió en 1424.
[4] Los «inmortales» eran la guardia personal del rey persa Darío; constituían un famoso cuerpo de tropas de élite.
[5] propias.
[6] traiga.

Yendo los cinco escuderos por su camino adelante hablando en diversas cosas, el uno de ellos dijo:

—Teneos, compañeros, que o yo me engaño o viene gente.

Y metiéndose entre una arboleda que junto al camino se hacía, oyeron ruido. Y mirando con más atención, vieron venir por donde ellos iban un gentil moro en un caballo ruano; él era grande de cuerpo y hermoso de rostro y parecía muy bien a caballo. Traía vestida una marlota[7] de carmesí[8] y un albornoz[9] de damasco del mismo color, todo bordado de oro y plata. Traía el brazo derecho regazado y labrada en él una hermosa dama[10] y en la mano una gruesa y hermosa lanza de dos hierros[11]. Traía una darga[12] y cimitarra,[13] y en la cabeza una toca tunecí[14] que, dándole muchas vueltas por ella, le servía de hermosura y defensa de su persona. En este hábito venía el moro mostrando gentil continente[15] y cantando un cantar que él compuso en la dulce membranza de sus amores, que decía:

Nacido en Granada,
criado en Cártama,
enamorado en Coín,
frontero de Alora.

Aunque a la música faltaba el arte, no faltaba al moro contentamiento; y como traía el corazón enamorado, a todo lo que decía daba buena gracia. Los escuderos, transportados en verle, erraron poco de dejarle pasar, hasta que dieron sobre él. El, viéndose salteado, con ánimo gentil volvió por sí y estuvo por ver lo que harían. Luego, de los cinco escuderos, los cuatro se apartaron y el uno le acometió; mas como el moro sabía más de aquel menester, de una lanzada dio con él y con su caballo en el suelo. Visto esto, de los cuatro que quedaban, los tres le acometieron, pareciéndoles muy fuerte; de manera que ya contra el moro eran tres cristianos, que cada uno bastaba para diez moros, y todos juntos no podían con este solo. Allí se vio en gran peligro porque se le quebró la lanza y los escuderos le daban mucha priesa; mas fingiendo que huía,

puso las piernas a su caballo y arremetió al escudero que derribara, y como una ave se colgó de la silla y le tomó su lanza, con la cual volvió a hacer rostro a sus enemigos, que le iban siguiendo pensando que huía, y diose tan buena maña que a poco rato tenía de los tres los dos en el suelo. El otro que quedaba, viendo la necesidad de sus compañeros, tocó el cuerno y fue a ayudarlos. Aquí se trabó fuertemente la escaramuza, porque ellos estaban afrontados de ver que un caballero les duraba tanto, y a él le iba más que la vida en defenderse de ellos. A esta hora le dio uno de los escuderos una lanzada en un muslo que, a no ser el golpe en soslayo, se le pasara todo. El, con rabia de verse herido, volvió por sí y diole una lanzada, que dio con él y con su caballo muy mal herido en tierra.

Rodrigo de Narváez, barruntando[16] la necesidad en que sus compañeros estaban, atravesó el camino, y como traía mejor caballo se adelantó; y viendo la valentía del moro, quedó espantado, porque de los cinco escuderos tenía los cuatro en el suelo, y el otro, casi al mismo punto. El le dijo:

—Moro, vente a mí, y si tú me vences, yo te aseguro de los demás.

Y comenzaron a trabar brava escaramuza, mas como el alcaide venía de refresco, y el moro y su caballo estaban heridos, dábale tanta priesa que no podía mantenerse; mas viendo que en sola esta batalla le iba la vida y contentamiento, dio una lanzada a Rodrigo de Narváez que, a no tomar el golpe en su darga, le hubiera muerto. El, en recibiendo el golpe, arremetió a él y diole una herida en el brazo derecho, y cerrando luego con él, le trabó a brazos y, sacándole de la silla, dio con él en el suelo. Y yendo sobre él le dijo:

—Caballero, date por vencido; si no, matarte he.[17]

—Matarme bien podrás—dijo el moro—que en tu poder me tienes, mas no podrá vencerme sino quien una vez me venció.

El alcaide no paró en[18] el misterio con que se decían estas palabras, y usando en aquel punto de su acostumbrada virtud, le ayudó a levantar, porque de la herida que le dio el escudero en el muslo y de la del brazo, aunque no eran grandes, y del gran cansancio y caída, quedó quebrantado; y tomando de los escuderos aparejo, le ligó las heridas. Y hecho esto le hizo subir en un caballo de un escudero, porque el suyo estaba herido, y volvieron el camino de Alora. Y yendo por él adelante hablando en la buena disposición y valentía del moro, él dio un

---

[7] traje morisco que consiste en un vestido ancho y sin botones.

[8] El color rojo es símbolo de la pasión.

[9] capa grande con capucha.

[10] **Traía**... Traía labrado en el adorno de la manga derecha el retrato de una hermosa dama.

[11] El hierro de la lanza es el extremo de acero que se pone para herir. López Estrada señala que en la lanza de dos hierros, se usaban los dos extremos para el combate.

[12] adarga, un escudo de cuero, ovalado o en forma de corazón.

[13] especie de sable usado por turcos y moros.

[14] tunecina, cierta clase de punto que se hace con aguja de gancho.

[15] semblante y compostura.

[16] presintiendo.

[17] te mataré.

[18] **no**... no comprendió.

grande y profundo sospiro, y habló algunas palabras en algarabía,[19] que ninguno entendió. Rodrigo de Narváez iba mirando su buen talle y disposición; acordábasele de lo que le vio hacer, y parecíale que tan gran tristeza en ánimo tan fuerte no podía proceder de sola la causa que allí parecía. Y por informarse de él le dijo:

—Caballero, mirad que el prisionero que en la prisión pierde el ánimo, aventura el derecho de la libertad. Mirad que en la guerra los caballeros han de ganar y perder, porque los más de sus trances están subjetos a la fortuna; y parece flaqueza que quien hasta aquí ha dado tan buena muestra de su esfuerzo, la dé ahora tan mala. Si sospiráis del dolor de las llagas, a lugar vais do seréis bien curado. Si os duele la prisión, jornadas son de guerra a que están subjetos cuantos la siguen. Y si tenéis otro dolor secreto, fialde de mí, que yo os prometo como hijodalgo de hacer por remediarle lo que en mí fuere.

El moro, levantando el rostro que en el suelo tenía, le dijo:

—¿Cómo os llamáis, caballero, que tanto sentimiento mostráis de mi mal?

El le dijo:

—A mí llaman Rodrigo de Narváez; soy alcaide de Antequera y Alora.

El moro, tornando el semblante algo alegre, le dijo:

—Por cierto, ahora pierdo parte de mi queja, pues ya que mi fortuna me fue adversa, me puse en vuestras manos, que, aunque nunca os vi sino ahora, gran noticia tengo de vuestra virtud y expiriencia de vuestro esfuerzo; y porque no os parezca que el dolor de las heridas me hace sospirar, y también porque me parece que en vos cabe cualquier secreto, mandad apartar vuestros escuderos y hablar os he[20] dos palabras.

El alcaide los hizo apartar y, quedando solos, el moro, arrancando un gran sospiro, le dijo:

—Rodrigo de Narváez, alcaide tan nombrado de Alora, está atento a lo que te dijere, y verás si bastan los casos de mi fortuna a derribar un corazón de un hombre captivo. A mí llaman Abindarráez[21] el mozo, a diferencia de un tío mío, hermano de mi padre, que tiene el mismo nombre. Soy de los Abencerrajes de Granada, de los cuales muchas veces habrás oído decir; y aunque me bastaba la lástima presente sin acordar las pasadas, todavía te quiero contar esto. Hubo en Granada un linaje de caballeros[22] que llamaban los Abencerrajes, que eran flor de todo aquel reino, porque en gentileza de sus personas,

buena gracia, disposición y gran esfuerzo hacían ventaja a todos los demás; eran muy estimados del rey y de todos los caballeros, y muy amados y quistos[23] de la gente común. En todas las escaramuzas que entraban, salían vencedores, y en todos los regocijos de caballería se señalaban; ellos inventaban las galas y los trajes. De manera que se podía bien decir que en ejercicio de paz y de guerra eran regla y ley de todo el reino. Dícese que nunca hubo Abencerraje escaso ni cobarde ni de mala disposición. No se tenía por Abencerraje el que no servía dama, ni se tenía por dama la que no tenía Abencerraje por servidor. Quiso la fortuna, enemiga de su bien, que de esta excelencia cayesen de la manera que oirás. El Rey de Granada hizo a dos de estos caballeros, los que más valían, un notable e injusto agravio, movido de falsa información que contra ellos tuvo. Y quísose decir, aunque yo no lo creo, que estos dos, y a su instancia otros diez, se conjuraron de matar al rey y dividir el Reino entre sí, vengando su injuria. Esta conjuración, siendo verdadera o falsa, fue descubierta, y por no escandalizar el Rey el Reino, que tanto los amaba, los hizo a todos una noche degollar, porque a dilatar la injusticia, no fuera poderoso de hacella. Ofreciéronse al Rey grandes rescates por sus vidas, mas él aun escuchallo no quiso.[24] Cuando la gente se vio sin esperanzas de sus vidas, comenzó de nuevo a llorarlos. Llorábanlos los padres que los engendraron, y las madres que los parieron; llorábanlos las damas a quien servían, y los caballeros con quien se acompañaban. Y toda la gente común alzaba un tan grande y continuo alarido como si la ciudad se entrara de enemigos, de manera que si a precio de lágrimas se hubieran de comprar sus vidas, no murieran los Abencerrajes tan miserablemente. Vees[25] aquí en lo que acabó tan esclarecido linaje y tan principales caballeros como en él había; considera cuánto tarda la fortuna en subir un hombre, y cuán presto le derriba; cuánto tarda en crecer un árbol, y cuán presto va al fuego; con cuánta dificultad se edifica una casa, y con cuánta brevedad se quema. ¡Cuántos podrían escarmentar en las cabezas de estos desdichados, pues tan sin culpa padecieron con público pregón! Siendo tantos y tales y estando en el favor del mismo Rey, sus casas fueron derribadas, sus heredades enajenadas y su nombre dado en el Reino por traidor. Resultó de este infelice caso que ningún Abencerraje pudiese vivir en Granada, salvo mi padre y un tío mío, que hallaron inocentes de este delito, a

---

[19] árabe.

[20] **hablar**... os hablaré.

[21] El nombre significa «hijo del capitán».

[22] López Estrada señala que el linaje era muy importante entre los árabes.

[23] queridos

[24] **él**... él ni siquiera quiso escucharlo

[25] Ves.

condición que los hijos que les naciesen, enviasen a criar fuera de la ciudad para que no volviesen a ella, y las hijas casasen fuera del Reino.

Rodrigo de Narváez, que estaba mirando con cuánta pasión le contaba su desdicha, le dijo:

—Por cierto, caballero, vuestro cuento es extraño, y la sinrazón que a los Abencerrajes se hizo fue grande, porque no es de creer que siendo ellos tales, cometiesen traición.

—Es como yo lo digo—dijo él—. Y aguardad más y veréis cómo desde allí todos los Bencerrajes deprendimos a ser desdichados. Yo salí al mundo del vientre de mi madre, y por cumplir mi padre el mandamiento del Rey, envióme a Cártama[26] al alcaide que en ella estaba, con quien tenía estrecha amistad. Este tenía una hija, casi de mi edad, a quien amaba más que a sí, porque allende de ser sola y hermosísima, le costó la mujer, que murió de su parto. Esta y yo en nuestra niñez siempre nos tuvimos por hermanos porque así nos oíamos llamar. Nunca me acuerdo haber pasado hora que no estuviésemos juntos. Juntos nos criaron, juntos andábamos, juntos comíamos y bebíamos. Naciónos de esta conformidad un natural amor, que fue siempre creciendo con nuestras edades. Acuérdome que entrando una siesta en la huerta que dicen de los jazmines, la hallé sentada junto a la fuente, componiendo su hermosa cabeza. Miréla vencido de su hermosura, y parecióme a Sálmacis,[27] y dije entre mí: «¡Oh, quién fuera Troco[28] para parecer ante esta hermosa diosa!» No sé cómo me pesó de que fuese mi hermana; y no aguardando más, fuime a ella y cuando me vio con los brazos abiertos me salió a recebir y, sentándome junto a sí, me dijo: «Hermano, ¿cómo me dejaste tanto tiempo sola?» Yo la respondí: «Señora mía, porque ha gran rato que os busco, y nunca hallé quien me dijese dó[29] estábades, hasta que mi corazón me lo dijo. Mas decidme ahora, ¿qué certinidad[30] tenéis vos de que seamos hermanos?» «Yo, dijo ella, no otra más del grande amor que te tengo, y ver que todos nos llaman hermanos.» «Y si no lo fuéramos, dije yo, ¿quisiérasme tanto?» «¿No ves, dijo ella, que, a no serlo, no nos dejara mi padre andar siempre juntos y solos?» «Pues si ese bien me habían de quitar, dije yo, más quiero el mal que tengo.» Entonces ella, encendiendo su hermoso rostro en color, me dijo: «¿Y qué pierdes tú en que seamos hermanos?» «Pierdo a mí y a vos», dije yo. «Yo no te entiendo,

dijo ella, mas a mí me parece que sólo serlo nos obliga a amarnos naturalmente.» «A mí sola vuestra hermosura me obliga, que antes esa hermandad parece que me resfría algunas veces.» Y con esto bajando mis ojos de empacho de lo que le dije, vila en las aguas de la fuente al proprio como ella era, de suerte que donde quiera que volvía la cabeza, hallaba su imagen, y en mis entrañas, la más verdadera. Y decíame yo a mí mismo, y pesárame que alguno me lo oyera: «Si yo me anegase ahora en esta fuente donde veo a mi señora, ¡cuánto más desculpado moriría yo que Narciso![31] Y si ella me amase como yo la amo, ¡qué dichoso sería yo! Y si la fortuna nos permitiese vivir siempre juntos, ¡qué sabrosa vida sería la mía!» Diciendo esto levantéme, y volviendo las manos a unos jazmines de que la fuente estaba rodeada, mezclándolos con arrayán[32] hice una hermosa guirnalda y poniéndola sobre mi cabeza, me volví a ella, coronado y vencido. Ella puso los ojos en mí, a mi parecer más dulcemente que solía, y quitándomela, la puso sobre su cabeza. Parecióme en aquel punto más hermosa que Venus cuando salió al juicio de la manzana,[33] y volviendo el rostro a mí, me dijo: «¿Qué te parece ahora de mí, Abindarráez?» Yo la dije: «Paréceme que acabáis de vencer el mundo y que os coronan por reina y señora de él.» Levantándose me tomó por la mano y me dijo: «Si eso fuera, hermano, no perdiérades vos nada.» Yo, sin la responder,[34] la seguí hasta que salimos de la huerta. Esta engañosa vida trajimos mucho tiempo, hasta que ya el amor por vengarse de nosotros nos descubrió la cautela, que, como fuimos creciendo en edad, ambos acabamos de entender que no éramos hermanos. Ella no sé lo que sintió al principio de saberlo, mas yo nunca mayor contentamiento recebí, aunque después acá lo he pagado bien. En el mismo punto que fuimos certificados de esto, aquel amor limpio y sano que nos teníamos, se comenzó a dañar y se convirtió en una rabiosa enfermedad, que nos durara hasta la muerte. Aquí no hubo primeros movimientos que escusar, porque el principio de estos amores fue un gusto y deleite fundado sobre bien, mas después no vino el mal por principio, sino de golpe y todo junto: ya yo tenía mi contentamiento puesto en ella, y mi alma, hecha a medida de la suya. Todo lo que no veía en ella, me parecía feo, escusado y sin provecho en el mundo; todo mi pensamiento era en ella. Ya en este tiempo nuestros pasatiempos eran diferentes; ya

---

[26] villa de Málaga.
[27] Según la fábula, la ninfa Sálmacis se enamoró del hermoso Hermafrodito y le pidió a los dioses que fundieran sus dos cuerpos en uno.
[28] Hermafrodito.
[29] dónde.
[30] certeza.

[31] Admirando su propia imagen en una fuente, el hermoso Narciso cayó adentro y murió ahogado.
[32] planta de la familia del mirto.
[33] Juno, Minerva y Venus se disputaron una manzana que se le iba a entregar a la más bella de las tres.
[34] **la**... responderle.

yo la miraba con recelo de ser sentido, ya tenía invidia del sol que la tocaba. Su presencia me lastimaba la vida, y su ausencia me enflaquecía el corazón. Y de todo esto creo que no me debía nada porque me pagaba en la misma moneda. Quiso la fortuna, envidiosa de nuestra dulce vida, quitarnos este contentamiento en la manera que oirás.

El Rey de Granada, por mejorar en cargo al alcaide de Cártama, envióle a mandar que luego dejase aquella fuerza y se fuese a Coín,[35] que es aquel lugar frontero del vuestro, y que me dejase a mí en Cártama en poder del alcaide que a ella viniese. Sabida esta desastrada nueva por mi señora y por mí, juzgad vos, si algún tiempo fuisteis enamorado, lo que podríamos sentir. Juntámonos en un lugar secreto a llorar nuestro apartamiento. Yo la llamaba: «Señora mía, alma mía, solo bien mío», y otros dulces nombres que el amor me enseñaba. «Apartándose vuestra hermosura de mí, ¿ternéis[36] alguna vez memoria de este vuestro captivo?» Aquí las lágrimas y sospiros atajaban las palabras. Yo, esforzándome para decir, malparía algunas razones turbadas de que no me acuerdo porque mi señora llevó mi memoria consigo. Pues ¡quién os contase las lástimas que ella hacía, aunque a mí siempre me parecían pocas! Decíame mil dulces palabras que hasta ahora me suenan en las orejas; y al fin, porque no nos sintiesen, despedímonos con muchas lágrimas y sollozos dejando cada uno al otro por prenda un abrazado, con un sospiro arrancado de las entrañas. Y porque ella me vio en tanta necesidad y con señales de muerte, me dijo: «Abindarráez, a mí se me sale el alma en apartarme de ti; y porque siento de ti lo mismo, yo quiero ser tuya hasta la muerte; tuyo es mi corazón, tuya es mi vida, mi honra y mi hacienda; y en testimonio de esto, llegada a Coín, donde ahora voy con mi padre, en teniendo lugar de hablarte o por ausencia o indisposición suya, que ya deseo, yo te avisaré. Irás donde yo estuviere y allí yo te daré lo que solamente llevo conmigo, debajo de nombre de esposo, que de otra suerte ni tu lealtad ni mi ser lo consentirían, que todo lo demás muchos días ha que es tuyo.» Con esta promesa mi corazón se sosegó algo y beséla las manos por la merced que me prometía. Ellos se partieron otro día; yo quedé como quien, caminando por unas fragosas y ásperas montañas, se le eclipsa el sol. Comencé a sentir su ausencia ásperamente buscando falsos remedios contra ella. Miraba las ventanas do se solía poner, las aguas do se bañaba, la cámara en que dormía, el jardín do reposaba la siesta. Andaba todas sus estaciones,[37] y en todas ellas hallaba representación de mi fatiga. Verdad es que la esperanza que me dio de llamarme me sostenía, y con ella engañaba parte de mis trabajos, aunque algunas veces de verla alargar tanto me causaba mayor pena y holgara que me dejara del todo desesperado, porque la desesperación fatiga hasta que se tiene por cierta, y la esperanza hasta que se cumple el deseo. Quiso mi ventura que esta mañana mi señora me cumplió su palabra enviándome a llamar con una criada suya, de quien se fiaba, porque su padre era partido para Granada, llamado del Rey, para volver luego. Yo, resuscitado con esta buena nueva, apercebíme, y dejando venir la noche por salir más secreto, púseme en el hábito que me encontrastes[38] por mostrar a mi señora el alegría de mi corazón; y por cierto no creyera yo que bastaran cien caballeros juntos a tenerme campo porque traía mi señora comigo, y si tú me venciste, no fue por esfuerzo, que no es posible, sino porque mi corta suerte o la determinación del cielo quisieron atajarme tanto bien. Así que considera tú ahora en el fin de mis palabras el bien que perdí y el mal que tengo. Yo iba de Cártama a Coín, breve jornada, aunque el deseo la alargaba mucho, el más ufano Abencerraje que nunca se vio: iba a llamado de mi señora, a ver a mi señora, a gozar de mi señora y a casarme con mi señora. Véome ahora herido, captivo y vencido y lo que más siento, que el término y coyuntura de mi bien se acaba esta noche. Déjame, pues, cristiano, consolar entre mis sospiros, y no los juzgues a flaqueza, pues lo fuera muy mayor tener ánimo para sufrir tan riguroso trance.

Rodrigo de Narváez quedó espantado y apiadado del estraño acontecimiento del moro y pareciéndole que para su negocio ninguna cosa le podría dañar más que la dilación, le dijo:

—Abindarráez, quiero que veas que puede más mi virtud que tu ruin fortuna. Si tú me prometes como caballero de volver a mi prisión dentro de tercero día, yo te daré libertad para que sigas tu camino, porque me pesaría de atajarte tan buena empresa.

El moro, cuando lo oyó, se quiso de contento echar a sus pies y le dijo:

---

[35] villa de Málaga.
[36] tendréis.

[37] **Andaba**... Visitaba todos los lugares en que me había encontrado con ella. (El uso de una expresión que se refiere a la religión para hablar de una experiencia amorosa es una característica de la literatura sentimental de la época. Una «estación» es cada una de las catorce paradas del *via crucis* católico [imitación del recorrido de Jesucristo en su pasión y muerte]. El hecho de que el moro emplee esta expresión es un indicio de que comparte el mismo concepto del amor de los caballeros cristianos.)
[38] Recuérdese que el moro llevaba una marlota de carmesí, siendo el rojo una señal de su gran pasión.

—Rodrigo de Narváez, si vos eso hacéis, habréis hecho la mayor gentileza de corazón que nunca hombre hizo, y a mí me daréis la vida. Y para lo que pedís, tomad de mí la seguridad que quisiéredes, que yo lo cumpliré.

El alcaide llamó a sus escuderos y les dijo:

—Señores, fiad de mí este prisionero, que yo salgo fiador de su rescate.

Ellos dijeron que ordenase a su voluntad. Y tomando la mano derecha entre las dos suyas al moro, le dijo:

—¿Vos prometéisme, como caballero, de volver a mi castillo de Alora a ser mi prisionero dentro de tercero día?

El le dijo:

—Sí prometo.

—Pues id con la buena ventura y si para vuestro negocio tenéis necesidad de mi persona o de otra cosa alguna, también se hará.

Y diciendo que se lo agradecía, se fue camino de Coín a mucha priesa. Rodrigo de Narváez y sus escuderos se volvieron a Alora hablando en la valentía y buena manera del moro.

Y con la priesa[39] que el Abencerraje llevaba, no tardó mucho en llegar a Coín, yéndose derecho a la fortaleza. Como le era mandado, no paró hasta que halló una puerta que en ella había, y deteniéndose allí, comenzó a reconocer el campo por ver si había algo de que guardarse y viendo que estaba todo seguro, tocó en ella con el cuento de la lanza, que ésta era la señal que le había dado la dueña. Luego ella misma le abrió y le dijo:

—¿En qué os habéis detenido, señor mío? Que vuestra tardanza nos ha puesto en gran confusión. Mi señora ha rato que os espera; apeaos y subiréis donde está.

El se apeó y puso su caballo en un lugar secreto que allí halló. Y dejando lanza con su darga y cimitarra, llevándole la dueña por la mano lo más paso que pudo por no ser sentido de la gente del castillo, subió por una escalera hasta llegar al aposento de la hermosa Jarifa, que así se llamaba la dama. Ella, que ya había sentido su venida, con los brazos abiertos le salió a recibir. Ambos se abrazaron sin hablarse palabra del sobrado contentamiento. Y la dama le dijo:

—¿En qué os habéis detenido, señor mío? Que vuestra tardanza me ha puesto en gran congoja y sobresalto.

—Mi señora—dijo él—, vos sabéis bien que por mi negligencia no habrá sido, mas no siempre suceden las cosas como los hombres desean.

Ella le tomó por la mano y le metió en una cámara secreta. Y sentándose sobre una cama que en ella había, le dijo:

—He querido, Abindarráez, que veáis en qué manera cumplen las captivas de amor sus palabras, porque desde el día que os la di por prenda de mi corazón, he buscado aparejos para quitárosla.[40] Yo os mandé venir a este mi castillo a ser mi prisionero, como yo lo soy vuestra, y haceros señor de mi persona y de la hacienda de mi padre debajo de nombre de esposo, aunque esto, según entiendo, será muy contra su voluntad, que como no tiene tanto conocimiento de vuestro valor y experiencia de vuestra virtud como yo, quisiera darme marido más rico, mas yo vuestra persona y mi contentamiento tengo por la mayor riqueza del mundo.

Y diciendo esto bajó la cabeza mostrando un cierto empacho de haberse descubierto tanto. El moro la tomó entre sus brazos y besándola muchas veces las manos por la merced que le hacía, la dijo:

—Señora mía, en pago de tanto bien como me habéis ofrecido, no tengo que daros que no sea vuestro, sino sola esta prenda en señal que os recibo por mi señora y esposa.

Y llamando a la dueña se desposaron.[41] Y siendo desposados se acostaron en su cama, donde con la nueva experiencia encendieron más el fuego de sus corazones. En esta conquista pasaron muy amorosas obras y palabras, que son más para contemplación que para escritura.

Tras esto, al moro vino un profundo pensamiento, y dejando llevarse de él, dio un gran sospiro. La dama, no pudiendo sufrir tan grande ofensa de su hermosura y voluntad, con gran fuerza de amor le volvió a sí y le dijo:

—¿Qué es esto, Abindarráez? Parece que te has entristecido con mi alegría; yo te oyo[42] sospirar revolviendo el cuerpo a todas partes. Pues si yo soy todo tu bien y contentamiento como me decías, ¿por quién sospiras?; y si no lo soy, ¿por qué me engañaste? Si has hallado alguna falta en mi persona, pon los ojos en mi voluntad, que basta para encubrir muchas; y si sirves otra dama, dime quién es para que la sirva yo; y si tienes otro dolor secreto de que yo soy ofendida, dímelo, que o yo moriré o te libraré de él.

El Abencerraje, corrido de lo que había hecho y pareciéndole que no declararse era ocasión de gran sospecha, con un apasionado sospiro la dijo:

---

[39] prisa.

[40] cumplir.

[41] López Estrada señala que era frecuente en las novelas que se celebrasen así los matrimonios, dándose la palabra ante la doncella.

[42] oigo.

—Señora mía, si yo no os quisiera más que a mí, no hubiera hecho este sentimiento, porque el pesar que conmigo traía, sufríale con buen ánimo cuando iba por mí solo; mas ahora que me obliga a apartarme de vos, no tengo fuerzas para sufrirle, y así entenderéis que mis sospiros se causan más de sobra de lealtad que de falta de ella; y porque no estéis más suspensa sin saber de qué, quiero deciros lo que pasa.

Luego le contó todo lo que había sucedido y al cabo la dijo:

—De suerte, señora, que vuestro captivo lo es también del alcaide de Alora; yo no siento la pena de la prisión, que vos enseñastes mi corazón a sufrir, mas vivir sin vos tendría por la misma muerte.

La dama con buen semblante le dijo:

—No te congojes, Abindarráez, que yo tomo el remedio de tu rescate a mi cargo, porque a mí me cumple más. Yo digo así: que cualquier caballero que diere la palabra de volver a la prisión, cumplirá con enviar el rescate que se le puede pedir. Y para esto ponedle vos mismo el nombre que quisierdes, que yo tengo las llaves de las riquezas de mi padre; yo os las porné[43] en vuestro poder; enviad de todo ello lo que os pareciere. Rodrigo de Narváez es buen caballero y os dio una vez libertad y le fiastes este negocio, que le obliga ahora a usar de mayor virtud. Yo creo que se contentará con esto, pues teniéndoos en su poder ha de hacer lo mismo.

El Abencerraje la respondió:

—Bien parece, señora mía, que lo mucho que me queréis no os deja que me aconsejéis bien; por cierto no caeré yo en tan gran yerro, porque si cuando venía a verme con vos, que iba por mí solo, estaba obligado a cumplir mi palabra, ahora, que soy vuestro, se me ha doblado la obligación. Yo volveré a Alora y me porné en las manos del alcaide de ella y, tras hacer yo lo que debo, haga él lo que quisiere.

—Pues nunca Dios quiera—dijo Jarifa—que, yendo vos a ser preso, quede yo libre, pues no lo soy. Yo quiero acompañaros en esta jornada, que ni el amor que os tengo ni el miedo que he cobrado a mi padre de haberle ofendido, me consentirán hacer otra cosa.

El moro, llorando de contentamiento, la abrazó y le dijo:

—Siempre vais, señora mía, acrecentándome las mercedes; hágase lo que vos quisierdes, que así lo quiero yo . . .

CARTA DE RODRIGO DE NARVÁEZ, ALCAIDE DE ALORA, PARA EL REY DE GRANADA

Muy alto y muy poderoso Rey de Granada:
Rodrigo de Narváez, alcaide de Alora, tu
servidor, beso tus reales manos y digo así: que el Abencerraje Abindarráez el mozo, que nació en Granada y se crió en Cártama en poder del alcaide de ella, se enamoró de la hermosa Jarifa, su hija. Después tú, por hacer merced al alcaide, le pasaste a Coín. Los enamorados por asegurarse se desposaron entre sí. Y llamado él por ausencia del padre, que contigo tienes, yendo a su fortaleza, yo le encontré en el camino, y en cierta escaramuza que con él tuve, en que se mostró muy valiente, le gané por mi prisionero. Y contándome su caso, apiadándome de él, le hice libre por dos días; él se fue a ver a su esposa, de suerte que en la jornada perdió la libertad y ganó el amiga.[44] Viendo ella que el Abencerraje volvía a mi prisión, se vino con él y así están ahora los dos en mi poder. Suplícote que no te ofenda el nombre de Abencerraje, que yo sé que este y su padre fueron sin culpa en la conjuración que contra tu real persona se hizo; y en testimonio de ello viven. Suplico a tu real alteza que el remedio de estos tristes se reparta entre ti y mí. Yo les perdonaré el rescate y les soltaré graciosamente; sólo harás tú que el padre de ella los perdone y reciba en su gracia. Y en esto cumplirás con tu grandeza y harás lo que de ella siempre esperé.

Escrita la carta, despachó un escudero con ella, que llegado ante el rey se la dio; el cual, sabiendo cúya era, se holgó mucho, que a este solo cristiano amaba por su virtud y buenas maneras. Y como la leyó, volvió el rostro al alcaide de Coín, que allí estaba, y llamándole aparte le dijo:

—Lee esta carta que es del alcaide de Alora.

Y leyéndola recibió grande alteración. El Rey le dijo:

—No te congojes, aunque tengas por qué; sábete que ninguna cosa me pedirá el alcaide de Alora, que yo no lo haga. Y así te mando que vayas luego a Alora y te veas con él y perdones tus hijos y los lleves a tu casa, que, en pago de este servicio, a ellos y a ti haré siempre merced.

El moro lo sintió en el alma, mas viendo que no podía pasar el mandamiento del Rey, volvió de buen continente[45] y dijo que así lo haría, como su alteza lo mandaba.

Y luego se partió de Alora, donde ya sabían del escudero todo lo que había pasado y fue de todos recibido con mucho regocijo y alegría. El Abencerraje y su hija parecieron ante él con harta vergüenza y le besaron las manos. El los recibió muy bien y les dijo:

—No se trate aquí de cosa pasada. Yo os perdono haberos casado sin mi voluntad, que en lo demás,

---

[43] pondré.

[44] la amante (arcaísmo).
[45] rostro y actitud.

vos, hija, escogistes mejor marido que yo os pudiera dar.

El alcaide todos aquellos días les hacía muchas fiestas; y una noche, acabando de cenar en un jardín, les dijo:

—Yo tengo en tanto haber sido parte para que este negocio haya venido a tan buen estado, que ninguna cosa me pudiera hacer más contento; y así digo que sola la honra de haberos tenido por mis prisioneros quiero por rescate de la prisión. De hoy más, vos, señor Abindarráez, sois libre de mí para hacer de vos lo que quisierdes.

Ellos le besaron las manos por la merced y bien que les hacía; y otro día por la mañana partieron de la fortaleza, acompañándolos el alcaide parte del camino.

Estando ya en Coín gozando sosegada y seguramente el bien que tanto habían deseado, el padre les dijo:

—Hijos, ahora que con mi voluntad sois señores de mi hacienda, es justo que mostréis el agradecimiento que a Rodrigo de Narváez se debe por la buena obra que os hizo, que no por haber usado con vosotros de tanta gentileza ha de perder su rescate, antes le merece muy mayor. Yo os quiero dar seis mil doblas zaenes;[46] enviádselas y teneldo de aquí adelante por amigo, aunque las leyes sean diferentes.

Abindarráez le besó las manos, y tomándolas, con cuatro muy hermosos caballos y cuatro lanzas con los hierros y cuentos de oro, y otras cuatro dargas, las envió al alcaide de Alora y le escribió así:

CARTA DEL ABENCERRAJE ABINDARRÁEZ AL ALCAIDE DE ALORA

Si piensas, Rodrigo de Narváez, que con darme libertar en tu castillo para venirme al mío, me

---

[46] **doblas**... monedas de oro.

dejaste libre, engañaste, que cuando libertaste mi cuerpo, prendiste mi corazón; las buenas obras, prisiones son de los nobles corazones. Y si tú por alcanzar honra y fama, acostumbras hacer bien a los que podrías destruir, yo, por parecer a aquéllos donde vengo, y no degenerar de la alta sangre de los Abencerrajes, antes coger y meter en mis venas toda la que de ellos se vertió, estoy obligado a agradecerlo y servirlo. Recibirás de ese breve presente la voluntad de quien le envía, que es muy grande, y de mi Jarifa, otra tan limpia y leal que me contento yo de ella.

El alcaide tuvo en mucho la grandeza y curiosidad del presente y recibiendo de él los caballos y lanzas y dargas, escribió a Jarifa así:

CARTA DEL ALCAIDE DE ALORA A LA HERMOSA JARIFA

Hermosa Jarifa: No ha querido Abindarráez dejarme gozar del verdadero triunfo de su prisión, que consiste en perdonar y hacer bien; y como a mí en esta tierra nunca se me ofreció empresa tan generosa ni tan digna de capitán español, quisiera gozarla toda y labrar de ella una estatua para mi posteridad y descendencia. Los caballos y armas recibo yo para ayudarle a defender de sus enemigos. Y si en enviarme el oro se mostró caballero generoso, en recibirlo yo pareciera codicioso mercader; yo os sirvo con ello en pago de la merced que me hicistes en serviros de mí en mi castillo. Y también, señora, yo no acostumbro robar damas, sino servirlas y honrarlas.

Y con esto les volvió a enviar las doblas. Jarifa las recibió y dijo:

—Quien pensare vencer a Rodrigo de Narváez de armas y cortesía, pensará mal.

De esta manera quedaron los unos de los otros muy satisfechos y contentos y trabados con tan estrecha amistad, que les duró toda la vida.

La novela pastoril

La novela pastoril floreció en España desde mediados del siglo XVI hasta la primera mitad del siglo siguiente. Entre 1559 y 1633 se publicaron por lo menos veintidós novelas pastoriles en España, donde el género gozó de gran popularidad.

La idealización del campo y el menosprecio de la corte que ya hemos visto en autores tan diversos como Antonio de Guevara y Fray Luis de León resultan de una confluencia de corrientes, entre ellas el neoplatonismo, el culto de la belleza y la perfección y el interés en autores antiguos tales como Teócrito, Virgilio y Horacio.

La acción de la novela pastoril se desenvuelve en un ambiente bucólico en el cual la única preocupación es el amor. Pastores y pastoras—o damas y caballeros que se han retirado al campo y se han disfrazado de rústicos—cantan las penas de una pasión no realizada. Los obstáculos que separan a los amantes son numerosos; a veces se trata de un amor no correspondido; a veces los padres se oponen a la unión; a veces la amada está ausente o muerta. La añoranza de la amada conduce al pastor a perderse en una dulce melancolía. Recuerda los momentos preciosos que pasó con ella y sueña con unirse a ella nuevamente.

La novela pastoril pinta un mundo idealizado en el sentido de que los personajes rara vez piensan en los aspectos banales de la vida. De vez en cuando comen una comida rústica, sacando de sus canastas quesos, panes y frutos frescos. A veces participan en juegos o llevan a sus rebaños de un valle a otro, pero por lo general, las actividades rutinarias—el comer, el trabajar—no interrumpen sus conversaciones y canciones sobre el amor. El ambiente es paradisíaco. Recuerda el Jardín del Edén antes de la Caída. Ni los extremos climatológicos ni los accidentes geográficos presentan problemas para estos pastores enamorados, quienes llevan una vida sencilla y pura en armonía con la naturaleza. Reina una eterna primavera en que los prados están siempre verdes y árboles que ofrecen sombra y abrigo están siempre floreciendo.

La novela de pastores tiene sus raíces en la literatura pastoril antigua. Aunque hay evidencia de la existencia de una poesía pastoral anterior a los *Idilios* del poeta griego Teócrito (¿315–250? a.C.), éstos son los primeros ejemplos del género que han llegado a nuestras manos. Los *Idilios* establecen el modelo para este tipo de literatura; describen la vida campestre con un grado de realismo, pero su estilo es elevado en vez de rústico. Fueron compuestos para un público aristocrático y encarnan el deseo del hombre de la corte de retirarse a una naturaleza pura y armónica. Teócrito tuvo varios imitadores, entre ellos Mosco, poeta bucólico del siglo II antes de Cristo y autor de *Eros fugitivo*.

El pastoralista más famoso del mundo antiguo es sin duda el poeta latino Virgilio (70–19 a.C.), autor de *Las Bucólicas,* una serie de diez églogas de inspiración pastoril en que introdujo muchos de los temas y *topoi* que inspirarían a los poetas del Renacimiento, y de *Las Geórgicas,* poema a la gloria del campo. Las églogas son poemas individuales en que pastores amantes cantan las penas del amor no correspondido. Como sus imitadores renacentistas, Virgilio alude a temas y personajes contemporáneos en sus poemas, disfrazándolos siempre bajo el manto pastoril. Fue el creador de la Arcadia literaria—muy diferente de la Arcadia verdadera, zona áspera del Peloponeso—convirtiéndola en el *locus amoenus,* o lugar ameno, el paisaje propicio al amor, aludido por los escritores, pintores y escultores del Renacimiento.

La literatura pastoril antigua, tanto como la renacentista, evoca una mítica Edad Dorada cuando los hombres vivían en paz los unos con los otros y en armonía con la naturaleza. El gusto por el tema pastoral refleja la búsqueda del orden y de la belleza, tan característica del Renacimiento.

El interés en el pastoralismo volvió a despertarse en Italia durante el siglo XV. La corte florentina de Lorenzo de Medici (1449–1492), llamado el Magnífico, fue un centro de pensamiento neoplatónico y de actividad literaria, la cual fomentaba la imitación y traducción de Virgilio. En otras partes de Italia varios autores experimentaron con formas y motivos pastoriles. Jacopo Sannazaro compuso su *Arcadia,* la primera novela pastoril, que apareció en 1504, aunque probablemente se compuso unos veinte años antes. Combinación de pasajes en prosa y verso, la *Arcadia* tuvo una tremenda influencia en España, donde sirvió de modelo a Montemayor y a los pastoralistas que le siguieron. La *Arcadia* fue la primera novela pastoril en publicarse en España; salieron ediciones españolas en Toledo en 1547 y 1549 y ediciones más tardías en Madrid y Salamanca. En 1554 en Ferrara se publicó *Menina y Moça,* por el escritor portugués Bernardim Ribeiro, la primera novela de influencia pastoril compuesta por un autor ibérico.

La novela pastoril española refleja la creciente importancia del neoplatonismo. La corte de Lorenzo el Magnífico había sido un centro del pensamiento neoplatónico. Lorenzo mismo había sido un íntimo amigo y discípulo de Marsilio Ficino (1433–1499), cabeza de la Academia Platónica de Florencia.

El neoplatonismo se ocupaba en la búsqueda de la pureza. Recuérdese que el neoplatonismo era una adaptación cristiana del platonismo antiguo, según el cual la Creación se veía como una serie de emanaciones de un Absoluto (Dios, en el contexto cristiano). Para el neoplatonista, cada cosa que existe en el mundo tangible y sensorial es un reflejo de la Idea pura, la cual existe en la mente de Dios. El hombre se acerca a Dios, quien es la Belleza pura, al contemplar la belleza de una mujer amada, ya que ésta es un reflejo de la Belleza divina. Por lo tanto, el amor se convierte en una experiencia casi mística.

Aunque los preceptos neoplatónicos que gobiernan la conducta de los personajes no excluyen la posibilidad de una lícita unión sexual, ésta no se realizará hasta que los amantes hayan sufrido suficientemente, ya que el dolor es esencial al proceso de purificación. Todos los pastores aspiran al matrimonio, por medio del cual esperan realizar el ideal neoplatónico del orden perfecto en que cada ser está unido a su cónyuge. Sin embargo, el amante debe someterse a una prueba de constancia. La meta no es la mera gratificación sexual, sino la sublimación del amor. Por consiguiente, el obstáculo es un elemento esencial al argumento. A diferencia de la novela sentimental, en la que la fuerza operadora es el amor cortés, la novela pastoril promete un fin feliz: los amantes fieles serán premiados, casándose con su amada.

La filosofía de amor elaborada por los neoplatonistas se diseminó en gran parte por el *trattato d'amore,* que usualmente consistía en un debate sobre diversos aspectos del amor. En la novela pastoril, esta técnica se emplea con frecuencia en las reuniones de pastores, en las que cada uno articula sus ideas sobre el amor.

Aunque la crítica ha calificado la novela pastoril de utópica y escapista, estudios recientes demuestran que sus personajes experimentan un gama de emociones. La morbosidad, la perversión y la violencia penetran en el mundo bucólico. El contexto pastoril le permite al autor examinar la psicología humana dentro de un ambiente controlado en el cual el amor es el único constante. A veces el mundo externo—con sus complicaciones políticas y sus amenazas—se representa por lobos o monstruos que amenazan los rebaños de los pastores. A veces las rivalidades entre los amantes conducen a peleas y, en las novelas más tardías, a asesinatos.

En los casi cien años durante los cuales se produjeron novelas pastoriles en España, el género evolucionó considerablemente. Si los pastores de *Los siete libros de la Diana,* de Jorge de Montemayor, la primera novela pastoril española, son pasivos y estáticos, los de su sucesor más famoso, Gaspar Gil Polo, son activos y dinámicos. Si en las primeras novelas pastoriles las rivalidades se contienen y la violencia se reprime, en las más tardías—notablemente *La Galatea* de Miguel de Cervantes—las emociones estallan, llevando a los personajes a cometer los crímenes más atroces. Si en las primeras novelas los personajes son controlados por fuerzas externas—la magia, por ejemplo—en las últimas son dueños de su propio destino.

Un factor que contribuye a estos cambios es la nueva importancia que la Contrarreforma le da a la doctrina del libre albedrío. A través de las décadas, los pastores se hacen cada vez más autónomos. Ejercen su voluntad. Ellos mismos producen las situaciones en las que se encuentran; ellos mismos buscan soluciones a sus dilemas. En el proceso, van asemejándose a los personajes de la novela moderna europea.

JORGE DE MONTEMAYOR (¿1520?—1561)

Jorge de Montemayor, autor de *Los siete libros de la Diana,* la primera novela pastoril escrita en español, nació en Montemôr-o-Velho, en Portugal. Poco se sabe de su vida, ni siquiera cuál era su verdadero apellido, ya que siempre usó la versión castellana de su pueblo de nacimiento. Es probable que fuera de origen judío, aunque los datos no son concluyentes. Fue músico al servicio de María de Austria, hija mayor de Carlos V, y de la hermana de ésta, Juana de Portugal. En 1555 se publicó en Amberes una colección de sus poemas en dos volúmenes, uno de poemas seculares y otro de poemas religiosos. Montemayor combatió en Flandes entre 1556 y 1559, año en el cual apareció la primera edición de *La Diana* en Valencia. La Inquisición prohibió sus obras durante un tiempo breve. En 1560 el poeta publicó una traducción de los poemas catalanes de Ausias March. Murió en Italia, víctima de los celos de un rival por las atenciones de una dama.

Los siete libros de la Diana, como el resto de la obra de Montemayor, fueron escritos en castellano, aunque el Libro VII contiene algunos diálogos en portugués. El argumento consiste en una serie de historias de amor que los personajes relatan durante su peregrinaje al palacio de Felicia, la sabia que premiará a los amantes fieles. Diana, la figura central, no aparece hasta el Libro V, aunque su presencia en el valle llena el ambiente.

Sireno y Diana se aman, pero durante la ausencia de aquél, ella accede a las demandas de su padre y se casa con Delio, un hombre violento y grosero. Al principio del Libro Primero, Sireno y Silvano, que también ama a Diana, lamentan la situación. Se junta a ellos Selvagia, que relata una historia complicadísima, repleta de equivocaciones en cuanto a la identidad y aun el sexo de los personajes. Se forma una cadena en que cada personaje es un eslabón: Selvagia ama a Alanio, quien ama a Ismenia, quien ama a Montano, quien ama a Selvagia. Este círculo simboliza el concepto del amor como un lazo que entrampa al individuo.

En el Libro II, Selvagia, Sireno y Silvano espían a tres ninfas, una de las cuales describe la despedida de Sireno y Diana. De repente, tres salvajes atacan a las ninfas. Aparece Felismena, quien mata a los salvajes y entonces se une al grupo. El relato de Felismena, el cual se basa en una *novella* italiana, no se desenvuelve en el campo, sino en un ambiente urbano. Al nacer Felismena y su hermano gemelo, las estrellas la destinaron a tener éxito en las armas, pero no en el amor. Disfrazada de hombre, Felismena siguió a la Corte a don Félix, su amante inconstante, quien la tomó como criado. Celia, la nueva amada de Don Félix, se enamoró del nuevo sirviente y murió como consecuencia de la frialdad de éste. Don Félix, desesperado, dejó la Corte y desde entonces, Felismena lo busca. Las ninfas sugieren que todos vayan al palacio de la sabia Felicia, sacerdotisa de la diosa Diana, quien resolverá sus problemas.

En el Libro III, el grupo se encuentra con Belisa, amada de Arsenio, un viudo rico. Arsilio, hijo de éste, ayudaba a su padre, escribiendo cartas de amor. Al darse cuenta Belisa de quién era el verdadero autor de las misivas, se enamoró del hijo. Celoso, Arsenio mató a Arsilio y se suicidó. Belisa se retiró al campo para esperar la muerte.

Belisa se une al grupo y, en el Libro IV, todos llegan al templo de Diana, diosa de la caza y famosa por su castidad. Canta Orfeo, el músico más célebre de la Antigüedad y, según algunos autores, hijo de Apolo. La presencia de Orfeo, quien encarna la armonía y a veces aparece como símbolo de Dios o de Cristo en el Renacimiento, realza el elemento neoplatónico.

Felisa les da un elixir mágico a los amantes, el cual los hace dormir. Al despertarse en el Libro IV, Selvagia se enamora de Silvano, su antiguo admirador. Sireno se encuentra libre del amor. Felismena sale en busca de Félix y Belisa se queda con Felicia. En el camino, Felismena se entera de que ni Arsileo ni Arsenio están muertos; la escena de la cual Belisa había sido testigo había sido la invención de un mago malvado. Arsileo se reúne con Belisa en el palacio de Felisa. Diana aparece por primera vez y se extraña ante la indiferencia de Sireno.

En Libro VI, Felismena hace las paces entre Amarílida y Filemón, dos personajes menores. Diana discute con Sireno sobre el matrimonio de ella. Sireno y Silvano cantan de su antiguo amor por Diana.

En el Libro VII, Felismena ampara a un caballero herido que resulta ser don Félix. Gracias a un elixir de Felicia, él vuelve a enamorarse de Felismena. La novela termina con los matrimonios de Félix y Felismena, Belisa y Arsileo y Selvagia y Silvano en el palacio de Felicia, y la promesa de una continuación.

Bruce W. Wardropper ha señalado la simetría de *La Diana*. En los tres primeros libros, los personajes aparecen uno por uno y relatan sus historias. La visita a Felicia tiene lugar en el Libro IV y constituye el eje de la obra. En los tres últimos libros, los amantes se reúnen con sus amadas o quedan en un estado de desamor.

Todos los personajes de Montemayor son víctimas del amor. El sufrimiento los une, creando vínculos entre personas de diversos tipos. Aun Silvano y Sireno, rivales por el afecto de Diana, no se ven como enemigos, sino como partidarios de una misma causa: el amor. Comparten los mismos valores; se adhieren a un solo concepto de la vida. Existe un ambiente de amistad y cooperación entre estos pastores, que se escuchan y animan mutuamente. Claro que hay debates y discusiones sobre el amor, pero éstos no amenazan la armonía pastoral.

Por lo general, los personajes de Montemayor tienden a ser pasivos. Sin excepción, se ven como víctimas de fuerzas irracionales tales como sus emociones, el destino, la fortuna. En *La Diana*, las circunstancias cambian inesperada e inexplicablemente, sin que el hombre pueda defenderse de los trastornos que estas alteraciones súbitas causan. La mudanza—un tema fundamental durante el Renacimiento—cobra una importancia especial en la novela de Montemayor.

Los pastores aceptan la pena que les ocasiona el amor—es más, la cultivan—porque creen en el valor del sufrimiento. Para ellos, el dolor purifica, haciendo al amante digno de recompensa. Por lo tanto, el dolor se convierte en una fuente de placer. La melancolía de estos pastores tiene un aspecto dulce y agradable.

Esta obsesión con el sufrimiento explica la preocupación que tienen los personajes de Montemayor con la castidad y el honor. Sólo los castos serán admitidos al templo del Diana, donde Felicia premiará a los amantes fieles.

El cultivo del sufrimiento conduce también a una profunda preocupación con el tiempo. La memoria ayuda a evocar momentos de intensa felicidad. Cada amante recuerda un tiempo irrecuperable en que gozaba de la compañía de su amada. Al mismo tiempo, vive de la esperanza. Es decir, proyecta su imaginación hacia un futuro en que cada pastor viva dichoso con su pastora. Para estos personajes, la felicidad no es una realidad inmediata, sino un recuerdo o una esperanza. El tiempo llega a ser uno de los mayores obstáculos entre el pastor y la felicidad.

Aunque se ha calificado el mundo pastoril de idílico, ninguno de los pastores está realmente contento. Caracterizan su existencia presente la insatisfacción y la angustia. Además, a pesar de los vínculos que se forman entre ellos debido a su dedicación común al ideal del amor, cada uno está esencialmente solo: «. . . todo consuelo es excusado, cuando los males son sin remedio.»

La armonía que caracteriza el ambiente pastoral es bastante tenue. La amistad se mantiene mientras que ambos rivales vean la unión con la amada como una meta imposible, pero cuando este equilibrio se altera, se rompe la armonía y los personajes se entregan a los celos y aun a la violencia. En la historia de Selvagia, se forma una rivalidad feroz entre ella e Ismenia. En la de Belisa, los celos entre padre e hijo resultan en el asesinato aparente de éste por aquél.

Al lado del concepto idealizado de la pasión, se forma otro: el de una fuerza potencialmente destructiva y brutal. Las emociones, tanto como los obstáculos externos, pueden impedir que se realice el ideal erótico. La pasión incontrolada de Delio lo convierte en un hombre posesivo, celoso y, a fin de cuentas, antierótico.

Montemayor representa el aspecto destructivo de la pasión en el episodio en que tres salvajes atacan a unas ninfas. La ninfa es un símbolo tradicional de la pureza sexual; el hombre salvaje, del aspecto primitivo y feo del hombre. Aunque Felismena aparece inesperadamente y salva a las ninfas, la solución es poco convincente. Queda siempre la posibilidad de que lo erótico ceda a lo puramente sexual.

A través de *Los siete libros de la Diana*, el mal se asoma cuando las pasiones incontroladas rompen el comedimiento que impone el ideal neoplatónico. Aunque los conflictos casi siempre se resuelven, los medios que se emplean para solucionarlos son tan artificiales que sólo sirven para subrayar la inevitabilidad de la contención en la vida humana. La catástrofe se evita o por la magia o por la suerte (en la historia de Belisa, el asesinato es sólo una ilusión creada por un mago; en la de las ninfas, Felismena aparece milagrosamente para defender a las víctimas). Felicia misma es el epítome de la artificialidad. Su palacio elegante, decorado con estatuas, pinturas y objetos de arte, es un monumento a la creatividad humana, lo cual subraya que Felicia no ofrece una solución real a los problemas de los hombres.

Aun dentro del contexto de la novela, las soluciones de Felicia son imperfectas. La sabia hace que Selvagia y Silvano se enamoren, un fin poco satisfactorio, ya que cada uno amaba a otra persona. Sireno se convierte en desamorado, acontecimiento bastante triste para un hombre que creía que el amor era un bien incomparable. Diana, el personaje central que da su nombre al libro, se desvía del ideal pastoral, casándose con un hombre a quien ella no ama. Por lo tanto, no puede esperar ningún amparo de Felicia. Al final de la novela, el problema de Diana queda sin resolver, ya que ella—la que lleva el nombre de la diosa que simboliza la castidad—no ha sabido resistir a las presiones de su padre y mantenerse pura para Sireno.

Diana es un recuerdo constante de la imperfección del mundo real, en el que el hombre a menudo cede a las influencias dañinas y a las pasiones. Su enajenación del círculo de pastores felices subraya que la armonía perfecta no es más que un figmento de la imaginación.

Recomendamos la edición de *Los siete libros de la Diana* de Enrique Moreno Báez (Madrid: Nacional, 1976).

Los siete libros de la Diana

En el valeroso e inexpugnable reino de los lusitanos[1] hay dos caudalosos ríos[2] que, cansados de regar la mayor parte de nuestra España, no muy lejos el uno del otro entran en el mar Océano; en medio de los cuales hay muchas y muy antiguas poblaciones, a causa de la fertilidad de la tierra ser tan grande que en el universo no hay otra alguna que se le iguale. La vida de esta provincia es tan remota y apartada de cosas que puedan inquietar el pensamiento que, si no es cuando Venus,[3] por manos del ciego hijo,[4] se quiere mostrar poderosa, no hay quien entienda en más que en sustentar una vida quieta con suficiente medianía en las cosas que para pasarla son menester.

Los ingenios de los hombres son aparejados para pasar la vida con asaz[5] contento y la hermosura de las mujeres para quitarla al que más confiado viviere. Hay muchas casas por entre las florestas[6] sombrías y deleitosos valles, el término de los cuales, siendo proveído de rocío del soberano cielo y cultivado con industria de los habitadores de ellas, el gracioso verano tiene cuidado de ofrecerles el fruto de su trabajo y socorrerles a las necesidades de la vida humana.

Yo vivía en una aldea que está junto al caudaloso Duero, que es uno de los dos ríos que os tengo dicho, adonde está el suntuosísimo templo de la diosa Minerva,[7] que en ciertos tiempos del año es visitado de todas o las más pastoras y pastores que en aquella provincia viven, comenzando un día ante de la célebre fiesta a solenizarla las pastoras y ninfas con cantos e himnos muy suaves, y los pastores con desafíos de correr, saltar, luchar y tirar la barra, poniendo por premio para el que victorioso saliere, cuales una guirnalda de verde hiedra, cuales una dulce zampoña[8] o flauta o un cayado de ñudoso[9] fresno, y otras cosas de que los pastores se precian. Llegado, pues, el día en que la fiesta se celebraba, yo con otras pastoras amigas mías, dejando los serviles y bajos paños y vistiéndonos de los mejores que teníamos, nos fuimos el día antes de la fiesta, determinadas de[10] velar aquella noche en el templo, como otros años lo solíamos hacer. Estando, pues, como digo, en compañía de estas amigas mías, vimos entrar por la puerta una compañía de hermosas pastoras a quien algunos pastores acompañaban, los cuales, dejándolas dentro y habiendo hecho su debida oración, se salieron al hermoso valle; porque la orden de aquella provincia era que ningún pastor pudiese entrar en el templo a más que[11] a dar la obediencia,[12] y se volviese luego a salir, hasta que el día siguiente pudiesen todos entrar a participar de las cerimonias y sacrificios que entonces hacían. Y la causa de esto era porque las pastoras y ninfas quedasen solas y sin ocasión de entender en otra cosa sino celebrar la fiesta, regocijándose unas con otras, cosa que otros muchos años solían hacer; y los pastores fuera del templo, en un verde prado que allí estaba, al resplandor de la nocturna Diana. Pues habiendo entrado las pastoras que digo en el suntuoso templo, después de hechas sus oraciones y de haber ofrecido sus ofrendas delante del altar, junto a nosotras se asentaron. Y quiso mi ventura que junto a mí se sentase una de ellas, para que yo fuese desventurada todos los días que su memoria me turase.[13] Las pastoras venían disfrazadas, los rostros cubiertos con unos velos blancos y presos en sus chapeletes de menuda paja sutilísimamente labrados con muchas guarniciones de lo mismo, tan bien hechas y entretejidas que de oro no les llevara ventaja. Pues estando yo mirando la que junto a mí se había sentado vi que no quitaba los ojos de los míos y que, cuando yo la miraba, abajaba ella los suyos, fingiendo quererme ver sin que yo mirase en ello. Yo deseaba en extremo saber quién era, porque si

---

[1] portugueses.
[2] el Duero y el Tajo.
[3] diosa del amor.
[4] Cupido (Se representa con los ojos vendados.)
[5] bastante.
[6] bosques espesos.
[7] diosa de la Sabiduría, de las Artes, de las Ciencias y de la Industria.
[8] instrumento rústico, compuesto de muchas flautas o una flautilla de caña; también es posible que se refiera a un instrumento de cuerda. (Ha habido duda sobre la naturaleza de la zampoña, especialmente sobre si es un instrumento de boca, ya que los pastores a menudo hablan o cantan mientras tocan.)
[9] nudoso.
[10] a.
[11] **a...** excepto, a menos que.
[12] **a...** para mostrar su sumisión, para rendir obediencia (a un ser superior).
[13] durase.

hablase conmigo no cayese yo en algún yerro a causa de no conocerla. Y todavía todas las veces que yo me descuidaba la pastora no quitaba los ojos de mí, y tanto que mil veces estuve por hablarla, enamorada de unos hermosos ojos que solamente tenía descubiertos. Pues estando yo con toda la atención posible sacó la más hermosa y delicada mano que yo después acá he visto y, tomándome la mía, me la estuvo mirando un poco. Yo, que estaba más enamorada de ella de lo que podría decir, le dije:—«Hermosa y graciosa pastora, no es sola esa mano la que está aparejada para serviros, mas también lo está el corazón y el pensamiento de cuya ella es». Ismenia, que así se llamaba aquélla que fue causa de toda la inquietud de mis pensamientos, teniendo ya imaginado hacerme la burla que adelante oiréis, me respondió muy bajo, que nadie lo oyese:—«Graciosa pastora, soy yo tan vuestra que como tal me atreví a hacer lo que hice. Suplícoos que no os escandalicéis, porque en viendo vuestro hermoso rostro no tuve más poder en mí». Yo entonces muy contenta me llegué más a ella y le dije medio riendo:—«¿Cómo puede ser, pastora, que siendo vos tan hermosa os enamoréis de otra que tanto le falta para serlo, y más siendo mujer como vos?»—«¡Ay, pastora!», respondió ella, «que el amor que menos veces se acaba es éste, y el que más consienten pasar los hados, sin que las vueltas de fortuna ni las mudanzas del tiempo les vayan a la mano». Yo entonces respondí:—«Si la naturaleza de mi estado me enseñara a responder a tan discretas palabras no me lo estorbara el deseo que de serviros tengo; mas creedme, hermosa pastora, que el propósito de ser vuestra la muerte no será parte para quitármele».

Y después de esto los abrazos fueron tantos, los amores que la una a la otra nos decíamos, y de mi parte tan verdaderos, que ni teníamos cuenta con los cantares de las pastoras ni mirábamos las danzas de las ninfas ni otros regocijos que en el templo se hacían. A este tiempo importunaba yo a Ismenia que me dijese su nombre y se quitase el rebozo, de lo cual ella con gran disimulación se excusaba y con grandísima industria mudaba propósito. Mas siendo ya pasada media noche y estando yo con el mayor deseo del mundo de verle el rostro y saber cómo se llamaba y de adónde era, comencé a quejarme de ella y a decir que no era posible que el amor que me tenía fuese tan grande como con sus palabras me manifestaba, pues, habiéndole yo dicho mi nombre, me encubría el suyo, y que cómo podía yo vivir, queriéndola como la quería, si no supiese a quién quería o adónde había de saber nuevas de mis amores; y otras cosas dichas tan de veras que las lágrimas me ayudaron a mover el corazón de la cautelosa Ismenia, de manera que ella se levantó y, tomándome por la mano, me apartó hacia una parte

donde no había quien impedir nos pudiese y comenzó a decirme estas palabras, fingiendo que del alma le salían:—«Hermosa pastora, nacida para inquietud de un espíritu que hasta ahora ha vivido tan exento cuanto ha sido posible. ¿Quién podrá dejar de decirte lo que pides, habiéndote hecho señora de su libertad? Desdichado de mí que la mudanza del hábito te tiene engañada, aunque el engaño ya resulta en daño mío. El rebozo que quieres que yo quite veslo aquí donde lo quito. Decirte mi nombre no te hace mucho al caso, pues, aunque yo no quiera, me verás más veces de las que tú podrás sufrir.» Y diciendo esto y quitándose el rebozo vieron mis ojos un rostro que, aunque el aspecto fuese un poco varonil, su hermosura era tan grande que me espantó. Y prosiguiendo Ismenia su plática dijo:—«Y porque, pastora, sepas el mal que tu hermosura me ha hecho y que las palabras que entre las dos como de burlas han pasado son de veras sabe que yo soy hombre y no mujer, como antes pensabas. Estas pastoras que aquí ves, por reírse conmigo, que son todas mis parientas, me han vestido de esta manera, que de otra no pudiera quedar en el templo, a causa de la orden que en esto se tiene.» Cuando yo entendí lo que Ismenia me había dicho y le vi, como digo, en el rostro, no aquella blandura, ni en los ojos aquel reposo que las doncellas por la mayor parte solemos tener, creí que era verdad lo que me decía y quedé tan fuera de mí que no supe qué responderle. Todavía contemplaba aquella hermosura tan extremada, miraba aquellas palabras que me decía con tanta disimulación, que jamás supo nadie hacer cierto de lo fingido como aquella cautelosa pastora. Vime aquella hora tan presa de sus amores y tan contenta de entender que ella lo estaba de mí que no sabría encarecerlo; y puesto caso que de semejante pasión yo hasta aquel punto no tuviese experiencia, causa harto suficiente para no saber decirla, todavía, esforzándome lo mejor que pude, le hablé de esta manera:—«Hermosa pastora, que para hacerme quedar sin libertad o para lo que la fortuna se sabe tomaste el hábito de aquella que el de amor a causa tuya ha profesado: bastara el tuyo mismo para vencerme, sin que con mis armas propias me hubieras rendido. Mas ¿quién podrá huir de lo que su fortuna le tiene solicitado? Dichosa me pudiera llamar si hubieras hecho de industria lo que acaso heciste, porque, a mudarte el hábito natural para sólo verme y decirme lo que deseabas, atribuyéralo yo a merecimiento mío y a grande afición tuya; mas ver que la intención fue otra, aunque el efecto haya sido el que tenemos delante, me hace estar no tan contenta como lo estuviera a ser de la manera que digo. Y no te espantes ni te pese de este deseo, que no hay mayor señal de una persona querer todo lo que puede que desear ser querida de aquél a quien ha entregado su libertad. De lo que me has oído podrás sacar cuál me tiene tu vista. Plega a Dios que uses tan bien del poder que sobre mí has tomado que pueda yo sustentar el tenerme por dichosa hasta la fin de nuestros amores, los cuales, de mi parte, no le ternán[14] en cuanto la vida me turare[15].» La cautelosa Ismenia me supo tan bien responder a lo que dije y fingir las palabras que para nuestra conversación eran necesarias que nadie pudiera huir del engaño en que yo caí si la fortuna de tan dificultoso laberintio[16] con el hilo de prudencia no le sacara. Y así estuvimos hasta que amaneció, hablando en lo que podría imaginar quien por estos desvariados casos de amor ha pasado. Díjome que su nombre era Alanio, su tierra Galia, tres millas de nuestra aldea; quedamos concertados de[17] vernos muchas veces; la mañana se vino y las dos nos apartamos con más abrazos, lágrimas y sospiros de lo que ahora sabré decir. Ella se partió de mí, yo volviendo atrás la cabeza por verla y por ver si me miraba. Vi que se iba medio riendo, mas creí que los ojos me habían engañado. Fuese[18] con la compañía que había traído, mas yo volví con mucha más, porque llevaba en la imaginación los ojos del fingido Alanio, las palabras con que su vano amor me había manifestado, los abrazos que de él había recebido y el crudo mal de que hasta entonces no tenía experiencia.

Ahora habéis de saber, pastores, que esta falsa y cautelosa Ismenia tenía un primo, que se llamaba Alanio, a quien ella más que a sí quería, porque en el rostro y ojos y todo lo demás se le parecía tanto que si no fueran los dos de género diferente no hubiera quien no juzgara el uno por el otro; y era tanto el amor que le tenía que cuando yo a ella en el templo le pregunté su mismo nombre, habiéndome de decir nombre de pastor, el primero que me supo nombrar fue Alanio, porque no hay cosa más cierta que en las cosas súpitas[19] encontrarse la lengua con lo que está en el corazón. El pastor la quería bien, mas no tanto como ella a él. Pues cuando las pastoras salieron del templo para volverse a su aldea Ismenia se halló con Alanio, su primo; y él, por usar de la cortesía que a tan grande amor como el de Ismenia era debida, dejando la compañía de los mancebos de su aldea, determinó de acompañarla, como lo hizo, de que no poco contentamiento recibió Ismenia; y, por dársele a él en alguna cosa, sin mirar

lo que hacía, le contó lo que conmigo había pasado, diciéndoselo muy particularmente y con grandísima risa de los dos; y también le dijo cómo yo quedaba, pensando que ella fuese hombre, muy presa de sus amores. Alanio, cuando aquello oyó, disimuló lo mejor que él pudo, diciendo que había sido grandísimo donaire; y sacándole todo lo que conmigo había pasado, que no faltó cosa, llegaron a su aldea. Y de ahí a ocho días, que para mí fueron ocho mil años, el traidor de Alanio, que así lo puedo llamar con más razón que él ha tenido de olvidarme, se vino a mi lugar y se puso en parte donde yo pudiese verle, al tiempo que pasaba con otras zagalas a la fuente que cerca del lugar estaba. Y como yo lo viese fue tanto el contentamiento que recebí que no se puede encarecer, pensando que era el mismo que en hábito de pastora había hablado en el templo; y luego le hice señas que se viniese hacia la fuente adonde yo iba, y no fue menester mucho para entenderlas. El se vino y allí estuvimos hablando todo lo que el tiempo nos dio lugar, y el amor quedó, a lo menos de mi parte, tan confirmado que, aunque el engaño se descubriera, como de ahí a pocos días se descubrió, no fuera parte para apartarme de mi pensamiento. Alanio también creo que me quería bien y que desde aquella hora quedó preso de mis amores, pero no lo mostró por la obra tanto como debía. Así que algunos días se trataron nuestros amores con el mayor secreto que pudimos, pero no fue tan grande que la cautelosa Ismenia no lo supiese; y viendo que ella tenía la culpa, no sólo en haberme engañado, mas aun en haber dado causa a que Alanio, descubriéndole lo que pasaba, me amase a mí y pusiese a ella en olvido, estuvo para perder el seso; mas consolóse con parecerle que, en sabiendo yo la verdad, al punto lo olvidaría, y engañábase en ello, que después le quise mucho más y con muy mayor obligación. Pues determinada Ismenia de deshacer el engaño que por su mal me había hecho, me escribió esta carta:

CARTA DE ISMENIA PARA SELVAGIA

Selvagia: si a los que nos quieren tenemos obligación de quererlos no hay cosa en la vida a quien más deba que a ti, pero si las que son causa que seamos olvidadas deben ser aborrecidas a tu discreción lo dejo. Querríate poner alguna culpa de haber puesto los ojos en el[20] mi Alanio, mas ¿qué haré, desdichada, que toda la culpa tengo yo de mi desventura? Por mi mal te vi, oh Selvagia. Bien pudiera yo excusar lo que pasé contigo; mas, en fin, desenvolturas demasiadas las menos veces suceden bien. Por reír una hora con el mi Alanio,

---

14 tendrán.
15 durare.
16 laberinto.
17 en.
18 Se fue.
19 súbitas.

20 El artículo sería superfluo en el español moderno.

contándole lo que había pasado, lloraré toda mi vida, si tú no te dueles de ella. Suplícote cuanto puedo que baste este desengaño para que Alanio sea de ti olvidado y esta pastora restituida en lo que pudieres, que no podrás poco, si amor te da lugar a hacer lo que te suplico.

Cuando yo esta carta vi ya Alanio me había desengañado de la burla que Ismenia me había hecho, pero no me había contado los amores que entre los dos había, de lo cual yo no hice mucho caso, porque estaba tan confiada en el amor que mostraba tenerme que no creyera jamás que pensamientos pasados ni por venir podrían ser parte para que él me dejase. Y porque Ismenia no me tuviese por descomedida respondí a su carta de esta manera:

Carta de Selvagia para Ismenia

No sé, hermosa Ismenia, si me queje de ti o si te dé gracias por haberme puesto en tal pensamiento, ni creo sabría determinar cuál de estas cosas debo hacer hasta que el suceso de mis amores me lo aconseje. Por una parte me duele tu mal; por otra veo que tú saliste al camino a recebirle. Libre estaba Selvagia al tiempo que en el templo la engañaste, y ahora está ésta subjeta a la voluntad de aquél a quien tú quesiste entregarla. Dícesme que deje de querer a Alanio; con lo que tú en ese caso harías puedo responderte. Una cosa me duele en extremo, y es ver que tienes mal de que no puedes quejarte, el cual da muy mayor pena a quien lo padece. Considero aquellos ojos con que me viste y aquel rostro que después de muy importunada me mostraste, y pésame que cosa tan parecida al mi Alanio padezca tan extraño descontento. Mira qué remedio éste para poder haberlo en tu mal. Por la liberalidad que conmigo has usado en darme la más preciosa joya que tenías te beso las manos. Dios quiera que en algo te lo pueda servir. Si vieres allá el mi Alanio dile la razón que tiene de quererme, que ya él sabe la que tiene de olvidarte. Y Dios te dé el contentamiento que deseas, con que no sea a costa del que yo recibo en verme tan bien empleada.

No pudo Ismenia acabar de leer esta carta, porque al medio de ella fueron tantos los sospiros y lágrimas que por sus ojos derramaba que pensó perder la vida llorando. Trabajaba cuanto podía porque Alanio dejase de querer y buscaba para esto tantos remedios como él para apartarse donde pudiese verla, no porque le quería mal, mas por parecerle que con esto me pagaba algo de lo mucho que me debía. Todos los días que en este propósito vivió no hubo alguno que yo dejase de verle, porque el

camino que de su lugar al mío había jamás dejaba de ser por él paseado. Todos los trabajos tenía en poco si con ellos le parecía que yo tomaba contento. Ismenia, los días que por él preguntaba y le decían que estaba en mi aldea, no tenía paciencia para sufrirlo, y con todo esto no había cosa que más contento le diese que hablarle en él. Pues como la necesidad sea tan ingeniosa que venga a sacar remedios donde nadie pensó hallarlos, la desamada Ismenia se aventuró a tomar uno, cual pluguiera a Dios[21] que por el pensamiento no le pasara, y fue fingir que quería bien a otro pastor, llamado Montano, de quien mucho tiempo había sido requerida, y era el pastor con quien Alanio peor estaba; y como lo determinó así lo puso por obra, por ver si con esta súpita mudanza podría atraer a Alanio a lo que deseaba, porque no hay cosa que las personas tengan por segura, aunque lo tengan en poco, que, si de súpito la pierden, no les llegue al alma[22] el perderla. Pues como viese Montano que su señora Ismenia tenía por bien de corresponder al amor que él tanto tiempo le había tenido, ya veis lo que sentiría. Fue tanto el gozo que recibió, tantos los servicios que le hizo, tantos los trabajos en que por causa suya se puso que fueron parte, juntamente con las sinrazones que Alanio le había hecho, para que saliese verdadero lo que fingiendo la pastora había comenzado. Y puso Ismenia su amor en el pastor Montano con tanta firmeza que ya no había cosa a quien más quisiese que a él ni que menos desease ver que al mi Alanio; y esto le dio ella a entender lo más presto que pudo, pareciéndole que en ello se vengaba de su olvido y de haber puesto en mí el pensamiento. Alanio, aunque sintió en extremo el ver a Ismenia perdida por pastor con quien él tan mal estaba, era tanto el amor que me tenía que no daba a entenderlo cuanto ello era; mas andando algunos días y considerando que él era causa de que su enemigo fuese tan favorecido de Ismenia, y que la pastora ya huía de verle, muriéndose, no mucho antes, cuando no le vía,[23] estuvo para perder el seso de enojo, y determinó de estorbar esta buena fortuna de Montano. Para lo cual comenzó nuevamente de[24] mirar a Ismenia y de no venir a verme tan público[25] como solía ni faltar tantas veces en su aldea, porque Ismenia no lo supiese. Los amores entre ella y Montano iban muy adelante y los míos con el mi Alanio se quedaban atrás todo lo que podían, pues sola la suerte podrá apartarme de mi propósito, no

---

[21] **cual**... ojalá no hubiera querido.
[22] **no**... no les duela.
[23] veía.
[24] a.
[25] públicamente.

de mi parte, mas de la suya, que jamás pensé ver cosa tan mudable; porque como estaba tan encendido en cólera con Montano, la cual no podía ser ejecutada sino con amor en la su Ismenia, y para esto las venidas a mi aldea eran gran impedimento, y como el estar ausente de mí le causase olvido y la presencia de la su Ismenia grandísimo amor, él volvió a su pensamiento primero y yo quedé burlada del mío. Mas con todos los servicios que a Ismenia hacía, los recaudos que le enviaba, las quejas que formaba de ella, jamás la pudo mover de su proposito ni hubo cosa que fuese parte para hacerle perder un punto del amor que a Montano tenía. Pues estando yo perdida por Alanio, Alanio por Ismenia, Ismenia por Montano, sucedió que a mi padre se le ofreciesen ciertos negocios sobre las dehesas del Extremo[26] con Fileno, padre del pastor Montano; para lo cual los dos vinieron muchas veces a mi aldea, y en tiempo que Montano, o por los sobrados favores que Ismenia le hacía, que en algunos hombres de bajo espíritu causan fastidio, o porque también tenía celos de las diligencias de Alanio, andaba ya un poco frío en sus amores. Finalmente, que él me vio traer mis ovejas a la majada y, en viéndome, comenzó a quererme de manera, según lo que cada día iba mostrando, que ni yo a Alanio, ni Alanio a Ismenia, ni Ismenia a él no era posible tener mayor afición. Ved qué estraño embuste de amor: si por ventura Ismenia iba al campo, Alanio tras ella; si Montano iba al ganado, Ismenia tras él; si yo andaba en el monte con mis ovejas, Montano tras mí; si yo sabía que Alanio estaba en un bosque donde solía repastar, allá me iba tras él. Era la más nueva cosa del mundo oír cómo decía Alanio sospirando: —«¡Ay, Ismenia!»; y cómo Ismenia decía: —«¡Ay, Montano!»; y cómo Montano decía: —«¡Ay, Selvagia!»; y cómo la triste de Selvagia decía: —«¡Ay, mi Alanio!» Sucedió que un día nos juntamos los cuatro en una floresta que en medio de los dos lugares había, y la causa fue que Ismenia había ido a visitar unas pastoras amigas suyas, que cerca de allí moraban,[27] y cuando Alanio lo supo, forzado de su mudable pensamiento, se fue en busca de ella y la halló junto a un arroyo, peinando sus dorados cabellos. Yo, siendo avisada por un pastor, mi vecino, que Alanio iba a la floresta del valle, que así se llamaba, tomando delante de mí unas cabras, que en un corral junto a mi casa estaban encerradas, por no ir sin alguna ocasión, me fui donde mi deseo me encaminaba y le hallé a él llorando su desventura y a la pastora riéndose de sus excusadas lágrimas y burlando de sus ardientes sospiros. Cuando Ismenia

me vio no poco se holgó conmigo, aunque yo no con ella, mas antes le puse delante las razones que tenía para agraviarme del engaño pasado, de las cuales ella supo excusarse tan discretamente que, pensando yo que me debía la satisfacción de tantos trabajos, me dio con sus bien ordenadas razones a entender que yo era la que le estaba obligada, porque, si ella me había hecho una burla, yo me había satisfecho tan bien que no tan solamente le había quitado a Alanio, su primo, a quien ella había querido más que a sí, más que aún ahora también le traía al su Montano muy fuera de lo que solía ser. En esto llegó Montano, que de una pastora amiga mía, llamada Solisa, había sido avisado que con mis cabras venía a la floresta del valle. Y cuando allí los cuatro discordantes amadores nos hallamos no se puede decir lo que sentíamos, porque cada uno miraba a quien no quería que le mirase. Yo preguntaba al mi Alanio la causa de su olvido; él pedía misericordia a la cautelosa Ismenia; Ismenia quejábase de la tibieza de Montano; Montano de la crueldad de Selvagia. Pues estando de la manera que oís, cada uno perdido por quien no le quería, Alanio, al son de su rabel,[28] comenzó a cantar lo siguiente:

No más, ninfa cruel, ya estás vengada,
no pruebes tu furor en un rendido;
la culpa a costa mía está pagada;
ablanda ya ese pecho[29] endurecido
y resucita un alma sepultada
en la tiniebla escura de tu olvido;
que no cabe en tu ser, valor y suerte
que un pastor como yo pueda ofenderte.
  Si la ovejuela simple va huyendo
de su pastor colérico y airado,
y con temor acá y allá corriendo
a su pesar se aleja del ganado;
mas ya que no la siguen, conociendo
que es más peligro haberse así alejado,
balando vuelve al hato temerosa;
¿será no recebirla justa cosa?
  Levanta ya esos ojos, que algún día,
Ismenia, por mirarme levantabas;
la libertad me vuelve, que era mía,
y un blando corazón, que me entregabas.
Mira, ninfa, que entonce[30] no sentía
aquel sencillo amor que me mostrabas;
ya, triste, lo conozco y pienso en ello,
aunque ha llegado tarde el conocello.
  ¿Cómo? ¿Que fue posible, di, enemiga,
que siendo tú muy más que yo culpada,

---

[26] Extremadura.
[27] vivían.

[28] **al**... con acompañamiento de su rabel, instrumento músico pastoril, compuesto de tres cuerdas que se tocan con un arco.
[29] corazón.
[30] entonces.

con título cruel, con nueva liga
mudases fe tan pura y extremada?
¿Qué hado, Ismenia, es éste que te obliga
a amar do no es posible ser amada?
Perdona, mi señora, ya esta culpa,
pues la ocasión que diste me disculpa.

    ¿Qué honra ganas, di, de haber vengado
un yerro a causa tuya cometido?
¿Qué exceso hice yo que no he pagado?
¿Qué tengo por sufrir que no he sufrido?
¿Qué ánimo cruel, qué pecho airado,
qué corazón de fiera endurecido
tan insufrible mal no ablandaría,
sino el de la cruel pastora mía?

    Si como yo he sentido las razones
que tienes o has tenido de olvidarme,
las penas, los trabajos, las pasiones,
el no querer oírme ni aun mirarme,
llegases a sentir las ocasiones
que, sin buscallas yo, quisiste darme,
ni tú ternías[31] que darme más tormento
ni aun yo más que pagar mi atrevimiento.

    Así acabó mi Alanio el suave canto y aun yo quisiera que entonces se me acabara la vida, y con mucha razón, porque no podía llegar a más la desventura que a ver yo delante mis ojos aquél que más que a mí quería tan perdido por otra y tan olvidado de mí; mas como yo en estas desventuras no fuese sola, disimulé por entonces, y también porque la hermosa Ismenia, puestos los ojos en el su Montano, comenzaba a cantar lo siguiente:

    Cuán fuera estoy de pensar
en lágrimas excusadas,
siendo tan aparejadas
las presentes para dar
muy poco por las pasadas;
    que si algún tiempo trataba
de amores de alguna suerte,
no pude en ello ofenderte,
porque entonces m'ensayaba,
Montano, para quererte.

    Enseñábame a querer,
sufría no ser querida,
sospechaba cuán rendida,
Montano, te había de ser,
y cuán mal agradecida.
    Ensayéme como digo
a sufrir el mal de amor,
desengáñese el pastor
que compitiere contigo,
porque en balde es su dolor.

    Nadie se queje de mí,
si le quise y no es querido,
que yo jamás he podido
querer otro sino a ti,
y aun fuera tiempo perdido.
    Y si algún tiempo miré,
miraba, pero no vía,[32]
que yo, pastor, no podía
dar a ninguno mi fe,
pues para ti la tenía.

    Vayan sospiros a cuentos,[33]
vuélvanse los ojos fuentes,
resuciten accidentes,
que pasados pensamientos
no dañarán los presentes.
    Vaya el mal por donde va
y el bien por donde quisiere,
que yo iré por donde fuere,
pues ni el mal me espantará
ni aun la muerte, si viniere.

    Vengado me había Ismenia del cruel y desleal Alanio, si en el amor que yo le tenía cupiera algún deseo de venganza; mas no tardó mucho Alanio en castigar a Ismenia, poniendo los ojos en mí y cantando este antiguo cantar:

    Amor loco, ¡ay, amor loco!
Yo por vos y vos por otro.
    Ser yo loco es manifiesto.
¿Por vos quién no lo será?
Que mayor locura está
en no ser loco por esto.
Mas con todo no es honesto
que ande loco
por quien es loca por otro.
    Ya que viéndoos no me veis
y morís porque no muero,
comed ora[34] a mí que os quiero
con salsa del que queréis,
y con esto me haréis
ser tan loco
como vos loca por otro.

    Cuando acabó de cantar esta postrera copla la extraña agonía en que todos estábamos no pudo estorbar que muy de gana no nos riésemos en ver que Montano quería que engañase yo el gusto de mirarle con salsa de su competidor Alanio, como si en mi pensamiento cupiera dejarse engañar con aparencias de otra cosa. A esta hora comencé yo con gran confianza a tocar mi zampoña, cantando la

---

[31] tendrías.

[32] veía.

[33] **a**... por millones.

[34] ahora.

canción que oiréis, porque a lo menos en ella pensaba mostrar, como lo mostré, cuánto mejor me había yo habido en los amores que ninguno de los que allí estaban:

> Pues no puedo descansar
> a trueque de ser culpada,
> guárdeme Dios de olvidar
> más que de ser olvidada.

> No sólo donde hay olvido
> no hay amor ni puede habello,
> mas donde hay sospecha de ello
> no hay querer sino fingido.

> Muy grande mal es amar
> do esperanza es excusada,
> mas guárdeos Dios d'olvidar,
> que es aire ser olvidada.

> Si yo quiero ¿por qué quiero
> para dejar de querer?
> ¿Qué más honra puede ser
> que morir del mal que muero?

> El vivir para olvidar
> es vida tan afrentada
> que me está mejor amar
> hasta morir de olvidada.

Acabada mi canción, las lágrimas de los pastores fueron tantas, especialmente las de la pastora Ismenia, que por fuerza me hicieron participar de su tristeza, cosa que yo pudiera bien excusar, pues no se me podía atribuir culpa alguna de mi desventura, como los que allí estaban sabían muy bien. Luego a la hora nos fuimos cada uno a su lugar, porque no era cosa que a nuestra honestidad convenía estar a horas sospechosas fuera de él. Y al otro día mi padre, sin decirme la causa, me sacó de nuestra aldea y me ha traído a la vuestra, en casa de Albania, mi tía y su hermana, que vosotros muy bien conocéis, donde estoy algunos días ha sin saber qué haya sido la causa de mi destierro. Después acá entendí que Montano se había casado con Ismenia y que Alanio se pensaba casar con otra hermana suya, llamada Silvia. Plega a Dios que, ya que no fue mi ventura poderle yo gozar, que con la nueva esposa se goce como yo deseo, que no será poco, porque el amor que yo le tengo no sufre menos sino desearle todo el contento del mundo.

GASPAR GIL POLO (¿?–¿1584/1585?)

Montemayor murió antes de escribir la continuación a *La Diana* que había prometido en el Libro VII. Sin embargo, el éxito de su novela inspiró a varios imitadores. En 1563, Alonso Pérez publicó la *Segunda parte de la Diana de Jorge de Montemayor*. En 1564, apareció *Diana enamorada*, de Gaspar Gil Polo. En 1627, salió *La Diana de Montemayor. Nuevamente compuesto por Jerónimo de Tejeda*. De estas tres continuaciones, sólo la de Gil Polo ha atraído la atención de la crítica moderna.

Gil Polo nació en Valencia, donde pasó toda su vida. Fue notario, probablemente entre 1571 y 1573 y, más tarde, ocupó el puesto de primer coadjutor de maestre racional del reino de Valencia. Parece haber sido conocido en los círculos literarios valencianos, ya que su nombre aparece en dos listas de poetas contemporáneos, pero, aparte de alguno que otro verso, *Diana enamorada* es su única obra literaria. Francisco López Estrada, editor de una edición moderna de la novela de Gil Polo, deduce de los sonetos preliminares de la *Diana enamorada* que el autor había comenzado un poema épico, el cual no ha sobrevivido.

Aunque Gil Polo recrea muchos de los personajes de Montemayor, la estructura y el propósito de la continuación son diferentes de los del modelo. Esencialmente moralista, Gil Polo explora los numerosos problemas filosóficos que se asocian con la Contrarreforma. Como Montemayor, trata los temas de la mudanza, la circunstancia y la suerte, pero el valenciano añade dos factores más: la voluntad y la razón. Las diversas maneras en que el individuo, dotado de libre albedrío y de entendimiento, se enfrenta a un mundo en que las circunstancias cambian continuamente, es el tema central de la *Diana enamorada*.

La *Diana enamorada* consiste en cinco libros. El primero comienza con el lamento de Diana, que todavía está enamorada de Sireno. Alcida trata de consolarla y las dos debaten sobre el poder del amor. Delio, el marido apasionado y celoso de Diana, interrumpe la conversación. Siendo un hombre que cede fácilmente a sus inclinaciones más bajas, Delio desea a Alcida y la persigue, pero la joven huye. Marcelio, que viene buscando a Alcida, relata la historia de ésta.

Hijo de una familia noble de Sevilla, Marcelio se crió en la corte de Portugal. En el Africa del Norte, se enamoró de Alcida, hija del gobernador portugués. En ruta a Lisboa, donde Marcelio y Alcida piensan casarse, se levanta una tempestad y la nave naufraga en el Mediterráneo. Marcelio, Alcida y Clenarda, la hermana de ella, caen en manos del piloto y de algunos marineros malos al ser separados del resto de la tripulación y de Eugerio y Polydoro, padre y hermano de las muchachas. El piloto y los marineros se llevan a Clenarda, abandonando a Alcida y Marcelio en diferentes islas. Le dicen a Alcida que Marcelio la ha dejado por Clenarda, por lo cual ella, desesperada, rechaza el amor y, disfrazada de pastora, yerra por los pueblos de Italia y de España. Marcelio, siguiendo sus pasos, anda por aldeas y prados buscándola. Después de escuchar la historia, Diana invita a Marcelio a pasar la noche en su pueblo sin revelar que Alcida se encuentra allí. Al día siguiente saldrán para el templo de Diana, donde la sabia Felicia los ayudará.

El Libro II comienza con una breve advertencia del autor acerca del peligro de creer en las apariencias, ya que la Fortuna puede trocar una situación, como en el caso de Marcelio y Alcida, para que parezca que un hombre no ama a una mujer que verdaderamente adora, y entonces ella, convencida de su desdén, empieza a aborrecerlo. Los siguientes libros también comienzan con este tipo de introducción moral.

Al día siguiente, Diana y Marcelio parten para el palacio de Felicia. Se encuentran con Ismenia (personaje que aparece en la novela de Montemayor), que llora su triste suerte. Ismenia se había casado con Montano, pero el padre de éste, un viudo que se llama Fileno, se enfureció porque él también quería casarse con la joven. Entonces Fileno se casó con Felisarda, una vieja fea y vengativa, que trató de seducir a Montano. Furiosa por el desdén de su hijastro, Felisarda recurrió a un ardid para hacer que Montano matara a su padre. La tragedia se evitó al reconocerse padre e hijo en el último momento, pero Felisarda logró convencer a Fileno y su hijo de que Ismenia era adúltera. Montano, acusado de un atentado contra la vida de su padre y convencido de la infidelidad de su esposa, huyó del pueblo. Ismenia ahora anda buscando a su marido. Al enterarse de que Diana y Marcelio van al palacio de Felicia, se une al grupo. De repente oyen a Tauriso y Berardo, que acompañan a una dama y un caballero, y se esconden para escucharlos.

En el Libro III el lector se entera que la pareja desconocida son Clenarda y Polydoro, hermanos de Alcida. Ellos revelan que Polydoro y Eugerio se habían unido a Clenarda en la costa de Valencia, donde unos pescadores la habían dejado después de acudir a su socorro. Los tres fueron al palacio de Felicia para pedir ayuda en su búsqueda de Alcida y Marcelio. Eugerio se quedó con la sabia, pero hermano y hermana volvieron a salir. Ahora Clenarda y Polydoro se unen al grupo y todos van al templo de Diana. En el camino, Clenarda repite el Canto de Turia, un elogio de los grandes y famosos valencianos.

Al principio del Libro IV, la ninfa Arethea, que ha salido al encuentro del grupo, anuncia que Alcida y Sireno están con Felicia, que piensa casarlos. (Este es un truco que la sabia ha inventado para influir en Diana y Marcelio.) Diana, Ismenia y Marcelio entran al palacio, donde ya están Félix y Felismena, Silvano y Selvagia, Arsileo y Belisa, personajes de la novela de Montemayor. Montano también llega y pronto todos los malentendidos se aclaran y cada pastor se une a su pastora. Marcelio resulta ser el hermano gemelo de Felismena. Diana se entera de que su marido Delio se ha muerto de una fiebre. Ahora está libre para casarse con Sireno, quien vuelve a enamorarse de ella.

El Libro V consiste en una descripción de las celebraciones y concluye con un discurso de Felicia en que condena el aspecto irracional y destructivo del amor y alaba el amor virtuoso y purificador.

En la novela de Montemayor, la impureza de Diana impide que se realice la armonía perfecta. Diana queda al margen de la utopía bucólica. Es ella el personaje más problemático porque es ella la que se deja influir por un padre que no actúa según las normas del idealismo neoplatónico. No es sorprendente, por lo tanto, que en *Diana enamorada* aparezca en las primeras páginas y que sea ella la que inicia el peregrinaje a Felicia. Diana es la fuerza motivadora del grupo. Resolver el dilema de Diana—la que cedió a las presiones del mundo real—sería resolver el conflicto que existe entre la realidad humana y el ideal pastoral.

La Diana de Gil Polo difiere de la de su predecesor en que la de Gil Polo se siente responsable de la situación desagradable en la cual se encuentra. Si Sireno desama a Diana, es porque ella le ha sido infiel. Se reconoce culpable y lamenta sus acciones. Mientras los personajes de Montemayor se ven como víctimas de circunstancias que no pueden controlar, los de Gil Polo se ven como agentes activos.

En realidad, no todos los personajes de Montemayor son presas inocentes de los hados. Ismenia, por ejemplo, sufre las consecuencias del engaño que le hizo a Selvagia, pero, a fin de cuentas, no sufre ni más ni menos que sus compañeros. Si la amarra la cadena de amor, también amarra a Selvagia, objeto inculpable de la burla. En cambio, en la *Diana enamorada,* hay una relación mucho más estrecha entre la causa (la actuación del personaje) y el efecto.

El problema de las circunstancias—es decir, de esas situaciones que surgen de las inclinaciones personales tanto como de factores externos al individuo—es el meollo de la novela. El sentido de frustración que experimentan varios de los personajes de Gil Polo resulta de su conciencia de haber reaccionado de una manera inadecuada ante las circunstancias, o de ignorar cómo deben proceder en una situación dada. Diana, por ejemplo, se siente atrapada al no poder librarse del amor que le tiene a Sireno y al mismo tiempo, deberle fidelidad a Delio, su esposo. El sentido de impotencia que experimenta Diana la conduce a la morbosidad. Sus canciones no son dulcemente melancólicas, como las de los pastores de Montemayor, sino acongojadas y funestas. Canta de su «agonía», su «peligroso desmayo», su «deseada muerte».

Alcida rechaza el poder del corazón, alegando que cada individuo es dueño de su destino y, por lo tanto, está en su poder gobernar las emociones. Según Alcida, los que se quejan del amor han optado por ceder a los sentidos. Funda sus argumentos en el hecho de que ella misma ha estado enamorada, pero ha sabido libertarse de los lazos del amor. El sufrimiento de Diana es, según ella, una «voluntaria dolencia», la cual Diana podría curar si quisiese.

Aunque la posición de Alcida parece razonable, no lo es, ya que resulta de un malentendido. Alcida cree que Marcelio la ha abandonado por Clenarda y, por consiguiente, intenta evitar otras experiencias dolorosas al negar el papel de las emociones en su vida. Pero Alcida se ha equivocado. Ha juzgado por las apariencias, las cuales engañan casi siempre. Si Diana se entrega a la desesperación, Alcida se entrega al desamor; las dos posiciones son extremas y peligrosas.

En contraste, Marcelio comprende que la vida es una lucha continua entre la voluntad y la circunstancia. Aunque el hombre tiene libre albedrío, hay obstáculos que no puede controlar: la fortuna, el tiempo, la actuación de otras personas, sus propias inclinaciones. No se desespera ante la naturaleza mudable de todas las cosas, sino que la acepta y encuentra en la inconstancia una fuente de esperanza, ya que las circunstancias pueden mejorar con tanta rapidez como empeoraron. Por lo tanto, Marcelio no abandona el amor y, precisamente por estar enamorado, es sensible y perspicaz.

El enfoque de Gil Polo en el libre albedrío hace que la magia ocupe un papel menos prominente en su novela que en la de Montemayor. En *Los siete libros de la Diana,* el triángulo fatal que se forma cuando un padre y su hijo se enamoran de la misma joven se anula al aclararse que el pretendiente viejo no ha matado al joven, sino que el trágico homicidio no ha sido más que una ilusión creada por un mago. En *Diana enamorada,* se forma un triángulo semejante cuando Fileno y su hijo Montano pretenden la mano de Ismenia. Pero en la novela de Gil Polo, falta el elemento mágico que provee una solución fácil. La tragedia se evita por un juego de la fortuna, pero el episodio deja al lector con la sensación incómoda de que el desenlace habría podido ser diferente, ya que las pasiones desenfrenadas habrían podido conducir a la catástrofe.

A diferencia de la Felicia de Montemayor, la de Gil Polo no aparece hasta el final de la novela. Resuelve los problemas de los amantes, pero no sin advertirles que su conducta ha sido irresponsable y peligrosa. El hombre no estará jamás libre de sus emociones, pero éstas tienen que someterse a la razón, explica la sabia. Al entregarse a las pasiones incontroladas, los personajes han arriesgado crear la desgracia.

La lección es evidente. Ya que en el mundo real no hay una Felicia que solucione los problemas, al individuo le conviene usar del entendimiento. La utopía bucólica de las novelas no es más que una ficción, pero el hombre puede lograr la felicidad en el mundo real si sigue los consejos de la sabia Felicia.

Recomendamos la edición de *Diana enamorada* de Francisco López Estrada (Madrid: Castalia, 1987).

Diana enamorada

Decláranos, pastora, tu nombre y cuéntanos tu pena, que, después de contada, verás nuestros corazones ayudarte a pasarla, y nuestros ojos a lamentar por ella.

La pastora entonces se excusó con sus graciosas palabras de emprender el cuento de su desdicha, pero en fin importunada se volvió a sentar sobre la hierba y comenzó así:

—Por relación de la pastora Selvagia, que era natural de mi aldea, y en la tuya, hermosa Diana, está casada con el pastor Silvano, creo que serás informada del nombre de la desdichada Ismenia,[1] que su desventura te está contando. Yo tengo por cierto que ella en tu aldea contó largamente cómo yo en el templo de Minerva,[2] en el reino de lusitanos arrebozada la engañé, y cómo con mi proprio engaño quedé burlada. Habrá contado también cómo por vengarme del traidor Alanio que, enamorado de ella, a mí me había puesto en olvido, fingí querer bien a Montano, su mortal enemigo, y como este fingido amor, con el conocimiento que tuve de su perfección, salió tan verdadero, que a causa de él estoy en las fatigas de que me quejo. Pues pasando adelante en la historia de mi vida, sabréis que como el padre de Montano, nombrado Fileno, viniese algunas veces a casa de mi padre a causa de ciertos negocios que tenía con él sobre una compañía de ganados y me viese allí, aunque era algo viejo se enamoró de mí de tal suerte que andaba hecho loco. Mil veces me importunaba, cada día sus dolores me decía, mas nada le aprovechó para que lo quisiese escuchar, ni tener cuenta con sus palabras. Porque aunque tuviera más perfección y menos años de los que tenía, no olvidara yo por él a su hijo Montano, cuyo amor me tenía cautiva. No sabía el viejo el amor que Montano me tenía, porque le era hijo tan obediente y temeroso, que excusó todo lo posible que no tuviese noticia de ello, temiendo ser por él con ásperas palabras castigado. Ni tampoco sabía Montano la locura de su padre, porque él, por mejor castigar y reprehender los errores del hijo, se guardaba mucho de mostrar que tenía semejantes y aún mayores faltas. Pero nunca dejaba el enamorado viejo de fatigarme con sus importunaciones que le quisiese tomar por marido. Decíame dos mil requiebros, hacíame grandes ofrecimientos, prometíame muchos vestidos y joyas, y enviábame muchas cartas, pretendiendo con ello vencer mi propósito y ablandar mi condición. Era pastor que en su tiempo había sido señalado en todas las habilidades pastoriles, muy bien hablado, avisado y entendido. Y porque mejor lo creáis, quiero deciros una carta que una vez me escribió, la cual, aunque no mudó mi intención, me contentó en extremo y decía así:

---

[1] En la novela de Montemayor, Ismenia es la rival de Selvagia por las atenciones de Alanio. (Véanse las pags. 255–261).
[2] diosa de la Sabiduría, de las Artes, de las Ciencias y de la Industria. Se menciona el templo en la novela de Montemayor. (Véase la pag. 255.) Es allí donde, efectivamente, Ismenia engaña a Selvagia.

CARTA DE FILENO A ISMENIA

Pastora, el amor fue parte
que por su pena decirte,
tenga culpa en escribirte
quien no la tiene en amarte.

Mas si a ti fuere molesta
mi carta, ten por muy cierto
que a mí me tiene ya muerto
el temor de la respuesta.

Mil veces cuenta te di
del tormento que me das,
y no pagas con más
de con burlarte de mí.

Ríeste a boca llena[3]
de verme amando morir,
yo alegre en verte reír,
aunque ríes de mi pena.

Y así el mal en que me hallo
pienso, cuando miro en ello,
que porque huelgas de vello,
no has querido remediallo.

Pero mal remedio veo,
y esperarlo será en vano,
pues mi vida está en tu mano,
y mi muerte en tu deseo.

Vite[4] estar, pastora, un día
cabe el[5] Duero caudaloso,
dando con el gesto hermoso
a todo el campo alegría.

Sobre el cayado inclinada
en la campaña[6] desierta,
con la cerviz descubierta
y hasta el codo arremangada,

pues decir que un corazón
puesto que[7] de mármol fuera,
no te amara si te viera,
es simpleza y sinrazón.

Por eso en ver tu valor,
sin tener descanso un poco,
vine a ser de amores loco,
y a ser muerto de dolor.

Si dices que ando perdido,
siendo enamorado y viejo,
deja de darme consejo,
que yo remedio te pido.

Porque tanto en bien quererte
no pretiendo[8] haber errado,
como en haberme tardado
tanto tiempo a conocerte.

Muy bien sé que viejo estó,[9]
pero a más mal me condena,
ver que no tenga mi pena
tantos años como yo.

Porque quisiera quererte
dende[10] el día que nací,
como después que te vi
he de amarte hasta la muerte.

No te espante verme cano,
que a nadie es justo quitar
el merecido lugar
por ser venido temprano.

Y aunque mi valor excedes,
no parece buen consejo
que, por ser soldado viejo,
pierda un hombre las mercedes.

Los edificios humanos,
cuanto más modernos son,
no tienen comparación
con los antiguos romanos.[11]

Y en las cosas de primor,
gala, aseo y valentía,
suelen decir cada'l día:[12]
lo pasado es lo mejor.

No me dio Amor su tristeza
hasta agora porque vio
que en un viejo como yo
suele haber mayor firmeza.

Firme estoy, desconocida,
para siempre te querer,[13]
y viejo, para no ser
querido en toda mi vida.

Los mancebos que más quieren
falsos y doblados van,
porque más vivos están,
cuando más dicen que mueren.

Y su mudable afición
es segura libertad,
es gala y no voluntad:
es costumbre y no pasión.

---

[3] **a**... desmedidamente, sin parar.
[4] Te vi.
[5] **cabe**... junto al.
[6] campo, tierra llana.
[7] **puesto**... aunque.
[8] pretendo.
[9] estoy.
[10] desde.
[11] Es decir, un edificio antiguo vale más que uno moderno; por lo tanto, un hombre viejo vale más que un joven.
[12] **cada**... siempre.
[13] **te**... quererte.

No hayas[14] miedo que yo sea
como el mancebo amador,
que en recibir un favor
lo sabe toda el aldea.

Que aunque reciba trescientos,
he de ser en los amores
tan piedra en callar favores,
como en padecer tormentos.

Mas según te veo estar
puesta en hacerme morir,
mucho habrá para sufrir
y poco para callar.

Que el mayor favor que aquí,
pastora, pretiendo haber,[15]
es morir por no tener
mayores quejas de ti.

Tiempo, amigo de dolores,
solo a ti quiero inculparte,
pues quien tiene en ti más parte,
menos vale en los amores.

Tarde amé cosa tan bella,
y es muy justo que pues yo
no nací cuando nació,
en dolor muera por ella.

Si yo en tu tiempo viniera,
pastora, no me faltara
con que a ti te contentara,
y aun favores recibiera.

Que en apacible tañer
y en el gracioso bailar,
los mejores del lugar
tomaban mi parecer.

Pues en cantar, no me espanto[16]
de Amfión[17] el escogido,
pues mejores que él han sido
confundidos con mi canto.

Aro muy grande comarca,
y en montes proprios y extraños
pacen muy grandes rebaños
almagrados[18] de mi marca.

Mas ¿qué vale, ay cruda[19] suerte,
lo que es ni lo que ha sido

al sepultado en olvido
y entregado a dura muerte?

Pero valga para hacer
más blanda tu condición
viendo que tu perfección
al fin dejara de ser.

Dura estás como las peñas,
mas quizá en la vieja edad
no tendrás la libertad
con que agora me desdeñas.

Porque toma tal venganza
de vosotras el Amor,
que entonces os da dolor,
cuando os falta la esperanza.

Esta y otras muchas cartas y canciones me envió, las cuales si tanto me movieran, como me contentaban, él se tuviera por dichoso y yo quedara mal casada. Mas ninguna cosa era bastante a borrar de mi corazón la imagen del amado Montano, el cual, según mostraba, respondía a mi voluntad con iguales obras y palabras. En esta alegre vida pasamos algunos años, hasta que nos pareció dar cumplimiento a nuestro descanso con honesto y casto matrimonio. Y aunque quiso Montano antes de casar conmigo, dar razón de ello a su padre, por lo que, como buen hijo, tenía obligación de hacer, pero como yo le dije que su padre no vernía[20] bien en ello[21] a causa de la locura que tenía de casarse conmigo, por eso, teniendo más cuenta con el contento de su vida que con la obediencia de su padre, sin darle razón cerró mi desdichado matrimonio. Esto se hizo con voluntad de mi padre, en cuya casa se hicieron por ello grandes fiestas, bailes, juegos y tan grandes regocijos, que fueron nombrados por todas las aldeas vecinas y apartadas. Cuando el enamorado viejo supo que su proprio hijo le había salteado sus amores, se volvió tan frenético contra él y contra mí, que a entrambos aborreció como la misma muerte, y nunca más nos quiso ver. Por otra parte, una pastora de aquella aldea, nombrada Felisarda, que moría de amores de Montano, la cual él, por quererme bien a mí, y por ser ella no muy joven ni bien acondicionada, la había desechado, cuando vido[22] a Montano casado conmigo vino a perderse de dolor. De manera que con nuestro casamiento nos ganamos dos mortales enemigos. El maldito viejo, por tener ocasión de desheredar el hijo, determinó casarse con mujer

---

[14] tengas.
[15] **pretiendo**... busco.
[16] maravillo.
[17] hijo de Zeus; cultivaba las artes, especialmente la música, y era conocido por la melodiosa armonía de su cítara.
[18] teñidos de almagre, óxido rojo de hierro, que se usaba para marcar los rebaños para que se reconocieran y se distinguieran de los demás.
[19] cruel.

[20] vendría.
[21] **no**... no se ajustaría a ello, no aceptaría esta situación.
[22] vio.

hermosa y joven a fin de haber hijos en ella. Mas aunque era muy rico, de todas las pastoras de mi lugar fue desdeñado, sino fue de Felisarda, que por tener oportunidad y manera de gozar deshonestamente de mi Montano, cuyos amores tenía frescos en la memoria, se casó con el viejo Fileno. Casada ya con él, entendió luego por muchas formas en requerir mi esposo Montano por medio de una criada nombrada Silveria, enviándole a decir que si condescendía a su voluntad, le alcanzaría perdón de su padre, y haciéndole otros muchos y muy grandes ofrecimientos. Mas nada pudo bastar a corromper su ánimo ni a pervertir su intención. Pues como Felisarda se viese tan menospreciada, vino a tenerle a Montano una ira mortal, y trabajó luego en indignar más a su padre contra él, y no contenta con esto imaginó una traición muy grande. Con promesas, fiestas, dádivas y grandes caricias, pervirtió de tal manera el ánimo de Silveria, que fue contenta de hacer cuanto ella le mandase, aunque fuese contra Montano, con quien ella tenía mucha cuenta por el tiempo que había servido en casa de su padre. Las dos secretamente concertaron lo que se había de hacer y el punto que había de ejecutarse; y luego salió un día Silveria de la aldea, y viniendo a una floresta orilla de Duero donde Montano apacentaba sus ovejas, le habló muy secretamente y muy turbada, como quien trata un caso muy importante, le dijo: «¡Ay, Montano amigo, cuán sabio fuiste en despreciar los amores de tu maligna madrastra, que aunque yo a ellos te movía, era por pura importunación! Mas ahora que sé lo que pasa, no será ella bastante para hacerme mensajera de sus deshonestidades. Yo he sabido de ella algunas cosas que tocan en lo vivo, y tales que si tú las supieses, aunque tu padre es contigo tan cruel, no dejarías de poner la vida por su honra. No te digo más en esto, porque sé que eres tan discreto y avisado, que no son menester contigo muchas palabras ni razones». Montano a esto quedó atónito, y tuvo sospecha de alguna deshonestidad de su madrastra. Pero por ser claramente informado, rogó a Silveria le contase abiertamente lo que sabía. Ella se hizo de rogar mostrando no querer descubrir cosa tan secreta; pero, al fin, declarando lo que Montano le preguntaba y lo que ella misma decirle quería, le explicó una fabricada y bien compuesta mentira diciendo de este modo: «Por ser cosa que tanto importa a tu honra y a la de Fileno, mi amo, saber lo que yo sé, te lo diré muy claramente, confiando que a nadie dirás que yo he descubierto este secreto. Has de saber que Felisarda, tu madrastra, hace traición a tu padre con un pastor cuyo nombre no te diré, pues está en tu mano conocerlo. Porque si quisieres venir esta noche y entrar por donde yo te guiare, hallarás la traidora con el adúltero en casa del mismo Fileno.

Así lo tienen concertado porque Fileno ha de ir esta tarde a dormir en su majada por negocios que allí se le ofrecen, y no ha de volver hasta mañana a mediodía. Por eso apercíbete muy bien, y ven a las once de la noche conmigo, que yo te entraré en parte donde podrás fácilmente hacer lo que conviene a la honra de tu padre, y aun quizá por medio de esto alcanzar que te perdone». Esto dijo Silveria tan encarecidamente y con tanta disimulación, que Montano determinó de ponerse en cualquier peligro por tomar venganza de quien tal deshonra hacía a Fileno su padre. Y así la traidora Silveria, contenta del engaño que de consejo de Felisarda había urdido, se volvió a su casa donde dio razón a Felisarda, su señora, de lo que dejaba concertado. Ya la oscura noche había extendido su tenebroso velo cuando, venido Montano al aldea, tomó un puñal que heredó del pastor Palemón, su tío, y al punto de las once se fue a casa de Fileno, su padre, donde Silveria ya lo estaba esperando como estaba ordenado. ¡Oh, traición nunca vista! ¡Oh, maldad nunca pensada! Tomólo ella por la mano y, subiendo muy quedo una escalera, lo llevó a una puerta de una cámara donde Fileno, su padre, y su madrastra Felisarda estaban acostados; y cuando lo tuvo allí le dijo: «Ahora estás, Montano, en el lugar donde has de señalar el ánimo y esfuerzo que semejante caso requiere; entra en esa cámara que en ella hallarás tu madrastra acostada con el adúltero». Dicho esto se fue de allí huyendo a más andar. Montano engañado de la alevosía de Silveria, dando crédito a sus palabras, esforzando el ánimo y sacando el puñal de la vaina, con un empujón abriendo la puerta de la cámara, mostrando una furia extraña, entró en ella diciendo a grandes voces: «¡Aquí has de morir, traidor, a mis manos; aquí te han de hacer mal provecho los amores de Felisarda!» Y diciendo esto furioso y turbado, sin conocer quién era el hombre que estaba en la cama, pensando herir al adúltero, alzó el brazo para dar de puñaladas a su padre. Mas quiso la ventura que el viejo con la lumbre que allí tenía, conociendo su hijo y pensando que, por haberlo con palabras y obras tan maltratado, lo quería matar, alzándose presto de la cama, con las manos plegadas[23] le dijo: «¡Oh, hijo mío, qué crueldad te mueve a ser verdugo de tu padre! Vuelve en tu seso, por Dios, y no derrames ahora mi sangre, ni des fin a mi vida; que si yo contigo usé de algunas asperezas, aquí de rodillas te pido perdón por todas ellas, con propósito de ser para contigo de hoy adelante el más blando y benigno padre de todo el mundo.» Montano entonces, cuando conoció el engaño que se le había hecho y el peligro en que había venido de dar muerte

---

[23] juntas a modo de pedir perdón.

a su mismo padre, se quedó allí tan pasmado, que el ánimo y los brazos se le cayeron, y el puñal se le salió de las manos sin sentirlo. De atónito no pudo ni supo hablar palabra, sino que corrido y confuso se salió de la cámara y aun también de la casa, aterrado de la traición que Silveria le había hecho y de la que él hiciera, sino fuera tan venturoso. Felisarda, como estaba advertida de lo que había de suceder, en ver entrar a Montano, saltó de la cama, y se metió en otra cámara que estaba más adentro y, cerrando tras sí la puerta, se aseguró de la furia de su alnado.[24] Mas cuando se vio fuera del peligro por estar Montano fuera de la casa, volviendo donde Fileno, temblando aún del pasado peligro, estaba, incitando el padre contra el hijo, y levantándome a mí un falso testimonio, a grandes voces decía así: «Bien conocerás ahora, Fileno, el hijo que tienes, y sabrás si es verdad lo que yo de sus malas inclinaciones muchas veces te dije. ¡Oh, cruel, oh, traidor Montano! ¿Cómo el cielo no te confunde? ¿Cómo la tierra no te traga? ¿Cómo las fieras no te despedazan? ¿Cómo los hombres no te persiguen? Maldito sea tu casamiento, maldita tu desobediencia, malditos tus amores, maldita tu Ismenia, pues te ha traído a usar de tan bestial crueza[25] y acometer tan horrendo pecado. ¿No castigaste,[26] traidor, al pastor Alanio que con tu mujer Ismenia a pesar y deshonra tuya deshonestamente trata, y a quien ella quiere más que a ti, y has querido dar muerte a tu padre que con tu vida y honra ha tenido tanta cuenta? Por haberte castigado ¿le has querido herir? Por haberte aconsejado ¿le has querido matar? ¡Ay, triste padre, ay desdichadas canas, ay angustiada senectud! ¿Qué yerro tan grande cometiste para que quisiese matarte tu proprio hijo? ¡Aquél que tú engendraste, aquél que regalaste, aquél por quien mil trabajos padeciste! Esfuerza ahora tu corazón, cese ahora el amor paternal, dése lugar a la justicia, hágase el debido castigo, que si quien hizo tan nefanda crueldad no recibe la merecida pena, los desobedientes hijos no quedarán atemorizados, y el tuyo con efecto vendrá después de pocos días a darte de su mano cumplida muerte». El congojado Fileno con el pecho sobresaltado y temeroso, oyendo las voces de su mujer y considerando la traición del hijo, recibió tan grande enojo que tomando el puñal que a Montano, como dije se le había caído, luego en la mañana saliendo a la plaza, convocó la justicia y los principales hombres de la aldea, y cuando fueron todos juntos, con muchas lágrimas y sollozos, les dijo de esta manera: «A Dios pongo por testigo,

señalados pastores, que me lastima y aflige tanto lo que quiero deciros que tengo miedo que el alma no se me salga tras haberlo dicho. No me tenga nadie por cruel porque saco a la plaza las maldades de mi hijo, que por ser ellas tan extrañas y no tener remedio para castigarlas, os quiero dar razón de ellas, porque veáis lo que conviene hacer para darle a él justa pena, y a los otros hijos, provechoso ejemplo. Muy bien sabéis con qué regalos le crié, con qué amor lo traté, qué habilidades le enseñé, qué trabajos por él padecí, qué consejos le di, con cuánta blandura lo castigué. Casóse a mi pesar con la pastora Ismenia, y porque de ello le reprehendí, en lugar de vengarse del pastor Alanio que con la dicha Ismenia, su mujer, como toda la aldea sabe, trata deshonestamente, volvió su furia contra mí y me ha querido dar la muerte. La noche pasada tuvo mañas para entrar en la cámara donde yo con mi Felisarda dormía, y con este puñal desnudo quiso matarme, y lo hiciera, sino que Dios le cortó las fuerzas, y le atajó el poder de tal manera que, medio tonto[27] y pasmado, se fue de allí sin efectuar su dañado intento, dejando el puñal en mi cámara. Esto es lo que verdaderamente pasa, como mejor de mi querida mujer podréis ser informados. Mas porque tengo por muy cierto que Montano, mi hijo, no hubiere cometido tal traición contra su padre si de su mujer Ismenia no fuera aconsejado, os ruego que miréis lo que en esto se debe hacer para que mi hijo de su atrevimiento quede castigado, y la falsa Ismenia, así por el consejo que dio a su marido, como por la deshonestidad y amores que tiene con Alanio, reciba digna pena». Aun no había Fileno acabado su razón, cuando se movió entre la gente tan gran alboroto que pareció hundirse toda la aldea. Alteráronse los ánimos de todos los pastores y pastoras, y concibieron ira mortal contra Montano. Unos decían que fuese apedreado, otros que en la mayor profundidad de[28] Duero fuese echado, otros que a las hambrientas fieras fuese entregado y en fin no hubo allí persona que contra él no se embraveciese. Movióles también mucho a todos lo que Fileno de mi vida falsamente les había dicho, pero tanta ira tenían por el negocio de Montano, que no pensaron mucho en el mío. Cuando Montano supo la relación que su padre públicamente había hecho, y el alboroto y conjuración que contra él se había movido, cayó en grande desesperación. Y allende[29] de esto, sabiendo lo que su padre delante de todos contra mí había dicho, recibió tanto dolor, que más grave no se puede imaginar. De aquí nació todo mi

---

[24] hijastro.
[25] crueldad.
[26] amonestaste, reprendiste.

[27] aturdido.
[28] A menudo se elimina el artículo antes del nombre de un río importante.
[29] además.

mal, ésta fue la causa de mi perdición y aquí tuvieron principios mis dolores. Porque mi querido Montano, como sabía que yo en otro tiempo había amado y sido querida de Alanio, sabiendo que muchas veces reviven y se renuevan los muertos y olvidados amores, y viendo que Alanio, a quien yo por él había aborrecido, andaba siempre enamorado de mí, haciéndome importunas fiestas,[30] sospechó por todo esto que lo que su padre Fileno había dicho era verdad, y cuanto más imaginó en ello, más lo tuvo por cierto. Tanto, que bravo y desesperado, así por el engaño que de Silveria había recibido, como por el que sospechaba que yo le había hecho, se fue de la aldea y nunca más ha parecido. Yo, que supe de su partida y la causa de ella por relación de algunos pastores amigos suyos, a quien[31] él había dado larga cuenta de todo, me salí de la aldea por buscarlo; y mientras viva, no pararé hasta hallar mi dulce esposo para darle mi disculpa, aunque sepa después morir a sus manos. Mucho ha que ando peregrinando en esta demanda, y por más que en todas las principales aldeas y cabañas de pastores he buscado, jamás la Fortuna me ha dado noticia de mi Montano. La mayor ventura que en este viaje he tenido fue que dos días después que partí de mi aldea, hallé en un valle la traidora Silveria que, sabiendo el voluntario destierro de Montano, iba siguiéndolo por descubrirle la traición que le había hecho y pedirle perdón por ella, arrepentida de haber cometido tan horrenda alevosía. Pero hasta entonces no lo había hallado, y como a mí me vido, me contó abiertamente cómo había pasado el negocio, y fue para mí gran descanso saber la manera con que se nos había hecho la traición. Quise darle la muerte con mis manos, aunque flaca mujer, pero dejé de hacerlo porque sola ella podía remediar mi mal, declarando su misma maldad. Roguéle que con gran priesa[32] fuese a buscar a mi amado Montano para darle noticia de todo el hecho, y despedíme de ella para buscarlo yo por otro camino. Llegué hoy a este bosque donde, convidada de la amenidad y frescura del lugar, hice asiento para tener la siesta, y pues la fortuna acá por mi consuelo os ha guiado, yo le agradezco mucho este favor, y a vosotros os ruego que, pues es ya casi mediodía, si posible es, me hagáis parte de vuestra graciosa compañía, mientras durare el ardor del sol que en semejante tiempo se muestra riguroso.

Diana y Marcelio holgaron en extremo de escuchar la historia de Ismenia y saber la causa de su pena. Agradeciéronle mucho la cuenta que les había dado

de su vida, y dijéronle algunas razones para consuelo de su mal, prometiéndole el posible favor para su remedio. Rogáronle también que fuese con ellos a la casa de la sabia Felicia, porque allí sería posible hallar alguna suerte de consolación. Fueron asimismo de parecer de reposar allí en tanto que durarían los calores de la siesta, como Ismenia había dicho. Pero como Diana era muy plática[33] en aquella tierra, y sabía los bosques, fuentes, florestas,[34] lugares amenos y sombríos de ella, les dijo que otro lugar había más ameno y deleitoso que aquél, que no estaba muy lejos, y que fuesen allá pues aún no era llegado el mediodía.

De manera que, levantándose todos, caminaron un poco despacio y luego llegaron a una floresta donde Diana los guió; y era la más deleitosa, la más sombría y agradable que en los más celebrados montes y campañas de la pastoral Arcadia[35] puede haber. Había en ella muy hermosos alisos, sauces y otros árboles que, por las orillas de las cristalinas fuentes y por todas partes, con el fresco y suave airecillo blandamente movidas, deleitosamente murmuraban. Allí de la concertada armonía de las aves que por los verdes ramos bulliciosamente saltaban, el aire tan dulcemente resonaba, que los ánimos con un suave regalo enternecía. Estaba sembrada toda de una verde y menuda hierba, entre la cual se levantaban hermosas y variadas flores que, con diversos matices el campo dibujando, con suave olor el más congojado espíritu recreaban. Allí solían los cazadores hallar manadas enteras de temerosos ciervos, cabras montesinas y de otros animales, con cuya prisión y muerte se toma alegre pasatiempo.

Entraron en esta floresta siguiendo todos a Diana, que iba primera, y se adelantó un poco para buscar una espesura de árboles que ella para su reposo en aquel lugar tenía señalada, donde muchas veces solía recrearse. No habían andado mucho, cuando Diana, llegando cerca del lugar que ella tenía por el más ameno de todos y donde quería que tuviesen la siesta, puesto el dedo sobre los labios señaló a Marcelio e Ismenia que viniesen a espacio[36] y sin ruido. La causa era porque había oído dentro aquella espesura cantos de pastores. En la voz le parecieron Tauriso y Berardo, que por ella entrambos penados andaban, como está dicho. Pero por saberlo más cierto, llegándose más cerca un poco por entre unos acebos y lantiscos,[37] estuvo acechando por conocerlos, y vido que eran ellos y que tenían allí en

---

[30] galanteos.
[31] quienes.
[32] prisa.

[33] práctica, conocedora.
[34] bosques espesos.
[35] nombre de la tierra utópica en la cual se sitúa la novela de Sannazaro (Véase la pág. 252.)
[36] a... despacio.
[37] lentiscos (arbusto de flor amarillenta o rojiza).

su compañía una hermosa dama y un preciado caballero, los cuales, aunque parecían estar algo congojados y maltratados del camino, pero todavía en el gesto y disposición descubrían su valor.[38] Después de haber visto los que allí estaban, se apartó por no ser vista. En esto llegaron Marcelio e Ismenia, y todos juntos se sentaron tras unos jarales donde no podían ser vistos y podían oír distinta y claramente el cantar de los pastores, cuyas voces por toda la floresta resonando, movían concertada melodía, como oiréis en el siguiente libro.

MIGUEL DE CERVANTES (1547—1616)

La fascinación de Cervantes con el tema pastoril brotó durante su juventud y siguió creciendo durante toda su vida. *La Galatea,* su primera obra larga y su única novela pastoril, apareció en 1585. Termina con la promesa de una continuación, y aunque Cervantes no logró cumplir esa promesa, nunca abandonó la idea de escribir una conclusión a *La Galatea.* En su lecho de muerte, hablaba de sus planes para completar la obra.

Como varios críticos han señalado—entre ellos, Juan Bautista Avalle-Arce, Américo Castro, Mia Gerhardt y Dominick Finello—el tema pastoril asoma en muchas obras de Cervantes y constituye un elemento fundamental de *Don Quijote,* en el cual pastores y cabreros aparecen repetidamente. La sugerencia de Sancho Panza, al final del *Quijote,* de que su amo se dedique a la vida pastoril, implica que Cervantes vio en el utopismo bucólico un posible sustituto del utopismo caballeresco que motiva a su protagonista.

Como las novelas de caballerías, las de tema pastoril postulan un mundo utópico en el cual el bien triunfa sobre el mal, a menudo con la ayuda de la magia o la buena fortuna. El orden se impone en la realidad caótica de la existencia humana. La justicia reina y los malos son castigados. El hecho de que esta visión no se realice a la perfección no disminuye el valor de la novela. La obstinación con la cual el hombre imagina utopías fascinaba a Cervantes, de la misma manera que le fascinaba el fracaso inevitable de la visión utópica. Como Don Quijote, los pastores de *La Galatea* idean un mundo regido por la virtud y la belleza, además del concepto neoplatónico de la armonía. Como él, intentan realizar sus ideales por medio de actos concretos de la voluntad, pero fracasan casi siempre porque chocan con obstáculos creados por la realidad objetiva. En manos de Cervantes, la imagen de una utopía realizable se derrumba, pero, al mismo tiempo, el núcleo visionario se mantiene intacto porque en fin de cuentas, es la lucha por el ideal lo que importa, mucho más que el ideal mismo.

A diferencia de sus predecesores, Cervantes elimina la magia, dejando a los personajes libres para enfrentar sus problemas según su voluntad e inclinación. Cada uno de los pastores intenta realizar su objetivo—unión con la amada—de una manera diferente. Por medio de estos personajes, Cervantes ilustra la complejidad de la condición humana: cada situación se presta a infinitas interpretaciones y encierra infinitas posibilidades. Ergasto, uno de los dos pastores que están enamorados de Galatea, expresa esta idea cuando compara los muchos cuidados de un amante a un espejo roto:

No se ven tantos rostros figurados
en roto espejo, o hecho por tal arte,
que si uno en él se mira, retratados
se ve una multitud en cada parte,
cuantos nacen cuidados y cuidados
de un cuidado cruel que no se parte
del alma mía, a su rigor vencida,
hasta apartarse junto con la vida. (I, pág. 25—26)

Mientras más se mira el espejo, más imágenes se ven. Y sin embargo, todas son reflejos de una misma realidad. La manera en que uno interpreta una situación determinada depende de la perspectiva de uno, es decir, del fragmento del espejo que uno enfoca. El perspectivismo que caracteriza *Don Quijote* (véase las págs. 384—407) también es fundamental a *La Galatea.*

La Galatea se desenvuelve en las orillas del Tajo, donde Elicio y Erastro alaban a Galatea, doncella hermosa y discreta. Rivales por la mano de una dama que se mantiene siempre reservada, los dos pretendientes forman una estrecha amistad. Elicio, el más atractivo y entendido de los dos, sufre altos y bajos, regocijándose con los favores poco frecuentes de Galatea, quien se siente obligada por los muchos servicios que él le hace, y hundiéndose cuando ella lo trata con desdén. A Erastro, Elicio le tiene lástima y envidia: «lástima, en ver que al fin amaba, y en parte donde era imposible coger el fruto de sus deseos; envidia, por parecerle que quizá no era tal su entendimiento que diese lugar al alma a que sintiese los desdenes o favores de Galatea . . .» (I, 21).

Aunque el formato corresponde a la fórmula que Montemayor creó para *La Diana,* las semejanzas entre la novela de Cervantes y la de su predecesor son mínimas. La historia de Galatea y sus pretendientes apenas se desarrolla. Más bien provee un fondo para el resto de la acción. Una y otra vez, aparecen personajes que relatan historias, casi todas las cuales tienen lugar fuera del ambiente pastoril. A estos personajes los interrumpen otros que comienzan nuevas narraciones. Algunas de las historias quedan sin terminar. Otras se retoman más tarde. En contraste con la estructura perfectamente simétrica de *La Diana* de Montemayor, la de *La Galatea* es confusa, reflejando lo caótico e inconstante de la vida real.

Cervantes teje un retrato complejo y perturbador de la

---

[38] lo que valían.

realidad humana al crear personajes cuya voluntad los lleva a extremos. Si en las novelas pastoriles anteriores la violencia había sido una posibilidad no realizada, en la de Cervantes, irrumpe repetidamente, ya que, eliminadas la magia y las maquinaciones de una fortuna amiga, no hay soluciones fáciles, no hay refugios, no hay nada que amortigüe los golpes.

Un ejemplo es la historia de Lisandro y Leonida, amantes de familias rivales. Lisandro se comunica con Leonida por medio de Silvia, amada de Crisalvo, el hermano de Leonida. Carino, antiguo enemigo de Crisalvo y del hermano de Lisandro, finge querer ayudar a los amantes. Hace creer a Crisalvo que Silvia ama a Lisandro, quien piensa casarse con Leonida en otro pueblo sin que lo sepan sus padres. Carino promete llevar a Leonida al pueblo, pero dice a Crisalvo que es Silvia la que lleva a casarse con Lisandro. Entonces Crisalvo mata a su propia hermana, tomándola por Silvia. Lisandro se venga, matando primero a Crisalvo y después a Carino.

Ya que falta una Felicia para resolver los problemas de los amantes, cada personaje busca sus propias soluciones, a veces adoptando medidas poco convenientes. Lisandro recurre a una decepción: piensa casarse en secreto. Crisalvo recurre a la violencia: quiere vengarse de Silvia por su supuesto engaño. Cegados por sus deseos, cada uno confía en un amigo falso. Como Don Quijote, los personajes de *La Galatea* tuercen la realidad de acuerdo con sus gustos e ilusiones. Los dos jóvenes ven en Carino el amigo que necesitan para realizar sus objetivos. Lo juzgan desde su propia perspectiva, viendo sólo un fragmento del espejo roto en vez de la imagen entera. Y como Don Quijote, terminan chocando con una realidad externa—en este caso, la enemistad de Carino.

A través de la novela los interludios poéticos expresan o el desamor o, más frecuentemente, una imagen idealizada del amor. Los momentos de intensa sublimación contrastan con los episodios violentos, haciendo al lector consciente de la oposición entre ideal y realidad.

Uno de los episodios más trágicos es el de Galercio, que está enamorado de Gelasia, una joven fría y cruel. Al darse cuenta de que no puede conmover a su amada, Galercio intenta suicidarse. Aunque los pastores de *La Diana* y *Diana enamorada* hablan de la muerte y los juegos lingüísticos sobre «morir» y «amor» son comunes en la poesía amorosa europea, ningún personaje de Montemayor o Gil Polo había tratado de matarse. Cervantes, en contraste con sus predecesores, lleva las posibilidades de la novela pastoril a un extremo. La tragedia y la violencia son inevitables en su obra porque sus personajes viven en el mundo real de las emociones humanas.

Hacia el final de la novela, Galatea, símbolo del ideal inalcanzable, entera a Elicio que su padre piensa casarla con un hombre que ella no ama, lo cual incita al joven a organizar una rebelión contra el padre de su amada. Descrito al principio del libro como un joven refinado y moderado, Elicio recurre a la violencia, rompiendo una vez más la armonía bucólica y demonstrando el eterno conflicto entre la voluntad humana y el ideal utópico.

Si Cervantes nunca terminó *La Galatea,* es tal vez porque no hay ninguna conclusión posible. Es decir, no hay una solución definitiva al problema que constituye el meollo de la novela: la lucha por la perfección. El ideal motiva a cada personaje y sin embargo, queda siempre más allá de su alcance. El ideal utópico no se realiza en la novela porque no puede realizarse en la vida.

Recomendamos la siguiente edición: Miguel de Cervantes, *La Galatea,* 2 vols, prólogo y notas de Juan Bautista Avalle-Arce (Madrid, Espasa-Calpe, 1961).

La Galatea

—En las riberas de Betis,[1] caudalosísimo río que la gran Vandalia[2] enriquece, nació Lisandro—que este es el nombre desdichado mío—, y de tan nobles padres cual pluviera[3] al soberano Dios que en más baja fortuna fuera engendrado; porque muchas veces la nobleza del linaje pone alas y esfuerza el ánimo a levantar los ojos adonde la humilde suerte no osara jamás levantarlos, y de tales atrevimientos suelen suceder a menudo semejantes calamidades como las que de mí oirás si con atención me escuchas. Nació ansimesmo[4] en mi aldea una pastora, cuyo nombre era Leonida, suma de toda la hermosura que en gran parte de la tierra—según yo imagino—pudiera hallarse, de no menos nobles y ricos padres nacida que su hermosura y virtud merecían. De do nació que, por ser los parientes de entrambos de los más principales del lugar, y estar en ellos el mando y gobernación del pueblo, la envidia, enemiga mortal de la sosegada vida, sobre algunas diferencias del gobierno del pueblo vino a poner entre ellos cizaña y mortalísima discordia; de manera que el pueblo fue dividido en dos parcialidades: la una seguía la de mis parientes, la otra la de los de Leonida, con tan arraigado rencor y mal ánimo, que no ha sido parte para ponerlos en paz ninguna humana diligencia. Ordenó, pues, la suerte, para echar de todo punto el sello a nuestra enemistad, que yo me enamorase de la hermosa Leonida, hija de Parmindro, principal cabeza del bando contrario. Y fue mi amor tan de veras que, aunque procuré con infinitos medios quitarle de mis entrañas, el fin de todos venía a parar a quedar más vencido y subjeto. Poníaseme delante un monte de dificultades que conseguir el fin de mi deseo me estorbaban, como eran el mucho valor de Leonida, la endurecida enemistad de

---

[1] antiguo nombre del Guadalquivir.
[2] Los vándalos fueron un pueblo de la Germania antigua que invadió la España romana y pasó después a Africa. Dieron su nombre a la actual Andalucía.
[3] pluguiera, placiera.
[4] asimismo.

nuestros padres, las pocas coyunturas, o ninguna, que se me ofrecían para descubrirle mi pensamiento; y con todo esto, cuando ponía los ojos de la imaginación en la singular belleza de Leonida, cualquiera dificultad se allanaba, de suerte que me parecía poco romper por entre agudas puntas de diamantes para llegar al fin de mis amorosos y honestos pensamientos. Habiendo, pues, por muchos días combatido conmigo mesmo, por ver si podría apartar el alma de tan ardua empresa, y viendo ser imposible, recogí toda mi industria a considerar con cuál podría dar a entender a Leonida el secreto amor de mi pecho; y como los principios en cualquier negocio sean siempre dificultosos, en los que tratan de amor son, por la mayor parte, dificultosísimos, hasta que el mesmo amor, cuando se quiere mostrar favorable, abre las puertas del remedio donde parece que están más cerradas. Y así se pareció en mí, pues guiado por su pensamiento el mío, vine a imaginar que ningún medio se ofrecía mejor a mi deseo que hacerme amigo de los padres de Silvia, una pastora que era en estremo amiga de Leonida, y muchas veces la una a la otra, en compañía de sus padres, en sus casas se visitaban. Tenía Silvia un pariente que se llamaba Carino, compañero familiar de Crisalvo, hermano de la hermosa Leonida, cuya bizarría[5] y aspereza de costumbres le habían dado renombre de cruel, y así de todos los que le conocían el cruel Crisalvo era llamado; y ni más ni menos a Carino, el pariente de Silvia y compañero de Crisalvo, por ser entremetido y agudo de ingenio, el astuto Carino le llamaban: del cual y de Silvia, por parecerme que me convenía, con el medio de muchos presentes y dádivas forjé la amistad—al parecer—posible; a lo menos, de parte de Silvia fue más firme de lo que yo quisiera, pues los regalos y favores que ella con limpias entrañas me hacía, obligada de mis continuos servicios, tomó por instrumentos mi fortuna para ponerme en la desdicha en que agora me veo.

«Era Silvia hermosa en estremo, y de tantas gracias adornada, que la dureza del crudo corazón de Crisalvo se movió a amarla, y esto yo no lo supe sino con mi daño, y de allí a muchos días. Y ya que con la larga experiencia estuve seguro de la voluntad de Silvia, un día, ofreciéndoseme comodidad[6] con las más tiernas palabras que pude le descubrí la llaga de mi lastimado pecho, diciéndole que aunque era tan profunda y peligrosa no la sentía tanto, sólo por imaginar que en su solicitud estaba el remedio de ella; advirtiéndole ansimesmo el honesto fin a que mis pensamientos se encaminaban, que era a juntarme por legítimo matrimonio con la bella Leonida, y que, pues era causa tan justa y buena, no se había de desdeñar de tomarla a su cargo. En fin, por no serte prolijo, el amor me ministró tales palabras que le dijese, que ella, vencida de ellas, y más por la pena que ella, como discreta, por las señales de mi rostro conoció que en mi alma moraba, se determinó de tomar a su cargo mi remedio y decir a Leonida lo que yo por ella sentía, prometiendo de hacer por mí todo cuanto su fuerza e industria alcanzase, puesto que se le hacía dificultosa tal empresa, por la inimicicia[7] grande que entre nuestros padres conocía, aunque, por otra parte, imaginaba poder dar principio al fin de sus discordias si Leonida conmigo se casase. Movida, pues, con esta buena intención, y enternecida de las lágrimas que yo derramaba, como ya he dicho, se aventuró a ser intercesora de mi contento. Y discurriendo consigo qué entrada tendría para con Leonida, me mandó que le escribiese una carta, la cual ella se ofrecía a darla cuando tiempo le pareciese. Parecióme a mí bien su parecer, y aquel mesmo día le envié una que, por haber sido principio del contento que por su respuesta sentí, siempre la he tenido en la memoria, puesto que fuera mejor no acordarme de cosas alegres en tiempo tan triste como es el en que agora me hallo. Recibió la carta Silvia, y aguardaba ocasión de ponerla en las manos de Leonida.

—No—dijo Elicio, atajando las razones de Lisandro—, no es justo que me dejes de decir la carta que a Leonida enviaste, que por ser la primera, y por hallarte tan enamorado en aquella sazón, sin duda debe de ser discreta. Y pues me has dicho que la tienes en la memoria y el gusto que por ella granjeaste,[8] no me lo niegues agora en no decírmela.

—Bien dices, amigo—respondió Lisandro—; que yo estaba entonces tan enamorado y temeroso, como agora descontento y desesperado, y por esta razón me parece que no acerté a decir alguna, aunque fue harto acertamiento que Leonida las creyese las que en la carta iban. Ya que tanto deseas saberlas, decía de esta manera:

LISANDRO A LEONIDA

Mientras que he podido, aunque con grandísimo dolor mío, resistir con las propias fuerzas a la amorosa llama que por ti, ¡oh hermosa Leonida!, me abrasa, jamás he tenido ardimiento,[9] temeroso del subido valor que en ti conozco, de descubrirte el amor que te tengo; mas ya que es consumida aquella virtud que hasta aquí me ha hecho fuerte, hame sido forzoso, descubriendo la llaga de mi

---

[5] gallardía, valor.
[6] oportunidad.
[7] enemistad.
[8] tuviste.
[9] valor, intrepidez.

*pecho, tentar con escrebirte su primero y último
remedio. Que sea el primero, tú lo sabes, y de ser
el último está en tu mano, de la cual espero la
misericordia que tu hermosura promete y mis
honestos deseos merecen. Los cuales y el fin
adonde se encaminan conocerás de Silvia, que
ésta te dará. Y pues ella se ha atrevido, con ser
quien es, a llevártela, entiende que son tan justos
cuanto a tu merecimiento se deben.*

No le parecieron mal a Elicio las razones de la
carta de Lisandro, el cual, prosiguiendo la historia
de sus amores, dijo:

—No pasaron muchos días sin que esta carta
viniese a las hermosas manos de Leonida, por medio
de las piadosas de Silvia, mi verdadera amiga, la
cual, junto con dársela, le dijo tales cosas que con
ellas templó en gran parte la ira y alteración que con
mi carta Leonida había recebido: como fue decirle
cuánto bien se siguiría si por nuestro casamiento la
enemistad de nuestros padres se acababa, y que el
fin de tan buena intención la había de mover a no
desechar mis deseos; cuanto más que no se debía
compadecer con su hermosura dejar morir sin más
respecto a quien tanto como yo la amaba; añadiendo
a éstas otras razones que Leonida conoció que lo
eran. Pero por no mostrarse al primer encuentro
rendida, y a los primeros pasos alcanzada, no dio
tan agradable respuesta a Silvia como ella quisiera.
Pero con todo esto, por intercesión de Silvia, que a
ello le[10] forzó, respondió con esta carta que agora te
diré:

LEONIDA A LISANDRO

*Si entendiera, Lisandro, que tu mucho
atrevimiento había nacido de mi poca honestidad,
en mí mesma ejecutara la pena que tu culpa
merece; pero por asegurarme desto lo que yo de mí
conozco, vengo a conocer que más ha procedido tu
osadía de pensamientos ociosos que de
enamorados. Y aunque ellos sean de la manera
que dices, no pienses que me has de mover a mí
para remediarlos como a Silvia para creerlos, de la
cual tengo más queja por haberme forzado a
responderte, que de ti que te atreviste a escrebirme,
pues el callar fuera digna respuesta a tu locura. Si
te retraes de lo comenzado, harás como discreto,
porque te hago saber que pienso tener más cuenta
con mi honra que con tus vanidades.*

«Esta fue la respuesta de Leonida, la cual, junto
con las esperanzas que Silvia me dio, aunque ella
parecía algo áspera, me hizo tener por el más bien
afortunado del mundo. Mientras estas cosas entre

nosotros pasaban, no se descuidaba Crisalvo de
solicitar a Silvia con infinitos mensajes, presentes y
servicios; mas era tan fuerte y desabrida[11] la
condición de Crisalvo que jamás pudo mover a la de
Silvia a que un pequeño favor le diese, de lo cual
estaba tan desesperado e impaciente como un
agarrochado[12] y vencido toro.

«Por causa de sus amores había tomado amistad
con el astuto Carino, pariente de Silvia, habiendo los
dos sido primero mortales enemigos, porque en
cierta lucha que un día de una grande fiesta delante
de todo el pueblo los zagales más diestros del lugar
tuvieron, Carino fue vencido de Crisalvo y
maltratado: de manera que concibió en su corazón
odio perpetuo contra Crisalvo, y no menos lo tenía
contra otro hermano mío, por haberle sido contrario
en unos amores, de los cuales mi hermano llevó el
fruto que Carino esperaba. Este rancor y mala
voluntad tuvo Carino secreta, hasta que el tiempo le
descubrió ocasión como a un mesmo punto se
vengase de entrambos por el más cruel estilo que
imaginarse puede.

«Yo le tenía por amigo, porque la entrada en casa
de Silvia no se me impidiese; Crisalvo le adoraba,
porque favoreciese sus pensamientos con Silvia; y
era de suerte su amistad que todas las veces que
Leonida venía a casa de Silvia Carino la
acompañaba. Por la cual causa le pareció bien a
Silvia darle cuenta, pues era mi amigo, de los
amores que yo con Leonida trataba, que en aquella
sazón andaban ya tan vivos y venturosos, por la
buena intercesión de Silvia, que ya no esperábamos
sino tiempo y lugar donde coger el honesto fruto de
nuestros limpios deseos, los cuales sabidos de
Carino, tomó por instrumento para hacer la mayor
traición del mundo. Porque un día, haciendo del leal
con Crisalvo,[13] y dándole a entender que tenía en
más su amistad que la honra de su parienta, le dijo
que la principal causa porque Silvia no le amaba ni
favorecía era por estar de mí enamorada, y que él lo
sabía infaliblemente; y que ya nuestros amores iban
tan al descubierto, que si él no hubiera estado ciego
de la pasión amorosa, en mil señales lo hubiera ya
conocido; y que para certificarse más de la verdad
que le decía, que de allí adelante mirase en ello,
porque vería claramente cómo, sin empacho alguno,
Silvia me daba extraordinarios favores. Con estas
nuevas debió de quedar tan fuera de sí Crisalvo,
como pareció por lo que de ellas sucedió.

«De allí adelante Crisalvo traía espías por ver lo
que yo con Silvia pasaba, y como yo muchas veces
procurase hallarme solo con ella para tratar, no de

[10] la.

[11] áspera, desagradable.
[12] herido, alanceado.
[13] **haciendo**... fingiendo ser leal a.

los amores que él pensaba, sino de lo que a los míos convenía, éranle a Crisalvo referidas, con otros favores que, de limpia amistad procedidos, Silvia a cada paso me hacía. Por lo que vino Crisalvo a términos tan desesperados que muchas veces procuró matarme, aunque yo no pensaba que era por semejante ocasión, sino por lo de la antigua enemistad de nuestros padres. Mas por ser él hermano de Leonida, tenía yo más cuenta con guardarme que con ofenderle, teniendo por cierto que si yo con su hermana me casaba tendrían fin nuestras enemistades. De lo que él estaba bien ajeno: antes se pensaba que por serle yo enemigo, había procurado tratar amores con Silvia, y no porque yo bien la quisiese. Y esto le acrecentaba la cólera y enojo de manera que le sacaba de juicio, aunque él tenía tan poco, que poco era menester para acabárselo. Y pudo tanto en él este mal pensamiento que vino a aborrecer a Silvia tanto cuanto la había querido, sólo porque a mí me favorecía, no con la voluntad que él pensaba, sino como Carino le decía. Y así, en cualesquier corrillos y juntas que se hallaba, decía mal de Silvia, dándole títulos y renombres deshonestos; pero como todos conocían su terrible condición y la bondad de Silvia, daban poco o ningún crédito a sus palabras.

«En este medio, había concertado Silvia con Leonida que los dos nos desposásemos, y que, para que más a nuestro salvo se hiciese, sería bien que un día que con Carino Leonida viniese a su casa, no volviese por aquella noche a la de sus padres, sino que desde allí, en compañía de Carino, se fuese a una aldea que media legua de la nuestra estaba, donde unos ricos parientes míos vivían, en cuya casa, con más quietud, podíamos poner en efecto nuestras intenciones; porque si del suceso de ellas los padres de Leonida no fuesen contentos, a lo menos estando ella ausente sería más fácil el concertarse. Tomado, pues, este apuntamiento,[14] y dada cuenta de él a Carino, se ofreció, con muestras de grandísimo ánimo, que llevaría a Leonida a la otra aldea, como ella fuese contenta. Los servicios que yo hice a Carino por la buena voluntad que mostraba, las palabras de ofrecimiento que le dije, los abrazos que le di, me parece que bastaran a deshacer en un corazón de acero cualquiera mala intención que contra mí tuviera. Pero el traidor de Carino, echando a las espaldas mis palabras, obras y promesas, sin tener cuenta con la que a sí mesmo debía, ordenó la traición que agora oirás.

«Informado Carino de la voluntad de Leonida, y viendo ser conforme a la que Silvia le había dicho, ordenó que la primera noche que por las muestras del día entendiesen que había de ser escura, se

pusiese por obra la ida de Leonida, ofreciéndose de nuevo a guardar el secreto y lealtad posible. Después de hecho este concierto que has oído, se fue a Crisalvo, según después acá he sabido, y le dijo que su parienta Silvia iba tan adelante en los amores que conmigo traía, que en una cierta noche había determinado de sacarla de casa de sus padres y llevarla a la otra aldea, do mis parientes moraban, donde se le ofrecía coyuntura de vengar su corazón en entrambos: en Silvia, por la poca cuenta que de sus servicios había hecho; en mí, por nuestra vieja enemistad y por el enojo que le había hecho en quitarle a Silvia, pues por solo mi respecto le dejaba. De tal manera le supo encarecer y decir Carino lo que quiso, que con mucho menos a otro corazón no tan cruel como el suyo moviera a cualquier mal pensamiento.

«Llegado, pues, ya el día que yo pensé que fuera el de mi mayor contento, dejando dicho a Carino, no lo que hizo, sino lo que había de hacer, me fui a la otra aldea a dar orden como recebir a Leonida. Y fue el dejarla encomendada a Carino como quien deja a la simple corderuela[15] en poder de los hambrientos lobos, o a la mansa paloma entre las uñas del fiero gavilán que la despedace. ¡Ay, amigo, que llegando a este paso con la imaginación, no sé cómo tengo fuerzas para sostener la vida, ni pensamiento para pensarlo, cuanto más lengua para decirlo! ¡Ay, mal aconsejado Lisandro! ¿Cómo, y no sabías tú las condiciones dobladas de Carino? ¿Mas quién no se fiara de sus palabras, aventurando él tan poco en hacerlas verdaderas con las obras? ¡Ay, mal lograda Leonida! ¡Cuán mal supe gozar de la merced que me heciste en escogerme por tuyo! En fin, por concluir con la tragedia de mi desgracia, sabrás, discreto pastor, que la noche que Carino había de traer consigo a Leonida a la aldea donde yo la esperaba, él llamó a otro pastor, que debía de tener por enemigo, aunque él se lo encubría debajo de su falsa acostumbrada disimulación, el cual Libeo se llamaba, y le rogó que aquella noche le hiciese compañía, porque determinaba llevar una pastora, su aficionada, a la aldea que te he dicho, donde pensaba desposarse con ella. Libeo, que era gallardo y enamorado, con facilidad le ofreció su compañía. Despidióse Leonida de Silvia con estrechos abrazos y amorosas lágrimas, como présaga que había de ser la última despedida. Debía de considerar entonces la sin ventura la traición que a sus padres hacía, y no la que a ella Carino le ordenaba, y cuán mala cuenta daba de la buena opinión que della en el pueblo se tenía. Mas pasando de paso por todos estos pensamientos, forzado del enamorado que la vencía,

---

[14] advertencia.

[15] El cordero y la paloma son símbolos tradicionales de la inocencia y la pureza; el lobo y el gavilán, del mal.

se entregó a la guardia de Carino, que adonde yo la aguardaba la trujese. ¡Cuántas veces se me viene a la memoria, llegando a este punto, lo que soñé el día que le tuviera yo por dichoso, si en él feneciera la cuenta de los de mi vida! Acuérdome que, saliendo del aldea un poco antes que el sol acabase de quitar sus rayos de nuestro horizonte, me senté al pie de un alto fresno, en el mesmo camino por donde Leonida había de venir, esperando que cerrase algo más la noche para adelantarme y recebirla, y sin saber cómo y sin yo quererlo, me quedé dormido. Y apenas hube entregado los ojos al sueño, cuando me pareció que el árbol donde estaba arrimado, rindiéndose a la furia de un recísimo viento que soplaba, desarraigando las hondas raíces de la tierra, sobre mi cuerpo se caía, y que procurando yo evadirme del grave peso a una y a otra parte me revolvía. Y estando en esta pesadumbre me pareció ver una blanca cierva[16] junto a mí, a la cual yo ahincadamente suplicaba que, como mejor pudiese, apartase de mis hombros la pesada carga. Y que queriendo ella, movida de compasión, hacerlo, al mismo instante salió un fiero león del bosque, y cogiéndola entre sus agudas uñas, se metía con ella por el bosque adelante. Y que después que con gran trabajo me había escapado del grave peso, la iba a buscar al monte, y la hallaba despedazada y herida por mil partes, de lo cual tanto dolor sentía, que el alma se me arrancaba sólo por la compasión que ella había mostrado de mi trabajo. Y así comencé a llorar entre sueños, de manera que las mismas lágrimas me despertaron, y hallando las mejillas bañadas del llanto quedé fuera de mí, considerando lo que había soñado. Pero con la alegría que esperaba tener de ver a mi Leonida, no eché de ver entonces que la fortuna en sueños me mostraba lo que de allí a poco rato despierto me había de suceder.

«A la sazón que yo desperté acababa de cerrar la noche, con tanta escuridad,[17] con tan espantosos truenos y relámpagos, como convenía para cometerse con más facilidad la crueldad que en ella se cometió. Así como Carino salió de casa de Silvia con Leonida, se la entregó a Libeo, diciéndole que se fuese con ella por el camino de la aldea que he dicho; y aunque Leonida se alteró de ver a Libeo, Carino la aseguró que no era menor amigo mío Libeo que él proprio, y que con toda seguridad podía ir con él poco a poco, en tanto que él se adelantaba a darme a mí las nuevas de su llegada. Creyó la simple—en fin, como enamorada—las palabras del falso Carino, y con menor recelo del que convenía, guiada del comedido Libeo, tendía los temerosos pasos para venir a buscar el último de su vida, pensando hallar el mejor de su contento.

«Adelantóse Carino de los dos, como ya te he dicho, y vino a dar aviso a Crisalvo de lo que pasaba, el cual, con otros cuatro parientes suyos, en el mesmo camino por donde habían de pasar, que todo era cerrado de bosque de una y otra parte, escondidos estaban, y díjoles cómo Silvia venía, y solo yo que la acompañaba, y que se alegrasen de la buena ocasión que la suerte les ponía en las manos para vengarse de la injuria que los dos le habíamos hecho, y que él sería el primero que en Silvia, aunque era parienta suya, probase los filos de su cuchillo. Apercibiéronse luego los cinco crueles carniceros para colorarse en la inocente sangre de los dos que tan sin cuidado de traición semejante por el camino se venían, los cuales, llegados a do la celada estaba, al instante fueron con ellos los pérfidos homicidas y cerráronlos en medio. Crisalvo se llegó a Leonida, pensando ser Silvia, y con injuriosas y turbadas palabras, con la infernal cólera que le señoreaba, con seis mortales heridas la dejó tendida en el suelo, a tiempo que ya Libeo por los otros cuatro—creyendo que a mí me las daban—con infinitas puñaladas se revolcaba por la tierra. Carino, que vio cuán bien había salido el traidor intento suyo, sin aguardar razones, se les quitó delante, y los cinco traidores, contentísimos, como si hubieran hecho alguna famosa hazaña, se volvieron a su aldea, y Crisalvo se fue a casa de Silvia a dar él mesmo a sus padres la nueva de lo que había hecho, por acrecentarles el pesar y sentimiento, diciéndoles que fuesen a dar sepultura a su hija Silvia, a quien él había quitado la vida por haber hecho más caudal de la fría voluntad de Lisandro, su enemigo, que no de los continuos servicios suyos. Silvia, que sintió lo que Crisalvo decía, dándole el alma lo que había sido, le dijo cómo ella estaba viva, y aun libre de todo lo que la imputaba, y que mirase no hubiese muerto a quien le doliese más su muerte que perder él mismo la vida. Y con esto le dijo que su hermana Leonida se había partido aquella noche de su casa en traje no acostumbrado. Atónito quedó Crisalvo de ver a Silvia viva, teniendo él por cierto que la dejaba ya muerta, y con no pequeño sobresalto acudió luego a su casa, y no hallando en ella a su hermana, con grandísima confusión y furia volvió él solo a ver quién era la que había muerto, pues Silvia estaba viva.

«Mientras todas esta cosas pasaban, estaba yo con una ansia estraña esperando a Carino y Leonida, y pareciéndome que ya tardaban más de lo que debían, quise ir a encontrarlos, o a saber si por algún caso aquella noche se habían detenido, y no anduve mucho por el camino cuando oí una lastimada voz que decía: '¡Oh soberano hacedor del cielo! Encoje la mano de tu justicia y abre la de tu misericordia, para tenerla de esta alma, que presto te dará cuenta de las ofensas que te ha hecho. ¡Ay,

---

[16] símbolo tradicional de la bondad e inocencia, de Dios o de Cristo.
[17] oscuridad.

Lisandro, Lisandro, y cómo la amistad de Carino te costará la vida, pues no es posible sino que te la acabe el dolor de haberla yo por ti perdido! ¡Ay, cruel hermano! ¿Es posible que sin oír mis disculpas tan presto me quesiste dar la pena de mi yerro?' Cuando estas razones oí, en la voz y en ellas conocí luego ser Leonida la que las decía, y présago de mi desventura, con el sentido turbado, fui a tiento a dar adonde Leonida estaba envuelta en su propria sangre. Y habiéndola conocido luego, dejándome caer sobre el herido cuerpo, haciendo los estremos de dolor posible, le dije: '¿Qué desdicha es ésta, bien mío? Anima mía, ¿cuál fue la cruel mano que no ha tenido respecto a tanta hermosura?' En estas palabras fui conocido de Leonida, y levantando con gran trabajo los cansados brazos, los echó por encima de mi cuello, y apretando con la mayor fuerza que pudo, juntando su boca con la mía, con flacas y mal pronunciadas razones me dijo solas éstas: 'Mi hermano me ha muerto; Carino, vendido; Libeo está sin vida, la cual te dé Dios a ti, Lisandro mío, largos y felices años, y a mí me deje gozar en la otra del reposo que aquí me ha negado.' Y juntando más su boca con la mía, habiendo cerrado los labios para darme el primero y último beso, al abrirlos se le salió el alma, y quedó muerta en mis brazos. Cuando yo lo sentí, abandonándome sobre el helado cuerpo, quedé sin ningún sentido. Y si como era yo el vivo, fuera el muerto, quien en aquel trance nos viera, el lamentable de Píramo y Tisbe[18] trujera[19] a la memoria. Mas después que volví en mí, abriendo ya la boca para llenar el aire de voces y sospiros, sentí que hacia donde yo estaba venía uno con apresurados pasos, y llegándose cerca, aunque la noche hacía escura, los ojos del alma me dieron a conocer que el que allí venía era Crisalvo, como era la verdad, porque él tornaba a certificarse si por ventura era su hermana Leonida la que había muerto. Y como yo le conocí, sin que de mí se guardase, llegué a él como sañudo león, y dándole dos heridas di con él en tierra. Y antes que acabase de espirar, le llevé arrastrando adonde Leonida estaba, y puniendo en la mano muerta de Leonida el puñal que su hermano traía, que era el mesmo con que ella había muerto, ayudándole yo a ello, tres veces se le[20] hinqué por el corazón. Y consolado en algo el mío con la muerte de Crisalvo, sin más detenerme, tomé sobre mis hombros el cuerpo de

Leonida y llevéle al aldea donde mis parientes vivían, y contándoles el caso, les rogué le diesen honrada sepultura, y luego puse por obra y determiné de tomar en Carino la venganza que en Crisalvo; la cual, por haberse él ausentado de nuestra aldea, se ha tardado hasta hoy, que le hallé a la salida deste bosque, después de haber seis meses que ando en su demanda. El ha hecho ya el fin que su traición merecía, y a mí no me queda ya de quién tomar venganza, si no es de la vida que tan contra mi voluntad sostengo. Esta es, pastor, la causa de do proceden los lamentos que me has oído. Si te parece que es bastante para causar mayores sentimientos, a tu buena discreción dejo que lo considere.

LOPE FÉLIX DE VEGA CARPIO (1562–1635)

Aunque Lope de Vega es conocido como creador del teatro nacional (véase las págs. 473–500), también hizo una contribución significativa al desarrollo de la novela. En 1598 publicó *La Arcadia,* una novela pastoril que se aleja bastante, en cuanto a estructura y personajes, de las normas del género que estaban en boga desde Sannazaro.

La novela se sitúa en la Arcadia clásica y consta de cinco libros. La acción del primer libro tiene lugar en un valle que está en la región del monte Ménalo, «poblado de pequeñas aldeas, que entre los altos robles y nativas fuentes parece a los ojos de quien le mira desde lejos un agradable lienzo de artificiosa pintura.»

El argumento de *La Arcadia* es semejante al de otras novelas pastoriles. Anfriso, un pastor noble y apuesto, ama a Belisarda, quien le corresponde, pero el padre de ella piensa casarla con Salicio, un hombre rico. Al principio del Libro I, Belisarda sueña que Anfriso ama a otra doncella, lo cual conduce a una breve disputa entre los amantes, seguida de una dulce reconciliación. Galafrón y Leriano, los rivales de Anfriso, reconocen la superioridad de éste por su linaje, inteligencia y belleza física. Se quejan del desdén que Belisarda les muestra en canciones que están repletas de temas convencionales: el amor no correspondido, la inconstancia de la mujer, la mutabilidad de la fortuna. Aparecen varios personajes cuyas conversaciones aluden a otros enlaces amorosos. Isbella ha rechazado a Olimpio y ahora ama a Menalca. Este distrae a Isbella y a otros pastores con la historia del gigante Alasto, quien muere por la pastora Crisalda. La llegada de Celio interrumpe el relato. Celio está tan loco de celos que los otros pastores lo sujetan a la fuerza y se lo llevan a la aldea.

La acción del Libro II comienza seis días más tarde, con la despedida de Anfriso, cuyos padres lo mandan al monte Liceo. La situación es el resultado de las maquinaciones de Galafrón y Leriano. Galafrón ha contado a los padres de Anfriso que los amores de su hijo y Beli-

---

[18] Según la leyenda, Píramo, el joven más apuesto de Babilonia, amaba a Tisbe, una doncella de una familia rival. Al acudir a una cita con su amante, Tisbe ve una leona y huye, dejando su velo en el suelo. La leona la recoge en su boca sangrienta, entonces lo deja en el suelo. Al llegar Píramo, encuentra el velo. Creyendo que Tisbe está muerta, se suicida. Ella, al volver al lugar de la cita, encuentra el cuerpo de Píramo y, desconsolada, también se quita la vida.
[19] trajera.
[20] lo.

sarda se han convertido en un escándalo y que el joven piensa matar a Leriano. Durante la ausencia de Anfriso, sus rivales piensan cortejar a Belisarda. Esta, sin embargo, se mantiene fiel a Anfriso. Después de los ritos de Pales, diosa de los rebaños, Belisarda parte para Cilene con su padre Clorinardo. Olimpio la sigue con la esperanza de reponerse del rechazo de Isbella. Silvio, amigo de Anfriso, hace saber a éste que Belisarda está en Cilene para que el joven pueda ir a visitarla en secreto.

En el Libro III, Anfriso recibe las noticias de Silvia, además de unas cartas de Olimpio, quien finge vigilar a Belisarda pero en realidad trata de enamorarla. Anfriso visita a Belisarda en Cilene pero pronto se ve obligado a partir a causa del escándalo que causa su visita. En ruta a Italia, se pierde en una zona montañosa y áspera durante una tempestad. Conoce al mago Dardanio, quien lo lleva a su cueva y le muestra retratos de personas ilustres de la antigüedad y de la historia española. Dardanio lleva a Anfriso por el aire a Cilene, donde el joven ve a Olimpio galanteando a Belisarda. Anfriso interpreta mal la reacción de ella y concluye que le ha sido infiel. Loco de celos, vuelve al monte Ménalo para tomar venganza. Siguiendo los consejos de Silvio, corteja a Anarda para despertar los celos de Belisarda.

En el Libro IV la situación empeora. Belisarda, confundida por el desprecio de Anfriso, vuelve a su aldea, donde se confirman sus temores. Motivados por los celos y la congoja, los amantes tratan de herirse uno a otro, Belisarda coqueteando con Olimpio y Anfriso enamorando a Anarda. Vueltos irracionales, se niegan a escuchar las explicaciones de Frondoso, quien intenta aclarar la situación. Anfriso enloquece y Belisarda, desesperada, se casa con Salicio, el pretendiente que sus padres favorecen. Galafrón y Frondoso llevan a Anfriso a la sabia Polinesta para que ella lo sane. Al final del libro Belisarda y Anfriso se encuentran por casualidad y descubren su error, pero ya es tarde. Después de una última declaración de amor, se separan para siempre.

El Libro V describe la cura de Anfriso. Polinesta no emplea la magia, sino la instrucción, ya que, según ella, es el exceso de ocio lo que conduce a la conducta irracional del amante. Anfriso se dedica al estudio de las artes liberales y a la poesía. Al ocupar su mente en actividades sanas y útiles, Anfriso aleja a Belisarda de sus pensamientos y se desengaña en cuanto a la naturaleza del amor.

Mientras que las novelas pastoriles anteriores constaban de diversos episodios o narraciones, cada uno de los cuales era contado por un personaje diferente, *La Arcadia* gira alrededor de los amores de una sola pareja. En las primeras novelas pastoriles, hay múltiples protagonistas, ya que cada narrador es el personaje más importante de su propia historia. Lope no elimina los subargumentos por completo, sino que disminuye su importancia. Las narraciones de los numerosos pastores que pueblan Arcadia

tratan de los mismos temas que el argumento principal— la voluntad, la imaginación, los celos—pero estos relatos son esquemáticos e incompletos. La estructura simplificada de *La Arcadia* le permite a Lope desarrollar a unos cuantos personajes con cierta profundidad. En este sentido, la novela de Lope se aproxima a la novela moderna.

La Arcadia es un *roman à clef* en que el autor invita a los lectores a adivinar la verdadera identidad de los personajes cuando dice: «Y qué pudo dar una Vega tan estéril que no fuesen pastores rudos? Que así lo parecerán a quien los imaginare míos, sin penetrar el alma de sus dueños.» Sin embargo, el valor de los personajes de Lope radica en su autenticidad como individuos independientes de sus modelos.

Distingue los personajes de *La Arcadia* su auto-determinación. Aunque Gil Polo y Cervantes otorgan libre albedrío a sus personajes, sus novelas están llenas de accidentes, tempestades, equivocaciones y otros golpes de la fortuna. En cambio, los personajes de Lope son, mucho más que sus predecesores, los creadores de su propio destino. Lope reduce al mínimo el papel de la suerte. El desenlace depende de las decisiones y acciones de los personajes. A diferencia de los personajes de Montemayor, los de Lope no cultivan la melancolía, sino que buscan maneras de realizar su amor. Si fracasan al final de la novela, es por su propia falta de prudencia o porque se dejan engañar por la fantasía o la imaginación. Belisarda advierte repetidamente a Anfriso del peligro de confiar en otros pastores. Al cultivar la amistad de Leriano, Anfriso despierta la envidia de su rival, lo cual conduce al desenlace sombrío. Además, al ceder a los celos sin averiguar la verdadera relación que existe entre Olimpo y Belisarda, Anfriso precipita su propia desgracia.

Anfriso es una creación compleja. Es capaz de gran violencia y de gran ternura. Es confiado y a la vez suspicaz; es fuerte y a la vez vulnerable. A veces es lúcido, a veces crédulo. A diferencia de los personajes de novelas pastoriles anteriores, los cuales tienden a ser unidimensionales, Anfriso evoluciona durante la narración, revelando poco a poco los diversos aspectos de su personalidad.

A diferencia de Sincero y Silvano, los amantes rivales de *La Diana* y *Diana enamorada*, Galafrón y Leriano no se consuelan con el valor del sufrimiento. No aceptan su estado pasivamente porque no creen en la cualidad purificadora del amor no correspondido. Galafrón y Leriano son personajes activos que intentan separar a los amantes por medio de un ardid. Además, son más lúcidos que sus precedesores en cuanto a las cualidades de su amada, a quien describen en términos relativamente prosaicos. Belisarda, a diferencia de Diana y de Galatea, no es una dama distante y cruel, sino una mujer de carne y hueso que sólo desea ser esposa de Anfriso. Lucha con su confusión, causada por el desprecio aparente de Anfriso, pero su orgullo impide que dé a su amado una explicación de su conducta. Desesperada por la frialdad de él, Belisarda se desespera y termina casada con un hombre que no quiere.

Las novelas pastoriles previas contienen un elemento autobiográfico: cada personaje cuenta su propia historia. Esta técnica tiene ciertas limitaciones, ya que requiere que la acción de los subargumentos ocurra antes de la acción principal de la novela. Lope abandona la técnica autobiográfica, haciendo que un narrador, Belardo (que se identifica como Lope mismo), narre toda la historia en la tercera persona. La acción se desenvuelve cronológicamente, lo cual crea una intensidad dramática que falta en otras novelas pastoriles.

Lope disminuye el elemento inverosímil de la novela pastoril, eliminando los naufragios y filtros mágicos. El episodio de Dardanio, el único en que se emplea la magia, ha provocado diversas reacciones de los críticos, algunos de los cuales lo han interpretado como una continuación de la tradición del mago establecida por Sannazaro y desarrollada por Montemayor y Gil Polo en el personaje de Felicia. Sin embargo, el episodio admite otras explicaciones. Al final de la novela, Frondoso afirma que el episodio no ha sido más que un sueño: «Mira, Anfriso que es sueño; que muchas cosas suelen imaginar los amantes que con la suspensión del alma creen que las han visto.» Además, al ver a Belisarda y Olimpio juntos, Anfriso se encuentra paralizado; no puede «desasirse, arrojarse, moverse ni formar palabra», lo cual sugiere un estado de suspensión característico del sueño, en que el individuo ve, pero no puede moverse.

Polinesta se aparta bastante de la Felicia de Montemayor y Gil Polo, ya que es una maestra en vez de una maga. Reconoce que «violentar [el] libre albedrío . . . es imposible»; por lo tanto, convence a Anfriso que se entregue al estudio de su propia voluntad. Ya que Anfriso fue por lo menos parcialmente responsable de su desgracia, tendrá que aceptar responsabilidad por su cura. La conclusión de la novela no significa que Lope rechace el amor, sino que reconoce que, cuando falla el amor, es inútil esperar soluciones milagrosas. Más vale que el individuo se distraiga con actividades beneficiosas. Los personajes de Lope no operan dentro de las abstracciones teóricas del neoplatonismo, sino dentro de un mundo relativamente realista, en que el individuo vale por sí mismo.

La Arcadia fue la primera obra importante de Lope y fue escrita antes de sus obras de teatro. Sin embargo, contiene varios elementos teatrales que después se encontrarán en los dramas del Siglo de Oro. Por una parte, el enfoque en dos personajes principales realza la calidad dramática de la novela. Por otra, las escenas están construidas como las de una pieza de teatro y los personajes entran y salen por medio de maniobras características del drama. Por ejemplo, mientras Anfriso y Belisarda conversan, oyen cantar a Galafrón y Leriano. Los dos amantes se esconden, dejando que los nuevos personajes ocupen la escena. Otra aspecto de *La Arcadia* que la aproxima al drama es la importancia que Lope da al diálogo. Mientras que otras novelas pastoriles consisten en largas descripciones y en monólogos, los intercambios vivos entre personajes hacen avanzar la acción en *La Arcadia*.

Como en el teatro, los cambios de ambiente son significativos. Las primeras escenas tienen lugar en el *locus amoenus* convencional; están llenas de intercambios amorosos, disputas poco serias y dulces conciliaciones. En contraste, la naturaleza ruda, enmarañada y hostil de otras escenas refleja la confusión mental del personaje.

Otra innovación interesante es la introducción de un cómico, semejante al gracioso teatral, que agrega un elemento de humor a la obra.

La Arcadia representa un paso importante hacia la novela moderna. Presenta a personajes que evolucionan de acuerdo con sus tendencias individuales y actúan de una manera independiente, en vez de conformarse a un prototipo. Tiene un argumento estructurado que se desenvuelve por medio de la acción y el diálogo. *La Arcadia* es seguramente una de las obras más innovadoras de la literatura pastoril.

De *La Arcadia* recomendamos la edición de Edwin S. Morby (Madrid: Castalia, 1975).

La Arcadia

Libro I

Dormida, pues, la hermosa pastora, y ufano el sueño de entretener con dulces fantasías imaginación tan alta, ligados los sentidos exteriores, y los de adentro sueltos, ocurrieron a la estimativa y fantasías varias imágenes, y creyendo por el defecto de la operación del sentido común que fuesen verdaderas, despertó dando voces, porque le pareció que veía a su querido Anfriso en brazos de otra pastora que le llamaba esposo; y como los ojos desengañasen lo que la falta de su luz había consentido por cierto, después de haber recogido a su lugar el corazón, las lágrimas al pecho y Anfriso al alma, desasiendo del cuello un instrumento que de una cinta traía asido, a pesar de los cabellos, que, revueltos en él, lo estorbaban, y por acompañar su voz querían servir de cuerdas, enmudeciendo el aire y moviendo las piedras, cantó así:

BELISARDA

¡Oh burlas de amor ingrato
que todas sois de una suerte!
¡Sueño, imagen de la muerte
y de la vida retrato!

¿Qué importa que se desvelen
los interiores sentidos,
si los de afuera dormidos
sufrir sus engaños suelen?

Yo vi sin ojos mi dueño
en ajena voluntad;
¿qué pudiera la verdad
si pudo matarme el sueño?

Donde dormir presumí,
descansé para mi daño
que el sueño, de amor engaño
me ha desengañado a mí.

Amorosas fantasías
sueñan alegres historias
yo sola en ajenas glorias
contemplo desdichas mías.

Porque, con ser mis contentos
sueño ligero y fingido,
aun en sueños no he tenido
fingidos contentamientos.

¡Oh triste imaginación,
para el mal siempre despierta!
¿Quién dirá, viéndoos tan cierta,
que los sueños, sueños son?[1]

Que si no son desvaríos
ver a Anfriso en otros brazos,
antes de tales abrazos
se vuelven laurel los míos.

Mas como Dafnes[2] seré,
si para Clicie[3] nací,
pues de donde me perdí,
jamás los ojos quité.

Ya sois sueño y fuiste viento;
medráis, esperanza mía;
no os llevará, si solía,
que ahora dormís de asiento.

Si este desengaño advierte
a los sentidos en calma
que tengo dormida el alma,
¿qué importa que lo despierte?

Pues cuanto más mire en mí
el gran sujeto que amé,
más afligida estaré
por lo poco que perdí.

Y cuando hubiera algún medio
que fuera en mi daño firme,
ya llega el arrepentirme
tan tarde como el remedio.

Los hechos dicen que soy
de Anfriso por los cabellos,[4]
mas yo les respondo a ellos
que por mi paso me voy.

Que aunque sea ingrato amante
para el alma que le di,
vivirá tan firme en mí
como letras en diamante.[5]

Apenas se comenzó a mover el aire se detuvieron las piedras, corrió el apacible río y cesó la delicada voz de Belisarda, cuando por la fresca orilla, entre los verdes árboles, bajaba el pastor Anfriso tras unas blancas ovejas, dichoso ganado de hombre tan bien perdido; y como el alegre son del agua, el murmurar de las hojas y la templanza del aire, y aun el diferente olor de las flores, le trajesen al alma ciertas nuevas de que tales efectos sólo procederían de ser la causa Belisarda, desciñéndose una honda, guió la esparcidas ovejas a aquel pino, lugar en que otras veces solían esperarse; y como antes de llegar los rayos que de sus ojos herían el agua, como el sol en el espejo, volviesen luz a los suyos, certificóse de todo punto, y el alma, que de sola imaginación se sustentaba, hizo lugar a la verdad y ocupáronse los sentidos de gustos presentes, como antes lo estaban de glorias imaginadas.

Llegando, en fin, distancia de cuatro pasos, miráronse el uno al otro, y sin mover los ojos se miraron en ellos por largo espacio, hasta que Anfriso, vencido más de la justa cortesía que del poco sentimiento, le dijo así:

—¿Es posible, única y sola esperanza de mis trabajos (aunque a los que son por tu causa, yerro en darles este nombre), que, fuera de la que traía de verte, bien que conforme al deseo en que siempre te ven los ojos de mi alma, merecen los del cuerpo, indignos de asistir a tanto resplandor, gozarte, verte y contemplarte tan cerca, que en ningún otro efecto se conozca más tu piedad que en no abrasarme y deshacerme? ¿Qué buena estrella ha mirado este día mi nacimiento? ¿Qué dichoso agüero vi al salir de la aldea, o qué secreta deidad inclinó mis pasos a este lugar dichoso, o qué promesa le hice al Cielo si hoy te veía? ¡Oh ventura incomprensible! ¡Oh gozo inestimable! ¡Oh galardón excesivo de penas, que para otro cualquiera fueran mayores! Dichosa fue aquella hora en que salí de mi cabaña la primera

---

[1] verso derivado de una letra que termina «que los sueños, sueños son»; también inspira a Calderón en su obra *La vida es sueño*.

[2] Dafne, hija del río Peneo, se transformó en laurel para escaparse de Apolo, quien la amaba.

[3] Clicie, ninfa del océano, amaba a Apolo, el Sol, y murió de celos. Se transformó en la flor del sol, llamada heliotropo.

[4] **por**... arrastrada por los cabellos.

[5] El diamante, por ser tan duro, era símbolo de la firmeza o constancia.

cosa que imaginé y la primera que vi, y, sobre todo, este lugar en que te veo. Digan más apriesa[6] mis ojos lo que mi lengua ignora, como incapaz de glorias; que aun el alma misma no sabe más de sentirlas; que el cuerpo, como indigno, aun piensa que está lejos de imaginarlas, ni en su humildad puede saber la grandeza de agradecerlas.

—¿Piensas—respondió Belisarda— Anfriso mío, aunque no ha mucho que no pudiera darte este agradable nombre, que por ganarme por la mano ya llevas de vencido mi sentimiento? Pues cree que tal manera de engañarte es en daño de lo que yo me precio de ser tuya; porque podrás con facilidad hallar el cierto número de las arenas del mar o las estrellas del cielo, pero no comprender el infinito con que mis deseos te vencen, mi voluntad te gana y mi alma te procura. Dígalo el cuidado con que esta mañana salí o el que toda la noche tuve, deseando que amaneciese; las aves que han escuchado mis quejas y el viento que ha llevado mis suspiros. Y si es verdad que estos árboles fueron primero, como dicen, hombres, en cuyas cortezas viven ahora las almas, yo les suplico te digan con qué razones te he llamado y con qué culpas te he reprendido; pues cuando yo quisiese dejarme vencer de ti, por no confesar que en alguna cosa dejo de estarlo, la misma verdad de haber salido primero a buscarte a ti y a mí nos contradiría, y sería mejor mi justicia, pues tú te confesarías vencido cuando yo no vuelvo por ello. Esto, en fin, quiero yo siempre llevarte de ventaja, pues de igualar a tus méritos estoy tan lejos, que es un amor invencible, una fe inviolable y un casto sentimiento, dirigido al blanco que tú sabes. Y pienso que los dioses no se ofenden de que yo te desee por medio de la muerte de Salicio, como quien sabe de mi corazón que jamás consentí su voluntad ni la fuerza de mis padres, y que lo que otras por ley divina y humana llamarían esposo y dueño, yo sola (o a lo menos la más desdichada de las que como yo lo son) le tendría por tirano aborrecible y enemigo forzoso.

—No pases adelante—dijo Anfriso—, Belisarda mía, que te voy escuchando divertido en la primera razón que me dijiste, pues si no me engaño, aunque me holgara de engañarme, dices que ha poco tiempo que no pudieras llamarme tuyo, cosa que de toda la merced que me has hecho, significándome tu alma, ha sido gran tributo, y que parece imposible, ya que no sea al estado de mis cosas, al amor que te tengo; porque primero el sol se pondrá en el Oriente y nacerá en el ocaso, y harán verdadera paz las nieves de los Alpes y las llamas del Etna,[7] o los peligros de

Escila[8] y el mar Ausonio[9] se juntarán al lado de Sicilia, que yo deje de ser tuyo, aunque tú pudieses contigo en algún tiempo dejar de llamármelo; que esto solo sería causa que en otra firmeza menos que la mía pudiera hacerlo; porque, de la misma manera que en la ordenada variedad de partes del cuerpo proporcionadamente asiste el alma con diversidad de nobles potencias y dignos oficios, muchos que se ven en los sentidos exteriores y muchos dentro, que por experiencia se conocen, así aun en mi imaginación haces el mismo oficio y tienes posesión de mi ser, y con aquella misma virtud que reciben me animas y sustentas, dando luz a mis ojos, gusto a mi lengua, son a mis oídos y movimiento a mis pies; que aquella misma consonancia y matrimonio que hacen los miembros del cuerpo de una parte y las virtudes del alma de la otra, hace la tuya con la mía, y con unión más admirable; pues si el alma se puede apartar del cuerpo, jamás la mía de la tuya, que con el lazo inseparable de su inmortalidad las ha juntado el amor para siempre.

—Sin duda—dijo la pastora—, que por detenerte a estudiar esas filosofías, Anfriso, has desesperado mi sufrimiento y venido tan tarde. Siéntate junto a mí en estos céspedes o sobre mi zurrón, y contaréte la causa de haber tenido duda en llamarte mío.

—Ese—dijo entonces Anfriso—pondré yo sobre mis ojos que harto mejor por su vellón fuera a conquistar a Colcos[10] que Jasón[11] por el de oro; y con más causa le pudieran hacer signo del cielo que al Aries[12] sobre quien ahora el sol nos alumbra. Indigno de este suelo me sentaré a contemplarte, aunque con otro respeto más justo.

—Bien digo yo—replicó ella—que has leído esta mañana tus libros, y que quieres venderme tu descuido vestido de unos encarecimientos, como si pudiese comprar mi cuidado con mentiras. Mas, por no tenerte suspenso, digo que mal te llamara suyo quien sabe que estás tan cerca de ser ajeno; yo he presumido, y aun puedo decir que he visto, que tratas de casarte; ¿cómo casarte? Digo que ya lo estás, y que te he visto en los brazos de quien una y mil veces te llamaba esposo.

—Aun para burlas—respondió Anfriso—, son pesadas hablarme de casamiento; si en eso quieres vengarte de haberme esperado, desesperaré de

---

[6] aprisa.
[7] volcán al nordeste de Sicilia.

[8] hija de Forco, amada de Glauco, dios marítimo. Circe estaba enamorada de Glauco y, celosa de Escila, echó hierbas venenosas en la fuente en que ésta se lavaba, convirtiendo la mitad del cuerpo de su rival en monstruos que ladraban. Finalmente, Escila se transformó en roca que fue famosa en la antigüedad por los peligros que representaba a la navegación.
[9] parte del mar Jonio en la costa oriental de Sicilia.
[10] Yolcos.
[11] héroe que conquistó el vellocino de oro. Fue rey de Yolcos.
[12] el primero de los doce signos del Zodíaco.

acertar a darte gusto, pues cosas en que mi alma no te ofendió, pago con la que pudiera ser castigado de la mayor ofensa. Y pues sabes lo que de esto se puede ofender mi lealtad, mudemos plática antes que después me arrepienta, como suelo, de haber estado enojado.

—Nunca yo me burlo contigo—dijo, un poco severa, Belisarda—. Yo sé que te casas, Anfriso, y lo he visto por mis ojos.

—Plega al cielo—prosiguió el pastor, encendido en ira—que si tal imaginación ha tenido en mi alma primero movimiento,[13] yo sea ejemplo de desdichados, como lo he sido en el mundo de venturosos; que el mayor enemigo me venza a tus ojos y que te vea empleada en el mayor amigo que tenga. Mira que algunos de éstos, o competidor o consejero falso, habrá tomado por instrumento semejante testimonio para negociar tu olvido y apresurar mi muerte. ¿Quién es, o quién puede ser de mis enemigos ciertos o amigos fingidos el que tal ha dicho? ¿Quién, por no se atrever a vengar en mi cuerpo, se vengó en mi alma? ¿Quién, sin tenerla, con tanta eficacia de razones pudo persuadirte tan gran mentira, que tenga en tu pecho mejor lugar que mis verdades acreditadas con tantas lágrimas, suspiros, trabajos, persecuciones, destierros, venganzas, y sobre todo, rabiosos celos? ¡Ay Belisarda! Si estas no te han obligado a creerme, ni las presentes bastan, escoge el género de muerte que esa sospecha que has criado merece; que cuando tan humilde me la veas ejecutar, conocerás mi inocencia inculpable y tu rigor injusto.

—Basta—respondió Belisarda—, ejemplo de la firmeza del mundo, no te enternezcas ni me mates, que no es razón que lo que sueño en burlas llores tú de veras; que cuanto he dicho no tiene más fundamento que haberlo aquí soñado esta mañana, cansada de esperarte, que este efecto había de hacer cansarme yo de cosa tan justa y que tan bien me estaba. Pero cree que lo han pagado mis ojos con tan tierno sentimiento, como si los brazos en que te vi fueran tan verdaderos como estos que aquí te abrazan, agradecidísimos de que tan advertido estés en mi remedio; porque en este solo temor consiste mi alegre vida o mi temprana muerte . . .

GABRIEL DE CORRAL (1588—1646) Y LOS PASTORALISTAS MENORES

La Arcadia de Lope de Vega es la última novela pastoril de importancia en la historia de la literatura española. Después de *La Arcadia,* el género decae, aunque siguen

[13] **primero**... impulso (El primer movimiento es el impulso reflexivo.)

produciéndose novelas pastoriles hasta fines del siglo XVII.

Entre las novelas tardías, *La Cintia de Aranjuez,* escrita por el eclesiástico Gabriel de Corral y publicada en 1629, sirve como ejemplo de un género que ya está en su ocaso. De hecho, la novela contiene poco que sea auténticamente pastoril. El crítico Juan Bautista Avalle-Arce señala que al momento de aparecer *La Cintia,* «la novela pastoril queda . . . relegada a la categoría de un mero e intrascendente juguete literario cuya validez, si alguna tiene, hay que buscarla en las poesías escritas con anterioridad, y no en la prosa, que aquí es lo circunstancial».

La Cintia no es una novela pastoril en el sentido tradicional. Su autor, consciente de la artificialidad del género, convierte el artificio en tema mismo del libro, haciendo de *La Cintia* un especie de comentario sobre la literatura imaginativa.

El argumento gira alrededor de Cintia y Fileno. Una dama de alta alcurnia que ha sido dejada huérfana, Cintia se retira a su palacio en Aranjuez, que está situado a unos cincuenta kilómetros de Madrid. Allí vive rodeada de sus amigos y pretendientes, todos damas y caballeros de la corte. Sus parientes han concertado su matrimonio con don Juan de Toledo, un caballero al que Cintia nunca ha conocido, lo cual disgusta a la joven sobremanera. Fileno, un joven desconocido, es herido en un duelo cerca del palacio. Cintia permite que lo cuiden en su casa, donde él permanece aun después de sanarse. Ella y Fileno se enamoran, aunque el decoro exige que disimulen sus sentimientos. Fileno, prometido a cierta doña Guiomar, rompe relaciones con ella al comenzar a interesarse en Cintia. Al final de la novela, se revela que Fileno es realmente don Juan de Toledo y Cintia es realmente doña Guiomar. Así que los jóvenes pueden casarse y al mismo tiempo satisfacer los deseos de sus parientes.

La novela termina con una celebración en una isla artificial de las bodas futuras de Cintia y Fileno y de varias parejas más. Se presentan numerosas escenas o cuadros, cada una más espectacular que la otra. Se emplean diversas tramoyas semejantes a las que se usan en el teatro barroco. Abundan palabras tales como *artificio, ficción, fingido, inventado* en la descripción de los cuadros, los cuales son un verdadero homenaje al ingenio y a la innovación.

Ciertas diferencias entre *La Cintia* y la novela pastoril tradicional son evidentes. Cintia no es la hija de un campesino rico, sino una dama noble. No vive en una choza rústica, sino en un palacio espléndido. Mientras que los personajes de novelas pastoriles anteriores eran tan refinados y cultos como damas y caballeros de la corte, la premisa de la obra dependía de la ilusión de rusticidad. Sin embargo, Corral no intenta reproducir el ambiente rural, sino que describe con gran lujo de detalle los adornos de la ropa y de la vivienda de Cintia, haciendo hincapié en la opulencia y el artificio. En *La Cintia* faltan descripciones de comidas rústicas, con quesos campestres y frutas frescas, y de pastores sencillos que tocan su zampoña. En vez de extasiarse ante la belleza natural, el autor insiste en la elegancia mundanal y material. La ropa sencilla de la zagala es reemplazada por imitaciones tan suntuosas que parecen una burla de la noción de la simplicidad rústica.

Los personajes de Corral no son ni sencillos ni ingenuos. Usan la astucia, no la magia, para resolver sus problemas. Fileno procede con gran cautela al cortejar a Cintia, recurriendo a varios ardides y cultivando el favor de Laurencio, el viejo criado de ella, para favorecer su causa. Esperanza, una gitana sabia que evoca reminiscencias de Celestina tanto como de Felicia, insiste en que la industria es lo que vence las dificultades. Difiere de sus modelos en que no se sirve de las artes sobrenaturales.

La Cintia carece del idealismo que caracteriza novelas pastoriles más tempranas. Casi no hay debates sobre la naturaleza del amor. Como en el teatro de la época, el énfasis está en la acción.

Aunque los críticos han visto *La Cintia* como un ejemplo de la degeneración del género pastoril—y lo es—la obra de Corral tiene un significado más profundo. Corral juega con la premisa misma de la novela pastoril. El artificio es el núcleo del género, ya que los paraísos bucólicos y los pastores que se ocupan más de sus amores que de sus rebaños son puras invenciones poéticas. Al subrayar la naturaleza artificiosa del género, Corral pone en duda la autenticidad de la emoción expresada a través de la poesía.

Una idea que recalca en las églogas que aparecen al principio del libro es que una emoción no puede experimentarse con intensidad y encontrar su expresión verbal simultáneamente, ya que, para articular lo que siente, el poeta necesita distanciarse. La creación de un poema requiere el análisis de los sentimientos, además del manejo de la rima, el metro y la imagen. Hasta cierto punto, entonces, la poesía no es sólo artificial, sino fraudulenta, porque la expresión del ardor puede lograrse sólo cuando el artista está en un estado desapasionado.

Por medio de la yuxtaposición de tradicionales poemas amorosos, heroicos o mitológicos con otros burlescos, Corral subvierte la poesía elevada. El lector rara vez tiene la impresión de que el verso corresponde a las verdaderas emociones de los personajes, ya que Corral le advierte desde el principio que la poesía había sido escrita antes de la novela.

Al mismo tiempo, Corral subraya lo placentero de la poesía y de la literatura imaginativa, en general. De hecho, su valor radica en su poder de deleitar, no en su veracidad. A fin de aumentar el placer de su lector, Corral a menudo prolonga las descripciones, intercala relatos complejos o inventa escenas de un esplendor asombroso. A veces aumenta el suspenso al dejar un episodio sin concluir hasta más tarde, como en la historia de Lisardo, el que resulta ser el hermano de Cintia.

Escribiendo a principios del siglo XVII, Corral ya no comparte el idealismo renacentista de algunos de sus predecesores. Hay un elemento de burla, si no de cinismo, en *La Cintia*. Si Corral se aparta de las normas del género, es porque nunca fue su intención reproducir la Arcadia utópica con la cual soñaban los primeros pastoralistas, sino convertir el artificio intrínseco al género en el tema central de su libro.

La Cintia es, tal vez, una continuación lógica de la trayectoria que ya es evidente en *La Arcadia,* de Lope. Como en la novela de Lope, *La Cintia* gira alrededor de una pareja central, la acción es más importante que el debate filosófico, el argumento se desenvuelve en el presente, el elemento mágico queda eliminado y la prosa es bastante directa y fácil de leer. Si *La Cintia* es un ejemplo de la degeneración del género pastoril, lo es también de un concepto distinto de la novela.

De las muchas novelas pastoriles menores que aparecieron a fines del siglo XVI y durante el siglo XVII, las siguientes son dignas de mención: *Los diez libros de la fortuna de Amor* (Barcelona, 1573), de Antonio de Lofrasso, novela de la cual sólo los cinco primeros libros se sitúan en un ambiente bucólico; *El pastor de Fílida* (Madrid, 1582), de Luis Gálvez de Montalvo, el cual se aparta del modelo en que Fílida renuncia al matrimonio y se convierte en una ninfa de Diana; *Desengaño de celos* (Madrid, 1586), de Bartolomé López de Encino, de tono moralizador; *El pastor de Iberia* (Sevilla, 1591), de Bernardo de Vega, que trata de asuntos históricos y contemporáneos y sólo se puede situar dentro del marco pastoril por el título, los nombres de los personajes y alguna que otra descripción bucólica; *El Prado de Valencia* (Valencia, 1600), de Gaspar Mercader, importante principalmente como una antología poética de la escuela valenciana; *Tragedias de amor* (Madrid, 1607), de Juan Arze Solórzeno, obra de propósitos didácticos y moralizadores que llama la atención por el énfasis que da al aspecto trágico del amor, en lo cual se aparta bastante de la visión neoplatónica que caracteriza otras novelas pastoriles; *Siglo de Oro, en las Selvas de Erífile* (Madrid, 1608), de Bernardo de Valbuena, Obispo de Puerto Rico, la novela pastoril española (aunque Valbuena se crió en México) que más se acerca a los modelos clásicos y a *La Arcadia* de Sannazaro; *La constante Amarilis* (Valencia, 1609), de Cristóbal Suárez de Figueroa, basada en una situación verídica: los amores de Juan Andrés Hurtado de Mendoza y su prima, María de Cárdenas; *El premio de la constancia y pastores de Sierra Bermeja* (Madrid, 1620), de Jacinto de Espinel Adorno, obra cuyo bucolismo es más una convención que la expresión de una posición filosófica; *Prosas y versos del pastor de Clenarda* (Madrid, 1622), de Miguel Botello, que muestra una marcada influencia de Sannazaro; *Amor con vista* (Madrid, 1625), de Juan Enríquez de Zúñiga, el cual hace hincapié en el aspecto racional del amor; *Los pastores de Betis* (Trani, 1633), de Gonzalo de Saavedra, una novela de méritos discutibles, pero que posiblemente ofrezca un compendio de poemas producidos por los miembros de una academia literaria de Granada a principios del siglo XVII; *Vigilia y Octavario de San Juan Bautista* (Zaragoza, 1679), de Ana Francisca Abarca de Bolea, abadesa cisterciense—la única novela pastoril escrita por una mujer—se distingue por su marco religioso aunque las preocupaciones de los personajes son claramente mundanas.

A fines del siglo XVI también aparecen varias novelas pastoriles «a lo divino», en las cuales los elementos característicos del género se alteran para darles un significado religioso.

La Cintia de Aranjuez

Deberéisme[1] la noticia de este suceso, mas no habéis de obligar a que os diga los nombres de los que en él se han de introducir, que aunque contándoos lo principal, parece impertinencia negaros lo accesorio con todo es necesario para cierto intento, y así solamente los nombres serán supuestos. En lo demás no me apartaré de la verdad un punto, y con esta prevención[2] escuchadme. Perdió Cintia cuando la amaneció el discurso[3] a sus padres, de quien,[4] y de un tropel de muertes de parientes heredó gruesa hacienda: no la daba la edad suficiencia para gobernarla,[5] aunque el discurso se la adelantó tanto, que desde que supo hablar, pudiera regirse sin desorden: entró en poder de una tía de parte de madre, que habiendo habitado en su juventud el palacio de los Reyes, por extrañeza de su condición[6] no admitió iguales casamientos que le propusieron, hasta que de mercedes Reales, y de propio patrimonio rica quiso retirarse a su casa, y cuando en ella recibió a Cintia, estando dispuesta su tierna edad a toda impresión trasladó en ella la tía aquel singular retiro de pensamientos vulgares, aquel estilo soberano, que no se permite abajar de la más decente imaginación.[7] Fue en Cintia esta doctrina carácter constante, y conformándose con su inclinación, excedió aun a su maestra.[8] Llegó Cintia en su escuela a los quince años, número feliz, que acompañado de la hermosura que habéis visto, y de la copiosa hacienda que os refiero, no dejó noble deseo que no arrastrase: mas Cintia cuidaba[9] tan poco de todos, que con un mismo desdén los castigaba: entre otras tenía Cintia una criada, que

llamaremos Finea, que por asistirla al aliño del cabello, comunicaba con ella más de ordinario: era forzoso que viviera en casa tan recogida con gran decoro; mas a lo que después se conoció, no le nacía muy de condición.[10] Sucedió pues, que habiendo de mudar cochero, por grandes favores que interpuso, recebí como mayordomo un mozo muy galán, y lo que el oficio le permitía, bien vestido, por extremo cortés, y de buena conversación, cantaba maravillosamente, y en razón de bailar[11] no vi jamás tan compasada agilidad, de suerte que yo le quería bien por las muchas partes que conocía en él, y toda la casa trataba muy bien a Luis, que así dijo llamarse este galán cochero. Finea con mayor afecto se contentó de tantas gracias, es verdad que no se divisaba el acción vulgar, sino respetos tan ahidalgados, que muchas veces creí que alguna noble desdicha le había dado los indicios sin poder darle el caudal, Luis sin diferencia cortejaba y regalaba ligeramente, mas con mucho arte a las mujeres de casa sin señalarse[12] con ninguna, porque[13] esto durara en casa que tardara en sospecharse. Finea que con los ojos se explicaba sobradamente perdía el juicio de no ser entendida,[14] y más sabiendo que no era necio: mas públicas demostraciones destruyeran su intento, y su opinión[15], aunque lo primero temía más.[16]

En este estado estaba la casa, cuando Lisardo, un caballero mozo de lo más principal y cuantioso[17] de Guadalajara, ciudad donde asistía entonces Cintia. Era entre los muchos pretendientes el que merecía más, así por ser su nobleza conocida, como por tener talle, rostro, y partes dignas de todo buen empleo: y lo que más le calificaba en mi opinión, fue, que no libraba[18] en demostraciones públicas su amor, antes[19] raras veces, y ninguna[20] sin ocasión paseaba nuestros umbrales: si miraba, aunque le brotase el afecto por los ojos, mesuraba tanto el ímpetu, que si no le disimulaba, se notaba menos. Ya sabía la Iglesia donde acudía Cintia, aunque muchas veces oía Misa en su Oratorio, y en ella estaba antes que Cintia entrase muy al descuido, y salía primero con la misma atención a su secreto, que[21] si no amara.

---

[1] Laurencio, el viejo criado de Cintia, le relata esta historia a Fileno.
[2] preparación que se hace para evitar un error.
[3] **la**... era tan joven que todavía no sabía hablar.
[4] quienes.
[5] **no**... era demasiado joven para gobernarla.
[6] **por**... por ser tan altiva.
[7] pensamiento (Es decir, Cintia, bajo la tutela de su tía, se apartó de todo lo vulgar y se educó como una gran dama.)
[8] **y**... siguiendo su propia inclinación a la bondad y al refinamiento, llegó a ser una dama aún más elevada que su tía.
[9] se ocupaba.

[10] **mas**... como después se supo, este decoro era muy ajeno al carácter y a la posición (de la criada).
[11] **en**... en cuanto a su manera de bailar.
[12] comprometerse, tomar una determinación.
[13] para que.
[14] escogida.
[15] reputación.
[16] **lo**... temía más que se destruyera su intento de que se arruinara su reputación.
[17] rico.
[18] exponía.
[19] excepto.
[20] nunca.
[21] como.

Un día entre otros, bebiendo descuidos de Cintia, blandamente traidores sus ojos, una gitana que acaso estaba en la Iglesia, advirtió sutil la disimulación amorosa de Lisardo, y guiándose por sus mismos ojos, como por tan cierta puntería, dio en el blanco a que asestaban tan advertidos descuidos; brevemente o se informaría, o sabiendo[22] quién era Cintia, y cuando Lisardo salió de la Iglesia, siguióle, y a pocas calles con el prólogo de sus embelecos le pidió limosna; mandó Lisardo que se la diese un criado, y ella[23] como en agradecimiento. Ven acá, dijo, caballero hijo de buenos, que por mi fe que te tengo de decir un secreto. Finalmente tomóle la mano llegando a su casa, pidió que los dos quedasen solos, y él fiando de sí[24] que no le engañaría, riéndose de sus invenciones, mandó que los criados despejasen, y ella después de aquello de larga vida,[25] y de mil mentiras, en el monte de Venus, dijo que tenía una señal felicísima en sus amores, y que si la[26] daba un doblón, le diría el nombre de la dama a quien más quería. El que imaginaba que solos sus pensamientos pudieran decirle secreto que tan a costa de su vida no se había desmandado de los archivos de su alma, la dio el doblón, prometiéndola una gran dádiva si acertase. Ni el doblón, dijo ella recebiré, porque[27] no pienses que te quiero engañar por codicia vil de dineros, que sábete que soy muy poco gitana[28] en esta materia. Tú estás adorando a una señora muy grave que se llama N. y díjole el propio nombre de Cintia: quedó atónito Lisardo, oyendo tan ciertas señas de amor tan oculto, que apenas le había fiado de los labios, y negando a los principios por conservar su secreto, ella que en la turbación conoció su acierto, necio eres, le replicó, en amar sin diligencia. ¿Qué premio espera tu voluntad, si aun la ignora quien sola puede premiarla? No digo yo que te declares de manera que pierdas el dulce engaño con que te entretiene amor, mas que con alguna traza discreta tientes el vado de esta dificultad. Ya sabes que las gitanas tenemos para lances amorosos razonable ingenio: no te quiero persuadir (que no me pareces ignorante) que con hechizos podré hacerte dueño de su memoria. Intente el odio tales remedios, que amor no sabe atosigar a quien desea; la industria es la que vence con más seguridad estas dificultades: y si me crees, hallarás en la mía gran disposición a tus deseos. Amaba vehementemente Lisardo, no

había hallado medra[29] en el silencio, y cada día el amor daba una vuelta al deseo, estaba ya la paciencia en los últimos términos. Ofrecíasele a su parecer ocasión que buscada era digna de estimarse, y no quiso despedir a la fortuna, que dicen que una vez despreciada se enoja y no vuelve. Y después de breve pausa, cuando eso fuera así (le dijo) ¿qué remedio darías, que emparejase con tantas dificultades en mi entendimento graduadas de imposibles? Libre soy, respondió Esperanza, (que así dijo llamarse la gitana) y si te determinas, dame hábito decente, y no temas de mi lengua, que yo procuraré entrar en casa de tu dama y servirla; y una vez dentro del tiempo y de las ocasiones nos aconsejaremos. Parecióle maravillosamente a Lisardo el principio, y sin dar cuenta a ningún criado, dio a Esperanza los dineros que le pareció que bastaban; y habiendo comprado vestido, otro día habló a un Padre de la Compañía,[30] que era confesor de la tía de Cintia, y fingiendo una larga historia, cuanto infeliz, acreditándola con algunas lágrimas, obligó al Padre a que la propusiese para criada, de suerte que para no cansarte, tuvo efecto que entrase en casa, y para disimular los descuidos de la voz, y el color, dijo que era de Andalucía,[31] y llamóse Elena, sirviendo con tanta puntualidad y fidelidad, con tanto agrado y acierto que en pocos días era el favor[32] de sus dueños. Lo primero que trazó, fue que con algunas joyas de valor y dineros de oro la buscase en casa de sus señores un forastero, y delante de algunas personas se las diese con un pliego de cartas. Esto corrió por cuidado de Lisardo, y las mejores joyas suyas con doscientos escudos de oro, metió en un bolso muy curioso, y escribió de letra disfrazada la carta, como entre los dos habían trazado, y con persona de fiar, aunque no conocida en la ciudad, se las envió a Elena, diciendo que venía de Málaga. Ella le recibió con mucho contento, y preguntó por sus padres, a que respondió muy a propósito, porque iba industriado[33] el mensajero. Díjole que volviese por la respuesta, y abriendo la carta, hizo como que no acertaba bien a leerla, y diósela a Luis el cochero, que la leyó delante de algunas criadas, y de mí, que a todo esto me hallé presente. En suma, la carta como de su madre,[34] decía muchos sentimientos acomodándose a la historia que había contado al Padre confesor, y que en tanto que daban lugar sus desdichas, se regalase, que para ese efeto le enviaba algunas de sus joyas, y aquel poco dinero, que para

---

[22] **o**... o se informó o ya sabía.
[23] ella respondió.
[24] **fiando**... jurando.
[25] **después**... después de decirle que tendría una larga vida.
[26] le.
[27] para que.
[28] Los gitanos tenían fama de codiciosos y embusteros.

[29] mejora.
[30] la Compañía de Jesús, los Jesuitas.
[31] Los andaluces tienen un acento regional y, por la herencia árabe, suelen ser morenos.
[32] la favorita.
[33] informado de lo que tenía que decir para que resultara el engaño.
[34] **como**... como si fuera.

su decoro le parecía muy bien estuviese en casa tan principal, mas que se estimase en lo que era y que estuviese en su compañía, no en su servicio. Ella como que le pesaba de ser tan conocida, le quitó la carta diciendo: Bien está señor Luis, éstas son finezas de madre, y bañándosele los ojos en lágrimas, que las tenía muy bien mandadas, se retiró a su aposento. Luego se divulgó en casa la carta, y hubo quien dijo, que Elena era señora de título. Súpolo Cintia, rogóle (que ya no se atruía[35] a mandarla) que la enseñase las joyas y el pliego: ella lo hizo con muchos encarecimientos, y admirada del resplandor de las piedras, creyó que no eran aquellas prendas de humilde fortuna. Hízose tan respetada con esto, que aun la importunaban porque[36] asistiese en común mesa con las señoras; mas ella muy modesta no admitía sino raras veces este favor. Llegó a tenerle tanto con Cintia, que casi se vino a introducir en sus mismos pensamientos, y tal vez con mucho tiento le trató de tomar estado,[37] mas halló su condición remotísima de este cuidado que no se le causaba pequeño,[38] por verla por todas partes defendida de su aspereza. Un día entre otros tratando de la nobleza de Guadalajara, que es bien lata[39] materia, a título de pregunta dijo a Cintia, que si tenía noticia de las partes[40] de Lisardo. Cintia, que a su imaginación no había llegado[41] la pretensión de Lisardo, con mucha llaneza[42] la respondió, que le tenía en opinión de un bizarro[43] caballero, muy noble y muy rico, y que la gala y cortesía, demás de ser manifiestas, no era alabanza que la tocaba.[44] A esto Elena, si yo no temiera, dijo, dos cosas, comunicara con mi señora un pensamiento mío, que me trae con algún cuidado. Di los temores (dijo Cintia) y si no fueren legítimos, podrás decir lo que has pensado, y ella: Temo lo primero, señora mía, la extrañeza de tu condición, que parece que hizo el cielo tu hermosura para que estéril se contentase con la inútil censura del espejo, pereciendo en tu desvío los más preciosos dones de la naturaleza, que sin uso vendrán a malograrse, como si no se hubieran tenido: y así todo aquello que no se midiere con tu despego dirás, que es liviandad, negando al pensamiento su centro, que es el amor. Y lo segundo temo que Lisardo te mira con

ojos tan discretamente mudos, que tú has entendido que te adora, o al estruendo de tu rigor has ensordecido. Lo primero, dijo Cintia, no es culpa mía, inclinación es que te ruego examines pocas veces, mas no soy tan áspera, que no sepa que es amor afecto poderoso, ni tan ignorante, que le juzgue por liviandad, aspirando a honestos fines; a lo segundo solamente a ti te respondiera. Yo estoy poco atenta a ojos ajenos, lo que te aseguro, que jamás sospeché de Lisardo ese pensamiento, antes por eso le he querido menos mal que a los inquietos mozos de esta ciudad, cuyas demostraciones me fastidian sumamente. Di agora lo que quisieres, y cuando sea necesario para tu descanso, dispensaré algo en mi recato y condición. Agora echo de ver, Cintia mía, lo que te debo, dijo Elena, pues humana tus respetos a mis pasiones. Ya sabrás que por mi calidad merezco noble esposo, he pensado que si no te celebra a ti la asistencia y atención de Lisardo, sería posible que conociese mis padres, porque he oído, que el suyo fue Andaluz, y que no se dedignase[45] de cortejarme con tan decente título. Sería posible, dijo Cintia, y si tu estás inclinada (que lo merece sin duda Lisardo) yo haré de mi parte lo que no se oponga a mi decoro.

Agradecida Elena, con mil caricias le besó las manos y la rogó con otros tantos encarecimientos, que las veces que encontrasen a Lisardo, templase su desabrimiento, y le mirase cerca de afable, porque temía que por huir de disgustarla, desistiría Lisardo de los indicios que sospechaba de su voluntad. Así lo prometió Cintia, sin cuidado de la cautela en que Elena la iba enmarañando; y ella contentísima con tan buenos principios, avisó a Lisardo que estaba Cintia muy en su favor, cosa que acrisoló su juicio, pues fue muestras de tener mucho no acabar de perderle con nueva tan poco esperada. En tanto Finea padecía en poder de sus deseos en la liviandad de su condición más vehementes; no hallaba modo con que declararse, porque la sucedían mal cuantos intentaba de su caricia, de su atención, y de los favores que a sombra de descuido le hacía. Bien conocía Luis su mal, mas no se quería dar por entendido, disimulándose obligado, y todo con gallardo rodeo lo aplicaba a gala y cortesía. Enloquecíase Finea, y llegaba a extremos de desesperación de ver que un hombre ignorase solamente lo que más claro le decían; imaginando finalmente que de industria desentendía su amor, dio en pensar que aspiraba a otro cuidado,[46] y más juntándose a estas sospechas haberle visto muy

---

[35] atrevía.
[36] para que.
[37] **tomar**... averiguar su estado.
[38] **no**... no le causaba poco cuidado.
[39] ancho, extendido.
[40] facciones o características.
[41] **a**... no había pensado en.
[42] familiaridad, sencillez
[43] espléndido.
[44] **no**... no había alabanzas suficientes para describir su cortesía y su elegancia.

[45] sirviese, dignase.
[46] **aspiraba**... amaba a otra mujer.

oficioso en servicio de Elena, y que ella se agradaba de su diligencia. Con estos indicios para sustanciar sus celos, un día que pudo verse sola con él, le dijo: Dichoso eres, Luis, en amores, pues más de una hay en casa que sin atender a tu ministerio,[47] te hiciera favor. Mas de una, dijo Luis, mucho me da que pensar V. m.[48] mas yo soy tan poco presumido, que creeré que todo es entretenimiento, y querer ocasionarme a que parle[49] a mi modo, y probar de los requiebros que se usan entre Talavera y Esquivias.[50] Pues por Dios que también se me entiende algo de filatería,[51] y que los cocheros no son bestias. Ni aun[52] muy entendidos, dijo Finea, mas para lo que te quiere Elena harto debes de saber. Elena, replicó Luis, ¿me quiere? no creas en sueños señora Finea, que fuera desorden increíble después de la averiguación de tan alta estirpe hacer empleo tan desigual; como en sueños, señor socarrón, dijo Finea, ¿si ella misma me pone a mí por tercera, y me dice que no lo ignoras, y que dejaría hablarse por las rejas bajas que salen al río? En poco me está el engaño, respondió Luis, si es burla, ya pierde el donaire con darme yo por entendido; y si no, por Dios que tengo de probar la mano con esta dama de aventuras, que aunque la cara no es muy allá,[53] oro me alegra, y diamantes me sacan de tino. Señáleme V. m. el día, y fíe de mí que esperaré aunque seis infiernos me vengan a echar de la calle. Fuese, y Finea quedó confirmada en sus celos; y trazando engaños y venganzas. Pasáronse algunos días, que con más continuación, o persuasión de Elena, salía Celia[54] de casa. Tenía todos los avisos Lisardo, seguía el coche, ya en otro, ya a caballo, hallaba muy conforme a la relación de Elena el rostro de Cintia, y vivía en un dulcísimo

engaño con suma felicidad, animándose a mayores demostraciones. Luis, el cochero, traía sobre ojo ya a Lisardo, y adivinando la ocasión, aborrecía su diligencia, y hacíale todo mal pasaje desviando el coche, desapareciéndole, y tal vez cuando se acercaba con el suyo Lisardo, extendía el azote, y llevaba de bola[55] el cochero, o espantaba los caballos, cosa que Lisardo llevaba con notable impaciencia. Finea, con la última resolución de sus deseos, señaló noche a Luis para el efeto dicho, que le recibió a favor y prevenido para ella esa misma, Elena escribió a Lisardo, que por la misma parte, por ser secreta, le quería hablar. Llegó al puesto primero, halló que Finea le esperaba, y estando hablando vino Lisardo solo, que de nadie fiaba su amor, aunque a la luz de los favores que él creía, se iba descubriendo más de lo que gustara. Halló embarazado[56] el puesto, y por saber quién era el galán, escuchó que Luis decía esto: Señora Finea, mucho tarda mi señora. Bien dije que me engañábades; yo os certifico, decía Finea, que vendrá, y que el amor que os tiene es tan cierto, que no me pesa a mí poco, porque me lastima que una mujer tan principal y rica haya hecho esta elección, aunque por vuestra persona merecéis toda caricia, por vuestro entendimiento y buenas partes, con que podrá emendar la humanidad de vuestro ejercicio.[57] Paso señora Finea, replicó Luis, que cochero es honrado oficio, y yo lo soy, y tan bien nacido, que merezco toda la merced que mi señora me hace. No creía a sus mismos oídos Lisardo. Conocía a Finea, y al cochero. Trataban de esperar a su señora, que creía era Cintia. Para negocio de amor mucho fue vivir, que perder el juicio, el menor mal era que pudo sucederle: perdióle en fin, y desnudando la espada acometió a Luis, que apercebido le esperaba con muy buen denuedo. Estando en esto Cintia y Filis,[58] venían a la soledad del sitio donde los dos estaban, y hallándole ocupado acompañadas de los mismos se recogieron, quedando por entonces indecisa la historia.

[47] **sin**... sin tener en cuenta tu bajo empleo
[48] Vuestra merced (usted).
[49] hable.
[50] referencia a *Corbacho o Reprobación del amor mundano*, de Alfonso Martínez de Toledo, Arcipreste de Talavera.
[51] el arte de hablar.
[52] tampoco.
[53] bonita.
[54] una de las amigas de Cintia.

[55] **de**... por caminos falsos, para engañarlo.
[56] ocupado.
[57] **la**... la ordinariez de vuestro puesto.
[58] amiga de Cintia.

La novela picaresca

El grupo de libros que comprenden el género que ha llegado a conocerse como «la novela picaresca» contiene variaciones enormes. *Lazarillo de Tormes*, publicado a mediados del siglo XVI, en 1554, y considerado el precursor del género, es un libro compacto que consta de un número limitado de episodios. Contiene censuras sociales mordaces, aunque sin las largas digresiones morales que caracterizan la primera imitación que engendra,

El hambre es un tema importante en la pintura tanto como en
la literatura del Siglo de Oro, como se ve en este óleo de Zurbarán.

Guzmán de Alfarache, de Mateo Alemán. El *Guzmán* aparece medio siglo después del *Lazarillo,* (la primera parte en 1599, la segunda en 1604) e inicia el florecimiento del género picaresco en el siglo XVII. Un libro largo que abarca un ámbito geográfico y temático mucho más amplio que su predecesor, el *Guzmán* difiere del *Lazarillo* no sólo en cuanto a su extensión y complejidad, sino en su enfoque moral. El tono didáctico del *Guzmán* lo aparta también de otras novelas picarescas, por ejemplo, del *Buscón,* de Francisco de Quevedo, en que la moraleja no aparece hasta el final, de *La pícara Justina,* en que la materia moral adquiere un aspecto de burla, o de *Estebanillo González,* en que falta el elemento moralizador por completo.

Lo que comparten estos libros de tan diversas perspectivas es un tipo de protagonista específico. Toda novela picaresca gira alrededor de una figura central—el pícaro—que sale de su casa a buscar su camino en el mundo. Viaja de un lugar a otro, sirve a un amo tras otro, conoce a personas de diversos ambientes económicos y sociales. Pierde la inocencia muy pronto, ya que para sobrevivir tiene que saber aprovechar cualquier ocasión. Travieso de naturaleza, la experiencia le enseña a ser astuto y descarado. El pícaro no nace delincuente, pero la realidad circundante le conduce a adoptar una actitud cínica y le obliga a aprender a engañar.

El pícaro es un antihéroe. El hambre es su fuerza motora. La necesidad le despoja de todo idealismo. En un mundo frío e indiferente ante el sufrimiento humano, donde el materialismo y la decepción prevalecen, sólo el que es hábil y desvergonzado triunfa. El honor es tema de mofa. El amor casi no existe, aunque Lazarillo a veces

da muestras de un sentimiento relacionado: la compasión. Por lo general, la mujer es un objeto de explotación. Frente a la visión idealista de la literatura caballeresca, sentimental o pastoril, la de la picaresca es pragmática y dura.

El pícaro literario parece tener sus orígenes en los cuentos de engaños o burlas de haraganes y mendigos que eran populares en Europa, especialmente en Alemania, durante la primera parte del siglo XVI. La etimología de la palabra «pícaro» ha sido tema de extensas investigaciones. Se ha sugerido una relación entre «pícaro» y la palabra latina *pica:* los romanos sujetaban a los que iban a vender como esclavos a una lanza o pica; según esta interpretación, «pícaro» significaría «miserable» o «desdichado». También se ha relacionado la palabra «pícaro» con los varios sentidos de «picar», que puede significar abrirse el camino a golpes» o «comer pedacitos», como el ave con el pico, o «cortar o dividir en pedazos muy menudos», como los «pícaros de cocina» que trabajaban sin sueldo y «picaban» comida para sustentarse. Algunos investigadores han visto una posible relación entre «pícaro» y Picardía, antigua provincia del norte de Francia de donde emigró mucha gente pobre. El hecho es que desde la publicación del *Guzmán de Alfarache,* conocido también por el nombre de *El Pícaro,* esta palabra se asocia con un tipo literario que, aunque existe en otros países, alcanza en España un desarrollo sin paralelo durante el siglo XVII.

La novela picaresca es episódica. La narración consiste en las aventuras del pícaro, cada una de las cuales expone la degeneración moral de la sociedad. Aunque la novela picaresca pone de relieve los elementos más sórdidos—mendigos, indigentes, criminales, prostitutas—éstos no son más corruptos que los nobles hipócritas, ridículos o abusivos que aparecen en sus páginas.

Con pocas excepciones, distingue la novela picaresca su forma autobiográfica. El pícaro narra su vida: su educación, las circunstancias que lo llevaron a adoptar la condición de pícaro, sus experiencias y andanzas. A veces cuenta su historia a un interlocutor con el propósito de justificar o explicar su situación actual. El «yo» narrativo se establece desde las primeras líneas. «Yo por bien tengo que cosas tan señaladas, y por ventura nunca oídas ni vistas, vengan a noticia de muchos . . .» comienza el *Lazarillo.* El Tratado Primero se inicia con una declaración de identidad: «Pues sepa Vuestra Merced ante todas cosas que a mí llaman Lázaro de Tormes». Asimismo, el *Buscón* empieza: «Yo, señora, soy de Segovia». A menudo las aventuras que relata el narrador no tienen relación entre sí. Ocurren al azar, como en la vida, dándonos la impresión que el libro no tiene un esquema preconcebido. Lo único que da cohesión al material es el hecho de que todos los sucesos le ocurren a un solo personaje. Es decir, hay una relación íntima entre el narrador y la acción. Cuando este vínculo entre narrador y acción empieza a desintegrarse—como en el *Buscón,* por ejemplo, en que el narrador relata acontecimientos en que él no participa directamente—entonces, según algunos críticos, se diluye la calidad picaresca de la novela.

Tradicionalmente, la clasificación de una novela como «picaresca» dependía de consideraciones argumentales y de la existencia de un pícaro como figura central. Hoy en día, la crítica tiende a acordarle mayor importancia a criterios de forma y estructura, como, por ejemplo, la función del elemento autobiográfico. Es posible que en el futuro los estudios realizados por investigadores como Fernando Lázaro Carreter y Domingo Ynduráin modifiquen nuestro concepto de la novela picaresca y la clasificación de algunas novelas que tradicionalmente se incluyen en el género.

Lazarillo de Tormes

La vida de Lazarillo de Tormes, y de sus fortunas y adversidades es una de las obras más enigmáticas de la literatura española. Al mismo tiempo, es una de las más influyentes. Las tres primeras ediciones del *Lazarillo* aparecieron en 1554 en Burgos, Amberes y Alcalá. Al año siguiente sale otra edición antuerpiense, la última hasta 1573, cuando Juan López de Velasco volverá a imprimir el libro. El hiato no se debe a la falta de popularidad, sino a la prohibición de las autoridades eclesiásticas. El *Lazarillo* aparece en el *Indice* de 1559. Sin embargo, comentarios contemporáneos indican que se leía e imprimía fuera de España, aunque no nos ha llegado ninguna edición extranjera de la época de la prohibición.

La fecha de composición se ha discutido largamente. Algunos críticos creen que la novela se escribió bastante antes de 1554, tal vez entre 1525 y 1550. Alberto Blecua, en la introducción a su edición crítica del *Lazarillo* (1982), dice que lo más plausible es colocar la fecha de composición en años muy próximos a la impresión, posiblemente inmediatamente antes.

La autoría del *Lazarillo* también es problemática. En siglos pasados se ha atribuido a varios escritores—Fray Juan Ortega y Don Diego Hurtado de Mendoza, entre otros—sin argumentos sólidos. La crítica moderna ha presentado otros candidatos—Juan de Valdés, Sebastián de Horozco—pero, aunque los argumentos son más convincentes, el problema no se ha resuelto. Alberto Blecua explica que ha sido imposible asignar con certeza la paternidad del *Lazarillo* a ninguno de estos escritores: «El criterio utilizado, basado en concordancias expresivas, temáticas y espirituales . . . es inseguro y depende en gran parte de la interpretación que demos a la obra, que . . . es ambigua y no se presta con facilidad a un encasillamiento ideológico». Lo que sí se puede afirmar es que el autor del *Lazarillo* fue un hombre culto, ya que la obra contiene varias referencias clásicas, además de juegos de palabras y otros artificios.

A pesar de los muchos problemas que se asocian con el *Lazarillo,* la obra ha tenido una gran influencia en las letras españolas hasta nuestros tiempos. Se considera un precursor de las novelas picarescas del siglo XVII, las cuales, aunque más extensas y panorámicas que el *Lazarillo,* utilizan la misma estructura básica.

Lazarillo de Tormes, protagonista de la obra que lleva su nombre, es hijo natural de un molinero que había sido preso por la justicia. Le da su apellido el río Tormes—una burla tal vez de la importancia que tiene el linaje, tanto en la literatura como en la sociedad. También puede ser una referencia irónica a los romances caballerescos

San Diego de Alcalá dando de comer a los pobres, por Murillo. (Academia de Bellas Artes de San Fernando, Madrid.)

tales como *Amadís de Gaula,* en los cuales el protagonista se encuentra en un río, aunque después resulta ser un príncipe o un noble.

La madre de Lazarillo, que se encuentra sola y desamparada, «determinó arrimarse a los buenos por ser uno de ellos», palabras cuyo doble sentido son la clave de mucha de la ironía de la obra. En el antiguo proverbio, «Allégate a los buenos y serás uno de ellos», «buenos» significa «virtuosos», pero en la sociedad de valores torcidos en que vive Lazarillo, significa «adinerados». En el mundo de Lazarillo, el catolicismo es un negocio; la verdadera religión del pobre es la supervivencia. Y para sobrevivir, uno tiene que aprender a acercarse a los ricos y usar su dinero e influencia para el provecho propio. El consejo que la madre le da a su hijo al despedirse de él—«Procura de ser bueno»—es intencionalmente ambiguo. Para llegar a ser «bueno» en el sentido material, Lazarillo tendrá que aprender las reglas de una sociedad en que uno necesita aprovecharse del otro para que el otro no se aproveche de uno.

La madre de Lazarillo entrega a su hijo a un ciego, quien le enseña a ser desconfiado y alerta, lección que le servirá durante toda su vida. Después trabaja para un clérigo, un escudero, un fraile de la Merced, un buldero, un capellán, maestro de pintar panderos, y un alguacil. Finalmente consigue un oficio real, el de pregonero en la ciudad de Toledo, lo cual le permite vivir cómodamente. Su protector es el arcipreste de San Salvador, quien lo casa con una criada de su casa para poder gozar de sus favores después del matrimonio. Lazarillo acepta el arreglo sin reparos. Ha aprendido que en este mundo todos hacen lo que les conviene y el que rechaza la buena fortuna que se le presenta es un tonto. Así que no les presta atención a las malas lenguas y de esta manera vive contento y en paz.

¿Qué quiere decir la conclusión del *Lazarillo?* Es seguro que la obra contiene una fuerte crítica de la sociedad que describe. ¿Pero comparte el autor la actitud de su personaje o tiene fines reformadores? No existe uniformidad en cuanto a las opiniones de los críticos.

La originalidad del personaje Lazarillo también ha sido tema de debate. A mediados del siglo XVI, ya existía un personaje folklórico que se llamaba Lazarillo, conocido por su estupidez. También hay mención de un Lazarillo tan pobre como el Lázaro de la Biblia. El folklore europeo contiene varias historias de engaños de niños a ciegos y el episodio de la longaniza aparece en una obra de teatro de Sebastián de Horozco. Varios otros episodios de la novela aparecen en otras obras. Pero en manos del autor de *Lazarillo de Tormes,* Lazarillo se convierte en un personaje único que se expresa con un estilo propio y que posee una personalidad totalmente independiente.

El carácter autobiográfico de *Lazarillo de Tormes* es una de sus aportaciones principales al desarrollo de la literatura española. Aunque ya existían autobiografías, éstas eran verdaderas historias de la vida de personas reales, a veces narradas en confesiones o cartas. *Lazarillo de Tormes* es la primera obra de ficción relativamente larga en forma de autobiografía. Las sutilezas estilísticas revelan que el autor no era un hombre del ambiente cultural y social del narrador—un pobre vagabundo ignorante. Fernando Lázaro Carreter ha encontrado el modelo que inspiró el *Lazarillo* en las cartas-coloquio del Renacimiento, en las cuales se relataba un «caso» personal a un amigo que le pedía información al respecto al autor. El prólogo de la novela la define como la explicación de un «caso»—probablemente el de los rumores que circulan acerca de los amoríos del arcipreste y su criada—ofrecida a cierto señor que se identifica sólo como «Vuestra Merced». El narrador del *Lazarillo* no es el inocentón que acompaña al ciego del primer tratado, sino ese niño hecho hombre maduro que reflexiona en sus experiencias pasadas desde su perspectiva actual.

El estilo del *Lazarillo* es cuidadosamente trabajado. Aunque el lenguaje es vivo y conversacional, y contiene muchas expresiones coloquiales, *Lazarillo de Tormes* es claramente la obra de un hombre instruido que sabía manejar la ironía, la sutileza, el doble sentido. Los personajes se describen con gran perspicacia. Las referencias a lugares específicos y las descripciones de plazas, edificios, fuentes y otros lugares le dan a las aventuras del pícaro un aspecto realista. Se siente el movimiento en el espacio y el tiempo. El autor tenía un ojo agudo que se nota en la atención que le da al detalle. Ropa, gestos, movimientos—nada le escapa.

Sin embargo, no todo lo que se describe en la novela es producto de la observación. Por ejemplo, se ha debatido hasta qué punto las descripciones del hambre, uno de los temas principales de *Lazarillo de Tormes,* reflejan la realidad de la España del siglo XVI. Algunos críticos alegan que el hambre es una convención literaria heredada de la Edad Media más que un problema de la España del siglo XVI. Sin embargo, varios estudios recientes demuestran que el hambre era una preocupación para miles de personas, no sólo en España, sino en varios países de Europa. Parece que la tradición y la realidad se combinan y se refuerzan en la novela.

Lo mismo ocurre con el otro gran tema del *Lazarillo:* el anticlericalismo. Las burlas del cura y del canónigo tienen raíces en la literatura medieval española. *El libro de buen amor* es sólo un ejemplo de obras en que aparecen clérigos amancebados. Sin embargo, no se trata sólo de una convención heredada. La corrupción del estamento clerical era tan extensa y profunda durante el siglo XVI que fue uno de los temas principales de reformadores tales como Erasmo y Alfonso de Valdés y de los mismos oficiales del Concilio de Trento.

Aunque Lazarillo de Tormes se considera el primer pícaro de la literatura española, la palabra «pícaro» no se emplea en el libro y *Guzmán de Alfarache,* la obra que iniciará la picaresca del siglo XVII, no aparecerá hasta 1599, 45 años después de la publicación del prototipo.

Recomendamos la edición de Alberto Blecua (Madrid: Castalia, 1982).

Lazarillo de Tormes

PRÓLOGO

Yo por bien tengo que cosas tan señaladas y por ventura nunca oídas ni vistas vengan a noticia de muchos y no se entierren en la sepultura del olvido, pues podría ser que alguno que las lea halle algo que le agrade, y a los que no ahondaren tanto los deleite°. Y a este propósito dice Plinio° que no hay libro, por malo que sea, que no tenga alguna cosa buena. Mayormente que los gustos no son todos unos, más lo que uno no come, otro se pierde por ello; y así vemos cosas tenidas en poco de algunos, que de otros no lo son. Y esto para° que ninguna cosa se debría° romper, ni echar a mal, si muy detestable no fuese, sino que a todos se comunicase, mayormente siendo sin perjuicio y pudiendo sacar de ella algún fructo°; porque, si así no fuese, muy pocos escribirían para uno solo, pues no se hace sin trabajo, y quieren, ya que lo pasan, ser recompensados, no con dineros, mas con que vean y lean sus obras, y si hay de qué, se las alaben. Y a este propósito dice Tulio°: «La honra cría las artes».

    ¿Quién piensa que el soldado que es primero del escala, tiene más aborrecido el vivir? No por cierto; mas el deseo de alabanza le hace ponerse al peligro. Y así en las artes y letras es lo mesmo. Predica muy bien el presentado°, y es hombre que desea mucho el provecho de las ánimas; mas pregunten a su merced si le pesa cuando le dicen: «¡Oh qué maravillosamente lo ha hecho vuestra reverencia!» Justó° muy ruinmente el señor don Fulano, y dio el sayete de armas° al truhán porque le loaba de haber llevado muy buenas lanzas: ¿qué hiciera si fuera verdad?

    Y todo va de esta manera: que confesando yo no ser más sancto° que mis vecinos, de esta nonada, que en este grosero estilo° escribo, no me pesará que hayan parte y se huelguen con ello todos los que en ella algún gusto hallaren, y vean que vive un hombre con tantas fortunas°, peligros y adversidades.

    Suplico a Vuestra Merced reciba el pobre servicio de mano de quien lo hiciera más rico si su poder y deseo se conformaran. Y pues Vuestra Merced escribe se le escriba y relate el caso muy por extenso, parecióme no tomalle por el medio, sino del principio, porque se tenga entera noticia de mi persona, y también porque consideren los que heredaron nobles estados cuán poco se les debe, pues Fortuna fue con ellos parcial, y cuánto más hicieron los que, siéndoles contraria, con fuerza y maña remando salieron a buen puerto.

TRATADO PRIMERO

CUENTA LÁZARO SU VIDA Y CÚYO HIJO FUE

Pues sepa Vuestra Merced ante todas cosas que a mí llaman Lázaro de Tormes, hijo de Tomé González y de Antona Pérez, naturales de Tejares, aldea de Salamanca. Mi nacimiento fue dentro del río Tormes, por la cual causa tomé el sobrenombre°, y fue de esta manera: mi padre, que Dios perdone, tenía cargo de proveer una molienda de una aceña° que está ribera de aquel río, en la cual fue molinero más de quince años; y estando mi madre una noche en la aceña, preñada de mí, tomóle el parto y parióme allí; de manera que con verdad me puedo decir nacido en el río.

    Pues siendo yo niño de ocho años, achacaron° a mi padre ciertas sangrías° mal hechas en los costales° de los que allí a moler venían, por lo cual fue preso, y confesó, y no negó, y padeció persecución por

---

Estas observaciones son características del exordio o preámbulo tradicional. / Plinio el Viejo (23–79 de nuestra era), naturalista latino y autor de una *Historia natural* en 37 tomos

hace

debería

fruto

Marco Tulio (Cicerón), político, pensador y orador romano que llevó la elocuencia latina a su apogeo (106–43 antes de Cristo)

teólogo que espera el grado de maestro

Combatió en una justa

sayete... jubón que iba debajo de las armas

santo

A pesar de las palabras del autor, tiene un estilo muy trabajado. Por medio de esta observación intenta crear la *persona* de Lazarillo. / desgracias

apellido

molino harinero de agua

atribuyeron

aquí, robos / aquí, las bolsas en las cuales se guarda el trigo

justicia. Espero en Dios que está en la Gloria, pues el Evangelio los llama bienaventurados. En este tiempo se hizo cierta armada contra moros, entre los cuales fue mi padre, que a la sazón° estaba desterrado por el desastre° ya dicho, con cargo de acemilero° de un caballero que allá fue; y con su señor, como leal criado, feneció° su vida.

Mi viuda madre, como sin marido y sin abrigo se viese, determinó arrimarse a los buenos por ser uno de ellos, y vínose a vivir a la ciudad, y alquiló una casilla, y metióse a guisar de comer a ciertos estudiantes, y lavaba la ropa a ciertos mozos de caballos del Comendador de la Magdalena°; de manera que fue frecuentando las caballerizas. Ella y un hombre moreno°, de aquellos que las bestias curaban°, vinieron en conocimiento°. Este algunas veces se venía a nuestra casa, y se iba a la mañana; otras veces de día llegaba a la puerta, en achaque° de comprar huevos, y entrábase en casa. Yo, al principio de su entrada, pesábame con él y habíale miedo°, viendo el color y mal gesto° que tenía; mas de° que vi que con su venida mejoraba el comer, fuile queriendo bien, porque siempre traía pan, pedazos de carne, y en el invierno leños, a que nos calentábamos.

De manera que, continuando la posada° y conversación°, mi madre vino a darme un negrito muy bonito, el cual yo brincaba y ayudaba a calentar. Y acuérdome que estando el negro de mi padrastro trebajando° con el mozuelo, como el niño vía° a mi madre y a mí blancos, y a él no, huía de él con miedo para mi madre, y señalando con el dedo decía: «¡Madre, coco°!» Respondió él riendo: «¡Hideputa°!»

Yo, aunque bien mochacho, noté aquella palabra de mi hermanico, y dije entre mí: «¡Cuántos debe de haber en el mundo que huyen de otros porque no se ven a sí mesmos!»

Quiso nuestra fortuna que la conversación del Zaide, que así se llamaba, llegó a oídos del mayordomo, y hecha pesquisa, hallóse que la mitad por medio° de la cebada que para las bestias le daban hurtaba; y salvados, leña, almohazas°, mandiles°, y las mantas y sábanas de los caballos hacía perdidas; y cuando otra cosa no tenía, las bestias desherraba, y con todo esto acudía a mi madre para criar a mi hermanico. No nos maravillemos de un clérigo ni fraile porque el uno hurta de los pobres, y el otro de casa para sus devotas y para ayuda de otro tanto, cuando a un pobre esclavo el amor le animaba a esto°.

Y probósele cuanto digo y aun más, porque a mí, con amenazas, me preguntaban, y como niño respondía y descubría cuanto sabía con miedo, hasta ciertas herraduras que por mandado de mi madre a un herrero vendí.

Al triste de mi padrastro azotaron y pringaron°, y a mi madre pusieron pena por justicia, sobre el acostumbrado centenario°, que en casa del sobredicho Comendador no entrase ni al lastimado Zaide en la suya acogiese.

Por no echar la soga tras el caldero°, la triste se esforzó y cumplió la sentencia; y por evitar peligro y quitarse de malas lenguas, se fue a servir a los que al presente vivían en el mesón de la Solana°; y allí, padeciendo mil importunidades, se acabó de criar mi hermanico hasta que supo andar, y a mí hasta ser buen mozuelo, que iba a los huéspedes por vino y candelas y por lo demás que me mandaban.

En este tiempo vino a posar al mesón un ciego, el cual, pareciéndole que yo sería para adestralle°, me pidió a mi madre, y ella me encomendó a él diciéndole cómo era hijo de un buen hombre, el cual, por ensalzar la fe, había muerto en la de los Gelves°, y que ella confiaba en Dios no saldría peor hombre que mi padre, y que le rogaba me tratase bien y mirase por mí, pues era huérfano. El

a... en esa época
desgracia / el que cuida las mulas
terminó

Es decir, la parroquia de La Magdalena era la encomienda de este Comendador. / negro
cuidaban / **vinieron**... entablaron relaciones sexuales
en... bajo el pretexto
pesábame... no me gustaba y le tenía miedo
mal... cara fea / desde

hospitalidad / Esta palabra tiene una connotación sexual aquí.

jugando / veía

expresión de miedo / en aquella época, expresión de sorpresa o de afecto

la... un promedio de la mitad
instrumento de hierro que sirve para limpiar las caballerías / paños para limpiar

No... No nos debemos sorprender por lo que hace un clérigo o un fraile, porque el uno roba a los pobres y el otro al monasterio por sus devotas (nótese el doble sentido de «devotas») y para conseguir otra ayuda de este tipo, cuando vemos que un pobre esclavo robaba por la mujer que amaba.
empaparon de grasa caliente
centenar de azotes

echar... echar a perder la situación aún más

actualmente, la casa del Ayuntamiento de Salamanca

sería... sería bueno para servirle de guía

batalla contra los moros que tuvo lugar en 1510

respondió que así lo haría y que me recibía no por mozo, sino por hijo. Y así le comencé a servir y adestrar a mi nuevo y viejo amo.

Como estuvimos en Salamanca algunos días, pareciéndole a mi amo que no era la ganancia a su contento, determinó irse de allí, y cuando nos hubimos de partir yo fui a ver a mi madre, y ambos llorando, me dio su bendición y dijo:

—Hijo, ya sé que no te veré más; procura de ser bueno, y Dios te guíe; criado te he y con buen amo te he puesto, válete por ti°.

Y así, me fui para mi amo, que esperándome estaba.

Salimos de Salamanca, y llegando a la puente, está a la entrada de ella un animal de piedra, que casi tiene forma de toro°, y el ciego mandóme que llegase cerca del animal, y allí puesto, me dijo:

—Lázaro, llega el oído a este toro y oirás gran ruido dentro de él.

Yo simplemente llegué, creyendo ser ansí; y como sintió que tenía la cabeza par de° la piedra, afirmó recio la mano y diome una gran calabazada° en el diablo del toro, que más de tres días me duró el dolor de la cornada, y díjome:

—Necio, aprende, que el mozo del ciego un punto° ha de saber más que el diablo.

Y rio mucho la burla.

Parecióme que en aquel instante desperté de la simpleza en que, como niño, dormido estaba. Dije entre mí: «Verdad dice éste, que me cumple avivar el ojo y avisar, pues solo soy, y pensar cómo me sepa valer.»

Comenzamos nuestro camino, y en muy pocos días me mostró° jerigonza°; y como me viese de buen ingenio, holgábase mucho y decía: «Yo oro ni plata no te lo puedo dar; mas avisos para vivir muchos te mostraré.» Y fue ansí, que, después de Dios, éste me dio la vida, y siendo ciego me alumbró y adestró en la carrera° de vivir.

Huelgo de contar a Vuestra Merced estas niñerías para mostrar cuánta virtud sea saber los hombres subir siendo bajos, y dejarse bajar siendo altos cuánto vicio°.

Pues tornando al bueno de mi ciego y contando sus cosas, Vuestra Merced sepa que desde que Dios crió el mundo, ninguno formó más astuto ni sagaz. En su oficio era un águila°: ciento y tantas oraciones sabía de coro; un tono bajo, reposado y muy sonable, que hacía resonar la iglesia donde rezaba; un rostro humilde y devoto, que con muy buen continente ponía cuando rezaba, sin hacer gestos ni visajes con boca ni ojos como otros suelen hacer. Allende° de esto, tenía otras mil formas y maneras para sacar el dinero. Decía saber oraciones para muchos y diversos efectos: para mujeres que no parían, para las que estaban de parto, para las que eran malcasadas, que sus maridos las quisiesen bien. Echaba pronósticos a las preñadas si traían hijo o hija. Pues en caso de medicina, decía que Galeno° no supo la mitad que él para muela, desmayos, males de madre°. Finalmente, nadie le decía padecer alguna pasión°, que luego° no le decía: «Haced esto, haréis estotro°, cosed tal yerba°, tomad tal raíz.» Con esto andábase todo el mundo tras él, especialmente mujeres, que cuanto les decía, creían. De éstas sacaba él grandes provechos con las artes que digo, y ganaba más en un mes que cien ciegos en un año.

Mas también quiero que sepa Vuestra Merced que con todo lo que adquiría y tenía, jamás tan avariento ni mezquino hombre no vi, tanto que me mataba a mí de hambre, y así no me demediaba de lo necesario°. Digo verdad: si con mi sotileza° y buenas mañas° no me supiera remediar, muchas veces me finara° de hambre; mas con todo su saber y aviso le contaminaba° de tal suerte, que siempre, o las más

válete... cuídate y arréglatelas solo

Es decir, la figura está muy gastada.

par... cerca de
golpe con la cabeza

un... un poco

enseñó
lenguaje que usan los ciegos y charlatanes

camino

y... y cuánto vicio sea dejarse bajar siendo altos

era... era muy listo

Además

célebre médico griego (¿131?–¿201?)
útero, vientre
dolor / inmediatamente
esto otro / hierba

no... no me proveía de la mitad de lo necesario
sutileza, agudeza / trucos, engaños
muriera
atacaba con engaños

veces, me cabía lo más y mejor. Para esto le hacía burlas endiabladas, de las cuales contaré algunas, aunque no todas a mi salvo°.

El traía el pan y todas las otras cosas en un fardel° de lienzo que por la boca se cerraba con una argolla de hierro y su candado y su llave, y al meter de todas las cosas y sacallas, era con tan gran vigilancia y tanto por contadero°, que no bastara hombre en todo el mundo hacerle menos una migaja°. Mas yo tomaba aquella laceria° que él me daba, la cual en menos de dos bocados era despachada. Después que cerraba el candado y se descuidaba, pensando que yo estaba entendiendo en otras cosas, por un poco de costura, que muchas veces del un lado del fardel descosía y tornaba a coser sangraba el avariento fardel, sacando no por tasa pan, mas buenos pedazos°, torreznos° y longaniza°. Y ansí, buscaba conveniente tiempo para rehacer, no la chaza, sino la endiablada falta que el mal ciego me faltaba°.

Todo lo que podía sisar y hurtar traía en medias blancas°; y cuando le mandaban rezar y le daban blancas, como él carecía de vista, no había el que se la daba amagado con ella°, cuando yo la tenía lanzada en la boca y la media aparejada, que por presto que él echaba la mano, ya iba de mi cambio aniquilada en la mitad del justo precio°. Quejábaseme el mal ciego, porque al tiento luego conocía y sentía que no era blanca entera, y decía:

—¿Qué diablo es esto, que después que comigo estás no me dan sino medias blancas, y de antes una blanca y un maravedí° hartas veces me pagaban? ¡En ti° debe estar esta desdicha!

También él abreviaba el rezar y la mitad de la oración no acababa, porque me tenía mandado que, en yéndose el que la mandaba rezar, le tirase por cabo° del capuz°. Yo así lo hacía. Luego él tornaba a dar voces, diciendo: «¿Mandan rezar tal y tal oración?», como suelen decir.

Usaba poner cabe sí° un jarrillo de vino cuando comíamos, y yo, muy de presto, le asía y daba un par de besos° callados y tornábale a su lugar. Mas turóme° poco, que en los tragos conocía la falta, y por reservar su vino a salvo, nunca después desamparaba el jarro, antes lo tenía por el asa asido. Mas no había piedra imán que así trajese a sí como yo con una paja larga de centeno, que para aquel menester tenía hecha, la cual metiéndola en la boca del jarro, chupando el vino lo dejaba a buenas noches°. Mas como fuese el traidor tan astuto, pienso que me sintió, y dende° en adelante mudó propósito, y asentaba su jarro entre las piernas, y atapábale con la mano, y ansí bebía seguro.

Yo, como estaba hecho° al vino, moría por él; y viendo que aquel remedio de la paja no me aprovechaba ni valía, acordé en el suelo del jarro hacerle una fuentecilla y agujero sotil°, y delicadamente con una muy delgada tortilla de cera taparlo, y al tiempo de comer, fingiendo° haber° frío, entrábame entre las piernas del triste ciego a calentarme en la pobrecilla lumbre que teníamos, y al calor de ella luego derretida la cera (por ser muy poca), comenzaba la fuentecilla a destilarme en la boca, la cual yo de tal manera ponía, que maldita la gota se perdía°. Cuando el pobreto iba a beber, no hallaba nada. Espantábase, maldecíase, daba al diablo el jarro y el vino, no sabiendo qué podía ser.

—No diréis, tío°, que os lo bebo yo—decía—, pues no le quitáis de la mano.

Tantas vueltas y tientos dio al jarro, que halló la fuente, y cayó en la burla; mas así lo disimuló como si no lo hubiera sentido. Y luego otro día°, teniendo yo rezumando mi jarro como solía, no pensando el daño

---

a... sin recibir daño

fardel: saco, bolsa

y... y las contaba con tanto cuidado, una por una

no... nadie habría podido robarle una migaja / miseria

sacando... sacando no pedacitos sino pedazos grandes de pan

torreznos: pedazos de tocino / longaniza: un tipo de salchicha

Complicado juego de palabras: «rehacer la chaza» significa «repetir el juego», mientras que «rehacer la falta» significa «remediar el error».

blancas: moneda de poco valor

no... apenas el que le había pedido la oración sacaba la blanca

cuando... cuando yo me la metía en la boca y sacaba la media que tenía preparada

maravedí: moneda que valía dos blancas

En... Por culpa tuya

por... de un extremo / capuz: capa larga cerrada

Usaba... Solía poner a su lado

daba... tomaba un par de tragos pequeños

turóme: duróme

a... vacío

dende: de allí

hecho: acostumbrado

sotil: sutil, pequeño

fingiendo / haber: tener

maldita... no se perdía una sola gota

tío: nombre que usan los rústicos para dirigirse a un hombre de edad

otro... al día siguiente

que me estaba aparejado° ni que el mal ciego me sentía, sentéme como solía. Estando recibiendo aquellos dulces tragos, mi cara puesta hacia el cielo, un poco cerrados los ojos por mejor gustar el sabroso licor, sintió el desesperado ciego que agora tenía tiempo de tomar de mí venganza, y con toda su fuerza, alzando con dos manos aquel dulce y amargo jarro, le dejó caer sobre mi boca, ayudándose, como digo, con todo su poder, de manera que el pobre Lázaro, que de nada de esto se guardaba°, antes, como otras veces, estaba descuidado y gozoso, verdaderamente me pareció que el cielo, con todo lo que en él hay, me había caído encima.

Fue tal el golpecillo, que me desatinó° y sacó de sentido, y el jarrazo tan grande, que los pedazos de él se me metieron por la cara, rompiéndomela por muchas partes, y me quebró los dientes, sin los cuales hasta hoy día me quedé. Desde aquella hora quise mal al mal ciego; y aunque me quería y regalaba y me curaba°, bien vi que se había holgado del° cruel castigo. Lavóme con vino las roturas que con los pedazos del jarro me había hecho, y sonriéndose decía:

—¿Qué te parece, Lázaro? Lo que te enfermó te sana y da salud°.

Y otros donaires, que a mi gusto no lo eran.

Ya que estuve medio bueno de mi negra trepa° y cardenales, considerando que a pocos golpes tales el cruel ciego ahorraría de mí°, quise yo ahorrar de él; mas no lo hice tan presto por hacello más a mi salvo y provecho. Y aunque yo quisiera asentar mi corazón y perdonalle el jarrazo, no daba lugar el maltratamiento que el mal ciego dende allí adelante me hacía, que sin causa ni razón me hería°, dándome coxcorrones y repelándome°. Y si alguno le decía por qué me trataba tan mal, luego contaba el cuento del jarro, diciendo:

—¿Pensaréis que este mi mozo es algún inocente? Pues oíd si el demonio ensayara otra tal hazaña°.

Santiguándose los que lo oían, decían:

—¡Mirá° quién pensara de un muchacho tan pequeño tal ruindad!

Y reían mucho el artificio, y decíanle:

—Castigaldo, castigaldo, que de Dios lo habréis°.

Y él, con aquello, nunca otra cosa hacía.

Y en esto, yo siempre le llevaba por los peores caminos, y adrede°, por le hacer mal y daño; si había piedras, por ellas; si lodo, por lo más alto, que aunque yo no iba por lo más enjuto, holgábame a mí de quebrar un ojo por quebrar dos al que ninguno tenía°. Con esto siempre con el cabo alto del tiento me atentaba el colodrillo°, el cual siempre traía lleno de tolondrones° y pelado de sus manos; y aunque yo juraba no lo hacer con malicia, sino por no hallar mejor camino, no me aprovechaba ni me creía, mas tal era el sentido y el grandísimo entendimiento del traidor.

Y porque vea Vuestra Merced a cuánto se extendía el ingenio de este astuto ciego, contaré un caso de muchos que con él me acaecieron, en el cual me parece dio bien a entender su gran astucia. Cuando salimos de Salamanca, su motivo fue venir a tierra de Toledo, porque decía ser la gente más rica, aunque no muy limosnera; arrimábase a este refrán: «Más da el duro que el desnudo».° Y venimos a este camino por los mejores lugares. Donde hallaba buena acogida y ganancia, deteníamonos; donde no, a tercero día hacíamos Sant Juan°.

Acaeció que, llegando a un lugar que llaman Almorox° al tiempo que cogían las uvas, un vendimiador le dio un racimo de ellas en limosna. Y como suelen ir los cestos maltratados, y también porque la uva en aquel tiempo está muy madura, desgranábasele el racimo en la mano; para echarlo en el fardel, tornábase mosto y lo que a él se llegaba°.

preparado

se... sospechaba

desorientó

cuidaba
se... se había divertido con

expresión de origen bíblico
horrible golpeo (Juego de palabras: «trepa» también significa la orla del vestido. Lazarillo queda orlado de contusiones negras.)
ahorraría... me pondría en libertad (me mataría)

pegaba
dándome... golpeándome en la cabeza y tirándome del pelo

ensayara... intentara un engaño tal

Mirad

de... Dios os recompensará

a propósito

de... de sufrir por hacerlo sufrir a él (Nótese el juego de palabras.)
con... me pegaba en la cabeza (colodrillo) con el puño de su bastón de ciego (el tiento).
chichones

El sentido del refrán es: El rico, aunque avaro, da más que el pobre, aunque liberal.

hacíamos... cambiábamos de lugar
Se encuentra a unas 38 millas de Toledo.

para... si lo hubiera echado en el fardel, se habría convertido en mosto (jugo de uva, antes de fermentar) y habría ensuciado todo lo que tocara

Acordó de hacer un banquete, ansí por no lo poder llevar como por contentarme que aquel día me había dado muchos rodillazos y golpes. Sentámonos en un valladar, y dijo:

—Agora quiero yo usar contigo de una liberalidad, y es que ambos comamos este racimo de uvas, y que hayas° de él tanta parte como yo. Partillo hemos° de esta manera: tú picarás una vez, y yo otra; con tal que me prometas no tomar cada vez más de una uva. Yo haré lo mesmo hasta que lo acabemos, y de esta suerte° no habrá engaño.

Hecho ansí el concierto, comenzamos; mas luego al segundo lance, el traidor mudó propósito, y comenzó a tomar de dos en dos, considerando que yo debría hacer lo mismo. Como vi que él quebraba la postura, no me contenté ir a la par con él, mas aún pasaba adelante: dos a dos, y tres a tres, y como podía, las comía. Acabado el racimo, estuvo un poco con el escobajo en la mano, y meneando la cabeza dijo:

—Lázaro, engañado me has°; juraré yo a Dios que has comido las uvas tres a tres.

—No comí—dije yo—, mas ¿por qué sospecháis eso?

Respondió el sagacísimo ciego:

—¿Sabes en qué veo que las comiste tres a tres? En que comía yo dos a dos y callabas.

Reíme entre mí, y aunque mochacho, noté mucho la discreta consideración del ciego.

Mas por no ser prolijo, dejo de contar muchas cosas, así graciosas como de notar, que con este mi primer amo me acaecieron, y quiero decir el despidiente y, con él, acabar. Estábamos en Escalona, villa del duque de ella, en un mesón, y diome un pedazo de longaniza que le asase. Ya que la longaniza había pringado y comídose las pringadas°, sacó un maravedí de la bolsa y mandó que fuese por él de vino a la taberna. Púsome el demonio el aparejo delante los ojos, el cual, como suelen decir, hace al ladrón, y fue que había cabe el fuego un nabo pequeño, larguillo y ruinoso y tal, que por no ser para la olla°, debió ser echado allí.

Y como al presente nadie estuviese sino él y yo solos, como me vi con apetito goloso, habiéndome puesto dentro el sabroso olor de la longaniza (del cual solamente sabía que había de gozar)°, no mirando qué me podría suceder, pospuesto todo el temor por cumplir con el deseo, en tanto que el ciego sacaba de la bolsa el dinero, saqué la longaniza, y, muy presto, metí el sobredicho nabo en el asador, el cual, mi amo dándome el dinero para el vino, tomó y comenzó a dar vueltas al fuego, queriendo asar al que de ser cocido, por sus deméritos, había escapado°.

Yo fui por el vino, con el cual no tardé en despachar la longaniza; y cuando vine, hallé al pecador del ciego que tenía entre dos rebanadas apretado el nabo, al cual aún no había conocido por no lo haber tentado con la mano. Como tomase las rebanadas y mordiese en ellas, pensando también llevar parte de la longaniza, hallóse en frío con el frío nabo; alteróse y dijo:

—¿Qué es esto, Lazarillo?

—¡Lacerado° de mí!—dije yo—. ¿Si queréis a mí echar° algo? ¿Yo no vengo de traer el vino? Alguno estaba ahí, y por burlar haría esto.

—No, no—dijo él—, que yo no he dejado el asador de la mano. No es posible.

Yo torné a jurar y perjurar que estaba libre de aquel trueco y cambio; mas poco me aprovechó, pues a las astucias del maldito ciego nada se le escondía. Levantóse y asióme por la cabeza y llegóse a

tengas

Partillo... Hemos de partirlo

manera

engañado... me has engañado

pedazos de pan sobre los cuales se echan los pringos (grasa de la carne)

guisado

Es decir, sólo gozaría del olor, y no de la carne misma.

al... es decir, al cabo

pobre, herido (Nótese el juego de palabras). echar la culpa por

olerme. Y como debió sentir el huelgo°, a uso de buen podenco°, por
mejor satisfacerse de la verdad y con la gran agonía° que llevaba,
asiéndome con las manos, abríame la boca más de su derecho y
desatentadamente metía la nariz, la cual él tenía luenga y afilada, y a
aquella sazón, con el enojo, se había augmentado un palmo, con el
pico de la cual me llegó a la gulilla°.

    Y con esto, y con el gran miedo que tenía, y con la brevedad del
tiempo, la negra longaniza aún no había hecho asiento en el
estómago, y lo más principal, con el destiento° de la cumplidísima
nariz medio cuasi ahogándome, todas estas cosas se juntaron, y
fueron causa que el hecho y golosina se manifestase y lo suyo fuese
vuelto a su dueño; de manera que antes que el mal ciego sacase de mi
boca su trompa, tal alteración sintió mi estómago, que le dio con el
hurto en ella, de suerte que su nariz y la negra mal mascada longaniza
a un tiempo salieron de mi boca.

    ¡Oh gran Dios, quién estuviera aquella hora sepultado, que muerto
ya lo estaba! Fue tal el coraje del perverso ciego, que, si al ruido no
acudieran, pienso no me dejara con la vida. Sacáronme de entre sus
manos, dejándoselas llenas de aquellos pocos cabellos que tenía,
arañada la cara y rascuñado el pescuezo y la garganta. Y esto bien lo
merecía, pues por su maldad° me venían tantas persecuciones°.

    Contaba el mal ciego a todos cuantos allí se allegaban mis
desastres°, y dábales cuenta° una y otra vez, así de la del jarro como de
la del racimo, y agora de lo presente. Era la risa de todos tan grande,
que toda la gente que por la calle pasaba entraba a ver la fiesta; mas
con tanta gracia y donaire recontaba° el ciego mis hazañas, que
aunque yo estaba tan maltratado y llorando, me parecía que hacía
sinjusticia en no se las reír.

    Y en cuanto esto pasaba, a la memoria me vino una cobardía y
flojedad que hice por que me maldecía, y fue no dejalle sin narices,
pues tan buen tiempo tuve para ello, que la meitad° del camino estaba
andado: que, con sólo apretar los dientes, se me quedaran en casa, y
con ser de aquel malvado, por ventura lo retuviera mejor mi estómago
que retuvo la longaniza, y no pareciendo ellas pudiera negar la
demanda°. Pluguiera a Dios que lo hubiera hecho, que eso fuera así
que así.

    Hiciéronnos amigos la mesonera y los que allí estaban, y con el vino
que para beber le había traído laváronme la cara y la garganta. Sobre
lo cual discantaba° el mal ciego donaires, diciendo:

    —Por verdad, más vino me gasta este mozo en lavatorios al cabo del
año que yo bebo en dos. A lo menos, Lázaro, eres en más cargo° al
vino que a tu padre, porque él una vez te engendró, mas el vino mil te
ha dado la vida.

    Y luego contaba cuántas veces me había descalabrado y arpado° la
cara, y con vino luego sanaba.

    —Yo te digo—dijo—que si un hombre en el mundo ha de ser
bienaventurado con vino, que serás tú.

    Y reían mucho, los que me lavaban, con esto, aunque yo renegaba.
Mas el pronóstico del ciego no salió mentiroso, y después acá muchas
veces me acuerdo de aquel hombre, que sin duda debía tener espíritu
de profecía, y me pesa de los sinsabores° que le hice, aunque bien se lo
pagué, considerando lo que aquel día me dijo salirme tan verdadero
como adelante Vuestra Merced oirá.

    Visto esto y las malas burlas que el ciego burlaba de mí, determiné
de todo en todo° dejalle, y como lo traía pensado y lo tenía en voluntad,
con este postrer juego que me hizo, afirmélo más. Y fue ansí, que

---

aliento / perro de caza de fino olfato
ansiedad

epiglotis

poca moderación y cortesía

es decir, la maldad de la garganta, que se
   había tragado la longaniza / castigos
desgracias / **dábales**... les contaba

refería

mitad

acusación, queja

contaba, dando el contrapunteo jocoso

eres... tú le debes más

me... me había roto la cabeza y arañado

cosas malas

de... una vez, de una vez por todas

luego otro día salimos por la villa a pedir limosna y había llovido mucho la noche antes; y porque el día también llovía, y andaba rezando debajo de unos portales que en aquel pueblo había, donde no nos mojamos°; mas como la noche se venía, y el llover no cesaba, díjome el ciego:

mojábamos

—Lázaro, esta agua° es muy porfiada°, y cuanto la noche más cierra, más recia°; acojámonos a la posada con tiempo.

lluvia / insistente

fuerte

Para ir allá, habíamos de pasar un arroyo que con la mucha agua iba grande. Yo le dije:

—Tío, el arroyo va muy ancho; mas si queréis, yo veo por donde travesemos° más aína° sin nos mojar, porque se estrecha allí mucho, y saltando pasaremos a pie enjuto°.

atravesemos / pronto, rápido

seco

Parecióle buen consejo, y dijo:

—Discreto eres, por esto te quiero bien. Llévame a ese lugar donde el arroyo se ensangosta, que agora es invierno y sabe mal el agua, y más llevar los pies mojados.

Yo, que vi el aparejo a mi deseo, saquéle de bajo de los portales, y llevéle derecho a un pilar o poste de piedra que en la plaza estaba, sobre el cual y sobre otros cargaban saledizos° de aquellas casas, y dígole:

balcones

—Tío, éste es el paso más angosto que en el arroyo hay.

Como llovía recio y el triste se mojaba, y con la priesa que llevábamos de salir del agua, que encima de nos caía, y lo más principal, porque Dios le cegó aquella hora el entendimiento (fue por darme de él venganza), creyóse de mí y dijo:

—Ponme bien derecho y salta tú el arroyo.

Yo le puse bien derecho enfrente del pilar, y doy un salto y póngome detrás del poste como quien espera tope de toro y díjele:

—¡Sús! Saltá° todo lo que podáis, porque deis de este cabo del agua°.

Saltad

porque... para que caigáis de este lado

Aun apenas lo había acabado de decir, cuando se abalanza el pobre ciego como cabrón, y de toda su fuerza arremete, tomando un paso atrás de la corrida para hacer mayor salto, y da con la cabeza en el poste, que sonó tan recio como si diera con una gran calabaza, y cayó luego para atrás, medio muerto y hendida la cabeza.

—¿Cómo, y olistes la longaniza y no el poste? ¡Olé! ¡Olé°!—le dije yo.

Oled (Nótese el juego de palabras.)

Y déjole en poder de mucha gente que lo había ido a socorrer, y tomo la puerta de la villa en los pies de un trote, y antes que la noche viniese di comigo en Torrijos. No supe más lo que Dios de él hizo, ni curé de lo saber.

Tratado séptimo

CÓMO LÁZARO SE ASENTÓ CON UN ALGUACIL Y DE LO QUE LE ACAECIÓ CON ÉL

Despedido del capellán, asenté por hombre de justicia con un alguacil. Mas muy poco viví con él, por parecerme oficio peligroso. Mayormente, que una noche nos corrieron a mí y a mi amo a pedradas y a palos unos retraídos°. Y a mi amo, que esperó, trataron mal, mas a mí no me alcanzaron. Con esto renegué del trato.

criminales que se refugian en una iglesia

Y pensando en qué modo de vivir haría mi asiento, por tener descanso y ganar algo para la vejez, quiso Dios alumbrarme, y ponerme en camino y manera provechosa. Y con favor que tuve de amigos y señores, todos mis trabajos y fatigas hasta entonces pasados fueron pagados con alcanzar lo que procuré: que fue un oficio real, viendo que no hay nadie que medre°, sino los que le tienen.

se haga rico

En el cual el día de hoy vivo y resido a servicio de Dios y de Vuestra

Merced. Y es que tengo cargo de pregonar los vinos que en esta ciudad°
se venden, y en almonedas y cosas perdidas; acompañar los que
padecen persecuciones por justicia y declarar a voces sus delictos:
pregonero, hablando en buen romance.°

Hame sucedido tan bien, yo le he usado tan fácilmente, que casi
todas las cosas al oficio tocantes pasan por mi mano. Tanto, que, en
toda la ciudad, el que ha de echar vino a vender, o algo, si Lázaro de
Tormes no entiende en ello°, hacen cuenta de no sacar provecho.

En este tiempo, viendo mi habilidad y buen vivir, teniendo noticia
de mi persona el señor arcipreste de Sant° Salvador, mi señor, y
servidor y amigo de Vuestra Merced, porque le pregonaba sus vinos,
procuró casarme con una criada suya. Y visto por mí que de tal
persona no podía venir sino bien y favor, acordé de lo hacer. Y así, me
casé con ella, y hasta agora no estoy arrepentido.

Porque, allende de ser buena hija y diligente servicial, tengo en mi
señor acipreste todo favor y ayuda, y siempre en el año le da en veces
al pie de° una carga de trigo; por las Pascuas, su carne; y cuando el
par de los bodigos, las calzas viejas que deja. Y hízonos alquilar una
casilla par de la suya. Los domingos y fiestas casi todas las comíamos
en su casa.

Mas malas lenguas, que nunca faltaron ni faltarán, no nos dejan
vivir, diciendo no sé qué y sí sé qué de que veen a mi mujer irle a
hacer la cama y guisalle° de comer. Y mejor les ayude Dios que ellos
dicen la verdad.

Porque, allende de no ser ella mujer que se pague° de estas burlas,
mi señor me ha prometido lo que pienso cumplirá. Que él me habló un
día muy largo delante de ella y me dijo:

—Lázaro de Tormes, quien ha de mirar a dichos de malas lenguas
nunca medrará. Digo esto porque no me maravillaría alguno°, viendo
entrar en mi casa a tu mujer y salir de ella. Ella entra muy a tu honra
y suya, y esto te lo prometo. Por tanto, no mires a lo que puedan decir,
sino a lo que te toca, digo, a tu provecho.

—Señor—le dije—, yo determiné de arrimarme a los buenos. Verdad
es que algunos de mis amigos me han dicho algo de eso, y aun por
más de tres veces me han certificado que antes que comigo casase
había parido tres veces, hablando con reverencia de Vuestra Merced,
porque está ella delante.

Entonces mi mujer echó juramentos sobre sí, que yo pensé la casa
se hundiera con nosotros. Y después tomóse a llorar y a echar
maldiciones sobre quien comigo la había casado. En tal manera, que
quisiera ser muerto antes que se me hubiera soltado aquella palabra
de la boca. Mas yo de un cabo y mi señor de otro, tanto le dijimos y
otorgamos, que cesó su llanto, con juramento que le hice de nunca
más en mi vida mentalle nada de aquello, y que yo holgaba y había por
bien de que ella entrase y saliese, de noche y de día, pues estaba bien
seguro de su bondad. Y así quedamos todos tres bien conformes.

Hasta el día de hoy nunca nadie nos oyó sobre el caso; antes,
cuando alguno siento que quiere decir algo de ella, le atajo y le digo:

—Mirá°, si sois amigo, no me digáis cosa con que me pese, que no
tengo por mi amigo al que me hace pesar; mayormente, si me quiere
meter mal con mi mujer, que es la cosa del mundo que yo más quiero
y la amo más que a mí; y me hace Dios con ella mil mercedes y más
bien que yo merezco; que yo juraré sobre la hostia consagrada, que es
tan buena mujer como vive dentro de las puertas de Toledo°. Quien
otra cosa me dijere, yo me mataré con él. De esta manera no me dicen
nada y yo tengo paz en mi casa.

---

que... en que ahora estoy

en... claramente

no... no interviene en el negocio

San

en... a veces cerca de

guisarle, cocinar para él («Hacerle la cama» y
«guisarle de comer» son expresiones
comunes para acostarse con él.)

se... tolere, guste de

algún dicho

Mirad

Nótese la ironía. Toledo era conocido por sus
prostitutas.

Esto fue el mesmo año que nuestro victorioso Emperador en esta insigne ciudad de Toledo entró, y tuvo en ella Cortes, y se hicieron grandes regocijos, como Vuestra Merced habrá oído. Pues en este tiempo estaba en mi prosperidad y en la cumbre de toda buena fortuna.

MATEO ALEMÁN (1547–DESPUÉS DE 1613)

Si *Lazarillo de Tormes* es el precursor del género, la primera verdadera novela picaresca es *La vida de Guzmán de Alfarache,* del sevillano Mateo Alemán. La primera parte fue escrita en 1597 y publicada en Madrid en 1599; la segunda apareció cinco años más tarde en Lisboa, con el subtítulo de «Atalaya de la vida humana».

El autor del *Guzmán de Alfarache* nació el mismo año que Cervantes, con pocos días de diferencia. Hijo de Hernando Alemán, médico cirujano, y de la segunda esposa de éste, Mateo se crió en un ambiente poco holgado. Como Cervantes, que también fue hijo de médico, Alemán era de origen converso. Recibió su primera educación de un profesor erasmista y más tarde estudió humanidades en Sevilla y medicina en Salamanca y Alcalá de Henares. No sabemos con certeza si terminó la carrera. En 1557 el padre de Mateo obtuvo el puesto de médico y cirujano de la Cárcel Real de Sevilla. El cargo hizo poco para arreglar la situación financiera de la familia, ya que Hernando no siempre cobró su sueldo con regularidad. Se ha sugerido la posibilidad de que Mateo conociera por primera vez el mundo del hampa por el trato de su padre con los presos.

La vida adulta de Mateo Alemán fue amargada por el fracaso y la penuria. De joven, pensaba encontrar una solución a sus problemas económicos al casarse con Catalina de Espinosa, una huérfana con dinero y bienes. Mateo estipuló con precisión en el contrato de matrimonio la cantidad que se le pagaría trimestralmente cuando se casara con doña Catalina. El desposorio se realizó en 1571, aunque Alemán no parece haber sentido mucho afecto por su nueva esposa. El fracaso de su matrimonio seguramente influyó en la actitud negativa hacia las mujeres que Alemán expresa en su novela. Pronto el dinero se agotó, y en 1580 las autoridades llevaron preso a Mateo Alemán por deudas.

Al salir de la cárcel, Alemán pensaba partir con su familia para el Perú. El pasaje estaba prohibido a conversos y por lo tanto Mateo sustituyó el apellido materno por el de un pariente afincado en el Nuevo Mundo, Juan Alemán de Ayala. Sin embargo, no se autorizó la cédula y Alemán permaneció en España.

La fortuna de Alemán no mejoró en los años que siguieron. Llegó a ser Juez de Comisión real encargado de repasar las cuentas del tesorero de las alcabalas de Usagre, pero se encontró en la cárcel de nuevo en 1583 por extralimitarse en sus funciones. Al año siguiente se trasladó a Madrid. Fue seguramente por estos años que conoció a Lope de Vega. En 1591 viajó a Cartagena, donde, durante una visita a un navío flamenco, la salva de una pieza de artillería causó la caída de un cilindro en su cabeza y por poco pierde la vida.

En 1593, habiendo sido nombrado juez visitador con la comisión de investigar la situación de los esclavos que trabajaban en las minas de Almadén, Alemán interrogó a numerosos mineros—galeotes que, bajo la ordenanza presuntamente humanitaria de Felipe II, habían tenido la oportunidad de sustituir la condena a las galeras por la extracción de metales. Las declaraciones de los condenados, las cuales recuerdan en algunos de sus aspectos la entrevista de Don Quijote con los galeotes, suministran mucha información sobre la dureza de las condiciones en las minas, las causas por las cuales se apresaba a la gente y los castigos que se le daban.

A pesar del éxito inmediato del *Guzmán de Alfarache,* las dificultades financieras de Alemán no disminuyeron. En 1601 el autor se involucró en un negocio fraudulento y se vio obligado a mudarse a Sevilla para huir de sus acreedores. Ese mismo año se había publicado una edición robada del *Guzmán;* Alemán se enfrentó a los impresores ladrones y llegó a un acuerdo con ellos, lo cual tampoco arregló su situación económica. En Sevilla trabó relaciones con Francisca Calderón y reafirmó su amistad con Lope de Vega, quien había seguido a la hermosa actriz Micaela Luján a Andalucía. En 1602 Alemán fue encarcelado una vez más por no pagar sus deudas. Su esposa se negó a dar fianza y no fue hasta que su primo Juan Bautista del Rosso acudió y pagó sus deudas que Mateo Alemán volvió a verse libre.

El éxito de la primera parte del *Guzmán de Alfarache* inspiró una continuación apócrifa escrita por Juan Martí, bajo el pseudónimo de Mateo Luján de Sayavedra, y publicada en agosto de 1602. Alemán descubrió la identidad de su imitador y atacó su obra en el prólogo de la segunda parte del *Guzmán,* publicada dos años más tarde. En 1604 Alemán publicó la hagiografía *San Antonio de Padua,* que incluye entre los preliminares un poema laudatorio de Lope de Vega. Ese mismo año partió para Portugal para promover la venta de su nuevo libro y allí publicó la segunda parte del *Guzmán de Alfarache.*

Como Lope y varios otros escritores de su época, Mateo Alemán mantuvo relaciones con muchas mujeres. El fracaso de su matrimonio y el hecho de que su esposa rara vez lo acompañara en sus viajes y traslados seguramente contribuyó a esta situación. Entre 1590 y 1604 nacieron los tres hijos de Alemán: Ana Urbana (¿1590?), Antonio (1599) y Margarita (1604), todos bastardos. Se ha conjeturado que sus numerosos lazos amorosos fueron la razón principal de los constantes aprietos económicos del autor.

Después de involucrarse en varios negocios desastrosos, Alemán decidió tratar una vez más de emigrar. Sobornó a un oficial del gobierno y consiguió permiso para trasladarse a México. Una vez establecido en el Nuevo Mundo, gozó de la protección del Arzobispo García Guerra. En 1609 publicó su *Ortografía castellana* y un prólogo a la *Vida del Padre Maestro Ignacio de Loyola,* de Luis de Belmonte Bermúdez. En 1613 apareció otro libro de Alemán: *Sucesos de Don Fray García Guerra.* El autor probablemente murió en México; no se sabe la fecha de su fallecimiento.

La publicación del *Guzmán de Alfarache* marca la creación de un nuevo género literario. Alemán mantuvo muchos de los elementos formales y temáticos que había heredado de *Lazarillo de Tormes* (el autobiografismo, el protagonista-pícaro, el recorrido de pueblos y ciudades, la vista panorámica de la sociedad, la crítica social), pero mientras que *Lazarillo de Tormes* es una novela corta que relata varios episodios de la vida de un pícaro que sirve a diferentes amos, *Guzmán de Alfarache* es una obra extensa cuyo protagonista antiheróico es más complejo que el prototipo.

Guzmán nace en Sevilla, el hijo bastardo de un usurero genovés y una prostituta española. Cuando tiene doce años, su padre muere, dejando a la familia en la pobreza. Guzmán decide lanzarse a la vida y parte para Génova, donde se radica la familia de su padre. Sus dificultades comienzan en una venta, donde le sirven una tortilla de huevos empollados. Siguen varias otras desventuras hasta que a Guzmán lo acusan de ladrón, lo maltratan y lo arrestan. Después de salir de la cárcel, el joven sirve de mozo de cuadra en una venta. Finalmente parte para Madrid, donde es esportillero, cocinero, estafador y ladrón.

En Madrid Guzmán roba una cantidad considerable de dinero. Parte para Toledo, compra ropa elegante y por un tiempo vive a lo grande. Después de unos fracasos amorosos, se une a un grupo de soldados y va a Italia. Malgasta su dinero y se ve obligado a buscar un amo. Sirve a un capitán, a quien abandona al llegar a Génova, dejando la vida de soldado para buscar a la familia de su padre. Sus parientes genoveses lo reciben con desprecio por su pobreza, y Guzmán sale para Roma. Allí es mendigo, paje de un cardenal y criado de un embajador. Sirve de tercero en las aventuras amorosas de sus amos y él mismo tiene algunos galanteos. Un día un cerdo corre por entre sus piernas y lo lleva sobre sus lomos por las calles de la ciudad. Guzmán se convierte en un objeto de mofa y, debido a esta experiencia, sale para Siena. Allí, un tal Sayavedra le roba. En Florencia, Guzmán vuelve a encontrarse con Sayavedra, quien le pide perdón y empieza a servirle como criado. En Bolonia, Guzmán es prendido por una calumnia.

Al salir de la cárcel, Guzmán, con la ayuda de Sayavedra, hace trampa en un juego de naipes y gana mucho dinero. Parten para Milán, donde, por medios fraudulentos, Guzmán consigue otra pequeña fortuna. Vuelve a Génova, haciéndose pasar por caballero. Los parientes que lo habían despreciado ahora lo adulan, pero él se venga robándoles.

Parte para España. En el viaje, Sayavedra muere en una tempestad. Guzmán desembarca en Barcelona, pasa por Zaragoza y finalmente llega a Madrid, donde se casa con la hija de un prestamista. Ella arruina las finanzas del pícaro, quien decide entrar en una orden religiosa para poder vivir tranquilamente, libre de las luchas por el bienestar económico. Sin embargo, se enamora y vuelve a casarse. La necesidad lo obliga a prostituir a su esposa, quien, después de mudarse con él a Sevilla, se escapa a Italia con otro hombre. A causa de sus robos y estafas, Guzmán es condenado a las galeras. Al final del libro, se arrepiente de sus pecados y su historia termina en una nota de esperanza.

Como se puede ver de esta breve sinopsis, *Guzmán de Alfarache* posee una movilidad y una extensión de las cuales carece el *Lazarillo.* Guzmán no sólo sirve a una variedad de amos, sino que se mueve dentro de un ámbito geográfico mucho más grande que su antecesor. El viaje se convierte en la base estructural de la novela—técnica que tiene antecedentes en la literatura medieval (*The Canterbury Tales,* de Chaucer, por ejemplo), y en las novelas bizantinas y pastoriles. Sin embargo, en el *Guzmán,* el viaje no es sólo un pretexto para diversas narraciones independientes, sino el armazón y la esencia del libro. Viaje, vida y novela son una misma cosa—como lo serán más tarde en *Don Quijote.*

El *Guzmán de Alfarache* pinta un cuadro no sólo de la sociedad española, sino de la italiana. Abarca todas las clases sociales y describe una gran variedad de ambientes. Delinea un sinfín de tipos sociales y psicológicos. En este sentido, es una verdadera «atalaya de la vida humana». Sin embargo, sería tal vez una exageración calificar el *Guzmán* de «realista» porque hay un énfasis desproporcionado en el aspecto negativo del ser humano. Aunque existen personajes positivos en la novela, lo que salta a la vista en episodio tras episodio son la hipocresía y el engaño, el egoísmo y la crueldad. El *Guzmán de Alfarache* pone al desnudo los motivos pérfidos que dominan al ser humano.

El *Guzmán de Alfarache* incluye varias historias intercaladas: *Ozmín y Daraja,* novela morisca; *Dorido y Clorinia,* novela de tipo italiano; el relato de *Don Luis de Castro* y el de *Bonifacio y Dorotea.* Estas aumentan—y a veces dulcifican—su visión del hombre. También se introducen en la novela fábulas, alegorías y miscelánea.

Aunque la palabra «pícaro» no aparece en el título del

libro, figura en la aprobación y pronto la obra de Alemán llega a conocerse por el nombre de *El pícaro*. Tanto por su vida como por su psicología, Guzmán era considerado en el siglo XVII el pícaro por excelencia—y sigue siéndolo para el lector moderno. Es móvil, amoral, pragmático, rencoroso. A diferencia de Lázaro, que tiene un lado caritativo, Guzmán carece de compasión y de tolerancia. Ambos Lazarillo y Guzmán empiezan la vida como inocentes y aprenden a engañar para sobrevivir. Dice Guzmán: «. . . salí a ver mundo, peregrinando por él, encomendándome a Dios y buenas gentes, en quien hice confianza» (I, i). Pero retira esta confianza bien luego, volviéndose despiadado y suspicaz, mientras que Lazarillo a menudo se conduele del prójimo. Si terminamos viendo a Lazarillo con cierta comprensión y ternura, no podemos dejar de ver a Guzmán como un delincuente malintencionado. Lo motivan la venganza y el resentimiento tanto como la necesidad. Su cinismo le ciega la posibilidad de la benevolencia; queda asombrado ante la bondad del cardenal que lo acoge en su casa. La sensación de fracaso que llena el libro tal vez refleja la vida de su creador, que vio burlados sus sueños y proyectos durante toda su vida.

Distingue el *Guzmán de Alfarache* el elemento moralizador. En su introducción «Al discreto lector» afirma su «celo de aprovechar» y critica al vulgo, que a menudo lee un relato sin detenerse a considerar su aplicación moral. Por supuesto, esta declaración no sirve de prueba de las intenciones del autor, ya que era común en el Siglo de Oro que los escritores expusieran su propósito moralizante en el prólogo de sus libros. Sin embargo, los comentarios morales ocupan un lugar importante a través del *Guzmán,* especialmente en la segunda parte.

Lo didáctico se extrae de la vida misma del pícaro. Guzmán reflexiona sobre sus experiencias. Se somete al autoanálisis. Mientras que Lazarillo a menudo justifica su actuación, Guzmán se juzga y se condena. La vida le enseña a ser pesimista y cínico, a desconfiar del prójimo. Niega los ideales—el honor, el amor, la belleza, la gloria—que son, a su modo de ver, vanidades que no sirven para nada.

La estructura autobiográfica permite a Alemán resolver la contradicción intrínseca de su novela: ¿Cómo sacar una lección moral de la actuación de un personaje cuya conducta es siempre reprensible y cuyos valores son totalmente perversos? Alemán soluciona este problema al yuxtaponer los comentarios del viejo Guzmán, ya arrepentido de su mala vida, con los infortunios del pícaro joven. Aunque muchas de las digresiones morales están en boca del vicioso joven, quien comenta sobre los engaños del mundo, muchas otras son pronunciadas por el hombre maduro, quien reflexiona sobre lo que hizo y lo que debería haber hecho. La novela termina con la promesa de una tercera parte, la cual Alemán no alcanzó a escribir: «Aquí di punto y fin a estas desgracias. Rematé la cuenta con mi mala vida. La que después gasté, todo el restante de ella verás en la tercera y última parte, si el cielo me la diere antes de la eterna que todos esperamos.»

Recomendamos la edición de Francisco Rico (Barcelona: Planeta, 1983).

Guzmán de Alfarache

Segunda parte del libro primero

Capítulo III

CUENTA GUZMÁN DE ALFARACHE LO QUE LE ACONTECIÓ CON UN CAPITÁN Y UN LETRADO EN UN BANQUETE QUE HIZO EL EMBAJADOR°

el embajador de Francia, amo de Guzmán

Son tan parecidos el engaño y la mentira, que no sé quién sepa o pueda diferenciarlos. Porque, aunque diferentes en el nombre, son de una identidad, conformes en el hecho, supuesto que no hay mentira sin engaño ni engaño sin mentira. Quien quiere mentir engaña y el que quiere engañar miente. Mas, como ya están recebidos en diferentes propósitos, iré con el uso y digo, conforme a él, que tal es el engaño respeto de la verdad, como lo cierto en orden a la mentira o como la sombra del espejo y lo natural que la representa. Está tan dispuesto y es tan fácil para efetuar cualquier grave daño, cuanto es difícil de ser a los principios conocido, por ser tan semejante a el bien, que, representando su misma figura, movimientos y talle, destruye con grande facilidad.

Es una red sutilísima, en cuya comparación fue hecha de maromas la que fingen los poetas° que fabricó Vulcano contra el adúltero°. Es tan imperceptible y delgada, que no hay tan clara vista, juicio tan sutil ni discreción tan limada, que pueda descubrirla; y tan artificiosa que,

la... fórmula que se usa para referirse a una historia mitológica / Marte, padre de Rómulo, fundador de Roma. La madre de Rómulo era Rea, esposa de Saturno. En la *Odisea* se cuenta que Hefasto (Vulcano) fabricó una red contra Ares (Marte) que era de hilos invisibles.

tendida en lo más llano, menos podemos escaparnos della, por la seguridad con que vamos. Y con aquesto es tan fuerte, que pocos o ninguno la rompe sin dejarse dentro alguna prenda.

Por lo cual se llama, con justa razón, el mayor daño de la vida, pues debajo de lengua de cera° trae corazón de diamante°, viste cilicio sin que le toque°, chúpase los carrillos° y revienta de gordo y, teniendo salud para vender°, habla doliente por parecer enfermo. Hace rostro compasivo, da lágrimas, ofrécenos el pecho, los brazos abiertos, para despedazarnos en ellos. Y como las aves dan el imperio a el águila, los animales al león, los peces a la ballena y las serpientes a el basilisco, así entre los daños, es el mayor de ellos el engaño y más poderoso.

Como áspide, mata con un sabroso sueño°. Es voz de sirena, que prende agradando a el oído. Con seguridad ofrece paces, con halago amistades y, faltando a sus divinas leyes, las quebranta, dejándolas agraviadas con menosprecio. Promete alegres contentos y ciertas esperanzas, que nunca cumple ni llegan, porque las va cambiando de feria en feria°. Y como se fabrica la casa de muchas piedras, así un engaño de otros muchos : todos a sólo aquel fin.

Es verdugo del bien, porque con aparente santidad asegura y ninguno se guarda de él ni le teme. Viene cubierto en figura de romero, para ejecutar su mal deseo. Es tan general esta contagiosa enfermedad, que no solamente los hombres la padecen, mas las aves y animales. También los peces tratan allá de sus engaños, para conservarse mejor cada uno. Engañan los árboles y plantas, prometiéndonos alegre flor y fruto, que al tiempo falta y lo pasan con lozanía. Las piedras, aun siendo piedras y sin sentido, turban el nuestro con su fingido resplandor y mienten, que no son lo que parecen. El tiempo, las ocasiones, los sentidos nos engañan. Y sobre todo, aun los más bien trazados pensamientos. Toda cosa engaña y todos engañamos en una de cuatro maneras: la una de ellas es cuando quien trata el engaño sale con él, dejando engañado al otro.

Como le aconteció a cierto estudiante de Alcalá de Henares, el cual, como se llegasen las pascuas y no tuviese con qué poderlas pasar alegremente, acordóse de un vecino suyo que tenía un muy gentil corral de gallinas, y no para hacerle algún bien. Era pobre mendicante y juntamente con esto grande avariento. Criábalas con el pan que le daban de limosna y de noche las encerraba dentro del aposento mismo en que dormía. Pues, como anduviese dando trazas para hurtárselas y ninguna fuese buena, porque de día era imposible y de noche asistía° y las guardaba, vínole a la memoria fingir un pliego de cartas y púsole de porte dos ducados, dirigiéndolo a Madrid a cierto caballero principal muy nombrado. Y antes que amaneciese, con mucho secreto se lo puso al umbral de la puerta, para que luego en abriéndola lo hallase. Levantóse por la mañana y, como lo vio, sin saber qué fuese, lo alzó del suelo. Pasó el estudiante por allí como acaso°, y viéndole el pobre le rogó que leyese qué papeles eran aquéllos. El estudiante le dijo: «¡Cuáles me hallara yo agora otros! Estas cartas van a Madrid, con dos ducados de porte°, a un caballero rico que allí reside, y no será llegado cuando estén pagados». Al pobre le creció el ojo°. Parecióle que un día de camino era poco trabajo, en especial que a mediodía lo habría andado y a la noche se volvería en un carro. Dio de comer a sus aves, dejólas encerradas y proveídas y fuese a llevar su pliego. El estudiante a la noche saltó por unos trascorrales y, desquiciando° el aposentillo, no le tocó en alguna otra cosa que las gallinas, no dejándole más de sólo el gallo, con un capuz y caperuza de bayeta muy bien cosido, de manera que no se le cayese, y así se fue a su casa.

de... blanda / **de**... duro

viste... finge sufrir pero en realidad no se incomoda / **chúpase**... finge morir de hambre / **para**... de sobra

En su *Historia natural,* Plinio explica que el áspide mata adormeciendo a sus víctimas.

de... Alemán usa este término aquí y en otras partes del libro porque la feria era, según Rico, «el principal marco de contratación de los cambios» de moneda.

se quedaba junto a ellas

por casualidad

lo que se paga por llevar una carta u otra cosa de un sitio a otro / **creció**... sintió codicia

abriendo

Cuando el pobre vino a la suya de madrugada y vio su mal recaudo° y que había trabajado en balde, porque tal caballero no había en Madrid, lloraban él y el gallo su soledad y viudez amargamente.

Otros engaños hay, en que junto con el engañado lo queda también el engañador. Así le aconteció a este mismo estudiante y en este mismo caso. Porque, como para efetuarlo no pudiese solo él, siéndole necesario compañía, juntóse con otra camarada suya, dándole cuenta y parte del hurto. Este lo descubrió a un su amigo, de manera que pasó la palabra hasta venirlo a saber unos bellaconazos andaluces. Y como esotros° fuesen castellanos viejos y por el mesmo caso sus contrarios°, acordaron de desvalijarlos° con otra graciosa burla. Sabían la casa donde fueron y calles por donde habían de venir. Fingiéronse justicia y aguardaron hasta que volviesen a la traspuesta de una calle de donde, luego que los devisaron, salieron en forma de ronda con sus lanternas, espadas y rodelas. Adelantóse uno a preguntar: «¿Qué gente?» Pensaron ellos que aquél era corchete y, por no ser conocidos y presos con aquel mal indicio, soltaron las gallinas y dieron a huir como unos potros. De manera que no faltó quien también a ellos los engañase.

La tercera manera de engaños es cuando son sin perjuicio, que ni engañan a otro con ellos ni lo quedan los que quieren o tratan de engañar. Lo cual es en dos maneras, o con obras o palabras: palabras, contando cuentos, refiriendo novelas, fábulas y otras cosas de entretenimiento; y obras, como son las del juego de manos° y otros primores o tropelías° que se hacen y son sin algún daño ni perjuicio de tercero.

La cuarta manera es cuando el que piensa engañar queda engañado, trocándose la suerte. Acontecióle aquesto a un gran príncipe de Italia, aunque también se dice de César. El cual, por favorecer a un famosísimo poeta de su tiempo, lo llevó a su casa, donde le hizo a los principios muchas lisonjas y caricias, acompañadas de mercedes, cuanto dio lugar aquel gusto. Mas fuésele pasando poco a poco, hasta quedar el pobre poeta con sólo su aposento y limitada ración, de manera que padecía mucha desnudez y trabajo, tanto que ya no salía de casa por no tener con qué cubrirse. Y considerándose allí enjaulado, que aun como a papagayo no trataban de oírle, acordó de recordar al príncipe dormido en su favor, tomando traza° para ello. Y en sabiendo que salía de casa, esperábalo a la vuelta y, saliéndole al encuentro con alguna obra que le tenía compuesta, se la ponía en las manos, creyendo con aquello refrescarle la memoria. Tanto continuó en hacer esta diligencia, que como ya cansado el príncipe de tanta importunación lo quiso burlar, y habiendo él mismo compuesto un soneto y viniendo de pasearse una tarde, cuando vio que le salía el poeta al encuentro, sin darle lugar a que le pudiese dar la obra que le había compuesto, sacó del pecho el soneto y púsoselo en las manos a el poeta. El cual entendiendo la treta, como discreto, fingiendo haberlo ya leído, celebrándolo mucho, echó mano a su faltriquera° y sacó de ella un solo real de a ocho° que tenía y diósolo a el príncipe, diciendo: «Digno es de premio un buen ingenio. Cuanto tengo doy; que si más tuviera, mejor lo pagara». Con esto quedó atajado el príncipe, hallándose preso en su mismo lazo, con la misma burla que pensó hacer, y trató de allí adelante de favorecer a el hombre, como solía primero.

Hay otros muchos géneros de estos engaños y en especial es uno y dañosísimo: el de aquellos que quieren que como por fe creamos lo

mal... falta de precaución

estos otros

referencia a la rivalidad tradicional que existe entre castellanos y andaluces / robarles en el camino

juego... prestidigitación

el arte de hacer una cosa parecer por otra

medios

bolsillo

real... moneda antigua

que contra los ojos vemos. El mal nacido y por tal conocido quiere con hinchazón y soberbia ganar nombre de poderoso, porque bien mal tiene cuatro maravedís°, dando con su mal proceder causa que hagan burla de ellos, diciendo quién son, qué principio tuvo su linaje, de dónde comenzó su caballería, cuánto le costó la nobleza° y el oficio en que trataron sus padres y quiénes fueron sus madres. Piensan éstos engañar y engáñanse, porque con humildad, afabilidad y buen trato fueran echando tierra hasta henchir con el tiempo los hoyos y quedar parejos con los buenos.

Otros engañan con fieros, para hacerse valientes, como si no supiésemos que sólo aquéllos lo son que callan. Otros con el mucho hablar y mucha librería quieren ser estimados por sabios y no consideran cuánta mayor la tienen los libreros y no por eso lo son. Que ni la loba° larga ni el sombrero de falda° ni la mula con tocas y en gualdrapadas° será poderosa para que a cuatro lances° no descubran la hilaza°. Otros hay necios de solar conocido°, que como tales o que caducan de viejos, inhábiles ya para todo género de uso y ejercicio, notorios en edad y flaqueza, quieren desmentir las espías° contra toda verdad y razón, tiñéndose las barbas, cual° si alguno ignorase que no las hay tornasoladas°, que a cada viso° hacen su color diferente y ninguna perfeta, como los cuellos de las palomas; y en cada pelo se hallan tres diferencias, blanco a el nacimiento, flavo° en el medio y negro a la punta, como pluma de papagayo. Y en mujeres, cuando lo tal acontece, ningún cabello hay que no tenga su color diferente.

Puedo afirmar de una señora que se teñía las canas, a la cual estuve con atención mirando y se las vi verdes, azules, amarillas, coloradas y de otras varias colores, y en algunas todas, de manera que por engañar el tiempo descubría su locura, siendo risa de cuantos la vían.° Que usen esto algunos mozos, a quien por herencia, como fruta temprana de la Vera de Plasencia°, le nacieron cuatro pelos blancos, no es maravilla. Y aun éstos dan ocasión que se diga libremente de ellos aquello de que van huyendo, perdiendo el crédito en edad y seso.

¡Desventurada vejez, templo sagrado, paradero de los carros de la vida! ¿Cómo eres tan aborrecida en ella, siendo el puerto de todos más deseado? ¿Cómo los que de lejos te respetan, en llegando a ti, te profanan? ¿Cómo, si eres vaso de prudencia, eres vituperada como loca? ¿Y si la misma honra, respeto y reverencia, por qué de tus mayores amigos estás tenida por infame? ¿Y si archivo de la ciencia, cómo te desprecian? O en ti debe de haber mucho mal, o la maldad está en ellos. Y esto es lo cierto. Llegan a ti sin lastre° de consejo y da vaivenes la gavia°, porque al seso le falta el peso.

Al propósito te quiero contar un cuento, largo de consideración, aunque de discurso breve, fingido para este propósito. Cuando Júpiter° crió la fábrica de este universo, pareciéndole toda en todo tan admirable y hermosa, primero que criase al hombre, crió los más animales. Entre los cuales quiso el asno señalarse; que si así no lo hiciera, no lo fuera. Luego que abrió los ojos y vio esta belleza del orbe, se alegró. Comenzó a dar saltos de una en otra parte, con la rociada que suelen, que fue la primera salva que se le hizo a el mundo, dejándolo inmundo°, hasta que ya cansado, queriendo reposar, algo más manso de lo que poco antes anduvo, le pasó por la imaginación cómo, de dónde o cuándo era él asno, pues ni tuvo principio dél ni padres que lo fuesen. ¿Por qué o para qué fue criado? ¿Cuál había de ser su paradero? . . . Cosa muy propia de asnos, venirles la consideración a más no poder, a lo último de todo, cuando es pasada

---

Glosas marginales:

moneda antigua

alusión a los que compraban títulos de nobleza (A estos nobles «inauténticos» se les concedía poca autoridad.)

traje eclesiástico o estudiantil / tipo de sombrero propio de eclesiásticos y estudiantes

Una pragmática de Felipe II prohibe que se ande en mulas o machos (borricos) con gualdrapas (cobertura larga que cubre las ancas del animal), con la excepción de eclesiásticos, doctores, maestros y licenciados. / Un «lance» es la distancia que mide un lance (arma).

no… no revele la verdad con sus obras / **de**… de familia noble

desmentir… mudar las sospechas

como

que tienen reflejos que hacen que parezcan ser de color diferente del suyo propio / reflejo

amarillento

veían

La fruta de la Vera de Plasencia, en Extremadura, solía mencionarse, según explica Rico, para comparar lo temprano o anticipado de algo.

piedra pesada que se pone en el fondo de una embarcación para facilitar su conducción

cestón tejido de mimbres que está en lo alto de un navío (Figurativamente, el lastre es el juicio que le da estabilidad y dirección a la gavia, o cabeza, de una persona.)

padre de los planetas y símbolo del Creador

Nótese el juego de palabras: **mundo** significa «limpio y hermoso» e **inmundo,** «sucio y mugriento».

la fiesta, los gustos y contentos. Y aun quiera Dios que llegue como ha de venir, con enmienda y perseverancia, que temprano se recoge quien tarde se convierte°.

Con este cuidado se fue a Júpiter y le suplicó se sirviese de revelarle quién o para qué lo había criado. Júpiter le dijo que para servicio del hombre, refiriéndole por menor todas las cosas y ministerios° de su cargo. Y fue tan pesado para él, que de solamente oírlo le hizo mataduras y arrodillar en el suelo de ojos; y con el temor del trabajo venidero—aunque siempre los males no padecidos asombran más con el ruido que hacen oídos, que después ejecutados—quedó en aquel punto tan melancólico, cual de ordinario lo vemos, pareciéndole vida tristísima la que se le aparejaba. Y preguntando cuánto tiempo había de durar en ella, le fue respondido que treinta años. El asno se volvió de nuevo a congojar, pareciéndole que sería eterna, si tanto tiempo la esperase. Que aun a los asnos cansan los trabajos. Y con humilde ruego le suplicó que se doliese de él, no permitiendo darle tanta vida y, pues no había desmerecido con alguna culpa, no le quisiese cargar de tanta pena. Que bastaría vivir diez años, los cuales prometía servir como asno de bien, con toda fidelidad y mansedumbre, y que los veinte restantes los diese a quien mejor pudiese sufrirlos. Júpiter, movido de su ruego, concedió su demanda, con lo cual quedó el asno menos malcontento.

El perro, que todo lo huele, había estado atento a lo que pasó con Júpiter el asno y quiso también saber de su buena o mala suerte. Y aunque anduvo en esto muy perro, queriendo saber—lo que no era lícito—secretos de los dioses y para solos ellos reservados, cuales eran las cosas por venir, en cierta manera pudo tener excusa su yerro, pues lo preguntó a Júpiter, y no hizo lo que algunas de las que me oyen, que sin Dios y con el diablo, buscan hechiceras y gitanas, que les echen suertes y digan su buenaventura. ¡Ved cuál se la dirá quien para sí la tiene mala! Dícenles mil mentiras y embelecos. Húrtanles por bien o por mal aquello que pueden y déjanlas para necias, burladas y engañadas.

En resolución, fuese a Júpiter y suplicóle que, pues con su compañero el asno había procedido tan misericordioso, dándole satisfacción a sus preguntas, le hiciese a él otra semejante merced. Fuele respondido que su ocupación sería en ir y venir a caza, matar la liebre y el conejo y no tocar en él; antes ponerlo con toda fidelidad en manos del amo. Y después de cansado y despeado° de correr y trabajar, habían de tenerlo atado a estaca guardando la casa, donde comería tarde, frío y poco, a fuerza de dientes royendo un hueso roído y desechado. Y juntamente con esto le darían muchas veces muchos puntillones y palos.

Volvió a replicar preguntando el tiempo que había de padecer tanto trabajo. Fuele respondido que treinta años. Malcontento el perro, le pareció negocio intolerable; mas confiado de la merced que a el asno se le había hecho, representando la consecuencia suplicó a Júpiter que tuviese de él misericordia y no permitiese hacerle agravio, pues no menos que el asno era hechura suya y el más leal de los animales; que lo emparejase con él, dándole solos diez años de vida. Júpiter se lo concedió. Y el perro, reconocido de esta merced, bajó el hocico por tierra en agradecimiento de ella, resinando en sus manos los otros veinte años de que le hacía dejación°.

Cuando pasaban estas cosas, no dormía la mona, que con atención estaba en asecho, deseando ver el paradero de ellas. Y como su oficio sea contrahacer lo que otros hacen, quiso imitar a sus compañeros.

que... Dios recibe inmediatamente al que se convierte y enmienda su actuación, aunque esto ocurra tarde en su vida

trabajos

que tiene los pies gastados de tanto caminar

hacía... había quitado

Demás que la llevaba el deseo de saber de sí, pareciéndole que quien tan clemente se había mostrado con el asno y el perro, no sería para con ella riguroso.

Fuese a Júpiter y suplicóle se sirviese de darle alguna luz de lo que había de pasar en el discurso de su vida y para qué había sido criada, pues era cosa sin duda no haberla hecho en balde. Júpiter le respondió que solamente se contentase saber por entonces que andaría en cadenas arrastrando una maza°, de quien se acompañaría, como de un fiador°; si ya no la ponían asida de alguna baranda o reja, donde padecería el verano calor y el invierno frío, con sed y hambre, comiendo con sobresaltos, porque a cada bocado daría cien tenazadas con los dientes y le darían otros tantos azotes, para que con ellos provocase a risa y gusto.

Este se le hizo a ella muy amargo y, si pudiera, lo mostrara entonces con muchas lágrimas; pero llevándolo en paciencia, quiso también saber cuánto tiempo había de padecerlo. Respondiéronle lo que a los otros, que viviría treinta años. Congojada con esta respuesta y consolada con la esperanza en el clemente Júpiter, le suplicó lo que los más animales y aun se le hicieron muchos. Otorgósele la merced según que lo había pedido y, dándole gracias, le besó la mano por ello y fuese con sus compañeros.

Ultimamente, crió después a el hombre, criatura perfeta, más que todas las de la tierra, con ánima inmortal y discursivo. Diole poder sobre todo lo criado en el suelo, haciéndolo señor usufrutuario° de ello. El quedó muy alegre de verse criatura tan hermosa, tan misteriosamente organizado, de tan gallarda compostura, tan capaz, tan poderoso señor, que le pareció que una tan excelente fábrica era digna de inmortalidad. Y así suplicó a Júpiter le dijese, no lo que había de ser de él, sino cuánto había de vivir.

Júpiter le respondió que, cuando determinó la creación de todos los animales y suya, propuso darles a cada uno treinta años de vida. Maravillóse de esto el hombre, que para tiempo tan corto se hubiese hecho una obra tan maravillosa, pues en abrir y cerrar los ojos pasaría como una flor su vida, y, apenas habría sacado los pies del vientre de su madre, cuando entraría de cabeza en el de la tierra, dando con todo su cuerpo en el sepulcro, sin gozar su edad ni del agradable sitio donde fue criado. Y considerando lo que con Júpiter pasaron los tres animales, fuese a él y con rostro humilde le hizo este razonamiento. «Supremo Júpiter, si ya no es que mi demanda te sea molesta y contra las ordenaciones tuyas—que tal no es intento mío, más cuando tu divina voluntad sea servida, confirmando la mía con ella en todo—te suplico que, pues estos animales brutos, indignos de tus mercedes, repudiaron la vida que les diste, de cuyos bienes les faltó noticia con el conocimiento de razón que no tuvieron, pues largaron cada uno de ellos veinte años de los que les habías concedido, te suplico me los des para que yo los viva por ellos y tú seas en este tiempo mejor servido de mí».

Júpiter oyó la petición del hombre, concediéndole que como tal viviese sus treinta años, los cuales pasados, comenzase a vivir por su orden los heredados. Primeramente veinte del asno, sirviendo su oficio, padeciendo trabajos, acarreando, juntando, trayendo a casa y llegando para sustentarla lo necesario a ella. De cincuenta hasta setenta viviese los del perro, ladrando, gruñendo, con mala condición y peor gusto. Y últimamente, de setenta a noventa usase de los de la mona, contrahaciendo los defetos de su naturaleza.

Y así vemos en los que llegan a esta edad que suelen, aunque tan

un tronco u otra cosa pesada con que se asegura a los monos para que no huyan

instrumento con que se afirma una cosa para que no se mueva

que tiene el derecho de usar y gozar de una cosa

viejos, querer parecer mozos, pulirse, aderezarse, pasear, enamorar y hacer valentías, representando lo que no son, como lo hace la mona, que todo es querer imitar las obras del hombre y nunca lo puede ser.

Terrible cosa es y mal se sufre que los hombres quieran, a pesar del tiempo y de su desengaño, dar a entender a el contrario de la verdad y que con tintas, emplastos y escabeches nos desmientan y hagan trampantojos, desacreditándose a sí mismos. Como si con esto comiesen más, durmiesen más o mejor, viviesen más o con menos enfermedades. O como si por aquel camino les volviesen a nacer los dientes y muelas, que ya perdieron, o no se les cayesen las que les quedan. O como si reformasen sus flaquezas, cobrando calor natural, vivificándose de nuevo la vieja y helada sangre. O como si se sintiesen más poderosos en dar y tener mano. Finalmente, como si supiesen que no se supiese ni se murmurase que ya no se dice otra cosa, sino de cuál es mejor lejía, la que hace fulano o la de zutano.

No sin propósito he traído lo dicho, pues viene a concluirse con dos caballeros cofrades de esta bobada, por quien he referido lo pasado. El embajador mi señor, como has oído, daba plato de ordinario°, era rico y holgaba hacerlo. Y como no siempre todos los convidados acontecían a ser de gusto, acertó un día, que hacía banquete a el embajador de España y a otros caballeros, llegársele dos de mesa.

> **daba**... acostumbraba tener invitados a comer

Eran personas principales: uno capitán, el otro letrado; pero para él enfadosísimos y cansados ambos y de quien antes había murmurado comigo a solas. Porque tanto cuanto gustaba de hombres de ingenio, verdaderos y de buen proceder, aborrecía por el contrario todo género de mentiras, aun en burlas. No podía ver hipócritas ni aduladores; quería que todo trato fuera liso, sencillo y sin doblez, pareciéndole que allí estaba la verdadera ciencia.

Y aunque había causas en éstos para ser aborrecidos, tengo también por sin duda que hay en amarse o desamarse unos más que otros algún influjo celeste°. Y en éstos obraba con eficacia, porque todos los aborrecían.

> La idea es que cada uno recibe sus características y humores por influencia de las estrellas.

Bien quisiera mi amo escaparse de ellos; mas no pudo, a causa que se le llegaron en la calle y lo vinieron acompañando. Hubo de tenerles el envite por fuerza, trayéndolos, a su pesar, consigo. Que no hay preso que así pese, como lo que pesa una semejante pesadilla.

Luego como entró por la puerta de casa, le conocí en el rostro que venía mohíno°. Mirélo con atención y entendíome. Hízome señas, hablándome con los ojos, mirando aquellos dos caballeros, y no fue más menester para dejarme bien satisfecho y enterado de todo el caso.

> **mohíno** disgustado, triste

Callé por entonces y disimulé mi pesadumbre. Púseme a imaginar qué traza podría tener para que aquestos hombres que tan disgustado tenían a mi amo, le pudieran ser en alguna manera entretenimiento y risa, pagando el escote°. Tocóme luego en la imaginación una graciosa burla. Y no hice mucho en fabricarla, porque ya ellos venían perdigados° y la traían guisada. Esperé la ocasión, que ya estaba muy cerca, y guardéme para los postres, por ser mejor admitido. Que para que la boca se hinche de risa no ha de estar el vientre vacío de vianda y nunca se quisieron bien gracias y hambre: tanto se ríe, cuanto se come.

> **pagando**... pagando su parte; contribuyendo de esta manera a la comida o fiesta
>
> «Perdigar» significa poner sobre las brasas una ave u otra comida antes de asarla, para que se conserve sin dañarse. La idea es que Guzmán no tuvo que hacer mucho para preparar la burla, ya que los otros estaban listos para ser burlados.

Las mesas estaban puestas. Vinieron sirviendo manjares. Brindáronse los huéspedes. Y cuando ya vi que se les calentaba la sangre a todos y andaba la conversación en folla° tratando de varias cosas, antes de dar aguamanos ni levantar los manteles, lleguéme por un lado a el capitán y díjele a el oído un famoso disparate. El se rió de

> **andaba**... se conversaba sobre muchas y diversas cosas

lo que le dije y, viéndose obligado a responderme con otro, me hizo bajar la cabeza para decírmelo a el oído. Y así en secreto nos pasaron ciertas idas y venidas.

Y cuando me pareció tiempo a propósito, levanté la voz muy sin él, diciendo con rostro sereno, cual si fuera verdad que de lo que quería decir hubiéramos tratado y dije:

—¡No, no, esto no, señor capitán! Si Vuestra Merced se lo quiere decir, muy enhorabuena, pues tiene lengua para ello y manos para defenderlo; que no son buenas burlas ésas para un pobre mozo como yo y tan servidor del señor dotor como el que más en el mundo.

Mi amo y los más huéspedes dijeron a una°:

—¿Qué es eso, Guzmanillo?

Yo respondí:

—¡No sé, por Dios! Aquí el señor capitán, que tiene deseo de verme de corona, me ordena los grados° y anda procurando cómo el señor dotor y yo nos cortemos las uñas metiéndonos en pendencia.

El capitán se quedó helado del embeleco y, no sabiendo en lo que había de parar, se reía sin hablar palabra. Mas el embajador de España° me dijo:

—Guzmán amigo, por mi vida, ¿qué ha sido eso? Sepamos de qué te ríes y enojas en un tiempo, que algo debe tener de gusto.

—Pues Vuestra Señoría metió su vida por prenda, dirélo, aunque muy contra toda mi voluntad. Y protesto que no digo nada ni lo dijera con menos fuerza, si me sacaran la lengua por el colodrillo. Sabrá Vuestra Señoría que me mandaba el señor capitán que hiciese a el señor dotor una burla, picándole algo en el corte de la barba. Porque dice que la trae a modo de barba de pichel de Flandes° y que la mete las noches en prensa de dos tabletas, liada como guitarra, para que a la mañana salga con esquinas, como limpiadera, pareja y tableada, los pelos iguales, cortados en cuadro, muy estirada porque alargue, para que con ella y su bonete romano acrediten sus letras° pocas y gordas, como de libro de coro. ¡Cual si fuera esto parte para darlas y no se hubiesen visto caballos argeles°, hijos de otros muy castizos; y muy grandes, necios de falda°, mayores que la de sus lobas! Y son como melones, que nos engañan por la pinta°; parecen finos y son calabazas. Esto quería que yo le dijese como de mío. Por eso digo que se lo diga él o haga lo que mandare.

Santiguábase riendo el capitán, viendo mi embuste y todos también se reían, sin saber si fuese verdad o mentira que tal nos hubiese pasado. Mas el señor dotor, con su entendimiento atestado° de sopas, no sabía si enojarse o llevarlo en burlas. Empero, como lo estaban los más mirando, asomóse° un poco y, haciendo la boca de corrido°, dijo:

—Monsiur, si mi profesión diera lugar a la satisfacción que pide semejante atrevimiento, crea Vuestra Señoría que cumpliera con la obligación en que mis padres me dejaron. Mas, como Vuestra Señoría está presente y no tengo más armas que la lengua, daráseme licencia que pregunte a el señor capitán y me diga la edad que tiene. Porque, si es verdad lo que dice, que se halló en servicio del emperador Carlos quinto en la jornada de Túnez°, ¿cómo no tiene pelo blanco en toda la barba ni alguno negro en la cabeza? ¿Y si es tan mozo como parece, para qué depone de cosas tan antiguas? Díganos en qué Jordán se baña° o a qué santo se encomienda, para que le pongamos candelitas cuando lo hayamos menester. Aclárese con todos. Tenga y tengamos. Pues ha salido de un triunfo, hagamos ambos bazas°; que no será justo, habiendo metido prenda°, que la saque franca°.

---

todos juntos

juego de palabras: **de corona** significa «herido en la cabeza»; también se llama **corona** la primera tonsura clerical que consiste en cortar al aspirante a sacerdote un poco de cabello en la coronilla, y es como prueba de grado o disposición para llegar al sacerdocio

Rico señala que estas palabras parecerían más propias en boca del embajador de Francia, su amo.

pichel... vaso redondo en forma de pico

La barba y el bonete eran indicio de que uno era letrado.

caballos conocidos por ser poco leales; tienen señales muy fáciles de reconocer (La idea es que el letrado falso es fácil de reconocer.)

referencia al traje del letrado

su aspecto físico

atracado

sin poder controlarse completamente

haciendo... poniendo cara de vergüenza

en 1535

Según la leyenda, el que se bañaba regularmente en el río Jordán no envejecía.

hagamos... digamos que estamos empatados, estamos iguales

habiendo... habiéndose comprometido (habiendo dicho que combatió con Carlos V)

la... salga con la suya

Todos los convidados volvieron a refrescar la risa, en especial mi amo, por haberse tratado de dos cosas que le causaban enfado y deseaba en ellas reformación. Y viendo lo que había pasado, me dijo:

—Di agora tú, Guzmanillo, ¿qué sientes de esto?° Absuelve la cuestión, pues propusiste el argumento.

Yo entonces dije:

—Lo que puedo responder a Vuestra Señoría sólo es que ambos han dicho verdad y ambos mienten por la barba.

¿qué... ¿qué te parece esto?

FRANCISCO DE QUEVEDO (1580—1645)

No es sorprendente que Francisco de Quevedo, moralista y satírico cuyo sentido del grotesco penetra en toda su poesía y prosa burlesca, se haya inspirado por el género que nace con el *Lazarillo* y con el *Guzmán de Alfarache*. La *Historia de la vida del Buscón llamado don Pablos, ejemplo de vagabundos y espejo de tacaños,* apareció en 1626, aunque la crítica moderna pone su fecha de composición hacia el año 1603 o 1604. El crítico B. W. Ife señala que el libro de Quevedo seguramente fue compuesto antes de 1613, ya que no contiene ninguna mención de las experiencias de Quevedo en Italia. (Véase las págs. 66—68.) Las referencias históricas y algunos pasajes que recuerdan a *Guzmán de Alfarache* o a la segunda parte de *Don Quijote* conducen al profesor Ife a conjeturar que *El Buscón* fue escrito en 1605, pero dice que la evidencia no es concluyente. De todos modos, Quevedo no escribió *El Buscón* con la intención de publicarlo. El manuscrito circuló por años antes de ser llevado a la imprenta.

Pablos, el Buscón, nace en Segovia, hijo de un barbero cuyos pensamientos son tan altos que «se corría de que le llamasen así, diciendo que él era undidor de mejillas y sastre de barbas». Su madre es una especie de bruja o curandera que practica algunos de los mismos oficios que la Celestina: en su juventud «reedificaba doncellas, resuscitaba cabellos, encubriendo canas; empreñaba piernas con pantorrillas postizas . . . poblaba quijadas con dientes . . . y era remendona de cuerpos.»

El padre prostituye a la madre y pone al hermanito de Pablos a robar, con el resultado de que «murió el angelico de unos azotes que le dieron en la cárcel». Su muerte deja al padre muy triste, ya que el niño había sido una fuente de ingresos para la familia.

Pablos, que quiere «aprender virtud» pide que le manden a la escuela, y así lo hacen, pero los niños se ponen celosos de él por ser tan buen estudiante. Todo lo aguanta hasta que un día un chico lo llama hijo de puta y hechicera. Pablos coge una piedra y le rompe la cabeza, pero cuando le pregunta a su madre si es verdad que lo había «concebido a escote entre muchos o si era hijo de [su] padre», ella se ríe, declarando que «esas cosas, aunque sean verdad, no se han de decir». El momento es decisivo en la vida de Pablos. Al darse cuenta de esta verdad brutal, decide irse de la casa, convirtiéndose en pícaro.

La vida de Pablos es una lucha por seguir los consejos de la madre de su predecesor, Lazarillo de Tormes, de «arrimarse a los buenos». En su afán de superar su baja condición, Pablos confunde la virtud con el honor. Si las simpatías del lector están con él, especialmente al principio del libro, muy pronto el deseo de subir en la sociedad—de ser un caballero—transforma a Pablos en un advenedizo despreciable.

Primero sirve a un estudiante, don Diego, amigo que había conocido en la escuela. El padre de éste, don Alonso Coronel de Zúñiga, pone a su hijo de pupilo con Dómine Cabra, un letrado avaro que por no gastar dinero hace que los muchachos pasen hambre. Cuando Don Diego y Pablos salen de la casa de Cabra, están delgados y enfermos. Parten para Alcalá, donde Pablos sufre las burlas de los estudiantes, pero pronto llega a distinguirse por su destreza con los naipes.

Pablos recibe una carta de su tío, el verdugo de Segovia, contándole cómo había ahorcado a su padre y anunciándole una herencia. El muchacho deja a su amo y parte para Segovia, pasando por Madrid. En el camino conoce a varios tipos excéntricos: un arbitrista que piensa aconsejar al Rey que para conquistar a Amberes debe secar el mar con esponjas; un «diestro verdadero» que explica a Pablos que en la esgrima no sólo hay matemáticas, sino también «teología, filosofía, música y medicina», pero que, a pesar de sus supuestos conocimientos, huye a toda prisa ante la amenaza de un mulato; un clérigo viejo que ha compuesto un poema de cincuenta octavas reales a cada una de las once mil vírgenes; un fingido ermitaño que hace trampas en el juego. Al llegar a Segovia, encuentra el cadáver de su padre en el borde del camino, trato que se les daba a los ajusticiados. Reclama su pequeña herencia y parte de nuevo para Madrid. En el camino se encuentra con un hidalgo que está muerto de hambre; éste le enseña cómo vivir en la Corte sin trabajar y a costa de otros.

En Madrid Pablos se mete en una cofradía de pícaros. Después de una serie de estafas y trampas, termina en la cárcel, donde aprende el arte del soborno y otras cosas útiles. Al verse libre de nuevo, sigue con sus engaños hasta volver a caer en manos de la justicia. Puesto en libertad, es reconocido por don Diego Coronel, quien manda que lo apaleen. Después de esta experiencia, Pablos topa con una compañía de farsantes que van a Toledo. Se une a ellos, se hace cómico y alcanza la fama representando diversos papeles. Finalmente va a Sevilla, donde se hace fullero y decide embarcarse para las Indias «a ver si mudando mundo y tierras, mejoraría mi suerte». Es sólo ahora que Quevedo articula la moraleja: «Y fueme peor, . . . pues nunca mejora su estado quien muda solamente de lugar y no de vida y costumbres». Pablos, el Buscón, ha pasado su vida viajando de un lugar a otro. ¿Qué está buscando? Algo mejor—algo que nunca define explícitamente. Pero no ha sabido buscar dentro de su propia alma; no ha sabido mejorarse a sí mismo y por eso, no logra mejorar su vida.

A pesar de la influencia del *Guzmán* que se nota en algunos episodios, *El Buscón* es un libro innovador que rompe en forma y en espíritu las normas establecidas por Alemán. El vagabundaje de Pablos se reduce a España (Segovia, Alcalá, Madrid, Toledo, Sevilla). La acción se limita a unos episodios o cuadros en que aparecen personajes genéricos: el estudiante, el clérigo ridículo, el hidalgo pobre. El énfasis está en la acción. Desaparecen las digresiones morales y se intensifica el retrato social.

Como en los *Sueños* y en sus demás obras burlescas, en *El Buscón* Quevedo lleva el conceptismo a un extremo. Su estilo es compacto, intenso, personal. Abundan los juegos de palabras de doble o triple sentido: el licenciado Cabra tiene la nariz «entre Roma y Francia»; la comida es «eterna, sin principio ni fin». Por medio de la exageración, crea imágenes grotescas. Cabra es largo y delgado como un tubo, con la cabeza pequeña, la nariz chata y comida de bubas producidas por la sífilis, y ojos hundidos como los de un esqueleto.

La descripción del letrado esquelético («si se descomponía algo, le sonaban los huesos») recuerda algunas figuras tradicionales de la Cuaresma, período de abstinencia representado en el arte folklórico por un personaje femenino, o de sexo indeterminable, largo y estirado. Edmond Cros señala que el uso de la forma femenina (Cabra, en vez de Cabro), remite tal vez a este antiguo símbolo popular. Es significativo que Pablos y don Diego lleguen a casa de Cabra el primer domingo después de Cuaresma, lo cual hace doblemente difícil de aguantar la abstinencia impuesta por el letrado, y que se queden allí hasta la entrada de la Cuaresma siguiente.

Quevedo utiliza una plétora de símbolos populares para hacer de Cabra la encarnación del Mal; su nombre evoca al macho cabrío, símbolo del diablo. Su pelo rojo recuerda a Judas Iscariote, el apóstol que vendió a Jesús por treinta monedas, quien, según la creencia popular, también era pelirrojo. Edmond Cros examina el personaje de Cabra en relación con las tradiciones carnavalescas en *Ideología y genética textual. El caso del Buscón* (Madrid: Planeta, 1980).

La actitud de Quevedo hacia su personaje ha sido tema de discusión. Mientras que el autor del *Lazarillo* compadece al pícaro y el del *Guzmán* lo transforma en un ejemplo del hombre ruin que se arrepiente y se reforma, Quevedo hace de Pablos el blanco de sus burlas. En su

introducción al *Buscón*, B. W. Ife escribe: «Quevedo no creó a Pablos para argüir su caso o para defender su causa, sino para exhibirlo.» Aunque el deseo de Pablos de «aprender virtudes» y mejorar su posición social puede parecer admirable al lector moderno, su obsesión con el honor lo convierte en una figura ridícula. Pablos abandona su casa por vergüenza, pero nunca logra superar la bajeza de sus orígenes.

En su libro *Pícaros y la picaresca* (Madrid: Taurus, 1969) Marcel Bataillon señaló que todos los apellidos de la madre—«Aldonza de San Pedro, hijo de Diego de San Juan y nieta de Andrés de San Cristóbal»—tienen semejanza con los de judíos conversos. El insistir en la ascendencia dudosa de Pablos sirve para distanciar al autor de su personaje—Quevedo celaba su posición de miembro de la aristocracia—y para burlarse de sus pretensiones de caballero. Ife escribe: «La sangre judía de Pablos lo hizo un blanco doblemente conveniente para la distracción y diversión de Quevedo y sus amigos de la corte: era no sólo bahorrina, sino bahorrina judía, y además, bahorrina judía advenediza».

Por medio de Pablos, Quevedo se burla no sólo de la gente baja de pocos escrúpulos que pretende mejorar su posición, sino de una sociedad tan corrupta y debilitada que permite que un hombre como Pablos nutra tal esperanza. Como señala Ife, la única resistencia que Pablos encuentra es la de la fortuna. Los diversos tipos sociales que Quevedo retrata en el libro no son mejores o menos ridículos que el pícaro. Se crea una dialéctica, según Ife: «Quevedo se burla de Pablos, y Pablos, al burlarse de la sociedad de la cual Quevedo es una parte, se burla de Quevedo mismo». La visión satírica del *Buscón* abarca toda una sociedad que, en la opinión del autor, se halla en un estado de degeneración—pero de la cual él no puede excluirse.

Hoy en día algunos críticos han puesto en duda la adscripción del *Buscón* al género picaresco. Aunque la novela de Quevedo gira alrededor de un pícaro con vínculos obvios a Lazarillo y a Guzmán, se aparta del modelo constructivo de los prototipos. Estos se presentan como memoriales de hombres maduros que cuentan sus aventuras desde la posición ventajosa de la vejez. Relatan sus experiencias y lo que han aprendido de ellas. Hay, pues, una evolución, una serie de causas y efectos que llevan al narrador al sitio en que se encuentra al final del libro. El punto de vista unificador da a la novela picaresca una cohesión, una tensión interna.

Esto es precisamente lo que falta en el *Buscón*. En *Estilo barroco y personalidad creadora* (Madrid: Castalia, 1974), Fernando Lázaro Carreter demuestra que caracteriza el *Buscón* «la absoluta falta de esfuerzo constructivo». La novela de Quevedo consta de una serie de episodios independientes. Domingo Ynduráin escribe en la introducción a su edición: «Pablos no alcanza una situación desde la que le sea posible contar y juzgar su propia vida; en consecuencia, la doble perspectiva desaparece como dato presente en la obra; pero, sin embargo, la alternación de criterios permanece en la manera de presentar y juzgar los hechos.» Pablos comenta sobre sus propios defectos y ridiculiza a los personajes con los cuales se encuentra. Sin embargo, explica Ynduráin, Pablos no ha alcanzado una situación que le permita ese enfoque. Aunque el pícaro cuenta la historia e interpreta la acción, es realmente el autor quien habla desde su propia perspectiva por boca de su personaje. Ynduráin escribe: «. . . de esta manera se produce una contradicción insalvable: la forma autobiográfica, propia de la novela picaresca, se mantiene, pero las causas que la motivan y la función que cumple son muy otras que las de sus modelos. . . .»

A causa de esta alteración, Pablos es más un simple narrador que un personaje que filtra la información. El enfoque de la novela son las aventuras y no la personalidad del pícaro. Las travesuras de Pablos y sus consecuencias—cárcel, apaleamientos—no modifican su actuación. Por lo tanto, no hay una verdadera progresión en la conciencia del personaje. Además, hay escenas que el pícaro narra en las cuales él no interviene; su función es simplemente la de cronista.

Todo esto no quiere decir que no hay un sentido de cohesión en el libro. Varios críticos han demostrado que hay una cohesión que proviene de elementos estilísticos: la simetría, la caricatura, la repetición. Lo que significa es que en lo esencial—en el carácter y la función del pícaro y en el empleo de la forma autobiográfica—el *Buscón* se aleja de sus antecedentes.

Recomendamos las siguientes ediciones: *La vida del Buscón llamado don Pablos,* ed. B. W. Ife (Oxford: Pergamon, 1977); *La vida del Buscón llamado don Pablos,* ed. Domingo Ynduráin, texto fijado por Fernando Lázaro Carreter (Madrid: Cátedra, 1983); *Historia de la vida del Buscón: Ejemplo de vagamundos y espejo de tacaños,* ed. Edmond Cros (Madrid: Taurus, 1988).

La vida del Buscón, llamado don Pablos

Libro primero

Capítulo III

DE CÓMO FUI A UN PUPILAJE, POR CRIADO DE DON DIEGO CORONEL

Determinó, pues, don Alonso de poner a su hijo en pupilaje, lo uno por apartarle de su regalo, y lo otro por ahorrar de cuidado. Supo que había en Segovia un licenciado Cabra°, que tenía por oficio el criar hijos de caballeros, y envió allá el suyo, y a mí para que le acompañase y sirviese.

Entramos, primer domingo después de Cuaresma°, en poder de la hambre viva, porque tal lacería° no admite encarecimiento°. El era un clérigo cerbatana°, largo° sólo en el talle, una cabeza pequeña, pelo bermejo° (no hay más que decir para quien sabe el refrán°), los ojos avecindados en el cogote°, que parecía que miraba por cuévanos°, tan hundidos y escuros, que era buen sitio el suyo para tiendas de mercaderes°: la nariz, entre Roma y Francia°, porque se le había comido de unas búas de resfriado, que aun no fueron de vicio porque cuestan dinero°; las barbas descoloridas de miedo de la boca vecina°, que, de pura hambre, parecía que amenazaba a comérselas; los dientes, le faltaban no sé cuántos, y pienso que por holgazanes y vagamundos se los habían desterrado°; el gaznate° largo como de avestruz, con una nuez tan salida, que parecía se iba a buscar de comer forzada de la necesidad; los brazos secos, las manos como un

El cabro es un símbolo tradicional del diablo y del Mal.

período de abstinencia para los católicos entre el miércoles de ceniza y la Pascua de Resurrección (Es significativo el hecho de que el pupilaje con el mísero Cabra se sitúe entre una Cuaresma y la próxima.)

miseria / exageración

Se veía como un tubo largo porque era muy delgado. / juego de palabras: **largo** también significa generoso.

El pelo rojo se consideraba señal de mal carácter y un mal agüero. Judás, según la creencia popular, tenía el pelo rojo. / El refrán es: «ni gato ni perro de aquel color».

Es decir, tenía las cuencas tan profundas que parecía que sus ojos estaban al lado de la parte posterior de su cuello / cestos grandes

A los mercaderes les gustaban las tiendas oscuras para ocultar la mala calidad de su mercancía. / Tenía la nariz aplastada (roma) y cubierta de bubas (búas) producidas por la sífilis, conocida por el nombre de mal francés.

aun... que no cogió de una prostituta porque éstas cuestan dinero / **las**... Las barbas se pusieron blancas de miedo a la boca, que estaba tan cerca que podía morderlas. (Cabra siempre tenía hambre porque no gastaba dinero en comida.)

Eran holgazanes y vagamundos porque no hacían nada, ya que Cabra no comía. (Era costumbre desterrar a los vagabundos.) / cuello manojo de sarmientos cada una. Mirado de medio abajo°, parecía tenedor o compás; con dos piernas largas y flacas. Su andar muy espacioso°; si se descomponía algo, le sonaban los huesos como tablillas de San Lázaro°. La habla ética; la barba grande, que nunca se la cortaba por no gastar, y él decía que era tanto el asco que le daba ver la mano del barbero por su cara, que antes se dejaría matar que tal permitiese; cortábale los cabellos un muchacho de nosotros. Traía un bonete° los días de sol, ratonado con mil gateras y guarniciones de grasa; era de cosa que fue paño, con los fondos en caspa. La sotana, según decían algunos, era milagrosa, porque no se sabía de qué color era°. Unos, viéndola tan sin pelo, la tenían por de cuero de rana; otros decían que era ilusión; desde cerca parecía negra, y desde lejos entre azul°. Llevábala sin ceñidor; no traía cuello ni puños. Parecía, con los cabellos largos y la sotana mísera y corta, lacayuelo de la muerte. Cada zapato podía ser tumba de un filisteo°. Pues su aposento, aun arañas no había en él. Conjuraba los ratones de miedo que no le royesen algunos mendrugos que guardaba. La cama tenía en el suelo, y dormía siempre de un lado por no gastar las sábanas. Al fin, él era archipobre y protomiseria°.

A poder de éste, pues, vine, y en su poder estuve con don Diego, y la noche que llegamos nos señaló nuestro aposento y nos hizo una plática corta, que aun por no gastar tiempo no duró más°; díjonos lo que habíamos de hacer. Estuvimos ocupados en esto hasta la hora de comer. Fuimos allá. Comían los amos primero, y servíamos los criados.

El refitorio° era un aposento como un medio celemín°. Sentábanse a una mesa hasta cinco caballeros. Yo miré lo primero por los gatos, y, como no los vi, pregunté que cómo no los había a un criado antiguo, el cual, de flaco, estaba ya con la marca del pupilaje. Comenzó a enternecerse, y dijo:—«¿Cómo gatos? Pues ¿quién os ha dicho a vos que los gatos son amigos de ayunos y penitencias? En lo gordo se os echa de ver° que sois nuevo».

Yo, con esto, me comencé a afligir; y más me asusté cuando advertí que todos los que vivían en el pupilaje de antes, estaban como leznas°, con unas caras que parecía se afeitaban con diaquilón°. Sentóse el licenciado Cabra y echó la bendición. Comieron una comida eterna, sin principio ni fin°. Trajeron caldo en unas escudillas de madera, tan claro, que en comer una de ellas peligrara Narciso más que en la fuente°. Noté con la ansia que los macilentos dedos se echaban a nado tras un garbanzo huérfano y solo que estaba en el suelo°. Decía Cabra a cada sorbo:—«Cierto que no hay tal cosa como la olla°, digan lo que dijeren; todo lo demás es vicio y gula».

Acabando de decirlo, echóse su escudilla a pechos, diciendo: —«Todo esto es salud, y otro tanto ingenio°». ¡Mal ingenio te acabe!, decía yo entre mí, cuando vi un mozo medio espíritu° y tan flaco, con un plato de carne en las manos, que parecía que la había quitado de sí mismo. Venía un nabo aventurero a vueltas, y dijo el maestro en viéndole: —«¿Nabo hay? No hay perdiz para mí que se le iguale. Coman, que me huelgo de verlos comer».

Repartió a cada uno tan poco carnero, que, entre lo que se les pegó a las uñas y se les quedó entre los dientes, pienso que se consumió todo, dejando descomulgadas las tripas de participantes°. Cabra los miraba y decía: —«Coman, que mozos son y me huelgo de ver sus buenas ganas». ¡Mire v. m.° qué aliño para los que bostezaban de hambre!

Acabaron de comer y quedaron unos mendrugos en la mesa y, en el plato, dos pellejos y unos güesos°; y dijo el pupilero: —«Quede esto

---

Mirado... de la cintura abajo

lento

tablillas de madera que hacían sonar las personas que pedían limosna para los hospitales de San Lázaro

Además del sombrero que usaban los clérigos, el **bonete** es el baluarte de una fortificación. Nótese el juego de palabras en la mención de **guarniciones** de grasa. (Una **guarnición** es una tropa de soldados que defiende una fortificación.)

Es decir, era milagrosa porque cambiaba de color.

entre... casi azul

gigante

extremadamente avaro

Es decir, Cabra no gastaba nada, ni siquiera el tiempo.

refectorio, comedor de un colegio / medida que se usa para los granos y otras cosas (La idea es que el comedor no era grande.)

se... se puede ver

instrumento largo y delgado que usan los zapateros para hacer agujeros en el cuero

ungüento que sirve para reducir tumores e inflamaciones por sus propiedades desecativas (Los muchachos tenían la cara tan delgada, seca y macilenta que parecía que se habían echado diaquilón.)

juego de palabras: era sin principio y sin fin porque no había ni aperitivo ni postre.

Narciso se enamoró de su propio reflejo en el agua de una fuente; cayó adentro y murió ahogado. La sopa era tan clara (porque no había nada adentro) que los muchachos podían ver su reflejo.

el fondo del plato

guisado de carne y vegetales (Nótese que Pablos acaba de decir que no había nada sólido en el plato.)

y... y comida para nutrir el cerebro

Es decir, el muchacho era un espíritu o fantasma porque no tenía carne en los huesos.

alusión a la excomunión de **participantes**, personas que trataban con un excomulgado

Vuestra Merced (Pablos se dirige a una protectora imaginaria)

huesos

para los criados, que también han de comer; no lo queramos todo».
¡Mal te haga Dios y lo que has comido, lacerado°—decía yo—, que tal
amenaza has hecho a mis tripas! Echó la bendición, y dijo: —«Ea,
demos lugar a los criados, y váyanse hasta las dos a hacer ejercicio, no
les haga mal lo que han comido». Entonces yo no pude tener la risa,
abriendo toda la boca. Enojóse mucho, y díjome que aprendiese
modestia, y tres o cuatro sentencias viejas, y fuese.

mísero, avaro

Sentámonos nosotros, y yo, que vi el negocio malparado° y que mis
tripas pedían justicia, como más sano y más fuerte que los otros,
arremetí al plato, como arremetieron todos, y emboquéme de tres
mendrugos los dos, y el un° pellejo. Comenzaron los otros a gruñir; al
ruido entró Cabra, diciendo: —«Coman como hermanos, pues Dios les
da con qué. No riñan, que para todos hay». Volvióse al sol y dejónos
solos.

el... la situación en mal estado

único

Certifico a v. m. que vi a uno de ellos, al más flaco, que se llamaba
Jurre, vizcaíno, tan olvidado ya de cómo y por dónde se comía, que
una cortecilla que le cupo la llevó dos veces a los ojos, y entre tres no
le acertaban a encaminar las manos a la boca. Pedí yo de beber, que
los otros, por estar casi en ayunas, no lo hacían, y diéronme un vaso
con agua; y no le hube bien llegado a la boca, cuando, como si fuera
lavatorio de comunión, me le quitó el mozo espiritado que dije.
Levantéme con grande dolor de mi alma, viendo que estaba en casa
donde se brindaba a las tripas y no hacían la razón°. Diome gana de
descomer aunque no había comido, digo, de proveerme°, y pregunté
por las necesarias° a un antiguo, y díjome: —«Como no lo son en esta
casa, no las hay°. Para una vez que os proveeréis mientras aquí
estuviéredes, dondequiera podréis; que aquí estoy dos meses ha, y no
he hecho tal cosa sino el día que entré, como agora vos, de lo que cené
en mi casa la noche antes». ¿Cómo encareceré yo mi tristeza y pena?
Fue tanta, que, considerando lo poco que había de entrar en mi
cuerpo, no osé, aunque tenía gana, echar nada de él.

no... no correspondían con otro brindis
defecar
excusado
Es decir, como no son "necesarias" (porque la
gente no come y por lo tanto no defeca), no
las hay.

Entretuvímonos hasta la noche. Decíame don Diego que qué haría él
para persuadir a las tripas que habían comido, porque no le querían
creer. Andaban váguidos° en aquella casa como en otras ahítos. Llegó
la hora del cenar (pasóse la merienda en blanco°); cenamos mucho
menos, y no carnero, sino un poco del nombre del maestro: cabra
asada. Mire v. m. si inventara el diablo tal cosa. —«Es cosa saludable»
—decía— «cenar poco, para tener el estómago desocupado»; y citaba
una retahíla de médicos infernales. Decía alabanzas de la dieta, y que
se ahorraba un hombre de sueños pesados, sabiendo que, en su casa,
no se podía soñar otra cosa sino que comían. Cenaron y cenamos
todos, y no cenó ninguno.

vacíos
en... sin hacer

Fuímonos a acostar, y en toda la noche pudimos yo ni don Diego
dormir, él trazando de quejarse a su padre y pedir que le sacase de
allí, y yo aconsejándole que lo hiciese; aunque últimamente le dije: —
«Señor, ¿sabéis de cierto si estamos vivos? Porque yo imagino que, en
la pendencia de las berceras°, nos mataron, y que somos ánimas que
estamos en el Purgatorio. Y así, es por demás decir que nos saque
vuestro padre, si alguno no nos reza en alguna cuenta de perdones y
nos saca de penas con alguna misa en altar previlegiado».

alusión a una pelea que ocurre en el Capítulo II

Entre estas pláticas, y un poco que dormimos, se llegó la hora de
levantar. Dieron las seis, y llamó Cabra a lición; fuimos y oímosla
todos. Ya mis espaldas y ijadas nadaban en el jubón°, y las piernas
daban lugar a otras siete calzas; los dientes sacaba con tobas°,
amarillos, vestidos de desesperación°. Mandáronme leer el primer
nominativo a los otros, y era de manera mi hambre, que me desayuné

Pablos está tan delgado que «nada» en su ropa.
substancia amarillenta que se pega a los
dientes
El color amarillo significa desesperación.

con la mitad de las razones, comiéndomelas°. Y todo esto creerá quien supiere lo que me contó el mozo de Cabra, diciendo que él había visto meter en casa, recién venido, dos frisones° y que, a dos días, salieron caballos ligeros que volaban por los aires; y que vio meter mastines pesados y, a tres horas, salir galgos corredores; y que, una Cuaresma, topó muchos hombres, unos metiendo los pies, otros las manos y otros todo el cuerpo, en el portal de su casa, y esto por muy gran rato, y mucha gente que venía a sólo aquello de fuera; y preguntando a uno un día que qué sería —porque Cabra se enojó de que se lo preguntase— respondió que los unos tenían sarna y los otros sabañones°, y que, en metiéndolos en aquella casa, morían de hambre, de manera que no comían° desde allí adelante. Certificóme que era verdad, y yo, que conocí la casa, lo creo. Dígolo porque no parezca encarecimiento° lo que dije.

Y volviendo a la lición, diola y decorámosla°. Y prosiguió siempre en aquel modo de vivir que he contado. Solo añadió a la comida tocino en la olla, por no sé qué que le dijeron, un día, de hidalguía°, allá fuera. Y así, tenía una caja de yerro, toda agujereada como salvadera°, abríala, y metía un pedazo de tocino en ella, que la llenase, y tornábala a cerrar, y metíala colgando de un cordel en la olla, para que la diese algún zumo por los agujeros, y quedase para otro día el tocino. Parecióle después que, en esto, se gastaba mucho, y dio en sólo asomar el tocino a la olla.

Pasábamoslo con estas cosas como se puede imaginar. Don Diego y yo nos vimos tan al cabo, que, ya que para comer, al cabo de un mes, no hallábamos remedio, le buscamos para no levantarnos de mañana; y así, trazamos° de decir que teníamos algún mal. No osamos decir calentura porque, no la teniendo, era fácil de conocer el enredo. Dolor de cabeza o muelas era poco estorbo. Dijimos, al fin, que nos dolían las tripas, y que estábamos muy malos de achaque de no haber hecho nuestras personas en tres días, fiados en que, a trueque de no gastar dos cuartos en una melecina°, no buscaría el remedio. Mas ordenólo el diablo de otra suerte, porque tenía una que había heredado de su padre, que fue boticario. Supo el mal, y tomóla y aderezó una melecina, y haciendo llamar una vieja de setenta años, tía suya, que le servía de enfermera, dijo que nos echase sendas gaitas°.

Empezaron por don Diego; el desventurado atajóse°, y la vieja, en vez de echársela dentro, disparósela por entre la camisa y el espinazo, y diole con ella en el cogote, y vino a servir por defuera de guarnición la que dentro había de ser aforro. Quedó el mozo dando gritos; vino Cabra y, viéndolo, dijo que me echasen a mí a la otra, que luego tornarían a don Diego. Yo me resistía, pero no me valió, porque, teniéndome Cabra y otros, me la echó la vieja, a la cual, de retorno, di con ella en toda la cara. Enojóse Cabra conmigo, y dijo que él me echaría de su casa, que bien se echaba de ver que era bellaquería todo. Yo rogaba a Dios que se enojase tanto que me despidiese, mas no lo quiso mi ventura.

Quejábamonos nosotros a don Alonso, y el Cabra le hacía creer que lo hacíamos por no asistir al estudio. Con esto, no nos valían plegarias°. Metió en casa la vieja por ama, para que guisase de comer y sirviese a los pupilos, y despidió al criado porque le halló, un viernes a la mañana, con unas migajas de pan en la ropilla. Lo que pasamos con la vieja, Dios lo sabe. Era tan sorda, que no oía nada; entendía por señas; ciega, y tan gran rezadora que un día se le desensartó el rosario sobre la olla y nos la trujo con el caldo más devoto que he comido. Unos decían: —«¡Garbanzos negros! Sin duda son de Etiopía». Otros

---

Notas marginales:

Nótese el juego de palabras: comerse las palabras (razones) significa «murmurar» o «hablar entre dientes».

El frisón es un tipo de caballo grande y fuerte.

sarna, sabañones: enfermedades de la piel

picaban (Nótese el juego de palabras.)

exageración

la aprendimos (de coro o de memoria)

Comer tocino era señal de hidalguía porque las religiones judía y musulmana prohíben su consumo.

vaso cerrado con agujeros en la parte superior, en que se tiene la arena para enjugar la tinta con que uno ha escrito una cosa

planeamos, decidimos

medicina, lavatorio de tripas o el instrumento con que se echa, que consiste en un saquillo de cuero y un cañuto

lavatorios a los dos

se avergonzó

súplicas

decían: —¡«Garbanzos con luto! ¿Quién se les habrá muerto?» Mi amo fue el primero que se encajó una cuenta, y al mascarla se quebró un diente. Los viernes solía enviar unos huevos, con tantas barbas a fuerza de pelos y canas suyas, que pudieran pretender corregimiento o abogacía°. Pues meter el badil° por el cucharón, y inviar una escudilla de caldo empedrada, era ordinario. Mil veces topé yo sabandijas°, palos y estopa de la que hilaba, en la olla, y todo lo metía para que hiciese presencia en las tripas y abultase.

Los letrados solían usar barba. / paleta de hierro para mover la lumbre en la chimenea
animalillos

Pasamos en este trabajo° hasta la Cuaresma. Vino, y a la entrada de ella estuvo malo un compañero. Cabra, por no gastar, detuvo el llamar médico hasta que ya él pedía confesión más que otra cosa. Llamó entonces un platicante°, el cual le tomó el pulso y dijo que la hambre le había ganado por la mano° en matar aquel hombre. Diéronle el Sacramento, y el pobre, cuando le vio —que había un día que no hablaba—, dijo: «Señor mío Jesucristo, necesario ha sido el veros entrar en esta casa para persuadirme que no es el infierno». Imprimiéronseme estas razones en el corazón. Murió el pobre mozo, enterrámosle muy pobremente por ser forastero, y quedamos todos asombrados. Divulgóse por el pueblo el caso atroz, llegó a oídos de don Alonso Coronel y, como no tenía otro hijo, desengañóse de los embustes de Cabra, y comenzó a dar más crédito a las razones de dos sombras, que ya estábamos reducidos a tan miserable estado. Vino a sacarnos del pupilaje y, teniéndonos delante, nos preguntaba por nosotros; y tales nos vio, que, sin aguardar a más, tratando muy mal de palabra al licenciado Vigilia°, nos mandó llevar en dos sillas° a casa. Despedímonos de los compañeros, que nos seguían con los deseos y con los ojos, haciendo las lástimas que hace el que queda en Argel, viendo venir rescatados por la Trinidad° sus compañeros.

sufrimiento

practicante
ganado (Es decir, el hambre mató al muchacho antes de que el médico pudiera hacerlo. Quevedo satiriza a los médicos en muchos de sus escritos.)

Abstinencia / vehículo de lujo llevado por dos hombres

referencia a los trinitarios, una orden religiosa que se dedicaba al rescate de cautivos

FRANCISCO LÓPEZ DE ÚBEDA (SIGLO XVII)

Cuatrocientos años después de la publicación del *Libro de entretenimiento de la pícara Justina,* su autoría sigue siendo uno de los enigmas de la literatura del Siglo de Oro. En la portada de la edición príncipe, la cual apareció en 1605, figura como autor el Licenciado Francisco de Ubeda, natural de Toledo. Sin embargo, en un pasaje de su *Viaje del Parnaso,* Cervantes sugiere que el libro es obra de un eclesiástico. En el siglo XVIII el bibliógrafo Nicolás Antonio apoyó esta idea al inferir que López de Ubeda era el seudónimo del fraile dominico leonés Andrés Pérez, teoría que otros investigadores también han defendido. Sin embargo, Marcel Bataillon, después de estudiar detalladamente la portada y la epístola dedicatoria, llegó a la conclusión de que López de Ubeda no sólo existió, sino que él y su novela fueron muy conocidos durante su época. Investigaciones más recientes han demostrado la validez de las teorías de Bataillon, quien también conjeturó una enemistad entre López de Ubeda y Cervantes. Bruno Damiani señala que es posible que las opiniones negativas de Cervantes acerca de la obra de López de Ubeda sean responsables en parte de la oscuridad relativa en que ha permanecido *La pícara Justina.*

Con *La pícara Justina* se inicia la picaresca femenina, continuada más tarde por Salas Barbadillo con *La hija de Celestina* (1612) y por Castillo Solórzano con *Las Harpías en Madrid* (1631) y *La Garduña de Sevilla* (1642). A diferencia de Guzmán de Alfarache, de quien el autor de *La pícara Justina* pretende burlarse, la protagonista es una persona divertida y alegre que anhela la libertad. Justina comparte con Guzmán su gusto por la aventura y el deseo de ver el mundo, pero mientras que la vida picaresca conduce al protagonista de Alemán al desengaño, a Justina la colma de satisfacciones. Inclinada al placer y a la diversión, Justina goza no sólo de la independencia que le ofrece la vida picaresca, sino del desafío de vivir por la industria y el artificio. Si a Guzmán lo domina el pesimismo, a Justina la caracterizan el optimismo y la jovialidad.

La familia de Justina incluye a titiriteros, jugadores y tamboleros. Justina es descendiente de pícaros, y ha heredado la astucia e inteligencia de sus progenitores. Es decir, lleva la picardía en la sangre. La detallada genealogía con la cual el libro empieza parece ser una burla de los Estatutos de Limpieza de Sangre, según los cuales los cristianos viejos debían poder demostrar la pureza de su linaje durante las últimas cinco generaciones. Los padres de Justina fueron mesoneros que le enseñaron a sobrevivir en un mundo de engaños y trampas. Describe a su madre como «una águila» que le abre los «tiernos ojos para considerar la caza desde lejos, y saberla sacar, aunque más encubierta estuviese. . . .» El orgullo con el cual habla de su familia demuestra su actitud positiva hacia la vida de pícaro.

La pícara Justina consta de cuatro libros: «La pícara montañesa», «La pícara romera», «La pícara pleitista» y «La pícara novia». El primero describe la genealogía y la mocedad de Justina. El segundo trata de sus aventuras en las romerías de Arenillas y León. El tercero habla de cómo sus hermanos, ciegos de avaricia y furiosos porque ella pide su herencia, tratan de enclaustrarla y de cómo ella sale de su pueblo y por fin cobra su herencia. En el cuarto libro, Justina celebra sus bodas. Cada capítulo y subdivisión comienza con un verso que describe el argumento y termina con un «aprovechamiento» o comentario moral.

Bataillon señala que *La pícara Justina* es un *roman à clef* que ofrece una crónica burlesca de un viaje de Felipe III a León. El objetivo de la novela es entretener a un público de cortesanos más que hacer una crítica seria de la sociedad. Al crear una protagonista tan jovial y emancipada, el autor de *La pícara Justina* se burla de una tradición literaria—ejemplificada por autores como Mateo Alemán—que intenta enseñar una lección moral al contar las aventuras de un delincuente. Varios críticos—entre ellos Alexander A. Parker, Samuel Gili Gaya, Ludwig Pfandl y Bruno Damiani—han estudiado la actitud del autor de *La pícara Justina* hacia el aspecto moralizador de novelas como *Guzmán de Alfarache*. Damiani concluye que éste «. . . nos presenta . . . una obra en que las reflexiones morales son irónicas o burlescas. . . .» Los «aprovechamientos» son meros apéndices cuya relación con el relato es muy superficial. Son comentarios generales sobre la conducta humana más que condenaciones de los embustes de Justina, cuyos éxitos socavan repetidamente el mensaje moral.

En varios episodios el autor se burla de los prejuicios que llevan a los defensores de la religión a adoptar una posición intrínsecamente anticristiana. En contraste con el fanatismo de los que se hacen pasar por buenos católicos, la tolerancia caracteriza la actitud de Justina. En el tercer capítulo del Libro tercero, Justina se aloja con una vieja que no sólo es morisca sino bruja. La heterodoxia de esta mujer es tema de mofa: «Ella era morisca inconquistada, y aun tengo por cierto que sabía mejor el Alcorán que el Padrenuestro . . . Yo creo en Dios, pero que ella creía en él, créalo otro. Cuando se persinaba, no hacía cruces, sino tres mamonas en la cara, como quien espanta niños, y cuando llegaba al pecho, hacía un garabato y dábase un golpecito con el dedo pulgar en el estómago. Entiende por allá el presignum». A pesar de ser hereje, la vieja se convierte en amiga de Justina, quien se niega a condenarla a las autoridades. Justina se excusa de esta obligación declarando que: «. . . se me escapó . . . decirlo a los señores inquisidores, y si lo hice bien, fue por la natural obligación que tiene cada cual a querer bien a quien le hace bien». La independencia de criterio de Justina la conduce a actuar según los principios fundamentales de la ética cristiana, es decir, a amar a su prójimo sin fijarse demasiado en las circunstancias.

La pícara Justina lleva el género picaresco a una nueva dimensión. Ridiculiza no sólo el afán moralizador de autores como Mateo Alemán, sino también el estilo realista. Aunque las aventuras de Justina la llevan a muchas partes de España, donde entra en contacto con diversos elementos sociales, más que un fiel retrato, *La pícara Justina* crea una imagen distorsionada y burlesca de la sociedad.

Desde la época de Cervantes se tacha *La pícara Justina* de ambiguo, enredado y mal escrito. Sin embargo, algunos críticos modernos han vuelto a examinarlo y le han encontrado méritos que hasta ahora habían pasado desapercibidos.

Recomendamos la edición de Bruno M. Damiani (Madrid: José Porrúa Turanzas, 1982).

La pícara Justina

Segunda parte del libro segundo

CAPÍTULO I
NÚMERO TERCERO

DE LA BURLA DEL ERMITAÑO

Fue un ermitaño ladrón,
Llamado Martín Pavón,
A dar una pavonada
En la ciudad de León,

Y posó en el mesón
En que estaba aposentada
Justina,
Gran zahorí° y adivina   adivino
De gente desta bolina.
El era muy redomado°,   astuto
Mas ella fue tan ladina,
Que a puro meter fajina,
Le cogió como a un cuitado°   tontillo, pobrecito
Sus dineros.

Todos los días de mi vida quise mal a bellacos hipocritones, y no me
falta razón. Los malos justamente son aborrecidos por las virtudes en
que faltan como flacos, pero los hipócritas sólo por lo que tienen y por
lo que mienten. Caso bravo que quieran éstos que respectemos las
virtudes que no tienen, que llamemos al mono hombre, al lodo oro, al
oropel perlas y a sus marañas y latrocinios° tesoro de bienes. Dios me   hurtos, robos
deje avenir con un bellaco de pan por pan°, y no con estos sirenos   **de**... de pan por pan y vino por vino; es decir,
enmascarados.   que es lo que es y no finge ser otra cosa

En mi pueblo hubo uno de estos, tan gran ladrón como hipócrita,
que en hábito de ermitaño era gran garduño°, por tal le prendió el   ladrón muy astuto
corregidor°. Escapóse dos días antes de nuestra Señora de Agosto° y   oficial de la justicia / **nuestra**... el 15 de agosto,
fue a posar en el mesmo mesón del fullero° con quien tenía especial   fiesta de la Asunción; nótese que «hacer su
conocencia, porque se llamaban Pavones° (¡la bellaca que fuera la   agosto» significa «hacer un buen negocio».
pava!). No osaba salir de día porque no cayesen o porque no recayesen   alguien que hace trampas en el juego
en él, y fuese por la racaída. Al justo le venía llamarse Pavón, proprio   Metafóricamente, «pavón» se usa para referirse
de bellacos famosos, según he oído decir a uno que llamaban Pico de   a una persona sin gracia pero llena de
Perlas, es traer puestos en el nombre el marbete° de su marca, como   pretensiones.
Lutero° y Manes°, autor el uno de los luteranos y el otro de los   cédula, etiqueta (Es decir, por su nombre se
maniqueos, que el un nombre quiere decir una cosa sucia en su   sabía que era un bellaco y un mentiroso.)
lengua, y el otro, Lutero, en la nuestra significa una cosa de burla y   Lutero (1483–1546), reformador religioso cuyo
mofa.   nombre, según explica Justina, ha llegado a
                                                                                adquirir un significado especial / Maniqueo
Pavón se llamaba, y es proprio este nombre para que por él y por las   (215–276), fundador de la secta de los
cualidades de esta ave me vaya yo acordando de las malas y perversas   maniqueos, que creían en la existencia de
de este bellacón.   dos principios igualmente poderosos: el bien,
                                                                                que era Dios, y el mal, que era el Diablo.
El pavón es propria figura de un hipócrita, porque tienen   Justina cita a Lutero y a Maniqueo como
propriedades tales los pavones que unas desmienten a otras, y, en   ejemplos de herejes cuyos nombres han
hecho de verdad, parece uno y es otro. Tiene el pavón en la cabeza   adquirido un significado negativo en el
crestas, en las cuales denota lozanía como la del gallo y poder como de   lenguaje popular.
serpiente, pero el macho es muy flaco y de pocas fuerzas y la hembra
de tan poco calor que los más huevos que pone los enhuera°. Tal era   hace que se pudran
mi Martín Pavón. Quien le oyera decir cómo antes que se recogiese
había servido al rey en Orán, en Malta y otras fronterías, pensara que
era gallo de cien crestas, que es tan lozano que vence al león, y
poderosa serpiente temida de todo hombre. No hay cuclillo que así
cante su nombre como él cantaba y cantaba sus hazañas, pero venido
al fallo, era tan grande lebrón que, si no es en la batalla de cortabolsas
y en la guerra de gallinas, nunca otro acometimiento hizo ni otra
cabeza cortó.

El pavón todo está lleno de ojos°, y ve tan poco, que, si la pava se le   Las plumas del pavo real tienen un diseño que
asconde°, jamás la puede descubrir hasta que ella quiere. Este   se parece al ojo. / esconde
bellacón tenía tantos ojos para censurar vidas ajenas, que nunca hacía
sino dar memoriales y en ellos noticia de los amancebados y
amancebadas de Mansilla. Teníanos enfadadas a las pobres mozas de
mesón, y él tenía tres, por falta de una, todas hormas de su zapato.

Quien viere una ave tan linda como un pavón, pensará que tiene la carne más blanda que el pavo de Indias°, mas, en hecho de verdad, no la hay más mala, más negra ni más dura. Así, quien viera a este hipocritón tan cargado de los ojos de todos como de trapos, descalzo, maganto, ahumado, macilento, pensara que sus proprias miserias le pusieran ojos y compasión de las ajenas, pero era un Nerón°, y donde él hurtaba con mejor denuedo era en los hospitales. ¡Qué ánima ésta! ¿Quién fuera a él en confianza que había de partir con ella la capa como San Martín°? Yo sé que se le averiguó que de un manto que le dieron a guardar partió la mitad, pero no para dar, sino para tomar . . . , y llamábase Martín.

El pavón tiene un pecho dorado, de color de finísimo zafiro, pero los pies son feos y abominables; así, quien viera la modestia de este, pensara que era oro todo lo que en él relucía. Hacía que rezaba y daba el silbo como cañuto de llave; sospiraba, hacía ruido como que se azotaba y hacía mil embelecos con que parecía un zafiro de santidad en la tierra, mas sus pasos eran negros y feos, que ni había bolsa que no conquistase ni mujer que no solicitase, y en saliendo el tiro en vano, echábalo por lo de pavía° y tornábase a azotar a santo.

El pavón es de terrible y espantosa voz, mas los pasos tan sin sentir como si pisara en felpa. Así, éste daba gritos que fuésemos buenos y metía más herrería que un Ferrer°, mas de noche, sin sentir, descorchaba cepos y ganzuaba escritorios con el silencio que si fuera llover sobre paja.

En suma, el pavón tiene figura de ángel, voz de diablo y pasos de ladrón: puro y parado Martín Pavón.

En fin, como no hay cosa encubierta si no es los ojos del topo, vínose a saber su vida y milagros. Prendiéronle. Soltóse. Llevaba muchos reales. Fuese a León a dar una pavonada° en las fiestas de agosto. Estaba en el mesón en hábito de ermitaño. Vile a las dos de la tarde, otro día después del tiro del rezmellado°. Conocíle y no me conoció, y en viéndome tomó un libro en la mano que decía llamarse *Guía de pecadores*°, y yo, como pecadora descarriada, lleguéme a él para que me guiase. El bien vio que la moza que entraba no hedía, mas no me quiso mirar en tientas, dando a entender que lo hacía por no caer en la tentación. Yo me llegué tan cerca de él con el cuerpo como él lo estaba con la voluntad.

Saludóme humildemente, diciéndome:

—Dios sea en su alma, hermana.

Yo confieso que como no estaba ejercitada en esas salutaciones a lo divino, no se me ofreció qué responder, porque ni sabía si le había de decir, *et cum spiritu tuo*°, o *Deo gratias*°, o *sur sum corda*°, mas a Dios y a ventura, díjele:

—Amén.

Ya que me tuvo parada, y tal que a su parecer no era censo de al quitar, me dijo:

—Hija, razón será que se acabe de leer este capítulo que tengo comenzado, porque como son cosas de Dios, no es razón que las dejemos por las terrenas, vanas, caducas y transitorias de las tejas abajo.

Yo, cuando oí aquello de las tejas abajo, sospiré un sospirazo que por pocas hiciera temblar la taconera de Pamplona°, como cuando la ciudadela mosquetea°.

El prosiguió con su sermona:

—Podrá ser, hija mía, que la haya encaminado el Espíritu Sancto,

---

de... americano

emperador romano (37–68), conocido por su crueldad

San Martín (¿316?–397) era conocido por su caridad. Repartió su capa con un pobre.

echábalo... respondía con alteración

herrero

paseo breve

remellado, que tiene mella o defecto; se refiere a otro episodio en que aparece un personaje que tiene el ojo remellado.

obra de fray Luis de Granada (Véase la pag. 203.)

et... y con tu espíritu / Deo... A Dios gracias / sur... levantemos el corazón (Todas estas frases son de la liturgia católica.)

Damiani sugiere que la taconera de Pamplona debió ser una famosa bailarina.

la... la observaba bailar

para que oya° algo que le aproveche, y si tiene algo tocante a su alma, después habrá lugar para comunicarlo.

Pardiez, por entonces tapóme y hízome oír lo que bastó para enfadarme, y díjele:

—Padre mío, yo traigo lengua de su buena vida y tengo necesidad de consolarme con su reverencia. Traigo priesa° y no me puedo detener. Ruégole que, si es posible, deje eso por ahora y oya una cosa que quiero comunicar con él, que importa a la salvación de mi alma.

El, entonces, que no quería otra cosa, sino que aguardaba a que yo le hiciese el son, dejó el libro, y aun asomó a quererme consolar por la mano, por consolarme en arte de canto llano°, que comienza por la mano. Mas yo, como intentaba consuelos en contrapunto, ahorréle esta diligencia, y propuse y dije:

—Padre, yo soy una mujer honrada casada con un batidor de oro°. Soy natural de Mayorga°. Vine aquí con unos parientes míos a las fiestas de la bendita Madre de Dios y a estarme aquí algunos días en casa de una prima mía, beata, haciendo algo y comiendo de mi sudor. Hanme hurtado la bolsa y algunos de mis vestidos y la almohadilla y los majaderos° que traía para hacer puntas de palillos°, que las hago muy buenas. Véome tal, que estoy a pique° de hacer un mal recado° y afrentar a mi linaje. Por caridad, le ruego que, pues la gente bendita como su reverencia tiene mano con los señores honrados y ricos la terná° con la justicia, dé orden cómo me socorran, y si su reverencia tiene algo, reparta conmigo.

Respondióme y díjome muchas cosas que de suyo provocaran a castidad, si él no castrara la fuerza de ellas con ser quien era. Decía sin duda, buenas cosas, pero con un modillo que destruía la substancia de la dotrina, que bien parecía obra de diferentes dueños, pues la sustancia olía a Dios y el modillo a Bercebú°.

Después de alargar arengas, tan malas de entender como buenas de sospechar, no pude atar cosa que dijese, sólo colegí que, en buen romance°, me aconsejaba que muriese de hambre en amor de Dios, si pensaba ser buena, y si mala, que él me aplicaba para la cámara°, y que menos escándalo era que entre Dios y él y mí quedase el secreto; y que cuanto al pedir para mí, pienso que dijo que tenía gota° y no podía andar, y cuanto a darme de su dinero, que él no lo tenía, y que antes un rayo abrasase sus manos que en ellas cayese dinero, cuanto y más tenerlo.

¡Tómenme el despecho del ermitaño! Ya yo sabía que éste había de ser el primer auto°, pero yo iba pertrechada° de fajina°. Díjele, pues:

—¡Ay, padre! ¡No quiera Dios que yo haga mal a un siervo suyo como él! Ya que yo haya de serlo, acá con estos bellacos del mundo es mejor, porque lo uno es menos pecado, porque es caza que se sale ella al encuentro, es mancha en más ruin paño y es más a provecho; en fin, saca el vientre de mal año. ¡Ay, padre!, quiérole confesar mi flaqueza, ya que le he comenzado a decir toda mi vida con tanta verdad y me parece tan humano que se compadecerá de mí. Sabrá, padre, que un criado del Almirante, muy gentil hombre y caballero, corregidor de cierto pueblo suyo aquí cerca, que ha venido aquí a León, me ha ofrecido muchos reales porque acuda a su gusto, y si Dios y él, padre, no me remedian por otra vía, pienso echarme con la carga°.

El, en oyendo corregidor de cerca de León, criado del Almirante, luego sospechó (como culpado y temeroso) si era el de Mansilla°, y preguntóme:

oiga

Traigo... Tengo prisa

El canto llano o gregoriano es el tradicional de la liturgia católica.

batidor... el que martilla el oro para reducirlo a lámina / Mayorga de Campos, en la provincia de Valladolid

rolillo para hacer encaje / palito torneado que sirve para hacer encajes

punto / **hacer**... cometer un pecado, hacer una barbaridad

tendrá

Belcebú, el demonio considerado como jefe de los espíritus del mal (aquí, el Diablo)

español; es decir, hablando de una manera clara y directa

aplicaba... empleaba como prostituta

enfermedad caracterizada por desórdenes viscerales y articulares

acto, hecho / abastecida, municionada / haz de ramas que sirve para defensas provisionales (Es decir, yo estaba preparada.)

echarme... aceptar su proposición

donde Justina había pasado una estadía

—¡Jesús! ¿Quién es ese mal juez o de qué pueblo? Dios tenga piedad, por su misericordia, de pueblo gobernado por un hombre de tan poco gobierno. Decidme, hija, de qué pueblo es, para que yo le encomiende a Dios.

Yo, con inocencia aparente, me di una palmada en la frente, y dije:

—No se me acuerda; bien sé que es tres leguas de aquí.

El me dijo:

—¿Es Mansilla?

Respondíle:

—Sí, sí, sí, ése es el pueblo. Y ha venido aquí el corregidor a ver las fiestas, y como me ha visto a mí, dice que si yo le hago placer, no quiere más fiestas.

Lo que él se inquietó y azoró° no se puede significar°, porque se le traslució que le venía a buscar y a prender y a hacer extraordinarias diligencias, pero el hipocritón, como yo le dijese que no se inquietase, me respondió:

se turbó / describir

—No os espantéis, hija, que las ofensas de Dios en el pecho de un cristiano son pólvora que le minan y hacen que se inquiete y salga de sí. Pero con todo eso, decidme, hija, ¿ese corregidor sabe adónde vivís?, ¿no os podíades vos esconder de él? Item°, si yo os buscase dineros, ¿cómo le habíades de huir el rostro?

además (adverbio latino que se emplea en los documentos)

A esto le respondí:

—Padre, el corregidor bien sabe que yo poso aquí, y dice que aquí, a este mesón donde estamos, ha de venir a la noche, y que para esto tiene un buen achaque, y es que anda espiando un famoso ladrón que en Mansilla llaman el Pavón, el cual se le fue de la cárcel de Mansilla y se vino aquí a León, y creo no tardarán mucho en venir. Mas si su reverencia me buscase algún remedio, muy fácilmente me escaparía yo de él, porque aprestaría luego mi jumentilla y iríame esta noche a nuestra Señora del Camino con mis compañeras, que van allá todas, y si me dice algo, diréle que en la romería° se verá su negocio; en la romería excusaréme con mis parientes y compañeras, diréle que me lleve a Mansilla, que es camino de mi pueblo; en Mansilla avisaré a su mujer que mire que su marido anda perdido y le recoja, y con esto iré mi camino y él se quedará en su casa. Pero si voy sin manto a mi casa y sin la hacendilla que traje aquí para entretenerme algunos días, ¿qué he de hacer?

Se trata de la romería a la Virgen del Camino, que se celebra en agosto.

Entonces el bellacón se alteró aún más, viendo que si el corregidor venía, le había allí de coger in fraganti°. Con todo eso, me hizo otro sermoncete, pero con mejor método que el pasado, porque la conclusión fue darse otra palmada en la frente y decir:

in... en flagrante, en el acto de cometer el delito

—¡Ya, ya, alabado sea el Redemptor! Algún ángel dejó aquí unos dineros de un mi compañero para tal necesidad. Yo me quiero atrever a tomárselos, con que vos le recéis otros tantos rosarios como os doy de reales.

Dicho esto, sacó de un zurrón° seis escudos y me los puso en estas manos pecadoras. Juntáronse su temor y mi contento para que ni él me dijese otra palabra ni yo a él. Fuime.

bolsa

El luego mudó de traje y se fue a ver con el fullero. Yo ensillé mi burra y marché, porque los Pavones no me cayesen en la treta°.

Pavón fue éste que en mi vida° más supe de él, que ha sido mucho para la mucha tierra que he visto y para la dicha que he tenido en encontrar con bellacos.

no... no se dieran cuenta de mi engaño
en... nunca

El del ojo rezmellado no me vio jamás, pero escribióme una donosa carta, y yo, en respuesta, otra no menos, y por mi fe, que aunque sea detener la historia de la vuelta de León a mi tierra, te he de referirlas, y si te parecieren largas cartas, ya te he dicho que yo siempre peco por carta de más, y si buenas, holgaréme de que encartaré gente honrada.

APROVECHAMIENTO

Hipócritas y gente que no viven en comunidad y hacen ostentación de ejercicios y ceremonias y hábitos inventados por sólo su antojo, siempre fueron tenidos por sospechosos en el camino de la virtud.

VICENTE ESPINEL (1550—1624)

Vicente Espinel fue una de las figuras literarias más respetadas de su época. Fue amigo de Cervantes; Lope de Vega lo consideraba un maestro de las artes poéticas, y Mateo Alemán y Quevedo le pidieron versos para adornar sus obras. Espinel reformó la décima, creando una nueva forma métrica conocida por el nombre de *espinela*. Sus poesías alcanzaron una gran circulación y aparecieron en numerosas antologías. Además de poeta, fue un músico importante que hizo una gran contribución al desarrollo de la guitarra española al agregarle la quinta cuerda.

Espinel nació en Ronda, ciudad de Andalucía, y estudió en Salamanca, donde sus dotes literarias y musicales atrajeron la atención de un grupo selecto. También vivió en Valladolid y en Sevilla. Cuenta que en ruta a Italia fue apresado por unos piratas africanos que lo llevaron a Argel, donde sirvió como esclavo. Este episodio, que figura en la novela picaresca de Espinel, es posiblemente apócrifo, aunque algunos críticos modernos creen que puede contener elementos verídicos. En 1578 Espinel llegó a Génova, donde el embajador, don Julio Espínola, y el jefe de las galeras, Marcelo Doria, le dieron dinero y cabalgadura para llegar a Milán. De allí partió para Flandes, donde se incorporó al ejército español y participó en el asalto de Maestricht. Al dejar los Países Bajos, recorrió varias ciudades italianas. Para entonces, Espinel tenía la salud delicada y estaba cansado de tantos viajes y aventuras. Volvió a España, se ordenó de sacerdote y terminó sus estudios en Granada en 1589.

Espinel consiguió una capellanía en Ronda, pero la vida de provincia terminó por fastidiarlo. La falta de estímulos intelectuales y la mezquindad de sus colegas religiosos le causaron disgustos insoportables. En 1591 publicó sus *Rimas,* una colección de poesías de diversos tipos compuestas en diferentes épocas de su vida, acompañadas de una traducción de la poética de Horacio. Algunos de estos poemas revelan la profunda melancolía que Espinel sintió en este ambiente hostil. Por fin se marchó a Madrid, donde vivió desde 1598 y fue maestro de música y capellán en la Capilla del Obispo de Plasencia, en la parroquia de San Andrés.

Espinel publicó sólo una novela, *Marcos de Obregón,* que acostumbra clasificarse como novela picaresca, aunque se aparta del género en muchos sentidos. Publicado en 1618, *Marcos de Obregón* es más bien un libro de memorias en que un escudero, ya viejo, relata sus recuerdos, sus aspiraciones no realizadas y sus opiniones actuales. De sus experiencias personales el narrador extrae numerosas lecciones que sirven de base para sus divagaciones morales. Como muchos otros escritores de su época, Espinel creía que el propósito de la literatura era entretener e instruir. Anuncia su objetivo docente en el Prólogo: «El intento mío fue ver si acertaría a escribir en prosa algo que aprovechase a mi república, deleitando y enseñando, siguiendo aquel consejo de mi maestro Horacio. . . .»

Mientras que para ciertos otros escritores la doctrina de «enseñar deleitando» es sólo un pretexto, para Espinel es una máxima inviolable que influye no sólo en el contenido de la obra sino en el estilo directo y nítido. Dice en el Descanso último y epílogo: «Escribíle en lenguaje fácil y claro, por no poner en cuidado al lector para entendello . . . ¿cómo puede enseñar y deleitar lo que no se entiende, o a lo menos ha de poner en mucho cuidado al lector para entendello»?

Marcos de Obregón no relata grandes aventuras ni actos de heroísmo; tampoco contiene condenaciones amargas de la sociedad española. El libro de Espinel carece de la intensidad narrativa del *Lazarillo* y de la mordaz crítica social del *Guzmán de Alfarache.* Alonso Zamora Vicente ha señalado «el tono apagado» que domina el libro: «. . . la vida se desliza sin brillos, sin grandes aspavientos. [Espinel] ha aprendido de *Lazarillo* a mirar su contorno y nos lo cuenta con una suprema dignidad, aficionado a las tintas sobrias, sin los contrastes ni la caricatura del *Buscón*». La falta de vigor narrativo se debe también al elemento moralizador, que tiende a diluir el relato. Para Samuel Gili Gaya, este fenómeno caracteriza no sólo al libro de Espinel, sino a la novela picaresca tardía en general; en los últimos libros de pícaros, se da a los tipos y situaciones «una valoración interior» que llena el vacío de ideal que caracteriza las primeras novelas picarescas. Dice Gili Gaya: «Hay una aspiración inconsciente hacia algo más que la sátira social corrosiva y descarnada; pero no se acierta con la forma, la acción se diluye en consideraciones, pierde el vigor primitivo, y como la moralidad no alcanza tampoco gran altura, el género picaresco halla en su segunda fase el germen de su decadencia.» Espinel es más indulgente ante los excesos humanos que sus predecesores, pero su tolerancia y benevolencia le quitan cierto poder a su obra literaria.

Espinel también interrumpe su narración con digresiones históricas, opiniones personales y aclaraciones de diversos tipos. Por ejemplo, en su descripción de la salida de Marcos de Obregón de Gibraltar, intercala un comentario sobre las columnas de Hércules.

Marcos de Obregón está dividido en tres Relaciones, las cuales están repartidas a su vez en Descansos. En la primera, el autor recrea sus años de estudiante en Salamanca, sus andanzas militares y algún que otro fracaso amoroso. En la Relación segunda cuenta su esclavitud argelina y sus relaciones puras y castas con la hija de su dueño, además de varios sucesos populares y folklóricos. La Relación tercera refiere sus aventuras italianas y su regreso a Madrid, además de otras experiencias en Andalucía, donde se encuentra con los hijos de su antiguo amo pirata.

Todo el libro está hecho a base de personas y experiencias reales. Como en la vida misma, los sucesos ocurren uno tras otro, sin orden y sin que haya siempre una relación obvia entre ellos. Lo que desconcierta al lector es la imprevisibilidad de los acontecimientos, más que la maldad humana—la cual, en el libro de Espinel, resulta a menudo de la necedad o de la falta de experiencia.

Los golpes del azar no terminan por amargar al narrador, sino por enseñarle el valor de la paciencia. Concluye el Descanso último con la siguiente observación: «La ocupación es la grande maestra de la paciencia, virtud en que habíamos de estar siempre pensando con grande vigilancia para resistir las tentaciones que nos atormentan dentro y fuera. Al fin con ella se alcanzan todas las cosas de que los hombres son capaces». La actitud filosófica de otro personaje, Mergelina de Aybar, es característica de los protagonistas de Espinel: «. . . la fortuna tiene siempre cuidado de levantar caídos y derribar levantados, no siendo yo la primera que ha sufrido sus encuentros y mudanzas . . .» (Relación III, Descanso XXIV).

A diferencia de otros protagonistas picarescos, Marcos de Obregón encuentra cierto consuelo en la naturaleza—la belleza de la luz, el perfume de la madreselva, la suavidad de la brisa. También se consuela en los libros; después de pasar hambres y de padecer desventuras, llega a su casa y se entrega a la lectura. Este concepto del libro como refugio se nota en muchas de las divagaciones morales, cuyo propósito es calmar al lector, enseñándole a aceptar filosóficamente las trampas del destino.

Marcos de Obregón tuvo mucho éxito en su época. Salió en varias ediciones y fue traducido al francés. El autor francés Alain René Lesage (1668–1747) se inspiró en *Marcos de Obregón* para componer su novela *Gil Blas de Santillana*.

El estudiante podrá consultar: *Vida de Marcos de Obregón*, (Madrid: Espasa-Calpe, 1972) o (Madrid: Círculo de Amigos de la Historia; 1973, 1976). También existe una edición facsimilar de *Las relaciones de la vida del escudero Marcos de Obregón* (Madrid: Círculo del Bibliófilo, 1979).

Vida del escudero Marcos de Obregón
Relación segunda

DESCANSO SÉPTIMO

Embarcámonos en Sanlúcar[1] no con mucho tiempo.[2] Pasamos a vista de Gibraltar por el estrecho, que lo era tanto por alguna parte, que con la mano parecía poderse alcanzar a la una y otra parte. Vimos el Calpe,[3] tan memorable por la antigüedad, y más memorable por el hachero o atalaya que entonces tenía, y muchos años después, de tan increíble y perspicaz vista, que en todo tiempo que él tuvo aquel oficio, la costa de Andalucía no ha recebido daño de las fronteras de Tetuán, porque en armando las galeotas en Africa las vía[4] desde el Peñón y avisaba con los hachos o humadas. Yo soy testigo que estando una vez en el Peñón algunos caballeros de Ronda y de Gibraltar, dijo Martín López—que así se llamaba el hachero—: «Mañana al anochecer habrá rebato,[5] porque se están armando galeotas en el río de Tetuán», que son más de veinte leguas, y yo creo que por mucho que se encarezcan las cosas que hizo con la vista Lince[6]—que fue hombre y no animal,[7] como algunos piensan—, no sobrepujaron a las de Martín López; realmente, lo temían más los cosarios que al socorro que contra ellos venía.

Quiero de paso declarar una opinión que anda derramada entre la gente poco aficionada a leer, engañada en pensar que lo que llaman colunas de Hércules sean algunas que él mismo puso en el estrecho de Gibraltar, con otro mayor desalumbramiento, que dicen ser las que mandó poner en la alameda de Sevilla don Francisco Zapata, primer conde de Barajas; pero la verdad es que estas dos colunas son: la una el Peñón de Gibraltar, tan alto, que se disminuyen a la vista los bajeles de alto bordo que pasan por allí. La otra coluna es otro cerro

---

[1] puerto de la provincia de Cádiz.
[2] **no**... con bastante mal tiempo.
[3] una de las columnas de Hércules, antiguo nombre del promonotorio de Gibraltar.
[4] veía.
[5] ataque.
[6] Linceo, uno de los Argonautas (héroes griegos), célebre por su vista tan aguda.
[7] Se refiere al animal que se llama lince, que, según los antiguos, podía ver a través de las paredes.

muy alto en Africa, correspondientes el uno al otro. Dícelo así Pomponio Mela[8] (*De situ orbis*).

Volviendo al propósito, digo que pasamos a la vista de Marbella, Málaga, Cartagena y Alicante, hasta que, engolfándonos,[9] llegamos a las islas Baleares, donde no fuimos recebidos por la ruin fama que había de peste en Poniente;[10] de manera que desde Mallorca nos asestaron tres o cuatro piezas.[11] Faltónos viento y anduvimos dando bordos[12] en aquella costa, hasta que vimos encender quince hachos, que nos pusieron en mucho cuidado; porque como en Argel se cundió la fama de la riqueza que llevaba el galeón de un tan grande príncipe, salieron en corso quince galeotas a buscarnos, que hicieron mucho daño a toda la costa, y lo pudieran hacer en nosotros si el viento les favoreciera, permitiéndolo Dios. Con el aviso que nos dieron de las atalayas engolfámonos, fortificando las obras muertas y las demás partes que tenían necesidad con sacas de lana y otras cosas que para el propósito se llevaron. Repartiéronse los lugares y puestos como les pareció a los capitanes y soldados viejos que el galeón llevaba. Puestos en orden aguardamos las galeotas, que ya se venían descubriendo con el suyo de media luna,[13] que como al galeón le faltaba el viento y ellos venían valerosamente batiendo los remos,[14] llegaron tan cerca que los podíamos cañonear.

Estando ya con determinación de morir o echarlas a fondo, disparó nuestro galeón dos piezas tan venturosas que desparecieron una de las quince galeotas, y en el mismo punto nos vino un viento en popa tan desatado que en un instante perdimos de vista las galeotas. Esforzóse el viento tan demasiadamente que nos quebró el árbol de la mesana,[15] rompiendo las velas y jarcias[16] de los demás con tanta furia que nos puso en menos de doce horas sobre la ciudad de Frigus,[17] en Francia; y sobreviniendo otro viento contrario por proa, anduvimos perdidos volviendo hacia atrás con la misma prisa que habíamos caminado. El galeón era muy gran velero y fuerte, bastante para no perdernos, y con sólo el trinquete[18] de proa pudimos

bandearnos,[19] con la gran fortaleza del galeón. Y al tercer día de la borrasca comenzó la popa a desencajarse y a crujir, a modo de persona que se queja. Con esto comenzaron a desmayar los marineros, determinados de dejarnos y entrarse de secreto en el barcón que venía amarrado a la popa. Pero siendo sentidos de los soldados que no venían mareados se lo estorbaron.

Viendo el peligro, todos determinamos de confesarnos y encomendarnos a Dios; pero llegando a hacerlo con dos frailes que venían en el galeón, estaban tan mareados que nos daban con el vómito en las barbas y pecho, y como las ondas inclinaban el navío a una parte y a otra, caían los de una banda sobre los de la otra y luego aquéllos sobre estos otros. Andaba una mona saltando de jarcia en jarcia y de árbol en árbol, hablando en su lenguaje, hasta que pasando una furiosísima ola por encima del navío se la llevó y nos dejó a todos bien refrescados. Anduvo la pobre mona pidiendo socorro muy grande rato sobre el agua, que al fin se la tragó. Llevaban los marineros un papagayo muy enjaulado en la gavia,[20] que iba diciendo siempre: «¿Cómo estás, loro? Como cautivo, perro, perro, perro»; que nunca con más verdad lo dijo que entonces. Aportónos[21] Dios de revuelta segunda vez junto a Mallorca, a una isleta que llaman la Cabrera, y al revolver de una punta, yendo ya un poco consolados, nos arrojaron unas montañas de agua otra vez en alta mar, donde tornamos de nuevo a padecer la misma tormenta.

Algunos de los marineros cargaron demasiadamente[22] y echáronse junto al fogón del navío por sosegar un poco; sopló tan recio el viento que les echó fuego encima, que tenían muy guardado, que a unos se les entró en la carne y a otros les abrasó las barbas y rostro, quitándoles el sueño y adormecimiento del vino. Yo me vi en peligro de morir, porque al tiempo que se quebró el árbol de la mesana, por temor del viento habíamos atado, mis camaradas y yo, el transportín[23] al árbol, y cuando se quebró arrojó el transportín en alto y a cada uno por su parte. Yo quedé asido al borde del galeón, colgado de las manos por la parte de fuera, y si no me socorrieran presto me fuera al profundo del agua; y si se rompiera cuatro dedos más abajo, con la coz nos echara hasta las nubes.

Mareáronse los marineros, o la mayor parte dellos. Estábamos sin gobierno, aunque venía entre ellos un contramaestre[24] muy alentado, con una barbaza que

---

[8] geógrafo latino.

[9] saliendo a mar abierto.

[10] occidente, el oeste.

[11] **asestaron**... descargaron tres o cuatro cañonazos.

[12] **dando**... dando golpes con el costado de la nave.

[13] Las galeotas árabes se presentan en forma de media luna, símbolo de los musulmanes.

[14] **Como**... Los galeones eran naves de vela, y las galeotas, aunque más ligeras, llevaban vela y remos. Al no soplar el viento, las galeotas llevaban ventaja.

[15] mástil que está colocado más a popa.

[16] cuerdas de un buque.

[17] Fréjus.

[18] palo inmediato a la proa.

[19] guiarnos.

[20] cestón tejido de mimbres que está en lo alto del mástil.

[21] Nos llevó al puerto.

[22] **cargaron**... bebieron demasiado.

[23] colchón pequeño.

[24] oficial que manda las maniobras bajo las órdenes del oficial de guerra.

le llegaba hasta la cinta, de que se preciaba mucho, y subiendo por las jarcias hacia la gavia a poner en cobro su papagayo, con la fuerza del viento se le desanudó la barbaza que llevaba cogida, y asiéndose a un cordel de aquellos de las jarcias quedó colgado de ella como Absalón de sus cabellos.[25] Pero asiéndose como gran marinero al entena[26] lo sumergió tres veces por un lado por la mitad del navío, y pereciera[27] si otro marinero no subiera por las mismas jarcias y le cortara la barbaza, que, dejándola añudada donde se había asido y ayudándole, bajó vivo, aunque muy corrido de verse sin su barba.

Tornamos a proejar[28] lo mejor que fue posible, quejándose siempre la popa, y al fin tomamos el puerto de la Cabrera, isleta despoblada, sin habitadores ni comunicada, si no es de Mallorca cuando traen mantenimientos para cuatro o cinco personas que guardan aquel castillo fuerte y alto, más porque no ocupen aquella isla los turcos que por la necesidad que hay de él. Había estado mareado todo este tiempo el mayordomo o contador que gobernaba los criados del Duque, y en volviendo en sí fue luego a visitar lo que venía a su cargo, y hallando menos ciertos pilones de azúcar, como no parecieron, dijo: «Yo sabré presto quién los comió, si están comidos». Y fue así, porque el día siguiente comenzaron a dar a la banda todos, que no se daban mano a vaciar lo que habían hinchido, que como habían metido tan abundantemente del azúcar les corrompió el vientre en tanto extremo que en quince días no volvieron en su primera figura.[29] Al contramestre no le vimos el rostro en muchos, por verse desamparado de su barbaza, que debe ser en Grecia de mucha calidad una cola de frisón[30] en la barba de un hombre.

Al fin nos recibieron en aquella isleta, que por falta de comunicación no sabían que veníamos de tierra apestada, y aunque lo supieran nos recibieran por ver gente, que los tenían por fuerza sin ver ni hablar sino con aquellas sordas olas que están siempre batiendo los peñascos donde está el castillo edificado. Detuvímonos allí quince o veinte días, o más, haciendo árboles, reparando jarcias, remendando velas, padeciendo calor, entre mayo y junio, sin haber en toda la isleta donde valerse contra la fuerza del calor, ni fuente donde refrescarnos, sino el aljibe o cisterna de donde bebían los pobres encerrados. Esta isleta es de seis o siete leguas en circuito, toda de piedras, muy poca tierra, y ésa sin árboles, sino unas matiñas que no suben arriba de la cintura. Hay unas lagartijas grandes y negras, que no huyen de la gente; aves, muy pocas, porque como no hay agua donde refrescarse, no paran allí.

DESCANSO OCTAVO

Como el calor era tan grande y yo he sido siempre fogoso, llamé a un amigo y fuímonos saltando de peña en peña por buscar algún lugar que, o por verde o por húmido, nos pudiese alentar y aliviar de la navegación y trabajo pasado, de que salíamos muy necesitados. Yendo saltando de una peña en otra, espantados de ver tan avarienta a la naturaleza en tener aquel sitio con tan cansada sequedad, trajo una bocanada de aire tan celestial olor de madreselvas que pareció que lo enviaba Dios para refrigerio y consuelo de nuestro cansancio. Volví el rostro hacia la parte de oriente, de donde venía la fragancia, y vi en medio de aquellas continuadas peñas una frescura milagrosa de verde y florida, porque se vieron de lejos las flores de la madreselva, tan grandes, apacibles y olorosas como las hay en toda Andalucía. Llegamos saltando de piedra en piedra como cabras, y hallamos una cueva en cuya boca se criaban aquellas cordiales matas de celestial olor. Y aunque era de entrada angosta, allá abajo se extendía con mucho espacio, distilando de lo alto de la cueva, por muchas partes, un agua tan suave y fría, que nos obligó a enviar al galeón por sogas, para bajar a recrearnos en ella. Bajamos, aunque con dificultad, y hallamos abajo una estancia muy apacible y fresca, porque del agua que se distilaba se formaban diversas cosas y hacían a naturaleza perfectísima con la variedad de tan extrañas figuras: había órganos, figuras de patriarcas, conejos y otras diversas cosas, que con la continuación de caer el agua se iban formando a maravilla: de esta distilación se venía a juntar un arroyuelo, que entre muy menuda y rubia arena convidaba a beber de él, lo cual hicimos con grandísimo gusto. El sitio era de gran deleite; porque si mirábamos arriba, víamos[31] la boca de la cueva cubierta de las flores de madreselva que se descolgaban hacia abajo, esparciendo en la cueva una fragancia de más que humano olor. Si mirábamos abajo el sitio donde estábamos, víamos el agua fresca, y aun fría, y el suelo con asientos donde podíamos descansar en tiempo de tan excesivo calor, con espacio para pasearnos. Enviamos por nuestra comida y una guitarra, con que nos entretuvimos con gradísimo contento, cantando y tañendo como los hijos de

---

[25] referencia a la historia bíblica (*Reyes*, II).
[26] verga larga.
[27] habría perecido.
[28] remar contra la corriente o contra el viento.
[29] **en**... a su estado normal.
[30] caballo de Frisia, región situada entre Holanda y Alemania.

[31] veíamos.

Israel en su destierro.[32] Fuímonos a la noche a dormir al castillo, aunque siempre quedaba guarda en el galeón. Dijimos al castellano cómo habíamos hallado aquella cueva, que era un hombre de horrible aspecto, ojos encarnizados, pocas palabras y sin risa, que dijeron haber sido cabeza de bandoleros, y por eso lo tenían en aquel castillo siendo guarda de él. Y respondiéndonos en lenguaje catalán muy cerrado: «Mirad por vosotros, que también los turcos saben esa cueva», no fue parte esta advertencia para que dejásemos de ir cada día a visitar aquella regalada habitación, comiendo y sesteando en ella. Hicímoslo diez o doce días arreo.[33]

Habiendo un día comido, y estando sesteando, vimos asomar por la boca de la cueva bonetes colorados y alquiceles blancos; pusímonos en pie, y al mismo punto que nos vieron, de que venían descuidados, dijo uno en lengua castellana, muy clara y bien pronunciada: «Rendíos, perros». Quedaron mis compañeros absortos de ver en lengua castellana bonetes turcos. Dijo el uno: «Gente de nuestro galeón debe de ser, que nos quieren burlar». Habló otro turco, y dijo: «Rendí presto que torco extar[34]». Pusieron los tres compañeros mano a las espadas queriéndose defender. Yo les dije: «¿De qué sirve esa defensa si nos pueden dejar aquí anegados a pura piedra, cuanto más con las escopetas que vemos»? Y a ellos les dije: «Yo me rindo al que habló español, y todos a todos; y vuesas mercedes pueden bajar a refrescarse, o si no subirémosles agua, pues somos sus esclavos». Dijo el turco español[35]: «No es menester, que ya bajamos». Rogamos a Dios interiormente que lo supiesen en el galeón, obedeciendo a nuestra fortuna. Mis compañeros, muy tristes, y yo muy en el caso, porque en todas las desdichas que a los hombres suceden no hay remedio más importante que la paciencia. Yo, aunque la tenía, fingiendo buen semblante, sentía lo que puede sentir el que habiendo sido siempre libre, entraba en esclavitud. La fortuna se ha de vencer con buen ánimo; no hay más infelice hombre que el que siempre ha sido dichoso, porque siente las desdichas con mayor aflicción. Decíales a mis compañeros que para estimar el bien era menester experimentar algún mal y llevar este trabajo con paciencia para que fuese menor. Púseme a recibir con muy buen semblante a los turcos que iban bajando, y en llegando al que hablaba español, con mayor sumisión y humildad, llamándole caballero principal, dándole a entender que lo había conocido,

de que él holgó mucho, y dijo a los turcos sus compañeros que yo le conocía por noble y principal, porque él, como después supe, era de los moriscos más estimados del reino de Valencia, que se había ido a renegar, llevando muy gentil pella[36] de plata y oro. Viendo que aprovechaba la lisonja de haberle llamado caballero y noble, proseguí diciéndole más y más vanidades porque él venía por cabo de dos galeotas suyas, que de las quince habían quedado, por falta de temporal,[37] escondidas en una caleta, adonde aquel mismo día nos llevaron maniatados, sin tener remedio por entonces, y zongorroando[38] con la guitarra, apartóme mi amo, y dijo de secreto: «Prosigue en lo que has comenzado, que yo soy cabo de estas galeotas, y a mí me aprovechará para la reputación, y a ti para buen tratamiento». Hícelo con mucho cuidado, diciendo como que él no lo oyese, que era de muy principales parientes, nobles y caballeros. Fue tan poca nuestra suerte, que les vino luego buen tiempo y volviendo las proas hacia Argel, iban navegando con viento en popa sin tocar a los remos. Quitáronnos el traje español y nos vistieron como miserables galeotes; y echados al remo los demás compañeros, a mí me dejó el cabo para su servicio.

Por no ir callados con el manso viento que nos guiaba, me preguntó mi amo cómo me llamaba, quién era y qué profesión o oficio tenía. A lo primero le dije que yo me llamaba Marcos de Obregón, hijo de montañeses[39] del valle de Cayón.

Los demás, por ir ocupados en oír cantar a un turquillo que lo hacía graciosamente, no pudieron oír lo que tratábamos; y así le pregunté, antes de responderle, si era cristiano o hijo de cristianos, porque su persona y talle y la hermosura de un mocito hijo suyo, daban muestras de ser españoles. El me respondió de muy buena gana, lo uno porque la tenía de tratar con cristianos, lo otro porque los demás iban muy atentos al musiquillo; y así me dijo que era bautizado, hijo de padres cristianos, y que su venida en Argel no fue por estar mal con la religión, que bien sabía que era la verdadera en quien se habían de salvar las almas, sino que «yo— dijo—nací con ánimo y espíritu de español y no pude sufrir los agravios que cada día recebía de gente muy inferior a mi persona, las supercherías que usaban con mi persona, con mi hacienda, que no era poca, siendo yo descendiente de muy antiguos cristianos, como los demás que también se han pasado y pasan cada día, no solamente del Reino de Valencia, de donde yo soy, sino del de Granada y de toda España.

---

[32] referencia a la historia bíblica del éxodo de los judíos de Egipto.

[33] seguidos.

[34] Espinel reproduce el habla de los turcos, que pronuncian la **s** como **x** y confunden «ser» y «estar».

[35] es decir, el que hablaba español.

[36] gran cantidad.

[37] buen tiempo para navegar.

[38] palabra que imita el rasgueo de una guitarra.

[39] Ser de la montaña denotaba que uno era de una familia noble.

Lastimábame mucho, como los demás, de no ser recebido a las dignidades y oficios de magistrados y de honras superiores, y ver que durase aquella infamia para siempre, y que para deshacer esta injuria no bastase tener obras exteriores y interiores de cristiano; que un hombre que ni por nacimiento ni por partes heredadas o adquiridas, se levantaba del suelo dos dedos, se atreviese a llamar con nombres infames a un hombre muy cristiano y muy caballero, y sobre todo, ver cuán lejos estaba el remedio de todas estas cosas. ¿Qué me podrás tú decir a esto»?

«Lo uno—respondí yo—, que la Iglesia ha considerado con mucho acuerdo; y lo otro, que quien tiene la fe del bautismo, no se ha de rendir ni acobardar por ningún accidente y trabajo que le venga para apartarse de ella». «Todo eso te confieso yo—dijo el turco—; pero ¿qué paciencia humana podrá sufrir que un hombre bajo, sin partes ni nacimiento, que por ser muy escuro su linaje se ha olvidado en la República su principio y se ha perdido la memoria de sus pasados, se desvanezca haciéndose superior a los hombres de mayores merecimientos y partes que las suyas»?

«De esas cosas—respondí yo—, como Dios es el verdadero juez, ya que consienta el agravio aquí, no negará el premio allá, si puede haber agravio no digo en los estatutos[40] pasados en las cosas de la Iglesia, que eso va muy justificado, sino en la intención dañada del que quiere infamar a los que vee que se van levantando y creciendo en las cosas superiores y de mayor estimación.»

«Esos—dijo el moro—, como ni pueden llegar a igualar a los de tan grandes merecimientos, toman ocasión de prevaricar los estatutos con su mala intención, no para fortificallos, ni para servir a Dios ni a la Iglesia, sino para preciarse de cartas viejas,[41] como dicen. Y pareciéndoles que es una grande hazaña levantar un testimonio, derraman una fama que lleva la envidia de lengua en lengua hasta echar por el suelo aquello que ve más encumbrado, que como su origen fue siempre tan escuro que no se vio sujeto en él que lo ennobleciese, y a la pobreza nadie la tiene envidia, quédanse sin saber qué son, tiniéndolos por cristianos viejos, por no ser conocidos ni tener noticia que tal gente hubiese en el mundo».

«La Iglesia—dije yo—no hace los estatutos para que se quite la honra a los prójimos, sino para servirse la religión lo mejor que sea posible, conservándola en virtud y bondad conocida». Ibame a replicar mi amo; pero dejando el turquillo de cantar, díjome que callase, y tornóme a preguntar lo primero. Respondíle a todo con brevedad, diciendo: «Yo soy montañés de junto a Santander, del valle de Cayón, aunque nací en el Andalucía; llámome Marcos de Obregón; no tengo oficio, porque en España los hidalgos no lo aprenden, que más quieren padecer necesidad o servir que ser oficiales; que la nobleza de las montañas fue ganada por armas, y conservada con servicios hechos a los Reyes; y no se han de manchar con hacer oficios bajos, que allá con lo poco que tienen se sustentan, pasando lo peor que pueden conservando las leyes de hidalguía, que es andar rotos y descosidos con guantes y calzas atacadas».

«Pues yo haré—dijo mi amo—que sepáis oficio muy bien». Y respondió un compañero de los míos que estaba al remo: «Eso a lo menos no lo haré yo, ni se ha de decir en España que un hidalgo de la casa de los Mantillas usó oficio en Argel». «Pues, perro—dijo mi amo—, ¿estás al remo y tratas de vanidades? Dadle a ese hidalgo cincuenta palos». «Suplico a vuesa merced—dije yo—perdone su ignorancia y desvanecimiento; que ni él sabe más, ni es hidalgo, ni tiene más de ello que aquella estimación, no cuanto a hacer las obras de tal, sino cuanto a decir que lo es por comer sin trabajar. Y no es el primer vagamundo, que ha habido en aquella casa, si es de ella». Y a él le dije: «Pues, bárbaro, ¿estamos en tiempo y estado que podamos rehusar lo que nos mandaren? Ahora es cuando hemos de aprender a ser humildes, que la obediencia nos ata la voluntad al gusto ajeno. La voluntad subordinada no puede tener elección. En el punto que un hombre pierde la libertad, no es señor de sus acciones. Sólo un remedio puede haber para ser un poco libre, que es ejercitar la paciencia y humildad, y no esperar a hacer por fuerza lo que por fuerza se ha de hacer. Si desde luego no se comienza a hacer hábito en la paciencia, harémoslo en el castigo. Que el obedecer al superior es hacerlo esclavo nuestro. Como la humildad engendra amor, así la soberbia engendra odio. La estimación del esclavo ha de nacer del gusto del señor, y éste se adquiere con apacible humildad. Aquí somos esclavos, y si nos humilláremos a cumplir con nuestra obligación, nos tratarán como a libres y no como a esclavos».

«¡Oh qué bien hablas!—dijo nuestro amo—, y cómo he gustado de encontrar contigo para que seas maestro de mi hijo, que hasta que encontrase un cristiano como tú no se le he dado, porque por acá no hay quien sepa la doctrina que entre cristianos se enseña a los de poca edad». «Por cierto—dije yo—él es tan bella criatura, que quisiera yo valer y saber mucho para hacerle grande hombre; pero fáltale una cosa para ser tan hermoso y gallardo». Estuvieron atentos a esto los demás moros, y preguntó el padre:

---

[40] documentos que se tienen en las Iglesias o Colegios para probar la limpieza de sangre.

[41] **cartas**... ser cristianos viejos.

«¿Pues qué le falta»? Respondí yo: «Lo que sobra a vuesa merced». «¿Qué me sobra a mí»?, dijo el padre. «El bautismo—respondí yo—, que no lo ha menester».

Fue a arrebatar un garrote para pegarme, y al mismo compás arrebaté yo al muchacho para reparar con él. Cayósele el palo de las manos, con que rieron todos, y al padre se le templó el enojo que pudiera tener descargando el palo en su hijo. Fingióse muy del enojado, por cumplir con los compañeros o soldados, que realmente lo tenían por grande observador de la religión perruna o turquesca, aunque yo le sentí, en lo poco que le comuniqué, inclinado a tornarse a la verdad católica. «¿Por qué—dijo—pensáis vosotros que vine yo de España a Argel sino para destruir todas estas costas, como lo he hecho siempre que he podido? Y tengo de hacer mucho más mal que lo hecho».

Como lo sintieron enojado quisieron echarme al remo, y él dijo: «Dejadlo, que cada uno tiene obligación de volver por su religión, y éste, cuando sea turco, hará lo mismo que hace ahora». «Sí haré—dije yo—; pero no siendo moro». Y para sosegar más su enojo mandóme que tomase una guitarra que sacamos de la cueva: hícelo acordándome del cantar de los hijos de Israel cuando iban en su cautiverio. Fueron con el viento en popa mientras yo cantaba en mi guitarra, muy alegres, sin tener alteración del mar ni estorbo de enemigos, hasta que descubrieron las torres de la costa de Argel, y luego la ciudad; que como los tenían por perdidos, hicieron grandes alegrías en viendo que eran las galeotas del renegado. Llegaron al puerto, y fue tan grande el recebimiento por verle venir, y venir con presa, que le hicieron grandes algazaras,[42] tocaron trompetas y jabebas[43] y otros instrumentos que usan, más para confusión y trulla[44] que para apacibilidad de los oídos. Saliéronle a recebir su mujer y una hija, muy española en el talle y garbo, blanca y rubia, con bellos ojos verdes, que realmente parecía más nacida en Francia que criada en Argel; algo aguileña, el rostro alegre y muy apacible, y en todas las demás partes muy hermosa. El renegado, que era hombre cuerdo, enseñaba a todos sus hijos la lengua española, en la cual le habló la hija con alguna terneza de lágrimas, que corrían por las rosadas mejillas, que como les habían dado malas nuevas, el gozo le sacó aquesas lágrimas del corazón. Yo les hice una humillación muy grande, primero a la hija que a la madre, que naturaleza me inclinó a ella con grande violencia. Díjele a mi amo: «Yo,

señor, tengo por muy venturosa mi prisión, pues junto con haber topado con tan grande caballero, me ha traído a ser esclavo de tal hija y mujer, que más parecen ángeles que criaturas del suelo». «¡Ay, padre mío—dijo la doncella—, y qué corteses son los españoles»!

«Pueden—dijo el padre—enseñar cortesía a todas las naciones del mundo. Y este esclavo en mayor grado, porque es noble hijodalgo montañés, y muy discreto». «¡Y cómo lo parece! —dijo la hija—. ¿Pues por qué lo tray[45] con tan mal traje? Hágale vuesa merced que se vista a la española». «Todo se hará, hija mía—respondió el padre—; reposemos agora el cansancio de la mar, ya que habemos venido libres y salvos.»

ESTEBANILLO GONZÁLEZ

La vida y hechos de Estebanillo González, hombre de buen humor. Compuesto por él mesmo apareció en Amberes en 1646. Cuenta en forma autobiográfica las aventuras de un bufón de la corte. Según lo que él mismo relata, Estebanillo nació en Galicia y pronto pasó con su padre a Roma. Muy joven se lanzó a la aventura. Después de unos aprendizajes terribles, sirvió a Octavio Piccolomini y al Cardenal Infante don Fernando, hermano de Felipe IV y gobernador de Flandes. Recorrió varios países de Europa—Flandes, Alemania, Polonia e Italia—con los ejércitos, y presenció algunos de los episodios más notables de la Guerra de los Treinta Años (1618–1648). Después de muchos años de servir como bufón a los grandes, estableció una casa de «conversación»—es decir, de juego—en Nápoles, donde se retiró y escribió sus memorias.

En su vida de pícaro, Estebanillo practica muchos oficios: marmitón de cocina, fullero, cirujano falso, alcahuete, lacayo. Los golpes de la fortuna lo llevan a muchos lugares y lo colocan en una gran variedad de situaciones. El libro está repleto de burlas y engaños, de escapadas y viajes. Suministra un panorama no sólo de la sociedad española sino de toda la sociedad europea: nobles, mendigos, prostitutas, galeotes, comerciantes, judíos, conversos, mulsulmanes.

El narrador dedica sus memorias a Octavio Piccolomini (1600–1656), el general austriaco que se destacó en Lützen (1632), Nördlingen (1634) y Thionville (1639), batallas importantes que figuran en el libro. La novela comienza así: «Yo, Estebanillo González, hombre de buen humor, hijo de mis obras y padrastro de las ajenas, y menor criado de Vuecelencia, queriéndome hacer memorable, fiado en haber merecido ser el menor criado de V. Exc., me he puesto en la plaza del mundo y en la palestra de

---

[42] gritos de los moros al atacar a un enemigo.
[43] flautas moriscas.
[44] ruido.

[45] trae.

los combates, dando a la imprenta este libro de mi vida y no milagros». La estructura autobiográfica de la novela, la afirmación con la cual empieza, la mención de numerosos datos y personajes históricos, las alusiones a la fisionomía de Estebanillo y el retrato, supuestamente del autor, que aparece en la edición príncipe, han llevado a muchos críticos a dar por sentada la existencia de Esteban González, quien sería un soldado raso y un bufón del séquito de Piccolomini.

Sin embargo, Marcel Bataillon y, más recientemente, Nicholas Spadaccini y Anthony Zahareas han puesto en duda la autoría de la novela. Señalan que la forma autobiográfica es característica de la novela picaresca y, por lo tanto, el hecho de que el narrador se identifique como el autor no significa necesariamente que lo sea. Como otras novelas picarescas, *Estebanillo González* consta de una serie de episodios encadenados que son narrados en primera persona por un pícaro que relata en tono satírico o burlesco lo que le ha sucedido con sus diversos amos. Tanto el tono como la temática son productos de la tradición picaresca; es perfectamente posible, según Spadaccini y Zahareas, que las aventuras que se relatan en la novela sean las invenciones de un autor, cuya identidad se ignora, que tuviera buenos conocimientos de los libros de pícaros. Spadaccini y Zahareas concluyen que «la historicidad básica de esta *Vida . . .* no puede resolver el problema del autor a quien conocemos bajo el nombre, todavía enigmático, de Estebanillo González».

Uno de los aspectos más originales de la novela es el uso que hace el autor del material histórico y geográfico. Gran parte de la novela gira alrededor de las experiencias de Estebanillo en la guerra. El conflicto religioso y político que se conoce por el nombre de la Guerra de los Treinta Años involucró a casi todos los países de Europa. En cuanto a la cronología, los detalles históricos, las descripciones de lugares y de batallas, los investigadores han podido averiguar la exactitud de los datos. Spadaccini y Zahareas comentan: «Lo que más se destaca en cuanto a innovación en esta novela, es la capacidad del autor para integrar todos los heredados tópicos picarescos y todo el mundo social de las vidas picarescas con situaciones históricas de la guerra. Esta mezcla de casos de ficción con hechos de historia, algo que no se hizo con tanta minuciosidad en otras novelas picarescas, da una nueva orientación al mismo género».

Estebanillo cuenta los horrores de la guerra con los detalles más crudos, grotescos y nauseabundos. Sin embargo, el propósito del autor no es aterrar o repugnar al lector, sino entretenerlo. El tono general de la novela es festivo y juguetón. Estebanillo relata sus aventuras de una manera ingeniosa y cómica. Yuxtapone episodios sombríos con otros que son risibles o ridículos.

El soldado bufón no tiene pretensiones de héroe. Es cobarde, y lo único que le interesa es sobrevivir. No se trata de una exaltación de la guerra, sino de una visión completamente antiheroica. Resaltan en las descripciones de Estebanillo lo caótico, lo estúpido, lo bestial y lo absurdo de la situación.

En estos episodios y otros Estebanillo actúa sin escrúpulos morales. No hay sermones. No hay comentarios moralizadores. La actitud de Estebanillo es cínica y burlona. Sus motivos son siempre prácticos y económicos. De hecho, dedica su libro a Piccolomini con la esperanza de que éste le dé dinero. Alexander A. Parker se desconcierta ante la actitud amoral de Estebanillo, mientras que Alonso Zamora Vicente ve en la despreocupación moral del pícaro un indicio de que el género ya se ha apartado de su ímpetu inicial y está desintegrándose.

Spadaccini y Zahareas han indicado que *Estebanillo González* puede interpretarse como una parodia de la vida de Carlos V, quien, después de una vida de luchas y triunfos, se retiró a Yuste. Estebanillo, después de una vida de aventuras y embustes, se retira análogamente a una casa de juego. La ironía de la conclusión de *Estebanillo González* es evidente. Toda la vida del pícaro ha sido un juego. En vez de un monasterio que ofrece la paz y el sosiego espiritual, Estebanillo termina su vida en un ambiente en que el juego—que se gana siempre a expensas de los otros—es la actividad central, donde el vicio está institucionalizado.

Estebanillo González fue traducido al inglés y al francés e influyó en las obras de varios escritores europeos, entre ellos Daniel Defoe y René Lesage.

Recomendamos la siguiente edición: *La vida y hechos de Estebanillo González: Hombre de buen humor. Compuesto por él mesmo,* 2 vols., eds. Nicholas Spadaccini y Anthony N. Zahareas (Madrid: Castalia, 1978).

Estebanillo González

Capítulo VII

QUE TRATA DEL VIAJE QUE HIZO A LOS ESTADOS DE FLANDES; UNA PENDENCIA RIDÍCULA QUE TUVO CON UN SOLDADO; LA JUNTA QUE HIZO CON UN VIVANDERO, Y OTROS MUCHOS ACAECIMIENTOS.

Después de haber celebrado una de las mayores victorias° que se han visto en los siglos presentes y en la mejor ocasión que han visto

Se trata de la victoria de Nördlingen, en que 6.000 suecos murieron.

los humanos, se despidió Su Alteza Serenísima° de su primo y hermano el Rey de Hungría, y volvió a continuar su jornada, sin haber quedado contrario que se le opusiese. Halléme en esta marcha huérfano de amo, viudo de cocina, y temeroso de gastar la herencia, todo lo cual me obligó a sustentarme de mi trabajo y a poner nuevo trato. Di en hacer empanadas alemanas, por estar en Alemania (que a estar en Inglaterra, fueran inglesas); buscaba la harina en los villajes donde sus moradores se habían huido, y la carne en la campaña, adonde sus dueños de ella se habían desmontado; hacía cada noche media docena, las dos de vaca y cuatro de carne de caballo; echábalas a la mañana a las ancas de la yegua, sin ser ninguna de ellas la bella Tarragona°, y en llegando la hora del rendibuy° general, apeábame del dromedario, tendía el rancho° sobre mi ferreruelo°, sacaba dos ternas de dados, y hacía rifar mis empanadas a escudo, quedando muchos quejosos de que no hiciese mayor provisión de ellas, como si la campaña fuese tumba común de caballos muertos°.

Decíanme algunos de los rifadores que era la carne muy dura, pero que estaban muy bien salpimentadas; yo les respondía que era causa el ser la carne fresca, por no tener lugar para manirla, por ocasión de marchar cada día, pero que como tuviesen despacho y pimienta, no importaba nada la dureza.

Pasamos el Rin°, y marchamos la vuelta de Crucenaque, y desde allí llegamos a Juliers, adonde Su Alteza Serenísima, acompañado de la caballería de Flandes, que le había salido a recibir y convoyar, se apartó del ejército, y se fue a dar alegrías a la grandiosa corte de Bruselas, que por instantes le estaban esperando. Mandó volver atrás muchas de sus tropas, para si se necesitase de ellas en Alemania, juntamente con la gente de la liga del Elector de Colonia y Maguncia y la de Su Majestad Cesárea°, yendo Mansfelte° por cabo de todas.

Fueme fuerza volver la proa, por no ser mi oficio para encerrarme a ser cortesano. Añadí al trato de las empanadas aguardiente y tabaco, queso y naipes; y para tener en seguridad mi persona, y en guardia mis mercancías, me arrimé a la caballería española, yendo por cabo de ella y por su comisario general don Pedro de Villamor. Pretendía el capitán de campaña que yo le pagase contribución de mi trato, conforme lo hacían los demás que proveían la caballería°, y yo me eximí de ello de tal suerte, que siempre quedé libre como el cuquillo, porque alegué ser un compuesto de dos, ni vivandero llevando víveres, ni gorgotero° llevando menudencias, porque ni tenía carreta como el uno, ni cesta como el otro, pues en rincones de ajenos carros llevaba todo mi caudal. Tuve, por ser entremetido, entrada en casa del Comisario General°, y entraba una vez cada día a visitarle en su mesa, porque sabía que gustaba de ver a Monsieur de la Alegreza°; y tres a sus carros y cantinas, por conservar la alegría del nombre; entremetíame con todos los señores, y como es de los tales perder, y de mercadantes ganar, jugaba a los naipes y dados con todos, y haciéndose perdidizos, por cumplir con la ley de generosos, yo cargaba con la ganancia, por mercader de empanadas caballunas.

Estando en Andernaque°, encontré un día en una taberna al soldado que me ayudó a velar el difunto caballo junto a Norlingue; y dándome vaya° de que me había hallado debajo de él, yo le dije que estaba satisfecho de su persona, que a no haber hallado ocupado aquel sitio, que hubiera él hecho lo mismo; empezóse a correr y a decir que era más valiente que yo, y pienso que no mentía, aunque fuera más gallina° que Caco°. Yo, desestimando su persona y encareciendo mi coraje, le desafié a campaña, y descalzándome un zapato, le di un

---

el Infante Cardenal

sin... es decir, sin ser ninguna de ellas tan bonita o perfecta (La bella Tarragona es un personaje legendario del romancero.) / rendez-vous, cita

la comida / capa corta

alusión a la práctica de preparar guisos de carne mortecina

río de Alemania que nace en los Alpes y desemboca en el mar del Norte

Colonia (Cologne) estaba bajo la regencia de Alemania y, así como Maguncia (Mainz), formaba parte de la alianza. / El Conde Wolf von Mansfeld, general de la Liga Católica, mandaba un ejército imperial en el noroeste de Alemania.

Los vendedores de provisiones tenían que sobornar («pagar contribución») a los capitanes por el privilegio de seguir a los ejércitos.

el que vende baratijas, como botones y cintas

Es decir, había logrado hacerse amigo del funcionario que estaba encargado de los abastecimientos.

Estebanillo, por su personalidad alegre, había ganado la voluntad al funcionario.

Andernach, villa al oeste de Alemania

dándome... burlándome

cobarde / en la mitología, hijo de Vulcano, que, por sus robos y burlas tenía que esconderse constantemente escarpín, guante de mi pie izquierdo, por no tenerlo de las manos, en lugar de gaje y desafío y por cumplir con las leyes de retador°; estaba él hecho un zaque°, y yo una uva°, y así no acertábamos a salir de la taberna. Los soldados que estaban presentes, por ver cuál era más valiente o porque tal pendencia se ahogase en vino, nos adestraron a las puertas y nos salieron acompañando hasta fuera de la villa, y después de habernos medido las armas, nos dejaron solos y se apartaron de nosotros para vernos combatir. Sacamos a un mismo tiempo las espadas, dando algunos traspiés y amagos de dar de ojos°; empezóme él a tirar cuchilladas a pie quedo, habiendo de distancia del uno al otro una muy larga pica. Yo me reparaba y trataba de ofenderlo a pie sosegado. Decíame de cuando en cuando:

—Reciba ésta, señor gorgotero fiambre.

Y yo, metido en cólera, aunque lo veía tan lejos, de que no me pesaba, le respondía:

—Déjela voacé° venir, seor° mal trapillo aserenado, y reciba ésta a buena cuenta.

Y esto tirando tajos tan a menudo, que tenía hecho una criba al prado donde estábamos.

En conclusión, acuchillando nuestras sombras y dando heridas al aire, estuvimos un rato provocando a risa a los circunstantes, hasta tanto que la descompostura de los golpes y el peso de la cabezas nos hicieron venir a tierra y nos obligaron a no podernos levantar. Acudieron los padrinos y los demás amigos, y diciendo «basta, no haya más, que muy valerosos han andado, y ya los damos por buenos», me asieron dos de ellos por las manos, y no hicieron poco en ponerme en pie. Llegó un camarada mío a querer levantar a mi contrario, y al tiempo que se bajó para ayudarlo, imaginando que era yo y que lo iba a hacer confesarse por mí rendido, alzó la espada, y diciendo «antes muerto que rendido», le cortó toda la mitad de un labio. Acudió al ruido el gobernador de la villa y viendo a mi camarada desangrarse, y a los dos con las espadas desnudas, habiéndose informado de que éramos los autores de la pendencia, mandó llevarnos presos y hacer curar al herido . . .

Glosses (right margin):
- burla de los retos de los caballeros por cuestiones de honor
- borracho / borracho
- dando... es decir, se amenazaban sin golpearse
- usted / señor

LUIS VÉLEZ DE GUEVARA (1579–1644)

Aunque de producción limitada y esporádica, Luis Vélez de Guevara se destacó como uno de los seguidores más dotados de Lope de Vega (véase las págs. 473–500). Además de varias obras de teatro meritorias, fue autor de *El diablo cojuelo* (1641), una de las últimas novelas picarescas importantes del siglo XVII.

El diablo cojuelo se compuso tres años antes de la muerte de Vélez de Guevara, cuando ya había pasado el auge de la novela picaresca. Cuenta las aventuras del estudiante Cleofás Leandro Pérez Zambullo, quien pone en libertad al Diablo Cojuelo al romper por casualidad la redoma en que estaba preso. El estudiante y el diablo emprenden una fuga, el primero de la justicia y el segundo de los secuaces del infierno. Como el diablillo posee poderes sobrenaturales, pueden valerse de medios extraordinarios de transporte. Vuelan a la Iglesia de San Salvador, en Madrid, donde observan las actividades de la ciudad. Después de visitar la casa de locos, parten para Toledo, donde Cleofás queda solo mientras el diablo va a Constantinopla. Al volver el diablo a Toledo, van a Andalucía. Ven el desfile de la Fortuna, en el cual participan varios personajes alegóricos—la Mudanza, la Lisonaja, la Avaricia, etc.—además de nobles, personas famosas de la antigüedad, personas de oficio (médicos, escribanos) y una multitud de gente que, en medio de la confusión, rinde culto a la Prosperidad y a la Esperanza. En Sevilla entran en la Academia, donde se juntan los poetas. Finalmente se encuentran con sus perseguidores. El Diablo soborna al alguacil para que no prenda a Cleofás y éste vuelve a Alcalá a terminar sus estudios. El diablillo, menos afortunado, tiene que regresar al Infierno.

En *El diablo cojuelo* Vélez de Guevara se aparta del modelo autobiográfico. La novela consiste más bien en una serie de cuadros satíricos que pintan los usos y las debilidades de los seres humanos. Curiosamente, las experiencias que ha tenido el estudiante en compañía del diablo no modifican ni su concepto de la vida ni su estado espiritual. Cleofás no es un pícaro en el mismo sentido que Lazarillo o Pablos. Su función principal en la obra es la de espectador que comunica al lector su percepción de las actividades de los hombres y mujeres que observa.

Desde la torre de San Salvador escudriña los rincones más escondidos de la ciudad. Ve a una parturienta adúltera, a una vieja hechicera, a un hipócrita, a dos ladrones, a un caballero macilento, a un alquimista, a un noble insatisfecho, a un médico, a una comadrona, a un rico avariento a quien le han abandonado un niño y a muchos tipos más. Más tarde, Cleofás y su compañero observan la Calle Mayor, donde aparece la crema de la aristocracia, reflejada mágicamente en un espejo. Al meterse en las calles angostas de la capital, se comenta sobre «el puchero humano de la Corte» donde comienzan a «hervir hombres y mujeres». Su perspectiva variante—desde arriba, desde abajo, desde afuera, desde adentro—le permite hacer diversos tipos de observaciones acerca de la realidad social. A veces sus comentarios son mordaces y penetrantes; a veces—cuando se trata de la nobleza— son laudatorios, lo cual ha llevado al crítico Enrique Miralles a sospechar de la sinceridad de Vélez, a menos que el autor estuviera empleando lo que Miralles llama «una ironía demasiado sutil».

Las aventuras andaluzas se desenvuelven en diversos lugares y a diversas horas. A veces los viajeros son participantes, a veces son espectadores, pero Miralles señala que, sean cuales sean las circunstancias, los ingredientes de los episodios son siempre iguales: «la pareja de aventureros, el concurso de gente, el revuelo general y la intervención de la Justicia que acaba con la farsa.» Los protagonistas topan con una variedad de personajes secundarios—mendigos, poetas, comediantes, ciegos— lo cual permite una ampliación de la estampa de costumbres.

La digresión alegórica enlaza con varios otros cuadros del libro que ilustran las debilidades humanas.

El estilo de *El diablo cojuelo* es a veces retorcido y difícil. El autor emplea un conceptismo que puede parecerle excesivamente exagerado u oscuro al lector moderno. La riqueza del vocabulario de Vélez y los datos encliclopédicos que suministra sobre una multitud de temas—gremios, profesiones liberales, juegos, festejos populares, hábitos gastronómicos—son vertiginosos. Su satírica deformación de la realidad es muy característica del barroco, pero encierra una valoración muy personal y a veces inconsistente acerca de la sociedad española.

Véase la edición de Enrique Miralles (Barcelona: Planeta, 1986).

El diablo cojuelo

Tranco II°

Quedó don Cleofás absorto en aquella pepitoria° humana de tanta diversidad de manos, pies y cabezas. Y haciendo grandes admiraciones°, dijo:

—¿Es posible que para tantos hombres, mujeres y niños hay° lienzo para colchones, sábanas y camisas? Déjame que me asombre que entre las grandezas de la Providencia divina no sea ésta la menor.

Entonces el Cojuelo, previniéndole, le dijo:

—Advierte que quiero empezar a enseñarte distintamente, en este teatro donde tantas figuras representan, las más notables, en cuya variedad está su hermosura. Mira allí primeramente cómo están sentados muchos caballeros y señoras a una mesa opulentísima, acabando una medianoche°; que eso les han quitado a los relojes no más.

Don Cleofás dijo:

—Todas estas caras conozco, pero sus bolsas no, si no es para servillas.

—Hanse pasado a los extranjeros, porque las trataban muy mal estos príncipes cristianos—dijo el Cojuelo—, y se han quedado, con las caponas°, sin ejercicio.

—Dejémoslos cenar—dijo don Cleofás—, que yo aseguro que no se levanten de la mesa sin haber concertado un juego de cañas° para cuando Dios fuere servido, y pasemos adelante; que a estos magnates los más de los días les beso yo las manos, y estas caravanas las ando yo las más de las noches, porque he sido dos meses culto vergonzante de la proa° de uno de ellos y estoy encurtido de excelencias y señorías, solamente buenas para veneradas.

Cleofás y el diablo cojuelo se encuentran en la torre de San Salvador.

guisado

haciendo... mostrando gran sorpresa

haya

una cena regalada (El viernes a las doce de la noche se regalaba a los pobres una olla de menudo.)

Dícese de la llave del gentilhombre de cámara que sólo es honoraria; es decir se le concede este honor sin ejercicio

fiesta de a caballo en que diferentes cuadrillas hacían escaramuzas, arrojándose las cañas

he... expresión oscura que, según Miralles puede significar: he rendido una pleitesía (muestra de gran cortesía) vergonzosa durante dos meses a uno de estos magnates

—Mira allí—prosiguió el Cojuelo—cómo se está quejando de la orina un letrado, tan ancho de barba y tan espeso°, que parece que saca un delfín la cola por las almohadas. Allí está pariendo doña Fáfula y don Toribio°, su indigno consorte, como si fuera suyo lo que paría, muy oficioso y lastimado; y está el dueño de la obra a pierna suelta° en esotro° barrio, roncando y descuidado del suceso.

Mira aquel preciado de lindo°, o aquel lindo de los más preciados, cómo duerme con bigotera, torcidas de papel en las guedejas° y el copete°, sebillo en las manos°, y guantes descabezados°, y tanta pasa° en el rostro, que pueden hacer colación° en él toda la cuaresma que viene. Allí, más adelante, está una vieja, grandísima hechicera, haciendo en un almirez° una medicina de drogas restringentes para remendar una doncella sobre su palabra, que se ha de desposar mañana. Y allí, en aquel aposentillo estrecho, están dos enfermos en dos camas y se han purgado juntos; y sobre quién ha hecho más cursos°, como si se hubieran de graduar en la facultad, se han levantado a matar a almohadazos.

Vuelve allí y mira con atención cómo se está untando una hipócrita a lo moderno, para hallarse en una gran junta de brujas que hay entre San Sebastián y Fuenterrabía°, y a fe que nos habíamos de ver en ella si no temiera el riesgo de ser conocido del demonio que hace el cabrón°, porque le di una bofetada a mano abierta en la antecámara de Lucifer, sobre unas palabras mayores que tuvimos; que también entre los diablos hay libro del duelo, porque el autor que le compuso es hijo de vecino del infierno°. Pero mucho más nos podemos entretener por acá, y más si pones los ojos en aquellos dos ladrones que han entrado por un balcón en casa de aquel extranjero rico, con una llave maestra, porque las ganzúas° son a lo antiguo, y han llegado donde está aquel talego de vara y media estofado de patacones° de a ocho, a la luz de una linterna que llevan, que, por ser tan grande y no poder arrancalle de una vez, por el riesgo del ruido, determinan abrille, y henchir las faltriqueras y los calzones, y volver otra noche por lo demás; y comenzando a desatalle, saca el tal extranjero (que estaba dentro de él guardando su dinero, por no fialle de nadie) la cabeza, diciendo: «Señores ladrones, acá estamos todos», cayendo espantados uno a un lado y otro a otro, como resurreción de aldea°, y se vuelven gateando a salir por donde entraron.

—Mejor fuera—dijo don Cleofás—que le hubieran llevado sin desatar en el capullo de su dinero, por que no le sucediera ese desaire, pues que cada extranjero es un talego bautizado; que no sirven de otra cosa en nuestra república y en la suya, por nuestra mala maña. Pero, ¿quién es aquella abada° con camisa de mujer, que no solamente la cama le viene estrecha, sino la casa y Madrid, que hace roncando más ruido que la Bermuda°, y, al parecer, bebe cámaras de tinajas y come gigotes° de bóvedas°?

—Aquélla ha sido cuba de Sahagún°, y no profesó—dijo el Cojuelo— si no es el mundo de agora, que está para dar un estallido, y todo junto puede ser siendo quien es: que es una bodegonera tan rica, que tiene, a dar rocín por carnero y gato por conejo° a los estómagos del vuelo°, seis casas en Madrid y en la puerta de Guadalajara° más de veinte mil ducados°, y con una capilla que ha hecho para su entierro y dos capellanías que ha fundado se piensa ir al cielo derecha; que aunque pongan una garrucha en la estrella de Venus y un alzaprima° en las Siete Cabrillas°, me parece que será imposible que suba allá aquel tonel; y como ha cobrado buena fama, se ha echado a dormir de aquella suerte.

---

sucio, grasiento

nombres para designar personajes ridículos
a... durmiendo sin cuidado
ese otro
hombre presumido
mechón de cabello
pelo que se trae levantado sobre la frente / jabón para suavizar las manos (señal de afeminamiento) / con los extremos de los dedos al descubierto / afeites, cosméticos
juego de palabras. La colación era única comida permitida en los días de ayuno de la Cuaresma. Había tanta pasa (en el sentido de «uva seca») que serviría de colación en la próxima Cuaresma.
mortero de metal para machacar
ha... ha evacuado el vientre más veces

ciudades de Guipúzcoa, en el norte de España

El cabro es una de las formas que puede tomar el diablo. Como siempre hay un cabro en una junta de brujas, el diablillo tiene miedo de ir porque ha insultado al colega que hará el papel de cabro en la junta.
comentario sobre los duelos, que son una creación del infierno.
ladrones
moneda de plata antigua

En las obras de teatro religiosas populares, al aparecer el ángel y revolver la piedra del sepulcro de Cristo, los guardas se asustan y se caen a un lado y a otro como muertos.

rinoceronte
isla al nordeste de las Antillas, conocida como lugar peligroso por los temporales y por los piratas
piernas de carnero / **de**... que llenarían bóvedas
cuba... es decir, inmensa

que... es decir, hace trampa, engaña a los clientes
estómagos... huéspedes / en la calle Mayor / moneda de oro antigua
palanca, vara de metal o de madera que sirve para levantar cosas
nombre de una constelación

—Aténgome—dijo don Cleofás—a aquel caballero tasajo° que tiene el alma en cecina°, que he echado de ver que es caballero en un hábito° que le he visto en una ropilla° a la cabecera, y no es el mayor remiendo que tiene, y duerme enroscado como lamprea empanada, porque la cama es media sotanilla que le llega a las rodillas no más.

—Aquél—dijo el Cojuelo—es pretendiente, y está demasiado de gordo y bien tratado para el oficio que ejercita. Bien haya° aquel tabernero de Corte, que se quita de esos cuidados y es cura de su vino, que le está bautizando en los pellejos y las tinajas, y a estas horas está hecho diluvio en pena, con su embudo en la mano, y antes de mil años espero verle jugar cañas por el nacimiento de algún príncipe.

—¿Qué mucho—dijo don Cleofás—si es tabernero y puede emborrachar a la Fortuna?

—No hayas miedo—dijo el Cojuelo—que se vea en eso aquel alquimista que está en aquel sótano con unos fuelles°, inspirando° una hornilla llena de lumbre, sobre la cual tiene un perol° con mil variedades de ingredientes, muy presumido de acabar la piedra filosofal° y hacer el oro; que ha diez años que anda en esta pretensión, por haber leído el *Arte* de Raimundo Lulio° y los autores químicos que hablan en° este mismo imposible.

—La verdad es—dijo don Cleofás—que nadie ha acertado a hacer el oro si no es Dios, y el sol, con comisión particular suya.

—Eso es cierto—dijo el Cojuelo—, pues nosotros no hemos salido con ello. Vuelve allí y acompáñame a reír de aquel marido y mujer, tan amigos de coche°, que todo lo que habían de gastar en vestir, calzar y componer su casa lo han empleado en aquél que está sin caballos agora, y comen y cenan y duermen dentro de él, sin que hayan salido de su reclusión ni aun para las necesidades corporales en cuatro años que ha que le compraron; que están encochados, como emparedados, y ha sido tanta la costumbre de no salir de él, que les sirve el coche de conchas, como a la tortuga y al galápago, que en tarascando° cualquiera de ellos la cabeza fuera de él, la vuelven a meter luego, como quien la tiene fuera de su natural, y se resfrían y acatarran en sacando pie, pierna o mano de esta estrecha religión°. Y pienso que quieren ahora labrar un desván° en él para ensancharse y alquilarle a otros dos vecinos tan inclinados a coche, que se contentarán con vivir en el caballete de él.

—Esos—dijo don Cleofás—se han de ir al infierno en coche y en alma.

—No es penitencia para menos—respondió el Cojuelo—. Diferentemente le sucede a esotro pobre y casado, que vive en esotra casa más adelante, que después de no haber podido dormir desde que se acostó, con un órgano al oído de niños tiples, contraltos, terceruelas° y otros mil guisados de voces que han inventado para llorar, ahora que se iba a trasponer un poco, le ha tocado a rebato un mal de madre° de su mujer, tan terrible, que no ha dejado ruda en la vecindad, lana ni papel quemado, escudilla untada con ajo, ligaduras, bebidas, humazos° y trescientas cosas más°, y a él le ha dado, de andar en camisa, un dolor de ijada, con que imagino que se ha de desquitar del dolor de madre de su mujer.

—No están tan despiertos en aquella casa—dijo don Cleofás—, donde está echando una escala aquel caballero que, al parecer, da asalto al cuarto y a la honra del que vive en él; que no es buena señal, habiendo escaleras dentro, querer entrar por las de fuera.

---

seco y delgado (**en**... salada y seca como una carne en cecina)

en... que lleva el hábito de un orden militar (prueba de honor y de pureza de sangre) / vestidura corta con mangas

Bien... Bendito sea

instrumento que sirve para soplar / soplando sobre / vasija de metal

piedra que, según los alquimistas, había de realizar la transformación de metales en oro

El *Ars Magna* (1275) de Raimundo Lulio (1235–1315) se considera uno de los grandes libros del escolasticismo. / de

de... de andar en coche (señal de pretencioso)

sacando (alusión a la tarasca, una figura de serpiente monstruosa que se sacaba durante la procesión de Corpus Cristi; el significado es «estirando el cuello» como una tarasca)

es decir, sistema tan rígido que restringe sus movimientos / buhardilla, ático

de voz muy alta (como una flauta pequeña)

mal... histerismo

cosas que se usaban para curar el mal de madre / **y**... es decir, muchísimas cosas más

—Allí—dijo el Cojuelo—vive un caballero viejo y rico que tiene una hija muy hermosa y doncella, y rabia por dejallo de ser con un marqués, que es el que da la escalada, que dice que se ha de casar con ella, que es papel que ha hecho con otras diez u doce y lo ha representado mal; pero esta noche no conseguirá lo que desea, porque viene un alcalde de ronda, y es muy antigua costumbre de nosotros ser muy regatones° en los gustos, y, como dice vuestro refrán, si la podemos dar roma, no la damos aguileña°.

—¿Qué voces—dijo don Cleofás—son las que dan en esotra casa más adelante, que parece que pregonan algún demonio que se ha perdido?

—No seré yo, que me he rescatado—dijo el Cojuelo—, si no es que me llaman a pregones del infierno por el quebrantamiento de la redoma; pero aquél es un gariteroº que ha dado esta noche ciento y cincuenta barajas y se ha endiablado de cólera porque no le han pagado ninguna, y se van los actores y los reos con las costas° en el cuerpo tras una pendencia de barato° sobre uno que juzgó mal una suerte°, y los mete en paz aquella música que dan a cuatro voces en esotra calle unos criados de un señor a una mujer de un sastre que ha jurado que los ha de coser° a puñaladas.

—Si yo fuera el marido—dijo don Cleofás—, más los tuviera por gatos que por músicos.

—Agora te parecerán galgos—dijo el Cojuelo—, porque otro competidor de la sastra con una gavilla de seis o siete vienen sacando las espadas, y los Orfeos° de la maesa°, reparando la primera invasión, con las guitarras hacen una fuga° de cuatro o cinco calles. Pero vuelve allí los ojos, verás cómo se va desnudando aquel hidalgo que ha rondado toda la noche, tan caballero del milagro° en las tripas como en las demás facciones, pues quitándose una cabellera, queda calvo; y las narices de carátula, chato; y unos bigotes postizos, lampiño; y un brazo de palo, estropeado; que pudiera irse más camino de la sepoltura que de la cama. En esotra casa más arriba está durmiendo un mentiroso con una notable pesadilla, porque sueña que dice verdad. Allí un vizconde, entre sueños, está muy vano porque ha regateado° la excelencia a un grande°. Allí está muriendo un fullero y ayudándole a bien morir un testigo falso, y por darle la bula de la Cruzada le da una baraja de naipes, porque muera como vivió, y él, boqueando, por decir «Jesús», ha dicho «flux»°. Allí, más arriba, un boticario está mezclando la piedra bezar° con los polvos de sen°. Allí sacan un médico de su casa para una apoplejía que le ha dado a un obispo. Allí llevan aquella comadre para partear a una preñada de medio ojo°, que ha tenido dicha en darle los dolores a estas horas. Allí doña Tomasa°, tu dama, en enaguas, está abriendo la puerta a otro; que a estas horas le oye de amor.

—Déjame—dijo don Cleofás—, bajaré sobre ella a matarla a coces.

—Para estas ocasiones se hizo el *tate, tate*°—dijo el Cojuelo—, que no es salto para de burlas. Y te espantas de pocas cosas: que sin este enamorado murciégalo hay otros ochenta, para quien° tiene repartidas las horas del día y de la noche.

—¡Por vida del mundo—dijo don Cleofás—que la tenía por una santa!

—Nunca te creas de ligero—le replicó el Diablillo—, y vuelve los ojos a mi astrólogo: verás con las pulgas y inquietud que duerme. Debe de haber sentido pasos en su desván y recela algún detrimento de su redoma. Consuélese con su vecino, que mientras está roncando a más

cuidadosos, recatados

si... expresión que indica mezquindad o avaricia; si podemos dar una cosa inferior a la prometida, lo haremos

amo de una casa de juego clandestina

gastos
dinero que da el jugador que gana a los mirones o a otros que le han servido en el juego
jugada
Nótese el juego de palabras: los sastres cosen; **coser a puñaladas** = atacar con puñal

En la mitología griega, Orfeo era un gran músico que adormecía a las fieras con su cítara / es decir, la sastra
Nótese el juego de palabras: **Fuga** significa «huida» además de «composición musical que gira sobre un tema repetido».
caballero... hombre que vive como caballero, con lujo ostentoso, sin que se sepa de donde proviene su dinero

rehusado / noble

en los naipes, jugada en que son de un mismo palo todas las cartas de un jugador; aquí significaría «ya está»; «ya terminé»
tipo de medicamento (peróxido de antimonio) / unas hojas que se usaban como purgante
de... que ocultaba su preñez
la prometida de Cleofás

interjección que significa «deja, para»

quienes

y mejor, le están sacando a su mujer, como muela, sin sentillo, aquellos dos soldados.

—Del mal lo menos—dijo don Cleofás—, que yo sé del marido ochodurmiente° que dirá cuando despierto lo mismo.

referencia a una leyenda antigua acerca de siete durmientes

—Mira allí—prosiguió el Cojuelo—aquel barbero, que soñando se ha levantado y ha echado unas ventosas a su mujer, y la ha quemado con las estopas las tablas de los muslos, y ella da gritos, y él, despertando, la consuela diciendo que aquella diligencia es bueno que esté hecha para cuando fuere menester. Vuelve allí los ojos a aquella cuadrilla de sastres que están acabando unas vistas° para un tonto que se casa a ciegas, que es lo mismo que por relación, con una doncella tarasca°, fea, pobre y necia, y le han hecho creer al contrario con un retrato que le trujo un casamentero que a estas horas se está levantando con un pleitista que vive pared y medio de él, el uno a cansar ministros y el otro a casar todo el linaje humano; que solamente tú, por estar tan alto, estás seguro de este demonio, que en algún modo lo es más que yo.

vestidos que un novio manda a su futura mujer / glotona

Vuelve los ojos y mira aquel cazador mentecato del gallo°, que está ensillando su rocín a estas horas y poniendo la escopeta debajo del caparazón, y deja de dormir de aquí a las nueve de la mañana por ir a matar un conejo, que le costaría mucho menos aunque le comprara en la despensa de Judas°. Y al mismo tiempo advierte cómo a la puerta de aquel rico avariento echan un niño, que por partes de su padre puede pretender la beca del Anticristo°, y él, en grado de apelación°, da con él en casa de un señor que vive junto a la suya, que tiene talle de comérselo antes que criallo, porque ha días que su despensa espera el domingo de casi ración. Pero ya el día no nos deja pasar adelante; que el agua ardiente y el letuario° son sus primeros crepúsculos, y viene el sol haciendo cosquillas a las estrellas, que están jugando a salga la parida°, y dorando la píldora del mundo, tocando al arma a tantas bolsas y talegos y dando rebato a tantas ollas, sartenes y cazuelas, y no quiero que se valga de mi industria para ver los secretos que le negó la noche: cuéstele brujuleallo por resquicios, claraboyas y chimineas.

del... que sale temprano, con el canto del gallo

es decir, de un comerciante

es decir, su padre es un cura (se creía que el Anticristo sería hijo de un cura y de una monja.) / en... tratando de salir del problema, tratando de remediar la dificultad

preparación farmacéutica hecha con huevos y algunos extractos y jarabes

salga... juego de niños

Y volviendo a poner la tapa al pastelón, se bajaron a las calles.

La novela corta

La novela corta es una adaptación de la *novella* italiana, una forma que se aproxima más al cuento que a la novela moderna. En italiano, el término *novella* se refería a una narración corta en prosa, mientras que *romanzo* se empleaba para una larga. La *novella* era a menudo de tema sentimental o amoroso. Relataba engaños, trampas, equivocaciones que ocurrían en un ambiente mundano que estaba poblado de personajes ingeniosos y vivos. Giovanni Boccaccio (1313–1375), cuyo *Decamerone* fue traducido al español bajo el nombre *Las cien novelas* y publicado en Sevilla en 1496, gozó de gran popularidad en España hasta que la Inquisición prohibió su obra en 1559. Aunque después de esta fecha ya no se volvieron a imprimir los cuentos de Boccaccio en España, a menudo entraron ejemplares en el país clandestinamente. Otros *novellieri* que cultivaron el relato corto a la manera de

Boccaccio son Masuccio Salernitano (siglo XV), Gianfrancesco Straparola (muerto después de 1557), Matteo Bandello (1480–1561) y Giovanni Battista Cinthio Giraldi (1504–1573). Aunque la Edad Media española produjo innumerables narraciones cortas, los *novellieri* italianos son los que les sirven de ejemplo a los cuentistas españoles del Siglo de Oro.

Las primeras *novelle* italianas fueron escritas en un ambiente de relativa libertad artística. Muchos de los relatos de Boccaccio tratan de temas escabrosos; varios describen las actividades licenciosas de religiosos y religiosas. En España, las autoridades imponen restricciones rigurosas en la creación literaria después del comienzo de la Contrarreforma. Moralistas como Fray Luis de León y, más tarde, Gracián condenan la prosa imaginativa. Entre la aristocracia intelectual, la ficción en prosa se despreciaba, considerándose un pasatiempo propio a personas de baja calidad. No es sorprendente en este clima que los escritores a menudo se vieran obligados a señalar el aspecto moralmente edificante de sus relatos, aunque en algunos casos éste es difícil (o imposible) de encontrar.

A pesar de estas actitudes, aparece una plétora de novelas cortas de diversos tipos durante el Siglo de Oro, lo cual indica que el género agradó al publico. Algunos críticos han visto una tensión entre el deseo de algunos cuentistas, notablemente Cervantes, de acceder a las demandas de las autoridades y al mismo tiempo de proveer al público del tipo de relato que le gustaba. En todo caso, no hay duda de que la novela corta, como la comedia, la novela larga y la poesía, encontró un terreno fértil en España durante el siglo XVII y que floreció.

A pesar de su influencia indiscutible en el desarrollo de la cuentística española, la novela italiana no es su única fuente. Durante la primera mitad del siglo XVI aparecen varias obras de ficción de inspiración erasmista, entre ellas el *Crotalón* de Cristóbal de Villalón. La corriente erasmista produce la sátira en forma de diálogo, la cual se emplea en varias colecciones de anécdotas o cuentos. Llega a su punto culminante en el *Coloquio de los perros,* una de las *Novelas ejemplares* de Cervantes.

CRISTÓBAL DE VILLALÓN (SIGLO XVI)

La corriente humanística que ya se ha estudiado con respecto a autores como Juan y Alfonso Valdés produce, además del diálogo didáctico, cuentos y anécdotas—a veces también presentados en forma de diálogo. Las narraciones dialogadas de la primera mitad del siglo XVI reflejan la influencia de Erasmo y también la de muchos escritores clásicos que utilizan el diálogo como marco narrativo.

Los dos manuscritos existentes de *El crotalón,* uno de los libros más representantes de esta corriente, fueron firmados enigmáticamente por Cristóforo Gnofoso. (El apellido significa en griego «oscuridad, tinieblas».) P. Gayangos atribuyó el libro a Cristóbal de Villalón. Marcel Bataillon, el célebre hispanista francés, puso en duda esta teoría, alegando que *El crotalón* fue probablemente la creación de un autor italiano. Más recientemente, investigadores como John Kindcaid y Asunción Rallo han refutado los argumentos de Bataillon, y Rallo ha demostrado que el autor del libro es efectivamente Cristóbal de Villalón.

El crotalón consta de diecinueve conversaciones entre el zapatero Micilo y su gallo parlante y una más entre Micilo y su vecino Demofón. Aunque la estructura dialogal y la presencia de los mismos dialogantes en todos los capítulos—llamados «cantos del gallo»—crean cohesión en la obra, cada conversación es independiente.

El título significa «juego de sonajas» y tiene un doble propósito: por un lado, evoca la idea de música y entretenimiento, por otro, la de aviso o despertar. El canto del gallo es precisamente una llamada que saca al hombre de un inconsciente sueño. El libro, por lo tanto, es una diversión, pero al mismo tiempo, un instrumento de instrucción.

Micilo se describe como un hombre pobre e inculto, pero descubre haber sido en una anterior transmigración el mercader Menesarco, engañado por su mujer. El gallo también tiene múltiples identidades, siendo la más constante Pitágoras. Se establece entre el gallo y el zapatero una relación de maestro e interrogante, ya que el gallo relata historias a petición de Micilo. Estas narraciones, a menudo escabrosas, supuestamente sirven de ejemplo del amor vicioso que el hombre debe evitar. Escribe Asunción Rallo: «El gallo, manteniendo como mago (o sofista elocuente) las orejas de Micilo colgadas de sus labios, demuestra los ágiles caminos que conoce para lograr su propósito, el decir la verdad vestida de entretenimiento. La capacidad de respuesta del receptor es así encauzada: perdiéndose en la variedad de perspectivas y narradores, no le queda más que seguir la vía que le van iluminando, la de lectura moral que sin aflorar abruptamente, se va diluyendo en una corriente narrativa pensada para disfrutar».

Rallo, quien ha estudiado cuidadosamente las fuentes de *El crotalón,* señala la gran influencia del escritor griego Luciano (¿125–180?), cuya obra *El sueño del gallo* provee el marco general, además de numerosos detalles del libro de Villalón. También nota el aporte de otros autores clásicos, entre ellos Plutarco, Homero y Virgilio. Otra influencia importante es la de Ariosto, cuyo *Orlando furioso* es la fuente de mucho del sensualismo y de las aventuras caballerescas de *El crotalón.* Finalmente, hay que mencionar la *Biblia* y los *Coloquios* y los *Adagios* de Erasmo. Rallo también señala ciertas semejanzas entre el libro de Villalón y *Lazarillo de Tormes:* el protagonista-narrador, el perspectivismo, la verosimilitud y la narración retrospectiva.

Recomendamos la edición de Asunción Rallo (Madrid: Cátedra, 1982).

El crotalón

Argumento del quinto canto del gallo

En el *quinto canto* que se sigue el autor, debajo de una graciosa historia, imita la parábola que Cristo dijo por San Lucas en el capítulo quince°. Verse ha° en agraciado estilo un vicioso mancebo en poder de

Lucas XVI:18: La parábola del hijo pródigo
se verá

malas mujeres, vueltas las espaldas a su honra, a los hombres y a Dios, disipar todos los dotes del alma, que son los tesoros que de su padre Dios heredó. Y veráse también los hechizos, engaños y encantamientos de que las malas mujeres usan por gozar de sus lascivos deleites por satisfacer a sola su sensualidad°.

MICILO.   Por cierto, pesado tienen los gallos el primer sueño°, pues con haberse entrado este gallo acostar dos horas antes que anocheciese, y haber ya más de dos horas que anocheció, no ha mostrado despertar.

GALLO.   No pienses, Micilo, que aunque no canto que duermo, porque yo despierto estoy aguardando a que vengas de la cena al trabajo.

MICILO.   Pues, ¿por qué no cantas, que ya hubiera yo venido?

GALLO.   No canto porque, aunque nosotros los gallos somos músicos de nación°, tenemos esta ventaja a los músicos de allá: que nosotros tenemos tanto seso y cordura en nuestro canto que con el buen orden de nuestra música gobernáis vuestras obras como con muy cierto y regalado reloj. Pero vuestros músicos cantan sin tiempo, orden y sazón°, porque han de carecer de seso para bien cantar. Cantamos a la medianoche, y ésta no la es; y cantamos al alba por dar loores° a Dios nuestro Hacedor y criador.

MICILO.   Pues ante todas las cosas te ruego me digas: cuando fuese capellán de aquel curazgo° (que cura te podemos llamar), ¿cómo te sabías haber con tus ovejas? ¿Cómo sabías repastar tus feligreses? ¿Cómo te habías en su gobierno y confesión? Porque no sé quién tiene mayor culpa, el cura proprio por encomendar su ganado a un hombre tan sin letras como tú, o tú en lo aceptar°.

GALLO.   ¿Qué quieres que te diga a eso sino lo que se puede presumir de mí? En fin, yo lo hacía como todos los otros pastores mercenarios, que no tenemos ojo ni cuenta sino el proprio interés y salario, obladas° y pitanzas° de muertos, y cuanto a las conciencias y pecados, cuanto quiera que fuesen graves no les decía más sino: «No lo hagáis otra vez». Y esto, aunque cien veces me viniesen lo mesmo a confesar; y aun esto era cuanto a los pecados claros, y que ninguna dificultad tenían. Pero en otros pecados que requerían algún consejo, estudio y miramiento disimulaba con ellos, porque no sabía yo en el juicio de aquellas causas … Así en cualesquiera necesidades y afrentas que al feligrés se le ofrecen me tocaba poco a mí, y menos me daba por ello°.

MICILO.   Dime, si en una Cuaresma sabías que algún feligrés estaba en algún pecado mortal, de alguna enemistad o en amistad viciosa° con alguna mujer, ¿qué hacías?, ¿no trabajabas por hacer a los unos amigos, y a los otros buscar medios honestos y secretos cómo los apartar° del pecado?

GALLO.   Esos cuidados ninguna pena me daban. Proprios° eran del proprio pastor; viniese a verlos y proveerlos. Comíase él en cada un año° trecientos ducados° que valía el beneficio paseándose por la corte, ¿y había yo de llevar toda la carga por dos mil maravedís°? No me parece cosa justa.

MICILO.   ¡Ay de las almas que lo padecían! Ya me parece que te habías obligado con aquella condición, que el cura su culpa pagará.

GALLO.   Dejemos ya esto. Y quiero te contar° un acontecimiento que pasé en un tiempo, en el cual, juntamente siéndote gracioso, verás y conocerás la vanidad de esta vida, y el pago que dan sus vicios y deleites. Y también verás el estado en que está el mundo, y los engaños y lascivia de las perversas y malas mujeres, y el fin y daño

por... sólo por satisfacer su sensualidad

primer... el de las primeras horas de la noche, que se supone ser menos pesado que la modorra que le sigue

de... por naturaleza

ocasión, inoportunamente

elogio
curato, parroquia

en... en aceptarlo (El Gallo tiene varias identidades, entre ellas la de sacerdote malo. Dice en el Cuarto Canto: «. . . Algunos sacerdotes no os los dio Dios, sino el demonio, la simonía y avaricia. Como a mí, que en verdad yo me ordené por avaricia de tener de comer. . . ».
ofrenda que se le da a la Iglesia por los difuntos, que generalmente es un pan / alimentos que se les dan a los pobres

menos... no me preocupaba nada por ello

ilícita

los... apartarlos
Propios

en... en el período de un año / moneda de oro
moneda de poco valor

te... contarte

que sacan los que a sus sucias conversaciones se dan. Y viniendo al caso sabrás que en un tiempo yo fue° un muy apuesto y agraciado mancebo cortesano y de buena conversación, de natural crianza y contina° residencia en la corte de nuestro rey, hijo de un valeroso señor de estado y casa real; y por no me dar° más a conocer basta, que porque hace al proceso de mi historia te llego a decir, que entre otros previlegios y gajes° que estaban anejos a nuestra casa, era una compañía de lanzas de las que están en las guardas del reino, que llaman hombres de armas de guarnición. Pues pasa así que en el año del señor de mil y quinientos y veinte y dos, cuando los franceses entraron en el reino de Navarra con gran poder, por tener ausente a nuestro príncipe, rey y señor, se juntaron todos los grandes y señores de Castilla, guiando por gobernador y capitán general el condestable Don Yñigo de Velasco para ir en la defensa y amparo y restitución de aquel reino, porque se habían ya lanzado los franceses hasta Logroño°; y así por ser ya mi padre viejo y indispuesto me cometió y dio el poder de su capitanía con cédula y licencia del rey; y así cuando por los señores gobernadores fue mandado mover, mandé a mi sota capitán y alférez que caminasen con su estandarte, siendo todos muy bien proveídos y bastecidos° por nuestra reseña y alarde. Y porque yo tenía cierto negocio en Logroño en que me convenía detener, le mandé que guiasen, y por mi carta se presentasen al señor capitán general, y yo quedé allí; y después, cuando tuve acabado el negocio, partí con un escudero mío que a la contina le llevaba para mi compañía y servicio en un rocín. Y luego como comenzamos a caminar por Navarra fue avisado que las mujeres en aquella tierra eran grandes hechiceras encantadoras, y que tenían pacto y comunicación con el demonio para el efecto de su arte y encantamiento, y así me avisaban que me guardase y viviese recatado, porque eran poderosas en pervertir los hombres y aun en convertirlos en bestias y piedras si querían; y aunque en la verdad en alguna manera me escandalizase, holgué en ser avisado, porque la mocedad, como es regocijada, recibe pasatiempo con semejantes cosas; y también porque yo de mi cogeta° fue aficionado a semejantes acontecimientos. Por tanto, iba deseoso de encontrarme con alguna que me encantase, y aun iba de voluntad y pensamiento de trocar por alguna parte de aquella arte el favor del príncipe y su capitanía; y caminando una montaña, yendo revolviendo esas cosas en mi pensamiento, al bajar de una montaña me apeé por extender las piernas, y también porque descansase algo mi caballo, que comenzaba ya algo el sol a calentar; y así como fue apeado tirándole de las orejas y estregándole el rostro di la rienda a mi escudero Palomades que así se llamaba, y mandéle que caminase ante mí. Y en esto volví la cabeza atrás y veo venir tras mí un hombre en una bestia, el cual en su hábito y trato luego que llegó me pareció ser de la tierra; por lo cual y por holgar yo mucho de la conversación le aguardé, y así llegando a mí me saludó, y por el semejante se apeó para bajar, y luego comencé a le preguntar° por su tierra y lugar, como en el camino suele acontecer, y él me dijo que era de una aldea pequeña que estaba una legua de allí; y yo trabajaba meterle en conversación presumiendo de él algún encogimiento, porque como aquella tierra estuviese al presente en guerras, tratan con nosotros con algún recato no se nos osando confiar. Pero en la verdad aquel hombre no mostró mucha cobardía, mas antes demasiada liberalidad, tanto que de sus hablas y razones fácilmente juzgarás ser otra cosa que hombre, porque así con su habla me embeleñó° que

fui

continua

me... darme

otros... otros privilegios y premios

capital de la Rioja, a orillas del Ebro, en el noreste de España

abastecidos

cosecha

le... preguntarle

cautivó

casi no supe de mí; y así del rey y de la reina y de la guerra de los
franceses y castellanos venimos a hablar de la costumbre y bondad
de la gente de la tierra, y él ciertamente vino a hablar en ello de
buena voluntad. Comenzómela a loar de fértil y viciosa°, abundante   productiva
de todo lo necesario, y yo dije: «Hombre honrado yo tengo entendido
de esta tierra todo el cumplimiento entre todas las provincias del
mundo, y que la gente es de buena habilidad y ingenio, y las mujeres
veo también que son hermosas y de apuesta y agraciada
representación». Y así él me replicó: «Por cierto, señor, así es como
sentís; y entre todas las otras cosas quiero que sepáis que las
mujeres, demás° de su hermosura, son de admirable habilidad, en   además
tanta manera que en saber exceden a cuantas en el mundo son».
Entonces yo le repliqué deseando saber de su ciencia,
importunándole me dijese algo en particular de su saber; y él me
respondió en tanta abundancia que toda mi atención llevaba puesta
en lo que él decía. Diciendo: «Señor mandan el sol y obedece, a las
estrellas fuerzan en su curso, y a la luna quitan y ponen su luz
conforme a su voluntad. Añublan° los aires, y hacen si quieren que   Anublan
se huellen y pasen como la tierra. Al fuego hacen que enfríe, y al
agua que queme. Hácense mozas y en un punto° viejas, palo, piedra,   **en**... en un instante
y bestia. Si les contenta un hombre en su mano está gozar de él a su
voluntad; y para tenerlos más aparejados a este efecto los convierten
en diversos animales entorpeciéndoles los sentidos y su buena
naturaleza. Han podido tanto su arte que ellas mandan y los
hombres obedecen, o les cuesta la vida, porque quieren usar de
mucha libertad yendo de día y de noche por caminos, valles y sierras
a hacer sus encantos, y a coger sus hierbas y piedras, y hacer sus
tratos y conciertos». Llevábame con esto tan traspuesto en sí que
ningún acuerdo tenía de mí cuando llegamos al lugar, y cabalgando
en nuestras bestias nos lanzamos por el pueblo, y queriendo yo pasar
adelante me forzó, con grande importunidad y buena crianza, que
quisiese apearme en su posada porque servía a una dueña valerosa
que acostumbra recebir semejantes caballeros en su casa de buena
voluntad; y como fuese llegada la hora del comer holgué de me
apear°. Saliónos a recebir una dueña de alta y buena disposición°, la   **me**... apearme / **de**... muy gentil y gallarda
cual, aunque representaba alguna edad, tenía aire y desenvoltura de
moza, y en viéndome se vino para mí con una voz y habla halagüeña,
y muy de presto dispuso toda la casa y aparato con tanto servicio
como si fuera casa de un príncipe o poderoso señor; y cuando miré
por mi guía no la vi, porque entrando en casa se me desapareció; y
según parece todo lo que pasó antes y después no puedo creer sino
que aquella mujer tenía aquel demonio por familiar en hábito y
figura de hombre, porque según mostró en su habla, trato y
conversación no creo otra cosa, sino que le tenía para enviarle a caza
de hombres cuando para su apetito y recreación le daba la voluntad,
porque así me cazó a mí como agora oirás. Luego, como llegamos
con mil regalos y ofrecimientos, dispuso la comida con grande
aparato°, con toda la diligencia y solicitud posible, en toda   pompa, ostentación
abundancia de frutas, flores y manjares de mucho gusto y sabor, y
los vinos muy preciados en toda suavidad, servidos de diversas
dueñas y doncellas, que casi parecían diferentes con cada manjar.
Túvome la fiesta en mucho regocijo y pasatiempo en una sala baja
que caía sobre un huerto de frutas y de flores muy suaves. Ya me
parecía que por poco me quedara allí, sino fuera porque, así como en
sueño, me acordé de mi viaje y compañía, y consideré que corría
gran peligro mi honra si me descuidase; y así sospirando me levanté

en pie proponiendo ir con la posible furia a cumplir con la guerra y
luego volverme a gozar de aquel paraíso terrenal. Y así la maga por
estar muy contenta de mi buena dispusición me propuso a quedarme
aquella noche allí, diciendo que ella no quería, ni tenía cuanta
prosperidad y aparato poseía sino para servir y hospedar semejantes
caballeros. Principalmente por haber sido su marido un castellano de
gran valor, al cual amó sobre todas las cosas de esta vida, y así no
podía faltar a los caballeros castellanos, por representarle cualquiera
de ellos aquellos sus primeros amores, que ella a la contina tenía
ante sus ojos presente. Pero como aún yo no había perdido del todo
mi juicio y uso de razón trabajé de agradecerle con palabras
acompañadas de mucho cumplimiento y crianza la merced que me
hacía, con protestación que acabada la guerra yo vernía con más
libertad a la servir°. No le pesó° mucho a la maga mi defensa como
esperaba antes de la mañana satisfacerse de mí mucho a su
voluntad, y así me dijo: «Pues, señor, presupuesto° que tenéis
conocido el deseo que tengo de os servir°, y confiando que cumpliréis
la palabra que me dais, podréis hacer lo que querréis, y por más os
servir os daré un criado mío que os guíe cuatro leguas de aquí,
donde os vais a dormir con mucho solaz, porque tengo allí una muy
valerosa sobrina que tiene un fuerte y hermoso castillo en una muy
deleitosa floresta que estará cuatro leguas de aquí. Llegando esta
noche allí, no perdiendo jornada para vuestro propósito, por ser mía
la guía y por la gracia de mi sobrina que tiene la mesma costumbre
que yo en hospedar semejantes caballeros, os hospedará, y allí
pasaréis esta noche mucho a vuestro contento y solaz». Yo le besé las
manos por tan gran merced, la cual acepté, y luego salió el viejo que
me truxo° allí cabalgando en un rocín, y despidiéndome de la buena
dueña comenzamos a caminar. Fuemos hablando en muchos loores
de su señora, que nunca acababa de la engrandecer°, pues díjome:
«Señor, agora vais a este castillo donde veréis una doncella que en
hermosura y valor excede a cuantas en el mundo hay». Y
demandándole por su nombre, padres y calidad de estado me dijo él:
«Eso haré yo, señor, de muy buena voluntad de os decir, porque
después de esta mi señora a quien yo agora sirvo no creo que hay en
el mundo su igual, y a quien con mejor voluntad desee ni deba yo
servir por su gran valor; y así os digo, señor, que esta doncella fue
hija de un señor natural de esta tierra, del mejor linaje que en ella
hay, el cual se llamaba el gran varón; y por su hermosura y linaje fue
demandada de muchos caballeros de alta guisa°, así de esta tierra
como de Francia y Castilla, y a todos los menospreció proponiendo de
no casar con otro sino con el hijo de su rey; y siendo tratadas entre
ellos palabras de matrimonio respondió el rey de Navarra que tenía
desposado su hijo con la segunda hija del rey de Francia, y que no
podía faltarle la palabra. Por lo cual, sintiendo ella afrenta no haberle
salido cierto su deseo, por ser dama de alta guisa propuso de nunca
se casar° hasta hoy; y así por haber en su linaje dueñas muy
hadadas° que la hadaron°, es ella la más hadada y sabia mujer que
en el mundo hay, en tanta manera que por ser tan sabia en las artes
la llaman en esta tierra la doncella Saxe, hija del gran varón»°. Y así
hablando en esto fuemos a entrar en una muy hermosa y agraciada
floresta de mucha y deleitable arboleda. Por la cual hablando en ésta
y otras muchas cosas caminamos al parecer dos leguas hasta que
casi se acabó el día; y así casi media hora antes que se pusiese el sol
llegamos a un muy apacible valle donde parecía que se augmentaba
más la floresta con muchos jazmines altos y muy graciosos naranjos

la… servirle / disgustó

puesto

os… serviros

trajo

la… engrandecerla, alabarla

alcurnia, linaje

se… casarse
prodigiosas, mágicas / **la**… le pronosticaron el
   futuro por arte diabólica
La historia de Saxe está inspirada en Ariosto.

que comunicaban en aquel tiempo su oloroso azahar, y otras flores
de suave y apacible olor, en medio del cual valle se mostró un fuerte y
hermoso castillo que mostraba ser el paraíso terrenal. Era edificado
de muy altas y agraciadas torres de muy labrada cantería, era
labrado de muy relumbrante mármol y de jaspes muy finos, y del
alabastro y otras piedras de mucha estima, había musaico y
mocárabes° muy perfectos. Parecióme ser de dentro de exceso sin
comparación más polido, pues de fuera había en él tanta excelencia;
y así fue, que como llamamos a la puerta del castillo y por el portero
fue conocida mi guía fueron abiertas las puertas con mucha
liberalidad, y entramos a un ancho patio, del cual cada cuadro tenía
seis colunas de forma jónica°, de fino mármol, con sus arcos de la
mesma piedra, con unas medallas entre arco y arco que no les
faltaba sino el alma para hablar. Eran las imágines de Píramo y
Tisbe, de Philis y Demofón, de Cleopatra y Marco Antonio, y así todas
las demás de los enamorados de la antigüedad. Y antes que pase
adelante quiero que entiendas que esta doncella Saxe de que aquí te
contaré, no era otra sino la vieja maga que en el aldea al comer me
hospedó. La cual, como le pareciese que no se aprovechara de mí en
su casa tan a su placer como aquí, tenía por sus artes y industrias
del demonio esta floresta y castillo, y todo el servicio y aparato que
oirás, para holgar con quien quería noches y días como te contaré.
Por el friso° de los arcos del patio iba una gruesa cadena dorada que
salía relevada en la cantería, y una letra que decía: «cuantos van en
derredor, / son prisioneros de amor». Había por todo el torno ricas
imágines y piedras del Oriente, y había en los corredores altos
gruesas colunas enteras de diamante, no sé si verdadero o falso, pero
oso juzgar que no había más bella cosa en el mundo. Por lo alto de la
casa había terrados de muy hermosos y agraciados edeficios, por los
cuales andaban lindas y hermosas damas vestidas de verde° y de
otros amorosos colores, con guirnaldas en las cabezas, de rosas y
flores, danzando a la suave música de arpas y dulzainas° que les
tañían sin parecer quién. Bien puede cualquiera que aquí entre
afirmar que fuese aquí el paraíso o el lugar donde el amor fue
nacido, porque aquí ni entra, ni admiten en esta compañía cosa que
pueda entristecer, ni dar pasión°. No se entiende aquí otra cosa sino
juegos, placeres, comeres, danzar, bailar y motejar°. Y otras veces
juntas damas y caballeros cantar música muy ordenada, que
juzgarás estar aquí los ángeles en contina conversación y festividad.
Nunca allí entró cana, arruga, ni vejez, sino solamente juventud de
doce a treinta años, que se sepa comunicar en todo deleite y placer.
En esta casa siempre es abril y mayo, porque nunca en todo el año el
suave y templado calor y fresco les falta; porque aquella diosa lo
dispone con su arte a medida de su voluntad y necesidad.
Acompáñanla aquí a la contina muy valerosas damas que ella tiene
en su compañía de su linaje, y otras por amistad, las cuales atraen
allí caballeros que vienen en seguida° de su valor. Estos hacen la
corte más ufana y graciosa que nunca en casa de rey ni emperador
tan adornada de cortesanía se vio. Porque solamente se ocupan en
invenciones de trajes, justas°, danzas y bailes; y otras a la sombra de
muy apacibles árboles novelan, motejan, ríen con gran solaz: cual°
demanda cuestiones y preguntas de amores, hacer sonetos, coplas,
villancicos, y otras agudezas en que a la contina reciben placer. Por
lo alto y por los jardines, por cima de chopos, fresnos, laureles y
arrayanes°, vuelan calandrias, sirgueros, canarios y ruiseñores que,
con su música, hacen suave melodía. Estando yo mirando toda esta

adorno geométrico en relieve de bóvedas o cornisas

Se refiere a uno de los órdenes clásicos de arquitectura de la Grecia antigua. La columna jónica se caracteriza por su forma aflautada, su base moldeada y un capitel compuesto de cuatro volutas.

banda que suele decorarse en la parte superior o inferior de una pared

El verde, color de la esperanza, también simboliza el amor, el sexo y la procreación.
instrumento músico de viento

sufrimiento
aplicar motes o apodos a una persona

orden

torneos
como

arbusto mirtáceo de flores blancas y follaje siempre verde

hermosura, ya medio fuera de mí, se me pusieron delante dos damas más de divina que de humana representación, porque tales parecían en su hábito, modo y gesto, que todas venían vestidas como de casa real: traían muy ricos recamados°, joyas y piedras muy finas, rubíes, esmeraldas, diamantes, balajes°, zafires, jacintos° y de otras infinito número que no cuento. Estas, puestas ante mí con humilde y agraciado semblante, habiéndoles yo hecho la cortesía que a tales damas se les debía, con muy cortés razonamiento me ofrecieron el hospedaje y servicio de aquella noche de parte de la señora del castillo, y yo habiendo aceptado la merced con hacimiento de gracias°, me dijeron estarme aguardando arriba; y así, dejando el caballo a mi escudero, me guiaron por el escalera. Aún no habíamos acabado de subir cuando vimos a la bella Saxe que venía por el corredor, la cual con aquella cortesía y semblante me recibió como si yo fuera el señor de todo el mundo, y así fue de toda aquella triunfante y agraciada corte tan reverenciado y acatado como si yo fuera todo el poder que los había de mandar. Era aquel palacio tan adornado y excelente, y tan apuesta aquella juvenil compañía, que me parece que mi lengua la hace injuria en querértelo todo pintar, porque era ello todo de tanto aparato y perfección, y mi ingenio de tan poca elocuencia que es necesario que baje su hermosura y grandeza muy sin comparación. Muchos habría a quien yo contase esta historia que por su poca experiencia les parecería manera de fingir. Pero esfuérzome a te la pintar° a ti, Micilo, lo más en la verdad que puedo, porque tengo entendido de tu cordura que con tu buen crédito debajo de estas toscas y cortas palabras entenderás lo mucho que quiero sinificar°. Porque ciertamente era aquella corte y compañía la más rica, la más hermosa, agraciada y generosa que en el mundo nunca fue (ni lengua humana con muy alta y adornada elocuencia nunca podría encarecer, ni pluma escrebir). Era toda de florida y bella edad, y sola entre todas venía aquella mi bella diosa relumbrando como el sol entre todas las estrellas, de belleza extraña. Era su persona de miembros tan formados cuanto pudiera con la agudeza de su ingenio pintar aquel famoso Apeles° con su pincel: los cabellos luengos°, rubios y encrespados, tranzados° con un cordón de oro que venía a hacer una ingeniosa lazada sobre el lado derecho de donde colgaba un joyel de inestimable valor. Traía los carrillos muy colorados de rosas y jazmines, y la frente parecía ser de un liso marfil, ancha, espaciosa, llana y conveniente, que el sol hacía eclipsar con su resplandor; debajo de dos arcos de cejas negras como el fino azabache° le están bailando dos soles piadosos a alumbrar a los que los miran, que parecía estar amor jugando en ellos y de allí disparar tiros gentiles con que visiblemente va matando a cualquiera hombre que con ellos echa de ver; la nariz pequeña y afilada, en que naturaleza mostró su perfección; muéstrase debajo de dos pequeños valles la chica boca de coral muy fino, y dentro de ella al abrir y cerrar de un labrio° angelical se muestran dos hilos de perlas orientales que trae por dientes; aquí se forman celestiales palabras que bastan ablandar corazones de diamante; aquí se forma un reír tan suave que a todos fuerza a obedecer. Tenía el cuello redondo, luengo y sacado, y el pecho ancho, lleno y blanco como la nieve, y a cada lado puesta en él una manzana cual° siendo ella diosa pudiera poner en sí para mostrar su hermosura y perfección. Todo lo demás que secreto está como cuerdo puedes juzgar corresponder a lo que se muestra de fuera en la mesma proporción. En fin, en edad de catorce años escogió la hermosura que naturaleza en una dama pudo dar.

---

tipo de bordado

rubíes de color morado / circones (tipo de piedra preciosa)

con... dándoles gracias muchas veces

te... pintártela

decir

célebre pintor de la Grecia antigua

largos / partidos

tipo de carbón negro de ébano

labio

como, de modo que

Pues visto lo mucho que te he dicho de su beldad no te maravillarás, Micilo, si te digo que de enamorado de su belleza me perdí, y encantado salí de mí, porque depositada en su mano mi libertad me rendí a lo que de mí quisiese hacer.

MICILO.   Por cierto no me maravillo, gallo, si perdieses el juicio por tan extremada hermosura, pues a mí me tiene encantado en solo te lo oír°.

te... oírtelo

GALLO.   Pues andando así, como al lado me tomó, siguiéndonos toda aquella graciosa compañía, me iba ofreciendo con palabras de toda cortesanía a su subjeción, proponiendo nunca querer ni demandar libertad, teniendo por averiguado que todo el merecer del mundo no podía llegar a poseer joya de tan alto valor, y aun juzgaba por bienaventurado al que, residiendo en su presencia, se le diese sola su gracia sin más pedir. Hablando en muy graciosos requiebros, favoreciéndome con unos ofrecimientos muy comedidos, unas veces por mi persona, otras diciendo que por quién me enviaba allí, entramos a una gran sala adornada de muy suntuosa y extraña tapicería, donde al cabo de ella estaba un gran estrado, y en el medio dél un poco más alto, que mostraba alguna diferencia que se daba algo a sentir, estaba debajo de un rico dosel de brocado hecho el asiento de la bella Saxe con muchos cojines, debajo del cual, junto consigo, me metió; y luego fue lleno todo el estrado de graciosas damas y caballeros, y comenzando mucha música de menestriles° se comenzó un divino serao. Y después que todos aquellos galanes hubieron danzado con sus damas muy a su contento, y yo con la mía dancé, entraron en la sala muchos pajes con muy galanes libreas°, con hachas en sus manos, que los guiaba un maestresala que nos llamó a la cena, y levantándose todos aquellos caballeros, tomando cada cual por la mano a su dama, fuimos guiados por una escalera que descendía sobre un vergel, donde estaba, hecho un paseo debajo de unos corredores altos que caían sobre la gran huerta, el cual paseo era de largo de docientos pies. Eran todas las colunas de verdadero jaspe puestas por muy gentil y agraciado orden, todas cerradas de arriba abajo con muy entretejidos jazmines y rosales que daban en aquella pieza muy suave olor, con el que lanzaban de sí muchos claveles y albahacas° y naranjos que estaban cerca de allí. Estaba una mesa puesta en el medio de aquella pieza que era de largo cien pies, puestos los manteles, sillas y aparato, y así como descendimos a lo bajo comenzó a sonar grandísimo número y diferencia de música: de trompetas, cheremías°, sacabuches°, dulzainas, flautas, cornetas y otras muchas diferencias de sonajas muy graciosas y apacibles que adornaban mucho la fiesta, y engrandecían la majestad y henchían los corazones de mucha alegría y placer. Así se sentaron todos aquellos caballeros y damas en la mesa, una dama con un caballero por su orden; y luego se comenzó la cena a servir, la cual era tan suntuosa y epulenta° de viandas° y aparato de oro, plata, riqueza y servicio, que no hay ingenio que la pueda describir en particular.

músico que tocaba en algunas funciones religiosas

trajes que los príncipes o grandes señores les daban a sus criados

planta labiada de flores blancas, algo purpúreas

chirimías (instrumento músico de viento a modo de trompeta)

instrumento de metal que se alarga y recoge en sí mismo, como la chirimía

opulenta / manjares

MICILO.   Alguna parte de ella nos falta agora aquí.

GALLO.   Fueron allí servidos en oro y plata todos los manjares que la tierra produce y los que el aire y el mar crían, y los que ha inquirido° por el mundo la ambición y gula de los hombres sin que la hambre ni necesidad lo requiriese. Servían a las manos, en fuentes de cristal, agua rosada y azahar de ángeles°, y el vino en perlas cavadas muy grandes, y no se contentaban allí beber vinos muy preciados de Castilla, pero traídos de Candía°, de Grecia y Egipto. Eran las mesas

buscado

agua perfumada

isla del mar Egeo

de cedro cogido del Líbano, y del ciprés oloroso, asentadas sobre peanas° de marfil. Los estrados y sillas en que estábamos sentados al comer eran labradas a manera de taraces° de gemas y jaspes finos, los asientos y respaldares eran de brocado y de muy fino carmesí de Tiro°.

MICILO.　¡Oh gallo, qué sabroso me es ese tu canto! No me parece sino que poseo al presente el oro de aquel rico Midas y Creso°, y que estoy asentado a las epulentas mesas del emperador Heliogábalo°. Querría que en cien años no se me acabase esta bienaventuranza en que agora estoy; mucho me entristece la miseria en que pienso venir cuando amanezca.

GALLO.　Todos aquellos caballeros entendían con sus damas en mucho regocijo y palacio, en motejarse y en discantar donaires y motes y sonetos de amores, notándose unos a otros de algunos graciosos descuidos en las leyes del amor. La mi diosa puesta en mí su corazón me sacaba con favores y donaires a toda cortesanía: cada vez que me miraba, agora° fuese derecho, agora al través, me encantaba y me convertía todo en sí sacándome de mi natural; sentíme tan preso de su gran valor que, no pudiendo disimular, le dije: «O señora, no más. Piedad, señora, que ya no sufre paciencia que no me dé a merced».° Como fueron acabadas las viandas y alzadas las mesas, cada cual se apartó con su dama sobre tapetes y cojines de requemados° de diverso color, donde en el entretanto que se llegaba la hora del dormir ordenaron un juego para su solaz, el cual era: que cada cual con su dama, muy secreto y a la oreja, se preguntase lo que más se le antoje, y la primera y más principal ley del juego es que infaliblemente se responda la verdad. Fue este juego gran ocasión y aparejo para que entre mí y mi diosa se declarase nuestro deseo y pena, porque yo le pregunté conjurándola con las leyes del juego me diga en quien tuviese puesta su fe, y ella muy de corazón me dijo que en mí; con la cual confesión se cerró el proceso, estando ella segura de mi voluntad y amor; y así concertamos que como yo fuese recogido en mi cámara, en el sosiego de la obscura noche, ella se iría para mí. Con esta promesa y fe se desbarató el juego de acuerdo de todos, y así parecieron muchos pajes delante con hachas que con su lumbre quitaban las tinieblas, y hacían de la noche día claro; y después que con confites, canelones, alcorzas° y mazapanes y buen vino hecimos todos colación°, hecha por todos una general reverencia, toda aquella graciosa y excelente corte mostrando quererme acompañar se despidió de mí; y hecho el debido cumplimiento a la mi bella dama, dándonos con los ojos a entender la palabra que quedaba entre nos°, me guiaron las dos damas que me metieron en el castillo hasta una cámara de entoldo° y aparato celestial°, donde llegado aquellas dos diosas con un agraciado semblante se despidieron de mí. Dejáronme un escudero y un paje de guarda que me descalzó, y dejando una vela encendida en medio de la cámara se fueron, y yo me deposité en una cama dispuesta a todo deleite y placer, entre unos lienzos que parecía haberlos hilado arañas con todo primor. Olía la cámara a muy suaves pastillas, y la cama y ropa a agua de ángeles y azahar. Y quedando yo solo puse mis sentidos y oreja atento todo a si mi diosa venía; por muy poco sonido que oía me alteraba todo creyendo que ella fuese, y como me hallase engañado no hacía sino enviar sospiros que la despertasen, y luego de nuevo me recogía con nueva atención midiendo los pasos que de su aposento al mío podía haber. Consideraba cualquiera ocupación que la podía estorbar, levantábame de la cama muy

peanas°　pedestales
taraces°　incrustaciones

carmesí... tela roja fabricada en Tiro, antiguo puerto fenecio conocido por su industria de la púrpura
Creso°　último rey de Lidia de 560 a 546 a. de J.C., quien, como Midas, era conocido por sus riquezas
Heliogábalo°　emperador romano (204—222) famoso por su glotonería

agora°　ya

merced».°　Saxe juega a ser la dama cruel y sin merced celebrada por el amor cortés
requemados°　tejido delgado y de cordoncillo

alcorzas°　masa o pasta de azúcar
colación°　comida ligera, merienda

nos°　nosotros
entoldo°　toldo, pabellón de lienzo
aparato... decorado con escenas celestiales (astros, planetas, etc.)

pasito° y abría la puerta, y miraba a todas partes si sentía algún   silenciosamente
meneo o bullicio, o vía° alguna luz, y como no vía cosa alguna con   veía
gran desconsuelo me volvía acostar; deshacíame de celos
sospechando por mi poco merecer, si burlándose de mí estaba en los
brazos de otro amor. Y estando yo en esta congoja y fatiga estaba mi
diosa aparejándose para venir con la quietud de la noche, no porque
tiene necesidad de aguardar tiempo, pues con echar en todos un
sueño profundo lo podía todo asegurar, pero por encarecerme a mí
más el precio de su valor, y la estima que de su persona se debía
tener, aguardaba haciéndoseme un poco ausente, estando siempre
por su gran poder y saber ante mí; y cuando me vi más desesperado,
siento que con un poco de rumor entre la puerta y las cortinas me
comienza pasito a llamar, y yo como la oí, como suele acontecer si
alguno ha peleado gran rato en un hondo piégalo° con las malezas°   océano / algas
que le querían ahogar, y ansí afanando sale asiéndose a las
espadañas y ramas de la orilla que no se atreve ni se confía de ellas
porque se le rompen en las manos, y con gran trabajo mete las uñas
en la arena por salir, así como yo la oí a mi señora y mi diosa salto
de la cama sin sufrimiento alguno, y recogiéndola en mis brazos me
la comienzo a besar y abrazar. Ella venía desnuda en una delgada
camisa, cubiertos sus delicados miembros con una ropa sutil de
cendal°, que como las rosas puestas en un vidrio toda se traslucía.   tela de seda o lino delgada
Traía sus hermosos y dorados cabellos cogidos con un rico y gracioso
garvin°, y dejando la ropa de acuestas, que aun para ello no le daba   cofia hecha de red
mi sufrimiento lugar, nos fuemos en uno° a la cama. No te quiero   juntos
decir más, sino que la lucha de Hércules y Anteo° te pareciera allí,   gigante a quien ahogó Hércules entre los
tan firmes estábamos aferrados como puedes imaginar de nuestro   brazos. La imagen es bastante común en la
amor, que ninguna hiedra que a planta se abraza podía compararse   literatura del Renacimiento.
a ambos a dos. Venida la madrugada la mi diosa se levantó, y lo más
secreto que pudo se fue a su aposento, y luego con un su camarero
me envió un vestido de requemado encarnado con unos golpes sobre
un tafetán azul, tomados con unas cintas y clavos de oro del mesmo
color. Y cuando yo sentí el palacio estar de conversación° me levanté   **yo**... yo oí que la gente del palacio estaba
y atavié°, y salí a la gran sala donde hallé vestida a la mi diosa de la   levantada y conversando / vestí y arreglé
mesma librea°, que con amoroso donaire y semblante me recibió, a la   **de**... del mismo color que yo (A veces los
cual siguiendo todos aquellos cortesanos por saber que la hacían   enamorados iban vestidos del mismo color.)
mucho placer. Y así cada día mudábamos ambos dos y tres libreas de
una mesma devisa° y color a una y otra usanza de diversidad de   emblema
naciones y provincias. Y luego todos nos fuemos a ver muy lindos y
poderosos estanques, riberas, bosques, jardines que había en la casa
para entretenernos hasta que fue llegada la hora del comer; la cual,
como fue llegada y el maestresala nos fue a llamar, volvimos a la gran
sala, donde estaba todo aparejado con la mesma suntuosidad que la
noche pasada; y así comenzando la música comenzó el servicio del
comer; fuemos servidos con la mesma majestad y aparato que allí
estaba en costumbre; y después como fue acabado el yantar° y se   desayuno
levantaron las mesas quedamos todos hablando con diversas cosas,
de damas, de amores, de fiestas, justas y torneos, de lo cual venimos
a hablar de la corte del emperador Carlos nuestro rey y señor de
Castilla, en la cual plática me quise yo mostrar adelantándome entre
todos por engrandecer su estado° y majestad, pues de más de ser yo   grandeza, valor
su vasallo, por llevar sus gajes, era mi señor; lo cual todos aquellos
caballeros y damas oyeron con atención y voluntad, y algunos que de
su corte tenían noticia proseguían conmigo en la prueba de mi
intento, y como mi diosa me conoció tan puesto en aquel propósito,
sin darme lugar a muchas palabras me dijo: «Señor, porque° de   para que

nuestra corte y hospedaje vayas contento, y porque ninguno de este paraíso sale° desgraciado, quiero que sepas agora cómo en esta nuestra casa se honra y se estima ese bienaventurado príncipe por rey y señor, porque nuestra progenie° y descendencia tenemos por derecha línea de los reyes de Castilla, y por tales nos trataron los reyes católicos don Fernando y doña Isabel, dignos de eternal memoria; y como fuese de tanto valor ese nieto suyo por los buenos hados que se juntaron en él, esta casa siempre le ha hecho gran veneración, y así una bisabuela mía, que fue en esta tierra la más sabia mujer que nunca en ella nació en las artes° y buen hado, se empleó mucho en saber los sucesos de este valeroso y ínclito príncipe, y así edificó una sala muy rica en esta casa, y todo lo que con sus artes alcanzó lo hizo en una noche pintar allí, y porque en ninguna cosa aquella bisabuela mía mintió de cuanto allí hizo a sus familiares pintar conforme a lo que por este felicísimo príncipe pasará, te lo mostraré hecho por muy gran orden docientos años ha: allí verás su buena fortuna y buen hado de que fue hadado, por las grandes batallas que en tiempos advenideros vencerá, y gentes belicosas que traerá a su subjeción». Y diciendo esto se levantó de donde estaba sentada, y con ella yo y toda aquella corte de damas y caballeros que por el semejante lo deseaban ver, y así nos fuemos todos donde nos guió, que como con una cadena nos llevaba tras sí. Y porque ya parece, Micilo, que es tarde y tienes gana de dormir, porque siento que es ya la media noche, quiero que por agora dejemos de cantar, y porque parece que nos desordenamos cantando a prima noche, nos volvamos a nuestra acostumbrada hora de nuestra canción, que es cuando el alba quiere romper, porque es más conforme a nuestro natural, y así para el canto que se sigue quedará lo demás.

MICILO. ¡Oh gallo, cuán fuera de mí me has tenido con esta tu sabrosa canción de comida y aparato suntuoso!, y nosotros no tenemos más de cada cuatro habas que comer hoy. Solamente quisiera tener el cargo de limpiar aquella plata y oro que allí se ensució, por gozar alguna parte del deleite que reciben estos ricos en lo tratar. Ruégote que no me dejes de contar lo que en fin te sucedió; y agora, vámonos a dormir.

FIN DEL QUINTO CANTO DEL GALLO

JUAN TIMONEDA (¿1518?–¿1583?)

Juan Timoneda es el autor de la primera colección conocida de novelas cortas al estilo italiano. *El patrañuelo*, un conjunto de veintidós narraciones, apareció en 1567. Ninguno de los cuentos o «patrañas» es totalmente original. El libro es más bien una recopilación de relatos de diversos autores. Muchas de las patrañas son refundiciones a las cuales Timoneda agregó ciertos pasajes narrativos. Timoneda rehizo y modificó los relatos que le servían de fuente según los gustos de su público. Por ejemplo, la *Patraña segunda*, la cual se incluye aquí, fue inspirada en un relato del *Decamerón*.

Aunque es posible que Timoneda no leyese en su integridad algunas de las obras que le sirvieron de fuente, hay indicios de que conociese fragmentos importantes de la *Gesta Romanorum* (colección de narraciones del siglo XVI), los relatos de Herodoto y los de autores italianos como Boccaccio, Bandello y Fiorentino. Otra fuente importante para Timoneda fueron los cantos tradicionales y populares.

Además de *El patrañuelo*, Timoneda escribió dos colecciones de anécdotas y relatos graciosos titulados *Sobremesa y alivio de caminantes* y *El buen aviso y portacuentos*. Al principio del *Sobremesa* Timoneda dice explícitamente que el objetivo de estas colecciones es el de dar al lector materia que contar cuando está en la compañía de otros. De hecho, invita al lector a tomar del libro lo que le sirva. El aviso es interesante porque demuestra que Juan Timoneda, como otros autores renacentistas, creía que era perfectamente legítimo apropiarse de material ajeno con el propósito de darle una nueva forma.

346 PROSA

Juan Timoneda pertenecía a una familia de artesanos y él mismo fue curtidor de pieles en su juventud, oficio que cambió más tarde por el de librero. Esta combinación de actividades parecería insólita hoy en día, pero no lo era en una época en que los curtidores preparaban las pieles con las cuales se encuadernaban los libros. A mediados del siglo XVI la industria del libro crecía rápidamente. En Valencia, donde Juan Timoneda pasó su vida entera, los estudiantes universitarios compraban libros, ayudando a convertir el negocio de librero en una actividad lucrativa. Al mismo tiempo, se extendía el hábito de la lectura entre la clase burguesa. El nuevo negocio llevó a Timoneda considerables beneficios económicos, y pronto decidió hacerse editor de libros. Publicó una serie de hojas volantes que contenían coplas, narraciones y refranes y que tuvieron un éxito inmediato.

Timoneda tenía el don de escoger materias que agradaran a su público. Las obras religiosas eran las que se vendían más. También traían ganancias las ediciones de obras de teatro y los relatos. Su actividad impresora se incrementó tanto que tuvo que cambiar de domicilio y su editorial llegó a ser una de las más importantes de Valencia. Juan Timoneda hizo una aportación importante a la expansión del público lector por medio de su negocio de fabricar y vender libros.

Timoneda se interesó por varios géneros literarios. Compuso romances, historietas, novelas, autos y comedias, por los cuales ganó renombre no sólo en Valencia, donde pasó su vida entera, sino fuera de ella. Era gran conocedor de la psicología burguesa. Comprendía que si a la aristocracia le gustaba la lírica amorosa, a la burguesía floreciente, clase a la cual él mismo pertenecía, le apetecía el relato, especialmente el que reflejara sus mismos valores. El talento de reconocer los gustos de su público, combinado con su acumen financiero, lo llevó a explorar las posibilidades que ofrecía la novela corta italiana. Según Marcelino Menéndez y Pelayo, Timoneda fue el primero en nacionalizar este género, «formando la primera colección española de novelas escritas a imitación de las de Italia, tomando de ellas el argumento y los principales pormenores, pero volviendo a contarlas en una prosa familiar, sencilla, animada y no desagradable».

El mundo que retrata Timoneda refleja la ideología de la sociedad española de su época. Aunque hay rasgos del pragmatismo e individualismo renacentistas, Timoneda respeta la jerarquía social y las normas de conducta establecidas por la Iglesia. La mujer es paciente, sumisa, virtuosa, o, cuando no, es soberbia y avarienta—imagen misógina inspirada por la pecadora Eva.

Juan Timoneda también hizo contribuciones significativas al género dramático. El teatro florecía en Valencia durante el siglo XVI. Lope de Rueda estableció un teatro en esta ciudad. (Véanse las pags. 447–451.) Timoneda llegó a ser amigo de Lope de Rueda, y después de la muerte de éste, publicó sus obras, sometiéndolas a una rigurosa censura estilística. Es gracias a Timoneda que los pasos de Lope de Rueda se rescataron del olvido. Bajo su propio nombre Timoneda también publicó algunas colecciones de piezas, por ejemplo, *Las tres comedias* (1559), *La Turiana* (1564) y *Ternarios sacramentales* (1575). Los investigadores no están de acuerdo acerca del valor y la originalidad de las obras de Timoneda.

Véase *El patrañuelo,* ed. José Romera Castillo (Madrid: Cátedra, 1978).

El patrañuelo

Patraña segunda

Por su bondad, Griselida
fue marquesa; obedecía
lo que el marido quería,
con paciencia no fingida.

En los confines de Italia, hacia el poniente,[1] región harto deleitable y poblada de villas y lugares, habitaba un excelente y famosísimo Marqués, que se decía[2] Valtero, hombre de gentil y agradable disposición, y de grandes fuerzas, puesto en la flor de su mocedad, no menos noble en virtudes que en linaje. Era, finalmente, en todo muy acatado, salvo que contentándose con sólo lo presente era en extremo descuidado en mirar por lo venidero, tanto, que toda su ocupación era correr monte,[3] volar aves,[4] que todo lo demás parecía tener puesto en olvido; y lo que sobre esto sentían sus vasallos, era que no curaba de[5] casarse ni quería que le hablasen en ello. Disimularon algún tiempo estas cosas, pero al fin, habiendo su acuerdo, vinieron en presencia dél, y uno que parecía tener más autoridad y era más privado[6] suyo, en nombre de todos le dijo:

—Vuestra humanidad[7] excelente señor, nos da osadía para que cada cual de nosotros en particular, cuando el caso lo requiere, os pueda muy abiertamente declarar su intinción. Así que ella misma me da a mí al presente atrevimiento para declararos las voluntades secretas de estos vuestros y obedientes vasallos, no porque yo sea para esto más hábil ni tenga mayor autoridad, sino la que vos, señor, con vuestras grandes mercedes me habéis querido dar. Como quiera, pues, señor, que todas vuestras cosas sean de tanto valor y a todos nos parezcan bien, que nos tenemos por dichosos en ser vasallos de tal señor, sola una cosa nos queda, la cual, si tenéis por bien concedernos, seremos sin

---

[1] oeste.
[2] llamaba.
[3] **correr**... cazar.
[4] **volar**... entrenar aves de presa.
[5] **no**... no se preocupaba por.
[6] preferido, que tenía más confianza.
[7] benevolencia.

duda los más bien fortunados hombres que hallar se pudieren en nuestros tiempos, y es que queráis, señor, casaros y poneros bajo el yugo matrimonial. Por tanto, señor, os suplicamos admitáis nuestros ruegos, así cual[8] nosotros estamos promptos[9] a vuestros mandamientos. Sacadnos, señor, de este tan grande cuidado, porque si de vuestra vida ordena Dios otra cosa no muráis sin heredero, y nosotros sin el señor que de tan buen linaje deseamos.

Movióse el ánimo del Marqués con estos ruegos, y dijo:

—Forzáisme, amigos, a pensar en cosa muy ajena de mi pensamiento, porque holgaba vivir con entera libertad, la cual en los casados es muy rara; pero yo quiero someterme a vuestras voluntades, con tal condición que vosotros me prometáis y guardéis una cosa, y es que la que yo escogiere por mujer, sea quien fuere, con toda honra y reverencia la sirváis, y que de mi elección, en esta parte, ninguno de vosotros en algún tiempo contienda o se queje; bástéos que se conceda vuestra petición en casarme.

Con mucho gozo y concordia prometieron los vasallos de hacer lo que el Marqués les propuso, como hombres que apenas podían creer que habían de ver el deseado día de estas bodas; las cuales él les declaró para día cierto porque se aparejasen a solemnizarlas con mucha magnificencia, para lo cual ellos se ofrecieron de muy amorosa gana; y así, se despidieron del Marqués con gran contentamiento.

Idos, el Marqués, como al punto que le hablaron sus vasallos del casamiento le pasó por la memoria de los servicios y bondad y gentileza de Griselida, sabia, graciosa pastora, que por diversas veces yendo a caza había recebido siendo hospedado en casa de su padre Janícola, rico cabañero,[10] determinó que Griselida fuese su mujer, y por eso les señaló el día de las bodas, y por el consiguiente, a todos los criados y servidores de su casa.

Griselida, no lejos de la ciudad adonde el Marqués tenía sus palacios, residía con su padre Janícola en un lugarejo de pocos y pobres moradores, con gran copia[11] de ganados, que con la industria y sagacidad de ella eran regidos y gobernados, harto hermosa y de buen parecer cuanto a la disposición y presencia. Pero en la verdadera hermosura de ánimo y noble crianza tan excelente hembra era, que ninguna de aquel tiempo igualar no se le podía, y como era criada a todo trabajo,[12] ignoraba supersticioso[13]

deleite, que no se asentaba en su pecho pensamiento de regalo,[14] antes[15] un grave y varonil corazón publicaba[16] en defensión[17] de su honestidad y mantenimiento de sus mansas y queridas ovejuelas. Era cosa de notar el grandísimo amor con que regalaba y servía a su viejo padre, y a causa que cerca de este pobre lugar había un fertilísimo monte de abundante caza, de este Marqués solía ser visitada por diversas veces, y de ella con mucha sagacidad servido. Y como a su noticia viniese que el Marqués había señalado el día de las bodas sin nadie saber quién había de ser la tan dichosa y bienaventurada Marquesa, rogóle al padre que para aquel día la llevase a la ciudad para que conocer la pudiese,[18] y en regocijo de tan solemnes fiestas del Marqués alguna merced alcanzase, en recompensa de los pobres y bajos servicios que de su poca posibilidad tenía recebidos. La cual petición, el padre se la concedió.

En este medio[19] hacía el Marqués aparejar con gran diligencia anillos, piedras preciosas, joyas y ropas, y todo lo demás que para tal caso convenía, la cual ropa hacía cortar a medida de una criada de su casa, semejante en estatura y complisión[20] de Griselida. Venido ya aquel día tan deseado en que se habían de celebrar las bodas, acudieron a palacio muchos caballeros y damas, ricamente vestidos, y en no saber quién sería la novia todos estaban suspensos y maravillados. Viendo el Marqués la caballería juntada y los menestriles[21] a punto,[22] diciendo que quería salir a recebir a su esposa, cabalgó llamando media docena de los más privados caballeros suyos, fuese derechamente a casa de Janícola, el cual halló que salía con su hija para venir a la ciudad, y tomándole por la mano le apartó muy en secreto, y le dijo:

—Janícola, ya sé que me quieres bien; yo conozco que eres hombre leal, y pienso ternás[23] por bueno lo que a mí me place. Una cosa en particular querría saber de ti: si como soy tu señor querrías darme tu hija por mujer.

Maravillado el viejo de cosa tan nueva, estuvo un poco sin poder responder, pero al fin, cuando el miedo le dejó abrir la boca, dijo:

—Señor, ninguna cosa debo yo querer o no querer

---

[8] como.
[9] prontos, dispuestos.
[10] ganadero.
[11] abundancia.
[12] **criada**... acostumbrada al trabajo.
[13] vano, superficial.

[14] **no**... no deseaba los placeres.
[15] más bien.
[16] **un**... revelaba un corazón recio y fuerte.
[17] defensa.
[18] **conocer**... pudiera conocerla.
[19] **en**... mientras tanto.
[20] de las mismas medidas.
[21] músicos.
[22] **a**... listos.
[23] tendrás.

sino lo que vos tenéis por bien, viendo que sois mi señor.

En esto le dijo el Marqués:

—Entrémonos yo y tú solos con tu hija Griselida en tu casa, porque en presencia tuya tengo necesidad de hacerle ciertas preguntas.

Entrados, pues, en casa, quedando los seis caballeros fuera, enderezó amorosamente su plática a Griselida el Marqués, diciendo:

—Virtuosa y dichosa doncella, tu padre y yo por el consiguiente,[24] somos contentos que seas mi mujer: creo que no querrás contradecirnos, pero yo quiero saber de ti una cosa, y es que cuando nuestro casamiento fuere concluido, el cual será luego, placiendo a Dios, me desengañes si estás prompta para hacer de buena gana todo cuanto yo te mandare, de suerte que nunca vengas contra mi voluntad y pueda hacer de ti lo que bien me pareciere, sin que por ello conozca en tu cara tristeza o en tus palabras contradicción alguna.

Respondió la considerada doncella, temblando de vergüenza y de la sobrada alegría que en su corazón había concebido:

—Señor mío, bien sé que este tan alto favor es mucho mayor que mi merecimiento, pero si vuestra voluntad y mi dicha es tal, no digo hacer cosa contra tu parecer, pero ni pensarla en mi pensamiento, ni aún de cuanto vos hiciéredes contradeciros, si pensase recebir mil muertes por ello.

Oído esto, el Marqués dijo:

—Abaste eso; tal se confía de vos, doncella.

Y tomándola por la mano la sacó delante sus caballeros, diciendo:

—Amigos, ésta es, aunque con bastos[25] vestidos compuesta,[26] mi mujer y señora vuestra. Servilda y amalda.

Entonces los caballeros, con las gorras en las manos, se arrodillaron delante de ella, besándole las manos con gran cortesía cada uno, y abrazándoles de uno en uno los alzó de tierra. Entonces el Marqués mandó que secretamente el uno de ellos la llevase a palacio y la pusiese en su aposento, y que allí, de un ama suya de quien mucho se fiaba, fuese despojada de las ropas que traía y vestida de aquellas riquísimas que para su propósito se habían ya cortado.

Entrando el Marqués por su palacio, como tan deseosos estuviesen los caballeros y damas de la Marquesa, le preguntaron:

—Señor, ¿qué es de la señora y deseada Marquesa? Muy mal cumple su palabra vuestra señoría.

A esto respondió:

—No os fatiguéis,[27] amados y vasallos míos, que ya está en palacio; y porque en breve podáis conocer quién es, yo entraré por ella y la sacaré de la mano en vuestra presencia.

Y despidiéndose de ellos con la cortesía acostumbrada, se entró en el aposento a do[28] a Griselida la estaban adrezando[29] y componiendo; la cual puesta a punto, pareció tan hermosa y real dama cuanto pudo ser en el mundo, que de enamorado que estuvo el Marqués en verla no pudo estar[30] de abrazarla y besarla, y darle un riquísimo anillo en señal de desposada, y tomándola por la mano, salió en la sala a do la estaban aguardando los caballeros y damas; y disparando los menestriles se movió un grandísimo regocijo, diciendo:

—¡Viva el Marqués y la Marquesa por muchos años y buenos! Amén.

Adonde fueron desposados por un obispo muy honrado, y les dijo la misa y se celebraron las bodas, pasando aquel día con muchos juegos y danzas.

Mostróse en poco tiempo después en la pobre ya hecha nueva Marquesa tanta gracia y divinal favor, que no mostraba en alguna[31] cosa ser nacida ni doctrinada en la aspereza del monte, sino en palacios de grandes señores, por donde de todos era muy honrada y querida cual se podía creer, tanto, que a los que a conocer la vinieron desde niña, se maravillaron que fuese hija de aquel villano Janícola, según era de excelente el modo de su vivir y tratamiento, la nobleza de su crianza y la gravedad y dulcedumbre de sus palabras. Con todo lo cual traía a sí el amor y reverencia de cuantos la miraban, y no sólo en aquélla su tierra, mas también por otras provincias era ya tan divulgada su ilustre fama, que muchas gentes, así hombres como mujeres, con gran deseo la venían a ver.

Con tan excelente mujer vivía el Marqués en su tierra en mucha paz y sosiego, y de todos era tenido por muy prudentísimo, en que debajo de tanta pobreza había sabido conocer[32] tan sublimada virtud; y no penséis que esta tan noble señora entendiese solamente en los ejercicios de dentro de su propia casa, sino que donde se ofrecían generales y públicos casos, estando el Marqués ausente, atajaba y declaraba los pleitos, apaciguaba las

---

[24] **por**... por lo que hemos hablado.
[25] rústicos, toscos.
[26] vestida.

[27] preocupéis.
[28] donde.
[29] adornando.
[30] **no**... no pudo menos.
[31] ninguna.
[32] reconocer.

discordias, y todo esto con mucha prudencia y recto juicio, que todos a una voz decían que Dios les había dado tal señora por su infinita misericordia, y rogaban a Dios que le diese fructo de bendición.[33]

De allí a poco tiempo se hizo preñada, y parió una niña muy hermosa, de lo cual fue muy gozoso el Marqués y todos sus súbditos y vasallos, y con gran contentamiento la Marquesa la quiso criar a sus pechos. Y por probar su fertilidad[34] y paciencia, siendo la niña de edad de dos meses, ordenó el Marqués una cosa digna de maravillar y no cierto de loar[35] entre sabios, y es que mandó a su ama, por ser muy sagaz y de quien se podía muy bien fiar, que tomase una niña que había habido del hospital recién fallecida, y estando durmiendo de noche en su cámara la Marquesa, le tomase su hija y le pusiese la muerta con los mesmos pañales. Hecho esto con la mayor astucia del mundo, como la Marquesa se despertase y hallase muerta la niña, alzándose en la cama empezó a decir:

—¡Ay, Reina de los ángeles y amparo de los afligidos pecadores! ¡Señora mía! ¡No me desmanparéis[36]! Y ¿de qué puede ser muerta?

A las voces, como ya el Marqués estuviese sobre aviso, vino corriendo de su aposento, medio despojado,[37] con muchas hachas encendidas, y el ama mesándose[38] sus cabellos, se le puso delante, diciéndole la desdicha que le había acontecido a la Marquesa. Oyendo esto y llegado en su presencia, mandó que la quitasen la niña de entre manos y que con solemne enterramiento la enterrasen y, vista la presente, se retrujo[39] en lo más oculto de su palacio, y con un criado llamado Lucio, muy familiar suyo, envió su hija al Conde de Bononia, su especial y carísimo amigo, para que la criase en toda suerte de buenas y virtuosas costumbres, y, sobre todo, la tuviese tan secreta que nadie pudiese saber cúya hija era. De allí a cuatro o cinco días determinó el Marqués de visitar a la Marquesa, la cual halló muy triste, encerrada en su aposento, y entrando por él, mandó que todos se saliesen fuera y los dejasen solos; y asentados, enderezó su plática a la Marquesa, diciendo así:

—Ya sabéis, Griselida, porque no pienso que la presente prosperidad os haya hecho olvidar de lo que antes fuistes, de qué manera venistes[40] a mis palacios y os tomé por mujer; y a la verdad, yo os he siempre amado y estoy de vos bien satisfecho, sino que después que nuestra única hija, tan deseada, hallastes muerta a vuestro lado, mis caballeros y vasallos están de vos malcontentos, y les parece cosa áspera[41] tener por señora una mujer plebeya y de rústica generación.[42] Yo, como deseo tener con ellos paz, querría volveros a casa de vuestro padre.

Oído esto por la Marquesa, ningún señal de turbación mostró en su honestísimo rostro, antes, con gentil semblante, le respondió:

—Vos sois mi señor y marido, y podéis hacer de mí lo que bien os pareciere. Ninguna cosa hallo yo que a vos os agrade que a mí no me contente. Esto es lo que asenté en medio de mi corazón cuando os di palabra de ser vuestra mujer en casa de mi padre.

Considerando el Marqués el ánimo y profundísima humildad de su mujer, sin conocer en ella mudamiento alguno de lo que antes era, sino una fertilidad muy grande, atajó la plática, diciendo:

—Abaste por agora esto, señora; póngase silencio en este negocio, hasta que veamos si mis vasallos me volverán a molestar, lo que contra mi voluntad es, por cierto.

Y con esto se despidieron.

Con esta disimulación pasaron doce años, al cabo de los cuales, la Marquesa se hizo preñada y parió un hermoso niño, el cual fue un gozo singular para su padre y a todos sus amigos y vasallos. A la fin de dos años, siendo destetado,[43] ordenó el Marqués, por darle otro sobresalto mayor y probar su continencia, que se fuese la Marquesa con él a caza de monte, adonde se holgaría un extremo de verse con su padre Janícola. Ella, muy contenta y regocijada, aderezóse ricamente cual a su estado convenía, no dejando a su hijo como aquélla que en extremo grado le quería y amaba. Allegados al monte y recebidos con sobrado contentamiento de Janícola, mandó el Marqués que la comida, a causa de la calor grande que hacía, fuese aderezada[44] y puesta junto de una sombría y deleitosa fuente; y determinando por la mañana de salir a caza con sus monteros, encargó mucho a Lucio, su criado, que trabajase cuanto posible fuese de hurtarle el niño a la Marquesa y, vista la presente lo llevase al Conde de Bononia, para que lo criase secretamente juntamente con la niña. Y para disimulación de esto le mandó al dicho criado, delante la Marquesa, que se fuese luego a la ciudad a despachar el negocio que le había encomendado. Pues como el Marqués fuese salido a caza antes del

---

[33] **fructo**... un hijo.
[34] capacidad de aguante.
[35] celebrar, elogiar.
[36] desamparéis.
[37] desnudo.
[38] arrancándose.
[39] recluyó.
[40] viniste.

[41] desagradable.
[42] origen.
[43] **siendo**... habiendo dejado de mamar.
[44] preparada.

día, ya después de haber almorzado, la Marquesa por haber madrugado a causa del Marqués, se puso a dormir sola con su hijo a la sombría de unos mirtos floridos, a do luego fue adormida, aunque no el niño, sino que levantado del lado de su madre iba jugando con unas pedrezuelas. En esto, el criado Lucio, que no dormía, viendo que ninguno le podía ver, apañó[45] de nuestro niño y lo llevó donde el Marqués le tenía mandado.

Cuando la Marquesa se despertó, preguntando por el niño a las dueñas y escuderos, y viendo que no le hallaban, pensando que alguna fiera no le hubiese comido o hecho algún daño, los extremos que ella hacía eran tan grandes, que a todos conmovía a tristeza y lloro; a los cuales, allegando el Marqués, y dándole parte de la pérdida de su hijo, no quiso comer ni beber, sino que derechamente se volvió a la ciudad, y la Marquesa a caballo con todas sus dueñas, detrás dél, con mil sollozos y lágrimas, pensando en tan gran desaventura como le había seguido, del cual perdimiento los vasallos hicieron gran llanto y se señalaron algunos principales de luto.[46] Al cabo de días, viniendo a visitar a su aposento a la Marquesa, le propuso lo siguiente:

—Señora, grande ha sido la desdicha mía en haberos tomado por mujer, pues tan desastradamente y por vuestra culpa haya perdido dos herederos, que yo lo tenía a muy buena dicha en que poseyesen mi estado, y mis vasallos mucho más; y viendo ellos la bajeza de vuestro linaje y la negligencia que en guardarlos habéis tenido, soy importunado que me case con una doncella que dicen que es hija del Conde de Bononia, dotada, no solamente de hermosura y dote, pero de infinitísimas virtudes. Ya sabéis vos que mal puedo yo casarme siendo vos, señora, viva, y por tanto, han propuesto que secretamente os procurase dar la muerte; y cuando pienso en ello, amada Griselida, no me lo sufre el corazón que tal cosa ponga en efecto; por eso, dadme vuestro parecer.

La constante y ilustre Marquesa, dijo:

—Señor, si con mi muerte son vuestros vasallos y vos servido, no digo una que debo tan solamente a mi Dios y criador, pero mil recebiría en solo ser vos de ello contento y pagado.

En ver el Marqués cuán sin turbación y humildad respondió, dijo:

—No lo mande Dios, señora, que tal piense ni haga, pero está el remedio, sin que vos padezcáis, en la mano para que yo y mis vasallos estén satisfechos; y es que el ama de quien tanto mi casa fiaba, por el sentimiento que ha recebido de la pérdida de mi hijo, ha caído mala, y según los médicos me han dado relación de ello no puede escapar de muerte. Quiero, si vos queréis, que vos tan solamente la sirváis, y si falleciere, pasarémosla a vuestro aposento y vos quedaréis en el suyo, puesta en su propio lecho como que sois el ama mesma. Yo, fingidamente, diré que os he hallado muerta a mi costado.

Contenta la Marquesa del pacto susodicho,[47] muerta el ama, la pasaron secretamente los dos adonde estaba concertado, y la Marquesa se puso en el lecho del ama, y a media noche el Marqués empezó de dar voces que la Marquesa era muerta súpitamente durmiendo con ella, y de este desastrado y fingido suceso recibieron todos sus vasallos grandísimo enojo, por el amor y voluntad que le tenían, por do el Marqués le hizo hacer solemnes honras, cual a su estado convenía.

Griselida, la Marquesa, que en cuenta del ama quedaba, se puso, levantándose de la cama, en aquel traje y postura cual el ama solía traer, y secretamente las más noches dormía con el Marqués; y estando una noche con ella, le dijo:

Ya sabéis, señora, que, teniéndome en reputación de viudo, he dado palabra de casarme con la hija del Conde de Bononia, de quien en días pasados os apunté, y mis vasallos me importunaban. Conviene que nuestra conversación se departa y vos uséis de vuestra acostumbrada paciencia considerando que las prosperidades no pueden siempre durar, haciendo lugar a mi nueva esposa.

Respondió a esto la noble Marquesa:

—Siempre vi yo, señor mío, que entre vuestra grandeza y mi poquedad no había proporción ninguna, no me hallando merecedora de ser vuestra mujer. Y en esta casa y palacio donde vos me hicisteis señora, Dios me es testigo que en mis pensamientos siempre me tuve por indigna de tal estado. A Dios, nuestro señor, y a vos, hago infinitas gracias del tiempo que en vuestra compañía he vivido con tanta honra que sobrepuja en extremo grado a mi poco merecimiento. En lo demás, aparejada[48] estoy a servir como obediente esclava a vuestra nueva y deseada esposa, la cual gocéis por muchos años y buenos.

En esta sazón envió el Marqués a Lucio, su familiar criado, con cartas de su mano, acompañado de muchos caballeros, suplicándole al Conde que le diese la niña que le dio a criar, la cual sería de catorce años, y juntamente el infante.[49] Recebidas las cartas, el Conde, por el amor que les tenía, determinando venirse con ellos, y asignando día

---

[45] cogió de la mano.
[46] **se**... algunos caballeros ilustres llevaron luto.
[47] mencionado.
[48] preparada.
[49] niño.

cierto, tomó su camino con muy riquísimas joyas, acompañado de sus vasallos, llevando consigo la doncella, en extremo grado hermosa, y muy ricamente vestida, y con ella el infante su hermano. Allegó en breves días a la presencia del Marqués, do fue muy bien recebido con los suyos en su rico palacio, y la doncella y el infante hospedados en el aposiento que solía ser de la Marquesa, la cual, en figura de sirvienta ama llegó a saludar a la doncella y después a los que con ellos venían, y de ver los extranjeros huéspedes su noble crianza y dulce conversación, estaban en extremo maravillados. Era de ver el especial cuidado que tenía de servir y festejar la doncella, sin poderse hartar de loarla de hermosa, y bien enseñada. Queriendo ya asentarse a comer, volvióse el Marqués a Griselida, y casi medio burlando, delante de todos le dijo:

—¿Qué te parece de esta mi esposa? ¿No es agraciada y hermosa?

—Sí por cierto, señor—dijo Griselida—. No pienso que se halle otra más gentil y bien criada. Pero, hablando agora con libertad, digo que si vuestra mujer ha de ser, una cosa os suplico: que no le deis a gustar aquellos desabrimientos[50] que disteis a la pasada, porque como es moza y criada en regalo[51], no lo podrá sufrir.[52]

Viendo el Marqués la generosidad con que esto decía, y considerando aquella gran constancia de mujer, tantas veces y tan reciamente tentada de la paciencia, con justa causa tuvo ya compasión della, y no pudiendo más disimular, acabado que hubieron de comer, hízola venir y asentarse a su lado, diciendo:

—¡Oh, mi noble y amada mujer! Harto me es ya notoria y clara vuestra lealtad. No pienso haber hombre debajo del cielo que tantas experiencias del amor de su mujer haya visto como yo.

Diciendo esto, con entrañable amor la fue a abrazar, replicando:

—Vos sola sois mi mujer; nunca otra tuve ni tengo, y esta que vos pensáis que es mi esposa, es vuestra hija, la cual fingidamente hice yo que la tuviésedes por muerta; y este infante vuestro hijo es, el que por diversas veces pensastes haber perdido en el monte. Alegraos, pues juntamente lo sobráis todo, y sabed, señora mujer, que fui curioso probador y no iracundo matador.

Oyendo esto la noble matrona, de placer cuasi[53] perdió el sentido, y con un sobrado gozo de ver a sus hijos, salido poco menos de seso, dejóse ir hacia ellos, y a vuelta de muchas lágrimas no podía

excusarse de los abrazar y besar[54] muchas veces. Entonces, aquellas damas, todas a porfía,[55] con muy gran regocijo, la desnudaron de sus pobres ropas y la vistieron de las acostumbradas y preciosas suyas. Fue para todos aquellos caballeros y damas una muy grande alegría esta reconciliación de la Marquesa Griselida, y siendo divulgado esto al pueblo, se hicieron grandísimas luminarias y fiestas y regocijos, por recobración de la Marquesa y de los hijos, que ya por muertos tenían.

Vivieron después desto marido y mujer largos años, con mucha paz y concordia.

MIGUEL DE CERVANTES (1547–1616)

Miguel de Cervantes fue el primero en usar el término «novela» para referirse a un cuento largo. Siempre consciente de su propia originalidad, escribió en el Prólogo a las *Novelas ejemplares*, «. . . yo soy el primero que he novelado en lengua castellana, que las muchas novelas que en ella andan impresas, todas son traducidas de lenguas extranjeras, y éstas son mías propias, no imitadas ni hurtadas; mi ingenio las engendró, y las parió mi pluma, y van creciendo en los brazos de la estampa».

Cervantes sintió una fascinación por el relato corto e intercaló varias novelitas, las cuales pueden leerse independientemente de la obra que las contiene, en *La Galatea*, *Don Quijote* y *Los trabajos de Persiles y Sigismunda*. En 1612 presentó a la censura sus *Novelas ejemplares*, las cuales fueron publicadas al año siguiente. Las doce novelas que componen la colección tratan de una variedad de temas—el amor, la amistad, el azar, la libertad, la voluntad, aun la literatura misma. Presentan una gama de personajes: reinas, caballeros y damas, gitanos, turcos, rufianes y pícaros, fregonas y criados y aun perros que hablan.

En la introducción a su edición crítica de las *Novelas ejemplares*, el profesor Harry Sieber ha señalado que casi todos los protagonistas de estos relatos se encuentran en una situación en que tienen que «encararse con la realidad tal como es . . . han rechazado o huido de una vida cotidiana, determinada y, a veces, aburrida, en que faltan interés, imaginación y libertad.» A veces, el personaje no ha huido sino que ha sido colocado en un ambiente ajeno por algún juego extraño del destino. Sin embargo, casi siempre se trata de un individuo que se encuentra en un mundo que no es el suyo.

En este nuevo medio desconocido y a veces asustador, el personaje se ve forzado a enfrentarse a una gran variedad de circunstancias. A veces los valores de su antiguo mundo y el nuevo están en conflicto. En algunos casos, como en el de Preciosa (*La gitanilla*), la aventura

---

[50] disgustos, pesadumbres.
[51] **en**... acostumbrada a los placeres (Es decir, es delicada.)
[52] aguantar.
[53] casi.

[54] **los**... abrazarlos y besarlos.
[55] **a**... compitiendo las unas con las otras.

entabla una verdadera vuelta a los orígenes; conduce a un autodescubrimiento que resulta en una restitución de identidad. En los casos de Juan de Carcamo (*La gitanilla*) y de Rincón y Cortado (*Rinconete y Cortadillo*) el individuo tiene que crearse una nueva identidad—temporal o permanente—por medio de la cual se pone a prueba. A lo largo del relato y a través de sus experiencias, su carácter, personalidad e individualismo emergen y se definen.

La crítica ha señalado dos tendencias opuestas en las *Novelas ejemplares:* algunas, por ejemplo, *La española inglesa,* presentan a personajes sumamente idealizados que funcionan dentro de un ambiente desprovisto de realismo y de color local; otros, por ejemplo, *Rinconete y Cortadillo,* recogen aspectos de la novela picaresca, pintando a personajes astutos, activos, mañosos que son a menudo de los bajos fondos sociales y funcionan en un ambiente espontáneo y realista. Las novelitas del primer grupo suelen tener un argumento claramente trazado, mientras que las del segundo son más impresionistas y consisten en escenas y episodios entrelazados de una manera casi cinematográfica.

Aunque no se ha podido describir las fechas exactas de la composición de las *Novelas ejemplares,* dos de ellas aparecieron en un compendio de textos compilado por Francisco Porras de la Cámara alrededor de 1604, lo cual indica que algunos de estos relatos son anteriores a *Don Quijote.*

El problema de la fecha y secuencia de las *Novelas ejemplares* ha sido estudiado por críticos como Manuel Durán y Ruth El Saffar. Es significativo porque las novelas que parecen más modernas, es decir, las picarescas y realistas, son probablemente anteriores a las que demuestran una técnica novelística menos perfecta, lo cual sugiere una regresión en el desarrollo artístico de Cervantes. Se han ofrecido varias explicaciones de este fenómeno, entre ellas la posibilidad de que el autor, al experimentar con el cuento de tipo realista, creyera que su público no estaba listo para estas innovaciones y, por lo tanto, volviera a una técnica más aceptada y más semejante a la de los imitadores de la *novella* amorosa, con sus personajes idealizados y sus argumentos claramente delineados. También es posible que, estando consciente de la reacción de los censores, quisiera incluir cuentos moralizadores a manera de compensación por los que pudieran considerarse más atrevidos. En realidad, no poseemos suficientes datos concretos para llegar a una conclusión con respecto a las intenciones de Cervantes.

Otro tema que ha ocupado los críticos es la «ejemplaridad» de las *Novelas ejemplares.* En su prólogo, Cervantes subraya el elemento didáctico y moral: «. . . los requiebros amorosos que en algunas hallarás son tan honestos y tan meditados con la razón y el discurso cristiano, que no podrán mover a más pensamiento al descuidado o cuidadoso que las leyere. Heles dado nombre de *Ejemplares,* y si bien lo miras, no hay ninguna de quien no se pueda sacar algún ejemplo provechoso; y si no fuera por no alargar este sujeto, quizá te mostrara el sabroso y honesto fruto que podrás sacar, así de todas juntas, como de cada una de por sí.» En varias de las novelitas, los personajes son arquetípicos; es decir, son ejemplos positivos o negativos de cierta manera de pensar o de actuar. Esto no quiere decir, sin embargo, que el mensaje moral, si es que lo hay, sea siempre fácil de descifrar. De hecho, el elemento moralizador es a menudo bastante tenue. Varios críticos—Harry Sieber, Thomas Hart—han sugerido que el ejemplo está en la interpretación. Escribe el profesor Sieber: «. . . los ejemplos . . . existen cuando quiere el lector. Un ejemplo del tipo de que habla Cervantes está en el texto sólo cuando el lector aporta con su lectura una situación, un punto de vista, que realiza la potencialidad del ejemplo».

En *Rinconete y Cortadillo,* Cervantes explora el mundo picaresco del hampa de Sevilla. La crítica social subyacente en muchos de los escritos de Cervantes se ve claramente en la introducción a los personajes. Rincón y Cortado son pobres. Ni la Corte ni el pueblo les ofrece la comodidad y la libertad que desean. No les queda más remedio que valerse de su ingenio para sobrevivir.

En Sevilla se juntan a un grupo de ladrones encabezado por Monipodio, un astuto «hombre de negocios» que tiene un monopolio en el negocio del robo, y que inspira la lealtad de sus «trabajadores» al imponerles un riguroso sistema de conducta a la vez que los trata con ecuanimidad y cierto cariño.

Los miembros de esta sociedad—ladrones, prostitutas, oficiales corruptos—consideran su oficio igual a cualquier otro. A pesar de sus pecados, están seguros del amor y de la compasión de Dios, puesto que son devotos y, con ciertas excepciones, caritativos los unos con los otros. Además, son los desamparados de la sociedad, y saben que el Señor no abandonará a sus hijos perdidos.

Estos personajes viven según las reglas de su sociedad—la del hampa. Cervantes sugiere con sutileza que éstas no son tan diferentes de las del resto del mundo, dado el hecho de que todo hombre y mujer vive según las normas de su elemento social, las cuales nunca coinciden perfectamente con la moral cristiana. Con suave ironía, Cervantes compara la sociedad de Monipodio a una cofradía o hermandad religiosa, con su organización interna, sus ritos y su jerga. Cada uno de los «hermanos» tiene su lugar y se siente miembro de una comunidad. Así, las amonestaciones de Monipodio se llaman «monitorios», como las advertencias del Papa, obispos o prelados sobre la conducta del fiel. También compara al grupo a una academia en la cual los estudiantes aprenden lecciones que les han de valer para toda la vida.

Como Don Quijote, Rincón y Cortado toman nombres que definen su nueva identidad. A Cortadillo le dan el apodo de Bueno, recuerdo de Alonso Pérez de Guzmán el Bueno, el fanático guerrero que prefirió sacrificar a su hijo en vez de ceder la plaza de Tarifa. Es otro recuerdo sutil de que entre el héroe y el delincuente la diferencia es tal vez sólo una cuestión de perspectiva. Dentro de su contexto, Pérez de Guzmán fue un gran jefe militar, pero desde un punto de vista humano, fue un hombre tan brutal y desalmado como cualquiera de los criminales de la banda de Monipodio. Cortadillo es, quizá, tan bueno o más bueno que él.

Al terminar la novela, el lector tiene que preguntarse si Rincón y Cortado realmente han encontrado la libertad que tanto buscaban o si sencillamente han sustituido una organización social por otra. Es cierto que en muchos sentidos la cofradía de delincuentes es más justa y provee más protección que la sociedad que los muchachos han abandonado. Sin embargo, el ideal de la libertad perfecta sigue siendo una meta inalcanzable.

Recomendamos la edición de las *Novelas ejemplares* de Harry Sieber (Madrid: Cátedra, 1980).

Riconete y Cortadillo

En la venta del Molinillo°, que está puesta en los fines de los famosos campos de Alcudia, como vamos de Castilla a la Andalucía, un día de los calurosos del verano se hallaron en ella acaso dos muchachos de hasta edad de catorce a quince años; el uno ni el otro no pasaban de diez y siete; ambos de buena gracia, pero muy descosidos, rotos y maltratados. Capa, no la tenían; los calzones eran de lienzo, y las medias, de carne°. Bien es verdad que lo enmendaban los zapatos, porque los del uno eran alpargates°, tan traídos como llevados, y los del otro picados° y sin suelas, de manera que más le servían de cormas° que de zapatos. Traía el uno montera° verde de cazador; el otro, un sombrero sin toquilla°, bajo de copa y ancho de falda°. A la espalda, y ceñida por los pechos, traía el uno una camisa de color de camuza°, encerrada, y recogida todo en una manga°; el otro venía escueto y sin alforjas°, puesto que° en el seno se le parecía° un gran bulto, que, a lo que después pareció, era un cuello de los que llaman valones°, almidonado con grasa°, y tan deshilado de roto, que todo parecía hilachas. Venían en él envueltos y guardados unos naipes de figura ovada°, porque de ejercitarlos se les habían gastado las puntas, y porque durasen más se las cercenaron y los dejaron de aquel talle. Estaban los dos quemados del sol, las uñas caireladas° y las manos no muy limpias; el uno tenía una media espada, y el otro, un cuchillo de cachas amarillas, que los suelen llamar vaqueros.

Saliéronse los dos a sestear en un portal o cobertizo que delante de la venta se hace, y sentándose frontero el uno del otro, el que parecía de más edad dijo al más pequeño:

—¿De qué tierra es vuesa merced°, señor gentilhombre, y para adónde bueno camina?

—Mi tierra, señor caballero—respondió el preguntado—, no la sé, ni para dónde camino, tampoco.

—Pues en verdad—dijo el mayor—que no parece vuesa merced del cielo, y que éste no es lugar para hacer su asiento en él: que por fuerza se ha de pasar adelante.

—Así es—respondió el mediano—; pero yo he dicho verdad en lo que he dicho; porque mi tierra no es mía, pues no tengo en ella más que un padre que no me tiene por hijo y una madrastra que me trata como alnado°; el camino que llevo es a la ventura, y allí le daría fin donde hallase quien me diese lo necesario para pasar esta miserable vida.

—Y ¿sabe vuesa merced algún oficio?—preguntó el grande.

Y el menor respondió:

—No sé otro sino que corro como una liebre, y salto como un gamo, y corto de tijera muy delicadamente.

—Todo eso es muy bueno, útil y provechoso—dijo el grande—,

Se encuentra en el camino que va desde León hasta Sevilla.

Es decir, no llevaban medias.

alpargatas: calzado de cordel, con suela de soga

zapatos de lujo (pero éstos están tan viejos y gastados que no tienen suelas)

madero que se le echaba al pie de un esclavo fugitivo (Los zapatos molestan al muchacho para caminar más de lo que le ayudan.) /

prenda de abrigo que se usa en la cabeza

cintillo

ala de sombrero

piel de cabra montés / cojín que sirve de maleta

tipo de saco que se echa al hombro para tener el peso bien repartido / **puesto**... aunque / veía

tipo de adorno que se ponía al cuello, el cual consistía en una tira de lienzo fino que caía sobre la espalda y hombros y por adelante se extendía hasta la mitad del pecho / **almidonado**... es decir, muy sucio

ovalada

largas

Nótese la formalidad del lenguaje.

hijastro

porque habrá sacristán que le dé a vuesa merced la ofrenda de Todos Santos° por que para el Jueves Santo le corte florones de papel para el monumento.

es decir, pan y vino

—No es mi corte de esa manera—respondió el menor—, sino que mi padre, por la misericordia del cielo, es sastre y calcetero, y me enseñó a cortar antiparas, que, como vuesa merced bien sabe, son medias calzas con avampiés°, que por su propio nombre se suelen llamar polainas°, y córtolas tan bien, que en verdad que me podría examinar de maestro, sino que la corta suerte me tiene arrinconado.

sección de la polaina o botín que cubre la parte superior del pie

medias calzas de labradores que caen sobre la parte superior del pie

—Todo eso y más acontece por los buenos—respondió el grande—, y siempre he oído decir que las buenas habilidades son las más perdidas; pero aún edad tiene vuesa merced para enmendar su ventura. Mas si yo no me engaño y el ojo no me miente, otras gracias tiene vuesa merced secretas, y no las quiere manifestar.

—Sí tengo—respondió el pequeño—; pero no son para el público, como vuesa merced ha muy bien apuntado.

A lo cual replicó el grande:

—Pues yo le sé decir que soy uno de los más secretos mozos que en gran parte se puedan hallar; y para obligar a vuesa merced que descubra su pecho y descanse conmigo, le quiero obligar con descubrirle el mío primero; porque imagino que no sin misterio nos ha juntado aquí la suerte, y pienso que habemos de ser, de éste hasta el último día de nuestra vida, verdaderos amigos. Yo, señor hidalgo, soy natural de la Fuenfrida°, lugar conocido y famoso por los ilustres pasajeros que por él de contino pasan; mi nombre es Pedro del Rincón°, mi padre es persona de calidad, porque es ministro de la Santa Cruzada: quiero decir que es bulero, o buldero°, como los llama el vulgo. Algunos días le acompañé en el oficio, y le aprendí de manera, que no daría ventaja en echar las bulas al que más presumiese en ello. Pero habiéndome un día aficionado más al dinero de las bulas que a las mismas bulas, me abracé con un talego°, y di conmigo y con él en Madrid, donde con las comodidades que allí de ordinario se ofrecen, en pocos días saqué las entrañas al talego, y le dejé con más dobleces que pañizuelo° de desposado. Vino el que tenía a cargo el dinero tras mí; prendiéronme; tuve poco favor; aunque, viendo aquellos señores mi poca edad, se contentaron con que me arrimasen al aldabilla° y me mosqueasen° las espaldas por un rato y con que saliese desterrado por cuatro años de la Corte. Tuve paciencia, encogí los hombros, sufrí la tanda y mosqueo, y salí a cumplir mi destierro, con tanta priesa°, que no tuve lugar de buscar cabalgaduras. Tomé de mis alhajas las que pude y las que me parecieron más necesarias, y entre ellas saqué estos naipes (y a este tiempo descubrió los que se han dicho, que en el cuello traía), con los cuales he ganado mi vida por los mesones y ventas que hay desde Madrid aquí, jugando a la veintiuna°; y aunque vuesa merced los ve tan astrosos y maltratados, usan de una maravillosa virtud con quien los entiende, que no alzará que no quede un as debajo. Y si vuesa merced es versado en este juego, verá cuánta ventaja lleva el que sabe que tiene cierto un as a la primera carta, que le puede servir de un punto y de once; que con esta ventaja, siendo la veintiuna envidada, el dinero se queda en casa. Fuera de esto, aprendí de un cocinero de un cierto embajador ciertas tretas de quínolas°, y del parar, a quien también llaman el andaboba°, que así como vuesa merced se puede examinar en el corte de sus antiparas, así puedo yo ser maestro en la ciencia vilhanesca°. Con esto voy seguro de no morir de hambre, porque aunque llegue a un cortijo, hay quien quiera pasar tiempo

probablemente el puerto de Fuenfría, a tres leguas de Segovia

es decir, de algún lugar insignificante

persona comisionada para distribuir las bulas y recaudar el producto de la limosna de los fieles. Las bulas eran documentos pontificios relativos a la fe o concesiones de gracias o privilegios. Abundaban los buleros fraudulentos que prometían gracias para acortar el tiempo que el alma de uno pasaría en el purgatorio por un precio.

bolsa que sirve para guardar una cosa o llevarla de una parte a otra

pañuelo

gancho de hierro al cual amarraban a los delincuentes para azotarlos / azotasen

prisa

juego de naipes en que el que gana veintiún puntos, gana

juego de naipes en que la acción consiste en hacer cuatro cartas, cada una de su palo

otro juego de naipes; éste había sido prohibido por las autoridades

la... los naipes (El jugar naipes se llama **ciencia vilhanesca** porque fue inventado por Vilhán, hombre de nación desconocida.)

jugando un rato. Y de esto hemos de hacer luego la experiencia los dos: armemos la red, y veamos si cae algún pájaro de estos arrieros que aquí hay: quiero decir que jugaremos los dos a la veintiuna como si fuese de veras; que si alguno quisiese ser tercero, él será el primero que deje la pecunia°.

—Sea en buen hora—dijo el otro—, y en merced muy grande tengo la que vuesa merced me ha hecho en darme cuenta de su vida, con que me ha obligado a que no le encubra la mía, que, diciéndola más breve, es ésta: Yo nací en el piadoso lugar puesto entre Salamanca y Medina del Campo°, mi padre es sastre; enseñóme su oficio, y de corte de tisera°, con mi buen ingenio, salté a cortar bolsas. Enfadóme la vida estrecha del aldea y el desamorado trato de mi madrastra. Dejé mi pueblo, vine a Toledo a ejercitar mi oficio, y en él he hecho maravillas; porque no pende relicario de toca ni hay faldriquera tan escondida que mis dedos no visiten ni mis tiseras no corten, aunque le estén guardando con los ojos de Argos°. Y en cuatro meses que estuve en aquella ciudad, nunca fui cogido entre puertas°, ni sobresaltado ni corrido de corchetes°, ni soplado de ningún cañuto°. Bien es verdad que habrá ocho días que una espía doble dio noticia de mi habilidad al Corregidor, el cual, aficionado a mis buenas partes, quisiera verme; mas yo, que, por ser humilde, no quiero tratar con personas tan graves, procuré de no verme con él, y así, salí de la ciudad con tanta priesa, que no tuve lugar de acomodarme de cabalgaduras ni blancas°, ni de algún coche de retorno, o por lo menos de un carro.

—Eso se borre—dijo Rincón—; y pues ya nos conocemos, no hay para qué aquesas grandezas ni altiveces: confecemos llanamente que no teníamos blanca, ni aún zapatos.

—Sea así—respondió Diego Cortado, que así dijo el menor que se llamaba—; y pues nuestra amistad, como vuesa merced, señor Rincón, ha dicho, ha de ser perpetua, comencémosla con santas y loables ceremonias.

Y levantándose Diego Cortado, abrazó a Rincón, y Rincón a él, tierna y estrechamente, y luego se pusieron los dos a jugar a la veintiuna con los ya referidos naipes, limpios de polvo y de paja°, mas no de grasa y malicia, y a pocas manos, alzaba tan bien por el as Cortado, como Rincón, su maestro.

Salió en esto un arriero a refrescarse al portal, y pidió que quería hacer tercio°. Acogiéronle de buena gana, y en menos de media hora le ganaron doce reales° y veinte y dos maravedís°, que fue darle doce lanzadas y veinte y dos mil pesadumbres. Y creyendo el arriero que por ser muchachos no se lo defenderían°, quiso quitarles el dinero; mas ellos, poniendo el uno mano a su media espada y el otro al de las cachas amarillas, le dieron tanto que hacer, que a no salir sus compañeros, sin duda lo pasara mal.

A esta sazón° pasaron acaso por el camino una tropa de caminantes a caballo, que iban a sestear a la venta del Alcalde°, que está media legua más adelante, los cuales, viendo la pendencia del arriero con los dos muchachos, los apaciguaron, y les dijeron que si acaso iban a Sevilla, que se viniesen con ellos.

—Allá vamos—dijo Rincón—, y serviremos a vuesas mercedes en todo cuanto nos mandaren.

Y sin más detenerse, saltaron delante de las mulas y se fueron con ellos, dejando al arriero agraviado y enojado, y a la ventera admirada de la buena crianza de los pícaros, que les había estado oyendo su plática sin que ellos advirtiesen en ello. Y cuando dijo al arriero que les había oído decir que los naipes que traían eran falsos, se pelaba las

---

dinero

ciudad de Valladolid, en el noroeste de España
tijera

En la mitología, príncipe que tenía cien ojos de los que jamás cerraba más de cincuenta. Es símbolo de la vigilancia.
cogido... atrapado
ministros de justicia / **soplado**... denunciado por soplón («Soplar» es acusar o denunciar a una persona en secreto.)

dinero (La blanca era una moneda de poco valor.)

limpios... sin ningún estorbo

hacer... ser el tercer jugador
monedas de plata / moneda de cobre

impedirían

A... En este momento
Esta venta realmente existía. Pertenecía a los hijos y herederos de un tal Esteban Sánchez.

barbas y quisiera ir a la venta tras ellos a cobrar su hacienda, porque decía que era grandísima afrenta y caso de menos valer que dos muchachos hubiesen engañado a un hombrazo tan grande como él. Sus compañeros le detuvieron y aconsejaron que no fuese, siquiera por no publicar su inhabilidad y simpleza. En fin, tales razones le dijeron, que aunque no le consolaron, le obligaron a quedarse.

En esto, Cortado y Rincón se dieron tan buena maña en servir a los caminantes, que lo más del camino los llevaban a las ancas; y aunque se les ofrecían algunas ocasiones de tentar las valijas de sus medios amos, no las admitieron, por no perder la ocasión tan buena del viaje de Sevilla, donde ellos tenían grande deseo de verse.

Con todo esto, a la entrada de la ciudad, que fue a la oración, y por la puerta de la Aduana, a causa del registro y almojarifazgo° que se paga, no se pudo contener Cortado de no cortar la valija o maleta que a las ancas traía un francés de la camarada; y así, con el de sus cachas le dio tan larga y profunda herida, que se parecían patentemente las entrañas, y sutilmente le sacó dos camisas buenas, un reloj de sol y un librillo de memoria°, cosas que cuando las vieron no les dieron mucho gusto, y pensaron que pues el francés llevaba a las ancas aquella maleta, no la había de haber ocupado con tan poco peso como era el que tenían aquellas preseas°, y quisieran volver a darle otro tiento; pero no lo hicieron, imaginando que ya lo habrían echado menos y puesto en recaudo lo que quedaba.

Habíanse despedido antes que el salto° hiciesen de los que hasta allí los habían sustentado, y otro día vendieron las camisas en el malbaratillo° que se hace fuera de la puerta del Arenal, y de ellas hicieron veinte reales. Hecho esto, se fueron a ver la ciudad, y admiróles la grandeza y sumptuosidad de su mayor iglesia, el gran concurso de gentes del río, porque era en tiempo de cargazón de flota y había en él seis galeras, cuya vista les hizo suspirar, y aun temer el día que sus culpas les habían de traer a morar en ellas de por vida°. Echaron de ver los muchos muchachos de la esportilla° que por allí andaban; informáronse de uno de ellos qué oficio era aquél, y si era de mucho trabajo, y de qué ganancia.

Un muchacho asturiano, que fue a quien le hicieron la pregunta, respondió que el oficio era descansado y de que no se pagaba alcabala°, y que algunos días salía con cinco y con seis reales de ganancia, con que comía y bebía y triunfaba como cuerpo de rey, libre de buscar amo a quien dar fianzas y seguro de comer a la hora que quisiese, pues a todas lo hallaba en el más mínimo bodegón de toda la ciudad.

No les pareció mal a los dos amigos la relación del asturianillo, ni les descontentó el oficio, por parecerles que venía como de molde° para poder usar el suyo con cubierta y seguridad, por la comodidad que ofrecía de entrar en todas las casas; y luego determinaron de comprar los instrumentos necesarios para usalle°, pues lo podían usar sin examen. Y preguntándole al asturiano qué habían de comprar, les respondió que sendos° costales° pequeños, limpios o nuevos, y cada uno tres espuertas de palma, dos grandes y una pequeña, en las cuales se repartía la carne, pescado y fruta, y en el costal, el pan; y él los guió donde lo vendían, y ellos, del dinero de la galima° del francés, lo compraron todo, y dentro de dos horas pudieran estar graduados en el nuevo oficio, según les ensayaban las esportillas y asentaban los costales. Avisóles su adalid° de los puestos donde habían de acudir; por las mañanas, a la Carnicería y a la plaza de San Salvador; los días

derecho que se pagaba por las mercaderías que salían del reino

librillo... cuaderno de apuntes

alhajas, utensilios u otra cosa que sirve para la comodidad de una persona

robo

conjunto de cosas de poco precio que están de venta en un lugar público

de... hasta la muerte
muchachos... mozos que estaban en las plazas y otros lugares públicos para llevar en su receptáculo lo que se les mandaba (El esportillo es un capacho o receptáculo de esparto o palma.)

tributo del tanto por ciento del precio que pagaba al tesoro público el vendedor

como... perfectamente

usarlo, desempeñarlo

uno para cada uno de los dos muchachos / sacos

robo

guía

de pescado, a la Pescadería y a la Costanilla°, todas las tardes, al río; los jueves, a la Feria.

Toda esta lición° tomaron bien de memoria, y otro día bien de mañana se plantaron en la plaza de San Salvador, y apenas hubieron llegado, cuando los rodearon otros mozos del oficio, que por lo flamante de los costales y espuertas vieron ser nuevos en la plaza; hiciéronles mil preguntas, y a todas respondían con discreción y mesura. En esto llegaron un medio estudiante y un soldado, y convidados de la limpieza de las espuertas de los dos novatos, el que parecía estudiante llamó a Cortado, y el soldado, a Rincón.

—En nombre sea de Dios—dijeron ambos.

—Para bien se comience el oficio—dijo Rincón—, que vuesa merced me estrena, señor mío.

A lo cual respondió el soldado:

—La estrena no será mala, porque estoy de ganancia° y soy enamorado, y tengo de hacer hoy banquete a unas amigas de mi señora.

—Pues cargue vuesa merced a su gusto, que ánimo tengo y fuerzas para llevarme toda esta plaza, y aun si fuere menester que ayude a guisarlo, lo haré de muy buena voluntad.

Contentóse el soldado de la buena gracia del mozo, y díjole que si quería servir, que él le sacaría de aquel abatido oficio; a lo cual respondió Rincón que, por ser aquel día el primero que le usaba, no le quería dejar tan presto, hasta ver, a lo menos, lo que tenía de malo y bueno; y cuando no le contentase, él daba su palabra de servirle a él antes que a un canónigo.

Riose el soldado, cargóle muy bien, mostróle la casa de su dama para que la supiese de allí adelante y él no tuviese necesidad, cuando otra vez le enviase, de acompañarle. Rincón prometió fidelidad y buen trato. Diole el soldado tres cuartos, y en un vuelo volvió a la plaza, por no perder coyuntura°, porque también de esta diligencia les advirtió el asturiano, y de que cuando llevasen pescado menudo, conviene a saber, albures°, o sardinas, o acedías°, bien podían tomar algunas y hacerles la salva°, siquiera para el gasto de aquel día; pero que esto había de ser con toda sagacidad y advertimiento, por que° no se perdiese el crédito°, que era lo que más importaba en aquel ejercicio.

Por presto que volvió Rincón, ya halló en el mismo puesto a Cortado. Llegóse Cortado a Rincón, y preguntóle que cómo le había ido. Rincón abrió la mano y mostróle los tres cuartos. Cortado entró la suya en el seno y sacó una bolsilla, que mostraba haber sido de ámbar en los pasados tiempos; venía algo hinchada, y dijo:

—Con ésta me pagó su reverencia del estudiante, y con dos cuartos; mas tomadla vos, Rincón, por lo que puede suceder.

Y habiéndosela ya dado secretamente, veis aquí do vuelve el estudiante trasudado y turbado de muerte, y viendo a Cortado, le dijo si acaso había visto una bolsa de tales y tales señas, que, con quince escudos de oro en oro y con tres reales de a dos y tantos maravedís en cuartos y en octavos, le faltaba, y que le dijese si la había tomado en el entretanto que con él había andado comprando. A lo cual, con extraño disimulo, sin alterarse ni mudarse en nada, respondió Cortado:

—Lo que yo sabré decir de esa bolsa es que no debe de estar perdida, si ya no es que vuesa merced la puso a mal recaudo°.

—¡Eso es ello, pecador de mí—respondió el estudiante—: que la debí de poner a mal recaudo, pues me la hurtaron!

—Lo mismo digo yo—dijo Cortado—; pero para todo hay remedio, si

---

placeta en forma de cuesta, cerca de la Iglesia de San Isidro

lección

compras

otra oportunidad

pez de río de carne blanca / pez marino que vive en el fondo de las desembocaduras de los ríos y cuya carne es poco apreciada

hacerles... ceremonia en que un sirviente prueba la comida antes que el rey para asegurar que no esté envenenada. Aquí el muchacho sugiere que Riconete y Cortadillo roben una porción de las cosas que lleven para su propia cena.

para que

se... se adquiriese mala fama

la... la descuidó

no es para la muerte, y el que vuesa merced podrá tomar es, lo primero y principal, tener paciencia; que de menos nos hizo Dios° y un día viene tras otro día°, y donde las dan las toman, y podría ser que, con el tiempo, el que llevó la bolsa se viniese a arrepentir y se la volviese a vuesa merced sahumada°.

expresión que se emplea para darle esperanza a una persona

un... con el tiempo se arreglará el problema

valiendo aún más que ahora

—El sahumerio le perdonaríamos—respondió el estudiante.

Y Cortado prosiguió, diciendo:

—Cuanto más, que cartas de descomunión° hay, paulinas°, y buena diligencia, que es madre de la buena ventura; aunque, a la verdad, no quisiera yo ser el llevador de tal bolsa porque si es que vuesa merced tiene alguna orden sacra, parecermehía° a mí que había cometido algún grande incesto, o sacrilegio.

excomunión / es decir, muy graves (se llaman así porque tomó fuerza el uso del edicto de excomunión durante el tiempo del Papa Paulo III.)

me parecería

—Y ¡cómo que ha cometido sacrilegio!—dijo a esto el adolorido estudiante—: que puesto que yo no soy sacerdote, sino sacristán de unas monjas, el dinero de la bolsa era del tercio° de una capellanía, que me dio a cobrar un sacerdote amigo mío, y es dinero sagrado y bendito.

beneficio que una capilla recibe de una cofradía o de otra organización

—Con su pan se lo coma°—dijo Rincón a este punto—; no le arriendo la ganancia: día de juicio hay, donde todo saldrá en la colada°, y entonces se verá quién fue Callejas° y el atrevido que se atrevió a tomar, hurtar y menoscabar el tercio de la capellanía. Y ¿cuánto renta cada año? Dígame, señor sacristán, por su vida.

Con... expresión de indiferencia

todo... todo se verá, todo se descubrirá / **quién**... con quién tienen que tratar

—¡Renta la puta que me parió! Y ¿estoy yo agora para decir lo que renta?—respondió el sacristán con algún tanto de demasiada cólera—. Decidme, hermano, si sabéis algo; si no, quedad con Dios, que yo la quiero hacer pregonar.

—No me parece mal remedio ése—dijo Cortado—; pero advierta vuesa merced que no se le olviden las señas de la bolsa, ni la cantidad puntualmente° del dinero que va en ella; que si yerra en un ardite°, no parecerá en días del mundo, y esto le doy por hado°.

exacta / moneda de poco valor (**si**... si se equivoca por un centavo)

cosa del destino, cosa segura

—No hay que temer de eso—respondió el sacristán—, que lo tengo más en la memoria que el tocar de las campanas: no me erraré en un átomo.

Sacó, en esto, de la faldriquera un pañuelo randado° para limpiarse el sudor, que llovía de su rostro como de alquitara°, y apenas le hubo visto Cortado, cuando le marcó° por suyo. Y habiéndose ido el sacristán, Cortado le siguió y le alcanzó en las Gradas°, donde le llamó y le retiró a una parte, y allí le comenzó a decir tantos disparates, al modo de lo que llaman bernardinas°, cerca del hurto y hallazgo de su bolsa, dándole buenas esperanzas, sin concluir jamás razón que comenzase, que el pobre sacristán estaba embelesado° escuchándole. Y como no acababa de entender lo que le decía, hacía que le replicase la razón dos y tres veces.

adornado de una especie de encaje grueso

aparato que sirve para destilar cualquier líquido / señaló

las Gradas de Sevilla, cerca de la Santa Iglesia Mayor, donde acudían muchos pregoneros

palabras que no significan nada con las cuales se intenta engañar al que está oyendo

cautivado

Estábale mirando Cortado a la cara atentamente y no quitaba los ojos de sus ojos. El sacristán le miraba de la misma manera, estando colgado de sus palabras. Este tan grande embelesamiento dio lugar a Cortado que concluyese su obra, y sutilmente le sacó el pañuelo de la faldriquera, y despidiéndose de él, le dijo que a la tarde procurase de verle en aquel mismo lugar, porque él traía entre ojos que un muchacho de su mismo oficio y de su mismo tamaño, que era algo ladroncillo, le había tomado la bolsa, y que él se obligaba a saberlo, dentro de pocos o de muchos días.

Con esto se consoló algo el sacristán, y se despidió de Cortado, el cual se vino donde estaba Rincón, que todo lo había visto un poco apartado de él; y más abajo estaba otro mozo de la esportilla, que vio todo lo que había pasado y cómo Cortado daba el pañuelo a Rincón, y llegándose a ellos les dijo:

—Díganme, señores galanes: ¿voacedes° son de mala entrada°, o no?

—No entendemos esa razón°, señor galán—respondió Rincón.

—¿Que no entrevan°, señores murcios°?—respondió el otro.

—No somos de Teba ni de Murcia°—dijo Cortado—. Si otra cosa quiere, dígala; si no, váyase con Dios.

—¿No lo entienden?—dijo el mozo—. Pues yo se lo daré a entender, y a beber, con una cuchara de plata: quiero decir, señores, si son vuesas mercedes ladrones. Mas no sé para qué les pregunto esto, pues sé ya que lo son. Mas díganme: ¿cómo no han ido a la aduana del señor Monipodio?

—¿Págase en esta tierra almojarifazgo° de ladrones, señor galán?— dijo Rincón.

—Si no se paga—respondió el mozo—, a lo menos regístranse ante el señor Monipodio, que es su padre, su maestro y su amparo; y así, les aconsejo que vengan conmigo a darle obediencia, o si no, no se atrevan a hurtar sin su señal, que les costará caro.

—Yo pensé—dijo Cortado—que el hurtar era oficio libre, horro de pecho° y alcabala°, y que si se paga, es por junto, dando por fiadores a la garganta y a las espaldas; pero pues así es, y en cada tierra hay su uso, guardemos nosotros el de ésta, que por ser la más principal del mundo será el más acertado de todo él. Y así puede vuesa merced guiarnos donde está ese caballero que dice, que ya yo tengo barruntos°, según lo que he oído decir, que es muy calificado y generoso, y además° hábil en el oficio.

—¡Y cómo que es calificado, hábil y suficiente!—respondió el mozo—. Eslo tanto, que en cuatro años que ha que tiene el cargo de ser nuestro mayor y padre no han padecido sino cuatro en el *finibusterrae*°, y obra de treinta en vesados° y de sesenta y dos en gurapas°.

—En verdad, señor—dijo Rincón—, que así entendemos esos nombres como volar°.

—Comencemos a andar, que yo los iré declarando por el camino— respondió el mozo—, con otros algunos que así les conviene saberlos como el pan de la boca.

Y así, les fue diciendo y declarando otros nombres de los que ellos llaman *germanescos* o *de la germanía,* en el discurso de su plática, que no fue corta, porque el camino era largo. En el cual dijo Rincón a su guía:

—¿Es vuesa merced, por ventura, ladrón?

—Sí—respondió él—, para servir a Dios y a las buenas gentes, aunque no de los muy cursados; que todavía estoy en el año del noviciado.

A los cual respondió Cortado:

—Cosa nueva es para mí que haya ladrones en el mundo para servir a Dios y a la buena gente.

A lo cual respondió el mozo:

—Señor, yo no me meto en tologías°; lo que sé es que cada uno en su oficio puede alabar a Dios, y más con la orden que tiene dada Monipodio a todos sus ahijados.

—Sin duda—dijo Rincón—debe de ser buena y santa, pues hace que los ladrones sirvan a Dios.

—Es tan santa y buena—replicó el mozo—, que no sé yo si se podrá mejorar en nuestro arte. El tiene ordenado que de lo que hurtáremos

---

vuestras mercedes / **de**... ladrones

palabra

entienden / ladrones

Los muchachos comprenden mal las palabras **entrevan** y **murcios.**

impuesto o tributo

horro... sin impuestos / impuesto o tributo

indicios, noticias
extremadamente

la horca / azotados

galeras (El muchacho habla germanía, la jerga de ladrones y rufianes.)

En otras palabras, Rincón no entiende nada.

teologías

demos alguna cosa o limosna para el aceite de la lámpara de una imagen muy devota que está en esta ciudad, y en verdad que hemos visto grandes cosas por esta buena obra; porque los días pasados dieron tres ansias° a un cuatrero° que había murciado° dos roznos°, y con estar flaco y cuartanario°, así las sufrió sin cantar° como si fueran nada. Y esto atribuimos los del arte a su buena devoción, porque sus fuerzas no eran bastantes para sufrir el primer desconcierto° del verdugo. Y porque sé que me han de preguntar algunos vocablos de los que he dicho, quiero curarme en salud y decírselo antes que me lo pregunten. Sepan voacedes que *cuatrero* es ladrón de bestias; *ansia* es el tormento; *roznos*, los asnos, hablando con perdón; *primer desconcierto* es las primeras vueltas de cordel que da el verdugo. Tenemos más: que rezamos nuestro rosario, repartido en toda la semana, y muchos de nosotros no hurtamos el día del viernes, ni tenemos conversación con mujer que se llame María el día del sábado.

—De perlas° me parece todo eso—dijo Cortado.

. . .

Monipodio° llamó a todos los ausentes y azorados. Bajaron todos, y poniéndose Monipodio en medio de ellos, sacó un libro de memoria que traía en la capilla de la capa, y diósolo a Rinconete que leyese, porque él no sabía leer. Abrióle Rinconete, y en la primera hoja vio que decía:

MEMORIA DE LAS CUCHILLADAS QUE SE HAN DE DAR ESTA SEMANA

La primera, al mercader de la encrucijada: vale cincuenta escudos. Están recebidos treinta a buena cuenta. Secutor°, Chiquiznaque.

—No creo que hay otra, hijo—dijo Monipodio—; pasá adelante, y mirá donde dice: *Memoria de palos.*

Volvió la hoja Rinconete, y vio que en otra estaba escrito: *Memoria de palos.* Y más abajo decía:

Al bodegonero de la Alfalfa°, doce palos de mayor cuantía a escudo cada uno. Están dados a buena cuenta ocho. El término, seis días. Secutor, Maniferro.

—Bien podía borrarse esa partida—dijo Maniferro—, porque esta noche traeré finiquito de ella°.

—¿Hay más, hijo?—dijo Monipodio.

—Sí, otra—respondió Rinconete—que dice así:

Al sastre corcovado que por mal nombre se llama el Silguero, seis palos de mayor cuantía, a pedimiento de la dama que dejó la gargantilla. Secutor, el Desmochado.

—Maravillado estoy—dijo Monipodio—cómo todavía está esa partida en ser. Sin duda alguna debe de estar mal dispuesto el Desmochado, pues son dos días pasados del término y no ha dado puntada en esta obra.

—Yo le topé ayer—dijo Maniferro—, y me dijo que por haber estado retirado por enfermo el Corcovado no había cumplido con su débito.

—Eso creo yo bien—dijo Monipodio—, porque tengo por tan buen oficial al Desmochado, que si no fuera por tan justo impedimento, ya él hubiera dado al cabo con mayores empresas. ¿Hay más, mocito?

—No, señor—respondió Rinconete.

—Pues pasad adelante—dijo Monipodio—, y mirad donde dice: *Memorial de agravios comunes.*

---

tormento que consistía en hacer tragar agua a través de una gasa delgada / ladrón que roba bestias / robado / asnos

estar sufriendo de fiebres / confesar bajo tortura

primeras vueltas del cordel

De... Excelente

El mozo lleva a Rincón y a Cortadillo a la guarida de Monipodio, donde se encuentran ahora.

Ejecutor

Plaza de la Alfalfa, en Sevilla

traeré... habré terminado con ella

Pasó adelante Rinconete, y en otra hoja halló escrito:

Memorial de agravios comunes, conviene a saber: redomazos°, untos de miera°, clavazón° de sambenitos° y cuernos°, matracas°, espantos, alborotos y cuchilladas fingidas, publicación de nibelos°, etcétera.

golpe que se da con una redoma, tipo de botella ancha

tipo de aceite espeso / conjunto de clavos puestos en una cosa / capotillo o escapulario que se ponía a los penitentes reconciliados por el tribunal de la Inquisición (con este «unto» se motejaba a una persona de judío) / El cuerno marcaba a la persona de cornudo o adúltero. / burlas que se hacen a los estudiantes nuevos

libelos

persona indispensable para algo

—¿Qué dice más abajo?—dijo Monipodio.

—Dice—dijo Rinconete—*unto de miera en la casa . . .*

—No se lea la casa, que ya yo sé dónde es—respondió Monipodio—, y yo soy el *tuáutem°* y ejecutor de esa niñería, y están dados a buena cuenta cuatro escudos, y el principal es ocho.

—Así es la verdad—dijo Rinconete—, que todo eso está aquí escrito; y aún más abajo dice: *Clavazón de cuernos.*

—Tampoco se lea—dijo Monipodio—la casa ni adónde: que basta que se les haga el agravio, sin que se diga en público: que es un gran cargo de conciencia. A lo menos, más querría yo clavar cien cuernos y otros tantos sambenitos, como se me pagase mi trabajo, que decirlo sola una vez, aunque fuese a la madre que me parió.

—El esecutor° de esto es—dijo Rinconete—el Narigueta.

ejecutor

—Ya está eso hecho y pagado—dijo Monipodio—. Mirad si hay más, que, si mal no me acuerdo, ha de haber ahí un espanto de veinte escudos; está dada la mitad, y el ejecutor es la comunidad toda, y el término es todo el mes en que estamos, y cumpliráse al pie de la letra, sin que falte una tilde, y será una de las mejores cosas que hayan sucedido en esta ciudad de muchos tiempos a esta parte. Dadme el libro, mancebo, que yo sé que no hay más, y sé también que anda muy flaco el oficio; pero tras este tiempo vendrá otro y habrá que hacer más de lo que quisiéremos: que no se mueve la hoja sin la voluntad de Dios, y no hemos de hacer nosotros que se vengue nadie por fuerza cuanto más que cada uno en su casa suele ser valiente y no quiere pagar las hechuras de la obra que él se puede hacer por sus manos.

—Así es—dijo a esto el Repolido—. Pero mire vuesa merced, señor Monipodio, lo que nos ordena y manda, que se va haciendo tarde y va entrando el calor más que de paso°.

más... rápidamente

—Lo que se ha de hacer—respondió Monipodio—es que todos se vayan a sus puestos, y nadie se mude hasta el domingo, que nos juntaremos en este mismo lugar y se repartirá todo lo que hubiere caído, sin agraviar a nadie. A rinconete *el Bueno* y a Cortadillo se les da por distrito hasta el domingo desde la Torre del Oro, por defuera de la ciudad, hasta el postigo del Alcázar°, donde se puede trabajar a sentadillas° con sus flores°; que yo he visto a otros de menos habilidad que ellos salir cada día con más de veinte reales en menudos°, amén de la plata, con una baraja sola, y ésa, con cuatro naipes menos. Este distrito os enseñará Ganchoso; y aunque os extendáis hasta San Sebastián y San Telmo, importa poco, puesto que es justicia mera mixta que nadie se entre en pertenencia de nadie.

Es decir, el sur de la ciudad.
a... sentados como mujeres / naipes
monedas de cobre

Besáronle la mano los dos por la merced que se les hacía, y ofreciéronse a hacer su oficio bien y fielmente, con toda diligencia y recato.

Sacó, en esto, Monipodio un papel doblado de la capilla de la capa, donde estaba la lista de los cofrades, y dijo a Rinconete que pusiese allí su nombre y el de Cortadillo; mas porque no había tintero, le dio el papel para que lo llevase, y en el primer boticario los escribiese, poniendo: «Rinconete y Cortadillo, cofrades: noviciado, ninguno,

Rinconete, floreo°; Cortadillo, bajón°», y el día, mes y año, callando padres y patria. Estando en esto, entró uno de los viejos abispones y dijo:

—Vengo a decir a vuesas mercedes como agora, agora, topé en Gradas a Lobillo el de Málaga, y díceme que viene mejorado en su arte de tal manera, que con naipe limpio quitará el dinero al mismo Satanás; y que por venir maltratado no viene luego a registrarse y a dar la sólita° obediencia; pero que el domingo será aquí sin falta.

—Siempre se me asentó a mí—dijo Monipodio—que este Lobillo había de ser único en su arte, porque tiene las mejores y más acomodadas manos para ello que se pueden desear; que para ser uno buen oficial en su oficio, tanto ha menester los buenos instrumentos con que le ejercita como el ingenio con que le aprende.

—También topé—dijo el viejo—en una casa de posadas, de la calle de Tintores, al Judío, en hábito de clérigo, que se ha ido a posar allí por tener noticia que dos peruleros° viven en la misma casa, y querría ver si pudiese trabar juego con ellos aunque fuese de poca cantidad, que de allí podría venir a mucha. Dice también que el domingo no faltará de la junta y dará cuenta de su persona.

—Ese Judío también—dijo Monipodio—es gran sacre y tiene gran conocimiento. Días ha que no le he visto, y no lo hace bien, pues a fe que si no se enmienda, que yo le deshaga la corona; que no tiene más órdenes el ladrón que las tiene el turco, ni sabe más latín que mi madre. ¿Hay más de nuevo?

—No—dijo el viejo—; a lo menos que yo sepa.

—Pues sea en buen hora—dijo Monipodio—. Voacedes tomen esta miseria—y repartió entre todos hasta cuarenta reales—, y el domingo no falte nadie, que no faltará nada de lo corrido.

Todos le volvieron las gracias. Tornáronse a abrazar Repolido y la Cariharta, la Escalanta con Maniferro y la Gananciosa con Chiquiznaque°, concertando que aquella noche, y después de haber alzado de obra° en la casa, se viesen en la de la Pipota, donde también dijo que iría Monipodio, al registro de la canasta de colar, y que luego había de ir a cumplir y borrar la partida de la miera. Abrazó a Rinconete y a Cortadillo, y echándoles su bendición, los despidió, encargándoles que no tuviesen jamás posada cierta ni de asiento, porque así convenía a la salud de todos. Acompañólos Ganchoso hasta enseñarles sus puestos, acordándoles que no faltasen el domingo, porque, a lo que creía y pensaba, Monipodio había de leer una lición de posición° acerca de las cosas concernientes a su arte. Con esto se fue, dejando a los dos compañeros admirados de lo que habían visto.

Era Rinconete, aunque muchacho, de muy buen entendimiento, y tenía un buen natural; y como había andado con su padre en el ejercicio de las bulas, sabía algo de buen lenguaje, y dábale gran risa pensar en los vocablos que había oído a Monipodio y a los demás de su compañía y bendita comunidad, y más cuando por decir *per modum sufragii* había dicho *per modo de naufragio;* y que sacaban el *estupendo,* por decir *estipendio,* de lo que se garbeaba°, y cuando la Cariharta dijo que era Repolido como un *Marinero de Tarpeya* y un tigre de *Ocaña,* por decir *Hircania°,* con otras mil impertinencias (especialmente le cayó en gracia cuando dijo que el trabajo que había pasado en ganado los veinte y cuatro reales lo recibiese el cielo en descuento de sus pecados) a estas y a otras peores semejantes; y, sobre todo, le admiraba la seguridad que tenían y la confianza de irse al cielo con no faltar a sus devociones, estando tan llenos de hurtos, y de homicidios, y de ofensas de Dios. Y reíase de la otra buena vieja de la Pipota, que dejaba la canasta de colar hurtada, guardada en su casa y se iba a poner candelillas de cera a las imágenes y con ello pensaba irse al cielo calzada y vestida. No menos le suspendía la obediencia y respecto que todos tenían a Monipodio, siendo un hombre bárbaro, rústico y desalmado. Consideraba lo que había leído en su libro de memoria y los ejercicios en que todos se ocupaban. Finalmente, exageraba cuán descuidada justicia había en aquella tan famosa ciudad de Sevilla, pues casi al descubierto vivía en ella gente tan perniciosa y tan contraria a la misma naturaleza, y propuso en sí de aconsejar a su compañero no durasen mucho en aquella vida tan perdida y tan mala, tan inquieta, y tan libre y disoluta. Pero, con todo esto, llevado de sus pocos años y de su poca experiencia, pasó con ella adelante algunos meses, en los cuales le sucedieron cosas que piden más luenga escritura, y así se deja para otra ocasión contar su vida y milagros, con los de su maestro Monipodio, y otros sucesos de aquéllos de la infame academia, que todos serán de grande consideración y que podrán servir de ejemplo y aviso a los que las° leyeren.

° es decir, las cosas de la «infame academia»

MARÍA DE ZAYAS Y SOTOMAYOR (1590–¿1661?)

La prosa imaginativa de María de Zayas consta de dos colecciones, cada una de ellas compuesta de diez novelas. *Las novelas amorosas y ejemplares* y los *Desengaños amorosos* utilizan un marco poco novedoso: unos amigos se reúnen en casa de Lisis, quien convalece de una enfermedad, y para hacer pasar el tiempo de una manera agradable deciden narrar relatos. Además de los relatos hay bailes, música y aun una representación dramática. La autora enriquece el marco al añadir la complicación amorosa de la relación entre Lisis y don Juan. Las novelas de Zayas se han comparado con *Il Decamerone* del escritor italiano Giovanni Boccaccio (1313–1375) porque, como la obra italiana, se agrupan por medio del artificio de una tertulia en que cada noche uno de los participantes narra un cuento.

Las novelas de Zayas gozaron de gran popularidad durante la vida de la autora y los dos siglos después de su muerte. *Las novelas amorosas y ejemplares* aparecieron en 1637; los *Desengaños amorosos,* en 1647. Siguieron muchas reediciones: 1638 (primera parte); 1648; 1649; 1656; 1659; 1664; 1705; 1724; 1729; 1734; 1786. Recién a fines del siglo XVIII empezó a disminuir el interés. Hoy en día las novelas cortas de María de Zayas han vuelto a llamar la atención. Nuevos estudios de José María Díez Borque, Sandra M. Foa, Irma Vasileski, Matthew Stroud, Elizabeth Ordóñez e Inés Dolz-Blackburn y nuevas ediciones de Alicia Yllera (1983) y Alicia Redondo Goicoechea (1989) han puesto a la vista la riqueza de la narrativa de Zayas.

El género que cultivó María de Zayas se llama «novela cortesana». Estos pequeños relatos son cuadros de costumbres que narran los amores e intrigas de aristócratas o burgueses. Se sitúan en un ambiente urbano—en Madrid o a veces en Nápoles o en otras ciudades en donde la autora tal vez vivió.

Durante décadas se alabó el supuesto realismo de la novela corta de Zayas, pero Alicia Yllera ha alegado que es casi imposible aplicar la noción moderna del realismo a los relatos del siglo XVII. Señala que aunque las novelas transcurren en diversas ciudades de la Corona española, la autora no demuestra ningún interés por describir sus particularidades. Aparte de algunos comentarios hiperbólicos y tópicos sobre la excelencia de la ciudad, no hay casi nada de descripción. Zayas tampoco elabora sobre la naturaleza y el paisaje, porque en el Siglo de Oro, según Yllera, «A nadie le interesaba 'fotografiar' la realidad». Las pocas descripciones que existen en la novela de Zayas sirven, señala Yllera, para «destacar un elemento esencial para la orientación que la autora da a su relato». Así que la aspereza del paisaje en *Aventurarse perdiendo* tiene por propósito el poner de relieve la fuerza del amor que ha llevado a la protagonista al inhóspito lugar y no proveer al lector de detalles geográficos.

Vemos en las narraciones de María de Zayas muchas de las mismas preocupaciones y conflictos que en las obras de sus contemporáneos. El mismo ambiente de crueldad, lascivia y traición que caracteriza los escritos de Alemán, Quevedo y Gracián también caracteriza los de Zayas. La crítica social de Zayas tiene un distinto aspecto moralizador. Las novelas de la segunda parte tienden a ser más pesimistas que las de la primera, pero, Sandra M. Foa señala que las *Novelas amorosas y ejemplares* distan de ser la colección alegre y liviana que han querido ver algunos críticos.

Temáticamente, las novelas de Zayas se asemejan al drama de capa y espada: los celos, la virtud y el honor son a menudo problemas centrales. También tienen parentesco con la novela picaresca en que exponen los aspectos negativos de la sociedad. Típicamente, el egoísmo, la corrupción, la hipocresía y el engaño son las fuerzas que mueven los personajes de Zayas. Los hombres son víctimas de su propia ceguera moral tanto como de malhechores. La autora demuestra poca compasión por el embaucado, ya que es su perversa obsesión lo que causa su ruina.

Aunque muchos de sus relatos tratan de relaciones románticas, el tema realmente no es el amor, sino la manipulación de una persona por otra. En cuanto al amor y el matrimonio, Zayas parece ser bastante pesimista. En esto se aparta de la tradición humanística de Erasmo y sus seguidores, quienes tienden a idealizar el matrimonio. Escribe Sandra M. Foa que Zayas «. . . niega más o menos claramente la posibilidad de amor verdadero, y por extensión, de felicidad en el matrimonio. El hecho de que Zayas no adopte una visión idealizada del matrimonio es una desviación significativa de la tradición precedente.» De hecho, la actitud de Zayas con respecto al matrimonio es muy semejante a la de Quevedo.

En *El castigo de la miseria,* Don Marcos, un hombre sin malas intenciones pero excesivamente tacaño, cae víctima de doña Isidora, una aventurera sin escrúpulos que le quita la fortuna que ha amasado. Sin embargo, doña Isidora queda burlada al final. Si en la novela picaresca la maldad casi siempre triunfa, ésta es castigada en la de María de Zayas.

En muchas de las novelas de Zayas, hay una perspectiva distintamente femenina. A menudo lamenta la situación de inferioridad de la mujer y se queja de la inconstancia de los hombres. Sin embargo, Zayas también creó personajes femeninos negativos. Doña Isidora, por ejemplo, es avara, hipócrita y lasciva.

En muchos de sus relatos la autora incorpora un elemento sobrenatural. Por su yuxtaposición de elementos reales y reconocibles con la hechicería y la superstición, Zayas se aproxima a ciertos novelistas hispanoamericanos del siglo XX.

El estudiante podrá consultar María Zayas y Sotomayor, *Novelas completas,* ed. María Martínez del Portal (Barcelona: Bruguera, 1973). Otras ediciones útiles son: *Desengaños amorosos,* 2 vols. ed. Alicia Yllera (Madrid: Cátedra, 1983) y *Tres novelas amorosas y tres desengaños amorosos,* ed. Alicia Redondo Goigoechea (Madrid: Castalia, 1989).

El castigo de la miseria°

A servir a un grande° de esta corte vino de un lugar de Navarra un hijodalgo°, tan alto de pensamientos como humilde de bienes de fortuna°, pues no le concedió esta madrastra° de los nacidos más riqueza que una pobre cama en la cual se recogía a dormir y se sentaba a comer; este mozo, a quien llamaremos don Marcos, tenía un padre viejo, y tanto, que sus años le servían de renta para sustentarse°, pues con ellos enternecía los más empedernidos corazones°.

Era don Marcos, cuando vino a este honroso entretenimiento°, de doce años, habiendo casi los mismos que perdió a su madre de un repentino dolor de costado, y mereció en casa de este príncipe la plaza de paje, y con ella, los usados atributos, picardía, porquería, sarna y miseria; y aunque don Marcos se graduó en todas, en esta última echó el resto, condenándose él mismo, de su voluntad, a la mayor lacería° que pudo padecer un padre del yermo°, gastando los diez y ocho cuartos que le daban con tanta moderación, que si podía, aunque fuese a costa de su estómago° y de la comida de sus compañeros, procuraba que no se disminuyesen, o ya que algo gastase, no de suerte que se viese mucho su falta.

Era don Marcos de mediana estatura, y con la sutileza de la comida se vino a transformar de hombre en espárrago°. Cuando sacaba de mal año su vientre°, era el día que le tocaba servir la mesa de su amo, porque quitaba de trabajar a los mozos de plata, llevándoles lo que caía en sus manos más limpio que ellos lo habían puesto en la mesa, proveyendo sus faltriqueras° de todo aquello que, sin peligro, se podía guardar para otro día. Con esta miseria pasó la niñez, acompañando a su dueño en muchas ocasiones dentro y fuera de España, donde tuvo principales cargos.

Vino a merecer don Marcos pasar de paje a gentilhombre, haciendo

avaricia, parsimonia excesiva

gran señor, noble
hidalgo, noble
humilde... pobre / La fortuna es la madrastra de los hombres (los nacidos) porque a veces los trata mal.

Es decir, era mendigo.
Es decir, el padre de don Marcos era tan viejo que la gente le tenía lástima y lo sustentaba.
puesto

pobreza
desierto

fuese... tuviera que no comer

por ser tan delgado / **sacaba**... daba comida a su viente (es decir, comía)

bolsillos, bolsa que se introduce en la parte baja del sayo

en esto su amo con él lo que no hizo el cielo. Trocó, pues, los diez y ocho cuartos por cinco reales° y tantos maravedíes°; pero ni mudó de vida, ni alargó la ración a su cuerpo, antes como tenía más obligaciones, iba dando más nudos a su bolsa°. Jamás encendió en su casa luz, y si alguna vez se hacía esta fiesta°, era que le concedía su diligencia y el descuido del repostero° algún cabo de vela, el cual iba gastando con tanta cordura que desde la calle se iba desnudando, y en llegando a casa dejaba caer los vestidos y al punto le daba muerte°. Cuando se levantaba por la mañana, tomaba un jarro que tenía sin asa° y salía a la puerta de la calle, y al primero que veía le pedía que remediase su necesidad, durándole esto dos o tres días, porque lo gastaba con mucha estrechez. Luego se llegaba donde jugaban los muchachos, y por un cuarto° llevaba a uno que le hacía la cama, y si tenía criado se concertaba con él que no le había de dar de ración más de dos cuartos y un pedazo de estera° en que dormir; cuando estas cosas le faltaban, llevaba un pícaro de cocina que le hiciera todo y le vertiese la extraordinaria vasija en que hacía las inexcusables necesidades; era éste al modo de un arcaduz° de noria, porque había sido en su tiempo jarro de miel, que hasta en verter sus excrementos guardaba la regla de la observancia. Su comida era un panecillo de un cuarto°, media libra de vaca°, un cuarto de zarandajas° y otro que daba al cocinero porque tuviese cuidado de guisarlo limpiamente. Y esto no era cada día, sino tan sólo los feriados, que lo ordinario era un cuarto de pan y otro de queso.

Entraba en el estrado donde comían sus compañeros, y llegaba al primero y decía: «Buena debe de estar la olla, que da un olor que consuela; en verdad que la he de probar», y diciendo esto y haciendo lo mismo, sacaba una presa, y de esta suerte daba la vuelta de uno en uno a todos los platos; que hubo día que, en viéndole venir, el que podía se comía de un bocado lo que tenía delante, y el que no, ponía la mano sobre su plato. Con el que tenía amistad era con un gentilhombre de casa, que estaba aguardando verle entrar a comer o a cenar, y luego, con su pan y su queso en la mano, entraba diciendo: «Por cenar en conversación os vengo a cansar», y con esto se sentaba a la mesa y alcanzaba de lo que había. Vino, en su vida° lo compró, aunque lo bebía algunas veces en esta forma: poníase a la puerta de la calle, y como iban pasando las mozas y muchachos con el vino, les pedía en cortesía se lo dejasen probar, obligándoles a hacer lo mismo. Si la moza o muchacho eran agradables, les pedía licencia para otro traguillo. Viniendo a Madrid en una mula, y con un mozo que por venir en su compañía se había aplicado a servirle por ahorrar gasto, le envió a un lugar por un cuarto de vino, y mientras que fue por él se puso a caballo y partió, obligando al mozo a venir pidiendo limosna. Jamás en las posadas le faltó un pariente, que haciéndose gorra con él° le ahorraba la comida, y vez hubo que dio a su mula paja del jergón° que tenía en la cama, todo a fin de no gastar. Varios cuentos se decían de don Marcos, con que su amo y sus amigos pasaban el rato, tanto que ya era conocido en la corte por el hombre más regalado de los que se conocían por el mundo . . .

Vino don Marcos de esta suerte, cuando llegó a los treinta años, a tener nombre y fama de rico, y con razón, pues vino a juntar a costa de su opinión y hurtándoselo al cuerpo seis mil ducados, los cuales tenía siempre consigo, porque temía mucho las retiradas de los genoveses°, pues cuando más descuidados ven a un hombre le dan la manotada como zorro. Y como don Marcos no tenía fama de jugador ni de amancebado, cada día se le ofrecían varias ocasiones de casarse,

---

monedas de oro o de plata / monedas de cobre

dando... Es decir, se hacía más roñoso
se... se permitía el lujo de prender una luz
oficial en casa de los nobles que está encargado de la plata

al... apagaba la vela inmediatamente

parte arqueada de una vasija que sirve para agarrarla

moneda de cobre que equivalía a cuatro maravedí
tejido de esparto o paja

vaso o vasija de barro o de metal

de... que valía un cuarto / carne / desperdicio de las reses o granos y semillas que sirven de alimento para los animales

en... jamás

que... que haciéndose invitar por él
colchón de paja

banqueros (Génova era un importantísimo centro financiero durante los siglos XVI y XVII.)

aunque él lo regateaba temiendo algún mal suceso: parecíales bien a
las señoras, que lo deseaban para marido, y quisieran más fuese
gastador que guardoso, que con este nombre calificaron su miseria.
Entre las muchas que desearon ser suyas, fue una señora que no
había estado casada, si bien estaba en opinión de viuda, mujer de
buen gusto y de alguna edad, aunque lo encubría con las galas,
adornos e industria°, porque era viuda galán°, con su monjil° de
tercianela°, tocas° de reina y su poquito de moño. Esta buena señora,
cuyo nombre es doña Isidora, muy rica en hacienda, según decían
todos los que la conocían, tenía un modo de tratarse que demostraba
su condición. Y en esto se adelantaba el vulgo más de lo que era de
razón. Propusiéronle a don Marcos este matrimonio, pintándole a la
novia con tan perfectos colores y asegurándole que tenía más de
catorce o quince mil ducados°, diciéndole haber sido su difunto
consorte un caballero de lo mejor de Andalucía, que asimismo decía
serlo la señora, dándole por patria a la famosa ciudad de Sevilla; con
lo cual nuestro don Marcos se dio por casado.

El que trataba el casamiento era un gran socarrón, tercero° no sólo
de casamientos, sino de todas las mercaderías, tratante en grueso° de
buenos rostros y mejores bolsas, pues jamás ignoraba lo bueno y lo
malo de esta corte, y era la causa haberle prometido buena
recompensa . . . Ordenó llevar a don Marcos a vistas, y lo hizo la
misma tarde que se lo propuso, porque no hubiese peligro en la
tardanza. Entró don Marcos en casa de doña Isidora casi admirado de
ver la casa, tantos cuadros, tan bien labrada y con tanta hermosura; y
miróla con atención porque le dijeron que era su dueña la misma que
lo había de ser de su alma, a la cual halló entre tantos damascos° y
escritorios, que más parecía casa de señora de título que de particular;
con un estrado° tan rico y la casa con tanto aseo, olor y limpieza, que
parecía no tierra, sino cielo, y ella tan aseada y tan prendida, como
dice un poeta amigo, que pienso que por ella se tomó este motivo de
llamar así a los aseados.

Tenía consigo dos criadas, una de labor° y otra de todo y para todo,
que a no ser nuestro hijodalgo tan compuesto y tenerle el poco comer
tan mortificado, por sólo ellas pudiera casarse con su ama, porque
tenían tan buenas caras como desenfado, en particular la fregona, que
pudiera ser reina si se dieran los reinos por hermosura. Admiróle,
sobre todo, el agrado y la discreción de doña Isidora, que parecía la
misma gracia, tanto en donaire como en amores, y fueron tantas y tan
bien dichas las razones que dijo a don Marcos, que no sólo le agradó,
mas le enamoró, mostrando en sus agradecimientos el alma, que la
tenía el buen señor bien sencilla y sin doblez. Agradeció doña Isidora
al casamentero la merced que le hacía en querer emplearla° tan bien,
acabando de hacer tropezar a don Marcos con una aseada y costosa
merienda, en la cual hizo alarde de la vajilla rica y olorosa ropa blanca,
con las demás cosas que en una casa tan rica como la de doña Isidora
era fuerza que hubiese. Hallóse a la merienda un mozo galán,
desenvuelto, y que de bien entendido picaba en pícaro°, al cual doña
Isidora regalaba a título de sobrino, cuyo nombre era Agustinico, que
así lo llamaba su señora tía. Servía a la mesa Inés, porque Marcela,
que así se llamaba la doncella, por mandado de su señora tenía ya en
las manos un instrumento, en el cual era tan diestra que no la ganara
el mejor músico de la corte, y esto acompañaba con una voz que más
parecía de ángel que de mujer, y a la cuenta era todo. La cual con
tanto donaire como desenvoltura, sin aguardar a que la rogasen,

maña, artificio / elegante / traje de lana que
usaban por luto las mujeres

tela de seda de cordoncillo muy grueso / prenda
con que se cubría la cabeza

monedas de oro

intermediario, alcahuete
por mayor, en cantidades grandes

telas de seda o lana con dibujos formados con
el tejido

conjunto de muebles

de... que servía de costurera

buscarle marido

de... por ser tan astuto parecía ser pícaro

porque estaba cierta de que lo hacía bien o fuese acaso de pensado, cantó así:

Claras fuentecillas,
pues murmuráis°,
murmurad a Narciso°
que no sabe amar.

Murmurad que vive
libre y descuidado
y que mi cuidado
en el agua escribe;
que pena recibe
si sabe mi pena,
que es dulce cadena
de mi libertad.
Murmurad a Narciso
que no sabe amar.

Murmurad que tiene
el pecho de hielo,
y que por consuelo
penas me previene:
responde que pene
si favor le pido,
y se hace dormido
si pido piedad;
Murmurad a Narciso
que no sabe amar . . .

> juego de palabras: «Murmurar» se refiere al sonido del agua y también significa hablar mal de alguien.
>
> semidios griego que se enamoró de su propia imagen

No me atreveré a determinar en qué halló nuestro don Marcos más gusto, si en las empanadas° y hermosas tortadas°, lo uno picante y lo otro dulce, si en el sabroso pernil° y fruta fresca y gustosa, acompañado todo con el licor del santo° remedio de los pobres, que a fuerza de brazos estaba vertiendo hielo, siendo ello mismo fuego°, que por eso llamaba un aficionado a las cantimploras° remedio contra el fuego, o en la voz dulce de Marcela, porque al son de su letra él no hacía sino comer, tan regalado de doña Isidora y de Agustinico, que no lo pudiera ser más si fuera rey, porque si en la voz hallaba gusto para los oídos, en la merienda hallaba recreo para su estómago, tan ayuno de regalos como de sustento. Regalaba también doña Isidora a don Agustín, sin que don Marcos, como poco escrupuloso, reparase en más que en sacar de mal año sus tripas; porque creo, sin levantarle testimonio°, que sirvió la merienda de aquella tarde de ahorro de seis días de ración, y más con los buenos bocados que doña Isidora y su sobrino atestaban y embutían en el baúl vacío° del buen hidalgo, provisión bastante para no comer en mucho tiempo. Fenecióse la merienda con el día, y estando ya prevenidas cuatro bujías en sus hermosos candeleros, a la luz de los cuales, y al dulce son que Agustinico hizo en el instrumento que Marcela había tocado, bailaron ella e Inés lo rastreado y soltillo, sin que se quedase olvidada la capona°, con tal donaire y desenvoltura, que se llevaban entre los pies los ojos y el alma del auditorio, y tornando Marcela a tomar la guitarra, a petición de don Marcos, que como estaba harto° quería bureo°, feneció la fiesta con este romance:

> manjar encerrado con pan o masa, y cocido en el horno / torta grande, rellena de carne, huevos o dulce
>
> muslo de puerco
>
> **licor**... vino de San Martín de Valdeiglesias, que se bebía muy frío
>
> porque calienta el cuerpo
>
> vasija de metal que sirve para enfriar el agua o, en este caso, el vino
>
> **levantarle**... calumniarlo
>
> **el**... es decir, el estómago
>
> **rastreado, soltillo, capona**... nombres de bailes de la época
>
> satisfecho
>
> diversión

Fuése Bras a la cabaña,
sabe Dios si volverá,
por ser firmísima Menga
y ser tan ingrato Bras.

Como no sabe ser firme,
dcsmayólc el verse amar,
que quien no sabe querer
tampoco sabe estimar°.   apreciar

No le ha dado Menga celos,
que no se los pudo dar,
porque si supiera darlos,
supiera hacerse estimar.

Es Bras de condición libre,
no se quiere sujetar,
y así, viéndose querido,
supo el modo de olvidar.

No sólo a sus gustos sigue,
mas sábelos publicar,
que quiere a fuerza de penas
hacerse estimar en más.

Que no volverá es muy cierto,
que es cosa la voluntad
que cuando llega a trocarse
no vuelve a su ser jamás. . . .

Al dar fin al romance se levantó el corredor de desdichas° y le dijo a   **el**... el casamentero
don Marcos que era hora de que la señora doña Isidora se reposase, y
así se despidieron los dos de ella, de Agustinico y de las otras
damiselas y dieron la vuelta a su casa, yendo por la calle tratando lo
bien que le había parecido doña Isidora, y descubriendo don Marcos,
enamorado, a más del dinero de la dama°, el deseo que tenía ya de   **a**... más por el dinero que por la dama
verse su marido, y así le dijo que diera un dedo de la mano° por verlo   **diera**... daría cualquier cosa, estaba muy
ya hecho, porque era sin duda que le estaba muy bien, aunque no   deseoso
pensaba tratarse después de casado con tanta ostentación y grandeza,
que aquello era bueno para un príncipe y no para un hidalgo
particular como él era, ya que con su ración y alguna cosa más habría
para el gasto; y que seis mil ducados que tenía y otros tantos que
podía hacer de cosas excusadas que había en casa de doña Isidora—
pues bastaba para la casa de un escudero de un señor, cuatro
cucharas, un jarro, una salvilla° y una buena cama, y a este modo°,   bandejita / **a**... así
cosas que no se pueden excusar; y todo lo demás eran cosas sin
provecho que mejor estarían en dineros—, puestos en renta, les
darían para vivir como príncipes y podrían dejar a sus hijos, si Dios se
los diese, con que pasar muy honradamente, y cuando no los tuviesen,
pues doña Isidora tenía aquel sobrino, para él sería todo si fuese tan
obediente que quisiese respetarle como su padre. Hacía estos
discursos don Marcos tan en su punto, que el casamiento lo dio por
concluido, y así, le respondió el casamentero que él hablaría otro día a
doña Isidora, y se efectuaría el negocio, porque en estos casos de
matrimonio tanto tienen deshecho las dilaciones como la muerte. Con
esto se despidieron, y él se volvió a contar a doña Isidora lo que con
don Marcos había pasado, codicioso de las albricias°, y don Marcos a   **codicioso**... deseoso de recibir el pago de las
casa de su amo, donde hallándolo todo en silencio por ser muy tarde,   buenas noticias que llevaba
sacando un cabo de vela de la faltriquera, se llegó a una lámpara que
estaba en la calle alumbrando una cruz, y puesta la vela en la punta de
la espada, la encendió, y después de haberle suplicado con una breve
oración que fuese la que se quería echar a cuestas para bien suyo, se

entró en su posada y se acostó, aguardando impaciente el día, pareciéndole que se le había de despintar° tal ventura.

Dejémosle dormir y vamos al casamentero, que vuelto a casa de doña Isidora le contó lo que pasaba y cuán bien le estaba. Ella, que lo sabía mejor que no él, como adelante se dirá, dio luego° el sí y cuatro escudos al tratante por principio, y le rogó que luego por la mañana volviese a don Marcos y le dijese como ella tenía a gran suerte el ser suya, que no le dejase de la mano, que antes le gustaría que se le trajese a comer con ella y su sobrino para que se hiciesen las escrituras y se sacasen los recados°—¡qué dos nuevas para don Marcos, convidado y novio!—, y con estas noticias, por ser tan buenas, madrugó el casamentero y dio los buenos días a nuestro hidalgo don Marcos, al cual halló ya vistiéndose, que amores de blanca niña° no le dejaban reposar. Recibió con los brazos abiertos a su buen amigo, que así le llamaba al procurador de pesares, y con el alma la resolución de su ventura; y acabándose de vestir las más costosas galas que su miseria le consentía, se fue con su norte de desdichas° a casa de su dueña, su señora, donde fue recibido de aquella sirena con la agradable música de sus caricias, y de don Agustín, que se estaba vistiendo, con mil modos de cortesías y agrados, donde en buena conversación y agradecimiento de su ventura, y sumisiones del cauto mozo en agradecimiento del lugar que de hijo le daba, pasaron hasta que fue la hora de comer, en que de la sala del estrado se entraron a otra cuadra° más adentro, donde estaba puesta la mesa y aparador como pudiera serlo en casa de un gran señor.

No tuvo necesidad doña Isidora de gastar muchas arengas para obligar a don Marcos a sentarse a la mesa, porque antes él rogó a los demás que lo hiciesen, sacándoles de esa penalidad, que no es pequeña. Satisfizo el señor su apetito en la bien sazonada comida y sus deseos en el compuesto aparador, tornando en su memoria a hacer otros tantos discursos como en la noche pasada, y más cuando veía a doña Isidora tan liberal y cumplida como aquella que había de ser suya, y le parecía aquella grandeza vanidad excusada y dinero perdido. Acabóse la comida y preguntaron a don Marcos si quería, en lugar de dormir la siesta, por no haber en aquella casa cama para huéspedes, jugar al hombre°. A lo cual respondió que servía a un señor tan virtuoso y cristiano, que si supiese que criado suyo jugaba, ni aun al quince°, no estuviera° ni una hora en su casa, y que como él sabía esto, había tomado por regla el darle gusto, demás° de ser su inclinación buena y virtuosa, pues no tan solamente no sabía jugar al hombre, más aun, no conocía ni una carta, y que verdaderamente hallaba por su cuenta que valía el no saber jugar muchos ducados al año. «Pues el señor don Marcos—dijo doña Isidora—es tan virtuoso que no sabe jugar (que bien le digo yo a Agustinillo que es lo que mejor le está al alma y a la hacienda), ve, niño, y dile a Marcela que se dé prisa en comer y traiga su guitarra e Inesita sus castañuelas, y en eso entretendremos la fiesta hasta que venga el notario que el señor Gamarra—que así se llamaba el casamentero—tiene prevenido para hacer las capitulaciones°». Fue Agustinico a hacer lo que su señora tía le mandaba, y mientras venía prosiguió don Marcos, y asiendo la plática desde arriba, dijo: «Pues en verdad que puede Agustín, si pretende darme gusto, no tratar de jugar ni salir de noche, y con eso seremos amigos; de hacerlo, habría mil rencillas, porque soy muy amigo de recogerme temprano la noche que no hay que hacer, y que en entrando no sólo se cierre la puerta, mas se clave, no porque soy celoso, que harto ignorante es el que lo es teniendo mujer honrada,

no resultar bien, salir al contrario de lo que se esperaba

pronto

se... se acudiese al juez eclesiástico para que hiciera los actos matrimoniales

alusión a un personaje de romance (Irónicamente, la "blanca niña" era una mujer adúltera, indicio de la naturaleza verdadera de doña Isidora.)

expresión que, como «procurador de pesares», anuncia el triste fin del suceso

otra... otro cuarto

juego de naipes

otro juego de naipes cuyo fin es hacer quince puntos / estaría
además

contrato de matrimonio

mas porque las casas ricas nunca están seguras de ladrones, que no quiero que me lleven con sus manos lavadas° lo que a mí me costó tanto afán y tanta fatiga ganarlo, y así, yo le quitaré el vicio, y sobre esto sería el diablo». Vio doña Isidora tan colérico a don Marcos, que le fue menester mucho de su despejo° para desenojarle, y así le dijo que no se disgustase, que el muchacho haría todo lo que fuese de su gusto, porque era el mozo más dócil que en su vida había tratado, que al tiempo daba por testigo. «Esto le importa», replicó don Marcos . . .

A este punto° entra el buen Gamarra con un hombre que dijo ser notario, si bien más parecía lacayo que otra cosa, y se hicieron las escrituras y conciertos, poniendo doña Isidora en la dote doce mil ducados y aquellas casas; y como don Marcos era hombre tan sin malicia, no se metió en más averiguaciones, con lo cual el buen hidalgo estaba tan contento que, posponiendo su autoridad, bailó con su querida esposa, que así llamaba a doña Isidora.

Cenaron aquella noche con el mismo aplauso y ostentación que habían comido, si bien todavía el tema de don Marcos era la moderación del gusto, pareciéndole, como dueño de aquella casa y hacienda, que si de aquella suerte iba, no había dote para cuatro días; mas hubo de callar para mejor ocasión. Llegó la hora de recogerse, y por excusar trabajo de ir a su posada, quiso quedarse con su señora, mas ella, con muy honesto recato, dijo que no había de poner hombre el pie en el casto lecho que fue de su difunto señor mientras no tuviese las bendiciones de la Iglesia, con lo que tuvo por bien don Marcos de irse a dormir a su casa (que no sé si diga que más fue velar, supuesto que el cuidado de sacar las amonestaciones° le tenía ya vestido a las cinco). En fin, se sacaron, y en tres días de fiesta que la fortuna trajo de los cabellos, que a la cuenta sería el mes de agosto, que las trae de dos en dos, se amonestaron, dejando para el lunes, que en las desgracias no tuvo que envidiar al martes°, el desposar y el velarse todo junto, a uso de los grandes, lo cual se hizo con grande aparato y grandeza, así de galas como en lo demás, porque don Marcos, humillando su condición y venciendo su miseria, sacó fiado por no descabalar° los seis mil ducados, un rico vestido y faldellín° para su esposa, haciendo cuenta de que con él y la mortaja cumplía, no porque se le viniera al pensamiento la muerte de doña Isidora, sino por parecerle que, poniéndosele sólo de una Navidad a otra, habría vestido hasta el día del Juicio. Trajo asimismo de casa de su amo padrinos que todos alababan su elección y engrandecían su ventura, pareciéndoles acertamiento° haber hallado una mujer de tan buen parecer y tan rica, pues aunque doña Isidora era de más edad que el novio, contra el parecer de Aristóteles y de otros filósofos antiguos, lo disimulaba, de suerte que era milagro verla tan bien aderezada. Pasada la comida y estando ya sobre la tarde° alegrando con bailes la fiesta, en los cuales Inés y don Agustín mantenían la tela°, mandó doña Isidora a Marcela que la engrandeciese con su divina voz, a lo cual, no haciéndose de rogar, con tanto desenfado como donaire, cantó . . .

Llegóse en estos entretenimientos la noche, principio de la posesión de don Marcos y más de sus desdichas, pues antes de tomarla empezó la fortuna a darle con ellas en los ojos, y así fue la primera darle a don Agustín un accidente; no me atrevo a decir si lo causó el ver casada a su señora tía, sólo digo que puso la casa en alboroto, porque doña Isidora empezó a desconsolarse, acudiendo más tierna que fuera razón a desnudarle para que se acostase, haciéndole tantas caricias y regalos que casi dio celos al desposado, el cual, viendo ya al enfermo algo

que no han trabajado

desenfado, donaire y brío

A... En este momento

sacar... publicar en la iglesia los nombres de los que quieren contraer matrimonio; esto se hacía sólo en los días de fiesta religiosa.

día de mal agüero

dejar sin aprovechar / enaguas o falda corta que se ponía sobre las enaguas y debajo de la saya

acierto

sobre... la última parte de la tarde
mantenían... eran el centro de la conversación

sosegado, mientras su esposa se acostaba, acudió a prevenir con cuidado que se cerrasen las puertas y echasen las aldabas a las ventanas; cuidado que puso a las desenvueltas criadas de su querida mujer en la mayor confusión y aborrecimiento que se puede pensar, pareciéndoles achaque de celoso, y no lo era cierto, sino de avaro, porque como el buen señor había traído su ropa, y con ella los seis mil ducados que apenas aun habían visto la luz del cielo, quería acostarse seguro de que lo estaba su tesoro. En fin, él se acostó con su esposa, y las criadas, en lugar de acostarse, se pusieron a murmurar y a llorar, exagerando la prevenida y cuidadosa condición de su dueño.

Empezó Marcela a decir: «¿Qué te parece, Inés, a lo que nos ha traído la fortuna? Pues de acostarnos a las tres y a las cuatro, oyendo música y requiebros, ya en la puerta, ya en la calle, ya en las ventanas, rodando el dinero en nuestra casa como en otras la arena, hemos venido a ver a las once cerradas las puertas y clavadas las ventanas, sin que haya atrevimiento en nosotras para abrirlas». «Mal año abrirlas—dijo Inés—. Dios es mi Señor°, que tiene traza nuestro amo de echarles siete candados como a la cueva de Toledo°, ya, hermana, esas fiestas que dices se acabaron, no hay sino echarnos dos hábitos, pues mi ama ha querido esto. ¡Qué poca necesidad tenía de haberse casado, pues no le faltaba nada, y no ponernos a todas en esta vida, que no sé cómo no la ha enternecido ver al señor don Agustín como ha estado esta noche, que para mí esta higa° si no es la pena de verla casada el accidente que tiene! Y no me espanto, que está enseñado a holgarse y regalarse, y viéndose ahora enjaulado como jilguerillo, claro es que lo ha de sentir como yo lo siento. ¡Qué malos años para mí, que me pudieran ahogar con una hebra de seda cendalí°»! «Aún tú, Inés— replicó Marcela—, que sales fuera por todo lo que es menester, no tienes que llorar; mas triste de quien por llevar adelante este mal afortunado nombre de doncella, ya que en lo demás haya tanto engaño, ha de estar padeciendo todos los infortunios de un celoso que las hormiguillas le parecen gigantes; mas yo lo remediaré, supuesto que por mis habilidades no me ha de faltar comida. ¡Mala pascua para el señor don Marcos si yo tal sufriere»! «Yo, Marcela—dijo Inés—, será fuerza que sufra; porque si te he de confesar la verdad, don Agustín es la cosa que más quiero, si bien hasta ahora mi ama no me ha dado lugar para decirle nada, aunque conozco de él que no me mira mal; mas de aquí en adelante será otra cosa, que le habrá de dar más tiempo acudiendo a su marido».

En esta plática estaban las criadas, y era el caso que el señor don Agustín era galán de doña Isidora, y por comer, vestir y gastar a título de sobrino, no sólo llevaba la carga de la vieja, mas otras muchas, como eran las conversaciones de damas y galanes, juegos y bailes y otras cosillas de este jaez, y así pensaba sufrir la del marido, aunque la mala costumbre de dormir acompañado le tenía aquella noche con alguna pasión°. Como Inés le quería, dijo que deseaba ir a ver si había menester de algo mientras se desnudaba Marcela; y fue tan buena su suerte que, como don Agustín era muchacho, tenía miedo, y así la dijo: «Por tu vida, Inés, que te acuestes aquí conmigo, porque estoy con el mayor asombro° del mundo, y si estoy solo, en toda la noche podré sosegar de temor». Era piadosísima Inés, y túvole tanta lástima, que al punto le obedeció, dándole las gracias por mandarle cosas de su gusto. Llegóse la mañana, martes al fin°, y temiendo Inés que su señora se levantase y la cogiese con el hurto en las manos, se levantó más temprano que otras veces y fue a contar a su amiga sus aventuras; y como no hallase a Marcela en su aposento, fue a buscarla

Dios... Te juro
Se refiere a las cuevas en que estaba escrito, según la leyenda, el futuro de España. (Toledo se asociaba con el misterio y la magia.)

burla

tela de seda o de lino muy delgado

sufrimiento, pena

susto

Recuérdese que el martes se consideraba día de mala suerte.

por toda la casa, y llegando a una puertecilla falsa que estaba en un corral, algo a trasmano, la halló abierta, y era que Marcela tenía cierto requiebro°, para cuya correspondencia tenía llave de la puertecilla, por donde se había ido con él, quitándose de ruidos; y aposta, por dar a don Marcos tártago°, la había dejado abierta; y viendo esto fue dando voces a su señora, a las cuales despertó el miserable novio, y casi muerto de congoja, saltó de la cama diciendo a doña Isidora que hiciese lo mismo y mirase si faltaba alguna cosa, abriendo a un mismo tiempo la ventana; y pensando hallar en la cama a su mujer, no halló sino un fantasma o imagen de la muerte, porque la buena señora mostró las arrugas de la cara por entero, las cuales encubría con el afeite, que tal vez suele ser encubridor de años, que a la cuenta estaban más cerca de los cincuenta y cinco que de los treinta y seis, como había puesto en la carta de dote, porque los cabellos eran pocos y blancos por la nieve de los muchos inviernos pasados. Esta falta no era mucha merced a los moños y a su autor, aunque en esta ocasión se la hizo° a la pobre dama, respecto a° haberse caído sobre las almohadas con el descuido del sueño, bien contra la voluntad de su dueño; los dientes estaban esparcidos por la cama, porque, como dijo el príncipe de los poetas, daba perlas de barato, a cuya causa tenía don Marcos una o dos entre los bigotes, demás de que parecían tejidos con escarcha, de lo que habían participado de la amistad que con el rostro de su mujer habían hecho°.

Y cómo se quedaría el pobre hidalgo es cosa que se deja a la consideración del pío lector, por no alargar pláticas en cosas que pueda la imaginación suplir cualquiera falta; sólo digo que doña Isidora, que no estaba menos turbada de que sus gracias se manifestasen tan a letra vista°, asió con una presurosa congoja su moño, mal enseñado a dejarse ver tan de mañana, y atestósele° en la cabeza, quedando peor que sin él, porque con la prisa no pudo ver cómo le ponía, y así, se le acomodó cerca de las orejas. «¡Oh maldita Marcela, causa de tantas desdichas—dijo—, no te lo perdone Dios, amén»! En fin, más alentada, aunque con menos razón, quiso tomar el faldellín para salir a buscar a su fugitiva criada, mas ni él ni el rico vestido con que se había casado, ni los chapines con viras°, ni otras joyas que estaban en la sala, todo esto y el vestido de don Marcos con una cadena que valía doscientos escudos° que había traído puesta el día antes, la cual había sacado de su tesoro para solemnizar la fiesta, no apareció, ya que la astuta Marcela no quiso marcharse desapercibida.

Lo que haría don Marcos en esta ocasión ¿qué lengua bastará a decirlo, ni qué pluma a escribirlo? Quien supiere que a costa de su cuerpo lo había ganado, podrá ver cuán al de su alma lo sentiría, y más no hallando consuelo en la belleza de su mujer, que bastaba para desconsolar al mismo infierno. Si ponía los ojos en ella, veía una estantigua°; si los apartaba, no veía sus vestidos y cadena, y con este pesar se paseaba muy aprisa, así, en camisa, por la sala, dando palmadas y suspiros. Mientras él andaba así, doña Isidora se fue al Jordán° de su retrete° y arquilla° de baratijas; se levantó Agustín, a quien Inés había ido a contar lo que pasaba, riéndose los dos de la visión de doña Isidora y la bellaquería de Marcela, y a medio vestir salió a consolar a su tío, diciéndole los consuelos que supo fingir y encadenar, más a lo socarrón que a lo necio. Animóle con que se buscaría a la agresora del hurto, y obligóle a paciencia al decirle que eran bienes de fortuna, con que cobró fuerzas para volver en sí y vestirse; y más como vio venir a doña Isidora, tan otra de lo que había

---

galán

congoja, pena

hizo falta / **respecto**... a causa de

parecían... los bigotes de don Marcos estaban blancos porque se les había caído el polvo de la cara de Isidora. (La influencia de Quevedo es evidente en esta imagen grotesca.)

a... claramente
se lo arrimó, se le pegó

chapines... zapatos con suela muy alta

monedas de oro

fantasma

El río Jordán era conocido por sus aguas rejuvenecedoras. La autora compara los efectos de los afeites de doña Isidora con los de las aguas milagrosas. / cuarto de aseo / caja

visto, que casi creyó que se había engañado y que no era la misma. Salieron juntos don Marcos y don Agustín a buscar, por dicho de Inés, las guaridas de Marcela; y en verdad que si no fueran los tuviera por más discretos, a lo menos a don Marcos, que don Agustín pienso que lo hacía más de bellaco que de bobo, que bien se deja entender que no se había puesto en parte donde fuese hallada. Mas viendo que no había remedio, se volvieron a casa, conformándose con la voluntad de Dios, a lo santo, y con la de Marcela, a lo de no poder más°, y mal de su grado hubo de cumplir nuestro miserable con las obligaciones de la tornaboda°, aunque el más triste del mundo, porque tenía atravesada en su alma la cadena. Mas como no estaba contenta la fortuna, quiso seguir en la prosecución de la miseria. Y fue de esta suerte, que, sentándose a comer, entraron dos criados del señor almirante diciendo que su señor besaba las manos de la señora doña Isidora y que se sirviese enviar la plata, que para prestada bastaba un mes, y que si no lo hacía cobraría de otro modo. Recibió la señora el recado, y la respuesta no pudo ser otra que entregarle todo cuanto había, platos, fuentes y lo demás que lucía en la casa, y que había colmado las esperanzas de don Marcos, el cual se quiso hacer fuerte, diciendo que era hacienda° suya y que no se la habían de llevar y otras cosas que le parecían a propósito, tanto, que fue menester que un criado fuese a llamar al mayordomo y otro se quedase en resguardo de la plata. Al fin la plata se llevó, y don Marcos se quebró la cabeza en vano, y ciego de pasión y de cólera empezó a decir y a hacer cosas como hombre fuera de sí; quejábase de tal engaño y prometía la había de poner pleito de divorcio, a lo cual doña Isidora, con mucha humildad, le dijo, por amansarle, que advirtiese que antes merecía gracias que ofensas, que por granjearse° un marido como él, cualquiera cosa, aunque tocase en engaño, era cordura y discreción, y pues el pensar en deshacerlo era imposible, lo mejor era tener paciencia.

Húbolo de hacer el buen don Marcos, aunque desde aquel día no tuvieron paz ni comían bocado con gusto. A todo esto, don Agustín comía y callaba, metiendo, las veces que se hallaba presente, paz, y pasando muy buenas noches con Inés, con la cual reía las gracias de doña Isidora y desventuras de don Marcos. Con estas desdichas, si la fortuna le dejara en paz, con lo que había se diera por contento y lo pasara honradamente. Mas como se supo en Madrid el casamiento de doña Isidora, un alquilador de ropa, dueño del estrado y colgadura°, vino por tres meses que le debía de su ganancia, y asimismo a llevarlo; porque mujer que había casado tan bien, coligió° que no lo habría menester, pues lo podía comprar y tenerlo por suyo.

A este trago acabó don Marcos de rematarse°; llegó a las manos° con su señora, andando el moño y los dientes de por medio, no con poco dolor de su dueña, pues la llegaba el verse sin él tan a lo vivo. Esto y la injuria de verse maltratar tan recién casada, le dio la ocasión de llorar y hacer cargos a don Marcos por tratar así a una mujer como ella, y eso por bienes de fortuna, que ella os los da y os los quita°; pues aun en casos de honra era demasiado castigo. A esto respondió don Marcos que su honra era su dinero; mas, con todo, esto no sirvió de nada para que el dueño de estrado y colgadura no lo llevase, y con ello lo que le debía, un real sobre otro, que se pagó del dinero de don Marcos, porque la señora, como había cesado su trato, no sabía de qué color era éste°.

A las voces y gritos, bajó el señor de la casa, la cual nuestro hijodalgo pensaba ser suya, porque la mujer le había dicho que era huésped y que le tenía alquilado aquel cuarto de arriba por un año. Le

---

a... no podía hacer otra cosa

Cuando la fiesta que sigue a la boda, habiéndose hecho en casa de una persona, vuelve a hacerse en casa de otra.

bienes, propiedad

conquistarse

conjunto de tapices con los que se adornan las paredes interiores

supuso

A... Con este golpe don Marcos terminó de morir (**rematar:** dar muerte a una persona o animal que está agonizando). / **llegó**... llegó a pegarle, a pelear con las manos

Es decir, ella (la fortuna) es mudable.

Es decir, ya no fingía tener dinero.

dijo, pues, que si cada día había de haber aquellas voces, que buscasen casa y fuesen con Dios, que era amigo de quietud. ¿Cómo ir?, respondió don Marcos, él es el que se ha de ir, que esta casa es mía. ¿Cómo vuestra?, dijo el dueño; loco atreguado°, iros con Dios, que os juro que si no mirara que lo sois, la ventana fuera vuestra puerta. Enojóse don Marcos, y con la cólera se atreviera si no se meten de por medio doña Isidora y don Agustín, desengañando al pobre y apaciguando al señor de la casa con prometerle desembarazarla al otro día.

loco... loco que tiene treguas en su enfermedad

¿Qué podía don Marcos hacer aquí? O callar o ahorcarse, por lo demás ni él tenía ánimo para otra cosa, y con tantos pesares estaba como atónito y fuera de sí. De esta suerte, tomó su capa y se salió de casa, y don Agustín, mandado por su tía, con él, para que le reportase. En fin, los dos buscaron un par de aposentos cerca de Palacio, por estar cerca de la casa de su amo, y dando señal, quedó la mudanza para otro día, y así le dijo a don Agustín que se fuese a comer, porque él no estaba entonces para volver a ver a aquella engañadora de su tía. Hízolo así el mozo, dando vuelta a su casa, y contando lo sucedido a doña Isidora, entrambos trataron el modo de mudarse. Vino el miserable a acostarse rostrituerto° y muerto de hambre; pasó la noche, y a la mañana le dijo doña Isidora que se fuese a la casa nueva para que recibiese la ropa, mientras Inés traía un carro en que llevarla. Hízolo así, y apenas el buen necio salió cuando la traidora doña Isidora y su sobrino y criada tomaron cuanto había y lo metieron en un carro, y ellos con ello se partieron de Madrid tomando la vuelta de Barcelona y dejando en casa las cosas que no podían llevar, como platos, ollas y otros trastos. Estuvo don Marcos hasta cerca de las doce esperando, y viendo la tardanza, dio la vuelta a su casa, y como no los halló, preguntó a una vecina si eran idos, a lo que ella respondió que rato había°. Con lo que, pensando que ya estarían allí, tornó a toda prisa para que no aguardasen; llegó sudando y fatigado, y como no los halló, se quedó medio muerto, temiendo lo mismo que era, y sin parar tornó donde venía, y dando un puntapié a la puerta que había dejado cerrada, y como° la abrió y entró dentro y vio que no había nada más que lo que nada valía acabó por tener cierta su desdicha y empezó a dar voces y carreras por las salas, dándose de camino algunas cabezadas por las paredes, diciendo: «Desdichado de mí, mi mal es cierto, en mal punto hice este desdichado casamiento que tan caro me cuesta. ¿Adónde estás, engañosa sirena y robadora de mi bien y de todo cuanto yo, a costa de mí mismo, tengo granjeado para pasar la vida con algún descanso»?

enojado

rato... se habían ido hacía tiempo

cuando

Estas y otras cosas decía, a cuyos extremos llegó alguna gente de la casa, y uno de los criados, sabiendo el caso, le dijo que tuviese por cierto el haberse ido, porque el carro en que iba la ropa y su mujer, sobrino y criada, era de camino y no de mudanza, y que él preguntó que dónde se mudaba y que le había respondido que fuera de Madrid. Acabó de rematarse don Marcos con esto, mas como las esperanzas animan en mitad de las desdichas, salió con el propósito de ir a los mesones a saber para qué parte había ido el carro donde iba su corazón entre seis mil ducados que llevaban en él, lo cual hizo; mas su dueño no era cosario°, sino labrador de aquí, de Madrid, que en eso eran los que le habían alquilado más astutos que era menester, y así no pudo hallar noticia de nada, pues querer seguirlo era negocio cansado no sabiendo el camino que llevaban, ni hallándose con un cuarto°, si no le buscaba prestado, y más hallándose cargado con la deuda del vestido y joyas de su mujer, que ni sabía cómo ni de dónde

persona que lleva encargos

con... sin un cuarto, sin ningún dinero

pagarlo. Dio la vuelta, marchito y con mil pensamientos, a casa de su amo, y viniendo por la calle Mayor°, se encontró sin pensar con la cauta Marcela, y tan cara a cara, que aunque ella quiso encubrirse, fue imposible, porque habiéndola conocido don Marcos, asió de ella, descomponiendo su autoridad diciendo: «Ahora, ladrona, me darás lo que me robastes la noche en que os salisteis de mi casa.» «¡Ay señor mío!, dijo Marcela llorando, bien sabía yo que había de caer sobre mí la desdicha desde el punto en que la señora me obligó a esto. Dígame, por Dios, antes que me deshonre, que estoy en buena opinión y concertada de casar y sería grande mal que tal se dijese de mí, y más estando como estoy, inocente; entremos aquí, en este portal, y oígame despacio y sabrá quién tiene su cadena y vestidos, que ya había yo sabido como usted sospechaba su falta sobre mí, y lo mismo le previne a mi señora aquella noche; pero son dueños y yo criada. ¡Ay de los que sirven, y con qué pensión° ganan un pedazo de pan»!

Era don Marcos, como he dicho, poco malicioso, y así, dando crédito a° sus lágrimas, se entró con ella en el portal de una casa grande, donde le contó quién era doña Isidora, su trato y costumbres y el intento con que se había casado con él, que era engañándole, como ya don Marcos lo experimentaba bien a su costa; díjole asimismo cómo don Agustín no era sobrino suyo, sino su galán, y que era un bellaco vagamundo° que por comer y holgar estaba como le veía amancebado con una mujer de tal trato y edad, y que ella había escondido su vestido y su cadena para dársele junto con el suyo y las demás joyas; que le había mandado que se fuese y pusiese en parte donde él no la viese, dando fuerza a su enredo con pensar que ella se lo había llevado. Parecióle a Marcela ser don Marcos hombre poco pendencioso°, y así se atrevió a decir tales cosas, sin temor de lo que podría suceder, o ya lo hizo por salir de entre sus manos y no pensó en más, o por ser criada, que era lo más cierto.

En fin, concluyó su plática la traidora con decirle que viviese con cuenta°, porque le habían de llevar, cuando menos se pensase, su hacienda. «Yo le he dicho a usted lo que me toca y mi conciencia me dicta; ahora—repetía Marcela—haga usted lo que fuere servido, que aquí estoy para todo lo que fuere su gusto». «A buen tiempo—replicó don Marcos—, cuando no hay remedio, porque la traidora y el ingrato mal nacido se han ido, llevándose cuanto tenía». Y luego, juntamente, él contó todo lo que había pasado con ellos desde el día en que se había marchado de la casa. «¡Es posible!—dijo Marcela—. ¡Ay, tanta maldad! ¡Ay, señor de mi alma! Cómo no en balde le tenía yo lástima, mas no me atrevía a hablar, porque la noche que mi señora me envió de su casa quise avisar a usted, viendo lo que pasaba, más temí; que aun entonces, porque le dije que no escondiese la cadena, me trató de palabra y obra cual Dios sabe». «Ya, Marcela—decía don Marcos—, he visto lo que dices, y es lo peor que no lo puedo remediar, ni saber cómo o dónde puedo hallar rastro de ellos». «No le dé eso pena, señor mío—dijo la fingida Marcela—, que yo conozco un hombre, y aun pienso, si Dios quiere, que ha de ser mi marido, que le dirá a usted dónde los hallará como si los viera con los ojos, porque sabe conjurar demonios y hacer otras admirables cosas». «¡Ay, Marcela, y cómo te lo serviría yo y agradecería si hicieses eso por mí! Duélete de mis desdichas, pues puedes».

Es muy propio de los malos, en viendo a uno de caída, ayudarle a que se despeñe más presto, y de los buenos, creer luego°; así, creyó don Marcos a Marcela, y ella se determinó a engañarle y estafarle lo que pudiese, y con este pensamiento le respondió que fuese luego, que

calle principal de Madrid

trabajo

dando… creyendo en

vagabundo, pícaro

peleador

cuidado

pronto

no era muy lejos la casa. Yendo juntos, encontró don Marcos otro criado de su casa, a quien pidió cuatro reales de a ocho° para dar al astrólogo, no por señal, sino de paga; y con esto llegaron a casa de la misma Marcela, donde estaba con un hombre que dijo ser el sabio, y a la cuenta que era su amante. Habló con él don Marcos, y, concertándose en ciento y cincuenta reales y que volviese de allí a ocho días, le dijo que él haría que un demonio le dijese dónde estaban, y los hallaría; mas que advirtiese que si no tenía ánimo, que no habría nada hecho, que mejor era no ponerse en tal, o que viese en qué forma lo° quería ver si no se atrevía que fuese en la misma suya. Parecióle a don Marcos, con el deseo de saber de su hacienda, que era ver un demonio ver un plato de manjar blanco°. Y así, respondió que en la misma que tenía en el infierno, en ésa se le enseñase, que aunque le veía llorar la pérdida de su hacienda como mujer, que en otras cosas era muy hombre. Con esto y darle los cuatro reales de a ocho se despidió de él y de Marcela, y se recogió a casa de un amigo, si es que los miserables tienen alguno, a llorar su miseria.

 Dejémosle aquí y vamos al encantador, que así le nombraremos, que para cumplir lo prometido y hacer una solemne burla al miserable, que ya por la relación de Marcela conocía al sujeto, hizo lo que diré. Tomó un gato y encerróle en un aposentillo, al modo de despensa, correspondiente a una sala pequeña, la cual no tenía más ventana que una, del tamaño de un pliego de papel, alta cuan un estado° de hombre, en la cual puso una red de cordel que fuese fuerte; y entrábase donde tenía el gato y castigábalo con un azote, destapaba la gatera, y el gato salía corriendo y saltaba la ventana, donde, cogido en la red, le volvía a su lugar. Hizo esto tantas veces, que ya sin castigarle, en abriéndole, iba derecho a la ventana. Hecho esto, avisó al miserable que aquella noche, en dando las once, le enseñaría lo que deseaba. Había, venciendo su inclinación, buscado lo que faltaba para los ciento y cincuenta reales prestados°, y con ellos vino a casa del encantador, al cual puso en las manos el dinero para animarlo a que fuese el conjuro más fuerte; el cual, después de haberle apercibido el ánimo y valor, le sentó de industria° en una silla debajo de la ventana, la cual tenía ya quitada la red. Era, como se ha dicho, después de las once, y en la sala no había más luz que la que podía dar una lamparilla que estaba a un lado, y dentro de la despensilla, todo lleno de cohetes y con el mozo avisado de darle a su tiempo fuego y soltarle, a cierta señal que entre los dos estaba puesta°, el gato. Marcela se salió fuera, porque ella no tenía el ánimo para ver visiones. Y luego, el astuto mágico, se vistió de una ropa de bocací° negro y montera de lo mismo, y tomando un libro de unas letras góticas en la mano, algo viejo el pergamino, para dar más crédito a su burla, hizo un cerco en el suelo y se metió dentro con una varilla en las manos, y empezó a leer entre dientes, murmurando en tono melancólico y grave, y de cuando en cuando pronunciaba algunos nombres extravagantes y exquisitos que jamás habían llegado a los oídos de don Marcos, el cual tenía abiertos, como dicen, los ojos de un palmo, mirando a todas partes si sentía ruido para ver al demonio que le había de decir lo que deseaba. El encantador hería luego con la vara el suelo, y en un brasero que estaba junto a él con lumbre echaba sal, azufre y pimienta, y alzando la voz decía: «Sal aquí, demonio Calquimorro, pues eres tú el que tienes cuidado de seguir a los caminantes y les sabes sus designios y guaridas, y di aquí, en presencia del señor don Marcos y mía, qué camino lleva esa gente y dónde y qué modo se tendrá de hallarlos. Sal pronto o guárdate de mi castigo. Estás rebelde

reales... moneda de la época

es decir, el demonio

plato de pechuga de gallina, azúcar, leche y harina de arroz

alta... de la estatura de un hombre

que había buscado prestados

de... a propósito

preparada, acordada

tela de hilo

y no quieres obedecerme; pues aguarda, que yo te apretaré hasta que lo hagas». Y diciendo esto volvió a leer el libro, tornando al cabo de un rato a herir con el palo en el suelo, refrescando el conjuro dicho y zahumerio°, de suerte que ya el pobre don Marcos estaba ahogándose. Y viendo ya ser hora de que saliese, dijo: «¡Oh, tú, que tienes las llaves de las puertas infernales, manda al Cerbero° que deje salir al Calquimorro, demonio de los caminos, para que nos diga dónde están estos caminantes, o si no te fustigaré cruelmente»!

A este tiempo ya el mozo que estaba por guardián del gato había dado fuego a los cohetes y abierto el agujero, y éste salió dando aullidos y truenos, brincos y saltos, y como estaba enseñado a saltar por la ventana, quiso escaparse por ella, y sin tener respeto de don Marcos, que estaba sentado en la silla, pasó por encima de su cabeza, abrasándole de camino las barbas y cabellos y parte de la cara, y dio consigo en la calle; con este suceso, pareciéndole que no había visto al diablo, sino a todos los del infierno, dando muy grandes gritos se dejó caer desmayado en el suelo, sin tener lugar de oír una voz que se dio en aquel punto, que dijo: «En Granada los hallarás». A los gritos de don Marcos y aullidos del gato, viéndole dar bramidos y saltos por la calle, respecto de° estarse abrasando, acudió gente, y entre ellos la justicia; y llamaron, y entraron, y hallaron a Marcela y a su amante procurando a fuerza de agua volver en sí al desmayado, lo cual fue imposible hasta la mañana.

Informóse del caso el alguacil, y no satisfaciéndose, aunque le dijeron el enredo, echaron sobre la cama del encantador a don Marcos, que parecía muerto, y, dejando con él y Marcela dos guardas, llevaron a la cárcel al embustero y su criado, que hallaron en la despensilla, dejándoles con un par de grillos a cada uno, a título° de hombre muerto en su casa. Dieron a la mañana siguiente a los señores alcaldes noticia de este caso, los cuales mandaron salir a visita a los dos presos, y que se fuese a ver si el hombre había vuelto en sí o si había muerto. A este tiempo, don Marcos había vuelto en sí y sabía ya de Marcela el estado de sus cosas, y se confirmaba el hombre más cobarde del mundo. Llevóles el alguacil a la sala, y preguntado por los señores de este caso, dijo la verdad, conforme la sabía, trayendo al juicio el suceso de su casamiento y cómo aquella moza le había traído a aquella casa, donde le dijo sabría los que llevaban su hacienda dónde les hallaría, y que él no sabía más, sino que, después de largos conjuros que aquel hombre había hecho leyendo en un libro que tenía, había salido por un agujero un demonio tan feo y tan horrible, que no había bastado su ánimo a escuchar lo que decía entre dientes y los grandes aullidos que iba dando; y que no sólo esto, mas que había embestido con él y puéstole como veían. Mas él no sabía qué se hizo, porque se le cubrió el corazón° sin volver en sí hasta la mañana.

Admirados estaban los alcaldes, hasta que el encantador les desencantó contándoles el caso como se ha dicho, confirmando lo mismo el mozo, y Marcela, y el gato, que trajeron de la calle, donde estaba abrasado y muerto; y trayendo también dos o tres libros que en su casa tenía, dijeron a don Marcos conociese cuál era el de los conjuros. El tomó el mismo y se lo dio a los señores alcaldes, y abierto vieron que era el *Amadís de Gaula*, que por lo viejo y letras antiguas había pasado por libro de encantos; con lo que, enterados del caso, fue tanta la risa de todos, que en gran espacio no sosegó la sala, estando don Marcos tan corrido que quiso matar al encantador y luego hacer lo mismo de sí, y más cuando los alcaldes le dijeron que no se creyese de ligero ni se dejase engañar a cada paso. Y así, los enviaron a todos con

---

sahumerio: el humo oloroso que se levanta del fuego cuando se le echa alguna pastilla de olor

perro que, según la mitología, protegía la entrada al infierno

a causa de

pretexto

se... se desmayó

Dios, saliendo tal el miserable que no parecía el que antes era, sino un loco. Fuese a casa de su amo, donde halló un cartero que le buscaba con una carta, que abierta vio que decía de esta manera:

A don Marcos Miseria, salud.

Hombre que por ahorrar no come, hurtando a su cuerpo el sustento necesario, y por sólo interés se casa, sin más información que si hay hacienda, bien merece el castigo que usted tiene y el que le espera andando el tiempo. Vuesa merced, señor, no comiendo sino como hasta aquí, ni tratando con más ventaja que siempre hizo a sus criados, y como ya sabe, la media libra de vaca, un cuarto de pan y otros dos de ración al que sirve y limpia la estrecha vasija en que hace sus necesidades, vuelva a juntar otros seis mil ducados y luego me avise, que vendré de mil amores a hacer con usted vida maridable, que bien lo merece marido tan aprovechado.

Doña Isidora Venganza

Fue tanta la pasión que don Marcos recibió, que le dio una calentura que en pocos días acabó los suyos miserablemente. A doña Isidora, estando en Barcelona aguardando galeras en que embarcarse para Nápoles, una noche Inés y don Agustín la dejaron durmiendo, y con los seis mil ducados de don Marcos y todo lo demás que tenía se embarcaron, y llegados que fueron a Nápoles, él sentó plaza de soldado°, y la hermosa Inés, puesta en paños mayores°, se hizo dama cortesana°, sustentando con este oficio en galas y regalos a don Agustín. Doña Isidora se volvió a Madrid, donde, renunciando el moño y las galas, anda pidiendo limosna. Ella me contó por entero esta maravilla y me determiné a escribirla para que vean los miserables el fin que tuvo éste y, viéndolo, no hagan lo mismo, escarmentando en cabeza ajena.

él… él se hizo soldado / **puesta**… teniendo sólo la ropa que llevaba puesta
mujer libre y licenciosa

JUAN DE ZABALETA (¿1610—1670?)

Al mismo tiempo que florece la novela corta en España, empieza a cultivarse otro género que desempeñará un papel esencial en el desarrollo de la prosa imaginativa de índole realista: el cuadro de costumbres. Se trata de una serie de cuadros o escenas que describen diversos ambientes, actividades y tipos de personas. Como la novela picaresca, expone la vacuedad y las pretensiones ridículas de la gente, aunque en el cuadro de costumbres la caracterización individual y el argumento son mucho menos desarrollados que en la novela picaresca, ya que son los usos y prácticas lo que le interesa al autor.

Entre los costumbristas del siglo XVII se destaca Juan de Zabaleta, autor de *El día de fiesta por la mañana* (1654) y *El día de fiesta por la tarde* (1660). Aunque el éxito de estos dos volúmenes inspiró al autor a proyectar un tercero, en el cual pensaba describir el día de fiesta por la noche, nunca se realizó este plan.

El día de fiesta por la mañana describe veinte personajes arquetípicos: el galán, la dama, el enamorado, el adúltero, el cortesano, el dormilón, el jugador de naipes, etc. *El día de fiesta por la tarde* describe los usos, diversiones y ambientes de estos personajes y otros. Incluye capítulos sobre la comedia, la casa de juego, el jardín, la pelota, la merienda y otros lugares y actividades que ocupan al madrileño los domingos. En el primer libro el enfoque es el personaje, que se coloca en un ambiente. En el segundo, sucede al revés. En la segunda parte el campo de observación es más amplio y los personajes se reducen más bien a bosquejos caricaturescos.

Los fines del autor son fundamentalmente didácticos: desea ilustrar y condenar el mal uso que los madrileños dan al día del Señor y, por extensión, a otras fiestas cristianas. Por medio de estos cuadros satíricos, Zabaleta muestra la frivolidad que ha reemplazado las actividades propias al domingo. Examina meticulosamente la conducta de sus personajes con el propósito de ridiculizarla. Usa la sátira para crear un *exemplum* que le sirva de lección al lector.

Zabaleta subraya el mensaje moral con comentarios de carácter doctrinal. Cada una de las escenas de la segunda parte comienza con una pequeña introducción moral o teológica. Aunque varios críticos (Margarita Ucelay, Françoise Babillot) han tachado estas digresiones de superfluas o enojosas y a veces se eliminan de las selecciones de Zabaleta que aparecen en las antologías (Del Río), Cristóbal Cuevas García y James R. Stevens han demostrado que son esenciales al pensamiento del autor. Puesto que los objetivos de Zabaleta son claramente docentes, los elementos costumbristas y moralizadores son inseparables.

El cuadro de costumbres del siglo XVII es un eslabón de la larga cadena que representa la corriente realista en España. Tiene antecedentes en el *Libro de buen amor*, en el *Corbacho*, en *La Celestina*, en *Lazarillo de Tormes* y otras obras picarescas, en muchos pasajes de Quevedo, en la novela cortesana, en los pasos de Lope de Rueda y en los entremeses de Cervantes. Más tarde, en el siglo XIX, se retomará el hilo costumbrista con las novelas de Fernán Caballero, los ensayos de Mariano José de Larra y los cuadros de costumbres de Ramón de Mesonero Romanos. En la Edad Media, varios escritores—por ejemplo, Juan Ruiz, Arcipreste de Hita—afirman que sus descripciones de los usos de la época servirán a sus lectores de ejemplos de la mala conducta que ellos deben rechazar. Sin embargo, el valor moral de estos cuadros es muy discutible. En el siglo XIX, el cuadro de costumbres se convierte en un medio de preservar usos y creencias locales.

En el siglo XVII, el costumbrismo no es un fin en sí sino un medio que adquiere un valor educativo, por lo cual muchos críticos han preferido llamar estas escenas descriptivas «cuadros satírico-morales de costumbres» Aunque Zabaleta es un pintor de costumbres tan fino que sus libros han sido una importante fuente de información acerca del Madrid del siglo XVII para los investigadores, no es propiamente un escritor costumbrista sino un moralista que ridiculiza las prácticas de su época con el fin de corregirlas.

Aunque sabemos poco de Juan de Zabaleta, es probable que naciera en Madrid y permaneciera en la capital durante la mayor parte de su vida. Fue cronista del rey Felipe IV. Escribió varias obras de teatro—entre ellas *Aún vive la honra en los muertos*, *El ermitaño galán*, *El hijo de Marco Aurelio*, *Osar morir da la vida*—y conocía bien el ambiente teatral, como nos deja ver una lectura de «La comedia». Fue muy aficionado a las academias literarias, y fue un miembro activo de la Poética Castellana de la Corte. Además de teatro y poesía, escribió varios libros en prosa, los cuales incluyen *Teatro del hombre*, *Historia y vida del conde Matisio* (1652), *Problemas de la filosofía natural, acompañados de consideraciones morales* (1652), *Errores celebrados* (1653). Su libro más conocido es *El día de fiesta*.

Véase *El día de fiesta por la mañana y por la tarde*, ed. Cristóbal Cuevas García (Madrid: Castalia, 1983).

El día de fiesta por la tarde

La comedia

Las comedias son muy parecidas a los sueños. Las representaciones de los sueños las hace la naturaleza quizá por hacer entretenido al ocio del sueño. Estas representaciones muchas veces son confusas, algunas pesadas, por milagro gustosas, y tal vez dejan inquietud en el alma. Un retrato es de esto el teatro. Unos pueblos hay que llaman Adlantes.[1] Los que nacen en ellos no sueñan. No tienen el ocio del sueño tan vario, pero tiénenle más quieto. A estos hombres tengo por felices, y tendré por felices a los que pasaren sus ocios sin las representaciones teatrales.

Come atropelladamente el día de fiesta el que piensa gastar en la comedia aquella tarde. El ansia de tener buen lugar le hace no calentar el lugar en la mesa.[2] Llega a la puerta del teatro, y la primera diligencia que hace es no pagar. La primera desdicha de los comediantes es ésta, trabajar mucho para que sólo paguen pocos. Quedárseles a veinte personas con tres cuartos no era grande daño, si no fuese consecuencia para que lo hiciesen otros muchos. Porque no pagó uno son innumerables los que no pagan. Todos se quieren parecer al privilegiado por parecer dignos del privilegio. Esto se desea con tan grande agonía que por conseguirlo se riñe, pero en riñendo está conseguido. Raro es el que una vez riñó por no pagar que no entre sin pagar de allí adelante. ¡Linda razón de reñir, quedarse con el sudor de los que, por entretenerle, trabajan y revientan! ¡Pues luego, ya que no paga, perdona algo! Si el comediante saca mal vestido, le acusa o le silba.[3] Yo me holgara saber con qué quieren éste y los demás que le imitan que se engalane, si se le quedan con su dinero. ¿Es posible que no consideren los que no pagan que aquélla es una gente pobre, y que se ofende Dios de que no se le dé el estipendio que le tiene señalado la república? Si Dios se desagrada de que no socorramos al pobre con lo que es nuestro, ¿cómo se desagradará de que nos quedemos con lo que es suyo?

Pasa adelante nuestro holgón[4] y llega al que da los lugares en los bancos. Pídele uno y el hombre le dice que no le hay, pero que le parece que a uno de los que tiene dados no vendrá su dueño, que aguarde a que salgan las guitarras, y que si entonces estuviere vacío, se siente. Quedan de[5] este acuerdo, y él, por aguardar entretenido, se va al vestuario. Halla en él a las mujeres desnudándose de caseras[6] para vestirse de comediantas. Alguna está en tan interiores paños como si se fuera a acostar. Pónese enfrente de una a quien está calzando su criada porque no vino en silla.[7] Esto no se puede hacer sin

---

[1] atlantes; en la mitología griega, habitantes de una isla utópica.

[2] **no**... no tardar en comer.

[3] Silbar expresa desaprobación; el público era muy alborotado y reaccionaba con violencia cuando no le gustaba alguna cosa.

[4] amigo de divertirse.

[5] en.

[6] amas de casa.

[7] carruaje (Es decir, vino al teatro a pie y ahora tiene que cambiarse de zapatos.)

muchos desperdicios del recato. Siéntelo la pobre mujer, mas no se atreve a impedirlo, porque, como son todos votos en su aprobación, no quiere disgustar ninguno. Un silbo, aunque sea injusto, desacredita, porque para el daño ajeno todos creen que es mejor el juicio del que acusa que el suyo. Prosigue la mujer en calzarse, manteniendo la paciencia de ser vista. La más desahogada en las tablas tiene algún encogimiento en el vestuario, porque aquí parecen los desahogos vicio y allá oficio. No aparta el hombre los ojos de ella. Estos objetos nunca se miran sin grande riesgo del alma. Con mucha sencillez se avecina a la llama la mariposa, pero porque se avecina se quema. Por mucha sencillez con que se entregue a estas atenciones un hombre es menester un prodigio para que no se abrase. El que piensa que va a esto cuando va a entretenerse sepa que va grande riesgo de salir muy lastimado.

Asómase a los paños[8] por ver si está vacío el lugar que tiene dudoso y véle vacío. Parécele que ya no vendrá su dueño y va y siéntase. Apenas se ha sentado cuando viene su dueño y quiere usar de su dominio. El que está sentado lo resiste y ármase una pendencia. ¿Este hombre no salió a holgarse cuando salió de su casa? ¿Pues qué tiene que ver reñir con holgarse? ¡Que haya en el mundo gente tan bárbara que de las holguras haga mohínas[9]! . . .

Ajústase la diferencia. El que tenía pagado el lugar le cede y siéntase en otro que le dieron los que apaciguaron el enojo. Tarda nuestro hombre en sosegarse poco más que el ruido que levantó la pendencia, y luego mira al puesto de las mujeres (en Madrid se llama cazuela[10]). Hace juicio de las caras, vásele la voluntad a la que mejor le ha parecido, y hácele con algún recato señas. No es la cazuela lo que v.m. entró a ver, señor mío, sino la comedia. Ya van cuatro culpas y aún no se ha empezado el entretenimiento. No es ese buen modo de observarle a Dios la solemnidad de su día.

Vuelve la cara a diferentes partes, cuando siente que por detrás le tiran de la capa. Tuerce el cuerpo por saber lo que aquello es, y ve un limero;[11] que metiendo el hombro por entre dos hombres, le dice cerca del oído que aquella señora que está dándose golpes en la rodilla con el abanico dice que se ha holgado mucho de haberle visto tan airoso en la pendencia, que le pague una docena de limas. El hombre mira a la cazuela, ve que es la que le ha contentado, da el dinero que se le pide y envíale a

decir que tome todo lo demás de que gustare. ¡Oh, cómo huelen a demonio estas limas! En apartándose el limero, piensa en ir a aguardar a la salida de la comedia a la mujer, y empieza a parecerle que tarda mucho en empezarse la comedia. Habla recio y desabrido en la tardanza y da ocasión a que los mosqueteros,[12] que están debajo de él, den priesa[13] a los comediantes con palabras injuriosas.

Ya que he llegado aquí, no puedo dejar de hablar en esta materia. ¿Por qué dicen estos hombres palabras injuriosas a los representantes? ¿Porque no salen en el punto[14] que ellos entran? ¿Porque les gastan vanamente el tiempo que han menester para otros vicios? ¿Porque el esperar es enfado? Ninguno va a la comedia que no sepa que ha de esperar, y hacérsele nuevo lo que lleva sabido, o es haber perdido la memoria, o el entendimiento. Si los comediantes estuvieran durmiendo en sus posadas aun tenían alguna razón, pero siempre están vestidos mucho antes que sea hora de empezar. Si se detienen es porque no hay la gente que es menester que haya para desquitar lo que se pierde los días de trabajo, o porque aguardan persona de tanta reverencia que, por no distinguirla, disgustan a quien ellos han menester tanto agradar como es el pueblo.

Veamos ahora en fe de qué[15] se atreven a hablarles mal los que allí se les atreven. En fe del embozo de la bulla.[16] Saben que todo aquel teatro tiene una cara, y con la máscara de la confusión los injurian. Ninguno de los que allí les dicen pesadumbres injustamente se las dijera en la calle sin mucho riesgo de que se vengasen ellos, o de que la justicia los vengase. Fuera de ser sinrazón y cobardía el tratarlos allí mal, es inhumano desagradecimiento, porque los comediantes son la gente que más desea agradar con su oficio entre cuantos trabajan en la república. Tanta es la prolijidad[17] con que ensayan una comedia que es tormento de muchos días ensayarla. El día que la estrenan diera cualquiera de ellos de muy buena gana la comida de un año por parecer bien aquel día. En saliendo al tablado, ¿qué cansancio, qué pérdida rehusan, por hacer con fineza lo que tienen a su cargo? Si es menester despeñarse, se arrojan por aquellas montañas que fingen con el mismo despecho que si estuvieran desesperados; pues cuerpos son humanos como los otros, y les duelen como a los otros los golpes. Si hay en la comedia un paso de agonizar, el representante

---

[8] telones, bastidores.
[9] **que**... que convierta la alegría en enojo.
[10] sitio del teatro en que sólo se sentaban mujeres
[11] vendedor de limas (En el teatro se vendían avellanas, limas, agua de canela y otras cosas que comer o tomar.)

[12] los que veían la comedia de pie desde la parte posterior del corral.
[13] prisa.
[14] momento.
[15] **en**... con qué seguridad.
[16] **En**... Es decir, les ofrece protección el ruido que hay en el teatro.
[17] cuidado.

a quien le toca se revuelca por aquellas tablas llenas de salivas, hechas lodo, de clavos mal embebidos y de astillas erizadas, tan sin dolerse de su vestido como si fuera de guadamacil,[18] y las más veces vale mucho dinero. Si importa al paso de la comedia que la representanta se entre huyendo, se entra, por hacer bien el paso, con tanta celeridad que se deja un pedazo de la valona,[19] que no costó poco, en un clavo, y se lleva un desgarrón en un vestido que costó mucho. Yo vi a una comedianta de las de mucho nombre (poco ha que murió) que representando un paso de rabia, hallándose acaso con el lienzo en la mano, le hizo mil pedazos por refinar el afecto que fingía; pues bien valía el lienzo dos veces más del partido que ella ganaba. Y aun hizo más que esto, que porque pareció bien entonces, rompió un lienzo cada día todo el tiempo que duró la comedia.

Con tan grande estremo procuran cumplir con las obligaciones de la representación por tener a todos contentos que, estando yo en el vestuario algunos días que había muy poca gente, les oía decirse unos a otros que aquéllos son los días de representar con mucho cuidado, por no dar lugar a que la tristeza de la soledad les enflaquezca el aliento, y porque los que están allí no tienen la culpa de que no hayan venido más, y sin atender a que trabajan sin aprovechamiento, se hacen pedazos por entretener mucho a los pocos que entretienen. Todo esto lo deben agradecer todos, porque cada uno está representando el todo a quien este gusto se hizo. Cuando no hubiera más culpa en tratarlos mal que la ingratitud, era grande culpa.

Salen las guitarras, empiézase la comedia, y nuestro oyente pone la atención quizá donde no la ha de poner. Suele en las mujeres, en la representación de los pasos amorosos, con el ansia de significar mucho, romper el freno la moderación y hacer sin este freno algunas acciones demasiadamente vivas.[20] Aquí fuera bueno retirar la vista, pero él no lo hace. Dicen los figsionómicos que los ojos muy largos son señal de malas costumbres. Esto lo infieren del humor dominante que causa aquella longitud. Yo no sé qué verdad tenga esto. Lo que sé es que los que tienen muy largos los ojos, esto es, los que miran sin rienda, no tienen buena figsionomía en el alma. Los que miran con libertad, con libertad apetecen. Muy dificultoso es que tenga embarazo para desear quien no le tiene para atender.

Ahora bien, quiero enseñar al que oye comedias a oírlas, para que no saque del teatro más culpas de las que llevó. Procure entender muy bien los principios del caso en que la comedia se funda, que con esto empezará desde luego a gustar de la comedia. Vaya mirando si saca con gracia las figuras el poeta, y luego si las maneja con hermosura, que esto, hecho bien, suele causar gran deleite. Repare en si los versos son bien fabricados, limpios y sentenciosos, que si son de esta manera le harán gusto y dotrina,[21] que muchos, por estar mal atentos, pierden la dotrina y el gusto. Note si los lances son nuevos y verisímiles, que si lo son hallará en la novedad mucho agrado, y en la verisimilitud le hará grande placer ver a la mentira con todo el aire de la verdad. Y si en todas estas cosas no encontrare todo lo que busca, encontrará el deleite de acusarlas, que es gran deleite . . .

Esto es en cuanto a lo que se puede notar en lo escrito de una comedia. Vamos ahora a lo que se ha de atender en lo representado. Observe nuestro oyente con grande atención la propiedad de los trajes, que hay representantes que en vestir los papeles son muy primorosos.[22] En las cintas de unos zapatos se suele hallar una naturaleza que admira. Repare si las acciones son las que piden las palabras, y le servirán de más palabras las acciones. Mire si los que representan ayudan con los ojos lo que dicen, que si lo hacen le llevarán los ojos. No ponga cuidado en los bailes, que será descuidarse mucho consigo mismo.[23] Haga, fuera de esto, entretenimiento de ver al vulgo aplaudir disparates, y tendrá mucho en qué entretenerse. Gastando de esta manera el tiempo que dura una comedia, no habrá gastado mal aquel tiempo. Siendo esto así, me holgara yo mucho de que hiciera de aquellos ratos empleo apacible y provechoso . . .

También van a la comedia las mujeres y también tienen las mujeres alma; bueno será darles en esta materia buenos consejos. Los hombres van el día de fiesta a la comedia después de comer; antes de comer, las mujeres. La mujer que ha de ir a la comedia el día de fiesta, ordinariamente la hace tarea de todo el día. Conviénese con una vecina suya, almuerzan cualquier cosa, reservando la comida del mediodía para la noche. Vanse a una misa, y desde la misa, por tomar buen lugar, parten a la cazuela. Aún no hay en la puerta quien cobre. Entran y hállanla salpicada, como de viruelas locas,[24] de otras mujeres tan locas como ellas. No

---

[18] cuero adobado y adornado con dibujos.

[19] cuello grande y vuelto sobre la espalda, hombros y pecho.

[20] alusión a los movimientos deshonestos de los actores, tema de frecuentes prohibiciones durante el Siglo de Oro.

[21] doctrina, lección moral.

[22] excelentes, perfectos (En realidad, los representantes no respetaban siempre la propiedad de los trajes. A veces se representaba una escena en el extranjero con trajes españoles.)

[23] Los bailes de mal gusto y deshonestos eran tema de muchas condenaciones de los moralistas.

[24] las que no tienen malignidad y son pocas y ralas.

toman la delantera, porque ese es el lugar de las que van a ver y ser vistas. Toman en la mediana lugar desahogado y modesto. Reciben gran gusto de estar tan bien acomodadas. Luego lo verán. Quieren entretener en algo los ojos y no hallan en qué entretenerlos, pero el descansar de la priesa con que han vivido toda aquella mañana les sirve por entonces de recreo. Van entrando más mujeres, y algunas de las de buen desahogo se sientan sobre el pretil[25] de la cazuela, con que quedan como en una cueva las que están en medio sentadas. Ya empieza la holgura a hacer de las suyas.

Entran los cobradores. La una de nuestras mujeres desencaja de entre el faldón del jubón[26] y el guardainfante[27] un pañuelo, desanuda con los dientes una esquina, saca de ella un real sencillo y pide que le vuelvan diez maravedís. Mientras esto se hace, ha sacado la otra del seno un papelillo abochornado en que están los diez cuartos envueltos, hace su entrega y pasan los cobradores adelante. La que quedó con los diez maravedís en la mano toma una medida de avellanas nuevas, llévanle por ella dos cuartos, y ella queda con el ochavo tan embarazada[28] como con un niño; no sabe dónde acomodarlo, y al fin se lo arroja en el pecho, diciendo que es para un pobre. Empiezan a sacar avellanas las dos amigas, y en entrambas bocas se oyen grandes chasquidos; pero, de las avellanas, en unas hay sólo polvo, en otras un granillo seco como de pimienta, en otras un meollo con sabor de mal aceite; en alguna hay algo que pueda con gusto pasarse. Mujeres: como estas avellanas es la holgura en que estáis. Al principio, gran ruido ("¡comedia!, ¡comedia!"), y en llegando allá, unas cosas no son nada, otras son poco más que nada, muchas fastidio, y alguna hace algún gusto.

Van cargando ya muchas mujeres. Una de las que están delante llama por señas a dos que están en pie detrás de las nuestras. Las llamadas, sin pedir licencia, pasan por entre las dos pisándoles las basquiñas[29] y descomponiéndoles los mantos. Ellas quedan diciendo: «¿Hay tal grosería?,» que con esta palabra se vengan las mujeres de muchas injurias. La una sacude el polvo que le dejó en la basquiña la pisada, disparando con el dedo pulgar el dedo de enmedio, y la otra, con lo llano de las uñas, con ademán de tocar rasgados en una guitarra. Tráenles a unas de las que están sentadas en el pretil de la delantera unas empanadas, y para comerlas se sientan en lo bajo. Con esto les queda claro por donde ven los hombres que entran. Dice la una a la otra de las nuestras:

—¿Ves aquel hombre entrecano que se sienta allí a mano izquierda en el banco primero? Pues es el hombre más de bien que hay en el mundo y que más cuida de su casa. Pero bien se lo paga la pícara de su mujer: amancebada está con un estudiantillo que no vale sus orejas llenas de cañamones.[30]

Una que está junto a ellas, que oye la conversación, las dice:

—Mis señoras, dejen vivir a cada una con su suerte, que somos mujeres todas y no habrá maldad que no hagamos si Dios nos olvida.

Ellas bajan la voz y prosiguen su plática. Lo que han hecho con esto, entre otras cosas malas, es que aquella mujer que las reprehendió mire a aquel hombre, dondequiera que le encontrare, como a hombre que tiene poco cuidado con su honra, o como poco dichoso en ella, y ambas son fealdades de la estimación, y que puede ser también que ella lo publique, que muchos reprehenden lo mismo que hacen. De allí a un poco dice la una de las nuestras a la otra en tono de admiración:

—¡Ay, amiga! Fulanillo, que ayer herreteaba agujetas,[31] se sienta en banco de barandillas.[32]

La otra se incorpora un poco a mirarle como a cosa estraña. Pues no es gran milagro que de un pobre se haga un riço. El que murmura, ordinariamente hace mal a dos, y a dos impedidos: a un sordo y a un ciego. El sordo es aquel de quien se murmura, porque no lo oye, y el ciego aquel delante de quien se murmura, porque no lo sabe. Si el que no lo oye lo oyera, pudiera ser que diera tal razón de sí que quedara libre de la acusación. ¿Quién quita que éste, que fue agujetero, tenga muy buena sangre? La naturaleza sólo cuida del hombre, no de la nobleza. El noble necesitado, lo primero que quiere conservar es la parte de hombre; por la nobleza se mira en la vida acomodada. Si para vivir no halló más camino que clavetear agujetas, no es de culpar que las claveteasse. Después que tuvo segura la vida por la parte del sustento, miró por la nobleza. Lo uno no es digno de calumnia y lo otro es digno de alabanza. La mujer casada que parece ruín, pudiera ser, si oyera el cargo que se le hace, que diera tan buena cuenta de sus horas que no cupiera en ellas aquella culpa. De la manera que no es bueno todo lo que lo parece, no todo lo que lo parece es malo. Estas mujeres están condenando indefensos a este

---

[25] baranda.

[26] vestidura que cubre desde los hombros a la cintura.

[27] tipo de faldellín redondo, hecho de alambres, que las mujeres se ponían en la cintura, y sobre él la falda.

[28] Nótese el doble sentido: embarazada significa «confusa», «molesta» y también «encinta».

[29] falda, negra por lo común que usaban las mujeres para salir a la calle.

[30] semillas de cáñamo, género de plantas textiles.

[31] **herretaba**... era un humilde trabajador (La agujeta es una correa o cinta con un herrete en cada punta que servía para abrochar zapatos, calzones y otras prendas.)

[32] **banco**... banco del corral reservado para las personas distinguidas.

hombre dichoso y a esta mujer casada. No es buen tribunal el que condena al reo sin oírle. Luego le están poniendo a aquella mujer que las escucha, que no sabía nada de aquello, tropiezos para que, en virtud del mal ejemplo, caiga en la misma flaqueza que la casada, o en el pecado de la murmuración por la que ha oído.

Ya la cazuela estaba cubierta cuando he aquí al apretador (este es un portero que desahueca allí a las mujeres para que quepan más) con cuatro mujeres tapadas[33] y lucidas, que, porque le han dado ocho cuartos, viene a acomodarlas. Llégase a nuestras mujeres y dícelas que se embeban.[34] Ellas lo resisten, él porfía, las otras se van llegando, descubriendo unos tapapiés[35] que chispean oro. Las nuestras dicen que vinieran temprano y tuvieran buen lugar. Una de las otras dice que las mujeres como ellas a cualquiera hora vienen temprano para tenerle bueno, y sabe Dios cómo son ellas. Déjanse, en fin, caer sobre las que están sentadas, que, por salir de debajo de ellas, les hacen lugar sin saber lo que se hacen. Refunfuñan[36] las unas, responden las otras, y al fin quedan todas en calma. Ya son las dos y media, y empieza la hambre a llamar muy recio en las que no han comido. Bien dieran nuestras mujeres a aquella hora otros diez cuartos por estar en su casa. Yo me holgara mucho que todos los que van a la comedia fueran en ayunas, porque tuvieran las pasiones mortificadas por si hay algo en ella que irrite las pasiones. Una de las mujeres que acomodó el apretador,[37] descubriendo una cara digna de regalos, da a cada una de nuestras mujeres un puñado de ciruelas de Génova y huevos de faltriquera,[38] diciéndolas:

—¡Ea, seamos amigas, y coman de esos dulces que me dio un bobo!

Ellas los reciben de muy buena gana y empiezan a comer con la misma priesa que si fueran uvas. Quisieran hablar con la que les hizo el regalo en señal de cariño, pero por no dejar de mascar no hablan. A este tiempo, en la puerta de la cazuela arman unos mozuelos una pendencia con los cobradores sobre que dejen entrar unas mujeres de balde,[39] y entran riñendo unos con otros en la cazuela. Aquí es la confusión y el alboroto. Levántanse desatinadas las mujeres, y por huir de los que riñen, caen unas sobre otras. Ellos no reparan en lo que pisan, y las traen entre los pies como si fueran sus mujeres. Los que suben del patio a sosegar o a socorrer dan los encontrones a las que embarazan que las echan a rodar. Todas tienen ya los rincones por el mejor lugar de la cazuela, y unas a gatas y otras corriendo se van a los rincones. Saca al fin a los hombres de allí la justicia, y ninguna toma el lugar que tenía, cada una se sienta en el que halla. Queda una de nuestras mujeres en el banco postrero y la otra junto a la puerta. La que está aquí no halla los guantes y halla un desgarrón en el manto. La que está allá está echando sangre por las narices de un codazo que le dio uno de los de la pendencia; quiere limpiarse y hásele perdido el pañuelo, y socórrese de las enaguas de bayeta. Todo es lamentaciones y buscar alhajas. Salen las guitarras y sosiéganse. La que está junto a la puerta de la cazuela oye a los representantes y no los ve. La que está en el banco último los ve y no los oye, con que ninguna ve la comedia, porque las comedias, ni se oyen sin ojos, ni se ven sin oídos. Las acciones hablan gran parte, y si no se oyen las palabras son las acciones mudas.

Acábase, en fin, la comedia como si para ellas no se hubiera empezado. Júntanse las dos vecinas a la salida y dice la una a la otra que espere un poco porque se le ha desatado la basquiña. Vásela a atar y echa menos la llave de su puerta, que iba en aquella cinta atada. Atribúlase increíblemente y empiezan a preguntar las dos a las mujeres que van saliendo si han topado una llave. Unas se ríen, otras no responden, y las que mejor lo hacen las desconsuelan con decir que no la han visto. Acaban de salir todas, ya es boca de noche[40] y van a la tienda de enfrente y compran una vela. Con ella la buscan, pero no la hallan. El que ha de cerrar el corral las da priesa, y ellas se fatigan. Ya desesperan del buen suceso, cuando la compañera ve hacia un rincón una cosa que relumbra lejos de allí. Van allá, y ven que es la llave que está a medio colar entre dos tablas. Recógenla, bajan a la calle, y antes de matar la vela, buscan para hacerle manija[41] un papelillo. Mátanla, fájanla y caminan. ¡Brava tarde, mis señoras; lindamente se han holgado! . . .

---

[33] mujer que se tapaba el rostro con el manto.
[34] aprieten, encojan.
[35] faldas de seda.
[36] gruñen en señal de protesta.
[37] empleado de los corrales que hacía a los espectadres apretarse en los bancos.
[38] **huevos**... composición de yemas de huevos conservados en azucar, de que se hacen unos bocados o bolillas.

[39] gratuitamente.
[40] **boca**... anochecer.
[41] mango o puño de un utensilio.

Don Quijote: La primera novela moderna

MIGUEL DE CERVANTES (1547—1616)

Muchos críticos consideran *El ingenioso hidalgo Don Quijote de la Mancha,* la obra maestra de Miguel de Cervantes, la primera novela europea. Publicada en dos partes, la primera en 1605 y la segunda en 1615, relata las experiencias de un pobre hidalgo mayor de edad que se llama Alonso Quesada o tal vez Quijada—el narrador pretende no saber su nombre exacto—que vive en algún lugar de La Mancha. Después de leer muchos libros de caballerías, el desafortunado viejo, creyendo que son verdad las invenciones fantásticas de los romances, decide imitar a los héroes novelescos y dedicarse a deshacer agravios, enderezar tuertos, enmendar sinrazones, mejorar abusos y satisfacer deudas (I, 2). Se inventa un nombre nuevo—Don Quijote de la Mancha—y, acompañado de Sancho Panza, un campesino que nombra su escudero, sale en busca de aventuras.

Miguel de Cervantes.

Lo que define a don Quijote como personaje moderno es el hecho de que tenga un concepto del mundo—un *world view*—que, aunque basado en fuentes literarias, es completamente personal y suyo. Don Quijote cree en gigantes y monstruos y encantamientos, pero no es un loco cualquiera. El viejo Quesada o Quijada se trastorna de acuerdo con una idea muy específica de lo que es y de lo que debe ser. Los libros de caballerías le muestran un mundo que es imperfecto, pero que es perfeccionable, porque el héroe rectifica los males. Esta visión utópica opera en la mente del lector. El idealismo del viejo hidalgo le inspira a convertirse en un instrumento del bien; quiere crear un mundo donde reine la justicia, la paz, la alegría. A ese fin toma un nuevo nombre y se crea una nueva identidad—la de don Quijote de la Mancha.

Es decir, este viejo don nadie, sin nombre específico, originario de nadie sabe exactamente dónde, se transforma en alguien. Se crea a sí mismo. Es el primer *self-made man* literario. Y don Quijote transforma no sólo su propia identidad, sino su mundo. Ajusta su realidad inmediata de acuerdo con su nueva visión de sí mismo y de su papel. Así que un molino de viento le parece un gigante; una venta, un palacio; una prostituta, una bella dama.

Don Quijote no se contenta con soñar con la utopía caballeresca, sino que actúa. Busca aventuras activamente. Algunas veces pelea con molinos de viento o con cueros de vino—objetos que adquieren en su mente formas fantásticas—pero otras veces intenta corregir injusticias auténticas: el abuso de un criado, por ejemplo, o la separación de dos amantes por sus padres. Su visión del mundo le hace sensible a males que otros no ven, o que no se atreven a tratar de enmendar.

A menudo choca con la realidad objetiva: una venta no es un palacio en que los caballeros se alojan a expensas del dueño; cuando los huéspedes salen de la venta, el ventero exige que paguen, lo cual escandaliza a don Quijote, quien se imagina ser el invitado de un noble poderoso. Sin embargo, sería un desacierto decir sencillamente que don Quijote no ve la realidad. Puede ser que no vea la realidad *objetiva* o que no acepte la realidad ajena, pero su visión particular le revela ciertas realidades—la injusticia, el sufrimiento, la poesía, la belleza—que son invisibles a la mayoría de la gente. Es precisamente el aspecto visionario de don Quijote lo que lo hace memorable—y admirable.

El activismo de don Quijote refleja la filosofía que dominaba la España de Cervantes: el humanismo ponía al hombre en el centro de su mundo y la Contrarreforma daba suma importancia al libre albedrío. Don Quijote se transforma por medio de un acto de la voluntad. Dice al principio de la Segunda Parte que aunque las estrellas le inclinan a recomenzar su carrera de caballero andante, más que de inclinación, es una cuestión de voluntad. Y su voluntad, don Quijote la realiza por medio de sus actos, al salir a luchar contra la maldad y la desgracia.

La personificación de los ideales de don Quijote es Dulcinea del Toboso—una campesina grosera, cuyo nombre es Aldonza Lorenzo—que la imaginación del viejo transforma en una dama bella y elegante. Dulcinea se convierte en la razón de ser de don Quijote. A ella le dedica todas sus hazañas. En cierto episodio, Sancho Panza cuenta que se encontró con una campesina ruda que identifica como Aldonza. Cuando la describe tal como es—ordinaria, andrajosa y maloliente—, don Quijote alega que algún malhechor la ha transformado en villana. El incidente demuestra con qué tenacidad el hombre se agarra de sus ideales y hasta qué punto es capaz de torcer la realidad de acuerdo con sus nociones preconcebidas.

Don Quijote es el idealista por excelencia. Su creencia en gigantes y magos y otros seres fantásticos no es gratuita, sino que se basa en un concepto coherente del mundo. Como los héroes de los libros de caballerías, Don Quijote funciona en términos de absolutos: la libertad y la esclavitud: la belleza y la fealdad. Para él, hay una línea divisoria muy clara entre el bien y el mal. Una persona, una cosa, una situación es o buena o mala. Lo malo—el dolor, la fealdad, la injusticia—a menudo lo atribuye a algún brujo o encantador. Don Quijote separa «lo que es» de «lo que debe ser»; no entiende que a veces—casi siempre—las situaciones son ambiguas.

En el episodio de los galeotes (Capítulo XXII), don Quijote se encuentra con unos presos del rey que se llevan a trabajar en las galeras. Viendo que están amarrados y sabiendo que Dios creó al hombre libre, don Quijote decide devolverlos a su «estado natural». Logra ponerlos en libertad pero ellos, en vez de agradecerle, le tiran piedras. Don Quijote no entiende que, en la sociedad, la libertad no tiene un valor absoluto, que bajo ciertas circunstancias—en el caso de criminales, por ejemplo—es necesario encarcelar a ciertas personas. Pero la situación es aún más complicada: muchos de los galeotes se han convertido en criminales por razones de necesidad. Han actuado mal, pero no son hombres malos. Ya que la justicia es un valor absoluto para don Quijote, él ve claramente lo que otros no ven: que la sociedad en sí es injusta, que crea inequidades que dejan a algunos individuos marginados y enajenados. Si los galeotes se vuelven contra don Quijote, es porque él exige que rindan homenaje a Dulcinea y ellos, que ni comparten la visión de su benefactor ni funcionan dentro de su sistema, lo creen totalmente loco. El episodio ilustra no sólo el choque inevitable entre la visión particular del individuo y el mundo externo, sino también la complejidad de cualquier situación humana.

El perspectivismo no es una invención de Cervantes; se nota en varias obras anteriores, notablemente en *La Celestina*. Pero Cervantes lleva el perspectivismo al extremo para mostrar hasta qué punto el individuo está preso de su disposición psicológica. Don Quijote y Sancho Panza a menudo interpretan una realidad desde diversas perspectivas, llegando cada uno a una conclusión que es válida para él.

En el episodio de la venta (Capítulo XVI), Cervantes utiliza el perspectivismo para demostrar cuán elusiva es la verdad para el individuo. Sirve en la venta una moza asturiana que se llama Maritornes, que tiene amores con un arriero que está alojado allí. Al entrar la muchacha al cuarto donde éste la espera, topa con don Quijote y se encuentra de repente sentada en su cama. Se arma un escándalo, se prende un candil y cada uno juzga la escena desde su propia perspectiva. Don Quijote cree que Maritornes es una bellísima doncella que ha ido a buscarlo. Maritornes está completamente confundida. El arriero, siendo un hombre sencillo que sólo entiende las exigencias de la carne, se pone celoso, creyendo que don Quijote desea las mismas atenciones que la muchacha le ha prometido a él. Sancho Panza cree que está teniendo una pesadilla. Interrumpen el caos las palabras brutales del ventero—«¿Adónde estás, puta?»—quien le echa la culpa a Maritornes por todo el enredo. ¿Cuál de los cinco ha visto la situación claramente? ¿Cuál ha juzgado correctamente? Ninguno. Todos se han equivocado, tanto o más que don Quijote.

Todos somos creadores. Todos inventamos nuestra propia realidad. Cervantes realza el poder creativo del individuo al convertir al mismo lector en un creador de la historia de don Quijote. Al mismo tiempo, pone en duda la capacidad del hombre para conocer la verdad objetiva.

La ingeniosa técnica que utiliza para realizar estos fines es la del *narrador infidente*. Un narrador infidente es uno en cuya palabra no se puede confiar. Esta técnica obliga al lector a buscar entre las líneas, a adivinar qué información se le oculta. El narrador de *Don Quijote* es deliberadamente vago. Al decirnos que el protagonista se llama Quijada o Quesada o tal vez Quejana y negarse a concretar el nombre de su pueblo, revela que no piensa contarnos la historia completa y nos invita a llenar los huecos que deja. Además, en el Capítulo IX afirma haber encontrado una parte de la narración en unos cartapacios que compró en la calle y dice que la obra original fue escrita en árabe por un tal Cide Hamete Benengeli, lo cual nos distancia aún más de la verdad, ya que se trata de la interpretación de una traducción de un idioma extranjero. Como los árabes tenían fama de ser mentirosos, la autenticidad de los hechos es doblemente sospechosa, y dado que la traducción última es hecha por «un morisco que pasaba por la calle», la fidelidad al texto ya dudosamente auténtico es más que problemática. Para complicar la situación aún más, algunos segmentos son narrados por don Quijote mismo, y ya sabemos con qué facilidad el viejo de la Mancha tuerce la realidad. Cervantes no niega la existencia de la verdad, pero al construir capas narrativas que alejan al lector de los hechos, implica que la verdad es casi imposible de conocer.

El poder creativo es precisamente lo que le da su dinamismo al hombre. Sin inventar, el individuo languidece. Don Quijote se mantiene fuerte mientras su imaginación sigue activa, pero en la Segunda Parte, el viejo hidalgo ya ha llegado a ser famoso y otros, deseosos de divertirse con él, empiezan a inventarle aventuras. Sin la necesidad de proyectar su voluntad, don Quijote se debilita. En el último episodio de la novela, renuncia al sueño utópico. Al volver a su pueblo, observa tristemente que Dulcinea no aparece. La ausencia de la amada señala el fin de la ilusión que ha dado sentido a la vida de Don Quijote.

En sus muchas aventuras y andanzas, don Quijote no logra crear una utopía. A este nivel, fracasa—pero sólo porque, como Cervantes muestra en episodio tras episodio, en este mundo la perfección es inalcanzable. Y sin embargo, a otro nivel, don Quijote triunfa. Crea su identidad. Deja sus huellas en la tierra. Para hacerlo volver a su pueblo, sus «protectores» tienen que vencerlo en el campo de batalla. Es decir, tienen que jugar según las reglas de don Quijote. Hoy en día, ya casi nadie se acuerda de Alonso Quesada o Quijada, pero todos conocen a don Quijote. Su visión particular le ha ganado un lugar inmortal dentro de las letras europeas.

Existen numerosas ediciones modernas de *Don Quijote*, entre ellas la de Luis Andrés Murillo (Madrid: Castalia, 1982) y (Buenos Aires: Castalia, 1986); la de Vicente Gaos (Madrid: Gredos, 1987) y la de Martín de Riquer, 2 vols. (New York: Las Américas, 1967). Véase también *Don Quixote de la Mancha: An Old-Spelling Control Edition Based on the First Editions of Parts I and II*, prepared by R. M. Flores (Vancouver: University of British Columbia Press, 1988).

El ingenioso hidalgo Don Quijote de la Mancha

Primera parte

Capítulo I

QUE SE TRATA DE LA CONDICIÓN Y EJERCICIO DEL FAMOSO HIDALGO DON QUIJOTE DE LA MANCHA

En un lugar de la Mancha, de cuyo nombre no quiero acordarme, no ha mucho tiempo que vivía un hidalgo de los de lanza en astillero,[1] adarga antigua, rocín flaco y galgo corredor. Una olla de algo más

vaca que carnero,[2] salpicón[3] las más noches, duelos y quebrantos[4] los sábados, lentejas los viernes, algún palomino de añadidura los domingos, consumían las tres partes de su hacienda. El resto de ella concluían sayo de velarte,[5] calzas de velludo[6] para las fiestas, con sus pantuflos[7] de lo mismo, y los días de entre semana se honraba en su vellorí[8] de lo más fino. Tenía en su casa una ama que pasaba de los cuarenta, y una sobrina que no llegaba a los veinte, y un mozo de campo y plaza, que así ensillaba el rocín como tomaba la podadera. Frisaba la edad de nuestro hidalgo con los cincuenta años; era de complexión recia, seco de carnes, enjuto de rostro, gran madrugador y amigo de la caza. Quieren decir que tenía el sobrenombre de Quijada, o Quesada, que en esto hay alguna diferencia, en los autores que de este caso escriben; aunque por conjeturas verosímiles se deja entender que se llamaba Quijana. Pero esto importa poco a nuestro cuento: basta que en la narración de él no se salga un punto de la verdad.

Es, pues, de saber, que este sobredicho hidalgo, los ratos que estaba ocioso—que eran los más del año—, se daba a leer libros de caballerías con tanta afición y gusto, que olvidó casi de todo punto el ejercicio de la caza, y aun la administración de su hacienda; y llegó a tanto su curiosidad y desatino en esto, que vendió muchas fanegas[9] de tierra de sembradura para comprar libros de caballerías en que leer, y así, llevó a su casa todos cuantos pudo haber de ellos; y de todos, ningunos le parecían tan bien como los que compuso el famoso Feliciano de Silva,[10] porque la claridad de su prosa y aquellas entrincadas razones suyas le parecían de perlas, y más cuando llegaba a leer aquellos requiebros y cartas de desafíos, donde en muchas partes hallaba escrito: «La razón de la sinrazón que a mi razón se hace, de tal manera mi razón enflaquece, que con razón me quejo de la vuestra fermosura». Y también cuando leía: « . . . los altos cielos que de vuestra divinidad divinamente con las estrellas os fortifican, y os hacen merecedora del merecimiento que merece la vuestra grandeza».

---

[1] Los hidalgos de aldea solían conservar las antiguas armas de sus antepasados en un astillero o lancera, un estante que servía para guardarlas, en algún lugar visible de la casa.

[2] Es decir, no era rico, ya que la carne de carnero era más cara que la de vaca.

[3] carne picada con sal, comida de gente de clase media o baja.

[4] tocino y huevos, una comida típica de la gente común (El sábado era día de semi-ayuno en memoria de la derrota de los moros en 1212 en la batalla de Navas de Tolosa.)

[5] tipo de paño fino.

[6] terciopelo.

[7] calzado que se pone encima de los zapatos para abrigar el pie.

[8] paño menos fino que el velarte.

[9] medida agraria que equivale a 6400 metros cuadrados.

[10] autor de *Don Florisel de Niquea* y de *Amadís de Grecia*, además de la *Segunda Celestina*, continuación de la obra de Rojas.

Con estas razones perdía el pobre caballero el juicio, y desvelábase por entenderlas y desentrañarles el sentido que no se lo sacara ni las entendiera el mismo Aristóteles, si resucitara para sólo ello. No estaba muy bien con las heridas que don Belianís[11] daba y recibía, porque se imaginaba que, por grandes maestros[12] que le hubiesen curado, no dejaría de tener el rostro y todo el cuerpo lleno de cicatrices y señales. Pero, con todo, alababa en su autor aquel acabar su libro con la promesa de aquella inacabable aventura, y muchas veces le vino deseo de tomar la pluma y darle fin al pie de la letra, como allí se promete; y sin duda alguna lo hiciera, y aun saliera con ello, si otros mayores y continuos pensamientos no se lo estorbaran. Tuvo muchas veces competencia con el cura de su lugar—que era hombre docto, graduado en Sigüenza[13]—, sobre cuál había sido mejor caballero: Palmerín de Inglaterra, o Amadís de Gaula; mas maese Nicolás, barbero del mismo pueblo, decía que ninguno llegaba al Caballero del Febo, y que si alguno se le podía comparar era don Galaor, hermano de Amadís de Gaula, porque tenía muy acomodada condición para todo; que no era caballero melindroso, ni tan llorón como su hermano, y que en lo de la valentía no le iba en zaga.

En resolución, él se enfrascó tanto en su lectura, que se le pasaban las noches leyendo de claro en claro, y los días de turbio en turbio; y así, del poco dormir y del mucho leer, se le secó el cerebro, de manera que vino a perder el juicio. Llenósele la fantasía de todo aquello que leía en los libros, así de encantamientos como de pendencias, batallas, desafíos, heridas, requiebros, amores, tormentas y disparates imposibles; y asentósele de tal modo en la imaginación que era verdad toda aquella máquina de aquellas soñadas invenciones que leía, que para él no había otra historia más cierta en el mundo. Decía él que el Cid Ruy Díaz había sido muy buen caballero, pero que no tenía que ver con el Caballero de la Ardiente Espada,[14] que de sólo un revés había partido por medio dos fieros y descomunales gigantes. Mejor estaba con Bernardo del Carpio,[15] porque en Roncesvalles había muerto a Roldán el encantado, valiéndose de la industria de Hércules, cuando ahogó a Ateneo, el hijo de la Tierra, entre los brazos. Decía mucho bien del gigante Morgante, porque, con ser de aquella generación gigante, que todos son soberbios y descomedidos, él solo era

afable y bien criado. Pero, sobre todos, estaba bien con Reynaldos de Montalbán,[16] y más cuando le veía salir de su castillo y robar cuantos topaba, y cuando en allende robó aquel ídolo de Mahoma, que era todo de oro, según dice su historia. Diera él por dar una mano de coces al traidor de Galalón,[17] al ama que tenía y aun a su sobrina de añadidura.

En efecto, rematado ya su juicio, vino a dar en el más extraño pensamiento que jamás dio loco en el mundo, y fue que le pareció convenible y necesario, así para el aumento de su honra como para el servicio de su república, hacerse caballero andante, e irse por todo el mundo con sus armas y caballo a buscar las aventuras y a ejercitarse en todo aquello que él había leído que los caballeros andantes se ejercitaban, deshaciendo todo género de agravios, y poniéndose en ocasiones y peligros donde, acabándolos, cobrase eterno nombre y fama. Imaginábase el pobre ya coronado por el valor de su brazo, por lo menos, del imperio de Trapisonda; y así, con estos tan agradables pensamientos, llevado del extraño gusto que en ellos sentía, se dio prisa a poner en efecto lo que deseaba. Y lo primero que hizo fue limpiar unas armas que habían sido de sus bisabuelos, que, tomadas de orín y llenas de moho, luengos[18] siglos había que estaban puestas y olvidadas en un rincón. Limpiólas y aderezólas lo mejor que pudo; pero vio que tenían una gran falta, y era que no tenían celada de encaje, sino morrión simple,[19] mas a esto suplió su industria, porque de cartones hizo un modo de media celada, que, encajada con el morrión, hacía una apariencia de celada entera. Es verdad que para probar si era fuerte y podía estar al riesgo de una cuchillada, sacó su espada y le dio dos golpes, y con el primero y en un punto deshizo lo que había hecho en una semana; y no dejó de parecerle mal la facilidad con que la había hecho pedazos, y, por asegurarse de este peligro, la tornó a hacer de nuevo, poniéndole unas barras de hierro por de dentro de tal manera, que él quedó satisfecho de su fortaleza y, sin querer hacer nueva experiencia de ella, la diputó y tuvo por celada finísima de encaje.

Fue luego a ver su rocín, y aunque tenía más cuartos[20] que un real y más tachas que el caballo de

---

[11] héroe de la novela *Belianís de Grecia.*
[12] médicos.
[13] alusión irónica, ya que Sigüenza era una universidad menor.
[14] Amadís de Grecia tenía una espada roja estampada en el pecho.
[15] personaje mítico español cuyas hazañas se relatan en un ciclo de romances.

[16] héroe de un ciclo de cantares de gesta franceses y uno de los personajes principales del *Orlando Enamorado* de Boiardo.
[17] soldado de Carlomagno que se volvió traidor y causó la derrota de los franceses en Roncesvalles.
[18] largos.
[19] La celada de encaje protegía la coraza; el morrión protegía sólo la parte superior de la cabeza.
[20] enfermedad que padecen los caballos. (Nótese el juego de palabras: El cuarto valía tres céntimos de peseta. El real ha tenido diferentes valores.)

Gonela[21] que *tantum pellis et ossa fuit*,[22] le pareció que ni el *Bucéfalo* de Alejandro ni *Babieca* el del Cid con él se igualaban. Cuatro días se le pasaron en imaginar qué nombre le pondría; porque—según se decía él a sí mismo—no era razón que caballo de caballero tan famoso, y tan bueno él por sí, estuviese sin nombre conocido; y así, procuraba acomodársele de manera que declarase quién había sido antes que fuese de caballero andante, y lo que era entonces; pues estaba muy puesto en razón que, mudando su señor estado, mudase él también el nombre, y le cobrase famoso y de estruendo, como convenía a la nueva orden y al nuevo ejercicio que ya profesaba; y así, después de muchos nombres que formó, borró y quitó, añadió, deshizo y tornó a hacer en su memoria e imaginación, al fin le vino a llamar *Rocinante*, nombre, a su parecer, alto, sonoro y significativo de lo que había sido cuando fue rocín, antes de lo que ahora era, que era antes y primero de todos los rocines del mundo.[23]

Puesto nombre, y tan a su gusto, a su caballo, quiso ponérsele a sí mismo, y en este pensamiento duró otros ocho días, y al cabo se vino a llamar *Don Quijote*; de donde, como queda dicho, tomaron ocasión los autores de esta tan verdadera historia que, sin duda, se debía de llamar Quijada, y no Quesada, como otros quisieron decir. Pero acordándose que el valeroso Amadís no sólo se había contentado con llamarse Amadís a secas, sino que añadió el nombre de su reino y patria, por hacerla famosa, y se llamó Amadís de Gaula, así quiso, como buen caballero, añadir al suyo el nombre de la suya y llamarse *Don Quijote de la Mancha*, con que, a su parecer, declaraba muy al vivo su linaje y patria, y la honraba con tomar el sobrenombre de ella.

Limpias, pues, sus armas, hecho del morrión celada, puesto nombre a su rocín y confirmándose a sí mismo, se dio a entender que no le faltaba otra cosa sino buscar una dama de quien enamorarse; porque el caballero andante sin amores era árbol sin hojas y sin fruto y cuerpo sin alma. Decíase él: «Si yo, por malos de mis pecados, o por mi buena suerte, me encuentro por ahí con algún gigante, como de ordinario les acontece a los caballeros andantes, y le derribo en un encuentro, o le parto por mitad del cuerpo, o, finalmente, le venzo y le rindo, ¿no será bien tener a quien enviarle presentado, y que entre y se hinque de rodillas ante mi dulce señora, y diga con voz humilde y rendida: ‹Yo, señora, soy el gigante Caraculiambro, señor de la ínsula Malindrania, a quien venció en singular

batalla el jamás como se debe alabado caballero Don Quijote de la Mancha, el cual me mandó que me presentase ante la vuestra merced, para que la vuestra grandeza disponga de mí a su talante››»? ¡Oh, cómo se holgó nuestro buen caballero cuando hubo hecho este discurso, y más cuando halló a quien dar nombre de su dama! Y fue, a lo que se cree, que en un lugar cerca del suyo había una moza labradora de muy buen parecer, de quien él un tiempo anduvo enamorado, aunque, según se entiende, ella jamás lo supo ni se dio cata de ello. Llamábase Aldonza[24] Lorenzo, y a ésta le pareció ser bien darle título de señora de sus pensamientos, y, buscándole nombre que no desdijese mucho del suyo y que tirase y se encaminase al de princesa y gran señora, vino a llamarla *Dulcinea del Toboso*, porque era natural del Toboso: nombre, a su parecer, músico y peregrino y significativo, como todos los demás que a él y a sus cosas había puesto.

Capítulo VIII

DEL BUEN SUCESO QUE EL VALEROSO DON QUIJOTE TUVO EN LA ESPANTABLE Y JAMÁS IMAGINADA AVENTURA DE LOS MOLINOS DE VIENTO, CON OTROS SUCESOS DIGNOS DE FELICE RECORDACIÓN

En esto descubrieron treinta o cuarenta molinos de viento que hay en aquel campo, y así como Don Quijote los vio, dijo a su escudero:

—La ventura va guiando nuestras cosas mejor de lo que acertáramos a desear; porque ves allí, amigo Sancho Panza, dónde se descubren treinta, o poco más, desaforados gigantes con quien pienso hacer batalla y quitarles a todos las vidas, con cuyos despojos comenzaremos a enriquecer; que ésta es buena guerra y es gran servicio de Dios quitar tan mala simiente de sobre la faz de la Tierra.

—¿Qué gigantes?—dijo Sancho Panza.

—Aquéllos que allí ves—respondió su amo—de los brazos largos, que los suelen tener algunos de casi dos leguas.

—Mire vuestra merced—respondió Sancho—que aquéllos que allí se parecen no son gigantes, sino molinos de viento, y lo que en ellos parecen brazos son las aspas, que, volteadas del viento, hacen andar la piedra del molino.

—Bien parece—respondió Don Quijote—que no estás cursado en esto de las aventuras: ellos son gigantes: y si tienes miedo, quítate de ahí, y ponte en oración en el espacio que yo voy a entrar con ellos en fiera y desigual batalla.

Y diciendo esto, dio de espuelas a su caballo *Rocinante*, sin atender a las voces que su escudero Sancho le daba, advirtiéndole que, sin duda alguna, eran molinos de viento, y no gigantes, aquellos que

---

[21] El caballo del bufón Pietro Gonnella era conocido por su flaqueza.
[22] **tantum**... fue todo piel y hueso.
[23] Es decir, antes fue rocín y ahora era el primer rocín del mundo.

[24] nombre rústico y vulgar.

iba a acometer. Pero él iba tan puesto en que eran gigantes, que ni oía las voces de su escudero Sancho, ni echaba de ver, aunque estaba ya bien cerca, lo que eran; antes iba diciendo en voces altas:

—Non fuyades,[25] cobardes y viles criaturas, que un solo caballero es el que os acomete.

Levantóse en esto un poco de viento, y las grandes aspas comenzaron a moverse, lo cual visto por Don Quijote, dijo:

—Pues aunque mováis más brazos que los del gigante Briareo,[26] que lo habéis de pagar.

Y en diciendo esto, y encomendándose de todo corazón a su señora Dulcinea, pidiéndole que en tal trance le socorriese, bien cubierto de su rodela, con la lanza en el ristre, arremetió a todo galope de *Rocinante* y embistió con el primer molino que estaba delante; dándole una lanzada en el aspa, la volvió el viento con tanta furia, que hizo la lanza pedazos, llevándose tras sí al caballo y al caballero, que fue rodando muy maltrecho por el campo. Acudió Sancho Panza a socorrerle a todo correr de su asno, y cuando llegó halló que no se podía menear: tal fue el golpe que dio con él *Rocinante*.

—¡Válgame Dios!—dijo Sancho—. ¿No le dije yo a vuestra merced que mirase bien lo que hacía, que no eran sino molinos de viento, y no lo podía ignorar sino quien llevase otros tales en la cabeza?

—Calla, amigo Sancho—respondió Don Quijote—; que las cosas de la guerra, más que otras están sujetas a continua mudanza; cuanto más, que yo pienso, y es así verdad, que aquel sabio Frestón que me robó el aposento y los libros ha vuelto estos gigantes en molinos por quitarme la gloria de su vencimiento: tal es la enemistad que me tiene; mas al cabo, al cabo, han de poder poco sus malas artes contra la bondad de mi espada.

—Dios lo haga como puede—respondió Sancho Panza.

Y, ayudándole a levantarse, tornó a subir sobre *Rocinante*, que medio despaldado estaba.

Capítulo XVI

DE LO QUE LE SUCEDIÓ AL INGENIOSO HIDALGO EN LA VENTA QUE ÉL IMAGINABA SER CASTILLO

El ventero, que vio a Don Quijote atravesado en el asno, preguntó a Sancho que qué mal traía. Sancho le respondió que no era nada sino que había dado una caída de una peña abajo, y que venía algo brumadas[27] las costillas. Tenía el ventero por mujer a una no de la condición que suelen tener las de semejante trato, porque naturalmente era caritativa

y se dolía de las calamidades de sus prójimos; y así, acudió luego a curar a Don Quijote y hizo que una hija suya, doncella, muchacha y de muy buen parecer, la ayudase a curar a su huésped. Servía en la venta asimismo, una moza asturiana, ancha de cara, llana de cogote, de nariz roma,[28] del un ojo tuerta y del otro no muy sana. Verdad es que la gallardía del cuerpo suplía las demás faltas: no tenía siete palmos de los pies a la cabeza, y las espaldas, que algún tanto le cargaban, la hacían mirar al suelo más de lo que ella quisiera. Esta gentil moza, pues, ayudó a la doncella, y las dos hicieron una muy mala cama a Don Quijote, en un camaranchón[29] que, en otros tiempos, daba manifiestos indicios que había servido de pajar muchos años; en el cual también alojaba un arriero, que tenía su cama hecha un poco más allá de la de nuestro Don Quijote. Y aunque era de las enjalmas[30] y mantas de sus machos, hacía mucha ventaja a la de Don Quijote, que sólo contenía cuatro mal lisas tablas sobre dos no muy iguales bancos, y un colchón que en lo sutil parecía colcha, lleno de bodoques,[31] que, a no mostrar que eran de lana por algunas roturas, al tiento, en la dureza, semejaban de guijarro, y dos sábanas hechas de cuero de adarga y una frazada, cuyos hilos, si se quisieran contar, no se perdiera uno solo de la cuenta.

En esta maldita cama se acostó Don Quijote, y luego la ventera y su hija le emplastaron de arriba abajo alumbrándoles Maritornes, que así se llamaba la asturiana; y como al bizmarle[32] viese la ventera tan acardenalado a partes a Don Quijote, dijo que aquello más parecían golpes que caída.

—No fueron golpes—dijo Sancho—; sino que la peña tenía muchos picos y tropezones, y que cada uno había hecho su cardenal.

Y también le dijo:

—Haga vuestra merced, señora, de manera que queden algunas estopas, que no faltará quien las haya menester; que también me duelen a mí un poco los lomos.

—De esa manera—respondió la ventera—, también debisteis vos de caer.

—No caí—dijo Sancho Panza—: sino que del sobresalto que tomé de ver caer a mi amo, de tal manera me duele a mí el cuerpo, que me parece que me han dado mil palos.

—Bien podrá ser eso—dijo la doncella—; que a mí me ha acontecido muchas veces soñar que caía de una torre abajo, y que nunca acababa de llegar al

---

[25] huyáis.
[26] gigante mitológico que tenía cien brazos.
[27] doloridas.

[28] aplastada.
[29] cuarto donde se guardan trastos viejos.
[30] aparejos para bestias de carga.
[31] pellas que se forman en la lana.
[32] al aplicarle los emplastos.

suelo, y cuando despertaba del sueño, hallarme tan molida y quebrantada como si verdaderamente hubiera caído.

—Ahí está el toque, señora—respondió Sancho Panza—; que yo, sin soñar nada, sino estando más despierto que ahora estoy, me hallo con pocos menos cardenales que mi señor Don Quijote.

—¿Cómo se llama este caballero?—preguntó la asturiana Maritornes.

—Don Quijote de la Mancha—respondió Sancho Panza—; y es caballero aventurero, y de los mejores y más fuertes que de luengos tiempos acá se han visto en el mundo.

—¿Qué es caballero aventurero?—replicó la moza.

—¿Tan nueva sois en el mundo que no lo sabéis vos?—respondió Sancho Panza—. Pues sabed, hermana mía, que caballero aventurero es una cosa que en dos palabras se ve apaleado y emperador: hoy está la más desdichada criatura del mundo y la más menesterosa, y mañana tendrá dos o tres coronas de reinos que dar a su escudero.

—Pues ¿cómo vos, siéndolo de este tan buen señor—dijo la ventera—, no tenéis, a lo que parece, siquiera algún condado?

—Aún es temprano—respondió Sancho—, porque no ha sido un mes que andamos buscando las aventuras,[33] y hasta ahora no hemos topado con ninguna que lo sea. Y tal vez hay que se busca una cosa y se halla otra. Verdad es que si mi señor Don Quijote sana de esta herida o caída y yo no quedo contrecho de ella, no trocaría mis esperanzas con el mejor título de España.

Todas estas pláticas estaba escuchando, muy atento, Don Quijote, y sentándose en el lecho como pudo, tomando de la mano a la ventera, le dijo:

—Creedme, hermosa señora, que os podéis llamar venturosa por haber alojado en este vuestro castillo a mi persona, que es tal, que si yo no la alabo es por lo que suele decirse que la alabanza propia envilece; pero mi escudero os dirá quién soy. Sólo os digo que tendré eternamente escrito en mi memoria el servicio que me habéis hecho, para agradecéroslo mientras la vida me durare: y pluguiera a los altos cielos que el amor no me tuviera tan rendido y tan sujeto a sus leyes, y los ojos de aquella hermosa ingrata que digo entre mis dientes; que los de esta hermosa doncella fueran señores de mi libertad.

Confusas estaban la ventera y su hija y la buena de Maritornes oyendo las razones del andante caballero, que así las entendían como si hablara en griego, aunque bien alcanzaron que todas se encaminaban a ofrecimiento y requiebros; y, como no usadas[34] a semejante lenguaje, mirábanle y

admirábanse y parecíales otro hombre de los que se usaban; y, agradeciéndole con venteriles razones[35] sus ofrecimientos, le dejaron, y la asturiana Maritornes curó a Sancho, que no menos lo había menester que su amo.

Había el arriero concertado con ella que aquella noche se refocilarían juntos, y ella le había dado su palabra de que, estando sosegados los huéspedes y durmiendo sus amos, le iría a buscar y satisfacerle el gusto en cuanto le mandase. Y cuéntase de esta buena moza que jamás dio semejantes palabras que no las cumpliese, aunque las diese en un monte y sin testigo alguno, porque presumía muy de hidalga, y no tenía por afrenta estar en aquel ejercicio de servir en la venta, porque decía ella que desgracias y malos sucesos la habían traído a aquel estado. El duro, estrecho, apocado y fementido lecho de Don Quijote estaba, primero,[36] en mitad de aquel estrellado establo, y luego, junto a él, hizo el suyo Sancho, que sólo contenía una estera[37] de enea,[38] y una manta, que antes mostraba ser de anjeo tundido[39] que de lana. Sucedía a estos dos lechos el del arriero, fabricado, como se ha dicho, de las enjalmas y de todo el adorno de los mejores mulos que traía, aunque eran doce, lucios, gordos y famosos, porque era uno de los ricos arrieros de Arévalo, según lo dice el autor de esta historia, que de este arriero hace particular mención, porque le conocía muy bien, y aun quiere decir que era algo pariente suyo. Fuera de que Cide Hamete Benengeli fue historiador muy curioso y muy puntual en todas las cosas, y échase bien de ver, pues las que quedan referidas, con ser tan mínimas y tan raras, no las quiso pasar en silencio; de donde podrán tomar ejemplo los historiadores graves, que nos cuentan las acciones tan corta y sucintamente, que apenas nos llegan a los labios, dejándose en el tintero, ya por descuido, por malicia o ignorancia, lo más sustancial de la obra. ¡Bien haya mil veces el autor de *Tablante de Ricamonte*[40], y aquel del otro libro donde se cuentan los hechos del conde Tomillas, y con qué puntualidad lo describen todo! Digo, pues, que después de haber visitado el arriero a su recua y dádole el segundo pienso, se tendió en sus enjalmas y se dio a esperar a su puntualísima Maritornes. Ya estaba Sancho bizmado y acostado, y aunque procuraba dormir, no lo consentía el dolor de sus costillas; y Don Quijote, con el dolor de las suyas, tenía los ojos abiertos como liebre. Toda la venta

---

[33] en el sentido de suceso venturoso.

[34] acostumbradas.

[35] **venteriles**... palabras propias de personas que trabajan en una venta.

[36] Era lo primero que se encontraba al entrar al cuarto.

[37] tejido, alfombrita.

[38] anea: planta cuyas fibras sirven para hacer tejidos, sillas, etc.

[39] tela de estopa pelada.

[40] libro de caballerías publicado en 1513.

estaba en silencio, y en toda ella no había otra luz que la que daba una lámpara, que, colgada en medio del portal, ardía.

Esta maravillosa quietud, y los pensamientos que siempre nuestro caballero traía de los sucesos que a cada paso se cuentan en los libros autores de su desgracia, le trujo a la imaginación una de las extrañas lecturas que buenamente imaginarse pueden; y fue que él se imaginó haberse llegado a un famoso castillo—que, como se ha dicho, castillos eran a su parecer todas las ventas donde alojaba—, y que la hija del ventero lo era del señor del castillo, la cual, vencida de su gentileza, se había enamorado de él, y prometido que aquella noche, a furto[41] de sus padres, vendría a yacer con él una buena pieza; y teniendo toda esta quimera, que él se había fabricado, por firme y valedera, se comenzó a acuitar y a pensar en el peligroso trance en que su honestidad se había de ver y propuso en su corazón de no cometer alevosía a su señora Dulcinea del Toboso, aunque la misma reina Ginebra,[42] con su dama Quintañona, se le pusiesen delante.

Pensando, pues en estos disparates, se llegó el tiempo y la hora—que para él fue menguada[43]—de la venida de la asturiana, la cual, en camisa y descalza, cogidos los cabellos en una albanega[44] de fustán,[45] con tácitos y atentados pasos, entró en el aposento donde los tres alojaban, en busca del arriero; pero, apenas llegó a la puerta, cuando Don Quijote la sintió, y, sentándose en la cama, a pesar de sus bizmas y con dolor de sus costillas, tendió los brazos para recibir a su hermosa doncella. La asturiana, que, toda recogida y callando, iba con las manos delante buscando a su querido, topó con los brazos de Don Quijote, el cual la asió fuertemente de una muñeca y tirándola hacia sí, sin que ella osase hablar palabra, la hizo sentar sobre la cama. Tentóle luego la camisa, y aunque ella era de harpillera, a él le pareció ser de finísimo y delgado cendal. Traía en las muñecas unas cuentas de vidrio; pero a él le dieron vislumbre de preciosas perlas orientales. Los cabellos, que en alguna manera tiraban a crines, él los marcó por hebras de lucidísimo oro de Arabia, cuyo resplandor al del mismo sol oscurecía. Y el aliento, que, sin duda alguna, olía a ensalada fiambre y trasnochada, a él le pareció que arrojaba de su boca un olor suave y aromático; y, finalmente, él la pintó en su imaginación de la misma traza y modo que lo había leído en sus libros, de la otra princesa que vino a ver al mal herido caballero,

vencida de sus amores, con todos los adornos que aquí van puestos. Y era tanta la ceguedad del pobre hidalgo, que el tacto, ni el aliento, ni otras cosas que traía en sí la buena doncella, no le desengañaban, las cuales pudieran hacer vomitar a otro que no fuera arriero; antes le parecía que tenía entre sus brazos a la diosa de la hermosura. Y, teniéndola bien asida, con voz morosa y baja le comenzó a decir:

—Quisiera hallarme en términos, hermosa y alta señora, de poder pagar tamaña merced como la que con la vista de vuestra gran hermosura me habéis hecho; pero ha querido la fortuna, que no se cansa de perseguir a los buenos, ponerme en este lecho, donde yago tan molido y quebrantado, que, aunque de mi voluntad quisiera satisfacer a la vuestra, fuera imposible. Y más, que se añade a esta imposibilidad otra mayor, que es la prometida fe que tengo dada a la sin par Dulcinea del Toboso, única señora de mis más escondidos pensamientos; que si esto no hubiera de por medio, no fuera yo tan sandio caballero que dejara pasar en blanco la venturosa ocasión en que vuestra gran bondad me ha puesto.

Maritornes estaba congojadísima y trasudando, de verse tan asida de Don Quijote, y, sin entender ni estar atenta a las razones que le decía, procuraba, sin hablar palabra, desasirse. El bueno del arriero, a quien tenían despierto sus malos deseos, desde el punto que entró su coima[46] por la puerta, la sintió, estuvo atentamente escuchando todo lo que Don Quijote le decía, y, celoso de que la asturiana le hubiese faltado a la palabra por otro, se fue llegando más al lecho de Don Quijote, y estúvose quedo hasta ver en qué paraban aquellas razones, que él no podía entender; pero como vio que la moza forcejeaba por desasirse y Don Quijote trabajaba por tenerla, pareciéndole mal la burla, enarboló el brazo en alto y descargó tan terrible puñada sobre las estrechas quijadas del enamorado caballero, que le bañó toda la boca en sangre; y, no contento con esto, se le subió encima de las costillas, y, con los pies más que de trote, se las paseó todas de cabo a rabo.

El lecho, que era un poco endeble y de no firmes fundamentos, no pudiendo sufrir la añadidura del arriero, dio consigo en el suelo a cuyo gran ruido despertó el ventero, y luego imaginó que debían de ser pendencias de Maritornes, porque, habiéndola llamado a voces, no respondía. Con esta sospecha, se levantó, y, encendiendo un candil, se fue hacia donde había sentido la pelaza.[47] La moza, viendo que su amo venía, y que era de condición terrible, toda medrosica y alborotada, se acogió a la cama de Sancho Panza, que aún dormía, y allí se acurrucó y se hizo un ovillo. El ventero entró, diciendo:

---

[41] **a**... a escondidas.
[42] esposa del rey Arturo de Bretaña.
[43] **fue**... se hizo corta.
[44] red.
[45] un tipo de tela de algodón.

[46] manceba.
[47] refriega.

—¿Adónde estás, puta? A buen seguro que son tus cosas éstas.

En esto, despertó Sancho, y, sintiendo aquel bulto casi encima de sí, pensó que tenía la pesadilla, y comenzó a dar puñadas a una y otra parte, y, entre otras, alcanzó con no sé cuántas a Maritornes, la cual, sentida del dolor, echando a rodar la honestidad, dio el retorno a Sancho con tantas, que, a su despecho, le quitó el sueño; el cual, viéndose tratar de aquella manera, y sin saber de quién, alzándose como pudo, se abrazó con Maritornes y comenzaron entre los dos la más reñida y graciosa escaramuza del mundo. Viendo, pues, el arriero, a la lumbre del candil del ventero, cuál andaba su dama, dejando a Don Quijote, acudió a darle el socorro necesario. Lo mismo hizo el ventero, pero con intención diferente, porque fue a castigar a la moza, creyendo, sin duda, que ella sola era la ocasión de toda aquella armonía. Y así como suele decirse: «el gato al rato, el rato a la cuerda, la cuerda al palo», daba el arriero a Sancho, Sancho a la moza, la moza a él, el ventero a la moza, y todos menudeaban con tanta prisa, que no se daban punto de reposo; y fue lo bueno que al ventero se le apagó el candil, y como quedaron a escuras, dábanse tan sin compasión, todos a bulto, que adoquiera que ponían la mano no dejaban cosa sana.

Alojaba acaso aquella noche en la venta un cuadrillero de los que llaman de la Santa Hermandad vieja de Toledo, el cual, oyendo asimesmo el extraño estruendo de la pelea, asió de su media vara[48] y de la caja de lata de sus títulos y entró a escuras en el aposento, diciendo:

—¡Ténganse a la Justicia! ¡Ténganse a la Santa Hermandad!

Y el primero con quien topó fue con el apuñeado de Don Quijote, tendido boca arriba, sin sentido alguno; y, echándole a tiento mano a las barbas. no cesaba de decir: «¡Favor a la Justicia»! Pero viendo que el que tenía asido no se bullía ni meneaba, se dio a entender que estaba muerto, y que los que allí dentro estaban eran sus matadores, y con esta sospecha reforzó la voz, diciendo:

—¡Ciérrese la puerta de la venta! ¡Miren no se vaya nadie, que han muerto aquí a un hombre!

Esta voz sobresaltó a todos, y cada cual dejó la pendencia en el grado que le tomó la voz. Retiróse el ventero a su aposento, el arriero a sus enjalmas, la moza a su rancho; solos los dos desventurados Don Quijote y Sancho no se pudieron mover de donde estaban. Soltó en esto el cuadrillero la barba de Don Quijote, y salió a buscar luz para buscar y prender los delincuentes; mas no la halló, porque el ventero, de industria. había muerto la lámpara cuando se retiró a su estancia, y fuele forzoso acudir a la chimenea, donde, con mucho trabajo y tiempo. encendió el cuadrillero otro candil.

CAPÍTULO XXII

DE LA LIBERTAD QUE DIO DON QUIJOTE A MUCHOS DESDICHADOS QUE, MAL DE SU GRADO, LOS LLEVABAN DONDE NO QUISIERAN IR

Cuenta Cide Hamete Benengeli, autor arábigo y manchego, en esta gravísima, altisonante, mínima,[49] dulce e imaginada historia, que, después que entre el famoso Don Quijote de la Mancha y Sancho Panza, su escudero, pasaron aquellas razones que en el fin del capítulo XXI quedan referidas, que Don Quijote alzó los ojos y vio que por el camino que llevaba venían hasta doce hombres a pie, ensartados como cuentas en una gran cadena de hierro, por los cuellos, y todos con esposas en las manos. Venían asimismo con ellos dos hombres de a caballo y dos de a pie; los de a caballo, con escopetas de rueda,[50] y los de a pie con dardos y espadas; y que así como Sancho Panza los vio, dijo:

—Esta es cadena de galeotes, gente forzada del rey, que va a las galeras.

—¿Cómo gente forzada?—preguntó Don Quijote—. ¿Es posible que el rey haga fuerza a ninguna gente?

—No digo eso—respondió Sancho—, sino que es gente que por sus delitos va condenada a servir al rey en las galeras, de por fuerza.

—En resolución—replicó Don Quijote—: como quiera que ello sea, esta gente, aunque los llevan, van de por fuerza, y no de su voluntad.

—Así es—dijo Sancho.

—Pues de esa manera—dijo su amo—, aquí encaja la ejecución de mi oficio; deshacer tuertos y socorrer y acudir a los miserables.

—Advierta vuestra merced—dijo Sancho—que la justicia, que es el mismo rey, no hace fuerza ni agravio a semejante gente, sino que los castiga en pena de sus delitos.

Llegó, en esto, la cadena de los galeotes, y Don Quijote, con muy corteses razones, pidió a los que iban en su guarda fuesen servidos de informarle y decirle la causa o causas porque llevaban aquella gente de aquella manera. Una de las[51] guardas de a caballo respondió que eran galeotes, gente de su majestad, que iban a galeras, y que no había más que decir, ni él tenía más que saber.

—Con todo eso—replicó Don Quijote—, querría saber de cada uno de ellos en particular la causa de su desgracia.

---

[48] insignia del representante de la autoridad real.

[49] detallada.

[50] **escopetas**... armas de chispa.

[51] los (**Guarda** era antiguamente un sustantivo femenino.)

Don Quijote y Sancho Panza, de un grabado hecho en 1863 por Gustave Doré.

Añadió a éstas otras tales y tan comedidas razones para moverlos a que le dijesen lo que deseaba, que la otra guarda de a caballo le dijo:

—Aunque llevamos aquí el registro y la fe de las sentencias de cada uno de estos malaventurados, no es tiempo éste de detenernos a sacarlas ni a leerlas; vuestra merced llegue y se lo pregunte a ellos mismos, que ellos lo dirán si quisieren, que sí querrán, porque es gente que recibe gusto de hacer y decir bellaquerías.

Con esta licencia, que Don Quijote se tomara aunque no se la dieran, se llegó a la cadena, y al primero le preguntó que por qué pecados iba de tan mala guisa. El le respondió que por enamorado iba de aquella manera.

—¿Por eso no más?—replicó Don Quijote—. Pues si por enamorados echan a galeras, días ha que pudiera yo estar bogando en ellas.

—No son los amores como los que vuestra merced piensa—dijo el galeote—; que los míos fueron que quise tanto a una canasta de colar, atestada de ropa blanca, que la abracé conmigo tan fuertemente, que a no quitármela la justicia por fuerza, aún hasta ahora no la hubiera dejado de mi voluntad. Fue en

fragante,[52] no hubo lugar de tormento, concluyóse la causa, acomodáronme las espaldas con ciento,[53] y por añadidura tres años de gurapas, y acabóse la obra.

—¿Qué son gurapas?—preguntó Don Quijote.

—Gurapas son galeras—respondió el galeote.

El cual era un mozo de hasta edad de veinticuatro años, y dijo que era natural de Piedrahita. Lo mismo preguntó Don Quijote al segundo, el cual no respondió palabra, según iba de triste y melancólico; mas respondió por él el primero, y dijo:

—Este, señor, va por canario,[54] digo, por músico y cantor.

—Pues ¿cómo?—repitió Don Quijote—. ¿Por músicos y cantores van también a galeras?

—Sí, señor—respondió el galeote—; que no hay peor cosa que cantar en el ansia.[55]

—Antes he yo oído decir—dijo Don Quijote—que quien canta, sus males espanta.

—Acá es al revés—dijo el galeote—; que quien canta una vez, llora toda la vida.

—No lo entiendo—dijo Don Quijote.

Mas una de las guardas le dijo:

—Señor caballero, cantar en el ansia se dice entre esta gente *non sancta*[56] confesar en el tormento. A este pecador le dieron tormento y confesó su delito, que era ser cuatrero, que es ser ladrón de bestias, y por haber confesado le condenaron por seis años a galeras, amén de doscientos azotes, que ya lleva en las espaldas; y va siempre pensativo y triste, porque los demás ladrones que allá quedan y aquí van le maltratan, y aniquilan, y escarnecen, y tienen en poco, porque confesó y no tuvo ánimo de decir nones. Porque dicen ellos que tantas letras tiene un *no* como un *sí*, y que harta ventura tiene un delincuente, que está en su lengua su vida o su muerte, y no en la de los testigos y probanzas; y para mí tengo que no van muy fuera de camino.

—Y yo lo entiendo así—respondió Don Quijote.

El cual, pasando al tercero, preguntó lo que a los otros; el cual, de presto y con mucho desenfado, respondió y dijo:

—Yo voy por cinco años a las señoras gurapas por faltarme diez ducados.

—Yo daré veinte de muy buena gana—dijo Don Quijote—por libraros de esa pesadumbre.

—Eso me parece—respondió el galeote—como, quien tiene dineros en mitad del golfo[57] y se está

---

[52] **en**... en el acto mismo.
[53] cien azotes.
[54] Nótese el juego de palabras. Un **canario** es alguien que confiesa su crimen.
[55] **en**... bajo tortura, en el tormento.
[56] **non**... no santa, mala.
[57] **en**... al fondo del mar.

muriendo de hambre, sin tener adónde comprar lo que ha de menester. Dígolo, porque si a su tiempo tuviera yo esos veinte ducados que vuestra merced ahora me ofrece hubiera untado con ellos la péndola[58] del escribano y avivado el ingenio del procurador, de manera que hoy me viera en mitad de la plaza de Zocodover de Toledo, y no en este camino, atraillado[59] como galgo, pero Dios es grande, paciencia, y basta.

Pasó Don Quijote al cuarto, que era un hombre de venerable rostro, con una barba blanca que le pasaba del pecho; el cual, oyéndose preguntar la causa por que allí venía, comenzó a llorar y no respondió palabra; mas el quinto condenado le sirvió de lengua[60] y dijo:

—Este hombre honrado va por cuatro años a galeras, habiendo paseado las acostumbradas[61] vestido, en pompa y a caballo.

—Eso es —dijo Sancho Panza—, a lo que a mí me parece, haber salido a la vergüenza.

—Así es —replicó el galeote—; y la culpa porque le dieron esta pena es por haber sido corredor de oreja,[62] y aun de todo el cuerpo. En efecto: quiero decir que este caballero va por alcahuete, y por tener asimismo sus puntas y collar[63] de hechicero.

—A no haberle añadido esas puntas y collar —dijo Don Quijote— por solamente el alcahuete limpio no merecía él ir a bajar a las galeras, sino a mandarlas y a ser general de ellas. Porque no es así como quiera el oficio de alcahuete; que es oficio de discretos, y necesarísimo en la república bien ordenada, y que no le debía ejercer sino gente muy bien nacida; y aún había de haber veedor y examinador de los tales, como le hay de los demás oficios, con número deputado y conocido, como corredores de lonja, y de esta manera se excusarían muchos males que se causan por andar este oficio y ejercicio entre gente idiota y de poco entendimiento, como son mujercillas de poco más o menos, pajecillos y truhanes de pocos años y de poca experiencia, que a la más necesaria ocasión, y cuando es menester dar una traza que importe, se les hielan las migas entre la boca y la mano, y no saben cuál es su mano derecha. Quisiera pasar adelante y dar las razones por que convenía hacer elección de los que en la república habían de tener tan necesario oficio; pero no es el lugar acomodado para ello; algún día lo diré a quien lo pueda proveer y remediar. Sólo digo ahora que la pena que me ha causado ver estas blancas canas y este rostro venerable en tanta fatiga, por alcahuete,

me la ha quitado el adjunto de ser hechicero. Aunque bien sé que no hay hechizos en el mundo que puedan mover y forzar la voluntad, como algunos simples piensan; que es libre nuestro albedrío y no hay hierba ni encanto que le fuerce. Lo que suelen hacer algunas mujercillas simples y algunos embusteros bellacos es algunas mixturas y venenos, con que vuelven locos a los hombres, dando a entender que tienen fuerza para hacer querer bien, siendo, como digo, cosa imposible forzar la voluntad.

—Así es —dijo el buen viejo—; y en verdad, señor, que en lo de hechicero, que no tuve culpa; en lo de alcahuete, no lo puedo negar. Pero nunca pensé que hacía mal en ello: que toda mi intención era que todo el mundo se holgase y viviese en paz y quietud, sin pendencias ni penas; pero no me aprovechó nada este buen deseo para dejar de ir a donde no espero volver, según me cargan los años y un mal de orina que llevo, que no me deja reposar un rato.

Y aquí tornó a su llanto, como de primero; y túvole Sancho tanta compasión, que sacó un real de a cuatro del seno y se lo dio de limosna.

Pasó adelante Don Quijote, y preguntó a otro su delito, el cual respondió con no menos, sino con mucha más gallardía que el pasado:

—Yo voy aquí porque me burlé demasiadamente con dos primas hermanas mías, y con otras dos hermanas que no lo eran mías; finalmente, tanto me burlé con todas; que resultó de la burla crecer la parentela tan intrincadamente, que no hay diablo que la declare. Probóse todo, faltó favor, no tuve dineros, víame a pique de perder los tragaderos,[64] sentenciáronme a galeras por seis años, consentí: castigo es de mi culpa; mozo soy: dure la vida, que con ella todo se alcanza. Si vuestra merced, señor caballero, lleva alguna cosa con que socorrer a estos pobretes, Dios se lo pagará en el Cielo, y nosotros tendremos en la tierra cuidado de rogar a Dios en nuestras oraciones por la vida y salud de vuestra merced, que sea tan larga y tan buena como su buena presencia merece.

Este iba en hábito de estudiante, y dijo una de las guardas que era muy grande hablador y muy gentil latino.

Tras todos éstos venía un hombre de muy buen parecer, de edad de treinta años, sino que al mirar metía el un ojo en el otro un poco. Venía diferentemente atado que los demás, porque traía una cadena al pie, tan grande, que se la liaba por todo el cuerpo, y dos argollas a la garganta, la una en la cadena, y la otra de las que llaman guardaamigo o piedeamigo,[65] de la cual descendían

---

[58] **untado**... sobornado la pluma.

[59] atado.

[60] **le**... habló por él.

[61] las calles donde solían pasear a los delincuentes para humillarlos.

[62] **corredor**... el que pide dinero prestado para otros.

[63] **puntas**... pretensiones.

[64] **a**... a punto de que me ahorcaran.

[65] horquilla que se le ponía debajo de la barba al que humillaban públicamente para evitar que se escondiera la cara.

dos hierros que llegaban a la cintura, en los cuales se asían dos esposas, donde llevaba las manos, cerradas en un grueso candado, de manera que ni con las manos podía llegar a la boca, ni podía bajar la cabeza a llegar a las manos. Preguntó Don Quijote que cómo iba aquel hombre con tantas prisiones más que los otros. Respondióle la guarda: porque tenía aquél solo más delitos que todos los otros juntos, y que era tan atrevido y tan grande bellaco, que, aunque le llevaban de aquella manera, no iban seguros de él, sino que temían que se les había de huir.

—¿Qué delitos puede tener—dijo Don Quijote—, si no ha merecido más pena que echarle a las galeras?

—Va por diez años—replicó la guarda—, que es como muerte civil.[66] No se quiera saber más sino que este buen hombre es el famoso Ginés de Pasamonte, que por otro nombre llaman Ginesillo de Parapilla.

—Señor comisario—dijo entonces el galeote—, váyase poco a poco, y no andemos ahora a deslindar nombres y sobrenombres. Ginés me llamo y no Ginesillo, y Pasamonte es mi alcurnia y no Parapilla, como voacé[67] dice; y cada uno se dé una vuelta a la redonda, y no hará poco.[68]

—Hable con menos tono—replicó el comisario—, señor ladrón de más de la marca, si no quiere que le haga callar mal que le pese.

—Bien parece—respondió el galeote—que va el hombre como Dios es servido; pero algún día sabrá alguno si me llamo Ginesillo de Parapilla o no.

—Pues ¿no te llaman así, embustero?—dijo la guarda.

—Sí llaman—respondió Ginés—; mas yo haré que no me lo llamen, o me las pelaría[69] donde yo digo entre mis dientes. Señor caballero, si tiene algo que darnos, dénoslo ya, y vaya con Dios; que ya enfada con tanto querer saber vidas ajenas; y si la mía quiere saber, sepa que soy Ginés de Pasamonte, cuya vida está escrita por estos pulgares.[70]

—Dice verdad—dijo el comisario—; que él mismo ha escrito su historia, que no hay más, y deja empeñado el libro en la cárcel en doscientos reales.

—Y le pienso quitar[71]—dijo Ginés—si[72] quedara en doscientos ducados.

—¿Tan bueno es?—dijo Don Quijote.

—Es tan bueno—respondió Ginés—que mal año para *Lazarillo de Tormes* y para todos cuantos de aquel género se han escrito o escribieren. Lo que le sé decir a voacé es que trata verdades, y que son verdades tan lindas y tan donosas, que no puede haber mentiras que se le igualen.

—¿Y cómo se intitula el libro?—preguntó Don Quijote.

—*La vida de Ginés de Pasamonte*—respondió él mismo.

—¿Y está acabado?—preguntó Don Quijote.

—¿Cómo puede estar acabado—respondió él—si aún no está acabada mi vida? Lo que está escrito es desde mi nacimiento hasta el punto que esta última vez me han echado en galeras.

—Luego ¿otra vez habéis estado en ellas?—dijo Don Quijote.

—Para servir a Dios y al rey, otra vez he estado cuatro años, y ya sé a qué sabe el bizcocho[73] y el corbacho[74]—respondió Ginés—; y no me pesa mucho de ir a ellas, porque allí tendré lugar de acabar mi libro, que me quedan muchas cosas que decir, y en las galeras de España hay más sosiego de aquel que sería menester, aunque no es menester mucho más de lo que yo tengo de escribir, porque me lo sé de coro.

—Hábil pareces—dijo Don Quijote.

—Y desdichado—respondió Ginés—; porque siempre las desdichas persiguen al buen ingenio.

—Persiguen a los bellacos—dijo el comisario.

—Ya le he dicho, señor comisario—respondió Pasamonte—, que se vaya poco a poco; que aquellos señores no le dieron esa vara para que maltratase a los pobres que aquí vamos, sino para que nos guiase y llevase, a donde su majestad manda. Si no, por vida de . . . —basta—, que podría ser que saliesen algún día en la colada las manchas que se hicieron en la venta[75]; y todo el mundo calle, y viva bien, y hable mejor, y caminemos: que ya es mucho regodeo éste.

Alzó la vara en alto el comisario para dar a Pasamonte, en respuesta de sus amenazas; mas Don Quijote se puso en medio, y le rogó que no le maltratase, pues no era mucho que quien llevaba tan atadas las manos tuviese algún tanto suelta la lengua. Y volviéndose a todos los de la cadena, dijo:

—De todo cuanto me habéis dicho, hermanos carísimos, he sacado en limpio que, aunque os han castigado por vuestras culpas, las penas que vais a padecer no os dan mucho gusto, y que vais a ellas muy de mala gana y muy contra vuestra voluntad; y que podría ser que el poco ánimo que aquél tuvo en el tormento, la falta de dineros de éste, el poco favor

---

[66] Es decir, ir a galeras por diez años es como pena de muerte, ya que no hay ser humano que salga vivo de la prueba.
[67] vuestra merced.
[68] **se**... se mire a sí mismo antes de juzgar al otro.
[69] las barbas (Arrancarse las barbas era señal de enojo.)
[70] **por**... por estas manos.
[71] rescatar.
[72] aunque.

[73] tipo de pan duro.
[74] látigo.
[75] Parece que el comisario hizo algún delito en la venta, el cual Ginés puede exponer en su libro. (En este capítulo Cervantes insinúa que el escritor es en efecto peligroso porque expone la verdad.)

del otro y, finalmente, el torcido juicio del juez, hubiese sido causa de vuestra perdición, y de no haber salido con la justicia que de vuestra parte teníais. Todo lo cual se me representa a mí ahora en la memoria, de manera que me está diciendo, persuadiendo y aun forzando, que muestre con vosotros el efecto para que el Cielo me arrojó al mundo, y me hizo profesar en él la orden de caballería que profeso, y el voto que en ella hice de favorecer a los menesterosos y opresos de los mayores. Pero, porque sé que una de las partes de la prudencia es que lo que se puede hacer por bien no se haga por mal, quiero rogar a estos señores guardianes y comisario sean servidos de desataros y dejaros ir en paz; que no faltarán otros que sirvan al rey en mejores ocasiones; porque me parece duro caso hacer esclavos a los que Dios y Naturaleza hizo libres. Cuanto más, señores guardas—añadió Don Quijote—, que estos pobres no han cometido nada contra vosotros. Allá se lo haya cada uno con su pecado; Dios hay en el cielo, que no se descuida de castigar al malo, ni de premiar al bueno, y no es bien que los hombres honrados sean verdugos de los otros hombres, no yéndoles nada en ello. Pido esto con esta mansedumbre y sosiego, porque tenga, si lo cumplís, algo que agradeceros; y cuando de grado no lo hagáis, esta lanza y esta espada, con el valor de mi brazo, harán que lo hagáis por fuerza.

—¡Donosa majadería!—respondió el comisario—. ¡Bueno está el donaire con que ha salido a cabo de rato! ¡Los forzados del rey quiere que le dejemos, como si tuviéramos autoridad para soltarlos, o él la tuviera para mandárnoslo! Váyase vuestra merced, señor, norabuena su camino adelante, y enderécese ese bacín[76] que trae en la cabeza, y no ande buscando tres pies al gato.[77]

—¡Vos sois el gato, y el rato, y el bellaco!—respondió Don Quijote.

Y, diciendo y haciendo, arremetió con él tan presto, que, sin que tuviese lugar de ponerse en defensa, dio con él en el suelo, malherido de una lanzada; y avínole bien: que éste era el de la escopeta. Las demás guardas quedaron atónitas y suspensas del no esperado acontecimiento; pero, volviendo sobre sí, pusieron mano a sus espadas los de a caballo, y los de a pie a sus dardos, y arremetieron a Don Quijote, que con mucho sosiego los aguardaba; y sin duda lo pasara mal, si los galeotes, viendo la ocasión que se les ofrecía de alcanzar libertad, no la procuraran, procurando romper la cadena donde venían ensartados. Fue la revuelta de manera que las guardas, ya por acudir a los galeotes, que se desataban, ya por acometer a Don Quijote, que los acometía, no hicieron cosa que fuese de provecho. Ayudó Sancho, por su parte, a la soltura de Ginés de Pasamonte, que fue el primero que saltó en la campaña libre y desembarazado, y, arremetiendo al comisario caído, le quitó la espada y la escopeta, con la cual, apuntando al uno y señalando al otro, sin dispararla jamás, no quedó guarda en todo el campo, porque se fueron huyendo, así de la escopeta de Pasamonte como de las muchas pedradas que los ya sueltos galeotes les tiraban. Entristecióse Sancho de este suceso, porque se le representó que los que iban huyendo habían de dar noticia del caso a la Santa Hermandad, la cual, a campaña herida, saldría a buscar los delincuentes; y así se lo dijo a su amo, y le rogó que luego de allí se partiesen, y se emboscasen en la sierra que estaba cerca.

—Bien está eso—dijo Don Quijote—; pero yo sé lo que ahora conviene que se haga.

Y llamando a todos los galeotes, que andaban alborotados y habían despojado al comisario hasta dejarle en cueros, se le pusieron todos a la redonda para ver lo que les mandaba; y así, les dijo:

—De gente bien nacida es agradecer los beneficios que reciben, y uno de los pecados que más a Dios ofende es la ingratitud. Dígolo, porque ya habéis visto, señores, con manifiesta experiencia, el que de mí habéis recibido; en pago del cual querría, y es mi voluntad, que, cargados de esa cadena que quité de vuestros cuellos, luego os pongáis en camino y vais[78] a la ciudad del Toboso, y allí os presentéis ante la señora Dulcinea del Toboso, y le digáis que su caballero el de la Triste Figura[79] se le envía a encomendar, y le contéis, punto por punto, todos los que ha tenido esta famosa aventura hasta poneros en la deseada libertad; y, hecho esto, os podréis ir donde quisiereis, a la buena ventura.

Respondió por todos Ginés de Pasamonte, y dijo:

—Lo que vuestra merced nos manda, señor libertador nuestro, es imposible de toda imposibilidad cumplirlo, porque no podemos ir juntos por los caminos, sino solos y divididos, y cada uno, por su parte, procurando meterse en las entrañas de la tierra, por no ser hallado de la Santa Hermandad, que, sin duda alguna, ha de salir en nuestra busca. Lo que vuestra merced puede hacer, y es justo que haga, es mudar ese servicio y montazgo[80] de la señora Dulcinea del Toboso en alguna cantidad de avemarías y credos, que nosotros diremos por la intención de vuestra merced, y ésta es cosa que se podrá cumplir de noche y de día,

[76] En un episodio anterior Don·Quijote le quitó un bacín a un barbero diciendo que era el yelmo encantado del famoso rey Mambrino.
[77] **tres**... problemas.
[78] vayáis.
[79] uno de los apodos que don Quijote se ha dado.
[80] tributo.

huyendo o reposando, en paz o en guerra; pero pensar que hemos de volver ahora a las ollas de Egipto,[81] digo, a tomar nuestra cadena, y a ponernos en camino del Toboso, es pensar que es ahora de noche, que aún no son las diez del día, y es pedir a nosotros eso como pedir peras al olmo.[82]

—Pues voto a tal[83]—dijo Don Quijote, ya puesto en cólera—, don hijo de la puta, don Ginesillo de Paropillo, o como os llamáis, que habéis de ir vos solo, rabo entre piernas, con toda la cadena a cuestas.

Pasamonte, que no era nada bien sufrido,[84] estando ya enterado que Don Quijote no era muy cuerdo, pues tal disparate había cometido como el de querer darles libertad, viéndose tratar de aquella manera, hizo del ojo a los compañeros, y, apartándose aparte, comenzaron a llover tantas y tantas piedras sobre Don Quijote, que no se daba manos a cubrirse con la rodela; y el pobre de *Rocinante* no hacía más caso de la espuela que si fuera hecho de bronce. Sancho se puso tras su asno, y con él se defendía de la nube y pedrisco que sobre entrambos llovía. No se pudo escudar tan bien Don Quijote, que no le acertasen no sé cuántos guijarros[85] en el cuerpo, con tanta fuerza, que dieron con él en el suelo; y apenas hubo caído, cuando fue sobre él el estudiante, y le quitó la bacía de la cabeza, y diole con ella tres o cuatro golpes en las espaldas y otros tantos en la tierra, con que la hizo casi pedazos. Quitáronle una ropilla[86] que traía sobre las armas, y las medias calzas le querían quitar, si las grebas[87] no lo estorbaran. A Sancho le quitaron el gabán, y, dejándole en pelota,[88] repartiendo entre sí los demás despojos de la batalla, se fueron cada uno por su parte, con más cuidados de escaparse de la Hermandad, que temían, que de cargarse de la cadena e ir a presentarse ante la señora Dulcinea del Toboso.

Solos quedaron jumento y *Rocinante*, Sancho y Don Quijote; el jumento, cabizbajo y pensativo, sacudiendo de cuando en cuando las orejas, pensando que aún no había cesado la borrasca de las piedras, que le perseguían los oídos; *Rocinante*, tendido junto a su amo, que también vino al suelo de otra pedrada; Sancho, en pelota, y temeroso de la Santa Hermandad; Don Quijote, mohinísimo[89] de verse tan malparado por los mismos a quien tanto bien había hecho.

---

[81] **las**... las miserias de antes.
[82] **peras**... lo imposible.
[83] **voto**... maldito seas.
[84] **bien**... paciente, calmoso.
[85] piedras.
[86] jubón ajustado y corto.
[87] armadura de las piernas.
[88] **en**... desnudo, en paños menores.
[89] tristísimo.

Segunda parte

CAPÍTULO I

DE LO QUE EL CURA Y EL BARBERO PASARON CON DON QUIJOTE CERCA DE SU ENFERMEDAD

Cuenta Cide Hamete Benengeli en la segunda parte de esta historia, y tercera salida de Don Quijote, que el Cura y el Barbero se estuvieron casi un mes sin verle, por no renovarle y traerle a la memoria las cosas pasadas; pero no por esto dejaron de visitar a su sobrina y su ama, encargándoles tuviesen cuenta con regalarle, dándole a comer cosas confortativas y apropiadas para el corazón y el cerebro, de donde procedía, según buen discurso, toda su mala ventura. Las cuales dijeron que así lo hacían, y lo harían, con la voluntad y cuidado posible, porque echaban de ver que su señor por momentos iba dando muestras de estar en su entero juicio: de lo cual recibieron los dos gran contento, por parecerles que habían acertado en haberle traído encantado en el carro de los bueyes, como se contó en la primera parte de esta tan grande como puntual historia, en su último capítulo; y así, determinaron de visitarle y hacer experiencia de su mejoría, aunque tenían casi por imposible que la tuviese, y acordaron de no tocarle en ningún punto de la andante caballería, por no ponerse a peligro de descoser los de la herida, que tan tiernos estaban.

Visitáronle, en fin, y halláronle sentado en la cama, vestida una almilla[90] de bayeta verde, con un bonete colorado toledano; y estaba tan seco y amojamado, que no parecía sino hecho de carne momia. Fueron de él muy bien recibidos, preguntáronle por su salud, y él dio cuenta de sí y de ella con mucho juicio y con muy elegantes palabras; y en el discurso de su plática vinieron a tratar en esto que llaman razón de estado y modos de gobierno, enmendando este abuso y condenando aquél, reformando una costumbre y desterrando otra, haciéndose cada uno de los tres un nuevo legislador, un Licurgo[91] moderno, o un Solón[92] flamante; y de tal manera renovaron la república, que no pareció sino que la habían puesto en una fragua y sacado otra de la que pusieron; y habló Don Quijote con tanta discreción en todas las materias que se tocaron, que los dos examinadores creyeron indubitablemente que estaba del todo bueno y en su entero juicio.

Halláronse presentes a la plática la Sobrina y Ama, y no se hartaron de dar gracias a Dios de ver a su señor con tan buen entendimiento; pero el Cura, mudando el propósito primero, que era de no tocarle

---

[90] tipo de chaleco que se llevaba debajo de la armadura.
[91] legislador de Esparta (siglo IX antes de Jesucristo).
[92] legislador de Atenas, uno de los siete sabios de Grecia (¿640?–558 antes de Jesucristo).

en cosa de caballerías, quiso hacer de todo en todo experiencia si la sanidad de Don Quijote era falsa o verdadera, y así, de lance en lance, vino a contar algunas nuevas que habían venido de la corte, y entre otras, dijo que se tenía por cierto que el turco[93] bajaba con una poderosa armada, y que no se sabía su designio, ni adónde había de descargar tan gran nublado; y con este temor, con que casi cada año nos toca arma,[94] estaba puesta en ella toda la cristiandad, y su majestad había hecho proveer las costas de Nápoles y Sicilia y la isla de Malta. A esto respondió Don Quijote:

—Su majestad ha hecho como prudentísimo guerrero en proveer sus Estados con tiempo, porque no le halle desapercibido el enemigo; pero si se tomara mi consejo, aconsejárale yo que usara de una prevención, de la cual su majestad la hora de ahora debe de estar muy ajeno de pensar en ella.

Apenas oyó esto el Cura, cuando dijo entre sí: «¡Dios te tenga de su mano, pobre Don Quijote; que me parece que te despeñas de la alta cumbre de tu locura hasta el profundo abismo de tu simplicidad»! Mas el Barbero, que ya había dado en el mismo pensamiento que el Cura, preguntó a Don Quijote cuál era la advertencia de la prevención que decía era bien se hiciese; quizá podría ser tal, que se pusiese en la lista de los advertimientos impertinentes que se suelen dar a los príncipes.

—El mío, señor rapador—dijo Don Quijote—, no será impertinente, sino perteneciente.

—No lo digo por tanto—replicó el Barbero—, sino porque tiene mostrado la experiencia que todos o los más arbitrios que se dan a su majestad o son imposibles, o disparatados, o en daño del rey o del reino.

—Pues el mío—respondió Don Quijote—ni es imposible ni disparatado, sino el más fácil, el más justo y el más mañero[95] y breve que puede caber en pensamiento arbitrante alguno.

—Ya tarda en decirle vuesa merced, señor Don Quijote—dijo el Cura.

—No quería—dijo Don Quijote—que le dijese yo aquí ahora, y amaneciese mañana en los oídos de los señores consejeros, y se llevase otro las gracias y el premio de mi trabajo.

—Por mí—dijo el Barbero—, doy la palabra, para aquí y para delante de Dios, de no decir lo que vuesa merced dijere, a rey ni a roque,[96] ni a hombre terrenal, juramento que aprendí del romance del cura que en el prefacio avisó al rey del ladrón que le había robado las cien doblas y de su mula la andariega.[97]

—No sé historias—dijo Don Quijote—; pero sé que es bueno ese juramento, en fe de que sé que es hombre de bien el señor Barbero.

—Cuando no lo fuera—dijo el Cura—yo le abono y salgo por él, que en este caso no hablará más que un mudo, so pena de pagar lo juzgado y sentenciado.

—Y a vuesa merced, ¿quién le fía, señor Cura?—dijo Don Quijote.

—Mi profesión—respondió el Cura—, que es de guardar secreto.

—¡Cuerpo de tal!—dijo a esta sazón Don Quijote—. ¿Hay más sino mandar su majestad por público pregón que se junten en la corte para un día señalado todos los caballeros andantes que vagan por España, que aunque no viniesen sino media docena, tal podría venir entre ellos, que solo bastase a destruir toda la potestad del turco? Estén vuesas mercedes atentos, y vayan conmigo. ¿Por ventura es cosa nueva deshacer un solo caballero andante un ejército de doscientos mil hombres, como si todos juntos tuvieran una sola garganta, o fueran hechos de alfeñique[98]? Si no, díganme: ¿cuántas historias están llenas de estas maravillas? ¡Había, en hora mala para mí, que no quiero decir para otro, de vivir hoy el famoso don Belianís, o alguno de los del innumerable linaje de Amadís de Gaula; que si alguno de éstos hoy viviera y con el turco se afrontara, a fe que no le arrendara la ganancia; pero Dios mirará por su pueblo, y deparará alguno que, si no tan bravo como los pasados andantes caballeros, a lo menos no les será inferior en el ánimo; y Dios me entiende, y no digo más.

—¡Ay!—dijo a este punto la Sobrina—. ¡Que me maten si no quiere mi señor volver a ser caballero andante!

A lo que dijo Don Quijote:

—Caballero andante he de morir, y baje o suba el turco cuando él quisiere y cuando poderosamente pudiere; que otra vez digo que Dios me entiende . . .

Capítulo XXXVI

DONDE SE CUENTA LA EXTRAÑA Y JAMÁS IMAGINADA AVENTURA DE LA DUEÑA DOLORIDA, ALIAS DE LA CONDESA TRIFALDI

. . . Comieron, y después de alzados los manteles, y después de haberse entretenido un buen espacio en la sabrosa conversación de Sancho, a deshora[99] se oyó el son tristísimo de un pífaro[100] y el de un ronco

---

[93] el emperador turco (El español de la época vivía preocupado por la posibilidad de una invasión turca.)

[94] **nos**... nos da el grito de alarma.

[95] factible.

[96] **a**... a nadie (El rey y el roque [la torre] son piezas del ajedrez.)

[97] Se trata de un cuento popular muy conocido del público de Cervantes.

[98] pasta de azúcar amasada con aceite de almendras.

[99] **a**... de improviso, inesperadamente.

[100] flautín de tono agudo.

y destemplado tambor. Todos mostraron alborotarse con la confusa, marcial y triste armonía, especialmente Don Quijote, que no cabía en su asiento de puro alborotado; de Sancho no hay que decir sino que el miedo le llevó a su acostumbrado refugio, que era el lado o faldas de la duquesa, porque real y verdaderamente el son que se escuchaba era tristísimo y melancólico. Y estando todos así suspensos, vieron entrar por el jardín adelante dos hombres vestidos de luto, tan luengo[101] y tendido, que les arrastraba por el suelo; éstos venían tocando dos grandes tambores, asimismo cubiertos de negro. A su lado venía el pífaro[102] negro y pizmiento[103] como los demás. Seguía a los tres un personaje de cuerpo agigantado, amantado, no que vestido, con una negrísima loba,[104] cuya falda era asimismo desaforada de grande. Por encima de la loba le ceñía y atravesaba un ancho tahelí[105] también negro, de quien pendía un desmesurado alfanje de guarniciones y vaina negra. Venía cubierto el rostro con un transparente velo negro, por quien se entreparecía una longísima barba, blanca como la nieve. Movía el paso al son de los tambores, con mucha gravedad y reposo. En fin: su grandeza, su contoneo, su negrura y su acompañamiento pudiera y pudo suspender a todos aquellos que sin conocerle le miraron.

Llegó, pues, con el espacio y prosopopeya referida a hincarse de rodillas ante el duque, que en pie, con los demás que allí estaban, le atendían; pero el duque en ninguna manera le consintió hablar hasta que se levantase. Hízolo así el espantajo prodigioso, y puesto en pie, alzó el antifaz del rostro e hizo patente la más horrenda, la más larga, la más blanca y más poblada barba que hasta entonces humanos ojos habían visto, y luego desencajó y arrancó del ancho y dilatado pecho una voz grave y sonora, y poniendo los ojos en el duque, dijo:

—Altísimo y poderoso señor, a mí me llaman Trifaldín el de la Barba Blanca; soy escudero de la condesa Trifaldi, por otro nombre llamada la Dueña Dolorida, de parte de la cual traigo a vuestra grandeza una embajada, y es que la vuestra magnificencia sea servida de darle facultad y licencia para entrar a decirle su cuita, que es una de las más nuevas y más admirables que el más cuitado pensamiento del orbe pueda haber pensado. Y primero quiere saber si está en este vuestro castillo el valeroso y jamás vencido caballero Don Quijote de la Mancha, en cuya busca viene a pie y sin desayunarse desde el reino de Candaya hasta este

vuestro estado, cosa que se puede y debe tener a milagro o a la fuerza de encantamiento. Ella queda a la puerta de esta fortaleza o casa de campo, y no aguarda para entrar sino vuestro beneplácito. Dije.

Y tosió luego y manoseóse la barba de arriba abajo con entrambas manos, y con mucho sosiego estuvo atendiendo la respuesta del duque, que fue:

—Ya, buen escudero Trifaldín de la Barba Blanca, ha muchos días que tenemos noticias de la desgracia de mi señora la condesa Trifaldi, a quien los encantadores la hacen llamar la Dueña Dolorida; bien podéis, estupendo escudero, decirle que entre y que aquí está el valiente caballero Don Quijote de la Mancha, de cuya condición generosa puede prometerse con seguridad todo amparo y toda ayuda; y asimismo le podréis decir de mi parte que si mi favor le fuere necesario, no le ha de faltar, pues ya me tiene obligado a dárzele el ser caballero, a quien es anejo y concerniente favorecer a toda suerte de mujeres, en especial a las dueñas viudas, menoscabadas y doloridas, cual no debe de estar su señoría.

Oyendo lo cual, Trifaldín inclinó la rodilla hasta el suelo, y haciendo al pífaro y tambores señal que tocasen, al mismo son y al mismo paso que había entrado se volvió a salir del jardín, dejando a todos admirados de su presencia y compostura. Y volviéndose el duque a Don Quijote, le dijo:

—En fin, famoso caballero: no pueden las tinieblas de la malicia ni de la ignorancia encubrir y oscurecer la luz del valor y de la virtud. Digo esto porque apenas ha seis días que la vuestra bondad está en este castillo, cuando ya os vienen a buscar de lueñas y apartadas tierras, y no en carrozas ni en dromedarios, sino a pie y en ayunas, los tristes, los afligidos, confiados que han de hallar en ese fortísimo brazo el remedio de sus cuitas y trabajos, merced a vuestras grandes hazañas, que corren y rodean todo lo descubierto de la Tierra. . .

—Venga esta dueña—(dijo don Quijote)—y pida lo que quisiere; que yo le libraré su remedio en la fuerza de mi brazo y en la intrépida resolución de mi animoso espíritu.

Capítulo XLI

(La condesa Trifaldi dice a don Quijote que para salvarla tendrá que llegar al reino de Candaya en los lomos de Clavileño, un famoso caballo que vuela.)

DE LA VENIDA DE «CLAVILEÑO», CON EL FIN DE ESTA DILATADA AVENTURA

Llegó en esto la noche, y con ella el punto determinado en que el famoso caballo *Clavileño* viniese, cuya tardanza fatigaba ya a Don Quijote,

---

[101] largo.
[102] el que toca el pífaro
[103] negro como la pez.
[104] vestido largo.
[105] cinto de donde prende la espada.

pareciéndole que, pues Malambruno[106] se detenía en enviarle, o que él no era el caballero para quien estaba guardada aquella aventura, o que Malambruno no osaba venir con él a singular batalla. Pero veis aquí cuando a deshora[107] entraron por el jardín cuatro salvajes vestidos todos de verde hiedra, que sobre sus hombros traían un gran caballo de madera. Pusiéronle de pies en el suelo, y uno de los salvajes dijo:

—Suba sobre esta máquina el caballero que tuviere ánimo para ello.

—Aquí—dijo Sancho—yo no subo, porque ni tengo ánimo ni soy caballero.

Y el salvaje prosiguió diciendo:

—Y ocupe las ancas el escudero, si es que lo tiene, y fíese del valeroso Malambruno, que si no fuere de su espada, de ninguna otra, ni de otra malicia, será ofendido; y no hay más que torcer esta clavija que sobre el cuello trae puesta, que él los llevará por los aires, adonde los atiende[108] Malambruno; pero porque la alteza y sublimidad del camino no les cause vahídos, se han de cubrir los ojos hasta que el caballo relinche, que será señal de haber dado fin a su viaje.

Esto dicho, dejando a *Clavileño*, con gentil continente se volvieron por donde habían venido. La Dolorida, así como vio al caballo, casi con lágrimas dijo a Don Quijote:

—Valeroso caballero, las promesas de Malambruno han sido ciertas; el caballo está en casa, nuestras barbas crecen, y cada una de nosotras y con cada pelo de ellas te suplicamos nos rapes y tundas, pues no está en más sino en que subas en él con tu escudero y des feliz principio a vuestro nuevo viaje.

—Eso haré yo, señora condesa Trifaldi, de muy buen grado y de mejor talante, sin ponerme a tomar cojín, ni calzarme espuelas, por no detenerme: tanta es la gana que tengo de veros a vos, señora, y a todas estas dueñas rasas y mondas.

—Eso no haré yo—dijo Sancho—, ni de malo ni de buen talante, en ninguna manera; y si es que este rapamiento no se puede hacer sin que yo suba a las ancas, bien puede buscar mi señor otro escudero que le acompañe, y estas señoras, otro modo de alisarse los rostros; que yo no soy brujo para gustar de andar por los aires. Y ¿qué dirán mis insulanos cuando sepan que su gobernador se anda paseando por los vientos? Y otra cosa más: que habiendo tres mil y tantas leguas de aquí a Candaya, si el caballo se cansa o el gigante se enoja, tardaremos en dar la vuelta media docena de años, y ya ni habrá ínsula, ni ínsulos en el mundo que me conozcan; y pues se

dice comúnmente que en la tardanza va el peligro, y que cuando te dieren la vaquilla acudas con la soguilla, perdónenme las barbas de estas señoras, que bien se está San Pedro en Roma; quiero decir que bien me estoy en casa, donde tanta merced se me hace y de cuyo dueño tan gran bien espero como es verme gobernador.

A lo que el duque dijo:

—Sancho amigo, la ínsula que yo os he prometido no es movible ni fugitiva; raíces tiene tan hondas, echadas en los abismos de la tierra, que no la arrancarán ni mudarán de donde está a tres tirones,[109] y pues vos sabéis que sé yo que no hay ningún género de oficios de estos de mayor cuantía que no se granjee con alguna suerte de cohecho;[110] cuál más, cuál menos, el que yo quiero llevar por este gobierno es que vais[111] con vuestro señor Don Quijote a dar cima y cabo[112] a esta memorable aventura: que ahora volváis sobre *Clavileño* con la brevedad que su ligereza promete, ora la contraria fortuna os traiga y vuelva a pie, hecho romero, de mesón en mesón y de venta en venta, siempre que volviereis halleréis vuestra ínsula donde la dejáis, y a vuestros insulanos con el mismo deseo de recibiros por su gobernador que siempre han tenido, y mi voluntad será la misma; y no pongáis duda en esta verdad, señor Sancho: que sería hacer notorio agravio al deseo que de serviros tengo.

—No más, señor—dijo Sancho—; yo soy un pobre escudero y no puedo llevar a cuestas tantas cortesías; suba mi amo, tápenme estos ojos y encomiéndenme a Dios, y avísenme si cuando vamos por esas altanerías podré encomendarme a Nuestro Señor o invocar los ángeles que me favorezcan.[113]

A lo que respondió Trifaldi:

—Sancho, bien podéis encomendaros a Dios o a quien quisiereis, que Malambruno, aunque es encantador, es cristiano, y hace sus encantamientos con mucha sagacidad y con mucho tiento, sin meterse con nadie.

—¡Ea!, pues—dijo Sancho—, Dios me ayude y la Santísima Trinidad de Gaeta.[114]

—Desde la memorable aventura de los batanes—dijo Don Quijote—, nunca he visto a Sancho con tanto temor como ahora, y si yo fuera tan agorero como otros, su pusilanimidad me hiciera algunas cosquillas en el ánimo. Pero llegaos aquí, Sancho; que con licencia de estos señores os quiero hablar aparte dos palabras.

---

[106] el mal encantador de quien depende la suerte de la condesa Trifaldi.
[107] a... de improviso.
[108] espera.

[109] a... ni si trataran.
[110] Nótese la ironía de este comentario.
[111] vayáis.
[112] a... a poner fin.
[113] referencia a la costumbre que tenían las brujas de invocar a los santos y a los ángeles antes de volar por los cielos.
[114] monasterio cerca de Nápoles.

Y apartando a Sancho entre unos árboles del jardín y asiéndole ambas manos, le dijo:

—Ya ves, Sancho hermano, el largo viaje que nos espera, y que sabe Dios cuándo volveremos de él, ni la comodidad y espacio que nos darán los negocios; y así, querría que ahora te retirases en tu aposento, como que vas a buscar alguna cosa necesaria para el camino, y en un daca las pajas te dieses a buena cuenta de los tres mil y trescientos azotes a que estás obligado, siquiera quinientos, que dados te los tendrás, que el comenzar las cosas es tenerlas medio acabadas.

—Par[115] Dios—dijo Sancho—, que vuesa merced debe de ser menguado[116]; esto es como aquello que dicen: «¡En prisa me ves y doncellez me demandas»![117] ¿Ahora que tengo de ir sentado en una tabla rasa quiere vuesa merced que me lastime las posas[118]? En verdad, en verdad que no tiene vuesa merced razón. Vamos ahora a rapar estas dueñas, que a la vuelta yo le prometo a vuesa merced, como quien soy, de darme tanta prisa a salir de mi obligación, que vuesa merced se contente, y no le digo más.

Y Don Quijote respondió:

—Pues con esa promesa, buen Sancho, voy consolado, y creo que la cumplirás, porque, en efecto, aunque tonto, eres hombre verídico.

—No soy verde, sino moreno—dijo Sancho—; pero aunque fuera de mezcla, cumpliera mi palabra.

Y con esto se volvieron a subir en *Clavileño*, y al subir dijo Don Quijote:

—Tapaos, Sancho, y subid, Sancho, que quien de tan lueñas tierras envía por nosotros no será para engañarnos por la poca gloria que le puede redundar de engañar a quien de él se fía; y puesto que todo sucediese al revés de lo que imagino, la gloria de haber emprendido esta hazaña no la podrá oscurecer malicia alguna.

—Vamos, señor—dijo Sancho—, que las barbas y lágrimas de estas señoras las tengo clavadas en el corazón, y no comeré bocado que bien me sepa hasta verlas en su primera lisura. Suba vuesa merced y tápese primero, que si yo tengo de ir a las ancas, claro está que primero sube el de la silla.

—Así es la verdad—replicó Don Quijote.

Y sacando un pañuelo de la faltriquera, pidió a la Dolorida que le cubriese muy bien los ojos, y habiéndoselos cubierto, se volvió a descubrir y dijo:

—Si mal no me acuerdo, yo he leído en Virgilio aquello del Paladión de Troya, que fue un caballo de madera que los griegos presentaron a la diosa Palas,

el cual iba preñado de caballeros armados, que después fueron la total ruina de Troya; y así, será bien ver primero lo que *Clavileño* trae en su estómago.

—No hay para qué—dijo la Dolorida—; que yo le fío y sé que Malambruno no tiene nada de malicioso ni de traidor; vuesa merced, señor Don Quijote, suba sin pavor alguno, y a mi daño si alguno le sucediere.

Parecióle a Don Quijote que cualquiera cosa que replicase acerca de su seguridad sería poner en detrimento su valentía, y así, sin más altercar, subió sobre *Clavileño* y le tentó la clavija, que facilmente se rodeaba; como no tenía estribos y le colgaban las piernas, no parecía sino figura de tapiz flamenco, pintada o tejida en algún romano triunfo. De mal talante y poco a poco llegó a subir Sancho, y acomodándose lo mejor que pudo en las ancas, las halló algo duras y no nada blandas, y pidió al duque que, si fuese posible, le acomodasen de algún cojín o de alguna almohada, aunque fuese del estrado de su señora la duquesa o del lecho de algún paje; porque las ancas de aquel caballo más parecían de mármol que de leño. A esto dijo la Trifaldi que ningún jaez ni ningún género de adorno sufría sobre sí *Clavileño*; que lo que podía hacer era ponerse a mujeriegas, y que así no sentiría tanto la dureza. Hízolo así Sancho, y diciendo: «Adiós», se dejó vendar los ojos, y ya después de vendados se volvió a descubrir, y mirando a todos los del jardín tiernamente y con lágrimas, dijo que le ayudasen en aquel trance con sendos paternostres y sendas avemarías, porque Dios deparase quien por ellos dijese cuando en semejantes trances se viesen. A lo que dijo Don Quijote:

—Ladrón, ¿estás puesto en la horca, por ventura, o en el último término de la vida, para usar de semejantes plegarias? ¿No estás, desalmada y cobarde criatura, en el mismo lugar que ocupó la linda Magalona, del cual descendió, no a la sepultura, sino a ser reina de Francia, si no mienten las historias? Y yo, que voy a tu lado, ¿no puedo ponerme al del valeroso Pierres,[119] que oprimió este mismo lugar que yo ahora oprimo? Cúbrete, cúbrete, animal descorazonado, y no te salga a la boca el temor que tienes, a lo menos en presencia mía.

—Tápenme—respondió Sancho—; y pues no quieren que me encomiende a Dios ni que sea encomendado, ¿qué mucho que tema no ande por aquí alguna región[120] de diablos, que den con nosotros en Peravillo[121]?

Cubriéronse, y sintiendo Don Quijote que estaba como había de estar, tentó la clavija, y apenas hubo

---

[115] Por.
[116] loco.
[117] Es decir, «¡Me pides demasiado»!
[118] nalgas.

[119] Pierres era rey de Nápoles y no de Francia.
[120] legión.
[121] lugar donde juzgaba a los delincuentes la Santa Hermandad.

puesto los dedos en ella, cuando todas las dueñas y cuantos estaban presentes levantaron las voces, diciendo:

—¡Dios te guíe, valeroso caballero!

—¡Dios sea contigo, escudero intrépido!

—¡Ya, ya vais por esos aires, rompiéndolos con más velocidad que una saeta!

—¡Ya comenzáis a suspender y admirar a cuantos desde la tierra os están mirando!

—¡Tente, valeroso Sancho, que te bamboleas! ¡Mira no caigas, que será peor tu caída que la del atrevido mozo que quiso regir el carro del sol, su padre![122]

Oyó Sancho las voces, y apretándose con su amo y ciñéndose con los brazos, le dijo:

—Señor, ¿cómo dicen éstos que vamos tan altos, si alcanzan acá sus voces, y no parece sino que están aquí hablando, junto a nosotros?

—No repares en eso, Sancho; que como estas cosas y estas volaterías van fuera de los cursos ordinarios, de mil leguas verás y oirás lo que quisieres. Y no me aprietes tanto, que me derribas; y en verdad que no sé de qué te turbas ni te espantas; que osaré jurar que en todos los días de mi vida he subido en cabalgadura de paso más llano; no parece sino que no nos movemos de un lugar. Destierra, amigo, el miedo; que, en efecto, la cosa va como ha de ir, y el viento llevamos en popa.

—Así es la verdad—respondió Sancho—; que por este lado me da un viento tan recio, que parece que con mil fuelles me estén soplando.

Y así era ello: que unos grandes fuelles les estaban haciendo aire; tan bien trazada estaba la tal aventura por el duque y la duquesa y su mayordomo, que no le faltó requisito que la dejase de hacer perfecta.

Sintiéndose, pues, soplar, Don Quijote dijo:

—Sin duda alguna, Sancho, que ya debemos de llegar a la segunda región del aire, adonde se engendra el granizo o las nieves; los truenos, los relámpagos y los rayos se engendran en la tercera región, y si es que de esta manera vamos subiendo, presto daremos en la región del fuego, y no sé como templar esta clavija para que no subamos donde nos abrasemos.

En esto, con unas estopas ligeras de encenderse y apagarse desde lejos, pendientes de una caña, les calentaban los rostros. Sancho, que sintió el calor, dijo:

—Que me maten si no estamos ya en el lugar del fuego, o bien cerca; porque una gran parte de mi barba se me ha chamuscado, y estoy, señor, por descubrirme y ver en qué parte estamos.

—No hagas tal—respondió Don Quijote—, y acuérdate del verdadero cuento del licenciado Torralba,[123] a quien llevaron los diablos en volandas por los aires, caballero en una caña, cerrados los ojos, y en doce horas llegó a Roma, y se apeó en Torre de Nona,[124] que es una calle de la ciudad, y vio todo el fracaso y asalto y muerte de Borbón,[125] y por la mañana ya estaba de vuelta en Madrid, donde dio cuenta de todo lo que había visto; el cual asimismo dijo que cuando iba por el aire le mandó el diablo que abriese los ojos y los abrió, y se vio tan cerca, a su parecer, del cuerpo de la Luna, que la pudiera asir con la mano, y que no osó mirar a la Tierra por no desvanecerse. Así que, Sancho, no hay para qué descubrirnos; que el que nos lleva a cargo, él dará cuenta de nosotros, y quizá vamos tomando puntas[126] y subiendo en alto para dejarnos caer de una sobre el reino de Candaya, como hace el sacre o neblí[127] sobre la garza, para cogerla por más que se remonte; y aunque nos parece que no ha media hora que nos partimos del jardín, créeme que debemos de haber hecho gran camino.

—No sé lo que es—respondió Sancho Panza—; sólo sé decir que si la señora Magallanes o Magalonas se contentó de estas ancas, que no debía de ser muy tierna de carnes.

Todas estas pláticas de los dos valientes oían el duque y la duquesa y los del jardín, de lo que recibían extraordinario contento; y queriendo dar remate a la extraña y bien fabricada aventura, por la cola de *Clavileño* le pegaron fuego con unas estopas, y al punto por estar el caballo lleno de cohetes tronadores, voló por los aires, con extraño ruido, y dio con Don Quijote y con Sancho Panza en el suelo medio chamuscados.[128]

En este tiempo ya se había desaparecido del jardín todo el barbado escuadrón de las dueñas, y la Trifaldi y todo, y los del jardín quedaron como desmayados, tendidos por el suelo. Don Quijote y Sancho se levantaron maltrechos, y mirando a todas partes quedaron atónitos de verse en el mismo jardín de donde habían partido, y de ver tendido por tierra tanto número de gente; y creció más su admiración cuando a un lado del jardín vieron hincada una gran lanza en el suelo, y pendiente de ella y de dos cordones de seda verde un pergamino liso y blanco, en el cual, con grandes letras de oro, estaba escrito lo siguiente:

---

[122] alusión a Faetón, hijo del Sol, que, habiendo recibido permiso de su padre para guiar su carro, lo condujo de una manera tan imprudente que casi abrasó el mundo.

[123] Eugenio Torralba, de quien se decía que volaba por el aire montado en una caña. Fue juzgado por la Inquisición de Cuenca en 1531.

[124] cárcel de Roma.

[125] Carlos, duque de Borbón (1490–1527), muerto en el saco de Roma combatiendo con las fuerzas de Carlos V.

[126] **tomando**... haciendo tiempo hasta que llegue el momento propicio (se dice de una ave que vuela de un lado para otro, esperando el momento para caer sobre su presa.)

[127] **sacre, neblí:** dos aves de rapiña.

[128] quemados.

«El ínclito caballero Don Quijote de la Mancha, feneció[129] y acabó la aventura de la condesa Trifaldi, por otro nombre llamada la Dueña Dolorida, y compañía, con sólo intentarla.

«Malambruno se da por contento y satisfecho a toda su voluntad, y las barbas de las dueñas ya quedan lisas y mondas, y los reyes don Clavijo y Antonomasia, en su prístino estado. Y cuando se cumpliere el escuderil vápulo, la blanca paloma se verá libre de los pestíferos gerifaltes que la persiguen, y en brazos de su querido arrullador; que así está ordenado por el sabio Merlín, protoencantador de los encantadores».

Habiendo, pues, Don Quijote leído las letras de pergamino, claro entendió que del desencanto de Dulcinea hablaban; y dando muchas gracias al Cielo de que con tan poco peligro hubiese acabado tan gran hecho, reduciendo a su pasada tez los rostros de las venerables dueñas, que ya no parecían, se fue a donde el duque y la duquesa aún no había vuelto en sí, y trabando de la mano al duque, le dijo:

—¡Ea, buen señor, buen ánimo: buen ánimo, que todo es nada! La aventura es ya acabada, sin daño de barras,[130] como lo muestra claro el escrito que en aquel padrón está puesto.

El duque, poco a poco, y como quien de un pesado sueño recuerda,[131] fue volviendo en sí, y por el mismo tenor la duquesa y todos los que por el jardín estaban caídos, con tales muestras de maravilla y espanto, que casi se podían dar a entender haberles acontecido de veras lo que tan bien sabían fingir de burlas. Leyó el duque el cartel con los ojos medio cerrados, y luego, con los brazos abiertos, fue a abrazar a Don Quijote, diciéndole ser el más buen caballero que en ningún siglo se hubiese visto. Sancho andaba mirando por la Dolorida, por ver qué rostro tenía sin las barbas, y si era tan hermosa sin ellas como su gallarda disposición prometía; pero dijéronle que así como Clavileño bajó ardiendo por los aires y dio en el suelo, todo el escuadrón de las dueñas, con la Trifaldi, habían desaparecido, y que ya iban rapadas y sin cañones.[132] Preguntó la duquesa a Sancho que cómo le había ido en aquel largo viaje. A lo cual Sancho respondió:

—Yo, señora, sentí que íbamos, según mi señor me dijo, volando por la región del fuego, y quise descubrirme un poco los ojos; pero mi amo, a quien pedí licencia para descubrirme, no lo consintió; mas yo, que tengo no sé qué briznas de curioso y de desear saber lo que se me estorba e impide, bonitamente y sin que nadie lo viese, por junto a las narices aparté tanto cuanto el pañizuelo que me tapaba los ojos, y por allí miré hacia la Tierra, y parecióme que toda ella no era mayor de un grano de mostaza, y los hombres que andaban sobre ella, poco mayores que avellanas porque se vea cuán altos debíamos de ir entonces.

A esto dijo la duquesa:

—Sancho amigo, mirad lo que decís, que a lo que parece, vos no vistes la Tierra, sino los hombres que andaban sobre ella; y está claro que si la Tierra os pareció como un grano de mostaza y cada hombre como una avellana, un hombre solo había de cubrir toda la Tierra.

—Así es verdad—respondió Sancho—; pero, con todo eso, la descubrí por un ladito, y la vi toda.

—Mirad, Sancho—dijo la duquesa—, que por un ladito no se ve el todo de lo que se mira.

—Yo no sé esas miradas—replicó Sancho—; sólo sé que será bien que vuestra señoría entienda que pues volábamos por encantamiento, por encantamiento podía yo ver toda la Tierra y todos los hombres por doquiera que los mirara; y si esto no se me cree, tampoco creerá vuesa merced cómo descubriéndome por junto a las cejas, me vi tan junto al cielo, que no había de mí a él palmo y medio, y por lo que puedo jurar, señora mía, que es muy grande además. Y sucedió que íbamos por parte donde están las siete cabrillas,[133] y en Dios, y en mi ánima que como yo en mi niñez fui en mi tierra cabrerizo, que así como las vi, ¡me dio una gana de entretenerme con ellas un rato! . . . Y si no la cumpliera me parece que reventara. Vengo, pues, y tomo, y ¿qué hago? Sin decir nada a nadie, ni a mi señor tampoco, bonita y pasitamente me apeé de Clavileño, y me entretuve con las cabrillas, que son como unos alhelíes y como unas flores, casi tres cuartos de hora, y Clavileño no se movió de un lugar, ni pasó adelante.

—Y en tanto que el buen Sancho se entretenía con las cabras—preguntó el duque—, ¿en qué se entretenía el señor Don Quijote?

A lo que Don Quijote de la Mancha respondió:

—Como todas estas cosas y estos tales sucesos van fuera del orden natural, no es mucho que Sancho diga lo que dice. De mí sé decir que ni me descubrí por alto ni por bajo, ni vi el cielo, ni la tierra, ni la mar, ni las arenas. Bien es verdad que sentí que pasaba por la región del aire, y aun que tocaba a la del fuego; pero que pasásemos de allí no lo puedo creer, pues estando la región del fuego entre el cielo de la Luna y la última región de aire, no podíamos llegar al cielo donde están las siete cabrillas que Sancho dice, sin abrasarnos; y pues no nos asuramos,[134] o Sancho miente, o Sancho sueña.

—Ni miento ni sueño—respondió Sancho—; si no,

---

[129] terminó, cumplió.
[130] **sin**... sin que nadie se haya herido.
[131] despierta.
[132] parte del pelo que está cerca de la raíz.

[133] constelación de las Pléyades.
[134] quemamos.

pregúntenme las señas de las tales cabras, y por ellas verán si digo verdad o no.

—Dígalas, pues, Sancho—dijo la duquesa.

—Son—respondió Sancho—las dos verdes, las dos encarnadas, las dos azules, y la una de mezcla.

—Nueva manera de cabras es ésa—dijo el duque—, y por esta nuestra región del suelo no se usan tales colores; digo, cabras de tales colores.

—Bien claro está eso—dijo Sancho—; sí, que diferencia ha de haber de las cabras del cielo a las del suelo.

—Decidme, Sancho—preguntó el duque—: ¿vistes allá entre esas cabras algún cabrón?

—No, señor—respondió Sancho—; pero oí decir que ninguno pasaba de los cuernos de la Luna.

No quisieron preguntarle más de su viaje, porque les pareció que llevaba Sancho hilo de pasearse por todos los cielos, y dar nuevas de cuanto allá pasaba, sin haberse movido del jardín.

En resolución, éste fue el fin de la aventura de la Dueña Dolorida, que dio que reír a los duques, no sólo aquel tiempo, sino el de toda su vida, y que contar a Sancho siglos, si los viviera; y llegándose Don Quijote a Sancho, al oído le dijo:

—Sancho, pues vos queréis que se os crea lo que habéis visto en el cielo, yo quiero que vos me creáis a mí lo que vi en la cueva de Montesinos.[135] Y no os digo más.

Capítulo LXXIII

DE LOS AGÜEROS QUE TUVO DON QUIJOTE AL ENTRAR DE SU ALDEA, CON OTROS SUCESOS QUE ADORNAN Y ACREDITAN ESTA GRANDE HISTORIA

A la entrada del cual,[136] según dice Cide Hamete, vio Don Quijote que en las eras del lugar estaban riñendo dos muchachos, y el uno dijo al otro:

—No te canses, Periquillo, que no la has de ver en todos los días de tu vida.

Oyólo Don Quijote, y dijo a Sancho:

—¿No adviertes, amigo, lo que aquel muchacho ha dicho: «no la has de ver en todos los días de tu vida»?

—Pues bien: ¿qué importa—respondió Sancho— que haya dicho eso el muchacho?

—¿Qué?—replicó Don Quijote—. ¿No ves tú que, aplicando aquella palabra a mi intención, quiere significar que no tengo de ver más a Dulcinea?

Queríale responder Sancho, cuando se lo estorbó ver que por aquella campaña venía huyendo una liebre, seguida de muchos galgos y cazadores, la cual, temerosa, se vino a recoger y agazapar debajo

de los pies del rucio. Cogióla Sancho a mano salva[137] y presentósela a Don Quijote, el cual estaba diciendo:

—*Malum signum! Malum signum!*[138] Liebre huye, galgos la siguen: ¡Dulcinea no parece[139]!

—Extraño es, vuesa merced—dijo Sancho—. Presupongamos que esta liebre es Dulcinea del Toboso y estos galgos que la persiguen son los malandrines encantadores que la transformaron en labradora; ella huye, yo la cojo y la pongo en poder de vuesa merced, que la tiene en sus brazos y la regala: ¿qué mala señal es ésta, ni qué mal agüero se puede tomar de aquí?

Los dos muchachos de la pendencia se llegaron a ver la liebre, y al uno de ellos preguntó Sancho que por qué reñían. Y fuele respondido por el que había dicho «no la verás más en toda tu vida», que él había tomado al otro muchacho una jaula de grillos, la cual no pensaba volvérsela en toda su vida. Sacó Sancho cuatro cuartos de la faltriquera y dióselos al muchacho por la jaula, y púsosela en las manos a Don Quijote, diciendo:

—He aquí, señor, rompidos y desbaratados estos agüeros, que no tienen que ver más con nuestros sucesos, según que yo imagino, aunque tonto, que con las nubes de antaño. Y si no me acuerdo mal, he oído decir al cura de nuestro pueblo que no es de personas cristianas ni discretas mirar en estas niñerías; y aun vuesa merced mismo me lo dijo los días pasados, dándome a entender que eran tontos todos aquellos cristianos que miraban en agüeros. Y no es menester hacer hincapié en esto, sino pasemos adelante y entremos en nuestra aldea . . .

Capítulo LXXIV

DE CÓMO DON QUIJOTE CAYÓ MALO, Y DEL TESTAMENTO QUE HIZO, Y SU MUERTE

Como las cosas humanas no sean eternas, yendo siempre en declinación de sus principios hasta llegar su último fin, especialmente las vidas de los hombres, y como la de Don Quijote no tuviese privilegio del Cielo para detener el curso de la suya, llegó su fin y acabamiento cuando él menos lo pensaba; porque, o ya fuese de la melancolía que le causaba el verse vencido, o ya por la disposición del Cielo, que así lo ordenaba, se le arraigó una calentura, que le tuvo seis días en la cama, en los cuales fue visitado muchas veces del Cura, del Bachiller y del Barbero, sus amigos, sin quitársele de la cabecera Sancho Panza, su buen escudero. Estos, creyendo que la pesadumbre de verse vencido y de no

---

[135] Don Quijote jura haber visto a algunos caballeros andantes antiguos y a Dulcinea vestida de labradora en la cueva de Montesinos (II, XXII y XXIII).

[136] Se refiere a **pueblo,** palabra con la cual termina el capítulo anterior.

[137] **a**… sin hacerle daño.

[138] **Malum**… Mal signo.

[139] aparece.

ver cumplido su deseo en la libertad y desencanto de Dulcinea le tenía de aquella suerte, por todas las vías posibles procuraban alegrarle, diciéndole el Bachiller que se animase y levantase para comenzar su pastoral ejercicio, para el cual tenía ya compuesta una égloga, que mal año para cuantas Sannazaro[140] había compuesto, y que ya tenía comprados de su propio dinero dos famosos perros para guardar el ganado, el uno llamado *Barcino* y el otro *Butrón*,[141] que se los había vendido un ganadero de Quintanar. Pero no con esto dejaba Don Quijote sus tristezas.

Llamaron sus amigos al médico, tomóle el pulso y no le contentó mucho, y dijo que, por sí o por no, atendiese a la salud de su alma, porque la del cuerpo corría peligro. Oyólo Don Quijote con ánimo sosegado; pero no lo oyeron así su Ama, su Sobrina y su escudero, los cuales comenzaron a llorar tiernamente, como si ya le tuvieran muerto delante. Fue el parecer del médico que melancolías y desabrimientos le acababan. Rogó Don Quijote que le dejasen solo, porque quería dormir un poco. Hiciéronlo así, y durmió de un tirón,[142] como dicen, más de seis horas: tanto, que pensaron el Ama y la Sobrina que se había de quedar en el sueño. Despertó al cabo del tiempo dicho, y dando una gran voz, dijo:

—¡Bendito sea el poderoso Dios, que tanto bien me ha hecho! En fin: sus misericordias no tienen límite, ni la abrevian ni impiden los pecados de los hombres.

Estuvo atenta la sobrina a las razones[143] del tío, y pareciéronle más concertadas que él solía decirlas a lo menos en aquella enfermedad, y preguntóle:

—¿Qué es lo que vuesa merced dice, señor? ¿Tenemos algo de nuevo? ¿Qué misericordias son éstas, o qué pecados de los hombres?

—Las misericordias—respondió Don Quijote—, Sobrina, son las que en este instante ha usado Dios conmigo, a quien, como dije, no las impiden mis pecados. Yo tengo juicio ya, libre y claro, sin las sombras caliginosas de la ignorancia, que sobre él me pusieron mi amarga y continua leyenda[144] de los detestables libros de las caballerías. Ya conozco sus disparates y sus embelecos y no me pesa sino que este desengaño ha llegado tan tarde, que no me deja tiempo para hacer alguna recompensa, leyendo otros que sean luz del alma. Yo me siento, Sobrina, a punto de muerte; querría hacerla de tal modo, que diese a entender que no había sido mi vida tan mala

que dejase renombre de loco; que puesto que lo he sido, no querría confirmar esta verdad en mi muerte. Llámame, amiga, a mis buenos amigos: al Cura, al bachiller Sansón Carrasco y a maese Nicolás el Barbero, que quiero confesarme y hacer mi testamento.

Pero de este trabajo se excusó la sobrina con la entrada de los tres. Apenas los vio Don Quijote, cuando dijo:

—Dadme albricias[145] buenos señores, de que ya no soy Don Quijote de la Mancha, sino Alonso Quijano, a quien mis costumbres me dieron renombre de *Bueno*. Ya soy enemigo de Amadís de Gaula y de toda la infinita caterva[146] de su linaje; ya me son odiosas todas las historias profanas de la andante caballería; ya conozco mi necedad y el peligro en que me pusieron haberlas leído; ya, por misericordia de Dios, escarmentando en cabeza propia, las abomino.

Cuando esto lo oyeron decir los tres, creyeron, sin duda, que alguna nueva locura le había tomado. Y Sansón le dijo:

—¿Ahora, señor Don Quijote, que tenemos nuevas que está desencantada la señora Dulcinea, sale vuesa merced con eso? ¿Y ahora que estamos tan a pique de[147] ser pastores, para pasar cantando la vida, como unos príncipes, quiere vuesa merced hacerse ermitaño? Calle, por su vida; vuelva en sí, y déjese de cuentos.

—Los de hasta aquí—replicó Don Quijote—, que han sido verdaderos en mi daño, los ha de volver mi muerte, con ayuda del Cielo, en mi provecho. Yo, señores, siento que me voy muriendo a toda prisa: déjense de burlas aparte, y tráiganme un confesor que me confiese y un escribano que haga mi testamento, que en tales trances como éste no se ha de burlar el hombre con el alma; y así, suplico que en tanto que el señor cura me confiesa, vayan por el escribano.

Miráronse unos a otros, admirados de las razones de Don Quijote, y, aunque en duda, le quisieron creer; y una de las señales por donde conjeturaron se moría fue el haber vuelto con tanta facilidad de loco a cuerdo; porque a las ya dichas razones añadió otras muchas tan bien dichas, tan cristianas y con tanto concierto, que del todo les vino a quitar la duda y a hacer creer que estaba cuerdo.

Hizo salir la gente el Cura, y quedóse solo con él, y confesóle. El Bachiller fue por el escribano, de allí a poco volvió con él y con Sancho Panza; el cual Sancho—que ya sabía por nuevas del Bachiller en qué estado estaba su señor—, hallando a la Ama y a

---

[140] Jacopo Sannazaro (1458–1530), escritor italiano, autor de *La Arcadia*, la primera novela pastoril renacentista.

[141] nombres típicos de perros; **barcino** significa de pelo blanco y pardo o rojo.

[142] **de**... de una vez.

[143] palabras.

[144] lectura.

[145] **Dadme**... Felicitadme.

[146] multitud.

[147] **a**... en peligro de, a riesgo de.

la Sobrina llorosas, comenzó a hacer pucheros y a derrramar lágrimas. Acabóse la confesión y salió el Cura, diciendo:

—Verdaderamente se muere, y verdaderamente está cuerdo Alonso Quijano el Bueno; bien podemos entrar para que haga su testamento.

Estas nuevas dieron un terrible empujón a los ojos preñados de Ama, Sobrina y de Sancho Panza, su buen escudero, de tal manera, que les hizo reventar las lágrimas de los ojos y mil profundos suspiros de pecho; porque verdaderamente, como alguna vez se ha dicho, en tanto que Don Quijote fue Alonso Quijano el Bueno, a secas, y en tanto que fue Don Quijote de la Mancha, fue siempre de apacible condición y de agradable trato, y por esto no sólo era bien querido de los de su casa, sino de todos cuantos le conocían. Entró el escribano con los demás, y después de haber hecho la cabeza del testamento y ordenado su alma Don Quijote, con todas aquellas circunstancias cristianas que se requieren, llegando a las mandas, dijo:

—Item, es mi voluntad que de ciertos dineros que Sancho Panza, a quien en mi locura hice mi escudero, tiene, que porque ha habido entre él y mí ciertas cuentas, y dares y tomares, quiero que no se le haga cargo de ellos, ni se le pida cuenta alguna, sino que si sobrare alguno después de haberse pagado de lo que le debo, el restante sea suyo, que será bien poco, y buen provecho le haga; y si como estando yo loco fui parte para darle el gobierno de la ínsula, pudiera ahora, estando cuerdo, darle el de un reino, se le diera, porque la sencillez de su condición y fidelidad de su trato lo merece.

Y, volviéndose a Sancho, le dijo:

—Perdóname, amigo, de la ocasión que te he dado de parecer loco como yo, haciéndote caer en el error en que yo he caído, de que hubo y hay caballeros andantes en el mundo.

—¡Ay!—respondió Sancho, llorando—. No se muera vuesa merced, señor mío, sino tome mi consejo, y viva muchos años; porque la mayor locura que puede hacer un hombre en esta vida es dejarse morir, sin más ni más, sin que nadie le mate, ni otras manos le acaben que las de la melancolía. Mire, no sea perezoso, sino levántese de esa cama, y vámonos al campo vestidos de pastores, como tenemos concertado: quizá tras de alguna mata hallaremos a la señora doña Dulcinea, desencantada, que no haya más que ver. Si es que se muere de pesar de verse vencido, écheme a mí la culpa, diciendo que por haber yo cinchado mal a *Rocinante* le derribaron; cuanto más que vuesa merced habrá visto en sus libros de caballerías ser cosa ordinaria derribarse unos caballeros a otros, y el que es vencido hoy ser vencedor mañana.

—Así es—dijo Sansón—, y el buen Sancho Panza está muy en la verdad de estos casos.

—Señores—dijo Don Quijote—, vámonos poco a poco, pues ya en los nidos de antaño no hay pájaros hogaño. Yo fui loco, y ya soy cuerdo: fui Don Quijote de la Mancha, y soy ahora, como he dicho, Alonso Quijano el Bueno. Pueda con vuesas mercedes mi arrepentimiento y mi verdad volverme a la estimación que de mí se tenía, y prosiga adelante el señor escribano. Item, mando toda mi hacienda, a puerta cerrada, a Antonia Quijana, mi sobrina, que está presente, habiendo sacado primero de lo más bien parado de ella lo que fuere menester para cumplir las mandas que dejo hechas; y la primera satisfacción que se haga quiero que sea pagar el salario que debo del tiempo que mi Ama me ha servido, y más veinte ducados para un vestido. Dejo por mis albaceas al señor Cura y al señor bachiller Sansón Carrasco, que están presentes. Item, es mi voluntad, que si Antonia Quijana, mi sobrina, quisiere casarse, se case con hombre de quien primero se haya hecho información que no sabe qué cosa sean libros de caballerías; y en caso que se averiguare que lo sabe, y, con todo eso, mi sobrina quisiere casarse con él, y se casare, pierda todo lo que le he mandado, lo cual pueden mis albaceas distribuir en obras pías, a su voluntad. Item, suplico a los dichos señores mis albaceas que si la buena suerte les trajere a conocer al autor que dicen que compuso una historia que anda por ahí con el título de *Segunda parte de las hazañas de Don Quijote de la Mancha,* de mi parte le pidan, cuan encarecidamente ser pueda, perdone la ocasión que sin yo pensarlo le di de haber escrito tantos y tan grandes disparates como en ella escribe; porque parto de esta vida con escrúpulo de haberle dado motivo para escribirlos.

Cerró con esto el testamento, y tomándole un desmayo, se tendió de largo a largo en la cama. Alborotáronse todos, y acudieron a su remedio, y en tres días que vivió después de éste donde hizo el testamento, se desmayaba muy a menudo. Andaba la casa alborotada; pero, con todo, comía la Sobrina, brindaba el Ama y se regocijaba Sancho Panza; que esto del heredar algo borra o templa en el heredero la memoria de la pena que es razón que deje el muerto. En fin: llegó el último de Don Quijote, después de recibidos todos los sacramentos y después de haber abominado con muchas y eficaces razones de los libros de caballerías. Hallóse el escribano presente, y dijo que nunca había leído en ningún libro de caballerías que algún caballero andante hubiese muerto en su lecho tan sosegadamente y tan cristiano como Don Quijote; el cual, entre compasiones y lágrimas de los que allí se hallaron, dio su espíritu: quiero decir, que se murió.

Viendo lo cual, el Cura pidió al escribano le diese por testimonio cómo Alonso Quijano el Bueno, llamado comúnmente Don Quijote de la Mancha, había pasado de esta presente vida, y muerto naturalmente; y que el tal testimonio pedía para quitar la ocasión de que algún otro autor que Cide Hamete Benengeli le resucitase falsamente e hiciese inacabables historias de sus hazañas. Este fin tuvo el Ingenioso Hidalgo de la Mancha, cuyo lugar no quiso poner Cide Hamete puntualmente por dejar que todas las villas y lugares de la Mancha contendiesen entre sí por ahijársele y tenérsele por suyo, como contendieron las siete ciudades de Grecia por Homero. . .

Y el prudentísimo Cide Hamete dijo a su pluma: «Aquí quedarás, colgada de esta espetera;[148] y de este hilo de alambre, ni sé si bien cortada o mal tajada péñola mía, adonde vivirás luengos siglos, si presuntuosos y malandrines historiadores no te descuelgan para profanarte. . .

«Para mí sola nació Don Quijote, y yo para él; él supo obrar y yo escribir; solos los dos somos para en uno, a despecho y pesar del escritor fingido y tordesillesco que se atrevió, o se ha de atrever, a escribir con pluma de avestruz grosera y mal deliñada las hazañas de mi valeroso caballero, porque no es carga de sus hombros ni asunto de su resfriado ingenio; a quien advertirás, si acaso llegas a conocerle, que deje reposar en la sepultura los cansados y ya podridos huesos de Don Quijote, y no le quiera llevar, contra todos los fueros de la muerte, a Castilla la Vieja; haciéndole salir de la fosa donde real y verdaderamente yace, tendido de largo a largo, imposibilitado de hacer tercera jornada y salida nueva; que para hacer burla de tantas como hicieron tantos andantes caballeros, bastan las dos que él hizo, tan a gusto y beneplácito de las gentes a cuya noticia llegaron, así en estos como en los estraños reinos. Y con esto cumplirás con tu cristiana profesión, aconsejando bien a quien mal te quiere, y yo quedaré satisfecho y ufano de haber sido el primero que gozó el fruto de sus escritos enteramente, como deseaba, pues no ha sido otro mi deseo que poner en aborrecimiento de los hombres las fingidas y disparatadas historias de los libros de caballerías, que por las de mi verdadero Don Quijote van ya tropezando, y han de caer del todo, sin duda alguna».—*Vale.*

---

[148] tabla en que se cuelgan viandas e utensilios de cocina.

COMIENZOS DEL TEATRO ESPAÑOL

Se ha postulado la existencia de un teatro medieval español a base de una ley de las *Siete Partidas* que permite que los clérigos representen obras religiosas para la instrucción del pueblo. Sin embargo, con la excepción del *Auto de los Reyes Magos* y la pequeña obra de Gómez Manrique que aparece casi trescientos años más tarde, no quedan ejemplos de este teatro religioso.

Tampoco podemos estar seguros de hasta qué punto se había desarrollado el teatro en latín. Se sabe que durante la última parte de la Edad Media eran populares las obras de Plauto y Terencio en las universidades españolas; éstas se imitaban y aun se usaban como modelos para la composición. El descubrimiento en 1429 de doce obras de Plauto que habían estado perdidas y en 1433 del *Comentario* sobre Terencio dio un nuevo ímpetu a la imitación de estos autores, cuyas obras trataban normalmente de un joven enamorado que desea que le corresponda su amada. Muchas de las obras que se componían en latín eran de naturaleza religiosa. Los *juegos escolares* eran representaciones en latín, hechas por estudiantes o sacerdotes, que típicamente trataban de algún tema bíblico o litúrgico.

Existían también representaciones profanas, llamadas *juegos de escarnio*. Estos trataban de una manera satírica o burlona temas semejantes a los del teatro latino. Se ha debatido hasta qué punto estos juegos escolares y de escarnio se pueden considerar verdaderas obras de teatro.

A principios del siglo XVI el teatro español ya había evolucionado mucho. La aparición de *La Celestina* en 1499 constituye un acontecimiento de suma importancia porque, aunque no representable, inspiró muchas imitaciones, algunas de las cuales sí se podían representar. Lope de Vega, al que se considera el creador del teatro español, leyó *La Celestina* con enorme atención y basó uno de sus personajes más logrados—Fabia, la alcahueta de *El Caballero de Olmedo*—en la vieja engañadora de quien la obra de Rojas lleva el nombre. En *La Celestina* ya se notan varias características del teatro español del próximo siglo, entre ellas la mezcla de escenas cómicas y trágicas, la variedad de personajes de diversas clases sociales, el criado burlón y gracioso, el elemento psi-

cológico y el ambiente doméstico burgués que se encuentra en algunas comedias de Lope y de Calderón.

El teatro español tiene fuertes raíces en la representación doctrinal. En el siglo XVI sigue cultivándose la obra religiosa. Se desarrollan un teatro procesional con motivo de las celebraciones del Corpus Christi, la farsa sacramental y, más tarde, el auto sacramental, que alcanza su punto culminante en el siglo XVII con Calderón.

En España, como en Italia y en Portugal, los nobles gozaban del espectáculo teatral, y durante el primer tercio del siglo XVI Juan del Encina, Bartolomé de Torres Naharro y el dramaturgo bilingüe Gil Vicente escribieron obras que se montaban ante un público aristocrático. En los palacios se cultivaba el teatro profano, con temas pastoriles, caballerescos, clásicos y novelescos. Más tarde, se hacían representaciones de gran lujo en la Corte. Felipe III y especialmente Felipe IV favorecían el desarrollo del teatro. Desde 1631, las obras se hicieron con verdadera ostentación en la residencia real del Buen Retiro. Cinco años después de la muerte de Lope, este teatro se abrió al público, permitiendo que el hombre común y el noble compartieran no sólo gustos sino también el mismo espacio físico.

El teatro profano dedicado al público general es una aportación italiana. Tiene sus orígenes en la *commedia dell'arte*, un tipo de teatro popular que se inició en el siglo XVI y siguió practicándose en Italia hasta el siglo XIX. Se trata de un teatro improvisado, en el que cada obra se basa en un esquema establecido de antemano. No había diálogos fijos. Los actores aprendían discursos, chistes o anécdotas relacionados con diversas situaciones e inventaban el resto. En vez de un texto escrito, el esquema decía, por ejemplo, «escena de amor» o «escena de celos», y a los actores les tocaba crear el espectáculo. Había personajes fijos, por ejemplo, la criada astuta (Colombina) y el criado listo y gracioso (Arlequín). Todos usaban máscaras, excepto los «novios».

Desde el segundo cuarto del siglo, compañías ambulantes teatrales italianas recorrían España y en 1554 Lope de Rueda creó la primera compañía española de que hay noticia. El grupo de Lope de Rueda alcanzó tremenda popularidad. Montó obras traducidas del italiano de tipo de la *commedia dell'arte*, además de obras en español, algunas de ellas escritas por el mismo director, que también actuaba en ellas. Con el tiempo, se formaron otros grupos ambulantes que llevaban obras italianas y españolas a muchas partes de España. La corriente popular ha caracterizado el teatro español desde sus comienzos y sigue caracterizándolo hoy en día.

En los medios estudiantiles también se cultivaba el teatro profano. En Valencia había un teatro escolar que representaba obras en latín, pero en 1574 el humanista Lorenzo Palmyreno, quien hasta entonces había escrito sólo en la lengua clásica, compuso una obra en la que predominaba el castellano, afirmando su derecho de escribir lo que más le agradara al público. El hecho es importante porque revela que la idea del teatro popular, hecho para el vulgo, tiene raíces muy profundas en varias partes de la península.

En Madrid las representaciones se hacían en diversos lugares. Durante la segunda mitad del siglo XVI, cuando Lope de Vega era niño, se crearon en Madrid y en otras ciudades los primeros locales estables, llamados *corrales*. Estos eran patios posteriores o corrales de casas, por lo general descubiertos, donde se levantaba un tablado. Como no había tejado, las representaciones se hacían por la tarde, sólo cuando el tiempo estaba bueno. Frente a la escena y al otro extremo del corral había una galería, llamada la *cazuela*, donde se sentaban las mujeres. Los espectadores masculinos permanecían de pie, con la excepción de algunos privilegiados, que ocupaban las bancas del centro del patio. Desde las ventanas de las casas que formaban los costados del corral, los nobles u otras personas de calidad podían ver la representación.

Por lo general, las obras constaban de cuatro actos. Los escenarios eran muy sencillos, aunque los trajes eran a veces suntuosos. El público ruidoso y exigente expresaba sus gustos con gran claridad, gritando su aprobación o tirando objetos cuando la actuación no le agradaba. Si se aburrían o se enojaban, a veces los espectadores se alborotaban. Para mantenerlos tranquilos durante el entreacto, era necesario presentar bailes o breves piezas cómicas que se llamaban *entremeses*. A veces los intermedios tenían más interés para el público que la obra misma, una circunstancia contra la cual luchó Lope, cuyo propósito fue convertir la obra misma en lo importante de la función.

En 1574 el actor italiano Ganassa hizo construir un teatro en el corral de la Pacheca. La escena y los costados estaban cubiertos por un tejado, aunque el centro estaba tapado sólo por un toldo. Poco después se hicieron otros dos teatros cubiertos. Aunque rudimentarios, constituyeron un paso importante en el desarrollo del teatro español. La construcción de nuevos teatros reflejaba un creciente interés en el espectáculo. Los primeros fueron comenzados por cofradías, que tuvieron mucho éxito con su empresa. Los miles de obras que se representaron durante los siglos XVI y XVII reflejan la sed del público por representaciones dramáticas de todo tipo. Con el tiempo, las producciones se hicieron más elaboradas. Aunque Lope intentó mantener sencillos los escenarios, éstos se hicieron cada vez más suntuosos, hasta llegar a ser durante la época barroca verdaderos prodigios de fantasía y de tecnología.

Aún antes de Lope de Vega había una intensa actividad teatral en España. Escritores como Fernando de Rojas, Juan del Encina, Gil Vicente, Torres Naharro y Lope de Rueda contribuyeron a la formación de un nuevo teatro español. Antes de que Lope de Vega buscara inspiración en las crónicas y los romanceros, Andrés Rey de Artieda aprovechó las leyendas nacionales para componer su obra *Los Amantes*, basada en la historia de los amantes de Teruel. A Juan de la Cueva se le ha atribuido el honor de ser el primero en defender la causa de un teatro español no sometido a normas clásicas y de haber explorado las ilimitadas posibilidades temáticas del romancero. En la *Farsa del obispo don Gonzalo* de Cueva y Silva, escrita antes del período más productivo de Lope, ya se ven varias características que asociamos con el teatro de éste: el uso del romance como metro dramático, la reducción del número de actos de cuatro a tres, el uso de romances tradicionales y la introducción de la figura del gracioso como ejemplo de la bajeza moral que contrasta con el espíritu heroico del protagonista.

El hecho de que Lope no mencionara a estos precursores y que se viera a sí mismo como el padre del teatro nacional no indica necesariamente que existiera—como se ha sugerido—una enemistad entre él y otros dramaturgos. El siglo XVI fue un período de gran actividad creadora. El interés que existía en el romancero a partir de 1550 y el ambiente de experimentación dramática hicieron que ciertas novedades se produjeran en varias partes de España al mismo tiempo. Los mismos estímulos que movían a Lope también afectaban a otros. Pero es Lope de Vega el que supo integrar las diversas corrientes para crear un nuevo teatro auténticamente español.

Una antología útil del teatro temprano es *El teatro anterior a Lope de Vega*, eds. Everett W. Hesse y Juan O. Valencia (Madrid: Alcalá, 1971).

JUAN DEL ENCINA (1468–1530)

El teatro que florece durante el Siglo de Oro tiene sus comienzos en el reinado de los Reyes Católicos. Unido el país y vencidos los moros, existía en España un ambiente de entusiasmo y de triunfo. La reina Isabel apoyaba las empresas intelectuales y artísticas. En esta atmósfera de ebullición cultural estimulada por la corona y también por el Renacimiento italiano, se produjeron las primeras églogas de Juan del Encina.

Hijo de un zapatero, el poeta nació con el nombre de

Juan de Formoselle en Salamanca, ciudad universitaria y centro de actividad intelectual. Se ha sugerido que los Formoselle eran conversos, pero la evidencia no es concluyente. Juan tenía por lo menos cinco hermanos y una hermana. Todos los hermanos llegaron a ocupar puestos importantes—Diego fue músico; Miguel, sacerdote; Antonio, abogado—lo cual indica que el ambiente intelectual era tal que era posible que aun un humilde zapatero proveyera a sus hijos de una buena educación. En 1484 Juan entró en el coro de la Catedral de Salamanca, iniciando así su carrera musical. Más tarde estudia leyes en la Universidad de Salamanca. Para el año 1490 ha sido nombrado capellán de coro y ha cambiado su nombre a Juan del Encina—tal vez porque Encina era el apellido de su madre, o tal vez por el valor poético que tiene la encina en la literatura pastoral clásica. En 1492 o 1495—la fecha no se ha determinado con seguridad—se representa en el palacio del duque de Alba en Alba de Tormes su primera égloga, compuesta para la Navidad. En la corte del duque, Encina monta, dirige y actúa en sus propias obras. Además compone poemas y composiciones musicales. En 1496 aparece la primera edición del *Cancionero*, el cual contiene ocho obras teatrales. Dos años más tarde, compite por el puesto de director del coro de la Catedral de Salamanca, pero gana su rival Lucas Fernández.

Encina parte para Roma, por aquel entonces en el auge de su gloria artística, donde un papa español, Rodrigo Borgia (Alejandro VI), le ofrece su protección. A causa de su talento musical, no es difícil que Encina mantenga el favor de éste y de sucesivos papas, quienes le ofrecen beneficios y honores. En 1502 Alejandro VI le otorga el mismo puesto en la Catedral de Salamanca que se le había negado cuatro años antes. Sigue una larga litigación, cuyos resultados no se saben con seguridad. En 1507 aparece la segunda edición de las obras de Encina, con dos obras adicionales. Dos años más tarde lo nombran arcediano de Málaga y sigue un período de conflictos y enredos políticos entre Encina y los dignatarios capitulares. En 1512 y 1514 hace dos viajes más a Roma, donde el papa León X es un gran aficionado a la música. En 1513 se representa para la Epifanía su nueva obra, *Egloga de Plácida y Victoriano* en la que el tema es el amor. Según un testimonio de la época, ésta no gustó al público. En 1516, Encina vuelve a Málaga. Después de un cuarto viaje a Roma, renuncia a su puesto en Málaga. Esta decisión refleja un cambio espiritual caracterizado por la piedad y el rechazo de la corrupción y el sensualismo de Roma. En marzo de 1519, lo nombran prior de León, puesto que retiene hasta su muerte. Más tarde en ese mismo año viaja a Jerusalén y es ordenado sacerdote. Su poema *Trivagia*, en que cuenta su peregrinaje a Tierra Santa, se publica en 1521, unos nueve años antes de su muerte.

A Juan del Encina le corresponde la distinción de ser el iniciador del teatro español. Varios investigadores sugieren que ya existía en España una tradición teatral religiosa en latín, aunque, como se ha visto, la evidencia no es concluyente. Si existían obras en español anteriores a las églogas de Encina, no nos quedan muestras, con la excepción del *Auto de los Reyes Magos* y la *Representación del Nacimiento de Nuestro Señor* de Gómez Manrique. Los espectáculos que se incorporaban a las celebraciones religiosas no constituyen dramas en sentido estricto. El conocido encinista británico Henry Sullivan explica que las obras rituales en que los creyentes expresan su fe al representar escenas de la historia sagrada no son propiamente dramas. Un drama, según la definición del profesor Sullivan, es una obra escrita para ser representada por actores que desempeñan roles. La personificación es un elemento fundamental. Sullivan señala que existían abundantes diálogos en la Edad Media—entre el vino y el agua, entre el ojo y el corazón, por ejemplo—pero que tampoco constituyen éstos auténticas obras teatrales. Por lo tanto, aunque había elementos teatrales en la literatura medieval, fue Juan del Encina el que los combinó, moldeó y refinó, creando así un nuevo género literario.

Encina llamó a todas sus obras teatrales *églogas*, ya fueran religiosas o ya fueran seglares. El término tiene sus orígenes en la literatura clásica. Las *Eglogas* de Virgilio son coloquios en que intervienen pastores enamorados que cantan sus quejas. Durante el siglo X las imitaciones de Virgilio abundaban y la égloga empezó a evolucionar e incorporar diversos temas políticos, religiosos o sociales. Antonio de Nebrija, mentor de Encina, había estudiado en Italia y es posible que haya influido en el poeta en cuanto al uso del término. De todos modos, éste lo emplea para designar un coloquio entre personajes pastorales, aun cuando los temas son contemporáneos, y el tono burlesco o coloquial.

La lengua que emplea Encina es el sayagués, tal vez un dialecto rústico de Salamanca. Aunque no se sabe con certeza si este idioma realmente se hablaba o si era una invención literaria, la crítica moderna tiende a optar por la primera posibilidad. Más tarde, se referirá a cualquier habla rústica literaria como el sayagués. El hecho es que lo entendía el público culto para el cual escribía Encina. Más tarde, el sayagués se empleó para evocar la imagen del rústico ignorante y se convirtió en pura convención.

Aunque seis de las ocho primeras églogas publicadas en Salamanca fueron escritas para fiestas religiosas, el tono es a menudo ligero y alegre, y los personajes, campesinos que hablan en dialecto, son frecuentemente humorísticos. Aun cuando se trata de un asunto tan monumental como la Resurrección, el énfasis está más bien en lo humano que en lo divino. Por ejemplo, en la *Egloga III*, dos ermitaños van al sepulcro de Jesús crucificado. En el camino se encuentran con Verónica, la mujer judía que encontró a Jesús en el camino del Calvario y le limpió el rostro sudoroso y ensangrentado con un paño en el que quedó impresa su cara. Aunque al final aparece un ángel que explica la doctrina de la Resurrección, Encina hace hincapié más bien en el asombro de los ermitaños, en el sufrimiento de Cristo en su forma humana («Muy cruelmente azotado/Y de espinas coronado,/Cien mil injurias sufriendo»), en el sacrificio que hizo por el hombre, en el dolor que les causa a sus seguidores y en el paño que dejó como testimonio. Al enfocar la reacción de la gente común, Encina convierte la crucifixión en un acontecimiento experimentado no sólo por Jesús sino también por el hombre. El dolor de los ermitaños, expresado de una manera tan directa e ingenua, conmueve al espectador tanto como la Pasión de Cristo.

La forma clásica modificada para incluir referencias a la vida contemporánea, incluso al comercio y a la política, coloca la obra de Juan del Encina bien dentro del secularismo renacentista. En las dos églogas nuevas que se publicaron en 1507, esta tendencia hacia lo secular se acentúa. En la IX, conocida como *Egloga de las grandes lluvias*, cuatro pastores lamentan las lluvias, el lodo y las inundaciones que destruyen todo. Después de una digresión acerca de la carrera musical de Juan del Encina, dividen la comida que trae uno de ellos y se ponen a jugar, apostando castañas en vez de dinero. Entonces aparece el ángel que anuncia el nacimiento del Señor y los tres parten, hablando de los regalos que le llevarán al niño Jesús. Esta combinación de lo religioso y lo laico es una de las aportaciones principales de Juan del Encina.

En la Egloga X, el tema es profano. El pastor Pelayo desafía a Cupido, quien le tira una flecha que lo deja agonizando. Antes de perder el conocimiento, Pelayo se pregunta qué locura lo ha llevado a dudar del poder del Amor. Mientras los pastores Bras y Juanillo tratan de decidir si deben llamar a un cura o no, llega un escudero que pregunta si los campesinos sufren de amor tanto como los nobles. Le explican que el objeto de la pasión de Pelayo—y la causa de su triste estado actual—es Marinilla, una muchacha feísima que Cupido le ha hecho querer por venganza. Pelayo vuelve en sí al oír el nombre de su amada y sigue una discusión sobre las diferencias entre el amor del campesino y el del noble. *El triunfo del Amor* introduce al teatro el tema del amor que domina los *cancioneros*. Es una obra cuidadosamente estructurada que marca un paso importante en el desarrollo de Juan del Encina como dramaturgo. El profesor Sullivan señala que contiene cuatro secciones distintas que se podrían considerar escenas. La versificación refuerza esta división. Además, la *Egloga X* es la primera de una serie de obras sobre temas amatorios, todas las cuales están caracterizadas por la división en escenas.

Las últimas obras de Juan del Encina revelan la influencia italiana. Habiendo vivido en Italia y aprendido el idioma, Encina conocía bien la literatura y tomó prestadas muchas técnicas dramáticas. Además, la fuerte influencia de temas clásicos refleja la orientación del Renacimiento italiano.

El *Auto del Repelón* es una farsa—el primer intento del autor de componer una obra completamente humorística. La *Egloga de los tres pastores* y la de *Plácida y Victoriano* tratan el tema del amor. Esta última es la obra más ambiciosa del autor. Plácida y Victoriano, separados por una riña sobre algún asunto trivial, lamentan su triste situación. Suplicio le sugiere a Victoriano que le haga la corte a Flugenia para olvidar a Plácida. Esta y Eritea, un personaje celestinesco, conversan sobre el amor y sus consecuencias en una escena llena de chistes obscenos. Victoriano, convencido de que no puede vivir sin Plácida, va a buscarla después de anunciar que otro pastor la ha visto llorando por la ausencia de su amado. Vuelve, después de un interludio cómico en que dos pastores hablan en términos burlescos del amor, con la noticia de que Plácida se ha matado. Victoriano también desea suicidarse, pero lo sujeta Suplicio. Venus aparece y le dice que Plácida no está muerta. La joven recobra el conocimiento y la obra termina en un baile.

Esta obra contiene trece escenas divididas en dos actos, las cuales están separadas por un villancico. Contiene un argumento más complejo que las anteriores además de muchos elementos que después caracterizarán el teatro lopesco: escenas y actos claramente definidos, interludios cómicos, elementos psicológicos, personajes de diversos tipos y ambientes y, como las obras anteriores, la intercalación de canciones. *Plácida y Victoriano*, más que ninguna de sus precedentes, revela una fuerte base literaria. Ovidio, Virgilio y Fernando de Rojas inspiraron varios pasajes.

Después de este período de intensa experimentación, Juan del Encina tuvo una crisis espiritual que le hizo abandonar su trabajo de dramaturgo. Sin embargo, sus esfuerzos llevaron el teatro español de un estado primitivo a uno en que ya se percibe su futuro florecimiento.

Véase Juan del Encina, *Obras completas*, ed. Ana M. Rambaldo (Madrid: Espasa-Calpe, 1978). Otras ediciones útiles son *Teatro y poesía*, ed. Stanislav Zimic (Madrid: Taurus, 1986); *Obras dramáticas*, ed. Rosalie Gimeno (Madrid: Istmo, 1975); *Segunda producción dramática*, ed. Rosalie Gimeno (Madrid: Alhambra, 1982).

La pasión y muerte de nuestro precioso Redentor

Representación a la muy bendita pasión y muerte de nuestro precioso Redentor: adonde se introducen dos ERMITAÑOS, el uno viejo y el otro mozo, razonándose como entre padre y hijo, camino del Santo Sepulcro; y estando ya delante del monumento, allegóse a razonar con ellos una mujer llamada VERÓNICA, a quien Cristo, cuando le llevaban a crucificar, dejó imprimida la figura de su glorioso rostro en un paño que ella le dio para se alimpiar[1] del sudor y sangre que

---

[1] **se**... limpiarse.

iba corriendo. Va eso mesmo introducido un ÁNGEL
que vino a contemplar en el monumento, y les trajo
consuelo y esperanza de la santa resurrección.

HIJO.

Deogracias[2], padre honrado.

PADRE.

Por siempre[3], hijo.

HIJO.

¿Dó vas,
Que tanta priesa te das,
Con tus canas ya cansado?

PADRE.

¡Ay cuitado[4]!
Que dicen, mira, verás,
Que es Cristo crucificado.

HIJO.

Cristo, nuestra claridad,
Nuestro Señor, nuestro Dios,
¿Por qué padeció?

PADRE.

Por nos;
Por pagar nuestra maldad.

HIJO.

¿Y es verdad?

PADRE.

Vámonos ambos a dos,
Si fuere tu voluntad.
Que yo, cierto, allá camino
Por este valle desierto,
Por siquiera desque[5] muerto
Ver aquel Verbo[6] divino.
Pues es dino[7]
De ser adorado, cierto,
Allá voy a tino, a tino[8]

HIJO.

¿Y no sabes dónde está?
¿Dónde le crucificaron?
¿Para dó te encaminaron?

PADRE.

No te cures[9]; anda acá.

HIJO.

Anda allá.

PADRE.

Al lugar do le llevaron
El rastro nos llevará.
Que iba sangre corriendo,
Muy cruelmente azotado
Y de espinas coronado,
Cien mil injurias sufriendo;
Y gimiendo,
La cruz a cuestas cargado,
Arrodillando y cayendo.

HIJO.

Y dime: ¿cuándo fue? Di,
Que maravillado estoy.

PADRE.

Dígote por cierto que hoy.

HIJO.

¿Hoy, en este día?

PADRE.

Sí.
¡Y no le vi!
Que tan lastimado voy,
Que no se parte de mí.

HIJO.

¿Tan presto fue sentenciado?

PADRE.

Ningún descanso le dieron.
A maitines[10] le prendieron,
Y a la prima[11] fue levado[12]
Y acusado,
Que a Pilato[13] le trajeron,
Y a tercia[14] fue condenado.
Fuéronle a crucificar
A la hora de la sexta[15].

HIJO.

¡Oh qué gran crüeldad esta!
Vamos, vamos le adorar.

PADRE.

Y a rogar,
Pues que tan caro le cuesta,
Nuestra alma quiera salvar.

---

[2] A Dios gracias (expresión que solía usarse para saludar a un compañero).
[3] respuesta corriente a «Deogracias».
[4] mísero, pobre.
[5] desde que.
[6] segunda persona de la Santa Trinidad, Cristo.
[7] digno.
[8] **a**... a tientas.
[9] preocupes.

[10] primera de las horas canónicas que se rezan antes del amanecer.
[11] alba (primera de las cuatro partes en que los romanos dividían el día; también es una de las horas del oficio divino).
[12] llevado.
[13] procurador romano que entregó Jesús a los fariseos.
[14] mañana (segunda de las cuatro partes iguales en que los romanos dividían el día; también es una de las horas del oficio divino).
[15] temprano por la tarde (tercera de las cuatro partes en que los romanos dividían el día; también es una de las horas del oficio divino).

HIJO.

> Según su grave tormento,
> Ya debe haber expirado.

PADRE.

> Y aun será ya sepultado:
> Vamos ver el monumento.

HIJO.

> Soy contento.
> Pues fue por nuestro pecado
> Mostremos gran sentimiento.

PADRE.

> Si sintieras como yo,
> Sintieras cuándo expiraba.
> Cuando la tierra temblaba,
> Cuando el sol se escureció[16]
> Expiró.
> Cada cual lo barruntaba[17];
> Todo el mundo lo sintió.

HIJO.

> Mi sentido bien alcanza
> A tan grandes movimientos:
> Bien sentí los elementos,
> Que mostraron gran mudanza,
> Sin tardanza,
> Cuando tales sufrimientos
> Sufría nuestra esperanza.
> Mas yo, cierto, no pensé,
> Si de ti no lo supiera,
> Que por tan gran pasión era
> Cuanto terremoto fue.
> Por tu fe,
> Hagamos de tal manera
> Que vamos donde El esté.

PADRE.

> Según que se me figura,
> Y según lo que El merece,
> Aquesta que aquí parece
> Debe ser su sepultura.
> ¡Oh ventura!
> ¡Cómo el Crïador padece
> Por salvar la crïatura[18]!

VERÓNICA.

> ¿Cómo tan tarde venís
> A ver, hermanos benditos,
> Los tormentos infinitos
> De este Señor que decís?
> Mal oís,
> No haber oído los gritos
> En el yermo do vivís.

> Que desde muy gran mañana[19]
> Andaban ya desvelados
> Estos judíos malvados
> Por matarle con gran gana.

PADRE.

> ¡Ay hermana,
> Muere por nuestros pecados
> Nuestra vida soberana!

VERÓNICA.

> ¡Oh mis benditos hermanos,
> Qué gran lástima de ver
> Tan gran Señor padecer
> Por dejar sus siervos sanos!
> ¡Pies y manos
> Clavado, sin merecer,
> Por salud de los humanos!
> ¡Su cara abofeteada
> Y escupido todo el gesto[20],
> Y de espinas, por denuesto[21],
> Su cabeza coronada!
> ¡Qué lanzada
> Le dieron, en la cruz puesto,
> Que me tiene lastimada!
> Mirad cómo le trataba
> Aquella gente crüel,
> Que a beber vinagre y hiel
> Muy crudamente le daba,
> Cuando estaba
> Puesto por balanza y fiel
> Que la redención pesaba?

HIJO.

> Pues que por salvar la gente
> Padeció tantas pasiones,
> Sientan nuestros corazones
> Lo que por nosotros siente.

VERÓNICA.

> Crüelmente
> En medio de dos ladrones
> Pusieron al inocente.
> Y el traidor de Judas[22] fue
> El que le trató la muerte:
> Tratóle pasión tan fuerte
> Aquel malvado sin fe.
> ¿Qué diré?
> ¡Señor de tan alta suerte
> Padecer asín[23] por qué!
> A su maestro vendió:
> ¿Hay razón que tal sufriese?

---

[16] oscureció.
[17] presentía.
[18] es decir, el hombre.

[19] **muy**… temprano por la mañana.
[20] rostro.
[21] injuria.
[22] el traidor que vendió a Jesús por treinta monedas.
[23] así.

¡Que en treinta dineros diese
Al mesmo que le crió!
Paz le dio,
Para que le conociese
La gente que le prendió.

PADRE.

    ¡Oh Judas, Judas maldito,
Malvado, falso, traidor,
Que vendiste a tu Señor,
Siendo su precio infinito!

VERÓNICA.

    ¡Cuán aflito[24]
Viérades al Redentor
Dar su espíritu bendito!
    En señal de redención
Nos dejó para memoria,
Por armas de su vitoria,
Las plagas de su pasión;
Por pendón,
Su santa Cruz, que es gran gloria
De nuestra consolación
    Y aun pasando el Salvador
A dar fin a nuestro daño,
Yo le di, por cierto, un paño
Para limpiarse el sudor;
Con dolor
De su dolor muy extraño,
Sufrido por nuestro amor.
    Y dejóme aquí imprimida
En el paño su figura,
Do parece la tristura[25]
De su pasión dolorida
Sin medida.
Y ésta es su sepultura,
Tesoro de nuestra vida.

HIJO.

    ¡Oh sagrario divinal,
Arca de muy gran tesoro,
No de plata ni de oro,
Mas de más alto metal!
¡Celestial
Descanso de nuestro lloro,
Remedio de nuestro mal!

PADRE.

    Hermana, por caridad
Muéstranos su semejanza,
Que es gran bienaventuranza
Tener tú tal heredad.

VERÓNICA.

    En verdad,

De mostraros sin tardanza
Labor de su majestad.
    Veis aquí dónde veréis
Su figura figurada,
Del original sacada,
Porque crédito me deis.
Si queréis,
Su pasión apasionada
Aquí la contemplaréis.

PADRE.

    ¡Oh muy bendita mujer!
Por tú ser tan pïadosa,
Eres tú la más dichosa
De cuantas pudieran ser,
Por tener
Figura tan gloriosa
Imprimida en tu poder.

HIJO.

    A quien Cristo dio tal don
Gran privanza le demuestra;
Sirvámosle, hermana nuestra,
Pues es nuestra redención.

PADRE.

    Con razón;
Que bien parece en la muestra
La labor de su pasión.

VERÓNICA.

    En su pasión tan mortal
Podéis ver muy bien, hermanos,
Si fueron los miembros sanos
Yendo la cabeza tal.

PADRE.

    Nuestro mal
Trajo su cuerpo a las manos
De aquella gente infernal.

HIJO.

    Pueblo judaico malvado,
Traspasador de la ley,
¡Matar a su propio Rey,
Habiendo de ser honrado
Y adorado!

VERÓNICA.

    Murió el pastor por su grey,
De todos desamparado.
    Si discípulos tenía,
Ninguno de ellos quedó
Que no le desamparó;
Salvo la Virgen María,
Que sentía
Cuanta pasión El sintió,
Como a quien más le dolía.
    No sé quién pueda contar

---

[24] afligido.
[25] tristeza.

El tormento y dolor suyo;
No hay dolor que iguale al tuyo,
¡Oh Madre Virgen sin par
Singular!
Ver quién es el Hijo y cúyo,
Mucho debe lastimar.
    ¡Oh qué dolor de sentir
Sentimiento dolorido!
Madre que tal ha perdido
Es dolor verla vivir;
Que es morir,
Y la muerte le es partido,
Pues es menos de sufrir.
    ¡Oh ánima traspasada
Con cuchillo de dolor!
¡Ver morir al Redentor!
¡Ay de ti, Madre cuitada[26],
Lastimada!
Fue tu lástima mayor
Que a mujer nunca fue dada.
    ¡Oh Madre que tal pariste,
Tu sentimiento lloremos,
Pues con tanta razón vemos
El gran dolor que sentiste
Y sufriste!

PADRE.

En el Hijo contemplemos;
Dejá ya la Madre triste.

HIJO.

    Contemplemos la humildad
De aqueste manso Cordero,
Hijo de Dios verdadero,
Camino, vida y verdad
Y bondad,
Con el Padre, por entero,
Una mesma voluntad.
    Padre y Hijo en un querer
Un mesmo consentimiento;
Que el paterno mandamiento
Es al Hijo obedecer,
Sin más ver.

VERÓNICA.

¡Oh dichoso monumento,
Que lo alcanzaste a tener!

PADRE.

    Hagamos aquí oración,
Las rodillas en el suelo,
Las manos puestas al cielo
Con muy mucha devoción
Y afición,
Pues sufrió tal desconsuelo
Por nuestra consolación.

[26] pobre.

ÁNGEL.

    ¡Oh monumento sagrado,
Sepulcro más que dichoso!
¡Oh cuerpo muy glorioso
De Cristo crucificado!
¡Sepultado
Tesoro, más que precioso,
Aunque por poco apreciado! . . .
    Los que estáis desconsolados,
Consolad los desconsuelos;
Que vuestros llantos y duelos
En gozo serán tornados,
Y aun doblados.
Subirá Cristo a los cielos
Con sus siervos libertados.

FIN.

    A los cielos soberanos
Subirá con su poder;
Que presto le esperan ver
Los celestes ciudadanos
Cortesanos,
Y habremos todos placer.
Andad en paz, mis hermanos.

VILLANCICO.

    Esta tristura y pesar
En placer se ha de tornar.
    Tornaráse esta tristura
En placer, gozo y holgura.

    Que Cristo en la sepultura
No puede mucho tardar.
    En llegando a los tres días
Gozaremos de alegrías,
Que el Redentor y Mesías
Tornará a resucitar.
    Resucitará con gloria,
Vencedor de gran vitoria.
Pongamos nuestra memoria
En siempre le contemplar.

FIN.

    Pongamos nuestra esperanza
En la bienaventuranza,
Pues que Cristo nos la alcanza
Muriendo por nos salvar.

LUCAS FERNÁNDEZ (1474—1542)

Uno de los seguidores más importantes de Juan del Encina fue Lucas Fernández, su rival por el puesto de cantor de la Catedral de Salamanca.

Como Encina, Lucas Fernández nació en Salamanca. Fue hijo de María Sánchez y Alonso González, carpintero y tallista. Ambos murieron en 1489, dejando a sus hijos huérfanos. Después de la muerte de sus padres, un tío se encargó de Lucas. No se sabe con seguridad por qué Lucas cambió su apellido a Fernández. En 1490 empezó su carrera musical cantando en el coro de la Catedral de Santa María. También estudió en la Universidad de Salamanca, donde actuó con Juan del Encina. Más tarde se ordenó de sacerdote.

Lucas Fernández comenzó a escribir poesía durante sus años universitarios y fue tal vez su interés en las artes lo que lo llevó al palacio del duque de Alba, en Alba de Tormes. Allí Fernández probablemente actuó en las obras de Juan del Encina. Compuso su primera obra, *Comedia*, en 1496, mientras estaba en Alba de Tormes. En 1497 compuso *Diálogo para cantar*, una pieza breve que se basa en la canción «¿Quién te hizo, Juan Pastor?», además de su segunda obra, *Farsa o cuasi comedia*, también conocida por los nombres *Farsa de la doncella* y *Farsa del caballero*.

Lucas Fernández tenía parientes influyentes dentro de la jerarquía de la Iglesia: sus tres tíos eran eclesiásticos. Su nombramiento a los veinticuatro años al puesto de cantor de la Catedral de Salamanca—cargo que tanto deseaba Juan del Encina—se debió a la intervención de familiares poderosos. Esto inició una amarga disputa entre los dos dramaturgos que resultó en años de litigación.

Para Navidades de 1499, Lucas Fernández compuso su tercera comedia, *Farsa o cuasi comedia de Prabos, Antona y el Soldado*. Al año siguiente, también para Navidades, se representó *Egloga o farsa del nacimiento de Nuestro Redentor Jesucristo*, probablemente en la Catedral de Salamanca. En 1501 escribió otra obra de Navidad, el *Auto o farsa del nacimiento de Nuestro Señor Jesucristo*.

En 1502 murió el tío de Lucas, dejándole el beneficio de Alaraz. Es probable que también el 1502 Lucas Fernández fuera a Portugal, donde participó en el *Auto pastoril castellano* de Gil Vicente. Aunque no existen documentos que prueben que los dos dramaturgos se encontraron, se sabe que las familias aristocráticas españolas viajaban a Portugal a menudo y que con ellas llevaban todo su séquito. Cronistas de la época describen viajes de la familia del duque de Alba y es de suponer que sus poetas y dramaturgos les acompañaran. Para este mismo año se había compuesto la obra más seria y ambiciosa de Lucas Fernández, el misterio *Auto de la Pasión*, la única de sus piezas que no tiene un elemento humorístico. Es una obra pascual altamente emotiva. Ni Jesús ni la Virgen participan en la acción, aunque al final aparecen las tres Marías, quienes buscan angustiadamente el cuerpo del Salvador. El dinamismo de la obra proviene de la narración apasionada de San Pedro y San Mateo, quienes cuentan la historia.

En 1514 Lucas Fernández publicó una colección de sus obras titulada *Farsas y églogas al modo y estilo pastoril y castellano*. Después de esta fecha no volvió a escribir más obras. En 1520, luego de haberse radicado por un tiempo en Portugal, fue nombrado abad de los clérigos de Salamanca. Dos años más tarde llenó la vacante de profesor de música creada en la Universidad de Salamanca por la muerte de Diego de Fermoselle, hermano de Juan del Encina. En 1526 obtuvo la maestría en música, la cual le permitió recibir el salario completo de profesor de música de la universidad.

De las siete obras de Lucas Fernández (un drama para cantar y seis farsas y églogas), cuatro son profanas, una religiosa y dos semi-religiosas. La *Comedia* trata del amor en un ambiente rústico. El *Diálogo para cantar*, en cambio, se basa en la tradición del amor cortés, mientras la *Farsa de la Doncella, Pastor y el Caballero* y la de *Prabos, Antona y el Soldado* son burlas del amor cortés. Las dos obras sobre el Nacimiento contienen episodios pastorales cómicos. El *Auto de la Pasión* es una expresión personal y profunda del sentimiento religioso del autor.

La estructura de estas obras es sencilla. Cada una comienza con un «argumento» en que se da un resumen de la acción, salvo el *Diálogo para cantar*, que está precedido de un «argumento» más breve. Las primeras escenas introducen el tono de la obra—en general, alegre y jovial, con la excepción del *Auto de la Pasión*. El *Diálogo para cantar* es una obra cantada en que Bras interroga a su amigo Juan Pastor sobre la causa de su tristeza y éste lamenta las penas de un amor no correspondido. Las comedias profanas contienen interludios cómicos y terminan con una boda. En la base de la parodia está el concepto del amor que se heredó de los cancioneros. Se trata de una pasión no correspondida que causa angustia al amante, pero el énfasis en el aspecto físico del amor sirve para burlarse del idealismo del amor cortés. Las obras de Navidad consisten en una conversación liviana y aun burlesca entre pastores que finalmente van a adorar al Niño Jesús. Los personajes son campesinos cuya habla y referencias a lugares y costumbres los identifican como habitantes de la zona de Salamanca. Así, el nacimiento de Cristo se convierte en un acontecimiento contemporáneo y familiar. El *Auto de la Pasión* consiste en una conversación entre varios personajes al pie de la Cruz, después de la Crucifixión. San Dionisio, admirado al ver eclipsar el sol, alterarse los elementos, temblar la tierra y quebrarse las piedras, comparte su asombro con San Pedro, San Mateo y Jeremías. Todos se asustan y expresan sus inquietudes y conflictos interiores. Por fin encuentran consuelo en la Resurrección de Cristo. Como Juan del Encina, Fernández incorpora música y baile a sus obras, todas las cuales terminan con un villancico. Escribió sus piezas en verso, variando la métrica de una a otra.

Es el uso del lenguaje lo que más distingue la obra de Lucas Fernández. Típicamente, la gente más culta habla castellano mientras que los campesinos hablan en dialecto. En cuanto a su precisión lingüística, Fernández supera a Encina, quien pasó muchos años en Roma y en ciudades españolas en que no tenía contacto con el habla dialectal de su tierra. Es Fernández el que nos provee de ejemplos del idioma de los campesinos—llamado el charro—tal como se hablaba, con sus formas gramaticales, variantes y rico vocabulario local. El término sayagués, que se usará a mediados del siglo para referirse a cualquier habla rústica, incluye también al charro. En las obras de Fernández, las capas sociales se diferencian no sólo por su habla, sino también por sus modos de proceder. De manera que Lucas Fernández lleva bastante lejos la caracterización dramática de diversos tipos de personajes, según su estado social.

Véase *Farsas y églogas*, ed. María Josefa Canelleda (Madrid: Castalia, 1976) o *Teatro selecto clásico*, ed. Alfredo Hermenegildo (Madrid: Escelicer, 1972).

Comedia

Doncella, Pastor y Caballero

Farsa o quasi comedia fecha por Lucas Fernández, en la cual se introducen tres personas; conviene a saber, una DONCELLA y un PASTOR y un CABALLERO, cuyos nombres ignoramos e no los conocemos más de cuánto naturaleza nos lo muestra por la disposición de sus personas. Entra primero la DONCELLA muy penada de amores por hallar al CABALLERO, con el cual tenía concertado de se salir, y topa en el campo con el PASTOR, el cual, vencido de sus amores, la requiere. En el cual tiempo, entra el CABALLERO con tan sobradas angustias de no la hallar como con pena de sus amores. Y el PASTOR, de que ve irse la DONCELLA con el CABALLERO, le habla algunas descortesías, por las cuales el CABALLERO le da de espaldarazos y, en fin, le torna después a consolar. Y va les a mostrar el camino el PASTOR. Y van cantando dos villancicos, los cuales en fin del acto son escritos.

DONCELLA.

    ¡Ay de mí, triste! ¿Qué haré
    por aqueste escuro valle?
    ¡Ay de mí! ¿Y a dónde iré,
    do buscaré
    al mi señor, que le halle?
    Miro y miro y no le veo.
    Cierto, la fortuna me es
    al revés,
    según tarde mi deseo.

    ¡Cuitada! No sé qué diga
    ni qué pudiese yo hacer
    Fortuna me es enemiga
    y desabriga.[1]
    Ya mi gloria es padecer.

PASTOR.

    ¿Qué andáis, señora, buscar?

DONCELLA.

    ¡Oh pastorcico serrano!
    ¿Viste, hermano,
    un caballero pasar?

PASTOR.

    ¿Y qué cosa es caballero?
    ¿Es algún huerte[2] alemaña?[3]
    ¿O llobo[4] rabaz[5] muy fiero?
    ¿O vignadero?[6]
    ¿O es quizás musaraña?[7]

DONCELLA.

    Es un hombre del palacio
    de linda sangre y facción
    y condición.

PASTOR.

    ¡Ño[8] me marraba[9] otro espacio!

DONCELLA.

    Di si lo viste, pastor.

PASTOR.

    Dayle[10] a rabia y ño curéis
    ya más de él, que muy mejor
    con amor
    yo os serviré, si queréis.

DONCELLA.

    No hay que quiera. Si tú quieres
    decir lo que te pregunto . . .

PASTOR.

    Bien barrunto[11]
    que sois llocas[12] las mujeres.

DONCELLA.

    Di si viste este señor.

PASTOR.

    Mucho lo debéis querer.

DONCELLA.

    Cierto. Mi entrañable amor
    gran dolor
    por él me hace padecer.

---

[1] desamparada.

[2] fuerte.
[3] alimaña, animal.
[4] lobo.
[5] rapaz.
[6] viñadero, guarda de una viña.
[7] rata.
[8] No.
[9] falta.
[10] Dadle / **Dayle**... Mándalo al diablo.
[11] veo.
[12] locas.

PASTOR.

¿Y tan huerte es de galán?

DONCELLA.

El es tal que su figura
y hermosura
me da vida con afán.

El es mi bien y deseo
y en él vive mi esperanza;
él es la gala y aseo
en que me veo
con muy firme confianza.

PASTOR.

Vos ño oteáis bien mi hato.[13]
¡Ñunca vi yo tal, zagala!
Digo, en gala,
que ño me allegue al zapato.

Pues veis, veis. Aunque me veis
un poco braguivaxuelo,[14]
ahotas[15] que os espantéis
si sabéis
cómo repico un mazuelo.[16]
¡Alahé, ahé, ahé!
zagal soy de buen zemán[17]
¡juro a San!
que quizá os agradaré.

DONCELLA.

¡Ay, pastor, no digas tal!

PASTOR.

Y ¿por qué? ¿Ño soy buen mozo?
Pues creed que so[18] el sayal
que aún hay al.[19]
Y agora me nace el bozo
y también mudo los dientes;
son, tentayme[20] este colmillo.
¡Ya me engrillo![21]
Por eso, ¡echa acá las mientes![22]

DONCELLA.

De ser, zagal, tú entendido
bien certificada esté,
y pastor, cierto, polido
y sabido.

PASTOR.

Pues miray[23] qué salto do.[24]
Y sólo por allegrar
vuestra murria[25] y gran tristura[26]
y gestadura,[27]
el gabán quiero ahorrar.[28]

DONCELLA.

Quien espera, desespera.
El que busca, anda perdido.
No hay muerte más verdadera
y más entera
que vivir el aborrido.[29]

PASTOR.

¡Riedro[30] vaya Satanás!
¡Iesu[31], d'aquí me sanctiguo
y me bendigo!
¡Pardiós, mucho os congojáis!

DONCELLA.

¡O muy noble reina Dido,[32]
ya creo tu mala suerte,
pues con dolor muy crecido
y muy subido
diste a ti mesma la muerte!

PASTOR.

Harto boba se hu[33] ella
en ella se así matar.
Debéis dejar
esa grimosa[34] querella.[35]

DONCELLA.

¡O gran dama Coronel,[36]
corona de toda España,
que con fuego muy cruel,
por ser fiel,
quemó a dos fuegos tu maña!
Tú diste fin a tu vida.
Ansí haré yo a la mía,
pues mi alegría
del todo va ya perdida.

---

[13] **oteáis**... no habéis examinado bien mis atributos
[14] corto de bragas
[15] seguro.
[16] mango de martillo o de almirez.
[17] **de**... de buena edad (es decir, soy un muchacho joven y fuerte).
[18] bajo.
[19] más.
[20] sino, tentadme, tocadme.
[21] **me**... estoy creciendo.
[22] **echa**... echad acá: pensad en mí, fijaos en mí.

[23] mirad
[24] doy.
[25] melancolía.
[26] tristeza.
[27] cara.
[28] quitarme.
[29] aburrido, hastiado, fatigado.
[30] Retro.
[31] Jesús.
[32] hija del rey de Tiro; después del asesinato de su esposo, huyó y fundó Cartago.
[33] **se**... fue.
[34] horrorosa.
[35] queja.
[36] María Coronel, mujer de don Juan de la Cerda, que, por ser fiel a su marido, se mutiló la cara para contrariar las intenciones amorosas de Pedro el Cruel. Fue ejecutada por orden del rey.

PASTOR.

    Pues no hagáis sino mataros
    y no podréis resolgar.[37]
    Gran prazer[38] he de miraros
    y otearos
    y vos ño queréis mirar.

DONCELLA.

    Con dolor de mis dolores
    no te puedo, cierto, ver
    ni entender,
    pues no veo a mis amores.

PASTOR.

    ¡Daldo, daldo a prigonar[39]
    y aborrí un maravedí,
    que ansí hogaño vine hallar,
    sin tardar,
    una burra que perdí![40]

DONCELLA.

    Es'es[41] consejo grosero.

PASTOR.

    Procurá de lo encantar,
    o encomendar
    o acodid al mostranquero.[42]

DONCELLA.

    Hallar yo ya no podré
    alegría, mas pesar;
    gozo en pena mudaré
    y terné[43]
    por gran consuelo llorar.

PASTOR.

    Ayna[44] ya, dejayvos[45] d'eso
    y atravesá el ojo acá.[46]

DONCELLA.

    Apart'allá.[47]
    no te hagas tan travieso.

PASTOR.

    Ora[48] ¡pardiós! con prazer
    ya el ojo se me reguilla.[49]
    Y aun en vuestro parecer,

    a mi ver,
    bien os quillotráis de villa.[50]

DONCELLA.

    ¡Ay! Si este sospiro oyese
    el que yo ando buscar,[51]
    sin dudar
    luego mi mal feneciese.

PASTOR.

    ¡Y veréis cómo os tornáis!
    ¿A dónde tenéis las mientes?

    ¿Y por mí no sospiráis
    ni penáis?

DONCELLA.

    ¡Ay pastor, no me atormentes!

PASTOR.

    Pues yo ¡mi fe! mucho os quiero
    y aun ¿veis? sospiro por vos.
    ¡Ay Dios,
    que de cachondiez[52] me muero!

DONCELLA.

    ¡O, cuánta pena pasaste,
    Margarona, por Ricardo![53]
    ¡O, cuánto te engenaste
    y transformaste!
    ¡Ay de mí, que así yo ardo!

PASTOR.

    Arder, corazón, arder
    sin fenecer, ni acabar,
    ni cesar,
    que no vos puedo valer.

DONCELLA.

    Danes,[54] hija de Peneo,
    mal te supe yo imitar;
    y el tu altísimo aseo
    mi deseo
    no le supo conservar.
    Cualquier dama, si no es necia,
    antes se debe matar
    que no errar;
    o muera como Lucrecia.[55]

---

[37] respirar
[38] placer
[39] **daldo**... dadlo a pregonar
[40] **Daldo**... Gasta un maravedí en hacerlo pregonar, que así llegué a hallar una burra que había perdido
[41] Ese es
[42] **o**... o acudid al pregonero
[43] tendré
[44] Anda
[45] dejaos de eso
[46] **y**... y mirad acá
[47] Apártate allá
[48] Ahora
[49] mueve

[50] **os**... presumís de ser de villa y no de campo
[51] buscando
[52] deseo sexual
[53] posible referencia a la reina Margarita, esposa de Eduardo IV de Inglaterra, el que fue sucedido por su hermano, Ricardo III.
[54] Dafne, hija del río Peneo, a la cual el enamorado Apolo perseguía hasta que su padre la convirtió en laurel
[55] mujer romana, símbolo de la fidelidad conyugal; violada por Sexto Tarquino, se suicidó

PASTOR.

¡Cómo! ¿ño me respondéis
a cosa alguna que digo?
Ño me, ño me desdeñéis.
¿Por qué lo hacéis?
¿Ignoráisme? ¡Digo, digo!

DONCELLA.

¿Qué te tengo de decir?

PASTOR.

Que me tenéis ya cariño.

DONCELLA.

¡O, qué aluño[56]
para mi triste vivir!

PASTOR.

Por quitaros de agonía
tocar quiero el caramillo,[57]
y haré sones de alegría
a porfía,
y diré algún cantarcillo.

DONCELLA.

Nunca fue pena mayor.
Me canta por tono estraño,
pues mi daño
sobre todos es mayor.

PASTOR.

¡Juri al mundo![58] Gran quexigo[59]
vos acosa y gran quejumbre.

DONCELLA.

¡Ay, qu'es mi mal tan esquivo
y tan altivo,
qu'es de pasiones la cumbre!

PASTOR.

Llugo[60] peor que modorra[61]
debe de ser vuestro mal.

DONCELLA.

Más. Mortal
es, pues no hay quien me socorra.

PASTOR.

Que yo vos socorreré.

DONCELLA.

No peno por ti yo, cierto.

PASTOR.

Yo por vos sí, en buena hé.[62]
Y aun os diré
que me tenéis medio muerto.
El amor que dice el otro
podemos éste decir
sin mentir:
yo por vos, vos por es'otro.

DONCELLA.

¿Y hasta acá el amor extiende
su poder entre pastores?

PASTOR.

¡Ay señora! aquí nos prende
y nos ofende
con mill ansias y dolores.
Hácenos mill sinsabores
y al triste pastor que hiere,
si no muere,
siempre da grandes cramores.[63]

Quítanos los retentivos;[64]
róbanos los mamoriales;[65]
trae muertos los más vivos;
muy cativos
tray[66] acá muchos zagales.
Hasta el triste del herrero
le dio hogaño un batricajo[67]
en un lavajo,[68]
que quedó medio lladero.[69]

Catívanos los sentidos;
sojúzganos los pensamientos;
andamos tristes, perdidos,
desmaídos,[70]
con congojosos tormentos.

DONCELLA.

Sus tormentos no es posible
que os den tan gran desosiego.

PASTOR.

Con un huego[71]
ños[72] quema muy perpexible.[73]

---

[56] consuelo.
[57] tipo de flauta pequeña.
[58] **Juri**... juramento con el cual el pastor expresa su frustración
[59] queja
[60] Luego
[61] fatiga

[62] fe
[63] clamores
[64] memoria
[65] memoriales
[66] trae
[67] golpe fuerte.
[68] charca de agua
[69] torcido
[70] tristes, desalentados
[71] fuego
[72] nos
[73] propenso a inflamarse fácilmente

Y aun el crego[74] esta otoñada
de amor andaba aborrido
por Juana la desposada;
acosada
la traía el dolorido.

DONCELLA.

Ya no hay cerro, ya no hay llano,
ni castillo, ni montaña,
ni cabaña,
que amor no tenga en su mano.

PASTOR.

Los viejos aman las mozas;
los mozos aman las viejas;
por las breñas, por las brozas,
por las chozas,
amor siembra sus consejas;
hace ser lo hermoso feo
y lo feo ser hermoso.
El malicioso
da al más suyo más deseo

y al más suyo más le mata.
Ño entiendo aqueste amorío.
Y al que le aballa la pata,[75]
mal le trata
con castigo muy crudío.[76]
Y al pastor más desastrado
suele dar mayor ventura,
y da tristura
al zagal más perllotrado.[77]

DONCELLA.

Bien alcanzo a conocer
que, desde oriente a poniente,
sojuzga su gran poder
el querer
de toda la humana gente.
Mas al linaje grosero
bien creo que no castiga
ni hostiga
tan recio, ni l'es tan fiero.

PASTOR.

¡Ay, ay, ay! No digáis tal,
que en mal punto os miré yo;
que pecado vinial
ni mortal
ñunca tal pena me dio.
Si no, ved, tentadme aquí

cuánto el corazón me llate[78]
y me combate
desde denantes[79] que os vi.

Todo estó concallecido;[80]
la intención ¡triste! me duele;
la mamoria[81] y el sentido
he ya perdido;
la igaja[82] me desmuele;
refríaseme[83] la sangre;
respellúnzaseme el pelo;[84]
con gran duelo
me toma frío y callambre.[85]

DONCELLA.

Sí, mas aunque padecéis,
cierto fáltaos lo mejor:
pues crianza no tenéis,
no podéis
bien mostrar vuestro dolor.

PASTOR.

Yo bien ancho y bien chapado[86]
estó, y relleno y gordo;
¡bien milordo![87]
Asmo[88] ño me habéis mirado.

DONCELLA.

No está en eso el bien criado.

PASTOR.

Pues ¿en qué?

DONCELLA.

En ser cortés
y muy limpio y bien hablado
y requebrado.[89]

PASTOR.

Requiebro, ¿qué cosa es?
Requebrar y esperezar
todo debe de ser uno,
y de consuno
bocezar[90] y sospirar.

---

[74] clérigo
[75] **le**... le huye
[76] cruel
[77] alegre

[78] late
[79] cuando
[80] **estó**... estoy enfermo
[81] memoria
[82] hígado
[83] resfríaseme
[84] se me eriza el pelo
[85] calambre, escalofrío
[86] guapo
[87] majo
[88] Estimo
[89] que requiebra, que sabe hacerle la corte a una mujer
[90] bostezar

DONCELLA.

Requiebro es un sentimiento
que en el gesto se aparece
cuando, extraño el pensamiento,
con tormento
se transforma el que padece,
y olvidado, sin sentido,
contemplando en su amiga,
su fatiga
representa con gemido.

Y así puedes entender
qué cosa es el requebrar.

PASTOR.

Ya lo asbondo[91] a conocer
y saber
y el sospirar, sin dudar.

DONCELLA.

Pastor, queda en ora buena.

PASTOR.

¡Ay, veréis! ¿Cómo os vais
y me dejáis
en tan desllotrada[92] pena?

DONCELLA.

No me quieras más tener,
pastor, con tu razonar.

PASTOR.

Mas vos me quered hacer
un pracer:
que n'os queráis aballar.[93]
Aquí vos podéis estar
comigo en esta montaña.
En mi cabaña,
si queréis, podéis morar.

DONCELLA.

Ya no es para mí morada
si no fuere de tristura;
ya mi gloria es acabada
y rematada;
mi casa, la sepultura;
de sollozos mi manjar;
mi beber, lágrimas vivas;
las esquivas
fieras me han de acompañar.

Mis cabellos crecerán
y serán mi vestidura;
mis pies se endurecerán
y hollarán

por peñas y tierra dura;
los graznidos de las aves,
con los gritos que yo daré,
gozaré
por cantos dulces, suaves.

De los osos sus bramidos
será ya mi melodía;

de los lobos aullidos
muy crecidos
será mi dulce armonía;
montes, montañas, boscajes
secarse han con mi pesar,
y, sin dudar,
espantaré a los salvajes.

Las fuentes dulces, sabrosas,
darán agua de amargor;
las flores y frescas rosas
olorosas
no ternán color ni olor;
y en señal de mi gran luto,
los verdes sotos y prados
y cerrados
ternán su frescor corruto.[94]

PASTOR.

¡Qué retrónica[95] pasáis
tan incrimpolada[96] y fuerte!
Decid, ¿n'os despepitáis[97]
y cansáis?

DONCELLA.

Presto dará fin mi muerte
en ver mis tristes cuidados.
Los nobles cuatro elementos,
con tormentos,
todos serán ponzoñados.[98]

Quiero complir mi jornada.
¡Queda a Dios, pastor lozano!

PASTOR.

N'os vais[99] tan desconsolada.

DONCELLA

¡Ay cuitada,
que tanto trabajé en vano!
Quien la honra pierde y fama
sin hallar lo que quisiera,
muera, muera.

---

[91] asomo, empiezo
[92] amarga
[93] ir, mover

[94] corrompido
[95] retórica
[96] enredada
[97] enfermáis de la lengua
[98] envenenados
[99] vayáis

PASTOR.

Esperá un poco, ñuestr'ama.[100]

Vámonos a mi majada
que está en somo[101] esta floresta.
Cuido estáis desambrinada[102]
y ainada[103]
de aquesta cruda recuesta.
Daros he priscos,[104] bellotas,
madroños, ñueces,[105] manzanas

y avellanas,
y cantarvos he mill ñotas.[106]

¡Darvos he bien sé yo qué!
Una pásara[107] pintada
y un estorniño[108] os daré,
y, en buena fe,
una llebrata[109] preñada.

CABALLERO.

¡Oh señora de mi vida!

DONCELLA.

¡Oh mi alma y mi señor!

CABALLERO.

¡Oh mi amor!
¿Dónde estábades perdida?

PASTOR.

¡Que ñora[110] mala vengáis!
¡Y ansí vos lo digo yo!
Y decí, ¿por qué os llegáis
y tomáis
la zagala con que estó?

CABALLERO.

¿Qué dices, pastor grosero?

PASTOR.

Que me dejéis la zagala
¡Ñora mala!

CABALLERO.

¡Aparta allá, majadero!

PASTOR.

Daxay[111] la infantina[112] estar.
No la sobajéis[113] así.

CABALLERO.

Algo me querrás llevar,
sin dudar,
antes que vamos[114] de aquí.

PASTOR.

Asmo pensáis, palaciego,
que así me habéis de ultrajar
y espantar.
¡No lo penséis, don rapiego![115]

CABALLERO.

Don villano avillanado,
¿no queréis vos hoy callar?

PASTOR.

Don hidalgote pelado,
llazerado,[116]
mas ¿no me queréis dejar?

CABALLERO.

¿Atrevéisos, pues, quizá?

PASTOR.

Dejá, dejá la joyosa[117]
lagrimosa.
Ño la saquéis. ¡Quit'allá!

CABALLERO.

¡O, qué gentil vadajada![118]

PASTOR.

Desque traés la melena
hazcas[119] que en guis muy pendada[120]

y carmenada,[121]
enfengís[122] ¡Dios ñorabuena!

CABALLERO.

Pues sabéis, os arrebato,
don bobazo, bobarrón.

---

[100] nuestra ama
[101] **en**... en lo alto de
[102] con hambre, con necesidad de comer
[103] apresurada
[104] tipo de melocotón
[105] nueces
[106] notas
[107] pájara
[108] estorino, tipo de pájaro
[109] liebre (El pájaro y la liebre son símbolos sexuales muy antiguos.)
[110] en hora

[111] Dejad
[112] joven
[113] toquéis
[114] vayamos
[115] rapiñador
[116] lacerado: desgraciado
[117] espada
[118] tontería
[119] casi
[120] peinada
[121] limpia y desenredada («Carmenar» también significa pelear, tirando de los cabellos.)
[122] presumís

PASTOR.
¡Oíste[123] asnejón!
Pues peygayuos[124] a mi hato.[125]

Aquí da el CABALLERO *de espaldarazos al* PASTOR.

CABALLERO.
Y ¿cómo? ¿lengua tenéis?

DONCELLA.
¡Sancta Brígida! ¡Iesú!

CABALLERO.
Asperá[126] un poco. Veréis.

PASTOR.
¿Qué me haréis?

CABALLERO.
¿Y aun habláis?

PASTOR.
¿Pues qué hu?[127]

DONCELLA.
Apart'allá.

PASTOR.
Dejá llegue.

CABALLERO.
¡O hi[128] de puta, albardán![129]

PASTOR.
¡Juri a San Juan,
si llegáis, que vos la pegue!

CABALLERO.
Tosco, hosco, melenudo,
patudo, jetudo y brusco.

PASTOR.
¡Mucho enfengís de agudo
y muy sesudo!
¡Ah, ño praga Dios con busco![130]

CABALLERO.
¿Y aún hablas, di, don villano?

PASTOR.
Y aún habro.[131]

CABALLERO.
Pues espera.

DONCELLA.
Apart'allá.
Vete en paz agora, hermano.

CABALLERO.
Si no por no ensuciar
en tu sangre vil mi mano,
yo te oviera[132] hecho callar
y aun no chistar.[133]

PASTOR.
Mucho estáis agora ufano.

DONCELLA.
¡Anda, pastor, vete d'i![134]

PASTOR.
¡Y veréis la xergirina[135]
y culebrina!
¿Y vos también contra mí?

DONCELLA.
¡Por mi vida, pastor, no!

PASTOR.
N'os cale desemular.[136]

DONCELLA.
Cierto, contra ti no so.

PASTOR.
Digo yo.
que os fuera mejor hilar.
Callá, que yo lo diré
a vuestro padre que os vi
anxó, anxí.[137]
Yo se lo rellataré.[138]

CABALLERO.
Quédate con tu ganado.
Pastor, guarda tus ovejas.

PASTOR.
Después que l'habéis burlado
y engañado,
enxalmáysme[139] las orejas.

CABALLERO.
Que no debes de curar
de aquesta noble doncella.

PASTOR.
Muero en vella.[140]

---

[123] apártate
[124] pegaos, uníos
[125] rebaño
[126] Esperad
[127] fue
[128] hijo
[129] truhán
[130] **con**... convusco, con vuestra merced
[131] hablo

[132] hubiera
[133] decir una palabra
[134] de allí
[135] jilguerita, habladora
[136] **cale**... conviene disimular
[137] así, asá
[138] relataré
[139] me ensalmáis
[140] verla

CABALLERO.

Ora quiere a Dios quedar.

PASTOR.

¡O falso barbimohýno![141]
¡Y cómo que la engañó!
¡Ay triste de mí, mezquino!
¡Que me fino![142]
¡Ay cuitado! ¡Muerto so!
¡O, maldita mi ventura!

CABALLERO.

¡Ha pastor, ha pastor!

PASTOR.

¡Ha!

CABALLERO.

Ven acá
y desecha la tristura.

PASTOR.

Ya no puedo yo dejar
a duelo de tal manera;
mi vida será llorar
y lamentar
hasta el día en que yo muera

CABALLERO.

Ora pastor, por tu fe,
desecha todo cuidado.

PASTOR.

¡Ay cuitado!
Ya yo, ya no podré.

CABALLERO.

Pastor, no estés engañado,
que mucho antes de agora
he andado enamorado
y muy penado
por haber[143] esta señora.
Y de hoy más no te dé pena.

PASTOR.

Ora digo, señor bueno,
que, aunque peno,
que la llevéis en ora buena.

FIN.

CABALLERO.

Desde aquí quedo, pastor,
muy presto para te honrar.

PASTOR.

Yo también, mi buen señor,
a vuestro honor.

CABALLERO.

Di, ¿quieres nos mostrar
el camino por dó va?

PASTOR.

Sí, y aún quiero llevantar
un cantar.

CABALLERO.

Pues ayna comienza ya.

VILLANCICO.

Pastorcico lastimado,
descordoja[144] tus dolores.
¡Ay Dios, que muero de amores!

¿Cómo pudo tal dolencia
lastimarte? Di, zagal.
¿Cómo enamorado mal
inficiona tu inocencia?
De amor huye y su presencia.
No te engañen sus primores.
¡Ay Dios, que muero de amores!

Dime, dime, di, pastor.
¿Cómo acá, entr'estos boscajes
y entre estas bestias salvajes,
os cautiva el dios de amor?
Sus halagos, su furor,
¿sienten también labradores?
¡Ay Dios, que muero de amores!

¡A la hé, juro a San Pego!
—hablando con revilencia[145]—
¡Mia fe! grande pestilencia
ños envía amor de fuego.
También nos da mal sosiego
acá a los tristes pastores
como en villa a los señores.
Sí, mas eres muy chequito[146]
para sentir tú su llaga.
A la mia fe, yo ¡Dios praga![147]
la sentí de pequeñito.
En la cuna oí su grito
prometiéndome favores
y agora dame dolores.

Di ¿con quién te cautivó
y te lastimó su espina?
La hija de mi madrina
fue el anzuelo que me asió
Con ella me percundió[148]

---

[141] de barba mohína, es decir, muy negra
[142] muero
[143] tener
[144] quita la congoja
[145] reverencia
[146] chiquito
[147] plazca
[148] invadió, infectó

dándome mill sinsabores
y así muero con amores.

No me aprovecha enjalmar,
ni curas, ni medicinas,
ni las triacas más finas
me pueden desponzoñar.
Ni aun el crego, sin dudar,
físicos, saludadores,
saben curar mis dolores.

No es mal que tiene cura;
por eso ten gran paciencia.
¿Cómo? ¿En mi mal no hay hemencia?[149]
¡Ay triste de mi ventura!
Esfuerza con gran cordura,
no te acaben tus dolores.
¡Ay Dios, que muero de amores!
No seas tan congojoso
ni te ahogues en poca agua.
¡Ay, que ardo en viva fragua
de fuego muy centelloso!
Esfuerza ya, ten reposo,
descordoja tus dolores.
¡Ay Dios, que muero de amores!

Es amor un mal amargo
más que ruda[150] y que torvisco.[151]
Es red que lleva a barrisco[152]
todo el mundo; sin embargo
es un muy pesado cargo
de pesares y dolores
y de estraños disfavores.

¡Juri al mundo! Es gran pasión,
según ¡triste! siento y veo,
de un muy hambriento deseo
el cual mata el corazón.
Es centella de afición,
y dulzor con amargores,
y amargor con mil dolores.

OTRO VILLANCICO DEL MESMO ACTO

Tiene tanta fuerza amor
que a cualquier que se defiende,
o le mata, o hiere, o prende.

El roba la voluntad
con las fuerzas del deseo,
de la gracia y la beldad,
de la belleza y aseo;

con la pompa y el arreo
de la dama con que ofende,
él castiga, o hiere, o prende.

Siembra centellas de amor
a los ojos y afición,
y con llamas de dolor
él abrasa el corazón.
Da combate de pasión
a cualquier que se defiende
hasta que le mata o prende.

Da congoja desigual
con aquejados tormentos;
con ansia más que mortal
combate los pensamientos.
Y éstos son los instrumentos
con que batalla y ofende
al triste que se defiende.

Con dulce flagelo hiere
a los nuevos amadores;
y si alguno huir quiere,
dale pasión de dolores
do reciba disfavores;
y al que escaparse entiende,
con mortal herida ofende.

FIN

Por suyos nos sometemos
debajo su poderío,
y por rehén le ofrecemos
a nuestro libre albedrío;
pues que a su gran señorío
ningún poder se defiende,
que no mate, o hiera, o prende.[153]

GIL VICENTE (¿1465–1537?)

Gil Vicente se ha llamado el padre del teatro portugués; al mismo tiempo se considera uno de los contribuyentes más importantes al desarrollo del teatro pre-lopista en España. De las cuarenta y cuatro obras del dramaturgo, dieciséis están en portugués, once están en español y diecisiete son bilingües (aunque todos los títulos están en portugués, sea cual sea el idioma que emplee el dramaturgo).

Aunque el portugués era su lengua materna, Gil Vicente comenzó su carrera literaria bajo la influencia de Juan del Encina y Lucas Fernández, ambos de la escuela de Salamanca. Las primeras obras de Gil Vicente son *Visitação* o *Monólogo do Vaqueiro* (1502), *Auto pastoril castelhano* (1502) y *Auto dos Reis Magos* (1503), escritas en español. En 1504 escribió *Auto de São Martinho*, también

---

[149] gravedad
[150] una planta de olor desagradable que se usa en la medicina
[151] planta
cuya corteza sirve para cauterios
[152] caóticamente

---

[153] prenda

en español, para las festividades de Corpus Christi. Pasan cuatro o cinco años antes de que componga otra obra, tal vez porque las exigencias de su otro oficio—el de orfebre—le ocupaban demasiado tiempo. Entonces aparecen *Quem Tem Farelos?* (¿1508?), *Auto da India* (¿1509?) y *Auto da Fe* (¿1510?).

La primera obra en español es un breve monólogo, la segunda y tercera son coloquios y el *Auto de São Martinho* representa la historia bíblica en que San Martín comparte su capa con un mendigo. Esta última es de escaso valor literario; las otras, sin embargo, establecen a Gil Vicente como un importante seguidor de la tradición establecida por Juan del Encina y Lucas Fernández. De hecho, *Visitação* está escrita en el dialecto sayagués. La influencia de la literatura española sigue haciéndose sentir en obras posteriores. Por ejemplo, se ve claramente en las dos obras caballerescas, *Dom Duardos* y *Amadís de Gaula*, las cuales están basadas en romances españoles y están escritas en español.

El hecho de que Gil Vicente haya seguido escribiendo obras en español no es difícil de entender cuando se considera el gran prestigio de que gozaba la cultura española en la corte de Portugal. La corte misma era bilingüe y, siendo España una de las naciones más ricas y poderosas del mundo después del descubrimiento de América, había gran interés en la posibilidad de unir los dos reinos. Varias alianzas matrimoniales se habían realizado entre España y Portugal y la presencia constante de españoles en la corte portuguesa explica que Gil Vicente haya escrito obras en los dos idiomas, además de obras bilingües. Estas se inician con *Quem tem farelos?*. En muchas de estas obras los personajes sencillamente hablan su lengua materna—portugués o español. Se ha sugerido que además del deseo de gustar a un público aristocrático que constaba de españoles tanto como de portugueses, puede haber influido en la decisión del dramaturgo de escribir obras bilingües un deseo de lograr la verosimilitud lingüística. Sin embargo, en algunos casos, el uso de un idioma u otro es arbitrario. Por ejemplo, en el *Auto da fe*, la Fe habla portugués mientras los rústicos hablan español.

Dramaturgo de la corte, Gil Vicente compuso obras de diversos tipos. Sus escritos incluyen farsas, comedias, autos, obras caballerescas y canciones y poemas. Fue muy prolífico en los géneros humorísticos, produciendo breves bocetos satíricos o burlescos además de comedias más largas. Había precedentes para este tipo de obra, ya que después de asistir a ceremonias religiosas, era común que los caballeros y damas de la corte se reunieran a ver momos—breves obras ligeras en que los personajes llevaban máscaras y había un acompañamiento muscial. Gil Vicente incorporó muchos elementos de los momos en sus comedias y farsas.

Sus obras contienen una galería de personajes, muchos de los cuales ya habían aparecido en la literatura por-

tuguesa o española anteriormente. Hay campesinos, gitanos, médicos, simples, judíos, cornudos, escuderos enamorados, príncipes disfrazados y muchos más. Abundan los personajes celestinescos. Mucho del humor se deriva de juegos lingüísticos. Por ejemplo, en la *Farsa das ciganas* las gitanas hablan un dialecto cómico en que la *s* se pronuncia como la *z* y la *o* se convierte en *u*. Otra fuente de humor son los chistes anticlericales.

En cuanto a su actitud hacia la nobleza y la Iglesia, Gil Vicente está dentro de la corriente erasmista. En varias obras señala los abusos de los poderosos, incluso los del Papa. Alude frecuentemente al comportamiento poco casto de los clérigos. Por ejemplo, en la *Comedia de Rubena*, la hija de un abad queda encinta de un sacerdote. Aunque la primera edición de la obra completa de Gil Vicente fue publicada por su hijo en 1562 sin que la Inquisición exigiera cambios, la segunda edición, la que apareció en 1586, contiene numerosas «correcciones». Las autoridades eclesiásticas objetaron el retrato negativo del clero en muchas obras de Gil Vicente. De hecho, si no hubiera sido por la intervención de la reina Catalina, es posible que tampoco hubiera aparecido la primera edición de la *Copilação*.

Gil Vicente también escribió autos y moralidades en los que incorpora elementos alegóricos del teatro medieval. En este campo la tradición portuguesa ofrecía muy poco. Aunque el teatro español religioso tampoco estaba muy desarrollado, Juan del Encina y Lucas Fernández ya habían escrito obras que podían servir de modelos. Los primeros autos de Gil Vicente fueron escritos para la Navidad, la Epifanía y el Corpus Christi. Más tarde, entre 1516 y 1519, escribe las tres *Barcas* (*Inferno, Purgatorio* y *Gloria*) y *Auto da alma* al que la crítica moderna ha asignado la fecha de 1518 a pesar de que lleva la de 1508 en la *Copilação*.

Las obras religiosas alegóricas de Gil Vicente representan el conflicto entre el bien y el mal, entre Dios y el demonio. El *Auto da alma*, el *Auto da barca do Inferno* y el *Auto da barca do purgatorio* están en portugués, mientras que el *Auto da barca da gloria* está en español.

El tema de las tres *Barcas* es la entrada del alma en el más allá, en el momento en que se decide si una persona se salva o se condena. En el *Auto da barca do Inferno* las barcas de la Gloria y del Infierno, guiadas por un ángel y un diablo, aceptan o rechazan cada muerto que se presenta. Van con el diablo un hidalgo arrogante, un usurero, un zapatero pillo, un fraile vicioso, una alcahueta, un judío, un juez corrupto y un criminal. Se salvan el simple (ya que tiene el corazón inocente) y cuatro caballeros que murieron defendiendo la fe.

El *Auto da barca do Purgatorio* presenta a varias personas que necesitan purgarse de culpa antes de entrar en la Gloria. Un labrador, una mujer regatera, un pastor y una moza, cada uno de los cuales ha cometido delitos menores, esperan la oportunidad de pasar a la barca del ángel, el cual los llevará al paraíso. El ángel echa de su barca a un jugador que ofende a Dios blasfemando porque «Tafues e renegadores / não tem nenhum salvamento». («Jugadores y renegadores / no tienen ninguna salvación».) El diablo, feliz, se lo lleva gritando, «Nosso é». («Nuestro es».) Pero un niño inocente sube entre cantos alegres a la barca de la Gloria.

A pesar de ser obras de tema serio, las dos primeras *Barcas* están llenas de humor. Las máscaras, los tipos y el tono recuerdan la *commedia dell'arte*. La descarada y exhuberante alcahueta Brízida Vaz, de la primera *Barca*, muestra mucha influencia de *La Celestina*. Marta Gil, la regatera de la segunda *Barca* es un tipo social totalmente familiar y reconocible.

El tono de la tercera *Barca* es diferente. El *Auto da barca da Gloria* trata de los poderosos. El Diablo, quejándose a la Muerte que «Bajos hombres y mujeres, / de estos matas cuanto quieres, / y tardan grandes y ricos» manda a ésta que le traiga nobles y oficiales de la Iglesia. Se nota claramente la influencia erasmista en la enumeración de los pecados de las personas de calidad. El Conde, el Duque, el Rey, el Emperador, el Obispo, el Arzobispo y aun el Papa se ven obligados a rendir cuentas. La arrogancia del Papa, que se creía inmortal y por lo tanto no se preocupaba por su alma, y la corrupción de la alta jerarquía de la Iglesia recuerdan las condenaciones de Erasmo de los excesos de los oficiales eclesiásticos. En la ridiculización de estos personajes resuenan las demandas de Erasmo por la reforma de las costumbres y el retorno a la doctrina. Al final del auto, interviene Cristo y todos se salvan—resolución obligatoria en una obra que se representaba ante espectadores distinguidos. Jack H. Parker ha notado que Gil Vicente tiene que haber gozado de gran favor en la corte para poder presentar de una manera tan audaz a personajes prominentes bajo una luz tan negativa.

Gil Vicente nació en una zona rural de Portugal. Aunque no se ha podido determinar con seguridad el nombre de su pueblo natal, su vocabulario y los íntimos conocimientos de la vida campestre que se revelan en sus obras llevan a los críticos a creer que no puede haber nacido en una gran ciudad. Tampoco se ha podido averiguar qué tipo de educación recibió. Joaquim de Carvalho ha alegado que Gil Vicente poseía una amplia formación humanística, mientras que otros críticos (Aubrey Bell, Carolina Michaëlis de Vasconcelos, I. S. Révah) creen que los conocimientos literarios del dramaturgo eran superficiales. Révah sugiere que puesto que Gil Vicente era orfebre además de hombre de teatro, estaba muy informado en cuanto al uso de la iconografía religiosa. Probablemente fue a la corte durante las celebraciones en la ciudad portuguesa de Evora del matrimonio del príncipe Afonso e Isabel de Castilla, hija de los Reyes Católicos. Escribió su primera obra para honrar a la reina española al nacer su hijo. Estuvo en la corte durante el reinado de Manuel I, conocido por su gusto por el es-

plendor, y de su hijo, João III. Además de escritor, Gil Vicente era músico, actor y poeta. Dirigió sus propias obras, por lo general bajo condiciones muy primitivas, aunque para algunas de las representaciones había escenario y accesorios. La *Barca do Inferno*, por ejemplo, requería dos barcas, con mástil y velas. Algunas de las aportaciones más significativas de Gil Vicente al desarrollo del teatro están en el campo del montaje. También llegó a ocupar un puesto importante en la corte en su capacidad de orfebre.

El *Auto da barca da glória* se encuentra en las *Obras Completas* (6 vols.), ed. Marques Braga (Lisboa: Sa da Costa, 1963–1969). Véase también *As barcas*, ed. Armando López Castro (León: Universidad de León, 1987).

Auto da[1] barca da glória

PERSONAS

DIABO[2]

ARRAIS DO INFERNO.[3]

ANJO[4].

ARRAIS DO CÉU[5]

MORTE.[6]

COMPANHEIRO[7] DO[8] DIABO.

CONDE.

DUQUE.

REI[9]

IMPERADOR.[10]

BISPO.[11]

ARCEBISPO.[12]

CARDEAL.[13]

PAPA.

ANJOS.

Segue-se a terceira cena, que e enderençada à Embarcação da Glória. Trata se por dignidades altas. Foi representada ao mui nobre Rei D. Manuel, o primeiro em Portugal deste nome, em Almeirim, era do Redentor de 1519.[14]

Primeiramente entram quatro ANJOS cantado, e

---

[1] de la
[2] diablo
[3] jefe, capitán del Infierno
[4] ángel
[5] cielo
[6] muerte
[7] compañero
[8] del
[9] rey
[10] emperador
[11] obispo
[12] arzobispo
[13] cardenal
[14] Sigue la tercera escena (después de la del Infierno y la del Purgatorio) que trata de la Embarcación a la Gloria. Se trata de altas dignidades. Fue representada al muy célebre Rey don Manuel, el primero en Portugal de este nombre, en Almeirim, en el año 1519, era del Redentor.

trazem cinco remos com as cinco chagas, e entram
no seu batel.[15]
   Vem o Arrais do Inferno e diz ao seu companheiro:[16]

DIABO.

   Patudo, ve muy saltando,
   llámame la Muerte acá;
   dile que ando navegando,
   y que la estoy esperando,
   que luego se volverá.

Vem a MORTE.[17]

MORTE.

   ¿Qué me quieres?

DIABO.

   Que me digas ¿por qué eres
   tanto de los pobrecicos?
   Bajos hombres y mujeres,
   de estos matas cuantos quieres,
   y tardan grandes y ricos.

   En el viaje primero[18]
   me enviaste oficiales:
   no fue más de un caballero,
   y lo al,[19] pueblo grosero,
   dejaste los principales
   y villanaje
   en el segundo viaje,
   siendo mi barco ensecado.
   A pesar de mi linaje,
   los grandes de alto estado
   ¡cómo tardan en mi pasaje!

MORTE.

   Tienen más guarida[20] esos,
   que lagartos de arenal.

DIABO.

   De carne son y de huesos;
   vengan, vengan, que son nuesos,[21]
   nuestro derecho real.

MORTE.

   Ya lo hiciera,
   su deuda paga me fuera;[22]
   mas el tiempo le da Dios,
   y preces le dan espera:[23]

pero deuda es verdadera,
yo los porné[24] ante vos.
   Voyme allá de soticapa[25]
a mi estrada seguida,
verás como no me escapa
desde el Conde hasta el Papa.
Haced prestes[26] la partida.

DIABO.

   En buenora.[27]

COMPANHEIRO.

   Pues el conde que vendrá ora,[28]
   ¿irá echado, o de qué suerte?

ANJO.

   Oh Virgen nuestra Señora,
   sed vos su socorredora
   en la hora de la muerte.

Vem a MORTE, *e tras o* CONDE, *e dis:*[29]

MORTE.

   Señor Conde prosperado,
   sobre todos más ufano,
   ya pasastes por mi vado.[30]

CONDE.

   ¡Oh Muerte! ¡cuán trabajado
   salgo triste de tu mano!

MORTE.

   No fue nada;
   la peligrosa pasada
   de esta muy honda ribera
   es más fuerte e trabajada,
   más terrible en gran manera.
   Ved, Señor, si traéis flete[31]
   para aquel barco del cielo.

CONDE.

   Allí iría yo por grumete[32]

MORTE.

   Primeiro os sudará el topete.[33]

CONDE.

   Tú no das nunca consuelo.
   Oh Muerte escura,

---

[15] Primero, entran cuarto ángeles cantando, y traen cinco remos con las cinco llagas (de Cristo), y entran en un batel.
[16] Viene el capitán del Infierno y le dice a su compañero.
[17] Viene la Muerte.
[18] es decir, el viaje de la Barca del Infierno
[19] **lo**... el resto
[20] amparo o refugio, remedios (contra la muerte)
[21] nuestros
[22] **Ya**... Ya les haría pagar la deuda (cumplir con la obligación de morir)
[23] honores (Creen que porque son personas de calidad. no tienen que cumplir con esta obligación.)

[24] pondré
[25] **de**... disfrazada
[26] pronto
[27] buena hora
[28] ahora
[29] Viene la Muerte y trae al Conde, y dice:
[30] punto de un río donde, por su poca profundidad, se puede atravesar a pie. (Se trata del río que separa el mundo de los vivos del de los muertos.)
[31] la carga de un barco
[32] aprendiz de marinero
[33] mechón de pelo que cae sobre la frente (En otras palabras, no irás.)

pues me diste sepultura,
no me des nuevas de mí.
Ya hundiste la figura
de mi carne sin ventura,
tirana, déjame aquí.

MORTE.

Hablad con ese barquero,
que yo voy hacer mi oficio.

DIABO.

Señor Conde y caballero,
días ha que os espero,
y estoy a vueso servicio:
todavía
entre Vuesa Señoría,
que bien larga está la plancha,
y partamos con de día:
cantaremos a porfía
«los hijos de Doña Sancha».[34]

CONDE.

¿Ha mucho que eres barquero?

DIABO.

Dos mil años ha y más,
y no paso por dinero.
Entrad, Señor pasajero.

CONDE.

Nunca tú me pasarás.

DIABO.

¿Y pues quién?
Mirad, Señor, por iten
os tengo acá en mi rol,[35]
y habéis de pasar allen.[36]
¿Veis aquellos fuegos bien?
allí se coge la frol.[37]

¿Veis aquel gran fumo espeso,
que sale daquellas peñas?
Allí perderéis el vueso,[38]
y más, Señor, os confieso
que habéis de mensar las greñas.[39]

CONDE.

Grande es Dios.

DIABO.

¡A eso os atenéis[40] vos!
¿Gozando ufano la vida
con vicios de dos en dos,[41]

sin haber miedo de Dios,
ni temor de la partida?

CONDE.

Tengo muy firme esperanza,
y tuve dende[42] la cuna,
y fe sin tener mudanza.

DIABO.

¡Sin obras la confianza
hace acá mucha fortuna![43]
suso,[44] andemos;
entrad, Señor, no tardemos.

CONDE.

Voyme a estotra[45] embarcación.

DIABO.

Id, que nos esperaremos.

CONDE.

Oh muy preciosos remos,
socorred mi aflición.

LIÇÃO PRIMEIRA[46]

O parce mihi,[47] Dios mío,
quia nihil[48] son mis días:
¿por qué ensalza tu poderío
al hombre, y das señorío,
y luego dél te desvías?
Con favor
visitas eum[49] al albor,
y súpito[50] lo pruebas luego:
¿por qué consientes, Señor
que tu obra, y tu hechor,[51]
sea desecha nel fuego?

Ayudadme, remadores,
de las altas hirarquías,[52]
favoreced mis temores,
pues sabéis cuántos dolores
por mí sufrió el Mesías.
Sabed cierto
cómo fue preso en el huerto,
e escupida su hermosura,
e dende allí fue, medio muerto,
llevado muy sin concierto
al juicio, sin ventura.

---

[34] línea de un romance popular que se llama *A Calatrava la vieja*
[35] **por**... es decir, tú también estás en la lista de los condenados
[36] allá, al otro lado
[37] las personas de alto estado
[38] vuestro orgullo, vuestra vanidad
[39] **mensar**... arrancarse el cabello
[40] esperas
[41] **con**... con muchos vicios
[42] desde
[43] **hace**... se arriesga
[44] expresión que se usa para apurar a alguien o para hacer caminar a un animal
[45] esta otra
[46] Lección primera
[47] **O**... Oh perdóname (del Oficio de Difuntos)
[48] **quia**... que nada
[49] **visitas**... para que le visites (*Job*, VII, 18)
[50] rápido
[51] hechura, criatura
[52] jerarquías

DIABO.

> ¿Ahora se os acordó?[53]
> el asno muerto cebada,[54]
> de vos bien seguro estó:
> ¿pensaréis que no sé yo
> la vuesa vida pasada?

CONDE.

> Yo te requiero.

DIABO.

> Vos, Señor Conde agorero[55]
> fuistes a Dios perezoso,[56]
> a lo vano muy ligero,
> a las hembras placentero,
> a los pobres riguroso.
>
> Viva Vuesa Señoría
> Para siempre con querella.[57]

CONDE.

> ¡Oh gloriosa María!

DIABO.

> Nunca un hora ni día
> os vi dar paso por ella.

Vem a MORTE, *e traz um* DUQUE, *e dis:*[58]

MORTE.

> ¿Vos Señor
> duque de grande primor,
> pensastes de me escapar?

DUQUE.

> ¡Oh ánima pecador,[59]
> con fortísimo dolor,
> sales de flaco[60] lugar!
> ¿Cómo quedas, cuerpo triste?
> Dame nuevas, qué es de ti.
> Siempre en guerra me troxiste.[61]
> con dolor me despediste,
> sin haber dolor[62] de mí.
> Tu hechura,
> que llamaban hermosura,
> y tú misma la adorabas,
> con su color y blancura,
> siempre vi tu sepultura,
> y nunca crédito me dabas.

DIABO.

> Oh mi Duque y mi castillo,
> mi alma desesperada,
> siempre fuistes amarillo,[63]
> hecho oro de martillo;[64]
> esta es vuesa posada.

DUQUE.

> Cortesía[65]

DIABO.

> Entre Vuesa Señoría,
> señor Duque, y remarás,

DUQUE.

> Hace mucha maresía:[66]
> estotra barca es la mía,
> y tú no me pasarás.

DIABO.

> ¿Veis aquella puente ardiendo,
> muy lejos allén del mar,
> y unas ruedas volviendo
> de navajas, y heriendo?
> pues allí habéis de andar
> siempre jamás.

DUQUE.

> ¡Retro vaya[67] Satanás!

DIABO.

> ¡Lucifer que me acreciente![68]
> Señor Duque, allá irás,
> que la hiel se te reviente.

Lição

DUQUE.

> *Manus tuæ, Domine,*[69]
> *fecerunt me,*[70] y me criaste,
> *et plasmaverunt me;*[71]
> decidme, Señor, ¿por qué
> tan presto me derrocaste
> de cabeza?
> Ruégote que no escaeza[72]
> *Quod sicut lutem*[73] me heciste,
> no permitas que perezca;
> y si quieres que padezca,
> ¿para qué me redimiste?

---

[53] **se**... os acordasteis
[54] del refrán, «al asno muerto, cebada»; significa que se ha acordado de Dios cuando ya es demasiado tarde
[55] brujo que predice males y desdichas
[56] negligente
[57] queja
[58] Viene la Muerte, y trae a un Duque, y dice:
[59] pecadora
[60] flojo, defectuoso (Se refiere al cuerpo.)
[61] **en**... en torturas me trajiste
[62] **haber**... tener compasión

[63] Se refiere al brocado del traje del Duque.
[64] **hecho**... hecho oro batido a golpes de martillo
[65] Tenme respeto, trátame con respeto
[66] fuerte oleaje
[67] **Retro**... Que se retire
[68] A diferencia del Duque, el Diablo le pide a Lucifer que lo haga prosperar.
[69] **Manus**... Tus manos, Dios,
[70] **fecerunt**... me hicieron
[71] **et**... y me formaron
[72] olvides
[73] **Quod**... que como el barro

Pele[74] e carne me vestiste,
ossibus, nervis et vita,[75]
misericordia atribuiste
al hombre que tú heciste;
pues ahora me visita.

DIABO.

Ralear,[76]
que os tengo de llevar
a los tormentos que vistes;
por demás os es resar,[77]
que lo mío me han de dar,
y vos mismo a mí os distes:[78]

DUQUE.

Oh llaga[79] daquel costado
de la pasión dolorosa
de mi Dios crucificado,
redimid al desterrado
de su patria gloriosa.
Embarquemos,
porque vuestros son los remos,[80]
nuestro es el capitán.

DIABO.

Eso está en velohemos.[81]

DUQUE.

Oh ángeles, ¿qué haremos,
que no nos deja Satán?

ANJO.

Son las leis divinales[82]
tan fundadas en derecho,
tan primas y tan iguales,
que Dios os quiere, mortales,
remediar vueso hecho.[83]

DIABO.

Remadores,
enviadme eses[84] Señores,
que se tardan mucho allá.

DUQUE.

¿En vano hubo dolores
Christo por los pecadores?
Muy imposible será.
Pues es cierto que por nos

fue llevado ante Pilato,[85]
y acusado, siendo Dios;
señores, no penséis vos
que le costamos barato,
y azotado
su cuerpo tan delicado,
solo de virgen nacido,
sin padre humano engendrado:
y después fue coronado
de su corona[86] herido.

Vem a MORTE, *e traz um* REI, *e diz o*[87]

REI.

¡Cuánto dolor se me ayunta!

MORTE.

Señor, ¿qué es de vuesa alteza?[88]

REI.

¡Oh rigurosa pregunta!
Pues me la tienes defunta,
no resuscites tristeza.
¡Oh ventura,
fortuna perversa escura!
Pues vida desaparece,
y la muerte es de tristura,
¿adónde estás, gloria segura?
¿Cuál dichoso te merece?

DIABO.

Señor, quiero caminar,
Vuesa Alteza ha de partir.

REI.

¿Y por mar he de pasar?

DIABO.

Sí, y aun tiene que sudar;[89]
ca° no fue nada el morir.
Pasmaréis:
si miráis, dahí veréis
adó seréis morador
naquellos fuegos que veis;
y llorando, cantaréis
«nunca fue pena mayor».

LIÇÃO

REI.

Tædet anima mea
vitæ meæ[90] muy dolorida,

---

[74] piel
[75] **ossibus**... con huesos, músculos y vida
[76] Rabiar
[77] **por**... no os servirá de nada rezar
[78] Es decir, el hombre se condena a sí mismo al cometer pecados.
[79] Se refiere a la llaga de Cristo.
[80] Los remos con las llagas son de Cristo. El Duque tiene la esperanza de salvarse.
[81] **Eso**... Eso está por verse.
[82] **leis**... leyes divinas
[83] **vueso**... lo que habéis hecho (es decir, los pecados)
[84] esos

[85] procurador romano de Judea que, temiendo una sedición popular, entregó a Jesús a los Fariseos a pesar de no creerlo culpable de ningún delito
[86] la corona de espinas
[87] Viene la Muerte, y trae un Rey, y dice el
[88] **vuesa**... el tratamiento que se le da al rey
[89] es decir, sufrir
[90] **Tædet**... Cansada de vivir está

pues la gloria[91] que desea
me quita que no la vea
la muy pecadora vida
que pasé.
Loquar in amaritudine[92]
palabras muy dolorosas;
de mi alma hablaré
a mi Dios, y le diré,
con lágrimas piadosas:

    Noli me condemnare,
judica mihi,[93] porque
no me dejas quien me ampare:
si al infierno bajare,
tuyo so, ¿cuyo seré?[94]
¡Ay de mí!
¿*Cur me judices*[95] ansí?
Pues de nada me heciste,
mándame pasar daquí:
ampárame, *fili Davi,*[96]
que del cielo descendiste.

RESPONSO

    Oh mi Dios, *ne recorderis*[97]
peccata mea,[98] te ruego.
Naquel tiempo *dum veneris,*[99]
cuando el siglo destruieres,
con tu gran saña, per[100] fuego.
Dirige a mí
Vias meas[101] para ti,
que aparezca en tu presencia.

DIABO.

Vuesa Alteza vendrá aquí,
porque nunca acá sentí
que aprovechase aderencia.[102]
    Ni lisonjas, crer[103] mentiras,
ni voluntario apetito,
ni puertos, ni aljeciras,[104]
ni diamanes, ni zafiras,
sino solo aquese esprito[105]
será asado:
porque fuistes adorado

sin pensar serdes de tierra;[106]
con los grandes alterado,[107]
de los chicos descuidado,
fulminando injusta guerra.[108]

Vai-se o REI *a Barca dos* ANJOS[109]

REI.

    ¡Oh remos de gran valor!
¡Oh llagas por nos habidas!

ANJO.

Plega[110] a nuestro Redentor,
nuestro Dios y criador,
que os dé segundas vidas;
porque es tal
la morada divinal,
y de gloria tanto alta,
que el ánima humanal,
si no viene oro tal[111]
en ella, nunca se esmalta.[112]

REI.

    Buen Jesú, que apareciste
todo en sangre bañado,
y a Pilato oíste,
mostrándote ao[113] pueblo triste,
—¡*Eis*[114] *el hombre castigado!*
y reclamaron,
y con la cruz te cargaron,
por todos los pecadores:
pues por nos te flagelaron,
y a la muerte te allegaron,[115]
esfuerza nuestros temores.

Vem a MORTE *e traz um* IMPERADOR, *e diz a*[116]

MORTE.

    Prosperado Emperador,
¿vuesa sacra Majestad

---

[91] es decir, la salvación
[92] **Loquar...** hablar con amargura
[93] **Noli...** No quieras condenarme, júzgame
[94] Se ha sugerido que esta frase debería ser: «tuyo so (soy), tuyo será.»
[95] **Cur...** Por qué razón me juzgas
[96] **fili...** hijo de David
[97] **ne...** (te ruego que) no recuerdes
[98] **peccata...** mis pecados
[99] **Naquel...** En aquel tiempo cuando vinieres
[100] por
[101] **Vias...** Mi camino hacia ti
[102] **que...** que te empeñaras mucho (en luchar por la salvación)
[103] creer
[104] islas
[105] espíritu

[106] **porque...** porque todos te adoraban, no pensabas ser de la tierra
[107] colérico
[108] Durante esta época se criticaba mucho a Carlos V por gastar grandes cantidades de dinero y por arriesgar la vida y los bienes de sus súbditos en guerras. En su *Coloquio* (VI) Erasmo invecta a los reyes que «son tan vanos... que por un poco de honra o de porfía ponen mil veces en peligro sus repúblicas, emprendiendo cosas que, después de acabadas cuando todo suceda muy bien, no saca el reino otra cosa sino haber gastado muchos dineros, traspasando los dineros de los pobres en los tesoros y viciosos gastos de los ricos, haber perdido mucha gente, haber metido en la provincia muchas dolencias de los cuerpos y de las almas...»
[109] El Rey va a la Barca de los Angeles
[110] Quiera
[111] es decir, tan pura
[112] **se...** alcanza el cielo
[113] al
[114] Ahí está
[115] llevaron
[116] Viene la Muerte y trae a un Emperador, y dice la

no era bien sabedor
cuan fortísimo dolor
es acabar la edad?
Y más vos,
quasi[117] tenido por Dios.

IMPERADOR.

¡Oh Muerte, no más heridas!

MORTE.

Pues otra más recia tos
es esta.

IMPERADOR.

Sed libera nos[118]
de jornadas doloridas.
¿Adónde me traes, Muerte?
¿qué te hice triste yo?[119]

MORTE.

Yo voy hacer otra suerte;
vos, Señor, hacéos fuerte,
que vanagloria os mató.

IMPERADOR.

¡Cuan extraños
males das, vida de engaños,
corta, ciega, triste, amara!
Contigo dejo los años,
entregásteme mis daños
y volvíesteme la cara.

Mi triunfo allá te queda,
mis culpas trayo[120] comigo;
deshecha tengo la rueda
de las plumas de oro y seda
delante mi enemigo.

DIABO.

Es verdad,
vuesa sacra Majestad,
entrará neste[121] navío
de muy buena voluntad;
porque usastes crueldad
y infinito desvarío.

IMPERADOR.

¡Oh maldito querubín!
Ansí como descendiste
de ángel a beleguín,[122]

¿querrías hacer a mí
lo que a ti mismo hiciste?

DIABO.

Pues yo creo
a según yo vi e[123] veo,
que de lindo emperador
habéis de volver muy feo.

IMPERADOR.

No hará Dios tu deseo.

DIABO.

Ni el vuestro, mi Señor.
¿Veis aquellos despeñados,
que echan daquellas alturas?
Son los más altos estados
que vivieron adorados,
sus hechos y sus figuras;
y no dieron,
en los días que vivieron,
castigo a los ufanos,
que los pequeños royeron,[124]
y por su mal consintieron
cuanto quisieron tiranos.

LIÇÃO

IMPERADOR.

*Quis mihi hoc tribuat
ut in inferno protegas me?*[125]
Con mi flaca humanidad,
de tu ira y gravedad
¿adónde me esconderé?
Oh Señor,
pase breve tu terror;
a mis culpas da pasada.
Vocabis me[126] pecador,
responderte hei com dolor
de mi ánima turbada.

RESPONSO

O libera me, Domine,[127]
de muerte, eterna contienda:
en ti siempre tuve fe,
tú me pone *juxta te,*
in die illa tremenda.
*Quando coeli
sunt movendi*[128] contra mí,

---

[117] casi (El sentido es: que la gente casi tiene por Dios.)
[118] **Sed**... Pero líbranos
[119] **qué**... ¿qué desgracia te hice yo?
[120] traigo (La idea es que los bienes materiales y los honores quedan en el mundo, mientras que los actos hechos durante la vida—ya sean buenos o malos—se llevan al juicio final.)
[121] en este
[122] beleguín: corchete o alguacil (en este caso, del infierno—el diablo era un ángel que fue expulsado del cielo por orgulloso)

[123] y
[124] atormentaron continuamente
[125] **Quis**... O que me escondieras en el infierno y allí me ocultaras (hasta que se aplacara tu ira) (*Job*, XIV, 13)
[126] **Vocabis**... Me llamarás
[127] **O**... O líbrame, Dios,
[128] **juxta**... junto a ti / en aquel día terrible / Cuando los cielos se muevan

y las sierras y montañas,
por la bondad que es en ti,
que te acuerdes que nací
de pecadoras entrañas.

Vai-se o IMPERADOR *aos* ANJOS, *e diz o* DIABO:[129]

DIABO.

¿Allá vais? acá vernéis,[130]
que acá os tengo escrito,
por mais[131] que me receléis,
vos y los otros iréis
para el infierno bendito.

IMPERADOR.

No he[132] temor;
piadoso es el Señor,
¡Dios os salve, remadores!

ANJO.

Bien vengáis, Emperador.

IMPERADOR.

Angélico resplandor,
considerad nuestros dolores.
¡Adóroos, llagas preciosas,
remos del mar más profundo![133]
¡Oh insignias piadosas
de las manos gloriosas,
las que pintaron el mundo;
y otras dos
de los pies, remos por nos,
de la parte de la tierra!
esos remos vos dio Dios
para que nos libréis vos,
y paséis de tanta guerra.[134]

ANJO.

No podemos más hacer
que desear vuestro bien,
vuestro bien, nuestro placer:
nuestro placer es querer
que no se pierda alguien.

DIABO.

¿Qué pide allá?
Tuvo el paraíso acullá,
no le falta sino pena;[135]
la pena prestes está.

IMPERADOR.

La pasión[136] me librará
de tu infernal cadena.
Vivo es el esforzado
gran capitán por natura,
que por nos fue tan cargado
con la cruz en el costado
por la calle de amargura;
y pregones
denunciando las pasiones
de su muerte tan cercana;
y llevada con sayones[137]
al monte de los ladrones
la majestad soberana.

Vem a MORTE, *e traz um* BISPO, *e diz o*[138]

BISPO.

Muy crueles voces dan
los gusanos cuantos son,
adó mis carnes están,
sobre cuales comerán
primero mi corazón.

MORTE.

No curéis,
Señor Obispo; hecho es:
a todos hago esa guerra.

BISPO.

¡Oh mis manos y mis pies,
cuán sin consuelo estarés,
y cuán presto seréis tierra!

DIABO.

Pues que venís tan cansado,
vernéis aquí descansar,
porque iréis bien asentado.

BISPO.

Barquero tan desastrado
no ha obispos de pasar.

DIABO.

Sin porfía:
entre Vuesa Señoría,
que este batel infernal
ganaste por fantasía,[139]
halcones de altanería,[140]
y cosas deste metal.[141]

---

[129] El Emperador va a los Angeles, y dice el Diablo:
[130] vendréis
[131] más
[132] tengo
[133] Las llagas de Cristo están en los remos.
[134] pena, tortura
[135] castigo

[136] la pasión de Cristo
[137] verdugos
[138] Viene la Muerte, y trae a un Obispo, y dice el
[139] orgullo (por vivir en la fantasía de su propia importancia)
[140] Nótese el juego de palabras: altanería se refiere a la caza que se hace con halcones y otras aves de rapiña de alto vuelo; también significa altivez o soberbia.
[141] tipo

De ahí donde estáis veréis
unas calderas de pez,
adonde os coceréis,
y la corona asaréis,
y freiréis la vejez.
Obispo honrado,[142]
porque fuiste desposado
siempre desde juventud,
de vuestros hijos amado,
santo bienaventurado,
tal sea vuestra salud.

LIÇÃO
BISPO.

Responde mihi[143] cuantas son
mis maldades y pecados,
veremos si tu pasión
bastará a mi redención,
aun que mil veces doblados.
Pues me heciste,
¿*cur faciem tuam*[144] escondiste,
y niegas tu piedad
al ánima que redimiste?
Contra folium[145] escribiste
amargura y crueldad.

RESPONSO

Memento mei, Deus Señor,
quia ventus est vita mea;
memento mei,[146] redentor,
envia esfuerzo al temor
de mi alma dolorida.
¡Ay de mí!
de profundis clamavi,[147]
exaudi[148] mi oración.

DIABO.

Obispo, paréceme a mí
que habéis de volver aquí
a esta santa embarcación.

Vai-se o BISPO *ao batel dos* ANJOS *e diz*[149]

BISPO.

Oh remos maravillosos,
oh barca nueva segura,
socorro de los llorosos;
oh barqueros gloriosos,
cn vos está la ventura.
He dejado
mi triste cuerpo cuitado[150]
del vano mundo partido,
de todas fuerzas robado,
del alma desamparado,
con dolores despedido.

Bien basta fortuna[151] tanta;
pasadme esta alma por Dios,
porque el infierno me espanta,

ANJO.

Si ella no viene santa,
gran tormenta corréis vos.

BISPO.

Yo confió
en Jesú Redentor mío,
que por mí se desnudó,
puesta sus llagas al frío;
se clavó naquel navío
de la cruz donde espiró.

Vem a MORTE *e traz um* ARCEBISPO, *e diz a*[152]

MORTE.

Señor Arzobispo amigo,
¿que os parece de mí?
bien peleaste, comigo.

ARCEBISPO.

No puede nadie contigo,
y yo nunca te temí,
¡oh muerte amara!
La vida nos cuesta cara,
el nacer no es provecho.[153]

MORTE.

Voy hacer otra ceara[154]

ARCEBISPO.

¡Oh facciones de mi cara!
¡Oh mi cuerpo tierra hecho!

¿Qué aprovecha en el vivir
trabajar por descansar?
¿qué se monta en presumir?

---

[142] Nótese la ironía.
[143] **Responde**... Respóndeme (Las cuatro Lecciones Litúrgicas con sus respectivos Responsos son una paráfrasis de fragmentos de los Capítulos XIII y XIV del Libro de *Job*.)
[144] **cur**... por qué tu cara
[145] **Contra**... Contra una hoja (El verso completo es: ¿A una hoja que arrebata el viento infundes terror / y a una paja seca persigues...?, *Job*, XIII, 25)
[146] **Memento**... Recuérdame, Dios / porque mi vida es viento / recuérdame
[147] **de**... de las profundidades clamé
[148] oye
[149] El Obispo va al batel de los Angeles y dice
[150] miserable
[151] mala fortuna
[152] Viene la Muerte y trae a un Arzobispo, y dice la
[153] El Arzobispo habla como un hombre de negocios.
[154] cena

¿de qué sirve en el morir
candela[155] para cegar?
¿Ni placer
en el mundo por vencer
estado de alta suerte,
pues presto deja de ser?
Nos morimos por lo haber,
y es todo de la muerte.

DIABO.

Lo que queda, es lo seguro.
Señor, venga cá[156] ese esprito.

ARCEBISPO.

¡Oh qué barco tan escuro!

DIABO.

En él iréis, yo os lo juro.

ARCEBISPO.

¡Cómo me espantas, maldito,
indiablado!

DIABO.

Vos, Arzobispo alterado,
tenéis acá que sudar:
moristes muy desatado,[157]
y en la vida ahogado
con deseos de papar.[158]

Quien anduvo a poja[159] larga
anda acá por la bolina:[160]
lo mas dulce acá se amarga,
vos caístes con la carga
de la iglesia divina.
Los menguados,
pobres y desamparados,
cuyos dineros vos lograstes,
deseosos, hambreados,[161]
y los dineros cerrados,
en abierto los dejastes.

ARCEBISPO.

Eso y más puedes decir.

DIABO.

Ora pues, alto, embarcar.

ARCEBISPO.

No tengo contigo de ir.

DIABO.

Señor, habéis de venir
a poblar nuestro lugar:
veislo está.
Vuesa Señoría irá
en cien mil pedazos hecho;
y para siempre estará
en agua que herverá,
y nunca seréis deshecho.

LIÇÃO

ARCEBISPO.

Spiritus meus,[162] tu hechura,
attenuabitur;[163] mis días
breviabuntur,[164] y tristura
me sobra, y la sepultura:
no sé porque me hacías.
Non peccavi,
putredine mea dixi,[165]
padre y madre mía eres,
vermibus soror et amici;[166]
quare fuisti me inimici,[167]
Señor de todos poderes?

RESPONSO

Credo quod Redemptor
meus vivit,[168] y lo veré.

DIABO.

Veréis, por vuestro dolor.

ARCEBISPO.

Mas porque es mi salvador,
yo en él me salvaré.
Dios verdadero
en el día postrimero
de terra surrecturus sum,[169]
et in carne mea[170] entero
videbo Deum[171] cordero.
Christum salvatorem meum.[172]

Vai-se o ARCEBISPO *aos* ANJOS*, e diz*[173]

---

[155] vela
[156] acá
[157] habiéndose portado mal
[158] ser Papa
[159] cuerda que sirve para cazar las velas de un barco
[160] cuerda que también sirve para controlar las velas; también significa castigo que se daba a los marineros a bordo, el cual consistía en azotar al reo, corriéndolo al lado de una cuerda que pasaba por una argolla asegurada a su cuerpo. La ideas es: Antes te dabas muchas libertades, ahora vas a pagar las consecuencias.
[161] hambrientos

[162] **Spiritus**... Mi espíritu
[163] se extingue
[164] se acaban
[165] **Non**... No pequé, dije a la fosa. (*Job*, XIII, 23)
[166] **vermibus**... a los gusanos, hermanas y amigos
[167] **quare**... ¿por qué fuiste mi enemigo?
[168] **Credo**... Creo que mi Redentor vive
[169] **de**... de la tierra he de ser resucitado.
[170] **et**... y en mi carne
[171] **videbo**... veré a Dios
[172] **Christum**... Cristo mi salvador
[173] El Arzobispo va a los Angeles, y dice

ARCEBISPO.

Dadnos alguna esperanza,
barquero del mar del cielo:
por la llaga de la lanza,
que nos paséis con bonanza
a la tierra de consuelo.

ANJO.

Es fuerte[174] cosa
entrar en barca gloriosa.

ARCEBISPO.

Oh Reina que al cielo subiste,
sobre los coros lustrosa,
del que te crió esposa,
y tú virgen lo pariste;

Pues que súpito[175] dolor
per San Juan recibiste,
con nuevas del Redentor,
y, mudado lo color,
muerta en tierra descendiste;
¡oh despierta,
pues es del cielo puerta!
llevántate, cerrada huerta;[176]
con tu hijo nos concierta,
Madre de consolación;
mira nuestra redención,
que Satán la desconcierta.

Vem a MORTE *com um* CARDEAL, *e diz a*[177]

MORTE.

Vos, Cardenal, perdonad,
que no pude mas aína.[178]

CARDEAL.

¡Oh guía de escuridad,
robadora de la edad,
ligera ave de rapina!
¡Qué mudanza
hizo mi triste esperanza!
Fortuna, que me ayudaba,
pesó en mortal balanza
la firmeza y confianza
que el falso mundo me daba.

DIABO.

Domine Cardinalis,[179]
entre vuestra Preeminencia,
iréis ver vuesos iguales
a las penas infernales,

haciendo su penitencia:
pues moristeis
llorando porque no fuisteis
siquiera dos días papa.
Y a Dios no agradecisteis,
viendo cuán bajo os visteis,
e en después os dio tal capa.

Y no quiero declarar
cosas más para decir:
determinad de embarcar,
y luego sin dilatar,
que no tenéis que argüir.
Sois perdido:
¿oyes aquel gran ruido
nel lago de los leones?
Despertad bien el oído:
vos seréis allí comido
de canes y de dragones.

LIÇÃO

CARDEAL.

Todo hombre que es nacido
de mujer, tien[180] breve vida;
que cuasi flos es salido,[181]
y luego presto abatido,
y sua alma perseguida,
y no pensamos,
cuando la vida gozamos,
como della nos partimos,
y como sombra pasamos,
e en dolores acabamos,
porque en dolores nacimos.

RESPONSO

*¡Peccantem me quotidie,
et non me pænitentem* (triste)!
Sancte Deus, adjuva me;[182]
pues fue cristiana mi fe,
sucurre dolores, Christe.[183]
Oh Dios eterno,
Señor, *quia in infierno
nulla est redemptio,*[184]
oh poderío sempiterno,
remedia mi mal moderno,
que no sé por donde vo.[185]

Vai-se o CARDEAL *ao batel dos* ANJOS, *e diz o*[186]

---

[174] difícil
[175] repentino, súbito
[176] «Puerta del cielo» y «cerrada huerta» son términos simbólicos que se usan para referirse a la Virgen.
[177] Viene la Muerte con un Cardenal, y dice la
[178] de prisa
[179] **Domine**... Señor Cardenal

[180] tiene
[181] **que**... que apenas brota la flor
[182] **Peccantem**... Peco diariamente, / y no me arrepiento / Santo Dios, socórreme
[183] **sucurre**... socorre [mis] dolores, Cristo
[184] **quia**... porque en el infierno no hay redención
[185] voy
[186] El Cardenal va al batel de los Angeles, y dice el

DIABO.

　　Vaisvos, Señor Cardenal,
　　vuelta, vuelta a los Franceses.[187]

CARDEAL.

　　Déjame, plaga infernal.

DIABO.

　　Vos vistes por vueso mal
　　los años, días y meses.

CARDEAL.

　　Marineros,
　　remadores verdaderos,
　　llagas, remos, caravela,
　　embarcad los pasajeros,
　　que vos sois nuestros remeros,
　　y la piedad la vela.

ANJO.

　　Socorréos Cardenal,
　　a la madre del Señor.

CARDEAL.

　　Oh Reina celestial,
　　abogada general
　　delante del Redentor;
　　por el día,
　　Señora Virgen María,
　　en que lo viste llevar,
　　tal que no se conocía,
　　y vuesa vida moría,
　　nos queráis resucitar.

Vem a MORTE *e traz um* PAPA, *e diz a*[188]

MORTE.

　　　¿Vos, Padre sancto, pensastes
　　ser inmortal? Tal os vistes,
　　nunca me considerastes,
　　tanto en vos os enlevastes,
　　que nunca me conocistes.[189]

PAPA.

　　Ya venciste,
　　mi poder me destruiste
　　con dolor descompasado.[190]
　　¡Oh Eva! ¿por qué pariste
　　esta Muerte amara y triste
　　al pie del árbol vedado?

　　Estáis viva, y has parido
　　a todos tus hijos muertos;[191]

y mataste a tu marido
poniendo a Dios en olvido
en el huerto de los huertos.
Veisme aquí
muy triste, porque nací,
del mundo y vida quejoso.
Mi alto estado perdí,
veo el diabo ante mí
y no cierto el mi reposo.

DIABO.

　　Venga Vuesa Sanctidad
　　en buenora, Padre Sancto,
　　beatísima majestad
　　de tan alta dignidad,
　　que moristes de quebranto.
　　Vos iréis,
　　en este batel que veis,
　　comigo a Lucifer;
　　y la mitra quitaréis,
　　y los pies le besaréis;
　　y esto luego ha de ser.

PAPA.

　　¿Sabes tú que soy sagrado
　　vicario en el sancto Templo?

DIABO.

　　Cuanto más de alto estado,
　　tanto más es obligado
　　dar a todos buen ejemplo,
　　y ser llano,[192]
　　a todos manso y humano
　　cuantas más ser de corona,
　　antes muerto que tirano,
　　antes pobre que mundano,
　　como fue vuestra persona.

　　Lujuria os desconsagró,
　　soberbia os hizo daño;
　　y los más que os condenó,
　　simonía con engaño.
　　Venid embarcar.
　　¿veis aquelos azotar
　　con vergas de hierro ardiendo,
　　y después atanazar?[193]
　　pues allí habéis de andar
　　para siempre padeciendo.

LIÇÃO

PAPA.

　　　¿Quare de vulva me eduxisti[194]
　　mi cuerpo y alma, Señor?

---

[187] un verso del romance *Domingo era de ramos*
[188] Viene la Muerte y trae a un Papa, y dice la
[189] Es decir, el Papa nunca pensó en su propia mortalidad.
[190] desmedido
[191] Es decir, el pecado de Eva condena al hombre a la muerte eterna; sólo la pasión de Cristo lo resucita, ofreciéndole vida eterna.

[192] sencillo, franco, moderado
[193] zurrar
[194] **Quare**... ¿Por qué me arrancaste del vientre? (¿Por qué me diste nacimiento?)

En tu silla me subiste,
en tu lugar me pusiste,
y me heciste tu pastor:

mejor fuera
que del vientre no saliera,
y antes no hubiera sido,
ni ojo de hombre me viera,
y como el fuego a la cera
me hubieras consumido.

RESPONSO

¡Heu mihi! ¡heu mihi![195] Señor,
quia peccavi nimis in vita:
¿quid faciam, miser[196] pecador?
¿ubi fugiam,[197] malhechor?
Oh piedad infinita,
para ti.
Amercéate de mí,[198]
que para siempre no llore:
mándame pasar daquí.
Que nel infierno no ha hí[199]
quien te loe[200] ni te adore.

DIABO.

¡Que me penan esos puntos,
después que pasa el vivir!
mirad, Señores difuntos,
todos cuantos estáis juntos
para el infierno habéis de ir.

ANJO.

Oh Pastor,
porque fuiste guiador
de toda la Cristiandad,
habemos de ti dolor:
plega a Jesú Salvador
que te envíe piedad.

PAPA.

Oh gloriosa María,
por las lágrimas sin cuento[201]
que lloraste en aquel día
que tu hijo padecía,
que nos libres de tormento,
sin tardar;
por aquel dolor sin par,
cuando en tus brazos lo viste
no le pudiendo hablar,

y lo viste sepultar,
y sin él, dél te partiste.

ANJO.

Vuestras preces[202] y clamores,
amigos, no son oídas:
pésanos tales señores
iren a aquellos ardores
ánimas tan escogidas.
Desferir;[203]
ordenemos de partir:
desferir, bota batel;[204]
vosotros no podéis ir,
que en los yerros del vivir
no os acordastes dél.

Nota que neste passo os ANJOS *desferem a vela em que está o crucifixo pintado, e todos assentados de joelhos, lhe dizem cada um sua oração. Primeiro começa o* PAPA, *dizendo:*[205]

PAPA.

¡Oh Pastor crucificado,
cómo dejas tus ovejas,
y tu tan caro ganado!
y pues tanto te ha costado,
inclina a él tus orejas.

IMPERADOR.

Redentor
echa el áncora, Señor,
en el hondón desa mar:
de divino criador,
de humano Redentor,
no te quieras alargar.

REI.

Oh Capitán General
vencedor de nuestra guerra:
pues por nos fuiste mortal,
no consientas tanto mal;
manda remar para tierra.

CARDEAL.

No quedemos:
manda que metan los remos,
hace la barca más ancha,
¡oh Señor, que perecemos!
¡Oh Señor, que nos tememos!
Mándanos poner la prancha.[206]

---

[195] **Heu**... ¡Ay de mí! ¡Ay de mí!
[196] **quia**... porque pequé mucho en la vida: ¿qué hice, miserable
[197] **ubi**... ¿dónde huiré
[198] compadéceme
[199] ahí
[200] elogie
[201] cuenta
[202] **Vuestras**... vuestras oraciones
[203] levad anclas
[204] **bota**... entra, pues no hay más remedio
[205] Nótese que en este pasaje los ángeles desenrollan la vela en la que está pintado el crucifijo, y todos arrodillados, le dice cada uno su oración. Primero comienza el Papa, diciendo:
[206] tablón o plancha que se pone como pasarela entre la tierra y una embarcación

DUQUE.

    Oh Cordero delicado,
pues por nos estás herido,
muerto y tan atormentado;
cómo te vas alongado[207]
de nuestro bien prometido.

ARCEBISPO.

    Fili Davi,[208]
¿cómo te partes daquí?
¿Al infierno nos envías?
La piedad que es en ti,
¿cómo la niegas ansí?
¿Por qué nos dejas, Mesías?

CONDE.

    Oh Cordero divinal,
médico de nuestro daño,
viva fuente perenal,
nuesa carne natural;
no permitas tanto daño.

BISPO.

    Oh flor divina,
in adjuvandum me festina,[209]
y no te vayas sin nos;
tu clemencia a nos inclina,
sácanos de foz malina,
benigno hijo de Dios.

Não fazendo os anjos menção destas preces, começaram a botar o batel às varas, e as Almas fizeram em roda ūa música a modo de pranto, com grandes admirações de dor; e veio Cristo da ressurreição, e repartiu por eles os remos das chagas, e os levou consigo.[210]

LAUS DEO[211]

BARTOLOMÉ DE TORRES NAHARRO (¿1480–1530?)

Aunque Torres Naharro vivió durante la misma época que los dramaturgos salmantinos Juan del Encina y Lucas Fernández, sus obras se distancian mucho más que las de ellos de temas y actitudes medievales. El *Diálogo del Nacimiento*, hecho a imitación de Encina, es la única pieza religiosa de Torres Naharro. Después de este primer intento, el autor siguió un rumbo dramático marcadamente

---

[207] alejando
[208] **Fili**... hijo de David
[209] **in**... apúrate en socorrerme
[210] No haciendo caso los ángeles de estas encomiendas, habían comenzado a soltar el batel del muelle, y las Almas hacían en ronda una música a modo de llanto, con grandes muestras de dolor; y vino Cristo de la resurrección, y repartió entre ellos los remos de las llagas, y los llevó consigo.
[211] Alabado sea Dios.

distinto. Sus demás obras muestran la influencia de la comedia renacentista italiana. Son de tema profano, de cinco actos y de tipo novelesco, realista o fantástico.

Torres Naharro nació entre 1480 y 1485 en el pueblo de Torre de Miguel Sesmero, en el oeste de Extremadura, cerca de la frontera portuguesa. Probablemente recibió una educación clásica en la Universidad de Salamanca y después fue ordenado sacerdote. Se ha conjeturado que compartió el puesto de cantor de la Catedral de Salamanca con Lucas Fernández. El hecho es que en 1503 fue a Roma, donde conoció a muchos humanistas italianos y españoles. Es posible que durante aquella época entrase en el servicio militar de los Reyes Católicos. Los conocimientos de la vida del soldado que se ven en su *Comedia soldadesca* parecen ser el resultado de una experiencia personal. Como soldado, puede haber viajado por Valencia y Cataluña, donde se habría familiarizado con los dialectos de estas regiones, utilizados después en sus comedias *Serafina y Tinellaria*.

A principios del siglo XVI había unos diez mil españoles que vivían en Roma. Había iglesias, librerías, escuelas y restaurantes españoles. Debido a la presencia de España en Italia, había estrechos contactos intelectuales y sociales entre los dos países. En 1509, cuando Fernando de Avalos, de origen español, y Victoria Colonna, de origen romano, se casaron, Torres Naharro participó probablemente en las festividades y representó su *Comedia Jacinta*. Durante esta época Torres Naharro también escribió mucha poesía.

En 1513 el autor logró conseguir la protección de algún noble de distinción—quizás Guilio de Medici, a quien sirvió cuando éste era cardenal, quizás Giovanni de Medici, el cual fue elegido Papa en 1513. Seguramente acompañó a su mecenas a bodas y ceremonias en diversas partes de Italia, lo cual le permitía demostrar sus talentos literarios a un público deseoso de nuevos espectáculos. Al mismo tiempo, le daba la oportunidad de ver las obras de dramaturgos italianos. Estos años fueron los más productivos de Torres Naharro.

Al abandonar este puesto, el autor entró al servicio del cardenal Bernardino de Carvajal, un español. Durante el año en que sirvió a Carvajal, varios rivales—entre ellos Juan del Encina—compitieron por su puesto. Torres Naharro salió de Roma en 1517. En Nápoles le ofreció su protección Fabrizio Colonna, antiguo general del papa Julio II y protagonista del libro de Maquiavelo sobre el arte de la guerra. Gracias a la amistad de Colonna, Torres Naharro consiguió un puesto con su yerno, Fernando de Avalos.

Este mismo año se publicó *Propalladia* (que significa «primicias de Palas») una compilación de sus ocho comedias. El libro contiene un largo proemio en que el dramaturgo explica su doctrina teatral. Señala que una obra debe contener cinco actos y entre seis y doce personajes. Divide las obras entre las realistas («comedias a noticia») y las poéticas o imaginadas («comedias a fantasía»). El

proemio es importante para el desarrollo del teatro español porque es la primera exposición de la teoría dramática que existe en castellano.

En Nápoles, Torres Naharro siguió escribiendo y dirigiendo obras de teatro. Tres años más tarde lo encontramos en Sevilla, donde volvió a publicarse *Propalladia*, esta vez con una nueva obra, la *Comedia Calamita*. En 1524 la colección se publicó de nuevo, con la última obra de Torres Naharro, *Comedia Aquilana*.

La primera de las obras de cinco actos de Torres Naharro es la *Comedia Serafina*, clasificada como una *comedia a fantasía*. Introduce la obra un pastor que habla sayagués. Después de relatar de una manera humorística sus dos amoríos desastrosos, éste da un resumen de la obra, lo cual es necesario porque los personajes hablan cuatro idiomas diferentes—latín, italiano, castellano y valenciano—y el argumento es complicado y difícil de seguir. Esta comedia es la más larga de Torres Naharro. Cuenta los amores de Serafina y Floristán, los cuales se complican por el hecho de que Floristán ya se ha casado por poder con una italiana que se llama Orfea. Floristán vacila entre matar a Orfea y suicidarse, pero ninguna solución le gusta, ya que no quiere ni matar ni morir. Por fin aparece su hermano Policiano, el antiguo enamorado de Orfea. Puesto que el matrimonio entre ésta y Floristán no se ha consumado, Policiano se casa con ella y Floristán con Serafina. Esta obra, aunque liviana y divertida, carece de unidad y concisión. Menos pulida que las mejores obras de Torres Naharro, está, sin embargo, cuidadosamente estructurada y representa un paso importante en el desarrollo de Torres Naharro como dramaturgo.

La *Comedia Soldadesca* es la primera *comedia a noticia* del autor. En esta obra revela los aspectos más ruines de la vida militar—los abusos, la sed de lucro, la corrupción. Consiste en una serie de episodios; no hay un verdadero argumento. Su valor está en la representación de las costumbres de soldados y en el retrato de diversos tipos de militares—el fuerte que sabe defenderse, el cobarde que se jacta de su valor, el pobre diablo que sólo quiere sobrevivir. Algunos críticos han visto un elemento de protesta en el retrato de la corrupción militar y en la condenación de la avaricia que penetra todos los elementos de la sociedad.

La pieza que la crítica ha reconocido como la obra maestra de Torres Naharro es la *Comedia Himenea*, precursora de las comedias de capa y espada del Siglo de Oro. Como éstas, la *Himenea* trata de un asunto de honor. La obra comienza con un introito (prólogo en que se explica el argumento y se pide indulgencia al público). Se trata de los amores de Himeneo por Febea. El marqués, hermano de ésta, se siente afrentado al darse cuenta de que Himeneo le hace la corte a Febea y cree que tendrá que matar a ambos amantes para mantener intacto el honor de la familia. Entra repentinamente en el cuarto de su hermana, pero Himeneo se ha escapado. Febea se declara inocente y sólo lamenta el no haber cedido a los

deseos de su amante. El marqués está por matar a Febea cuando aparece Himeneo y se declara el prometido de la joven. Cuando el marqués objeta que un miembro de la familia tiene que arreglar el matrimonio, Himeneo protesta que él mismo decidirá con quien se casará. Como Febea está enamorada de Himeneo, al marqués no le queda más remedio que consentir.

La *Comedia Himenea* fue probablemente representada por primera vez como parte de las festividades del matrimonio de algún poderoso. El tema del introito y la obra misma es el matrimonio. Esta es la primera obra dramática en que el matrimonio se considera dentro de un contexto urbano. En las obras pastorales de Juan del Encina, Lucas Fernández y Gil Vicente, la mujer a menudo ejercía su libertad en la selección de su marido, pero en el ambiente aristocrático y urbano que representa Torres Naharro, la declaración de Febea e Himeneo constituye una rebelión contra las normas sociales. En este sentido la obra refleja el ambiente de reforma que se extendía por todas partes de Euopa a principios del siglo XVI.

No es sólo el matrimonio arreglado lo que Torres Naharro pone en duda, sino las relaciones entre las clases, especialmente entre señores y siervos. En más de una ocasión, Himeneo ofrece a sus sirvientes su amistad. Les asegura que no son sus criados, sino sus hermanos. Al final de la obra, Febea reitera que ya no serán amos y criados, sino todos hermanos. A pesar de que desde sus comienzos el teatro español tiene elementos populares, estas ideas sorprenden dentro del ambiente para el cual escribía Torres Naharro.

La *Comedia Himenea* es una obra cuidadosamente estructurada, con un argumento coherente y fácil de seguir. Paralelos a los amores de Himeneo y Febea son los de los criados, invención que caracterizará muchas obras del siglo XVII. Torres Naharro también introduce al gracioso, personaje cómico y a veces grosero, que desarrollarán sus sucesores. Pero tal vez el elemento más significativo de la obra en cuanto al desarrollo del teatro español es su realismo. A pesar de estar clasificada como una *comedia a fantasía*, la *Himenea* refleja las costumbres y preocupaciones de la época no en un contexto teórico, sino en términos de la vida individual de personajes realistas y reconocibles.

Véase *Comedias*, ed. Humberto López Morales (Madrid: Taurus, 1986).

Comedia Himenea

PERSONAS

HIMENEO.
SIERVO BOREAS.
SIERVO ELISO.
MARQUÉS.
PAJE TURPEDIO.
FEBEA.

CANTORES.
SIERVA DORESTA.

Jornada quinta

MARQUÉS.
 ¡Oh mala mujer, traidora!
 ¿Dónde vais?

TURPEDIO.
                Paso ,[1] señor.

FEBEA.
 ¡Ay de mí, desventurada!

MARQUÉS.
 Pues ¿qué os parece, señora?
 ¿Para tan gran deshonor
 habéis sido tan guardada?
 Confesaos con este paje,
 que conviene que muráis,
 pues con la vida ensuciáis
 un tan antiguo linaje.
 Quiero daros,[2]
 que os do la vida en mataros.[3]

FEBEA.
 Vos me sois señor y hermano.
 Maldigo mi mala suerte
 y el día en que fui nacida.
 Yo me pongo en vuestra mano,
 y antes os pido la muerte
 que no que me deis la vida.
 Quiero morir, pues que veo
 que nací tan sin ventura.
 Gozará la sepoltura
 lo que no pudo Himeneo.

MARQUÉS.
 ¿Fue herido?

TURPEDIO.
 No, que los pies le han valido.[4]

FEBEA.
 Señor, después de rogaros
 que en la muerte que me dais
 no os mostréis todo crüel,
 quiero también suplicaros
 que, pues a mí me matáis,
 que dejéis vivir a él.
 Porque, según le atribuyo,[5]
 si sé que muere de esta arte,[6]

 dejaré mi mal aparte
 por mejor llorar el suyo.

MARQUÉS.
 Toca a vos
 poner vuestra alma con Dios.

FEBEA.
 No me queráis congojar
 con pasión[7] sobre pasión
 en mis razones finales.
 Dejadme, señor, llorar,
 que descansa el corazón
 cuando revesa[8] sus males.

MARQUÉS.
 Pues contadme en qué manera
 pasa todo vuestro afán.

FEBEA.
 Pláceme, porque sabrán
 cómo muero, sin que muera,
 por amores
 de todo merecedores.
 ¡Doresta!

DORESTA.
                Ya voy, señora.

FEBEA.
 Ven acá, serás testigo
 de mi bien y de mi mal.

TURPEDIO.
 Señor, es una traidora.

DORESTA.
 ¡Tú, de bondad enemigo!

MARQUÉS.
 Callad, hablemos en ál.[9]

FEBEA.
 Hablemos cómo mi suerte
 me ha traído en este punto
 do yo y mi bien todo junto
 moriremos de una muerte.
 Mas primero
 quiero contar cómo muero.
 Yo muero por un amor
 que por su mucho querer
 fue mi querido y amado,
 gentil y noble señor,
 tal que por su merecer
 es mi mal bien empleado.
 No me queda otro pesar

---

[1] cálmate
[2] daros con la espada, mataros
[3] es decir, os doy la vida eterna
[4] **los**... ha logrado escaparse
[5] favorezco
[6] manera

[7] sufrimiento
[8] revela
[9] otra cosa

de la triste vida mía,
sino que cuando podía,
nunca fui para gozar,
ni gocé,
lo que tanto deseé.
Muero con este deseo,
y el corazón me revienta
con el dolor amoroso;
mas si creyera a Himeneo,
no moriera descontenta,
ni le dejara quejoso.
Bien haya quien me maldice,
pues lo que él más me rogaba
yo más que él lo deseaba.
No sé por qué no lo hice,
¡guay de mí[10]!
que muero ansí como ansí.

MARQUÉS.

¿Sobre todos mis enojos
me queréis hacer creer
que nunca tal habéis hecho?
Que he visto yo por mis ojos
lo que no quisiera ver
por vuestra fama y provecho

FEBEA.

Haced, hermano, con Dios;
que yo no paso la raya,[11]
pues mi padre, que Dios haya,[12]
me dejó subjeta a vos,
y podéis
cuanto en mí hacer queréis.
Pero, pues de esta manera
y ansí de rota abatida
tan sin duelo me matáis,
por amor de Dios siquiera,
dadme un momento de vida,
pues toda me la quitáis.
Y no dejéis de escucharme,
ni me matéis sin me oír,
que menos quiero vivir
aún que no queráis matarme;
que es locura
querer vida sin ventura.
No me quejo de que muero,
pues soy mortal como creo,
mas de la muerte traidora;
que si viniera primero
que conociera a Himeneo,
viniera mucho en buen hora.
Mas veniendo de esta suerte
tan sin sazón, a mi ver,
¿cuál será el hombre o mujer

que no le doldrá[13] mi muerte,
contemplando
por qué y dónde, cómo y cuándo?
Yo nunca hice traición.
Si maté, yo no sé a quién;
si robé, no lo he sabido.
Mi querer fue con razón,
y si quise, hice bien
en querer a mi marido.
Cuanto más que las doncellas,
mientra que tiempo tuvieren
harán mal si no murieren
por los que mueren por ellas,
pues moriendo
dejan sus famas viviendo.
Pus,[14] Muerte, ven cuandoquiera,
que yo te quiero atender[15]
con rostro alegre y jocundo:
que el morir de esta manera
a mí me debe placer,
y pesar a todo el mundo.
Sientan las gentes mi mal
por mayor mal de los males,
y todos los animales
hagan hoy nueva señal,
y las aves
pierdan sus cantos suaves.
La tierra haga temblor,
los mares corran fortuna,
los cielos no resplandezcan
y pierda el sol su claror,
tórnese negra la luna,
las estrellas no parezcan,
las piedras se pongan luto,
cesen los ríos corrientes,
séquense todas las fuentes,
no den los árboles fruto,
de tal suerte
que todos sientan mi muerte.

MARQUÉS.

Señora hermana, callad,
que la siento en gran manera
por vuestra suerte maldita,
y en moverme a pïedad
me haréis, aunque no quiera,
causaros muerte infinita.
Tened alguna cordura,
que es vuestro mal peligroso,
y el cirujano piadoso
nunca hizo buena cura.
No queráis
que sin mataros muráis.
Y si teméis el morir,

[10] **guay**... pobre de mí
[11] **paso**... me rebelo
[12] tenga
[13] dolerá
[14] Pues
[15] esperar

acordaos que en el nacer
a todos se nos concede.
Yo también oí decir
que es gran locura temer
lo que excusar no se puede;
y esta vida con dolor
no sé por qué la queréis,
pues, moriendo, viviréis
en otra vida mejor,
donde están
los que no sienten afán.
Y en este mar de miseria
el viejo y el desbarbado[16]
todos afanan a una:
los pobres con la laceria,[17]
los ricos con el cuidado,
los otros con la fortuna.
No temáis esta jornada;
dejad este mundo ruin
por conseguir aquel fin
para que fuiste criada.
Mas empero
confesaos aquí primero.

FEBEA.

Confieso que en ser yo buena
mayor pecado no veo
que hice desque nací,
y merezco toda pena
por dar pasión a Himeneo
y en tomalla para mí.
Confieso que peca y yerra
la que suele procurar
que no gocen ni gozar
lo que ha de comer la tierra,
y ante vos
y digo mi culpa a Dios.

MARQUÉS.

No es ésa la confisión[18]
que vuestra alma ha menester;
confesaos por otra vía.

FEBEA.

Pues a Dios pido perdón
si no fue tal mi querer
como el de quien me quería.
Que si fuera verdadero
mi querer como debiera,
por lo que de él sucediera
no muriera como muero.

MARQUÉS.

Pues, señora,
ya me parece que es hora.

HIMENEO.

¡Caballero, no os mováis!

MARQUÉS.

¿Cómo no? ¡Mozo!

TURPEDIO.

                Señor.

MARQUÉS.

Llega presto.

TURPEDIO.

Vesme aquí.

HIMENEO.

No braveéis si mandáis.
Callad y haréis mejor,
si queréis creer a mí.

MARQUÉS.

Pues ¿quién sóis vos, gentil hombre?

HIMENEO.

Soy aquel que más desea
la honra y bien de Febea,
y es Himeneo mi nombre,
y ha de ser,
pues que fue y es mi mujer.

MARQUÉS.

Catad,[19] pues sois caballero,
no queráis forzosamente
tomaros tal presunción.

HIMENEO.

No quiera Dios, ni yo quiero,
sino muy humanamente
lo que me da la razón.
Y porque con la verdad
se conforme mi querella,
hagamos luego con ella
que diga su voluntad,
y con todo
hágase de aqueste modo:
que si Febea dijere
que me quiere por marido,
pues lo soy, testigo Dios,
que pues la razón lo quiere,
no perdiendo en el partido
lo tengáis por bueno vos.
Pues sabéis bien que en linaje
y en cualquier cosa que sea,
la condición de Febea
me tiene poca ventaje.

---

[16] niño
[17] miseria
[18] confesión

[19] mirad

Y esto digo
porque vos sois buen testigo.

MARQUÉS.
Bien veo que sois iguales
para poderos casar,
y lo saben dondequiera;
pero digo que los tales
lo debrían negociar
por otra mejor manera.

HIMENEO.
Ya sé yo poner tercero[20]
donde fuere menester;
pero si tomo mujer,
para mí sólo la quiero.
Pues ansí
quise engañarme por mí.

MARQUÉS.
Señora, vos, ¿qué hacéis,
que no decís ni habláis
lo que pasa entre él y vos?

FEBEA.
Yo digo que pues que veis
cuán mal camino lleváis,
que podéis iros con Dios.

MARQUÉS.
¿Por qué?

FEBEA.
Porque paréis mientes[21]
que me quesistes matar
porque me supe casar
sin ayuda de parientes,
y muy bien.

MARQUÉS.
Pues, gracias a Dios.

FEBEA.
Amén.

HIMENEO.
Yo, señora, pues, ordeno
que se quede lo pasado,
si bien mataros quisiera;
y él hacía como bueno,
y le fuera mal contado
si dotro[22] modo hiciera.

MARQUÉS.
No haya más, pues que es ya hecho.
Plega al divino Mesías

que le gocéis muchos días
y que os haga buen provecho,
pues casastes
mejor de lo que pensastes,

HIMENEO.
Yo digo, pues que ansí es,
que vos nos toméis las manos
por quitar estas zozobras;
y, si quisierdes, después
seamos buenos hermanos
y hagámosnos las obras.

MARQUÉS.
¿Queréis vos?

FEBEA.
Soy muy contenta.

MARQUÉS.
Dad acá.

ELISO.
Gracias a Dios.

BOREAS.
Sí, pues que hace por nos
en sacarnos de esta afrenta.

MARQUÉS.
Pues veamos
qué será bien que hagamos.

HIMENEO.
Si vuestra merced mandare,
vámosnos a mi posada,
sentirá mis ganas todas,
y según allí ordenare
nombraremos la jornada
para el día de las bodas.

ELISO.
Pues antes que aqueso sea,
Boreas y yo, señores,
nos damos por servidores
a la señora Febea.

FEBEA.
Por hermanos.

BOREAS.
Besamos sus pies y manos.

ELISO.
También al señor Marqués
ofrecemos el deseo,
con perdón de lo pasado.

TURPEDIO.
Yo también, pues que ansí es,
me do al señor Himeneo
por servidor y criado.

---

[20] intermediario (Himeneo rechaza la idea de que los padres o parientes deben concertar los matrimonios de los jóvenes.)
[21] **Porque**... para que os deis cuenta
[22] de otro

FEBEA.

Mas porque nuestros afanes
nos causen complida fiesta,
casemos a mi Doresta
con uno de estos galanes.

MARQUES.

¿Y con quién?

FEBEA.

Con el más hombre de bien.

HIMENEO.

Cada cual lo piensa ser.

FEBEA.

Por cierto, todos los son.

MARQUES.

Pues, señora, ¿qué remedio?

FEBEA.

Que le demos a escoger;
porque[23] ella tiene afición
a Boreas o a Turpedio.

TURPEDIO.

Yo, señores, no la quiero.

DORESTA.

¡Malos años para vos!

TURPEDIO.

Pues ¡voto al cuerpo de Dios!...

MARQUÉS.

Calla, rapaz majadero.

FEBEA.

No haya más.
Toma tú cual más querrás.

HIMENEO.

Yo tomo el cargo, señora
de casaros a Doresta
si se confía de mí;
dejémoslo por agora.
Vámosnos, que cosa honesta;
no nos tome el sol aquí.[24]

MARQUÉS.

Pues adiós.

HIMENEO.

No quiero nada,

MARQUÉS.

Sí, señor.

HIMENEO.

Par Dios, no váis.[25]

MARQUÉS.

¿Por qué no?

HIMENEO.

Porque vengáis
a conocer mi posada.
Holgaremos,
que cantando nos iremos.

MARQUÉS.

Pláceme por vuestro amor,
si mi hermana, vuestra esposa,
nos hiciere compañía.

FEBEA.

Soy contenta.

HIMENEO.

Pues, señor,
cantemos alguna cosa
solamente por la vía.

MARQUÉS.

¿Qué diremos?

HIMENEO.

De la gloria
que siente mi corazón
desque venció su pasión.

MARQUÉS.

Decid: victoria, victoria,
venecedores,
cantad victoria en amores.

VILLANCICO

Victoria, victoria,
los mis vencedores,
victoria en amores.
Victoria, mis ojos,
cantad si llorastes,
pues os escapastes
de tantos enojos;
de ricos despojos
seréis gozadores.
Victoria en amores.

¡Victoria, victoria!

LOPE DE RUEDA (¿1510?–1565)

Dramaturgo, actor, director, Lope de Rueda fue tal vez el primer hombre de teatro en la historia de España. Durante el temprano Renacimiento había representaciones en los palacios y más tarde, en las plazas públicas. Las églogas y farsas de los primeros escritores que aportaron obras a la escena española—Juan del Encina, Lucas Fernández, Gil Vicente—eran por lo tanto asequibles al vulgo. Al principio del siglo XVI viajaban por España grupos teatrales italianos, representando obras en pueblos

---

[23] por si
[24] **no**... no estemos aquí cuando amanezca
[25] vayáis

y aldeas. Pronto se formaron también grupos ambulantes españoles. Lope de Rueda fue una de las figuras más influyentes en la popularización del teatro a principios del siglo XVI. En vez de las obras litúrgicas que se representaban en las plazas, o de los coloquios pastoriles que se les ofrecían a los nobles, Lope de Rueda creó breves piezas cómicas en las que los personajes hablaban el lenguaje de la calle. Escritas para un público inculto y plebeyo, estas obritas, llamadas *pasos*, presentaban a tipos tomados de la vida real. Algunos pasos, como *Las aceitunas*, estaban basados en proverbios o historias populares.

Los documentos sobre la vida de Lope de Rueda son escasos. Hasta se ha propuesto la teoría de que pueden haber existido dos hombres conocidos por este mismo nombre. Lo más probable es que aquél a quien le atribuimos la creación del paso fue hijo de un batihoja— alguien que labra metales, reduciéndolos a láminas. Siendo de una familia artesanal, Lope sin duda recibió poca educación formal. Emilio Cotarelo y Mori, uno de los primeros en estudiar a fondo a Lope de Rueda, conjetura que durante su niñez, Rueda vio obras de compañías ambulantes y decidió unirse a una de ellas, iniciando así su aprendizaje en la teoría y la práctica del teatro. Entonces, cansado de representar obras de otros dramaturgos, empezó a escribir sus propias piezas. No se saben las fechas de composición de sus pasos, los cuales fueron publicados póstumamente en 1567 por Juan de Timoneda. La colección *El deleitoso* contiene siete pasos. También existe otra colección, *Registro de representantes*, además de los pasos que están intercalados en las comedias del autor. Es posible que Lope de Rueda haya sabido italiano, ya que varias de sus comedias son adaptaciones de obras italianas. Sabemos que entre 1542 y 1543, Lope de Rueda, para entonces director de su propia compañía, representó obras en Sevilla.

Durante esta época, Lope de Rueda logró grandes éxitos como actor. Tanto el público culto como el plebeyo apreciaban su talento para el mimo y el gesto. A menudo hacía el papel del *simple*. Era conocido por su destreza en la manipulación de la voz y su capacidad de imitar el habla de los elementos más ignorantes de la sociedad española. Su fama de actor duró por generaciones. Algunos críticos—entre ellos Marcelino Menéndez y Pelayo y Fernando González Ollé—han alegado que se ha exagerado la importancia de los escritos de Lope de Rueda, ya que se conocía principalmente como actor. Otros, entre ellos, Francisco García Pavón, escriben que si no fuera por la publicación de la *Celestina* en 1499, Lope de Rueda se consideraría el padre del teatro español.

El mundo que Lope de Rueda representa en sus pasos es el del pícaro, el rufián, el estudiante, el gitano, el campesino pobre. Es un mundo que él mismo conocía bien. Tuvo una vida llena de tragedias. Murió su primera esposa poco después de casarse. Su segunda esposa le dio una hija, que también murió. Experimentó serios problemas financieros que le forzaron a empeñar sus posesiones y pedir préstamos. Como sus personajes, vivió preocupado por la supervivencia. Sus descripciones de la pobreza y del hambre fueron sin duda tomadas de sus experiencias personales.

Entre 1551 y 1559, Lope de Rueda vivió en Valladolid, aunque siguió viajando a otras ciudades con su grupo. Sus actores representaron obras en Segovia, Sevilla, Valencia y Toledo, y también en la corte en 1554 y 1561. De gran importancia para el desarrollo del teatro español es el hecho de que en 1552 el concejo municipal de Valladolid puso a Lope de Rueda a cargo de producciones teatrales y determinó pagarle un salario. En 1558, pidió fondos para la construcción de varios corrales, lo cual refleja la importancia creciente del teatro en esta época. El apoyo de la ciudad de Valladolid no eliminó los problemas financieros de Rueda, quien murió pobre y endeudado en Córdoba.

El propósito de los pasos era entretener. Lope de Rueda no era ni filósofo ni moralista. Aunque los pasos representan el mundo de los pobres, no se concibieron como instrumentos de reforma. La supervivencia y no la injusticia es el tema principal. Sin embargo, los pasos pintan un retrato revelador de las capas sociales más bajas. El hambre es una preocupación constante de casi todos los personajes de Lope de Rueda. En el primer paso de *El deleitoso*, en el que dos pobres pasan la tarde comiendo buñuelos, el diálogo revela que los personajes no están acostumbrados a comer tan bien. En el segundo paso, Salcedo trata de asustar a Alameda fingiendo ser un fantasma. Alameda quiere saber si los fantasmas comen y qué cosas les gustan. En el cuarto, un viajero llega a un pueblo, donde pretende ser amigo de un tal Licenciado Xáquima, de quien espera ser recibido. El licenciado resulta ser más pobre que él, pero sintiéndose obligado, lo invita a comer. Para sacar al licenciado de esta situación embarazosa, el bachiller Brazuelos lo esconde debajo de la mesa y promete deshacerse del invitado, produciendo así una situación que se convierte en un desastre completo. En el quinto paso, dos ladrones distraen a su víctima describiendo un país imaginario que está lleno de comida sabrosa. Todas estas obras revelan la importancia de la comida para las clases humildes.

Por ser menesterosos, los personajes de Lope de Rueda son pillos y manipuladores. El que sabe mentir y engañar es objeto de admiración. En *El rufián cobarde*, uno de los pasos de *Registro de representantes*, Sigüenza está orgulloso del «arte» del ladrón: «¿No te parece que es harta limpieza y destreza de manos traer cuatro o cinco bolsas y faltriqueras a casa, sin comprar el cuero de que son hechas»? En el primer paso de *El deleitoso* Alameda está impresionado con el talento de Luquitas para hurtar. El que no es ladino es explotado sin piedad. El *simple*, tipo común en las obras de Lope de Rueda, se presta a la hilaridad en vez de a la compasión.

El hambre hace que la gente sea crédula o que viva de

fantasías. En el séptimo paso de *El deleitoso*, conocido por el nombre de *Las aceitunas*, dos campesinos pelean por las ganancias que darán algunos olivos que han plantado. Cuando llega un vecino a investigar la querella, se da cuenta de que los olivos acaban de sembrarse; no producirán frutos por treinta años. En varios pasos, un pícaro manipula la credulidad de su víctima para quitarle el último centavo.

Para los personajes de Lope de Rueda, el universo consiste en un juego caótico de fuerzas incomprensibles. Para sobrevivir, hay que estar alerta, ya que cualquier acontecimiento puede pillarlo a uno sin defensas, pues los fuertes siempre abusan de los débiles. Los personajes de Lope de Rueda son supersticiosos y miedosos. Se sienten amenazados por el otro y por fuerzas externas.

Gran parte del humor de las obras deriva del candor del simple. Su falta de sofisticación verbal es frecuentemente tema de burla. A veces el lacayo le da indicaciones que el simple entiende mal, y por lo tanto hace algo diferente de lo que se le pide. Por ejemplo, en el primer paso de *El deleitoso*, Luquitas quiere que Alameda le diga al amo que fueron a comprar cebollas y queso, cuando en realidad fueron a comprar buñuelos. Alameda se confunde y le dice la verdad a Salcedo. Luquitas asegura al amo que en vez de «buñolera» Alameda quería decir «vendedera» pero se había confundido porque las dos palabras terminan en «a».

Una variación del lacayo y el simple son el estudiante y el cornudo. El estudiante es listo y manipulador; logra seducir a la mujer con la cooperación inconsciente de su marido. En el tercer paso de *El deleitoso* Bárbara convence a Martín, su esposo, de que está enferma, para poder quedarse en casa con Gerónimo, un estudiante. Mientras Martín va al doctor a buscar medicina, Bárbara y Gerónimo salen. Cuando Martín se encuentra con ellos en la calle, la esposa convence a su marido de que el estudiante la lleva a la iglesia, donde permanecerá por nueve días. Martín, notando que Bárbara parece sentirse mejor, les permite irse contento.

Espirituoso y chispeante, el diálogo de Lope de Rueda está lleno de agudezas y jerigonza. Con los pasos, la corriente vulgar se establece como parte fundamental del teatro español. Cervantes consideraba a Rueda, a quien vio actuar durante su niñez, como el iniciador del teatro español y en su prólogo a *Ocho comedias y ocho entremeses* reconoce su influencia. Décadas más tarde, Lope de Vega, quien fue pieza clave en la formación de un teatro nacional a fines del siglo, escribió para las masas y tomó mucho de su material de fuentes populares.

Lope de Rueda también escribió comedias, aunque, en cuanto al desarrollo del teatro español, éstas son menos importantes que los pasos. De trama forzada y poco original, las comedias consisten en una serie de cuadros, algunos de los cuales tienen poca relación con el argumento. En general, son adaptaciones de obras italianas, cuyos personajes son a menudo niños que desaparecen y reaparecen muchos años después, gemelos que han sido separados, nobles que se disfrazan de sirvientes. Aunque las comedias carecen del sabor autóctono de los pasos, aparecen en ellas como personajes secundarios algunos de los mismos tipos—lacayos, gitanos, esclavos, simples—que en los pasos, tipos que llegarán a ser parte integral del teatro del Siglo de Oro.

Recomendamos la siguiente edición: *Pasos*, ed. Fernando González Ollé, texto establecido por Vicente Tullón (Madrid: Cátedra, 1984).

Paso Cuarto

PERSONAS

CAMINANTE.
LICENCIADO XÁQUIMA.
BACHILLER BRAZUELOS

CAMINANTE.   Uno de los grandísimos trabajos que el hombre puede recibir en esta miserable vida es el caminar, y el superlativo, faltalle los dineros. Dígolo esto porque se me ha ofrecido un cierto negocio en esta ciudad, y en el camino, por las muchas aguas,[1] me han faltado los reales. No tengo otro remedio sino éste, que soy informado que vive en este pueblo un Licenciado de mi tierra, ver con una carta que le traigo si puedo ser favorecido. Esta debe de ser la posada. Llamar quiero: ¿quién está acá?

BACHILLER.   ¿Quién llama? ¿Quién estay?[2]

CAMINANTE.   Si está, salga vuesa merced acá fuera.

BACHILLER.   ¿Qué es lo que manda?

CAMINANTE.   ¿Sabráme dar vuesa merced razón de un señor Licenciado?

BACHILLER.   No, señor.

CAMINANTE.   Pues déjeme decir: él es hombre bajo, cargado de espaldas, barbinegro, natural de Burbáguena.

BACHILLER.   No le conozco. Diga cómo se llama.

CAMINANTE.   Señor, allá se llamaba el Licenciado Cabestro.

BACHILLER.   Señor, en mi persona está uno que se hace nombrar el Licenciado Xáquima.[3]

CAMINANTE.   Señor, ése debe de ser, porque de cabestro a xáquima, harto parentesco me parece que hay. Llámele.

BACHILLER.   Soy contento. ¡Ah, señor Licenciado Xáquima!

LICENCIADO.   ¿Llama vuesa merced, señor Bachiller Brazuelos?

---

[1] lluvia.
[2] está allí.
[3] El cabestro es un cordel que se ata al cuello de una bestia para llevarla o asegurarla. La jáquima es la cabezada de cordel, que suple al cabestro.

BACHILLER.   Sí, señor; salga vuesa merced acá fuera.

LICENCIADO.   Suplícole, señor, que me tenga por excusado, que ando metido en la fragancia[4] del estudio y estoy en aquella que dice: *sicut adversus tempore, et quia bonus tempus est non ponitur illo.*[5]

BACHILLER.   Salga, señor, que está aquí un señor de su tierra.

LICENCIADO.   ¡Oh, válame[6] Dios! Señor Bachiller, ¿ha visto vuesa merced mi bonete?[7]

BACHILLER.   Ahí quedó, *super*[8] Plinio.[9]

LICENCIADO.   Señor Bachiller, ¿y mis plantufos[10] de chamelote sin agua,[11] halos visto?

BACHILLER.   Perequillo los llevó a echar unas suelas y capilladas, porque estaban mal tratadillos.

LICENCIADO.   Señor Bachiller, mi manteo, ¿hale visto?

BACHILLER.   Ahí le teníamos encima de la cama esa noche en lugar de manta.

LICENCIADO.   Ya lo he hallado. ¿Qué es lo que manda vuesa merced?

BACHILLER.   ¿Agora sale con todo eso a cabo de dos horas que le estoy llamando? Aqueste señor le busca, que dice que es de su tierra.

LICENCIADO.   ¿De mi tierra? Sí será, pues él lo dice.

CAMINANTE.   ¿No me conoce vuesa merced, señor Licenciado?

LICENCIADO.   No le conozco en verdad, si no es para servílle.

CAMINANTE.   ¿No conoce vuesa merced a un Juanitico Gómez, hijo de Pero Gómez, que íbamos juntos a la escuela y hecimos aquella farsa de los Gigantillos?

LICENCIADO.   Ansí, ansí; ¿es vuesa merced hijo de un tripero?[12]

CAMINANTE.   Que no, señor; ¿no se le acuerda a vuesa merced que mi madre y la suya vendían rábanos y coles allá en el arrabal de Santiago?

LICENCIADO.   ¿Rábanos y coles? Rasos y colchones quiso decir vuesa merced.

CAMINANTE.   Sea lo que mandare; mas ¿a fe[13] que no me conoce?

LICENCIADO.   Ya, ya caigo en la cuenta; qué, ¿no es vuesa merced el mochacho que hizo la moceta,[14] aquel bellaquillo, aquél de las calcillas[15] coloradas?

CAMINANTE.   Sí, señor, yo soy ése.

LICENCIADO.   ¡Oh, señor Joan[16] Gómez! Señor Bachiller, una silla. Periquillo, rapaz, una silla.

CAMINANTE.   Que nos[17] de menester, señor.

LICENCIADO.   ¡Oh, señor Joan Gómez, abráceme! ¿Y diole alguna cosa que trujese[18] mi madre?

CAMINANTE.   Sí, señor.

LICENCIADO.   Tórneme a abrazar, señor Joan Gómez. ¿Qué es lo que le dio? ¿Es cosa de importancia?

CAMINANTE.   ¡Y pues no!

LICENCIADO.   ¡Oh, señor Joan Gómez!; él sea muy bien venido. Amuestre[19] lo que es.

CAMINANTE.   Es, señor, una carta que me rogó que le trujese.

LICENCIADO.   ¿Carta, señor? ¿Y diole algunos dineros la señora mi madre?

CAMINANTE.   No, señor.

LICENCIADO.   ¿Pues para qué quería yo carta sin dinero? Agora, señor Joan Gómez, hágame tan señalada merced de venirse a comer con nosotros.

CAMINANTE.   Señor, beso las manos de vuesa merced; en la posada lo dejo aparejado.[20]

LICENCIADO.   Hágame este placer.

CAMINANTE.   Señor, por no ser importuno, yo haré su mandamiento, y de camino me traeré la carta, que dejé encomendada al mesonero.

LICENCIADO.   Pues vaya.

CAMINANTE.   Beso sus manos.

LICENCIADO.   ¿Qué le parece, señor Bachiller Brazuelos, nuestro convidado?

BACHILLER.   Muy bien, señor.

LICENCIADO.   A mí, no señor, sino muy mal.

BACHILLER.   ¿Por qué señor?

LICENCIADO.   Porque yo, para convidalle, no tengo blanca,[21] ni bocado de pan, ni cosa, ofrézcola a Dios, que de comer sea, y por tanto querría suplicar a vuesa merced me hiciese merced de me hacer merced, pues estas mercedes se juntan con esotras[22] mercedes que vuesa merced suele hacer, me hiciese merced de prestarme dos reales.[23]

BACHILLER.   ¿Dos reales, señor Licenciado? ¿Saca burla del tiempo? ¿Sabe vuesa merced que traigo

---

[4] actividad virtuosa.
[5] **sicut**... frases sin mucho sentido que el licenciado pronuncia para darse importancia.
[6] válgame.
[7] gorro que usan los colegiales o graduados; aquí, es un indicio del alto nivel de educación del bachiller.
[8] sobre.
[9] es decir, el libro de Plinio, el científico latino.
[10] pantuflas.
[11] **chamelote**... tejido fuerte e impermeable que se hacía con pelo de camello. El chamelote (o camelote) de aguas es lustroso, el que no es de aguas, no.
[12] el que vende tripas o mondongo.
[13] **a**... de verdad.

[14] **hizo**... hizo el papel de muchacha.
[15] media sin pie, con una trabilla para sujetarla.
[16] Juan.
[17] no es.
[18] trajese.
[19] Muestre.
[20] **lo**... dejo mi comida preparada.
[21] dinero, moneda de poco valor.
[22] esas otras.
[23] monedas.

este andrajo[24] en la cabeza por estar mi bonete empeñado por seis dineros de vino en la taberna, y pídeme dos reales?

LICENCIADO. ¿Pues no me haría vuesa merced una merced de pensar una burla en que se fuese este convidado con todos los diablos?

BACHILLER. ¿Burla dice? Déjeme a mí el cargo, que yo le haré una que vaya diciendo que vuesa merced es muy honrado y muy cabido con todos.

LICENCIADO. ¿Así? ¿De qué manera lo hará vuesa merced?

BACHILLER. Mire vuesa merced: él ha de venir agora a comer; vuesa merced se meterá debajo de esta manta, y en venir luego preguntará: ¿Qué es del señor Licenciado? Yo le diré: El señor arzobispo le ha enviado a publicar ciertas buldas,[25] que fue negocio de presto, que no se pudo hacer otra cosa.

LICENCIADO. ¡Oh, cómo dice bien vuesa merced! Pues mire que pienso que él es que llama.

CAMINANTE. ¡Ah de casa!

BACHILLER. ¡Sí, él es; métase de presto!

LICENCIADO. Mire que me cobije bien, que no me vea.

CAMINANTE. ¡Ah de casa!

BACHILLER. ¿Quién estay? ¿Quién llama?

CAMINANTE. ¿Está en casa el señor Licenciado?

BACHILLER. ¿A quién busca?

CAMINANTE. Al señor Licenciado Xáquima.

BACHILLER. ¿A comer pienso que verná[26] vuesa merced?

CAMINANTE. No vengo por cierto, señor.

BACHILLER. ¡Picadillo debe de traer el molino![27]

CAMINANTE. No traigo en verdad.

BACHILLER. No lo niegue vuesa merced, que para decir que viene a comer, ¿es de menester tantas retólicas![28]

CAMINANTE. Verdad es que venía a comer, que el señor Licenciado me había convidado.

BACHILLER. Pues certifícole que tiene vuesa merced muy mal recado de esta vez, porque en casa no hay blanca, ni bocado de pan para convidalle.

CAMINANTE. Pues no creo yo que el señor Licenciado sacara burla de mí.

BACHILLER. ¿Qué no me cree vuesa merced? Pues sepa que de puro corrido está puesto debajo aquella manta.

CAMINANTE. No lo creo, si con mis ojos no lo viese.

BACHILLER. ¿Que no? Pues mire vuesa merced cuán contrito está arrodillado.

CAMINANTE. ¡Jesús, Jesús, señor Licenciado! ¡Para mí era de menester tantos negocios!

LICENCIADO. Juro a diez[29] que ha sido muy bellaquísimamente hecho.

BACHILLER. No ha estado sino muy bien.

LICENCIADO. No ha estado sino de muy grandísimos bellacos; que si yo me escondí, vos me lo mandastes.

BACHILLER. No os escondiérades vos.

LICENCIADO. No me lo mandárades vos; y agradeceldo al señor de mi tierra, don Bachillerejo de no nada.

BACHILLER. ¿De no nada? Aguardá.[30]

CAMINANTE. ¡Id con todos los diablos! Allá os averiguad vosotros mesmos.

JUAN DE LA CUEVA (¿1550?–¿1610?)

Juan de la Cueva nació en Sevilla, ciudad en que a fines del siglo XVI había una intensa actividad cultural. Desde los tiempos de Alfonso X, el Sabio, Sevilla había sido un importante centro intelectual que atraía a expertos en diversos campos. Durante el Renacimiento, una fuerte corriente humanística se hizo sentir en Sevilla, contribuyendo a la secularización de la educación y a un nuevo interés en los clásicos. La compañía de Lope de Rueda representaba obras al aire libre en Sevilla desde aproximadamente 1574 y el famoso empresario italiano Alberto Naseli—conocido por el nombre de Ganassa—apareció allí con su tropa al año siguiente. Fue gracias a las representaciones de compañías italianas que se formó un público ávido de nuevas obras teatrales en esta ciudad. Además del teatro profesional, existía una tradición de teatro escolar—dramas escritos y representados por estudiantes, a veces en latín, a veces en una combinación de idiomas. En Andalucía y en otras partes de España se traducían las tragedias clásicas, y más tarde se hacían adaptaciones y se componían tragedias originales. En 1577 aparecieron *Nise lastimosa* y *Nise laureada*—las primeras tragedias originales escritas en español, según Jerónimo Bermúdez, el autor. A Juan de la Cueva se le ha atribuido el mérito de ser un precursor de Lope de Vega, y es cierto que dio pasos importantes hacia la creación de un nuevo teatro que combinaba la herencia clásica con tendencias autóctonas, pero conviene recordar que ya antes de Cueva existía un ambiente de experimentación dramática en Sevilla.

Mucha de la escasa información que tenemos sobre su vida proviene de sus escritos, en particular, la *Historia y Sucesión de la Cueva*, poema genealógico en que traza

---

[24] trapo, pedazo roto o jirón de la ropa.
[25] bulas, documentos eclesiásticos con disposiciones de interés general para los fieles.
[26] vendrá.
[27] **Picadillo**... Es una ocasión oportuna para vuestra merced; viene para aprovechar la ocasión (de comer).
[28] retóricas, sofisterías o razones que no son del caso.
[29] juramento.
[30] Aguardad.

su linaje hasta Beltrán de la Cueva, para quien Enrique IV de Castilla (1454–74) creó el Ducado de Alburquerque. En esta obra describe a su hermano y a sus hermanas con gran afecto; también se describe a sí mismo con cierta pretensión.

Juan de la Cueva se crió en un ambiente social e intelectual que correspondía a su posición en la sociedad, estudiando los clásicos con Juan de Mal Lara, filósofo, humanista y fundador de la Escuela de Santo Tomás y la Escuela de Humanidades y Gramática, ambas en Sevilla. Después de la muerte de Mal Lara en 1571, estudió con Diego de Girón, que ocupó la cátedra que había sido de Mal Lara en la Escuela de Humanidades y Gramática. Cuando era un adolescente, Juan de la Cueva se enamoró de Doña Felipa de la Paz, a quien llamaba Felicia y a quien le dedicó su primera poesía lírica.

En 1574 Juan de la Cueva hizo un viaje a México con Claudio, su hermano menor, que sería nombrado más tarde arcediano de Guadalajara. A Claudio, Juan de la Cueva le dedicó la mayoría de sus escritos. Siguió escribiendo poemas inspirados por «Felicia» y también compuso crónicas epistolares en verso en que describía a México. Compiló asimismo sus *Flores de varia poesía*— una antología que contiene sus propias poesías, además de las de treinta poetas más—, la primera colección de poesía española que apareció en el Nuevo Mundo.

Al volver a Sevilla en 1577, Juan de la Cueva inició un período de intensa actividad literaria. Su primer drama, *La muerte del rey don Sancho, y reto de Zamora* se estrenó en Sevilla en 1579. Siete obras más aparecieron ese mismo año. Al año siguiente, aparecieron otras cuatro obras. En 1581 el poeta-dramaturgo compuso una canción de estilo italianizante celebrando la vuelta de Felipa de la Paz a Sevilla después de que una plaga había amenazado la ciudad. En 1582 publicó sus *Obras*, una colección de poesías amorosas. En 1583 publicó la primera parte de *Comedias y tragedias*, una colección que contenía catorce obras de teatro y al año siguiente se le concedió permiso para una segunda impresión, la cual apareció en 1588. Entretanto completó *El viaje de Sannio* y publicó una colección de romances, *Coro febeo de romances historiales*.

Durante los años siguientes Juan de la Cueva compuso varias elegías. Se le autorizó la publicación de un segundo volumen de obras teatrales, ninguna de las cuales parece haber sobrevivido. En 1603 se publicó su largo poema narrativo *La conquista de la Bética*. En 1604 completó su *Historia y sucesión de la Cueva*, y en 1606 su *Ejemplar poético*, el cual se publicó póstumamente. En 1607 completó su última obra, un largo poema llamado *Los inventores de las cosas*.

El *Ejemplar poético* es la primera imitación española de la obra de Horacio que se conoce por el nombre de «Arte Poética». Contiene tres partes, las que tratan de la teoría literaria, de la poesía española—sus orígenes y técnicas—y, finalmente, del drama. La sección sobre el drama revela el conflicto del autor, que, por un lado, se alineaba con los imitadores de los clásicos y, por otro, creaba obras que no cabían dentro de los rígidos moldes dramáticos establecidos por los dramaturgos griegos y latinos. Cuando Juan de la Cueva escribió su *Ejemplar poético*, Lope de Vega ya se había establecido como el maestro del drama español y su *comedia nueva* había ganado el favor del público. En vez de atacar al que consideraba su rival, reconoce la superioridad de la comedia nueva y, sin mencionar a Lope, se describe a sí mismo como un innovador que se dio cuenta de la necesidad de liberar el teatro español de las tradiciones clásicas. Condena las imitaciones de obras antiguas que se hacían al principio del siglo y defiende la idea de un teatro español que se acomode a los gustos y valores del público contemporáneo.

Aunque es posible que Juan de la Cueva haya exagerado su propia importancia en la creación de un teatro nacional, es cierto que supo combinar tradiciones heredadas con tendencias modernas para crear un nuevo tipo de obra. A diferencia de sus modelos clásicos, sus tragedias contienen pasajes cómicos y personajes de diversas clases sociales. De hecho, la distinción entre comedia y tragedia depende menos del desenlace que del contenido: las tragedias se basan en asuntos históricos o legendarios (*Tragedia de la muerte de Ayaz Telamón*), mientras que las comedias se basan en asuntos nacionales o contemporáneos.

En cuanto a la forma dramática, Juan de la Cueva introduce varias innovaciones. Elimina el prólogo o introito y el resumen de la acción al principio de cada acto que caracterizan las obras del período. Usa varios metros en una sola obra y la combinación de formas poéticas italianas y españolas. Empezando con *El degollado*, crea un verdadero protagonista y un auténtico antagonista, el cual casi alcanza la victoria a mitad de la obra—normalmente en el tercer acto—sólo para ser vencido por el héroe al final.

Finalmente, hay que mencionar el lenguaje dramático de Juan de la Cueva. El dramaturgo utiliza las técnicas de la oratoria y de la retórica—las cuales se estudiaban seriamente durante el Renacimiento—para llamar la atención del público y persuadirlo a aceptar un punto de vista. Empleaba un lenguaje elocuente, pretencioso y poco natural, que sin embargo servía para evocar todas las emociones. El giro lingüístico y el juego de palabras caracterizan su diálogo.

Antes que Lope de Vega, Juan de la Cueva inició la comedia basada en episodios de la historia nacional. *La comedia de los siete Infantes de Lara*, por ejemplo, lleva a la escena una leyenda que se había contado en romances y poemas épicos y por lo tanto era conocida del público. El dramaturgo aprovecha la familiaridad de sus espectadores con la narración para reducir la cantidad de material que representa, lo cual le permite enfocar ciertos motivos e intensificar la acción dramática. En la obra mencionada, los siete Infantes no aparecen; ya han sido asesinados cuando empieza la acción. Es la venganza lo que motiva el argumento.

Juan de la Cueva escribió tres obras inspiradas por temas antiguos. La *Tragedia de la muerte de Ayaz Telamon sobre las armas de Aquiles* (1579) lleva a la escena la derrota del ejército de Troya; fue la primera dramatización de un episodio de la historia griega escrita en español. La *Tragedia de la muerte de Virginia y Appio Claudio* (1580) se basa en el sacrificio de Virginia, asesinada por su padre para impedir que cayera en las manos de Appio Claudio, el decenviro—un acontecimiento contado por Livio y Ovidio. La última obra histórica de Juan de la Cueva fue la *Comedia de la libertad de Roma por Mucio Cevola* (1581). Trata de las consecuencias desastrosas de la violación de Lucrecia por Sexto Tarquinio.

La mayoría de las obras de Juan de la Cueva son comedias novelescas, siendo la más conocida la *Comedia del infamador*. Aunque algunos críticos han visto en la figura central de esta obra un precursor del don Juan de Tirso, hoy día la opinión prevalente es que el poder del dinero, y no la necesidad psicológica de conquistar a las mujeres, es la fuerza motivadora de la personalidad de Leucino. La obra de la Cueva, en la que Leucino intenta seducir a Eliodora, quien prefiere morir antes de ceder a sus acechos, recuerda la leyenda de la romana Lucrecia. Después de emplear sin éxito los servicios de alcahuetas, Leucino recurre a la violencia. Cuando su padre lo descubre en casa de Eliodora, Leucino acusa a ésta de haber tenido relaciones no sólo con él sino también con su criado Ortelio. Ircano, el padre de Eliodora, se prepara a matar a su hija deshonrada, pero la intervención de la diosa Diana salva a la doncella.

La obra incorpora varios temas y tradiciones. Eliodora tiene semejanzas no sólo con Lucrecia, sino con varias santas y mártires—mujeres falsamente acusadas—cuyos nombres se salvan de la deshonra por medio de la intervención de la Virgen. La historia también puede haber sido inspirada por una *novella* italiana. La figura prominente de la alcahueta parece tener sus raíces en *La Celestina*. La aparición de personajes mitológicos revela obvias fuentes clásicas. El crítico Richard F. Glenn señala varios aspectos del teatro de Juan de la Cueva que fueron inspirados por las tragedias de Séneca: el sensacionalismo—lo grotesco y lo violento—, la afición a personajes perversos, el tema de la venganza, el monólogo sentencioso y la intervención de personajes sobrenaturales.

Véase *El infamador*, *Los siete infantes de Lara* (Madrid: Espasa-Calpe, 1973).

Comedia del infamador

PERSONAS

LEUCINO, *galán infamador.*
TERCILIO, *paje.*
ORTELIO, *criado.*
TEODORA, *alcahueta.*
FARANDÓN, *rufián.*
ELIODORA, *dama.*
FELICINA, *criada.*
NÉMESIS, *diosa.*
DIOSA VENUS.
DIOS DEL SUEÑO.
MORFEO, *sueño.*
PORCERO, *alcahuete.*
TERECINDA, *alcahueta.*
JUSTICIA.
ESCRIBANO.
CORINEO, *padre de* LEUCINO.
IRCANO, *padre de* ELIODORA.
PELORO, *caballero.*
IPODAURO, *salvaje.*
DEMOLIÓN, *salvaje.*
DIANA, *diosa de la castidad.*
BETIS, *río.*

Primera jornada

LEUCINO.
　　Con próspero viaje
　　Y favorable viento,
　　Navega quien espera la riqueza;
　　Del mar no siente ultraje,
　　Que a su furor violento
　　El oro aplacar hace la fiereza.
　　Huye de él la tristeza,
　　Todo le es favorable,
　　No le contrasta nada,
　　Tiempla como le agrada
　　A la Fortuna fiera y variable
　　Cual[1] yo, que a mi deseo
　　Con mi riqueza lo que quiero veo.
　　No me pone en cuidado
　　Ninguna cosa humana,
　　Porque a medida del deseo me viene;
　　De todos so[2] estimado,
　　Y de gloria mundana
　　Por mi riqueza igual ninguno tiene.
　　Al que más le conviene
　　Por descendencia ilustre,
　　Si le falta el dinero
　　Casi no es caballero,
　　Si lo tiene un villano es de gran lustre,
　　Porque con la riqueza
　　Hoy se adquiere la gloria y la nobleza.

TERCILIO.
　　Huélgome de hallarte tan contento,
　　Y más de oírte engrandecer tus bienes,

---

[1] Como.
[2] soy.

Haciendo alarde de ellos, dando al viento
Cuenta particular de los que tienes.

LEUCINO.

Publico lo que siente el sentimiento.

TERCILIO.

Bien está, mas que en eso te refrenes
Por parecer te doy, porque es torpeza
De ánimo amar tanto la riqueza.

LEUCINO.

Como te hizo el cielo incapaz de ella
Tienes oír su nombre por odioso,
Que el pobre no se harta de ofendella,
De invidia de ella y no de virtuoso.[3]
Publica que no quiere poseella,
Que huye de su trato peligroso,
Dando a entender que es justo desprecialla
Supliendo así el defecto de alcanzalla.

TERCILIO.

No sé yo quien desprecia la riqueza,
Porque me río cuando voy leyendo
De algunos que eligieron la pobreza
Sus bienes libremente repartiendo;
Tenerla en tanto tengo yo a torpeza,
Que parece que vas ennobleciendo
Tu persona, y que el ser y la memoria
Recibes de ella y no de tu alta gloria.

LEUCINO.

Yo entendí que eras menos majadero.

TERCILIO.

Y aun yo creí otra cosa, que no digo,
De ti, pues en más tienes el dinero
Que de tus padres el blasón antiguo.[4]

LEUCINO.

¡Necio! Píntame agora un caballero
Más que el Cid o que el godo rey Rodrigo,[5]
Que sea pobre y ponlo en competencia
Con un rico de oscura descendencia,
Verás a cuál se inclina la victoria
De las dos diferencias que publico,
Y entenderás cuál vive en la memoria
El noble pobre o el villano rico;
El uno muere, el otro vive en gloria;
El pobre enfada, el rico certifico
Que acepto, aunque sea el propio enfado,
Y el pobre es confundido y desechado;
Y para prueba de esto quiero darte

Por ejemplo el discurso de mi vida:
Dejo la estimación que en toda parte
A mi persona ha sido concedida,
Los trofeos de amor quiero acordarte,
Pues sabes que no hay dama que rendida
No traiga a mi querer por mi dinero,
Y no por ser ilustre caballero.

TERCILIO.

¿Qué razón hay, que así generalmente
Ofendas por las malas a las buenas?

LEUCINO.

¿Cuál mujer a mi amor no fue obediente?
¿Cuál no aplacó de mis deseos las penas?

TERCILIO.

Muchas, y hay más que te diría al presente
Que estrellas tiene el cielo y Libia arenas.

LEUCINO.

¡Bárbaro! Si las hay, nómbrame una,
Porque yo no me acuerdo de ninguna.

TERCILIO.

¿Tan flaco de memoria estás agora
Que no te acuerdas cuántas no aceptando
Tu demanda,[6] con saña vengadora,
Te dieron la respuesta amenazando?
Dejando las demás, sola a Eliodora
Te quiero señalar, a quien amando
Tan encendidamente, procuraste
Y con tanta inquietud solicitaste.

LEUCINO.

Aún no está ese negocio concluido,
Que a Ortelio estó[7] aguardando aquí que venga
Con Teodora, que a Eliodora han ido
A pedirle que a oírme por bien tenga.

TERCILIO.

¿Eso intentas? ¿Aún no la has conocido?
Espántome que tanto se detenga
En ti una pertinacia tan molesta,
Sabiendo claro que tan poco presta.

LEUCINO.

¿Estás en ti? Agora entiendo y creo
Que has perdido el juicio. Di, villano,
¿Qué mujer hay que pida mi deseo
Que no le tenga luego de mi mano?

TERCILIO.

Quiero reírme de ese devaneo,
Pues tienes conocido y sabes llano
La constancia de aquel constante pecho,
Que siempre te ha tratado con despecho;

---

[3] Es decir, el pobre lanza invectivas contra el dinero porque no lo tiene, no porque sea virtuoso.

[4] antiguo.

[5] último rey visigodo de España, derrotado por los musulmanes en 711.

[6] petición.

[7] estoy.

Y conociendo el yerro que sustentas
Y que no hay cosa humana que te guarde,
Ruego a Dios que no llores lo que intentas.

LEUCINO.

¿Qué tengo que llorar? ¡Calla, cobarde,
Que hoy te haré que veas claro y sientas
Quién soy!

TERCILIO.

     No hagas de esto más alarde;
Mas oye a Ortelio que te trae el recado
Que aguardas, darás medio a tu cuidado.

LEUCINO.

Ortelio viene ¡oh venturosa empresa!
Anda mi Ortelio. ¿Ya no ves que aguardo
Y la respuesta a tu demanda expresa,
Que en el deseo de saberla ardo?

ORTELIO.

Sosiégate.

LEUCINO.

     Quien tiene el alma opresa
Cual yo, tendrá por perezoso y tardo
Al suelto Euro,[8] al presto pensamiento,
Si ellos le traen remedio a su tormento.

ORTELIO.

Señor, lo que podré decirte es esto
Que fuimos do mandaste yo y Teodora
La vieja; yo en la calle quedé puesto
Y ella entró a negociar con Eliodora.
No te sabré significar cuán presto
Negoció, que no en medio cuarto de hora
Volvió donde yo estaba, de manera
Que no podía conocer quién era.
Traía el rostro así cual si arrastrado
Fuera por riscos y ásperos abrojos,
El cabello a raíz todo cortado,
Lanzando sangre por la boca y ojos,
Sin manto, saya, toca[9] ni tocado,[10]
Que de ello hizo el vencedor despojos;
Y de esta suerte vino donde estaba,
Que vencedora en triunfo la esperaba.
Llamóle por mi nombre, y advertiendo
En el sonido de la voz cansada,
Fue a la pobre Teodora conociendo,
Aunque en todo venía diferenciada.
Preguntéle del caso ella temiendo
Que la viesen y en verme avergonzada,
Con su mano alzó un lado de mi capa
Y así con ella lo que pudo tapa.

Díjome que torciese una calleja
Que con la casa de Eliodora linda,
Y la llevase a casa de una vieja
Que vive allí que llaman Terecinda;
Hízole así, y al punto que empareja
Con la puerta, la vieja se reguinda[11]
Por un desván,[12] y baja más ligera
Que subir suele el fuego a su alta esfera.
Teodora sin que cosa me dijese
De aquel caso, me dijo que al momento
Con toda priesa a te buscar viniese,
Que ella luego será en tu acatamiento.[13]
Dejéla cual mandó, y como volviese
Por la calle real, mi desatiento
Fue tal, por darte nuevas de Teodora,
Que sin pensarlo di con Eliodora.
De su casa a la calle iba saliendo
Con sola su criada Felicina,
Y dijo así como me vio, riendo:
«Bien negoció la nueva Celestina».
No le osé replicar, y ella siguiendo
Su vía, sin hablarme más, camina
Y el camino del río dirigieron,
Y yo me vine y ellas dos se fueron.

LEUCINO.

¿Que no te dijo quién así la puso?

ORTELIO.

Señor, no se aclaró conmigo en cosa.[14]

LEUCINO.

¿Es posible? Alterado estó[15] y confuso,
De horror tremiendo[16] el alma congojosa
Porque entender que sola se dispuso
Eliodora a maldad tan rigurosa,
Es yerro; el padre y ella lo trazaron,[17]
Y los demás que al hecho se allegaron;[18]
Y así protesto y juro de vengarme,
Y de vengar la vieja en los que fueron,
Que vida, hacienda y honra ha de costarme
Satisfaciendo a quien por mí ofendieron.

TERCILIO.

Sosiégate, señor.

LEUCINO.

     ¿Osas hablarme?

---

[8] viento del oriente.
[9] prenda de tela con la cual se cubre la cabeza.
[10] peinado y adornos del cabello.

[11] cuelga.
[12] parte más alta de la casa, inmediata al tejado.
[13] presencia.
[14] nada.
[15] estoy.
[16] temblando.
[17] dispusieron.
[18] acercaron.

TERCILIO.

Osaréte decir que si hicieron
A la maldita vieja tal afrenta,
Que no es razón ponella tú a tu cuenta.

LEUCINO.

A mi cuenta la pongo, pues yo he sido
La causa y por mí debe ser vengada,
Y si Eliodora en ello ha consentido,
Eliodora será la ejecutada.

ORTELIO.

Señor Leucino, por merced te pido
Que no se alterque en este caso nada;
Pues viene allí la vieja, ella dé cuenta
Del caso incierto y de su cierta afrenta.

TEODORA.

Hijo Leucino, ya veo
En verte salud y vida.

LEUCINO.

Madre, seas tan bienvenida
Cuanto el bien más deseo.
Aquí estoy sin ti afligido,
Revuelto en mil pesadumbres,
Aguardando que me alumbres
De todo lo sucedido.

TEODORA.

Pensarte el caso contar
Se me renuevan mis penas,
Y la sangre por las venas
Siento de temor helar;
Mas siendo de ti mandada,
Aunque huye la memoria
Renovar la triste historia,
De mí te será contada.
Sabrás Leucino que fue
Hoy a casa de Eliodora,
Y siendo oportuna hora
A hablar con ella entré.
Halléla en un corredor
De muchas dueñas cercada,
Ricamente aderezada,
Revuelta con su labor;
Levantáronse en el punto
Que yo entré, y ella alargando
Su mano y la mía tomando
Me sentó consigo junto;
Las dueñas se desviaron
Por no ser impedimento
Y usar de comedimiento,
Y así a solas nos dejaron
Quedando a solas con ella,
Que era lo que deseaba,
Queriendo hablar no osaba
Y osando paraba en vella;

Volvía en tan duro aprieto
Tras mil consideraciones
Con prevenidas razones,
Y tampoco eran de efeto;[19]
Al fin sacudí el temor
Y apresté la lengua muda,
Viendo que al osado ayuda
Fortuna con su favor.
Díjele: «Bella Eliodora,
Vida mía y señora mía,
Perdonalde esta osadía
A vuestra sierva Teodora;
Yo vengo a solo deciros
Que deis lugar que Leucino,
Pues cual sabéis es tan dino,[20]
Ose ocuparse en serviros;
Notoria es su gentileza,
Discreción y cortesía,
Su donaire y bizarría,
Su hacienda y su franqueza;
No tenéis en qué dudar,
Bien podéis condescender,
Que tan ilustre mujer
Tal varón debe gozar».
Ella, que estaba aguardando
El fin de mi pretensión,
En oyendo esta razón
Dio un grito, al cielo mirando,
Y dijo: «¡Dime, traidora,
¿Qué has visto en mí? ¿Qué has oído
O qué siente ese perdido
Del nombre y ser de Eliodora?
Si las cosas que contemplo
No impideran mi ira fiera,
¡A bocados te comiera
Dando de quien soy ejemplo»!
En diciendo esto se fue,
Y las dueñas acudieron
Y de mí todas asieron,
Que sola entre ellas quedé.
Las unas me destocaban,[21]
Las otras me descubrían,
Otras recio me herían
Con mil golpes que me daban;
Después de estar muy cansadas
De tratarme como digo,
Dijeron: «Este castigo
No nos deja bien vengadas».
Los cabellos me cortaron
Con crueza[22] que da espanto,

---

[19] **de**... eficaces.
[20] digno.
[21] quitaban la toca.
[22] crueldad.

Y sin tocado ni manto
En la calle me arrojaron.
Dejáronme de esta suerte,
Y aunque sin fuerzas ni brío,
Vengo ante ti, señor mío,
A consolarme con verte.
Aquí estó, y si alguna cosa
Resta que hacer en esto,
No entiendas que lo propuesto
Me ha dejado temerosa.

LEUCINO.

Madre Teodora, no sé
Con qué respuesta te acuda,
Que tengo la lengua muda
Y el alma cual no pensé;
Y así, pues ha sucedido
Y a lo hecho no hay remedio,
Acomodemos el medio
Que remedie lo perdido.
Ve, Tersilo, con la madre,
Y treinta escudos doblados
Que me tienes, le sean dados
Sin que lo sienta mi padre;
Y tú, madre, ve en buen hora,
Que yo hago juramento
De vengarte a tu contento.

TEODORA.

Besa tus manos Teodora...

LEUCINO.

No llames atrevimiento
El venir a tu presencia,
Pues amor me da licencia
Y mi fe consentimiento.

ELIODORA.

Estoy de tu pretensión,
Caballero, tan corrida,
Que quisiera dar la vida
Por respuesta a tu razón;
Mas por no hacer notoria
Tu demanda y que se entienda
Cosa que mi honor ofenda,
Dejo de gozar tal gloria;
Porque quiero asegurarte
Que si amor te trae encendido,
Que es tiempo ocioso y perdido
Si piensas en mí emplearte;
Y así, te ruego, si sientes
Que es honor o que es deshonra,
Que mires lo que es mi honra,
Lo que no,[23] que no lo intentes.

LEUCINO.

¿Cuál dureza de diamante
No se hubiera enternecido
A mi ruego? ¿Cuál ha sido
En el mundo semejante?
¿Sola tú quieres triunfar
De mi contento y victoria?
¿Sola tú quieres la gloria
De ser amada y no amar?
Pues, Eliodora, yo estoy
Determinado a morir,
O darte muerte o cumplir
El fin que pretendo hoy.

ELIODORA.

Bien podrás sacarme el alma
Forzado de tu pasión,
Mas cumplir tu pretensión
No, ni honrarte con tal palma...

NEMESIS.

Deja Leucino aquesa virgen bella,
Y advierte atentamente lo que digo,
Porque yo vengo a sólo defendella
Y darte si la ofendes cruel castigo.

LEUCINO.

¿Quién eres tú que a la defensa de ella
Osas ponerte y a hablar conmigo?

NEMESIS.

Quien soy yo lo diré, vete, Eliodora,
Con quien la excelsa Hispalis[24] se honora;
Y porque entiendas la deidad que tengo
Y que soy de los dioses celestiales,
Yo soy la diosa Némesis,[25] que vengo
A dar castigo a semejantes males.
Los bienes premio y los males vengo,
Y véngolos de suerte en los mortales,
Que con aquesta mano poderosa
Doy la vida o la muerte rigurosa.
La cual te diera aquí y con este intento,
Sin que me lo impidiera cosa alguna,
Vine volando de mi etéreo asiento,
Que está fijado encima de la Luna,
Y viendo que tu horrible pensamiento,
Que te condena a muerte, en cosa alguna
No ofendió la doncella, quiero darte
Aviso, aunque era justo castigarte;
Y por dar fin a mi razón, concluyo
Que mudes parecer y que a Eliodora
No sigas, que tu intento con el suyo
Diferencian cual noche y blanca aurora...

---

[23] **Lo**... Y si no (tienes esto en cuenta).

[24] antiguo nombre de Sevilla.
[25] diosa de la venganza y de la justicia distributiva.

LEUCINO.

No pongáis duda, yo lo entiendo y creo
Que ésta es forma fantástica que ha sido
Por hechizos sacada del Leteo[26]
Al mundo, y no la diosa que ha fingido.
Que Eliodora, entendiendo mi deseo
Y que a forzarla estaba resumido,
Conjuró aquel espíritu que fuese
Quien me ocupase mientras ella huyese;
Y así, quiero, pues ella usó de arte
Para poder librarse de mis manos,
Usar de industria yo, que no sean parte
Para libralla sus hechizos vanos.
Veré si hay otra diosa que la aparte
De mí, y para el efecto oídme hermanos,
Estad comigo, porque cumple al hecho
Entenderme y que sea al momento hecho:
Luego que dé su luz la blanca aurora,
Una junta en mi casa hacer quiero
De alcahuetas, que juntas a Eliodora
Hablen y entre ellas enviaré a Porcero;
Este, como sabéis punto ni ora
Falta de estar conmigo[27] y por dinero
Venderá su linaje,[28] y cada día
Me dice que hará a Eliodora mía.
El padre de Eliodora, que es Ircano,
Favorece a Porcero y le da entrada
En su casa, do tiene tanta mano,[29]
Que por él es regida y gobernada.
Este hará lo que deseo llano,
Como le sea alguna cosa dada,
Y así quiero, pues él se me ha ofrecido,
Valerme de lo que él me ha prometido.

ORTELIO.

Camino es ese de alcanzar tu intento,
Que no es posible no hacer efecto
Llevando tan seguro fundamento
Y siguiendo un acuerdo tan discreto.

LEUCINO.

Vamos a reposar, y el descontento
Que me ha traído a su rigor sujeto
Huya de mí gozando de Eliodora,
Aunque pese a la diosa vengadora.

Segunda jornada

VENUS.

. . .Yo quiero ir a casa de Eliodora
Y la fama tomar de Felicina,

Y ayudar a Porcero y a Teodora,
Que teniendo Eliodora tan vecina
La llama de mi fuego poderoso.
El odio perderá y será benina[30]
Con Leucino, y yo habré triunfo glorioso...

LEUCINO.

Madre, seas muy bien venida
A dar vida a quien te espera,
Tú y la honrada compañera.

TERECINDA.

Honrada sea tu vida.

LEUCINO.

Dejemos comedimientos
Y al propósito vengamos,
Que lo que en hablar tardamos
Es atajar mis intentos,
Y así, quiero proponeros
En dos razones el caso,
Que esto sólo hace al caso,
Sin cansarme y deteneros.
Ya sabéis cómo Eliodora,
Ocasión de mi cuidado,
En oyendo mi recaudo,
Se volvió contra Teodora;
Resta agora que, no obstante
Su ira, busquemos medio
Que de ablandar sea remedio
Aquel pecho de diamante.
Esta ha sido la ocasión,
En vuestras manos he puesto
Mi honra, y por lo propuesto
Entenderéis mi intención.
Conformaos, en un acuerdo,
Y este acuerdo sea de suerte
Que acabe mi pena fuerte
Y admire al hombre más cuerdo. . . .

Tercera jornada

ELIODORA.

. . .¿Qué hablas, desvariada,
Maldita vieja, enemiga
De mi gloria? ¿Quién te instiga?
Dime ¿estás endemoniada?
¡Vete, no pares aquí
Y tu boca no se abra,
Que en respondiendo palabra
Tomaré venganza en ti!

TEODORA.

Tiempla, Eliodora, esa ira,
No te alteres con tal furia,

---

[26] en la mitología, río del olvido que separa el mundo de los vivos del
de los muertos.
[27] **punto**... nunca deja de hacer lo que le pido
[28] Es decir, haría cualquier cosa por dinero
[29] **tanta**... tanto poder.

[30] benigna.

Que hasta agora no te injuria
Mi razón, que así te aíra.[31]

ELIODORA.

¡Traidora, no hables más,
Deja luego mi presencia!

PORCERO.

Modérate con paciencia
Y tu sinrazón verás.

ELIODORA.

¿Esto llamas sinrazón?

PORCERO.

Sí, porque en lo que te dice
No hay porqué te escandalice
Ni te prive de razón;
Que si Leucino te pide
Por su mujer, ya le ha sido
De tu padre concedido,
Y así no se descomide.

ELIODORA.

¿También sigues tú su parte?

PORCERO.

En esto la razón sigo.

ELIODORA.

Pues yo a ti como a enemigo
Debo en todo recusarte.[32]

VENUS.

No te alteres de esa suerte,
Mira que el señor Porcero
Es amigo verdadero,
Si en su proceder se advierte...

ELIODORA.

Venus no tiene en mí parte;
Y así quiero carecer
De su fruto y su placer.

VENUS.

Mira no sea en castigarte.

ELIODORA.

No puede en mí su castigo.

PORCERO.

Señora, pueda razón
Que dejando la pasión
Vengas a lo que te digo.

VENUS.

Siendo lo que te conviene
Razón será que lo hagas,

Y que en fe le satisfagas
Al que no es razón que pene.
Truxérate mil ejemplos
De reinas, ninfas y diosas
Que amando son hoy gloriosas,
Con estatuas, aras, templos.

ELIODORA.

¡Enemigos de mi honor,
Haced de mí larga ausencia,
No estéis más en mi presencia,
Que me encendéis en furor!
¡Y tú falsa Felicina,
Que tal consejo me das,
No me hables ni veas más
Y con los demás camina!

PORCERO.

Sin efecto hemos venido;
Mal lance echamos, Teodora,
Nada conmueve a Eliodora,
Ella nos dejó y se ha ido.

VENUS.

No es parte el irse; advertí
Y conocedme quién soy,
Que soy Venus aunque estoy
En traje mortal y así.
Id luego y decí[33] a Leucino
Lo que pasa, y que por fuerza
La saque, que esfuerzo, fuerza
Le daré y favor divino.
¡No os detengáis, partid luego!

PORCERO.

A cumplir vamos tu mando.

VENUS.

Id, que en caso tan infando[34]
Se me abrasa el alma en fuego.
Quiero esta forma dejar
A Felicina su dueño,
Y enviar al dios del sueño,
Que no es tiempo de aguardar.

ELIODORA.

¡La falsa de mi criada
Que también me persuadía!
Sin dubda[35] que ella venía
Con los demás conjurada.
Dar quiero aviso a las damas
Que si a casa se viniere,
Cuando tal maldad hiciere
La arrojen en vivas llamas.

---

[31] enfurece.
[32] acusarte.

[33] decid.
[34] infame.
[35] duda.

VENUS.

Morfeo, parte volando,
No te detengas aquí.

MORFEO.[36]

Yo me voy, cumpliendo así,
Venus, tu precioso mando.

VENUS.

A mí me conviene ir luego
A darle a Leucino aliento,
Y que venga en un momento
En ira y coraje ciego;
Que no cumple a mi deidad
Que Eliodora se resista
De mi amorosa conquista
Sin hacer mi voluntad.

ELIODORA.

¡Traidora! ¿Osaste volver
Ante mí? ¡Vuelve huyendo!

FELICINA.

Señora, yo no te entiendo
Si no te das a entender.

ELIODORA.

¿Que no me entiendes, traidora?
¡Vete, no me des respuesta,
Que mi voluntad es ésta,
Sigue a Porcero y Teodora!

FELICINA.

¿A quién me mandas seguir
Si no a ti para servirte?

ELIODORA.

Ya no sirve el comedirte,[37]
Que a mí no me has de servir.

FELICINA.

Señora ¿qué es tu pasión?[38]
¿En qué te ofendí jamás
Sino es amarte más
Que a la vida y corazón?

ELIODORA.

Di, falsa, si tú me amabas,
¿Cómo agora el ruego fiero
De las viejas y Porcero
Seguiste y me aconsejabas?

FELICINA.

De eso todo estó inocente
¿No me hallaste en la cama?

ELIODORA.

¡Después de urdida[39] la trama
Se quiere hacer que no siente!
¿No estuviste agora aquí
Con las dos viejas Claudinas?

FELICINA.

Señora ¿echas bernaldinas?[40]
¿Qué dices? ¿Estás en ti?
Yo, desde que me acosté
Hasta agora, he estado envuelta
En las sábanas, que suelta
Del sueño, jamás quedé.

LEUCINO.

Ortelio y Farandón, amigos míos,
Armas y corazones aprestemos,
Que ya acabó mi ruego a los desvíos
De Eliodora, mi ansia en sus estremos.
Pague los insolentes desvaríos
Que siempre usó comigo, y no aguardemos
A razones, mas haga el duro apremio
Que por fuerza me dé el rogado premio.
Esta es la casa ¡sus, ganad la puerta!
¡No nos tardemos más, que así conviene,
Que viva ha de ir comigo o quedar muerta,
Aunque en su guardia Némesis la tiene!

ELIODORA.

¡Agora veo la horrible muerte cierta!
¡Ay sin ventura, que Leucino viene!
¡Cierra esa puerta, apriesa, amiga amada!

FELICINA.

¡No puedo, que la tienen ya ganada!

LEUCINO.

Tu dureza, Eliodora rigurosa,
Me trae cual ves a la presencia tuya
A pedirte que elijas una cosa:
Morir aquí o que mi mal concluya.

ELIODORA.

No será tu amenaza poderosa
Para que por temor mi honor destruya,
Que no me espanta la espantosa muerte
La cual recibiré con pecho fuerte.

LEUCINO.

¡Recibirás con muerte triste afrenta!

ELIODORA.

Anda, que no hay afrenta que me afrente
Estando de tu vano intento esempta,[41]
Ni hay cosa que mi ánimo amedrente.

---

[36] dios griego del sueño (Morfeo hará dormir a Felicina. Mientras tanto, Venus tomará la forma de Felicina y traicionará a Eliodora.)
[37] ofrecer tu ayuda.
[38] sufrimiento.

[39] preparada para perderme.
[40] mentiras, exageraciones.
[41] exenta.

ORTELIO.

¡De esta suerte has de ir, pues te contenta!

FELICINA.

¡Justicia! ¿Tal insulto se consiente?

LEUCINO.

¡Calla, traidora!

FELICINA.

¡Guarte[42] tú, inhumano!

ORTELIO.

¡Ay que me ha muerto, ay cielo soberano!

LEUCINO.

¡Con esta mano le daré venganza
A mi criado, a quien cruel has muerto!

ELIODORA.

¡Si llegares a mí, de tu esperanza
Verás el fin con ver tu pecho abierto!

FELICINA.

¡Justicia! ¿No hay justicia? ¡La tardanza
En irla yo a llamar es desconcierto!

LEUCINO.

¡Mira que morirás si te defiendes!

ELIODORA.

¡Tú morirás si a mí llegar pretendes!

JUSTICIA.

¡Tened a la justicia! ¿Quién ha sido?
¿Quién ha privado de la vida este hombre?

LEUCINO.

¡Esta mujer, ajena de sentido
Por haber de crueza tal renombre!

JUSTICIA.

¿Es verdad que este insulto has cometido?

ELIODORA.

¡Sí, yo le di la muerte y no te asombre,
Que si un punto a venirte detuvieras,
Muertos a esos dos cual ése vieras!

ESCRIBANO.

Bien claro dice que ella le dio muerte,
Y la sangrienta daga lo declara.

JUSTICIA.

Sin apremio confiesa el hecho fuerte,
Que en decir la verdad no ha sido avara.

CORINEO.

¿Hijo, qué es esto? ¿Qué contraria suerte
Te ha sucedido?

LEUCINO.

Una hazaña rara
En maldad, que esta pérfida le ha dado
Sin ocasión la muerte a mi criado.
¿Súfrese tal maldad, tan dura afrenta?

IRCANO.

¿Tal suceso en mi casa? ¡Oh justo cielo,
Dame venganza o haz que yo no sienta
Tal infamia, dejando el mortal velo![43]

JUSTICIA.

Ilustre Ircano, el caso que atormenta
Tu ánimo y provoca a triste duelo,
No se remedia con hacer extremos
Pues estorban que el hecho averigüemos.
Dime, Leucino, qué ocasión tuviste
De haber venido a donde estás agora,
Si este muerto contigo lo trujiste
Y por qué causa lo mató Eliodora;
Ella confiesa, y pues presente fuiste
Al suceso, declara, si en ti mora
Verdad, todo el suceso de esta historia,
Porque yo la encomiende a la memoria.

LEUCINO.

¡Plugiera a Dios se abriera aquí la tierra
Y a mí sólo en su centro me tragara,
Y en el sulfúreo reino[44] que en sí encierra
En cuerpo y alma como estoy lanzara,
Antes que yo viniera a darte guerra,
Tu maldad ¡oh Eliodora! haciendo clara;
Mas soy forzado y por apremio digo
La verdad, recelando el cruel castigo!
El caso es que yo hallando un día
A Eliodora en la Bética[45] ribera,
Quedé en ver su belleza y lozanía
Cual nieve al sol o cual al fuego cera;
Habléle, y con honrosa cortesía
Me respondió y preguntó quién era;
Yo satisfice a su pregunta, y luego
Los dos nos encendimos en un fuego.
Levantóse y poniéndose en camino
Para volverse, dile yo la mano
Y ella me dio la suya, y hizo dino
Del primer don que da el amor tirano.
Llegando aquí me dijo: «Ve, Lucino
—Pegando al mío su rostro soberano—
Y esta noche podrás volver a verme
Si piensas en amor corresponderme».
Hícelo así, y luego que la obscura
Sombra ocupó con su tiniebla el suelo,
Inspirado de amor y mi ventura

---

[42] Guárdate.
[43] el... la vida.
[44] el... el infierno.
[45] del río Guadalquivir. Betis es su nombre antiguo.

Seguí la suerte que me daba el cielo.
Halléla a una ventana, que la pura
Luna miraba, y luego sin recelo
Me bajó a abrir, y yendo a sólo vella
Gocé a mi gusto aquella noche de ella.
De esta suerte han pasado ya dos años,
Que ella a mi casa y yo a la suya yendo
Hemos vivido usando mil engaños,
Nuestro fuego con ellos encubriendo.
Tras de esto añadió a un daño muchos daños
Esta cruel, su natural siguiendo,
Y fue, que en este amor que me fingía
Por ese muerto sin descanso ardía.
Viéndose el triste mozo combatido
De esta inconstante, me llamó en secreto
Y el caso me aclaró, y de mí sabido
De otras personas, la dejé en efeto.
Ella de ira el ánimo encendido,
La venganza eligiendo por decreto,
A llamar me envió y que me rogaba
Trujese a Ortelio, porque así importaba.
Yo, triste, inadvertido de mi daño,
Vine y nunca viniera, porque al punto
Que llegué, le dio a Ortelio un golpe extraño
Que en tierra lo arrojó, cual veis, difunto.
Revolvió sobre mí, yo con engaño
Le hurté el cuerpo, porque estaba junto
Y pasó el golpe, entonces, de ella asiendo,
Entrastes a las voces acudiendo.

CORINEO.
¡Calla fiero, no pases adelante,
Que lo dicho a mil muertes te condena,
Y al infierno el gran Júpiter tonante
Te arroje a padecer eterna pena!

JUSTICIA.
¿Esto es verdad?

FARANDÓN.
Señor, verdad bastante.
No dice cosa de verdad ajena.

JUSTICIA.
Eliodora ¿qué dices tú sobre esto?

ELIODORA.
¡Que todo es falsedad cuanto ha propuesto!

LEUCINO.
¿Falsedad? ¡Verdad pura es la que digo!

JUSTICIA.
Y tú ¿qué entiendes de esto? ¿sabes algo?

FELICINA.
Que es maldad cuanto dice ese enemigo.

LEUCINO.
La verdad digo a fe de hijodalgo. . . .[46]

ELIODORA.
¡Esa es traición, que no le di la muerte
Si no por evitar la injusta fuerza
Que me quiso hacer, y en esto advierte
Que es verdad, y tu vara no se tuerza!

JUSTICIA.
No torcerá, mas yo haré ponerte
Donde tu voz, que así a hablarte esfuerza
Habiendo hecho un crimen semejante,
Cese, y quitá[47] ese cuerpo de delante.
Llevad ésta a la cárcel, y sea puesta
En estrecha prisión do esté segura.

CORINEO.
Será de mí una razón propuesta,
Si a hablar tu licencia me asegura.

JUSTICIA.
Di, que nunca jamás me fue molesta.

CORINEO.
Digo que no sea puesta en prisión dura
Eliodora, mas libre y sea llevado
Mi hijo y crudamente castigado.

IRCANO.
Ella es digna de muerte y no Leucino,
Y así mi hija sea castigada
Como rea, pues abrió el camino
Para este mal, y así sea ejecutada.

CORINEO.
Mi hijo solamente es el que es dino
De muerte, pues por él es infamada,
Quebrantando tu casa cual ha dicho,
Si se tiene memoria de su dicho.

IRCANO.
Si ella a él la entrada no le diera
No la infamara él ni la gozara,
Y pues ella la puerta le dio ¡muera!
Y él quede libre, que es justicia clara.

CORINEO.
¡Esa mesma razón a muerte fiera
Le condena!

IRCANO.
Esa ley mesma lo ampara,
Que el hombre puede entrar donde quisiere
O do le dan la entrada si pudiere.

---

[46] hidalgo.
[47] quitad.

JUSTICIA.

Cese vuestro alboroto, y sea cumplido
Lo que tengo mandado; partid luego
Con ella y a ese mozo llevá[48] asido,
Y a Leucino también por preso entrego.

IRCANO.

¡Que castigues mi hija sólo pido!

CORINEO.

¡Que la sueltes y muera mi hijo ruego!

JUSTICIA.

Lo que en ley debo ejecutar sobre esto,
Vamos, que todos lo veréis muy presto.

Cuarta jornada

JUSTICIA.

. . .Tú, Diana, en los bosques adorada,
En el infierno y en el alto cielo,
Servida en el Parnaso,[49] en Cintio, en Delo,[50]
Suplícote que a ira no te mueva
Porque contra Eliodora di sentencia,
Pues la muerte de un hombre se le prueba
Y de ella es confesada sin violencia.
La ley sola me guía, ella me lleva,
Ella es y no yo quien la sentencia,
De suerte ¡oh pura virgen! que no hay culpa
En mí, pues la justicia me disculpa.

DIANA.

No merece por esa muerte muerte,
Sino vida y eterno nombre y gloria,
Cual se verá en el fin de aquesta suerte
En la declaración de nuestra historia.

IRCANO.

¡Diosa que facultad me das de verte
Y a mi bajeza ofreces tal victoria,
Obedeciendo tu preciso mando
Estoy do me mandaste en ti adorando!

DIANA.

Ircano, solamente la injusticia
Que te hacían y la ofensa horrible
Me trae a ser ministro de justicia,
Y a dar castigo a un caso tan terrible.
¡Pague el fiero Leucino su malicia,
Pague, que ya a los dioses no es sufrible!
¡Ipodauro, Demolión!

IPODAURO.

　　　　Señora...

DIANA.

De la cárcel sacadme aquí a Eliodora.
Verás Ircano abierta y claramente
La poca culpa que tu hija tiene,
Verás que en todo siempre fue inocente
Y verás a quien de esto el daño viene.

IPODAURO.

Ya tienes a Eliodora aquí presente.

DIANA.

Quitalde esas prisiones[51] ¿qué os detiene?
Que no es razón que el duro hierro apremie
A quien espera que mi mano premie.
Llégate acá, Eliodora gloriosa,
Vivo esplendor de mi virgíneo coro,
Por quien tengo mi suerte por dichosa
Y por quien me engrandezco y más me honoro,
Y esta corona ciña tu espaciosa
Frente, adornada de esas hebras de oro,
Y esta virginal palma[52] esté en tu mano,
Premio dino a tu intento soberano.

ELIODORA.

¿Cuándo fue ¡excelsa diosa! a mi bajeza
Merced tan generosa concedida?

DIANA.

Vista Eliodora bien vuestra pureza,
A vuestro casto ánimo es debida:
Y para que se entienda su grandeza,
Los presos de quien sois así ofendida
Saquen aquí, verán su maldad clara,
Y lo que gloria vuestra se declara.
Justo es que muera el hombre que ha infamado
Mujer o sea casada o sea doncella,
Viuda, honesta o de cualquier estado
Que sea, ora la sirva o huya de ella.

LEUCINO.

Traído so[53] ante ti por tu mandado.

DIANA.

De ti ante mi Eliodora se querella
En razón que con ánimo atrevido
Infamada de ti sin causa ha sido;
Si tienes que alegar, responde luego
Pues del callar gran daño te resulta,
Y que digas verdad te pido y ruego,
Que a dios cual sabes cosa no hay oculta.

LEUCINO.

Virgen a quien el casto y puro fuego
La gente más remota y más inculta

---

[48] llevad.
[49] monte donde viven las Musas, las nueve diosas que presidían las artes y las ciencias
[50] Delos, isla de Apolo.
[51] cadenas
[52] símbolo de la victoria del mártir.
[53] soy.

Del mundo te consagra en culto eterno,
Haciéndote del cielo guía y gobierno,
Ya que así soy en tu presencia puesto
Y puesto acusación por Eliodora,
Debo decirte la verdad en esto,
Que la verdad ha de aclararse agora;
Y así, digo y declaro que el honesto
Cuidado que en el casto pecho mora
De Eliodora, jamás dio al ruego mío
Cabida ni me oyó sin dar desvío;
Y así, digo que fue de mí infamada
Injustamente en cuanto dije de ella,
Sin que debiese en cosa ser culpada
Y esto es verdad, que fue por ofendella.

DIANA.
¿Fuete de ella ocasión alguna dada?

LEUCINO.
No, sino viendo no poder movella
A mi querer, determiné vengarme
Con disfamalla, pues huía de amarme.

DIANA.
Al fin que por enojo y corrimiento
La disfamaste y no por culpa suya...

LEUCINO.
Ese fue sólo mi final intento.

DIANA.
Oye pues la final sentencia tuya:
A ese que afirmó con juramento
Lo que no fue verdad, porque concluya
Su mala vida, sea llevado luego
Y echado vivo como está en un fuego.

FARANDÓN.
¡Oh virgen delia![54] ¡Muévate mi llanto
Y ten piedad de la miseria mía!

DIANA.
Ministros míos ¿qué aguardáis ya tanto?
Andad con él, acabe su porfía.

DEMOLIÓN.
¡Hoy tendrá fin su vida y su quebranto!

FARANDÓN.
¡Hoy es mi fin y postrimero día
Y es justo, pues que fui testigo falso
Contra Eliodora, cuya gloria ensalzo!

LEUCINO.
Si en ti, diosa Diana, veo que falta
Piedad, ¿a dónde iré a pedir consuelo

Si en tu glorioso corazón se esmalta
Tal dureza y se olvida que es del cielo?

DIANA.
Leucino, agora la crueza asalta
Mi tierno pecho, y con sangriento celo
Quiero vengar mi virgen ofendida
Por ti, y su honra restaurar perdida. . . .

IPODAURO.
Del modo que mandaste ha sido hecho
Tu mando, y en ceniza convertido
Queda aquél que huyendo el leal derecho
Testificó lo nunca sucedido.

DIANA.
Este, que sin piedad en duro estrecho
Puso a Eliodora, a un grave peso asido
Lo arrojad en el Betis, y allí muera
Porque tal muerte tal maldad espera.

LEUCINO.
¿Es posible que no has de conmoverte,
Delia Diana, al tierno llanto mío,
Y que remisa en darme cruda muerte
Así me mandas arrojar al río?

DIANA.
Eso no te repara de tu suerte.

LEUCINO.
¡Repáreme tu eterno señorío!

DIANA.
No hay lugar ya; Demolión ¿qué aguardas?
Y tú Ipodauro ¿en qué razones tardas?

DEMOLIÓN.
Sin hablar más razón, vamos, Leucino.

LEUCINO.
¡Oh dioses inclementes e inhumanos,
Que entre tantos no hubo un dios benino
Si no todos crueles y tiranos!

IPODAURO.
No blasfemes con tanto desatino;
Atale ya, Demolión, las manos,
Y desde aquí podemos arrojallo.

BETIS.
¡Teneos, salvajes, suspendé el echallo!
Diana, no permitas que sea echado
En mis líquidas ondas ese fiero,
Ni su maldito cuerpo sepultado
En el bético seno de mi impero.
Manda que sea a las fieras arrojado
O al fuego cual su horrible compañero,

---

[54] de Delos.

No en mí, que volveré a lanzallo fuera
Como lo echaren vivo a la ribera.

DIANA.

Betis, honor de la vandalia[55] gente,
Entre los ríos del mundo el más famoso,
No me niegues en esto tu corriente,
Muera en ella este infame al cielo odioso.

BETIS.

Diana no es razón ni se consiente
Dar sepulcro a ese injusto tan honroso,
Que cuando sea tu voluntad cumplida
Valdrá más esa muerte que su vida.

DIANA.

Llevaldo luego, y vivo así en la tierra
Dalde el último fin y alojamiento.

LEUCINO.

¡Virgen! ¿Por qué tu pecho así destierra
La piedad que tiene en él su asiento?

DEMOLIÓN.

No demande piedad el que así yerra;
Vamos de aquí, que es gran detenimiento
Y falta celebrar el alegría
De tan alegre y venturoso día.

BETIS.

Excelsa virgen, dame tu licencia
Que en vuelo baje a mi húmido profundo
Y mis ninfas envíe a tu presencia
A celebrar la fiesta y día jocundo.

DIANA.

Anda, que bien merece esa excelencia
Y que la fama esparza por el mundo
El casto y claro nombre de Eliodora,
Cantándolo del Betis al Aurora.[56]
¿Estás, Ircano, satisfecho de esto?

IRCANO.

¡Nunca yo fui capaz de tanta gloria!

DIANA.

Y tú, juez, aprende a ser modesto
Y esculpe este alto ejemplo en tu memoria,
Y pues la noche viene en vuelo presto
Dando aquí fin a nuestra ilustre historia,
Vamos con esto en Hispalis entrando,
El triunfo de Eliodora celebrando.

---

[55] andaluza.
[56] diosa de la mañana.

MIGUEL DE CERVANTES (1547–1616)

La obra maestra *Don Quijote de la Mancha* excede en brillantez y en influencia a todas las otras creaciones literarias del autor hasta tal punto que a veces nos olvidamos que Cervantes fue uno de los mejores dramaturgos anteriores a Lope de Vega. Al volver a España en 1580, después de su cautiverio en Argel, Cervantes compuso—según su propia afirmación—veinte o treinta obras de teatro, aunque de esta primera época (1581–1587) sólo se conservan dos: *Los tratos de Argel* y *El cerco de Numancia*. Siempre le había interesado el drama, que era en aquel momento uno de los géneros literarios más populares, así que era natural que Cervantes emprendiera una carrera de dramaturgo. Sin embargo, abandonó «la pluma y las comedias», según dice en *Ocho comedias y ocho entremeses* (1615) a causa del triunfo de Lope de Vega, «el gran monstruo de la naturaleza», cuyo arte nuevo ya empezaba a dominar la escena.

Los tratos de Argel no se considera una de las mejores obras de Cervantes, pero las descripciones de la vida argelina son de gran interés documental. La obra trata de dos cautivos cristianos, Aurelio y Silvia, que son vendidos por piratas a Izuf y su esposa Zara en Argelia. Izuf se enamora de Silvia, y Zara de Aurelio, sin darse cuenta de que los dos cristianos son amantes. De interés particular es el personaje Saavedra, soldado y amigo de los cristianos, que seguramente representa a Cervantes mismo.

El cerco de Numancia es un excelente ejemplo del estilo grandioso y elocuente que predominaba en el teatro prelopista. Trata del sitio de Numancia, una antigua ciudad celtibérica, por las fuerzas romanas. El hambre y la crueldad de los invasores hacen imposible la resistencia. Los numantinos, prefiriendo la muerte a la esclavitud, optan por el suicidio. Hablan personajes alegóricos—Guerra, Enfermedad, Hambre—comentando la destrucción de la ciudad. Se le informa a Escipión, el general romano, que todos los habitantes de Numancia se han quitado la vida, negándoles a los invasores el triunfo. Escipión está obligado a reconocer que no pudo conquistar a los numantinos con las armas y por eso tuvo que recurrir a la treta del encierro:

Con uno solo que quedase vivo
no se me negaría el triunfo en Roma
de haber domado esta nación soberbia,
enemiga mortal de nuestro nombre,
constante en su opinión, presta, arrojada
al peligro mayor y duro trance,
de quien jamás se alabará romano
que vio la espalda vuelta a numantino,
cuyo calor, cuya destreza en armas
me forzó con razón a usar el medio
de encerrallos cual fieras indomables,
y triunfar de ellos con industria y maña,

pues era con las fuerzas imposible. (Cuarta jornada, 2244–56)

Al final aparece la Fama, que aclama el heroísmo de los numantinos. La obra apela al orgullo patriótico de los españoles y a través de los siglos ha sido representada y elogiada en períodos de peligro nacional.

Hacia el fin de su vida, Cervantes volvió a escribir obras de teatro. En realidad, su amor al género nunca había disminuido. *Don Quijote* contiene varios episodios que tratan del teatro. En el Capítulo XI de la segunda parte, el caballero andante se encuentra con la compañía teatral de Angulo de Malo—la cual realmente existió—que representa el auto de *Las cortes de la muerte*. Los comentarios de Sancho dan una idea del favor en que se tenía a la gente de teatro: «...tome mi consejo, que es que nunca se tome con farsantes, que es gente favorecida. Recitante he visto yo estar preso por dos muertes y salir libre y sin costas. Sepa vuesa merced que como son gentes alegres y de placer, todos los favorecen, todos los amparan, ayudan y estiman...» En la conversación sobre la literatura que tienen el cura y el canónigo, se alaban varias obras que responden a los antiguos preceptos dramáticos— entre ellos, *La Numancia*—y entonces el cura lanza un ataque contra la comedia nueva: «En materia ha tocado vuestra merced... que ha despertado en mí un antiguo rancor que tengo con las comedias que agora se usan... porque habiendo de ser la comedia, según le parece a Tulio, espejo de la vida humana, ejemplo de las costumbres y imagen de la verdad, las que ahora se representan son espejos de disparates, ejemplos de necedades e imágenes de lascivia». (I, 48) Sigue una invectiva contra las exageraciones e inverosimilitudes que, según el cura, caracterizan el teatro del día.

Cuando Cervantes tomó la pluma para volver al género dramático, no encontró el favor del público, que prefería la nueva comedia de Lope y sus seguidores. Las comedias de este segundo período incluyen *El gallardo español*, que trata de las aventuras de un soldado español en Africa del Norte; *Los baños de Argel*, una serie de viñetas; *El rufián dichoso*, una obra con elementos picarescos que trata de un rufián que se convierte en santo. Una de las obras más logradas de este período es *Pedro de Urdemalas*, una comedia en que Cervantes trata muchos de los mismos temas que en *Don Quijote*: la realidad y la fantasía, el poder de la imaginación, el determinismo y el libre albedrío. En esta obra, el pícaro Pedro se enamora de una gitana y se une a una banda de gitanos. Malgesí, un mago famoso, había presagiado que Pedro había de ser «rey, / fraile, y papa, y matachín» y éste se imagina un gran futuro. Cuando las cosas no resultan tal como había pensado, se hace actor. Total, siempre ha sido farsante: «Sé todo aquello que cabe / en un general farsante; / sé todos los requisitos / que un farsante ha de tener / para serlo, que han de ser / tan raros como infinitos». Igual al prototipo del pícaro, Lazarillo de Tormes,

Pedro ha aprendido de la experiencia; la vida le ha enseñado a hacer papeles. Como actor, podrá hacer los de rey, fraile, papa y matachín.

Pero las obras más memorables de esta época no son las comedias, sino los *entremeses*, breves cuadros que se representaban entre el primer y el segundo acto de una comedia más larga. Reflejos de las costumbres y valores de las clases media y baja, revelan una extraordinaria perspicacia psicológica. Con humor e ironía, pero jamás con crueldad, Cervantes expone la debilidad humana. Como *Don Quijote*, los personajes de los entremeses son seres que tuercen la realidad según sus propias nociones preconcebidas, pero a diferencia de él, son tipos familiares y fácilmente reconocibles. A pesar de ser productos de un contexto social particular, son arquetípicos y universales. Igual pueden ser un escribano de un pueblo pequeño de la España de principios del siglo XVI que el vecino de uno—o aun uno mismo. Ven lo que quieren ver, lo que necesitan ver para mantener intacta su propia autoimagen. Así es que en *La cueva de Salamanca*, Pancracio, que quiere creerse un marido feliz y amado, no ve (¿o finge no ver?) los embustes de su esposa. Asimismo, los campesinos de *El retablo de las maravillas*, cuyo sentido de dignidad personal depende de sus pretensiones de sangre limpia, ven (¿o fingen ver?) cuadros que no están allí porque su autoimagen depende de ello. Igual que Don Quijote, quien, al experimentar con su armadura descubre que no sirve y entonces abandona los experimentos y no la armadura, los personajes de los entremeses rechazan la evidencia cuando contradice sus creencias.

La temática de los entremeses es variada. En *El juez de los divorcios* se trata de las desavenencias matrimoniales; en *El retablo de las maravillas*, de la obsesión del español con la limpieza de sangre; en *La elección de los alcaldes de Daganzo*, del prejuicio y la ignorancia del campesino. *El rufián viudo* contiene una burla de la literatura sentimental de la época. Torciendo las convenciones elegíacas y las de la lírica amorosa, el rufián Trampagos lamenta la muerte de la prostituta cuyo fallecimiento significa el fin de sus ingresos. Sea cual sea el aspecto de la conducta humana que Cervantes examina, su actitud es siempre de compasión y tolerancia ante las locuras humanas.

Existen varias ediciones buenas de los *Entremeses*, entre ellas la de Nicholas Spadaccini (Madrid: Cátedra, 1982) y la de Jean Canavaggio (Madrid: Taurus, 1982).

Entremés de la Cueva de Salamanca[1]

PERSONAS

PANCRACIO.
LEONARDA.
CRISTINA.

---

[1] **Cueva**... una conseja de encantamientos muy conocida.

Estudiante Carraolano.
Sacristán Reponce.
Barbero.
Leoniso.

Salen Pancracio, Leonarda y Cristina.

PANCRACIO.   Enjugad, señora, esas lágrimas, y poned pausa a vuestros suspiros, considerando que cuatro días de ausencia no son siglos: yo volveré, a lo más largo, a los cinco, si Dios no me quita la vida; aunque será mejor, por no turbar la vuestra, romper mi palabra, y dejar esta jornada; que sin mi presencia se podrá casar mi hermana.

LEONARDA.   No quiero yo, mi Pancracio y mi señor, que por respeto mío vos parezcáis descortés; id en hora buena, y complid con vuestras obligaciones, pues las que os llevan son precisas: que yo me apretaré con mi llaga,[2] y pasaré mi soledad lo menos mal que pudiere. Sólo os encargo la vuelta, y que no paséis del término que habéis puesto.— Tenme, Cristina, que se me aprieta el corazón.

Desmáyase LEONARDA.

CRISTINA.   ¡Oh, que bien hayan[3] las bodas y las fiestas! En verdad, señor, que, si yo fuera que[4] vuestra merced, que nunca allá fuera.

PANCRACIO.   Entra, hija, por un vidro[5] de agua para echársela en el rostro. Mas espera; diréle unas palabras que sé al oído, que tienen virtud para hacer volver de los desmayos.

Dícele las palabras; vuelve LEONARDA *diciendo:*

LEONARDA.   Basta: ello ha de ser forzoso; no hay sino tener paciencia, bien mío; cuanto más os detuviéredes, más dilatáis mi contento. Vuestro compadre Leoniso os debe de aguardar ya en el coche. Andad con Dios: que él os vuelva tan presto y tan bueno como yo deseo.

PANCRACIO.   Mi ángel, si gustas que me quede, no me moveré de aquí más que una estatua.

LEONARDA.   No, no, descanso mío; que mi gusto está en el vuestro; y, por agora, más que os váis, que no os quedéis,[6] pues es vuestra honra la mía.

CRISTINA.   ¡Oh, espejo del matrimonio! A fe que si todas las casadas quisiesen tanto a sus maridos como mi señora Leonarda quiere al suyo, que otro gallo les cantase.

LEONARDA.   Entra, Cristinica, y saca mi manto;[7] que quiero acompañar a tu señor hasta dejarle en el coche.

PANCRACIO.   No, por mi amor; abrazadme, y quedaos, por vida mía.—Cristinica, ten cuenta de regalar a tu señora, que yo te mando[8] un calzado cuando vuelva, como tú le quisieres.

CRISTINA.   Vaya, señor, y no lleve pena de mi señora, porque la pienso persuadir de manera a que nos holguemos, que no imagine en la falta que vuestra merced le ha de hacer.

LEONARDA.   ¿Holgar yo? ¡Qué bien estás en la cuenta, niña! Porque, ausente de mi gusto, no se hicieron los placeres ni las glorias para mí; penas y dolores, sí.

PANCRACIO.   Ya no lo puedo sufrir. Quedad en paz, lumbre destos ojos, los cuales no verán cosa que les dé placer hasta volveros a ver.

Entrase PANCRACIO.

LEONARDA.   Allá darás, rayo, en casa de Ana Díaz.[9] Vayas, y no vuelvas; la ida del humo.[10] Por Dios, que esta vez no os han de valer vuestras valentías ni vuestros recatos.

CRISTINA.   Mil veces temí que con tus extremos habías de estorbar su partida y nuestros contentos.

LEONARDA.   ¿Si vendrán esta noche los que esperamos?

CRISTINA.   ¿Pues no? Ya los tengo avisados, y ellos están tan en ello, que esta tarde enviaron con la lavandera, nuestra secretaria,[11] como que eran paños, una canasta de colar,[12] llena de mil regalos y de cosas de comer, que no parece sino uno de los serones[13] que da el rey el Jueves Santo a sus pobres; sino que la canasta es de Pascua porque hay en ella empanadas,[14] fiambreras, manjar blanco,[15] y dos capones que aun no están acabados de pelar, y todo género de fruta de la que hay ahora; y, sobre todo, una bota de hasta una arroba[16] de vino, de lo de una oreja, que huele que trasciende.

LEONARDA.   Es muy cumplido, y lo fue siempre, mi Reponce, sacristán de las telas de mis entrañas.

CRISTINA.   Pues ¿qué le falta a mi maese[17] Nicolás,

---

[2] **me**... me aguantaré.
[3] **que**... expresión que se usa como bendición.
[4] construcción popular; sobra la palabra «que» para la corrección de la frase.
[5] vaso.
[6] **más**... más gusto tengo en que os vayáis, que en que os quedéis.
[7] prenda que usa la mujer para salir a la calle.

[8] **te**... te mando hacer.
[9] proverbio que significa, «Ve con Dios y no vuelvas más».
[10] que desaparezcas, igual al humo.
[11] guardadora de nuestros secretos.
[12] **canasta**... canasta que se usa para colar la ropa sucia.
[13] canasto grande de esparto.
[14] carne entre hojaldre.
[15] **manjar**... condimento de pechuga de ave cocida con otros ingredientes.
[16] medida de líquidos que varía según las provincias.
[17] término que se emplea para referirse a un barbero que ha sido examinado de sangrero; la sangría era un tipo de tratamiento médico en esta época.

barbero de mis hígados y navaja de mis pesadumbres, que así me las rapa y quita cuando le veo, como si nunca las hubiera tenido?

LEONARDA. ¿Pusiste la canasta en cobro?

CRISTINA. En la cocina la tengo, cubierta con un cernadero, por el disimulo.

Llama a la puerta el ESTUDIANTE CARRAOLANO, *y en llamando, sin esperar que le respondan, entra.*

LEONARDA. Cristina, mira quién llama.

ESTUDIANTE. Señoras, soy yo, un pobre estudiante.

CRISTINA. Bien se os parece que sois pobre y estudiante, pues lo uno muestra vuestro vestido,[18] y el ser pobre vuestro atrevimiento. ¡Cosa estraña es ésta, que no hay pobre que espere a que le saquen la limosna a la puerta, sino que se entran en las casas hasta el último rincón, sin mirar si despiertan a quien duerme, o si no!

ESTUDIANTE. Otra más blanda respuesta esperaba yo de la buena gracia de vuestra merced; cuanto más que yo no quería ni buscaba otra limosna, sino alguna caballeriza o pajar donde defenderme esta noche de las inclemencias del cielo, que, según se me trasluce, parece que con grandísimo rigor a la tierra amenazan.

LEONARDA. ¿Y de dónde bueno sois, amigo?

ESTUDIANTE. Salmantino soy, señora mía; quiero decir, que soy de Salamanca. Iba a Roma con un tío mío, el cual murió en el camino, en el corazón de Francia. Vine solo; determiné volverme a mi tierra: robáronme los lacayos o compañeros de Roque Guinarde,[19] en Cataluña, porque él estaba ausente; que, a estar allí, no consintiera que se me hiciera agravio, porque es muy cortés y comedido, y además limosnero. Hame tomado a estas santas puertas la noche, que por tales las juzgo, y busco mi remedio.

LEONARDA. ¡En verdad, Cristina, que me ha movido a lástima el estudiante!

CRISTINA. Ya me tiene a mí rasgadas las entrañas. Tengámosle en casa esta noche, pues de las sobras del castillo se podrá mantener el real;[20] quiero decir, que en las reliquias[21] de la canasta habrá en quien adore su hambre; y más, que me ayudará a pelar la volatería que viene en la cesta.

LEONARDA. Pues ¿cómo, Cristina, quieres que metamos en nuestra casa testigos de nuestras liviandades?

CRISTINA. Así tiene él talle de hablar por el colodrillo,[22] como por la boca.—Venga acá, amigo: ¿sabe pelar?

ESTUDIANTE. ¿Cómo si sé pelar? No entiendo eso de saber pelar, si no es que quiere vuesa merced motejarme de pelón;[23] que no hay para qué, pues yo me confieso por el mayor pelón del mundo.

CRISTINA. No lo digo yo por eso, en mi ánima, sino por saber si sabía pelar dos o tres pares de capones.

ESTUDIANTE. Lo que sabré responder es que yo, señoras, por la gracia de Dios, soy graduado de bachiller por Salamanca, y no digo...

LEONARDA. Desa manera, ¿quién duda sino que sabrá pelar no sólo capones, sino gansos y avutardas? Y, en esto del guardar secreto, ¿cómo le va? Y, a dicha, ¿es tentado de decir todo lo que ve, imagina o siente?

ESTUDIANTE. Así pueden matar delante de mí más hombres que carneros en el Rastro,[24] que yo desplegue mis labios para decir palabra alguna.

CRISTINA. Pues atúrese[25] esa boca, y cósase esa lengua con una agujeta[26] de dos cabos, y amuélese esos dientes, y éntrese con nosotras, y verá misterios y cenará maravillas, y podrá medir en un pajar los pies que quisiere para su cama.

ESTUDIANTE. Con siete tendré demasiado: que no soy nada codicioso ni regalado.

Entran el SACRISTÁN REPONCE *y el* BARBERO.

SACRISTÁN. ¡Oh, que en hora buena estén los automedones[27] y guías de los carros de nuestros gustos, las luces de nuestras tinieblas, y las dos recíprocas voluntades que sirven de basas y colunas a la amorosa fábrica de nuestros deseos!

LEONARDA. ¡Esto sólo me enfada dél! Reponce mío: habla, por tu vida, a lo moderno,[28] y de modo que te entienda, y no te encarames donde no te alcance.

BARBERO. Eso tengo yo bueno, que hablo más llano que una suela de zapato; pan por vino y vino por pan, o como suele decirse.

SACRISTÁN. Sí, que diferencia ha de haber de un sacristán gramático a un barbero romancista.[29]

CRISTINA. Para lo que yo he menester a mi barbero, tanto latín sabe, y aun más, que supo Antonio de Nebrija;[30] y no se dispute agora de ciencia, ni de modos de hablar: que cada uno habla, si no como debe, a lo menos como sabe; y entrémonos, y manos a la labor, que hay mucho que hacer.

ESTUDIANTE. Y mucho que pelar.

---

[18] Los estudiantes usaban una sotana corta y un manteo sin cuello.
[19] famoso bandido catalán.
[20] el campamento real.
[21] Nótese el doble sentido: restos y objetos dignos de adoración.
[22] **hablar**... no hablar.
[23] pobre.
[24] matadero público.
[25] tapónese.
[26] correa o cinta con un herrete en cada punta.
[27] cochero del personaje mitológico Aquiles.
[28] Cervantes se burla aquí del lenguaje altisonante y rimbombante de los clasicistas.
[29] que habla sólo romance; es decir, que no sabe latín ni ha estudiado en la universidad.
[30] famoso humanista español, autor de la primera gramática de la lengua castellana.

SACRISTÁN. ¿Quién es este buen hombre?

LEONARDA. Un pobre estudiante salamanqueso,[31] que pide albergo[32] para esta noche.

SACRISTÁN. Yo le daré un par de reales[33] para cena y para lecho, y váyase con Dios.

ESTUDIANTE. Señor sacristán Reponce, recibo y agradezco la merced y la limosna; pero yo soy mudo, y pelón además, como lo ha menester esta señora doncella, que me tiene convidado; y voto a...[34] de no irme esta noche desta casa, si todo el mundo me lo manda. Confíese vuestra merced mucho de enhoramala de un hombre de mis prendas, que se contenta de dormir en un pajar; y si lo han por sus capones, péleselos el Turco[35] y cómanselos ellos, y nunca del cuero les salgan.

BARBERO. Este más parece rufián que pobre. Talle tiene de alzarse con toda la casa.

CRISTINA. No medre yo, si no me contenta el brío. Entrémonos todos, y demos orden en lo que se ha de hacer; que el pobre pelará y callará como en misa.

ESTUDIANTE. Y aun como en vísperas.

SACRISTÁN. Puesto me ha miedo el pobre estudiante; yo apostaré que sabe más latín que yo.

LEONARDA. De ahí le deben de nacer los bríos que tiene; pero no te pese, amigo, de hacer caridad, que vale para todas las cosas.

Entranse todos, y sale LEONISO, *compadre de Pancracio, y* PANCRACIO.

COMPADRE. Luego lo vi yo que nos había de faltar la rueda; no hay cochero que no sea temático;[36] si él rodeara un poco y salvara aquel barranco, ya estuviéramos dos leguas de aquí.

PANCRACIO. A mí no se me da nada; que antes gusto de volverme y pasar esta noche con mi esposa Leonarda, que en la venta; porque la dejé esta tarde casi para expirar, del sentimiento de mi partida.

COMPADRE. ¡Gran mujer! ¡De buena os ha dado el cielo, señor compadre! Dadle gracias por ello.

PANCRACIO. Yo se las doy como puedo, y no como debo; no hay Lucrecia[37] que se le llegue, ni Porcia[38] que se le iguale: la honestidad y el recogimiento han hecho en ella su morada.

COMPADRE. Si la mía no fuera celosa, no tenía yo más que desear. Por esta calle está más cerca mi casa: tomad, compadre, por éstas, y estaréis presto en la vuestra; y veámonos mañana, que no me faltará coche para la jornada. Adiós.

PANCRACIO. Adiós.

Entranse los dos.

Vuelven a salir el SACRISTÁN *y el* BARBERO, *con sus guitarras;* LEONARDA, CRISTINA *y el* ESTUDIANTE. *Sale el* SACRISTÁN *con la sotana alzada y ceñida al cuerpo, danzando al son de su misma guitarra; y, a cada cabriola, vaya diciendo estas palabras:*

SACRISTÁN. ¡Linda noche, lindo rato, linda cena y lindo amor!

CRISTINA. Señor sacristán Reponce, no es éste tiempo de danzar; dése orden en cenar, y en las demás cosas, y quédense las danzas para mejor coyuntura.

SACRISTÁN. ¡Linda noche, lindo rato, linda cena y lindo amor!

LEONARDA. Déjale, Cristina; que en extremo gusto de ver su agilidad.

Llama PANCRACIO *a la puerta, y dice:*

PANCRACIO. Gente dormida, ¿no oís? ¡Cómo! ¿Y tan temprano tenéis atrancada la puerta? Los recatos[39] de mi Leonarda deben de andar por aquí.

LEONARDA. ¡Ay, desdichada! A la voz,[40] y a los golpes, mi marido Pancracio es éste; algo le debe de haber sucedido, pues él se vuelve. Señores, a recogerse a la carbonera: digo al desván, donde está el carbón.—Corre, Cristina, y llévalos; que yo entretendré a Pancracio de modo que tengas lugar para todo.

ESTUDIANTE. ¡Fea noche, amargo rato, mala cena y peor amor!

CRISTINA. ¡Gentil relente, por cierto! ¡Ea, vengan todos!

PANCRACIO. ¿Qué diablos es esto? ¿Cómo no me abrís, lirones?[41]

ESTUDIANTE. Es el toque,[42] que yo no quiero correr la suerte de estos señores. Escóndanse ellos donde quisieren, y llévenme a mí al pajar, que, si allí me hallan, antes pareceré pobre que adúltero.

CRISTINA. Caminen, que se hunde la casa a golpes.

SACRISTÁN. El alma llevo en los dientes.

BARBERO. Y yo en los carcañares.[43]

Entranse todos y asómase LEONARDA *a la ventana.*

LEONARDA. ¿Quién está ahí? ¿Quién llama?

PANCRACIO. Tu marido soy, Leonarda mía; ábreme, que ha media hora que estoy rompiendo a golpes estas puertas.

LEONARDA. En la voz, bien me parece a mí que oigo a

---

[31] Hoy día se dice salmantino.

[32] albergue.

[33] monedas.

[34] **voto**... juro a (Dios).

[35] Se refiere al Sultán de Constantinopla. El término «el Turco» o «el gran Turco» se usa en muchas expresiones de la época.

[36] obsesionado de un tema.

[37] ejemplo de la fidelidad matrimonial.

[38] mujer también conocida por la fidelidad a su esposo.

[39] recelos, precauciones.

[40] **A**... A juzgar por la voz.

[41] animal que duerme muy profundamente.

[42] **Es**... Ya está, es lo que faltaba.

[43] calcañares (parte posterior de la planta del pie).

mi cepo[44] Pancracio; pero la voz de un gallo se parece a la de otro gallo, y no me aseguro.

PANCRACIO.	¡Oh recato inaudito de mujer prudente! Que yo soy, vida mía, tu marido Pancracio: ábreme con toda seguridad.

LEONARDA.	Venga acá, yo lo veré agora. ¿Qué hice yo cuando él se partió esta tarde?

PANCRACIO.	Suspiraste, lloraste y al cabo te desmayaste.

LEONARDA.	Verdad; pero, con todo esto, dígame: ¿qué señales tengo yo en uno de mis hombros?

PANCRACIO.	En el izquierdo tienes un lunar del grandor de medio real, con tres cabellos como tres mil hebras de oro.

LEONARDA.	Verdad; pero ¿cómo se llama la doncella de casa?

PANCRACIO.	¡Ea, boba, no seas enfadosa: Cristinica se llama! ¿Qué más quieres?

LEONARDA.	¡Cristinica, Cristinica, tu señor es; ábrele, niña!

CRISTINA.	Ya voy, señora; que él sea muy bien venido.—¿Qué es esto, señor de mi alma? ¿Qué acelerada vuelta es ésta?

LEONARDA.	¡Ay, bien mío! Decídnoslo presto, que el temor de algún mal suceso me tiene ya sin pulsos.

PANCRACIO.	No ha sido otra cosa sino que en un barranco se quebró la rueda del coche, y mi compadre y yo determinamos volvernos, y no pasar la noche en el campo; y mañana buscaremos en qué ir, pues hay tiempo. Pero ¿qué voces hay?

Dentro, y como de muy lejos, diga el ESTUDIANTE:

ESTUDIANTE.	¡Abranme aquí, señores; que me ahogo!

PANCRACIO.	¿Es en casa o en la calle?

CRISTINA.	Que me maten si no es el pobre estudiante que encerré en el pajar, para que durmiese esta noche.

PANCRACIO.	¿Estudiante encerrado en mi casa, y en mi ausencia? ¡Malo! En verdad, señora, que, si no me tuviera asegurado vuestra mucha bondad, que me causara algún recelo este encerramiento. Pero ve, Cristina, y ábrele; que se le debe de haber caído toda la paja acuestas.

CRISTINA.	Ya voy. *(Vase.)*

LEONARDA.	Señor, que es un pobre salamanqueso, que pidió que le acogiésemos esta noche, por amor de Dios, aunque fuese en el pajar; y, ya sabes mi condición, que no puedo negar nada de lo que se me pide, y encerrámosle; pero veisle aquí, y mirad cuál sale.

Sale el ESTUDIANTE *y* CRISTINA; *él lleno de paja las barbas, cabeza y vestido.*

ESTUDIANTE.	Si yo no tuviera tando miedo, y fuera menos escrupuloso, yo hubiera excusado el peligro de ahogarme en el pajar, y hubiera cenado mejor, y tenido más blanda y menos peligrosa cama.

PANCRACIO.	Y ¿quién os había de dar, amigo, mejor cena y mejor cama?

ESTUDIANTE.	¿Quién? Mi habilidad, sino que el temor de la justicia me tiene atadas las manos.

PANCRACIO.	¡Peligrosa habilidad debe de ser la vuestra, pues os teméis de la justicia!

ESTUDIANTE.	La ciencia que aprendí en la Cueva de Salamanca, de donde yo soy natural, si se dejara usar sin miedo de la Santa Inquisición,[45] yo sé que cenara y recenara a costa de mis herederos; y aun quizá no estoy muy fuera de usalla, siquiera por esta vez, donde la necesidad me fuerza y me disculpa; pero no sé yo si estas señoras serán tan secretas[46] como yo lo he sido.

PANCRACIO.	No se cure de ellas, amigo, sino haga lo que quisiere, que yo les haré que callen; y ya deseo en todo extremo ver alguna destas cosas que dice que se aprenden en la Cueva de Salamanca.

ESTUDIANTE.	¿No se contentará vuestra merced con que le saque de aquí dos demonios en figuras humanas, que traigan acuestas una canasta llena de cosas fiambres y comederas?

LEONARDA.	¿Demonios en mi casa y en mi presencia? ¡Jesús! Librada sea yo de lo que librarme no sé.

CRISTINA.	El mismo diablo tiene el estudiante en el cuerpo: ¡plega a Dios que vaya a buen viento esta parva![47] Temblándome está el corazón en el pecho.

PANCRACIO.	Ahora bien; si ha de ser sin peligro y sin espantos, yo me holgaré de ver esos señores demonios y a la canasta de las fiambreras; y torno a advertir, que las figuras no sean espantosas.[48]

ESTUDIANTE.	Digo que saldrán en figura del sacristán de la parroquia y en la de un barbero su amigo.

CRISTINA.	¿Más que lo dice por el sacristán Reponce, y por maese Roque, el barbero de casa? ¡Desdichados dellos, que se han de ver convertidos en diablos!—Y dígame, hermano, ¿y éstos han de ser diablos bautizados?[49]

ESTUDIANTE.	¡Gentil novedad! ¿Adónde diablos hay diablos bautizados, o para qué se han de bautizar los diablos? Aunque podrá ser que éstos lo fuesen, porque no hay regla sin excepción; y apártense, y verán maravillas.

LEONARDA.	¡Ay, sin ventura! Aquí se descose; aquí salen nuestras maldades a plaza; aquí soy muerta.[50]

---

[44] Puede ser un error en el texto; debería ser «seor» (señor).

[45] La Inquisición castigaba la práctica de la brujería.

[46] capaces de guardar secretos.

[47] **plega**... Dios quiera que se aparte del intento.

[48] El estudiante le pica la curiosidad a Pancracio.

[49] Nótese la burla que encierra la contradicción.

[50] Esto se dice aparte, aunque el texto no lo especifica.

CRISTINA.   ¡Animo, señora, que buen corazón quebranta mala ventura!

ESTUDIANTE.

Vosotros, mezquinos, que en la carbonera
Hallaste amparo a vuestra desgracia,
Salid, y en los hombros, con priesa y con gracia,
Sacad la canasta de la fiambrera;
No me incitéis a que de otra manera
Más dura os conjure. Salid: ¿qué esperáis?
Mirad que si a dicha el salir rehusáis,
Tendrá mal suceso mi nueva quimera.

Hora bien; yo sé cómo me tengo de hacer con estos demonicos humanos: quiero entrar allá dentro, y a solas hacer un conjuro tan fuerte, que los haga salir más que de paso; aunque la calidad destos demonios, más está en sabellos aconsejar que en conjurallos.

Entrase el ESTUDIANTE.

PANCRACIO.   Yo digo que si éste sale con lo que ha dicho, que será la cosa más nueva y más rara que se haya visto en el mundo.

LEONARDA.   Sí saldrá, ¿quién lo duda? Pues ¿habíanos de engañar?

CRISTINA.   Ruido anda allá dentro; yo apostaré que los saca; pero ve aquí do vuelve con los demonios y el apatusco[51] de la canasta.

Salen el ESTUDIANTE, *el* SACRISTÁN *y el* BARBERO.

LEONARDA.   ¡Jesús! ¡Qué parecidos son los de la carga[52] al sacristán Reponce y al barbero de la plazuela!

CRISTINA.   Mirá, señora, que donde hay demonios no se ha de decir Jesús.[53]

SACRISTÁN.   Digan lo que quisieren; que nosotros somos como los perros del herrero, que dormimos al son de las martilladas: ninguna cosa nos espanta ni turba.

LEONARDA.   Lléguense a que yo coma de lo que viene de la canasta, no tomen menos.[54]

ESTUDIANTE.   Yo haré la salva[55] y comenzaré por el vino. *(Bebe.)* Bueno es: ¿es de Esquivias,[56] señor sacridiablo?

SACRISTÁN.   De Esquivias es, juro a...

ESTUDIANTE.   Téngase, por vida suya, y no pase adelante.[57] ¡Amiguito soy yo de diablos juradores!

Demonico, demonico, aquí no venimos a hacer pecados mortales, sino a pasar una hora de pasatiempo, y cenar, y irnos con Cristo.

CRISTINA.   ¿Y éstos, han de cenar con nosotros?

PANCRACIO.   Sí, que los diablos no comen.

BARBERO.   Sí comen algunos, pero no todos; y nosotros somos de los que comen.

CRISTINA.   ¡Ay, señores! Quédense acá los pobres diablos, pues han traído la cena; que sería poca cortesía dejarlos ir muertos de hambre, y parecen diablos muy honrados y muy hombres de bien.

LEONARDA.   Como no nos espanten, y si mi marido gusta, quédense en buen hora.

PANCRACIO.   Queden; que quiero ver lo que nunca he visto.

BARBERO.   Nuestro Señor pague a vuestras mercedes la buena obra, señores míos.

CRISTINA.   ¡Ay, qué bien criados, qué corteses! Nunca medre yo, si todos los diablos son como éstos, si no han de ser mis amigos de aquí adelante.

SACRISTAN.   Oigan, pues, para que se enamoren de veras.

Toca el SACRISTÁN, *y canta; y ayúdale el* BARBERO *con el último verso no más.*

SACRISTÁN.

Oigan los que poco saben
Lo que con mi lengua franca
Digo del bien que en sí tiene

BARBERO.

La Cueva de Salamanca.

SACRISTÁN.

Oigan lo que dejó escrito
Della el Bachiller Tudanca
En el cuero de una yegua
Que dicen que fue potranca,
En la parte de la piel
Que confina con el anca,
Poniendo sobre las nubes

BARBERO.

La Cueva de Salamanca.

SACRISTÁN.

En ella estúdian los ricos
Y los que no tienen blanca,
Y sale entera y rolliza
La memoria que está manca.
Siéntanse los que allí enseñan
De alquitrán en una banca,
Porque estas bombas[58] encierra

BARBERO.

La Cueva de Salamanca.

---

[51] todo lo que hay adentro.
[52] **los**... los que traen la carga de la canasta.
[53] Los demonios desaparecen al ver una Cruz o al oír el nombre de Jesús.
[54] **no**... no lo tomen a menos.
[55] **haré**... beberé antes de los demás.
[56] vino del pueblo de Esquivias (de donde era la esposa de Cervantes).
[57] El estudiante le dice al diablo que no pronuncie un juramento. Nótese la ironía de la situación.
[58] En la guerra se empleaban bombas de alquitrán.

SACRISTÁN.

En ella se hacen discretos
Los moros de la Palanca;[59]
Y el estudiante más burdo
Ciencias de su pecho arranca.
A los que estudian en ella,
Ninguna cosa les manca;
Viva, pues, siglos eternos

BARBERO.

La Cueva de Salamanca.

SACRISTÁN.

Y nuestro conjurador,
Si es a dicha de Loranca,
Tenga en ella cien mil vides
De uva tinta y de uva blanca;
Y al diablo que le acusare,
Que le den con una tranca,
Y para el tal jamás sirva

BARBERO.

La Cueva de Salamanca.

CRISTINA. Basta; ¿que también los diablos son poetas?

BARBERO. Y aun todos los poetas son diablos.

PANCRACIO. Dígame, señor mío, pues los diablos lo saben todo, ¿dónde se inventaron todos estos bailes de las *Zarabandas, Zambapalo y Dello me pesa*, con el famoso del nuevo *Escarramán*?[60]

BARBERO. ¿Adónde? En el infierno; allí tuvieron su origen y principio.

PANCRACIO. Yo así lo creo.

LEONARDA. Pues, en verdad, que tengo yo mis puntas y collar escarramanesco;[61] sino que por mi honestidad, y por guardar el decoro a quien soy, no me atrevo a bailarle.

SACRISTÁN. Con cuatro mudanzas[62] que yo le enseñase a vuestra merced cada día en una semana, saldría única[63] en el baile; que sé que le falta bien poco.

ESTUDIANTE. Todo se andará; por agora entrémonos a cenar, que es lo que importa.

PANCRACIO. Entremos; que quiero averiguar si los diablos comen o no, con otras cien mil cosas que dellos cuentan; y, por Dios, que no han de salir de mi casa hasta que me dejen enseñado en la ciencia y ciencias que se enseñan en la Cueva de Salamanca.

---

[59] territorios del Africa occidental.

[60] *Zarabandas...* bailes que estaban de moda en el siglo XVII.

[61] **tengo**... tengo mis inclinaciones hacia el baile (El Escarramán era un baile que se hacía a un romance de germanía del cual el protagonista era Escarramán.)

[62] pasos de baile.

[63] sin competidora.

LA FORMACION DE UN TEATRO NACIONAL

Conviene recordar que cuando Lope de Vega comenzó a componer comedias a fines del siglo XVI ya había mucha actividad teatral en España. Escritores tales como Fernando de Rojas, Juan del Encina, Gil Vicente, Torres Naharro, Lope de Rueda y Juan de la Cueva habían hecho contribuciones importantes al desarrollo de un teatro español. Sin embargo, es a Lope Félix de Vega Carpio a quien la historia literaria ha concedido el título de creador del teatro nacional. El mismo tenía conciencia de ser el inventor de la comedia española y muchos de sus contemporáneos compartían su opinión.

Una de las figuras cumbres de la literatura europea, Lope compuso obras con tal abundancia que en su tiempo mereció los sobrenombres de Fénix de los Ingenios y Monstruo de la Naturaleza. Aun si no hubiera escrito un tratado sobre la teoría dramática, sus obras habrían servido de amplio testimonio de su concepto de la composición teatral. Pero Lope definió sus ideas sobre la comedia de una manera muy explícita en su *Arte nuevo de hacer comedias en este tiempo,* publicado en 1609.

Lope menciona a pocos precursores en su *Arte nuevo.* Es posible que no conociera a los que la crítica moderna ha visto como iniciadores del teatro español, lo cual no quiere decir que no influyeran indirectamente en su obra. Fue un estímulo para el arte de Lope el creciente interés en el teatro que existía en la época en la cual él empezaba a escribir. Lope vivía en un período de intensa actividad y experimentación creadora; lo más probable es que él, experimentando también, encontrase la fórmula que le permitió integrar mejor que nadie las diversas corrientes dramáticas que se desarrollaban en España. Se ha conjeturado una enemistad entre Lope y Juan de la Cueva basada en el hecho de que Lope no menciona nunca al que se jactó de ser el primero en defender la causa de un teatro nacional no sometido a normas clásicas; sin embargo, no hay pruebas de que Lope conociera la obra de Cueva. Si éste experimentó con la temática del romancero antes que Lope, es probable que durante la segunda parte del siglo XVI, debido al gran interés que existía en el romancero, varios dramaturgos de diversas partes de España compusieran obras inspiradas por asuntos tradicionales.

Más de trescientos años antes del triunfo de la comedia musical de Broadway y de las películas de Hollywood, Lope afirmó que el propósito de la obra era dar gusto al público. Siguiendo la tradición del teatro popular ya establecida por Lope de Rueda, buscaba temas y técnicas que agradaran al hombre común. Indiferente a la crítica de los doctos y los cultos, Lope escribía para el vulgo. Fue un honor especial para él cuando sus obras encontraron aceptación entre espectadores más dignos y los reyes mismos terminaron alabándolas. Al intentar darle gusto al vulgo, Lope representaba lo natural en la escena, eliminando convenciones y límites poco útiles para la creación artística. El triunfo del nuevo estilo cambió los gustos teatrales de la época.

Su afán de entretener al público llevaba a Lope a inventar argumentos ingeniosos y divertidos o conmovedores. Respondía a los valores y preocupaciones de sus espectadores con obras que ponían en conflicto las pasiones, las exigencias morales, sociales o políticas y la dignidad del individuo. En su *Arte nuevo* recomienda los conflictos del honor, ya que «mueven con fuerza a toda gente».

De hecho, los dos sentimientos que Lope explora más en su teatro son el amor y el honor. Como los teóricos del amor cortés y neoplatónico que le preceden, Lope ve el amor como una pasión valiosa que estimula al hombre a hacer actos nobles. Por otra parte, en muchas obras pinta el amor como una pasión irrefrenable que lleva a la gente a comportarse de una manera irracional.

El honor es uno de los grandes temas del teatro del Siglo de Oro. El honor se entiende como un valor social; se trata de fama o de reputación. El caballero (o el villano rico) se siente obligado a defender su honor contra cualquier afrenta real o imaginada. Sin embargo, su honor no está enteramente en sus manos, ya que depende de la virtud de la mujer por la cual se siente responsable, ya sea la esposa, la hermana o la hija. Al sospechar que se ha manchado la castidad de una de éstas, el noble se siente obligado a matar no sólo al hombre que ha causado su deshonra, sino también a la mujer, aun si ésta es inocente. En su novelita *La prudente venganza,* Lope protesta contra este concepto del honor, pero en sus obras, parece apoyarlo y, cuando no, su actitud es algo ambigua. La postura de Lope ante el honor ha sido el tema de varios estudios críticos.

La temática de Lope es variadísima. Como sus predecesores, recoge la tradición teatral religiosa, escribiendo sobre asuntos bíblicos y doctrinales; harán lo mismo sus seguidores, por ejemplo, Tirso y Calderón, quienes llevarán el drama teológico a su cénit. Recoge también la temática del romancero y construye obras enteras alrededor de un romance o de un refrán. Es cierto que Lope no fue el único en experimentar con el romancero. Juan de la Cueva, entre otros, también compuso obras basadas en tradiciones nacionales que le habían llegado por medio del romancero. Es probable que durante la segunda parte del siglo XVI, debido al gran interés que existía en el romance, este fenómeno se produjera en varias partes de la península. Pero como en otros casos, Lope es el que mejor supo integrar la temática con la técnica. Por medio de la incorporación de romances y refranes, el dramaturgo establece una íntima relación entre la acción y el público, puesto que los espectadores conocían las historias que se representaban en la escena. Lope también escribió obras basadas en temas de la sabiduría popular (por ejemplo, la idea de que el amor iguala a todos), hechos históricos y tradiciones populares familiares al público. Además, compuso obras basadas en la historia clásica y extranjera. Pero aun cuando escribía sobre temas extranjeros, la perspectiva de Lope—como la de sus seguidores—era siempre española.

Lope imbuye al drama español de un nuevo espíritu de libertad. La teoría clásica distingue tres unidades: la de acción, la de lugar y la de tiempo. Según las normas clásicas, una obra no debe incluir subargumentos o intrigas secundarias; la acción debe suceder en un solo sitio y dentro del espacio de un solo día. Aunque no había una escuela clásica organizada con ideas uniformes en cuanto a las unidades, diferentes dramaturgos de tendencia clásica insistían en diferentes reglas. En su *Poética,* Aristóteles da más importancia a la unidad de acción que a las de lugar y de tiempo; sin embargo, algunos escritores españoles de formación clásica—como los franceses más destacados de la misma época—exigían adherencia al sistema rígido de las unidades.

Lope rompió simultáneamente con todos los preceptos. En general, respeta la unidad de acción, aunque a veces combina más de una intriga. Son comunes en las obras de Lope las acciones paralelas. A veces, por ejemplo, los amores entre los criados constituyen un subargumento. En algunas obras, las intrigas secundarias sirven para complicar la acción. Lo importante en este caso es que los dos argumentos se relacionen y se integren al final. La acción paralela llega a ser una característica del drama español de la época. Calderón lleva esta tendencia

hasta un extremo en *La vida es sueño,* en el cual hay dos argumentos paralelos: la historia de Rosaura, que intenta recobrar su honor, y la de Segismundo, que aprende a aceptar la responsabilidad política y moral. En las últimas escenas de la obra, los dos argumentos se hacen interdependientes; Rosaura se convierte en el instrumento de la redención de Segismundo. Este tipo de paralelismo no se habría tolerado en un ambiente que exigiera una adherencia completa a las unidades.

A pesar de la flexibilidad que muestran los dramaturgos españoles en cuanto a la tercera unidad, la acción es el aspecto más importante del drama español. En efecto, lo que señala la madurez del teatro del Siglo de Oro es una dependencia total de la acción para el desarrollo de la obra. En el teatro más primitivo—el de Juan del Encina, por ejemplo—la acción es a veces secundaria al diálogo; en el de Lope y sus seguidores, el diálogo apoya la acción.

En cuanto a las otras unidades, Lope las rechaza, cambiando de escena constantemente y extendiendo el tiempo todo lo que sea necesario. En *Peribáñez,* por ejemplo, ningún acto transcurre en un solo día. En esta misma obra, sólo en la primera jornada se pasa de la casa de Peribáñez a la del Comendador, de ésta a la primera, de nuevo a la segunda y por fin a la entrada de la catedral, donde termina el acto. Esta libertad espacial y temporal caracteriza todo el teatro español de la época. En *La vida es sueño,* por ejemplo, la alternancia entre escenas de monte y de palacio ocurre repetidamente. Con el desarrollo del teatro barroco en el siglo XVII la escenografía se complica con el uso de tramoyas y otros artificios, tendencia contra la cual Lope lucha durante toda su carrera.

En el teatro prelopista, las obras a veces tienen cuatro o cinco actos, aunque algunos dramaturgos experimentaban con la obra de tres actos. Lope adopta este último modelo. La nueva fórmula es exposición—nudo—desenlace. En la primera jornada o acto, se expone el conflicto; en la segunda, la acción se complica; hacia el fin de la tercera, la dificultad se resuelve.

En la época de Lope la palabra «comedia» se refería a cualquier representación teatral; era el equivalente de *play* en inglés. Sin embargo, en la titulación de sus obras, Lope distingue entre la *comedia,* la que no es necesariamente ligera o cómica pero que tiene un desenlace en que el problema se resuelve de una manera satisfactoria al gusto de los protagonistas; la *tragicomedia,* en la que se mezclan los elementos cómicos y trágicos y la *tragedia,* en la que los protagonistas son nobles (aunque alternan con ellos el gracioso y los criados) y el desenlace es trágico. La importancia no está tanto en la terminología sino en el hecho de que Lope reduce la oposición entre la comedia y la tragedia, la cual está basada en la tradición clásica. Lope se inspira en la naturaleza, donde lo grotesco y lo sublime coexisten. A menudo los criados son los que aportan los interludios cómicos. Esta mezcla de lo trágico y lo cómico la imitan todos los grandes dramaturgos de la época. Aun en las obras más serias del

Siglo de Oro se incluyen interludios cómicos que sirven para romper la tensión o para presentar el conflicto desde una perspectiva contrastante. Es a Lope a quien se le debe el triunfo de la tragicomedia.

Lope introduce personajes de todo tipo y de todas las clases sociales. Presenta una sociedad jerárquica en la que cada hombre y mujer ocupan su lugar. Cuando un personaje no cumple con los deberes que exige su rango social, se rompe la armonía y se produce el conflicto dramático. Por ejemplo, cuando el Comendador de *Fuenteovejuna* abusa de las jóvenes del pueblo, comportándose de una manera incompatible con las obligaciones de un noble, provoca una reacción por parte del pueblo y de allí nace el argumento de la obra.

El villano aparece en varias obras de Lope y de sus seguidores. No se trata de un labrador pobre, sino rico, cristiano viejo, con criados y tierras. El hecho de que Lope le haya conferido gran dignidad al villano en sus obras ha llevado a algunos críticos a comentar sobre la democracia del teatro del Siglo de Oro. Aunque este punto es discutible, la importancia que se le da a este tipo de personaje en España sí confiere un carácter especial al teatro español. La exaltación del campo es una tradición heredada de escritores renacentistas tales como Antonio de Guevara y Fray Luis de León. También influyen la gran preocupación del español por la limpieza de sangre y la creencia de que el campesino no ha sido contaminado por la presencia de judíos y árabes, quienes vivían principalmente en las ciudades. El hecho de tener sangre pura le da al campesino un sentido de honor. Aunque no se puede decir que el teatro de Lope sea democrático en un sentido moderno, lo es en un sentido relativo porque Lope defiende el honor del pueblo y del villano.

Otro prototipo lopesco es la *figura de donaire* o *gracioso*. Si el caballero ideal de Lope es noble de espíritu y capaz de grandes hazañas, el gracioso—a menudo su criado—es bajo y cobarde. El héroe es idealista y está siempre enamorado. El criado es pragmático y se burla del amor. A veces le sirve al caballero de espejo o de alter ego. En las obras de Lope, es una sombra del caballero, inseparable de él. Es un criado fiel y acepta los ideales de su amo, aunque es algo gruñón y no sufre en silencio como el personaje noble. Es jovial y, de hecho, es la fuente de gran parte del humor de la obra. El caballero y el gracioso encarnan dos extremos del comportamiento humano. Al mismo tiempo, son interdependientes no solamente porque uno no puede funcionar sin el otro, sino porque el criado es a menudo protagonista de una acción paralela. En manos de Tirso y de Calderón, el gracioso se convierte en un personaje mucho más complejo. A veces representa un punto de vista totalmente diferente al de su amo. A menudo es una voz moral que reitera el mensaje filosófico o religioso de la obra. Burlándose del amo, cuyas obsesiones lo apartan de los valores cristianos, el gracioso pone en evidencia no sólo los defectos del personaje sino de toda una clase social.

El teatro de Lope también se distingue por la presencia de heroínas interesantes. Aunque sus protagonistas femeninas típicamente se mueven dentro de papeles tradicionales, son personajes fuertes y dinámicos que adelantan la acción. Laurencia, protagonista de *Fuenteovejuna,* es una mujer de tremenda valentía y espíritu. Algunos críticos han hablado de un elemento feminista en el teatro de Lope. Aunque Lope no es feminista en el sentido moderno, ya que no aboga por ningún cambio en el *statu quo* con respecto a la posición de la mujer, demuestra una gran sensibilidad en cuanto a la psicología femenina.

En cuanto al decoro poético, la tradición exigía la justa adecuación entre la calidad de un personaje y sus sentimientos y forma de expresión. Por lo general, Lope respeta estas normas, excepto cuando el romper con el decoro poético es una parte vital del argumento. Por ejemplo, cuando el Comendador de *Fuenteovejuna* expresa sentimientos poco dignos de su estado, esto constituye una ruptura en el orden social; queda claro que existe una situación que exige arreglo. En la misma obra, cuando la labradora Laurencia se expresa por medio de un soneto, su lenguaje pone en evidencia la nobleza de su alma.

Por lo tocante a la versificación, Lope sugirió la utilización de una gran variedad de metros y estableció las varias funciones de cada uno, aunque él mismo no siguió siempre las normas que expuso en el *Arte nuevo*. No existía una métrica especial para el teatro; se empleaban las mismas formas que en la poesía corriente. Sin embargo, al describir el uso dramático adecuado de cada tipo de verso, Lope contribuyó de una manera significativa a la clasificación de la métrica dramática. La forma métrica llegó a encerrar en sí un significado propio. El cambio de metro desempeñaba un papel complementario en la obra, señalando un cambio de enfoque o de actitud o de parte del personaje, o una variación en cuanto a la función del diálogo, ritmo o compás de la obra.

Aunque no todos los dramaturgos del Siglo de Oro siguen las indicaciones de Lope al pie de la letra, sorprende notar el gran número de casos en los cuales el uso del metro sí se ajusta a las normas establecidas en el *Arte nuevo*. Las formas métricas más utilizadas por Lope y sus seguidores son las siguientes:

- *Romance:* forma tradicional de versos octosílabos; al final de todos los versos pares se repite una misma asonancia, sin dar a los impares rima de ninguna especie. Se emplea comúnmente para la narración.

  Ejemplo de romance en a–o (las dos últimas vocales de los versos pares son siempre *a, o*):

  Gran maestre, don Rodrigo
  Téllez Girón, que a tan alto
  lugar os trajo el valor
  de aquel vuestro padre claro,
  que, de ocho años, en vos
  renunció su maestrazgo . . .

  (Lope de Vega, *Fuenteovejuna*)

- *Redondilla:* combinación métrica de cuatro versos octosílabos, de los cuales riman el primero con el último y el segundo con el tercero: *abba.* Se emplea comúnmente para la conversación animada.

    Ejemplo:

MAESTRE.
　¿Qué hay de guerra por allá?
COMENDADOR.
　Estad atento, y sabréis
　la obligación que tenéis.
MAESTRE.
　Decid que ya lo estoy, ya.
(Lope de Vega, Fuenteovejuna)

- *Décima:* combinación métrica de diez versos octosílabos que consisten en dos redondillas conectadas por una copla: *abba ac cddc.* Se emplean comúnmente para las quejas o los lamentos:

    Ejemplo:

　Apurar, cielos, pretendo,
ya que me tratáis así
¿qué delito cometí
contra vosotros, naciendo?
Aunque si nací, ya entiendo
qué delito he cometido:
bastante causa ha tenido
vuestra justicia y rigor,
pues el delito mayor
del hombre, es haber nacido.
(Calderón, La vida es sueño)

- *Octava real:* consiste en ocho versos endecasílabos, de los cuales riman entre sí el primero, tercero y quinto; el segundo, cuarto y sexto; y el séptimo y octavo: ABABABCC. Se usa en discursos graves y en escenas de ceremonia y dignidad.

    Ejemplo:

ESTEBAN.
　Así tenga salud, como parece,
　que no se saque más agora el pósito.
　El año apunto mal, y el tiempo crece,
　y es mejor que el sustento esté en depósito,
　aunque lo contradicen más de trece.
REGIDOR.
　Yo siempre he sido, al fin, de este propósito,
　en gobernar en paz esta república.
ESTEBAN.
　Hagamos de ello a Fernán Gómez súplica.
(Lope, Fuenteovejuna)

- *Silva:* composición formada por endecasílabos solos o combinados con heptasílabos, sin orden alguno de rimas ni estrofas: los versos pueden estar rimados en su totalidad o entre algunos de ellos. Se usa la silva para el discurso de carácter grave.

    Ejemplo:

　Hipogrifo violento
que corriste parejas con el viento,
¿dónde, rayo sin llama,
pájaro sin matiz, pez sin escama,
y bruto sin instinto
natural, al confuso laberinto
de estas desnudas peñas
te desbocas, arrastras y despeñas?
(Calderón, La vida es sueño)

Las normas que Lope establece no sólo para la versificación sino para otros aspectos de la comedia dominarán el teatro español—aunque con modificaciones, claro está—hasta fines del siglo XVII, cuando cambios políticos y sociales contribuirán a una trasformación de ideales estéticos.

LOPE FÉLIX DE VEGA CARPIO (1562–1635)

El hombre que dio su forma definitiva a la comedia española nació y murió en Madrid, centro cultural y artístico de la España de su época. Era de familia humilde y quedó huérfano de muy pequeño. Recibió poca educación formal. Tuvo una vida muy agitada que incluyó numerosos amoríos, algunos de los cuales influyeron en su obra. La

Lope Félix de Vega y Carpio.

tragedia manchó su vida doméstica: enviudó dos veces y perdió a un hijo. En 1587 fue desterrado de Madrid acusado de difamación. Más tarde, se escapó con Isabel de Urbina, la Belisa de muchos de sus poemas. En 1588 se unió a la Armada, la cual fue vencida por los ingleses. Entró a la vida religiosa en 1614, sin abandonar sus galanteos y sin dejar de escribir para el teatro.

Aunque cultivó todos los géneros literarios, fue en el teatro donde Lope se destacó más. Fue un dramaturgo asombrosamente prolífico. Según algunos cálculos, compuso unas 1800 comedias y 400 autos sacramentales, aunque Lope mismo afirma haber escrito 1500 obras. Estas cifras son tal vez exageraciones que forman parte de la leyenda lopesca. Se conservan unas 470 comedias del dramaturgo, las cuales se pueden colocar en diversas categorías: las que se basan en la historia de España, las que se basan en la historia extranjera, las mitológicas, las de santos, las pastoriles, las de capa y espada, las filosóficas, las novelescas. Lope también escribió numerosos autos, entremeses, coloquios y loas.

Las comedias de Lope que más se estudian y se representan hoy en día son las que dramatizan algún momento de la historia nacional. Incluyen obras que se basan en leyendas españolas o en hechos deslumbrantes—grandes victorias o pérfidas traiciones. Lope se inspira en las figuras más conocidas de la tradición épica—el Cid, Bernardo del Carpio, los Infantes de Lara—; en reyes legendarios medievales, tales como Pedro el Cruel; en personajes distinguidos de la historia reciente, en particular, Carlos V. Sus fuentes principales son las *Crónicas* y el *Romancero*. Lope también compuso comedias basadas en tradiciones locales, tal vez por encargo de pueblos individuales, además de otras inspiradas por temas americanos—por ejemplo, *El Arauco domado*.

Se destaca en muchas de sus obras el personaje del villano, encarnación del espíritu popular. Se trata de un prototipo: un campesino rico, con amplios terrenos y un fuerte sentido de la honra personal. Contribuyen a la formación de este prototipo la idealización de la vida rural que caracteriza mucha de la literatura del Renacimiento, la nueva importancia que se le da a lo popular en el arte y la creencia de que el honor auténtico se encuentra en el campo, ya que la presencia judía y conversa era esencialmente un fenómeno urbano.

Peribáñez y el comendador de Ocaña y *Fuenteovejuna* son tal vez las dos obras en las que Lope desarrolla mejor este tipo de personaje. *Peribáñez,* la comedia que Noël Salomon ha llamado «un himno al amor campesino», comienza con las bodas de Peribáñez y Casilda—una escena que es una verdadera celebración de la vida rural y del matrimonio concebido como una unión perfecta y natural. El marido compara a su esposa con todo lo hermoso del campo—el olivar, la camuesa, el rubio y dorado aceite, el vino blanco, el trigo. Utiliza símbolos tradicionales de la fecundidad y asemeja el matrimonio al ciclo de cultivo en el que se siembra, se nutre la tierra y se

cosechan los frutos, subrayando así lo natural del amor. Interrumpe la felicidad de la pareja la aparición del comendador, que se apasiona por Casilda y mete a su esposo en la situación imposible de sentirse deshonrado sin poder vengarse por ser de un rango social inferior. Para deshacerse de Peribáñez y gozar de su esposa, el comendador le ciñe espada para que el villano vaya a combatir contra los moros. Ahora, con el derecho de llevar armas, Peribáñez encuentra la manera de tomar venganza, acto que el rey Enrique aprueba al conocer las circunstancias. A través de la obra, el comendador se muestra temerario, irresponsable y abusivo, mientras que Peribáñez se distingue por su cordura, su discreción, su prudencia y su buen juicio. Lejos de constituir una crítica del concepto jerárquico de la sociedad, la comedia refuerza la idea de que a cada individuo le toca comportarse según las normas de su estado. El comendador se olvida de su responsabilidad con el pueblo que tiene la obligación de defender; rebasa sus derechos de noble. Si el rey reconoce la validez del acto del villano es porque la conducta del comendador discuerda con su papel social. Peribáñez, en cambio, no sólo ha demostrado su valor, sino su respeto por la jerarquía.

La historia de *Peribáñez* se basa probablemente en un antiguo refrán folklórico. *Fuenteovejuna,* en cambio, está basada en un hecho histórico que se describe en la *Chrónica de las tres órdenes y caballerías de Santiago, Calatrava y Alcántara*. El suceso ocurre durante el reinado de Fernando e Isabel. El rey de Portugal, Alfonso V pretendía a la corona de Castilla. Según la *Chrónica,* el comendador Fernán Gómez de Guzmán, que apoyaba las pretensiones del rey portugués, alojó a algunos soldados de Alfonso en Fuenteovejuna, donde éstos cometieron serios agravios contra los del pueblo. Por último, los villanos resolvieron poner fin a los abusos. Mataron brutalmente al comendador, «le hicieron pedazos, arrastrándolo y haciendo en él crueldades y escarnios». Mujeres y niños también jugaron un papel activo en el asesinato, formando aquéllas un escuadrón con capitán y alférez. Los Reyes Católicos iniciaron una investigación, pero cuando el juez preguntaba quién había matado al comendador, los campesinos se negaban a nombrar a ningún individuo, manteniendo todos que había sido «Fuenteovejuna». Ni bajo tormento cedieron. Aun mujeres y niños aguantaron las torturas y se mantuvieron firmes. Cuando los reyes se enteraron de las tiranías de Fernán Gómez de Guzmán, abandonaron el interrogatorio y la villa se puso bajo la jurisdicción de Córdoba.

Los personajes de Lope tienden a ser monolíticos y bien delineados desde el principio de la obra. Si Lope pinta al comendador de *Peribáñez* con un pincel más sutil, retratándolo como un hombre que, más que un malhechor, es la víctima de una pasión ilícita, a Fernán Gómez lo define desde la primera escena de *Fuenteovejuna* como un hombre violento y sanguinario. El desprecio del comendador por los villanos se manifiesta una y otra vez.

Aun cuando Esteban lo recibe con cortesía, Fernán Gómez insulta a sus huéspedes, burlándose de sus pretensiones de honor. Al abrir el primer acto, los vecinos de Fuenteovejuna ya están cansados de sus abusos. Las villanas Laurencia y Pascuala explican la naturaleza de sus excesos más ofensivos: «¡Cuántas mozas en la villa, / del comendador fiadas, / andan ya descalabradas!» Jactándose de sus conquistas, Fernán Gómez está empeñado en gozar de todas las jóvenes de Fuenteovejuna.

Pero mientras que otras se dejan engañar por los regalos y palabras bonitas de Fernán Gómez, Laurencia, dotada de un fuerte sentido de orgullo y de dignidad personal, afirma su intención de resistir los requerimientos amorosos del comendador. Laurencia, uno de los personajes femeninos más logrados de Lope, es un paragón de la virtud femenina, tal como la entiende la sociedad de la época. Cuando Laurencia cae víctima de las malas intenciones del comendador, muestra hasta qué punto una mujer es capaz de valor. Insultando a los villanos, llamando a los hombres «hilanderas, maricones, / amujerados, cobardes», Laurencia incita al pueblo a la rebelión.

Lope emplea el lenguaje poético para poner de relieve la nobleza interior de Laurencia. Después del levantamiento del pueblo, ella abandona momentáneamente el dialecto rústico que emplean los campesinos, y se expresa con un soneto, forma normalmente reservada para el aristócrata, demostrando así que, aunque villana, posee toda la finura y delicadeza de una dama.

Además de su robusta defensa de su propia virginidad, Laurencia se distingue por su satisfacción con su estado y su desprecio de los valores de la corte—la cual asocia con la corrupción, el engaño y la superficialidad. Estos mismos sentimientos—que hacen eco de los que articula Antonio de Guevara en *Menosprecio de corte y alabanza de aldea*—los vuelve a expresar Frondoso, el enamorado de Laurencia. De hecho, el desdén no sólo del aristócrata sino también del sabio es un tema recurrente a través de la obra. El segundo acto comienza con una larga burla de los eruditos y académicos, los cuales el villano asocia con el refinamiento exagerado de la corte.

Lope es un maestro del suspenso, y el éxito de *Fuenteovejuna* depende de su capacidad para mantener un alto nivel de tensión. La presencia constante del comendador, quien representa una amenaza implacable al bienestar de los campesinos, crea un ambiente de discordia que se alivia únicamente cuando los villanos están libres para ocuparse de sus propias actividades o cuando el gracioso Mengo introduce una nota de humor.

Para aumentar el suspenso, Lope a menudo termina los dos primeros actos de sus comedias con una confrontación. En *Fuenteovejuna* el primer acto termina con una disputa entre Frondoso y Fernán Gómez. El comendador ha arrinconado a Laurencia. Aclara sus intenciones el uso de metáforas relacionadas con la caza; él es un cruel cazador, ella, la «bella gama». Laurencia trata de defenderse contrastando al hombre con su papel social: le recuerda que lleva la cruz de Calatrava, símbolo de su obligación ante Dios y los hombres. Cuando el comendador persiste, Frondoso, que ha estado escondido, aparece y se le enfrenta. El comendador le echa en cara su estado inferior. Le recuerda que las leyes de la caballería prohiben el combate entre noble y villano, aunque Fernán Gómez, furioso, está dispuesto a recurrir a la fuerza. Si el comendador insiste en su superioridad social, Frondoso demuestra su propia superioridad moral. En vez de atacar a su adversario, baja la ballesta y se va con esta simple explicación: «Yo me conformo con mi estado». Él, más que el caballero, ha sabido respetar las leyes de la caballería.

Al fin del segundo acto el comendador manda llevar preso a Frondoso, ahora el prometido de Laurencia. Los astutos villanos juegan la misma carta que Laurencia en el acto anterior: recuerdan a Fernán Gómez sus deberes y apelan a su honor. Pascuala llama a su atención la magnanimidad que se espera de un noble: «Si os ofendió, perdonadle, / por ser vos quien sois». Cuando esta táctica falla, Esteban le lanza los hechos—«vos pretendéis / su propia mujer quitarle»—insinuando que el comendador, siendo noble, debería comprender lo que obliga a un hombre el honor. Pero Fernán Gómez no cree en el honor del villano. Esteban le recuerda primero la justicia del rey y luego la de Dios, simbolizada por la cruz de Calatrava, infiriendo que él no es la autoridad suprema. La escena termina en catástrofe cuando Fernán Gómez apalea a Esteban con su propia vara, símbolo de la autoridad del alcalde, y se lleva a Laurencia. Esta pérdida rápida de la felicidad—el acto habría culminado en la boda de Frondoso y Laurencia si no fuera por la intervención del comendador—produce una sensación de choque y desequilibrio.

La música también sirve para aumentar la tensión. A través de *Fuenteovejuna* las canciones presagian la acción, de modo que aun antes de que el comendador se lleve a Laurencia, los músicos anuncian la tragedia con su sombría canción: «Al val de fuente Ovejuna / la niña en cabellos baja; / el caballero la sigue / de la Cruz de Calatrava. . . .»

Si Lope tiene cuidado en delinear claramente el marco histórico de su comedia, es precisamente porque la alineación de Fernán Gómez con el rey portugués es lo que permite la resolución del dilema. Los Reyes Católicos pueden dejar sin castigar el crimen de los villanos porque el comendador ha sido un traidor a la corona española. De otra manera, la rebelión de un pueblo contra su señor, por muy justificada que fuera, no se podría excusar. Se ha sugerido que Lope colocó *Fuenteovejuna* y *Peribáñez* en un período remoto para evitar una reacción negativa de parte de los nobles, quienes pudieran interpretar estas obras como una crítica de la aristocracia.

Las obras tardías de Lope revelan una elevada sensibilidad poética. El lirismo dramático del autor alcanza su punto culminante en *El caballero de Olmedo*, una obra inspirada por *La Celestina* y por un viejo cantar: «Que de noche le mataron / al caballero / la gala de Medina, / la flor de Olmedo». El argumento es semejante al de la obra de Rojas: Don Alonso se enamora de Doña Inés en la feria de Medina y pide ayuda a Fabia, un personaje celestinesco. Algunos críticos han sugerido que Alonso emplea los servicios de Fabia porque, siendo extraño al pueblo, cree no tener otros recursos. El padre de Inés ha prometido la mano de su hija a don Rodrigo sin saber que ella prefiere a don Alonso. En una escena comiquísima, doña Inés finge querer entrar en la vida religiosa para evitar casarse con don Rodrigo. Tello y Fabia, disfrazados de profesores, entran en la casa de don Pedro para darle «lecciones». *El caballero de Olmedo* es una de las obras que ilustran mejor la destreza de Lope en mezclar lo humorístico y lo trágico.

El tono cambia en el tercer acto. En unas corridas de toros organizadas para honrar al Rey, don Alonso salva la vida a don Rodrigo y éste, humillado y envidioso, decide matar al gallardo joven. Lope crea un ambiente de gran dramatismo y suspenso; el bosque que Alonso atraviesa para volver a casa después de las fiestas está lleno de sombras asustantes y en el camino un labrador canta coplas que presagian la muerte del muchacho. De repente aparecen don Rodrigo y sus criados, quienes le dan muerte. Aunque el incidente histórico sobre el cual Lope basó su obra tuvo lugar en 1521, Lope coloca *El caballero de Olmedo* en la época de Juan II, tal vez para intensificar el ambiente de magia, de fatalismo y de violencia, características que su público asociaba con el siglo XV.

Cuando Tello llega con la noticia de la muerte de su amo, Inés acaba de revelarle a su padre su amor por don Alonso. El sentido trágico se intensifica al aprobar don Pedro el matrimonio de Alonso e Inés. Irónicamente, nunca había ninguna oposición a la unión de los amantes, pero el joven, guiado por una ética erótica que exige la postergación de la satisfacción amorosa, había creado obstáculos para prolongar la dulce angustia del deseo. Había recurrido innecesariamente a la alcahueta, contribuyendo así a la creación de las circunstancias que conducen a su muerte.

Si en sus comedias más tempranas Lope emplea un estilo sencillo y directo, en las últimas ya se vislumbra la influencia barroca. El crítico C. George Peale ha demostrado que el gongorismo tuvo un efecto casi inmediato en el teatro español. *El caballero de Olmedo*, escrito alrededor de 1620 ya da muestras de un estilo más ornado. Sin embargo, el culteranismo de Lope no llega a su plenitud hasta mucho más tarde, en *Castigo sin venganza*, publicado en 1634 aunque compuesto antes de esta fecha. Repleto de cultismos y de referencias clásicas, *Castigo sin venganza* es una tragedia basada en una historia del escritor italiano Matteo Bandello y en la leyenda de Fedra, la reina griega cuyo amor por su hijastro conduce a la tragedia.

La acción tiene lugar en Italia. Federico, hijo natural del Duque de Ferrara, y Casandra, nueva esposa del Duque, se enamoran. El Duque recibe una carta anónima advirtiéndole que su hijo y su mujer son amantes y entonces se encuentra en la situación atroz de tener que vengarse de las dos personas que más ama en el mundo. Como la acusación se ha hecho en secreto, el Duque debe proceder en secreto para evitar que se sepa la afrenta a su honor. El castigo será «sin venganza» ya que la venganza es siempre una represalia pública que tiene por objetivo el aclarar el buen nombre del deshonrado.

A diferencia de los protagonistas de las *Fedras* de Eurípides, Séneca y Racine, Federico y Casandra no son víctimas de los dioses, sino instrumentos de su propia destrucción. Ceden a la pasión siendo conscientes de lo que hacen y de las consecuencias que sus acciones pueden traer. Lope, escribiendo en plena Contrarreforma, rechaza la doctrina determinista que predican Lutero, Calvino y otros reformadores y coloca la responsabilidad de su destino en las manos del individuo.

Si la obra de Lope se juzga en su totalidad, se tiene que reconocer una gran desigualdad en cuanto a la calidad de su producción. De los cientos de comedias que compuso, muchas son mediocres o aun pobres. Lope escribía rápido y no pulía siempre sus dramas. Sin embargo, las mejores de sus obras encarnan la comedia del Siglo de Oro.

Existen varias ediciones excelentes de *Fuenteovejuna*, entre ellas la de J. B. Hall (London: Grant and Cutler, 1985), la de Juan María Marín (Madrid: Cátedra, 1985) y la de Francisco López Estrada (Madrid: Castalia, 1969).

Fuenteovejuna (Fragmentos)

PERSONAS

El REY DON FERNANDO.	JUAN ROJO.
La REINA DOÑA ISABEL.	MENGO.
El MAESTRE DE CALATRAVA.	BARRILDO.
FERNÁN GÓMEZ.	LEONELO.
DON MANRIQUE.	CIMBRANOS, *soldado.*
LAURENCIA.	*Un* JUEZ.
FRONDOSO.	*Un* NIÑO.
PASCUALA.	TRES REGIDORES.
JACINTA.	LABRADORES Y LABRADORAS.
ORTUÑO.	SOLDADOS.
FLORES.	MÚSICOS.
ESTEBAN, *alcade.*	ACOMPAÑAMIENTO.
ALONSO, *alcalde.*	

La acción pasa en Fuenteovejuna y en otros puntos.

Acto primero

Habitación del MAESTRE[1] *DE* CALATRAVA.[2] *en Almagro.*[3]

COMENDADOR.
   ¿Sabe el Maestre que estoy
en la villa?

---

[1] superior de una orden militar.
[2] una orden militar fundada en el siglo XII.
[3] cabeza de la Orden de Calatrava.

FLORES.

                Ya lo sabe.

ORTUÑO.

    Está, con la edad, más grave.

COMENDADOR.

    ¿Y sabe también que soy
      Fernán Gómez de Guzmán?

FLORES.

    Es muchacho: no te asombre.

COMENDADOR.

    Cuando[4] no sepa mi nombre,
    ¿no le sobra el que me dan
      de Comendador[5] mayor?

ORTUÑO.

    No falta quien le aconseje
    que de ser cortés se aleje.

COMENDADOR.

    Conquistará poco amor.
      Es llave la cortesía
    para abrir la voluntad,
    y para la enemistad
    la necia descortesía.[6]

ORTUÑO.

      Si supiese un descortés
    cómo le aborrecen todos
    y querrían de mil modos
    poner la boca a sus pies,
      antes que serlo ninguno,
    se dejaría morir.

FLORES.

      ¡Qué cansado es de sufrir!
    ¡Qué áspero y qué importuno!
      Llaman la descortesía
    necedad en los iguales,
    porque es entre desiguales
    linaje de tiranía.[7]
      Aquí no te toca nada;
    que un muchacho aún no ha llegado
    a saber qué es ser amado.

COMENDADOR.

    La obligación de la espada
      que se ciñó, el mismo día
    que la cruz de Calatrava[8]
    le cubrió el pecho, bastaba
    para aprender cortesía.

FLORES.

    Si te han puesto mal con él,
    presto lo conocerás.

ORTUÑO.

    Vuélvete, si en duda estás.

COMENDADOR.

    Quiero ver lo que hay en él.

MAESTRE.

      Perdonad, por vida mía,
    Fernán Gómez de Guzmán;
    que agora nueva me dan
    que en la villa estáis.

COMENDADOR.

                Tenía
    muy justa queja de vos;
    que el amor y la crianza
    me daban más confianza
    por ser, cual somos los dos,
      vos maestre en Calatrava,
    yo vuestro comendador
    y muy vuestro servidor.

MAESTRE.

    Seguro,[9] Fernando, estaba
      de vuestra buena venida.
    Quiero volveros a dar
    los brazos.

COMENDADOR.

             Debéisme honrar;
    que he puesto por vos la vida
      entre diferencias tantas,
    hasta suplir vuestra edad
    el Pontífice.[10]

MAESTRE.

             Es verdad.
    Y por las señales santas[11]
      que a los dos cruzan el pecho,
    que os lo pago en estimaros,
    y como a mi padre honraros.

COMENDADOR.

    De vos estoy satisfecho.

MAESTRE.

      ¿Qué hay de guerra por allá?

---

[4] Aunque.

[5] caballero de una orden militar que tiene encomienda.

[6] Hay un elemento de ironía en el comentario de Fernán Gómez, el que insiste en la cortesía (entre iguales) y abusa de las mujeres.

[7] Este parlamento anuncia el desenlace de la obra.

[8] Los caballeros de Calatrava llevaban como insignia una gran cruz roja en el hábito.

[9] descuidado.

[10] Don Rodrigo tenía apenas dieciséis años cuando comenzó a gobernar su Orden. El Comendador disputó repetidamente con el Papa hasta conseguir que le diera permiso al Maestre para mandar a pesar de su poca edad.

[11] Se refiere a la cruz de Calatrava que lleva el Maestre. La repetida mención de la cruz sirve para contrastar el compromiso religioso del comendador y su comportamiento poco cristiano.

COMENDADOR.

   Estad atento, y sabréis
la obligación que tenéis.

MAESTRE.

   Decid; que yo lo estoy ya.

COMENDADOR.

    Gran Maestre, don Rodrigo
Téllez Girón,[12] que a tan alto
lugar os trajo el valor
de aquel vuestro padre claro,
que de ocho años en vos
renunció su maestrazgo,
que después por más seguro
juraron y confirmaron
reyes y comendadores,
dando el Pontífice santo
Pío Segundo[13] sus bulas,
y después las suyas Paulo,[14]
para que don Juan Pacheco[15]
gran maestre de Santiago,
fuese vuestro coadjutor:[16]
ya que es muerto, y que os han dado
el gobierno sólo a vos,
aunque de tan pocos años,[17]
advertid que es honra vuestra
seguir en aqueste caso
la parte de vuestros deudos;
porque muerto Enrique Cuarto,[18]
quieren que al rey don Alonso[19]
de Portugal, que ha heredado,
por su mujer, a Castilla,[20]
obedezcan sus vasallos;
que aunque pretende lo mismo
por Isabel don Fernando,[21]
gran príncipe de Aragón,
no con derecho tan claro
a vuestros deudos; que, en fin,
no presumen que hay engaño
en la sucesión de Juana,[22]
a quien vuestro primo hermano[23]

tiene agora en su poder;
y así, vengo a aconsejaros
que juntéis los caballeros
de Calatrava en Almagro,
y a Ciudad Real toméis,
que divide como paso
a Andalucía y Castilla.
Para tomarlos a entrambos[24]
poca gente es menester,
porque tienen por soldados
solamente sus vecinos
y algunos pocos hidalgos,
que defienden a Isabel
y llaman rey a Fernando.
Será bien que deis asombro,
Rodrigo, aunque niño,[25] a cuantos
dicen que es grande esa cruz
para vuestros hombros flacos.
Mirad los condes de Urueña,[26]
de quien venís, que mostrando
os están desde la tumba
los laureles que ganaron;
los marqueses de Villena,[27]
y otros capitanes, tantos,
que las alas de la fama
apenas pueden llevarlos.
Sacad esa blanca espada;[28]
que habéis de hacer, peleando,
tan roja como la cruz;[29]
porque no podré llamaros
Maestre de la cruz roja
que tenéis al pecho, en tanto
que tenéis blanca la espada;
que, una al pecho y otra al lado,
entrambas han de ser rojas,
y vos, Girón soberano,
capa del templo inmortal[30]
de vuestros claros pasados.

MAESTRE.

   Fernán Gómez, estad cierto
que en esta parcialidad,[31]
porque veo que es verdad,
con mis deudos me concierto.
   Y si importa, como paso,
Ciudad Real al intento,

---

[12] Téllez Girón, veintinoveno Maestre de Calatrava, era hijo de Pedro Girón, durante cuyo maestrazgo Fuenteovejuna pasó a formar parte de los territorios de la Orden.
[13] papa desde 1458 hasta 1464.
[14] papa desde 1467 hasta 1471.
[15] Marqués de Villena y después, Maestre de Santiago. Pacheco incitó a Enrique IV contra Isabel la Católica. Al morir él, don Rodrigo, Maestre de Calatrava, comenzó a gobernar la Orden.
[16] persona que ayuda a otra en sus funciones.
[17] Recuérdese que el Maestre tenía unos dieciséis años.
[18] Enrique IV, el Impotente, de Castilla (1454–1474).
[19] Alfonso V, el Africano, rey de Portugal (1438–1481).
[20] La mujer de Alfonso V era Juana la Beltraneja.
[21] Fernando V de Aragón, esposo de Isabel la Católica.
[22] Porque se sospechaba que Juana no era realmente hija de Enrique IV, sino de don Beltrán de la Cueva, favorito del rey, y de la reina doña Juana de Portugal.
[23] don Diego López Pacheco, Marqués de Villena.

[24] Debería ser «entrambas» pero Lope ha usado la forma masculina para conservar la asonancia.
[25] Antiguamente se podía usar la palabra «niño» para referirse a un mozo de dieciséis años.
[26] Se refiere a Alonso Téllez Girón.
[27] Villena era la cabeza del distrito de Alicante.
[28] **blanca**... espada aún no teñida de sangre.
[29] La cruz de Calatrava era roja.
[30] juego sobre «girón», que significa «trozo suelto de un tejido»; el «girón» será «capa», pieza entera que cubre y protege.
[31] causa.

veréis que como violento
rayo sus muros abraso.
 No porque es muerto mi tío,
piensen de mis pocos años
los propios y los extraños
que murió con él mi brío.
 Sacaré la blanca espada,
para que quede su luz
de la color[32] de la cruz,
de roja sangre bañada.
 Vos ¿adónde residís?
¿Tenéis algunos soldados?

COMENDADOR.
 Pocos, pero mis criados:
que si dellos os servís,
 pelearán como leones.
Ya veis que en Fuenteovejuna[33]
hay gente humilde, y alguna
no enseñada en escuadrones,
 sino en campos y labranzas.

MAESTRE.
 ¿Allí residís?

COMENDADOR.
 Allí
de mi encomienda escogí
casa entre aquestas mudanzas.[34]
 Vuestra gente se registre;[35]
que no quedará vasallo.

MAESTRE.
 Hoy me veréis, a caballo,
poner la lanza en el ristre.
 Vanse.

Plaza de Fuenteovejuna.

LAURENCIA.
 Mas que[36] nunca acá volviera.

PASCUALA.
 Pues a la he[37] que pensé
que cuando te lo conté,
más pesadumbre te diera.

LAURENCIA.
 ¡Plega al Cielo que jamás
le vea en Fuenteovejuna!

PASCUALA.
 Yo, Laurencia, he visto alguna

tan brava, y pienso que más;
 y tenía el corazón
brando[38] como una manteca.

LAURENCIA.
 Pues ¿hay encina tan seca
como está mi condición?

PASCUALA.
 Anda ya, que nadie diga:
desta agua no beberé.

LAURENCIA.
 ¡Voto al sol[39] que lo diré,
aunque el mundo me desdiga!
 ¿A qué efeto fuera bueno
querer a Fernando yo?
¿Casárame con él?[40]

PASCUALA.
 No.

LAURENCIA.
 Luego la infamia condeno.
 ¡Cuántas mozas en la villa,
del Comendador fiadas,
andan ya descalabradas![41]

PASCUALA.
 Tendré yo por maravilla
 que te escapes de su mano.

LAURENCIA.
 Pues en vano es lo que ves,
porque ha que me sigue un mes,
y todo, Pascuala, en vano.
 Aquel Flores, su alcahuete,
y Ortuño, aquel socarrón,
me mostraron un jubón,[42]
una sarta[43] y un copete:[44]
 dijéronme tantas cosas
de Fernando, su señor,
que me pusieron temor;
mas no serán poderosas
 para contrastar[45] mi pecho.[46]

PASCUALA.
 ¿Dónde te hablaron?

---

[32] Hoy en día se dice «el color».
[33] pueblo de la provincia de Córdoba.
[34] turbulencias de la época.
[35] **se**... se inscriba en el registro para saber cuántos hay.
[36] aunque.
[37] fe (La sustitución de la *f* por la *h* le da al lenguaje un aire rústico); a la fe = en verdad.

[38] blando (rústico).
[39] juramento en que una palabra neutra, sol, sustituye la palabra «Dios».
[40] Laurencia sabe que el Comendador, por ser noble, no tiene ninguna intención de casarse con ella. Por lo tanto, las insinuaciones de Fernán Gómez la deshonran.
[41] dañadas, deshonradas.
[42] vestido ceñido que se pone sobre la blusa.
[43] collar.
[44] sombrerito.
[45] vencer.
[46] corazón.

LAURENCIA.
Allá
en el arroyo, hoy habrá
seis días.

PASCUALA.
Y yo sospecho
que te han de engañar, Laurencia.

LAURENCIA.
¿A mí?

PASCUALA.
Que no, sino al cura.

LAURENCIA.
Soy, aunque polla, muy dura
yo para su reverencia.[47]
Pardiez, más precio poner,
Pascuala, de madrugada,
un pedazo de lunada[48]
al huego[49] para comer,
con tanto zalacatón[50]
de una rosca[51] que yo amaso,
y hurtar a mi madre un vaso
del pegado cangilón;[52]
y más precio al mediodía
ver la vaca entre las coles,
haciendo mil caracoles
con espumosa armonía;
y concertar, si el camino
me ha llegado a causar pena,[53]
casar una berenjena
con otro tanto tocino;
y después un pasa-tarde,[54]
mientras la cena se aliña,
de una cuerda[55] de mi viña,
que Dios de pedrisco[56] guarde;
y cenar un salpicón
con su aceite y su pimienta,
y irme a la cama contenta,
y al «inducas tentación»[57]
rezalle mis devociones
que cuantas raposerías,
con su amor y sus porfías,

tienen estos bellacones;
porque todo su cuidado,
después de darnos disgusto,
es anochecer con gusto
y amanecer con enfado.

PASCUALA.
Tienes, Laurencia, razón;
que en dejando de querer,
más ingratos suelen ser
que al villano el gorrïón.
En el invierno, que el frío
tiene los campos helados,
decienden de los tejados
diciéndole «tío, tío»,[58]
hasta llegar a comer
las migajas de la mesa;
mas luego que el frío cesa,
y el campo ven florecer,
no bajan diciendo «tío»,
del beneficio olvidados,
mas saltando en los tejados,
dicen: «judío, judío».[59]
Pues tales los hombres son:
cuando nos han menester
somos su vida, su ser,
su alma, su corazón;
pero pasadas las ascuas,
las tías somos judías,
y en vez de llamarnos tías,
anda el nombre de las pascuas.[60]

LAURENCIA.
No fiarse de ninguno.

PASCUALA.
Lo mismo digo, Laurencia.

. . .

Campo de Fuenteovejuna.

COMENDADOR.
No es malo venir siguiendo
un corcillo temeroso,
y topar tan bella gama.[61]

---

[47] juego de palabras; «polla» significa «gallina» y también «joven». «Reverencia» es un título que se emplea para los religiosos. Laurencia alude irónicamente a la naturaleza religiosa de la Orden.
[48] jamón.
[49] fuego.
[50] trozo de pan.
[51] panecillo.
[52] **pegado**... vasija untada de pez para guardar vino.
[53] hambre.
[54] aperitivo.
[55] racimo de uva, colgado de una cuerda.
[56] granizo.
[57] de las palabras finales del *Pater noster: Et ne nos inducas in tentationem* (Líbranos de la tentación).
[58] juego de palabras: además de su significado normal, «tío-tío» es el sonido que hace el gorrión.
[59] Es decir, los hombres son como los gorriones: cuando quieren algún favor, están simpáticos y corteses con las mujeres, pero después de conseguir lo que desean, se ponen abusivos e insultantes. (Era una afrenta llamar a una persona «judío»; el campesino era especialmente sensible con respecto a alusiones a su sangre, ya que se preciaba de cristiano viejo.).
[60] **nombre**... insulto.
[61] tipo de venado caracterizado por el pelaje salpicado de manchas blancas.

LAURENCIA.

Aquí descansaba un poco
de haber lavado unos paños;
y así, al arroyo me torno,
si manda su señoría.

COMENDADOR.

Aquesos desdenes toscos
afrentan, bella Laurencia,
las gracias que el poderoso
Cielo te dio, de tal suerte,
que vienes a ser un monstruo.
Mas si otras veces pudiste
huir mi ruego amoroso,
agora no quiere el campo,
amigo secreto y solo;
que tú sola no has de ser
tan soberbia, que tu rostro
huyas al señor que tienes,
teniéndome a mí en tan poco.
¿No se rindió Sebastiana,
mujer de Pedro Redondo,
con ser casadas entrambas,[62]
y la de Martín del Pozo,
habiendo apenas pasado
dos días del desposorio?

LAURENCIA.

Estas, señor, ya tenían,
de haber andado con otros,
el camino de agradaros;
porque también muchos mozos
merecieron sus favores.
Id con Dios, tras vuestro corzo;
que a no veros[63] con la cruz,
os tuviera por demonio,
pues tanto me perseguís.

COMENDADOR.

¡Qué estilo tan enfadoso!
Pongo la ballesta en tierra.

.   .   .   64

y a la práctica de manos
reduzco melindres.

LAURENCIA.

¡Cómo!
¿Eso hacéis? ¿Estáis en vos?[65]

Sale FRONDOSO *y toma la ballesta.*

COMENDADOR.

No te defiendas.

FRONDOSO. (*Aparte.*)

Si tomo
la ballesta, ¡vive el Cielo,
que no la ponga en el hombro! *Cógela.*

COMENDADOR.

Acaba, ríndete.

LAURENCIA.

¡Cielos,
ayudadme agora!

COMENDADOR.

Solos
estamos; no tengas miedo.

FRONDOSO.

Comendador generoso,
dejad la moza, o creed
que de mi agravio y enojo
será blanco vuestro pecho,
aunque la cruz me da asombro.

COMENDADOR.

¡Perro, villano! . . .

FRONDOSO.

No hay perro.
—Huye, Laurencia.

LAURENCIA.

Frondoso,
mira lo que haces.

FRONDOSO.

Vete. *Vase* LAURENCIA.

COMENDADOR.

¡Oh, mal haya el hombre loco,
que se desciñe la espada!
Que, de no espantar medroso
la caza, me la quité.

FRONDOSO.

Pues pardiez, señor, si toco
la nuez,[66] que os he de apiolar.[67]

COMENDADOR.

Ya es ida. Infame, alevoso,
suelta la ballesta luego.
Suéltala, villano.

FRONDOSO.

¿Cómo?
Que me quitaréis la vida.
Y advertid que amor es sordo,
y que no escucha palabras
el día que está en su trono.

---

[62] **con**... a pesar de que las dos están casadas.
[63] **a**... si no os viera.
[64] Falta un verso para el romance.
[65] **en**... loco.

[66] la parte de la ballesta donde se prende la cuerda y se encaja la flecha.
[67] matar.

COMENDADOR.

Pues ¿la espalda ha de volver
un hombre tan valeroso
a un villano? Tira, infame,
tira, y guárdate, que rompo
las leyes de caballero.

FRONDOSO.

Eso no. Yo me conformo
con mi estado, y pues me es
guardar la vida forzoso,
con la ballesta me voy. *Vase.*

COMENDADOR.

¡Peligro extraño y notorio!
Mas yo tomaré venganza
del agravio y del estorbo.
¡Que no cerrara con él!
¡Vive el Cielo, que me corro![68]

Acto segundo

Plaza de Fuenteovejuna.

.   .   .

COMENDADOR.

Dios guarde la buena gente.

REGIDOR.

¡Oh señor!

COMENDADOR.

Por vida mía
que se estén[69].

ESTEBAN.

Vusiñoría[70]
a donde suele se siente;
que en pie estaremos muy bien.

COMENDADOR.

Digo que se han de sentar.

ESTEBAN.

De los buenos es honrar;
que no es posible que den
honra los que no la tienen.

COMENDADOR.

Siéntense; hablaremos algo.

ESTEBAN.

¿Vio vusiñoría el galgo?

COMENDADOR.

Alcalde, espantados vienen
esos criados de ver
tan notable ligereza.

ESTEBAN.

Es una extremada pieza.
Pardicz que puede correr
al lado de un delincuente
o de un cobarde en quistión.

COMENDADOR.

Quisiera en esta ocasión
que le echarais diligente
a una liebre, que por pies
por momentos se me va.[71]

ESTEBAN.

Sí haré, par Dios. ¿Dónde está?

COMENDADOR.

Allá vuestra hija es.

ESTEBAN.

¡Mi hija!

COMENDADOR.

Sí.

ESTEBAN.

Pues ¿es buena
para alcanzada de vos?

COMENDADOR.

Reñilda, alcalde, por Dios.

ESTEBAN.

¿Cómo?

COMENDADOR.

Ha dado[72] en darme pena.
Mujer hay, y principal,[73]
de alguno que está en la plaza,
que dio a la primera traza,
traza de verme.

ESTEBAN.

Hizo mal;
y vos, señor, no andáis bien
en hablar tan libremente.

COMENDADOR.

¡Oh, qué villano elocuente!
¡Ah Flores!, haz que le den
la *Política,* en que lea,
de Aristóteles.[74]

ESTEBAN.

Señor,
debajo de vuestro honor
vivir el pueblo desea.

---

[68] **Que**... Me da vergüenza no haberlo matado.
[69] **que**... que se queden sentados.
[70] Vuestra Señoría.

[71] **que**... que midierais su velocidad contra la de una liebre que siempre se me escapa.
[72] **Ha**... Persiste.
[73] noble.
[74] obra en la que el célebre filósofo griego expone su doctrina sobre las relaciones entre los estados.

Mirad que en Fuenteovejuna
hay gente muy principal.

LEONELO.

¿Viose desvergüenza igual?

COMENDADOR.

Pues ¿he dicho cosa alguna
de que os pese, Regidor?

REGIDOR.

Lo que decís es injusto.
No lo digáis; que no es justo
que nos quitéis el honor.

COMENDADOR.

¿Vosotros honor tenéis?
¡Qué freiles de Calatrava!

REGIDOR.

Alguno acaso se alaba
de la cruz que le ponéis,
que no es de sangre tan limpia.

COMENDADOR.

¿Y ensúciola yo juntando
la mía a la vuestra?

REGIDOR.

Cuando
es mal, más tiñe que alimpia.

COMENDADOR.

De cualquier suerte que sea,
vuestras mujeres se honran.

ESTEBAN.

Esas palabras deshonran;
las obras no hay quien las crea.

COMENDADOR.

¡Qué cansado villanaje!
¡Ah! Bien hayan[75] las ciudades,
que a hombres de calidades
no hay quien sus gustos ataje;
allá se precian casados
que visiten sus mujeres.

ESTEBAN.

No harán; que con esto quieres
que vivamos descuidados.
En las cuidades hay Dios
y más presto quien castiga.

COMENDADOR.

Levantaos de aquí.

ESTEBAN.

¿Que diga
lo que escucháis por los dos?[76]

COMENDADOR.

Salir de la plaza luego;
no quede ninguno aquí.

ESTEBAN.

Ya nos vamos.

COMENDADOR.

Pues no ansí.

FLORES.

Que te reportes te ruego.

COMENDADOR.

Querrían hacer corrillo
los villanos en mi ausencia.

ORTUÑO.

Ten un poco de paciencia.

COMENDADOR.

De tanta me maravillo.
Cada uno de por sí
se vayan hasta sus casas.

LEONELO.

¡Cielos! ¿Que por esto pasas?

ESTEBAN.

Ya yo me voy por aquí.

Vanse los LABRADORES.

.   .   .

Campo de Fuenteovejuna.

JACINTA.

Dadme socorro, por Dios,
si la amistad os obliga.

LAURENCIA.

¿Qué es esto, Jacinta amiga?

PASCUALA.

Tuyas lo somos las dos.

JACINTA.

Del Comendador criados,
que van a Ciudad Real,
más de infamia natural
que de noble acero armados,
me quieren llevar a él.

LAURENCIA.

Pues, Jacinta, Dios te libre;
que cuando contigo es libre,
conmigo será crüel. *Vase.*

PASCUALA.

Jacinta, yo no soy hombre
que te pueda defender. *Vase.*

MENGO.

Yo sí lo tengo de ser,
porque tengo el ser y el nombre.
Llégate, Jacinta, a mí.

---

[75] **Bien**... Benditas sean.
[76] **¿Que**... ¿Nos dirige esto que escucháis a los dos? (es decir, a él y
al Regidor).

JACINTA.

¿Tienes armas?

MENGO.

Las primeras
del mundo.

JACINTA.

¡Oh, si las tuvieras!

MENGO.

Piedras hay, Jacinta, aquí.

Salen FLORES, ORTUÑO, *soldados.*

FLORES.

¿Por los pies pensabas irte?

JACINTA.

Mengo, ¡muerta soy!

MENGO.

Señores . . .
¡A estos pobres labradores! . . .

ORTUÑO.

Pues ¿tú quieres persuadirte
a defender la mujer?

MENGO.

Con los ruegos la defiendo;
que soy su deudo,[77] y pretendo
guardalla, si puede ser.

FLORES.

Quitalde luego la vida.

MENGO.

¡Voto al sol, si me emberrincho
y el cáñamo[78] me descincho,
que la llevéis bien vendida!

COMENDADOR.

¿Qué es eso? ¡A cosas tan viles
me habéis de hacer apear!

FLORES.

Gente de este vil lugar
(que ya es razón que aniquiles,
pues en nada te da gusto)
a nuestras armas se atreve.

MENGO.

Señor, si piedad os mueve
de suceso tan injusto,
castigad estos soldados,
que con vuestro nombre agora
roban una labradora

a esposo y padres honrados;
y dadme licencia a mí
que se la pueda llevar.

COMENDADOR.

Licencia les quiero dar . . .
para vengarse de ti.
Suelta la honda.

MENGO.

Señor.

COMENDADOR.

Flores, Ortuño, Cimbranos,
con ella le atad las manos.

MENGO.

¿Así volvéis por su honor?

COMENDADOR.

¿Qué piensa Fuenteovejuna
y sus villanos de mí?

MENGO.

Señor, ¿en qué os ofendí,
ni el pueblo, en cosa ninguna?

FLORES.

¿Ha de morir?

COMENDADOR.

No ensuciéis
las armas, que habéis de honrar
en otro mejor lugar.

ORTUÑO.

¿Qué mandas?

COMENDADOR.

Que le azotéis.
Llevadle, y en ese roble
le atad y le desnudad,[79]
y con las riendas . . .

MENGO.

¡Piedad,
piedad, pues sois hombre noble!

COMENDADOR.

Azotaldo hasta que salten
los hierros de las correas.

MENGO.

¡Cielos! ¿A hazañas tan feas
queréis que castigos falten?
FLORES, ORTUÑO *y* CIMBRANOS *se llevan a* MENGO.

COMENDADOR.

Tú, villana, ¿por qué huyes?
¿Es mejor un labrador
que un hombre de mi valor?

---

[77] pariente.
[78] lienzo que forma parte de la honda (instrumento que está compuesto de un pedazo de cuero o de lienzo y dos correas, que sirve para arrojar piedras).

[79] **le**... atadle y desnudadle.

JACINTA.

¡Harto bien me restituyes
   el honor que me has quitado
en llevarme para ti!

COMENDADOR.

¿En quererte llevar?

JACINTA.

                    Sí;
porque tengo un padre honrado,
   que si en alto nacimiento
no te iguala, en las costumbres
te vence.

COMENDADOR.

        Las pesadumbres
y el villano atrevimiento
   no tiemplan bien un airado.
Tira por ahí.

JACINTA.

            ¿Con quién?

COMENDADOR.

Conmigo.

JACINTA.

        Míralo bien.

COMENDADOR.

Para tu mal lo he mirado.
   Ya no mía, del bagaje
del ejército has de ser.

JACINTA.

No tiene el mundo poder
para hacerme, viva, ultraje.

COMENDADOR.

Ea, villana, camina . . .

JACINTA.

¡Piedad, señor!

COMENDADOR.

            No hay piedad.

JACINTA.

Apelo de tu crueldad
a la justicia divina. *Llévanla y vanse.*

Calle en Fuenteovejuna.

LAURENCIA.

¿Cómo así a venir te atreves,
sin temer tu daño?

FRONDOSO.

                Ha sido
dar testimonio cumplido
de la afición que me debes.

Desde aquel recuesto vi
salir al Comendador,
y fiado en tu valor,
todo mi temor perdí.
   Vaya donde no le vean
volver.

LAURENCIA.

        Tente en maldecir,
porque suele más vivir
al que la muerte desean.[80]

FRONDOSO.

Si es esto, viva mil años,
y así se hará todo bien,
pues deseándole bien,
estarán ciertos sus daños.
   Laurencia, deseo saber
si vive en ti mi cuidado,[81]
y si mi lealtad ha hallado
el puerto de merecer.
   Mira que toda la villa
ya para en uno nos tiene,
y de cómo a ser no viene,
la villa se maravilla.
   Los desdeñosos extremos
deja, y responde no o sí.

LAURENCIA.

Pues a la villa y a ti
respondo que lo seremos.

FRONDOSO.

Deja que tus plantas bese
por la merced recebida,
pues el cobrar nueva vida
por ella es bien que confiese.

LAURENCIA.

De cumplimientos acorta;
y para que mejor cuadre,
habla, Frondoso, a mi padre,
pues es lo que más importa,
   que allí viene con mi tío:
y fía que ha de tener
ser, Frondoso, tu mujer,
buen suceso.

FRONDOSO.

            En Dios confío. *Entrase* LAURENCIA *en
su casa.*

ESTEBAN.

Fue su término de modo,
que la plaza alborotó:

---

[80] **Tente**... No lo maldigas porque suele vivir más la persona a quien le deseamos la muerte.
[81] **si**... si tú me correspondes, si tú me quieres también.

en efeto, procedió
muy descomedido en todo.
  No hay a quien admiración
sus demasías no den:
La pobre Jacinta es quien
pierde por su sinrazón.

REGIDOR.

  Ya a los Católicos Reyes,
que este nombre les dan ya,
presto España les dará
la obediencia de sus leyes.
  Ya sobre Ciudad Real,
contra el Girón que la tiene,
Santiago[82] a caballo viene
por capitán general.
  Pésame; que era Jacinta
doncella de buena pro.[83]

ESTEBAN.

Luego a Mengo le azotó.

REGIDOR.

No hay negra bayeta[84] o tinta
  como sus carnes están.

ESTEBAN.

  Callad; que me siento arder,
viendo su mal proceder,
y el mal nombre que le dan.
  Yo ¿para qué traigo aquí
este palo[85] sin provecho?

REGIDOR.

  Si sus criados lo han hecho,
¿de qué os afligís ansí?

ESTEBAN.

  ¿Queréis más, que me contaron
que a la de Pedro Redondo,
un día, que en lo más hondo
deste valle la encontraron,
  después de sus insolencias,
a sus criados la dio?

REGIDOR.

Aquí hay gente: ¿Quién es?

FRONDOSO.

                    Yo,
que espero vuestras licencias.

REGIDOR.

  Para mi casa, Frondoso,
licencia no es menester;

debes a tu padre el ser,
y a mí otro ser amoroso.
  Hete criado y te quiero
como a hijo.

FRONDOSO.

            Pues, señor,
fiado en aquese amor,
de ti una merced espero.
  Ya sabes de quién soy hijo.

ESTEBAN.

  ¿Hate agraviado este loco
de Fernán Gómez?

FRONDOSO.

                No poco.

ESTEBAN.

El corazón me lo dijo.

FRONDOSO.

  Pues, señor, con el seguro
del amor que habéis mostrado,
de Laurencia enamorado,
el ser su esposo procuro.
  Perdona si en el pedir
mi lengua se ha adelantado;
que he sido en decirlo osado,
como otro lo ha de decir.

ESTEBAN.

  Vienes, Frondoso, a ocasión
que me alargarás la vida,
por la cosa más temida
que siente mi corazón.
  Agradezco, hijo, al Cielo
que así vuelvas por mi honor,
y agradézcole a tu amor
la limpieza de tu celo.
  Mas como es justo, es razón
dar cuenta a tu padre de esto;
sólo digo que estoy presto,
en sabiendo su intención;
  que yo dichoso me hallo
en que aqueso llegue a ser . . .

REGIDOR.

  De la moza el parecer
tomad antes de acetallo.[86]

ESTEBAN.

  No tengáis de eso cuidado,
que ya el caso está dispuesto:
antes de venir a esto,
entre ellos se ha concertado.
  —En el dote, si advertís,

---

[82] don Rodrigo Manrique.
[83] **de**... decente, de buena fama.
[84] tela gruesa (El Comendador le ha azotado de tal manera que le ha dejado el cuerpo negro, lleno de heridas y de contusiones.).
[85] símbolo de la autoridad del alcalde

---

[86] aceptarlo (idea muy humanística; el padre debe preguntarle la opinión a su hija antes de aceptar a ningún pretendiente).

se puede agora tratar;
que por bien os pienso dar
algunos maravedís.

FRONDOSO.
Yo dote no he menester;
de eso no hay que entristeceros.

REGIDOR.
Pues que nos la pide en cueros,[87]
lo podéis agradecer.

ESTEBAN.
Tomar el parecer de ella,
si os parece, será bien.

FRONDOSO.
Justo es; que no hace bien
quien los gustos atropella.

ESTEBAN. (*Llamando.*)
¡Hija! ¡Laurencia! . . .

Laurencia sale de su casa.

LAURENCIA.
Señor . . .

ESTEBAN.
Mirad si digo bien yo.
¡Ved qué presto respondió!
—Hija, Laurencia, mi amor,
a preguntarte ha venido
(apártate aquí) si es bien
que a Gila, tu amiga, den
a Frondoso por marido,
que es un honrado zagal,
si le hay en Fuenteovejuna . . .

LAURENCIA.
¿Gila se casa?

ESTEBAN.
Y si alguna
le merece y es su igual.

LAURENCIA.
Yo digo, señor, que sí.

ESTEBAN.
Sí; mas yo digo que es fea,
y que harto mejor se emplea
Frondoso, Laurencia, en ti.

LAURENCIA.
¿Aún no se te han olvidado
los donaires con la edad?

ESTEBAN.
¿Quiéresle tú?

LAURENCIA.
Voluntad
le he tenido y le he cobrado;
pero por lo que tú sabes . . .

ESTEBAN.
¿Quieres tú que diga sí?[88]

LAURENCIA.
Dilo tú, señor, por mí.

ESTEBAN.
¿Yo? ¿Pues tengo yo las llaves?
Hecho está.—Ven, buscaremos
a mi compadre en la plaza.

REGIDOR.
Vamos.

ESTEBAN.
Hijo, y en la traza
del dote, ¿qué le diremos?
Que yo bien te puedo dar
cuatro mil maravedís.

FRONDOSO.
Señor, ¿eso me decís?
Mi honor queréis agraviar.

ESTEBAN.
Anda, hijo; que eso es
cosa que pasa en un día;
que si no hay dote, a fe mía
que se echa menos después.
Vanse Esteban y el Regidor.

LAURENCIA.
Di, Frondoso, ¿estás contento?

FRONDOSO.
¡Cómo si lo estoy! ¿Es poco,
pues que no me vuelvo loco
de gozo, del bien que siento?
Risa vierte el corazón
por los ojos de alegría,
viéndote, Laurencia mía,
en tan dulce posesión . . .
Vanse.

Campo de Fuenteovejuna.

MÚSICOS. (*Cantan.*)
Al val de Fuenteovejuna
la niña en cabellos baja;
el caballero la sigue
de la Cruz de Calatrava.
Entre las ramas se esconde,
de vergonzosa y turbada;

---

[87] **en**... desnuda (es decir, sin dote).

[88] Esteban se define como un padre bueno y responsable al dejar que su hija tome la decisión.

fingiendo que no le ha visto,
pone delante las ramas.
   «¿Para qué te escondes,
niña gallarda?
Que mis linces deseos
paredes pasan.»
   Acercóse el caballero,
y ella, confusa y turbada,
hacer quiso celosías
de las intrincadas ramas;
mas como quien tiene amor
los mares y las montañas
atraviesa fácilmente,
la dice tales palabras:
   «¿Para qué te escondes,
niña gallarda?
Que mis linces deseos
paredes pasan.»

COMENDADOR.
   Estése la boda queda,
y no se alborote nadie.

JUAN ROJO.
   No es juego aqueste, señor,
y basta que tú lo mandes.
¿Quieres lugar? ¿Cómo vienes
con tu belicoso alarde?
¿Venciste? Mas ¿qué pregunto?

FRONDOSO. (*Aparte.*)
   ¡Muerto soy! ¡Cielos, libradme!

LAURENCIA.
   Huye por aquí, Frondoso.

COMENDADOR.
   Eso no; prendelde, ataldle.

JUAN ROJO.
   Date, muchacho, a prisión.

FRONDOSO.
   Pues ¿quieres tú que me maten?

JUAN ROJO.
   ¿Por qué?

COMENDADOR.
                No soy hombre yo
que mato sin culpa a nadie;
que si lo fuera, le hubieran
pasado de parte a parte
esos soldados que traigo.
Llevarle mando a la cárcel,
donde la culpa que tiene
sentencie su mismo padre.

PASCUALA.
   Señor, mirad que se casa.

COMENDADOR.
   ¿Qué me obliga el que se case?
¿No hay otra gente en el pueblo?

PASCUALA.
   Si os ofendió, perdonadle,
por ser vos quien sois.

COMENDADOR.
                No es cosa,
Pascuala, en que yo soy parte.
Es esto contra el maestre
Téllez Girón, que Dios guarde;
es contra toda su orden
y su honor, y es importante
para el ejemplo el castigo;
que habrá otro día quien trate
de alzar pendón contra él,
pues ya sabéis que una tarde
al Comendador mayor
(¡qué vasallos tan leales!)
puso una ballesta al pecho.

ESTEBAN.
   Supuesto que el disculparle
ya puede tocar a un suegro,
no es mucho[89] que en causas tales
se descomponga con vos
un hombre, en efeto, amante;
porque, si vos pretendéis
su propia mujer quitarle,
¿qué mucho[90] que la defienda?

COMENDADOR.
   Majadero sois, alcalde.

ESTEBAN.
   Por vuestra virtud, señor.[91]

COMENDADOR.
   Nunca yo quise quitarle
su mujer, pues no lo era.

ESTEBAN.
   Sí quisistes . . . —Y esto baste;
que reyes hay en Castilla
que nuevas órdenes hacen,
con que desórdenes quitan.
Y harán mal, cuando descansen
de las guerras, en sufrir
en sus villas y lugares
a hombres tan poderosos
por traer cruces tan grandes.
Póngasela el rey al pecho;

[89] **no**... no debe sorprender.
[90] **qué**... con razón.
[91] Esteban apela a la virtud del Comendador; le recuerda su responsabilidad social, impuesta por su Orden y por la cruz que lleva.

que para pechos reales
es esa insignia, y no más.

COMENDADOR.
    ¡Hola! La vara[92] quitalde.

ESTEBAN.
    Tomad, señor, norabuena.[93]

COMENDADOR.
    Pues con ella quiero dalle,
    como a caballo brioso.

ESTEBAN.
    Por señor os sufro.[94] Dadme.

PASCUALA.
    ¡A un viejo de palos das!

LAURENCIA.
    Si le das porque es mi padre,
    ¿qué vengas en él de mí?

COMENDADOR.
    Llevalda, y hacer que guarden
    su persona diez soldados.

*Vase el Comendador con los suyos, llevándose presos
a Frondoso y Laurencia.*

ESTEBAN.
    Justicia del Cielo baje.

Vase.

PASCUALA.
    Volvióse en luto la boda.

BARRILDO.
    ¿No hay aquí un hombre que hable?

MENGO.
    Yo tengo mis azotes,
    que aún se ven los cardenales,[95]
    sin que un hombre vaya a Roma.
    Prueben otros a enojarle.

JUAN ROJO.
    Hablemos todos.

MENGO.
                Señores,
    aquí todo el mundo calle.
    Como ruedas[96] de salmón
    me puso los atabales.[97]

---

92 símbolo de la autoridad del alcalde.
93 que le sirva bien.
94 **Por**... Puesto que sois un noble, aguanto este insulto.
95 juego sobre la palabra cardenal, oficial de la Iglesia y contusión causada por un golpe.
96 rodaja, tajada.
97 aquí, nalgas.

Acto tercero

· · ·

Sala de concejo en Fuenteovejuna.

LAURENCIA.
    Dejadme entrar, que bien puedo,
    en consejo de los hombres;
    que bien puede una mujer,
    si no a dar voto, a dar voces.
    ¿Conocéisme?

ESTEBAN.
                ¡Santo cielo!
    ¿No es mi hija?

JUAN ROJO.
                ¿No conoces
    a Laurencia?

LAURENCIA.
                Vengo tal,
    que mi diferencia os pone
    en contingencia[98] quién soy.

ESTEBAN.
    ¡Hija mía!

LAURENCIA.
                No me nombres
    tu hija.

ESTEBAN.
                ¿Por qué, mis ojos?[99]
    ¿Por qué?

LAURENCIA.
                Por muchas razones
    y sean las principales,
    porque dejas que me roben
    tiranos sin que me vengues,
    traidores sin que me cobres.
    Aún no era yo de Frondoso,
    para que digas que tome,
    como marido, venganza,
    que aquí por tu cuenta corre;
    que en tanto que de las bodas
    no haya llegado la noche,
    del padre, y no del marido,
    la obligación presupone;
    que en tanto que no me entregan
    una joya, aunque la compren,
    no han de correr por mi cuenta
    las guardas ni los ladrones.
    Llevóme de vuestros ojos

---

98 duda.
99 **mis**... mi vida, mi amor.

a su casa Fernán Gómez:
la oveja al lobo dejasteis,
como cobardes pastores.
¿Qué dagas no vi en mi pecho?
¡Qué desatinos enormes,
qué palabras, qué amenazas,
y qué delitos atroces,
por rendir mi castidad
a sus apetitos torpes!
Mis cabellos ¿no lo dicen?
Las señales de los golpes
¿no se ven aquí, y la sangre?
¿Vosotros sois hombres nobles?
¿Vosotros padres y deudos?
¿Vosotros, que no se os rompen
las entrañas de dolor,
de verme en tantos dolores?
Ovejas sois, bien lo dice
de Fuenteovejuna el nombre.
Dadme unas armas a mí,
pues sois piedras, pues sois bronces,
pues sois jaspes, pues sois tigres . . .
—Tigres no, porque feroces
siguen quien roba sus hijos,
matando los cazadores
antes que entren por el mar,
y por sus ondas se arrojen.
Liebres cobardes nacistes;
bárbaros sois, no españoles.
Gallinas, ¡vuestras mujeres
sufrís[100] que otros hombres gocen!
Poneos ruecas[101] en la cinta:[102]
¿para qué os ceñís estoques?
¡Vive Dios, que he de trazar
que solas mujeres cobren
la honra de estos tiranos,
la sangre destos traidores,
y que os han de tirar piedras,
hilanderas, maricones,
amujerados, cobardes,
y que mañana os adornen
nuestras tocas y basquiñas,
solimanes[103] y colores![104]
A Frondoso quiere ya,
sin sentencia, sin pregones,
colgar el Comendador
de una almena de la torre;
de todos hará lo mismo;
y yo me huelgo, medio-hombres,
por que quede sin mujeres
esta villa honrada, y torne

aquel siglo de amazonas,[105]
eterno espanto del orbe.

ESTEBAN.

Yo, hija, no soy de aquéllos
que permiten que los nombres
con esos títulos viles.
Iré solo, si se pone
todo el mundo contra mí.

JUAN ROJO.

Y yo, por más que me asombre
la grandeza del contrario.

REGIDOR.

Muramos todos.

BARRILDO.

Descoge[106]
un lienzo al viento en un palo,
y mueran estos inormes.[107]

JUAN ROJO.

¿Qué orden pensáis tener?

MENGO.

Ir a matarle sin orden.
Juntad el pueblo a una voz;
que[108] todos están conformes
en que los tiranos mueran.

ESTEBAN.

Tomad espadas, lanzones,
ballestas, chuzos y palos.

MENGO.

¡Los reyes nuestros señores
vivan!

TODOS.

¡Vivan muchos años!

MENGO.

¡Mueran tiranos traidores!

TODOS.

¡Traidores tiranos mueran! *Vanse todos los
hombres.*

LAURENCIA.

Caminad; que el Cielo os oye . . .
¡Ah mujeres de la villa!
¡Acudid, porque[109] se cobre
vuestro honor, acudid todas!

---

[100] permitís.
[101] instrumento que sirve para hilar.
[102] cintura.
[103] un tipo de cosmético.
[104] maquillaje.

[105] legendarias mujeres guerreras.
[106] despliega, extiende.
[107] enormes, monstruos.
[108] porque (Nótese que Mengo, el gracioso, se ha convertido en uno de los líderes de la rebelión.).
[109] para que.

PASCUALA.

¿Qué es esto? ¿De qué das voces?

LAURENCIA.

¿No veis cómo todos van
a matar a Fernán Gómez,
y hombres, mozos y muchachos,
furiosos, al hecho corren?
¿Será bien que solos ellos
desta hazaña el honor gocen,
pues no son de las mujeres
sus agravios los menores?

JACINTA.

Di, pues: ¿qué es lo que pretendes?

LAURENCIA.

Que puestas todas en orden,
acometamos un hecho
que dé espanto a todo el orbe.
Jacinta, a tu grande agravio,
que seas cabo[110] corresponde
de una escuadra de mujeres.

JACINTA.

No son los tuyos menores.

LAURENCIA.

Pascuala, alférez serás.

PASCUALA.

Pues déjame que enarbole
en un asta la bandera:
verás si merezco el nombre.

LAURENCIA.

No hay espacio[111] para eso,
pues la dicha nos socorre:
bien nos basta que llevemos
nuestras tocas por pendones.

PASCUALA.

Nombremos un capitán.

LAURENCIA.

Eso no.

PASCUALA.

¿Por qué?

LAURENCIA.

Que a donde
asiste mi gran valor,
no hay Cides ni Rodamontes[112]
Vanse

.   .   .

JUAN ROJO. (*Dentro.*)

Rompe, derriba, hunde, quema, abrasa.

ORTUÑO.

Un popular motín mal se detiene.

COMENDADOR.

¡El pueblo contra mí!

FLORES.

La furia pasa
tan adelante, que las puertas tiene
echadas por la tierra.

COMENDADOR.

Desatalde.
Templa, Frondoso, ese villano alcalde.

FRONDOSO.

Yo voy, señor; que amor les ha movido.
Vase.

MENGO. (*Dentro.*)

¡Vivan Fernando y Isabel, y mueran
los traidores!

FLORES.

Señor, por Dios te pido
que no te hallen aquí.

COMENDADOR.

Si perseveran,
este aposento es fuerte, y defendido.
Ellos se volverán.

FLORES.

Cuando se alteran
los pueblos agraviados, y resuelven,
nunca sin sangre o sin venganza vuelven.

COMENDADOR.

En esta puerta, así como rastrillo,[113]
su furor con las armas defendamos.

FRONDOSO. (*Dentro.*)

¡Viva Fuenteovejuna!

COMENDADOR.

¡Qué caudillo!
Estoy por que a su furia acometamos.

FLORES.

De la tuya, señor, me maravillo.

ESTEBAN.

Ya el tirano y los cómplices miramos.
¡Fuenteovejuna! Los tiranos mueran.

COMENDADOR.

Pueblo, esperad.

---

[110] jefe, oficial.
[111] tiempo.
[112] Rodomonte, personaje de *Orlando furioso*, del escritor italiano
Ariosto.

[113] verja levadiza a la puerta de algunas plazas de armas.

TODOS.

        Agravios nunca esperan.

COMENDADOR.

    Decídmelos a mí; que iré pagando,
a fe de caballero, esos errores.

TODOS.

    ¡Fuenteovejuna! ¡Viva el rey Fernando!
¡Mueran malos cristianos y traidores!

COMENDADOR.

    ¿No me queréis oír? Yo estoy hablando;
yo soy vuestro señor.

TODOS.

        ¡Nuestros señores
son los Reyes Católicos!

COMENDADOR.

        Espera.

TODOS.

    ¡Fuenteovejuna! ¡Fernán Gómez muera!

Pelea; el COMENDADOR *y los suyos van retirándose, y los amotinados entran persiguiéndolos.*

LAURENCIA, PASCUALA, JACINTA *y otras muchas* MUJERES *armadas;* DICHOS, *dentro.*

LAURENCIA.

    Parad en este puerto de esperanzas,
soldados atrevidos, no mujeres.

PASCUALA.

    ¿Los que mujeres son en las venganzas,
en él beban su sangre, es bien que esperes?

JACINTA.

    Su cuerpo recojamos en las lanzas.

PASCUALA.

    Todas son de esos mismos pareceres.

ESTEBAN. (*Dentro.*)

    ¡Muere, traidor Comendador!

COMENDADOR. (*Dentro.*)

        Ya muero.
¡Piedad, Señor, que en tu clemencia espero!

BARRILDO. (*Dentro.*)

    Aquí está Flores.

MENGO. (*Dentro.*)

        Dale a ese bellaco;
que ése fue el que me dio dos mil azotes.

FRONDOSO. (*Dentro.*)

    No me vengo si el alma no le saco.

LAURENCIA.

    No excusamos entrar.[114]

PASCUALA.

        No te alborotes.
Bien es guardar la puerta.

BARRILDO. (*Dentro.*)

        No me aplaco.
¡Con lágrimas agora, marquesotes![115]

LAURENCIA.

    Pascuala, yo entro dentro; que la espada
no ha de estar tan sujeta ni envainada. *Vase.*

BARRILDO. (*Dentro.*)

    Aquí está Ortuño.

FRONDOSO. (*Dentro.*)

        Córtale la cara.

FLORES.

    Mengo, ¡piedad!, que no soy yo el culpado.

MENGO.

    Cuando[116] el ser alcahuete no bastara,
bastaba haberme el pícaro azotado.

PASCUALA.

    Dánoslo a las mujeres, Mengo. ¡Para,
acaba, por tu vida!

MENGO.

        Ya está dado;
que no le quiero yo mayor castigo.

PASCUALA.

    Vengaré tus azotes.

MENGO.

        Eso digo.

JACINTA.

    ¡Ea, muera el traidor!

FLORES.

        ¿Entre mujeres?

JACINTA.

    ¿No le viene muy ancho?[117]

PASCUALA.

        ¿Aqueso lloras?

JACINTA.

    ¡Muere, concertador de sus placeres!

PASCUALA.

    Ea, ¡muera el traidor!

FLORES.

        ¡Piedad, señoras!

---

[114] **No**... Tenemos que entrar.

[115] forma peyorativa de «marqueses»; los campesinos se burlan de la cobardía de los nobles.

[116] Si.

[117] ¿**No**... (Estar entre mujeres) ¿no es lo que le gusta?

Sale ORTUÑO, *huyendo de* LAURENCIA.

ORTUÑO.
Mira que no soy yo . . .

LAURENCIA.
Ya sé quién eres.
—Entrad, teñid las armas vencedoras
en estos viles.

PASCUALA.
Moriré matando.

TODAS.
¡Fuenteovejuna, y viva el rey Fernando!
Vanse.

.   .   .

Plaza en Fuenteovejuna.

Traen la cabeza de Fernán Gómez en una lanza.

MÚSICOS. (*Cantan.*)
¡Muchos años vivan
Isabel y Fernando,
y mueran los tiranos!

BARRILDO.
Diga su copla Frondoso.

FRONDOSO.
Ya va mi copla, a la fe;
si le faltare[118] algún pie,[119]
enmiéndelo el más curioso.
«¡Vivan la bella Isabel,
y Fernando de Aragón,
pues que para en uno son,
él con ella, ella con él!
A los cielos San Miguel
lleve a los dos de las manos.
¡Vivan muchos años,
y mueran los tiranos!»

LAURENCIA.
Diga Barrildo.

BARRILDO.
Ya va;
que a fe que la he pensado.

PASCUALA.
Si la dices con cuidado,
buena y rebuena será.

BARRILDO.
«¡Vivan los reyes famosos
muchos años, pues que tienen
la vitoria, y a ser vienen

nuestros dueños venturosos!
Salgan siempre vitoriosos
de gigantes y de enanos,
y ¡mueran los tiranos!»

MÚSICOS. (*Cantan.*)
Muchos años vivan, etc.

LAURENCIA.
Diga Mendo.

FRONDOSO.
Mendo diga.

MENGO.
Yo soy poeta donado.[120]

PASCUALA.
Mejor dirás lastimado
del envés[121] de la barriga.

MENGO.
«Una mañana en domingo
me mandó azotar aquél,
de manera que el rabel[122]
daba espantoso respingo;
pero agora que los pringo,
¡vivan los reyes cristánigos,[123]
y mueran los tiránigos!»[124]»

MÚSICOS.
¡Vivan muchos años, etc.

ESTEBAN.
Quitá la cabeza[125] allá.

MENGO.
Cara tiene de ahorcado.

Saca un escudo JUAN ROJO *con las armas reales.*

REGIDOR.
Ya las armas[126] han llegado.

.   .   .

Plaza de Fuenteovejuna.

LAURENCIA.
Amando, recelar daño en lo amado,
nueva pena de amor se considera;
que quien en lo que ama daño espera,
aumenta en el temor nuevo cuidado.
El firme pensamiento desvelado,

---

[118] falta.
[119] sílaba (se miden los versos con sílabas, o pies).
[120] **Yo**... No soy poeta de profesión.
[121] revés, otro lado.
[122] instrumento musical.
[123] cristianos.
[124] tiranos (Mengo usa hipercultismos, lo cual da un aire cómico a su canción.).
[125] Se refiere a la cabeza de Fernán Gómez (quitá = quitad).
[126] escudos.

si le aflige el temor, fácil se altera;
que no es a firme fe pena ligera
ver llevar el temor al bien robado.
Mi esposo adoro; la ocasión que veo
al temor de su daño me condena,
si no le ayuda la felice suerte.
Al bien suyo se inclina mi deseo:
si está presente, está cierta mi pena,
si está en ausencia, está cierta mi muerte.[127]

FRONDOSO.
   ¡Mi Laurencia!

LAURENCIA.
              ¡Esposo amado!
¿Cómo a estar aquí te atreves?

FRONDOSO.
   ¿Esas resistencias debes
a mi amoroso cuidado?

LAURENCIA.
   Mi bien, procura guardarte,
porque tu daño recelo.

FRONDOSO.
   No quiera, Laurencia, el Cielo
que tal llegue a disgustarte.

LAURENCIA.
   ¿No temes ver el rigor
que por los demás sucede,
y el furor con que procede
aqueste pesquisidor?
   Procura guardar la vida.
Huye, tu daño no esperes.

FRONDOSO.
   ¿Cómo que procure quieres
cosa tan mal recebida?
   ¿Es bien que los demás deje
en el peligro presente,
y de tu vista me ausente?
No me mandes que me aleje;
   porque no es puesto en razón[128]
que por evitar mi daño,
sea con mi sangre extraño
en tan terrible ocasión.

Voces dentro.

   Voces parece que he oído,
y son, si yo mal no siento,
de alguno que dan tormento.
Oye con atento oído.

JUEZ. (*Dentro.*)
   Decid la verdad, buen viejo.

FRONDOSO.
   Un viejo, Laurencia mía,
atormentan.

LAURENCIA.
             ¡Qué porfía!

ESTEBAN. (*Dentro.*)
   Déjenme un poco.

JUEZ.
           Ya os dejo.
Decid, ¿quién mató a Fernando?

ESTEBAN.
   Fuenteovejuna lo hizo.

LAURENCIA.
   Tu nombre, padre, eternizo.

       .   .   .   [129]

FRONDOSO.
   ¡Bravo caso!

JUEZ.
          Ese muchacho
aprieta. Perro, yo sé
que lo sabes. Di quién fue.
¿Callas? Aprieta, borracho.

NIÑO. (*Dentro.*)
        Fuenteovejuna, señor.

JUEZ.
   ¡Por vida del rey, villanos,
que os ahorque con mis manos!
¿Quién mató al Comendador?

FRONDOSO.
   ¡Que a un niño le den tormento,
y niegue de aquesta suerte!

LAURENCIA.
   ¡Bravo pueblo!

FRONDOSO.
          ¡Bravo y fuerte!

JUEZ.
   Esa mujer al momento[130]
   en ese potro[131] tened.
Dale esa mancuerda[132] luego.

LAURENCIA.
   Ya está de cólera ciego.

---

[127] Este soneto, el único de la obra, da prueba de la nobleza y refinamiento que Laurencia, aunque campesina, posee.

[128] **puesto**... razonable.

[129] Falta un verso para la redondilla.

[130] **al**... inmediatamente.

[131] instrumento de tortura.

[132] vuelta (para aumentar el tormento).

JUEZ.
Que os he de matar, creed,
en este potro, villanos.
¿Quién mató al Comendador?

PASCUALA. (*Dentro.*)
Fuenteovejuna, señor.

JUEZ.
Dale.

FRONDOSO.
Pensamientos vanos.

LAURENCIA.
Pascuala niega, Frondoso.

FRONDOSO.
Niegan niños; ¿qué te espantas?

JUEZ.
Parece que los encantas.
Aprieta.

PASCUALA.
¡Ay Cielo piadoso!

JUEZ.
Aprieta, infame. ¿Estás sordo?

PASCUALA.
Fuenteovejuna lo hizo.

JUEZ.
Traedme aquel más rollizo,
ese desnudo, ese gordo.

LAURENCIA.
¡Pobre Mengo! El es sin duda.

FRONDOSO.
Temo que ha de confesar.

MENGO. (*Dentro.*)
¡Ay, ay!

JUEZ.
Comienza a apretar.

MENGO.
¡Ay!

JUEZ.
¿Es menester ayuda?

MENGO.
¡Ay, ay!

JUEZ.
¿Quién mató, villano,
al señor Comendador?

MENGO.
¡Ay, yo lo diré, señor!

JUEZ.
Afloja un poco la mano.

FRONDOSO.
El confiesa.

JUEZ.
Al palo aplica
la espalda.

MENGO.
Quedo;[133] que yo
lo diré.

JUEZ.
¿Quién lo mató?

MENGO.
Señor, Fuenteovejunica.[134]

JUEZ.
¿Hay tan gran bellaquería?
Del dolor se están burlando.
En quien estaba esperando
niega con mayor porfía.
Dejaldos; que estoy cansado.

FRONDOSO.
¡Oh Mengo, bien te haga Dios!
Temor que tuve de dos,
el tuyo me le ha quitado.

.   .   .

Habitación de los reyes en Tordesillas.

DOÑA ISABEL.
No entendí, señor, hallaros[135]
aquí, y es buena mi suerte.

REY.
En nueva gloria convierte
mi vista el bien de miraros.
Iba a Portugal de paso,
y llegar aquí fue fuerza.

DOÑA ISABEL.
Vuestra majestad le tuerza,
siendo conveniente el caso.

REY.
¿Cómo dejáis a Castilla?

DOÑA ISABEL.
En paz queda, quieta y llana.

---

[133] Para.
[134] forma diminutiva de Fuenteovejuna (Hasta el gracioso Mengo se mantiene firme.).
[135] **No**... No esperaba, señor, hallaros.

REY.

Siendo vos la que la allana,
no lo tengo a maravilla.[136]

DON MANRIQUE.

Para ver vuestra presencia
el maestre de Calatrava,
que aquí de llegar acaba,
pide que le deis licencia.

DOÑA ISABEL.

Verle tenía deseado.

DON MANRIQUE.

Mi fe, señora, os empeño,
que, aunque es en edad pequeño,
es valeroso soldado. *Vase.*

MAESTRE.

Rodrigo Téllez Girón,
que de loaros no acaba,
maestre de Calatrava,
os pide humilde perdón.

Confieso que fui engañado,
y que excedí de lo justo
en cosas de vuestros gusto,
como mal aconsejado.

El consejo de Fernando
y el interés me engañó:
injusto fue, y ansí, yo
perdón humilde os demando.

Y si recebir merezco
esta merced que suplico,
desde aquí me certifico
en que a serviros me ofrezco

y que en aquesta jornada
de Granada, adonde vais,
os prometo que veáis
el valor que hay en mi espada,

donde, sacándola apenas,
dándoles[137] fieras congojas,
plantaré mis cruces rojas
sobre sus altas almenas;

y más, quinientos soldados
en serviros emplearé,
junto con la firma y fe
de en mi vida[138] disgustaros.

REY.

Alzad, maestre, del suelo;
que siempre que hayáis venido,[139]
seréis muy bien recebido.

MAESTRE.

Sois de afligidos consuelo.

DOÑA ISABEL.

Vos, con valor peregrino,
sabéis bien decir y hacer.

MAESTRE.

Vos sois una bella Ester,[140]
y vos un Jerjes divino.

Sale DON MANRIQUE.

DON MANRIQUE.

Señor, el pesquisidor
que a Fuenteovejuna ha ido,
con el despacho ha venido
a verse ante tu valor.

REY.

Sed juez destos agresores.

MAESTRE.

Si a vos, señor, no mirara,
sin duda les enseñara
a matar comendadores.

REY.

Eso ya no os toca a vos.

DOÑA ISABEL.

Yo confieso que he de ver
el cargo en vuestro poder,
si me lo concede Dios.

Sale el JUEZ.

JUEZ.

A Fuenteovejuna fui
de la suerte que has mandado,
y con especial cuidado
y diligencia asistí.

Haciendo averiguación
del cometido delito,
una hoja no se ha escrito
que sea en comprobación;

porque conformes a una,[141]
con un valeroso pecho,
en pidiendo quien lo ha hecho,
responden: «Fuenteovejuna».

Trecientos he atormentado
con no pequeño rigor,
y te prometo, señor,

---

[136] **no**... no me sorprende.
[137] a los moros.
[138] **en**... nunca en mi vida (La sumisión del Maestre de Calatrava a los Reyes Católicos es un hecho histórico.).
[139] **hayáis**... vengáis.

[140] En la historia bíblica, Ester era una joven judía que al quedar huérfana, fue adoptada por su tío Mardoqueo. Se enamoró de ella el rey persa Jerjes I, con quien se casó. Ester consiguió que Jerjes fuera indulgente con los judíos y los dos llegaron a simbolizar la generosidad, por lo cual el Maestre compara a los Reyes Católicos con ellos.
[141] **conformes**... todos están conformes, todos dicen la misma cosa.

que más que esto no he sacado.
    Hasta niños de diez años
al potro arrimé, y no ha sido
posible haberlo inquirido
ni por halagos ni engaños.
    Y pues tan mal se acomoda
el poderlo averiguar,
o los has de perdonar,
o matar la villa toda.
    Todos vienen ante ti
para más certificarte:
de ellos podrás informarte.

REY.
    Que entren, pues vienen, les di.[142]

Salen los dos alcaldes, FRONDOSO, *las mujeres y los villanos que quisieren.*

LAURENCIA.
    ¿Aquestos los reyes son?

FRONDOSO.
    Y en Castilla poderosos.

LAURENCIA.
    Por mi fe, que son hermosos:
¡bendígalos San Antón!

DOÑA ISABEL.
    ¿Los agresores son éstos?

ESTEBAN.
    Fuenteovejuna, señora,
que humildes llegan agora
para serviros dispuestos.
    La sobrada tiranía
y el insufrible rigor
del muerto Comendador,
que mil insultos hacía,
    fue el autor de tanto daño.
Las haciendas nos robaba
y las doncellas forzaba,
siendo de piedad extraño.[143]

FRONDOSO.
    Tanto, que aquesta zagala,
que el Cielo me ha concedido,
en que tan dichoso he sido,
que nadie en dicha me iguala,
    cuando conmigo casó,
aquella noche primera,
mejor que si suya fuera,
a su casa la llevó;
    y a no saberse guardar[144]

ella, que en virtud florece,
ya manifiesto parece
lo que pudiera pasar.

MENGO.
    ¿No es ya tiempo que hable yo?
Si me dais licencia, entiendo
que os admiraréis, sabiendo
del modo que me trató.
    Porque quise defender
una moza de su gente,
que con término insolente,
fuerza la querían hacer,
    aquel perverso Nerón,[145]
de manera me ha tratado,
que el reverso me ha dejado
como rueda de salmón.
    Tocaron mis atabales
tres hombres con tal porfía,
que aun pienso que todavía
me duran los cardenales.
    Gasté en este mal prolijo,
por que el cuero se me curta,
polvos de arrayán y murta,[146]
más que vale mi cortijo.

ESTEBAN.
    Señor, tuyos ser queremos.
Rey nuestro eres natural,
y con título de tal
ya tus armas puesto habemos.[147]
    Esperamos tu clemencia,
y que veas esperamos
que en este caso te damos
por abono[148] la inocencia.

REY.
    Pues no puede averiguarse
el suceso por escrito,
aunque fue grave el delito,
por fuerza ha de perdonarse.
    Y la villa es bien se quede
en mí, pues de mí se vale,[149]
hasta ver si acaso sale
comendador que la herede.

FRONDOSO.
    Su majestad habla, en fin,
como quien tanto ha acertado.
Y aquí, discreto senado,[150]
Fuenteovejuna da fin.

---

[142] **les**... diles.
[143] **de**... sin piedad.
[144] **a**... si no supiera defenderse.
[145] emperador romano conocido por su crueldad.
[146] plantas medicinales.
[147] hemos.
[148] garantía.
[149] **de**... me pide ayuda, protección.
[150] Se dirige a los espectadores, quienes forman un senado o conjunto de personas graves.

GUILLÉN DE CASTRO Y BELLVÍS (1569–1631)

Guillén de Castro nació en Valencia, ciudad de una rica tradición literaria. Su familia era una de las más nobles de España e incluía a varios escritores. Entre los miembros de la Academia de los Nocturnos—uno de los círculos literarios más prestigiosos de la época—figuraban dos de sus parientes, Francisco de Castro y Guillén de Bellvisa. Usaban los sobrenombres Lluvia y Consejo, respectivamente, ya que en España tanto como en Italia era costumbre en tales sociedades que cada miembro empleara un pseudónimo. A los veintitrés años de edad, Guillén de Castro ingresó en la Academia de los Nocturnos con el pseudónimo de Secreto. Su primera presentación literaria fue la lectura de un poema. En otra ocasión el joven literato, que presumía de galán seductor, leyó una composición suya titulada *Como han de granjearse las damas,* la cual trataba del «secreto del amor». La Academia fue disuelta en 1594.

Castro fue un militar profesional y dedicó veinte años de su vida al servicio del rey. Durante este período siguió escribiendo. Con el tiempo llegó a ser el dramaturgo más conocido de la escuela valenciana. Al salir del ejército en 1616, volvió de Nápoles a Valencia e intentó reinstituir la Academia de los Nocturnos bajo el nombre de Los montañeses del Parnaso, pero la nueva sociedad duró menos de un año.

Es posible que Castro conociera a Lope de Vega cuando éste, desterrado de Madrid a consecuencia de un duelo, residió en Valencia (1595–1597). Igual que sus contemporáneos, Guillén de Castro fue muy influido por el arte dramático de Lope. Como su modelo, Castro buscaba su inspiración en el patrimonio literario nacional, no sólo en las crónicas y los romances, sino en las obras de grandes escritores españoles. Fue el primer dramaturgo en adaptar las obras de Cervantes para la escena. Su obra *La fuerza de la sangre* está basada en la novela ejemplar del mismo nombre. *El curioso impertinente* está basado en la novela intercalada del *Quijote* y *Don Quijote de la Mancha* en el episodio de Fernando y Dorotea.

Castro supo recrear la gloria épica de la Edad Media española mejor que ninguno de sus contemporáneos. Compuso dos obras basadas en la leyenda del Cid. *Las mocedades del Cid,* su obra más conocida, trata de la juventud del héroe nacional: sus victorias sobre los moros, su defensa de Castilla y, especialmente, sus relaciones con Jimena. El dilema central proviene de las exigencias del código de honor: el padre de Jimena da una bofetada a Diego Laínez, padre de Rodrigo, sin que se sepa por qué, y el Cid se siente obligado a matarlo para restaurar el honor de su familia. Al principio Jimena pide venganza, pero después de algunas victorias sobre los moros en que el Cid demuestra su gran valor, las paces se hacen y los amantes se reconcilian. El conflicto entre el amor y el deber es un tema corriente en el Siglo de Oro; Guillén de Castro lo hace el punto central de su obra. Otro tema es la rivalidad entre Jimena y la infanta Urraca, que está enamorada del Cid a pesar de que la posición social de él es inferior a la de ella. En *Las hazañas del Cid*—también conocido como *Segunda parte de Las mocedades del Cid*—Rodrigo de Vivar tiene un rol relativamente pequeño.

En realidad, las obsesiones con el honor, la venganza y el silencio son más propias del teatro del Siglo de Oro que de las epopeyas medievales. Castro no empleó el poema épico—el cual no se publicó hasta el siglo XVIII—como fuente para su obra. *Las mocedades del Cid* salió en la *Primera parte* de las obras de Guillén de Castro que fue publicada en Valencia en 1618 y contiene doce comedias, todas anteriores a 1609. Castro tampoco pudo haberse inspirado en el *Romancero del Cid* de Juan de Escobar, el cual no se publicó hasta 1612. Sin embargo, existían numerosos romances que contaban las hazañas de Rodrigo de Vivar. Castro podía conocer algunos de los episodios de la vida del Campeador que circulaban en los pliegos sueltos o que aparecían en el *Romancero general,* o podían haberle llegado leyendas del Cid por medio de la tradición oral. Es de notar, además, que por su arrogancia y temeridad, el protagonista de Castro se asemeja más al Cid del *Cantar de las mocedades de Rodrigo* que al del *Cantar de mio Cid.*

La obra de Castro ocupa un lugar especial no sólo en la historia de la literatura española sino también en la de la francesa, ya que inspiró *Le Cid* (1636) de Pierre Corneille, tragedia que se considera una de las obras maestras del teatro francés.

Guillén de Castro se casó por primera vez en 1595. Varios críticos han sugerido que el dramaturgo, un hombre aventurero y rebelde en su juventud, quedó poco contento con su matrimonio. En varias de sus obras se refiere a la esclavitud de la vida conyugal. Algunos ejemplos son *Los mal casados de Valencia, Allá van leyes do quieren Reyes* y *El renegado arrepentido.*

La crítica también ha sacado a relucir la falta de humor del dramaturgo. Sus personajes son apasionados pero rígidos en cuanto a su código de conducta. El honor es una preocupación constante. Aunque *El Narciso en su opinión* se considera un precursor de la comedia de figurón—un tipo de obra en que el personaje principal (el figurón) es grotesco y ridículo—por lo general los dramas de Castro carecen de humor. Los menos logrados son violentos, melodramáticos y sensacionalistas.

Después de la aparición de la *Primera parte,* el dramaturgo se trasladó a Madrid, centro artístico del país, donde florecía el teatro. Allí se integró a la Academia poética, la cual contaba entre sus miembros a los hombres de letras más sobresalientes de España: Lope de Vega, Francisco de Quevedo, Luis de Góngora, Tirso de Molina. En 1625 volvió a Valencia, donde salió la *Segunda parte* de sus obras. Viudo desde hacía mucho tiempo, Castro se casó por segunda vez en 1626 y dejó de escribir para el teatro.

Véase *Las mocedades del Cid*, pról. María Edmée Alvarez (México, D.F.: Porrúa, 1974).

Las mocedades del Cid

(Fragmento)

PERSONAS

RODRIGO, *el Cid.*
HERNÁN DÍAZ, *hermano del Cid.*
BERMUDO LAÍN, *hermano del Cid.*
DIEGO LAÍNEZ, *padre del Cid.*
DOÑA URRACA.
JIMENA GÓMEZ.
El CONDE LOZANO, *padre de* JIMENA.
PERANSULES.
ARIAS GONZALO.
CRIADOS.

Acto I

Sale DIEGO LAÍNEZ *con el báculo[1] partido en dos partes.*

DIEGO LAÍNEZ.
   ¿Agora cuelgas la espada,
   Rodrigo?

HERNÁN.
            ¡Padre!

BERMUDO.
                 ¡Señor!

RODRIGO.
   ¿Qué tienes?

DIEGO LAÍNEZ.
              (No tengo honor.) (*Aparte.*)
   Hijos . . .

RODRIGO.
         Dilo.

DIEGO LAÍNEZ.
            Nada, nada . . .
   Dejadme solo.

RODRIGO.
            ¿Qué ha sido?
   (De honra[2] son estos enojos.
   Vertiendo sangre los ojos,
   con el báculo partido . . .) (*Aparte.*)

DIEGO LAÍNEZ.
   ¡Salíos fuera!

RODRIGO.
          Si me das
   licencia, tomar quisiera
   otra espada.

DIEGO LAÍNEZ.
          ¡Esperad fuera!
   ¡Salte,[3] salte como estás!

HERNÁN.
      ¡Padre!

BERMUDO.
         ¡Padre!

DIEGO LAÍNEZ.
               (¡Más se aumenta
   mi desdicha!) (*Aparte.*)

RODRIGO.
         ¡Padre amado!

DIEGO LAÍNEZ.
   (Con una afrenta os he dado
   a cada uno una afrenta.) (*Aparte.*)
   ¡Dejadme solo . . . !

BERMUDO.
               (Cruel
   es su pena.) (*A* HERNÁN.)

HERNÁN.
            (Yo la siento.)

DIEGO LAÍNEZ.
   . . . (¡que se caerá este aposento
   si hay cuatro afrentas en él!)
   ¿No os vais?

RODRIGO.
            Perdona.

DIEGO LAÍNEZ.
                 (¡Qué poca
   es mi suerte!) (*Aparte.*)

RODRIGO.
            (¿Qué sospecho?
   Pues ya el honor en mi pecho
   toca a fuego,[4] al arma toca.[5]) (*Aparte.*)
            Vanse los tres.

DIEGO LAÍNEZ.
   ¡Cielos! ¡Peno, muero, rabio!
   No más báculo rompido,[6]
   pues sustentar no ha podido,

---

[1] símbolo de la autoridad.
[2] **De**... De un asunto relacionado con el honor.

[3] Sal (imperativo de «salir»).
[4] **toca**... hace sonar la alarma.
[5] **al**... llama (a mi gente) a las armas.
[6] roto.

sino al honor, al agravio.[7]
Mas no os culpo, como sabio;
mal he dicho, perdonad;
que es ligera autoridad
la vuestra, y sólo sustenta,
no la carga de una afrenta,
sino el peso de una edad.

    Antes con mucha razón
os vengo a estar obligado,
pues dos palos me habéis dado
con que vengue un bofetón;
mas es liviana opinión
que mi honor fundarse quiera
sobre cosa tan ligera.
Tomando esta espada, quiero
llevar báculo de acero,
y no espada de madera.

*Ha de haber unas armas colgadas en el tablado y
algunas espadas.*

    Si no me engaño, valor
tengo que mi agravio siente.
¡En ti, en ti, espada valiente,
ha de fundarse mi honor!
De Mudarra[8] el vengador
eres; tu acero afamólo
desde el uno al otro polo;
pues vengaron tus heridas
la muerte de siete vidas,
¡venga en mí un agravio solo!

    ¿Esto es blandir o temblar?
Pulso tengo todavía;
aún hierve mi sangre fría;
que tiene fuego el pesar.
Bien me puedo aventurar;
mas, ¡ay cielo!, engaño es,
que cualquier tajo o revés[9]
me lleva tras sí la espada,
bien en mi mano apretada,
y mal segura en mis pies.

    Ya me parece de plomo,
ya mi fuerza desfallece,
ya caigo, ya me parece
que tiene a la punta el pomo.
Pues ¿qué he de hacer? ¿Cómo, cómo,
con qué, con qué confïanza
daré paso[10] a mi esperanza
cuando funda el pensamiento

sobre tan flaco cimiento
tan importante venganza?
    ¡Oh, caduca edad cansada!
Estoy por pasarme el pecho.
¡Ah, tiempo ingrato! ¿Qué has hecho?
¡Perdonad, valiente espada,
y estad desnuda y colgada,
que no he de envainaros, no!
Que pues[11] mi vida acabó
donde mi afrenta comienza,
teniéndoos a la vergüenza,[12]
diréis la que tengo yo.

    ¡Desvanéceme la pena!
Mis hijos quiero llamar;
que aunque es desdicha tomar
venganza con mano ajena,
el no tomalla condena
con más veras al honrado.
En su valor he dudado,
teniéndome suspendido
el suyo por no sabido,
y el mío por acabado.

    ¿Qué haré? . . . No es mal pensamiento.—
¿Hernán Díaz?

Sale HERNÁN DÍAZ.

HERNÁN.

                 ¿Qué me mandas?

DIEGO LAÍNEZ.

Los ojos tengo sin luz,
la vida tengo sin alma.

HERNÁN.

¿Qué tienes?

DIEGO LAÍNEZ.

             ¡Ay, hijo! ¡Ay, hijo!
Dame la mano; estas ansias
con este rigor me aprietan.

*Tómale la mano a su hijo, y apriétasela lo más fuerte
que pudiere.*

HERNÁN.

¡Padre, padre! ¡Que me matas!
¡Suelta, por Dios, suelta! ¡Ay, cielo!

DIEGO LAÍNEZ.

¿Qué tienes? ¿Qué te desmaya?
¿Qué lloras, medio mujer?

HERNÁN.

¡Señor!

---

[7] **pues**… pues (el báculo) me ha sostenido cuando he tenido honor,
pero ahora que estoy agraviado, ya no me puede sostener más.

[8] En *Los siete infantes de Lara*, Mudarra, hijo natural de Gonzalo
Bustos y una mora, venga la muerte de sus siete hermanos.

[9] El tajo es un corte que se da de derecha a izquierda; el revés, de
izquierda a derecha.

[10] **daré**… realizaré.

[11] **Que**… Ya que.

[12] Se dirige a la espada; la cubre de vergüenza al dejarla desnuda y sin
emplear para vengar su honor.

DIEGO LAÍNEZ.

　　　　¡Vete, vete! ¡Calla!
¿Yo te di el ser? No es posible.
¡Salte fuera!

HERNÁN.

　　　　　　(¡Cosa extraña!) *Vase.*

DIEGO LAÍNEZ.

　　¡Si así son todos mis hijos,
buena queda mi esperanza!—[13]
¿Bermudo Laín?

Sale BERMUDO LAÍN.

BERMUDO.

　　　　　¿Señor?

DIEGO LAÍNEZ.

　　Una congoja, una basca[14]
tengo, hijo. Llega, llega;
dame la mano. (*Apriétale la mano.*)

BERMUDO.

　　　　Tomalla
puedes. Mi padre, ¿qué haces?
¡Suelta, deja, quedo, basta!
¿Con las dos manos me aprietas?

DIEGO LAÍNEZ.

　　¡Ah, infame! ¿Mis manos flacas
son las garras de un león?
Y aunque lo fueran, ¿bastaran
a mover tus tiernas quejas?
¿Tú eres hombre? ¡Vete, infamia
de mi sangre!

BERMUDO.

　　　　(Voy corrido.[15]) *Vase.*

DIEGO LAÍNEZ.

　　¿Hay tal pena? ¿Hay tal desgracia?
¡En qué columnas estriba
la nobleza de una casa
que dio sangre a tantos reyes!
Todo el aliento me falta.—
¿Rodrigo?

Sale RODRIGO.

RODRIGO.

　　　　Padre, señor,
¿es posible que me agravias?[16]
Si me engendraste el primero,
¿cómo el postrero me llamas?

DIEGO LAÍNEZ.

　　¡Ay, hijo! Muero . . .

RODRIGO.

　　　　　　　¿Qué tienes?

DIEGO LAÍNEZ.

　　¡Pena, pena, rabia, rabia!

*Muérdele un dedo de la mano
fuertemente.*

RODRIGO.

　　¡Padre, soltad en mal hora!
¡Soltad, padre, en hora mala!
¡Si no fuérades mi padre,
diéraos una bofetada!

DIEGO LAÍNEZ.

　　Ya no fuera la primera.

RODRIGO.

　　¿Cómo?

DIEGO LAÍNEZ.

　　　　¡Hijo, hijo del alma!
Ese sentimiento adoro,
esa cólera me agrada,
esa braveza bendigo.
Esa sangre alborotada
que ya en tus venas revienta,
que ya por tus ojos salta,
es la que me dio Castilla,
y la que te di heredada
de Laín Calvo y de Nuño,[17]
y la que afrentó en mi cara
el conde . . . el conde de Orgaz . . .
ése a quien Lozano llaman.
Rodrigo, dame los brazos;
hijo, esfuerza mi esperanza,
y esta mancha de mi honor
que al tuyo se extiende,[18] lava
con sangre; que sangre sola
quita semejantes manchas.
Si no te llamé el primero
para hacer esta venganza,
fue porque más te quería,
fue porque más te adoraba;
y tus hermanos quisiera
que mis agravios vengaran,
por tener seguro en ti
el mayorazgo en mi casa.
Pero pues los vi, al proballos,

---

[13] **buena**... no tengo ninguna esperanza de vengarme.

[14] asco, ansia, náusea.

[15] avergonzado.

[16] Nótese el uso del indicativo después de «es posible».

[17] Laín Calvo fue antepasado del Cid. El y Nuño Rasura fueron míticos jueces de la primitiva Castilla.

[18] **esta**... Rodrigo también ha quedado deshonrado con la afrenta del conde Lozano, ya que un insulto al honor del padre se extiende al del hijo.

tan sin bríos, tan sin alma,
que doblaron mis afrentas
y crecieron[19] mis desgracias,
a ti te toca, Rodrigo.
Cobra el respeto a estas canas.
Poderoso es el contrario,
y en palacio y en campaña
su parecer el primero,
y suya la mejor lanza;
pero pues tienes valor
y el discurso no te falta,
cuando a la vergüenza miras,
aquí ofensa y allí espada,
no tengo más que decirte,
pues ya mi aliento se acaba,
y voy a llorar afrentas
mientras tú tomas venganzas.

Vase DIEGO LAÍNEZ, *dejando solo a* RODRIGO.

RODRIGO.

    Suspenso, de afligido,[20]
estoy. Fortuna,[21] ¿es cierto lo que veo?
Tan en mi daño ha sido
tu mudanza, que es tuya,[22] y no la creo.
¿Posible pudo ser que permitiese
tu inclemencia que fuese
mi padre el ofendido—¡extraña pena!—
y el ofensor el padre de Jimena?
    ¿Qué haré, suerte atrevida,[23]
si él es el alma que me dio la vida?
¿Qué haré—¡terrible calma!24—,
si ella es la vida que me tiene el alma?
Mezclar quisiera, en confianza tuya,[25]
mi sangre con la suya,
¿y he de verter su sangre?—¡brava pena!—
¿yo he de matar al padre de Jimena?
    Mas ya ofende esta duda
al santo honor que mi opinión[26] sustenta.
Razón es que sacuda
de amor el yugo y, la cerviz exenta,[27]
acuda a lo que soy[28]; que habiendo sido
mi padre el ofendido,

poco importa que fuese—¡amarga pena!—
el ofensor el padre de Jimena.

.   .   .

Salen a la ventana DOÑA URRACA *y* JIMENA GÓMEZ.

URRACA.

    ¡Qué general alegría
tiene toda la ciudad
con Rodrigo!

JIMENA.

                    Así es verdad,
y hasta el sol alegra el día.

URRACA.

    Será un bravo caballero,
galán, bizarro y valiente.

JIMENA.

    Luce en él gallardamente
entre lo hermoso y lo fiero.[29]

URRACA.

    ¡Con qué brío, qué pujanza,[30]
gala, esfuerzo y maravilla,
afirmándose en la silla,
rompió en el aire una lanza![31]
    Y al saludar, ¿no le viste
que a tiempo picó el caballo?

JIMENA.

    Si llevó para picallo
la espuela que tú le diste,
    ¿qué mucho?[32]

URRACA.

                    ¡Jimena, tente!
Porque ya el alma recela
que no ha picado la espuela
al caballo solamente.

Salen el CONDE LOZANO *y* PERANSULES *y* algunos CRIADOS.

CONDE.

    Confieso que fue locura,
mas no la quiero enmendar.

PERANSULES.

    Querrálo el rey remediar
con su prudencia y cordura.

CONDE.

    ¿Qué he de hacer?

---

[19] acrecentaron, aumentaron.
[20] **Suspenso**... Quedé tan afligido que no me pude mover.
[21] Rodrigo dirige los próximos versos a la Fortuna.
[22] **que**... que es característica de ti (Es decir, la mudanza es característica de la Fortuna.)
[23] Ahora se dirige a la suerte.
[24] preocupación, ansiedad.
[25] Rodrigo se dirige a la suerte, a que le confía su destino.
[26] fama.
[27] **la**... el cuello libre.
[28] **lo**...un hombre de honor (Es decir, Rodrigo actuará de acuerdo con las leyes de honor, sin dejarse influir por el amor que siente por Jimena.)

[29] valiente, fuerte.
[30] fuerza, vigor.
[31] Se refiere a la proeza con una lanza que Rodrigo demostró en un torneo.
[32] **¿qué**... ¿por qué te sorprende?

PERANSULES.
                    Escucha agora;
ten flema,[33] procede a espacio[34] . . . —

JIMENA.
  A la puerta de palacio
llega mi padre, y, señora,
  algo viene alborotado.[35]

URRACA.
  Mucha gente le acompaña.—

PERANSULES.
  Es tu condición[36] extraña.

CONDE.
  Tengo condición de honrado.

PERANSULES.
  Y con ella ¿has de querer
perderte?

CONDE.
                    Perderme, no;
que los hombres como yo
tienen mucho que perder,
  y ha de perderse Castilla
antes que yo.

PERANSULES.
                    ¿Y no es razón
  el dar tú . . . ?

CONDE.
                    ¿Satisfacción?
¡Ni dalla ni recebilla!

PERANSULES.
  ¿Por qué no? No digas tal.
¿Qué duelo[37] en su ley[38] lo escribe?

CONDE.
  El que la da y la recibe,[39]
es muy cierto quedar[40] mal,
  porque el uno pierde honor,
y el otro no cobra nada.
El remitir a la espada
los agravios es mejor.

PERANSULES.
  Y ¿no hay otros medios buenos?

CONDE.
  No dicen con mi opinión.[41]
Al dalle satisfacción,
  ¿no he de decir, por lo menos,
    que sin mí[42] y conmigo estaba[43]
al hacer tal desatino,
o porque sobraba el vino,
o porque el seso faltaba?

PERANSULES.
  Es así.

CONDE.
                    Y ¿no es desvarío
el no advertir que, en rigor,
pondré un remiendo en su honor
quitando un jirón del mío?
  Y en habiendo sucedido,
habremos los dos quedado,
él, con honor remendado,
y yo, con honor perdido.
  Y será más en su daño
remiendo de otro color;
que el remiendo en el honor
ha de ser del mismo paño.
  No ha de quedar satisfecho
de esa suerte, cosa es clara;
si sangre llamé a su cara,
saque sangre de mi pecho;
  que manos tendré y espada
para defenderme dél.

PERANSULES.
  Esa opinión es cruel.

CONDE.
  Esta opinión es honrada.
  Procure siempre acertalla
el honrado y principal;
pero si la acierta mal,
defendella, y no enmendalla.[44]

PERANSULES.
  Advierte bien lo que haces;
que sus hijos . . .

CONDE.
                    Calla, amigo;

---

[33] **ten**... procede lentamente.
[34] **a**... con calma.
[35] **algo**... viene algo alborotado.
[36] carácter.
[37] sistema de honor (que requiere el duelo).
[38] código de leyes.
[39] **El**... El que da satisfacción tanto como el que la recibe.
[40] que queda.

[41] **No**... No están de acuerdo con mi sentido de honor.
[42] **sin**... estando fuera de mí, estando sin poder controlarme.
[43] **conmigo**... actuando de acuerdo con mi voluntad.
[44] Estos cuatro versos encierran el concepto del honor que representa el Conde tanto como don Diego y Rodrigo: el noble debe tratar de acertar—es decir, tener razón—pero cuando se equivoca, no debe tratar de corregir su error sino defender la causa que ha hecho la suya.

y ¿han de competir conmigo
un caduco y tres rapaces?[45] *Vanse.*

Sale RODRIGO.

JIMENA.

    Parece que está enojado
mi padre, ¡ay Dios! Ya se van.

URRACA.

  No te aflijas; tratarán
allá en su razón de estado.[46]
  Rodrigo viene.

JIMENA.

           Y también
trae demudado el semblante.

RODRIGO.

  (Cualquier agravio es gigante
en el honrado . . . ¡Ay, mi bien!) (*Aparte.*)

URRACA.

  ¡Rodrigo, qué caballero
pareces!

RODRIGO.

       (¡Ay, prenda amada!) (*Aparte.*)

URRACA.

  ¡Qué bien te sienta la espada
sobre seda y sobre acero!

RODRIGO.

  Tal merced . . .

JIMENA.

          (Alguna pena
señala. ¿Qué puede ser?) (*A* DOÑA URRACA.)

URRACA.

  Rodrigo . . .

RODRIGO.

       (¡Que he de verter
sangre del alma! ¡Ay, Jimena!) (*Aparte.*)

URRACA.

  . . . o fueron vanos antojos,[47]
o pienso que te has turbado.

RODRIGO.

  Sí, que las dos habéis dado
dos causas a mis dos ojos;
  pues lo fueron de este efeto[48]
el darme con tal ventura,

Jimena, amor y hermosura,
y tú, hermosura y respeto.

JIMENA.

  (Muy bien ha dicho, y mejor
dijera,[49] si no igualara
la hermosura.[50]) (*Aparte.*)

URRACA.

         (Yo trocara
con[51] el respeto el amor.) (*Aparte.*)
  Más bien hubiera acertado
si mi respeto no fuera,
pues sólo tu amor pusiera
tu hermosura en su cuidado,
  y no te causara enojos
el ver igualarme a ti
en ella.[52] (*A* JIMENA.)

JIMENA.

        Sólo sentí
el agravio de tus ojos;[53]
  porque yo más estimara
el ver estimar mi amor
que mi hermosura.

RODRIGO.

          (¡Oh rigor
de fortuna! ¡Oh suerte avara!
  ¡Con glorias creces mi pena![54]) (*Aparte.*)

URRACA.

  Rodrigo . . .

JIMENA.

      (¿Qué puede ser?) (*Aparte.*)

RODRIGO.

  ¿Señora? (¡Que he de verter
sangre del alma! ¡Ay, Jimena!
  Ya sale el conde Lozano.
¿Cómo, ¡terribles enojos!,
teniendo el alma en los ojos
pondré en la espada la mano?) (*Aparte.*)

Salen el CONDE LOZANO *y* PERANSULES *y los* CRIADOS.

PERANSULES.

  De lo hecho te contenta,[55]
y ten por cárcel tu casa.

---

[45] **un**... un viejo y tres niños.
[46] **razón**... asuntos relacionados con el gobierno.
[47] ilusiones causadas por el deseo.
[48] efecto (el estado en el cual me encuentro).

[49] habría dicho.
[50] **si**... si no nos hubiera igualado en cuanto a la hermosura.
[51] **Yo**... Yo trocaría por (Urraca no desea sólo el respeto de Rodrigo, sino también su amor.)
[52] «Ella» se refiere a la hermosura. Urraca cree que Jimena está molesta porque Rodrigo ha igualado su hermosura con la de la princesa.
[53] La belleza de Jimena agravia los ojos de Urraca porque Jimena se sabe inferior a la princesa. En estos versos Jimena no demuestra arrogancia, como piensa Urraca, sino humildad.
[54] **Con**... Me aumentas la pena mostrándome las glorias de Jimena.
[55] **te**... conténtate.

RODRIGO.

(El amor allí me abrasa,
y aquí me hiela el[56] afrenta.) (*Aparte.*)

CONDE.

Es mi cárcel mi albedrío,
si es mi casa.[57]

JIMENA.

(¿Qué tendrá?
Ya está hecho brasa, y ya está
como temblando de frío.) (*Aparte.*)

URRACA.

Hacia el conde está mirando
Rodrigo, el color perdido.
¿Qué puede ser?) (*Aparte.*)

RODRIGO.

(Si el que he sido
soy siempre, ¿qué estoy dudando?) (*Aparte.*)

JIMENA.

(¿Qué mira? ¿A qué me condena?)
(*Aparte.*)

RODRIGO.

(Mal me puedo resolver.) (*Aparte.*)

JIMENA.

(¡Ay, triste!) (*Aparte.*)

RODRIGO.

(¡Que he de verter
sangre del alma! ¡Ay, Jimena!
¿Qué espero? ¡Oh amor gigante!
¿En[58] qué dudo? Honor, ¿qué es esto?
En dos balanzas he puesto
ser honrado y ser amante.

Salen DIEGO LAÍNEZ *y* ARIAS GONZALO.

Mas mi padre es éste; rabio
ya por hacer su venganza;
que cayó la una balanza
con el peso del agravio.
¡Cobardes mis bríos son,
pues para que me animara
hube de ver en su cara
señalado el bofetón!) (*Aparte.*)

DIEGO LAÍNEZ.

Notables son mis enojos.
Debe dudar y temer.[59]
¿Qué mira, si echa de ver
que le animo con los ojos?

ARIAS.

Diego Laínez, ¿qué es esto?

DIEGO LAINEZ.

Mal te lo puedo decir.

PERANSULES.

Por acá podremos ir,
que está ocupado aquel puesto. (*Al* CONDE.)

CONDE.

Nunca supe andar torciendo
ni opiniones ni caminos.

RODRIGO.

(Perdonad, ojos divinos,
si voy a matar muriendo.) (*Aparte.*)
¿Conde?

CONDE.

¿Quién es?

RODRIGO.

A esta parte
quiero decirte quién soy.

JIMENA.

(¿Qué es aquello? ¡Muerta estoy!) (*Aparte*)

CONDE.

¿Qué me quieres?

RODRIGO.

Quiero hablarte.
Aquel viejo que está allí,
¿sabes quién es?

CONDE.

Ya lo sé.
¿Por qué lo dices?

RODRIGO.

¿Por qué?
Habla bajo; escucha.

CONDE.

Di.

RODRIGO.

¿No sabes que fue despojo[60]
de honra y valor?

CONDE.

Sí, sería.

RODRIGO.

Y que es sangre suya y mía
la que tengo en el ojo,[61]
¿sabes?

---

[56] la (en el español moderno).
[57] **Es**... Si mi cárcel es mi casa, la acepto de buena voluntad.
[58] Por.
[59] vacilar.

[60] modelo, ejemplo.
[61] tener sangre en el ojo = ser un hombre de honor (Rodrigo quiere decir que piensa defender el honor de su padre y su propio honor.)

CONDE.
>   Y el sabello—acorta
razones[62]— ¿qué ha de importar?

RODRIGO.
> Si vamos a otro lugar,
> sabrás lo mucho que importa.

CONDE.
>   Quita, rapaz. ¿Puede ser?
> Vete, novel caballero,
> vete y aprende primero
> a pelear y a vencer;
>   y podrás después honrarte
> de verte por mí vencido,
> sin que yo quede corrido
> de vencerte y de matarte.
>   Deja agora tus agravios,
> porque nunca acierta bien
> venganzas con sangre quien
> tiene la leche en los labios.[63]

RODRIGO.
>   En ti quiero comenzar
> a pelear y aprender;
> y verás si sé vencer,
> veré si sabes matar.
>   Y mi espada mal regida
> te dirá en mi brazo diestro
> que el corazón es maestro
> de esta ciencia no aprendida.
>   Y quedaré satisfecho,
> mezclando entre mis agravios
> esta leche de mis labios
> y esa sangre de tu pecho.

PERANSULES.
> ¡Conde!

ARIAS.
>   ¡Rodrigo!

JIMENA.
>   ¡Ay de mí!

DIEGO LAÍNEZ.
> El corazón se me abrasa.

RODRIGO.
> Cualquier sombra de esta casa
> es sagrado[64] para ti . . . (Al CONDE.)

JIMENA.
>   ¿Contra mi padre, señor?

RODRIGO.
> . . . y así no te mato agora.

JIMENA.
> ¡Oye!

RODRIGO.
>   Perdonad, señora;
> que soy hijo de mi honor.
> ¡Sígueme, conde!

CONDE.
>   Rapaz
> con soberbia de gigante,
> mataréte si delante
> te me pones. Vete en paz,
>   vete, vete, si no quiés[65]
> que, como en cierta ocasión
> di a tu padre un bofetón,
> te dé a ti mil puntapiés.

RODRIGO.
>   ¡Ya es tu insolencia sobrada!

JIMENA.
>   ¡Con cuánta razón me aflijo!

DIEGO LAÍNEZ.
>   Las muchas palabras, hijo,
> quitan la fuerza a la espada.

JIMENA.
>   ¡Detén la mano violenta,
> Rodrigo!

URRACA.
>   ¡Trance feroz![66]

DIEGO LAÍNEZ.
>   ¡Hijo, hijo! Con mi voz
> te envío ardiendo mi afrenta.[67]

Entranse acuchillando el CONDE *y* RODRIGO, *y todos tras ellos, y dicen dentro lo siguiente:*

CONDE.
>   ¡Muerto soy!

JIMENA.
>   ¡Suerte inhumana!
> ¡Ay, padre!

PERANSULES.
>   ¡Matalde! ¡Muera!

URRACA.
> ¿Qué haces, Jimena?

JIMENA.
>   Quisiera
> echarme por la ventana;

---

[62] **acorta**... sé breve.
[63] **tiene**... es un niño todavía.
[64] refugio (Rodrigo no puede atacar al Conde en el palacio del rey.)
[65] quieres.
[66] terrible.
[67] **Con**... Con mi voz ardiendo te envío (a vengar) mi afrenta.

pero volaré corriendo,
ya que no bajo volando.
¡Padre!

DIEGO LAÍNEZ.
    ¡Hijo!

URRACA.
      ¡Ay, Dios!

Sale RODRIGO *acuchillándose con todos.*

RODRIGO.
            ¡Matando

he de morir!

URRACA.
        ¿Qué estoy viendo?

CRIADO 1.
    ¡Muera, que al conde mató!

CRIADO 2.
    ¡Prendeldo!

URRACA.
          Esperá,[68] ¿qué hacéis?
Ni le prendáis ni matéis . . .
Mirad que lo mando yo,
    que estimo mucho a Rodrigo,
y le ha obligado su honor.

RODRIGO.
Bella Infanta, tal favor
con toda el alma bendigo;
    mas es la causa extremada
para tan pequeño efeto
interponer tu respeto
donde sobrara mi espada.[69]
    No matallos ni vencellos
pudieras mandarme a mí,
pues por respetarte a ti
los dejo con vida a ellos.
    Cuando me quieras honrar,
con tu ruego y con tu voz
detén el viento veloz,
para el indómito mar;
    y para parar el sol
te le opón con tu hermosura;
que para éstos, fuerza pura
sobra en mi brazo español;
    y no irán tantos viniendo,
como pararé matando.

URRACA.
Todo se va alborotando.

Rodrigo, a Dios te encomiendo;
    y el sol, el viento y el mar,
pienso, si te han de valer,
con mis ruegos detener
y con mis fuerzas parar.[70]

RODRIGO.
    Beso mil veces tu mano.—
¡Seguidme![71] (*A los* CRIADOS.)

CRIADO 1.
        ¡Vete al abismo![72]

CRIADO 2.
¡Sígate el demonio mismo!

URRACA.
¡Oh valiente castellano!

ANTONIO MIRA DE AMESCUA (1574–1644)

Antonio Mira de Amescua nació en Guadix y fue uno de los dramaturgos andaluces más conocidos de su época. Fue un sacerdote que afirmaba que el propósito de la comedia era «enseñar virtudes morales y políticas». Mira escribió comedias palaciegas, bíblicas y heroicas, pero era más conocido por sus comedias de santos. *El esclavo del demonio*, la obra más conocida de Mira, trata de la vida de San Gil de Portugal. Mira también escribió *autos sacramentales*—breves obras alegóricas de tema religioso.

Muchas historias circulan sobre la personalidad de Mira de Amescua. Hombre impaciente e iracundo, era inflexible en cuanto a cuestiones de moralidad y de religión. Según cierta anécdota, perdió la calma en una reunión de religiosos y le pegó a un colega. Según otra, se enfureció porque el cabildo de Guadix no aceptó al candidato que él había propuesto para un determinado cargo; salió dando un portazo y al día siguiente riñó con el maestrescuela, abofeteándole delante de la puerta de la catedral. Se ha sugerido que el mal genio y la intransigencia de Mira se debían a un complejo de inferioridad causado por el hecho de que era hijo natural del descendiente de un conquistador con una mujer de sangre gitana. En una época en que el linaje y la pureza de la sangre eran obsesiones, Mira de Amescua prefería estar en Madrid, tal vez porque allí no se conocían sus orígenes. El dramaturgo vivió en la corte desde 1606 hasta 1610 y desde 1616 hasta 1631. Estos fueron los períodos de su mayor productividad literaria. También puede haber agravado su irascibilidad su profunda preocupación por la deca-

---

[68] Esperad.
[69] **mas**... mas no es necesario que impongas tu autoridad en una situación tan poco peligrosa que mi espada sobra para asegurarme.

[70] **y**... y pienso con mis ruegos detener y con mis fuerzas parar el sol, el viento y el mar si éstos (mis ruegos y mis fuerzas) te han de valer.
[71] A ver si os atrevéis a seguirme.
[72] infierno.

dencia de su patria. Lope, unos doce años mayor que Mira de Amescua, no alcanzó a percibir hasta qué punto la derrota de la Armada Invencible anunciaba el ocaso de la gloria española, pero la generación posterior ya caía en el hondo pesimismo que caracteriza al barroco.

Varios críticos han visto las tendencias coléricas y anárquicas del hombre en la obra del dramaturgo. Sus personajes femeninos son a menudo andariegos y rebeldes. Los masculinos son frecuentemente violentos y dados a la desesperación o la reacción exagerada. La estructura misma de las obras de Mira de Amescua es casi siempre caótica, con numerosos subargumentos e intrigas que no se relacionan entre sí. De hecho, el aspecto de los dramas de Mira de Amescua que más se ha criticado es su carácter indisciplinado. Su tono declamatorio y moralizante también ha provocado una reacción negativa entre los críticos modernos. Al mismo tiempo, se han alabado la finura de sus imágenes, la sonoridad de sus versos, el brillo de sus pasajes más barrocos. Hace décadas que Angel Valbuena Prat señaló las semejanzas entre el lenguaje y las imágenes de Mira de Amescua y los de Calderón.

Aunque *El esclavo del demonio* se considera la obra principal de Mira de Amescua, sufre del mismo estilo confuso y recargado de sus otros dramas. Apareció por primera vez en la *Tercera parte de las comedias de Lope de Vega y otros autores* en Barcelona, en 1612, aunque puede haberse escrito varios años antes. Se basa en la historia de fray Gil de Santarem, que vivió a fines del siglo XII y durante la primera mitad del siglo XIII. Según la leyenda, le vendió el alma al diablo, quien le enseñó artes mágicas. Finalmente, obtuvo la liberación de su pacto por medio de la intercesión de la Virgen.

En la obra de Mira de Amescua, Marcelo promete su hija Lisarda a don Sancho de Portugal sin consultarla, al mismo tiempo que da a Leonor, su otra hija, a la Iglesia. Mientras que Leonor obedece a su padre, Lisarda se rebela, provocando la ira de Marcelo, que la maldice. La joven está enamorada de don Diego, a quien ha prometido recibir en sus aposentos. Cuando éste está a punto de subir a gozarla, don Gil interviene y le convence de que abandone su plan, renuncie al vicio y piense en la salvación. Don Diego se va, dejando la escala que ha traído para poder salir de la casa de Lisarda. Don Gil, sabiendo que Lisarda espera a un hombre en la oscuridad, se deja tentar por el deseo y sube. Oye voces que parecen animarle a pecar. Desaparece la escala y cree que no puede dar un paso atrás—literal y simbólicamente. Interpreta estos acontecimientos de acuerdo con sus malas intenciones. Después de engañar a Lisarda, se siente abandonado por Dios. Convencido de que se va a condenar, se entrega al crimen.

Gil y Lisarda se convierten en bandoleros y aterrorizan a los viajeros que pasan por los caminos. En una ocasión Lisarda asalta a su padre, Marcelo. El hecho de perdonarle la vida presagia la salvación de la joven, ya que el padre es símbolo de Dios y el respetarle la vida es afirmar simbólicamente su amor a Dios. Lisarda se pone de rodillas y le pide su bendición a Marcelo, quien se la concede. Sin embargo, no abandona la mala vida. Mientras tanto, Gil, que está enamorado de Leonor, dice que le daría el alma al diablo por gozarla. Aparece el demonio, que se llama Angelio, y acepta. Convence a Gil de que es locura no disfrutar de lo prohibido; si está predestinado a salvarse, tiene la gloria asegurada; si no, ¿para qué negarse las delicias de la vida? Gil se convierte en esclavo del demonio y aprende nigromancia. Lisarda quiere hacer lo mismo, pero, aunque renuncia a Dios, no puede renunciar a la Virgen porque

> si a los dos niego agora,
> ¿quién será mi intercesora
> si me arrepiento después?

Sus palabras revelan que no ha perdido la fe y puede esperar la salvación.

Cuando Gil ataca a don Diego en el monte, éste trata de disuadirlo con las mismas palabras que don Gil usó antes para hacer que don Diego renunciara a la intención de gozar de Lisarda: «Huye el mal, busca el bien, que es la edad corta, / y hay muerte y hay infierno, hay Dios y gloria». Aunque Gil rechaza el consejo, Lisarda muestra indicios de querer arrepentirse. Pone a don Diego en libertad, pidiéndole solamente que no haga nada que pueda ofender a su padre. Esta es la primera de varias obras caritativas que hará Lisarda. Poco después aparece en hábito de esclavo, con las palabras «Esclavo de Dios» escritas en la cara.

Gil, que se ha cansado de las riquezas materiales, le pide al diablo que le entregue Leonor. Angelio produce la imagen de la joven, pero al tocarla Gil, se convierte en esqueleto, probando que lo único que puede dar el diablo son bienes temporales. Don Gil, dándose cuenta que los bienes eternos provienen sólo de Dios, se arrepiente y se convierte en santo. Lisarda muere con la bendición de su padre.

Complican la acción varios subargumentos: Dos hombres—un caballero y el príncipe de Portugal—se enamoran de Leonor; enmaraña el asunto el hecho de que los dos se llamen Sancho; Marcelo cree que Lisarda se ha ido con don Diego, lo cual conduce a una serie de malentendidos; Don Diego, al oír a Marcelo decir que Lisarda «ya es muerta / en esta casa», cree que el viejo la ha matado y decide asesinar al padre de ella; la noticia de la supuesta muerte de Lisarda le llega a Marcelo, quien cree que Don Diego la ha matado. Se agregan a estos enredos varias equivocaciones de identidad (Lisarda se disfraza de hombre; Gil, de bandolero y después de esclavo; uno de los don Sancho, de villano) y la intervención de personajes secundarios sin número (villanos, criados, etc.). Interrumpen la acción largas arengas sobre los papeles de la pasión y de la razón, disertaciones teológicas, lecciones morales y alabanzas de alguna dama en términos neoplatónicos.

A pesar de sus faltas, *El esclavo del demonio* ocupa un lugar importante en la historia de la literatura, ya que es la primera obra que trata del problema teológico de la predestinación. Inspiró varias obras de otros dramaturgos. *El condenado por desconfiado*, que se le ha atribuido a Tirso de Molina, trata del peligro de creer en la predestinación. Como el autor de *El condenado*—ya sea Tirso, ya sea otro—Mira de Amescua toma la posición de que el hombre posee libre albedrío; por lo tanto, es capaz de salvarse, siempre que rechace la tentación de la pasión desenfrenada y evite la desesperación que resulta cuando el individuo cree que es inevitable su perdición. Calderón utiliza elementos de *El esclavo del demonio* en *El mágico prodigioso*, obra hagiográfica en la cual Cipriano le vende el alma al diablo, quien promete entregarle a Justina. Como Gil, Cipriano se da cuenta de la falsedad de las promesas del demonio al abrazar la imagen y ver que se convierte en nada. También hay semejanzas entre la obra de Mira de Amescua y *La devoción de la Cruz*, también de Calderón, drama religioso en que los protagonistas se convierten en bandoleros.

Las obras de Mira de Amescua que se publicaron durante su vida aparecieron sueltas o en diversas colecciones. No se recogieron en un solo volumen hasta después de su muerte. Se le atribuyen cuarenta y seis comedias y diecisiete obras más cortas—autos de Navidad y autos sacramentales, principalmente.

Véase la siguiente edición: *El esclavo del demonio*, ed. James Agustín Castañeda (Madrid: Cátedra, 1980).

El esclavo del demonio (Fragmentos)

PERSONAS

MARCELO, *viejo.*
LISARDA y LEONOR, *sus hijas.*
DON DIEGO MENESES.
DOMINGO, *lacayo de Don Diego.*
DON GIL.
BEATRIZ, *criada de Lisarda.*
DON SANCHO.
FABIO, *su criado.*
FLORINO.
Un escudero de MARCELO.
ANGELIO, *demonio.*
Dos ESCLAVOS.
Un MÚSICO.
CONSTANCIO, *labrador viejo.*
El PRÍNCIPE DE PORTUGAL.
DON RODRIGO.
LÍSIDA, *pastora.*
ARSINDO, *labrador.*
RISELO.

Época: 1185. Portugal.

Acto I

En la calle donde está la casa de Marcelo.

Sale DON DIEGO.

DIEGO.
　　Amor, si tus pasos sigo,
no sé qué camino elija,
pues vengo a adorar la hija
de un hombre que es mi enemigo;[1]
temo, resisto y prosigo,
teme en balde la prudencia,
y resisto con violencia;
mas es cual rayo el amor
que hiere con más rigor
donde halla más resistencia.
　　Pasa Leandro[2] el estrecho,
Hero en él se precipita,
Tisbe[3] la vida se quita,
Píramo se rompe el pecho.
¿Quién lo hizo? Amor lo ha hecho,
porque vence si porfía;
y la condición más fría
en amor se trueca y arde,
y en el ánimo cobarde
suele engendrar osadía.
　　Osar tengo y no temer,[4]
que a Lisarda he de gozar,
pues bien me quiere.

Sale DOMINGO, *lacayo, con un billete.*[5]

DOMINGO.
　　　　　　Al pasar,
éste me dio una mujer.

DIEGO.
Aún hay sol; podré leer. (*Lee.*)
«Don Diego, el alma se abrasa
por ti, y mi padre me casa;
mas, si amor te da osadía,
ven esta noche a la mía:
me llevarás a tu casa.»—
　　Cielos, dadme el parabién,[6]
pues que mi ventura es tal
que apenas supe mi mal
cuando encontré con mi bien;
fortuna, no dés vaivén,[7]

---

[1] Diego ha matado al hijo de Marcelo, quien le ha jurado enemistad.
[2] joven griego, amante de Hero; se ahogó en el Helesponto tratando de alcanzar a su amada. Al enterarse de su muerte, ella se tiró al mar.
[3] En la leyenda griega, Píramo, creyendo muerta a Tisbe, se suicida. Ella, al encontrarlo muerto, se quita la vida.
[4] **Osar**... Tengo osadía; temor, no.
[5] nota.
[6] **dadme**... felicitadme.
[7] **no**... no vaciles.

ya que al mismo sol me igualas.
Trae Domingo unas escalas,
aunque superfluas serán
donde favores me dan
que pueden servirme de alas.

DOMINGO.

Don Gil te viene buscando.

DIEGO.

Azar es, esta ocasión,
hallar un santo varón
que se está martirizando
al que mal está pensando
y al que con su carne lucha;
amistad me tiene mucha;
uno es flaco, y otro fuerte.

Sale DON GIL *en hábito largo.*

GIL.

Don Diego.

DIEGO.

¿Qué quieres?

GIL.

Verte,
y hablarte.

DIEGO.

Dime qué.

GIL.

Escucha.
Son, amigo, los consejos
unas amargas lisonjas[8]
que al alma dan dulce vida
y a las orejas ponzoña.
Son luz de nuestras acciones.
Son unas piedras preciosas
con que amigos, padres, viejos,
nos regalan y nos honran.
El darlos es discreción
a quien los pide y los honra,
y es también locura el darlos
si no se estiman y toman.
Fuerza es[9] darlos al amigo,
y la ocasión es forzosa
si al cuerpo importa la vida
y al alma importa la gloria.
Tu amigo soy, y una escuela[10]
nos dio letras, aunque pocas;
si te cansaren consejos,
buena es la intención; perdona.

Ya tú sabes la nobleza
de los antiguos Noroñas,[11]
señores de Mora, lustre[12]
de la nación española.
Y ya sabes que estas casas
que celas, miras y adoras
son de esta noble familia,
rica, ilustre y generosa.
Tú que dignamente igualas
cualquier majestad y pompa
porque es bien que los Meneses[13]
pocos iguales conozcan,
cortaste la tierna vida
con tu mano rigurosa
al primogénito ilustre
que padres y hermanas lloran.
Accidental fue el suceso,
no quiero en él parte ahora:
llegó tu espada primero,
fue tu suerte venturosa.
Cumpliste un breve destierro,
que[14] blanda misericordia
vive en los pechos hidalgos
y fácilmente perdonan.
Los nobles son como niños,
que fácil[15] se desenojan,
si las injurias y agravios
a la nobleza no tocan.[16]
Agravios sobre la vida
heridas son peligrosas,
mas sólo incurables son
las que caen sobre la honra.
Al fin, las heridas suyas
tienen salud, aunque poca;
que al alma incita el agravio
y al agravio la memoria.
Pues si este viejo no imita
a la africana leona,
ni a la tigre remendada[17]
en la venganza que toma,
¿cómo tú, tigre, león,
rinoceronte, áspid, onza,
no corriges y no enfrenas
tus inclinaciones locas?
Busca el bien; huye el mal; que es la edad corta;
y hay muerte, y hay infierno, hay Dios y gloria.
Si con lascivos deseos
de Lisarda te aficionas,

---

[8] aquí, pastillas que se deshacen lentamente en la boca.
[9] **Fuerza**... Es necesario.
[10] **una**... una misma escuela.

[11] Noroña es el apellido de Marcelo; su título es señor de Mora.
[12] gloria.
[13] apellido de don Diego.
[14] porque.
[15] fácilmente.
[16] Los nobles perdonan todo con tal de que no toque a su honor. Una de las muchas críticas que Mira de Amescua les hace a los nobles.
[17] con manchas de color.

y en ella pones los ojos,
la pesada injuria doblas.
A un agravio, habrá piedad;
pero a más,[18] está dudosa;
que aun a Dios muchas ofensas
rompe el amor si se enoja.
Teme siempre el ofensor
si el agravio le perdonan,
que su justicia da voces
y el rigor de Dios invoca.[19]
Refrena pues tu apetito,
porque es bestia maliciosa
y caballo que no para
si no le enfrenan la boca.
Si aspiras a casamiento,
pretendan tus ojos otra,[20]
porque no habrá paz segura
si resulta de discordia.
De largas enemistades
vienen paces, pero cortas,
y al temple[21] pinturas hace
que fácilmente se borran.
Busca otros medios süaves
si pretendes paz dichosa,
y sobre basas de agravio
colunas[22] de amor no pongas.
Busca el bien, huye el mal; que es la edad corta;
y hay muerte, y hay infierno, hay Dios y gloria.

DIEGO.

Predicador en desierto,
hora es ya que te recojas.[23]

GIL.

Quien hace mal, aborrece
la luz, y busca la sombra.
Como la noche ha venido
a tu gusto tenebrosa,
quieres que solo te deje.
Líbrete Dios de tus obras,
El corrija tus intentos;
El te inspire y te disponga
y El no te suelte jamás
de su mano poderosa.
                    Vase.

DIEGO.

Dichoso tú que no sabes
de pasiones amorosas;
no conoces disfavores,

desdén y celos ignoras.
Y desdichado, también,
pues los regalos no gozas
del amor que en nuestros ojos
tiende su red cautelosa.[24]

Sale DOMINGO *con la escala.*

DOMINGO.

Ya traigo escala, temiendo
no me encontrase la ronda.

DIEGO.

Y yo parece que veo
al balcón una persona.
¿Es mi Lisarda?

Sale LISARDA *al balcón.*

LISARDA.

                    ¿Es don Diego?

DIEGO.

Soy, mi dueño y mi señora,
quien idolatra ese rostro,
imagen de Dios hermosa,
quien sacrifica en tus aras[25]
un alma ajena[26] y fe propia.[27]

LISARDA.

Yo, quien recibe la fe
y la he pagado con otra,
quien no ha temido, quien ama,
quien es cuerda, quien es loca,
quien se atreve, quien es tuya,
quien espera y quien te adora.
Procura subir arriba
mientras amor me transforma
en hombre,[28] por que[29] me lleves
sin que nadie me conozca.
En esta cuadra[30] me espera,
que sin luz, cerrada y sola
la dejaré.

DIEGO.

                    Escala traigo.

LISARDA.

Ladrón, que el alma me robas . . .

DIEGO.

Arrímala, pues, Domingo,
que quiero escalar ahora
este cielo de Lisarda.

---

[18] es decir, a más agravios.
[19] Es decir, el ofensor teme que, aun si el ofendido le perdona, Dios lo castigue.
[20] **pretendan**... busca a otra.
[21] La pintura al temple es la que se hace con colores disueltos en clara o yema de huevo, miel o cola.
[22] columnas.
[23] retires.
[24] astuta.
[25] tu honor.
[26] Su alma es ajena porque se la ha dado a ella.
[27] **fe**... fidelidad (que tengo para ti).
[28] Ella piensa disfrazarse de hombre.
[29] para que.
[30] cuarto.

DOMINGO.

A mil peligros te arrojas.

DIEGO.

Amor me da atrevimiento.

DOMINGO.

Y a mí, temor estas cosas.
¿He de subir yo contigo?

DIEGO.

La escala es bien que recojas
cuando suba, y en lo oscuro
de aquesta calle te pongas,
y esto ha de ser sin dormirte.
Mira, Domingo, que roncas
cuando duermes, y aun a veces
a gritos dice tu boca
lo que te pasa de día
y a los demás alborotas.

DOMINGO.

No era bueno para grulla;[31]
no puedo velar un[32] hora,
que tengo el sueño pesado.

DIEGO.

Vela esta noche, que importa.

Pónese a dormir DOMINGO. *Sale* DON GIL *con una linterna; halla a* DON DIEGO *en la escalera.*

GIL.

Esta noche para el cielo
un alma voy conquistando;
mas, la casa de Marcelo
está Don Diego escalando.
Grandes desdichas recelo.
Don Diego.

DIEGO.

—Temo perder
la gloria de esta mujer.—
¿Qué quieres?

GIL.

¿Adónde subes,
piedra arrojada a las nubes
que sube para caer?
Bajen tus altivas plantas[33]
movidas de torpe amor,
Nembrot[34] que torres levantas
contra el cielo del honor
de aquestas doncellas santas.

Baja, lobo carnicero,
ladrón de honrados tesoros;
cobarde y mal caballero.
¿En qué alcázares de moros
estás subiendo el primero?
En un libro Dios escribe
a la virtud y al pecado
del que en este mundo vive
y aqueste libro acabado[35]
la gloria o pena recibe.
Y, siendo así, tus delitos
tienen cercanas sus penas,
porque son tan infinitos
que ya están las hojas llenas
donde Dios los tiene escritos.

.   .

Ea, gallardo mancebo,
advierte a lo que te debo:
Si en gracia de Dios estoy,
lo que te debo te doy.

DIEGO.

Penitencia haré de nuevo.
No pienso escalaros, rejas.
Perdonad, Lisarda, vos.
Don Gil, trocado me dejas,
porque a las voces de Dios
no ha de haber sordas orejas.
Trae, Domingo, esas escalas,
y tú, que con santo celo,
a los milanos me igualas,
eres cazador del cielo
y me has quebrado las alas.

Desciende DON DIEGO, *y vase.*

GIL.

Cielos, albricias; vencí;
no es pequeña mi victoria.
Un alma esta vez rendí.
Mas ¿qué es esto, vanagloria?[36]
¿Cómo me tratáis así?
Aquí se queda la escala
manifestando su intento.
¡Oh, qué extraño pensamiento!
¡Jesús, que el alma resbala
y mudo mi entendimiento!
La fe de este corazón
huyó, pues que la ocasión
es la madre del delito;

---

[31] Domingo no serviría para grulla, un animal que tiene fama de no dormir nunca.

[32] una.

[33] pies.

[34] Nemrod, rey fabuloso de Caldea, quien sugirió la construcción de la torre de Babel.

[35] **aqueste**... cuando se complete este libro.

[36] La vanagloria es un pecado. Al mostrarse orgulloso, Gil observa su propia falta de virtud y empieza a dudar de sí mismo. En este momento de vulnerabilidad, se entrega al pecado. El autor demuestra profundos conocimientos de la psicología humana.

que si crece el apetito
es muy fuerte tentación.

Lisarda arriba le aguarda
a quien ama tiernamente.
Imaginación, detente;
porque es hermosa Lisarda.
Corazón ¿quién te acobarda?

Loco pensamiento mío,
mirad que sois como río
que a los principios es fuente
que se pasa fácilmente,
y después sufre un navío.[37]

Subiendo podré gozar . . .
¡Ay, cielos! ¿Si consentí
en el modo de pecar?
Pero no, que discurrí.[38]
Tocando están a marchar
mis deseos, la razón
forma un divino escuadrón.[39]
El temor es infinito.
Toca al arma el apetito
y es el campo la ocasión.

Huye Gil, salva tu estado,[40]
no escapes de vivo o muerto.[41]
Conveniente es ser tentado.
Mas si Cristo va al desierto[42]
ya la batalla se ha dado.

La conciencia está oprimida.
La razón va de vencida.[43]
Muera, muera el pensamiento.
Mas ¡ay alma, cómo siento
que está en peligro tu vida!

Mas esto no es desvarío.
Yo subo ¿qué[44] me detengo,
si subo al regalo[45] mío?
¿Mas, para qué si yo tengo
en mis manos mi albedrío?

Nada se podrá igualar,
que es la ocasión singular,
y, si de ella me aprovecho,
gozaré, don Diego, el lecho
que tú quisiste gozar.

La ejecutada maldad
tres partes ha de tener:
pensar consentir y obrar;

y sïendo aquesto ansí
hecho tengo la mitad:[46]

que es pensamiento liviano
no resistirle temprano;
dudé y casi es consentido.
Alto,[47] pues yo soy vencido.
Soltome Dios de su mano.

Que a Lisarda gozaré,
sin ser conocido, entiendo.[48]

Sube DON GIL; *despierta* DOMINGO.

DOMINGO.

Basta, que en pie estoy durmiendo
como mula de alquilé;[49]
pero al tiempo desperté
que subió arriba don Diego,
y mientras él mata el fuego
y se arrepiente y le pesa,
soltaré al sueño la presa
y dormiré con sosiego.

.   .   .

Quita DOMINGO *la escala, y duérmese.*

GIL.

Sola, cerrada y escura[50]
está esta cuadra; Lisarda
que Marcelo duerma aguarda
o está en su cama segura;
ya me tiene su hermosura
tan determinado y loco
que parece que la toco.
¡Ay, amor! Si imaginado
eres tan dulce, gozado
no será tu gusto poco.

Mil pensamientos me inflaman,
porque pleitos y recados[51]
andan siempre encadenados
que unos a otros se llaman;
estos intentos me infaman
y el crédito iré perdiendo.
Con el mundo irme pretendo
y conservar mi opinión.[52]
Sabe el cielo mi intención,
que ya por Dios no deciendo.[53]

Mas la escala no está aquí.

Habla entre sueños DOMINGO.

---

[37] **Sufre**... se hace tan grande que un navío puede navegar en él (Es decir, el pensamiento comienza por acariciar una idea que parece insignificante pero que crece hasta que se apodera de él.)
[38] dejé divagar los pensamientos.
[39] Los deseos son como un ejército que ataca. La razón es un escuadrón de soldados que resisten.
[40] estado de gracia.
[41] **no**... no sea que no te escapes del pecado (y del castigo que trae) ni en este mundo ni en el otro.
[42] Cristo ya luchó contra la tentación en el desierto y ganó.
[43] **va**... ha sido vencida.
[44] para qué.
[45] placer.

[46] Según la doctrina católica, no es un pecado pensar en la maldad, ya que el hombre no puede controlar sus pensamientos. Para que el pecado se realice, el individuo tiene que consentir y obrar.
[47] Déja de discurrir.
[48] creo.
[49] alquiler.
[50] oscura.
[51] precauciones.
[52] fama, honor.
[53] desciendo.

DOMINGO.

No bajes sin que la goces.

GIL.

¿Quién me anima y me da voces?
Temiendo estoy. ¡Ay de mí!
Bajar por donde subí
no es posible.

DOMINGO.

Espera, espera.

GIL.

Bajar no puedo aunque quiera.
¿Si me vio alguno subir?

DOMINGO.

¡Justicia de Dios!

GIL.

Huir
no la[54] podré.

DOMINGO.

Muera, muera.

GIL.

La justicia de Dios es
que me viene a amenazar.

DOMINGO.

No la dejes de gozar,
yo te ayudaré después.

GIL.

Ya me anima ¿Cómo, pues,
si estoy hablando entre mí[55]
responderme puede así
a lo que yo a solas hablo?

DOMINGO.

¿Quién ha de ser sino el diablo?

GIL.

¿Si estoy condenado?

DOMINGO.

Sí.

GIL.

Luego si estoy condenado
vana fue mi penitencia.
¿Y ha venido la sentencia?

DOMINGO.

Vino, vino.[56]

GIL.

¿Ya ha llegado?

DOMINGO.

Bebe y come.

GIL.

Si he ayunado
en balde ya comeré.

DOMINGO.

Brindis.

GIL.

La razón haré
pues que la carne me brinda.[57]

DOMINGO.

Goza la ocasión que es linda.

GIL.

Esta y otras gozaré.

.   .   .

Acto II

Salen MARCELO *y* LEONOR *de camino y* BEATRIZ *con un cofrecillo.*

MARCELO.

Vaya el coche por lo llano,
y tú, Leonor, esta cuesta
descenderás de la mano
segura.[58]

LISARDA.

Mi hermana es ésta.

GIL.

Es un ángel soberano.

LEONOR.

Fácil es la descendida.
Sólo tu cansancio siento.

LISARDA.

Hoy verá el mundo en mi vida
el extraño atrevimiento
de un alma que va perdida.
Mi sangre quiero verter.
Mueran pues, mueran los dos,
porque tales suelen ser
las obras de una mujer
que está sin honra y sin Dios.
Mi hermana a heredarme viene,
la envidia me da inquietud
y matarla me conviene,
que[59] me ofende la virtud
y aborrezco a quien la tiene.
Si el ser Marcelo me dio,

---

[54] «La» se refiere a la justicia de Dios.
[55] **entre**... solo a.
[56] Nótese el juego de palabras.

[57] provoca (Nótese el juego de palabras.)
[58] **de**... sin peligro de caerte.
[59] porque.

con su maldición prolija
a esta vida me obligó,
y el que aborrece a su hija
sin duda no la engendró.
No es mi padre, es mi contrario,[60]
y ansí a la muerte se viene.

GIL.

Ese intento temerario
me agrada por lo que tiene
de pecado extraordinario.
Hecho será que me asombre;
que a la mujer nadie iguala
en celo y piadoso nombre,
pero cuando da en[61] ser mala
es peor que el más mal hombre.

Apúntales LISARDA, *y pónese de rodillas* MARCELO.

MARCELO.

Deteneos, esperad;
para mí no es bien os pida
misericordia y piedad,
pues me quitáis poca vida
no perdonando a mi edad.
No es para mí caso fuerte[62]
el verme así amenazando,
pues mataréis desa suerte
a un viejo que está llamando
a las puertas de la muerte.
Si yo en vuestras manos doy
la vida, me habéis sacado
de desdichas; porque soy
el hombre más desdichado
que Portugal tiene hoy.
Sólo la piedad pretendo
para esta hija, que es joya
con quien escapo huyendo
de mi casa, que es la Troya[63]
que está en desdichas ardiendo.
Por ella, piedad espero;
pues que el soberbio elefante
ablanda su pecho fiero
cuando le ponen delante
un inocente cordero.
Hijas el cielo me dio;
ángeles han parecido,
porque la mayor cayó;
ya es demonio, y éste ha sido
el buen ángel que quedó.
De virtudes está llena,
ninguna mujer la iguala;

y pues mi desdicha ordena
que tenga vida la mala,
no me matéis vos la buena.

LISARDA.

Más la envidia me inhumana.[64]

GIL.

No dé lumbre el pedernal.[65]
Sosiégate, hermosa dama.
¿Qué dije? No es racional
el hombre que no se allana.[66]
Aunque otras veces te vi
quise el alma como cuerdo,
y la guardaba de mí;
mas ya que sin mí la pierdo
perdella quiero por ti.

LEONOR.

Si una vida queréis ya
yo pagaré ese tributo,
que menos daño será
cortar el temprano fruto
que no el árbol que lo da.
Cruel sois, la causa ignoro;
si es vuestra vida de toro,
sirva mi vida de capa:[67]
rompelda mientras se escapa
el dueño y padre que adoro.
Nunca os ofendí, señor;
viva mi padre y yo muera.
Si es de lobo este rigor,
despedazad la cordera
y dejad vivo al pastor.
Aunque en ambos puso Dios
tan grande amor, que ninguno
le ha igualado, y así vos
sólo con matar al uno
quitáis la vida a los dos.

GIL.

Aquellos ojos se deben
mil victorias y trofeos;
cielos son que perlas llueven,
y mis sedientos deseos
dentro del alma los beben.
(*Aparte.*) Por ti, divina Leonor,
haré otro grave delito,
que el pasado fue un error,
y éste es un ciego furor
nacido de un apetito.

---

[60] enemigo.

[61] **da**... está empeñada en.

[62] terrible.

[63] Troya sostuvo contra los griegos un sitio de diez años. Es símbolo del sufrimiento prolongado y de la lucha larga y ardua.

[64] **me**... me convierte en un ser inhumano.

[65] **No**... No dispare.

[66] **no**... no cede.

[67] Es decir, si tu vida es el toro el cual amenaza al torero (mi padre), mi vida será la capa que le distrae para que él se pueda escapar. (Se refiere a la costumbre de distraer al toro un segundo torero para que el que está en peligro pueda retirarse.)

A Marcelo he de matar.
Mas lo que el alma desea
puede Lisarda estorbar.
Váyanse pues al[68] aldea
que allá la pienso gozar.

BEATRIZ.

Señor, por el cielo os pido
que ir nos dejéis con sosiego.

LISARDA. (*Aparte.*)

Y si tú no hubieras sido
alcagüeta[69] de don Diego,
yo no me hubiera perdido.
Dime, Don Gil, ¿qué haremos?

GIL.

Que nuestra necesidad
con sus joyas remediemos,
y la amada libertad,
por ser tu sangre, les demos.

LISARDA.

Rescatad las vidas.

MARCELO.

¿Cómo?

LISARDA.

Dándonos oro.

MARCELO.

Señor,
en esta caja de plomo
hay joyas de gran valor.

Dale el cofrecillo.

LISARDA. (*Aparte.*)

Si son mías nada os tomo.

MARCELO.

Estas joyas he guardado
a una hija que tenía.

LISARDA.

¿Y adónde está?

MARCELO.

Se ha casado
contra mi gusto este día
para mí tan desdichado.
Huyendo a mí me persigo
por no ver el casamiento
tan infelice que os digo,
que es envidioso tormento
la gloria de un enemigo.
Eslo mío el desposado[70]

y pues ella se ha casado
contra el mandato de Dios,
gozad de sus joyas vos
que ansí me habéis consolado.

LISARDA.

Consolado ¿en qué?

MARCELO.

En pensar
que se ha podido llamar
más desdichado que yo
vuestro padre que engendró
hijos para saltear.

LISARDA. (*Aparte.*)

Quitarte el consuelo puedo
si la máscara me quito.
La libertad os concedo.
Y adiós.

BEATRIZ.

El[71] sea bendito,
que ya respiro sin miedo.

GIL.

Espera, que me has de dar
la mano.

Tómale a LEONOR *la mano.*

LEONOR.

Mi vida es breve.
¿Si me la quiere cortar?

GIL.

Sangre, leche, grana y nieve[72]
el cielo quiso mezclar
en estas manos.

LEONOR.

¡Ay, cielos,
temblando estoy!

GIL.

Yo encendido
tocando estos dulces yelos.[73]
¡Qué ignorante que he vivido
de amor, de favor, de celos!
Pero ya empiezo a saber
que es peregrina criatura
para el gusto la mujer;
con razón por su hermosura
reinos se saben perder.

LISARDA.

Vuelve.

---

[68] a la.
[69] alcahueta.
[70] **Eslo**... El novio es un enemigo mío.

[71] Dios.
[72] lugares comunes que se emplean en la poesía para referirse a los colores (rojo y blanco) del rostro de la dama.
[73] hielos.

MARCELO.
　　　　Di que vuelva el llanto.

LEONOR.
　¡Don Gil, amigo de Dios,
　quitadnos peligro tanto!

GIL.
　Por cierto, dama, que vos
　os ofrecéis a un buen santo.

MARCELO.
　　　¿Qué quieres?

Pónese de rodillas LISARDA.

LISARDA.
　　　　　　Que me perdones
　tus injurias; que me digas
　blandas y dulces razones,[74]
　y, cual padre, me bendigas.

BEATRIZ.
　¡Oh, qué benditos ladrones!

MARCELO.
　Ya que con sano consejo
　pides bendición a un viejo,
　Dios de esta vida te saque.
　El te perdone y te aplaque,
　que perdonado te dejo.

Bendícele y vanse.

GIL.
　No es bendición sino error
　la que pediste y te ha dado,
　porque para el pecador
　mientras gusta del pecado
　no hay otra vida mejor.
　　¿O vives arrepentida?

LISARDA.
　Lejos estoy de ese estado,
　mas bien es que el perdón pida
　para tenello alcanzado
　cuando mudare[75] de vida.

GIL.
　En el poder de Don Diego
　te juzgan.

LISARDA.
　　　　Muerto lo llama.[76]

GIL.
　¿Cómo?

LISARDA.
　　　　Hoy pienso poner fuego
　a su bosque, y a la fama[77]
　vendrá, y mataréle luego.

GIL.
　Con mucho rigor salteas,
　si a tus padres no perdonas.

LISARDA.
　Imito, como deseas,
　a las fieras amazonas[78]
　pero no al troyano Eneas.[79]

Abre el cofre; ven las joyas.

GIL.
　　　¿Qué joyas son?

LISARDA.
　　　　　　　No pequeñas.

GIL.
　¿Y éste?

LISARDA.
　　　　Retrato ha de ser
　de mi hermana.

Toma el retrato.

GIL.
　　　　　　El sol me enseñas.

LISARDA.
　La caja quiero esconder
　entre estas ásperas peñas.

Vase LISARDA *con el cofre.*

GIL.
　Amor, el alma abrasada
　con viva esperanza viva,
　que podrás dársela viva
　pues hoy se la das pintada.[80]
　　El alma, tuya se nombra
　con amorosos desmayos,
　mas ¿qué efecto harán tus rayos
　si así me ciega tu sombra?
　　Leonor, mi pecho se abrasa,
　tu gloria he de pretender,[81]

---

[74] palabras.
[75] mude.
[76] **Muerto**... Llámalo muerto.
[77] noticia del incendio.
[78] mujeres mitológicas conocidas por su fuerza.
[79] Eneas llevó a Anquises en la espalda para salvarle la vida cuando se quemó Troya.
[80] juego de palabras muy barroco: Amor, que viva mi alma abrasada con viva esperanza, que podrás darle esta esperanza a mi dama viva, pues hoy se la das a su retrato.
[81] **tu**... buscaré la gloria de ganarte.

que la peste[82] pienso ser
de las honras de tu casa.

    Gozar pienso el bien que veo,
pues lo llegué a desear,
que no me han de condenar
más las obras que el deseo.

    Si la intención y el afeto[83]
condenan al pecador,
por gozar de ti, Leonor,
daré el alma.

Sale el demonio vestido de galán, y llámase ANGELIO.

ANGELIO.

              Yo la aceto.[84]

GIL.

    Después que a este hombre he mirado,
siento perdidos los bríos,
los huesos y labios fríos,
barba y cabello erizado.
(*Aparte.*) Temor extraño he sentido.
Alma ¿quién hay que te asombre?
¿Cómo temes tanto a un hombre
si al mismo Dios no has temido?

ANGELIO.

    No temas, Don Gil, espera.

GIL.

    Di, ¿quién eres?

ANGELIO.

            Soy tu amigo,
aunque he sido tu enemigo
hasta ayer.

GIL.

        ¿De qué manera?

ANGELIO.

    Porque imitándome vas;
que en gracia de Dios me vi,
y en un instante caí
sin que pudiese jamás
arrepentirme.

GIL.

        ¿Y te llamas?

ANGELIO.

    Angelio, y vivo espantado
de lo poco que has gozado
gusto de juegos y damas.
Si predestinado estás

la gloria tienes segura.
Si no lo estás, ¿no es locura
vivir sin gusto jamás?

    Si aprender nigromancia
quieres, enseñarla puedo,
que en la cueva de Toledo[85]
la aprendí, y en esta mía

    la enseño a algunos, y ciencia
para vicios infinitos
corriendo los apetitos
sin freno de la conciencia.

    Si a los infiernos conjuras
sabrás futuros sucesos
entre sepulcros y huesos,
noches y sombras oscuras.

    En todos cuatro elementos,[86]
verás extrañas señales
en las plantas, animales
y celestes movimientos.

    Tu gusto será infinito;
con vida libre y resuelta
seguirás a rienda suelta
los pasos de tu apetito.

    Y pues que tienes amor
a Leonor, aunque es incesto,[87]
haré que la goces presto.

GIL.

    ¿Que adoro a Doña Leonor
    has sabido?

ANGELIO.

            Y no imagines
que en lo que toca a saber
me pueden a mí exceder
los más altos cherubines.[88]

GIL.

    Tengo a tu ciencia afición.
Yo aprenderé tus lecciones.

ANGELIO.

    Guardando las condiciones
con que las deprendí.[89]

GIL.

             ¿Y son?

ANGELIO.

    Que del mismo Dios reniegues,

---

[82] plaga, corrupción.
[83] inclinación.
[84] acepto.

[85] durante la Edad Media, una cueva legendaria conocida como centro de la nigromancia.
[86] Los cuatro elementos—tierra, agua, aire, fuego—constituían la totalidad del universo.
[87] La situación es incestuosa en el sentido de que Lisarda y Leonor son de la misma familia.
[88] querubines.
[89] aprendí.

y haciendo escrituras firmes
de ser mi esclavo, las firmes
con sangre, y la crisma[90] niegues.

GIL.

Alma, si hay alma en mi pecho,
hoy tu salvación se impide.
Poco pide, pues me pide
lo que casi tengo hecho.
    Dejando la buena vida
perdí el alma, pues ¿qué espero,
si por hallar lo que quiero
doy una cosa perdida?
    Si son tres las condiciones
con que ofendí a Dios eterno,
ya tengo para el infierno
bajado tres escalones.
    Otro con algún disgusto
se da muerte o desconfía,
y así viene a ser la mía
desesperación de gusto.
    Digo, que haré lo que ordenas,
pero has de darme a Leonor.

ANGELIO.

¡Ah, discípulos!

Salen dos en hábitos de ESCLAVOS.

ESCLAVO I.

                Señor.

ANGELIO.

Sangrad a don Gil las venas
    porque a ser mi esclavo empieza.

GIL.

Yo a ser discípulo voy.

ANGELIO.

No te pese, porque soy
de mejor naturaleza.

.   .   .

Acto III

GIL.

Amo a Leonor: sufro y peno
viviendo con esperanzas
que me convierten las horas
en siglos y edades largas.

ANGELIO.

Como obligado me tienes,
prevenido[91] en eso estaba;

y a pesar de su virtud
traigo a Leonor conquistada.
De su casa la he traído.
El monte pisan sus plantas
con quien están compitiendo
limpia nieve y fina grana.[92]
Vuelve los ojos y mira
el raro Fénix de Arabia[93]
y el encendido planeta
que alumbra en la esfera cuarta.[94]
Reverencia su hermosura.
Esta imagen idolatra,
a cuyas aras es justo
que sacrifiques el alma.

Sale LEONOR.

Llega, habla, goza, gusta.
¿Qué tiemblas, qué te desmayas?
Tuya es Leonor, no te admires:[95]
goza, gusta, llega y habla.

GIL.

Hermoso dueño del mundo
que tienes tiranizadas
las almas con tu hermosura
que ya da vida, ya mata,
en hora dichosa vengas,
huésped de nuestras montañas,
prisión de los albedríos
de cuantos miran tu cara.
Parece que triste vienes
a ser destos montes alma,
mensajera de ti misma
que eres el sol que se guarda.
Muda estás Leonor, responde;
si mis regalos te agradan
con ánimo generoso
te mostraré manos francas.
Ven conmigo a aquesta cueva:
Será con tu gloria honrada.
Dame la mano. ¿Es posible
que he de gozar de esta dama?
                                Vanse

.   .   .

Sale DON GIL *abrazado con una muerte*[96] *cubierta con un manto.*

GIL.

    Quiero, divina Leonor,

---

[90] gracia.
[91] preparado.

[92] rojo (La nieve y la grana compiten con el color de los bellos pies de Leonor.)
[93] el... esta maravilla.
[94] según el sistema de Ptolomeo, la del sol.
[95] sorprendas.
[96] esqueleto.

pues que merezco gozar
destos regalos de amor,
tener luz para gozar
de tus partes el valor.

No es bien que tanta ventura
se goce en la cueva oscura,
aunque a ser[97] águila yo
viera los rayos que dio
este sol de tu hermosura.

¡Dichoso yo que he gozado
tal ángel! ¡Jesús! ¿Qué veo?

Descúbrela, y luego se hunde.

ANGELIO.

¡Cómo es propio del pecado
parecerle al hombre, feo,
después que está ejecutado![98]

GIL.

Sombra infernal, visión fuerte,[99]
¿a quién el alma perdida
le pagan de aquesta suerte?
Gustos al fin de esta vida
que todos paran en muerte.

¡Qué bien un sabio ha llamado
la hermosura cosa incierta,
flor del campo, bien[100] prestado,
tumba de huesos cubierta
con un paño de brocado!

¿Yo no gocé de Leonor?
¿Qué es de su hermoso valor?
Pero marchitóse luego,
porque es el pecado fuego
y la hermosura una flor.

Alma perdida, ¿qué sientes?
Dios sólo a los allegados[101]
da los bienes existentes,[102]
el mundo los da prestados,
pero el demonio aparentes.

¿No te espanta, no te admira,
no te causa confusión?
Contempla estos gustos, mira
que no sólo breves son,
pero que son de mentira.

Habla desde dentro una voz.

VOZ.

Hombre, ¡ah, hombre pecador!
tu vida me da molestia,
muda la vida.

GIL.

Señor,
¿hombre llamáis a una bestia,
vida llamáis a un error?

Voces en el aire oí;
sin duda es Dios con quien hablo.
Líbrame, Señor, de mí;
y seré en buscaros Pablo
si Pedro en negaros fui.[103]

ANGELIO.

Don Gil, ¿qué intentos son esos?

GIL.

Hasme engañado.

ANGELIO.

No hay tal.

GIL.

Testigos son los sucesos,
pues que di un alma inmortal
por unos pálidos huesos.

Mujer fue la prometida;
la que me diste es fingida,
humo, sombra, nada, muerte.

ANGELIO.

¿Y cuándo no es de esa suerte
el regalo de esta vida?

No tienen más existencia
los gustos que el mundo ha dado.
Sólo está la diferencia
que tú corriste al pecado
el velo de la apariencia.[104]

Verdadero bien jamás
dieron el mundo y abismo,
y ansí engañado no estás,
pues que te di aquello mismo
que doy siempre a los demás.

LUIS VÉLEZ DE GUEVARA (1579–1644)

En su *Viaje del Parnaso* Cervantes escribe:

Este, que es escogido entre millares,
De Guevara Luis Vélez es el bravo,
Que se puede llamar quitapesares,
Es poeta gigante, en quien alabo
El verso numeroso, el peregrino
Ingenio, si un Gnatón nos pinta o un Davo.

---

[97] **a**... si fuera.
[98] **Cómo**... Después de que ha pecado, el hombre reconoce la fealdad de su acción.
[99] terrible.
[100] tesoro.
[101] amigos.
[102] que son reales, auténticos.

---

[103] referencia a dos de los apóstoles de Jesús. Pablo aceptó a Cristo después de ver una visión durante un viaje de Jerusalén a Damasco. Pedro, después del arresto de Jesús, negó estar asociado con El.
[104] **tú**... tú encubriste tu pecado con las apariencias.

Durante su vida Vélez de Guevara—al que Cervantes califica de «quitapesares»—era conocido por su agudeza y su buen humor. Le gustaba la buena vida—el vino y la comida. El calificarlo de «poeta gigante» puede ser una alusión a su corpulencia tanto como a sus talentos literarios, según Agustín del Campo, editor moderno del *Viaje del Parnaso*. También le gustaban las mujeres; tuvo numerosas relaciones y se casó cuatro veces. Sus placeres costaban caros. Nunca tenía dinero aunque llegó a perfeccionar el arte de pedir préstamos y de conseguir dádivas. En 1614, cuando Cervantes escribió *Viaje del Parnaso*, Vélez de Guevara ya era un dramaturgo conocido. El hecho de que Cervantes le creyera un «peregrino ingenio» capaz de pintar un Gnatón o un Davo—personajes del poeta cómico latino Terencio—indica que era respetado entre sus colegas, aunque nunca pudo ganar bastante dinero como dramaturgo para vivir como quisiera. Estuvo al servicio de varios aristócratas que gozaban de su fino humor y en 1625 fue nombrado ujier de cámara de Felipe IV, puesto honorífico que no traía ningún sueldo. En 1626 se casó con su cuarta esposa, la viuda María de Palacios, lo cual puede haber aliviado su situación financiera. También ayudó el hecho de que en 1633 el rey le otorgara una pensión mensual de doscientos reales.

Vélez de Guevara nació en Ecija, ciudad de Andalucía, donde hizo sus primeros estudios antes de entrar en la Universidad de Osuna. Después de graduarse, sirvió a don Rodrigo de Castro, cardenal-arzobispo de Sevilla. En 1599 publicó bajo el nombre de Vélez de Santander una descripción en verso del matrimonio de Felipe III y Margarita de Austria. Bajo ese nombre también publicó un soneto que apareció en *El viaje entretenido* de Agustín Rojas Villandrando—narración en prosa que da interesantes y valiosas noticias acerca de la vida teatral de la época—y otro poema dedicado a las *Rimas* de Lope de Vega. En 1600, Vélez participó en una campaña militar que lo llevó a Saboya y a Nápoles. Al volver a España, vivió en Valladolid y Sevilla antes de establecerse definitivamente en Madrid. En 1608 publicó un poema dedicado a Felipe IV—el primero que lleva el nombre Vélez de Guevara.

No se sabe exactamente cuándo comenzó Luis Vélez de Guevara a escribir para el teatro, pero en 1616 ya era famoso por sus *comedias de santos*. Durante los próximos quince años estuvo muy activo, creando, según un testimonio de la época, unas cuatrocientas comedias. A fines de su carrera escribió ocho obras con otros dramaturgos. Entre sus colaboradores favoritos se contaban Francisco de Rojas Zorrilla y Antonio Coello, jóvenes en aquella época y ávidos de aprender del dramaturgo maduro. Que se sepa, no escribió ninguna obra dramática después de 1637, aunque en 1641 salió su *Diablo cojuelo*, sátira en prosa de la vida española. (Véase la pág. 329.) Ninguna colección de las obras de Vélez de Guevara se publicó durante su vida y pocas de sus comedias se imprimieron como *sueltas*. Después de su muerte, no fue su producción dramática sino su narrativa satírica lo que aseguró su fama. En 1707 Alain-René Lesage publicó una adaptación francesa, *Le Diable boiteux*. Hoy en día nos quedan sesenta y nueve *comedias*, tres *autos sacramentales* y siete *entremeses* y *bailes* de Vélez de Guevara, además de ocho dramas que escribió en colaboración.

Luis Vélez de Guevara escribió comedias novelescas, histórico-novelescas y divinas, además de obras cortas—autos, entremeses, bailes. Aunque su *Diablo cojuelo* contiene una sátira aguda contra las exageraciones del teatro barroco, los dramas de Vélez mismo muestran una predilección por lo magnífico, lo espectacular, lo milagroso. Como Lope, Vélez buscaba inspiración en leyendas medievales españolas e incorporaba romances antiguos a sus obras. Como Guillén de Castro, le atraían las figuras heroicas, capaces de grandes actos de valor y de grandes sacrificios. No todos sus protagonistas son españoles, sin embargo; algunos son extranjeros, por ejemplo el príncipe portugués don Pedro de *Reinar después de morir*. El gusto de Vélez por lo grandioso se manifiesta no sólo en la creación de personajes épicos, sino también en la de tiranos tales como Atila de *Atila, azote de Dios* y Tamorlán de *La nueva ira de Dios y gran Tamorlán de Persia*. También escribió comedias de ambiente rústico popular, por ejemplo, *La luna de la sierra*.

La obra maestra de Vélez de Guevara es *Reinar después de morir*, dramatización de los trágicos amores de Inés de Castro y el príncipe don Pedro de Portugal—tema que inspiró también a otros literatos. Aparece una versión de la historia en el *Cancioneiro geral* publicado por García de Resende en 1516 y otra en *Os Lusiadas* de Luis Camões (1572). A mediados del siglo dieciséis el dramaturgo portugués Antonio Ferreira compuso *Dona Ignez de Castro,* obra que fue traducida al español por Jerónimo de Bermúdez, quien escribió una secuela. Varias otras obras basadas en el tema aparecieron en el siglo XVII, incluso una de Lope, que se ha perdido. Dos dramas modernos—*La reine morte* de Henri de Montherlant y *Corona de amor y muerte* de Alejandro Casona—se basan en la figura de Inés.

Inés de Castro, hija natural de un caballero gallego y descendiente de Sancho IV de Castilla, se enamoró de don Pedro de Portugal durante las bodas de éste con Constanza, prima de Inés. Cuando Constanza murió a la edad de veintiún años, don Pedro, desobedeciendo a su padre, el rey Alonso, llevó a Inés a vivir con él. Aunque en la obra de Vélez de Guevara los amantes se casan, no hay evidencia de que en verdad contrajeran matrimonio. Tuvieron tres o cuatro hijos, aunque en la obra sólo aparecen dos: Alonso y Dionís. La aristocracia portuguesa veía a estos niños como una amenaza, temiendo que si se legitimizara su pretensión a la corona, Portugal caería bajo la influencia de Castilla. Los consejeros del rey pidieron la muerte de Inés y el rey Alonso accedió a su demanda para mantener la independencia de su país.

Cuando Alonso murió—hecho que sucedió histórica-mente pasados dos años de la muerte de Inés, pero que Vélez coloca inmediatamente después—don Pedro mandó matar a los consejeros de su padre y mutilar sus cuerpos. Entonces mandó coronar el cadáver de Inés de Castro. El tema de las relaciones entre Portugal y España puede haber tenido un interés especial para el espec-tador de la época de Vélez de Guevara, ya que Portugal había pasado a depender de España en 1580, cuando Felipe II realizó sus pretensiones al trono portugués y fue coronado Felipe I de Portugal. No fue hasta 1640—cuatro años antes de la muerte de Vélez de Guevara—que los portugueses lograron independizarse de España.

La poesía de Vélez de Guevara alcanza un tremendo poder emotivo. La escena en la que Inés, rodeada de sus niños, le pide al rey que le perdone la vida es una de las más conmovedoras del teatro del Siglo de Oro. Con gran destreza Vélez crea situaciones en las cuales el conflicto entre el amor y el deber le desgarra el alma al personaje. El rey Alonso le tiene cariño a Inés y sabe que su muerte destruirá al hijo que ama, pero queda convencido de que por el bien del estado debe acceder a las demandas de sus consejeros.

No se sabe la fecha de *Reinar después de morir;* apa-reció por primera vez en *Comedias de los mejores y más insignes ingenios de España,* una colección de obras pu-blicadas en Lisboa en 1652.

Véase *Reinar después de morir,* ed. Manuel Muñoz Cor-tés (Madrid: Espasa Calpe, 1959).

Reinar después de morir (Fragmento)

Jornada tercera

PERSONAS

El REY DON ALONSO DE PORTUGAL.
El PRÍNCIPE DON PEDRO.
BRITO, *criado.*
DOÑA BLANCA, *Infanta de Navarra.*
DOÑA INÉS DE CASTRO.
ELVIRA, *criada.*
VIOLANTE, *criada.*
El CONDESTABLE DE PORTUGAL.
NUÑO DE ALMEIDA.
EGAS COELLO.
ALVAR GONZÁLEZ.
ALONSO, *niño.*
DIONÍS, *niño.*
CRIADOS.
MÚSICOS.
ACOMPAÑAMIENTO.

Salen el REY, ALVAR GONZÁLEZ, EGAS COELLO *y gente.*

REY.

  Mucho lo he sentido, Coello.

ALVAR.

  Señor, vuestra majestad,
  por sosegar todo el reino,
  no lo ha podido excusar.

EGAS.

  Señor, aunque del rigor
  que queréis ejecutar
  parezca que en nuestro afecto
  haya alguna voluntad,[1]
  sabe Dios que con el alma
  la quisiéramos librar;
  pero todo el reino pide
  su vida, y es fuerza dar,
  por quitar inconvenientes,
  a doña Inés . . .

REY.

        Ea, callad.
  ¡Válgame Dios trino y uno![2]
  ¡Que así se ha de sosegar
  el reino! A fe de quien soy,
  que quisiera más dejar
  la dilatada corona
  que tengo de Portugal,
  que no ejecutar severo
  en Inés tan gran crueldad.
  Llamad, pues, a doña Inés.

EGAS.

  Puesta en el balcón está,
  haciendo labor.[3]

REY.

        Coello,
  ¿visteis tan gran beldad?
  ¡Que ha de tratar con rigor
  a quien toda la piedad
  quisiera mostrar!

ALVAR.

        Señor,
  si severo no os mostráis,
  peligra vuestra corona.

REY.

  Alvar González, callad;
  dejadme que me enternezca,
  si luego me he de mostrar
  riguroso y justiciero
  con su inocente deidad.
  ¡Ay, Inés, cómo, ignorante
  de esta batalla campal,
  es poco acero la aguja[4]

---

[1] mala voluntad.
[2] **trino**... tres en uno (referencia a la Santa Trinidad).
[3] **haciendo**... bordando.
[4] Se refiere a la aguja que usa Inés para bordar.

para defenderte ya!
Llamadla, pues.

ALVAR.

           Doña Inés,
mirad que su majestad
manda que al punto bajéis.

REY.

¿Hay más extraña maldad?

DOÑA INÉS.

Ponerme a los pies del rey
será subir, no bajar.
           Vanse del balcón.

ALVAR.

Ya viene.

REY.

           No sé por dónde
la pudiera, ¡ay Dios!, librar
de este rigor, de esta pena;
mas, por Dios, que he de intentar
todos los medios posibles.
Egas Coello, mirad
que yo no soy parte en esto,[5]
y si es que se puede hallar
modo para que no muera,
se busque.[6]

EGAS.

           Llego a ignorar
el modo.

ALVAR.

           Yo no le hallo.

REY.

Pues si no le halláis, callad,
y a nada me repliquéis.

Salen DOÑA INÉS *y los* NIÑOS *y* VIOLANTE.

DOÑA INÉS.

Vuestra majestad real
me dé sus plantas,[7] señor.
Dionís y Alonso[8], llegad;
besadle la mano al rey.

REY.

(¡Qué peregrina[9] beldad!
¡Válgate Dios por mujer!
¿Quién te trajo a Portugal?) (*Aparte.*)

DOÑA INÉS.

¿No me respondéis, señor?

REY.

Doña Inés, no es tiempo ya
sino de mostrarme airado,
porque vos la causa dais
para alborotarme el reino,
con intentaros casar
con el príncipe; mas esto
es fácil de remediar,
con probar que el matrimonio
no se puede hacer.

DOÑA INÉS.

           Mirad . . .

REY.

Inés, no os turbéis, que es cierto;
vos no os pudisteis casar
siendo mi deuda, con Pedro
sin dispensación.[10]

DOÑA INÉS.

           Verdad
es, señor, lo que decís;
mas antes de efectuar
el matrimonio, se trajo
la dispensación.[11]

REY.

           Callad,
noramala para vos,
doña Inés, que os despeñáis;[12]
pues si es como vos decís,
será fuerza que muráis.

DOÑA INÉS.

De manera, gran señor,
que cuando vos confesáis
que soy deuda vuestra, y yo,
atenta a mi calidad,
ostentando pundonores,[13]
negada a la liviandad,
para casar con don Pedro,
dispensas hice sacar,
¿mandáis que muera, ¡ay de mí!,
a manos de esta crueldad?
¿Luego el haber sido buena
queréis, señor, castigar?

REY.

También el hombre en naciendo
parece, si le miráis
de pies y manos atado,
reo de desdichas ya,

---

[5] **yo**... yo no estoy de acuerdo con esto.
[6] **se**... que se busque.
[7] **me**... déjeme besarle los pies.
[8] hijos de Inés.
[9] extraordinaria.

[10] Pedro e Inés eran primos lejanos, ya que los dos descendían de Sancho IV de Castilla. Los primos no podían casarse sin la dispensa del papa.
[11] No existe ninguna prueba del matrimonio de Pedro e Inés ni de que se pidiera una dispensa.
[12] entregáis a la ruina.
[13] obligaciones de honor.

y no cometió más culpa
que nacer para llorar.
Vos nacisteis muy hermosa,
esa culpa tenéis, mas . . .
(No sé, vive Dios, qué hacerme.) (*Aparte.*)

EGAS.

Señor, vuestra majestad
no se enternezca.

ALVAR.

        Señor,
no mostréis ahora piedad;
mirad que aventuráis mucho.

REY.

Callad, amigos, callad;
pues no puedo remediarla,
dejádmela consolar.
¡Doña Inés, hija, Inés mía!

DOÑA INÉS.

¿Estoy perdonada ya?

REY.

No, sino que quiero yo
que sintamos este mal
ambos a dos,[14] pues no puedo
librarte.

DOÑA INÉS.

        ¿Hay desdicha igual?
¿Por qué, señor, tal rigor?

REY.

Porque todo el reino está
conjurado contra vos.

DOÑA INÉS.

Dionís, Alonso, llegad;
suplicad a vuestro abuelo
que me quiera perdonar.

REY.

No hay remedio.

ALONSO.

        ¡Abuelo mío!

DIONÍS.

¿No ve a mi madre llorar?
Pues ¿por qué no la perdona?

REY.

(Apenas puedo ya hablar.) (*Aparte.*)
Inés, que muráis es fuerza;
y aunque la muerte sintáis,
sabe Dios, aunque yo viva,
quién ha de sentirla más.

DOÑA INÉS.

No siento, señor, no siento
esta desdicha presente,
sino porque Pedro, ausente,
tendrá mayor sentimiento;
antes viene a ser contento
en mí esta muerte homicida;
que perder por él la vida
no ha sido nada, señor,
porque ha mucho que mi amor
se la tenía ofrecida.

    Y cuando tu majestad
quiera quitarme la vida,
la daré por bien perdida;
que en mí viene a ser piedad
lo que parece crueldad,
si bien en viendo mi muerte
y mi desdichada suerte,
morirá también mi esposo,
pues este rigor forzoso
no será en él menos fuerte.

    De parte os ponéis, señor,
del mal, porque al bien excede,
y ayudar a quien más puede
es flaqueza, no es valor.
Si el cielo dio a Pedro amor,
y a mí, porque más dichosa
mereciese ser su esposa,
belleza de él tan amada,
no me hagáis vos desdichada
porque me hizo Dios hermosa.

    Sed piadoso, sed humano.
¿Cuál hombre, por lo cortés,
vio una mujer a sus pies,
que no le diese una mano?
Atributo es soberano
de los reyes la clemencia;
tenga, pues, en mi sentencia
piedad vuestra majestad,
mirando mi poca edad
y mirando mi inocencia.

    No os digo tales afectos,
aunque es mi dolor tan fijo,
por mujer[15] de vuestro hijo,
por madre de vuestros nietos,
sino porque hay dos sujetos,
que, muerto uno, ambos mueren;
que si dos liras pusieren
sin disonancia ninguna,
herida sólo la una,
suena esotra que no hieren.[16]

    ¿Nunca, di, llegaste a ver
una nube que hasta el cielo

---

[14] **ambos**... los dos.

[15] **por**... por ser mujer.

[16] **si**... si esos dos sujetos acordaran dos liras, al tocar una, sonaría la otra.

sube amenazando el suelo,
y entre el dudar y el temer,
irse a otra parte a verter,
cesando la confusión,
y no en su misma región?
Pues en Pedro esto ha de ser;
siendo nubes en su ser,
son llanto en mi corazón.

   ¿No oíste de un delincuente,
que, por temor del castigo,
llevando a un niño consigo,
subió a una torre eminente,
y que por el inocente
daba sustento forzoso
a entrambos el juez piadoso?
Pues yo a mi Pedro me así;
dadme vos la vida a mí,
porque no muera mi esposo.

REY.

   Doña Inés, ya no hay remedio;
fuerza ha de ser que muráis;
dadme mis nietos, y adiós.

DOÑA INÉS.

   ¿A mis hijos me quitáis?
Rey don Alonso, señor,
¿por qué me queréis quitar
la vida de tantas veces?
Advertid, señor, mirad
que el corazón a pedazos
dividido me arrancáis.

REY.

Llevadlos, Alvar González.

DOÑA INÉS.

   Hijos míos, ¿dónde vais?
¿Dónde vais sin vuestra madre?
¿Falta en los hombres piedad?
¿Adónde vais, luces mías?
¿Cómo que así me dejáis
en el mayor desconsuelo
en manos de la crueldad?

ALONSO.

   Consuélate, madre mía,
y a Dios te puedes quedar;
que vamos con nuestro abuelo,
y no querrá hacernos mal.

DOÑA INÉS.

   ¿Posible es, señor, rey mío,
padre, que así me cerráis
la puerta para el perdón?
¿Que no lleguéis a mirar
que soy vuestra humilde esclava?
¿La vida queréis quitar
a quien rendida tenéis?

   Mirad, Alonso, mirad
que, aunque vos llevéis mis hijos,
y aunque abuelo seáis,
sin el amor de la madre
no se han de poder criar.
Ahora, señor, ahora,
ahora es tiempo de mostrar
el mucho poder que tiene
vuestra real majestad.
¿Qué me respondéis, rey mío?

REY.

   Doña Inés, no puedo hallar
modo para remediaros,
y es mi desventura tal
que tengo ahora, aunque rey,
limitada potestad.
Alvar González, Coello,
con doña Inés os quedad;
que no quiero ver su muerte.

DOÑA INÉS.

   ¿Cómo, señor? ¿Vos os vais,
y a Alvar González y a Coello
inhumano me entregáis?
Hijos, hijos de mi vida;
dejádmelos abrazar.
Alonso, mi vida, hijo
Dionís, amores, tornad,
tornad a ver vuestra madre.
Pedro mío, ¿dónde estás
que así te olvidas de mí?
¿Posible es que en tanto mal
me falte tu vista, esposo?
¡Quién te pudiera avisar
del peligro en que afligida
doña Inés, tu esposa, está!

REY.

   Venid conmigo, infelices
infantes de Portugal.
¡Oh nunca, cielos, llegara
la sentencia a pronunciar,
pues si Inés pierde la vida,
yo también me voy mortal![17]

Vase el REY *con los* NIÑOS.

DOÑA INÉS.

   ¿Que al fin no tengo remedio?
Pues, rey Alonso, escuchad:
apelo aquí al supremo
y divino tribunal,
adonde de tu injusticia
la causa se ha de juzgar.

Sale el PRÍNCIPE *con una caña en la mano.*

---

[17] a morir.

Cansado de esperar en esta quinta,
donde Amaltea[18] sus abriles pinta
con diversos colores
cuadros de murtas, arrayán y flores,
sin temer el empeño,
me he acercado por ver mi hermoso dueño,
a esta caña[19] arrimado,
que por lo humilde sólo la he estimado,
pues al verla me ofrece[20]
que en lo humilde a mi esposa se parece.
Entré por el jardín sin que me viera
el jardinero, pasé la escalera,
y sin que nadie en casa haya encontrado,
he llegado a la sala del estrado.[21]
¡Hola, Violante, Inés, Brito, criados!
¿Nadie responde? Pero ¿qué enlutados
a la vista se ofrecen?
El condestable y Nuño me parecen.

Salen el CONDESTABLE *y* NUÑO *con lutos.*

CONDESTABLE.
¡Válgame Dios!

NUÑO.
El príncipe es sin duda.

CONDESTABLE.
Yerta tengo la voz, la lengua muda.

PRÍNCIPE.
Condestable, ¿qué es esto? ¿Qué hay de nuevo?

CONDESTABLE.
Decidle, Nuño, vos.

NUÑO.
Yo no me atrevo.

PRÍNCIPE.
¿Qué tenéis? Respondedme en dudas tantas.

CONDESTABLE.
Dénos tu majestad sus reales plantas.

PRÍNCIPE.
¿Mi padre es muerto ya?

CONDESTABLE.
Señor, la parca[22]
cortó la vida al ínclito monarca.

PRÍNCIPE.
Pues ¿adónde murió?

CONDESTABLE.
En la quinta ha sido
de Egas Coello, porque había venido
su majestad a caza, y de repente
le sobrevino el último accidente[23]
de su vida, y de suerte nos quedamos,
que, con haberlo visto, lo dudamos.

PRÍNCIPE.
Aunque con justo llanto
deba sentir haber perdido tanto,
mi mayor sentimiento
—la lengua se desmaya y el aliento—
es no haberme llamado
para verle morir; mas, pues el hado
dispuso, ¡adversa suerte!,
que no llegase al tiempo de su muerte,
en sus honras verán hoy mis vasallos
en cuanto al dolor llego a imitallos,
excediendo a la pena desta nueva
todo el dolor y pena que yo deba.
Y pues mi Inés divina es tan hermosa,
mi muy amada esposa,
ya que alegre y contenta
hoy su grandeza en Portugal ostenta,
todo en aqueste día,
si hasta aquí fue pesar, será alegría.
Llamad a mi Inés bella.

CONDESTABLE.
(¡Qué desdicha!) (*Aparte.*)

PRÍNCIPE.
No se dilate, Nuño, aquesta dicha;
al punto llamad a mi ángel bello.

CONDESTABLE.
Sepa tu majestad que Egas Coello
y Alvar González a Castilla han ido.

PRÍNCIPE.
Sin duda mis enojos han temido;
alcanzadlos, que quiero
ser piadoso, no airado y justiciero,
y a los pies de mi Inés luego postrados,
de mí y la reina quedarán honrados.

NUÑO.
(¡Oh, desdichada suerte!) (*Aparte.*)

CONDESTABLE.
(Hoy recelo del príncipe la muerte.) (*Aparte.*)

Vanse NUÑO *y el* CONDESTABLE.

PRÍNCIPE.
¡Que ha llegado ya el día
en que pueda decir que Inés es mía!

---

[18] ninfa-cabra que proveía de leche al niño Zeus.
[19] símbolo de la fragilidad humana.
[20] **me**... se me ocurre.
[21] plataforma donde las señoras y sus sirvientas se sentaban en cojines.
[22] Las parcas eran las tres deidades del Infierno; eran dueñas de la vida de los hombres, cuya trama hilaban.

[23] ataque.

¡Qué alegre y qué gustosa
reinará ya conmigo Inés hermosa!
Y Portugal será en mi casamiento
todo fiestas, saraos y contento.
En público saldré con ella al lado:
un vestido bordado
de estrellas[24] la he de hacer, siendo adivina,
porque conozcan, siendo Inés divina,
que cuando la prefiero,
si ellas estrellas son, ella es lucero.
¡Oh, cómo ya se tarda!
¡Qué pensión[25] tiene quien amante aguarda!
¿Cómo a hablarme no viene?
Mayores sentimientos me previene.[26]
A buscarla entraré, que tengo celos[27]
de que a verme no salgan sus dos cielos.[28]

Canta una voz.

¿Dónde vas, el caballero,[29]
dónde vas, triste de ti?
Que la tu querida esposa
muerta está, que yo la vi.
Las señas que ella tenía
bien te las sabré decir:
su garganta es de alabastro
y sus manos de marfil.

PRÍNCIPE.

Aguarda, voz funesta,
da a mis recelos y temor respuesta;
aguarda, espera, tente.

Sale la INFANTA *de luto, y le detiene.*

INFANTA.

Espera tú, señor, que brevemente
a tu real majestad decirle quiero
lo que cantó llorando el jardinero.
Con el rey, mi señor que muerto yace,
por cuya muerte todo el reino hace
tan justo sentimiento,
a divertir un rato el pensamiento,
salí a caza una tarde,
haciendo a mi valor vistoso alarde.
Llegué a esa quinta donde yace muerto:
este dolor advierto,
¡oh cielos, oh pena airada!
Hallé una flor hermosa, pero ajada,

quitando, ¡oh dura pena!,
la fragancia a una cándida azucena,
dejando el golpe airado
un hermoso clavel desfigurado,
trocando con airado desconsuelo
una nube de fuego en duro hielo;
y en fin—muestre valor ya tu grandeza—
a quitar hoy al mundo la belleza,
provocándole a ello
Alvar González y el traidor Coello.
Con dos golpes airados,
arroyos de coral vi desatados
de una garganta tan hermosa y bella
que aun mi lengua no puede encarecella,
pues su tersa blancura
cabal dechado fue de su hermosura.
Parece que no entiendes
por las señas quién es, o que pretendes
quedar, del sentimiento,
por basa de su infausto monumento;
mas, para que no ignores
quién padeció estos bárbaros rigores,
ya te diré quién es, estáme atento;
que, su sangre sembrada por el suelo,
murió tu bella Inés.

PRÍNCIPE.

¡Válgame el cielo!

Desmáyase.

GABRIEL TÉLLEZ (TIRSO DE MOLINA) (¿1581?—1648)

Tirso de Molina es el pseudónimo de Gabriel Téllez, uno de los dramaturgos más conocidos de su época. Discípulo entusiasta de Lope, Tirso se distancia de su maestro al crear un teatro de ideas, en el que la acción sirve para iluminar un punto teológico o filosófico, o para comentar sobre la sociedad de la época.

Basándose en sus vehementes ataques contra la corrupción de la nobleza, algunos investigadores creen que Tirso fue hijo natural de un noble. Tirso nació en Madrid de padres desconocidos. Estudió en Alcalá y luego entró en la orden de la Merced. Escribió su primera obra, *El vergonzoso en palacio,* en 1606. Entre esta fecha y 1616 vivió en Toledo, donde se dedicó a sus deberes eclesiásticos y también al teatro. Allí, en 1615, escribió *Don Gil de las calzas verdes.* Para esta obra se valió de un artificio que era común en la literatura del Siglo de Oro: una mujer se disfraza de hombre para buscar al amante que la ha abandonado. Entre 1616 y 1618 enseñó teología en Santo Domingo. Al regresar a España, vivió un tiempo en Toledo y volvió a escribir para el teatro. Poco después lo encontramos en Madrid. Por aquellos años participaba

---

[24] El vestido bordado de estrellas se asocia con la astrología, y, por lo tanto, la adivina.

[25] pena, sufrimiento.

[26] **Mayores**... El hecho de que no viene me anuncia alguna desgracia.

[27] **tengo**... estoy preocupado.

[28] ojos.

[29] Variantes de este romance, el cual se conoce por los nombres *La aparición de la enamorada y Romance del palermo,* aparecen en otras obras de la época.

en una academia poética que se reunía en la casa de Sebastián Francisco de Medrano, y comenzó su asociación con Lope, Quevedo, Alarcón y otros hombres de letras. Atestigua la estima que Lope le tenía el hecho de que éste le dedicara su obra *Lo fingido verdadero.* Por el año 1621 Tirso escribió una defensa del drama de Lope en *Los cigarrales de Toledo,* un libro que tiene una estructura semejante a la de *El Decamerón* de Giovanni Boccaccio, el primer gran prosista italiano. Como *El Decamerón,* consiste en una serie de novelitas, que ponen en evidencia los talentos de cuentista del autor. La admiración que Tirso le tenía a Lope es notable. Consagra toda una comedia, *La fingida Arcadia,* al elogio de su maestro.

En 1625 se levantó una protesta contra Tirso, supuestamente por la naturaleza escandalosa de sus obras. Algunos biógrafos han conjeturado que la verdadera razón fueron sus alusiones de naturaleza política y sus condenaciones de los nobles, cuyo comportamiento inmoral ataca en muchas de sus obras. Las autoridades eclesiásticas recomendaron que se retirara a un monasterio remoto y dejara de escribir obras de teatro y otros tipos de verso secular. Tirso se marchó a Trujillo, donde ejerció las funciones de comendador durante tres años. En 1629 lo encontramos en Salamanca por las fiestas en honor de San Pedro Nolasco, fundador de la orden de la Merced. Allí escribió algunas composiciones poéticas que incluiría más tarde en *Deleitar aprovechando.*

En 1618, al volver a Santo Domingo, Tirso fue nombrado definidor general de la isla y su provincia. Entre 1632 y 1639 Tirso vivió en Barcelona, donde desempeñó el cargo de definidor general de la Orden y el de cronista general de la Merced. Siguió una serie de cargos importantes hasta que en 1639 recibió el título de maestro por breve de Urbano VIII, dignidad superior a la de maestro de teología, conferida por las universidades. Además de dramas y cuentos, Tirso escribió entre 1637 y 1639 una *Historia general de la Merced,* trabajo que revela su afán por la investigación y la erudición.

La mayoría de las obras de teatro de Tirso fueron publicadas en cinco *partes* o colecciones, cada una de las cuales contenía doce obras. En la dedicatoria de la Segunda Parte el autor afirma que sólo cuatro de las comedias son suyas. Sea verdad o no esta afirmación, quedan muchas dudas sobre la paternidad de algunas de las obras que se le atribuyen a Tirso de Molina, entre ellas, *El condenado por desconfiado,* que muchos críticos consideran la mejor obra teológica del Siglo de Oro.

Caracterizan la obra de Tirso los personajes fuertes y convincentes, la autenticidad de su diálogo, la crítica social, el detalle realista y el agudo sentido del humor. Es casi un lugar común afirmar que los personajes femeninos de Tirso están particularmente bien delineados. Uno de los mejores ejemplos es la reina doña María de Molina de *La prudencia en la mujer,* obra basada en el tema de la generosidad femenina. Se ha sugerido que Tirso adquirió sus amplios conocimientos de la psicología femenina

en el confesionario. Tirso también creó personajes masculinos memorables. Sus graciosos están entre los más listos, cómicos y rudos del teatro español. Por el lado negativo, se ha censurado a Tirso por las faltas estructurales de algunas de sus obras.

El burlador de Sevilla ocupa un lugar importante no sólo en la literatura española, sino en la europea, ya que introduce una de las figuras más perdurables de la historia literaria: Don Juan Tenorio.

El burlador de Sevilla es la dramatización de una antigua leyenda española—la del *Convidado de piedra*—que tenía muchas variantes y puede haberle llegado al autor por medio del Romancero. Ya antes del siglo diecisiete, la leyenda del caballero que insulta a una estatua, la invita a cenar y, a su vez, es convidado a cenar en la iglesia de San Francisco había entrado—con diversas modificaciones—en el folklore de varios países. En uno de los romances españoles de la estatua, la historia termina con una admonición de que el joven debe arrepentirse y aprender a respetar a los muertos.

Tirso se aleja bastante del prototipo folklórico, dando al relato una orientación contemporánea que responde a las preocupaciones teológicas del siglo XVII. Una de las cuestiones centrales de la Contrarreforma era la de la salvación. Los reformadores protestantes habían negado la existencia del libre albedrío, insistiendo en que el hombre estaba predestinado y por lo tanto se condenaba o se salvaba de acuerdo con un plan previo, determinado por Dios. A diferencia del protestantismo, el dogma católico enseñaba que el hombre era libre y, por consiguiente, era responsable de su propio destino, el cual sería determinado por los actos que cometiera durante su vida. Las puertas del Paraíso se abrían para cualquier ser humano que se comportara de acuerdo con la moral católica. Siendo Dios magnánimo y estando deseoso de la salvación de sus criaturas, admitía a la gloria aun al pecador, siempre que éste se diera cuenta de sus errores y se arrepintiera antes de morir. Esta doctrina dio origen a numerosos problemas de interpretación. Si era posible pedir perdón por los pecados en cualquier momento y así ganar acceso al Paraíso, ¿por qué no llevar una vida disoluta y arrepentirse justo antes de morir? Así uno podría gozar de todos los placeres temporales prohibidos y al mismo tiempo asegurar su entrada al Paraíso. Este es precisamente el camino por el que opta don Juan.

En *El burlador de Sevilla,* el joven Tenorio se entrega al libertinaje más escandaloso, seduciendo mujer tras mujer, sin tomar en cuenta que la muerte puede sorprenderle en cualquier momento. Vive con la ilusión de que podrá gozar del pecado, arrepintiéndose justo antes de morir. Desoye las advertencias de su padre y de su fiel criado Catalinón con las palabras, «Tan largo me lo fiáis»—frase que se repite a través de la obra y que resume la actitud de un joven que piensa que le queda aún mucho antes de tener que rendir cuentas de su comportamiento. Pero el golpe mortal llega antes de tiempo, en el momento en que don Juan menos lo espera. Cada vez que don Juan se mete en problemas, la situación se arregla por medio de la influencia de su padre. Pero con Dios no hay «arreglos», cada uno es juzgado según sus actos. Sin tener tiempo de arrepentirse, don Juan muere y es arrastrado a las llamas del infierno.

Si el protagonista más famoso de Tirso se ha convertido en arquetipo, no es por su alcance teológico, sino porque corresponde a ciertas realidades humanas que transcienden el momento histórico. Don Juan es el hombre que se afirma por medio del dominio sexual. Es el adolescente perpetuo que necesita probar repetidamente su hombría. La psicología moderna nos dice que este tipo de hombre se siente inseguro de sí mismo; por eso necesita burlarse del otro. Pero no necesitamos a Freud para ver que el gran placer de don Juan no consiste en seducir a las mujeres, sino en rebajar a otros hombres. Al gozar de Isabela, don Juan se burla de Octavio, a quien cínicamente le jura amistad. Al gozar de Tisbea, se burla de los pescadores que no han podido rendir su voluntad. La seducción de Ana le permite reírse de Mota, el amante de su víctima, el cual ayuda inadvertidamente a don Juan a ganar acceso al aposento de la joven al prestarle su capa. La de Aminta constituye un insulto a Batricio, que está a punto de casarse con la muchacha cuando aparece el seductor. Don Juan obtiene placer de la humillación de sus rivales. A Mota le extrae información sobre Ana no sólo para deshonrarla a ella sino por el gusto de hacer que su compañero participe en la seducción que resultará en su propia degradación. Antes de llevarse a Aminta, don Juan se mofa de Batricio, a quien provoca sabiendo que por su rango social inferior, el villano no puede tomar venganza.

El comportamiento de don Juan le permite sentirse superior a otros hombres sin tener que hacerles frente, lo cual demuestra una verdad que es obvia desde el principio: don Juan es un cobarde. Se aprovecha de las mujeres, las cuales son —según el concepto prevaleciente en la época— seres física y moralmente inferiores, mientras que se escurre de los hombres armados. Al verse perseguido por don Gonzalo, el padre de Ana, don Juan grita la palabra que define su cobardía: «Huyamos». A través de la obra, don Juan huye —de su tío, don Pedro, el que lo descubre escapándose de los aposentos de Isabela; de Italia; de don Gonzalo; de la justicia del rey. Don Gonzalo se lo dice claramente: «el que es traidor / es traidor porque es cobarde». Pero de la justicia de Dios don Juan no puede huir.

A diferencia del Dom Juan del dramaturgo francés Molière, el don Juan de Tirso no es intelectual. No se rebela contra Dios y los hombres de una manera consciente. Su libertinaje desenfrenado no tiene una dimensión filosófica. Al contrario, acepta sin cuestionarlos la doctrina religiosa y los códigos sociales que dominan su clase. Lo mueven fuerzas subconscientes. Don Juan hace el amor maquinalmente. Es «un hombre sin nombre», una fuerza ciega y sin dirección. La oscuridad que rodea sus actividades («Matarete la luz yo», le dice a Isabela) es simbólica de la ceguera espiritual no sólo de él, sino de su clase social.

La cuestión de rango reverbera a través de la obra. Don Juan utiliza su nobleza como arma contra los de las clases inferiores. Al encontrarse en el pueblo de pescadores de Tisbea, Catalinón anuncia que don Juan es un señor principal: «Es hijo aqueste señor / del camarero mayor / del rey . . .» Haciendo el papel de galán enamorado, don Juan festeja a la pescadora con todos los lugares comunes del amor cortés, y ella, alabada por las atenciones de un aristócrata, le cede lo que no ha querido dar a ningún hombre de su clase. Al seducir a Aminta, don Juan usa una táctica semejante; además, hace callar a Batricio al recordarle que contra el noble, el campesino no tiene recurso alguno. Cuando don Pedro encuentra a su sobrino escapándose de los aposentos de Isabela, lo amenaza, pero, vencido por la fingida humildad de don Juan, termina ayudándole a huir —en realidad porque si se llegara a saber que don Juan era la causa del escándalo, deshonraría a toda la familia, incluso a don Pedro. El honor es patrimonio del noble; más tarde, don Juan se burla de la noción de que el campesino pueda tener honor.

Es irónico que a pesar de su conducta deshonesta desde el punto de vista moral, don Juan se jacte de ser un hombre de honor. A la estatua de don Gonzalo le dice: «Honor / tengo, y las palabras cumplo, / porque caballero soy.» Para los de la clase de don Juan, honor es reputación. El ser un hombre de honor no requiere una conducta ejemplar, sino una fachada de bravura y de brío. No importa que el caballero haga el mal, con tal de que sus malas acciones no se conozcan. El juego de don Juan se convierte en lo que se llama en inglés *one-upmanship*; se trata de un juego cuyo objetivo es burlarse del otro sin que lo cojan a uno.

Pero las «víctimas» de don Juan no son del todo inocentes. No nos olvidemos de que la obra de Tirso tiene un fondo religioso y el mensaje está claro: se siega lo que se siembra. De hecho, hay pocas víctimas en el teatro de la Contrarreforma. Típicamente, los personajes sufren las consecuencias de sus propios actos. Como Ruth Lundelius ha demostrado, las mujeres que caen en la trampa de don Juan también son culpables. Isabela se entrega a don Juan pensando que es Octavio, con quien no se ha casado todavía; la arrogante Tisbea se da al burlador con la esperanza de subir de rango social; Ana desobedece a su padre; Aminta se olvida de su prometido para ir con un hombre que le promete más prestigio y riquezas. Es de notar que don Juan nunca fuerza a ninguna mujer. Todas se entregan de buen grado.

Don Juan ha sido una de las figuras más imitadas de la literatura europea. En 1638–39, unos ocho años después de la publicación de la obra de Tirso, Calderón escribió *No hay cosa como callar*, comedia que continúa la tradición del don Juan burlador de mujeres —aunque no se ha podido probar una influencia directa de la obra de Tirso sobre la de Calderón. Molière, Mozart y su libretista Lorenzo da Ponte, Lord Byron, José Zorrilla, Shaw y muchos otros también se han inspirado en la figura de don Juan. Además, varios ensayistas modernos —entre ellos Ramiro de Maeztu y Mercedes Sáenz-Alonso— han escrito acerca de la imagen de don Juan en la sociedad contemporánea española.

Dos ediciones relativamente nuevas son: *El burlador de Sevilla y convidado de piedra*, ed. Alfredo Rodríguez López Vázquez (Kassel: Reichenberger, 1987) y *El burlador de Sevilla y convidado de piedra*, ed. Xavier A. Fernández (Madrid: Alhambra, 1982).

El burlador de Sevilla (Fragmentos)

PERSONAS

Don Diego Tenorio, *viejo.*
Don Juan Tenorio, *su hijo.*
Catalinón, *lacayo.*
El Rey de Nápoles.
El Duque Octavio.
Don Pedro Tenorio.
El Marqués de la Mota.
Don Gonzalo de Ulloa.
El Rey de Castilla.
Doña Ana de Ulloa.
Fabio, *criado.*

Isabela, *Duquesa.*
Tisbea, *pescadora.*
Belisa, *villana.*
Anfriso, *pescador.*
Coridón, *pescador.*
Gaseno, *labrador.*
Batricio, *labrador.*
Ripio, *criado.*
Aminta.
Pastores.
Músicos.

La escena es en Nápoles; a orillas del mar; en Dos-Hermanas; y en Sevilla.

Epoca: siglo XIV

Jornada primera

Salen DON JUAN TENORIO *e* ISABELA, *Duquesa.*

ISABELA.
Duque Octavio,[1] por aquí
Podrás salir más seguro.

DON JUAN.
Duquesa, de nuevo os juro
De cumplir el dulce sí.[2]

ISABELA.
Mi gloria,[3] ¿serán verdades,
Promesas y ofrecimientos,
Regalos y cumplimientos,
Voluntades y amistades?[4]

DON JUAN.
Sí, mi bien.

ISABELA.
Quiero sacar
Una luz.

DON JUAN.
Pues ¿para qué?

ISABELA.
Para que el alma dé fe
Del bien que llego a gozar.

DON JUAN.
Mataréte[5] la luz yo.

ISABELA.
¡Ah, cielo! ¿Quién eres, hombre?

DON JUAN.
¿Quién soy? Un hombre sin nombre.

ISABELA.
¿Que no eres el Duque?

DON JUAN.
No.

ISABELA.
¡Ah, de palacio![6]

DON JUAN.
Detente.
Dame, Duquesa, la mano.

ISABELA.
No me detengas, villano.
¡Ah, del Rey: soldados, gente!

Sale el REY DE NÁPOLES *con una vela en un candelero.*

REY.
¿Qué es esto?

ISABELA.
¡El Rey! ¡Ay, triste!

REY.
¿Quién eres?

DON JUAN.
¿Quién ha de ser?
Un hombre y una mujer.

REY.
Esto en prudencia consiste. *(Aparte.)*
¡Ah, de mi guarda![7] Prended
A este hombre.

---

[1] el prometido de doña Isabela; don Juan está en el cuarto de la duquesa disfrazado del duque Octavio.
[2] **de**... de casarme con vos.
[3] **Mi**... Mi amor, mi vida.
[4] **¿serán**... ¿será verdad todo lo que me dices?
[5] Te mataré, te apagaré.
[6] Isabela llama a los guardias del palacio.
[7] El rey llama a sus guardias.

ISABELA.

¡Ah, perdido honor!
Vase ISABELA.

   .   .   .

TISBEA, *pescadora, con una caña de pescar en la mano.*

TISBEA.

Yo, de cuantas el mar—
Pies de jazmín y rosa—
En sus riberas besa
Con fugitivas olas,
Sola de amor esenta,[8]
Como en ventura sola,
Tirana me reservo
De sus prisiones locas.
Aquí donde el sol pisa
Soñolientas las ondas,[9]
Alegrando zafiros—
Los que espantaban sombras[10]—
Por la menuda arena,
Unas veces aljófar,[11]
Y átomos[12] otras veces
Del sol, que así le dora
Oyendo de las aves
Las quejas amorosas,
Y los combates dulces
Del agua entre las rocas;
Ya con la sutil caña,
Que al débil peso dobla
Del necio pececillo
Que el mar salado azota;
O ya con la atarraya,[13]
Que en sus moradas hondas
Prende cuantos habitan
Aposentos de conchas:[14]
Segura me entretengo,
Que en libertad se goza
El alma; que amor áspid
No le ofende ponzoña.[15]
En pequeñuelo esquife,
Y ya en compañía de otras,
Tal vez[16] al mar le peino
La cabeza espumosa;[17]

Y cuando más perdidas[18]
Querellas[19] de amor forman,
Como de todos río,
Envidia soy de todas.
¡Dichosa yo mil veces,
Amor, pues me perdonas,
Si ya, por ser humilde,
No desprecias mi choza,
Obelisco de paja!
Mi edificio coronan
Nidos, si no hay cigarras,
O tortolillas locas.
Mi honor conservo en pajas
Como fruta sabrosa,
Vidrio guardado en ellas
Para que no se rompa.
De cuantos pescadores
Con fuego[20] Tarragona
De piratas defiende
En la argentada costa,
Desprecio, soy encanto;
A sus suspiros, sorda,
A sus ruegos, terrible,
A sus promesas, roca.
Anfriso, a quien el cielo
Con mano poderosa,
Prodigio en cuerpo y alma
Dotó de gracias todas,
Medido en las palabras,
Liberal en las obras,
Sufrido en los desdenes,
Modesto en las congojas:
Mis pajizos umbrales,
Que heladas noches ronda,
A pesar de los tiempos,
Las mañanas remoza.
Pues ya con ramos verdes,
Que de los olmos corta,
Mis pajas amanecen
Ceñidas de lisonjas;[21]
Ya con vigüelas[22] dulces
Y sutiles zampoñas[23]
Músicas me consagra,
Y todo no me importa
Porque en tirano imperio
Vivo, de amor señora;
Que hallo gusto en sus penas
Y en sus infiernos gloria.
Todas por él se mueren,

---

[8] exenta, libre.
[9] el... el sol ilumina las aguas tranquilas.
[10] **alegrando**... haciendo resaltar el azul y desaparecer las sombras.
[11] perlas. (Se refiere al color y al reflejo de los granos de arena.).
[12] pedacitos. (Se refiere al reflejo del sol en la arena.).
[13] red que se usa para pescar.
[14] Es decir, la red prende todos los mariscos.
[15] Es decir, el alma goza de la libertad porque no la ha envenenado la ponzoña del amor.
[16] **Tal**... a veces.
[17] Es decir, navego a vela por las olas.

---

[18] sin esperanza.
[19] quejas.
[20] fogatas. (Tarragona es un puerto del Mediterráneo. Los pescadores hacían hogueras para advertir a la gente que se acercaban los piratas.).
[21] Es decir, Anfriso decora la paja seca con ramos verdes.
[22] vihuelas, guitarras.
[23] flautas rústicas.

Y yo todas las horas
Le mato con desdenes;
De amor condición propia,
Querer donde aborrecen,
Despreciar donde adoran;
Que si le alegran, muere,
Y vive si le oprobian.
En tan alegres días
Segura de lisonjas,
Mis juveniles años
Amor no los malogra;
Que en edad tan florida,
Amor, no es suerte poca
No ver tratando enredos
Las tuyas[24] amorosas.
Pero, necio discurso,
Que mi ejercicio estorbas,
En él no me diviertas[25]
En cosa que no importa.
Quiero entregar la caña
Al viento, y a la boca
Del pececillo el cebo.
Pero al agua se arrojan
Dos hombres de una nave,
Antes que el mar la sorba,
Que sobre el agua viene
Y en un escollo aborda.
Como hermoso pavón,
Hacen las velas cola,
Adonde los pilotos
Todos los ojos pongan.[26]
Las olas va escarbando.
Y ya su orgullo y pompa
Casi la desvanece[27] . . .
Agua un costado toma.
—Hundióse, y dejó al viento
La gavia, que la escoja
Para morada suya;
Que un loco en gavias[28] mora.
    (Dentro.) ¡Que me ahogo!—
Un hombre al otro aguarda,
Que dice que se ahoga:
¡Gallarda cortesía!
En los hombros le toma:
Anquises se hace Eneas,
Si el mar está hecho Troya.[29]

Ya, nadando, las aguas
Con valentía corta,
Y en la playa no veo
Quien le ampare y socorra.
Daré voces: ¡Tirseo,
Anfriso, Alfredo! ¡hola!
Pescadores me miran,
¡Plega a Dios[30] que me oigan!
Mas milagrosamente
Ya tierra los dos toman,
Sin aliento el que nada,
Con vida el que le estorba.[31]

Saca en brazos CATALINÓN *a* DON JUAN, *mojados.*[32]

CATALINÓN.
    ¡Válgame la Cananea,[33]
    Y qué salado está el mar![34]
    Aquí puede bien nadar
    El que salvarse desea,
        Que allá dentro es desatino.
    Donde la muerte se fragua,
    Donde Dios juntó tanta agua,
    No juntara tanto vino.
        Agua salada: ¡estremada
    Cosa para quien no pesca!
    Si es mala aun el agua fresca,
    ¿Qué será el agua salada?
        ¡Oh, quién hallara una fragua
    De vino, aunque algo encendido!
    Si del agua que he bebido
    Escapo hoy, no más agua.
        Desde hoy abernuncio[35] de ella,
    Que la devoción me quita
    Tanto, que aun agua bendita
    No pienso ver, por no vella.
        ¡Ah, señor! Helado y frío
    Está. ¿Si estará ya muerto?
    Del mar fue este desconcierto
    Y mío este desvarío.
        ¡Mal haya aquél que primero
    Pinos[36] en la mar sembró,
    Y que sus rumbos midió
    Con quebradizo madero!
        ¡Maldito sea el vil sastre
    Que cosió el mar que dibuja
    Con astronómica aguja,[37]

---

[24] **Amor**... Amor, no es poca suerte que tú no me hayas enredado con tus lisonjas amorosas.
[25] distraigas.
[26] **Como**... Las velas se abren como las plumas de la cola de un pavo real en la cual los pilotos ponen sus ojos.
[27] desvanecen.
[28] juego de palabras: «gavias» significa «vela que se coloca en el palo mayor» y también «jaula para encerrar a un loco».
[29] Cuando Troya se quemaba, Eneas salvó a su padre Anquises al sacarlo en hombros. Catalinón «se hace Eneas» porque salva a Don Juan llevándolo en hombros.

[30] **Plega**... Dios quiera.
[31] Don Juan ha perdido el conocimiento (está «sin aliento»), pero está con vida su criado.
[32] Después de que don Juan se desmaya, Catalinón lo saca del agua en brazos.
[33] la tierra prometida.
[34] Nótese que el agua salada tiene una connotación erótica.
[35] renuncio.
[36] mástiles, barcos.
[37] juego de palabras: se refiere a la aguja de la brújula además de la aguja de coser.

Causa de tanto desastre!
  ¡Maldito sea Jasón,[38]
Y Tisis[39] maldito sea!
Muerto está, no hay quien lo crea.
Mísero Catalinón!
  ¿Qué he de hacer?

TISBEA.
  Hombre, ¿qué tienes
En desventuras iguales?

CATALINÓN.
  Pescadora, muchos males,
Y falta de muchos bienes.
  Veo, por librarme a mí,
Sin vida a mi señor. Mira
Si es verdad.

TISBEA.
        No, que aún respira.

CATALINON.
  ¿Por dónde? ¿Por aquí?

TISBEA.
              Sí;
  Pues ¿por dónde?

CATALINÓN.
            Bien podía
Respirar por otra parte.[40]

TISBEA.
  Necio estás.

CATALINÓN.
        Quiero besarte
Las manos de nieve fría.[41]

TISBEA.
  Ve a llamar los pescadores
Que en aquella choza están.

CATALINÓN.
  Y si los llamo, ¿vendrán?

TISBEA.
  Vendrán presto, no lo ignores,
  ¿Quién es este caballero?

CATALINÓN.
  Es hijo aqueste señor
Del Camarero[42] mayor
Del Rey, por quien ser espero

Antes de seis días Conde[43]
En Sevilla, donde va,
Y adonde Su Alteza está,
Si a mi amistad corresponde.

TISBEA.
  ¿Cómo se llama?

CATALINÓN.
            Don Juan
  Tenorio.

TISBEA.
        Llama mi gente.

CATALINÓN.
  Ya voy.

Vase y coge en el regazo TISBEA *a* DON JUAN.

TISBEA.
        Mancebo excelente,
  Gallardo, noble y galán.
  Volved en vos, caballero.

DON JUAN.
  ¿Dónde estoy?

TISBEA.
            Ya podéis ver:
  En brazos de una mujer.

DON JUAN.
  Vivo en vos, si en el mar muero.
  Ya perdí todo el recelo
Que me pudiera anegar,
Pues del infierno del mar
Salgo a vuestro claro cielo.
  Un espantoso huracán
Dio con mi nave al través,
Para arrojarme a esos pies,
Que abrigo y puerto me dan
  Y en vuestro divino Oriente[44]
Renazco, y no hay que espantar,
Pues veis que hay de amar a mar
Una letra solamente.[45]

TISBEA.
  Muy grande aliento tenéis
Para venir sin aliento,
Y tras de tanto tormento,
Mucho tormento ofrecéis.[46]

---

[38] héroe mitológico que conquistó el vellocino de oro.

[39] héroe griego que participó en la misma expedición.

[40] es decir, por el trasero (chiste de mal gusto).

[41] «Besar las manos» es una expresión cortés. Catalinón se burla de la pescadora.

[42] oficial del palacio.

[43] Además de título de nobleza, «conde» puede significar en Andalucía «el que manda una cuadrilla de trabajadores».

[44] El sol renace en el Oriente. El lenguaje de don Juan está lleno de convenciones heredadas de la literatura amorosa y, por lo tanto, es poco apropiado para dirigirse a una pescadora.

[45] Es decir, sólo la letra *a* diferencia amar de mar.

[46] doble sentido: «Mucho habláis» y «Mucho vigor tenéis».

Pero si es tormento el mar,[47]
Y son sus ondas crueles,
La fuerza de los cordeles[48]
Pienso que así os hace hablar.
    Sin duda que habéis bebido
Del mar la oración pasada,
Pues, por ser de agua salada,
Con tan grande sal[49] ha sido.
    Mucho habláis cuando no habláis;
Y cuando muerto venís,
Mucho al parecer sentís:
¡Plega a Dios que no mintáis!
    Parecéis caballo griego[50]
Que el mar a mis pies desagua,
Pues venís formado de agua
Y estáis preñado de fuego.[51]
    Y si mojado abrasáis,
Estando enjuto ¿qué haréis?
Mucho fuego prometéis;
¡plega a Dios que no mintáis![52]

DON JUAN.
    A Dios, zagala, pluguiera[53]
Que en el agua me anegara
Para que cuerdo acabara
Y loco en vos no muriera;
    Que el mar pudiera anegarme
Entre sus olas de plata
Que sus límites desata;
Mas no pudiera abrasarme,
    Gran parte del sol mostráis,
Pues que el sol os da licencia,[54]
Pues sólo con la apariencia,
Siendo de nieve abrasáis.[55]

TISBEA.
    Por más helado que estáis,
Tanto fuego en vos tenéis,
Que en este mío os ardéis.
¡Plega a Dios que no mintáis!

Salen CATALINÓN, CORIDÓN *y* ANFRISO, *pescadores.*

CATALINÓN.
    Ya vienen todos aquí.

TISBEA.
    Y ya está tu dueño vivo.

DON JUAN.
    Con tu presencia recibo
El aliento que perdí.

CORIDÓN.
    ¿Qué nos mandas?

TISBEA.
                        Coridón.
    Anfriso, amigos.

CORIDÓN.
                    Todos
    Buscamos por varios modos
Esta dichosa ocasión.
    Di, que nos mandas, Tisbea;
Que por labios de clavel
No lo habrás mandado a aquél
Que idolatrarte desea,
    Apenas, cuando al momento,
Sin cesar en llano o sierra,
Surque el mar, tale la tierra,
Pise el fuego, el aire, el viento.[56]

TISBEA. (*Aparte.*)
    ¡Oh, qué mal me parecían
Estas lisonjas ayer,
Y hoy echo en ellas de ver
Que sus labios no mentían!—
    Estando, amigos, pescando
Sobre este peñasco, vi
Hundirse una nave allí,
Y entre las olas nadando
    Dos hombres, y compasiva,
Di voces que nadie oyó;
Y en tanta aflición, llegó
Libre de la furia esquiva
    Del mar, sin vida a la arena,
De éste en los hombros cargado,
Un hidalgo, ya anegado;
Y envuelta en tan triste pena,
    A llamaros envié.

ANFRISO.
    Pues aquí todos estamos,
Manda que tu gusto hagamos,
Lo que pensado no fue.

TISBEA.
    Que a mi choza los llevemos
Quiero, donde, agradecidos,

---

[47] Se refiere al tormento del amor.
[48] Se refiere a los cordeles de un instrumento de tortura.
[49] agudeza, además de sal del mar. (Recuérdese que «sal» tiene una connotación erótica.)
[50] Se refiere al caballo de Troya.
[51] pasión (La mención constante del fuego recuerda los fuegos del infierno.).
[52] Este verso es como una letanía que Tisbea repite durante toda la escena. Tisbea, una pescadora, sabe que don Juan no va a casarse con ella, pero trata de convencerse de que el noble no está mintiendo.
[53] **A**... Dios quisiera.
[54] En la literatura de amor neoplatónica se le llama «sol» a la amada.
[55] **siendo**... Siendo fría (como las damas inalcanzables de la poesía cortés y neoplatónica), quemas (de pasión) como el sol.

[56] La enumeración de elementos se usa en la literatura del Siglo de Oro para significar la totalidad del universo. Coridón está diciendo que haría cualquier cosa por Tisbea.

Reparemos sus vestidos,
Y allí los regalaremos;
    Que mi padre gusta mucho
Desta debida piedad.

CATALINÓN.
¡Estremada es su beldad!

DON JUAN.
Escucha aparte.

CATALINÓN.
                Ya escucho.

DON JUAN.
    Si te pregunta quién soy,
Di que no sabes.

CATALINÓN.
                ¡A mí . . .
Quieres advertirme a mí
Lo que he de hacer!

DON JUAN.
                        Muerto voy
Por la hermosa pescadora.
Esta noche he de gozalla.

CATALINÓN.
¿De qué suerte?

DON JUAN.
                Ven y calla.

CORIDÓN.
    Anfriso: dentro de un hora
    Los pescadores prevén
Que canten y bailen.

ANFRISO.
                    Vamos,
Y esta noche nos hagamos
Rajas y paños también.[57]

DON JUAN.
Muerto voy.[58]

TISBEA.
                ¿Cómo, si andáis?

DON JUAN.
Ando en pena[59] como veis.

TISBEA.
    Mucho habláis.

DON JUAN.
                Mucho entendéis.

TISBEA.
¡Plega a Dios que no mintáis!
                Vanse.

        .   .   .

Sale TISBEA.

TISBEA.
        El rato que sin ti estoy
Estoy ajena de mí.

DON JUAN.
    Por lo que finges ansí,
    Ningún crédito te doy.

TISBEA.
    ¿Por qué?

DON JUAN.
                    Porque, si me amaras,
    Mi alma favorecieras.

TISBEA.
    Tuya soy.

DON JUAN.
            Pues di, ¿qué esperas,
    O en qué, señora, reparas?

TISBEA.
    Reparo que fue castigo
De amor, el que he hallado en ti.

DON JUAN.
    Si vivo, mi bien, en ti,
    A cualquier cosa me obligo.
        Aunque yo sepa perder
    En tu servicio la vida,
    La diera por bien perdida,
    Y te prometo de ser
        Tu esposo.

TISBEA.
                Soy desigual
    A tu ser.

DON JUAN.
                        Amor es rey
    Que iguala con justa ley
    La seda con el sayal.[60]

TISBEA.
    Casi te quiero creer. . . .
    Mas sois los hombres traidores.

DON JUAN.
    ¿Posible es, mi bien, que ignores
    Mi amoroso proceder?

---

[57] juego de palabras: «hacer rajas» significa «cortar leña»; «hacerse rajas» significa «divertirse».
[58] es decir, muerto de pasión.
[59] Las palabras de don Juan presagian su condenación.

[60] tela burda.

Hoy prendes por tus cabellos
Mi alma.

TISBEA.

Yo a ti me allano
Bajo la palabra y mano
De esposo.

DON JUAN.

Juro, ojos bellos
Que mirando me matáis,
De ser vuestro esposo.

TISBEA.

Advierte,
Mi bien, que hay Dios y que hay muerte.

DON JUAN.

¡Qué largo me lo fiáis!
Y mientras Dios me dé vida
Yo vuestro esclavo seré.
Esta es mi mano y mi fe.

TISBEA.

No seré en pagarte esquiva.

DON JUAN.

Ya en mí mismo no sosiego.

TISBEA.

Ven, y será la cabaña
Del amor que me acompaña
Tálamo[61] de nuestro fuego.
Entre estas cañas te esconde
Hasta que tenga lugar.[62]

DON JUAN.

¿Por dónde tengo de entrar?

TISBEA.

Ven y te diré por dónde.

DON JUAN.

Gloria al alma, mi bien, dais.

TISBEA.

Esa voluntad te obligue,
Y si no, Dios te castigue.

DON JUAN.

¡Qué largo me lo fiáis!

Vanse y sale CORIDÓN, ANFRISO, BELISA y MÚSICOS.

CORIDÓN.

Ea, llamad a Tisbea,
Y los zagales llamad
Para que en la soledad
El huésped la corte vea.

ANFRISO.

¡Tisbea, Lucinda, Atandra!
No vi cosa más cruel.
¡Triste y mísero de aquel
Que su fuego es salamandra![63]
Antes que el baile empecemos
A Tisbea prevengamos.

BELISA.

Vamos a llamarla.

CORIDÓN.

Vamos.

BELISA.

A su cabaña lleguemos.

CORIDÓN.

¿No ves que estará ocupada
Con los huéspedes dichosos,
De quien hay mil envidiosos?

ANFRISO.

Siempre es Tisbea envidiada.

BELISA.

Cantad algo, mientras viene,
Porque queremos bailar.

ANFRISO.

(*Aparte.*) ¿Cómo podrá descansar
Cuidado que celos tiene?

Cantan.

A pescar salió la niña
Tendiendo redes,
Y en lugar de peces
Las almas prende.

Sale TISBEA.

TISBEA.

¡Fuego, fuego! ¡que me quemo!
¡Que mi cabaña se abrasa!
Repicad a fuego, amigos,
Que ya dan mis ojos agua.
Mi pobre edificio queda
Hecho otra Troya en las llamas;
Que después que faltan Troyas,
Quiere amor quemar cabañas.
Mas si amor abrasa peñas
Con gran ira y fuerza extraña,
Mal podrán de su rigor
Reservarse humildes pajas
¡Fuego, zagales, fuego, agua, agua!
¡Amor, clemencia, que se abrasa el alma![64]
¡Ay, choza, vil instrumento

---

[61] cama matrimonial.
[62] tiempo.
[63] La salamandra tenía fama de poder aguantar el fuego sin quemarse.
[64] De hecho, los dos arriesgan que se abrase su alma en un sentido teológico. Otro presagio de la condenación de don Juan.

De mi deshonra y mi infamia!
¡Cueva de ladrones fiera,
Que mis agravios ampara!
Rayos de ardientes estrellas
En tus cabelleras caigan,
Porque abrasadas estén,
Si del viento mal peinadas.
¡Ah, falso huésped, que dejas
Una mujer deshonrada!
Nube que del mar salió
Para anegar mis entrañas.
¡Fuego, fuego, zagales, agua, agua!
¡Amor, clemencia, que se abrasa el alma!
Yo soy la que hacía siempre
De los hombres burla tanta;
Que siempre las que hacen burla,
Vienen a quedar burladas.
Engañóme el caballero
Debajo de fe y palabra
De marido, y profanó
Mi honestidad y mi cama.
Gozóme al fin, y yo propia
Le di a su rigor las alas
En dos yeguas que crié,
Con que me burló y se escapa.
Seguilde todos, seguilde.
Mas no importa que se vaya,
Que en la presencia del Rey
Tengo de pedir venganza.
¡Fuego, fuego, zagales! ¡agua, agua!
¡Amor, clemencia, que se abrasa el alma!
                              Vase TISBEA.

CORIDÓN.
    Seguid al vil caballero.

ANFRISO.
    ¡Triste del que pena y calla!
    Mas ¡vive el cielo! que en él,
    Me he de vengar de esta ingrata.
    Vamos tras ella nosotros,
    Porque va desesperada,
    Y podrá ser que ella vaya
    Buscando mayor desgracia.

CORIDÓN.
    Tal fin la soberbia tiene.
    Su locura y confianza
    Paró en esto.
        Dice TISBEA *dentro:* ¡Fuego, fuego!

ANFRISO.
        Al mar se arroja.

CORIDÓN.
    Tisbea, detente y para.

TISBEA.
    ¡Fuego, fuego, zagales, agua, agua!
    ¡Amor, clemencia, que se abrasa el alma!

Jornada segunda

Sale el MARQUÉS DE LA MOTA.

MOTA.
    Todo hoy os ando buscando,
    Y no os he podido hallar.
    ¿Vos, Don Juan, en el lugar,
    Y vuestro amigo penando
    En vuestra ausencia?

DON JUAN.
                            ¡Por Dios,
    Amigo, que me debéis
    Esa merced que me hacéis!

CATALINÓN. (*Aparte.*)
    Como[65] no le entreguéis vos
    Moza o cosa que lo valga,
    Bien podéis fiaros de él,
    Que, cuanto en esto es cruel,
    Tiene condición hidalga.

DON JUAN.
    ¿Qué hay de Sevilla?

MOTA.
                            Está ya
    Toda esta corte mudada.

DON JUAN.
    ¿Mujeres?

MOTA.
            Cosa juzgada.[66]

DON JUAN.
    ¿Inés?

MOTA.
            A Vejel[67] se va.

DON JUAN.
    Buen lugar para vivir
    La que tan dama nació.

MOTA.
    El tiempo la desterró
    A Vejel.

DON JUAN.
            Irá a morir.
    ¿Constanza?

MOTA.
                Es lástima vella
    Lampiña de frente y ceja.
    Llámale el portugués vieja,
    Y ella imagina que bella.

---

[65] Con tal de que.
[66] Claro que sí.
[67] juego de palabras: Vejel es un pueblo que está en la provincia de Cádiz; el nombre suena como «vejez».

DON JUAN.

Sí, que *velha*[68] en portugués
Suena vieja en castellano.
¿Y Teodora?

MOTA.

Este verano
Se escapó del mal francés[69]
Por un río de sudores,[70]
Y está tan tierna y reciente,[71]
Que anteayer me arrojó un diente
Envuelto entre muchas flores.

DON JUAN.

¿Julia, la del Candilejo?[72]

MOTA.

Ya con sus afeites lucha.

DON JUAN.

¿Véndese siempre por trucha?[73]

MOTA.

Ya se da por abadejo.[74]

DON JUAN.

El barrio de Cantarranas,[75]
¿Tiene buena población?

MOTA.

Ranas[76] las más de ellas son.

DON JUAN.

¿Y viven las dos hermanas?

MOTA.

Y la mona de Tolú
De su madre Celestina
Que les enseña dotrina.[77]

DON JUAN.

¡Oh, vieja de Bercebú![78]
¿Cómo la mayor está?

MOTA.

Blanca, sin blanca[79] ninguna.
Tiene un santo a quien ayuna.[80]

DON JUAN.

¿Agora en vigilias da?

MOTA.

Es firme y santa mujer.

DON JUAN.

¿Y esotra?

MOTA.

Mejor principio
Tiene; no desecha ripio.[81]

DON JUAN.

Buen albañir[82] quiere ser.
Marqués, ¿qué hay de perros muertos?[83]

MOTA.

Yo y Don Pedro de Esquivel
Dimos anoche un cruel,
Y esta noche tengo ciertos
Otros dos.

DON JUAN.

Iré con vos;
Que también recorreré
Cierto nido que dejé
En güevos[84] para los dos.
¿Qué hay de terrero?[85]

MOTA.

No muero
En terrero, que en terrado[86]
Me tiene mayor cuidado.

DON JUAN.

¿Cómo?

MOTA.

Un imposible quiero.

DON JUAN.

Pues ¿no os corresponde?

MOTA.

Sí,
Me favorece y estima.

DON JUAN.

¿Quién es?

MOTA.

Doña Ana, mi prima,
Que es recién llegada aquí.

---

[68] vieja (en portugués); se pronuncia «velya».
[69] **mal**... enfermedad venérea.
[70] La sífilis se curaba haciendo sudar al enfermo.
[71] blanda (Tiene la piel tan blanda que se le caen los dientes.).
[72] calle de Sevilla.
[73] prostituta fina.
[74] prostituta barata.
[75] barrio en el cual hay muchos prostíbulos.
[76] prostitutas.
[77] **Y**... Su madre Celestina, que parece un mono de Tolú (lugar de Colombia conocido por sus monos), les da lecciones de prostitución.
[78] el diablo.
[79] **sin**... sin un centavo (Blanca es el nombre de la mujer; una «blanca» es también una moneda de poco valor.).
[80] Tiene un amante a quien le es fiel, y por lo tanto no tiene relaciones con otros hombres.

[81] **no**... va con cualquier hombre (no desprecia siquiera los desperdicios que dejan otras).
[82] albañil.
[83] **perros**... engaños.
[84] huevos.
[85] **¿Qué**... ¿Qué novedades hay acerca de las mujeres y sus coqueteos? (Un terrero es una plaza donde los hombres van a conocer mujeres.).
[86] juego de palabras: enterrado.

DON JUAN.

    Pues ¿dónde ha estado?

MOTA.

                En Lisboa,
Con su padre en la embajada.

DON JUAN.

    ¿Es hermosa?

MOTA.

           Es estremada,
Porque en Doña Ana de Ulloa
  Se estremó naturaleza.

DON JUAN.

    ¿Tan bella es esa mujer?
¡Vive Dios que la he de ver!

MOTA.

  Veréis la mayor belleza
  Que los ojos del sol ven.

DON JUAN.

  Casaos, si es tan estremada.

MOTA.

El Rey la tiene casada,[87]
Y no se sabe con quién.

DON JUAN.

    ¿No os favorece?

MOTA.

            Y me escribe.

CATALINÓN. (*Aparte.*)

  No prosigas, que te engaña
El gran Burlador de España.

DON JUAN.

  Quien tan satisfecho vive
  De su amor, ¿desdichas teme?
Sacalda, solicitalda.
Escribilda y engañalda,
Y el mundo se abrase y queme.

MOTA.

  Ahora estoy esperando
La postrer resolución.

DON JUAN.

  Pues no perdáis la ocasión,
Que aquí os estoy aguardando.

MOTA.

  Ya vuelvo. *Vanse el* MARQUÉS *y el* CRIADO.

CATALINÓN.

      Señor Cuadrado
O señor redondo,[88] adiós.

CRIADO.

  Adiós.

DON JUAN.

      Pues solos los dos,
Amigo, habemos quedado,
  Síguele el paso al Marqués,
Que en el palacio se entró.
        Vase CATALINÓN.

Habla por una reja una mujer.

MUJER.

  Ce, ¿a quién digo?[89]

DON JUAN.

    ¿Quién llamó?

MUJER.

  Pues sois prudente y cortés
  Y su amigo, dalde luego
Al Marqués este papel.
Mirad que consiste en él
De una señora el sosiego.

DON JUAN.

  Digo que se lo daré.
Soy su amigo y caballero.

MUJER.

  Basta, señor forastero.
Adiós. *Vase.*

DON JUAN.

      Y la voz se fue.
¿No parece encantamento
Esto que ahora ha pasado?
A mí el papel ha llegado
Por la estafeta del viento.
  Sin duda que es de la dama
Que el Marqués me ha encarecido:
Venturoso en esto he sido.
Sevilla a voces me llama
  El Burlador, y el mayor
Gusto que en mí puede haber,
Es burlar una mujer
Y dejalla sin honor.
  ¡Vive Dios, que le[90] he de abrir
Pues salí de la plazuela!
Mas ¿si hubiese otra cautela?[91]
Gana me da de reír.
  Ya está abierto el papel,
Y que es suyo es cosa llana,
Porque aquí firma Doña Ana
Dice así: *Mi padre infiel*
  En secreto me ha casado,
Sin poderme resistir:

---

[87] prometida.
[88] Ambos «cuadrado» y «redondo» se usan para referirse a una persona gorda.

[89] hablo.
[90] el papel.
[91] engaño.

No sé si podré vivir,
Porque la muerte me ha dado.
    Si estimas, como es razón,
Mi amor y mi voluntad,
Y si tu amor fue verdad,
Muéstralo en esta ocasión.
    Por que veas que te estimo,
Ven esta noche a la puerta;
Que estará a las once abierta,
Donde tu esperanza, primo,
    Goces, y el fin de tu amor.
Traerás, mi gloria, por señas[92]
De Leonorilla y las dueñas,
Una capa de color.
    Mi amor todo de ti fío,
Y adiós. ¡Desdichado amante!
¿Hay suceso semejante?
Ya de la burla me río.
    ¡Gozaréla, vive Dios!
Con el engaño y cautela
Que en Nápoles a Isabela.

Sale CATALINÓN.

CATALINÓN.
Ya el Marqués viene.

DON JUAN.
                    Los dos
    Aquesta noche tenemos
Que hacer.

CATALINÓN.
            ¿Hay engaño nuevo?

DON JUAN.
Estremado.

CATALINÓN.
            No lo apruebo.
Tú pretendes que escapemos
    Una vez, señor, burlados,
Que el que vive de burlar
Burlado habrá de escapar
Pagando tantos pecados
    De una vez.

DON JUAN.
                ¿Predicador
Te vuelves, impertinente?

CATALINÓN.
La razón hace al valiente.

DON JUAN.
Y al cobarde hace el temor.
    El que se pone a servir
Voluntad no ha de tener,
Y todo ha de ser hacer,
Y nada ha de ser decir.

Sirviendo, jugando estás,
Y si quieres ganar luego,
Haz siempre, porque en el juego
Quien más hace gana más.

CATALINÓN.
    Y también quien hace y dice
Pierde por la mayor parte.

DON JUAN.
    Esta vez quiero avisarte,
Porque otra vez no te avise.[93]

CATALINÓN.
    Digo que de aquí adelante
Lo que me mandes haré,
Y a tu lado forzaré
Un tigre y un elefante.
    Guárdese de mí un prior,
Que si me mandas que calle
Y le fuerce, he de forzalle
Sin réplica, mi señor.

DON JUAN.
    Calla, que viene el Marqués.

CATALINÓN.
    Pues, ¿ha de ser el forzado?

Sale el MARQUÉS DE LA MOTA.

DON JUAN.
    Para vos, Marqués, me han dado
Un recaudo[94] harto cortés,
    Por esa reja, sin ver[95]
El que me lo daba allí;
Sólo en la voz conocí
Que me lo daba mujer.
    Dícete al fin, que a las doce
Vayas secreto a la puerta,
(Que estará a las once abierta;)[96]
Donde tu esperanza goce
    La posesión de tu amor,
Y que llevases por señas
De Leonorilla y las dueñas,
Una capa de color.

MOTA.
¿Qué dices?

DON JUAN.
                Que este recaudo
De una ventana me dieron,
Sin ver quién.

MOTA.
                Con él pusieron
Sosiego en tanto cuidado.

---

[92] para que Leonorilla y las dueñas te reconozcan.

[93] **Porque**... Para no tener que volver a decirte.
[94] recado.
[95] **sin**... sin que yo pudiera ver.
[96] Esto lo dice aparte.

¡Ay amigo! Sólo en ti
Mi esperanza renaciera.[97]
Dame esos pies.

DON JUAN.

            Considera
Que no está tu prima en mí.
Eres tú quien ha de ser
Quien la tiene de gozar,
¿Y me llegas a abrazar
Los pies?

MOTA.

          Es tal el placer,
Que me ha sacado de mí.[98]
¡Oh, sol! apresura el paso.

DON JUAN.

Ya el sol camina al ocaso.

MOTA.

Vamos, amigos, de aquí,
  Y de noche nos pondremos.[99]
¡Loco voy!

DON JUAN. (*Aparte*).

        Bien se conoce;
Mas yo bien sé que a las doce
Harás mayores estremos.

MOTA.

   ¡Ay, prima del alma, prima,
Que quieres premiar mi fe!

CATALINÓN. (*Aparte.*)

  ¡Vive Cristo, que no dé
Una blanca por su prima![100]
      Vase el MARQUÉS.

.   .   .

Dice DOÑA ANA *dentro.*

ANA.

  ¡Falso! no eres el Marqués,
Que me has engañado.

DON JUAN.

          Digo
Que lo soy.

ANA.

      ¡Fiero enemigo,
Mientes, mientes!

Sale DON GONZALO *con la espada desnuda.*

DON GONZALO.

          La voz es
De Doña Ana la que siento.

ANA.

¿No hay quien mate este traidor,
Homicida de mi honor?

DON GONZALO.

¿Hay tan grande atrevimiento?
  Muerto honor dijo, ¡ay de mí!
Y es su lengua tan liviana
Que aquí sirve de campana.[101]

ANA.

  Matalde.

Sale DON JUAN y CATALINÓN *con las espadas desnudas.*

DON JUAN.

      ¿Quién está aquí?

DON GONZALO.

  La barbacana[102] caída
De la torre de mi honor
Echaste en tierra, traidor,
Donde era alcaide[103] la vida.

DON JUAN.

  Déjame pasar.

DON GONZALO.

        ¿Pasar?
Por la punta de esta espada.

DON JUAN.

  Morirás.

DON GONZALO.

     No importa nada.

DON JUAN.

  Mira que te he de matar.

DON GONZALO.

  ¡Muere, traidor!

DON JUAN.

        De esta suerte
Muero.

CATALINÓN.

   Si escapo de ésta,
No más burlas, no más fiesta.

DON GONZALO.

¡Ay, que me has dado la muerte!

DON JUAN.

Tú la vida te quitaste.

---

[97] pudiera renacer.
[98] **que**... que me ha enloquecido.
[99] **de**... nos vestiremos para salir de noche.
[100] **que**... yo no daría una blanca (un centavo) por su prima (porque don Juan va a seducirla).

[101] **sirve**... anuncia la deshonra.
[102] parte de una fortaleza; también significa «viejo».
[103] general, jefe.

DON GONZALO.
¿De qué la vida servía?[104]

DON JUAN.
Huyamos.

Vanse DON JUAN *y* CATALINÓN.

.   .   .

Sale BATRICIO *desposado con* AMINTA; GASENO, *viejo,* BE-
LISA *y* PASTORES *músicos.*[105]

Cantan.

Lindo sale el sol de abril,
Con trébol y toronjil,
Y aunque le sirve de estrella,
Aminta sale más bella.

BATRICIO.
Sobre esta alfombra florida,
A donde en campos de escarcha
El sol sin aliento marcha
Con su luz recién nacida,
Os sentad, pues nos convida
Al tálamo el sitio hermoso . . .

AMINTA.
Cantalde a mi dulce esposo
Favores de mil en mil.[106]

Cantan.

Lindo sale el sol de abril
Con trébol y toronjil,
Y aunque le sirve de estrella,
Aminta sale más bella.

GASENO.
Muy bien lo hacéis solfeado;[107]
No hay más sones en el kyries.[108]

BATRICIO.
Cuando con sus labios tiries[109]
Vuelve en púrpura los labios
Saldrán, aunque vergonzosas,
Afrentando el sol de abril.[110]

AMINTA.
Batricio, yo lo agradezco;
Falso y lisonjero estás;

Mas si tus rayos me das,
Por ti ser luna merezco.
Tú eres el sol por quien crezco
Después de salir menguante,
Para que el alba te cante
La salva en tono sutil.

Cantan.

Lindo sale el sol, etc.

Sale CATALINÓN, *de camino.*

CATALINÓN.
Señores, el desposorio
Huéspedes ha de tener.

GASENO.
A todo el mundo ha de ser
Este contento notorio.
¿Quién viene?

CATALINÓN.
Don Juan Tenorio.

GASENO.
¿El viejo?

CATALINÓN.
No ese Don Juan.[111]

BELISA.
Será su hijo galán.

BATRICIA. (*Aparte.*)
Téngolo por mal agüero,
Que galán y caballero
Quitan gusto y celos dan.
Pues ¿quién noticia le dio
De mis bodas?

CATALINÓN.
De camino
Pasa a Lebrija.

BATRICIO. (*Aparte.*)
Imagino
Que el demonio le envió.
Mas ¿de qué me aflijo yo?
Vengan a mis dulces bodas
Del mundo las gentes todas.
Mas, con todo, ¡un caballero
En mis bodas! ¡mal agüero!

GASENO.
Venga el coloso de Rodas,[112]
Venga el Papa, el Preste Juan[113]
Y Don Alonso el Onceno

---

[104] Es decir, la vida no sirve sin el honor.
[105] La escena tiene lugar en un pueblo que se llama Dos Hermanas. Los villanos celebran un matrimonio.
[106] **Favores**... Miles y miles de favores.
[107] cantado.
[108] *Kirie eleison*, una parte de la misa.
[109] de Tiro, un antiguo puerto fenicio célebre por la producción de tinte púrpura.
[110] Faltan dos versos aquí.
[111] error por parte de Tirso; el padre de don Juan se llama Diego.
[112] Se refiere a la famosa estatua de Helios.
[113] rey de Asia o de Abisinia.

Con su corte, que en Gaseno
Animo y valor verán.
Montes en casa hay de pan,
Guadalquivires[114] de vino,
Babilonias[115] de tocino,
Y entre ejércitos cobardes
De aves, para que las lardes
El pollo y el palomino.
    Venga tan gran caballero
A ser hoy en Dos Hermanas
Honra de estas viejas canas.

BELISA.
    El hijo del Camarero
Mayor . . .

BATRICIO. (*Aparte.*)
            Todo es mal agüero
Para mí, pues le han de dar
Junto a mi esposa lugar.
Aún no gozo, y ya los cielos
Me están condenando a celos,
Amor, sufrir y callar.

Sale DON JUAN TENORIO.

DON JUAN.
    Pasando acaso[116] he sabido
Que hay bodas en el lugar,
Y de ellas quise gozar,
Pues tan venturoso he sido.

GASENO.
    Vuestra señoría ha venido
A honrallas y engrandecellas.

BATRICIO. (*Aparte.*)
    Yo que soy el dueño de ellas,
Digo entre mí que vengáis
En hora mala.

GASENO.
            ¿No dais
Lugar a este caballero?[117]

DON JUAN.
    Con vuestra licencia quiero
Sentarme aquí.
    Siéntase junto a la novia.

BATRICIO.
            Si os sentáis
Delante de mí, señor,
Seréis de aquesa manera
El novio.

DON JUAN.
            Cuando[118] lo fuera,
No escogiera lo peor.

GASENO.
    Que es el novio . . .

DON JUAN.
                    De mi error
Y ignorancia perdón pido.

CATALINÓN.
    ¡Desventurado marido!

DON JUAN.
    Corrido está.

CATALINÓN.
                No lo ignoro;
Mas si tiene de ser toro,[119]
¿Qué mucho que esté corrido?[120]
    No daré por su mujer
Ni por su honor un cornado.[121]
¡Desdichado tú, que has dado
En manos de Lucifer!

DON JUAN.
    ¿Posible es que vengo a ser,
Señora, tan venturoso?
Envidia tengo al esposo.

AMINTA.
    Parecéisme lisonjero.

BATRICIO.
    Bien dije que es mal agüero
En bodas un poderoso.

GASENO.
    Ea, vamos a almorzar,
Por que pueda descansar
Un rato su señoría.

Tómale DON JUAN *la mano a la novia.*

DON JUAN.
    ¿Por qué la escondéis?

AMINTA.
                    No es mía.

GASENO.
    Vamos.

BELISA.
            Volved a cantar.

---

[114] ríos.
[115] torres.
[116] por casualidad.
[117] Este verso debería terminar en *-ellas.* Los dos versos que siguen no caben dentro del esquema métrico.

[118] Aun si.
[119] es decir, cornudo como un toro.
[120] juego de palabras: «corrido» significa «molesto» o «avergonzado», además de ser el participio pasado de «correr».
[121] es decir, nada; nótese el juego sobre «toro», «corrido», «cornado».

DON JUAN.
  ¿Qué dices tú?

CATALINÓN.
                ¿Yo? que temo
  Muerte vil destos villanos.

DON JUAN.
  Buenos ojos, blancas manos,
  En ellos me abraso y quemo.

CATALINÓN.
  ¡Almagrar y echar a extremo![122]
    Con ésta cuatro serán.[123]

DON JUAN.
  Ven, que mirándome están.

BATRICIO.
  En mis bodas caballero,
  ¡Mal agüero!

GASENO.
            Cantad.

BATRICIO.
                Muero.

CATALINÓN.
  Canten, que ellos llorarán.

Vanse todos, con que da fin la segunda jornada.

Jornada tercera

Sale BATRICIO *pensativo.*

BATRICIO.
    Celos, reloj de cuidados
  Que a todas las horas dais
  Tormentos con que matáis,
  Aunque dais desconcertados:[124]
    Celos, del vivir desprecios,
  Con que ignorancias hacéis,
  Pues todo lo que tenéis
  De ricos tenéis de necios,
    Dejadme de atormentar,
  Pues es cosa tan sabida
  Que, cuando amor me da vida,
  La muerte me queréis dar.
    ¿Qué me queréis, caballero,
  Que me atormentáis ansí?
  Bien dije, cuando le vi
  En mis bodas: «¡mal agüero!»
    ¿No es bueno que se sentó
  A cenar con mi mujer,

Y a mí en el plato meter
La mano no me dejó;
    Pues cada vez que quería
Metella, la desviaba,
Diciendo a cuanto tomaba;
«Grosería, grosería?»
    Pues llegándome a quejar
A algunos, me respondían
Y con risa me decían:
«No tenéis de qué os quejar;
    Eso no es cosa que importe;
No tenéis de qué temer;
Callad, que debe de ser
Uso de allá de la Corte».
    ¡Buen uso,[125] trato estremado!
Mas no se usará[126] en Sodoma[127]
Que otro con la novia coma
Y que ayune el desposado.
    Pues el otro bellacón[128]
A cuanto comer quería,
«¿Esto no come»? decía,
«No tenéis, señor,[129] razón»:
    ¡Y de delante al momento
Me lo quitaba corrido.
Esto sé yo bien que ha sido
Culebra,[130] y no casamiento.
    Ya no se puede sufrir
Ni entre cristianos pasar.
Y acabando de cenar
Con los dos . . . ¡mas que a[131] dormir
    Se ha de ir también, si porfía,
Con nosotros, y ha de ser,
El llegar yo a mi mujer,
«Grosería, grosería»![132]
    Ya viene, no me resisto.
Aquí me quiero esconder;
Pero ya no puede ser,
Que imagino que me ha visto.

Sale DON JUAN TENORIO.

DON JUAN.
  Batricio.

BATRICIO.
            Su señoría
  ¿Qué manda?

---

[125] costumbre.
[126] **no**... no será la costumbre.
[127] ciudad bíblica que Dios destruyó porque sus habitantes se habían entregado al vicio.
[128] Se refiere a Catalinón, que anima a don Juan a comer.
[129] El cambio de forma verbal y el uso del título aumentan la ironía.
[130] broma.
[131] **mas**... apuesto que.
[132] **El**... Cuando yo me acerque a mi mujer, me dirá que soy un grosero (por querer estar con ella).

---

[122] **Almagrar**... Hiérrala y ponla al lado. Es decir, una víctima más. («Almagrar» es «teñir de almagre», un óxido rojo de hierro.).
[123] Esta es la cuarta conquista de don Juan.
[124] Es decir, los celos son un reloj que a cada hora da tormentos a deshora.

DON JUAN.

          Haceros saber . . .

BATRICIO. (*Aparte.*)
  ¿Mas que ha de venir a ser
  Alguna desdicha mía?

DON JUAN.
    Que ha[133] muchos días, Batricio,
  Que a Aminta el alma le di
  Y he gozado . . .

BATRICIO.
             ¿Su honor?

DON JUAN.
                  Sí.

BATRICIO. (*Aparte.*)
  Manifiesto y claro indicio
    De lo que he llegado a ver
  Que si bien no le quisiera,
  Nunca a su casa viniera.
  Al fin, al fin, es mujer.

DON JUAN.
    Al fin, Aminta celosa,
  O quizá desesperada
  De verse de mí olvidada
  Y de ajeno dueño esposa,
    Esta carta me escribió
  Enviándome a llamar;
  Y yo prometí gozar
  Lo que el alma prometió.
    Esto pasa de esta suerte:
  Dad a vuestra vida un medio;[134]
  Que le daré sin remedio
  A quien lo impida, la muerte.

BATRICIO.
    Si tú en mi elección lo pones,
  Tu gusto pretendo hacer;
  Que el honor y la mujer
  Son malos en opiniones.[135]
    La mujer en opinión
  Siempre más pierde que gana:
  Que son como la campana,
  Que se estima por el són;
    Y así es cosa averiguada
  Que opinión[136] viene a perder,
  Cuando cualquiera mujer
  Suena a campana quebrada,
    No quiero, pues me reduces

El bien que mi amor ordena,
Mujer entre mala y buena,
Que es moneda entre dos luces.[137]
    Gózala, señor, mil años;
Que yo quiero resistir
Desengaños, y morir,
Y no vivir con engaños.
         Vase.

DON JUAN.
    Con el honor le vencí,
  Porque siempre los villanos
  Tienen su honor en las manos,[138]
  Y siempre miran por sí;[139]
    Que por tantas variedades,
  Es bien que se entienda y crea
  Que el honor se fue al aldea,[140]
  Huyendo de las ciudades.
    Pero antes de hacer el daño,
  Le pretendo reparar.
  A su padre voy a hablar
  Para autorizar mi engaño.
    Bien lo supe negociar;
  Gozarla esta noche espero;
  La noche camina, y quiero
  Su viejo padre llamar.
    Estrellas que me alumbráis,
  Dadme en este engaño suerte,
  Si el galardón en la muerte
  Tan largo me lo guardáis.
         Vase.

Salen AMINTA *y* BELISA.

BELISA.
    Mira que vendrá tu esposo;
  Entra a desnudarte, Aminta.

AMINTA.
    De estas infelices bodas
  No sé qué sienta, Belisa.
  Todo hoy mi Batricio ha estado
  Bañado en melancolía;
  Todo es confusión y celos;
  ¡Mirad qué grande desdicha!
  Di, ¿qué[141] caballero es éste
  Que de mi esposo me priva?
  La desvergüenza en España
  Se ha hecho caballería.[142]
  Déjame, que estoy sin seso,
  Déjame, que estoy corrida.

---

[133] hace (Nótese que al momento de decirle don Juan a Batricio que ha gozado de su mujer, no es verdad todavía.).

[134] una oportunidad.

[135] Es decir, el honor y la mujer se convierten en males cuando están en boca de la gente.

[136] fama, reputación.

[137] **entre**... de poco valor.

[138] **siempre**... los villanos están siempre listos a defender su honor.

[139] **miran**... se preocupan por (su honor).

[140] a la aldea.

[141] qué clase de.

[142] **La**... alusión a la corrupción de la nobleza española.

¡Mal hubiese el caballero
Que mis contentos me priva!

BELISA.

Calla, que pienso que viene,
Que nadie en la casa pisa
De un desposado, tan recio.

AMINTA.

Queda adiós, Belisa mía.

BELISA.

Desenójale en los brazos.

AMINTA.

¡Plega a los cielos que sirvan
Mis suspiros de requiebros,
Mis lágrimas de caricias!
                    Vanse.

Salen DON JUAN, CATALINÓN y GASENO.

DON JUAN.

Gaseno, quedad con Dios.

GASENO.

Acompañaros querría,
Por dalle de esta ventura
El parabién[143] a mi hija.

DON JUAN.

Tiempo mañana nos queda.

GASENO.

Bien decís. El alma mía
En la muchacha os ofrezco.
                    Vase.

DON JUAN.

Mi esposa decid.
                    Ensilla,
Catalinón.

CATALINÓN.

            ¿Para cuándo?

DON JUAN.

Para el alba, que de risa
Muerta, ha de salir mañana,
Deste engaño.

CATALINÓN.

            Allá, en Lebrija,
Señor, nos está aguardando
Otra boda. Por tu vida,
Que despaches presto en ésta.

DON JUAN.

La burla más escogida[144]
De todas ha de ser ésta.

CATALINÓN.

Que saliésemos querría
De todas bien.

DON JUAN.

                    Si es mi padre
El dueño de la justicia,
Y es la privanza[145] del Rey,
¿Qué temes?

CATALINÓN.

                    De los que privan
Suele Dios tomar venganza
Si delitos no castigan,
Y se suelen en el juego
Perder también los que miran.
Yo he sido mirón del tuyo,
Y por mirón no querría
Que me cogiese algún rayo
Y me trocase en ceniza.

DON JUAN.

Vete, ensilla, que mañana
He de dormir en Sevilla.

CATALINÓN.

¿En Sevilla?

DON JUAN.

            Sí.

CATALINÓN.

                    ¿Qué dices?
Mira lo que has hecho, y mira
Que hasta la muerte, señor,
Es corta la mayor vida;
Que hay castigo, pena y muerte.

DON JUAN.

Si tan largo me lo fías,
Vengan engaños.

CATALINÓN.

                    Señor . . .

DON JUAN.

Vete, que ya me amohinas
Con tus temores estraños.

CATALINÓN.

Fuerza al Turco, fuerza al Scita,[146]
Al Persa y al Garamante[147]
Al Gallego, al Troglodita,[148]
Al Alemán y al Japón,[149]

---

[143] felicitaciones.
[144] perfecta.

[145] el favorito.
[146] habitante de un país antiguo de una región del sureste de Europa y Asia. Hoy en día forma parte de la Unión Soviética.
[147] libio.
[148] hombre primitivo que vive en una cueva.
[149] japonés.

Al sastre con la agujita
De oro en la mano, imitando
Contino[150] a la blanca niña.[151]
Vase.

DON JUAN.
La noche en negro silencio
Se estiende, y ya las Cabrillas[152]
Entre racimos de estrellas
El Polo más alto pisan.
Yo quiero poner mi engaño
Por obra. El amor me guía
A mi inclinación, de quien
No hay hombre que se resista.
Quiero llegar a la cama.
¡Aminta!

Sale AMINTA *como que está acostada.*

AMINTA.
                    ¿Quién llama a Aminta?
¿Es mi Batricio?

DON JUAN.
                    No soy
Tu Batricio.

AMINTA.
                    Pues ¿quién?

DON JUAN.
                    Mira
De espacio,[153] Aminta, quién soy.

AMINTA.
¡Ay de mí! ¡yo soy perdida!
¿En mi aposento a estas horas?

DON JUAN.
Estas son las horas mías.

AMINTA.
Volveos, que daré voces:
No excedáis la cortesía
Que a mi Batricio se debe.
Ved que hay romanas Emilias[154]
En Dos Hermanas también,
Y hay Lucrecias[155] vengativas.

DON JUAN.
Escúchame dos palabras,
Y esconde de las mejillas
En el corazón la grana,
Por ti más preciosa y rica.

AMINTA.
Vete, que vendrá mi esposo.

DON JUAN.
Yo lo soy; ¿de qué te admiras?

AMINTA.
¿Desde cuándo?

DON JUAN.
                    Desde agora.

AMINTA.
¿Quién lo ha tratado?

DON JUAN.
                    Mi dicha.

AMINTA.
¿Y quién nos casó?

DON JUAN.
                    Tus ojos.

AMINTA.
¿Con qué poder?

DON JUAN.
                    Con la vista.

AMINTA.
¿Sábelo Batricio?

DON JUAN.
                    Sí,
Que te olvida.

AMINTA.
¿Que me olvida?

DON JUAN.
Sí, que yo te adoro.

AMINTA.
                    ¿Cómo?

DON JUAN.
Con mis dos brazos.

AMINTA.
                    Desvía.

DON JUAN.
¿Cómo puedo, si es verdad
Que muero?

AMINTA.
                    ¡Qué gran mentira!

DON JUAN.
Aminta, escucha y sabrás,
Si quieres que te lo diga,
La verdad; que las mujeres
Sois de verdades amigas.
Yo soy noble caballero,

---

[150] continuamente.
[151] referencia a un romance que se llama *La blanca niña.*
[152] la constelación de las Pléyades.
[153] de... despacio.
[154] Emilia fue la esposa de Escipión Africano, conocida por su valor.
[155] Lucrecia fue una mujer romana conocida por su virtud. Después de su violación por Sexto Tarquinio, se suicidó.

Cabeza de la familia
De los Tenorios antiguos,
Ganadorcs dc Scvilla.
Mi padre, despés del Rey,
Se reverencia y estima,
Y en la corte, de sus labios
Pende la muerte o la vida.
Corriendo el camino acaso,
Llegué a verte; que amor guía
Tal vez[156] las cosas de suerte,
Que él mismo de ellas se olvida.
Vite, adoréte, abraséme
Tanto, que tu amor me anima
A que contigo me case;
Mira qué acción tan precisa.
Y aunque lo mormure el Rey
Y aunque el Rey lo contradiga
Y aunque mi padre enojado
Con amenazas lo impida,
Tu esposo tengo de ser.
¿Qué dices?

AMINTA.
          No sé qué diga,
Que se encubren tus verdades
Con retóricas mentiras;
Porque si estoy desposada,
Como es cosa conocida,
Con Batricio, el matrimonio
No se absuelve,[157] aunque él desista.

DON JUAN.
En no siendo consumado,
Por engaño o por malicia
Puede anularse.

AMINTA.
          En Batricio
Toda fue verdad sencilla.

DON JUAN.
Ahora bien: dame esa mano,
Y esta voluntad confirma
Con ella,

AMINTA.
          ¿Qué, no me engañas?

DON JUAN.
Mío el engaño sería.

AMINTA.
Pues jura que cumplirás
La palabra prometida.

DON JUAN.
Juro a esta mano, señora,

Infierno de nieve fría,
De cumplirte la palabra.

AMINTA.
Jura a Dios que te maldiga
Si no la cumples.

DON JUAN.
          Si acaso
La palabra y la fe mía
Te faltare, ruego a Dios
Que a traición y alevosía
Me dé muerte un hombre . . . (muerto:
Que, vivo, ¡Dios no permita!)

AMINTA.
Pues con ese juramento
Soy tu esposa.

DON JUAN.
          El alma mía
Entre los brazos te ofrezco.

AMINTA.
Tuya es el alma y la vida.

DON JUAN.
¡Ay, Aminta de mis ojos!
Mañana, sobre virillas[158]
De tersa plata, estrellada
Con clavos de oro de Tíbar,[159]
Pondrás los hermosos pies,
Y en prisión de gargantillas
La alabastrina garganta,
Y los dedos en sortijas,
En cuyo engaste parezcan
Trasparentes perlas finas.

AMINTA.
A tu voluntad, esposo,
La mía desde hoy se inclina:
Tuya soy.

DON JUAN. (*Aparte*).
          ¡Qué mal conoces
Al Burlador de Sevilla!

Vanse.

      .   .   .

Salen DON JUAN y CATALINÓN.[160]

CATALINÓN.
Todo en mal estado está.

---

[156] A veces.
[157] anula.

[158] anillos de metal que sirven para adornar los zapatos de mujer.
[159] la Costa del Oro en Africa.
[160] Se encuentran en una iglesia de Sevilla. Las iglesias eran refugios de la justicia.

DON JUAN.
    ¿Cómo?

CATALINÓN.
            Que Octavio ha sabido
La traición de Italia ya,
Y el[161] de la Mota ofendido
De ti justas quejas da,
   Y dice que fue el recaudo
Que de su prima le diste
Fingido y disimulado,
Y con su capa emprendiste
La traición que le ha infamado.
   Dicen que viene Isabela
A que seas su marido,
Y dicen . . .

DON JUAN.
             ¡Calla!

CATALINÓN.
            Una muela
En la boca me has rompido.[162]

DON JUAN.
    Hablador, ¿quién te revela
Tanto disparate junto?

CATALINÓN.
    ¡Disparate, disparate!
Verdades son.

DON JUAN.
           No pregunto
Si lo son. Cuando[163] me mate
Otavio: ¿estoy yo difunto?
   ¿No tengo manos tambíen?
¿Dónde me tienes posada?[164]

CATALINÓN.
    En la calle, oculta.

DON JUAN.
        Bien.

CATALINÓN.
    La iglesia es tierra sagrada.[165]

DON JUAN.
    Di que de día me den
   En ella la muerte. ¿Viste
Al novio de Dos Hermanas?

CATALINÓN.
    También le vi ansiado y triste.

DON JUAN.
    Aminta, estas dos semanas
No ha de caer en el chiste.

CATALINÓN.
    Tan bien engañada está,
Que se llama Doña Aminta.[166]

DON JUAN.
    ¡Graciosa burla será!

CATALINÓN.
    Graciosa burla y sucinta,
Mas siempre la llorará.

Descúbrese un sepulcro de DON GONZALO DE ULLOA.

DON JUAN.
    ¿Qué sepulcro es éste?

CATALINÓN.
            Aquí
Don Gonzalo está enterrado.

DON JUAN.
    Este es a quien muerte di.
¡Gran sepulcro le han labrado!

CATALINÓN.
    Ordenólo el Rey así.
   ¿Cómo dice este letrero.

DON JUAN.
    Aquí aguarda del Señor
    El más leal caballero
    La venganza de un traidor.
Del mote reírme quiero.
   ¿Y habéisos vos de vengar,
Buen viejo, barbas de piedra?

CATALINÓN.
    No se las podrás pelar;
Que en barbas muy fuertes medra.[167]

DON JUAN.
    Aquesta noche a cenar
   Os aguardo en mi posada,
Allí el desafío[168] haremos,
Si la venganza os agrada;
   Aunque mal reñir podremos,
Si es de piedra vuestra espada.

CATALINÓN.
    Ya, señor, ha anochecido;
Vámonos a recoger.

DON JUAN.
    Larga esta venganza ha sido.

---

[161] el marqués.
[162] roto.
[163] Aun si.
[164] alojamiento.
[165] **tierra**... un refugio (La justicia no puede prender a un criminal que se refugia en una iglesia.).

[166] Catalinón se burla de Aminta, que está tan segura de casarse con don Juan que ya usa el título «doña».
[167] crece.
[168] duelo.

Si es que vos la habéis de hacer,
Importa no estar dormido;
  Que si a la muerte aguardáis
La venganza, la esperanza
Ahora es bien que perdáis;
Pues vuestro enojo y venganza
Tan largo me lo fiáis.

Vanse y ponen la mesa dos CRIADOS.[169]

CRIADO 1.
  Quiero apercebir la cena,
Que vendrá a cenar Don Juan.

CRIADO 2.
Puestas las mesas están.
¡Qué flema tiene, si empieza![170]
  Ya tarda, como solía,
Mi señor: no me contenta;
La bebida se calienta
Y la comida se enfría.
  Mas ¿quién a Don Juan ordena
Esta desorden?[171]

Salen DON JUAN *y* CATALINÓN.

DON JUAN.
        ¿Cerraste?

CATALINÓN.
Ya cerré como mandaste.

DON JUAN.
¡Hola! Traíganme la cena.

CRIADO 2.
  Ya está aquí.

DON JUAN.
      Catalinón,
Siéntate.

CATALINÓN.
     Yo soy amigo
De cenar de espacio.

DON JUAN.
        Digo
Que te sientes.

CATALINÓN.
      La razón
Haré.[172]

CRIADO 1.
     También es camino
Este, si come con él.[173]

DON JUAN.
Siéntate. (*Un golpe dentro.*)

CATALINÓN.
     Golpe es aquél.

DON JUAN.
Que llamaron imagino.
  Mira quién es.

CRIADO 1.
        Voy volando.

CATALINÓN.
¿Si es la justicia, señor?

DON JUAN.
Sea, no tengas temor.

Vuelve el CRIADO *huyendo.*

¿Quién es? ¿De qué estás temblando?

CATALINÓN.
  De algún mal da testimonio.

DON JUAN.
Mal mi cólera resisto.
Habla, responde, ¿qué has visto?
¿Asombróte algún demonio?
  Ve tú, y mira aquella puerta:
¡Presto, acaba!

CATALINÓN.
      ¿Yo?

DON JUAN.
       Tú, pues.
Acaba, menea los pies.

CATALINÓN.
A mi agüela[174] hallaron muerta
  Como racimo colgada,
Y desde entonces se suena
Que anda siempre su alma en pena.
Tanto golpe no me agrada.

DON JUAN.
  Acaba.

CATALINÓN.
     Señor, si sabes
Que soy un Catalinón[175] . . .

DON JUAN.
Acaba.

CATALINÓN.
   ¡Fuerte ocasión!

---

[169] La escena cambia al cuarto de don Juan.
[170] **Qué**... Qué poca prisa tiene.
[171] **¿quién**... ¿quién puede imponer orden en la vida desordenada de don Juan?
[172] **La**... Acepto.
[173] Don Juan trata a Catalinón como si estuvieran de viaje. Cuando viajaban, amo y criado comían juntos.

[174] abuela.
[175] La palabra «catalinón» puede significar «inestable», como la Rueda de la Fortuna, también conocida por el nombre de Rueda de Santa Catalina. La misma palabra también se refiere al excremento humano.

DON JUAN.

    ¿No vas?

CATALINÓN.

          ¿Quién tiene las llaves
De la puerta?

CRIADO 2.

          Con la aldaba[176]
Está cerrada no más.

DON JUAN.

    ¿Qué tienes? ¿Por qué no vas?

CATALINÓN.

    Hoy Catalinón acaba.
    ¿Mas si las forzadas[177] vienen
A vengarse de los dos?

Llega CATALINÓN *a la puerta y viene corriendo; cae y levántase.*

DON JUAN.

    ¿Qué es eso?

CATALINÓN.

          ¡Válgame Dios!
¡Que me matan, que me tienen!

DON JUAN.

    ¿Quién te tiene, quién te mata?
    ¿Qué has visto?

CATALINÓN.

          Señor, yo allí . . .
Vide[178] . . . Cuando luego fui . . . —
¿Quién me ase? ¿Quién me arrebata?—
    Llegué, cuando . . . después, ciego . . .
Cuando vile, juro a Dios . . .
Habló y dijo: ¿quién sois vos?
Respondió, respondí luego . . .
    Topé y vide . . .

DON JUAN.

          ¿A quién?

CATALINÓN.

          No sé.

DON JUAN.

    ¡Cómo el vino desatina!
Dame la vela, gallina,[179]
Y yo a quien llama veré.

Toma DON JUAN *la vela y llega a la puerta; sale al encuentro* DON GONZALO, *en la forma que estaba en el sepulcro, y* DON JUAN *se retira atrás turbado, empuñando la espada, y en la otra la vela y* DON GONZALO *hacia él*

con pasos menudos, y al compás DON JUAN *retirándose hasta estar en medio del teatro.*

DON JUAN.

    ¿Quién va?

DON GONZALO.

          Yo soy.

DON JUAN.

          ¿Quién sois vos?

DON GONZALO.

    Soy el caballero honrado
Que a cenar has convidado.

DON JUAN.

    Cena habrá para los dos,
    Y si vienen más contigo,
    Para todos cena habrá.
    Ya puesta la mesa está.
    Siéntate.

CATALINÓN.

          ¡Dios sea conmigo!
¡San Panuncio, San Antón![180]
Pues ¿los muertos comen, di?
Por señas dice que sí.

DON JUAN.

    Siéntate, Catalinón.

CATALINÓN.

    No, señor yo lo recibo
Por cenado.[181]

DON JUAN.

          Es desconcierto;
¡Qué temor tienes a un muerto!
¿Qué hicieras estando vivo?
    Necio y villano temor.

CATALINÓN.

    Cena con tu convidado,
Que yo, señor, ya he cenado.

DON JUAN.

    ¿He de enojarme?

CATALINÓN.

          Señor,
¡Vive Dios que güelo[182] mal!

DON JUAN.

    Llega, que aguardando estoy.

CATALINÓN.

    Yo pienso que muerto soy
Y está muerto mi arrabal.[183]

---

[176] barra para asegurar las puertas.
[177] mujeres abusadas.
[178] Vi.
[179] cobarde.

[180] nombres cómicos de santos. En muchas obras el gracioso usa nombres extraños de santos existentes o inexistentes para hacer reír.
[181] **yo**... yo le agradezco como si ya hubiera cenado.
[182] huelo (Catalinón se ha ensuciado los pantalones de miedo.).
[183] **está**... me huelen a muerto las nalgas (por estar sucias).

Tiemblan los CRIADOS.

DON JUAN.

Y vosotros, ¿qué decís?
¿Qué hacéis? ¡Necio temblar!

CATALINÓN.

Nunca quisiera cenar
Con gente de otro país.
¿Yo, señor, con convidado
De piedra?

DON JUAN.

¡Necio temer!
Si es piedra, ¿qué te ha de hacer?

CATALINÓN.

Dejarme descalabrado.

DON JUAN.

Háblale con cortesía.

CATALINÓN.

¿Está bueno? ¿Es buena tierra
La otra vida? ¿Es llano o sierra?
¿Prémiase allá la poesía?

CRIADO 1.

A todo dice que sí
Con la cabeza.

CATALINÓN.

¿Hay allá
Muchas tabernas? Sí habrá,
Si Noé[184] reside allí.

DON JUAN.

¡Hola! dadnos de cenar.

CATALINÓN.

Señor muerto, ¿allá se bebe
Con nieve? (*Baja la cabeza.*)
Así, que hay nieve:
Buen país.

DON JUAN.

Si oír cantar
Queréis, cantarán. (*Baja la cabeza.*)

CRIADO 2.

Sí, dijo.

DON JUAN.

Cantad.

CATALINÓN.

Tiene el seor[185] muerto
Buen gusto.

CRIADO 1.

Es noble, por cierto,
Y amigo de regocijo.

Cantan dentro:

Si de mi amor aguardáis,
Señora, de aquesta suerte
El galardón en la muerte,
¡Qué largo me lo fiáis!

CATALINÓN.

O es sin duda veraniego[186]
El seor muerto, o debe ser
Hombre de poco comer:
Temblando al plato me llego.
Poco beben por allá;
Yo beberé por los dos. (*Bebe.*)
Brindis de piedra, por Dios,
Menos temor tengo ya.

Cantan.

Si ese plazo me convida
Para que gozaros pueda,
Pues larga vida me queda,
Dejad que pase la vida.
Si de mi amor aguardáis,
Señora, de aquesta suerte
El galardón en la muerte,
¡Qué largo me lo fiáis!

CATALINÓN.

¿Con cuál de tantas mujeres
Como has burlado, señor,
Hablan?

DON JUAN.

De todas me río,
Amigo, en esta ocasión
En Nápoles a Isabela . . .

CATALINÓN.

Esa, señor, ya no es hoy
Burlada, porque se casa
Contigo, como es razón.
Burlaste a la pescadora
Que del mar te redimió
Pagándole el hospedaje
En moneda de rigor.[187]
Burlaste a Doña Ana.

DON JUAN.

Calla,
Que hay parte aquí que lastó
Por ella,[188] y vengarse aguarda.

CATALINÓN.

Hombre es de mucho valor,
Que él es piedra, tú eres carne:
No es buena resolución.

---

[184] Según la leyenda, Noé, quien descubrió el vino, era un borracho.

[185] señor.

[186] sin hambre (a causa del calor).

[187] **en**... en moneda dura.

[188] **hay**... hay alguien aquí que sufrió por ella.

Hace señas que se quite la mesa, y queden solos.

DON JUAN.

    ¡Hola! quitad esa mesa,
Que hace señas que los dos
Nos quedemos, y se vayan
Los demás.

CATALINÓN.

          ¡Malo, por Dios!
No te quedes, porque hay muerto
Que mata de un mojicón[189]
A un gigante

DON JUAN.

        Salíos todos,
¡A ser yo Catalinón . . . ![190]
Vete, que viene.

Vanse, y quedan los dos solos, y hace señas que cie-
rre la puerta.

        La puerta
Ya está cerrada; ya estoy
Aguardando; di, ¿qué quieres,
Sombra, fantasma o visión?
Si andas en pena, o si aguardas
Alguna satisfacción
Para tu remedio,[191] dilo;
Que mi palabra te doy
De hacer lo que me ordenares.
¿Estás gozando de Dios?
¿Dite la muerte en pecado?
Habla, que suspenso estoy.

Habla paso[192] como cosa del otro mundo.

DON GONZALO.

    ¿Cumplirásme una palabra
Como caballero?

DON JUAN.

          Honor
Tengo, y las palabras cumplo,
Porque caballero soy.

DON GONZALO.

    Dame esa mano; no temas.

DON JUAN.

    ¿Eso dices? ¿Yo temor?
Si fueras el mismo infierno,
La mano te diera yo. (*Dale la mano.*)

DON GONZALO.

    Bajo esta palabra y mano,

Mañana a las diez te estoy
Para cenar aguardando.
¿Irás?

DON JUAN.

        Empresa mayor
Entendí que me pedías.
Mañana tu güésped soy.
¿Dónde he de ir?

DON GONZALO.

          A mi capilla.

DON JUAN.

    ¿Iré solo?

DON GONZALO.

        No, id los dos;[193]
Y cúmpleme la palabra
Como la he cumplido yo.

DON JUAN.

    Digo que la cumpliré;
Que soy Tenorio.

DON GONZALO.

          Yo soy
Ulloa.

DON JUAN.

      Yo iré sin falta.

DON GONZALO.

    Yo lo creo. Adiós. (*Va a la puerta.*)

DON JUAN.

         Adiós.
Aguarda, iréte alumbrando.

DON GONZALO.

    No alumbres, que en gracia estoy.[194]

Vase muy poco a poco, mirando a DON JUAN, *y* DON JUAN
a él, hasta que desaparece y queda DON JUAN *con*
pavor.

DON JUAN.

    ¡Válgame Dios! Todo el cuerpo
Se ha bañado de un sudor,
Y dentro de las entrañas
Se me hiela el corazón.
Cuando me tomó la mano,
De suerte me la apretó,
Que un infierno parecía;
Jamás vide tal calor.
Un aliento respiraba,
Organizando la voz,[195]
Tan frío, que parecía

---

189 pegada, golpe.
190 **A**... Si yo fuera Catalinón (tendría miedo).
191 **si**... si esperas que se haga algún oficio religioso u oración para
aliviar tu sufrimiento en el purgatorio.
192 bajo.

193 **los**... Don Juan y Catalinón.
194 Don Gonzalo va con la luz de Dios, ya que está en gracia.
195 **organizando**... formando las palabras.

Infernal respiración.
Pero todas son ideas
Que da la imaginación:
El temor y temer muertos
Es más villano temor:
Que si un cuerpo noble, vivo,
Con potencias y razón
Y con alma, no se teme,
¿Quién cuerpos muertos temió?
Mañana iré a la capilla
Donde convidado soy,
Porque se admire y espante
Sevilla de mi valor. *Vase.*

Sale el REY *y* DON DIEGO TENORIO *y acompañamiento.*[196]

REY.

　　¿Llegó al fin Isabela?

DON DIEGO.

　　Y disgustada.

REY.

Pues ¿no ha tomado bien el casamiento?

DON DIEGO.

Siente, señor, el nombre de infamada.

REY.

De otra causa procede su tormento.
¿Dónde está?

DON DIEGO.

　　　　En el convento está alojada
De las Descalzas.[197]

REY.

　　　　　Salga del convento
Luego al punto,[198] que quiero que en palacio
Asista con la reina más de espacio.

DON DIEGO.

　Si ha de ser con Don Juan el desposorio,
Manda, señor, que tu presencia vea.

REY.

Véame, y galán salga, que notorio
Quiero que este placer al mundo sea.
Conde será desde hoy Don Juan Tenorio
De Lebrija; él la mande y la posea,
Que si Isabela a un Duque corresponde,
Ya que ha perdido un Duque, gane un Conde.

DON DIEGO.

　Y por esta merced tus pies besamos.

REY.

Merecéis mi favor más dignamente.
Que si aquí los servicios ponderamos,
Me quedo atrás[199] con el favor presente.
Paréceme, Don Diego, que hoy hagamos
Las bodas de Doña Ana juntamente.

DON DIEGO.

　¿Con Octavio?

REY.

　　　　No es bien que el Duque Octavio
Sea el restaurador de aqueste agravio.
　Doña Ana con la Reina me ha pedido
Que perdone al Marqués, porque Doña Ana,
Ya que el padre murió, quiere marido,
Porque si le perdió, con él le gana.[200]
Iréis con poca gente y sin rüido
Luego a haballe a la fuerza de Triana:[201]
Por su satisfacción y por abono[202]
De su agraviada prima le perdono.

DON DIEGO.

　Ya he visto lo que tanto deseaba.

REY.

Que esta noche han de ser, podéis decille,
Los desposorios.

DON DIEGO.

　　　　Todo en bien se acaba.
Fácil será al Marqués el persuadille;
Que de su prima amartelado[203] estaba.

REY.

También podéis a Octavio prevenille.
Desdichado es el Duque con mujeres:
Son todas opinión y pareceres.
　Hánme dicho que está muy enojado
Con Don Juan.

DON DIEGO.

　No me espanto, si ha sabido
De Don Juan el delito averiguado,
Que la causa de tanto daño ha sido.
El Duque viene.

REY.

　　　　No dejéis mi lado,
Que en el delito sois comprehendido.[204]

Sale el DUQUE OCTAVIO.

OCTAVIO.

　Los pies, invicto Rey, me dé tu alteza.

---

[196] La escena ha cambiado al palacio del rey en Sevilla.
[197] una orden religiosa.
[198] **luego**... inmediatamente.
[199] **me**... yo te debo más a ti que tú a mí.
[200] **si**... si perdió un padre, con el marqués ganó otro.
[201] fortaleza de Triana, un barrio de Sevilla.
[202] pago.
[203] enamorado.
[204] comprendido, involucrado.

REY.
Alzad, Duque, y cubrid vuestra cabeza.[205]
¿Qué pedís?

OCTAVIO.
Vengo a pediros,
Postrado ante vucstras plantas,
Una merced, cosa justa,
Digna de serme otorgada.

REY.
Duque, como justa sea,
Digo que os doy mi palabra
De otorgárosla. Pedid.

OCTAVIO.
Ya sabes, señor, por cartas
De tu Embajador, y el mundo
Por la lengua de la fama[206]
Sabe, que Don Juan Tenorio,
Con española arrogancia,
En Nápoles una noche,
Para mí noche tan mala,
Con mi nombre profanó
El sagrado de una dama.

REY.
No pases más adelante.
Ya supe vuestra desgracia.
En efeto: ¿qué pedís?

OCTAVIO.
Licencia que en la campaña
Defienda como es traidor.[207]

DON DIEGO.
Eso no. Su sangre clara
Es tan honrada . . .

REY.
¡Don Diego!

DON DIEGO.
Señor.

OCTAVIO.
¿Quién eres que hablas
En la presencia del Rey
De esa suerte?

DON DIEGO.
Soy quien calla,
Porque me lo manda el Rey;
Que si no, con esta espada
Te respondiera.

OCTAVIO.
Eres viejo.

DON DIEGO.
Ya he sido mozo en Italia,
A vuestro pesar, un tiempo:
Ya conocieron mi espada
En Nápoles y en Milán.

OCTAVIO.
Tienes ya la sangre helada:
No vale fui, sino soy.

DON DIEGO.
Pues fui y soy. (*Empuña.*)

REY.
Tened, basta;
Bueno está; callad, Don Diego;
Que a mi persona se guarda
Poco respeto: y vos, Duque,
Después que las bodas se hagan,
Más despacio hablaréis.
Gentilhombre de mi cámara[208]
Es Don Juan y hechura mía,
Y de aqueste tronco[209] rama:
Mirad por él.

OCTAVIO.
Yo lo haré,
Gran señor, como lo mandas.

REY.
Venid conmigo, Don Diego.

DON DIEGO. (*Aparte.*)
¡Ay hijo! ¡Qué mal me pagas
El amor que te he tenido!

REY.
Duque . . .

OCTAVIO.
Gran señor . . .

REY.
Mañana
Vuestras bodas se han de hacer.

OCTAVIO.
Háganse, pues tú lo mandas.

Vanse el REY *y* DON DIEGO *y* salen GASENO *y* AMINTA.

GASENO. (*Aparte.*)
Este señor nos dirá
Dónde está Don Juan Tenorio.
Señor, ¿si está por acá
Un Don Juan a quien[210] notorio
Ya su apellido será?

---

[205] Era un privilegio especial mantener la cabeza cubierta en presencia del rey.
[206] rumor.
[207] **Licencia**... Pido permiso para probar en el campo del honor que es un traidor.

[208] puesto importante en palacio.
[209] es decir, don Diego.

OCTAVIO.
Don Juan Tenorio, diréis.[211]

AMINTA.
Sí, señor; ese Don Juan.

OCTAVIO.
Aquí está; ¿qué le queréis?

AMINTA.
Es mi esposo ese galán.

OCTAVIO.
¿Cómo?

AMINTA.
Pues, ¿no lo sabéis
siendo del alcázar vos?

OCTAVIO.
No me ha dicho Don Juan nada.

GASENO.
¿Es posible?

OCTAVIO.
Sí, por Dios.

GASENO.
Doña Aminta es muy honrada.
Cuando se casen los dos,
Que cristiana vieja[212] es
Hasta los güesos, y tiene
De la hacienda el interés
Que en Dos Hermanas mantiene
Más bien que un Conde un Marqués.
Casóse Don Juan con ella
Y quitósela a Batricio.

AMINTA.
Decid cómo fue doncella
A su poder.[213]

GASENO.
No es jüicio
Esto, ni aquesta querella.

OCTAVIO. (*Aparte.*)
Esta es burla de Don Juan,
Y para venganza mía
Estos diciéndola están.
¿Qué pedís al fin?

GASENO.
Querría,
Porque los días se van,

Que se hiciese el casamiento
O querellarme ante el Rey.

OCTAVIO.
Digo que es justo ese intento.

GASENO.
Y razón y justa ley.

OCTAVIO. (*Aparte.*)
Medida a mi pensamiento
Ha venido la ocasión.
En el alcázar tenemos
Bodas.

AMINTA.
¡Si las mías son![214]

OCTAVIO. (*Aparte.*)
Quiero, para que acertemos.
Valerme de una invención.
Venid donde os vestiréis,
Señora, a lo cortesano,
Y a un cuarto del Rey saldréis
Conmigo . . .

AMINTA.
Vos de la mano
A Don Juan me llevaréis.

OCTAVIO.
Que de esta suerte es cautela.

GASENO.
El arbitrio[215] me consuela.

OCTAVIO. (*Aparte.*)
Estos venganza me dan
De aqueste traidor Don Juan
Y el agravio de Isabela.
Vanse.

Salen DON JUAN *y* CATALINÓN.[216]

CATALINÓN.
¿Cómo el Rey te recibió?

DON JUAN.
Con más amor que mi padre.

CATALINÓN.
¿Viste a Isabela?

DON JUAN.
También.

CATALINÓN.
¿Cómo viene?

---

[210] **a quien**... cuyo.
[211] queréis decir.
[212] **cristiana**... sin sangre judía o mora.
[213] **cómo**... cómo cayó en sus manos siendo virgen.

[214] **Si**... Que sean las mías.
[215] plan, juicio.
[216] Están en la calle, en camino a la iglesia.

DON JUAN.

    Como un ángel.

CATALINÓN.

 ¿Recibióte bien?

DON JUAN.

     El rostro
Bañado de leche y sangre,[217]
Como la rosa que al alba
Revienta la verde cárcel.

CATALINÓN.

 Al fin, ¿esta noche son
Las bodas?

DON JUAN.

    Sin falta.

CATALINÓN.

     Si antes
Hubieran sido, no hubieras,
Señor, engañado a tantas;
Pero tú tomas esposa,
Señor, con cargas muy grandes.

DON JUAN.

 Di: ¿comienzas a ser necio?

CATALINÓN.

 Y podrás muy bien casarte
Mañana, que hoy es mal día.

DON JUAN.

 Pues ¿qué día es hoy?

CATALINÓN.

     Es martes.[218]

DON JUAN.

 Mil embusteros y locos
Dan en[219] esos disparates.
Sólo aquél llamo mal día,
Acïago y detestable
En que no tengo dineros;
Que lo demás es donaire.

CATALINÓN.

 Vamos, si te has de vestir;
Que te aguardan, y ya es tarde.

DON JUAN.

 Otro negocio tenemos
Que hacer, aunque nos aguarden.

CATALINÓN.

 ¿Cuál es?

DON JUAN.

   Cenar con el muerto.

CATALINÓN.

 Necedad de necedades.

DON JUAN.

 ¿No ves que di mi palabra?

CATALINÓN.

 Y cuando se la quebrantes,
¿Qué importará? ¿Ha de pedirte
Una figura de jaspe
La palabra?

DON JUAN.

    Podrá el muerto
Llamarme a voces infame.

CATALINÓN.

 Ya está cerrada la iglesia.

DON JUAN.

 Llama.

CATALINÓN.

   ¿Qué importa que llame?
¿Quién tiene de abrir? que están
Durmiendo los sacristanes.

DON JUAN.

 Llama a este postigo.

CATALINÓN.

     ¡Abierto
Está!

DON JUAN.

  Pues entra.

CATALINÓN.

     Entre un fraile
Con su hisopo y estola.[220]

DON JUAN.

 Sígueme y calla.

CATALINÓN.

     ¿Que calle?

DON JUAN.

 Sí.

CATALINÓN.

 Ya callo. Dios en paz
De estos convites me saque.

Entran por una puerta y salen por otra.

 ¡Qué escura que está la iglesia!
Señor, para ser tan grande. . . .
¡Ay de mí! Tenme,[221] señor,
Porque de la capa me asen.[222]

---

[217] **leche**... blanco y rojo (los colores de su cara).
[218] día de mala suerte.
[219] persisten en.

[220] artículos que usan los clérigos. El hisopo es un utensilio para echar agua bendita; la estola es un ornamento sagrado.
[221] No me sueltes.
[222] agarran.

Sale DON GONZALO *como de antes, y encuéntrase con ellos.*

DON JUAN.
¿Quién va?

DON GONZALO.
Yo soy.

CATALINÓN.
¡Muerto estoy!

DON GONZALO.
El muerto soy, no te espantes.
No entendí[223] que me cumplieras
La palabra, según haces
De todos burla.

DON JUAN.
¿Me tienes
En opinión de cobarde?

DON GONZALO.
Sí, que aquella noche huiste
de mí cuando me mataste.

DON JUAN.
Huí de ser conocido;
Mas ya me tienes delante.
Di presto lo que me quieres.

DON GONZALO.
Quiero a cenar convidarte.

CATALINÓN.
Aquí excusamos[224] la cena,
Que toda ha de ser fiambre,
Pues no parece cocina.[225]

226

DON JUAN.
Cenemos.

DON GONZALO.
Para cenar,
Es menester que levantes
Esa tumba.

DON JUAN.
Y si te importa,
Levantaré estos pilares.

DON GONZALO.
Valiente estás.

DON JUAN.
Tengo brío
Y corazón en las carnes.

CATALINÓN.
Mesa de Guinea[227] es ésta.
Pues ¿no hay por allá quien lave?

DON GONZALO.
Siéntate.

DON JUAN.
¿Adónde?

CATALINÓN.
Con sillas
Vienen ya dos negros pajes.

Entran dos enlutados con dos sillas.

¿También acá se usan lutos
Y bayéticas de Flandes?[228]

DON GONZALO.
Siéntate tú.

CATALINÓN.
Yo, señor,
He merendado esta tarde.

DON GONZALO.
No repliques.

CATALINÓN. (*Aparte.*)
No replico.
Dios en paz de esto me saque.
¿Qué plato es éste, señor?

DON GONZALO.
Este plato es de alacranes
Y víboras.

CATALINÓN.
¡Gentil plato!

DON GONZALO.
Estos son nuestros manjares.
¿No comes tú?

DON JUAN.
Comeré
Si me dieses áspid y áspides
Cuantos el infierno tiene.

DON GONZALO.
También quiero que te canten.

CATALINÓN.
¿Qué vino beben acá?

DON GONZALO.
Pruébalo.

CATALINÓN.
Hiel y vinagre
Es este vino.

---

[223] pensé.
[224] perdonamos, rehusamos.
[225] **no**... no se ve cocina por ninguna parte.
[226] Falta un verso.
[227] **de**... negra.
[228] **bayeticas**... tipo de tela negra (que se ha puesto en la mesa a modo de mantel).

DON GONZALO.
                    Este vino
Esprimen nuestros lagares.[229]

Cantan:

    Adviertan los que de Dios
    Vuzgan los castigos grandes,
    Que no hay plazo que no llegue
    Ni deuda que no se pague.[230]

CATALINÓN.

    ¡Malo es esto, vive Cristo!
    Que he entendido este romance,
    Y que con nosotros habla.[231]

DON JUAN.

    Un hielo el pecho me parte.

Cantan:

    Mientras en el mundo viva,
    No es justo que diga nadie:
    ¡Qué largo me lo fiáis!
    Siendo tan breve el cobrarse.

CATALINÓN.

    ¿De qué es este guisadillo?

DON GONZALO.

    De uñas.

CATALINÓN.

                    De uñas de sastre[232]
    Será, si es guisado de uñas.

DON JUAN.

    Ya he cenado; haz que levanten
    La mesa.

DON GONZALO.

                    Dame esa mano;
    No temas la mano darme.

DON JUAN.

    ¿Eso dices? ¿Yo, temor?
    ¡Que me abraso! ¡No me abrases
    Con tu fuego!

DON GONZALO.

        Este es poco
    Para el fuego que buscaste.
    Las maravillas de Dios
    Son, Don Juan, investigables.[233]

    Y así quiere que tus culpas
    A manos de muerto pagues.
    Y si pagas desta suerte,

                   .   .   .   [234]

    Esta es justicia de Dios:
    Quien tal hace que tal pague.[235]

DON JUAN.

    ¡Que me abraso! No me aprietes.
    Con la daga he de matarte.
    Mas ¡ay, que me canso en vano
    De tirar golpes al aire!
    —A tu hija no ofendí;
    Que vio mis engaños antes.

DON GONZALO.

    No importa, que ya pusiste
    Tu intento.

DON JUAN.

        Deja que llame
    Quien me confiese y absuelva.

DON GONZALO.

    No hay lugar, ya acuerdas tarde.

DON JUAN.

    ¡Que me quemo! ¡Que me abraso!
    Muerto soy. (*Cae muerto.*)

CATALINÓN.

        No hay quien se escape;
    Que aquí tengo de morir
    También por acompañarte.

DON GONZALO.

    Esta es justicia de Dios:
    Quien tal hace, que tal pague.

Húndese el sepulcro con DON JUAN *y* DON GONZALO, *con mucho ruído, y sale* CATALINÓN *arrastrando.*[236]

CATALINÓN.

    ¡Válgame Dios! ¿Qué es aquesto?
    Toda la capilla se arde,
    Y con el muerto he quedado
    Para que le vele y guarde.
    Arrastrando como pueda
    Iré a avisar a su padre.
    ¡San Jorge, San *Agnus Dei*,
    Sacadme en paz a la calle!
                Vase.

---

[229] aparato que sirve para exprimir el jugo de la uva («Hiel y vinagre» son símbolos del tormento).

[230] Este verso encierra la moraleja de la obra.

[231] **con**... Se refiere a nosotros.

[232] Los sastres eran conocidos por su rapacidad.

[233] inescrutables; que no se pueden comprender.

[234] Falta un verso para completar el romance.

[235] proverbio que significa que cada uno sufrirá las consecuencias de sus actos.

[236] Es significativo el hecho de que Catalinón no siga a don Juan. Cada hombre es responsable de sus actos, pero ninguno es responsable de las decisiones de otro. Por lo tanto, Catalinón no sufrirá por la conducta de su amo.

Salen el REY, DON DIEGO *y acompañamiento.*[237]

DON DIEGO.
   Ya el Marqués, señor, espera
   Besar vuestros pies reales.

REY.
   Entre luego, y avisad
   Al Conde,[238] por que[239] no aguarde.

Salen BATRICIO *y* GASENO.

BATRICIO.
   ¿Dónde, señor, se permiten,
   Desenvolturas tan grandes,
   Que tus criados afrenten
   A los hombres miserables?

REY. ¿Qué dices?

BATRICIO.
               Don Juan Tenorio,
   Alevoso y detestable,
   La noche del casamiento,
   Antes que le consumase,
   A mi mujer me quitó.
   Testigos tengo delante.

Salen TISBEA *e* ISABELA *y acompañamiento.*

TISBEA.
   Si vuestra Alteza, señor,
   De Don Juan Tenorio no hace
   Justicia, a Dios y a los hombres,
   Mientras viva, he de quejarme.
   Derrotado[240] le echó el mar,
   Dile vida y hospedaje,
   Y pagóme esta amistad
   Con mentirme y engañarme
   Con nombre de mi marido.

REY. ¿Qué dices?

ISABELA.
               Dice verdades.

Salen AMINTA *y el* DUQUE OCTAVIO.

AMINTA.
   ¿Adónde mi esposo está?

REY. ¿Quién es?

AMINTA.
                 Pues ¿aún no lo sabe?
   El señor Don Juan Tenorio,
   Con quien vengo a desposarme
   Porque me debe el honor,
   Y es noble y no ha de negarme.
   Manda que nos desposemos.

                           .   .   .   [241]

Sale el MARQUÉS DE LA MOTA.

MOTA.
   Pues es tiempo, gran señor,
   Que a luz verdades se saquen,
   Sabrás que Don Juan Tenorio
   La culpa que me imputaste
   Tuvo él, pues como amigo,
   Pudo el crüel engañarme;
   De que tengo dos testigos.

REY.
   ¿Hay desvergüenza más grande?
   Prendelde y matalde luego.

                           .   .   .   [242]

DON DIEGO.
   En premio de mis servicios
   Haz que le prendan y pague
   Sus culpas, porque del cielo
   Rayos contra mí no bajen,
   Si es mi hijo tan malo.

REY.
   ¡Esto mis privados hacen!

Sale CATALINÓN.

CATALINÓN.
   Escuchad, oíd, señores,
   El suceso más notable
   Que en el mundo ha sucedido,
   Y en oyéndome, matadme.
   Don Juan, del Comendador
   Haciendo burla, una tarde,
   Después de haberle quitado
   Las dos prendas[243] que más valen,
   Tirando al bulto de piedra
   La barba, por ultrajarle,
   A cenar le convidó:
   ¡nunca fuera a convidarle!
   Fue el bulto, y convidóle;
   Y agora (porque no os canse)

---

[237] los que lo acompañan. La escena ha cambiado al palacio real de Sevilla.
[238] Don Juan.
[239] para que.
[240] Exhausto.

[241] Falta un verso.
[242] Falta un verso.
[243] el honor y la vida.

Acabando de cenar,
Entre mil presagios graves,
De la mano le tomó,
Y le aprieta hasta quitalle
La vida, diciendo: «Dios
Me manda que así te mate,
Castigando tus delitos:
Quien tal hace, que tal pague.»

REY.

¿Qué dices?

CATALINÓN.

Lo que es verdad,
Diciendo antes que acabase,
Que a Doña Ana no debía
Honor, que lo oyeron antes
Del engaño.

MOTA.

Por las nuevas
Mil albricias[244] pienso darte.

REY.

¡Justo castigo del cielo!
Y agora es bien que se casen
Todos, pues la causa es muerta,
Vida de tantos desastres.[245]

OCTAVIO.

Pues ha enviudado Isabela,
Quiero con ella casarme.

MOTA.

Yo con mi prima.

BATRICIO.

Y nosotros
Con las nuestras, porque acabe
El Convidado de piedra.

REY.

Y el sepulcro se traslade
En San Francisco en Madrid,
Para memoria más grande.

JUAN RUIZ DE ALARCÓN
(¿1581?–1639)

Juan Ruiz de Alarcón nació en México de padres españoles, aunque pasó la mayor parte de su vida en España. Estudió en la Universidad de México entre 1592 y 1600, pero no completó su carrera. En 1602 se recibió en derecho canónico de la Universidad de Salamanca. Poco después, comenzó a preparar la licenciatura. Aunque no

la recibió, existe evidencia de que usaba el título de licenciado cuando empezó a practicar derecho. Ejerció la abogacía en Sevilla durante dos años antes de regresar a México, donde recibió el grado de Licenciado en Leyes de la Universidad de México, y volvió a practicar su profesión. Intentó sin éxito conseguir un puesto en la Universidad. Finalmente, en 1613 partió de nuevo para España, donde pasó el resto de su vida. Empezó a escribir para el teatro, tal vez para ganar dinero. En 1626 Ruiz de Alarcón fue nombrado relator del Consejo de Indias, puesto temporal que le dio alguna seguridad económica durante un período breve. La *Parte primera* de sus comedias se publicó en 1628; contiene ocho obras en vez de doce, como era la costumbre. En 1633 consiguió un puesto permanente, el de relator en propiedad del Consejo de Indias, con un sueldo que le permitía vivir cómodamente sin depender de la pluma. La *Parte segunda* de sus comedias salió en 1634. Ruiz de Alarcón tuvo una hija natural, Lorenza, con una mujer que se llamaba Angela Cervantes, de quien se sabe muy poco.

El aspecto físico de Ruiz de Alarcón es legendario. El menor de sus defectos era su pelo rojo. En una época en la cual se le atribuían al pelirrojo mal carácter y otras deficiencias, Ruiz de Alarcón era objeto de toda clase de bromas. También eran motivos de irrisión sus dos jorobas. Los satiristas más agudos del día—entre ellos Góngora, Quevedo y Tirso—lo atormentaban con insultos ingeniosos. A menudo interrumpían sus estrenos las burlas de sus detractores. Durante el estreno de *El Anticristo* algún rival revoltoso—posiblemente Lope o Mira de Amescua—rompió un frasco de líquido hediondo, causando un desbarate general en el teatro.

Si Ruiz de Alarcón se llevaba mal con otros dramaturgos, también despreciaba a su público. En el prólogo de la *Parte primera* de sus comedias (1628) escribió:

EL AUTOR AL VULGO: Contigo hablo, bestia fiera, que con la nobleza no es menester, que ella se dicta más que yo sabría. Allá van esas comedias: trátalas como sueles, no como es justo, sino como es gusto; que ellas te miran con desprecio y sin temor, como las que pasaron ya el peligro de tus silbos, y ahora pueden sólo pasar el de tus rincones. Si te desagradaren, me holgaré de saber que son buenas; y si no, me vengará de saber que no lo son, el dinero que te han de costar.

El pasaje le da al lector moderno una idea de la personalidad del dramaturgo.

Las obras de Ruiz de Alarcón se distinguen de las de sus contemporáneos por su trama sencilla y meticulosamente construida, su lenguaje correcto y llano, su sobriedad y su falta de simbolismo y de imaginería compleja. Compensa esta gravedad la perspicacia del dramaturgo en cuanto al examen de carácter y de costumbres. En el teatro de Ruiz de Alarcón, la delinea-

---

[244] premios, galardones.
[245] a... la vida que causó tantos desastres ha terminado.

ción psicológica es usualmente más importante que la acción.

Aunque Ruiz de Alarcón compuso dramas de diversos tipos, es más conocido por lo que se ha llamado la comedia moral de carácter. Los mejores dramas de Ruiz de Alarcón ofrecen un retrato psicológico sutil y penetrante de diversos tipos humanos—por ejemplo, el mentiroso en *La verdad sospechosa* y el maldiciente en *Las paredes oyen.* Son tipos universales. Por lo tanto, no es sorprendente que un dramaturgo francés, Pierre Corneille, se haya inspirado en *La verdad sospechosa* para escribir su obra *Le menteur* y que Goldoni la haya tomado como modelo para *Il bugiardo.* Al lado de personajes moralmente defectuosos, el dramaturgo coloca a otros que son virtuosos, ejemplares. Los primeros son castigados; los segundos son premiados. A menudo los personajes más corteses, afables y bondadosos tienen rasgos autobiográficos.

Aunque no carecen de personalidad propia, los personajes de Ruiz de Alarcón son arquetipos más que individuos. Sin embargo, no son abstracciones. Funcionan dentro del mundo real y cotidiano; sus dilemas son los de hombres y mujeres que se mueven dentro de un ambiente urbano. A diferencia de otros dramaturgos del Siglo de Oro, Ruiz de Alarcón evita lo sensacional, lo singular, lo extravagante. Le interesan poco los problemas teológicos o metafísicos. Observa al hombre dentro de su contexto social y representa esos defectos que vician las relaciones entre los seres humanos.

Más que códigos rígidos como el del honor, Ruiz de Alarcón se interesa por cuestiones de conciencia, de carácter y de personalidad. Las flaquezas humanas y los vicios sociales son sus temas centrales. Se ha sugerido que las diferencias que se notan entre las obras de Alarcón y las de sus contemporáneos se deben por lo menos en parte a sus deformidades físicas y a su condición de hombre colonial. La sociedad española del siglo XVI era sumamente intolerante. Prejuicios contra el extranjero y contra el deforme pueden haber producido en el dramaturgo resentimientos profundos. Los satíricos se burlaban de los aires de gran señor que se daba Ruiz de Alarcón, de la importancia que le otorgaba a su linaje y de su insistencia en que se le tratara de «don». En una época en que la colaboración entre hombres del teatro era común, Ruiz de Alarcón tenía poco que ver con otros dramaturgos. Parece evidente que se sentía enajenado de la *élite* social e intelectual de su época. Tal vez tratara de compensar su sentido de inferioridad retratando defectos de una sociedad tan lisiada como él.

Ruiz de Alarcón fue uno de los dramaturgos menos prolíficos del Siglo de Oro. Compuso veintiséis dramas, aunque sólo dio a la estampa veinte. *La verdad sospechosa* es una de sus obras más leídas e imitadas. El tema es la mentira. Don García es un galán que miente tanto que, cuando finalmente dice la verdad, la gente ya no le cree. A causa de su falta de honestidad, pierde a la dama que

quiere. A pesar de su fin moralizador, la obra es más divertida que sentenciosa. Don García es un joven simpático, no obstante sus defectos.

Algunos críticos han visto una reacción al trato inconsiderado de sus contemporáneos en la extrema cortesía con la cual sus personajes se tratan en sus comedias. Sugieren que el tacto y la amabilidad de los personajes constituyen una especie de sublimación del resentimiento del autor. Otros alegan que la finura del trato de los personajes es un reflejo de la sociedad mexicana en la cual Ruiz de Alarcón se crió.

El estilo lúcido de Ruiz de Alarcón, el ambiente familiar, la lógica y precisión de sus argumentos y la naturalidad de su diálogo han llevado a algunos críticos a considerar a Alarcón un precursor de los dramaturgos neoclásicos del siglo XVIII.

Véase: *La verdad sospechosa*, ed. Benito Varela Jacome (Barcelona: Bruguera, 1969).

La verdad sospechosa (Fragmento)

Acto segundo

PERSONAS

DON BELTRÁN, *padre de don García.*
TRISTÁN.
ISABEL, *criada de Jacinta.*
JACINTA.
DON GARCÍA.

DON BELTRÁN.
    ¿Has andado con García,
    Tristán?

TRISTÁN.
                Señor, todo el día.

DON BELTRÁN.
    Sin mirar en que es mi hijo,
        si es que el ánimo fiel
    que siempre en tu pecho he hallado
    agora no te ha faltado,
    me di[1] lo que sientes[2] de él.

TRISTÁN.
    ¿Qué puedo yo haber sentido
    en un término tan breve?

DON BELTRÁN.
    Tu lengua es quien[3] no se atreve,
    que el tiempo bastante ha sido,
        y más a tu entendimiento.
    Dímelo, por vida mía,
    sin lisonja.

---

[1] **me**... dime.
[2] piensas.
[3] lo que.

TRISTÁN.

Don García,
mi señor, a lo que siento,[4]
que he de decirte verdad,
pues que tu vida has jurado . . .

DON BELTRÁN.

De esa suerte has obligado
siempre a ti mi voluntad.

TRISTÁN.

Tiene un ingenio[5] excelente
con pensamientos sutiles,
mas caprichos juveniles
con arrogancia imprudente.
De Salamanca reboza
la leche,[6] y tiene en los labios
los contagiosos resabios[7]
de aquella caterva[8] moza:
aquel hablar arrojado,
mentir sin recato y modo,[9]
aquel jactarse de todo
y hacerse en todo estremado.
Hoy en término de un hora[10]
echó cinco o seis mentiras.

DON BELTRÁN.

¡Válgame Dios!

TRISTÁN.

¿Qué te admiras?[11]
Pues lo peor falta agora:
que son tales, que podrá
cogerle en ellas cualquiera.

DON BELTRÁN.

¡Ah, Dios!

TRISTÁN.

Yo no te dijera[12]
lo que tal pena te da,
a no ser de ti forzado.[13]

DON BELTRÁN.

Tu fe[14] conozco y tu amor.

TRISTÁN.

A tu prudencia, señor,
advertir será excusado[15]

el riesgo que correr puedo
si esto sabe don García,
mi señor.

DON BELTRÁN.

De mí confía;
pierde, Tristán, todo el miedo.
Manda luego aderezar
los caballos.

Vase TRISTÁN.

DON BELTRÁN.

Santo Dios,
pues esto permitís vos,
esto debe de importar.
¡A un hijo solo, a un consuelo
que en la tierra le quedó
a mi vejez triste, dio
tan gran contrapeso[16] el cielo!
Ahora bien, siempre tuvieron
los padres disgustos tales;
siempre vieron muchos males
los que mucha edad vivieron.
¡Paciencia! Hoy he de acabar,
si puedo, su casamiento:
con la brevedad intento
este daño remediar,
antes que su liviandad,
en la corte conocida,
los casamientos le impida
que pide su calidad.
Por dicha, con el cuidado
que tal estado acarrea,
de una costumbre tan fea
se vendrá a ver enmendado,
que es vano pensar que son
el reñir y aconsejar
bastantes para quitar
una fuerte inclinación.

TRISTÁN.

Ya los caballos están,
viendo que salir procuras,
probando las herraduras
en las guijas[17] del zaguán;
porque con las esperanzas
de tan gran fiesta, el overo[18]
a solas está primero
ensayando sus mudanzas,[19]
y el bayo,[20] que ser procura
émulo al dueño que lleva,

---

[4] **a**... a mi parecer.
[5] mente, inteligencia.
[6] juventud.
[7] malas costumbres.
[8] pandilla, multitud (Es decir, don García está empapado de las malas costumbres de los estudiantes de Salamanca.)
[9] moderación.
[10] **en**... en el período de una hora.
[11] **¿Qué**... ¿Por qué te sorprendes?
[12] habría dicho.
[13] **a**... si tú no me hubieras obligado.
[14] fidelidad.
[15] innecesario.

[16] inquietud.
[17] piso de piedras.
[18] caballo de color dorado.
[19] pasos que hacen los caballos al compás en los bailes y fiestas.
[20] caballo de color blanco amarillento.

estudia con alma[21] nueva
movimiento y compostura.

DON BELTRÁN.

Avisa, pues, a García.

TRISTÁN.

Ya te espera tan galán,
que en la corte pensarán
que a estas horas sale el día.[22]
                    Vanse.

Sala en casa de DON SANCHO.

ISABEL.

La pluma tomó al momento
Lucrecia, en ejecución
de tu agudo pensamiento,
y esta noche en su balcón
para tratar cierto intento
le escribió que aguardaría,
para que puedas en él
platicar con don García.
Camino llevó el papel,
persona de quien se fía.

JACINTA.

Mucho Lucrecia me obliga.

ISABEL.

Muestra en cualquier ocasión
ser tu verdadera amiga.

JACINTA.

¿Es tarde?

ISABEL.

Las cinco son.

JACINTA.

Aun durmiendo me fatiga
la memoria de don Juan,[23]
que esta siesta le he soñado
celoso de otro galán.

Miran adentro.

ISABEL.

¡Ay, señora! ¡Don Beltrán
y el perulero[24] a su lado!

JACINTA.

¿Qué dices?

ISABEL.

Digo que aquel
que hoy te habló en la Platería
viene a caballo con él.
Mírale.

JACINTA.

Por vida mía,
que dices verdad, que es él.
¿Hay tal?[25] ¿Cómo el embustero
se nos fingió perulero,
si es hijo de don Beltrán?

ISABEL.

Los que intentan,[26] siempre dan
gran presunción al dinero,
y con ese medio hallar
entrada en tu pecho quiso,
que debió de imaginar
que aquí le ha de aprovechar
más ser Midas[27] que Narciso.[28]

JACINTA.

En decir que ha que me vio
un año, también mintió,
porque don Beltrán me dijo
que ayer a Madrid su hijo
de Salamanca llegó.

ISABEL.

Si bien lo miras, señora,
todo verdad puede ser,
que entonces te pudo ver,
irse de Madrid, y agora
de Salamanca volver.
Y cuando[29] no, ¿qué te admira
que quien a obligar aspira
prendas de tanto valor,
para acreditar su amor
se valga de una mentira?
Demás que tengo por llano,
si no miente mi sospecha
que no lo[30] encarece en vano:
que hablarte hoy su padre es flecha
que ha salido de su mano.
No ha sido, señora mía,
acaso[31] que el mismo día
que él te vio y mostró quererte,
venga su padre a ofrecerte
por esposo a don García.

JACINTA.

Dices bien, mas imagino
que el término[32] que pasó
desde que el hijo me habló
hasta que su padre vino,
fue muy breve.

---

[21] entusiasmo.
[22] sol.
[23] el enamorado de Jacinta.
[24] uno que ha adquirido riquezas en el Perú (Se refiere a García.)

[25] ¿**Hay**... ¿Puede ser?
[26] cortejan a una mujer.
[27] rey mitológico conocido por su oro.
[28] muy conocido por su belleza física.
[29] si, aunque.
[30] Se refiere a su amor.
[31] casualidad, coincidencia.
[32] tiempo.

ISABEL.

El conoció
quién eres; encontraría
su padre en la Platería;
hablóle, y él, que no ignora
tus calidades, y adora
justamente a don García,
vino a tratarlo al momento.

JACINTA.

Al fin, como fuere sea.[33]
De sus partes me contento,[34]
quiere el padre, él me desea:
da por hecho el casamiento.

Vanse.

Paseo de Atocha.[35]

DON BELTRÁN.

¿Qué os parece?

DON GARCÍA.

Que animal
no vi mejor en mi vida.

DON BELTRÁN.

¡Linda bestia!

DON GARCÍA.

Corregida,[36]
de[37] espíritu racional.
¡Qué contento y bizarría!

DON BELTRÁN.

Vuestro hermano don Gabriel,
que perdone Dios,[38] en él[39]
todo su gusto tenía.

DON GARCÍA.

Ya que convida, señor,
de Atocha la soledad,
declara tu voluntad.

DON BELTRÁN.

Mi pena diréis mejor.
¿Sois caballero, García?

DON GARCÍA.

Téngome por hijo vuestro.

DON BELTRÁN.

¿Y basta ser hijo mío
para ser vos caballero?

DON GARCÍA.

Yo pienso, señor, que sí.

DON BELTRÁN.

¡Qué engañado pensamiento!
Sólo consiste en obrar
como caballero, el serlo.
¿Quién dio principio a las casas
nobles? Los ilustres hechos
de sus primeros autores.
Sin mirar sus nacimientos,
hazañas de hombres humildes
honraron sus herederos.
Luego en obrar mal o bien
está el ser malo o ser bueno.
¿Es así?

DON GARCÍA.

Que las hazañas
den nobleza, no lo niego;
mas no neguéis que sin ellas
también la da el nacimiento.

DON BELTRÁN.

Pues si honor puede ganar
quien nació sin él, ¿no es cierto
que por el contrario puede,
quien con él nació, perdello?

DON GARCÍA.

Es verdad.

DON BELTRÁN.

Luego si vos
obráis afrentosos hechos,
aunque seáis hijo mío,
dejáis de ser caballero;
luego si vuestras costumbres
os infaman en el pueblo,
no importan paternas armas,[40]
no sirven altos abuelos.
¿Qué cosa es que la fama[41]
diga a mis oídos mesmos
que a Salamanca admiraron[42]
vuestras mentiras y enredos?
¡Qué caballero y qué nada![43]
Si afrenta al noble y plebeyo
sólo el decirle que miente,
decid, ¿qué será el hacerlo,
si vivo sin honra yo
según los humanos fueros,[44]
mientras de aquél que me dijo
que mentía no me vengo?[45]
¿Tan larga tenéis la espada,
tan duro tenéis el pecho,

---

[33] **como**... sea como sea.
[34] **De**... Lo encuentro atractivo.
[35] paseo frecuentado de la corte, situado en el sur de Madrid.
[36] moderada, templada.
[37] por.
[38] **que**... como «en paz descanse», se usa al referirse a una persona que ha muerto.
[39] el animal.

---

[40] escudos.
[41] rumores, chismes.
[42] sorprendieron, asombraron.
[43] **Qué**... No eres caballero en absoluto; qué tontería.
[44] leyes.
[45] El caballero tenía la obligación de vengarse de cualquier hombre que lo acusara de mentir.

que penséis poder vengaros,
diciéndolo todo el pueblo?
¿Posible es que tenga un hombre
tan humildes pensamientos
que viva sujeto al vicio
más sin gusto y sin provecho?
El deleite natural
tiene a los lascivos presos;
obliga a los cudiciosos
el poder que da el dinero;
el gusto de los manjares
al glotón; el pasatiempo
y el cebo de la ganancia
a los que cursan el juego;[46]
su venganza al homicida,
al robador su remedio,[47]
la fama y la presunción
al que es por la espada inquieto:
todos los vicios, al fin,
o dan gusto o dan provecho;
mas de mentir, ¿qué se saca
sino infamia y menosprecio?

DON GARCÍA.
¡Quien dice que miento yo
ha mentido!

DON BELTRÁN.
      También eso
es mentir, que aun desmentir
no sabéis sino mintiendo.

DON GARCÍA.
Pues si dais en no creerme . . .

DON BELTRÁN.
¿No seré necio si creo
que vos decís verdad solo,
y miente el lugar entero?
Lo que importa es desmentir
esta fama con los hechos,
pensar que éste es otro mundo,[48]
hablar poco y verdadero,
mirar[49] que estáis a la vista
de un Rey[50] tan santo y perfeto,
que vuestros yerros no pueden
hallar disculpa en sus yerros;[51]
que tratáis aquí con grandes,
títulos y caballeros,
que si os saben la flaqueza,
os perderán el respeto;
que tenéis barba en el rostro,

que al lado ceñís acero:
que nacistes noble, al fin,
y que yo soy padre vuestro.
Y no he de deciros más,
que esta sofrenada[52] espero
que baste para quien tiene
calidad y entendimiento.
Y agora, porque[53] entendáis
que en vuestro bien me desvelo,
sabed que os tengo, García,
tratado un gran casamiento.

DON GARCÍA.
(¡Ay, mi Lucrecia![54]) (*Aparte.*)

DON BELTRÁN.
      Jamás
pusieron, hijo, los cielos
tantas, tan divinas partes[55]
en un humano sujeto
como en Jacinta, la hija
de don Fernando Pacheco,
de quien mi vejez pretende
tener regalados nietos.

DON GARCÍA.
(¡Ay, Lucrecia! Si es posible, tú sola has de ser mi
    dueño.) (*Aparte.*)

DON BELTRÁN.
¿Qué es esto? ¿No respondéis?

DON GARCÍA.
(¡Tuyo he de ser, vive el cielo!) (*Aparte.*)

DON BELTRÁN.
¿Qué[56] os entristecéis? Hablad,
no me tengáis más suspenso.

DON GARCÍA.
Entristézcome, porque es
imposible obedeceros.

DON BELTRÁN.
¿Por qué?

DON GARCÍA.
      Porque soy casado.

DON BELTRÁN.
¡Casado! ¡Cielos! ¿Qué es esto?
¿Cómo, sin saberlo yo?

DON GARCÍA.
Fue fuerza,[57] y está secreto.

---

[46] **cursan**... se acostumbran a apostar dinero.
[47] **al**... al ladrón, remediarse, salir de apuros financieros.
[48] es decir, otra sociedad, diferente de la de Salamanca.
[49] tomar en cuenta.
[50] Felipe III, conocido por su devoción a la fe católica, y sobrenombrado «el Devoto».
[51] (porque no los comete).
[52] acción de reprender ásperamente, reprimenda.
[53] para que.
[54] García piensa que ha de casarse con Lucrecia, cuando en realidad, su padre está arreglando su matrimonio con Jacinta.
[55] facciones.
[56] Por qué.
[57] necesario.

DON BELTRÁN.

¡Hay padre más desdichado!

DON GARCÍA.

No os aflijáis, que en sabiendo
la causa, señor, tendréis
por venturoso el efeto.

DON BELTRÁN.

Acabad, pues, que mi vida
pende sólo de un cabello.

DON GARCÍA.

(¡Agora os he menester, sutilezas de mi ingenio!)
    (*Aparte.*)
    En Salamanca, señor,
hay un caballero noble
de quien es la alcuña[58] Herrera
y don Pedro el propio nombre.
A éste dio el cielo otro cielo
por hija, pues con dos soles
sus dos purpúreas mejillas
hacen claros horizontes.[59]
Abrevio, por ir al caso,
con decir que cuantas dotes
pudo dar naturaleza
en tierna edad, la componen.
Mas la enemiga fortuna,
observante en su desorden,[60]
a sus méritos opuesta,
de sus bienes la hizo pobre,
que demás de que su casa
no es tan rica como noble,
al mayorazgo nacieron
antes que ella dos varones.
A ésta, pues, saliendo al río
la vi una tarde en su coche,
que juzgara el de Faetón
si fuese Erídano el Tormes.[61]
No sé quién los atributos
del fuego en Cupido pone,[62]
que yo de un súbito hielo
me sentí ocupar entonces.
¿Qué tienen que ver del fuego
las inquietudes y ardores[63]
con quedar absorta una alma,
con quedar un cuerpo inmóvil?
Caso fue verla forzoso;
viéndola, cegar de amores;

pues abrasado seguirla,[64]
júzguelo un pecho de bronce.[65]
Pasé su calle de día,
rondé su puerta de noche,
con terceros[66] y papeles
le encarecí mis pasiones,
hasta que al fin, condolida
o enamorada, responde,[67]
porque también tiene amor
jurisdición en los dioses.[68]
Fui acrecentando finezas
y ella aumentando favores,
hasta ponerme en el cielo
de su aposento una noche.
Y cuando solicitaban
el fin de mi pena enorme,
conquistando honestidades,[69]
mis ardientes pretensiones,
siento que su padre viene
a su aposento: llamóle,
porque jamás tal[70] hacía,
mi fortuna[71] aquella noche.
Ella turbada, animosa
—¡mujer al fin!—, a empellones
mi casi difunto cuerpo
detrás de su lecho esconde.
Llegó don Pedro, y su hija,
fingiendo gusto, abrazóle
por negarle el rostro en tanto
que cobraba sus colores.[72]
Asentáronse los dos,
y él, con prudentes razones,
le propuso un casamiento
con uno de los Monroyes.
Ella, honesta[73] como cauta,[74]
de tal suerte le responde,
que ni a su padre resista
ni a mí, que la escucho, enoje.
Despidiéronse con esto;
y cuando ya casi pone
en el umbral de la puerta
el viejo los pies, entonces . . . . ,
¡mal haya,[75] amén, el primero
que fue inventor de relojes!,
uno que llevaba yo

---

[58] alcurnia, linaje.
[59] Nótese la imaginería: La mujer es un cielo; sus ojos, soles; sus mejillas, horizontes.
[60] **observante**... fiel a su costumbre de sembrar el desorden.
[61] Faetón, hijo del Sol (Apolo), trató de conducir el carro de su padre pero perdió el control y Júpiter lo precipitó en el río Erídano (el Po). El Tormes es el río que pasa por Salamanca.
[62] Cupido se representa con una antorcha encendida en la mano.
[63] **del**... las inquietudes y ardores del fuego.
[64] **pues**... después de seguirla abrasado.
[65] **de**... duro y frío.
[66] intermediarios.
[67] corresponde.
[68] **porque**... porque también una diosa (una dama) puede enamorarse.
[69] su modestia.
[70] tal cosa.
[71] mala fortuna.
[72] **por**... por ocultarle la cara para que él no viera su palidez.
[73] tan honesta.
[74] prudente.
[75] **mal**... maldito sea.

a dar comenzó las doce.
Oyólo don Pedro, y vuelto
hacia su hija: «¿De dónde
vino ese reloj»? le dijo.
Ella respondió: «Envióle,
para que se le aderecen,
mi primo don Diego Ponce,
por no haber en su lugar
relojero ni relojes».
«Dádmele, dijo su padre,
porque yo ese cargo tome».
Pues entonces doña Sancha
—que éste es de la dama el nombre—
a quitármele del pecho
cauta y prevenida corre,
antes que llegar él mismo
a su padre se le antoje.
Quitémelo yo, y al darle,
quiso la suerte que toquen
a una pistola que tengo
en la mano, los cordones.
Cayó el gatillo, dio fuego;
al tronido desmayóse
doña Sancha; alborotado
el viejo, empezó a dar voces.
Yo, viendo el cielo[76] en el suelo
y eclipsados sus dos soles,[77]
juzgué sin duda por muerta
la vida de mis acciones,[78]
pensando que cometieron
sacrilegio tan enorme
del plomo de mi pistola
los breves volantes orbes.[79]
Con esto, pues, despechado,
saqué rabioso el estoque:
fueran pocos para mí
en tal ocasión mil hombres.
A impedirme la salida
como dos bravos leones,
con sus armas sus hermanos
y sus crïados se oponen;
mas aunque fácil[80] por todos
mi espada y mi furia rompen,
no hay fuerza humana que impida
fatales disposiciones;
pues al salir por la puerta,
como iba arrimado, asióme
la alcayata[81] de la aldaba
por los tiros[82] del estoque.

Aquí para desasirme
fue fuerza que atrás me torne,
y entre tanto mis contrarios
muros de espadas me oponen.
En esto cobró su acuerdo[83]
Sancha, y para que se estorbe
el triste fin que prometen
estos sucesos atroces,
la puerta cerró animosa
del aposento, y dejóme
a mí con ella encerrado,
y fuera a mis agresores.
Arrimamos a la puerta
baúles, arcas y cofres,
que al fin son de ardientes iras
remedio las dilaciones;
quisimos hacernos fuertes,[84]
mas mis contrarios feroces
ya la pared me derriban
y ya la puerta me rompen.[85]
Yo, viendo que aunque dilate
no es posible que revoque
la sentencia de enemigos
tan agraviados y nobles,
viendo a mi lado la hermosa
de mis desdichas consorte,[86]
y que hurtaba a sus mejillas
el temor sus arreboles,
viendo cuán sin culpa suya
conmigo fortuna corre,
pues con industria deshace
cuanto los hados disponen,
por dar premio a sus lealtades,
por dar fin a sus temores,
por dar remedio a mi muerte
y dar muerte a más pasiones,[87]
hube de darme a partido[88]
y pedirles que conformen,
con la unión de nuestras sangres,
tan sangrientas disensiones.
Ellos, que ven el peligro
y mi calidad conocen,
lo acetan,[89] después de estar
un rato entre sí discordes.
Partió a dar cuenta al Obispo
su padre, y volvió con orden
de que el desposorio pueda
hacer cualquier sacerdote.
Hízose, y en dulce paz

---

[76] es decir, viendo a doña Sancha.
[77] **y**... y cerrados sus dos ojos.
[78] **la**... la que inspiró mis acciones.
[79] **de**... los pequeños volantes orbes de mi pistola (es decir, los granos de plomo que sirven como balas).
[80] fácilmente.
[81] clavo, gancho.
[82] pendientes de los cuales cuelga la espada.

[83] **cobró**... volvió en sí.
[84] seguros.
[85] Nótese el tono épico que García le da a su relato al cambiar al tiempo presente.
[86] **la**... la hermosa consorte de mis desdichas.
[87] sufrimiento.
[88] **hube**... tuve que ofrecer casarme con ella.
[89] aceptan.

la mortal guerra trocóse,
dándote la mejor nuera
que nació del Sur al Norte.
Mas en que tú no lo sepas
quedamos todos conformes,
por no ser con gusto tuyo
y por ser mi esposa pobre;
pero ya que fue forzoso
saberlo, mira si escoges
por mejor tenerme muerto
que vivo y con mujer noble.

DON BELTRÁN.

Las circunstancias del caso
son tales, que se conoce
que la fuerza de la suerte
te destinó esa consorte:
y así, no te culpo en más
que en callármelo.

DON GARCÍA.

       Temores
de darte pesar, señor,
me obligaron.

DON BELTRÁN.

       Si es tan noble,
¿qué importa que pobre sea?
¡Cuánto es peor que lo ignore,
para que habiendo empeñado
mi palabra, agora torne
con eso a doña Jacinta!
¡Mira en qué lance me pones!
Toma el caballo, y temprano,
por mi vida, te recoge,[90]
porque despacio[91] tratemos
de tus cosas esta noche.

DON GARCÍA.

Iré a obedecerte al punto
que toquen las oraciones.

Vase DON BELTRÁN.

DON GARCÍA.

    Dichosamente se ha hecho;
persuadido el viejo va:
ya del mentir no dirá
que es sin gusto y sin provecho,
    pues es tan notorio gusto
el ver que me haya creído,
y provecho haber huido
de casarme a mi disgusto.
    ¡Bueno fue reñir conmigo
porque en cuanto digo miento,

y dar crédito al momento
a cuantas mentiras digo!
    ¡Qué fácil de persuadir
quien tiene amor suele ser,
y qué fácil en creer
el que no sabe mentir!
    Mas ya me aguarda don Juan.

A uno que está dentro.

    ¡Hola! ¡llevad el caballo!
Tan terribles cosas hallo
que sucediéndome van,
    que pienso que desvarío:
vine ayer, y en un momento
tengo amor y casamiento
y causa de desafío.

PEDRO CALDERÓN DE LA BARCA (1600−1681)

Pedro Calderón de la Barca fue el último de los grandes dramaturgos del Siglo de Oro y el representante más distinguido del teatro barroco español. Calderón estudió en el Colegio Imperial, una escuela jesuita en Madrid, y después, en las Universidades de Alcalá y de Salamanca, donde sus materias favoritas eran el derecho, la teología, la filosofía y la lógica. En 1620 recibió su grado en derecho canónico. En sus obras se ven claramente las huellas de su formación jesuítica y legal. El complejo sistema

Pedro Calderón de la Barca.

---

[90] **te**... recógete.
[91] **porque**... para que despacio.

filosófico de Calderón, su fe militante, su rigurosa lógica y la terminología legal que llena los soliloquios de algunos de sus personajes son evidencia de la importancia de su temprana preparación académica.

Calderón empezó a atraer la atención por sus dotes poéticas en 1620, cuando participó en unos concursos en honor a la beatificación y canonización de San Isidro. En 1623 se representó su primera obra de teatro, *Amor, honor y poder*. En este mismo año entró en el servicio militar y probablemente combatió en Flandes y en Italia. Al volver a Madrid, comenzó un período de intensa actividad dramática. Compuso numerosos dramas para celebraciones oficiales tales como la inauguración del palacio del Buen Retiro, en 1634. Con la muerte de Lope de Vega en 1635, fue nombrado dramaturgo de la corte. En 1636, año en que entró en la Orden de Santiago, se publicó la *Primera parte* de sus obras, la cual consta de doce dramas. Al año siguiente, salió la *Segunda parte*. Calderón se ordenó de sacerdote franciscano en 1651 y llegó a ser capellán particular del rey. La *Tercera parte* de sus obras salió en 1664 y la *Cuarta parte*, al año siguiente. Una *Quinta parte* apareció en 1677 sin la autorización del autor. Contiene diez obras, cuatro de las cuales Calderón negó haber escrito.

A diferencia de Lope, Quevedo y otros intelectuales de la corte, Calderón no participó en los grandes debates literarios de la época. Tampoco estuvo muy activo en la política. A pesar de la austeridad que a veces se asocia con la personalidad del dramaturgo, estuvo involucrado en más de un suceso violento, siendo el más notorio la violación de la clausura de un convento de las Trinitarias, donde se encontraba la hija de Lope de Vega. Tuvo varias relaciones amorosas. La muerte de su hijo natural y las relaciones tempestuosas que algunos críticos afirman que Calderón tuvo con su propio padre pueden estar en el fondo de los numerosos conflictos entre padres e hijos que se encuentran en sus obras.

Calderón imbuye el drama español de una profunda penetración psicológica y una firme base intelectual. Construye sus obras sobre una ideología consistente, siendo el dogma católico el fundamento de su sistema. El Concilio de Trento da una acrecentada importancia al libre albedrío y la responsabilidad individual, la cual se refleja en la independencia psicológica de los personajes de Calderón. Aunque los tipos de drama y los temas, metros y formatos que emplea son los mismos de los de Lope, Calderón desarrolla mucho más que sus predecesores las posibilidades del lenguaje, utilizando imágenes empapadas de significado, recursos retóricos, cultismos y otras técnicas propias del barroco.

La variada producción dramática de Calderón incluye dramas históricos, religiosos, filosóficos y mitológicos, tragedias de honor y comedias de capa y espada. Calderón también compuso autos sacramentales, zarzuelas y mojigangas (obritas del género jocoso compuestas para fiestas y bailes).

Los dramas de honor están entre las obras más estudiadas de Calderón. Estos dramas tratan siempre de una cuestión de honor sexual. El código de honor que rige la conducta de los personajes exige la castidad absoluta por parte de la mujer porque de ello depende el honor del caballero. Aunque con variantes, el argumento es siempre el mismo: Un caballero cree que su esposa—o alguna otra mujer por la cual se siente responsable, por ejemplo, su hija o su hermana—tiene relaciones con otro hombre. Esta afrenta tiene que castigarse con la muerte, no sólo del hombre que la ha perpetrado, sino también de la mujer. El honor llega a convertirse en una obsesión para estos caballeros, los cuales vigilan a sus esposas continuamente e interpretan cualquier gesto o palabra como evidencia de su infidelidad. Aun cuando la mujer es inocente, la mera sospecha de un desliz obliga al caballero a quitarle la vida. El caballero que se cree deshonrado se encuentra entonces en el dilema de tener que matar a una mujer que él pretende amar.

Los historiadores han debatido hasta qué punto estos dramas reflejan la conducta del caballero español del siglo XVII. Aunque hay casos documentados de asesinatos realizados por motivos de honor, parece que, por lo general, el comportamiento obsesivo y a veces patológico que se describe en estas tragedias es una exageración. Sin embargo, el honor era una realidad psicológica para el hombre del siglo XVII, lo cual permitía al público aristocrático de Calderón identificarse con el personaje. En las obras de Calderón, el honor es un catalizador que produce una crisis, la cual obliga al caballero a actuar. Es el vehículo por medio del cual el dramaturgo explora diversas facetas de la moral y de la psicología. La confusión es una de las características del protagonista calderoniano, quien protesta contra las circunstancias, clamando al cielo y vituperando contra el destino. Encontrándose en una situación en la cual se creen obligados a matar a una mujer que pretenden amar, los hombres de honor luchan consigo mismos, empleando todos los recursos de la lógica. A menudo usan la terminología jurídica para describir el honor como un sistema con sus propias leyes y castigos. Por medio de este proceso, se acusan, se juzgan y se condenan a sí mismos, produciendo momentos de gran intensidad dramática. Las tragedias de honor más conocidas son *El médico de su honra, A secreto agravio, secreta venganza* y *El pintor de su deshonra*.

El honor también es el tema de las comedias de capa y espada, tales como *La dama duende* y *No hay cosa como callar*. La comedia de capa y espada es una obra liviana en la cual los personajes llevan capa y espada, es decir, ropa de calle. El crítico inglés Bruce Wardropper ha demostrado que el problema de la comedia de capa y espada es esencialmente idéntico al de la tragedia de honor, con la importante diferencia de que los personajes de aquélla son solteros, lo cual permite una resolución feliz del dilema, ya que la dama puede poner fin a la necesidad de venganza de su padre o hermano al casarse con el galán que ellos creen que ha ofendido su honor. Las protagonistas de las comedias de capa y espada son a menudo mujeres astutas y rebeldes que despiertan la simpatía del público al manipular las apariencias a fin de lograr sus objetivos.

De las comedias filosóficas, la más conocida es *La vida es sueño*. Trata todos los grandes temas de la época: el honor, la predestinación, la salvación, la libertad, la realidad, la ilusión y el engaño.

Una de las cuestiones teológicas más debatidas del siglo fue la de la predestinación. Por lo general, los reformadores protestantes afirmaban que Dios predestinaba a cada persona o a la gloria o al infierno. La posición católica era que Dios no determinaba el destino del individuo, sino que, habiéndole otorgado libre albedrío, lo dejaba ganar o perder la salvación por sus actos.

La doctrina del libre albedrío está en conflicto no sólo con el determinismo protestante, sino también con la astrología. Aunque el papa Sixto V condenó la astrología como una falsa ciencia en 1585 y Urbano VIII repitió la condenación en 1631, hasta mediados del siglo XVIII mucha gente siguió creyendo en el poder de las estrellas para determinar el destino del individuo. Calderón se alineó con los intelectuales progresivos de su época al demostrar la ineficacia de la astrología en *La vida es sueño*.

La obra gira alrededor de un pronóstico acerca del futuro de Segismundo, príncipe de Polonia. Basilio, el rey, es un astrólogo famoso. Creyendo que las estrellas han destinado a su hijo a ser un tirano, lo encierra en una torre bajo la vigilancia de Clotaldo. Años después, Basilio manda drogarlo y llevarlo a la Corte para poner a la prueba la validez del pronóstico. Al despertarse en el palacio, el joven, criado en el monte entre brutos, se entrega a sus pasiones más violentas y el rey, convencido que los astros han tenido razón, devuelve a Segismundo a la torre. De nuevo Segismundo se despierta confuso. Clotaldo le explica que sus experiencias en la corte no han sido más que un sueño y ahora se ha despertado a la realidad. Segismundo, que asocia la torre con un ataúd, por primera vez toma conciencia de la muerte. Poco a poco, se da cuenta de que toda experiencia humana es un sueño en el sentido de que todo lo que tiene importancia durante la vida—el poder, la riqueza—es efímero. Cuando unos soldados le piden que encabece la rebelión que se ha armado contra Basilio, se niega. Pero Clotaldo le convence de que el hombre tiene que actuar. Con un nuevo sentido de deber y de responsabilidad, Segismundo toma su lugar frente a sus tropas. En vez de comportarse como un tirano, desmiente a las estrellas al perdonar a su padre y al casar a Rosaura, la mujer que ama, con su primo Astolfo.

El Segismundo que aparece al principio de la obra es un hombre sólo en potencia. No ha nacido todavía en el sentido de que aún no posee un elemento esencial al desarrollo humano: la libertad. Identifica su torre con un útero porque todavía está en ese estado incompleto que precede a la vida en el cual el hombre no puede actuar. Vestido de pieles, es como los brutos que viven de los instintos. Pero también tiene cualidades meditativas. En el largo soliloquio que empieza, «Ay, mísero de mí» (I, 131–162), se ven su sufrimiento, su capacidad de razonar y, especialmente, su sed de libertad. Razona, comparándose con la naturaleza, que él merece la misma libertad de la cual otros seres gozan. Recuerda el ave, el bruto, el pez y el arroyo, los cuales representan los elementos fundamentales del universo—aire, tierra, agua—y se pregunta por qué ellos son más libres que él, ya que la libertad parece ser la esencia de la vida. Rechaza la explicación fácil del pecado original, razonando que todos han nacido, pero sólo él está encadenado.

Segismundo—como todo ser humano—es ambivalente. Las pieles simbolizan su aspecto violento, animalístico, que, por el momento, es el que domina su personalidad. Cuando de repente aparece Rosaura, Segismundo quiere atacarla. Rosaura ha venido a Polonia para recobrar su honor. Se ha vestido de hombre, ya que piensa tomar la defensa de su honor en sus propias manos, lo cual será posible sólo si se hace pasar por caballero. Segismundo, que no sabe cuál es el sexo del intruso y además, nunca ha visto a una mujer, controla sus impulsos violentos al sentir una extraña atracción hacia este ser misterioso. La tradición cortesana tanto como la neoplatónica enseña que el amor eleva y purifica. Al reaccionar a la belleza de Rosaura, Segismundo da un primer paso hacia el refrenamiento de su voluntad y, por lo tanto, hacia la madurez.

Segismundo—hombre y fiera—no es un personaje monolítico. El escenario mismo refleja su complejidad. La naturaleza hostil, esa «aspereza enmarañada», refleja la enajenación y confusión del príncipe. La torre, tan oscura que apenas se distingue, representa la oscuridad moral e intelectual que lo rodea. La luz—símbolo tradicional de la razón y de la fe—apenas entra por la ventana. Pero hay esperanza. Apenas visible, una lucecita vacila adentro. Encadenado, Segismundo está preso de sus propias pasiones desenfrenadas tanto como de Basilio. La luz de la razón no podrá guiarlo hasta que aprenda a controlarlas.

Rosaura es igualmente ambivalente. Sensible y compasiva con Segismundo, ella también tiene su lado voluntarioso y violento. Es una mujer deshonrada que ha sido víctima de su propia pasión además de la de Astolfo, su seductor. Llega a caballo, símbolo tradicional de la pasión incontrolada. La imagen del hipogrifo refleja su aspecto irracional, ya que este animal mitológico está compuesto de las partes de diversas bestias. La llegada de Rosaura comienza con una caída, la cual representa su caída moral, producto de su naturaleza apasionada. Aunque algunos críticos han censurado a Calderón por introducir el argumento secundario sobre el honor de Rosaura, en muchos sentidos ella y Segismundo son personajes paralelos. Como E. M. Wilson ha demostrado, la salvación del príncipe depende precisamente de la restauración del honor de Rosaura.

Al despertarse en la corte, Segismundo se siente confuso. Todo lo que ve y oye parece indicar que está en una posición de poder. Hasta ahora, Segismundo no ha tenido ningún control de su vida, pero ahora parece tener autoridad no sólo sobre sí mismo, sino también sobre otros. Al principio, vacila. Duda de la autenticidad de su experiencia. Pero Segismundo rechaza la duda: «Decir que sueño es engaño» (II, 251). Para Calderón, la sabiduría requiere que el individuo dude de los sentidos; lo que se ve y se oye puede ser un engaño. Pero Segismundo opta por la certidumbre intelectual porque en este momento de gran inseguridad y confusión, está ansioso de convencerse de su poder. Afirma su identidad una y otra vez en un esfuerzo de probarse que es realmente el príncipe y, como tal, puede hacer sentir la fuerza de su voluntad. La frustración que sintió en la torre se dirige ahora contra todos los que lo rodean. Segismundo se pone autoritario y violento. Los otros, sin embargo, se niegan a dejar que se abuse de ellos. Finalmente, Segismundo se desquita con un criado, el único que no tiene defensas contra su ira.

En vano Basilio advierte a su hijo que puede estar soñando. Cuando Basilio culpa a las estrellas por el comportamiento de su hijo, Segismundo responde echándole la culpa a su padre. Acusa al rey de no haberle dado una educación adecuada para un futuro monarca. Hasta cierto punto, Segismundo tiene razón. Al aislar a su hijo, Basilio le quitó la posibilidad de desarrollarse como un hombre normal. Segismundo no sabe conducirse en la corte porque no ha aprendido el arte de gobernar. Basilio lo ha criado como una fiera, y por lo tanto, Segismundo se comporta como una fiera. Sin embargo, ningún hombre puede determinar el destino de otro. Segismundo tiene en su poder la posibilidad de triunfar sobre la crianza que su padre le ha dado, pero primero, tendrá que aprender a controlar sus impulsos.

Segismundo sabe que tiene el derecho de ser libre y de ser príncipe, pero por el momento, no entiende la responsabilidad que esto implica. No entiende que «príncipe» no es más que un papel, que el poder político es efímero. No ha aprendido todavía que el verdadero poder es el que el hombre ejerce sobre sí mismo. Segismundo será auténticamente libre sólo cuando él gobierne su voluntad y ésta no lo gobierne a él.

Al ver a Rosaura en la corte, Segismundo revive instantáneamente el momento en el cual logró controlar sus pasiones por primera vez. Pero reprime el recuerdo porque en este momento, siente la necesidad de afirmar su poder.

El devolver a Segismundo a la torre resulta ser un servicio que Basilio le hace porque sólo al darse cuenta de la cualidad temporal del papel que cada uno juega en el mundo empieza Segismundo a entender los límites de la voluntad. Empieza a entender que el individuo es distinto del papel que desempeña en la vida. Puede haber muchos príncipes, pero sólo hay un Segismundo. Una vez que se encuentra de vuelta en la torre, Segismundo ya no afirma su identidad, sino que pregunta, «¿Soy yo, por ventura?» (II, 1095). Reconoce que el útero-torre es también un ataúd que lo encerrará durante toda la eternidad. Al enfrentarse a su propia mortalidad, se hace consciente de que la vida puede terminar el cualquier momento. La vida es como un sueño, porque en cualquier momento podemos despertarnos. Segismundo sabe ahora que el hombre sueña «lo que es», y «lo que es»—príncipe, pobre, caballero, labrador—no perdura.

Ahora a Segismundo todo le parece absurdo, sin sentido. Clotaldo trata de hacerle ver que tiene que actuar porque, «no se pierde / el hacer bien, aun en sueños» (III 213–214). Pero Segismundo, desilusionado, no comprende las palabras de su tutor. Cuando los soldados rebeldes le ofrecen el mando, el príncipe opta por la inacción. ¿Para qué actuar si todo es un sueño? Pero Clotaldo le convence de que la vida no es inútil, ya que los buenos actos sirven para ganar la otra vida, es decir, «por ganar amigos / para cuando despertemos» (III, 239–240). Vivir es soñar. Si la vida es un sueño, es, sin embargo, lo único que se nos da para hacer méritos con nuestros actos.

Cuando Segismundo acepta su lugar al frente de las tropas, no es con la arrogancia de antes. Es Rosaura la que le da al príncipe la oportunidad de probar que ha triunfado sobre sí mismo. Rosaura revela que la escena de la Corte no fue un producto de la imaginación de Segismundo. Una vez más, él duda. ¿Cómo distinguir entre el sueño y la realidad? Segismundo desea a Rosaura, pero recuerda la advertencia de Clotaldo. Sabe ahora que el placer y el poder no son más que ilusiones. Si cede a la pasión ahora, Dios se lo tomará en cuenta más adelante. Entonces, Segismundo vence sus deseos y entrega Rosaura a Astolfo, restaurando así su honor.

La última prueba de la regeneración de Segismundo ocurre cuando Basilio, resignado a lo que él cree ser su destino, se entrega a su hijo. En vez de vengarse de su padre, Segismundo le muestra clemencia, probando que son falsos los pronósticos de Basilio.

A diferencia de Segismundo, Clarín, el gracioso, no aprende de la experiencia. Oportunista y mentiroso, Clarín cree que cada situación es permanente. Por lo tanto, siempre termina siendo víctima de las circunstancias. Cuando ve a Segismundo en una posición de poder, recurre a la adulación más desvergonzada. Pero cuando ocurre lo inesperado y Basilio devuelve a Segismundo a la torre, a Clarín también lo llevan preso. Cuando aparecen los soldados buscando a su príncipe, Clarín trata de hacerse pasar por Segismundo y, cuando ellos descubren que ha mentido, cambia de historia. Ningún sentido de responsabilidad guía a Clarín. En la torre no logra enfrentarse con el problema de la mortalidad. Al empezar la batalla, Clarín trata de escaparse de la torre, pero lo mata una bala extraviada. La suya es una muerte absurda y vacía porque así ha sido su vida. Ahora se despierta a la realidad de la muerte, pero ya es demasiado tarde. Clarín es una figura única en el teatro del Siglo de Oro. Se aparta del prototipo del gracioso al morir inesperadamente al final de la obra.

El barroco español culmina en el teatro de Calderón de la Barca. En sus obras se funden la filosofía, la poesía y las artes decorativas. Empleó la escenografía con más precisión que ningún otro dramaturgo de la época, imbuyéndola de significado tanto como de belleza. Tuvo un verdadero sentido del espectáculo. Sus obras mitológicas en particular se prestaban al uso de efectos visuales, a veces realizados con la colaboración de técnicos italianos. A menudo se incorporaban la música y el baile. Los artificios y tramoyas servían para reforzar la premisa filosófica de Calderón: la vida consiste en ilusiones y engaños.

Después de la muerte de Calderón, el teatro español declina. Calderón tuvo muchos imitadores, pero ninguno alcanzó el alto nivel artístico del maestro.

Véase *La vida es sueño*, ed. José María Valverde (Barcelona: Planeta, 1981). También es muy útil la edición de Albert E. Sloman (Manchester University Press, 1961, 1965).

La vida es sueño (Fragmentos)

PERSONAS

BASILIO, *rey de Polonia.*
SEGISMUNDO, *príncipe.*
ASTOLFO, *duque de Moscovia.*
CLOTALDO, *viejo.*
CLARÍN, *gracioso.*
ESTRELLA, *infanta.*
ROSAURA, *dama.*
SOLDADOS.
GUARDAS.
MÚSICOS.
CRIADOS.
DAMAS.
ACOMPAÑAMIENTO.

La escena es en la corte de Polonia, en una fortaleza poco distante y en el campo.

Jornada primera

A un lado, monte fragoso, y al otro, una torre cuya planta baja sirve de prisión a Segismundo. La puerta que da frente al espectador está entreabierta. La acción principia al anochecer.

ROSAURA, *vestida de hombre, aparece en lo alto de las peñas y baja a lo llano; tras ella viene* CLARÍN.

ROSAURA.
Hipogrifo[1] violento,
que corriste parejas con el viento,
¿dónde rayo sin llama,
pájaro sin matiz, pez sin escama
y bruto sin instinto
natural, al confuso laberinto
de estas desnudas peñas
te desbocas, arrastras y despeñas?
Quédate en este monte,
donde tengan los brutos su Faetonte;[2]
que yo, sin más camino
que el que me dan las leyes del destino,
ciega y desesperada
bajaré la aspereza enmarañada
de este monte eminente
que arruga al sol el ceño de su frente.
Mal, Polonia, recibes
a un extranjero, pues con sangre escribes
su entrada en tus arenas,
y apenas llega cuando llega a penas.
Bien, mi suerte lo dice;
mas, ¿dónde halló piedad un infelice?

CLARÍN.
Di dos, y no me dejes
en la posada a mí[3] cuando te quejes;
que si dos hemos sido
los que de nuestra patria hemos salido
a probar[4] aventuras,
dos los que entre desdichas y locuras
aquí habemos[5] llegado,
y dos los que del monte hemos rodado,
¿no es razón que yo sienta[6]
meterme en el pesar[7] y no en la cuenta?

ROSAURA.
No te quiero dar parte
en mis quejas, Clarín; por no quitarte,
llorando tu desvelo,
el derecho que tienes tú al consuelo.
Que tanto gusto había
en quejarse, un filósofo decía,
que a trueque de quejarse,
habían las desdichas de buscarse.

.   .   .

---

[1] animal mitológico que tiene cuerpo de caballo, alas y cabeza de águila y patas de león.
[2] hijo de Apolo, el Sol, que intentó conducir el carro de su padre, perdió el control, y fue lanzado al río Erídano por Júpiter. Aquí Rosaura se refiere a su propia caída violenta.
[3] **no**... no te olvides de mí.
[4] buscar.
[5] hemos.
[6] lamente.
[7] Nótese el juego de palabras. «Pesar» significa «determinar el peso de una cosa» y también «disgusto, pena».

Suenan dentro cadenas.

CLARÍN.
  ¡Qué es lo que escucho, cielo!

ROSAURA.
  Inmóvil bulto soy de fuego y hielo.

CLARÍN.
  ¿Cadenita hay que suena?
  Mátenme si no es galeote en pena;
  bien mi temor lo dice.

SEGISMUNDO. (*Dentro.*)
  ¡Ay mísero de mí! ¡Ay infelice!

ROSAURA.
  ¡Qué triste voz escucho!
  Con nuevas penas y tormentos lucho.

CLARÍN.
  Yo con nuevos temores.

ROSAURA.
  Clarín . . .

CLARÍN.
                Señora . . .

ROSAURA.
                          Huyamos los rigores
  de esta encantada torre.

CLARÍN.
                        Yo aun no tengo
  ánimo para huir, cuando a eso vengo.

ROSAURA.
  ¿No es breve luz aquella
  caduca exhalación, pálida estrella,
  que en trémulos desmayos,
  pulsando ardores y latiendo rayos,
  hace más tenebrosa
  la obscura habitación con luz dudosa?
  Sí, pues a sus reflejos
  puedo determinar (aunque de lejos)
  una prisión obscura,
  que es de un vivo cadáver sepultura,
  y porque más me asombre,[8]
  en el traje de fiera yace un hombre
  de prisiones cargado
  y sólo de una luz acompañado.
  Pues que huir no podemos,
  desde aquí sus desdichas escuchemos:
  sepamos lo que dice.

Abrense las hojas de la puerta y descúbrese SEGIS-
MUNDO *con una cadena y vestido de pieles. Hay luz
en la torre.*

SEGISMUNDO.
  ¡Ay mísero de mí! ¡Ay infelice!
  Apurar,[9] cielos, pretendo,
  ya que me tratáis así,
  qué delito cometí
  contra vosotros naciendo;
  aunque si nací, ya entiendo
  qué delito he cometido.[10]
  Bastante causa ha tenido
  vuestra justicia y rigor,
  pues el delito mayor
  del hombre es haber nacido.
    Sólo quisiera saber
  para apurar mis desvelos
  (dejando a una parte, cielos,
  el delito de nacer),
  ¿qué más os pude ofender
  para castigarme más?
  ¿No nacieron los demás?
  Pues si los demás nacieron,
  ¿qué privilegios tuvieron
  que yo no gocé jamás?
    Nace el ave, y con las galas
  que le dan belleza suma,
  apenas es flor de pluma[11]
  o ramillete con alas,
  cuando las etéreas salas[12]
  corta con velocidad,
  negándose a la piedad
  del nido que deja en calma.
  ¿Y teniendo yo más alma
  tengo menos libertad?
    Nace el bruto, y con la piel
  que dibujan manchas bellas,
  apenas signo es de estrellas[13]
  (gracias al docto pincel)[14]
  cuando atrevido y cruel
  la humana necesidad
  le enseña a tener crueldad,
  monstruo de su laberinto.[15]
  ¿Y yo, con mejor instinto
  tengo menos libertad?
    Nace el pez, que no respira,
  aborto de ovas y lamas,[16]
  y apenas bajel de escamas[17]

---

[8] **porque**... lo que me asombra aún más.

[9] Averiguar.
[10] referencia al pecado original.
[11] Es decir, el ave parece una flor con plumas.
[12] **las**... el cielo.
[13] Es decir, las manchas que tiene en la piel parecen las estrellas de una constelación.
[14] Dios es el gran pintor que pinta los animales y las plantas con su «docto pincel».
[15] referencia al Minotauro—monstruo con cuerpo de hombre y cabeza de toro—que devoraba a todos los que entraban a su laberinto.
[16] **ovas**... huevos de pez y alga filamentosa de las aguas corrientes.
[17] El pez es un bajel (una nave) de escamas.

sobre las ondas se mira,
cuando a todas partes gira,
midiendo la inmensidad
da tanta capacidad
como le da el centro frío.[18]
¿Y yo con más albedrío
tengo menos libertad?

    Nace el arroyo, culebra
que entre flores se desata,[19]
y apenas, sierpe de plata,[20]
entre las flores se quiebra,
cuando músico[21] celebra
de las flores la piedad,
que le da la majestad
del campo abierto a su huida.
¿Y teniendo yo más vida
tengo menos libertad?

    En llegando a esta pasión,[22]
un volcán, un Etna[23] hecho,
quisiera arrancar del pecho
pedazos del corazón.
¿Qué ley, justicia o razón
negar a los hombres sabe
privilegio tan süave,
exención[24] tan principal,
que Dios le ha dado a un cristal,
a un pez, a un bruto y a un ave?

ROSAURA.

    Temor y piedad en mí
sus razones[25] han causado.

SEGISMUNDO.

    ¿Quién mis voces ha escuchado?
¿Es Clotaldo?

CLARÍN.

    (*Aparte a su ama.*) Di que sí.

ROSAURA.

    No es sino un triste, ¡ay de mí!,
que en estas bóvedas frías
oyó tus melancolías.

SEGISMUNDO.

    Pues, muerte aquí te daré,
porque no sepas que sé
que sabes flaquezas mías. (*Asela.*)
    Sólo porque me has oído,
entre mis membrudos brazos
te tengo de hacer pedazos.

---

[18] del océano.
[19] El arroyo parece una culebra que ondula entre las flores.
[20] referencia al color del agua, que parece plateada.
[21] Se refiere al sonido que hace el agua que fluye, el cual parece música.
[22] tormento.
[23] famoso volcán de Sicilia.
[24] libertad.
[25] palabras.

CLARÍN.

    Yo soy sordo, y no he podido
escucharte.

ROSAURA.

            Si has nacido
humano, baste el postrarme
a tus pies para librarme.

SEGISMUNDO.

    Tu voz pudo enternecerme,
tu presencia suspenderme[26]
y tu respeto[27] turbarme.
    ¿Quién eres? Que aunque yo aquí
tan poco del mundo sé,
que[28] cuna y sepulcro fue
esa torre para mí;
y aunque desde que nací
—si esto es nacer—sólo advierto
este rústico desierto
donde miserable vivo,
siendo un esqueleto vivo,
siendo un animado muerto;
y aunque nunca vi ni hablé
sino a un hombre solamente
que aquí mis desdichas siente,
por quien las noticias sé
de cielo y tierra; y aunque
aquí, porque más te asombres
y monstruo humano me nombres,
entre asombros y quimeras,
soy un hombre de las fieras
y una fiera de los hombres;
y aunque en desdichas tan graves
la política he estudiado,
de los brutos enseñado,
advertido de las aves,
y de los astros süaves
los círculos he medido;
tú sólo, tú has suspendido
la pasión a mis enojos,
la suspensión a mis ojos,
la admiración a mi oído.
    Con cada vez que te veo
nueva admiración me das,
y cuando te miro más,
aun más mirarte deseo.
Ojos hidrópicos[29] creo
que mis ojos deben ser;
pues cuando es muerte el beber,
beben más, y de esta suerte,

---

[26] asombrarme.
[27] **tu**... respeto por ti.
[28] porque.
[29] sedientos (Segismundo no se cansa de mirar a Rosaura, como el hidrópico no se satisface con beber.)

viendo que el ver me da muerte,[30]
estoy muriendo por ver.

.   .   .

Llévanse algunos soldados a SEGISMUNDO *y encié-
rranle en su prisión.*

ROSAURA.
Ya que vi que la soberbia
te ofendió tanto, ignorante
fuera el no pedirte humilde
vida que a tus plantas yace.
Muévate en mí[31] la piedad,
pues será rigor notable
que no hallen favor en ti
ni soberbias ni humildades.

CLARÍN.
Y si Humildad ni Soberbia[32]
no te obligan, personajes
que han movido y removido
mil autos sacramentales,
yo, ni humilde ni soberbio,
sino entre las dos mitades
entreverado,[33] te pido
que nos remedies y ampares.

CLOTALDO.
¡Hola!

SOLDADOS.
Señor . . .

CLOTALDO.
A los dos
quitad las armas y atadles
los ojos, porque no vean
cómo ni de dónde salen.

ROSAURA.
Mi espada es ésta, que a ti
solamente ha de entregarse,
porque al fin, de todos eres
el principal y no sabe
rendirse a menos valor.

CLARÍN.
La mía es tal, que puede darse
al más ruin: tomadla vos. (*A un soldado.*)

ROSAURA.
Y si he de morir, dejarte

quiero, en fe de esta piedad,
prenda que pudo estimarse
por el dueño que algún día[34]
se la ciñó.

CLOTALDO. (*Aparte.*)
Cada instante
van creciendo mis desdichas.

ROSAURA.
Por esta causa, que guardes
esta espada te suplico;
porque si el hado inconstante
admite la apelación
de esta sentencia, ha de darme
ella el honor; que aunque yo
no sé qué secreto alcance,[35]
sé que alcanza algún secreto.
Bien puede ser que me engañe
y la estime por ser sólo
patrimonio de mi padre.

CLOTALDO.
¿Quién fue tu padre?

ROSAURA.
Jamás.
le conocí.

CLOTALDO.
Y, ¿a qué vienes?

ROSAURA.
Vengo a Polonia a vengarme
de un agravio.

CLOTALDO. (*Aparte.*)
¡Santos cielos!

(*En tomando Clotaldo la espada, túrbase.*)

¡Qué es esto! Ya son más graves
mis penas y confusiones,
mis ansias y mis pesares.
¿Quién te la dio?

ROSAURA.
Una mujer.

CLOTALDO.
¿Cómo se llama?

ROSAURA.
Que calle
su nombre es fuerza.[36]

CLOTALDO.
¿De qué

---

[30] Aunque Segismundo utiliza imágenes características del amor cortés, en este momento no sabe que Rosaura es una mujer.
[31] **en**... por mí.
[32] Soberbia y Humildad son personajes alegóricos que aparecen en los
autos sacramentales.
[33] mezclado.

[34] **algún**... una vez.
[35] contenga.
[36] necesario.

infieres ahora, o sabes,
que hay secreto en esta espada?

ROSAURA.

Quien me la dio, dijo: «Parte
a Polonia, y solicita
con ingenio, estudio o arte
que te vean esa espada
los nobles y principales,[37]
que yo sé que alguno de ellos
te favorezca y ampare»;
que por si acaso era muerto,
no quiso entonces nombrarle.

CLOTALDO. (*Aparte.*)

¡Válgame el cielo, qué escucho!
Aún no sé determinarme
si tales sucesos son
ilusiones o verdades.
Esta es la espada que yo
dejé a la hermosa Violante,
por señas que el que ceñida
la trajera, había de hallarme
amoroso como hijo
y piadoso como padre.
Pues, ¿qué he de hacer, ay de mí!,
en confusión semejante,
si quien la trae por favor,[38]
para su muerte la trae,
pues que sentenciado a muerte
llega a mis pies? ¡Qué notable
confusión! ¡Qué triste hado!
¡Qué suerte tan inconstante!
Este es mi hijo, y las señas
dicen bien[39] con las señales
del corazón, que por verlo
llama al pecho y en él bate
las alas, y no pudiendo
romper los candados, hace
lo que aquel que está encerrado
y oyendo ruido en la calle
se asoma por la ventana:
él así, como no sabe
lo que pasa y oye el ruido,
va a los ojos a asomarse,
que son ventanas del pecho[40]
por donde en lágrimas sale.
¿Qué he de hacer? ¡Valedme, cielos!
¿Qué he de hacer? Porque llevarle
al rey es llevarle, ¡ay triste!,
a morir. Pues ocultarle

al rey no puedo, conforme
a la ley del homenaje.
De una parte, el amor propio,
y la lealtad de otra parte
me rinden. Pero, ¿qué dudo?
La lealtad del rey, ¿no es ante
que la vida y el honor?
Pues ella vive y él falte.[41]

.   .   .

Salón del Palacio Real en la Corte.

ESTRELLA.

Sabio Tales . . .

ASTOLFO.

Docto Euclides[42] . . .

ESTRELLA.

Que entre signos[43] . . .

ASTOLFO.

Que entre estrellas . . .

ESTRELLA.

Hoy gobiernas . . .

ASTOLFO.

Hoy resides . . .

ESTRELLA.

Y sus caminos . . .

ASTOLFO.

Sus huellas . . .

ESTRELLA.

Describes . . .

ASTOLFO.

Tasas y mides

ESTRELLA.

Deja que en humildes lazos . . .

ASTOLFO.

Deja que en tiernos abrazos . . .

ESTRELLA.

Hiedra de ese tronco sea.[44]

---

[37] gente importante.

[38] **por**... pidiendo amparo.

[39] **dicen**... están de acuerdo.

[40] Era común la idea de que los ojos revelaban lo que el individuo tenía en el alma.

[41] ella = la lealtad; él = el honor (Clotaldo decide seguir la directiva del rey y matar al extraño, aunque éste parece ser su propio hijo. Antes de dejar a la madre de Rosaura, Clotaldo le dio su espada. Reconociendo la espada que lleva Rosaura, quien está vestida de hombre, Clotaldo piensa que es su hijo.)

[42] Tales y Euclides son, respectivamente, un filósofo y un matemático de la Antigüedad. (Basilio es conocido por sus amplios conocimientos de la filosofía y de las matemáticas.)

[43] Se refiere a los signos del zodíaco.

[44] **Deja**... Deja que te abrace como la hiedra abraza el tronco de un árbol.

ASTOLFO.

Rendido a tus pies me vea.

BASILIO.

Sobrinos, dadme los brazos.
    Y creed, pues que leales
a mi precepto amoroso
venís con afectos tales,
que a nadie deje quejoso
y los dos quedéis iguales.
Y así, cuando me confieso
rendido al prolijo peso,
sólo os pido en la ocasión
silencio, que admiración
ha de pedirla el suceso.

                .   .   .

    En Clorilene, mi esposa,
tuve un infelice hijo,
en cuyo parto los cielos
se agotaron de prodigios.
Antes que la luz hermosa
le diese el sepulcro vivo
de un vientre (porque el nacer
y el morir son parecidos),
su madre infinitas veces,
entre ideas y delirios
del sueño, vio que rompía
sus entrañas atrevido
un monstruo en forma de hombre,
y entre su sangre teñido,
le daba muerte naciendo
víbora humana del siglo.[45]
Llegó de su parto el día
y los presagios cumplidos
(porque tarde o nunca son
mentirosos los impíos),[46]
nació en horóscopo tal,
que el sol, en su sangre tinto,
entraba sañudamente
con la luna en desafío;
y siendo valla[47] la tierra,
los dos faroles divinos[48]
a luz entera luchaban,
ya que no a brazo partido.[49]
El mayor, el más horrendo
eclipse que ha padecido
el sol, después que con sangre
lloró la muerte de Cristo,[50]
éste fue, porque anegado
el orbe en incendios vivos,
presumió que padecía
el último parasismo.[51]
Los cielos se obscurecieron,
temblaron los edificios,
llovieron piedras las nubes,
corrieron sangre los ríos.
En aqueste, pues, del sol,
ya frenesí o ya delirio,
nació Segismundo, dando
de su condición indicios,
pues dio la muerte a su madre,
con cuya fiereza dijo:
«Hombre soy, pues que ya empiezo
a pagar mal beneficios».
Yo, acudiendo a mis estudios,
en ellos y en todo miro
que Segismundo sería
el hombre más atrevido,
el príncipe más cruel
y el monarca más impío,
por quien su reino vendría
a ser parcial[52] y diviso,
escuela de las traiciones
y academia de los vicios;
y él, de su furor llevado,
entre asombros y delitos,
había de poner en mí
las plantas,[53] y yo rendido
a sus pies me había de ver
(¡con qué vergüenza lo digo!),
siendo alfombra de sus plantas
las canas del rostro mío.

                .   .   .

Publicóse[54] que el infante
nació muerto, y prevenido
hice labrar[55] una torre
entre las peñas y riscos
de esos montes, donde apenas
la luz ha hallado camino,
por defenderle la entrada
sus rústicos obeliscos.[56]
Las graves penas y leyes
que con públicos edictos
declararon que ninguno
entrase a un vedado sitio

---

[45] La víbora recién nacida tiene fama de devorar a sus padres.
[46] **tarde**... los malos agüeros siempre se cumplen.
[47] campo de batalla.
[48] es decir, el sol y la luna.
[49] **a**... brazo a brazo.
[50] Se refiere al eclipse que ocurrió cuando se crucificó a Cristo.

[51] paroxismo, acceso violento de una enfermedad que precede a la muerte.
[52] dividido.
[53] pies (Es decir, él me había de poner los pies encima.)
[54] Se hizo saber.
[55] construir.
[56] es decir, los árboles.

del monte, se ocasionaron
de las causas que os he dicho.
Allí Segismundo vive
mísero, pobre y cautivo,
adonde sólo Clotaldo
le ha hablado, tratado y visto.
Este le ha enseñado ciencias,
éste en la ley le ha instruido
católica, siendo sólo
de sus miserias testigo.
Aquí hay tres cosas: la una,
que yo, Polonia,[57] os estimo
tanto, que os quiero librar
de la opresión y servicio
de un rey tirano, porque
no fuera señor benigno
el que a su patria y su imperio
pusiera en tanto peligro.
La otra es considerar
que si a mi sangre le quito
el derecho que le dieron
humano fuero y divino,
no es cristiana caridad;
pues ninguna ley ha dicho
que por reservar yo a otro
de tirano[58] y de atrevido,
pueda yo serlo: supuesto
que si es tirano mi hijo,
porque él delitos no haga
vengo yo a hacer los delitos.
Es la última y tercera
el ver cuánto yerro ha sido
dar crédito fácilmente
a los sucesos previstos;
pues, aunque su inclinación
le dicte sus precipicios,[59]
quizá no le vencerán;
porque el hado más esquivo,
la inclinación más violenta,
el planeta más impío,
sólo el albedrío inclinan,
no fuerzan el albedrío.
Y así, entre una y otra causa,[60]
vacilante y discursivo,
previne un remedio tal
que os suspenda los sentidos.
Yo he de ponerle mañana,
sin que él sepa que es mi hijo
y rey vuestro, a Segismundo
(que aqueste su nombre ha sido)
en mi dosel, en mi silla,

y en fin, en el lugar mío,
donde os gobierne y os mande,
y donde todos rendidos
la obediencia le juréis;
pues con aquesto consigo
tres cosas, con que respondo
a las otras tres que he dicho.
Es la primera que, siendo
prudente, cuerdo y benigno,
desmintiendo en todo al hado
que de él tantas cosas dijo,
gozaréis el natural
Príncipe vuestro, que ha sido
cortesano de unos montes
y de sus fieras vecino.
Es la segunda que si él,
soberbio, osado, atrevido
y cruel, con rienda suelta
corre el campo de[61] sus vicios,
habré yo piadoso entonces
con mi obligación cumplido;
y luego en desposeerle
haré como rey invicto,
siendo el volverle[62] a la cárcel
no crueldad, sino castigo.
Es la tercera que, siendo
el Príncipe como os digo,
por lo que os amo, vasallos,
os daré reyes más dignos
de la corona y el cetro;
pues serán mis dos sobrinos,
que junto en uno el derecho
de los dos, y convenidos
con la fe del matrimonio,
tendrán lo que han merecido.
Esto como rey os mando,
esto como padre os pido,
esto como sabio os ruego,
esto como anciano os digo;
y si el Séneca español,[63]
que era humilde esclavo, dijo,
de su república, un rey,[64]
como esclavo os lo suplico.

.   .   .

CLOTALDO. *(A ROSAURA Y CLARÍN.)*

Extranjeros peregrinos,
libres estáis.

---

[57] la corte y pueblo de Polonia.
[58] **reservar**... impedir que otro sea.
[59] actos temerosos o violentos.
[60] argumento.

[61] **corre**... se entrega a.
[62] devolverle.
[63] filósofo hispanolatino (¿4?–65), autor del tratado *De vita beata* y de varias tragedias.
[64] **que**... dijo que un rey era humilde esclavo de su república.

ROSAURA.

          Tus pies beso
mil veces.

CLARÍN.

          Y yo los viso,[65]
que una letra más o menos
no reparan dos amigos.

ROSAURA.

La vida, señor, me has dado,
y pues a tu cuenta[66] vivo,
eternamente seré
esclavo tuyo.

CLOTALDO.

          No ha sido
vida la que yo te he dado,
porque un hombre bien nacido,
si está agraviado, no vive;[67]
y supuesto que has venido
a vengarte de un agravio,
según tú propio me has dicho,
no te he dado vida yo,
porque tú no la has traído,
que vida infame no es vida.

(*Aparte.*)

Bien con aquesto le animo.

ROSAURA.

Confieso que no la tengo,
aunque de ti la recibo;
pero yo, con la venganza,
dejaré mi honor tan limpio,
que pueda mi vida luego,
atropellando peligros,
parecer dádiva tuya.

CLOTALDO.

Toma el acero bruñido
que trajiste, que yo sé
que él baste, en sangre teñido
de tu enemigo, a vengarte,
porque acero que fue mío
(digo este instante, este rato
que en mi poder le he tenido)
sabrá vengarte.

ROSAURA.

          En tu nombre
segunda vez me le ciño
y en él juro mi venganza,

aunque fuese mi enemigo
más poderoso.

CLOTALDO.

          ¿Eslo mucho?[68]

ROSAURA.

Tanto, que no te lo digo,
no porque de tu prudencia
mayores cosas no fío,
sino porque no se vuelva
contra mí el favor que admiro
en tu piedad.

CLOTALDO.

          Antes fuera
ganarme a mí con decirlo,
pues fuera cerrarle el paso
de ayudar a tu enemigo.[69]

(*Aparte.*)

¡Oh, si supiera quién es!

ROSAURA.

Porque no pienses que estimo
tan poco esa confianza,
sabe que el contrario ha sido
no menos que Astolfo, duque
de Moscovia.

CLOTALDO. (*Aparte.*)

          Mal resisto
el dolor, porque es más grave,
que fue imaginado, visto.[70]
Apuremos más el caso.

(*A* ROSAURA.)

Si moscovita has nacido,
el que es natural señor,
mal agraviarte ha podido;
vuélvete a tu patria, pues,
y deja el ardiente brío
que te despeña.

ROSAURA.

          Yo sé
que aunque mi príncipe ha sido,
pudo agraviarme.

CLOTALDO.

          No pudo,
aunque pusiera atrevido
la mano en tu rostro.[71] (*Aparte.*) ¡Ay cielos!

---

[65] reconozco y apruebo (La letra a la cual se refiere Clarín es la *e*, la cual separa «beso» de «viso».)

[66] **a**... gracias a ti.

[67] Para un hombre de honor, el honor vale más que la vida; por lo tanto, el que ha sido agraviado, no vive hasta vengarse. (Clotaldo aún piensa que Rosaura es su hijo.)

[68] **¿Eslo**... ¿Es muy poderoso?

[69] **Antes**... Sería mejor decírmelo porque así yo estaría seguro de no ayudar a tu enemigo.

[70] **que**... visto que imaginado.

[71] Según las leyes de la caballería un hombre no puede vengarse del príncipe, aunque éste le dé una bofetada.

ROSAURA.

Mayor fue el agravio mío.

CLOTALDO.

Dilo ya, pues que no puedes
decir más que yo imagino.

ROSAURA.

Sí, dijera; mas no sé
con qué respeto te miro,
con qué afecto te venero,
con qué estimación te asisto,
que no me atrevo a decirte
que es éste exterior vestido
enigma, pues no es de quien
parece: juzga advertido,
si no soy lo que parezco,
y Astolfo a casarse vino
con Estrella, si podrá
agraviarme. Harto te he dicho.

Vanse ROSAURA *y* CLARÍN.

CLOTALDO.

¡Escucha, aguarda, detente!
¿Qué confuso laberinto
es éste, donde no puede
hallar la razón el hilo?[72]
Mi honor es el agraviado,
poderoso el enemigo;
yo vasallo, ella mujer;
descubra el cielo camino,
aunque no sé si podrá
cuando en tan confuso abismo
es todo el cielo un presagio
y es todo el mundo un prodigio.

Jornada segunda

Músicos, cantando, y criados, dando de vestir a SE-
GISMUNDO, *que sale como asombrado.* CLOTALDO, CLARÍN.

SEGISMUNDO.

¡Válgame el cielo, qué veo!
¡Válgame el cielo, qué miro!
Con poco espanto lo admiro,
con mucha duda lo creo.
¿Yo en palacios suntuosos?
¿Yo entre telas y brocados?
¿Yo cercado de criados
tan lucidos y briosos?
¿Yo despertar de dormir
en lecho tan excelente?

¿Yo en medio de tanta gente
que me sirva de vestir?
Decir que sueño es engaño:
bien sé que despierto estoy.
¿Yo Segismundo no soy?
Dadme, cielos, desengaño.
Decidme, ¿qué pudo ser
esto que a mi fantasía
sucedió mientras dormía,
que aquí me he llegado a ver?
Pero sea lo que fuere,
¿quién me mete en discurrir?
Dejarme quiero servir,
y venga lo que viniere.

CRIADO 1. (*Aparte al* CRIADO 2 *y a* CLARÍN.)

¡Qué melancólico está!

CRIADO 2.

¿Pues a quién le sucediera
esto que no lo estuviera?

CLARÍN.

A mí.

CRIADO 2.

Llega a hablarle ya.

CRIADO 1.

¿Volverán a cantar? (*A Segismundo.*)

SEGISMUNDO.

No,
no quiero que canten más.

CRIADO 1.

Como tan suspenso[73] estás,
quise divertirte.

SEGISMUNDO.

Yo
no tengo de divertir
con sus voces mis pesares;
las músicas militares
sólo he gustado de oír.

CLOTALDO.

Vuestra Alteza, gran señor,
me dé su mano a besar,
que el primero os ha de dar
esta obediencia mi honor.

SEGISMUNDO. (*Aparte.*)

Clotaldo es; ¿pues, cómo así,
quien en prisión me maltrata,
con tal respeto me trata?
¿Qué es lo que pasa por mí?[74]

---

[72] referencia a Ariadna, hija de Minos, la que dio a Teseo el hilo con
cuya ayuda salió del Laberinto de Creta, después de matar al Minotauro.

[73] confuso.

[74] **pasa**... me pasa.

CLOTALDO.
    Con la grande confusión
que el nuevo estado te da,
mil dudas padecerá
el discurso y la razón;
    pero ya librarte quiero
de todas, si puede ser,
porque has, señor, de saber
que eres príncipe heredero
    de Polonia. Si has estado
retirado y escondido,
por obedecer ha sido
a la inclemencia del hado,
    que mil tragedias consiente
a este imperio cuando en él
el soberano laurel[75]
corone tu augusta frente.
    Mas fiando a tu atención[76]
que vencerás las estrellas,
porque es posible vencellas
un magnánimo varón,
    a palacio te ha traído
de la torre en que vivías,
mientras al sueño tenías
el espíritu rendido.
    Tu padre, el Rey mi señor,
vendrá a verte y de él sabrás,
Segismundo, lo demás.

SEGISMUNDO.
Pues, vil, infame, traidor,
    ¿qué tengo más que saber,
después de saber quien soy,
para mostrar desde hoy
mi soberbia y mi poder?
    ¿Cómo a tu patria le has hecho
tal traición, que me ocultaste
a mí, pues que me negaste
contra razón y derecho
    este estado?[77]

CLOTALDO.
        ¡Ay de mí, triste!

SEGISMUNDO.
¡Traidor fuiste con la ley,
lisonjero con el Rey,
y cruel conmigo fuiste:
    y así el Rey, la ley y yo,
entre desdichas tan fieras,
te condenan a que mueras
a mis manos.

CRIADO 2.
        Señor . . .

SEGISMUNDO.
          No
me estorbe nadie, que es vana
diligencia: ¡y vive Dios!
Si os ponéis delante vos,
que os eche por la ventana.

CRIADO 2.
Huye, Clotlado.

CLOTALDO.
        ¡Ay de ti,
qué soberbia vas mostrando,
sin saber que estás soñando!
        Vase.

CRIADO 2.
Advierte . . .

SEGISMUNDO.
        Aparta de aquí.

CRIADO 2.
. . . que a su Rey obedeció.

SEGISMUNDO.
En lo que no es justa ley
no ha de obedecer al Rey,
y su príncipe era yo.

CRIADO 2.
El no debió examinar
si era bien hecho o mal hecho.

SEGISMUNDO.
Que estáis mal con vos[78] sospecho,
pues me dais que replicar.

CLARÍN.
Dice el príncipe muy bien,
y vos hicisteis muy mal.

CRIADO 2.
¿Quién os dio licencia igual?

CLARÍN.
Yo me la he tomado.

SEGISMUNDO.
        ¿Quién
eres tú, di?

CLARÍN.
        Entremetido,
y de este oficio soy jefe,
porque soy el mequetrefe
mayor que se ha conocido.

SEGISMUNDO.
Tú sólo en tan nuevos mundos[79]
me has agradado.

---

[75] corona.
[76] bondad, buenas intenciones y acciones.
[77] posición.
[78] **mal**... inquieto, incómodo.
[79] **en**... en este nuevo ambiente.

CLARÍN.
Señor,
soy un grande agradador
de todos los Segismundos.

ASTOLFO.
¡Feliz mil veces el día,
oh príncipe, que os mostráis
sol[80] de Polonia y llenáis
de resplandor y alegría
todos esos horizontes
con tan divino arrebol,
pues que salís como el sol
de los senos de los montes!
Salid, pues, y aunque tan tarde
se corona vuestra frente
del laurel resplandeciente,
tarde muera.

SEGISMUNDO.
Dios os guarde.

ASTOLFO.
El no haberme conocido
sólo por disculpa os doy
de no honrarme más.[81] Yo soy
Astolfo, duque he nacido
de Moscovia, y primo vuestro;
haya igualdad en los dos.

SEGISMUNDO.
¿Si digo que os guarde Dios,
bastante agrado no os muestro?
Pero ya que, haciendo alarde
de quién sois, de esto os quejáis,
otra vez que me veáis
le diré a Dios que no os guarde.

CRIADO 2. (*A ASTOLFO.*)
Vuestra Alteza considere
que como en montes nacido
con todos ha procedido.

(*A SEGISMUNDO.*)

Astolfo, señor, prefiere . . .

SEGISMUNDO.
Cansóme como llegó
grave a hablarme, y lo primero
que hizo, se puso el sombrero.

CRIADO 2.
Es grande.[82]

SEGISMUNDO.
Mayor soy yo.

CRIADO 2.
Con todo eso, entre los dos
que haya más respeto es bien
que entre los demás.

SEGISMUNDO.
¿Y quién
os mete conmigo a vos?

ESTRELLA.
Vuestra Alteza, señor, sea
muchas veces bien venido
al dosel que agradecido
le recibe y le desea,
adonde, a pesar de engaños,
viva augusto y eminente,
donde su vida se cuente
por siglos y no por años.

SEGISMUNDO. (*A CLARÍN.*)
Dime tú ahora: ¿quién es
esta beldad soberana?
¿Quién es esta diosa humana,
a cuyos divinos pies
postra el cielo su arrebol?
¿Quién es esa mujer bella?

CLARÍN.
Es, señor, tu prima Estrella.

SEGISMUNDO.
Mejor dijeras el sol.

(*A ESTRELLA.*)

Aunque el parabién es bien
darme del bien que conquisto,
de sólo haberos hoy visto
os admito[83] el parabién;
y así, de llegarme a ver
con el bien que no merezco,
el parabién agradezco,
Estrella; que amanecer
podéis y dar alegría
al más luciente farol.[84]
¿Qué dejáis que hacer al sol
si os levantáis con el día?
Dadme a besar vuestra mano,
en cuya copa de nieve
el aura candores bebe.[85]

ESTRELLA.
Sed más galán cortesano.

---

[80] aquí, rey.
[81] Segismundo responde al saludo cortesano de Astolfo con una expresión vulgar, muy común entre los rústicos. Por lo tanto, Astolfo se ofende.
[82] título que se aplica a las personas de gran nobleza. Los grandes tenían el derecho de mantener puesto el sombrero en presencia del rey.
[83] acepto.
[84] es decir, el sol (Estrella brilla más que el sol.)
[85] **el**... el alba bebe su luz.

ASTOLFO. (*Aparte.*)
　　　Si él toma la mano, yo
soy perdido.[86]

CRIADO 2. (*Aparte.*)
　　　　　El pesar sé
de Astolfo, y le estorbaré.

(*A* SEGISMUNDO.)

　　Advierte, señor, que no
　　es justo a atreverse así,
y estando Astolfo . . .

SEGISMUNDO.
　　　　　　　¿No digo
que vos no os metáis conmigo?

CRIADO 2.
　　Digo lo que es justo.

SEGISMUNDO.
　　　　　　A mí
todo eso me causa enfado.
Nada me parece justo
en siendo contra mi gusto.

CRIADO 2.
　　Pues yo, señor, he escuchado
　　de ti que en lo justo es bien
obedecer y servir.

SEGISMUNDO.
　　También oíste decir
que por un balcón, a quien
me canse sabré arrojar.

CRIADO 2.
　　Con los hombres como yo
no puede hacerse eso.

SEGISMUNDO.
　　　　　　¿No?
¡Por Dios que lo he de probar!

Cógele en los brazos y éntrase, y todos tras él, volviendo a salir inmediatamente.

ASTOLFO.
　　¿Qué es esto que llego a ver?

ESTRELLA.
　　Idle todos a estorbar.
　　　　　　Vase.

SEGISMUNDO. (*Volviendo.*)
　　Cayó del balcón al mar.
¡Vive Dios que pudo ser![87]

ASTOLFO.
　　Pues, medid con más espacio[88]
vuestras acciones severas,
que lo que hay de hombres a fieras
hay desde un monte a palacio.[89]

SEGISMUNDO.
　　Pues, en dando tan severo
en hablar con entereza,
quizá no hallaréis cabeza
en que se os tenga el sombrero.

Vase ASTOLFO.

Sale BASILIO.

BASILIO.
　　¿Qué ha sido esto?

SEGISMUNDO.
　　　　　　　Nada ha sido.
A un hombre que me ha cansado,
de este balcón he arrojado.

CLARÍN. (*A* SEGISMUNDO.)
　　Que es el rey está advertido.

BASILIO.
　　¿Tan presto una vida cuesta
tu venida el primer día?

SEGISMUNDO.
　　Díjome que no podía
hacerse, y gané la apuesta.

BASILIO.
　　Pésame mucho que cuando,
Príncipe, a verte he venido,
pensando hallarte advertido
de hados y estrellas triunfando,
　　con tanto rigor[90] te vea,
y que la primera acción
que has hecho en esta ocasión
un grave homicidio sea.
　　¿Con qué amor llegar podré
a darte ahora mis brazos,
si de tus soberbios lazos
que están enseñados sé
　　a dar muerte?[91] ¿Quién llegó
a ver desnudo el puñal
que dio una herida mortal,
que no temiese? ¿Quién vio
　　sangriento el lugar adonde
a otro hombre le dieron muerte,

---

[86] Si Segismundo toma la mano a Estrella en presencia de Astolfo, su enamorado, éste se sentirá agraviado y con la obligación de vengarse.

[87] El criado acaba de decir «no puede hacerse eso».

[88] cuidado.

[89] referencia al monte donde ha vivido Segismundo hasta ahora y a su estado de «fiera».

[90] inflexibilidad, falta de tolerancia.

[91] **si**... si sé que tus soberbios brazos saben dar muerte.

que no sienta? Que el más fuerte
a su natural responde.
 Yo, así que en tus brazos miro
de esta muerte el instrumento
y miro el lugar sangriento,
de tus brazos me retiro;
 y aunque en amorosos lazos
ceñir tu cuello pensé,
sin ellos me volveré,
que tengo miedo a tus brazos.

SEGISMUNDO.
 Sin ellos me podré estar,
como me he estado hasta aquí;
que un padre que contra mí
tanto rigor sabe usar,
 que su condición ingrata
de su lado me desvía,
como a una fiera me cría
y como a un monstruo me trata
 y mi muerte solicita,
de poca importancia fue
que los brazos no me dé,
cuando el ser de hombre me quita.

BASILIO.
 Al cielo y a Dios pluguiera
que a dártele no llegara,
pues ni tu voz escuchara,
ni tu atrevimiento viera.

SEGISMUNDO.
 Si no me lo hubieras dado,
no me quejara de ti;
pero una vez dado, sí,
por habérmele quitado;
 pues aunque el dar la acción es
más noble y más singular,
es mayor bajeza el dar
para quitarlo después.

BASILIO.
 ¡Bien me agradeces el verte
de un humilde y pobre preso,
príncipe ya![92]

SEGISMUNDO.
   Pues en eso
¿qué tengo que agradecerte?
 Tirano de mi albedrío,
si viejo y caduco estás,
muriéndote, ¿qué me das?
¿Dasme más de lo que es mío?
 Mi padre eres y mi Rey;
luego toda esa grandeza

me da la Naturaleza
por derecho de su ley.
 Luego aunque esté en tal estado,
obligado no te quedo,
y pedirte cuentas puedo
del tiempo que me has quitado
 libertad, vida y honor;
y así, agradéceme a mí
que yo no cobre de ti,
pues eres tú mi deudor.

BASILIO.
 Bárbaro eres y atrevido.
Cumplió su palabra el cielo,
y así, para él[93] mismo apelo,
soberbio y desvanecido.
 Y aunque sepas ya quién eres,
y desengañado estés,
y aunque en un lugar te ves
donde a todos te prefieres,
 mira bien lo que te advierto:
que seas humilde y blando,
porque quizás estés soñando,
aunque ves que estás despierto.
     Vase.

SEGISMUNDO.
 ¿Qué quizá soñando estoy,
aunque despierto me veo?
No sueño, pues toco y creo
lo que he sido y lo que soy.
 Y aunque ahora te arrepientas,
poco remedio tendrás;
sé quién soy y no podrás,
aunque suspires y sientas,
 quitarme el haber nacido
desta corona heredero;
y si me viste primero
a las prisiones rendido,
 fue porque ignoré quién era,
pero ya informado estoy
de quién soy, y sé que soy
un compuesto de hombre y fiera.

ROSAURA. (*Aparte.*)
 Siguiendo a Estrella vengo,
y gran temor de hallar a Astolfo tengo;
que Clotaldo desea
que no sepa quién soy y no me vea,
porque dice que importa al honor mío;
y de Clotaldo fío
su afecto, pues le debo agradecida
aquí el amparo de mi honor y vida.

CLARÍN. (*A SEGISMUNDO.*)
 ¿Qué es lo que te ha agradado
más de cuanto aquí has visto y admirado?

---

[92] **el**... el verte convertido de un humilde y pobre preso en un príncipe ya.

[93] el cielo.

SEGISMUNDO.

Nada me ha sorprendido,
que todo lo tenía prevenido;
mas si admirarme hubiera
algo en el mundo, la hermosura fuera
de la mujer. Leía
una vez yo en los libros que tenía,
que lo que a Dios mayor estudio debe,
era el hombre, por ser un mundo breve;[94]
mas ya que lo es recelo
la mujer, pues ha sido un breve cielo;[95]
y más beldad encierra
que el hombre cuanto va de cielo a tierra,
y más si es la que miro.

(Sale ROSAURA, *vestida de mujer.)*

ROSAURA. *(Aparte.)*

El príncipe está aquí: yo me retiro.

SEGISMUNDO.

Oye, mujer, detente;
no juntes el ocaso y el oriente[96]
huyendo al primer paso;
que juntos el oriente y el ocaso,
la luz y sombra fría,
serán, sin duda, síncopa[97] del día.
¿Pero qué es lo que veo?

ROSAURA.

Lo mismo que estoy viendo, dudo y creo.

SEGISMUNDO. *(Aparte.)*

Yo he visto esta belleza
otra vez.

ROSAURA. *(Aparte.)*

Yo esta pompa, esta grandeza
he visto reducida
a una estrecha prisión.

SEGISMUNDO. *(Aparte.)*

Ya hallé mi vida.
Mujer, que aqueste nombre
es el mejor requiebro para el hombre,
¿quién eres?, que sin verte
adoración me debes[98] y de suerte
por la fe te conquisto,
que me persuado que otra vez te he visto.
¿Quién eres, bella mujer?

ROSAURA. *(Aparte.)*

Disimular me importa. Soy de Estrella
una infelice dama.

SEGISMUNDO.

No digas tal; di el sol, a cuya llama
aquella estrella vive,
pues de tus rayos resplandor recibe.
Yo vi en reino de olores
que presidía entre escuadrón de flores
la deidad de la rosa
y era su emperatriz por más hermosa;
yo vi entre piedras finas
de la docta academia de sus minas
preferir el diamante
y ser su emperador por más brillante;
yo en esas cortes bellas
de la inquieta república de estrellas,
vi en el lugar primero
por rey de las estrellas al lucero;
yo en esferas perfectas
llamando el sol a cortes los planetas.
le vi que presidía,
como mayor oráculo del día.
Pues, ¿cómo, si entre flores, entre estrellas,
piedras, signos, planetas, las más bellas
prefieren, tú has servido
la de menos beldad, habiendo sido
por más bella y hermosa,
sol, lucero, diamante, estrella y rosa?

CLOTALDO. *(Aparte.)*

A Segismundo reducir deseo,
porque, en fin, le he criado; mas, ¡qué veo!

ROSAURA.

Tu favor reverencio:
respóndate, retórico,[99] el silencio;
cuando[100] tan torpe la razón se halla,
mejor habla, señor, quien mejor calla.

SEGISMUNDO.

No has de ausentarte, espera.
¿Cómo quieres dejar de esa manera
a obscuras mi sentido?

ROSAURA.

Esta licencia a Vuestra Alteza pido.

SEGISMUNDO.

Irte con tal violencia
no es pedirla, es tomarte la licencia.

ROSAURA.

Pues si tú no la das, tomarla espero.

---

[94] pequeño (Era un lugar común la idea de que el hombre es un microcosmos del mundo.)
[95] Otro lugar común platónico: la mujer es un microcosmos del cielo porque encierra y refleja la belleza perfecta.
[96] Como Rosaura es el sol, su llegada es la salida del sol (el oriente) y su partida, la puesta del sol (el ocaso).
[97] supresión, desaparición.
[98] produces, inspiras.

[99] elocuentemente.
[100] aun cuando es.

SEGISMUNDO.

Harás que de cortés pase a grosero,
porque la resistencia
es veneno cruel de mi paciencia.

ROSAURA.

Pues cuando ese veneno
de furia, de rigor y saña lleno
la paciencia venciera,
mi respeto[101] no osara ni pudiera.

SEGISMUNDO.

Sólo por ver si puedo,
harás que pierda a tu hermosura el miedo,
que soy muy inclinado
a vencer lo imposible: hoy he arrojado
de ese balcón a un hombre que decía
que hacerse no podía;
y así, por ver si puedo, cosa es llana
que arrojaré tu honor por la ventana.

CLOTALDO. (*Aparte.*)

Mucho se va empeñando.
¿Qué he de hacer, cielos, cuando
tras[102] un loco deseo
mi honor segunda vez a riesgo veo?

ROSAURA.

No en vano prevenía
a este reino infeliz tu tiranía
escándalos tan fuertes
de delitos, traiciones, iras, muertes.
Mas, ¿qué ha de hacer un hombre
que no tiene de humano más que el nombre,
atrevido, inhumano,
cruel, soberbio, bárbaro y tirano,
nacido entre las fieras?

SEGISMUNDO.

Porque[103] tú ese baldón[104] no me dijeras,
tan cortés me mostraba,
pensando que con esto te obligaba;
mas si lo soy hablando de este modo,
has de decirlo, ¡vive Dios!, por todo.[105]
Hola, dejadnos solos, y esa puerta
se cierre y no entre nadie.

Vanse CLARÍN *y los* CRIADOS.

ROSAURA. (*Aparte.*)

Yo soy muerta.

(*A* SEGISMUNDO.)

Advierte . . .

[101] **mi**... respeto por mí.
[102] por causa de.
[103] Para que.
[104] injuria.
[105] **has**... te daré una razón para decirlo.

SEGISMUNDO.

Soy tirano.
y ya pretendes reducirme en vano.

CLOTALDO. (*Aparte.*)

¡Oh, qué lance tan fuerte!
Saldré a estorbarlo aunque me dé la muerte.

(*A* SEGISMUNDO.)

Señor, atiende, mira. (*Llega.*)

SEGISMUNDO.

Segunda vez me has provocado a ira,
viejo caduco y loco.
¿Mi enojo y mi rigor tienes en poco?
¿Cómo hasta aquí has llegado?

CLOTALDO.

De los acentos de esta voz llamado,
a decirte que seas
más apacible si reinar deseas,
y no por verte ya de todo dueño
seas cruel, porque quizá es un sueño.

SEGISMUNDO.

A rabia me provocas
cuando la luz del desengaño tocas.
Veré, dándote muerte,
si es sueño o si es verdad.

Al ir a sacar la daga se la detiene CLOTALDO *y se pone de rodillas.*

CLOTALDO.

Yo desta suerte
librar mi vida espero.

SEGISMUNDO.

Quita la osada mano del acero.

CLOTALDO.

Hasta que gente venga
que tu rigor y cólera detenga,
no he de soltarte.

ROSAURA.

¡Ay cielo!

SEGISMUNDO.

Suelta, digo,
caduco, loco, bárbaro enemigo,
o será desta suerte
dándote ahora entre mis brazos muerte. (*Luchan.*)

ROSAURA.

Acudid todos presto,
que matan a Clotaldo.
Vase.

Sale ASTOLFO *a tiempo que cae* CLOTALDO *a sus pies, y él se pone en medio.*

ASTOLFO.

¿Pues qué es esto, príncipe generoso?
¿Así se mancha acero tan brioso
en una sangre helada?[106]
Vuelva a la vaina tan lucida espada.

SEGISMUNDO.

En viéndola teñida
en esa infame sangre.

ASTOLFO.

     Ya su vida
tomó a mis pies sagrado,[107]
y de algo ha de servirle haber llegado.

SEGISMUNDO.

Sírvate de morir, pues desta suerte
también sabré vengarme con tu muerte
de aquel pasado enojo.

ASTOLFO.

     Yo defiendo
mi vida; así la majestad no ofendo.

Saca ASTOLFO *la espada, y riñen. Sale* BASILIO.

CLOTALDO.

No le ofendas, señor.

BASILIO.

     ¿Pues aquí espadas?

ESTRELLA. (*Aparte.*)

¡Astolfo es, ay de mí, penas airadas!

BASILIO.

¿Pues qué es lo que ha pasado?

ASTOLFO.

Nada, señor, habiendo tú llegado.

Envainan.

SEGISMUNDO.

Mucho, señor, aunque hayas tú venido:
yo a este viejo matar he pretendido.

BASILIO.

¿Respeto no tenías
a esas canas?

CLOTALDO.

    Señor, ved que son mías.
Que no importa veréis.

SEGISMUNDO. (*Al* REY.)

     Acciones vanas
querer que tenga yo respeto a canas.
Pues, aun ésas podría
ser que viese a mis plantas algún día,

porque aún no estoy vengado
del modo injusto con que me has criado.
     Vase.

BASILIO.

Pues, antes que lo veas,
volverás a dormir adonde creas
que cuanto te ha pasado,
como fue bien del mundo, fue soñado.

Vanse el REY, CLOTALDO *y el* ACOMPAÑAMIENTO.

.   .   .

Prisión del Príncipe en la torre. SEGISMUNDO *como al principio, con pieles y cadenas, echado en el suelo;* CLOTALDO, *dos* CRIADOS, CLARÍN.

CLOTALDO.

  Aquí le habéis de dejar,
pues hoy su soberbia acaba
donde empezó.

CRIADO.

     Como estaba
la cadena vuelvo a atar.[108]

CLARÍN.

No acabes de dispertar,
Segismundo, para verte
perder, trocada la suerte,
siendo tu gloria fingida
una sombra de la vida
y una llama de la muerte.

CLOTALDO.

A quien sabe discurrir
así, es bien que se prevenga
una estancia donde tenga
harto lugar de argüir.
Este es el que habéis de asir
y en este cuarto encerrar. (*A los criados.*)

Señalando la pieza inmediata.

CLARÍN.

¿Por qué a mí?

CLOTALDO.

     Porque ha de estar
guardado en prisión tan grave,
Clarín que secretos sabe
donde no pueda sonar.

CLARÍN.

¿Yo, por dicha, solicito
dar muerte a mi padre? No.
¿Arrojé del balcón yo

---

[106] **una**... la sangre de un viejo.
[107] refugio.

[108] **Como**... Vuelvo a atar la cadena como estaba.

al Icaro[109] de poquito?[110]
¿Yo sueño o duermo? ¿A qué fin
me encierran?

CLOTALDO.

Eres Clarín.

CLARIN.

Pues ya digo que seré
corneta[111] y que callaré,
que es instrumento ruin.

Llévanle y queda solo CLOTALDO.
BASILIO, *rebozado;* CLOTALDO; SEGISMUNDO, *adormecido.*

BASILIO.

Clotaldo.

CLOTALDO.

¡Señor!, ¿así
viene Vuestra Majestad?

BASILIO.

La necia curiosidad
de ver lo que pasa aquí
a Segismundo (¡ay de mí!)
de este modo me ha traído.

CLOTALDO.

Mírale allí reducido
a su miserable estado.

BASILIO.

¡Ay, Príncipe desdichado
y en triste punto[112] nacido!
    Llega a despertarle, ya
que fuerza y vigor perdió
con el opio que bebió.

CLOTALDO.

Inquieto, señor, está
y hablando.

BASILIO.

¿Qué soñará
ahora? Escuchemos, pues.

SEGISMUNDO. (*Entre sueños.*)

Piadoso príncipe es
el que castiga tiranos:
Clotaldo muera a mis manos.
Mi padre bese mis pies.

CLOTALDO.

Con la muerte me amenaza.

BASILIO.

A mí con rigor y afrenta.

CLOTALDO.

Quitarme la vida intenta.

BASILIO.

Rendirme a sus plantas traza.

SEGISMUNDO. (*Entre sueños.*)

Salga a la anchurosa plaza
del gran teatro del mundo
este valor sin segundo;
porque mi venganza cuadre,[113]
vean triunfar de su padre
al príncipe Segismundo. (*Despierta.*)
    Mas, ¡ay de mí! ¿Dónde estoy?

BASILIO.

Pues a mí no me ha de ver;

(*A* CLOTALDO.)

ya sabes lo que has de hacer.
Desde allí a escucharle voy. (*Retírase.*)

SEGISMUNDO.

¿Soy yo, por ventura? ¿Soy
el que preso y aherrojado
llegué a verme en tal estado?
¿No sois mi sepulcro vos,
torre? Sí. ¡Válgame Dios!
¡Qué de[114] cosas he soñado!

CLOTALDO.

A mí me toca llegar
a hacer la deshecha[115] ahora
¿Es ya de despertar hora?

SEGISMUNDO.

Sí, hora es ya de dispertar.

CLOTALDO.

¿Todo el día te has de estar
durmiendo? ¿Desde que yo
al águila que voló
con tardo vuelo seguí
y te quedaste tú aquí,
nunca has dispertado?

SEGISMUNDO.

No,
ni aun agora he dispertado
que según, Clotaldo, entiendo
todavía estoy durmiendo,
y no estoy muy engañado:
porque si ha sido soñado

---

[109] hijo de Dédalo. Huyó con su padre del Laberinto de Creta con unas alas pegadas con cera. A pesar de las avertencias de Dédalo, se acercó demasiado al sol y se derritió la cera, causando que Icaro cayera al mar.
[110] de... en miniatura.
[111] tipo de clarín que usan los pastores y los porqueros
[112] **triste**... mala hora.

[113] **porque**... para que se muestre la fuerza de mi venganza.
[114] **Qué**... Cuántas.
[115] **hacer**... disimular.

lo que vi palpable y cierto,
lo que veo será incierto,
y no es mucho[116] que rendido,
pues veo estando dormido,
que sueñe estando despierto.

CLOTALDO.
  Lo que soñaste me di.[117]

SEGISMUNDO.
  Supuesto que sueño fue,
no diré lo que soñé;
lo que vi, Clotaldo, sí.
Yo disperté, yo me vi
(¡qué crueldad tan lisonjera!)
en un lecho que pudiera
con matices y colores
ser el catre de las flores
que tejió la primavera.
  Aquí mil nobles, rendidos
a mis pies, nombre me dieron
de su príncipe y sirvieron
galas, joyas y vestidos.
La calma de mis sentidos
tú trocaste en alegría
diciendo la dicha mía,
que, aunque estoy de esta manera,
Príncipe de Polonia era.

CLOTALDO.
  Buenas albricias tendría.[118]

SEGISMUNDO.
  No muy buenas por traidor;
con pecho atrevido y fuerte,
dos veces te daba[119] muerte.

CLOTALDO.
  ¿Para mí tanto rigor?

SEGISMUNDO.
  De todos era señor,
y de todos me vengaba;
sólo a una mujer amaba.
Que fue verdad, creo yo,
en que todo se acabó,
y esto sólo no se acaba.

Vase el REY.

CLOTALDO. (*Aparte.*)
  Enternecido se ha ido
el Rey de haberle escuchado.
Como habíamos hablado
de aquella águila, dormido,

tu sueño imperios han sido;[120]
mas en sueños fuera bien
honrar entonces a quien
te crió en tantos empeños,
Segismundo, que aun en sueños
no se pierde el hacer bien.
                    Vase.

SEGISMUNDO.
  Es verdad; pues, reprimamos
esta fiera condición,
esta furia, esta ambición,
por si alguna vez soñamos;
y sí haremos, pues estamos
en mundo tan singular,
que el vivir sólo es soñar;
y la experiencia me enseña
que el hombre que vive sueña
lo que es hasta dispertar.[121]
  Sueña el rey que es rey, y vive
con este engaño mandando,
disponiendo y gobernando;
y este aplauso, que recibe
prestado, en el viento escribe
y en cenizas le convierte
la muerte (¡desdicha fuerte!).
¿Que hay quien intente reinar,
viendo que ha de dispertar
en el sueño de la muerte?
  Sueña el rico en[122] su riqueza,
que más cuidados le ofrece;
sueña el pobre, que padece
su miseria y su pobreza;
sueña el que a medrar empieza,
sueña el que afana y pretende,
sueña el que agravia y ofende,
y en el mundo, en conclusión,
todos sueñan lo que son,
aunque ninguno lo entiende.
  Yo sueño que estoy aquí
destas prisiones cargado
y soñé que en otro estado
más lisonjero me vi.
¿Qué es la vida? Un frenesí.
¿Qué es la vida? Una ilusión,
una sombra, una ficción,
y el mayor bien es pequeño,
que toda la vida es sueño
y los sueños sueños son.

Jornada tercera

En la torre, en una prisión, próxima a la de SEGISMUNDO.

[116] sorprendente.
[117] **me**... dime.
[118] **Buenas**... Me habrás premiado.
[119] **te**... iba a darte.
[120] **tu**... habrás soñado con los imperios.
[121] es decir, hasta morir.
[122] con.

CLARÍN.

En una encantada torre,
por lo que sé, vivo preso.
¿Qué me harán por lo que ignoro,
si por lo que sé me han muerto?

.   .   .

Ruido de cajas y clarines, y voces dentro.

SOLDADO 1. (*Dentro.*)

Esta es la torre en que está.
Echad la puerta en el suelo.
Entrad todos.

CLARÍN.

¡Vive Dios!
Que a mí me buscan es cierto,
pues, que dicen que aquí estoy.
¿Qué me querrán?

SOLDADO 1. (*Dentro.*)

Entrad dentro.

Salen varios SOLDADOS.

SOLDADO 2.

Aquí está.

CLARÍN.

No está.

TODOS LOS SOLDADOS.

Señor . . .

CLARÍN. (*Aparte.*)

¡Si vienen borrachos éstos!

SOLDADO 1.

Tú nuestro príncipe eres;
ni admitimos ni queremos
sino al señor natural,
y no a príncipe extranjero.
A todos nos da los pies.

SOLDADOS.

¡Viva el gran príncipe nuestro!

CLARÍN. (*Aparte.*)

¡Vive Dios, que va de veras![123]
¿Si es costumbre en este reino
prender uno cada día
y hacerle príncipe, y luego
volverle a la torre? Sí,
pues cada día lo veo.
Fuerza es hacer mi papel.

SOLDADOS.

Danos tus plantas.

CLARÍN.

No puedo,
porque las he menester
para mí, y fuera defecto
ser príncipe desplantado.[124]

SOLDADOS.

Todos a tu padre mesmo
le dijimos que a ti sólo
por príncipe conocemos,
no al de Moscovia.

CLARÍN.

¿A mi padre
le perdisteis el respeto?·
Sois unos tales por cuales.[125]

SOLDADO 1.

Fue lealtad de nuestro pecho.

CLARÍN.

Si fue lealtad, yo os perdono.

SOLDADO 2.

Sal a restaurar tu imperio.
¡Viva Segismundo!

TODOS.

¡Viva!

CLARÍN. (*Aparte.*)

¿Segismundo dicen? Bueno.
Segismundo llaman todos
los príncipes contrahechos.[126]

SEGISMUNDO.

¿Quién nombra aquí a Segismundo?

CLARÍN.

¡Mas que soy príncipe huero![127]

SOLDADO 1.

¿Quién es Segismundo?

SEGISMUNDO.

Yo.

SOLDADO 2. (*A* CLARÍN.)

¿Pues cómo atrevido y necio
tú te hacías Segismundo?

CLARÍN.

¿Yo Segismundo? Eso niego.
Vosotros fuisteis los que
me segismundeasteis,[128] luego

---

[123] **va**... lo están tomando en serio.

[124] juego de palabras: «plantas» significa «pies»; «desplantado» significa «sin pies» y también «trasladado» o «trasplantado».
[125] **tales**... impertinentes, sinvergüenzas.
[126] falsos.
[127] fracasado, que no produce nada.
[128] llamasteis Segismundo.

vuestro ha sido solamente
necedad y atrevimiento.

SOLDADO 1.

Gran príncipe Segismundo
(que las señas que traemos
tuyas son, aunque por fe
te aclamamos señor nuestro),
tu padre, el gran rey Basilio,
temeroso que los cielos
cumplan un hado, que dice
que ha de verse a tus pies puesto,
vencido de ti, pretende
quitarte acción[129] y derecho
y dárselo a Astolfo, duque
de Moscovia. Para esto
juntó su corte, y el vulgo,
penetrando ya, y sabiendo
que tiene rey natural,
no quiere que un extranjero
venga a mandarle. Y así,
haciendo noble desprecio
de la inclemencia del hado,
te ha buscado donde preso
vives, para que asistido
de sus armas, y saliendo
desta torre a restaurar
tu imperial corona y cetro,
se la quites a un tirano.
Sal, pues, que en ese desierto
ejército numeroso
de bandidos y plebeyos
te aclama: la libertad
te espera; oye sus acentos.

VOCES. (*Dentro.*)

¡Viva Segismundo, viva!

SEGISMUNDO.

¿Otra vez, ¡qué es esto, cielos!,
queréis que sueñe grandezas
que ha de deshacer el tiempo?
¿Otra vez queréis que vea
entre sombras y bosquejos
la majestad y la pompa
desvanecida del[130] viento?
¿Otra vez queréis que toque
el desengaño o el riesgo
a que el humano poder
nace humilde y vive atento?
Pues no ha de ser, no ha de ser
mirarme otra vez sujeto
a mi fortuna; y pues sé
que toda esta vida es sueño,

idos, sombras, que fingís
hoy a mis sentidos muertos
cuerpo y voz, siendo verdad
que ni tenéis voz ni cuerpo;
que no quiero majestades
fingidas, pompas no quiero
fantásticas, ilusiones
que al soplo menos ligero
del aura han de deshacerse,
bien como el florido almendro,
que por madrugar sus flores,[131]
sin aviso y sin consejo,
al primer soplo se apagan,
marchitando y desluciendo
de sus rosados capullos
belleza, luz y ornamento.
Ya os conozco, ya os conozco,
y sé que os pasa lo mesmo
con cualquiera que se duerme;
para mí no hay fingimientos,
que, desengañado ya,
sé bien que *la vida es sueño.*

SOLDADO 2.

Si piensas que te engañamos,
vuelve a esos montes soberbios
los ojos, para que veas
la gente que aguarda en ellos
para obedecerte.

SEGISMUNDO.

Ya
otra vez vi aquesto mesmo
tan clara y distintamente
como ahora lo estoy viendo,
y fue sueño.

SOLDADO 2.

Cosas grandes,
siempre, gran señor, trajeron
anuncios, y esto sería
si lo soñaste primero.

SEGISMUNDO.

Dices bien, anuncio fue,
y acaso que fuese cierto,
pues que la vida es tan corta,
soñemos, alma, soñemos
otra vez; pero ha de ser
con atención y consejo
de que hemos de dispertar
deste gusto al mejor tiempo;[132]
que llevándolo sabido
será el desengaño menos,

[129] libertad.
[130] en el.
[131] El almendro florece antes de los otros árboles y sus flores se marchitan también antes de las de ellos.
[132] **al**... cuando menos se espera.

que es hacer burla del daño
adelantarse el consejo.
Y con esta prevención
de que cuando[133] fuese cierto
es todo el poder prestado
y ha de volverse a su dueño,
atrevámonos a todo.
Vasallos, yo os agradezco
la lealtad; en mí lleváis
quien os libre osado y diestro
de extranjera esclavitud.
Tocad el arma, que presto
veréis mi inmenso valor.
Contra mi padre pretendo
tomar armas y sacar
verdaderos a los cielos.[134]
Puesto he de verle a mis plantas . . .

(Aparte.)

Mas si antes de esto despierto,
¿no será bien no decirlo,
supuesto que no he de hacerlo?

TODOS.
    ¡Viva, Segismundo, viva!

Sale CLOTALDO.

CLOTALDO.
    ¿Qué alboroto es éste, cielos?

SEGISMUNDO.
    Clotaldo.

CLOTALDO.
          Señor . . . *(Aparte.)* En mí
su rigor prueba.

CLARÍN. *(Aparte.)*
          Yo apuesto
que le despeña del monte.
          Vase.

CLOTALDO.
    A tus reales plantas llego,
ya sé que a morir.

SEGISMUNDO.
          Levanta,
levanta, padre, del suelo,
que tú has de ser norte[135] y guía
de quien fíe mis aciertos;
que ya sé que mi crianza
a tu mucha lealtad debo.
Dame los brazos.

CLOTALDO.
          ¿Qué dices?

SEGISMUNDO.
    Que estoy soñando, y que quiero
obrar bien, pues no se pierde
el hacer bien aun en sueños.

CLOTALDO.
    Pues, señor, si el obrar bien
es ya tu blasón,[136] es cierto
que no te ofenda el que yo
hoy solicite lo mesmo.
¡A tu padre has de hacer guerra!
Ya aconsejarte no puedo
contra mi rey ni valerte.
A tus plantas estoy puesto,
dame la muerte.

SEGISMUNDO.
          ¡Villano,
traidor, ingrato! *(Aparte.)* Mas, ¡cielos!,
el reportarme conviene,
que aun no sé si estoy despierto.

(A CLOTALDO.*)*

Clotaldo, vuestro valor
os envidio y agradezco.
Idos a servir al rey,
que en el campo nos veremos.

(A los SOLDADOS.*)*

Vosotros tocad el arma.

CLOTALDO.
    Mil veces tus plantas beso.
          Vase.

SEGISMUNDO.
    A reinar, fortuna, vamos;
no me despiertes si duermo,
y si es verdad, no me aduermas.
Mas sea verdad o sueño,
obrar bien es lo que importa;
si fuere verdad, por serlo;
si no, por ganar amigos
para cuando despertemos.

Vanse tocando cajas.

          .   .   .

Campo. SEGISMUNDO, *vestido de pieles; soldados marchando.* CLARÍN. *Tocan cajas.*

---

[133] **con**... con esta advertencia de que aun si.
[134] **sacar**... confirmar el pronóstico de las estrellas.
[135] la estrella Polar que sirve de guía al viajero.

---

[136] escudo de armas (Es decir, si tu honor depende ahora de obrar bien . . .).

SEGISMUNDO.

Si este día me viera
Roma en los triunfos de su edad primera,[137]
¡oh, cuánto se alegrara
viendo lograr una ocasión tan rara
de tener una fiera
que sus grandes ejércitos rigiera,
a cuyo altivo aliento
fuera poca conquista el firmamento!
Pero el vuelo abatamos,
espíritu, no así desvanezcamos
aqueste aplauso incierto,
si ha de pesarme cuando esté despierto
de haberlo conseguido
para haberlo perdido;
pues mientras menos fuere,
menos se sentirá si se perdiere.

Tocan un clarín.

CLARÍN.

En un veloz caballo
(perdóname, que fuerza es el pintallo
en viniéndome a cuento),
en quien un mapa se dibuja atento,
pues el cuerpo es la tierra,
el fuego el alma que en el pecho encierra,
la espuma el mar, y el aire es el suspiro
en cuya confusión un caos admiro;
pues en el alma, espuma, cuerpo, aliento,
monstruo es de fuego, tierra mar y viento;
de color remendado[138]
rucio y a su propósito rodado,[139]
del que bate la espuela,
que en vez de correr vuela,
a tu presencia llega
airosa una mujer.

SEGISMUNDO.

Su luz me ciega.

CLARÍN.

¡Vive Dios, que es Rosaura! (*Retírase.*)

SEGISMUNDO.

El cielo a mi presencia la restaura.

ROSAURA, con vaquero,[140] espada y daga.

ROSAURA.

Generoso Segismundo,
cuya majestad heroica
sale al día de sus hechos
de la noche de sus sombras,

y como el mayor planeta,[141]
que en los brazos de la aurora
se restituye luciente
a las plantas y a las rosas,
y sobre montes y mares,
cuando coronado asoma
luz esparce, rayos brilla,
cumbres baña, espumas borda;
así amanezcas al mundo,
luciente sol de Polonia,
que[142] a una mujer infelice
que hoy a tus plantas se arroja,
ampares por ser mujer
y desdichada: dos cosas,
que para obligarle a un hombre
que de valiente blasona,
cualquiera de las dos basta,
cualquiera de las dos sobra.
Tres veces son las que ya
me admiras, tres las que ignoras
quién soy, pues las tres me viste
en diverso traje y forma.
La primera me creíste
varón en la rigurosa
prisión, donde fue tu vida
de mis desdichas lisonja.[143]
La segunda me admiraste
mujer, cuando fue la pompa
de tu majestad un sueño,
un fantasma, una sombra.
La tercera es hoy, que siendo
monstruo de una especie y otra,[144]
entre galas de mujer
armas de varón me adornan.
Y porque compadecido
mejor mi amparo dispongas,
es bien que de mis sucesos
trágicas fortunas oigas.
De noble madre nací
en la corte de Moscovia,
que, según fue desdichada,[145]
debió de ser muy hermosa.
En ésta puso los ojos
un traidor, que no le nombra
mi voz por no conocerle,
de cuyo valor me informa[146]
el mío; pues siendo objeto
de su idea, siento ahora
no haber nacido gentil

---

[137] gloriosa.
[138] manchado, que tiene manchas de color en la piel.
[139] tirado, precipitado.
[140] un tipo de vestido con cintura y mangas que era propio de las vaqueras—es decir, las pastoras de vacas.

[141] el sol.
[142] con tal de que.
[143] es decir, en comparación con tu vida, mis desdichas son poca cosa.
[144] de... de un sexo y otro (Rosaura lleva puesto un vestido, pero está armada como un hombre.)
[145] Las mujeres más bellas tenían fama de ser las más desdichadas.
[146] forma.

para persuadirme loca
a que fue algún dios de aquéllos
que en metamorfosis llora,
lluvia de oro, cisne y toro,
en Dánae, Leda y Europa.[147]
Cuando pensé que alargaba,
citando aleves historias,[148]
el discurso hallo que en él
te he dicho en razones pocas,
que mi madre, persuadida
a finezas amorosas,
fue, como ninguna, bella,
y fue infeliz como todas.
Aquella necia disculpa
de fe y palabra de esposa[149]
la alcanzó tanto, que aun hoy
el pensamiento la llora;
habiendo sido un tirano
tan Eneas de su Troya[150]
que la dejó hasta la espada.
Enváinese aquí su hoja,
que yo la desnudaré
antes que acabe la historia.
De este, pues, mal dado nudo,
que ni ata ni aprisiona,
o matrimonio o delito,
si bien todo es una cosa,
nací yo, tan parecida,
que fui un retrato, una copia,
ya que en la hermosura no,
en la dicha y en las obras;
y así no habré menester
decir que poco dichosa
heredera de fortunas
corrí con ella una propia.
Lo más que podré decirte
de mí es el dueño que roba
los trofeos de mi honor,
los despojos de mi honra.
Astolfo . . . ¡Ay de mí! Al nombrarle
se encoleriza y se enoja
el corazón, propio efecto
de que enemigo le nombra.
Astolfo fue el dueño ingrato,
que olvidado de las glorias
(porque en un pasado amor

se olvida hasta la memoria),
vino a Polonia, llamado
de su conquista famosa
a casarse con Estrella,
que fue de mi ocaso antorcha.[151]

.   .   .

Mujer,[152] vengo a persuadirte
al remedio de mi honra,
y varón,[153] vengo a alentarte
a que cobres tu corona.
Mujer, vengo a enternecerte
cuando a tus plantas me ponga,
y varón, vengo a servirte
con mi acero y mi persona.
Y así piensa que si hoy
como mujer me enamoras,
como varón te daré
la muerte en defensa honrosa
de mi honor; porque he de ser
en su conquista amorosa,
mujer para darte quejas,
varón para ganar honras.

SEGISMUNDO. (*Aparte.*)
Cielos, si es verdad que sueño,
suspendedme la memoria.
que no es posible que quepan
en un sueño tantas cosas.

.   .   .

Huyamos de la ocasión,
que es muy fuerte. Al arma tocan,

(*A un soldado.*)

que hoy he de dar la batalla,
antes que la obscura sombra
sepulte los rayos de oro
entre verdinegras ondas.

ROSAURA.
¡Señor! ¿Pues así te ausentas?
¿Pues ni una palabra sola
no te debe[154] mi cuidado
ni merece mi congoja?
¿Cómo es posible, señor,
que ni me mires ni oigas?
¿Aun no me vuelves el rostro?

SEGISMUNDO.
Rosaura, al honor le importa,

---

[147] tres ejemplos de mujeres que habían sido seducidas o raptadas. Dánae, princesa de Argos, fue seducida por Júpiter, quien se trasformó en lluvia de oro para introducirse en la torre en la cual ella estaba presa. Leda fue seducida por Júpiter, quien se trasformó en cisne para atraerla. Europa fue raptada por Júpiter, esta vez transformado en toro.
[148] **aleves**... historias de traición.
[149] **palabra**... promesa de matrimonio.
[150] ejemplo de un traidor; Eneas huyó en el saqueo de Troya por los griegos.

[151] Es decir, Estrella es la estrella (antorcha) del ocaso de Rosaura.
[152] Como mujer.
[153] Como varón.
[154] **ni**... ni a una palabra sola te obliga.

por ser piadoso contigo,
ser cruel contigo ahora.
No te responde mi voz
porque mi honor te responda;
no te hablo porque quiero
que te hablen por mí mis obras;
ni te miro porque es fuerza
en pena tan rigurosa
que no mire tu hermosura
quien ha de mirar[155] tu honra.

Vase y los SOLDADOS *con él.*

ROSAURA.

¿Qué enigmas, cielos, son éstas?
Después de tanto pensar,
¡aun me queda que dudar
con equívocas respuestas!

.   .   .

VOCES DE UNOS.

¡Viva nuestro invicto Rey!

VOCES DE OTROS.

¡Viva nuestra libertad!

CLARÍN.

¡La libertad y el Rey vivan!
Vivan muy enhorabuena,
que a mí nada me da pena.
Como en cuenta me reciban,
que yo, apartando este día
en tan grande confusión,
haga el papel de Nerón,
que de nada se dolía.[156]
Si bien[157] me quiero doler
de algo, y ha de ser de mí,
escondido, desde aquí
toda la fiesta he de ver;
el sitio es oculto y fuerte
entre estas peñas. Pues ya
la muerte no me hallará,
dos higas para la muerte.[158]

Escóndese; tocan cajas y suena ruido de armas.

BASILIO.

¿Hay más infelice rey?
¿Hay padre más perseguido?

CLOTALDO.

Ya tu ejército vencido
baja sin tino ni ley.

ASTOLFO.

Los traidores vencedores
quedan.

BASILIO.

En batallas tales
los que vencen son leales;
los vencidos, los traidores.
Huyamos, Clotaldo, pues,
del cruel, del inhumano
rigor de un hijo tirano.

Disparan dentro, y cae CLARÍN *herido.*

CLARÍN.

¡Válgame el cielo!

ASTOLFO.

¿Quién es
este infelice soldado
que a nuestros pies ha caído
en sangre todo teñido?

CLARÍN.

Soy un hombre desdichado.
que por quererme guardar
de la muerte, la busqué.
Huyendo de ella, encontré
con ella, pues no hay lugar,
para la muerte, secreto:
de donde claro se arguye
que quien más su efeto huye,
es quien se llega a su efeto.
Por eso tornad, tornad
a lid sangrienta luego;
que entre las armas y el fuego
hay mayor seguridad
que en el monte más guardado,
pues no hay seguro camino
a la fuerza[159] del destino
y a la inclemencia del hado;
y así, aunque a libraros vais
de la muerte con huir,
mirad que vais a morir
si está de Dios[160] que muráis.

Cae dentro.

BASILIO.

¡Mirad que vais a morir,
si está de Dios que muráis!
¡Qué bien, ay cielos, persuade

---

[155] mirar por, ocuparse de.

[156] emperador romano conocido por su crueldad. Según la leyenda, mostró su indiferencia al dolor ajeno al tocar música mientras se encendía Roma. La línea «de nada se dolía» es de un antiguo romance sobre Nerón.

[157] **Si**... si es que

[158] mímica de desprecio que se hace con el pulgar colocado entre el índice y el dedo del medio.

[159] **a**... contra.

[160] **si**... si Dios quiere.

nuestro error, nuestra ignorancia
a mayor conocimiento
este cadáver que habla
por la boca de una herida,
siendo el humor[161] que desata
sangrienta lengua que enseña
que son diligencias vanas
del hombre cuantas dispone
contra la mayor fuerza y causa!
Pues yo, por librar de muertes
y sediciones mi patria,
vine a entregarla a los mismos
de quien pretendí librarla.

CLOTALDO.
Aunque el hado, señor, sabe
todos los caminos y halla
a quien busca entre lo espeso
de las peñas, no es cristiana
determinación decir
que no hay reparo a su saña.
Sí hay, que el prudente varón
victoria del hado alcanza;
y si no estás reservado[162]
de la pena y la desgracia,
haz por donde te reserves.

ASTOLFO.
Clotaldo, señor, te habla
como prudente varón
que madura edad alcanza,
yo como[163] joven valiente:
entre las espesas matas
de ese monte está un caballo,
veloz aborto del aura;[164]
huye en él, que yo entretanto
te guardaré las espaldas.

BASILIO.
Si está de Dios que yo muera
o si la muerte me aguarda,
aquí hoy la quiero buscar,
esperando cara a cara.

Tocan al arma.

Sale SEGISMUNDO.

UN SOLDADO.
En lo intrincado del monte,
entre sus espesas ramas,
el Rey se esconde.

SEGISMUNDO.
                        ¡Seguidle!
No quede en sus cumbres planta
que no examine el cuidado,[165]
tronco a tronco y rama a rama.

CLOTALDO.
¡Huye, señor!

BASILIO.
                        ¿Para qué?

ASTOLFO.
        Qué intentas?

BASILIO.
                        Astolfo, aparta.

CLOTALDO.
¿Qué quieres?

BASILIO.
                        Hacer, Clotaldo,
un remedio que me falta.

A SEGISMUNDO.

Si a mí buscándome vas,
ya estoy, príncipe, a tus plantas.

Arrodillándose.

Sea dellas blanca alfombra
esta nieve de mis canas.[166]
Pisa mi cerviz y huella[167]
mi corona; postra, arrastra
mi decoro[168] y mi respeto,
toma de mi honor venganza;
sírvete de mí, cautivo,
y tras prevenciones tantas,
cumpla el cielo su homenaje,[169]
cumpla el cielo su palabra.

SEGISMUNDO.
Corte ilustre de Polonia,
que de admiraciones tantas
sois testigos, atended,
que vuestro Príncipe os habla.
Lo que está determinado,
del cielo, y en azul tabla[170]
Dios con el dedo escribió,
de quien son cifras y estampas
tantos papeles azules
que adornan letras doradas,

---

[161] fluido.
[162] exento.
[163] **yo**... yo te hablo como.
[164] **veloz**... que se mueve más rápido que el viento (El aura es un viento suave y apacible.)

[165] **el**... con diligencia.
[166] **Sea**... Basilio se echa a los pies de Segismundo.
[167] **mi**... mi nuca y pisa.
[168] honor.
[169] promesa.
[170] es decir, el cielo.

nunca engaña, nunca miente;
porque quien miente y engaña
es quien, para usar mal de ellas,
las penetra y las alcanza.
Mi padre, que está presente,
por excusarse a[171] la saña
de mi condición, me hizo
un bruto, una fiera humana;
de suerte que cuando yo,
por mi nobleza gallarda,
por mi sangre generosa,
por mi condición bizarra,
hubiera nacido dócil
y humilde, sólo bastara
tal género de vivir,
tal linaje de crianza,
a hacer fieras mis costumbres:
¡qué buen modo de estorbarlas!
Si a cualquier hombre dijesen:
«Alguna fiera inhumana
te dará muerte», ¿escogiera
buen remedio en despertalla
cuando estuviera durmiendo?
Si dijeran: «Esta espada
que traes ceñida ha de ser
quien te dé la muerte», vana
diligencia de evitarlo
fuera entonces desnudarla
y ponérsela a los pechos.
Si dijesen: «Golfos de agua
han de ser tu sepultura
en monumentos de plata»,
mal hiciera en darse al mar,
cuando soberbio levanta
rizados montes de nieve,
de cristal crespas montañas.[172]
Lo mismo le ha sucedido
que a quien porque le amenaza
una fiera, la despierta;
que a quien, temiendo una espada,
la desnuda; y a quien mueve
las ondas de una borrasca;[173]
y cuando fuera (escuchadme)
dormida fiera mi saña,
templada espada mi furia,
mi rigor quieta bonanza,
la fortuna no se vence
con injusticia y venganza,
porque antes se incita más;
y así, quien vencer aguarda
a su fortuna, ha de ser

con cordura y con templanza,
no antes de venir el daño
se reserva ni se aguarda
quien le previene; que aunque
puede humilde (cosa es clara)
reservarse de él, no es
sino después que se halla
en la ocasión, porque aquesta
no hay camino de estorbarla.
Sirva de ejemplo este raro
espectáculo, esta extraña
admiración, este horror,
este prodigio, pues nada
es más[174] que llegar a ver
con prevenciones tan varias,
rendido a mis pies a un padre
y atropellado a un monarca.
Sentencia del cielo fue;
por más que quiso estorbarla
él, no pudo; ¿y podré yo,
que soy menor en las canas,
en el valor y en la ciencia,
vencerla? (Al REY.) Señor, levanta.
Dame tu mano, que ya
que el cielo te desengaña
de que has errado en el modo
de vencerla, humilde aguarda
mi cuello a que tú te vengues;
rendido estoy a tus plantas.

BASILIO.
Hijo, que tan noble acción
otra vez en mis entrañas
te engendra, príncipe eres.
A ti el laurel[175] y la palma[176]
se te deben; tú venciste;
corónente tus hazañas.

TODOS.
¡Viva Segismundo, viva!

SEGISMUNDO.
Pues que ya vencer aguarda
mi valor grandes victorias,
hoy ha de ser la más alta
vencerme a mí. Astolfo dé
la mano luego a Rosaura,
pues sabe que de su honor
es deuda y yo he de cobrarla.

ASTOLFO.
Aunque es verdad que la debo
obligaciones, repara

---

[171] **por**… al tratar de evitar.
[172] **rizados**… olas violentas.
[173] tempestad.

[174] más extraño y prodigioso.
[175] símbolo de la victoria.
[176] símbolo de la gloria y del triunfo.

que ella no sabe quién es;
y es bajeza y es infamia
casarme yo con mujer . . .

CLOTALDO.
No prosigas, tente, aguarda;
porque Rosaura es tan noble
como tú, Astolfo, y mi espada
la defenderá en el campo;
que es mi hija, y esto basta.

ASTOLFO.
¿Qué dices?

CLOTALDO.
        Que yo hasta verla
casada, noble y honrada,
no la quise descubrir;[177]
la historia desto es muy larga;
pero, en fin, es hija mía.

ASTOLFO.
Pues, siendo así, mi palabra
cumpliré.

SEGISMUNDO.
        Pues porque Estrella
no quede desconsolada,
viendo que príncipe pierde
de tanto valor y fama,
de mi propia mano yo
con esposo he de casarla,
que en méritos y fortuna,
si no le excede, le iguala.
Dame la mano.

ESTRELLA.
        Yo gano
en merecer dicha tanta.

SEGISMUNDO.
A Clotaldo, que leal
sirvió a mi padre, le aguardan
mis brazos, con las mercedes
que él pidiere que le haga.

UN SOLDADO.
Si así a quien no te ha servido
honras, a mí que fui causa
del alboroto del reino,
y de la torre en que estabas
te saqué, ¿qué me darás?

SEGISMUNDO.
La torre: y porque no salgas
della nunca, hasta morir
has de estar allí con guardas;

que el traidor no es menester
siendo la traición pasada.

BASILIO.
Tu ingenio a todos admira.

ASTOLFO.
¡Qué condición tan mudada!

ROSAURA.
¡Qué discreto y qué prudente!

SEGISMUNDO.
¿Qué os admira?[178] ¿Qué os espanta,
si fue mi maestro un sueño,
y estoy temiendo en mis ansias
que he de despertar y hallarme
otra vez en mi cerrada[179]
prisión? Y cuando no sea,
el soñarlo sólo basta;
pues así llegué a saber
que toda la dicha humana,
en fin, pasa como un sueño;
y quiero hoy aprovecharla
el tiempo que me durare,
pidiendo de nuestras faltas
perdón, pues de pechos nobles
es tan propio el perdonarlas.

FRANCISCO DE ROJAS ZORRILLA (1607–1648)

Francisco de Rojas Zorrilla y Agustín Moreto y Cabaña son los dos contemporáneos de Calderón más conocidos. Rojas Zorrilla nació en Toledo, pero cuando tenía tres años su familia se mudó a Madrid, donde se crió y recibió su temprana educación. Se ha conjeturado que de joven estudió en Salamanca—la vida estudiantil se dramatiza en dos de sus obras—pero no se han encontrado pruebas de que se matriculara en la universidad.

Alrededor de 1630 empezó a participar en la vida literaria de la corte, donde colaboró con algunos de los dramaturgos más conocidos de la época. Compuso *La Baltasara* con Luis Vélez de Guevara y Antonio Coello y *El monstruo de la fortuna* con Calderón y Juan Pérez de Montalbán. La primera obra que sabemos con certidumbre que Rojas Zorrilla escribió solo es *Persiles y Sigismunda* (1633), basada en la novela de Cervantes del mismo nombre. Durante la década de los 30 llegó a ocupar una posición importante en los círculos literarios de la corte de Felipe IV. En 1637 y en 1638 ocupó el puesto de fiscal en las academias literarias burlescas que se

---

[177] **no**... no quise hacer saber su identidad.

[178] asombra.
[179] encerrada.

creaban para ciertas festividades. El fiscal componía vejámenes—represiones satíricas de otros autores. En 1638 corrió el rumor que un escritor de quien Rojas Zorrilla se había burlado lo había matado. Aunque el rumor resultó ser falso, es probable que el dramaturgo fuera herido.

En 1640 Rojas Zorrilla escribió *Los bandos de Verona*, obra basada en la historia de Romeo y Julieta, para la inauguración del coliseo del parque del Buen Retiro. Este mismo año se publicó la *Primera parte* de sus obras y se casó con Catalina Yáñez Trillo de Mendoza. En 1643 se lo propuso para entrar en la Orden de Santiago, pero una investigación de su linaje reveló que tenía antepasados judíos y moriscos por ambos lados de su familia. También se supo que su padre había sido escriba, hecho que también habría podido excluirlo, ya que un reglamento prohibía la entrada de personas cuyos familiares habían ejercido oficios bajos. Gracias al apoyo del rey y de Francisco de Quevedo, quien tuvo un papel importante en el proceso, Rojas Zorrilla obtuvo una dispensa del Papa y pudo entrar en la Orden en 1645, el año en que apareció la *Segunda parte* de sus obras. Murió inesperadamente tres años después, por causas desconocidas.

Entre setenta y ochenta obras se le han atribuido a Rojas Zorrilla, pero la crítica moderna mantiene que sólo unas treinta y cinco o cuarenta son auténticamente suyas. El dramaturgo compuso tragedias tanto como comedias y, como otros escritores de la época, a menudo mezclaba elementos trágicos y cómicos en una misma pieza. Una de las contribuciones principales de Rojas Zorrilla es la creación de *graciosos* especialmente prominentes. Aunque en las obras de Rojas Zorrilla el *gracioso* retiene básicamente las mismas características que en el teatro anterior, participa de una manera más activa en la acción y tiene una personalidad más delineada. El rústico Bras de *Del rey abajo, ninguno* es un ejemplo de este tipo de personaje.

Rojas Zorrilla también se reconoce como el creador de la *comedia de figurón,* la cual gira alrededor de un personaje grotesco y excéntrico (el *figurón*) cuyas obsesiones lo meten en situaciones ridículas. Aunque tanto Guillén de Castro como Alonso de Castillo Solórzano ya habían compuesto comedias de figurón, es Rojas Zorrilla el que llevó el género a su punto culminante en el período barroco. Los figurones arrogantes, vanos y absurdos de Rojas Zorrilla se asemejan a algunos del dramaturgo francés Molière (1622–1673). Se ha sugerido que la comedia de figurón es un excelente vehículo para la crítica social, ya que el dramaturgo puede tomarse libertades en una obra burlesca que no se le permitirían en un drama serio. La comedia de figurón más conocida de Rojas Zorrilla es *Entre bobos anda el juego.*

Las tragedias de Rojas Zorrilla se consideran entre las más sangrientas del Siglo de Oro. Cuatro de sus tragedias—*Los encantos de Medea, Progne y Filomena, Los* áspides *de Cleopatra* y *Lucrecia y Tarquino*—están basadas en temas clásicos. *Numancia cercada* y *Numancia destruida* se basan en el ataque romano a una ciudad de la antigua España, asunto que también inspiró una obra de Cervantes.

El teatro de Rojas Zorrilla se distingue por sus protagonistas femeninas. Las cuatro tragedias de inspiración clásica retratan a mujeres excepcionalmente fuertes. En *Progne y Filomena,* por ejemplo, las dos hermanas matan al rey Tereo; Filomena se venga de su violación, y Progne de la infidelidad de su marido. En otra obra, *Morir pensando matar,* la protagonista se venga de la muerte de su padre. Mientras que en el drama español tradicional la venganza es propia del hombre, en las obras de Rojas Zorrilla las mujeres a menudo se toman la justicia por su mano.

El dramaturgo también es conocido por la violencia y sensacionalismo de algunas de sus obras, por ejemplo, *El Caín de Cataluña* y *El más impropio verdugo por la más justa venganza.* En sus obras más tremendas se representan asesinatos de todo tipo, aun el fratricidio y el filicidio. Rojas Zorrilla también escribió dos dramas de honor más bien convencionales: *Casarse por vengarse* y *Del rey abajo, ninguno*—aunque la paternidad de ésta ultima se ha puesto en duda. A diferencia de sus antecesores, Rojas Zorrilla humaniza el problema del honor, creando a protagonistas masculinos que aman sinceramente a sus esposas pero que se sienten atrapados por el código social. En *Del rey abajo, ninguno,* don García cree que ha habido una afrenta a su honor, aunque no duda de la virtud de Blanca, su mujer. Mientras que un hombre de honor de Calderón se sentiría satisfecho al matar a su esposa y al hombre que lo ha ofendido, don García, después de larga angustia, toma una decisión poco convencional: Matará a Blanca—ya que su fama lo requiere—pero también se suicidará.

Del rey abajo, ninguno se considera una de las obras maestras del Siglo de Oro. Para facilitar la lectura del fragmento que se reproduce aquí, incluimos un breve resumen del argumento. La acción tiene lugar en el siglo XIV durante el reinado de Alfonso XI de Castilla (1312–1350). En el primer acto, Don Mendo le pide al rey que le haga caballero de la Banda, una orden establecida por Alfonso mismo. El monarca le otorga la banda, insignia de la orden, después de mandar hacer una investigación del linaje del candidato. En estos momentos Alfonso prepara una campaña contra Algeciras. Mendo le hace saber que cierto García del Castañar, un campesino, le ofrece una gran cantidad de provisiones, además de sus servicios, para la empresa. El conde de Orgaz alaba las virtudes de García del Castañar y el rey decide ir a conocerlo, acompañado de Mendo, sin revelar su identidad. El Conde de Orgaz, quien sabe que García no es realmente un campesino sino el hijo de un antiguo enemigo del rey, le avisa que Alfonso irá a verlo y le ruega que por su propia protección no revele su identidad. García y su devota esposa Blanca abren la casa a Alfonso y a Mendo, ofreciéndoles una sabrosa comida y alojamiento. Mendo se enamora de Blanca, pero ella lo rechaza.

En el segundo acto, el Conde de Orgaz revela que Blanca tampoco es una campesina, sino una dama, hija del conde Sancho de la Cerda. Después de la muerte de su padre, el conde de Orgaz colocó a la huérfana en el campo para protegerla. Allí fue criada ignorando su propia identidad. Mendo se entera de que García del Castañar parte para la caza esa noche y decide ir a ver a Blanca durante la ausencia de su marido, pero éste vuelve inesperadamente a su casa. Al encontrarse con el embozado, García quiere vengar su honor, pero al ver la banda, toma al intruso por el rey, contra quien no puede levantar la espada. García no duda de la fidelidad de su esposa, pero al mismo tiempo, se siente deshonrado. Para limpiar su honor, decide matar a Blanca y después suicidarse.

En el tercer acto, un fragmento del cual se reproduce aquí, todo se aclara. Blanca se escapa y se encuentra con el conde de Orgaz, quien la manda al Palacio, donde ella se entera de sus orígenes. Cuando García llega al Palacio, se da cuenta de que el que lo ha ofendido no es el rey, sino Mendo. Aunque García reconoce que debe homenaje al rey, no se lo debe a nadie más; «del rey abajo, ninguno». Se venga de su enemigo y revela su verdadera identidad. Blanca, temiendo que el rey castigue a García por las ofensas de su padre, ofrece morir con su esposo, pero la reina interviene y Alfonso da los brazos a sus fieles vasallos.

Del rey abajo, ninguno recoge el tema familiar renacentista de *Menosprecio de corte y alabanza de aldea.* Las descripciones del campo de don García alaban lo bello y lo sano de la vida rústica y se encuentran entre los elogios de la sencillez más entusiastas del período. También se celebra el amor conyugal; García y Blanca son uno de los pocos matrimonios felices del teatro español del Siglo de Oro. Otro tema importante son las mudanzas de la fortuna, ya que un cambio repentino e inesperado destruye el bienestar de los personajes.

Recomendamos la siguiente edición: *Del rey abajo, ninguno*, ed. Brigitte Wittmann (Cátedra: Madrid, 1980).

Del rey abajo, ninguno (Fragmento)

PERSONAS

El CONDE.
DOÑA BLANCA.
TELLO.
DON GARCÍA.
La REINA.
MENDO.
El REY.

Jornada tercera

Sale DON GARCÍA *con el puñal desnudo.*

GARCÍA.

 ¿Dónde voy, ciego homicida?
¿Dónde me llevas honor,
sin el alma de mi amor,
sin el cuerpo de mi vida?
¡Adiós, mitad dividida
del alma, sol que eclipsó
una sombra! Pero no,
que muerta la esposa mía,
ni tuviera luz el día
ni tuviera vida yo.

   .   .   .

Sale el CONDE.

CONDE.

 Dígame vueseñoría:[1]
¿contra qué morisco alfanje[2]
sacó el puñal esta noche,
que está en su mano cobarde?
¿Contra una flaca mujer,
por presumir, ignorante,
que es villana? Bien se acuerda,
cuando propuso casarse,
que le dije era su igual,
y mentí, porque un Infante
de los Cerdas fue su abuelo,
si Conde su noble padre.
¿Y con una labradora
se afrentara? ¡Cómo sabe
que el Rey ha venido a verle,
y por mi voto le hace
Capitán de aquesta guerra,
y me envía de su parte
a que lo lleve a Toledo! . . .
¿Es bien que aquesto se pague
con su muerte, siendo Blanca
luz de mis ojos brillante?
Pues ¡vive Dios! que le había
de costar al loco, al fácil,
cuanta sangre hay en sus venas
una gota de su sangre.

GARCÍA.

 Decidme: Blanca, ¿quién es?

CONDE.

 Su mujer, y aquesto baste.

---

[1] vuestra señoría.
[2] sable corto y corvo.

GARCÍA.

Reportaos. ¿Quién os ha dicho
que quise matarla?

CONDE.

Un ángel
que hallé desnudo en el monte;
Blanca, que, entre sus jarales,
perlas[3] daba a los arroyos,
tristes suspiros al aire.

GARCÍA.

¿Dónde está Blanca?

CONDE.

A Palacio,
esfera de su real sangre,
la envié con un criado.

GARCÍA.

¡Matadme, señor; matadme!
¡Blanca en Palacio y yo vivo!
Agravios, honor, pesares,
¿cómo, si sois tantos juntos,
no me acaban tantos males?

.   .   .

CONDE.

¿Sabe quién soy?

GARCÍA.

Sois Toledo,
y sois Illán[4] por linaje.

CONDE.

¿Débeme respeto?

GARCÍA.

Sí,
que os he tenido por padre.

CONDE.

¿Soy tu amigo?

GARCÍA.

Claro está.

CONDE.

¿Qué me debe?

GARCÍA.

Cosas grandes.

CONDE.

¿Sabe mi verdad?

GARCÍA.

Es mucha.

CONDE.

¿Y mi valor?

GARCÍA.

Es notable.

CONDE.

¿Sabe que presido a un reino?

GARCÍA.

Con aprobación bastante.

CONDE.

Pues confiesa lo que siente,
y puede de mí fiarse
el valor de un caballero
tan afligido y tan grave,
dígame vueseñoría,
hijo, amigo, como padre,
como amigo, sus enojos;
cuénteme todos sus males;
refiérame sus desdichas.
¿Teme que Blanca le agravie?
Que es, aunque noble, mujer.

GARCÍA.

¡Vive Dios, Conde, que os mate
si pensáis que el sol ni el oro,
en sus últimos quilates,
para exagerar su honor,
es comparación bastante!

CONDE.

Aunque habla como debe,
mi duda no satisface,
por su dolor regulada.[5]
Solos estamos, acabe;
por la cruz[6] de aquesta espada
he de acudille, amparalle,
si fuera Blanca mi hija,
que en materia semejante
por su honra depondré[7]
el amor y las piedades.
Dígame si tiene celos.

GARCÍA.

No tengo celos de nadie.

CONDE.

Pues, ¿qué tiene?

---

[3] lágrimas.

[4] Julián (El nombre del conde era Gonzalo Ruiz Julián de Toledo, Conde de Orgaz.)

[5] **mi**... mi duda, la cual ha sido refrenada por su dolor, aun no se satisface.

[6] empuñadura.

[7] dejaría a un lado.

GARCÍA.

                    Tanto mal,
que no podéis remedialle.

CONDE.

Pues ¿qué hemos de hacer los dos
en tan apretado lance?

GARCÍA.

¿No manda el Rey que a Toledo
me llevéis? Conde, llevadme.
Mas decid: ¿sabe quién soy
Su Majestad?

CONDE.

                    No lo sabe.

GARCÍA.

Pues vamos, Conde, a Toledo.

CONDE.

Vamos, García.

GARCÍA.

                    Id delante.

CONDE.

(Tu honor y vida amenaza,
Blanca, silencio tan grande,
pues es peligroso accidente[8]
mal que a los labios no sale.) (*Aparte.*)

GARCÍA.

(¿No estás en Palacio, Blanca?
¿No te fuiste y me dejaste?
Pues venganza será ahora
la que fue prevención[9] antes.) (*Aparte.*)

                .   .   .   .

GARCÍA.

    Bien sé, que inocente estás
y en vano a mi honor previenes,
sin la culpa que no tienes,
la disculpa que me das.
Tu muerte sentiré más,
yo sin honra y tú sin culpa;
que mueras el amor culpa,
que vivas siente[10] el honor,
y en vano me culpa amor
cuando el honor me disculpa.
    Aquí admiro la razón,
temo allí la majestad,
matarte será crueldad,
vengarme será traición,

que tales mis males son,
y mis desdichas son tales,
que unas a otras iguales,
de tal suerte se suceden,
que sólo impedir se pueden
las desdichas con los males.
    Y sin que me falte alguno,
los hallo por varios modos,
con el sentimiento[11] a todos,
con el remedio a ninguno;
en lance tan importuno
consejo te he de pedir,
Blanca; mas si has de morir,
¿qué remedio me has de dar,
si lo que he de remediar
es lo que llego a sentir?

BLANCA.

    Si he de morir, mi García,
no me trates desa suerte,
que la dilatada muerte
especie es de tiranía.

GARCÍA.

¡Ay, querida esposa mía,
qué dos contrarios extremos!

BLANCA.

Vamos, esposo.

GARCÍA.

                    Esperemos
a quien nos pudo mandar
no volver al Castañar.
Aparta y disimulemos.

Salen el REY, *la* REINA, *el* CONDE *y* DON MENDO, *y los que pudieren.*[12]

REY.

    ¿Blanca en Palacio y García?
Tan contento de ello estoy,
que estimaré tengan hoy
de vuestra mano y la mía
lo que merecen.

MENDO.

                    No es bueno
quien por respetos, señor,
no satisface su honor
para encargarle el ajeno.
    Créame, que se confía
de mí Vuestra Majestad.

REY.

(Esta es poca voluntad.)[13] (*Aparte.*)

---

[8] pasión.
[9] previsión.
[10] no soporta.

[11] dolor, pena.
[12] **los**... el mayor número de actores que sea posible.
[13] buena voluntad.

Mas allí Blanca y García
　　están. Llegad, porque quiero
mi amor conozcáis los dos.

GARCIA.

　　Caballero, guárdeos Dios.
　　Dejadnos besar primero
　　　de Su Majestad los pies.

MENDO.

　　Aquél es el Rey, García.

GARCÍA.

　　(¡Honra desdichada mía!
　　¿Qué engaño es éste que ves?) (*Aparte.*)
　　　A los dos, Su Majestad . . .
　　besar la mano, señor . . .
　　pues merece este favor . . .
　　que bien podéis . . .

REY.

　　　　　　　Apartad,
　　quitad la mano, el color
　　habéis del rostro perdido.

GARCÍA.

　　(No le[14] trae el bien nacido
　　cuando ha perdido el honor.) (*Aparte.*)
　　　Escuchad aquí un secreto;
　　sois sol, y como me postro
　　a vuestros rayos, mi rostro
　　descubrió claro el efeto.

REY.

　　¿Estáis agraviado?

GARCÍA.

　　　　　　　Y sé
　　mi ofensor, porque me asombre.[15]

REY.

　　¿Quién es?

GARCÍA.

　　　　　Ignoro su nombre.

REY.

　　Señaládmele.

GARCÍA.

　　　　　Sí haré.
　　(Aquí fuera hablaros quiero
　　para un negocio importante,
　　que el Rey no ha de estar delante.

MENDO.

　　En la antecámara espero.)
　　　　　　　　Vase.

GARCÍA.

　　¡Valor, corazón, valor!

REY.

　　¿Adónde, García, vais?

GARCÍA.

　　A cumplir lo que mandáis,
　　pues no sois vos mi ofensor.
　　　　　　　Vase.

REY.

　　　Triste de su agravio estoy;
　　ver a quién señala quiero.

GARCÍA. (*Dentro.*)

　　¡Este es honor caballero!

REY.

　　¡Ten, villano!

MENDO.

　　　　　　¡Muerto soy!

Sale envainando el puñal ensangrentado.

GARCÍA.

　　No soy quien piensas, Alfonso;
　　no soy villano, ni injurio
　　sin razón la inmunidad
　　de tus palacios augustos.[16]
　　Debajo de aqueste traje
　　generosa[17] sangre encubro,
　　que no sé más de los montes
　　que el desengaño y el uso.[18]

　　　　　.　　　.　　　.

(*En un largo monólogo que suprimimos, García
revela su propia identidad y la de su mujer.*)

Aunque sea hijo del sol,
aunque de tus Grandes uno,
aunque el primero en tu gracia,
aunque en tu imperio el segundo,
que esto soy, y éste es mi agravio,
éste el confesor injusto,
éste el brazo que le ha muerto,
éste divida un verdugo;
pero en tanto que mi cuello
esté en mis hombros robusto,
no he de permitir me agravie,
del Rey abajo, ninguno.

REINA.

　　¿Qué decís?

---

[14] el color.
[15] echa sombra, mancha mi honor.

[16] Las leyes de Alfonso X prohibían que se riñera en presencia del rey.
[17] noble.
[18] las costumbres.

REY.

¡Confuso estoy!

BLANCA.

¿Qué importa la vida pierda?
De don Sancho de la Cerda
la hija infelice soy;
si mi esposo ha de morir,
mueran juntas dos mitades.

REY.

¿Qué es esto, Conde?

CONDE.

Verdades
que es forzoso descubrir.

REINA.

Obligada a su perdón
estoy.

REY.

Mis brazos tomad;
los vuestros, Blanca, me dad;
y de vos, Conde, la acción
presente he de confiar.[19]

GARCÍA.

Pues toque el parche sonoro,
que rayo soy contra el moro
que fulminó el Castañar.
Y verán en sus campañas
correr mares de carmín,
dando con aquesto fin,[20]
y principio a mis hazañas.

AGUSTÍN MORETO Y CABAÑA (1618—1669)

Agustín Moreto es el último de los grandes dramaturgos del siglo XVI. Dieciocho años menor que Calderón, aprendió mucho del gran maestro del barroco, aunque sus obras son estructural y filosóficamente más sencillas que las de su coetáneo. A diferencia de Calderón, Moreto se interesaba poco por los grandes temas cósmicos. Las emociones y el comportamiento humanos son lo que le fascinaban. Moreto escribió comedias de todo tipo—religiosas, históricas, de intriga—pero hoy en día las que más se estudian son las que se llaman *comedias psicológicas y de carácter*. Estas se traslapan con las *comedias de costumbres* y las *comedias de salón,* en las cuales se examina algún elemento de la naturaleza humana o algún aspecto del comportamiento social. La acción tiene lugar en el palacio, en el salón, en el jardín.

Por lo general, los argumentos son sencillos, sin las complicaciones y subargumentos que caracterizan el teatro barroco. Los diálogos son vivos y finos. Moreto también escribió loas y bailes, además de algunos de los entremeses más apreciados de su época. A causa de la claridad de su estilo, se considera a Moreto como un precursor de los dramaturgos neoclásicos del siglo XVIII, en especial, de Moratín.

Muchos de los argumentos de Moreto son adaptaciones de obras de otros dramaturgos. En una época en que era corriente que los autores utilizaran argumentos existentes y las refundiciones eran comunes, era aceptable apropiar elementos de piezas ajenas. Hay que señalar que el *copyright* aún no existía y la noción del plagio no era la de nuestros días. No obstante, en una reunión de la Academia Castellana en 1649 un miembro escribió un *vejamen* en el cual se burlaba de Moreto por saquear obras antiguas en busca de argumentos que pudiera utilizar en sus propias comedias. Desde entonces, la crítica ha hecho hincapié en la falta de originalidad de este dramaturgo. Sin embargo, las adaptaciones de Moreto mejoran invariablemente sus modelos, infundiéndoles nuevos elementos psicológicos y sociales. Además, si Moreto imitó a otros, otros también lo imitaron a él. *La Princesse d'Elide* de Molière es una adaptación de *El desdén con el desdén.*

Más problemática es la cuestión de la autenticidad. Se le han atribuido casi cien obras a Moreto, aunque Ruth Lee Kennedy afirma que son de él apenas treinta y dos de las que se supone que escribió solo y dieciséis de las que se supone que escribió en colaboración.

La obra más conocida de Moreto es *El desdén con el desdén.* Aunque la acción tiene lugar en el palacio del conde de Barcelona, esta obra no es una *comedia palaciega* convencional, ya que ni el honor ni la intriga dominan el argumento. Es más bien una comedia psicológica que gira alrededor del desdén de Diana por sus numerosos pretendientes. Una mujer intelectual que prefiere el estudio a la coquetería, Diana mantiene un aire de reserva y de frialdad. Como la diosa Diana de la mitología, se aparta de los hombres, prefiriendo la compañía de sus amigas. Pero cuando Carlos, conde de Urgel, finge la indiferencia, la actitud de Diana cambia. El *gracioso* Polilla, quien concibe el engaño y lleva adelante la acción, está en el centro de todo. Astuto, travieso y manipulador, es Polilla el que logra destruir el muro que Diana ha construido alrededor de sí misma. La obra está basada en una verdad psicológica muy conocida: despreciamos lo que es fácil de conseguir; deseamos lo que parece imposible de obtener. Diana, picada por el fingido desdén de Carlos, abandona sus pretensiones y acepta el papel que en su época se consideraba propio de la mujer.

Agustín Moreto nació en Madrid; fue uno de los ocho hijos de una pareja italiana. Aunque era de un ambiente humilde, su padre tuvo éxito en los negocios. Moreto tenía unos dieciséis años cuando ingresó a la Universidad de

---

[19] **he**... dejo en tus manos.
[20] a la obra.

Alcalá de Henares. Estudió artes y filosofía, obteniendo el grado de licenciado en 1639. Ese mismo año apareció un poema suyo en un volumen conmemorativo que se publicó en la ocasión de la muerte de Juan Pérez de Montalván, biógrafo de Lope de Vega. En 1642 Moreto entró en una orden religiosa, aunque siguió escribiendo obras teatrales. En 1654 apareció la *Primera parte* de sus comedias, la única colección de Moreto en que todas las piezas son auténticamente suyas. La *Segunda parte* (1676), la llamada *Verdadera tercera parte* (1676) y otra *Tercera parte* (1681) fueron publicadas póstumamente y contienen obras de dudosa paternidad. En 1657 Moreto fue nombrado director de la Hermandad del Refugio, una organización caritativa que ayudaba a los pobres. Cuando murió doce años más tarde, dejó su dinero a los menesterosos, a los cuales había dedicado la última parte de su vida.

Véase: *El desdén con el desdén*, ed. Josep Lluis Sirera (Planeta: Barcelona, 1987).

El desdén con el desdén (Fragmento)

PERSONAS

CARLOS, *conde de Urgel.*
POLILLA, *gracioso.*
El CONDE DE BARCELONA.
El PRÍNCIPE de BEARNE.
DON GASTÓN, *conde de Fox.*
DIANA.
CINTIA.
LAURA.
MÚSICOS.

Jornada primera

Gabinete de Diana.

Salen MÚSICOS, DIANA, CINTIA y LAURA y DAMAS.

MÚSICOS.
  «Huyendo la hermosa Dafne,[1]
  burla de Apolo la fee;[2]
  sin duda le sigue un rayo,
  pues la defiende un laurel.»[3]

DIANA.
  ¡Qué bien que suena en mi oído
  aquel honesto desdén!
  ¡Que[4] hay mujer que quiera bien!
  ¡Que haya pecho agradecido!

CINTIA. (*Aparte.*)
  ¡Que por error su agudeza

quiera el amor condenar,
  y si lo[5] es, quiera enmendar
  lo que erró Naturaleza!

DIANA.
  Ese romance cantad;
  proseguid, que el que le hizo
  bien conoció el falso hechizo
  de esa tirana deidad.

MÚSICOS.
  «Poca o ninguna distancia
  hay de amar a agradecer;
  no agradezca la que quiere
  la vitoria del desdén.»

DIANA.
  ¡Qué bien dice! Amor es niño,[6]
  y no hay agradecimiento
  que al primer paso, aunque lento,
  no tropiece en su cariño.
  Agradecer es pagar
  con un decente favor;
  luego quien paga el amor
  ya estima el verse adorar.
  Pues si estima, agradecida,
  ser amada una mujer,
  ¿qué falta para querer
  a quien quiere ser querida?

CINTIA.
  El agradecer, Diana,
  es deuda noble y cortés;
  la que agradecida es
  no se infiere que es liviana.
  Que agradece la razón
  siempre en nosotras se infiere;[7]
  la voluntad es quien quiere,
  distintas las causas son;
  luego si hay diversidad
  en la causa y el intento,
  bien puede el entendimiento
  obrar sin la voluntad.

DIANA.
  Que haber puede estimación
  sin amor es la verdad,
  porque amar es voluntad
  y agradecer es razón.
  No digo que ha de querer
  por fuerza la que agradece;
  pero, Cintia, me parece
  que está cerca de caer;

---

[1] Dafne se convirtió en laurel para evitar los requiebros de Apolo.
[2] fe, amor.
[3] Se creía que el laurel no podía ser destruido por un rayo.
[4] Pensar que.
[5] **lo**... se refiere al amor.
[6] En el arte, el amor se representa como un niño, Cupido, que tira flechas y tiene los ojos vendados.
[7] **Que**... Se infiere que el agradecimiento nace en la razón (y no del corazón).

y quien de esto se asegura,[8]
no teme o no ve el engaño,
porque no recela el daño
quien al riesgo se aventura.

CINTIA.
El ser desagradecida
es delito descortés.

DIANA.
Pero el agradecer es
peligro de la caída.

CINTIA.
Yo el delito no permito.

DIANA.
Ni yo un riesgo tan extraño.[9]

CINTIA.
Pues, por excusar un daño,
¿es bien hacer un delito?

DIANA.
Sí, siendo tan contingente
el riesgo.

CINTIA.
Pues ¿no es menor,
si es contingente, este error
que ese delito presente?[10]

DIANA.
No, que es más culpa el amar,
que falta[11] el no agradecer.

CINTIA.
¿No es mejor, si puede ser,
el no querer y estimar?

DIANA.
No, porque a querer se ha de ir.

CINTIA.
Pues ¿no puede allí parar?

DIANA.
Quien no resiste a empezar,
no resiste a proseguir.

CINTIA.
Pues el ser agradecida
¿no es mejor, si esto es ganancia,
y gastar esa constancia
en resistir la caída?

DIANA.
No; que eso es introducirle

al amor, y al desecharle
no basta para arrojarle
lo que puede resistirle.[12]

CINTIA.
Pues cuando eso haya de ser,[13]
más que a la atención faltar,
me quiero yo aventurar
al peligro de querer.

DIANA.
¿Qué es querer? Tú hablas así,
o atrevida o sin cuidado;
sin duda te has olvidado
que estás delante de mí.
¿Querer se ha de imaginar?
¿En mi presencia querer?
Mas esto no puede ser.
Laura, volved a cantar.

MÚSICOS.
«No se fíe en las caricias
de Amor quien niño le ve;
que, con presencia de niño,
tiene decretos de rey.»

Sale POLILLA *de médico.*[14]

POLILLA. (*Aparte.*)
Plegue al[15] Cielo que dé fuego
mi entrada.

DIANA.
¿Quién entra aquí?

POLILLA.
Ego.

DIANA.
¿Quién?

POLILLA.
Mihi, vel mi;
scholasticum sum ego,
pauper et enamoratus.[16]

DIANA.
¿Vos enamorado estáis?
Pues cómo aquí entrar osáis?

POLILLA.
No, señora; *escarmentatus.*[17]

---

[8] **se**... se siente seguro.
[9] innecesario.
[10] real.
[11] error, ofensa.

[12] será más difícil deshacerse de él (una vez que se introduzca en el corazón) que resistirlo al principio.
[13] **cuando**... si eso sucede.
[14] El traje de médico consistía en un hábito largo, guantes largos, un anillo de esmeraldas que se usaba en el pulgar y, en el verano, un sombrero ancho.
[15] Quiera el.
[16] **Mihi**... Mí, es decir yo, soy un estudiante, pobre y enamorado.
[17] castigado, corregido por la experiencia (latín falso).

DIANA.

¿Qué os escarmentó?

POLILLA.

Amor ruin;
y escarmentado en su error,
me he hecho médico de Amor,
por ir de ruin a rocín.[18]

DIANA.

¿De dónde sois?

POLILLA.

De un lugar.

DIANA.

Fuerza es.[19]

POLILLA.

No he dicho poco;
que en latín lugar es *loco.*

DIANA.

Ya os entiendo.

POLILLA.

Pues andar.[20]

DIANA.

¿Y a qué entráis?

POLILLA.

La fama oí
de vos con admiración
de tan rara condición.

DIANA.

¿Dónde supisteis de mí?

POLILLA.

En Acapulco.

DIANA.

¿Dónde es?

POLILLA.

Media legua de Tortosa;[21]
y mi codicia, ambiciosa
de saber curar despúes
del mal de amor, sarna insana,
me trajo a veros, por Dios,
por sólo aprender de vos.

Partíme luego a la Habana
por venir a Barcelona,[22]
y tomé postas[23] allí.

DIANA.

¿Postas en la Habana?

POLILLA.

Sí.
Y me apeé en Tarragona,[24]
de donde vengo hasta aquí,
como hace fuerte el verano,
a pie a pediros la mano.[25]

DIANA.

Y ¿qué os parece de mí?

POLILLA.

Eso es fuerza que me aturda;
no tiene Amor mejor flecha
que vuestra mano derecha,
si no es que sacáis la zurda.

DIANA.

¡Buen humor tenéis!

POLILLA.

Ansí,
¿gusta mi conversación?

DIANA.

Sí.

POLILLA.

Pues con una ración
os podéis hartar de mí.

DIANA.

Yo os la doy.

POLILLA.

Beso[26] . . . (¡qué error!)
¿Beso dije? Ya no beso.

DIANA.

Pues ¿por qué?

POLILLA.

El beso es el queso
de los ratones de amor.

DIANA.

Yo os admito.

---

[18] **de**... de mal en peor (Los médicos solían andar a mula o a rocín.)
[19] **Fuerza**... Necesariamente (Todo el mundo es de algún lugar.)
[20] seguid adelante.
[21] Acapulco está en la costa occidental de México; Tortosa está cerca de la costa oriental de España.

[22] Nótese lo absurdo del comentario de Polilla. La Habana es la capital de Cuba. Barcelona está en la costa mediterránea de España.
[23] conjunto de caballos apostados en los caminos a cierta distancia unos de otros.
[24] ciudad que está al suroeste de Barcelona. Polilla sugiere que ha ido a caballo de la Habana a Tarragona.
[25] **pediros**... saludaros.
[26] Polilla está por decir «Beso las plantas (o la mano) de vuestra merced.»

POLILLA.

Dios delante;
mas sea con plaza de honor.

DIANA.

¿No sois médico?

POLILLA.

Hablador,
y ansí seré platicante.[27]

DIANA.

Y del mal de amor, que mata,
¿cómo curáis?

POLILLA.

Al que es franco[28]
curo con ungüento blanco.[29]

DIANA.

¿Y sana?

POLILLA.

Sí, porque es plata.

DIANA.

¿Estáis mal con él?[30]

POLILLA.

Su nombre
me mata. Llamó al Amor
Averroes[31] hernia, un humor
que hila las tripas a un hombre.
Amor, señora, es congoja,
traición, tiranía villana,
y sólo el tiempo le sana,
suplicaciones[32] y aloja.[33]
Amor es quita-razón,
quita-sueño, quita-bien,
quita-pelillos también
que hará calvo a un motilón.[34]
Y las que él obliga a amar
todas se acaban en quita:[35]
Francisquita, Mariquita,
por ser todas al quitar.[36]

DIANA.

Lo que yo había menester
para mi divertimiento
tengo en vos.

POLILLA.

Con ese intento
vine yo desde Añover.

DIANA.

¿Añover?

POLILLA.

El me crió;
que en este lugar extraño
se ven melones[37] cada año,
y ansí Año-ver[38] se llamó.

DIANA.

¿Cómo os llamáis?

POLILLA.

Caniquí.[39]

DIANA.

Caniquí, a vuestra venida
estoy muy agradecida.

POLILLA. (*Aparte.*)

Para las dueñas nací.
Ya yo tengo introducción;
así en el mundo sucede,
lo que un príncipe no puede,
yo he logrado por bufón.[40]
Si ahora no llega a rendilla
Carlos, sin maña se viene,[41]
pues ya introducida tiene
en su pecho la polilla.

LAURA.

Con los príncipes tu padre
viene, señora, acá dentro.

DIANA.

¿Con los príncipes? ¿Qué dices?
¿Qué intenta mi padre? ¡Cielos!
Si es repetir la porfía
de que me case, primero
rendiré el cuello a un cuchillo.

CINTIA. (*Aparte a* LAURA.)

¿Hay tal aborrecimiento
de los hombres? ¿Es posible,
Laura, que el brío, el aliento
del de Urgel no la arrebate?

LAURA.

Que es hermafrodita pienso.

---

[27] juego de palabras: platicante-uno que platica o conversa; practi-cante-uno que practica la medicina.

[28] generoso.

[29] es decir, dinero (Polilla quiere decir que el amor se compra.)

[30] **¿Estáis**... ¿Estáis enemistado con él?

[31] médico y filósofo árabe; nació en Córdoba en el siglo XII.

[32] tipo de pastel.

[33] bebida que se hace con agua y miel.

[34] hombre calvo.

[35] remisión de parte de una deuda.

[36] **al**... provisionales, temporales.

[37] hombres calvos.

[38] pueblo cerca de Toledo, conocido por sus melones.

[39] un tipo de tela de algodón.

[40] **por**... por ser bufón.

[41] **sin**... no tiene habilidad; es inepto.

CINTIA.

A mí me lleva los ojos.[42]

LAURA.

Y a mí el Caniquí, en secreto,
me ha llevado las narices;
que me agrada para lienzo.[43]

Sale el CONDE *con los tres* PRÍNCIPES.

CONDE.

Príncipes, entrad conmigo.

CARLOS. (*Aparte.*)

Sin alma a sus ojos vengo;
no sé si tendré valor
para fingir lo que intento.
Siempre la hallo más hermosa.

DIANA. (*Aparte.*)

¡Cielos! ¿Qué puede ser esto?

CONDE.

¿Hija? ¿Diana?

DIANA.

       ¿Señor?

CONDE.

Yo, que a tu decoro atiendo
y a la deuda en que me ponen
los Condes con sus festejos,
habiendo dellos sabido
que del retiro que has hecho
de su vista, están quejosos . . .

DIANA.

Señor, que me des te ruego
licencia antes que prosigas
ni tu palabra haga empeño
de cosa que te esté mal,[44]
de prevenirte mi intento.
Lo primero es, que contigo
ni voluntad tener puedo,
ni la tengo, porque sólo
mi albedrío es tu precepto.[45]
Lo segundo es, que el casarme,
señor, ha de ser lo mesmo
que dar la garganta a un lazo
y el corazón a un veneno.
Casarme y morir es uno;
mas tu obediencia[46] es primero
que mi vida. Esto asentado,
venga ahora tu decreto.

CONDE.

Hija, mal has presumido,
que yo casarte no intento,
sino dar satisfacción
a los príncipes, que han hecho
tantos festejos por ti,
y el mayor de todos ellos
es pedirte por esposa,
siendo tan digno su aliento,[47]
ya que no de tus favores,
de mis agradecimientos.
Y, no habiendo de otorgallo,
debe atender mi respeto
a que ninguno se vaya
sospechando que es desprecio,
sino aversión que tu gusto
tiene con el casamiento.
Y también que esto no es
resistencia a mi precepto,
cuando yo no te lo mando,
porque el amor que te tengo
me obliga a seguir tu gusto;
y pues tú en seguir tu intento
ni a mí me desobedeces
ni los desprecias a ellos,
dales la razón que tiene
para esta opinión tu pecho,[48]
que esto importa a tu decoro
y acredita mi respeto.

       Vase.

Salen DAMAS, *el* PRÍNCIPE, *DON GASTÓN, CARLOS, POLILLA, MÚSICOS.*

DIANA.

Si eso pretendéis no más,[49]
oíd, que dárosla quiero.

DON GASTÓN.

Sólo a ese intento venimos.

PRÍNCIPE.

Y no extrañéis el deseo,
que más extraña es en vos
la aversión al casamiento.

CARLOS.

Yo, aunque a saberlo he venido,
sólo ha sido con pretexto,
sin extrañar la opinión[50]
de saber el fundamento.

DIANA.

Pues oíd, que ya le[51] digo.

---

[42] **lleva**... atrae.
[43] pañuelo.
[44] **que**... que pueda salir mal.
[45] **mi**... me conformo a todo lo que tú mandas.
[46] **tu**... obediencia a ti.
[47] valor.
[48] corazón.
[49] **no**... solamente.
[50] **sin**... sin que me parezca extraña tu opinión.
[51] lo.

POLILLA. (*Aparte.*)
    ¡Vive Dios, que es raro empeño!
    ¿Si[52] hallará razón bastante?
    Porque será bravo cuento
    dar razón para ser loca.

DIANA.
    Desde que el albor primero
    con que amaneció al discurso
    la luz de mi entendimiento
    vi el día de la razón,
    fue de mi vida el empleo
    el estudio y la lición
    de la historia, en quien[53] da el tiempo
    escarmiento a los futuros
    con los pasados ejemplos.
    Cuantas ruinas y destrozos,
    tragedias y desconciertos
    han sucedido en el mundo
    entre ilustres y plebeyos,
    todas nacieron de Amor.
    Cuanto los sabios supieron,
    cuanto a la filosofía
    moral liquidó el ingenio,[54]
    gastaron en prevenir
    a los siglos venideros
    el ciego error, la violencia,
    el loco, el tirano imperio
    de esa mentida deidad[55]
    que se introduce en los pechos
    con dulce voz de cariño,
    siendo un volcán allá dentro.
    ¿Qué amante jamás al mundo
    dio a entender de sus efectos
    sino lástimas, desdichas,
    lágrimas, ansias, lamentos,
    suspiros, quejas, sollozos,
    sonando con triste estruendo
    para lastimar, las quejas,
    para escarmentar, los ecos?[56]
    Si alguno correspondido
    se vio, paró en un despeño,[57]
    que al que no su tiranía
    se opuso el poder del Cielo.[58]
    Pues si quien se casa va
    a amar por deuda y empeño,[59]

    ¿cómo se puede casar
    quien sabe de amor el riesgo?
    Pues casarse sin amor
    es dar causa sin efecto,
    ¿cómo puede ser esclavo
    quien no se ha rendido al dueño?
    ¿Puede hallar un corazón
    más indigno cautiverio
    que rendirle su albedrío
    quien no manda su deseo?
    El obedecerle es deuda,
    pues ¿cómo vivirá un pecho
    con una obediencia afuera
    y una resistencia adentro?
    Con amor y sin amor,
    yo, en fin, casarme no puedo:
    con amor, porque es peligro;
    sin amor, porque no quiero.

PRÍNCIPE.
    Dándome los dos licencia,
    responderé a lo propuesto.

DON GASTÓN.
    Por mi parte yo os la doy.

CARLOS.
    Yo que responder no tengo,
    pues la opinión que yo sigo
    favorece aquel intento.[60]

PRÍNCIPE.
    La mayor guerra, señora,
    que hace el engaño al ingenio,
    es estar siempre vestido
    de aparentes argumentos.
    Dejando las consecuencias
    que tiene Amor contra ellos,
    que en un discurso engañado
    suelen ser de menosprecio,
    la experiencia es la razón
    mayor que hay para venceros,
    porque ella sola concluye
    con la prueba del efecto.
    Si vos os negáis al trato,
    siempre estaréis en el yerro,
    porque no cabe experiencia
    donde se excusa el empeño.[61]
    Vos vais contra la razón
    natural, y el propio fuero
    de nuestra naturaleza
    pervertís con el ingenio.
    No neguéis vos el oído
    a las verdades del ruego,
    porque si es razón no amar,

---

[52] Me pregunto si.
[53] que.
[54] **Cuanto**... cuanto el ingenio ha contribuido a la filosofía moral.
[55] es decir, el amor.
[56] referencia a Eco, que amó a Narciso tanto que se consumió en pena y sólo su voz quedó en la tierra.
[57] **en**... en la ruina.
[58] **al**... al que la tiranía del amor no se opuso, se le opuso el poder del Cielo.
[59] **por**... por obligación.

[60] **aquel**... la opinión de ella; el deseo de ella.
[61] **se**... se evita el esfuerzo.

contra la razón no hay riesgo;
y si no es razón, es fuerza,
que os ha de vencer el tiempo,
y entonces será vitoria
publicar el vencimiento.
Vos defendéis el desdén,
todos vencerle queremos;
vos decís que esto es razón;
permitíos al festejo;[62]
haced escuela al desdén,
donde, en nuestro galanteo,
los intentos de obligaros
han de ser los argumentos.
Veamos quién tiene razón,
porque ha de ser nuestro empeño
inclinaros al cariño,
o quedar vencidos ellos.[63]

DIANA.
Pues para que conozcáis
que la opinión que yo llevo
es hija del desengaño
y del error vuestro intento,[64]
festejad, imaginad
cuantos caminos y medios
de obligar una hermosura
tiene Amor, halla el ingenio,
que desde aquí[65] me permito
a lisonjas y festejos
con el oído y los ojos,
sólo para convenceros
de que no puedo querer,
y que el desdén que yo tengo,
sin fomentarle el discurso,[66]
es natural en mi pecho.

DON GASTÓN.
Pues si argumento ha de ser
desde hoy nuestro galanteo,
todos vamos a argüir
contra el desdén y despego.—
Príncipes, de la razón
y de amor es ya el empeño;
cada uno un medio elija
de seguir este argumento.
Veamos, para concluir,
quién elige mejor medio.
                    Vase.

PRÍNCIPE.
Yo voy a escoger el mío,
y de vos, señora, espero

que habéis de ser contra vos
el más agudo argumento.
                    Vase.

CARLOS.
Pues yo, señora, también,
por deuda de caballero,
proseguiré en festejaros,
mas será sin ese intento.

DIANA.
Pues ¿por qué?

CARLOS.
                    Porque yo sigo
la opinión de vuestro ingenio;
mas aunque es vuestra opinión,
la mía es con más extremo.

DIANA.
¿De qué suerte?

CARLOS.
                    Yo, señora,
no sólo querer no quiero,
mas ni quiero ser querido.

DIANA.
Pues ¿en ser querido hay riesgo?

CARLOS.
No hay riesgo, pero hay delito:
no hay riesgo, porque mi pecho
tiene tan establecido
el no amar en ningún tiempo,
que si el Cielo compusiera
una hermosura de extremos
y ésta me amara, no hallara
correspondencia en mi afecto.
Hay delito, porque cuando
sé yo que querer no puedo,
amarme[67] y no amar sería
faltar mi agradecimiento.
Y ansí yo, ni ser querido
ni querer, señora, quiero,
porque temo ser ingrato
cuando sé yo que he de serlo.

DIANA.
Luego ¿vos me festejáis
sin amarme?

CARLOS.
                    Eso es muy cierto.

DIANA.
Pues ¿para qué?

CARLOS.
                    Por pagaros
la veneración que os debo.

---

[62] **permitíos**... deja que te festejen, que te hagan la corte.
[63] ellos = argumentos.
[64] **del**... vuestra opinión es hija del error.
[65] **desde**... de aquí en adelante.
[66] **sin**... sin que la razón lo fomente, sin ser producto de la razón o del intelecto.

---

[67] dejarme amar.

DIANA.
¿Y eso no es amor?

CARLOS.

¡Amor!
No, señora, esto es respeto.

POLILLA. (*Aparte a* CARLOS.)
¡Cuerpo de Cristo! ¡Qué lindo!
¡Qué bravo botón de fuego![68]
Echala[69] de ese vinagre
y verás, para su tiempo,[70]
qué bravo escabeche sale.[71]

DIANA. (*Aparte a* CINTIA.)
Cintia, ¿has oído a este necio?
¿No es graciosa su locura?

CINTIA.
Soberbia es.

DIANA.

¿No será bueno
enamorar a este loco?

CINTIA.
Sí, mas hay peligro en eso.

DIANA.
¿De qué?

CINTIA.

Que tú te enamores
si no logras el empeño.

DIANA.
Ahora eres tú más necia,
pues ¿cómo puede ser eso?
¿No me mueven los rendidos
y ha de arrastrarme el soberbio?

CINTIA.
Eso, señora, es aviso.

DIANA.
Por eso he de hacer empeño
de rendir su vanidad.

CINTIA.
Yo me holgaré mucho dello.

DIANA. (*A* CARLOS.)
Proseguid la bizarría,
que yo ahora os la agradezco
con mayor estimación,
pues sin amor os la debo.

CARLOS.
¿Vos agradecéis, señora?

DIANA.
Es porque con vos no hay riesgo.

CARLOS.
Pues yo iré a empeñaros más.

DIANA.
Y yo voy a agradecerlo.

CARLOS.
Pues mirad que no queráis,
porque cesaré en mi intento.

DIANA.
No me costará cuidado.

CARLOS.
Pues siendo así, yo lo aceto.

DIANA.
Andad.—Venid, Caniquí.

CARLOS.
¿Qué decís?

POLILLA.

Soy yo ese lienzo.

DIANA. (*Aparte a* CINTIA.)
Cintia, rendido has de verle.

CINTIA.
Sí será; pero yo temo
que se te trueque la suerte.

(*Aparte.*)
Y eso es lo que yo deseo.
Vanse.

DIANA. (*A* CARLOS.)
Mas ¿oís?

CARLOS.

¿Qué me queréis?

DIANA.
Que si acaso os muda el tiempo . . .

CARLOS.
¿A qué, señora?

DIANA.

A querer.

CARLOS.
¿Qué he de hacer?

DIANA.

Sufrir desprecios.

CARLOS.
¿Y si en vos hubiese amor?

---

[68] **Qué**... Eso sí que la va a enojar.
[69] Echale.
[70] **para**... con el tiempo.
[71] **bravo**... delicioso plato resulta (El escabeche es pescado conservado en una salsa de vinagre.)

DIANA.
Yo no querré.

CARLOS.
Ansí lo creo.

DIANA.
Pues ¿qué pedís?

CARLOS.
Por si acaso . . .

DIANA.
Ese acaso está muy lejos

CARLOS.
¿Y si llega?

DIANA.
No es posible.

CARLOS.
Supongo.

DIANA.
Yo lo prometo.

CARLOS.
Eso pido.

DIANA.
Bien está.
Quede ansí.

CARLOS.
Guárdeos el Cielo.

DIANA. (*Aparte.*)
Aunque me cueste un cuidado,[72]
he de rendir este necio.
Vase.

POLILLA.
Señor, buena va la danza.[73]

CARLOS.
Polilla, yo estoy muriendo;
todo mi valor ha habido
menester mi fingimiento.[74]

POLILLA.
Señor, llévalo adelante,
y verás si no da fuego.

CARLOS.
Eso importa.

POLILLA.
Ven, señor,
que ya yo estoy acá dentro.

CARLOS.
¿Cómo?

POLILLA.
Con lo Caniquí
me he hecho lienzo casero.[75]

---

[72] disgusto, problema.
[73] **buena**... todo va bien.
[74] **todo**... este fingimiento ha requerido todo mi valor.
[75] **Con**... Al hacer el papel de Caniquí (tela de algodón); me he hecho parte de la ropa blanca de la casa.

"FOTOGRAFÍAS"

INDICE GENERAL